中 国 教 育 财 政 研 究 丛 书

中国教育财政政策咨询报告

（2015~2019）

Policy Consultancy Reports on China's
Education Finance (2015-2019)

王 蓉 / 主 编

魏建国 / 副主编

社会科学文献出版社
SOCIAL SCIENCES ACADEMIC PRESS (CHINA)

目　录

四 学前教育财政

五 义务教育财政

六 高中教育财政

七　职业教育财政

八　高等教育财政

九　数字化学习时代的教育财政策略

十　教育评价

—

宏观体制机制

如何建立兼顾公平与效率的教育财政体制机制？

王 蓉[*]

（2015 年 11 月）

一 2005 年以来我国教育财政政策的演进

教育财政政策一般来说都与教育财政体制机制有关。所谓教育财政体制，简而言之，就是谁拿钱的问题；教育财政机制，就是怎么拿钱的问题。2005 年以来，我国教育财政体制机制的变化有如下特点。

一方面，大力增加财政性投入，在教育财政责任的公私划分这一根本的体制性安排方面有显著改变。以 2005 年为分界点，非财政性教育经费占 GDP 比例逐年下降，2013 年达到 1.03% 的低位，甚至低于 2000 年的 1.30%。与此同时，财政性教育经费占 GDP 比例经历了 2000～2005 年的波动性上升和 2005 年之后的稳步性上升，形成了目前的财政性教育经费、非财政性教育经费"一条腿粗、一条腿细"的格局。

另一方面，在学前教育、义务教育与职业教育领域，中央财政政策以促公平为主导性政策目标，这主要体现在中央资金的主要投放对象是农村地区，特别是农村贫困地区、弱势群体以及弱势群体较为聚集的学校。最为重要的政策发展是以实施免费义务教育和免费中职教育为标志，进行了一些重大的、不可逆的教育财政体制改革。另外，在教育财政机制方面，建设与完善经费保障机制与项目化投入手段并举，持续依赖项目化投入手段应对制度配套较为复杂又亟待解决的突出问题，例如农村教师问题。这些举措极大地改善了贫困地区、农村地区的义务教育、学前教育和中等职业教育学校的硬件条件，有力保障了学前教育普及率提升等事业发展目标的落实，前所未有地建立了农村义务教育经费保障机制，基本解决了 20 世纪末普遍困扰我国农村学校的公用经费短缺问题。在宏观层面，小学和初中的以省为单位以及以县为单位测算的地区间生均经费差异均有所

---

[*] 王蓉，北京大学中国教育财政科学研究所教授、所长。

下降。

这种政策演进的趋势仍然在持续。如 2014 年，从教育财政的角度来看，中央在基础教育和职业教育领域做了几件大事，包括实施第二期学前教育三年行动计划，中央财政共安排 157.7 亿元，引导和支持各地落实好相关政策；2014 年还是启动"全面改薄"的第一年，中央财政当年安排 310 亿元。从 2014 年起，中央财政还建立了"以奖代补"机制激励和引导各地建立完善高职院校生均拨款制度，提高生均拨款水平，当年中央财政安排综合奖补资金 64.9 亿元。

在完善农村义务教育经费保障机制方面，财政投入力度也很大。一是将农村中小学学校生均公用经费基准定额提高 40 元，中西部地区达到年生均小学 600 元、初中 800 元，东部地区达到年生均小学 650 元、初中 850 元，以满足学校信息技术和教师培训等方面的开支需求。二是在提高基准定额基础上，进一步提高农村寄宿制学校公用经费，由省级财政统筹使用，切实解决寄宿制学校运转困难。三是单独核定农村义务教育阶段特殊教育学校和随班就读的残疾学生公用经费补助资金预算，并大幅度提高生均公用经费补助标准，达到年生均 4000 元，所需资金由中央和地方按公用经费分担比例分担。四是落实好"两免一补"、北方地区取暖费补助和不足 100 人学校按 100 人核定公用经费、乡村教师生活补助奖补等政策。2014 年，中央财政安排农村义务教育经费保障机制资金 878.97 亿元。2014 年，中央财政进一步加大城市义务教育投入力度，安排城市义务教育补助经费 130.4 亿元。

二 政策所引发的地方政府的行为变化 往往比预想的更复杂

自 2005 年开始，我们共同见证了一轮教育财政体制机制的政策调整。关于这一轮调整有什么经验，对教育公平或效率目标的达成是否有影响，又有哪些新的挑战，亟须进行客观和系统的讨论。

分析这些问题，目前需要从三个"两种"问题谈起，即"两种效应"、"两种关系"和"两种结构性因素"。

所谓"两种效应"，就是指教育财政政策的资源动员效应和教育财政政策的事业效应。在现实中，教育财政政策首先是在体制内为教育系统争取更多财政资源的手段。某个政策作为这类手段的有效与否，叫作"资源动员效应"。例如，免费政策具有将教育财政政策意识形态化、政治化的潜质，具有较高可置信性（政府加大公共投入的承诺将持久稳定），具有较高的分配刚性（也就是在财政总盘子中一旦划定就可以固守），因此具有较高的资源动员效应。

需要指出的是，在全球视野下以教育为名的资源动员努力都是强大而不可忽视的。首先，教育与基本人权、公平和正义等基本道德理念密切相关，因此为教育进行资源动员往往具有道德基础和民众支持。其次，教育的功能性有强大的学理基础，即教育与促进经济增长、提高国家竞争力、改善收入分配等密切相关，这是宏观意义层面的教育效率论。

所谓教育财政政策的事业效应，是指某个政策对于学校、学生和家长到底有什么影响，这也就是一般意义上的所谓公平和效率问题。在我国的公共财政资源分配制度背景下，教育的政策目标往往被作为资源动员的合理性依据，而没有被落实为政策实施结果的评价依据。在对于具体政策的争议中，例如在中职免费政策的争议中，反对者往往基于对事业效应的关注，而支持者往往基于对资源动员效应的考虑。在过去几年，教育财政政策的资源动员效应至上，分析具体政策的事业效应的努力不足，忽视"好动机不等于好结果"这种客观存在的可能性，教育财政拨款机制的现代化努力严重滞后。

所谓"两种关系"，就是说讨论我国教育财政政策需从对两个三角形关系的分析入手，一个是中央政府、地方政府和老百姓的关系，另一个是政府、学校、教师和老百姓的关系。在过去约十年的时间里，我国在基础教育和职业教育领域的教育财政政策总的来说是以教育公平目标为主导，为此有两个方面的体制调整：一个是大幅提高了中央财政承担的教育财政责任；另一个是彻底摒弃了"教育产业化"和"教育市场化"思想，在教育财政责任的公私划分中，由"公家"承担了更多的责任。

关于中央政府、地方政府和老百姓的关系，学者们通常认为，在我国，一方面，执政合法性的压力聚集在中央政府，直接影响政府与民众关系的公共服务事权却在地方政府。地方政府很难有足够的激励提供农村公共服务。另一方面，正是中央政府－地方政府的分离保证了我国政府体制的弹性和适应性。当公共服务政策发生问题时，中央干预和纠偏地方的过失，中央与民众立场一致、对错误的地方行为进行批评，巩固了执政合法性的基础。在这种思想基础上，来自学术界的政策呼吁和"中央地方共担"、"让中央财政承担更多的责任"这种教育财政体制调整的指导原则是完全一致的。

但是，在实施这种调整的过程中，我们发现，政策所引发的地方政府的行为变化往往比预想的更复杂。中央迫使地方政府加大某一领域公共服务支出的政策，导致地方政府内部发生横向和纵向两种变化：横向上是部门（如县教育局）的相关自由裁量权反而被削弱与被集中化，而地方"一把手"或综合管理部门对该领域的直接介入加强；纵向上是地方内的基层政府——如乡镇政府——其决策权及责任被削弱与被集中到高一层政府。这些变化导致大量宏观性的面向农村贫困县的教育公平政策，在县域之内缺乏坚持教育公平原则的有效的微观执行系统，政策实施效果打了折扣。

就另一种关系，也即政府、学校、教师与老百姓的关系来说，存在两种模式。第一种模式是"教育市场化"模式。第二种模式是公共财政投入取代了学生付费而作为保障服务供给的物质基础，教师这样的专业群体因此被更加严密地整合进政府系统，其薪酬等激励制度与政府体制内的相关安排更加贴合，政府－专业群体的关系因此加强，专业群体－老百姓的按质取酬、按量取酬的直接交易关系被削弱甚至完全割断。教育系统内的资源配置，主要由政府通过行政手段达成。这是所谓的"教育行政化"模式。

我国过去十年的教育财政体制政策调整，是与"教育市场化"模式被彻底摒弃相一致的。在现实中，可以观察到现行政策的批评者由两个阵营组成。一个阵营是以教育公平为口号、对农村和弱势群体的教育现状不满者。满足这些诉求往往需要加大政府干预。另一个阵营是以教育效率为旗帜、对政府在教育中的作用和教育供给不满者。他们批评的焦点正是政府部门管理水平低下、政府寻租导致的效率损失问题，其中坚力量往往是社会中的精英人群和优秀的教育实践者。根本的问题在于，在"教育市场化"模式下专业群体"按质取酬"部分的服务，如果在"教育行政化"模式下完全改变为政府调配且其调配没有合理、透明的制度时，就容易激发政府与专业群体中的优秀分子之间、政府与服务需求者之间的矛盾，从而导致效率损失。

三　我国的 A 字型教育系统需进一步改善

大量的实证研究表明，在我国解释学校和学校之间的财政经费差异时，重要的影响因素是地域，包括是在农村还是在城市，是在哪个省份、哪个市州县；除此之外还有学校的行政隶属关系。这是与我国多层次嵌套的政府管理体系相关的结构性因素。

另一种影响我国教育公平和效率的教育体系结构性因素，值得同等程度的重视，那就是我国基础教育的管理高度分权，而高等教育的顶尖部分的管理高度集中，从而形成了 A 字型教育系统。在高等教育中与我国有类似集权化管理体制的国家，在基础教育领域，没有我国如此分权。在基础教育领域与我国有类似的分权化管理体制的国家，如美国，其教育系统的顶尖部分，没有我国如此集权。在美国，甚至没有联邦政府举办的大学，精英型的世界一流的私立大学和公立大学同时存在。除此之外，美国还有一批历史悠久、提供优质本科教育的四年制文理学院，为学生们在研究型大学之外提供另一种选择。对于美国的两年制的社区学院，升学教育是其重要的功能之一，学有余力的学生在社区学院完成本科头两年的学习后，经过一定的程序和系统化的制度性安排，有升学进入研究型大学或教学研究型大学完成后两年本科教育的通道。与我国的 A 字型教育系统相对应，我们暂且称美国为 H 型教育系统，也就是虽然其基础教育同样较为分权，但是在优质的高等教育部分，民众具有更多的选择。

A 字型教育系统对于我国基础教育的公平与效率产生了极大的、根本性的影响。在教育公平方面，教育投入的公平、教育过程的公平最终都是为了教育结果的公平。对于基础教育来说，衡量 A 字型教育系统中教育结果是否公平最为直接和有操作性的指标就是不同背景的学生升入高一等级学校，进而是高一等级学校中的精英学校的比例，我国教育系统结构性因素必然导致这种比例不可能高。

在过去一段时间，我国的教育财政体制机制改革，总的来说在基础教育领域以教育公平目标为主导，而在高等教育领域以教育效率目标为主导。特别是以"985""211"这些项目为标志，一系列的政策措施力图使我国 A 字型教育系统的塔尖拔得更高、更加具有国际竞争力。这种"占领制高点"、不断拔高塔尖的努力使整个教育系统受到影响，特别是由此导致的竞争压力不断向下传导，使整个基础教育系统产生了不断加深的"效率焦虑"。在国家层面是"985"高校冲击国际竞争力的目标，与此同时在各个地区层面，政策关注、优秀生源、优秀师资和其他资源不断涌向精英型的基础教育学校从而加强其高考竞争力、加强其输送学生进入顶尖高校的能力，这是影响我国教育公平与效率的一个根本性因素。这一点至今没有得到充分关注。

在我国，重视并着手建立基础教育与高等教育协调发展的机制迫在眉睫。在统筹推进一流大学和一流学科建设的同时，必须进一步放松高等教育的集权化管制，加强地方性高等教育系统的建设，更大力度地推进高等教育国际化，允许甚至激励有条件的地方政府、体制内的其他部门，如中国科学院和中国社会科学院以及社会力量开展世界一流大学和一流学科建设，切实解决当前高等教育领域多年采用"重点建设、项目支持"的财政投入模式导致的"身份固化、竞争缺失"等问题。就这一点，国务院最近印发的《统筹推进世界一流大学和一流学科建设总体方案》已经提出了明确的要求。

四　扭转财政性、非财政性教育投入"一条腿粗、一条腿细"的局面

除上文提到的教育财政体制机制改革建议之外，值得指出的是，在我国居民收入差距拉大的背景之下，兼顾教育公平和效率具有挑战性。此时，扭转财政性、非财政性教育投入"一条腿粗、一条腿细"的局面，有可能是当前最为重要的战略性决策，也必须从这个意义来认识公立学校与民办学校协调发展的重要性。

应该通过民办学校和混合所有制学校吸纳更多社会资金进入教育领域，应该坚持以公立学校为主体的教育系统对于多种教育需求的容让度，使优质的公私立学校有效引领我国整个教育系统的质量提升。对于精英型的公立学校，应该进行更加科学和精细的教育成本测算，厘清其中基本性的教育服务和满足个性化需求的教育服务，制定更加合理的公共财政保障标准，在这类学校中贯彻教育公平原则的核心是其满足个性化需求的教育服务应该由学生和家庭个人负担。应该让各级各类教育的精英型学校更强地发挥其教育教学创新基地、教师培训基地等功能并为此完善相应的配套措施。同时，完善公共财政对民办教育的财政支持与激励制度体系，建立公立学校拨款标准、民办学校财政补贴标准的联动机制，保障民办学校的健康发展，鼓励更多公益性、普惠性以及创新性导向的民办学校。

迎接教育财政 3.0 时代[*]

王 蓉 田志磊[**]

（2018 年 1 月）

一 教育财政 1.0 时代：2005 年之前

（一）教育财政的核心问题与挑战：政策与制度

回顾当时的制度与政策，中国的法律赋予包括中央政府在内的各级政府管理教育的责任，但对各级政府的教育财政责任并没有明确的规定，这一制度格局从新中国成立初到 20 世纪 90 年代并无实质性的变化。新中国成立后直到 20 世纪末，有关法律法规和财政实践中，中央政府的教育支出主要用于中央政府举办的高等学校和中等专业学校，以及这些学校附属的中小学等教育机构。1994 年施行的《国务院关于实行分税制财政管理体制的决定》中关于事权划分的条款规定"中央政府负担本级教育事业费支出"，与 1950 年和 1951 年的规定相比变化不大（刘明兴，2014）。

我国教育财政投入及相应制度安排的最重要的决定性因素是中国的财政体制。改革开放至 2005 年这一时期，我国财政体制有两项重大改革：一是 1994 年实施的分税制改革；二是 2000 年启动试点、其后全面铺开的农村税费改革。

1. 分税制改革

分税制改革的主要内容包括划定各级政府的支出责任，按税种划分中央和地方政府的收入权限边界，建立了过渡期转移支付制度。在我国财政体制内，财政转移支付制度是促进基本公共服务均等化和区域协调发展的重要制度安排。中央对地方财政转移支付制度体系由财力性转移支付和专项转移支付构成。财力性转移支付是指中央财政为弥补财政实力薄弱地区的财力缺口，均衡地区间财力差距，实现地区间基本公共服务能力均

---

[*] 本文最初发表在《教育经济评论》2018 年第 1 期上。

[**] 王蓉，北京大学中国教育财政科学研究所教授、所长；田志磊，北京大学中国教育财政科学研究所助理研究员。

等化而安排给地方财政的补助支出，由地方统筹安排。专项转移支付是指中央财政为实现特定的宏观政策及事业发展战略目标，以及对委托地方政府代理的一些事务进行补偿而设立的补助资金，由地方财政按规定用途使用。

20 世纪 90 年代初，中央财政处于十分窘迫的境地。县级、地市本级财政收入均占全国财政收入的 30% 以上，中央本级份额仅略高于 20%。而从政府支出来看，中央财政支出占全国财政支出近三成，高于其收入占比，中央一度需要向地方借钱度日。分税制实施后，中央财政收入占比提升到 50% 左右，从根本上扭转了中央财政的窘境。然而，由于规范的转移支付制度尚未建立，各级政府之间的博弈使得省、市、县三级财政支出占比一直处于波动之中。直到 2000 年后，随着规范的转移支付制度的逐步建立，财力得以下沉到县，为基层的公共服务提供资金。

从教育财政来说，根据笔者 2006 年一篇论文（王蓉，2006）的描述，2005 年之前中央政府支持农村义务教育的财政手段主要包括以下两种。（1）财力性转移支付中的一般性转移支付。一般性转移支付以公式为基础分配资金：按照客观因素计算确定标准财政收入和标准财政支出，以各地标准财政支出大于标准财政收入的差额为分配依据。计算标准财政支出的因素指标包括和教育有关的学校及学生数等变量。另外，中央政府通过调整工资转移支付、农村税费改革转移支付等直接补助地方政府在支付公务员和事业单位人员（包括学校教师）工资方面的支出。（2）专项转移支付。1994 年中央政府支持基础教育的专项资金总量仅为 2.2 亿元。1995～2000 年，中央政府投入 39 亿元实施了新中国成立以来最大的教育专项资金工程"国家贫困地区义务教育工程"。2001 年，中央政府再投入 50 亿元（其中部分资金用作免费提供教科书经费）实施该工程第二期。当时这些专项项目是根据地理性单位——县域来界定资助目标，明确地为促进贫困地区、少数民族地区和边疆地区普及九年制义务教育的发展而实施，以集中解决农村地区义务教育的急迫问题为目的。

2. 农村税费改革

为了提高农村义务教育的财力保障，从 1994 年开始，全国规范了城乡教育费附加的征收办法，城乡教育费附加在当时迅速成为财政预算拨款之外的第二大财政性教育经费来源，特别是农村教育费附加，成为农村中小学办学经费的重要来源。

2000 年开始的农村税费改革，取消了农村教育费附加和教育集资，农村义务教育经费短缺的矛盾加剧。为了弥补县乡财政资金缺口，中央政府提供了专项转移支付，其中弥补教育经费缺口的教育转移支付占了很大的比例，但资金量远远小于因税费改革而减少的经费。笔者在 2004 年《农村税费改革与完善农村义务教育财政保障机制》一文中写道："农村税费改革暴露了原有农村教育财政体制中的弊端，集中的体现是财政对教育投入的力度远远不能满足需要，导致学校严重依赖预算外资金维持运作，包括支付维持正常教学秩序所需的办公经费和教师报酬。从这个意义上讲，如果以财政资金填补农村教育费附加和农村捐集资经费缺口的措施能够落实到位，税费改革为建立健全农村地区教育投入的保障体制提供了重要的契机。但是如果措施不能到位，农村学校的财政将陷于严重的危机状态。"（王蓉，2004a）

（二）教育财政的核心问题与挑战：学者的视角

笔者 2004 年撰写的《我国义务教育财政问题研究：历史与展望》一文，对于之前二十年重要的教育财政学术成果进行了综述（王蓉，2004b）。重新回顾当时的讨论，有助于厘清我国教育财政学者作为一个群体对于一些重大的教育财政理论和政策问题的思考脉络。这些问题如下。

1. 教育投资的总量和比例问题

如何为教育筹集充足的资源，无疑是 20 世纪 80～90 年代教育财政研究的核心问题。"六五"计划国家重点科研项目"教育经费在国民生产总值中的合理比值"和"七五"期间教育科学重点科研项目"教育投资决策研究"陆续研究了在经济发展水平一定的情况下，政府支出的教育经费占国民生产总值比例的国际平均水平（陈良焜等，1992）。相关人员在此基础上，向党中央、国务院提出了"我国预算内教育拨款在国民生产总值内应有一个比例，这个比例在九十年代中期或到 2000 年应达到发展中国家 4% 的水平"的建议。最终在 1993 年，中共中央、国务院正式印发了《中国教育改革和发展纲要》（以下简称《纲要》）。《纲要》对教育经费投入的目标表述为"逐步提高国家财政性教育经费支出占国民生产总值的比例，在本世纪末达到 4%"。1994 年颁布实施的《中华人民共和国教育法》也对此做出了相应的规定。这种将财政性教育经费支出与国民生产总值、财政支出挂钩的制度安排，被后人统称为"挂钩机制"。

2. 教育的产品属性和政府责任

20 世纪 90 年代以后，研究者开始采用公共品理论来分析教育中政府应然的角色。我国较早从公共产品理论出发讨论教育产品性质的是北京师范大学的王善迈教授（1996，1997）和北京大学的厉以宁教授（1995）。王善迈（1997）提出，义务教育属于公共产品，是一种强制性的免费教育，不能通过市场交换提供，其供求关系由法律调节，而不能由市场需求和价格（学费）调节，这决定了义务教育资源配置方式的核心特征。北京大学高教所的一系列研究也阐述了各级各类教育的公共产品属性及其相应的应有的基本财政体制安排（闵维方，2002：31～32）。

3. 教育经费的多元化筹资

在 20 世纪 80 年代后期和 90 年代初，有相当数量的研究指出，随着经济体制改革的推进，我国国民收入的分配模式产生了变化，而教育经费的筹措机制应该随之进行改革。也就是说，国家、企业和个人都有必要也有可能负担更多的教育经费。实施多元化筹资体制是我国教育经费匮乏背景下的现实选择（袁连生，1988）。但是，从 90 年代末期开始，人们对于多元化筹资体制的认识和观点开始发生变化。例如，蒋鸣和（2001）提出，所谓"人民教育人民办"与政府的职责明显不符，过分强调人民群众的责任，对规范政府行为缺乏约束，必然导致人民负担加重。

4. 义务教育投入分配的公平性问题

自 90 年代后期开始，相当数量的以实证分析为基础、以省或县为分析单位的研究开始对我国义务教育投入的公平性问题进行更加准确和深入的描述。其中，杜育红（2000）

以省为分析单位，系统地分析了各级教育经费的地区性差异如何随时间而变化。这一研究指出，1988～1996 年，小学和初中的生均经费省区间的差距都在不断加大。王蓉在2003 年的论文中提出，我国的义务教育财政体制的特点直接导致了义务教育投入公平性缺失，义务教育的公平问题必须置于我国严重的城乡二元结构和地区发展不平衡的大背景下加以分析和解决（王蓉，2003a）。

5. 义务教育财政体制与转移支付制度研究

从 90 年代后期开始，义务教育财政中的政府行为、义务教育转移支付及更广泛的义务教育的管理和财政体制成为研究的核心问题。中央和省级政府应该承担更多的责任（王善迈等，2003；王蓉等，2003b；魏向赤，2003）在当时成为学者的共识。进而，部分学者对于如何设计中央政府的义务教育转移支付制度提出了设想，包括所谓"生均经费标准方案"、"中央财政承担西部教师工资方案"和"分项目、按比例方案"（王蓉，2006）。

根据上述回顾，可以清晰地看到 2005 年之前教育财政研究者的总体共识及其反映的现实问题：第一，教育经费严重不足是最为重要的核心关切；第二，自觉使用从西方引进的理论工具——公共产品、外部性等概念——为建议政府改革与完善各级各类教育的财政体制机制提供学理性依据；第三，与义务教育公平问题相关的分析和讨论聚焦在城乡与区域之间的发展与分配不平衡，并将之与体制原因结合起来；第四，将实施多元化筹资体制视作我国教育经费匮乏背景下的现实选择；第五，中央与省级政府加大对于义务教育的投入力度无疑是当时的共识。这些讨论构成了 2005 年之后教育财政制度建设高峰期的序曲，奠定了相应的公共政策的思想认识基础。

二　教育财政 2.0 时代：2005 年至今

田志磊、杨龙见和袁连生（2015）从财政集权与分权以及教育财政转移支付制度完善这几个角度分析与刻画了 1980～2012 年的教育财政制度变迁。在 2005 年之后，教育支出占比首先随着农村义务教育经费保障机制改革快速增长；其后又伴随着 4% 目标写入《国家中长期教育改革和发展规划纲要（2010—2020 年）》，中央将 4% 的教育财政投入目标向地方分解，教育支出在 2010～2012 年出现了 1980 年以来的最大增幅（见图 1）。在此期间，具有里程碑式的重大教育财政制度纷纷出台，包括农村义务教育经费保障机制改革（后简称"农村义保新机制"）、建立健全普通本科高校高等职业学校和中等职业学校家庭经济困难学生资助政策体系（后简称"助学体系"）、实施中职免费、加大财政投入支持学前教育发展等。在 2012 年之后，国家财政性教育经费继续稳步增长。2012～2016 年，国家财政性教育经费由 2.3 万亿元增加到 3.1 万亿元，年均增长 7.9%。国家财政性教育经费占 GDP 比重连续五年保持在 4% 以上。国家财政性教育经费占全国教育经费总投入的 80% 左右。其中，通过公共财政预算安排的教育经费占国家财政性教育经费总投入的 96.1%，是财政性教育经费的主要来源。根据 2017 年预算安排，全国一般公共预算支出中教育支出比重达到 14.9%，为第一大支出。2005 年至今这一时期，是新中国成立以来国家财政性教育经费维持高速稳定增长十余年背景下的一个重要的教育财政制度建设高峰期。

图 1　1980～2012 年教育支出占财政支出和 GDP 比重

资料来源：引自田志磊、杨龙见、袁连生（2015），略有修改。

（一）教育财政的核心问题与挑战：政策与制度

2005 年至今的重大政策与制度进展主要体现在如下几个方面。

1. 关键性的政策进展——实现了"4% 目标"

《国家中长期教育改革和发展规划纲要（2010—2020 年）》明确提出，到 2012 年实现国家财政性教育经费支出占国内生产总值比例达到 4% 的目标（以下简称"4% 目标"）。为了确保"4% 目标"的实现，2011 年国务院发布的《国务院关于进一步加大财政教育投入的意见》提出了两个核心要求。第一，敦促各级政府切实提高财政教育支出占公共财政支出比重。中央政府为此制定了各省财政支出比重调整目标，层层分解，并监督各地切实落实。第二，拓宽经费来源渠道，多方筹集财政性教育经费。在采取了上述高压性的行政化手段后，2012 年终于实现并超过了"4% 目标"，达到 4.28%（见表 1）。

表 1　2005～2015 年财政性教育经费统计

年份	全国教育经费总投入（亿元）	财政性教育经费（亿元）	非财政性教育经费（亿元）	国内生产总值（GDP）（亿元）	财政性教育经费占GDP比例（%）	非财政性教育经费占GDP比例（%）	财政性教育经费占全国教育经费总投入比例（%）	非财政性教育经费占全国教育经费总投入比例（%）
2005	8419	5161	3258	183085	2.82	1.78	61.30	38.70
2006	9815	6348	3467	210871	3.01	1.64	64.68	35.32
2007	12148	8280	3868	249503	3.32	1.55	68.16	31.84

年份	全国教育经费总投入（亿元）	财政性教育经费（亿元）	非财政性教育经费（亿元）	国内生产总值（GDP）（亿元）	财政性教育经费占GDP比例（％）	非财政性教育经费占GDP比例（％）	财政性教育经费占全国教育经费总投入比例（％）	非财政性教育经费占全国教育经费总投入比例（％）
2008	14501	10450	4051	300670	3.48	1.35	72.06	27.94
2009	16503	12231	4272	340507	3.59	1.25	74.12	25.88
2010	19562	14670	4892	401202	3.66	1.22	74.99	25.01
2011	23869	18587	5283	472882	3.93	1.12	77.87	22.13
2012	27696	22236	5460	518942	4.28	1.05	80.29	19.71
2013	30365	24488	5877	568845	4.30	1.03	80.65	19.35
2014	32806	26421	6386	635910	4.10	1.00	80.53	19.47
2015	36129	29221	6908	685506	4.26	1.01	80.88	19.12

数据来源：2006~2016年《中国教育经费统计年鉴》。

2. 建设与完善教育财政制度

这一时期，政府为建设与完善教育财政体制机制的基本制度做出了大量努力。全国人大及其常委会修改《教育法》、《高等教育法》、《职业教育法》、《义务教育法》及《民办教育促进法》等法律，国务院制定了大量教育行政法规、发展规划等规范性文件，出台相关政策措施，将义务教育全面纳入公共财政保障范围，探索建立义务教育经费保障机制；将学前教育作为重要公共服务纳入公共财政支持范围；实行普通高中以财政投入为主、其他渠道筹措经费为辅的筹资机制；引导各地建立完善中高职、本科院校生均拨款制度；建设与完善中央高校预算拨款制度；建立健全从学前教育到研究生教育各阶段全覆盖的家庭经济困难学生资助政策体系。就政府与市场责任划分这一体制维度来说，各级各类教育财政体制的制度经过上述这些努力已经基本确立。

3. 中央财政责任范围迅速扩大

这一时期，最为重要的政策发展是以实施免费义务教育和免费中职为标志，进行了一些不可逆的、改变政府与市场财政责任划分的重大教育财政体制改革。在政府间的教育财政体制安排方面，2005年出台的农村义务教育经费保障机制改革是一个里程碑式的突破，首提农村义务教育财政按照"分项目、按比例"的方式由"中央地方共担"。此后，随着中央财力不断增强，中央财政全面介入从学前教育到研究生教育的各级各类教育。

根据《中国统计年鉴》、《中国财政年鉴》和财政部财政预决算报告有关教育财政支出的介绍，可以看出中央政府教育支出的内容从2005年之前到之后这些年的系统性变化。例如，1999年中央教育支出127亿元，绝大多数是本级支出，其中国家贫困地区义务教育工程的当年支出只有8亿元。[①] 到2006年，随着农村义务教育经费保障机制改革开始

---

① 据财政部（2001：80），1998~2000年每年为8亿元。

实施，中央和地方分项目、按比例分担农村义务教育"两免一补"经费、提高公用经费标准支出和校舍维修改造经费，中央当年支出新机制经费就达到150亿元。[1] 2007年，实施新的家庭经济困难学生资助政策体系，中央和地方财政仅2007年秋季学期投入的助学经费就达到154亿元，其中中央财政95亿元，而2006年此项支出资金仅为20.5亿元（财政部，2008：29）。2010年，新设立"支持地方高校发展专项资金"，中央当年支出50亿元。[2] 2011年，新设立对地方学前教育补助项目，支出100亿元；[3] 启动"农村义务教育学生营养改善计划"，支出40亿元。[4] 根据最新统计，中央财政下达2016年相关教育专项转移支付资金主要包括：支持学前教育发展资金149亿元，农村义务教育薄弱学校改造补助资金336亿元，中小学及幼儿园教师国家级培训计划补助资金20亿元，改善普通高中学校办学条件补助资金40亿元，现代职业教育质量提升计划专项补助资金177亿元，特殊教育补助资金4亿元，高中阶段学生资助专项补助资金201亿元，支持地方高校发展91亿元，地方高校生均拨款奖补资金252.7亿元。另外中央财政下达2016年城乡义务教育补助经费1345亿元（义保机制改革后的政策）。[5]

2005～2017年部分重大教育财政政策如表2所示。

表2　2005～2017年部分重大教育财政政策一览

文件列表	文件号
《国务院关于深化农村义务教育经费保障机制改革的通知》	国发〔2005〕43号
《国务院关于建立健全普通本科高校高等职业学校和中等职业学校家庭经济困难学生资助政策体系的意见》	国发〔2007〕13号
《财政部　教育部关于完善中央高校预算拨款制度的通知》	财教〔2008〕232号
《财政部　教育部　人力资源社会保障部关于印发〈中等职业学校免学费补助资金管理暂行办法〉的通知》	财教〔2010〕3号
《财政部　国家发展改革委　教育部　人力资源社会保障部关于扩大中等职业学校免学费政策覆盖范围的通知》	财教〔2010〕345号
《关于印发〈中央财政支持地方高校发展专项资金管理办法〉的通知》	财教〔2010〕21号
《国务院关于当前发展学前教育的若干意见》	国发〔2010〕41号
《财政部教育部关于进一步提高地方普通本科高校生均拨款水平的意见》	财教〔2010〕567号

---

[1] 《农村教育经费保障机制》，《中国财经报》2014年7月15日，http://www.mof.gov.cn/zhengwuxinxi/caijingshidian/zgcjb/201407/t20140715_1113083.html。

[2] 《中央财政直补地方高校：专项资金每年达50亿元》，21世纪网－21世纪经济报道，2010年10月27日，http://news.sohu.com/20101027/n276614641.shtml。

[3] 《关于2011年中央和地方预算执行情况与2012年中央和地方预算草案的报告》，中国人大网，http://www.npc.gov.cn/npc/xinwen/2012-03/19/content_1715299.htm；《中央财政下拨2015年学前教育发展资金150亿元》，http://jkw.mof.gov.cn/zhengwuxinxi/tourudongtai/201508/t20150824_1432390.html。据统计，2011～2015年，中央财政共安排支持学前教育发展中央专项资金719.3亿元。

[4] 《让学生吃得有营养更放心——全国农村义务教育学生营养改善计划工作部署视频会议综述》，《中国教育报》，http://old.moe.gov.cn//publicfiles/business/htmlfiles/moe/s6365/201202/131045.html。

[5] 《2016年中央对地方税收返还和转移支付决算表》，http://yss.mof.gov.cn/2016js/201707/t20170713_2648693.html。

文件列表	文件号
《国务院关于进一步加大财政教育投入的意见》	国发〔2011〕22号
《关于加大财政投入支持学前教育发展的通知》	财教〔2011〕405号
《财政部　教育部关于印发〈农村义务教育学生营养改善计划专项资金管理暂行办法〉的通知》	财教〔2012〕231号
《国务院关于深入推进义务教育均衡发展的意见》	国发〔2012〕48号
《财政部　国家发展改革委　教育部关于完善研究生教育投入机制的意见》	财教〔2013〕19号
《财政部　教育部关于建立完善以改革和绩效为导向的生均拨款制度加快发展现代高等职业教育的意见》	财教〔2014〕352号
《国务院关于印发统筹推进世界一流大学和一流学科建设总体方案的通知》	国发〔2015〕64号
《财政部　教育部　人力资源和社会保障部关于建立完善中等职业学校生均拨款制度的指导意见》	财教〔2015〕448号
《关于改革完善中央高校预算拨款制度的通知》	财教〔2015〕467号
《国务院关于进一步完善城乡义务教育经费保障机制的通知》	国发〔2015〕67号
《国务院关于统筹推进县域内城乡义务教育一体化改革发展的若干意见》	国发〔2016〕40号
《教育部　财政部　国家发展改革委关于印发〈统筹推进世界一流大学和一流学科建设实施办法（暂行）〉的通知》	教研〔2017〕2号

通过分析与反思"4%目标"落实的过程，可以看到：首先，"4%目标"之所以成为一种有效的资源动员策略，根本原因在于它是一个针对或面向整个教育领域的资源筹措策略，这与学者提出的生均拨款标准等策略在政治学层面上的含义不可同日而语；其次，上文提到的三方面努力——落实"4%目标"、加强教育财政体制机制建设、中央财政责任迅速扩大——彼此之间是互相联系、互为因果的。2005年后实施的一些重大教育政策，在设计上与上一届政府提出的"以人为本建设和谐社会"的执政理念高度一致，且具有共同的特点：中央政府高度重视解决政府、民众间矛盾，并且把建立和完善基本公共服务作为解决该矛盾的手段，同时建立了把地方政府、专业群体作为工作对象的思想基础，在措施上把调整地方政府行为、管制专业群体作为重点。政府对于基本公共服务的干预和支持在面上不断扩展、在量上不断增加，同时中央集权程度有所提高。在这种背景下，教育系统相关的筹资策略可以用项目化、多层次、全系统、立体化来描述。项目化，则是指"条条"系统在教育资源筹措的过程中变得愈加重要，专项经费成为体现中央意志的主要形式。多层次，是指既包括"4%目标"这种为全系统筹资的努力，也包括为某一类教育子领域、层次——例如学前教育——的努力，还包括为解决某类教育之中的具体突出问题——例如义务教育阶段的薄弱校改造——的努力。全系统，是指各个层级教育的筹资动员策略全面展开，例如学前教育、研究生教育、特殊教育、中职教育等，以前财政投入较少或中央政府较少关注，目前已经全部有专项覆盖。总的来说，财政投入由传统上优先考虑的教育层级（类型、院校）逐步向弱势的教育层级（类型、院校）扩散。与此同时，传统上优先考虑的教育层级的财政投入机制更加立体化。例如，高等教育的投入机制目前包括了助学体系、研究生经费投入和基础研究业务费等。

（二）教育财政的核心问题与挑战：学者的反思与分析

财政分权和集权，即不同的财政体制安排，对于教育发展会产生何种影响？这一问题是教育财政 2.0 时代最有吸引力的研究主题之一。

早在 1997 年，魏后凯、杨大利在《中国社会科学》发表《地方分权与中国地区教育差异》一文，讨论了中国教育财政分权化改革对地区教育发展的影响。财政分权和地方教育发展的关系，首次进入学者的讨论范畴。不过，在随后很长一段时间内，这一主题并未引起学术圈的足够重视。2005 年，乔宝云等发表《中国的财政分权与小学义务教育》一文，引领了这一领域研究的爆炸式增长。[①] 构建财政分权指标，基于计量模型讨论财政分权与教育供给数量或质量的关系，成为随后若干年这一研究领域的主要研究套路。进入 21 世纪的第二个十年，依然有大量的学术文献采用各式各样的度量指标，得出财政分权导致地方教育支出不足、教育质量下滑的结论（郑磊，2010；李祥云、陈建伟，2010；傅勇，2010；柏檀等，2015）。遗憾的是，多数研究并未意识到，随着一系列政策的出台，我国的教育财政体制在 2005 年后，已经发生了根本性的变化。

财政集权的趋势，得到了本领域之外学者的广泛关注。2002 年，陈抗等发表《财政集权与地方政府行为变化》，强调财政集权加剧了地方政府从"援助之手"到"摄取之手"的行为转变。周飞舟（2007）认为，地方政府对于土地财政的依赖，需要归因于财政集权化改革。袁飞等（2008）则分析了财政集权过程中转移支付增加对地方财政供养人口膨胀的作用。陶然等（2009）阐释了财政集权背景下，地方政府促进本地经济增长的政治经济学逻辑，并对地区"竞次性"发展模式的不可持续性问题给予了思考。方红生、张军（2014）一文中，将陶然等人的阐释命名为新财政集权理论。

如前文所说，在 2005 年之前，加大中央与省级政府对于地方事权之下的农村义务教育的投入是教育财政学者的共识。那么，当这样的设想真正实施时，将会导致怎样的后果？随着 2005 年之后中央财政集权加强、教育财政转移支付体系逐步完善，上述问题的答案得到了在现实中演绎的可能。

最直接的后果是，如上节所说，自 2005 年以来教育财政支出占比持续提升，欠发达地区学校办学条件大幅改善，各级各类教育保障机制逐步建立，"4%目标"得以实现。然而，财政集权的后果是复杂的，其他的一些后果也逐渐体现出来。

1. 政策制定难以充分考虑地区偏好的异质性

中职教育提供了一个典型案例。中职免学费政策在改善中西部地区中职教育发展现状的同时，加深了东部发达县市中职教育模式和产业用人需求之间的矛盾（田志磊，2015）。

2. 教育供给偏离本地居民的意愿

农村学校撤并提供了典型案例。丁延庆等（2016）发现，在政治集权、经济分权的

[①] 根据中国知网统计，截至 2017 年 10 月，《中国的财政分权与小学义务教育》一文被引用接近 700 次，是教育财政领域引用率最高的学术文章。

激励下，地方政府积极执行上级政策以显示忠诚和能力，再加上撤校后规模经济所带来的经费节约以及"学校进城"对于城镇化的推动，使得学校撤并政策被"过急过快过度"地实施，偏离了本地居民的意愿。

3. 教育经费使用效益的下降

在教育转移支付和中央量化考核的双重作用之下，地方政府的教育支出大幅度上升，办学条件大幅改善，但是经费使用方向和教育服务的内容和质量未能满足居民的教育偏好。实现"4%目标"后，越来越多的学者开始呼吁采取措施提升教育经费使用效益（郭庆旺、贾俊雪，2012；胡卫，2013）。

4. 公办学校办学积极性下降

集权化的教育财政体制可以有效制衡地方政府对教育偏好的不足，提高公共教育保障水平和教育均衡，但是也改变了地方的教育人事体制和教师激励机制。李小土等（2008，2010）针对西部某省 20 个县 50 个乡镇学区的研究表明，农村义务教育保障新机制实施以来，教育财政投入体制的集权引起了教师人事权的不断集中，乡镇政府逐渐退出农村教育的人事管理，取而代之的是县委组织部和县教育局。由于人事权的掌控方和教育管理方的分离，教师绩效的评估者无法掌握对于教师激励的权力，这在一定程度上扭曲了教师激励机制，一定程度上抵消了财政投入的积极作用。不少教育观察者发现，办学条件改善和生源流失并存，成为农村公办学校的常态（袁小兵，2008；李代弟，2017）。

三　未来的教育财政：新的挑战来自何处

2012 年至今，即落实"4%目标"之后，大量的政策讨论继续聚焦在政府体制内的相关制度问题上，这无疑是在教育财政 1.0 和 2.0 时代为了制衡地方政府教育供给激励的不足而采取的挂钩机制以及相应的中央集权努力所引发的政策校正压力所导致的。政策校正的观点逐渐获得了越来越大的影响力，即认为挂钩机制，在特定的历史时期，为促进事业发展发挥了积极作用，但也不可避免地导致财政支出结构固化僵化，肢解了各级政府预算安排，加大了政府统筹安排财力的难度。[①] 最终于 2013 年，中共十八届三中全会《中共中央关于全面深化改革若干重大问题的决定》提出："清理规范重点支出同财政收支增幅或生产总值挂钩事项，一般不采取挂钩方式。"2014 年 9 月，国务院出台《国务院关于深化预算管理制度改革的决定》，关于优化支出结构的表述中重申了三中全会的决定。同年，全国人大通过的《中华人民共和国预算法》也未有"挂钩"问题的规定。

在清理挂钩的决议出台之后，教育财政领域的学者开始担心，在地方政府治理结构未有重大变化的条件下，取消财政教育支出挂钩的规定，财政教育支出比例将会下降，刚刚缓解的教育经费短缺情况又将出现。在挂钩机制取消后，能否建立起新的规则，确

---

① 2016 年，在中国发展高层论坛上，时任财政部部长楼继伟表示，2012 年全国财政支出的 48% 属于挂钩事项。

保教育等基本公共服务获得可持续的财政支持，牵动人心。2016年，国务院印发《国务院关于推进中央与地方财政事权和支出责任划分改革的指导意见》，宣告事权和支出责任划分改革大框架的正式出炉。随后，无论是省以下政府事权和支出责任的划分，还是具体领域如教育事权和支出责任的划分，都陆续开始了制度构建。

然而，随着我国社会经济的不断发展，厘清政府间的教育事权和支出责任固然是应对当前教育发展的重要命题，但是，有必要认识到，当前教育领域的政府与市场之间的关系日趋复杂，这种复杂性导致的现实问题亟待研究与分析，其紧迫性已经到了刻不容缓的程度。这种复杂性主要体现在两个方面。一是教育需求出现新形势。人民对于更高质量和差异化、个性化的教育的需求整体提升，人口收入差距急剧拉大带来的教育需求分化与实施免费政策后的公共供给规范化之间出现了矛盾。二是教育供给出现新业态。传统上没有纳入政策视野的市场性主体——课外补习机构、教育科技公司以及与之相辅相成发展的以突飞猛进的信息化技术为基础的虚拟式教育供给主体——在教育现实中发挥了越来越显著的作用，成为教育供给侧的重要组成部分，改变了政府主导教育需求与供给匹配的基本格局。

这些问题导致的矛盾在前些年已经逐渐严重，但是在教育财政2.0时代全力加大教育财政性投入的运动中并未得到充分关注，而未来将有可能成为主宰教育财政政策议程的核心因素。始于20世纪80年代末的教育财政制度建设所针对的基本面问题，已经被新的基本面问题所取代。

（一）教育需求的新形势

社会阶层的分化以及随之而来的教育需求分化，必然引发教育供求匹配方式的改变。在公共基础教育体系整体质量高、对不同教育需求包容性强的地区，供求关系的匹配方式往往体现为中高社会阶层在公共教育体系内部"以房择校"①；在公共基础教育体系整体质量低、对不同教育需求包容性弱的地区，则更多体现为中高社会阶层对公共教育体系的逃离。

王蓉（2017）在2017年初提出了"教育的拉丁美洲化"问题。所谓"教育的拉丁美洲化"，是指这样一种教育格局：在人口收入差距显著的社会中，大量中高等收入的家长可能逃离公共教育体系而在私立部门中寻求更高水准的服务，公立学校特别是基础教育阶段的公立学校逐渐成为低劣质量机构的代名词。如果社会中高等教育的好学校传统上都是公立机构，如精英型的公立大学，且政府对这些机构采取高补贴或免费的政策（如

---

① 哈巍、余韧哲（2017）探讨了学校质量与房价之间的关系，也就是"学区房"现象。如作者所说，我国自1986年《义务教育法》颁布起在义务教育阶段实行就近入学政策。在小学阶段，按照地理位置邻近原则，每所学校大体划定了自身的招生服务范围，原则上仅从这一范围内招收适龄儿童入学，且只有范围内的住宅产权人才有资格获得入学名额。就近入学将入学权利与学校招生服务范围内的户籍与房屋产权挂钩，因此家庭可以通过买房选择合意的学校，这一制度安排的结果是产生了公众广为关注和忧虑的"学区房"问题。也就是说，在义务教育阶段公立学校彼此之间质量差异显著，但是在全部实施免费且严格按照就近入学分配入学机会的情况下，越来越高涨的对于优质教育的需求导致学校质量的间接定价机制——学区房的房价——越来越显性化并导致了越来越广泛的社会关注。其本质问题，如该文作者所指出的，是变相的以钱择校，使得入学机会按照家庭经济状况分配，产生群分效应。

巴西），这就会导致一种极端的且难以打破的教育不公平格局：社会的优势群体在私立中小学接受优质教育，从而得到优质低价的高等教育服务及其背后高额的公共财政补贴；与此同时弱势群体接受着较低质量的基础教育服务，难以在获得精英型高等教育机会的竞争中取胜。

"教育的拉丁美洲化"问题目前在我国不少城市的基础教育领域已经非常突出。"初中不读民办，高中、大学就进民办"，就是老百姓对"教育的拉丁美洲化"问题的形象表达。在部分一、二线城市，最好的初中学校多是民办学校，更加令人担忧的是，民办学校与公办学校的质量差距越拉越大，公办学校的劣势越来越明显。在上海，一位学者早在2005年的研究就显示公办初中发展的恶性循环问题已经非常突出，即"公办初中一方面要应付民办初中带来的生源挑战，另一方面要应对残酷的中考竞争，始终在夹缝中求生存……民办初中加强了、发展了，而公办初中更困难了"（吴国平，2005）。根据上海市2015年中考成绩，排名前十的学校全部是民办学校（中考平均分为570～590分），而公办学校中考成绩最好的平均分在560分以下。同时，民办初中学费一路上涨，每学年学费已超过万元，在免费义务教育政策推行下，民办学校和公办学校的就读费用差距日益拉大，即便这样，仍然阻挡不了家长选择民办初中的热情，一些初中报名与录取比例甚至达到10:1（李爱铭，2009）。在浙江杭州，同样也是民办学校雄霸中考江湖（赵美娣，2015）。在江苏，南京市六城区中考成绩排名靠前的基本是民办学校，很多薄弱的公办初中连中考全市平均分都达不到，办学质量不高，导致学校对家长和学生更没有吸引力，生源困难，形成恶性循环。一位公办学校校长说，"学生不是外来务工人员子弟，就是家里没钱没权的"（谈洁、钱红艳，2011）。

分析这些问题产生的根源，世界银行前经济学家克劳奇（Luis Crouch）提供了一个基于教育财政视角的思考。他认为，在收入差距急剧拉大的社会中，免学费政策可能和"教育的拉丁美洲化"问题存在联动关系。这主要是因为收入差距急剧扩大会带来人口教育需求的迅速分化，而免学费政策带来的公共教育供给则倾向于标准化、规范化，这将使得中高收入人群的教育需求无法在公立学校中得到充分满足，特别是如果实施彻底的免学费政策，杜绝公立学校任何收费，将导致这一部分人群以额外付费获取公立学校提供个性化服务的渠道被切断。在这种情况下，如果一个社会中存在私立教育部门，则高收入群体可能大量涌入私立学校，从而导致公立学校与私立学校服务人群的日渐分化（Crouch，2003）。而后果则是：贫寒家庭子弟与富裕家庭子弟的受教育机会差距越来越大，整个社会距离教育公平目标越来越远。

"教育的拉丁美洲化"与免学费政策之间的关系有待更多实证检验。不过，可以肯定的是，我国的教育需求出现了新形势，中高社会阶层对公共教育体系的逃离已经到了必须给予充分重视的程度。除了上文所述的中高收入群体对于高质量民办学校的强烈追捧，另一个突出表现是——愈演愈烈的低龄留学现象。

2004～2014年，中国赴海外的留学生人数从42.7万人增长到110万人左右，十年之间增长了1.5倍以上。《中国留学发展报告》显示，2014年，中国已成为美国、澳大利亚、加拿大、日本、英国、韩国、新加坡、德国、俄罗斯、新西兰、瑞典等国留学生的第一大生源国。重要的是，当前我国留学进入自费时代，且留学低龄化趋势凸显，高中生已经成为继研究生、本科生之后的第三大出国留学人群。北京大学"低龄留学与高中国际化"课题组调查的北京约1700名学生的样本中，超过1/4的初中生有留学意愿，超过1/3的高中生有留学意愿，学生的留学意愿随年级提升日益明确。该研究将家庭的教育需求分为因优质教育资源供给不足形成的过剩需求和因家庭对教育的特别期待形成的差异需求。在高中阶段，具有过剩需求的群体包括因户口原因、名额过少无法进入示范性高中，或者因为国内大学或名牌大学竞争过于激烈而不愿意在中国考学的学生；具有差异需求的群体包括不喜欢高中应试教育、希望通过就读国外高中为申请国外大学创造便利条件、认为国外大学或专业更优质的学生。结果发现，具有过剩需求和差异需求的学生比例分别为31.4%和62.7%。该研究结论指出："我国社会目前存在广泛的优质教育需求，然而，国内提供优质教育资源的能力比较有限，在需求与供给之间形成了巨大的鸿沟，这种供需矛盾是促使留学产生的根本原因。"（范皑皑、张蕾，2016）

（二）教育供给的新业态

教育供给侧改革的相关议题近年已经获得了很多关注。但是，到底什么供给主体构成了供给侧、有哪些教育供给的新业态，关于这些问题的讨论非常有限。除了传统的公办和民办实体学校，教育科技企业、课外补习机构、与在线教育发展相关的虚拟学校和项目，甚至教育资本市场，都是现实中的我国教育供给侧的重要组成部分，它们正在催生教育的新业态，对我国的教育创新、教育的公平与效率产生了重要影响。全面认识教育新业态，是教育供给侧改革的关键。

1. 教育科技企业

以教育科技企业获得年度投资为指标衡量其发展速度，从2013年开始，我国教育科技企业已进入快速崛起阶段。从投资数额上看，中国2015年投融资总额达到17.6亿美元。相较之下，从2013年起一直保持10亿美元以上的融资总额的美国，在2015年达到了19.5亿美元。作为后起之秀的中国，正迅速缩短双方差距并崛起为全球教育科技的代表性国家之一。[①]

更加值得关注的是，这些教育科技企业的发展导致我国教育的行业组织形态发生了显著变化。这些企业按照资源、教、学、练、测、评、管理、招生等各个环节进行业务布局，传统的教育生产方式被解构，在这个过程中形成了我们严重缺乏分析和研究的教育产业链（王莎莎，2016）。

2. 课外补习机构

有着学龄儿童的家长们大概都会认同这样的观点：课外辅导机构是人们现实生活中重要的教育供给主体（方芳、钟秉林，2014）。北京大学中国教育财政科学研究所校外培训机构治理课题组利用2017年中国教育财政家庭调查数据进行分析发现，全国的义务教

---

① 《中国教育科技现状蓝皮书：在线教育项目超3000个》，中国新闻网，http://www.chinanews.com/sh/2015/12-04/7656870.shtml。

育阶段学生课外补习的总体参与率达到 37.8%，其中农村达到 21.8%、城镇为 44.8%；部分省份参与率在 50% 以上。学期中的每周补习时长平均达到 6.03 小时，寒暑假的每周补习时长达到 16.4 小时。① 目前，许多课外辅导机构不只是辅助学生的学校功课，"假期提前上课反而影响公立学校老师教学进度""为家长提供择公立学校指导""为公立学校提供奥赛等教育服务" 等行为都体现出课外辅导机构不再是公立学校的附属与追随者，特别是课外补习与优质学校招生之间的连带关系，加剧了获取优质教育资源的机会不公的矛盾。除此之外，在丰厚资本和高素质人才涌入下，课外辅导行业对于中国教育发展趋势有了更多的话语权和主动权。特别需要指出的是，在我国城乡教育发展存在巨大差异的背景下，课外补习的高端服务仍然主要聚集在城市地区和针对优势人群，因此 "它以一种结构性排斥的方式降低了农村子弟享受这一体制外优质教育资源的可能性，进而可能结构性地改变他们在未来的教育攀爬路径"。这将直接影响农村孩子进入高中，进而进入高等教育尤其是优质高等教育的比例（庞圣民，2016）。

四　迎接教育财政 3.0 时代

在教育财政 1.0 和 2.0 时代，最主要的时代命题是：制衡中国式分权下地方政府教育供给激励的不足，确保农村居民和低收入群体的受教育机会。为此，中央政府利用大量专项和带有专项性质的一般性转移支付把财力下沉瞄准到实体学校，并通过地方财政资金配套的要求和对各级各类教育发展的考核，撬动地方政府的教育投入。整体而言，教育财政 2.0 时代的制度建设，较好地解决了这一时代的主要命题。

然而，时至今日，由于教育需求侧与供给侧的基本面问题已经改变，自 2005 年以来所建立的一系列教育财政政策已然呈现红利耗尽之势。一方面，教育需求相关的核心矛盾已经不再是或者不再主要是老百姓负担不起基本教育服务的问题，相当高比例的老百姓甚而有更强的支出意愿，目前的问题是老百姓对于更高质量、更加差异化的教育的需求远远超越了教育供给能力的问题。单纯依靠主要针对老百姓负担问题的免费义务教育、免费中职等政策已经不能应对当前复杂的教育需求形势，也难以应付优势群体与弱势群体越发加剧的教育机会与教育结果的不公平、不平等的社会矛盾。这种思考和判断与十九大报告中所说的我国社会主要矛盾是一致的，即 "人民日益增长的美好生活需要和不平衡不充分的发展之间的矛盾"。另一方面，教育供给侧的新业态意味着老百姓有了更加多元化的选择，其匹配需求与供给的主导性更强。过去那种政府垄断教育供求匹配的基本制度安排目前已经受到了挑战。我国越来越高比例的家庭甚至在全球范围内选择可以匹配自己需求的教育服务机构与形式。由于教育供给主体从实体学校转变为 "实体学校 + 课外补习机构 + 虚拟化项目与机构 + 国际化供给"，教育财政目前的瞄准方式难以综合考虑各种供给主体。

---

① 课题组负责人为北京大学中国教育财政科学研究所黄晓婷副研究员。报告已收入王蓉（2018）。

为了应对教育发展过程中激化的原矛盾和呈现的新变化，教育财政急需新的理念，新的规则。我们的初步思考如下。

1. 重新思考政府与市场的边界划分

过去十余年，教育财政的政策研究主要聚焦在体制内的问题：巩固教育因其公益属性而得到公共财政支持的合法性地位、更加合理地划分各级政府的教育支出责任等。然而在今天，市场性或市场化的供给侧主体——例如课外补习机构——已经在不为研究者充分关注的情况下逐步取得了中国教育业态中的重要地位。这些主体的背后，有可能带来更加多元和复杂的教育参与者，例如，资本市场，而我们对此并无充足的预判和分析（王蓉，2015）。

2. 设计更加精细和富有弹性的教育拨款机制

即使在实施了免费教育政策的学段，也应该进行更加科学和精细的教育成本测算，厘清其中基本性的教育服务和满足个性化需求的教育服务，制定公共财政对于基本教育服务的保障标准，同时按照个性化需求应由个人付费的原则赋予公立学校适宜的制度弹性。同时，完善公共财政对民办教育的财政支持与激励制度体系，建立公立学校拨款标准、民办学校财政补贴标准的联动机制，保障民办学校的健康发展，同时对民办学校的生源和收费施以适当的监管，鼓励更多的公益性、普惠性以及创新性导向的民办学校。

3. 逐步落实"教育财政应为教育活动而非教育机构提供资金"的原则

随着教育供给主体从实体学校转变为"实体学校＋课外补习机构＋虚拟化项目与机构＋国际化供给"，教育财政政策的瞄准对象和瞄准方式也应相应调整。在调整的过程中，需要将技术从教育财政体系设计的边缘位置移动到中心，需要鼓励数字化学习活动本身，需要考虑为非传统的但是符合公共财政负担原则的教学活动付费。

总而言之，教育财政3.0时代的核心挑战，特别是如何妥善地处理市场化主体对体制内主体的冲击及其协调发展，将格外考验政策研究者和制定者的智慧。

参考文献

柏檀、周德群、王水娟，2015，《教育财政分权与基础教育公共支出结构偏向》，《清华大学教育研究》第2期。

财政部，2001，《中国财政年鉴2000》，中国财政出版社。

财政部，2008，《中国财政年鉴2007》，中国财政出版社。

陈抗、Arye L. Hillman、顾清扬，2002，《财政集权与地方政府行为变化——从援助之手到攫取之手》，《经济学》第2期。

陈良焜等，1992，《教育投资比例的国际比较》，载秦宛顺主编、厉以宁副主编《教育投资决策研究》，北京大学出版社。

丁延庆、王绍达、叶晓阳，2016，《为什么有些地方政府撤并了更多农村学校？》，《教育经济评论》第4期。

杜育红，2000，《中国义务教育转移支付制度研究》，《北京师范大学学报》（社会科学版）第11期。

范皑皑、张蕾，2016，《全球化与高中生留学的趋势——基于中、日、韩三国的比较》，北京大学教育学院。

方芳、钟秉林，2014，《我国民办教育培训行业发展现状与对策》，《中国教育学刊》第 5 期。

方红生、张军，2014，《财政集权的激励效应再评估：攫取之手还是援助之手？》，《管理世界》第 2 期。

傅勇，2010，《财政分权、政府治理与非经济性公共物品供给》，《经济研究》第 8 期。

郭庆旺、贾俊雪，2012，《落实和用好 4%，为教育改革发展提供财政保障》，《IMI 研究动态》2012 年合辑。

哈巍、余韧哲，2017，《学校改革，价值几何——基于北京市义务教育综合改革的"学区房"溢价估计》，《北京大学教育评论》第 3 期。

胡卫，2013，《采取措施提升教育经费使用效益》，《民主》第 6 期。

蒋鸣和，2001，《中国农村义务教育投资：基本格局和政策讨论》，《教育科学研究》第 2 期。

李爱铭，2009，《初中不读民办，高中就进民办——透视民办初中高中冷热反差现象》（上），《解放日报》8 月 8 日，第 1 版。

李代弟，2017，《农村学校生源流失现象探究》，《农村经济与科技》第 16 期。

李祥云、陈建伟，2010，《财政分权视角下中国县级义务教育财政支出不足的原因分析》，《教育与经济》第 2 期。

李小土、刘明兴、安雪慧，2008，《中国西部农村教育财政体制改革与教育人事权力结构变迁》，《北京大学教育评论》第 4 期。

李小土、刘明兴、安雪慧，2010，《"以县为主"背景下的西部农村教育人事体制和教师激励机制》，《教师教育研究》第 3 期。

厉以宁，1995，《教育的社会经济效益》，贵州人民出版社。

刘明兴，2014，《中央教育财政：体制安排与支出结构的历史回顾》，北京大学中国教育财政科学研究所工作论文。

闵维方，2002，《高等教育运行机制研究》，人民教育出版社。

庞圣民，2016，《市场转型、教育分流与中国城乡高等教育机会不平等（1977—2008）兼论重点中学制度是否应该为城乡高等教育机会不平等买单》，《社会》第 5 期。

乔宝云、范剑勇、冯兴元，2005，《中国的财政分权与小学义务教育》，《中国社会科学》第 6 期。

谈洁、钱红艳，2011，《南京教育"哑铃"现象透视》，《南京日报》3 月 2 日，第 A3 版。

陶然、陆曦、苏福兵、汪晖，2009，《地区竞争格局演变下的中国转轨：财政激励和发展模式反思》，《经济研究》第 7 期。

田志磊，2015，《中职教育招生在好转么——基于 GIS 的数据可视化呈现》，北京大学中国教育财政科学研究所《中国教育财政》简报第 10 期。

田志磊、杨龙见、袁连生，2015，《职责同构、公共教育属性与政府支出偏向——再议中国式分权和地方教育支出》，《北京大学教育评论》第 4 期。

王蓉，2003a，《义务教育投入之公平性研究》，《经济学》第 2 期。

王蓉，2004a，《农村税费改革与完善农村义务教育财政保障机制》，《教育科学研究》（台湾），第 6 期。

王蓉，2004b，《我国义务教育财政问题研究：历史与展望》，2004 年中国教育经济学学术年会论文——北京大学论文集。

王蓉，2006，《农村义务教育经费保障机制改革：政策设计的若干问题》，《中国财政》第 3 期。

王蓉，2015，《如何建立兼顾公平与效率的教育财政体制机制》，北京大学中国教育财政科学研究所《中国教育财政》简报第 11 期。

王蓉，2017，《直面中国的"教育拉丁美洲化"挑战》，北京大学中国教育财政科学研究所《中国教育财政》简报第 5 期。

王蓉，2018，《中国教育新业态发展报告（2017）——基础教育》，社会科学文献出版社。

王蓉等（北京大学教育经济研究所课题组），2003b，《努力建设中国公共教育财政体制》，《人民教育》第 9 期。

王莎莎，2016，《卖方研究视角下的教育行业成长逻辑》，北京大学中国教育财政科学研究所《中国教育财政》简报第 13－2 期。

王善迈，1996，《市场经济中的教育资源配置》，《方法》第 3 期。

王善迈，1997，《社会主义市场经济条件下的教育资源配置方式》，《教育与经济》第 3 期。

王善迈、袁连生、刘泽云，2003，《我国公共教育财政体制改革的进展、问题及对策》，《北京师范大学学报》（社会科学版）第 6 期。

魏后凯、杨大利，1997，《地方分权与中国地区教育差异》，《中国社会科学》第 1 期。

魏向赤，2003，《合理安排财政支出　加大义务教育投入》，《人民教育》第 19 期。

吴国平，2005，《上海市公办初中办学状况的政策分析》，《中国教育政策评论》第 0 期。

袁飞、陶然、徐志刚、刘明兴，2008，《财政集权过程中的转移支付和财政供养人口规模膨胀》，《经济研究》第 5 期。

袁连生，1988，《论我国教育经费的匮缺——1977 至 1987 年我国教育投资的数量和比例的分析》，《教育研究》第 7 期。

袁小兵，2008，《生源流失严重公办学校成"放牛班"》，《乡镇论坛》第 8 期。

赵美娣，2015，《为什么杭州民办校雄霸中考江湖》，《中国青年报》7 月 27 日，第 9 版。

郑磊，2010，《财政分权对教育服务提供效果的影响》，《财经科学》第 11 期。

周飞舟，2007，《生财有道：土地开发和转让中的政府和农民》，《社会学研究》第 1 期。

Crouch，Luis．2003．"School Fees，Voluntary Contributions，and Educational Development：A Possible Position."

中国政府间教育事权划分与教育
财政体制改革

刘明兴　魏建国　王江璐[*]
（2017 年 3 月）

一　导论

党的十八届三中全会通过的《中共中央关于全面深化改革若干重大问题的决定》（以下简称《决定》）指出，全面深化改革的总目标是完善和发展中国特色社会主义制度，推进国家治理体系和治理能力现代化。经济体制改革是当前全面深化改革的重点，核心问题是处理好政府和市场的关系，使市场在资源配置中起决定性作用和更好发挥政府作用。《决定》为新时期转变政府职能，推进社会公共事业改革创新，着力保障和改善民生，指出了明确的战略方向和宏观思路。

基于三中全会的指示精神，在教育财政领域，要在划清中央和地方事权的基础上，积极稳妥地推动中央政府的简政放权改革，健全教育财政转移支付体系改革，做到"事权和支出责任相适应"。为此，我们首先需要正确理解中央与地方的教育事权划分，其次才能厘清教育财政转移支付体系的改革方向。

事权是一个约定俗成的说法，与其说是权力，还不如说是责任，准确地说，应被称为公共服务责任，是指各级政府依法提供各项公共服务的职责，如国防、外交、教育、卫生、社会保障等。通常划分政府间的教育财政责任，需要依据三个原则，即教育收益的外部性、教育投入的公平性和政府本身的激励兼容。

首先，根据公共产品配置效率理论，与其他公共产品提供责任的划分一样，各级政府间教育财政责任的合理划分应遵循外部性的原则，即惠及全国的教育由中央政府承担财政责任，受益范围在全省但不外溢出省的教育由省级政府承担财政责任，受益范围仅限于区县的教育应由区县政府承担财政责任。当然，教育收益外部性的强弱会受到人口

---

[*]　刘明兴，北京大学中国教育财政科学研究所教授、副所长；魏建国，北京大学中国教育财政科学研究所副研究员、副所长；王江璐，北京大学中国教育财政科学研究所博士后。

流动规模的影响。对于人口大规模流动的中国，教育的收益则具有更强的外部性，这为政府间教育财政责任的划分带来了一定的困难。

其次，各级政府教育财政责任的划分不能仅考虑配置效率，还需要从提高教育公平方面考虑。对于如中国这样省际、地市间和县际经济发展水平和财政能力差异很大的国家，如果要保持地区间教育发展水平的基本均衡，中央和省级政府就需要承担较大的教育财政责任。

最后，就我国的地方政府而言，对于各级各类教育投入的积极性存在明显差异。一种较为普遍的现象是，地方政府更加热衷于加大对高中及以上级别教育的投入力度，而忽视中等职业教育、农村基层的义务教育和幼儿教育的投入。地方政府的投入激励与外部性原则相矛盾，越高级别的教育通常具有越强的外部性（受教育者流动到其他区域的可能性会更大），地方政府反而更有积极性增加投入。这种情况影响了中央政府对于各级各类教育财政的投入政策。

针对上述问题，自20世纪90年代末期以来，我国各级各类教育财政体制都进行了较大幅度的改革，公共财政对于教育事业的投入和保障力度不断加大。中央政府在持续扩大投入规模的同时，也加强了对各级各类教育财政支持的体制机制建设，这对我国教育财政体制的改革起到了全局性、关键性的引领作用。此外，中央财政的这些改革举措对我国政府间财政转移支付体系的构建也产生了不可忽视的影响。例如，2005年推行的"农村义务教育经费保障新机制"就是中央财政健全转移支付体系过程中的一项重要制度创新。

尽管如此，在教育财政体制的实际运转中，依然存在许多突出的矛盾。依据三中全会《决定》的具体要求，本文针对当前我国教育财政经费保障中所面临的困境和挑战，提出以理顺中央地方事权关系为基础，以创新体制机制为导向，统筹兼顾财政政策、税收政策和金融政策之间的科学关系，有效发挥中央与地方、政府与市场的多重能动性，切实推进我国教育财政体制的供给侧改革。

二 中央与地方财政事权和支出责任的划分

根据党的十八大和十八届三中、四中、五中全会提出的建立事权和支出责任相适应的制度、适度加强中央事权和支出责任、推进各级政府事权规范化法律化的要求，国务院下发了《国务院关于推进中央与地方财政事权和支出责任划分改革的指导意见》（国发〔2016〕49号）（以下简称《指导意见》）。《指导意见》对于中央与地方政府的权责关系进行较为详细的阐述，结合教育财政体制改革的具体问题，我们认为要把握如下几个要点。

第一，财政体制改革的核心问题是处理好政府和市场、中央和地方的关系，使市场在资源配置中起决定性作用和更好发挥政府作用。

党的十八届三中全会通过的《决定》指出，全面深化改革的总目标是完善和发展中国特色社会主义制度，推进国家治理体系和治理能力现代化。《决定》要求："政府要加强发展战略、规划、政策、标准等制定和实施，加强市场活动监管，加强各类公共服务提供。加强中央政府宏观调控职责和能力，加强地方政府公共服务、市场监管、社会管理、环境保护等职责。"

为此，需要"进一步简政放权，深化行政审批制度改革，最大限度减少中央政府对微观事务的管理，市场机制能有效调节的经济活动，一律取消审批，对保留的行政审批事项要规范管理、提高效率；直接面向基层、量大面广、由地方管理更方便有效的经济社会事项，一律下放地方和基层管理"。也即为了厘清财政体制中的中央地方关系，首先要把握的一个原则就是"简政放权"，充分调动地方政府和社会力量的积极性。

第二，深化中央财政转移支付体系的改革，做到"事权和支出责任相适应"。

《决定》提出："必须完善立法、明确事权、改革税制、稳定税负、透明预算、提高效率，建立现代财政制度，发挥中央和地方两个积极性。要改进预算管理制度，完善税收制度，建立事权和支出责任相适应的制度。"同时，《决定》给出了划分中央和地方事权范畴的基本原则，"适度加强中央事权和支出责任，国防、外交、国家安全、关系全国统一市场规则和管理等作为中央事权；部分社会保障、跨区域重大项目建设维护等作为中央和地方共同事权，逐步理顺事权关系；区域性公共服务作为地方事权"。

《指导意见》进一步阐述了"谁的财政事权谁承担支出责任"的原则，"确定各级政府支出责任。对属于中央并由中央组织实施的财政事权，原则上由中央承担支出责任；对属于地方并由地方组织实施的财政事权，原则上由地方承担支出责任；对属于中央与地方共同财政事权，根据基本公共服务的受益范围、影响程度，区分情况确定中央和地方的支出责任以及承担方式"。

应该说，党的十八届三中全会的提法"事权和支出责任相适应"和"财力与事权相统一（匹配）"的原则在本质上是一致的，应该是政府间财政收支划分或财政权限配置所遵循的基本原则。为了保证各级政府公共服务的提供，客观上要求财力须与事权相统一，相关的公共服务必须有财政资金做保障。

第三，针对中央与地方共同财政事权，需要明确事权的准确含义，并区分情况划分支出责任及实施方式。

在中央和地方的事权划分中，特别需要关注的是对"中央地方共同事权"的界定。《指导意见》指出，"根据基本公共服务的属性，体现国民待遇和公民权利、涉及全国统一市场和要素自由流动的财政事权，如基本养老保险、基本公共卫生服务、义务教育等，可以研究制定全国统一标准，并由中央与地方按比例或以中央为主承担支出责任；对受益范围较广、信息相对复杂的财政事权，如跨省（区、市）重大基础设施项目建设、环境保护与治理、公共文化等，根据财政事权外溢程度，由中央和地方按比例或中央给予适当补助方式承担支出责任；对中央和地方有各自机构承担相应职责的财政事权，如科技研发、高等教育等，中央和地方各自承担相应支出责任；对中央承担监督管理、出台规划、制定标准等职责，地方承担具体执行等职责的财政事权，中央与地方各自承担相应支出责任"。

按照《指导意见》的表述，中央的支出责任所对应的事权中包含了"事权实施"（或"服务提供"）和"监督管理、出台规划、制定标准等职责"。中央可通过安排转移支付将部分事权支出责任委托地方承担，也可以通过中央的直属机构来实现自身的支出责任。

《指导意见》还强调，"要逐步将义务教育、高等教育、科技研发、公共文化、基本养老保险、基本医疗和公共卫生、城乡居民基本医疗保险、就业、粮食安全、跨省（区、市）重大基础设施项目建设和环境保护与治理等体现中央战略意图、跨省（区、市）且具有地域管理信息优势的基本公共服务确定为中央与地方共同财政事权，并明确各承担主体的职责"。也就是说，在《指导意见》所列出的这些公共服务事项中，中央的支出责任将会被进一步加强，特别是"事权实施"。

第四，积极推动中央政府的简政放权改革，强化省一级政府的统筹职能。

《指导意见》要求加快省以下财政事权和支出责任划分，"省级政府要参照中央做法，结合当地实际，按照财政事权划分原则合理确定省以下政府间财政事权。将部分适宜由更高一级政府承担的基本公共服务职能上移，明确省级政府在保持区域内经济社会稳定、促进经济协调发展、推进区域内基本公共服务均等化等方面的职责。将有关居民生活、社会治安、城乡建设、公共设施管理等适宜由基层政府发挥信息、管理优势的基本公共服务职能下移，强化基层政府贯彻执行国家政策和上级政府政策的责任。省级政府要根据省以下财政事权划分、财政体制及基层政府财力状况，合理确定省以下各级政府的支出责任，避免将过多支出责任交给基层政府承担"。

三　我国教育财政体制中的中央与地方的关系

为了贯彻中央的指示精神，在教育财政领域，要在划清中央和地方事权的基础上，积极稳妥地推动中央政府的简政放权改革，健全教育财政转移支付体系改革，做到"事权和支出责任相适应"。

如前文所述，对于政府的某项事权，通常会涉及两方面的内容，即"事权实施"（"服务提供"）和"监管管理"。在通常情况下，二者都是由同一层级政府行使的，但是，在某些情况下，也会出现分离，上级政府往往对下级政府的事权实施予以监管。基于此，我国的教育事权划分可以概括为：在"事权实施"与相应"监管管理"的区分方面，中等及中等以下教育的具体实施由地方政府负责（包含实施中央委托的事权），高等教育由中央政府和地方政府分别负责实施；中央政府对所有教育事权的实施具有"监管管理"权。中央政府对地方政府教育事权实施的"监管管理"权源自《中华人民共和国宪法》关于国务院职权的规定，《中华人民共和国教育法》、《中华人民共和国义务教育法》、《中华人民共和国职业教育法》和《中华人民共和国高等教育法》等关于国务院及教育行政部门相关职责的规定。

中央政府在向下级政府进行转移支付，特别是非均衡性转移支付时，往往会附带行使两方面的权力：一是提出相关标准的权力；二是提出制度创新要求的权力。这些权力都与上文提到的"事权"中的"监管权"相对应。中央政府往往通过转移支付的"资金杠杆"来实现其在支出标准和制度创新方面的一些政策目标，而下级政府以获得转移支付为"条件"来履行中央政府在地方事权实施方面所提出的一些要求。具体到不同类型的财政支出，上述两方面的权力具体的表现形式不同。例如，对于公共事业性支出，中央政府所提出的标准经常可以被理解为最低标准；而对于财政供养人口的薪酬支出，中央政府则往往会规定上限和下限。无论属于哪一种情况，地方政府都有一定的自主空间，中央政府则可以通过转移支付政策对于地方政府的实际支出标准进行宏观调控。

利用上述关于事权划分与转移支付的概念框架，可以比较清晰地理解我国的教育事权划分与转移支付的制度设计。首先，各级政府应就本级教育事权承担相应的财政支出责任；其次，中央政府对地方政府教育事权的具体实施享有监管权。这主要体现在以下几个方面。

（1）制定一定标准的权力，例如办学的软硬件标准和财政投入的生均标准。在实践中，中央政府所制定的标准通常是指公共财政的最低支出保准，或者最低保障标准。

（2）要求或鼓励地方政府进行教育体制机制创新的权力。

（3）中央政府有权监管地方政府落实政策目标的实际情况，并制定相应的奖惩标准。

相应地，中央政府（上级政府）可以通过转移支付的形式为地方政府教育事权承担一定的财政支出责任。同时，中央政府可将实现其特定的教育政策目标（监管权）作为地方政府获得相应转移支付的条件要求。这通常包括以下几个方面。

（1）中央政府出台相关标准规定，并要求地方政府落实。中央可根据地方执行的实际情况（地方的实际支出标准），通过转移支付进行奖惩和调控。

（2）如果地方政府的实际财力的确难以完成中央政府的政策目标（如某个水平的办学或者财政投入标准），则中央可根据事权执行的难易程度和地方政府的实际财力状况，进行适当的补助。

（3）中央设立专项资金，鼓励地方政府推动某项教育事业的体制机制创新。

需要注意的是，我国目前仍处于体制转轨时期，相对于政府间事权的划分而言，政府和市场的边界显得更不清晰，这是转轨时期所面临的普遍问题。同时，中国各地区经济和教育发展水平的差异很大，中央政府难以确立一致性的事权规则，来明确政府和市场之间的边界。尽管如此，在相关的"顶层设计"或"立法"中，就事权安排的大致框架还是可以做出规定的，地方政府可以在中央立法规定的一定限度内进行改革和制度创新。以中职教育为例，基于各国的做法（当然，这种借鉴是很有限的，各国情况不同）和我国的历史实践，尽管在处理政府和市场的边界问题时，目前还需要进一步探索，但是，把这一事权划归地方政府，应该是没有多大异议的。这样，中央政府就可以对"中职教育"进行"顶层设计"，"中职教育"的事权属于地方政府，而在办学机制和办学模式方面，特别是处理政府和市场的关系、办学经费的政府负担和个人负担方面，目前还没有有效的做法，需要进一步探索。那么中央政府就可以在相关的顶层设计中设计专门针对中职教育制度创新的"转移支付"，通过资金诱导实现改革目标。

四 省级统筹改革的困境与出路

我国现行的教育转移支付体系中已经比较充分地体现了上述事权划分框架，但其中尚存在诸多不完善之处。例如，中央的"监管性权力"在教育政策实操中究竟应该把侧重点放在哪些具体领域和问题上，又如何制定对于地方政府有力的奖惩措施？中央究竟应该"管到多细"？如果中央管得过多，那么地方政府是否会将支出责任层层上推至中央？如果简政放权的步子过快，中央政府是否会失去一些有效的"抓手"？

（一）省级统筹体制改革的基本内涵

为了解决这些现实难题，自 21 世纪初以来，中央政府一直尝试通过深化省级统筹体制改革来进一步明晰各级政府的教育事权和支出责任，并强化对于各级地方政府的激励约束措施。

2001 年开始，中央政府开始提出有关义务教育经费省级统筹的要求，五年后修订的《中华人民共和国义务教育法》（以下简称《义务教育法》）中将此制度落定为法律条款。在 2001 年之前的义务教育经费都是以县及以下政府和居民负担为主的，这一点与 1992 年的《中华人民共和国义务教育法实施细则》相对应，即"地方各级人民政府设置的义务教育学校的事业费和基本建设投资，由地方各级人民政府负责筹措"。然而，在 2001 年的全国农村工作会议之后，情况开始得到改变，而这个改变的基本财政前提是分税制后的财政集权，中央开始加大转移支付规模，以及限制基层行政事业单位的收费权力。因此，在《国务院关于进一步加强农村教育工作的决定》中提出了三个方面的义务教育经费的分担机制：第一，中央、省和地级市通过转移支付增加财政困难县的转移支付责任，其中省级政府均衡省内各县财力，逐县核定并加大对财政困难县的转移支付力度；第二，省级人民政府统筹安排以确保教师工资按时足额发放；第三，县级政府负担本级地方教育发展规划并安排经费使用。而到了 2001 年的《国务院关于基础教育改革与发展的决定》中，省级统筹的范围扩大，不仅包括了农村教师的工资问题，还包括了规划布局、农村教育经费和教师管理等多个方面。

2005 年"农村义务教育经费保障新机制"是中央财政健全转移支付体系过程中的一项重要制度改革，其基本原则是"明确各级责任、中央地方共担、加大财政投入、提高保障水平、分步组织实施"，也就是说，将农村义务教育全面纳入公共财政保障范围，建立中央和地方分项目、按比例分担的农村义务教育经费保障机制。在 2006 年对《义务教育法》的修订中，对各级政府的义务教育责任做出了更加明确的规定，在法律上规定了省级政府对义务教育经费的统筹责任，即义务教育的经费投入实行的是"国务院和地方各级人民政府根据职责共同负担，省、自治区、直辖市人民政府负责统筹落实的体制"，农村义务教育所需经费，则由各级人民政府根据国务院规定"分项目、按比例分担"。同时，对于省级统筹的实现方式，本法的第四十六条规定，"国务院和省、自治区、直辖市人民政府规范财政转移支付制度，加大一般性转移支付规模和规范义务教育专项转移支付，支持和引导地方各级人民政府增加对义务教育的投入。地方各级人民政府确保将上级人民政府的义务教育转移支付资金按照规定用于义务教育"。

此后，关于义务教育的经费统筹出现在中央的各个文件中。例如，2008 年出台的《国务院关于做好免除城市义务教育阶段学生学杂费工作的通知》中，提出了省级人民政府对确保免除城市义务教育阶段学生学杂费工作要加强领导，明确责任，落到实处。"要强化省级统筹，制定切实可行的实施方案，确定省和省以下各级人民政府的经费分担责任，落实所需资金。要足额安排城市义务教育阶段学校预算内公用经费，确保学校运转水平逐步提高。"紧接着，《国务院办公厅转发人力资源社会保障部财政部教育部〈关于义务教育学校实施绩效工资的指导意见〉的通知》，规定了自 2009 年起全国义务教育学校教师实行绩效工资，并提出按照以县为主、经费省级统筹、中央适当支持的原则，确保义务教育学校实施绩效工资所需资金落实到位。

2010 年《国家中长期教育改革和发展规划纲要（2010—2020 年）》（以下简称《教育规划纲要》）重申了《义务教育法》有关义务教育财政体制和省级统筹的规定，提出了"义务教育全面纳入财政保障范围"，实行国务院和地方各级人民政府共同负担，省、自治区、直辖市人民政府负责统筹落实的投入体制。对于义务教育的投入需要"进一步完善中央财政和地方财政分项目、按比例分担的农村义务教育经费保障机制，提高保障水平"。在这里省级统筹主要包含了两个方面：一是合理确定各级各类学校的办学条件、教师编制、成本分担等方面的实施标准；二是省级政府统筹本省域内义务教育发展规划，统筹安排财力，依法落实发展义务教育的财政责任，强化省级政府在发展义务教育方面的支出责任和对省以下财政的转移支付能力。相比"新机制"的改革，这个文件将"省级统筹"从"统筹经费投入"扩大到"制定各级各类教育的办学支出标准"，是中央政府进一步简政放权思路的体现。

2012 年《国务院关于印发国家基本公共服务体系"十二五"规划的通知》（国发〔2012〕29 号）（以下简称《"十二五"规划》）全面强化了省级政府在教育、就业、社会保险、社会服务、医疗卫生等领域基本公共服务的支出责任。"省级统筹"的政策内涵被表述为"编制实施省级基本公共服务专项规划或行动计划，以国家基本标准为依据制定本地基本公共服务标准体系，并加强对市县级政府的绩效评价和监督问责"。也就是说，相对于《教育规划纲要》，此文件将"省级统筹"扩大到整个公共服务领域，即"省政府负责制订地方公共服务支出标准体系，并承担相应的支出责任"。

《教育规划纲要》和《"十二五"规划》对"省级统筹"做出了相对清晰的界定，而《国务院办公厅转发财政部关于调整和完善县级基本财力保障机制意见的通知》（国办发〔2013〕112 号）则提出了可操作的政策措施以及相对之前文件更加细致的条款，这里包括了以下几个方面。①由财政部制定县级基本财力保障机制的国家保障范围和标准，并根据相关政策和因素变化情况，建立动态调整机制，适时予以调整。②省级财政部门在国家保障范围和标准的基础上，结合地方实际，适当扩大保障范围和提高保障标准。③公共财政对县级基本财力的保障范围主要包括公用经费、人员经费、民生支出以及其他必要支出等。其中，公用经费包括办公费等商品和服务支出、办公设备购置等其他资本性支出等；人员经费包括国家统一出台的基本工资、奖金和津贴补贴，离退休人员离退休费，工资性附加支出，地方津补贴等项目；民生支出主要包括中央统一制定政策，涉及农业、教育、文化、社会保障、医疗卫生、科学技术、计划生育、环境保护、保障性住房和村级组织运转经费等项目的支出；其他必要支出包括必要的基本建设支出以及其他社会事业发展支出。④健全县级基本财力保障激励约束机制，同时加大奖补资金支持力度，建立县级基本财力保障机制绩效评价体系，依据对各地县级财力保障水平、县级财力均衡和县级财政管理水平等情况的评价结果分配奖补资金，充分发挥激励约束作用，督促和引导地方完善省以下财政体制，提高县级财力保障水平和财力均衡度。⑤从2014年起，对县级财力水平、县级财力占全省财力比重、县级财力均衡度低于规定标准的地区，中央财政将采取严厉措施，扣减所在省的均衡性转移支付或税收返还，直接下达并分配到县级政府，同时由财政部报请国务院予以通报批评或勒令整改。

随着城乡免费义务教育的全面实现，县域内义务教育均衡发展水平的不断提高，为了解决城乡义务教育经费保障机制有关政策不统一等问题，近两年来在整合农村义务教育经费保障机制和城市义务教育奖补政策的基础上，提出了建立城乡统一、重在农村的义务教育经费保障机制的方案。于是，在《国务院关于进一步完善城乡义务教育经费保障机制的通知》（国发〔2015〕67号）和《关于印发〈城乡义务教育补助经费管理办法〉的通知》（财科教〔2016〕7号）中省级统筹制度发生了若干新的转变，具体包括以下内容。

（1）为建立统一的中央和地方分项目、按比例分担的城乡义务教育经费保障机制，整合了农村义务教育经费保障机制和城市义务教育奖补政策，遵循"城乡统一、重在农村，统筹安排、突出重点，客观公正、规范透明，注重实效、强化监督"的原则。整合内容包括：统一城乡义务教育"两免一补"政策，统一城乡义务教育学校生均公用经费基准定额，巩固完善农村地区义务教育学校校舍安全保障长效机制，以及巩固落实城乡义务教育教师工资政策等。同时废除了2004年以来关于公用经费支出、以奖代补等一系列文件，旨在以新出台的文件和拨款标准为参照，统一在新的文件中。

（2）进一步强化对省统筹机制中省及以下内部制度的建立。中央统一确定全国义务教育学校生均公用经费基准定额之后，省级人民政府制定实施方案和省以下各级政府间的经费分担办法，完善省以下转移支付制度，加大对本行政区域内困难地区的支持。各省（区、市）要将实施方案、省以下资金分担比例和家庭经济困难寄宿生贫困面报财政部、教育部。此外，强化绩效管理的内容中加入了省级统筹机制，包括要细化预算编制，硬化预算执行，县级政府对学校的运转有保障责任。

（3）具体提出了经费管理和核算的相关部门，体现了协同各部委之间关系的指导思想。具体而言，补助经费由财政部、教育部共同管理。教育部负责审核地方相关材料和数据，提供资金测算需要的基础数据，并提出资金需求测算方案。财政部根据中央转移支付资金管理相关规定，会同教育部研究确定各省份补助经费预算金额。省级财政、教育部门明确省级及省以下各级财政、教育部门在经费分担、资金使用管理等方面的责任。

（4）将民办学校纳入了统筹范围，统筹范围包括：将民办学校纳入本地区教育布局规划，加强对义务教育民办学校的管理，民办学校学生免除学杂费标准按照中央确定的生均公用经费基准定额执行。

因此，相较于 2012 年左右的文件，近两年的政策中又将城市义务教育经费和民办学校生均经费补助纳入了整个义务教育的统筹政策中，是财政支出责任不断扩大的体现。

（二）省级统筹体制改革的现实困境

"省级统筹体制改革"在政策思路上最根本的转折点在于，扭转以往由中央政府核定各项财政支出标准的"顶层设计"的做法，改为在中央制定最低保障标准的基础上，由省政府自下而上制定本省的各类公共支出标准及其动态调整的原则。省政府基于本省的公共支出标准体系的实施情况，完善省以下转移支付体系。中央再根据各省的实际情况，针对财力缺口进行奖补。

现实中，教育部门的办学标准体系，乃至整个地方公共服务部门的支出标准体系（包括各项支出标准和联动系数），都很难在中央层面自上而下地制定出来，而需要由各省根据自身的实际情况，以省级统筹的方式逐步形成。此点是构建一个稳定的、长期性的转移支付体系的基础。过度依赖中央政府，其实带来了不利的局面：一方面，中央财政不断加大对各级各类教育的支持力度；另一方面，各级各类教育却始终都声称本部门的财政投入没有受到充分的重视。

中央政府应该保持对教育支出最低保障标准的制定权，并根据实际需要逐步提高保障标准。通过对支出标准的调整，中央财政进而可以调控全国的教育财政投入，而过去盯住教育财政支出比的做法应当被逐步弱化。《中华人民共和国教育法》关于"两个提高、三个增长"的规定，虽然在统计上为提高教育财政投入提供了一个有力的"抓手"，但未必有利于划清各级政府的教育财政责任，故而应当朝着"中央调控、省级统筹、构建标准、科学增长"的方向进行改革。

不过，从近年的实践来看，教育财政"省级统筹"的内部构建和落实遇到了多方面的问题。在不同的政策文件中，对于省级统筹的内涵和外延一直在变，并没有完全统一起来。

例如，《国务院关于基础教育改革与发展的决定》（国发〔2001〕21 号）中，省级统筹指的是对教师工资，特别是农村教师工资的统筹；《国务院关于深化农村义务教育经费保障机制改革的通知》（国发〔2005〕43 号）中又加入了"两免一补"、公用经费等内容；2010 年的《国家中长期教育改革和发展规划纲要（2010—2020 年）》将"省级统筹"从"统筹经费投入"扩大到"制定各级各类教育的办学支出标准"；在《国务院关于进一步完善城乡义务教育经费保障机制的通知》（国发〔2015〕67 号）和《关于印发〈城乡义务教育补助经费管理办法〉的通知》（财科教〔2016〕7 号）中，则将城市义务教育经费和民办学校生均经费补助纳入了省级统筹的范畴。

虽然"省级统筹制度"的保障范围越来越大，但是由于基层政府的实施并不可能完全按照每一个政策文件实施，即便是有部分做出了省级统筹安排的省份，在现实中也极少出台细则，包括如何统筹、如何划分分担比例、如何拨付等。同时，伴随着"省级统筹"体制内涵的不断调整，省级统筹的相关评价标准、配套政策和监督机制并没有建立起来，现行的文件规定尚难以规范和引导地方政府的偏好和行为。

原则上讲，构建教育财政的省级统筹体制，要使之与县级财力保障机制充分对接［见《国务院办公厅转发财政部关于调整和完善县级基本财力保障机制意见的通知》（国办发〔2013〕112号）〕。这样，既有助于将教育支出的标准与其他公共服务支出标准进行有效衔接，也有助于建立健全针对省级统筹体制的激励措施。

简言之，在现行的财政体制之下，中央财政可以在"县级基本财力保障机制"的框架内，重新核定县级基本财力的保障范围（包括人员经费、公用经费、民生支出以及其他必要支出等）和保障标准。这里的"保障标准"应视为各省所制定的公共支出标准的下限水平。对于地区之间的各类公共支出差距，结合中央政府对于各项公共事业发展的要求，中央财政应通过均衡性转移支付补助省级财力缺口，并综合运用激励性、保障性和考核性奖励的方式，调动地方政府自行平衡预算收支和确保公共投入的积极性。不过，现行体制的运转尚不完善，这制约了省级统筹体制改革的功效。

（三）完善省级统筹改革的若干要点

第一，在制定支出标准体系的过程中，需要充分联合中央政府各个部门的力量，才能进一步要求省级政府出台更细化的、切合本省情况的基层财力综合保障机制，细化公共事业单位内部的各项支出保障标准。事实上，如果各个部委之间不能联动起来，就难以对地方政府进行有效的激励，支出责任的压力就会不断上移到中央，文件中的责任划分原则最终很难落实。

第二，建立健全以省级统筹为基础的公共支出标准化体系，中央还需要进一步地简政放权，在强化省级政府责任的同时要赋予其相应的权力。例如，针对教师工资的省级统筹，可以把教师基本工资和绩效工资标准的制定权下放到省级，而中央仅进行工资总量的地区间调控，同时控制省会城市和县级的差距。

第三，为了激发教育市场活力，在政策调控的目标对象上，不能仅针对预算内的经费标准及其分配规则，必须将教育经费总量的调控考虑进来，统筹调控预算内经费和多元化筹资的预算外经费，并在二者之间建立关联性的激励机制，调动地方政府主动吸纳民间资本办学的积极性。

第四，省级统筹体制中的支出目标需要与税收政策联系起来。在考虑多元化教育筹资的基础上，为了加大民间资本进入教育领域，如果对企业投入的教育事业部分可以按照比例减免税收或是教育费附加，就能够直接激励企业对教育的当期投入。换言之，仅仅强调支出责任的统筹，并不足以调动社会层面的积极性。

第五，省级统筹体制需要考虑地方财政跨时期的经费安排。当前，"省级统筹"的调控目标仅限于当期的资金支配，并不涉及政府部门的跨时期的发债政策。而"省级统筹"得以顺利实施的一个基本前提是，硬化地方政府的预算约束，否则地方的支出责任会通过金融系统再次转嫁到宏观经济层面。

第六，省级统筹的支出政策需要与"盘活存量"的政策目标挂钩。在财政收入增速下行的时期，盘活资产和提高资金使用效率是缓解财政压力的必要手段。事业单位通过盘活存量，增强自身的流量经费筹措能力，财政可以通过贴息和税收减免的方式对其表示鼓励。当资产利用率被提高时，对于那些盘活资产存量较多、吸纳民间资本较多的地区，应当给予更大的税收减免权和地方发债权，而不仅仅是财政补贴。

五　关于完善教育财政统筹机制的政策建议

（一）在中央和省级的调控目标中加入预算外的经费支出水平

"省级统筹"存在的第一个问题在于仅针对预算内教育经费支出进行统筹，没有考虑预算外即多元化筹资的介入。因此，在中央和省级的调控目标中不仅需要现有的预算内经费保障体系和标准，还要加入针对预算外收取的经费支出水平，并将两个标准挂钩，以鼓励学校进行多元化筹资。

在缓解财政压力并且保证教育系统运转的要求下，教育经费的多元化筹资渠道需要放开。值得注意的是，这里所说的多渠道筹资已经不再是仅仅局限于以往强调的后勤社会化、收取学费、银行贷款等传统粗放型的集资方式。新的统筹体制需要从教育部门提供服务产品的角度，将政府保障中的基本公共服务和非基本公共服务分开。虽然基本公共服务和非基本公共服务都是指向外部性较大的公共事业，大多数人也接受这样一个观点，那就是，基本公共服务属于公共财政的保障范围，而非基本公共服务的市场化，主要指利用市场机制，通过社会与政府合作，增加和提升社会资本对于投资非基本公共服务的数量和质量。

值得注意的是，现有的大部分文献中只是将基本和非基本公共服务按照服务对象或者服务领域做了简单的区分，例如义务教育属于基本公共服务，幼教、专业培训和继续教育等属于非基本公共服务。以上已经谈到，在财政收入增速放缓的现实情况下，如此划分已经无法满足公共财政和改革的需要。因此，本文提出，应该按照对于教育部门进行支出功能分类的改革来对教育成本进行分类，在此基础上剥离目前公立学校中的基本公共服务和非基本公共服务。比如，对于义务教育中按照课程大纲的基本课程所发生的相关费用，如课本、设施、水电等，都应该纳入基本公共支出的范围内，而超出课程大纲的课程或者兴趣班等，所产生的成本可以通过收费或者其他方式来解决，而不是简单地按照教育类别来确定是否为公共财政所承担。根据各类成本和费用的发生方式和金额，较为完整和精确地测算生均总经费。

与此同时，允许教育部门和学校采取多元化筹资提供非基本公共服务时，财政可以予以一定的激励，可以根据多元化筹资的金额按比例奖励，也可以对投入的企业直接减免教育费附加等税收。只有这样才能做到把公共支出标准化体系建设与经费总投入水平体系挂钩，而不仅仅是与预算内经费投入挂钩。

（二）"省级统筹"需要税收分权政策

2016 年 11 月 30 日，在国务院常务会议上，李克强总理提出 2017 年公共财政要过"紧日子"，同时将继续大力实施减税降费政策，为企业发展减负的同时激发市场活力、培育税基。可见，在财政收紧的同时如何做到减税降费是 2017 年政府工作的基本课题之一。

作为财政政策调节的有效杠杆，税收政策在教育领域的使用可以从以下几点入手。

第一，在宏观调控中，可以将地方教育费附加的减免权下放到地方政府，对于那些直接对学校进行投资的企业资金进行税收减免。

第二，教育费附加的减免权下放后，将拉动企业对于学校的投资，政府应当根据实际数据测算减免的税费撬动了多少对于教育部门的投入，由此发展出一套针对减税和市场资金投入的评价机制，并通过这个评价机制进一步拉动民间资本投入教育行业，同时也规范政府的减免税行为。

第三，为了更好地将税收减免放入"省级统筹"的制度建设中，政府可以针对减免税这个杠杆发挥效力的高低，与经费调控的目标挂钩。对于减税效果好的地区，可以进一步下放省内财政支出调控的权力。这样，就在财政投入、企业投入和家庭投入三者之间进行了统筹安排。

过去若干年，地方政府为了招商引资随意出台的税收减免政策，不仅导致地区间的恶性竞争，也导致了各种寻租的发生。另外，从决策部门的角度来看，被反复争论的是，减税政策的实施会导致财政规模收入的减少，在财政支出刚性日益加大的情况下，阻力会较大。但是，只要其最终结果是可以缓解财政的支出压力的，实质上就是降低了公共财政的支出成本。进一步，通过测算实际对于缓解公共财政的作用，反过来重新评估减税政策的实施效果。这样既可以促进本地的教育投入，又可以软化财政支出和税收刚性，为简政放权铺路。

总之，在收入政策下加入税收减免政策，需要一个完整和具有长期规划与动态调整的评价机制作为辅助，才可以起到积极的拉动作用。

（三）"省级统筹"的政策设计需要建立健全跨时期动态调控机制

在考虑跨时期交易的财政与金融政策时，要涉及若干制度的建立，包括风险分担机制、地方政府的发债以及建立发债政策与经费标准调控挂钩的激励和评价机制。

第一，建立风险分担机制是跨时期动态调控政策的基础。我国地方政府发债制度的基本格局是：中央管制了债券的发放规模和价格，债券发放本身也没有建立相应的抵押担保机制，这最终使中央政府隐性承担了地方债务的风险。一旦出现金融违约，风险就会转嫁给中央财政，让中央财政或者政策性银行为地方政府兜底。

2016 年 10 月 27 日国务院办公厅出台的《地方政府性债务风险应急处置预案》，提出了对地方政府性债务采取分级负责的机制，即"省级政府对本地区政府性债务风险应急处置负总责，省以下地方各级政府按照属地原则各负其责。国务院有关部门在国务院统一领导下加强对地方政府性债务风险应急处置的指导"。文件依据不同类型的政府性债务设置了不同的承担主体，目的在于，实现债权人和债务人依法合理分担债务风险。例如，地方政府债券，由地方政府依法承担全部偿还责任，对非政府债券形式的存量政府债务，可以按照《中华人民共和国合同法》有关规定分类处理等。也就是说，即日起，中央将不会对地方政府的债务进行全面兜底。在这个背景下，建立健全更加细化的风险分担机制对控制地方政府性债务风险起着重要作用。

第二，通过地方债的发放为教育部门注入流动性，需要达到盘活存量资源的政策目标。只有建立中央和地方合理的风险担保机制，才可以为公共部门进行证券化奠定有效的制度基础。一方面，风险分担机制有助于硬化地方政府预算约束，抑制地方扩张债务规模的冲动；另一方面，债券的价格才能够市场化浮动，潜在风险才可以通过市场化机制显示出来（债券定价本身体现了市场对于金融产品的风险评估），进而才可以进行有效的宏观调控，中央财政及政策性银行也就减轻了替地方公共部门的债务进行兜底的负担。

与教育系统融资的发债相对应，可抵押物一般包括两个方面：一是政府部门存量资源，包括固定资产、无形资产、土地、股权等，但不限于教育部门，也可以是其他的政府部门的资产；二是学校或其他政府部门未来收入的现金流。当发债规模较小时，可以只用未来收入的现金流做抵押，未来现金流包括学费、后勤运营的收入等。如果发债规模巨大，就必须使用存量资源做抵押。也就是说，只要跨时期的资金筹措安排得当，就可以激励地方政府盘活既有的存量资源，包括通过混合所有制改革的方式拉动民间资本的进入。

第三，建立发债政策与经费标准调控挂钩的激励和评价机制。为了避免发债带来的高杠杆率而引发的金融风险，并拉动资金投入，需要建立与经费标准调控挂钩的激励机制和风险控制机制（评价机制），而这个机制需要覆盖两个方面：一是对地方政府总体负债率的调控，包括设定一定的总体负债上限，或者区分公共部门的属性设定负债上限，例如，对于一些低收费乃至免费的教育单位，必须严控负债率；二是评估由发债所拉动的教育经费投入总量。

在具体的激励措施方面，主要是把省级统筹的经费标准调控体系与地方政府的债券价格进行挂钩，即把对债券进行贴息作为一项财政奖补机制。在开放了企业购买公共部门的债券后，为了激励民间资本的投入，可以根据地方经济状况的差异，对贴息的范围和额度进行区分。在经济欠发达地区，教育部门长期以来相较于发达地区更加依赖转移支付，民间资本进入教育领域的积极性也会被削弱。政府势必要提高债券利率才可以吸引更多的资金注入。因此，为了支持落后地区的教育事业发展，同时缓解财政对于落后地区的支出刚性，在贴息政策中，中央对于落后地区的高利息债券补贴更加倾斜。

债券贴息的政策目标主要是提高省级统筹运转的实际绩效，既要控制跨时期的风险，也要拉动社会资源的投入。只有在这个多向的激励框架之下，省级统筹的跨时期动态调控机制才可以逐步完善起来。

（四）"省级统筹"需要将流量资金的分配与存量资产的盘活挂钩

在财政收入增速下行的时期，盘活资产和提高资金使用效率是解决公共财政部门问题的必要手段，存量盘活与以上所提及的风险分担、抵押机制还有所不同，内涵要广泛很多，而这也成为整个省级统筹体制改革中最为复杂的一个过程。但是，现有的盘活存量的文件中大多数是对存量资金的盘活和回收，例如《关于盘活中央部门存量资金的通知》（财预〔2015〕23号），并没有将市场的机制考虑进去。

在这里，我们可以借鉴一下20世纪90年代下半期的经验，面对宏观经济通货紧缩、地方财政运转困难的问题，教育部门的存量盘活是通过放权来实现的。例如，对于高等教育而言，在国家强化对于央属高校的投入的前提下，开放了大学的社会融资渠道，同时通过大学扩招的政策刺激，提升了全社会对于整个教育体系的需求，使得从基础教育开始到高等教育的各级各类教育的入学率都同步提高，这是一个将供给侧分权和需求侧干预有效结合的政策实践。与此同时，在财政投入不足，转移支付体系尚未完善之时，中央通过充分给予地方自主权发展教育，形成了各种合作和多元化筹资的办学模式，虽然其间关于教育乱收费等问题一直被诟病，但是整个教育体系还是保持了快速发展的势头，这在当时的宏观经济环境下是难能可贵的。当然，90年代的改革措施也的确存在许多弊端，而这也恰好是省级统筹体制改革所要重点解决的问题。

首先，和对债券贴息的政策一样，盘活资产首先需要对公共部门的资产、资金甚至服务进行估值。只有通过估值之后，政府才得以了解一个公共事业部门所控制的资源的类目和数量，以及这些资源已经产生或者未来将会产生的相应的服务供给的内容和数量。这与企业的资产收益率类似。在教育领域，同样可以借助类似于"支出功能分类"的政府会计制度改革，对教育资产和成本的发生进行全面清理和估算。在这里引入省级统筹，则必须开始对事业单位进行价值评估，这对于盘活存量来说属于基础性的工作。

其次，通过教育混合所有制改革来盘活资产。对于学校产权的改革，最关键的改革要点在于，要使得要素价格管制产生的隐性收益显性化。在这里，可以参考集体企业进行股份合作制改造的例子。对于学校的占地，政府可以降低土地供给的价格，但是需要把这部分的折价显性化；对校舍而言，可以以租赁收益贴现折价入股；对公办学校师资而言，可以按照未来年限的教师工资（5年或10年）贴现入股；对推进教育技术现代化而言，可以让高新企业以技术方式入股。于是，当产权可以被定价的时候，根据产权制定的合约本身所带来的产权也就是清晰的了。虽然在国有企业和集体企业的改革过程中，股份的划分和比例并不是以唯一标准确定的，其间在市场逻辑得以正常运行之前，需要通过政治的手段来划分股权如何界定。通过一系列的博弈，市场的逻辑最终还是被催生出来了。因此，可以借助集体企业股份合作制改造的经验，达到产权清晰的目的。

最后，建立针对盘活资产改革效果的评价体系和政策激励机制。事业单位通过盘活存量，增强自身的流量经费筹措能力，财政可以通过贴息和税收减免的方式对其表示鼓励。当资产利用率被提高时，对于那些盘活资产存量较多、吸纳民间资本较多的地区，应当给予更大的税收减免权和地方发债权，而不仅仅是财政补贴。

总之，在当下财政增速放缓、中央财政支出刚性不断被扩大的情况下，急需借助市场本身的力量来助推省级统筹体制的改革。我们需要厘清政府、企业和家庭的不同责任，即政府的责任是对公共部门中的基本公共服务进行保障；企业则可以通过入股或者购买债券等方式向教育部门注资，承担提供相应的非基本公共服务的职责，政府可以通过减免税收、贴息以及奖补资金的方式予以激励；家庭的责任则与传统相类似，通过使用者偏好和付费方式对市场上的教育产品进行选择。在区分了三者的不同职责的基础上，省级统筹体制需要将中央财政的转移支付政策与各项财政支出和收入的分权措施有效地结合起来，其目的在于进一步硬化地方政府的预算约束，提升预算内资金的投入对于预算外资金和存量资源盘活的推动效应，调动各个层面对于教育的投入积极性，从而实现教育财政供给侧改革的宏观目标。

直面我国的"教育拉丁美洲化"挑战

王　蓉[*]

（2017 年 3 月）

我国的"教育拉丁美洲化"问题确实已经到了不得不重视的程度，迫切需要相应的政策对策。

"教育拉丁美洲化"是指这样一种教育格局：在人口收入差距显著的社会中，大量中高等收入的家长可能逃离公共教育体系而在私立部门中寻求更高水准的服务，公立学校特别是基础教育阶段的公立学校逐渐成为低劣质量机构的"代名词"。如果社会中高层次教育的好学校传统上都是公立机构，如精英型的公立大学，且政府对这些机构采取高补贴或免费的政策，如巴西，就会导致一种极端的且是难以打破的教育不公平格局：社会中的优势群体在私立中小学接受优质教育，从而得到优质低价的高等教育服务及其背后高额的公共财政补贴；与此同时，弱势群体接受着较低质量的基础教育服务，难以在获得精英型高等教育机会的竞争中取胜。

"教育拉丁美洲化"问题在我国不少城市的基础教育领域已经非常突出。媒体报道中家长圈流传的一句话，即"初中不读民办，高中、大学就进民办"，就是老百姓口中的"教育拉丁美洲化"问题的形象表达。在这些城市，最好的初中学校几乎已经是民办学校的天下，更加令人担忧的是，民办学校与公办学校的质量差距越拉越大，公办学校的劣势越来越明显。在上海，一位学者早在 2005 年的研究就显示公办初中发展的恶性循环问题已经非常突出，即"公办初中一方面要应付民办初中带来的生源挑战，另一方面要应对残酷的中考竞争，始终在夹缝中求生存……民办初中加强了、发展了，而公办初中更困难了"（吴国平，2005）。根据上海市 2015 年中考成绩（平均分），排名前十的学校全部是民办（中考平均分为 570～590 分），没一所是公办，而公办学校中中考成绩最好的，平均分都在 560 分以下。再从中考分流情况看，民办毕业生进入市、区重点高中的比例很高，而公办毕业生进入职校、技校的比例很高。[①]　同时，民办初中学费一路上涨，每学年学费已超过万元，在免费义务教育政策推行下，民办学校和公办学校的就读费用差距日益拉大，即便这样，仍然阻挡不了家长选择民办初中的热情，一些初中报名与录取比

---

[*]　王蓉，北京大学中国教育财政科学研究所教授、所长。

[①]　《上海小升初择校从中考成绩看公办和民办的区别》，http://sh.aoshu.com/e/20160516/57395fd5cf0c4.shtml，2016 年 5 月 16 日。

例甚至达到 10∶1（李爱铭，2009）。

在浙江杭州，同样也是民办学校雄霸中考江湖（赵美娣，2015）。2015 年中考成绩数据显示，在全市的 500 分以上考生中，来自民办学校的学生超过 90%。中考高分比例民办公办学校严重失衡，差距呈逐年扩大之势。[①] 在江苏，南京市六城区中考成绩排名靠前的基本是民办学校，很多薄弱的公办初中连中考全市平均分都达不到，办学质量不高，导致学校对家长和学生更没有吸引力，生源困难，形成恶性循环。一位公办学校校长说，"学生不是外来务工人员子弟，就是家里没钱没权的"（谈洁、钱红艳，2011）。广东佛山 2016 年中考成绩放榜，延续了民办初中独占鳌头和公办初中集体沉默的局面。高分段考生，民办初中几近"垄断"的局面仍然明显（汪臻，2016）。在云南昆明，目前最受家长追捧的初中，绝大多数也是民办初中。"比如云大附中、云师大实验中学、滇池中学、白塔中学、长城中学等，哪怕竞争激烈、学费昂贵，人们仍然挤破头。"优质民办初中的录取率都很低。这使得公办初中逐渐沦为"鸡肋"，陷入尴尬境地。[②]

重视"教育拉丁美洲化"问题并不是要"管、卡、压"民办学校的发展，而是应该首先分析这些问题产生的根源。世界银行前经济学家克劳奇（Luis Crouch）提供了一个从教育财政的视角所做的分析，我们认为值得重视。他认为，在收入差距急剧拉大的社会中，免学费政策可能和"教育拉丁美洲化"问题存在联动关系。这主要是因为，收入差距急剧拉大会带来人口教育需求的迅速分化，而免学费政策带来的公共教育供给则倾向于标准化、规范化，这将使得中高收入人群的教育需求无法在公立学校中得到充分满足，特别是如果实施彻底的免学费政策，杜绝公立学校任何收费，将导致这一部分人群以额外付费获取公立学校提供个性化服务的渠道被切断。在这种情况下，如果一个社会中本来存在一个私立教育部门，则高收入群体可能大量涌入私立学校，从而导致公立学校与私立学校服务人群的日渐分化（Crouch，2003）。这样的后果就是系统性的不公平：只有高收入家庭的孩子才能进入最高质量的收费昂贵的小学和初中，从而进入最高质量的高中和大学，贫寒家庭子弟与富裕家庭子弟的受教育机会差距越来越大，整个社会距离教育公平目标越来越远而不是越来越近。

鉴于上述问题，我国政府提高教育公平的理念和措施，应该在"精准施策、补齐短板、抬高底部"这些既有共识之外，增加"管控差距"。具体来说，有以下三点建议。

第一，通过财政手段管控公立学校和精英型民办学校的办学投入差距和办学质量差距。在我国居民收入差距拉大的背景之下，兼顾教育公平和效率具有挑战性，当前面临的实际上有可能是"两害取其轻"的选择：一害是在公共教育体系内允许适当程度的容让，满足中高收入人群对优质教育的需求，这样将导致公共教育体系内的机会分配、资源分配的制度设计复杂化，搞不好又会出现前些年存在的"乱收费"等问题；另一害是允许优势人群在公共教育体系外满足其需求，而这可能导致整个公共教育体系受损，形

---

① 《2015 杭州初中中考成绩排名（民办＋公办）》，http://hz. bendibao. com/edu/201577/57422. shtm，2015 年 7 月 7 日。

② 《昆明小升初"冰火两重天"：公办初中"不招待见" 优质民校"挤破门槛"》，中工网 –《工人日报》，http://society. workercn. cn/14/201505/22/150522062852700_2. shtml，2015 年 5 月 22 日。

成"教育拉丁美洲化"格局。相比较而言，任何社会都应该尽力坚持各个阶层的孩子在同一片蓝天下体验共同的教育经历这个原则，必须最大限度避免"教育隔离"，这是保持一个社会的团结与融合的基础。从这个角度讲，促使公立学校与民办学校协调发展、坚持公立学校对于多种教育需求的容让度应该是较好的政策选择。首先，对于公立学校，应该进行更加科学和精细化的教育成本测算，厘清其中基本性的教育服务和满足个性化需求的教育服务，制定更加合理的公共财政保障标准。在这类学校中，贯彻教育公平原则的核心是其满足个性化需求的教育服务应该由学生和家庭个人负担。换句话说，应该允许公立学校响应学生和家长的个性化需求，政府应为此制定精细化、透明化的"个性化服务"学校收费政策。其次，必须明确这样的原则，就是所有的民办学校都具有维系全社会的教育公平的责任。对于非营利性民办学校来说，其所获得的土地等公共资源支持意味着，这些学校应该担负更大的教育公平责任。政府应该建立以服务弱势群体学生比例等指标为基础的民办学校教育公平问责制度，并将之与民办学校的审批、公共财政支持和奖励相挂钩。

第二，政府必须重视改革现行的学校评价制度。根据谈松华、黄晓婷（2013）的观点，目前的做法实际上是以单一的考试成绩和升学率作为主要标准，而这种评价标准和方法以同一标准衡量拥有不同生源和条件的学校的工作绩效，使占有优质生源的学校始终处于优势地位，而那些生源和办学条件差的学校则不能根据学校实际提高办学绩效。在公办学校和民办学校分化初见端倪的城市和地区，这样的评价制度就导致公办学校处于更加劣势的地位。"当前必须把发展和推广增值性评价作为一件大事来抓。增值性评价的概念即评价学生在一段时间教育过程后的'成长'，以变化取代原来对学生在某一个特定时刻的状态的关注。这种评价方式将学生原有的学术成绩及家庭背景等多个因素考虑在内，提出一个合理增长的模型。它不光关注于学习过程的最后产出，更着重学习过程所带来的增长，凸显了'以人为本'、尊重每一个学生的教育思想。它不光关注一个学校的学生的平均'成长'，更加关注学校对于来自弱势家庭的孩子或者学习困难的孩子的'成长'所做的努力和成效。运用这种方法评价学校、教师绩效，有利于促进学校和区域间的公平比较，有效激发生源质量差的学校和区域促进学生学业进步的动力。"

另据谈松华、黄晓婷（2013）一文的介绍，目前这种评价方法在世界上很多国家得到了关注和研究。特别是美国在2005年《不让一个孩子掉队法》做出重大调整后，政府要求各州建立基于学生水平增长的绩效模型，增值性评价成为评价实践和研究的热点。一些州通过建立纵向链接的测量工具，将学生每一年的学业水平增长与该州的标准要求、学生历史水平和学校历史水平、其他学校增长情况等进行多角度的跟踪评价。

第三，以现有的义务教育转移支付制度、国家学生资助体系为基础，以中央财政为引领，启动关注"后20%学生"的项目。这"后20%学生"主要指学业上落后的学困生，由于学业成绩和学生家庭背景的相关性，非常高比例的学困生往往也是贫困生。换句话说，未来一段时期的教育扶贫工作，应该从解决弱势群体的孩子"有学上""上得起学"这些目标进一步上升到让弱势群体的孩子"上得好学"的目标。这样的政策和努力，在中央政府引领下，应逐步渗透到基层政府、基层学校，让每个学校、每个县区都关心自己学校和自己县区内的"后20%学生",并拿出教育教学改革的具体行动,如此可能部分削减"教育拉丁美洲化"来势汹汹的态势。

参考文献

李爱铭,2009,《初中不读民办,高中就进民办——透视民办初中高中冷热反差现象》(上),《解放日报》8月8日,第1版。

谈洁、钱红艳,2011,《南京教育"哑铃"现象透视》,《南京日报》3月2日,第A3版。

谈松华、黄晓婷,2013,《改进教育评价》,《光明日报》1月23日,第14版。

汪臻,2016,《佛山公办初中何时雄起?》,《佛山日报》7月8日,第F2版。

吴国平,2005,《上海市公办初中办学状况的政策分析》,《中国教育政策评论》第0期。

赵美娣,2015,《为什么杭州民办校雄霸中考江湖》,《中国青年报》7月27日,第9版。

Crouch, Luis. 2003. "School Fees, Voluntary Contributions, and Educational Development: A Possible Position."

教育新业态研究的政策含义：
若干热点问题的讨论[*]

王 蓉[**]

（2018 年 7 月）

一 教育的"拉丁美洲化"与教育政策的价值观

本研究的第一个动因是政策反思导向的，即企图验证教育的"拉丁美洲化"是否已经成为全国性的问题。这一反思之所以重要，乃在于其背后的政策机理假设，即免学费政策导致的标准化、规范化的公共供给导致有差异需求的中高收入家庭离开公立教育体系而在私立学校就学。如果这一假设得以验证，我们就需要反思过去十余年的教育政策。如笔者和田志磊（2018）在《迎接教育财政 3.0 时代》一文中所说，2005年后实施的一系列重大教育政策，其中最为重要的是以实施免费义务教育和免费中职教育为标志，进行了一些不可逆的、改变政府与市场的财政责任划分的重大教育财政体制改革。

本研究没有从因果关系的角度验证教育的"拉丁美洲化"假设，但是确实再次证实，在义务教育阶段，有较高比例的来自中高收入家庭的学生离开公立教育系统而就读于民办学校。这一确认的重要意义在于昭示了新时代的教育政策面临的最重要的挑战，可能是取得关于教育政策的社会共识的挑战。

在过去一段时期内，教育公共政策在中央层面、在基础教育学段，总的来说以弱势群体为优先考虑的对象，以保障这一人群的基本公共服务供给为制定政策的出发点。在弱势群体"上不了学""上不起学"的供需矛盾突出时，其他社会人群不会对总体以公平和平等为价值观取向的教育公共政策提出异议，政策的社会共识易于达成。然而，在居民收入水平显著提高、居民收入差距拉大的背景下，教育选择自由将成为很高比例的较

---

　　* 本文节选自《中国教育新业态发展报告（2017）——基础教育》（王蓉，2018）"总报告"一文。
　　** 王蓉，北京大学中国教育财政科学研究所教授、所长。

高收入家庭的一种重要的公共政策诉求。容让这种诉求而维系或者鼓励相应的教育供给主体发展，不可否认其可能在某些情况下会损害教育平等，使得低收入家庭与中高收入家庭子女受教育质量的差距越拉越大。而如果为了维系教育平等拒绝容让这种诉求，则将直接影响中高收入家庭"对高质量、个性化的教育的需求"的满足。

这种矛盾将具体体现在政府将如何对待本课题研究的各类教育新业态主体上。这些教育新业态主体，总的来说，与教育选择相关，与满足中高收入家庭的教育需求相关。义务教育阶段的民办学校（包括民办国际化学校）以及校外培训机构，总的来说更倾向于服务城市家庭、发达地区家庭、中高收入家庭、父母受教育程度较高的家庭。这些供给主体的发展可能加剧教育不平等，但使受教育者有了更多个性化的选择。另外，前一阶段的政策讨论中往往采用一种二元分化的框架看待政府与市场在教育领域中的作用，例如人们普遍认同这样的观点，即政府的作用是确保教育的公平性、普惠性和均衡性，而市场的作用是提高教育的选择性和竞争性。但是，我们的研究表明，这种二元分化的框架需要修订，政府与市场的力量不能被孤立地进行分析。笔者关于"教育的拉丁美洲化"的观点主要在于强调，即便在一个地区义务教育阶段的民办学校只服务于10%的学生，但是当民办学校占据该地区顶尖学校的位置时，其招生和定价的相对自主性所导致的对受教育者而言的不确定性，会引发整个地区中产阶层家庭的普遍焦虑。

另外，王江璐在本书的报告中既批驳了笔者的上述观点，也做出了重要的补充。她指出，当前还有另外一种声音，那就是虽然"高端"民办学校带来了上述问题，但是优质公办学校被高价学区房所"包围"，即比起学区房给居民带来的沉重负担，"高端"民办学校或许是一个不那么"恶"的产物。在"划片就近入学"的政策要求下，并不是所有家庭都能够承担高价的学区房。长期以来，由于民办学校可以跨区域招生，家长也有让孩子接受更高质量教育的诉求，在高额学费和高价学区房之间，前者或许是当前一个较好的选择，既无须承担过高的家庭支出压力，也可以选择比所在非学区地区公立教育系统更好的教育资源。相对于公办学校，民办学校仍然处于弱势地位，不能够只看到民办学校带来的问题而选择性地采取措施。

在政策层面，我们认为：①需要正视当前将教育选择作为一类政策目标的现实合理性基础，如此才能从认识上、思想上贯彻党的十九大精神，满足人民"对高质量、个性化的教育的需求"；②当前需要一套更加成熟的政策意识体系，那就是不因某一政策措施或者某一类供给主体在相对于某个政策目标时的可能负面效应而彻底否定其在相对于另一个政策目标时的正面效应，应该针对不同的政策目标建立不同的干预手段框架，从而为通过政策手段促使各个供给主体"扬长避短"提供更多的可能性；③当前切实需要采用一种生态系统的观点来看待公办学校和民办学校并设计相应的公共政策，针对每类主体的公共政策需要首先考虑其对于其他主体和整个生态系统的影响。同时，公立学校应该被赋予更多的自主权，如此才能拥有真正抗衡民办学校的竞争力；而民办学校需要承担更多的社会责任，如此才能维系其生存的可持续性。这也许是民办学校承载的教育制度变革这种推动力发挥更大的改革与创新效用的必由之路。

二 教育技术的影响及其现实的约束

本研究的第二个动因是试图探讨教育科技进步涉及的教育新业态问题及其政策含义，主要的相关议题有以下三个。首先，如陈丽教授所说，教育技术变革将促使跨越学校和班级的界限，面向学习者个体，提供优质、灵活、个性化教育的新型服务模式的产生与发展。在这一过程中，教育服务主体将包括除了学校以外的产业、草根个体和联盟等新主体。其次，教育技术的发展将推进教育供给侧改革，教育供给侧改革也就是将原来的供给方驱动的教育服务逐步转变为学习者驱动的教育服务。最后，这些变革都要求有新的制度来支撑，例如"教师在更大范围共享呼唤新的教师聘任和管理体制与机制，以及新的财政拨款和结算方式"（陈丽等，2017）。本研究先从摸清基本情况出发，得出了一些初步的研究发现。

当前，公立学校的教育信息化已经完成了"搭建环境"的起步阶段，开始将技术应用于教学，但仍旧处于提升水平的阶段，尚未实现与课程和教学的融合，教育科技企业在与学校和政府的合作中举步维艰。在这些初步发现的基础上，我们倾向于认为，当前教育技术变革促使新型教育服务模式产生发展的影响力、促使教育供给侧改革的影响力，虽然已经初见端倪，但仍然是局部性的。换言之，教育技术尚没有成为中心性、主导性的改革力量。

在业态变迁和供给侧改革的视角下，各种供给主体在"怎么提供服务"与"提供什么服务"这两个维度上的变革推动力具有同样的重要性。在教育领域，这两个维度对应的就是"怎么教"和"教什么"的问题。"教什么"的变革更加复杂；而较之"教什么"这一维度，教育技术力量在"怎么教"这一维度上发挥影响可能更为容易。但是，在教育技术视角下的讨论中，迄今为止，往往将"以教师为中心""以学生为中心"的二元框架作为基本分析框架，忽视教育内容之为教育模式的基本要素之一，以及在我国的教育模式中"固定的教育内容"具有根深蒂固影响的这一基本特点。我们认为这可能值得进一步深入讨论与思考。

赵俊婷（2018）根据教师、学生和教育内容三个要素的不同安排将教育模式分为以下四类。模式一的特点是以教师为中心，教育内容固定。在这种模式中，课程结构是完全固化的，有固定的教材、固定的课时、固定的学习时间与空间。教师只需要将固定的课程内容在规定的时间和空间教授给学生，保证学生能够顺利理解和记忆课程的内容，教育就算完成了。模式二的特点是以教师为中心，教育内容灵活。教师具有更多的自主权，可以根据自己的判断为学生提供适当的教育内容。学生由于灵活的教育内容的提供，在一定程度上摆脱了学习的枯燥，但是仍旧需要听从教师安排。在这种模式下，教师需要具备不断创造和驾驭不断更新的教育资源的能力。模式三的特点是以学生为中心，教育内容固定。在这种模式中，学生被放置在中心的位置，教师不再强迫学生按照教师的安排学习，而会适度考虑学生的需要。但与此同时，教育内容被严格阶梯化、大纲化。

蒙台梭利的教育模式属于这种类型：它拥有非常固化的课程体系，并且以一整套蒙台梭利教具来实现课程的固定性。这种模式不要求每个孩子统一课程进度，允许孩子根据自己的进度来进行课程学习，对于学习的进程有一定的自由度。模式四的特点是以学生为中心，教育内容灵活。这种模式最典型的特征是以儿童为中心的课程体系，注意以儿童的兴趣为出发点，对现实世界进行探索。其基本假设是：孩子是"渴望学习"的主动学习者，孩子从无意识开始就具有主动学习的能力，这种主动学习的能力如果不被破坏，就会持续一生。这种教育模式要求教师具备更多的心理学知识，需要教师采用积极心理学、正面管教和积极聆听等心理学策略来切实尊重孩子的选择。

基于上述分析框架，赵俊婷进一步指出，我国的教育模式改革存在理论与实践的差距，即自20世纪80年代开始，大量的以儿童为中心的西方教育思想被引进，我国的课程体系在21世纪初经历了一次全国范围的改革，上述教育思想被写入课程改革政策中，并深深影响了教师的理念。但是在现实中，屡屡发生实践与理论分离的现象。如在中小学领域，教育政策规定课程体系应包括国家课程、地方课程与校本课程，外加综合实践课程。这一改革企图打破整齐划一、统一的学科课程体系，使课程体系更加多元化，发挥地方政府以及学校的积极性。但最终的结果是，综合实践课程并没有达到政策预期的效果，而是重新变成了一门固定时间、固定地点、固定课时量的学科课程。

赵俊婷的上述分析框架丰富了关于"以教师为本""以学生为本"的问题讨论，有助于进一步加深对"以人为本""个性化教育"等基本概念的理解。按照上述划分，任何对模式一的修正和改革，包括其最终成为一种系统化的模式，都是一种更加具有灵活性、更加具有"以学生为本"倾向的变革。然而，彻底符合以学生为中心的理念的模式（也就是模式四），在现实中并不是得到普遍实施的模式。

按照上述分析框架，我国教育模式的基本特点不仅仅在于"以教师为中心"，更重要的在于固化的课程结构和固定的教材、固定的课时及其背后统一的制度安排，包括国家统一的教材制度和高考制度。我国的教育信息化主体同样也是在这样的约束条件下发挥作用的，并且不可避免地受到教育总体改革中遇到的理论与实践分离的挑战。信息技术的发展使得学习能力和进度各不相同的学生能够通过在线课程、学习应用软件等各种渠道获得额外的学习资源和服务。在这一过程中涌现出如洋葱数学等教育科技企业，它们尝试通过对固定教材的二次加工和信息化传播手段直接服务于受教育者，但是总体来说，体制内外的教育信息化服务主体主要通过下述两种渠道（当然这不是仅有的两种渠道）发挥作用。第一，教育信息化主体包括教育科技企业的发展确实能够满足学生个性化学习的需求，做到以学生为中心，但是发挥其优势的出发点是解决模式一中大多数教师不能达到高素质要求的最基本、最普遍的痛点，促使教育内容从固化走向相对固定，特别是通过为教师提供更多的资源，要求学校教师按照更高质量的团队开发和分享的固定教育内容与程序提供教育服务。第二，仍然以固定的教育内容为依托，通过教育信息化手段特别是在线的学习测评工具，学生可以时刻自我诊断学习问题，参照自己的进度和需求来调整自己的学习计划，但是这并没有脱离学科知识的构建。如何进一步推动信息技术支持下的教与学的创新，仍然是一个有挑战性的命题。

三　新时代的教育供需矛盾与教育新业态

如何进一步理解人民对高质量、个性化的教育需求和优质教育资源不充分、分布不平衡之间的矛盾？以对教育新业态的现实了解为基础，我们认为有必要厘清三对概念，即教育体系的发展功能与筛选功能、教育的位置物品属性与公共物品属性，以及教育的位置性差异需求和体系性差异需求。

目前对所谓教育体系的发展功能和筛选功能已经有充分的讨论。一般认为，教育体系主要有两大功能：其一是为经济生产输送具有所需知识和技能的劳动力；其二是教育通过文化传递的方式成为社会整合的工具。这也就是教育的经济性和社会性的发展功能。而教育体系的筛选功能，如诺贝尔经济学奖得主迈克尔·斯宾斯（Spence，2002：434 - 459）指出的，教育的作用主要在于雇主根据教育"信号"来识别不同能力的求职者，并根据教育"信号"来安排求职者的工作。涂尔干（2003：403）的经典阐述则是："我们不妨设想，对于我们的天然需求和政治需求来说极为必需的种种社会职业与职责，根据它们的信息结构问题所需要的教育这种筛选机制的性质与范围，组织成一个教育体系。"

在现实中，任何一个国家的教育体系都同时具有这两种功能——筛选功能与发展功能。筛选功能主要指教育机构以政治性和学术性的贤能标准为基础，通过各种各样的方式，将学生筛选进不同质量、不同层级的教育机构，最终将学生筛选进社会中具有不同社会经济、政治地位的职业与就业岗位。而发展功能指的是教育机构通过各种各样的方式培养学生的公民素质，使他们为成年后的生活做好各种准备，增进个人的收入能力，教育因此也是推动经济增长、提高劳动生产率、改善收入分配的重要手段。

以往未充分讨论的是这两种功能给教育体系带来的冲突，特别是在微观层面导致个体受教育者和个体教育供给者面临教育具有的两种物品属性（教育的位置物品属性和公共物品属性）的矛盾。教育的位置物品属性是教育体系的筛选功能的必然产物。如 Halliday（2016：150 - 169）所指出的，根据传统定义，当一种物品是位置物品时，其对于拥有者的绝对价值取决于其在分配中的相对位置。教育被认为是一个典型的位置物品，即人们对于教育的需求或投资，虽然可能受到教育自身价值的影响，但更加重要的驱动力是其在高层次、高质量的教育机构中占有一席之位以及由此得到较高收入的工作岗位和职业方面的工具性价值。获取高收入的工作或者高层次、高质量的就学机会本身是通过筛选过程、由教育机构通过位置分配而进行的，人们不得不进行"位置"竞争，这也就是教育的位置物品属性。这种竞争存在"零和游戏"的性质，由此引发教育的"军备竞赛"。在此过程中，越是可测量的、可被作为筛选信号的教育目标越会受到重视，而其他的目标则越可能遭到系统性的忽视，特别是公民素质、社会凝聚力相应的能力和素质，即教育的公共物品属性所对应的能力和素质。

公共教育体系本身存在的合理性，与适度遏制这种"零和游戏"及其导致的对教育公共物品属性的忽视有关。持教育体系发展功能观点的学者实际开出了成套的公共政策

"药方"，如加大对全民的教育投资力度；学者们也依托"教育收益率"这类学术话语提出初等教育应该成为公共财政支持的优先领域，义务教育应成为普适性的制度安排，以及针对具有较高私人回报率、较低社会回报率的教育层级或类型——如高等教育——应该实施个人成本分担的政策建议。持教育体系筛选功能观点的学者并没有开出这样系统的"药方"。然而在现实中，我们屡屡发现，公共政策往往更加符合这一派的隐含逻辑，并且与功能理论者的"药方"直接矛盾：那些筛选胜出者以及承载筛选胜出者的教育机构往往优先得到公共资源的支持。我国的教育体系实际上有着强烈的筛选型"底色"。这一观点无法在这里充分展开，笔者将另行撰文阐述。

总的来说，我们对于当前教育供需矛盾的总体判断如下。

第一，"人民日益增长的美好生活需要"在教育领域更多地体现为人民对教育位置物品属性的了解和追求，这种了解和追求给老百姓带来了沉重的经济压力，进而产生集体的心理焦虑，其表象并不美好。如果辩证地看待这种矛盾，也可以说因为前期公共政策的努力，总体来说我国老百姓获取受教育机会的"有"和"没有"的矛盾得到了解决，新的矛盾是新形势下的阶段性矛盾。换句话说，在基本供需矛盾解决后，人们开始更加关注自己子女教育过程的"位置性"，以及更加关注教育筛选过程导致的"位置性"教育结果。如果用"很多人被召唤，但很少人被拣选"来刻画教育体系的发展功能与筛选功能的冲突，那么当前的矛盾就是由更多的人被召唤而"被拣选"的比例和规则没有发生足够的改变导致的。

第二，当前，教育新业态的各个主体（包括校外培训机构、部分民办学校和教育科技企业）在满足人民对高质量、个性化教育的需求方面确实有潜力，但当前它们首要的作用是满足甚至调动人们对教育"位置物品"的需求和焦虑。这是本研究的一个主要发现。教育市场力量，有可能如澳大利亚学者 Halliday（2016：150-169）所说，会打破教育体系的发展功能和筛选功能的微妙平衡；在没有政府引导和规制的极端情况下，有可能在与教育需求者交易过程中，充分利用其焦虑而做出本质上在经济上和心理上具有榨取性（exploitative）的行为。

第三，当前核心的教育矛盾，从公立教育体系的视角来看，我们认为可以分为以下三种类型的供需矛盾。

（1）"体系性超额需求"矛盾，主要体现在学前教育和普通高中阶段，公立教育体系的供给仍然不足。目前来看，老百姓的这种超额需求正在由民办学校满足，特别是在学前教育阶段。

（2）"位置性差异需求"矛盾，就是老百姓并不是摒弃公立学校，而是对于自己被安排的教育"位置"不满意。总的来说，当前这种供需矛盾是主体，是"人民对高质量、个性化的教育的需求和优质教育资源不充分、分布不平衡之间的矛盾"的主要体现。在对国际学校的讨论中也可看到，即便是对于参与这样的学校的受教育者群体，"在国内考名校的竞争太大"也是最为重要的动因之一。

对校外培训行业的研究进一步证实，当这种"位置性差异需求"产生时，家庭会转而到私人教育市场上寻求更高质量的教育资源。相比民办学校，校外培训是更加具有可获取性的市场性教育资源，这是校外培训有如此高的参与率的根本原因。另外，尽管我国义务教育早就取消了考试选拔制度，全面实施就近入学，但仍有极小的政策空间可能通过考试择校，特别是优质民办小学。老百姓口中的"中小学不上民办，大学就要上民办"意味着在不改变整个教育资源分配的格局以及整个教育体系本身具有高度竞争性的情况下，越是加强义务教育阶段就学机会的管制，越是增加了家庭疯狂追求择校机会的动力。

（3）"体系性差异需求"矛盾，就是对我国公立教育体系内主流的教育理念、教育方法和制度安排产生了他样的需求，最为尖锐地体现在部分人群对我国教育体系内最为精英的公办学校的态度，如范皑皑等所发现的，"国内名校总体质量不如国外名校"是人们选择出国留学的首要原因。

就政策回应来说，在原则层面，首先应该切实减小市场性力量带来的对教育体系的筛选功能和发展功能均衡的破坏性影响，减少其鼓动和增加老百姓"教育位置需求"焦虑的主动作为空间。除了目前已经付诸实践的叫停校外培训机构主办各种杯赛的政策外，应该将民办学校纳入教育机会分配的总体规制。民办学校在招生方面的自主性已经导致"教育军备竞赛"类的负面影响，应该加以有效矫正。

针对"位置性差异需求"矛盾，那种倡导政府进一步在基础教育领域取消统考、降低考试难度等的呼吁的愿景是美好的，但只能导致更严重的问题。如果优质教育的供给不扩大，那么政府不再提供"位置"信号不等于对于位置信号的需求不存在，上述做法相当于掩耳盗铃。当前我国高等教育领域正在进行招生考试改革，试图改变高等教育机会由国家统一规制、在竞争基础上进行统一分配的基本制度框架，但是这种改革如果不伴随着相应的供给扩大，那么整个社会对于"位置"信号的强烈需求就将一直存在。实际上，根据初步的分析，一些高考改革试点采取了"等级制赋分"的做法，高校无法从"等级制赋分"成绩中获取足够的甄别学生的信息，于是严重依赖自主招生而与各地的顶尖高中结盟，这可能对那些就读于普通的中学且只能通过普通高考进入高校的学生产生负面影响。

要解决上述问题，最根本的是解决我国基础教育和高等教育之间的均衡发展问题，以及显著增加普通高中和本科教育优质资源的供给。在过去几十年中，我国基础教育一直努力贯彻均衡发展的政策，但是在高中阶段实施"普职分流"的政策，在普通高中领域"超级高中"现象在各地区泛滥，高等教育领域通过"985""211"项目和当今的"双一流"项目实施重点支持的政策，这导致优质高中、优质高校的入学机会竞争越来越激烈，这种竞争压力一直渗透到基础教育的各个层级。应该认识到，单纯推进义务教育阶段的均衡发展不能解决这个问题，目前亟须把建立一大批优质的本科教育机构、建立一大批优质的高中作为重中之重。其次，迫切需要减少高等教育、高中教育机构之间的过度分化，适度遏制"拔尖"建设的政策冲动。只有建设一大批"高原式"而不是建设少数几个"高峰式"教育机构，才能真正解决教育的供需矛盾。从教育财政政策角度来讲，只有继续加大财政投入力度，才能为上述的事业发展目标提供保障基础。在现有教育财政投入的格局下，未来要更加重视对高中和普通本科高校的财政投入问题。

参考文献

埃米尔·涂尔干，2003，《教育思想的演进》，李康译、渠东校，上海人民出版社。

陈丽、王志军、郑勤华，2017，《"互联网＋时代"教育技术学的学科定位与人才培养方向反思》，《电化教育研究》第10期。

王蓉，2018，《中国教育新业态发展报告（2017）——基础教育》，社科文献出版社。

王蓉、田志磊，2018，《迎接教育财政3.0时代》，《教育经济评论》第1期。

赵俊婷，2018，《教育成本核算路径及其应用分析研究》，北京大学中国教育财政科学研究所博士后出站报告。

Halliday，D. 2016. "Private Education, Positional Goods and the Arms Race Problem." *Politics*, *Philosophy*, *and Economics* 15（2）.

Spence，M. 2002. "Signaling in Retrospect and the Informational Structure of Markets." *The American Economic Review* 92（3）.

2017 年中国教育财政家庭调查：
中国家庭教育支出现状

魏　易[*]

（2018 年 1 月）

自 2005 年以来，我国教育财政体制机制经历了一系列显著的改变。从教育投入占 GDP 比重来看，公共教育财政投入不断增加，2012 年财政性教育经费占比达到了 4.3%，实现了国家财政性教育经费支出占国内生产总值比例达到 4% 的目标（教育部财务司、国家统计局社会科技和文化产业统计司，2013）。到了 2016 年，全国财政性教育经费已经达到了 31396 亿元，占 GDP 比例为 4.22%，占全国教育经费总投入的 80.7%。另外，根据官方统计数据，2016 年的非财政性教育经费为 7492 亿元，占 GDP 比例为 1%。目前我国教育经费统计存在偏重于财政性教育经费的问题，缺乏对私人教育投入的统计。以 2016 年非财政性教育经费的构成为例，其中事业收入占 83.8%，民办学校举办者投入占 2.7%，捐赠收入占 1.1%，其他占 12.4%（肖捷，2017）。根据联合国教科文组织 2016 年对全球 200 多个国家近 10 年的教育经费数据所做的一项研究，其中超过 60% 的国家因缺少私人部门教育支出的数据，尤其是家庭教育支出数据，而低估了非财政性教育经费和教育经费总投入（UNESCO-UIS，2016）。随着我国社会经济的不断发展、民众对教育需求的增长和市场力量的发展，私人教育投入在教育总经费中所占比重不断上升。同时，随着人群之间的收入差距拉大以及家庭个性化、多元化的教育需求，不同家庭背景的学生在校内和校外享受到的教育机会和教育资源开始分化，由此可能造成新的教育不公平。因此，为了对全国的教育投入有一个全面的把握，不仅需要政府和学校等教育机构的教育经费数据，也需要知道家庭对子女教育的投入。

2017 年 12 月，北京大学中国教育财政科学研究所正式发布了国内首个专门针对家庭教育支出的全国家庭跟踪调查数据——2017 年中国教育财政家庭调查（China Institute for Educational Finance Research-Household Survey，CIEFR-HS）。此次与西南财经大学中国家庭金融调查与研究中心合作的第一轮调查覆盖除西藏、新疆和港澳台地区外的 29 个省 363 个县，共涉及 40011 户 127012 个家庭成员，其中农村 12732 户，城镇 27279 户，0～6 岁及 16 岁以上在校生 2.1 万人，中小学在校生 1.4 万人。与 2016 年教育事业统计数据的

---

*　魏易，北京大学中国教育财政科学研究所博士后。

比较显示，此次调查的各学段在校生所占比例接近官方统计数据。调查内容包括 0～3 岁幼儿早教、3～6 岁幼儿入园情况、6～16 岁以及 16 岁以上在校生的在读情况、入学选择、家庭教育支出和政府补贴。其中，家庭教育支出主要包括校内教育支出和校外教育支出两部分。本文将基于对调查数据的初步分析，介绍有关我国家庭教育支出的几个主要发现。

一 我国基础教育阶段家庭教育支出水平

1. 家庭教育支出是全国教育总投入的重要组成部分

据本次调查数据估算，2016 年下学期和 2017 年上学期，全国学前和基础教育阶段家庭教育支出总体规模约 19042.6 亿元，占 2016 年 GDP 的比重达 2.48%，远高于 2016 年全国教育经费统计中非财政性教育经费占 GDP 比重 1.01% 的结果，总量上相当于财政性教育经费的 60%。由于目前我国教育经费统计存在偏重于财政性教育经费的问题，缺乏对私人教育投入的全面统计，根据全国教育经费统计中非财政性教育经费 GDP 占比得出我国财政性教育经费和非财政性教育经费"一条腿粗、一条腿细"的判断是值得商榷的。

2. 家庭教育支出水平存在较大的城乡和地区差异

根据调查数据，全国学前和中小学教育阶段生均家庭教育支出为 8143 元，其中农村 3936 元，城镇 1.01 万元。分学段来看，学前阶段全国平均为 6556 元，农村为 3155 元，城镇为 8105 元；小学阶段全国平均为 6583 元，农村为 2758 元，城镇为 8573 元；初中阶段全国平均为 8991 元，农村为 4466 元，城镇为 1.1 万元；普通高中全国平均为 1.69 万元，农村为 1.22 万元，城镇为 1.82 万元；中职全国平均为 1.07 万元，农村为 9061 元，城镇为 1.14 万元。生均家庭教育支出不仅在城乡之间存在较大差异，在不同地区和城镇内部也存在差异。以义务教育阶段生均家庭教育支出为例，按照东部、东北部、中部、西部地区划分，东北部地区最高，为 1.1 万元；西部地区为 5567 元，为东北部地区的一半左右；东部地区为 8657 元；中部地区为 6382 元。在城镇内部，按照一、二、三线城市划分，一线城市为 1.68 万元，二线城市为 1.12 万元，其他城市为 7037 元，不到一线城市的一半。

3. 家庭生均教育负担率在城乡间和家庭之间存在差异

本文的家庭生均教育负担率是指每生每年教育支出占家庭总消费支出的比例。学前和基础教育阶段全国家庭生均教育负担率为 13.2%，其中农村为 10.6%，城镇为 14.3%。分学段来看，学前阶段家庭生均教育负担率为 10.7%，农村为 8.4%，城镇为 11.7%；小学阶段家庭生均教育负担率为 10.4%，农村为 7.5%，城镇为 11.9%；初中阶段家庭生均教育负担率为 15.2%，农村为 13.6%，城镇为 16%；高中阶段，普通高中家庭生均教育负担率为 26.7%，农村为 30.9%，城镇为 25.6%。

在义务教育阶段，根据家庭一年的消费总支出水平将家庭从低到高分为四组，消费水平最低的一组家庭生均教育负担率为 14.7%，接近全国平均的城镇家庭生均教育负担率。第二组家庭平均为 10.8%，第三组为 11.6%，消费水平最高的一组家庭为 11.9%。接下来，按照孩子母亲的受教育水平将家庭分为五组，分别是母亲没上过学的家庭、母亲小学毕业或小学肄业的家庭、母亲初中毕业或初中肄业的家庭、母亲高中毕业或高中肄业的家庭以及母亲大学及大学以上毕业的家庭。家庭生均教育负担率根据母亲受教育水平从低到高依次为 10.2%、10.1%、10.8%、12.6% 和 16.1%，总体上随受教育水平的提高而增加（见图 1）。

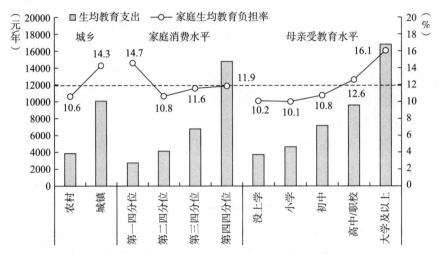

图1 义务教育阶段分城乡和家庭背景的家庭生均教育负担率

在非义务教育阶段，同样根据家庭一年的消费总支出水平将家庭分为四组，最低的一组家庭生均学前教育负担率为 16.6%，最高的一组为 8.8%。家庭消费水平处于中间的两组负担率接近平均水平，依次为 11.2% 和 11.4%。按照孩子母亲的受教育水平来看，从没有上过学到大学及以上毕业，学前阶段家庭生均教育负担率依次为 8.1%、10.5%、9.2%、10.9% 和 12.9%。

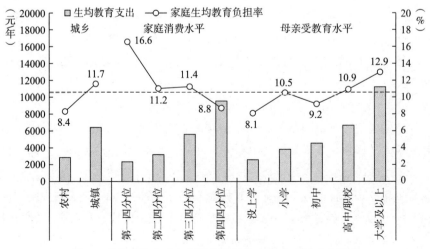

图2 学前阶段分城乡和家庭背景的家庭生均教育负担率

再来看普通高中，按照家庭消费水平从低到高分为四组，负担率依次为 42.1%、31.1%、25.4% 和 22.1%。按照孩子母亲受教育水平从低到高，负担率依次为 33.5%、26.2%、26.5%、24.8% 和 24.6%。

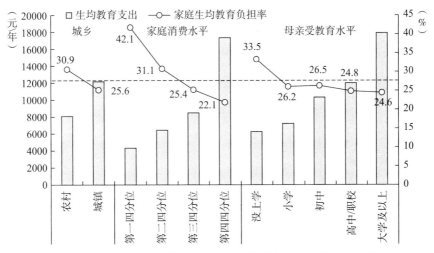

图 3　普通高中阶段分城乡和家庭背景的家庭生均教育负担率

可以看出，一方面，在非义务教育阶段，不同经济水平的家庭教育支出的负担差距拉大，学前阶段最低和最高两组家庭之间相差 7.8 个百分点，普通高中阶段相差达 20 个百分点。而这一差异在义务教育阶段相对较小，说明义务教育阶段的公共财政投入确实减轻了家庭的负担，减少了不同家庭之间的差异。另一方面，家庭对教育也存在差异化需求。在义务教育阶段，随着家长受教育水平的提高，教育支出随之增加。学前阶段也存在相似的趋势。与学前和义务教育阶段不同，普通高中阶段的家庭生均教育负担率主要受到家庭经济水平的影响，经济水平和家长受教育水平越高，教育支出占比越低。这说明义务教育阶段不同家庭对教育的需求在经济条件允许范围内开始分化，而普通高中阶段不同家庭对教育的需求相对趋同。

二　我国基础教育阶段家庭教育支出结构

1. 家庭校内外支出占比

此次调查重点关注了基础教育阶段的家庭教育支出。家庭教育支出分为校内支出和校外支出两部分。校内支出主要包括学费、杂费和其他选择性、扩展性收费。校外支出主要包括家庭在线上线下向机构或者个人购买的教育类产品和服务，其中包括学科类、兴趣类校外培训。在学前阶段，家庭生均校内支出占生均教育支出的 88.8%，校外支出占 11.2%。小学阶段，校内支出占教育支出的 61.7%，校外支出占 38.3%。初中阶段，校内支出占教育支出的 67.5%，校外支出占 32.5%。普通高中阶段，校内支出占教育支出的 73.3%，校外支出占 26.7%。可以看出，在义务教育阶段，家庭在校外的教育支出占教育支出的比例较高，在 1/3 左右。此外，城乡之间存在较为显著的差异，而地区之间和城镇内部差异不大。以小学阶段为例，生均校内支出为 4761 元，占家庭生均教育支出的 61.7%；校外支出为 2957 元，占 38.3%。分城乡来看，农村地区校外支出占比为 16.6%，而城镇地区校外支出占比达 42.2%。分东部、东北部、中部、西部地区来看，校外支出占比差距不大。最高的东部地区为 42.1%，最低的中部地区为 34.1%，东北部和西部地区分别为 37.2% 和 36.3%。从城镇内部来看，差异也不大。最高的一、二线城市分别为 44.2% 和 44.4%，其他城市平均为 38.8%。

2. 中小学生校外教育参与情况

中小学阶段学生的校外教育总体参与率为 48%，参与校外教育的学生平均费用约为 5616 元，根据各学段在校生的规模估计，全国校外教育行业总体规模达到 4900 亿元。在小学阶段，学科类和兴趣类校外教育支出占家庭校外支出的 86.9%，初中阶段占 81.3%，普通高中阶段占 87.3%。可以说家庭很大一部分校外支出都投入校外教育上面。从学科类校外教育来看，全国中小学生学科类校外教育参与率为 37.8%，其中农村为 21.8%，城镇为 44.8%（见表1）。分地区来看，东北部参与率最高，平均达 60.8%。东部和中部地区相近，西部地区低于平均水平。上学期间每周平均参加 5.4 小时，时间最长的省份超过每周 7 小时，时间最短的省份每周低于 3 小时。暑假期间每周平均参加 14.8 小时，时间最长的省份超过每周 25 小时，最低的每周低于 10 小时。虽然平时农村和城镇的差异不大，但暑假期间农村地区参与学科类校外教育的时间平均为 19.7 小时，高于城镇地区的 13.7 小时。从参与学科类校外教育的费用来看，全国中小学生平均为 5021 元。小学阶段费用为 4139 元，初中为 5426 元，高中为 6288 元。农村费用为 1580 元，城镇为 5762 元。

表1 全国中小学生学科类校外教育参与率

单位：%

	全国	农村	城镇	东部	东北部	中部	西部
小学	33.4	20.8	40.0	33.8	57.1	35.4	25.0
初中	43.7	24.4	52.3	44.8	67.8	45.1	33.7
普通高中	48.2	26.0	54.2	49.8	63.5	42.5	46.4
中小学生	37.8	21.8	44.8	38.1	60.8	38.0	30.5

从兴趣类校外教育来看，全国中小学生兴趣类校外教育参与率为 21.7%，其中农村为 5.4%，城镇为 29.0%（见表2）。上学期间每周平均参加 3.5 小时，暑假期间每周平均参加 7.4 小时。参与兴趣类校外教育的学生平均费用约为 3554 元，农村为 1692 元，城镇为 3694 元。无论是从参与率、参与时间还是费用上，都可以看出家庭在选择校外教育方面，以学科和应试为主。此外，从家庭背景来看，不管是学科补习还是兴趣班，随着家庭经济实力的提高，参与率均不断提高。同样，随着父母学历的提高，校外教育参与率也在提高。

表 2　全国中小学生兴趣类校外教育参与率

单位：%

	全部	农村	城镇	东部	东北部	中部	西部
小学	27.9	6.8	38.8	33.8	29.8	25.5	22.2
初中	16.2	3.1	21.9	21.7	14.1	13.4	12.7
普通高中	14.6	4.1	17.4	17.2	16.0	12.1	13.5
中小学生	21.7	5.4	29.0	26.7	21.9	19.4	17.6

三　我国基础教育阶段民办学校就读情况

1. 分地区和家庭背景的民办学校就读学生占比

对不同地区、不同家庭背景的学生在公/民办学校的分布情况的分析显示，全国学前阶段平均有 56.8% 的学生在民办幼儿园，小学阶段这一比例为 7%，初中阶段为 9.5%，普通高中为 8.3%。中部地区学前、小学、初中和高中民办学校学生占比均高于全国平均水平。西部地区各学段均低于全国平均水平，而东北部和东部地区随着学段的不同在平均水平上下浮动。相对城乡差异，按照一、二、三线城市划分的城镇内部差异更大。在学前阶段，经济越发达的地区就读于民办幼儿园的学生所占比例越低。小学和初中阶段，经济越发达的地区就读于民办初中的学生所占比例越高。普通高中阶段就读于民办学校的学生占比呈现类似 U 形：二线城市相对较低，而在一线城市和三、四线城市占比稍高。

按照家庭全年消费总支出水平由低到高分为四组，在义务教育阶段家庭经济水平越高的组就读民办学校的学生比例越高。在小学阶段，经济水平最低的一组为 4% 左右，最高的一组接近 10%；在初中阶段，最低的一组为 5% 左右，最高的一组接近 16%。在学前和高中阶段家庭经济水平和就读民办学校的比例并没有明显的相关性。例如，在学前阶段经济水平最低的一组家庭就读民办学校学生占比接近 64%，而最高的一组为 60% 左右；在高中阶段，经济水平最低的一组占比为 11% 左右，而最高的一组占比为 9% 左右。

2. 分学段和家庭背景的民办学校收费

除了公/民办学校之间收费的差异，民办学校内部在收费上也存在极大的差异。无论在学前阶段、义务教育阶段还是高中阶段，家庭经济水平越高的学生就读的民办学校收费越高。从公/民办学校的收费差异来看，学前公办幼儿园为 6300 元，民办为 7900 元；小学公办为 2751 元，民办为 7367 元；初中公办为 3191 元，民办为 13000 元；高中公办为 6582 元，民办为 14106 元。学校收费不仅仅包括学费，还包括学校服务性收费和代收代管费，还包括其他选择性收费。因此义务教育阶段的公办学校也并不是完全免费。可以看出，学前阶段公/民办学校收费差距不大，高中阶段民办为公办的两倍左右，而义务教育阶段民办为公办的三到四倍。除了公/民办学校之间的差异，民办学校内部在收费上也存在极大的差异。按照收费高低将民办学校分为四组，最低一组不足 1000 元，最高一组超过 2 万元。如果分学段来看，高中阶段的差异更大，收费最高的一组民办学校超过 5

万元（见图4）。

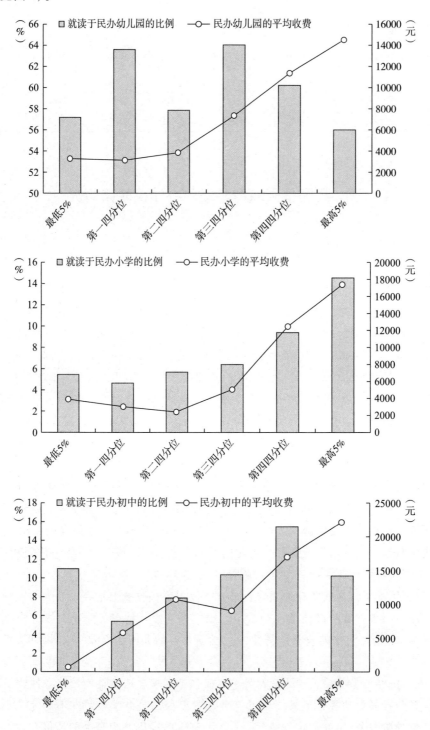

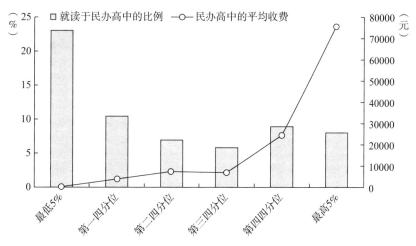

图 4　学前和基础教育阶段就读民办学校的比例和民办学校收费（分家庭经济水平）

　　从不同家庭的学生就读的民办学校收费来看，趋势较为明显和一致。无论在学前阶段、义务教育阶段还是高中阶段，家庭经济水平越高的学生就读的民办学校收费越高。用学校收费水平来大致衡量民办学校的质量，可以发现对于低收入家庭来说就读民办学校或许是一种不得已的选择；而对于高收入家庭来说，就读民办学校可能是出于对学校教育的差异化需求。调查询问了家庭选择民办学校的理由，经济水平最低的一组家庭有超过 72% 的回答是没有办法进入公立学校，只能去民办学校；而经济水平最高的一组家庭有 61% 左右认为可以去公办学校，但选择了更好的民办学校。

四　小结

　　随着免费义务教育的普及，家庭在教育系统内部的支出，尤其是公立教育系统内部的支出开始减少并趋同。然而，这并不意味着不同家庭在子女教育投入上的趋同。收入差距越大，不同收入水平的家庭对教育需求的差异就越大。一方面，当公立教育系统的质量无法达到预期的时候，一部分收入较高的家庭会转而到私人教育市场上寻求更高质量的教育资源；另一方面，当免费政策实施之后，公立学校更加偏向于提供标准化、规范化的教育，导致一些家庭对教育的差异化需求无法在公立教育系统内部得到满足。如果当地的私立学校较为发达，这一部分家庭很可能转而选择将子女送到私立学校就读，从而导致公立学校与私立学校服务人群的日渐分化。如果可选择的私立学校有限，这些家庭也有可能选择将子女送到课外补习班，从而导致不同家庭在学校教育之外获得的市场教育资源的分化。目前我国是否也存在类似的现象？其范围和程度如何？北大财政所希望借助该研究将我国家庭在学校之外的教育支出的"盖子"揭开，分析在公共教育资源和私人教育资源的双重配置机制下不同家庭所面临的机会和选择，以及市场化的教育供给主体对体制内学校的影响，并进一步推动相关的学术讨论与研究。

参考文献

教育部财务司、国家统计局社会科技和文化产业统计司，2013，《中国教育经费统计年鉴（2012）》，中国统计出版社。

肖捷，2017，《国务院关于国家财政教育资金分配和使用情况的报告》，http://www.mof.gov.cn/zhengwuxinxi/caizhengxinwen/201712/t20171225_2787543.htm。

UNESCO-UIS. 2016. "The Real Costs Revealed Through National Education Accounts. Canada."

美国公立教育中的政府与市场

——特许学校运动[*]

魏建国[**]

（2018 年 2 月）

今天人们把通过公立学校系统提供教育认为是理所当然的，但是早期的美国殖民者并没有用税收来支持学校的观念。在英格兰，文化教育一直是私立的，是为"绅士"和牧师准备的。大众主要通过学徒系统获得教育。在马萨诸塞州的 Horace Mann 和康涅狄克州的 Henry Barnard 领导的促进公立学校运动的推动下，到 20 世纪 60 年代，密西西比河以东的大多数州建立了教育系统，并认可免费公立学校的原则。南方的学校系统发展要晚于北方和中西部（Beale，1997）。然而，美国公立教育系统的发展并不是一劳永逸的，而是一直处于改革之中。可以说，教育改革几乎和教育系统一样有历史。在很多情况下，可以认为，美国教育的历史就是改革的历史，或者是重复发生的渐进改革的历史，每一段都有鲜明的主题，每个改革都受到政治、社会和经济利益的复杂影响（Heise，1994）。发端于 20 世纪 90 年代初的特许学校运动（Charter School Movement）就是一个典型的例子。特许学校运动旨在增加家长和学生的学校选择机会；通过要求对学习结果的负责而赋予学校更多的自主权从而让学校获得改革和创新的空间，进而创新教育理念与教育方法；促进学校间健康竞争环境的形成，从而对整个公立教育系统的改革产生促进和推动作用。这一市场导向的教育改革运动从兴起之日起就发展迅速，直到今天仍然获得美国各级政府和各政治派别的广泛支持，仍然是美国教育改革的热点和重要抓手。奥巴马总统跟随克林顿总统和布什总统，将特许学校作为学校改革的关键组成部分（Betts and Atkinson，2012）。正如有学者所言，基于其对特许学校运动将近 10 年的研究，作者的整体判断是，特许学校不仅仅是一种时尚，还是美国教育政策的一个显著转折点。特许学校的出现给思考公立教育提供了新的思路（Vergari，2003）。

美国新上任的特朗普总统将包括特许学校在内的学校选择（School Choice）设定为教育领域的最优先事项。2018 财政年度关于任意性支出[①]的预算案将教育部的预算缩减了

---

* 本文简化版曾发表在《比较教育研究》2018 年第 2 期上。

** 魏建国，北京大学中国教育财政科学研究所副研究员、副所长。

① 在美国的联邦预算中，有强制性（Mandatory）和任意性（Discretionary）的区别。对于获得强制性资金支持的项目，不需要通过年度拨款法获得资金，而通过法律规定自动获得。而对于获得任意性资金支持的项目，则需要通过每年的拨款法获得资金。

13.5%，而同时大幅增加了特许学校和其他学校选择项目的资金。① 还特别提名积极支持特许学校的贝齐·德沃斯（Betsy DeVos）女士担任教育部长。

回顾美国这一教育改革运动的起源与发展，揭示其背后的深刻背景，分析归纳其基本理念、特征和微观运作机制，总结其办学成效，对于思考当代中国的公立教育改革、恰当处理教育领域政府与市场的关系，具有一定的启发意义。

一 特许学校运动的起源与发展

"特许"的概念源自 20 世纪 70 年代早期。当时，教育家 Ray Budde 提出了这样一个理念：地方学校委员会应当给一部分教师一个特许，以便于他们探索新的教育方法。通过授予特许，这些教师将免受"校长或中央管理人员的干预"。结果这些教师团队就将有 3～5 年时间在他们认为合适的领域进行探索。Ray Budde 的提议在当时没有获得积极回应。1983 年《国家处在危险中》报告发表后，当他在 1988 年再次发表相关著作后，他的理念获得了更多的回应（Johnson and Medler，2000）。1988 年，美国教师联盟（American Federation of Teachers）的前任主席 Albert Shanker 号召通过"特许学校"或"选择学校"的概念改革整个公立学校系统。Shanker 将 Budde 的给予部分教师在他们自己的学校拥有自主权的项目扩展到教师和学区可以用来重构整个学校系统的策略。他建议，特许应该给予有机会提交计划建立他们自己独立的、自治的公立学校的教育家，而不仅仅是给他们在已有的学校建立额外项目的选择（Casanova，2008）。

通过 Shanker 的努力，Budde 的在一个学校内部创设自治项目的理念被演化为学区和教师用来重构整个学校的策略。1991 年，政策分析师 Ted Kolderie 和 Joe Nathan 在与明尼苏达州政策制定者和其他相关公民的讨论中进一步提炼了特许学校的理念。和州的参议员 Ember Reichgott-Junge 一道，他们基于 Shanker 的建议进行工作。针对特许学校的内涵增加了两个方面的内容：第一，他们建议目前教育系统外部的人应被允许申请和运转特许学校；第二，他们建议除了地方学区以外的其他公共机构有权授予特许合同——即使是在地方学区反对的情况下。Nathan 认为，特许学校通过服务于所有学生、保持无宗派性、不根据成绩或其他能力挑选学生等维持公立教育的原则。他相信特许学校可以增加一个适当的有约束的竞争的成分，同时仍然保护所有的学生获得免费的和适当的公立教育的权利。1991 年，明尼苏达州通过第一个特许学校法。它体现了由学校委员会控制的学校重构的模式——最初由 Shanker 建议。但是法律也允许现存公立学校之外的特许学校申请者，这是 Kolderie 和 Nathan 所设想的。我们可以看到，上述特许学校理念演变的线索是：从一个在公立学校内部重构一个项目的方法演化为重构整个学校的方法，进而演化为旨在积极影响整个公立学校系统的广泛的治理改变。最后的版本激发了州领导人的想象力，并最终促使其成为一项全国性的运动（Johnson and Medler，2000）。

---

① "America First: A Budget Blueprint to Make America Great Again," https://www.whitehouse.gov/sites/whitehouse.gov/files/omb/budget/fy2018/2018_blueprint.pdf, 2017 - 5 - 1.

明尼苏达州 1991 年的教育改革努力迅速被加利福尼亚州和亚利桑那州跟进,两个州分别在 1992 年和 1994 年通过了特许学校法。截至目前,全国共有 42 个州[①]和哥伦比亚特区通过了特许学校法。[②] 其中,1991～2000 年不到 10 年间,共有 35 个州和哥伦比亚特区通过了特许学校法。进入 21 世纪以来,印第安纳州在 2001 年、田纳西州和艾奥瓦州在 2002 年、马里兰州在 2003 年、密西西比州在 2010 年、缅因州在 2011 年、华盛顿州在 2012 年分别通过了特许学校法。[③]

明尼苏达州在 1991 年通过特许学校法之后,1992 年便开办了全国第一所特许学校(Vergari,2003)。1999～2000 学年,全国大约有 1300 所特许学校在运转。2003～2004 学年,数字急剧增加到大约 2700 所(Grady,2012)。从 2004～2005 学年到 2014～2015 学年,特许学校从 3400 所增加到 6750 所,占公立学校的比例从 4% 提高到 7%。从 2004 年秋季到 2014 年秋季,在特许学校就读学生占在公立学校就读学生的比例从 2% 提高到 5%。这一时期,在特许学校就读的学生增加了 180 万人,而在传统公立学校就读的学生减少了 40 万人。在通过特许学校立法的 43 个地区中,加利福尼亚州在特许学校就读的学生数最多(544290 人,占到所有公立学校就读学生的 9%),哥伦比亚特区在特许学校就读的学生比例最高(19%,有 206670 名学生)。相比之下,艾奥瓦州、堪萨斯州、缅因州、弗吉尼亚州和怀俄明州 5 个州的相应比例低于 1%。[④]

二　特许学校运动兴起的深刻背景

从上文的几组数字可以看出,美国的特许学校运动发展迅速,在一个由州享有主要教育权限的联邦制国家获得了全国性的影响力。特许学校运动的兴起有其深刻的背景和根源,下文将从教育危机与教育改革、经济改革与经济思想、政治支持、联邦政府支持等几个维度进行论述。

1. 教育危机与教育改革

美国是一个危机感很强的国家。在苏联 1957 年人造地球卫星发射后,国会于 1958 年随即出台了《国防教育法》,推进教育改革。

而在 20 世纪 80 年代早期,在国家层面有诸多报告论及美国教育的危机状态。其中最有影响力的是 1983 年发布的《国家处在危险中》。该报告指出,当美国的经济和社会处在剧烈变动的时候,学校继续用大致相同的方式教育学生。在不断变化的经济和社会背景下,静止的教育系统为美国带来了深远的危险。随后出版了无数的报告和分析文章,

---

① 目前尚没有通过特许学校法的 8 个州:亚拉巴马州、肯塔基州、蒙大拿州、内布拉斯加州、北达科他州、南达科他州、佛蒙特州、西弗吉尼亚州。Nat'l Alliance for Pub. Charter Sch. , "Measuring Up to the Model: A Tool for Comparing State Charter School Laws," http://www. publiccharters. org/law/(2013 - 5 - 25)。

② "Charter School Data Dashboard," http://dashboard2. publiccharters. org/National/(2017 - 6 - 16)。

③ The Center for Education Reform, "Charter School Law Rankings and Scorecard," http://www. edreform. com/wp-content/uploads/2013/01/CER-CharterLaws2013_Chart_FINAL. pdf(2013 - 5 - 24)。

④ "Public Charter School Enrollment," https://nces. ed. gov/programs/coe/indicator_cgb. asp(2017 - 6 - 21)。

大多数报告和分析得出了相同的结论。也就是说，从教育的视角来看，美国仍然是脆弱的。结果是教育改革成为社会政策议程的一个重要内容（Heise，1994）。该报告的发布为教育争论从公平转向优秀提供了契机。该报告提出了提高教育生产率的一系列政策（Sunderman，2013）。《国家处在危险中》代表了一个对更高教育标准的倡议（Hollingworth，2009）。教育历史学家把该报告记为标准化运动的开端（Viteritti，2012）。

《国家处在危险中》除了引发和推动责任和标准化（Accountability & Standards）运动外，包括特许学校运动在内的学校选择运动（School Choice Movement）也与该报告的发表关系密切（Ryan，2008）。

有学者将学校选择与废止种族歧视（Desegregation）①、教育财政②并列为推进美国教育公平的重要范式（Oluwole and Green，2007）。学校选择范式的一个目标是，在确保公平机会方面，通过给少数族群学生提供教育选择机会反击传统公立学校的"垄断"。

而学校选择是一个长期存在的概念，植根于对南方废止种族歧视的抵制时期（Siegel-Hawley and Frankenberg，2011）。作为学校选择的学券（School Voucher）概念的第一次出现是作为早期对布朗案的一个回应。当时学区关闭了公立学校，提供由州支持的学券允许白人学生就读私立学校。这种做法最终被最高法院宣布违宪。在同一时期，经济学家弗里德曼基于其经济哲学提出了教育改革的建议。弗里德曼主张，普遍的学券将鼓励教育创新和实验。

除了学券外，特许学校是学校选择③的一个重要方式。一些相关的学校选择包括：由传统公立学校系统直接运转的一些项目，如磁石学校（Magnet Schools）、选择性学校（Alternative Schools）、特色学校（Specialty Schools）；一些学区不采用就近学校分配政策，提供"有控制的选择"；在少数城市，选择允许跨越学区界限，通常是允许特定数量的学生从城市系统进入表现更好的郊区学区；最普通的选择项目是拥有充足资产的父母通过决定居住地的选择。然而，这些选择形式都不涉及新的治理安排（Forman，2007）。因此，在多年探索的基础上，特许学校成为应对教育危机、推动教育改革的一个重要选择。

2. 经济改革与经济思想

除了在教育系统内部从教育危机与教育改革的角度考察特许学校运动的兴起外，还需要从经济改革与经济思想的角度、从私有化（Privatization）的大背景下讨论这一问题（Forman，2007）。对于政府、官僚主义和管制，美国人既支持又害怕。因此，政府在社会中的适当角色仍然是国家不断争论的主题。20世纪80年代以来，政府和学界的主流趋势是对积极国家（Activist State）的批评。里根总统在第一次就职演说中说："政府不是解决问题的方法，政府本身就是问题。"

到了20世纪90年代，共和党对非国防政府支出的批评得到了民主党人的回应，克林顿总统宣称"大政府的时代过去了"。政治言论在学术界获得了巨大的支持，人们批评"新政"行政国家（Administrative State）的低效率、不公平和不灵活。政界和学术界对积极国家的攻击使得过去30多年的政策朝向私有化方向转变。

---

① 主要是指以布朗诉教育委员会案和20世纪60年代一系列民权和教育立法为代表的教育改革。

② 主要是指从20世纪60～70年代开始的教育财政诉讼对教育改革的推动。

③ 除了学券和特许学校外，学费税收抵免（Tuition Tax Credit）也是学校选择的一种形式。

值得注意的是，私有化具有多种含义（Forman，2007）。它可以涉及出售政府资产，也包括政府依赖私人实体去建立监管标准。此外，它可以涉及收费，政府向公民个人针对服务或设施收费——比如使用高速公路——本来是由一般税收收入支持的。另外一种私有化是政府和私人营利或非营利组织订立合同提供原先由政府自己提供的服务。这是一个极其宽泛的类型，包括运营监狱、提供环卫或扫雪服务、管理福利改革、重建战区等。与这些私有化形式相关的是，一些新的管制和治理体制的出现。其中许多标榜是在保留官僚系统的有用性的同时融入了基于市场改革的潜能。更进一步，在一些新的治理方法下，政府、私人公司和公民之间的合作意味着取代"新政"时期的等级和控制。此外，政府机构被认为更像私人公司一样运转自己。

私有化的大趋势和大背景对学校产生了重要的影响。以前关于分散控制的努力假定关键的决定应由公共机构决定。实际上，学校代表直接政府服务的模型——政府单独决定提供多少教育、如何提供财政支持、如何通过其自己的雇员提供服务。而且，学校的科层化意味着各级政府的中央管理者通过等级和规则努力控制在教室所发生的一切。但是，不断增加的批评者认为，已有的公共机构不能做出所需要的变革以创造有效的学习环境。关于选择的一个主要支持理由是，失败的政府运转的学校不可能自己改革自己。1990年，政治学家John Chubb和Terry Moe撰写的具有重大影响的著作《政治、市场和美国的学校》指出："对学校的民主控制导致失败的学区，只有市场能够提供解决办法。""现有的机构不能解决低表现学生的问题。""因为它们就是问题……"不是试图改革公立教育系统，新的改革者主张学校需要放松管制，更像商业机构一样来运作。学校应该为"市场份额"斗争，在"消费者"中创造"品牌忠诚度"（Forman，2007）。

可以看出，特许学校的经济思想依据是新自由主义经济学家弗里德曼的经济自由市场理论。早在20世纪50年代弗里德曼就论述了政府在教育领域应当扮演的角色。他的经济思想对20世纪80年代以来的经济改革和教育改革都具有重要的影响。学校选择的拥护者根据弗里德曼的理论指出，相比于政府运转的教育垄断，竞争性的教育市场将会更加具有创新性、更具回应性、更加高效（Grady，2012）。特许学校运动的根本前提是使用自由市场理念促进公立教育（Walk，2003）。在推崇"私有化"的大背景下，特许学校运动的繁荣发展也就可以理解了。

3. 政治支持

作为一项体现保守主义理念的政策主张，特许学校运动却得到了共和党和民主党的共同支持。特许学校概念在联邦、州和地方各级政府获得了两党的共同支持（Vergari，2003）。许多共和党人和民主党人都接受特许学校的理念（Huffman，1998）。有学者认为，和其他改革建议不同，由于特许学校概念比较宽泛，政治领导人处于一个较为安全的地位（Haft，1998）。保守派支持者看重特许学校改革的企业家精神的方面，这将鼓励私人去设计和开办学校，以满足对特定教育项目的私人需求。自由派支持者将特许学校当作公立学校，向所有学生开放，给那些传统上服务不足的孩子带来教育选择和希望。

特许学校概念的出现在第一个布什政府时期点燃了对学校选择的更为热烈的支持，这一趋势一直持续到当前的政府（Siegel-Hawley and Frankenberg，2011）。克林顿总统和小布什总统在公开讲话中都支持特许学校理念，并支持对特许学校的联邦资助。克林顿总统在 1997 年的国情咨文中提道："我们也应当使得更多的父母和教师开办特许学校成为可能。我们的计划将帮助美国在下一世纪创建 3000 所这样的特许学校——将近今天的 7 倍——以便于父母在送他们的孩子进入最好的学校时有更多的选择。"（Clinton，1997）小布什总统在 2001 年的讲话中指出："我是一个特许学校的热情支持者。毫无疑问，特许学校正在开始改变我们对公立教育的理解。"（Bush，2001）

奥巴马总统在 2013 年国家特许学校周①的讲话中指出："特许学校给教育者提供了尝试新方法和新模型的机会，这些模型和方法能够鼓励教室里面的优秀，为我们孩子的学院与职业做更多的准备。为了交换这种灵活性，我们应该期望更高的标准和责任，做出艰难的决定关闭表现不好、没有进步的特许学校。但是在特许学校证明成功和超越期望的地方，我们应该和其他公立学校分享，复制那些产生引人注目结果的措施。"② 在奥巴马总统执政期间，联邦政府对特许学校的支持也达到了前所未有的高度。

新上任的特朗普总统对特许学校更是表现出极大的热情。前文已经提到，在削减联邦教育部预算的情况下，还为特许学校增加了额外的资金。在 2017 年 2 月所做的第一次国情咨文中，特朗普总统表达了对包括特许学校在内的学校选择项目的支持态度。在竞选期间，他就提出要支持一个 200 亿美元的学校选择项目（Danilova，2017）。在特朗普总统任上，特许学校应该有更好的发展机遇。

4. 联邦政府支持

特许学校运动在全国层面的开展与联邦政府的支持也不无关系。

1994 年，国会设立了公立特许学校项目（PCSP）作为《初等和中等教育法》的一部分，使得成立特许学校更加容易。从那以来，教育部在特许学校运动的发展中扮演着重要的角色。1995 财政年度，该项目只有 600 万美元。随后每年增长，在 1999 财政年度达到 1 亿美元（Johnson and Medler，2000），到 2005 年增加到 2.17 亿美元（Siegel-Hawley and Frankenberg，2011）。除了财政援助，教育部还通过技术援助支持特许学校。教育部通过网络、全国和地区会议等形式支持特许学校。教育部还支持与特许学校相关的研究（Johnson and Medler，2000）。

作为《初等和中等教育法》的再授权法，2002 年 1 月 8 日由布什总统正式签署的《不让一个孩子掉队法》（NCLB）也鼓励特许学校的发展。该法对继续接受标题 1 资金的州提出了更高的要求——NCLB 要求州不但要在阅读、数学和科学领域实施标准和评估系统，而且要实施符合一系列联邦要求的问责系统。在问责系统要求下，学校必须取得"足够的年度进步"（AYP）。如果学校达不到 AYP，它们将面临一系列可能的制裁。这些制裁包括：允许失败学校的学生参加公立学校选择系统；要求学校给学生提供补充教育服务；重组学校（Superfine，2011）。其中，在重组学校时特许学校也是一个选择。

2009 年金融危机时期美国通过了《美国复兴与再投资法》（ARRA）。尽管 ARRA 的

---

① 2013 年的国家特许学校周从 5 月 5 日到 11 日，为第 14 个年度国家特许学校周。

② "Presidential Proclamation—National Charter Schools Week，2013，" http://www. whitehouse. gov/the-press-office/ 2013/05/03/presidential-proclamation-national-charter-schools-week-2013（2013 - 5 - 24）.

目的主要是稳定和刺激美国经济，但是其很显著的一部分是关注公立教育的。ARRA试图通过支持创新策略方面的投资为教育改革奠定基础。由于国会的政治构成所限，本应于2007年完成再授权的NCLB一直没有得到再授权，ARRA也就因此成为奥巴马政府推出其教育改革政策的重要载体。ARRA创立了最优竞争补助金项目（Race to the Top），用于鼓励州际竞争以支持改革和创新。ARRA为最优竞争补助金项目提供43.5亿美元。[①] 根据法律规定，州必须满足一些关于其支持特许学校的要求，才有机会获得补助金。这些要求包括：取消对特许学校数量的封顶限制，建立让特许学校为学生成绩负责的授权机制，确保公平的生均拨款，提供设施援助（Croft et al.，2010）。有立法限制或禁止设立特许学校的州在竞争中将处于不利地位（Siegel-Hawley and Frankenberg，2011）。2009年6月，联邦教育部长明确指出，没有特许学校立法的剩余10个州——以及对特许学校数量施加限制的州——在分配超过40亿美元的联邦刺激资金方面处于不利的地位。对于授权或增加特许学校数量如此强的激励，特别是在州和地方教育收入下降幅度更大的背景下，教育部长给州传递的信息强调了未来特许学校的重要性（Siegel-Hawley and Frankenberg，2011）。

ARRA还设立了6.5亿美元的创新基金项目，用于支持在取消成绩差距方面取得显著进展的教育机构。项目的目的在于扩展受资助者的工作，并甄别、总结最好的能够被分享的、被证明成功的、可广为推广的做法。KIPP基金会——一个很大的全国特许学校运营者，是创新基金项目的最大赢家，它获得了5000万美元用于推广其领导训练模型（Croft et al.，2010）。

2010年3月，美国教育部发布了《改革蓝图：初等和中等教育法再授权》（下文简称《改革蓝图》）。《改革蓝图》代表了关于联邦教育角色的新理念。《改革蓝图》也建立一个系统去甄别"挑战"学校、学区和州。每个州最低5%表现的学校将被界定为"挑战"学校。学区将被要求在那些学校实施"转换"（Turnaround）模型。其中的一个模型就是以特许学校或新的管理方式重开学校。[②]

维护公平和优秀是联邦政府对所有公立学校包括特许学校的首要关切。美国教育部的使命是："为所有美国人确保平等的教育机会、促进教育优秀。"联邦政府寻求通过特许学校运动来积极影响全国的公立学校系统（Johnson and Medler，2000）。联邦政府的支持加上特许学校在过去20多年的扩张，使得在未来的20年特许学校运动很有可能继续在全国保持繁荣发展（LoTempio，2012）。

三　特许学校的基本概念、特征与理念

由于各州特许学校立法的不同，给特许学校下一个准确的定义比较困难。根据相关

---

① U. S. Department of Education，"Race to the Top Program Executive Summary，" http://www2. ed. gov/programs/racetothetop/executive-summary. pdf（2013 - 5 - 10）.

② "No Child Left Behind vs. Blueprint for Reform：A Comparison and Critique，" http://www. nfrw. org/documents/literacy/nclb. pdf（2014 - 5 - 13）.

学者的论述，可以给特许学校下一个比较概括的定义。特许学校是基于特许学校运转者和特许学校授权机构达成的特许合同运转的、由公共资金支持的、免费的、无宗派的、选择的公立学校（Public Schools of Choice）。

从上述概念出发，下文对特许学校的基本特征与所秉持的基本理念进行分析。

1. 基本特征

基于特许学校的概念和运作实践，可以总结出其具有如下特征。

（1）特许学校是公立学校。在整个学校谱系中，特许学校位于私立学校与传统公立学校之间。特许学校分享传统公立学校的一些特征，从政府获得资金支持，不能收取学费，保持无宗派化，受制于州的标准化考试制度，对录取的控制有限等（Ryan，2008）。然而，特许学校也被豁免一些限制规定，以换取对教育使命和目标的承诺。这一豁免将使特许学校类似于私立学校（Oluwole and Green，2007）。可以说，特许学校结合了传统公立学校和私立学校的成分（Morley，2006）。特许学校的关键特征是将公共资金支持和私人管理相结合。不像传统的私立学校，特许学校不收取学费，而从州、地方政府、地方学区、私人慈善捐赠获得资金。另外，也不像传统的公立学校，特许学校的教师和管理者通常不是政府雇员。

虽然特许学校的出现有些模糊公、私立学校之间的明确界限，但是如上的分析表明，特许学校在本质上仍然和传统公立学校一样属于公立学校系统。特许学校的公立学校属性使得其必须遵守联邦和州关于公立学校的相关规则。

（2）特许学校是由公共资金支持的、免费的学校。原则上，当一名学生从一所传统公立学校转到特许学校时，与该学生相关的公共资金将跟随其到该特许学校。特许学校不给州公立教育系统增加任何新的成本。仅是根据家长的决定，使公共资源从一所学校转到另一所学校，代表公共资源的一种重新配置方式。① 这里表明的一个观念是，公共教育资金不必然属于学区，父母在决定将分配给他们孩子的公共资金提供给传统公立学校还是特许学校方面具有决定权。这在公共教育政策方面标志着一个巨大的转变（Vergari，2003）。同时，和传统公立学校一样，特许学校也不允许收取学费。

值得注意的是，和特许学校项目同为学校选择的学券项目也是由公共资金支持的。特许学校有时候被错误地等同于学券。针对学券的建议通常包括家长可以申请公共资金为私立学校（甚至是教会学校）支付学费的条款（Vergari，2003）。作为学校选择改革的一种形式，特许学校概念和学券概念分享一些特征。这些特征包括：免于地方学区的控制、和传统公立学校相比拥有更多的决策自主权、公共资金支持、消费者选择等。两种改革形式之间也有显著的差别。相比于学券计划，特许学校不能收取学费，不能从事宗教教育，或者基于学术或体育能力录取学生。而且，在没有达到它们的绩效标准的情况下，特许学校面临被公共授权机构关闭的可能性。而学券项目更少受到管制，接受学券的学校不受制于关闭威胁或持续的监管（Morley，2006）。一些特许学校的拥护者赞成学券计划，而其他一些支持者则反对。同时，许多学券拥护者将特许学校主要视作朝向普

---

① "Charter School: Myth Versus Fact," http://governor.alabama.gov/downloads/CharterSchools.pdf（2013-5-18）.

遍的学券系统的一个临时政策举措（Vergari，2003）。

（3）特许学校基于家长和学生选择录取学生，而不受居住地点或能力的限制。特许学校的注册通常是可选择的。不像传统公立学校，特许学校很少有地理边界。学生可以离开一个特许学校去其他的特许学校、传统的私立学校或传统的公立学校（Morley，2006）。特许学校面向所有愿意就读的学生。不能有录取要求。如果可接纳的学额不足，学校必须通过抽签方式决定（Betts and Atkinson，2012）。

（4）特许学校是无宗派（Nonsectarian）的学校，不能教授宗教课程（Vergari，2003）。在美国背景下，这是特许学校保持公立学校属性的一个重要特征。相关议题在学券项目中是极具争议的。

（5）特许学校根据特许合同运转。特许学校根据特许学校运转者和特许学校授权机构达成的特许合同运转。特许合同是一个绩效合同（Johnson and Medler，2000）。特许合同通常会规定学校使命、学校项目、目标、所服务的学生、评估方法、评价成功的方式等内容（Green，Frankenberg，Nelso，and Rowland，2012）。为了交换对结果责任的承诺，特许学校会被豁免通常适用于传统公立学校的许多限制规则。例如，教师资格证、与教师工会的强制谈判、学校日历和课程等（Betts and Atkinson，2012）。

特许学校根据特许合同对其结果负责。特许合同不是永久有效，是有确定期限的。如果合同规定的目标在期限内没有实现，特许合同将被取消，学校将被关闭。如果实现，特许合同将得以更新和延续（Ryan and Heise，2002）。

此外，根据 NCLB 的规定，特许学校要实施和传统公立学校一样的标准化考试。它们受制于和传统公立学校同样的法定学术责任条款。

（6）特许学校既可以新设，也可以由传统公立学校转制（Ryan，2008），甚至由私立学校转制。

（7）特许学校的服务区域以城市为主，服务学生以低收入和少数族群学生为主。根据统计，全国的特许学校分布为城市占 55%，郊区占 21%，农村占 16%，镇占 8%。就读特许学校学生的类型与传统公立学校有所不同。和传统公立学校相比，特许学校学生的相关比例如下：63% 的学生是非白人（传统公立学校为 43%）；52% 有资格获得免费和减价午餐（传统公立学校为 45%）；17% 为英语能力有限者（传统公立学校为 11%）。[①]初始的测试表明，特许学校学生也要低于其所在州的公立学校学生的平均水平（Zimmer，Gill，Booker，Lavertu，Sass，& Witte，2009）。

（8）特许学校资金不足。尽管前文提到特许学校是由公共资金支持的，招收一名学生，相关的公共资金将跟随该生到特许学校，但在实际操作中很难完全实现。结果是，特许学校获得的生均运转经费要低于传统公立学校。更为严重的问题是，特许学校经常没有经费用于资本性支出（Peterson，2009）。

（9）特许学校在实践中追求创新。特许学校项目是一个教育改革项目，因此能否有创新意义重大。目前，从全国来看，特许学校创造了一些教育教学方法。主要包括：课

---

① "Public Charter Schools the Fundamentals," http://www.aplusala.org/uploadedFiles/File/Public_Charter_School_Fundamentals.pdf（2013 - 5 - 24）.

程设计、延长学习时间、对所有学生和成年人高期望的学校文化、更加结构化、有纪律的学习环境、用更高的薪酬奖励高质量教师、家长合同、多年龄段的项目①、一整年的日历安排、更多种的课程、强调学院准备（特别是第一代大学生）（Smith，2012）、辍学预防、蒙台梭利、关注有孤独症或其他特殊需求的学生等。②

特许学校没有单一的身份。最著名的教育集团［例如，种子学校、非普通学校（Uncommon Schools）、知识就是力量项目（KIPP）］创造了包括制服、严格规定、众多训练在内的高度结构化的日常活动方式。但是特许学校也采用许多其他形式，主要包括：单一性别的学校、针对表演艺术的学校、针对科技的学校、双语学校、针对残疾学生的学校、针对辍学者的学校、通过网上学习的虚拟学校等（Croft et al.，2010）。

2. 基本理念

特许学校运动秉持的基本理念主要包括：自治与责任、选择与竞争、公平与优秀。

（1）自治与责任

学校能否获得自治是教育改革和创新的一个重要前提条件。早期"特许学校"的倡导者 Ray Budde 和 Albert Shanker 就强调通过"特许"的方式给予部分教师或整个学校自主权，从而去探索教育教学方面的创新方式。放松管制和自治是区分特许学校和传统公立学校的两个根本原则（Casanova，2008）。特许学校的拥护者认为，自治有很多好处，包括：产生更多的教学方面的创新做法，帮助学校成为实现教育改革策略的模范，使学校对家长和社区的偏好更具有回应性，提供更加具有成本效益的运营（Peters，2012）。自治可以促使特许学校成为创新教育理念的实验室（Oluwole and Green，2007）。而传统公立学校的科层化、一致性等要求使得学校的自主权有限，压制了教育创新的空间。如何让传统公立学校获得像私立学校一样的教育创新自主权？特许学校运动试图通过"以责任换取自治"的方式解决这一问题（Johnson and Medler，2000；Haft，1998：1023 - 1088；Mead，2003）。特许学校向公共部门承诺更高的责任，从而换取更多的自治。二者都以特许合同为依据。特许学校理念的核心是和公众达成一致：作为免受规则限制的代价，特许学校同意为高责任标准负责（Vergari，2003）。如果特许学校不能提供承诺的服务，没有达到特许合同规定的条件，它将不仅面临学生"消费者"的大批离去，以及相应的公共资金损失，而且会遭遇特许合同的撤销（Vergari，2003）。特许学校运动的支持者认为，最终的问责——通过撤销特许合同的关闭威胁——将导致学校关注学生的成绩。他们指出，这是一个标志性的改进。在传统公立学校，很难解雇不合格的员工，更不用说关闭整个学校（Huffman，1998）。

（2）选择与竞争

家长和学生的学校选择是推动特许学校发展的重要力量。而特许学校对生源的竞争将会最终导致特许学校教育创新的达成。特许学校应该仅直接对消费者——家长和他们的孩子——负责。这一概念将自由市场原则运用于教育背景。其预想父母和孩子是对学

---

① "Charter School: Myth Versus Fact," http://governor. alabama. gov/downloads/CharterSchools. pdf（2013 - 5 - 18）.

② "Public Charter Schools the Fundamentals," http://www. aplusala. org/uploadedFiles/File/Public_Charter_School_Fundamentals. pdf（2013 - 5 - 24）.

校质量最感兴趣和最知晓的。特许学校在市场上需要负责。如果家长和孩子对其所提供的教育不满，或者其他学校表现更好，那么特许学校将会丢失"客户"（Mead，2003）。市场激励将会迫使学校产出更高的学习成就。根据市场模型，学校获得自治以推进创新，并适应于不断变化的需求。自由市场支持者主张，如果家长和孩子可以选择其就读的学校，学校将用它们的自治权回应消费者的需求。在这个模型中，钱成为一个重要的激励因素。如果学生的数量影响了一个学校获得的资金，如果学生和家长可以选择其就读的学校，似乎合理的结论就是，学校将被激励运用其自治权去改进其教育服务。学校改革的支持者主张，公立教育失败的核心因素是学校保证能获得学生。在缺乏竞争的环境下，一个传统公立学校作为一个机构的存在通常不依赖于其表现如何（Haft，1998）。

特许学校运动的拥护者期待特许学校对整个公立学校系统的改进做出贡献（Johnson and Medler，2000）。特许学校理念的奠基者 Ted Kolderie 就宣称：改革的真正目的是使得主流系统得以改变和进步（Vergari，2003）。竞争是改进传统公立学校和改革整个公立教育系统的工具（Mead，2003）。这种竞争将鼓励传统公立学校更加积极地回应家长的要求，以留住学生，这将为学校改进提供动力（Mead，2003）。资金的损失将刺激传统公立学校或者去改进，或者被逐出教育市场（Haft，1998）。两个结果将最终让整个公立教育系统受益。

（3）公平与优秀

公平与优秀是永恒的教育价值。特许学校运动有可能有助于这两个教育价值的实现。特许学校通过给低收入家庭提供学校选择机会可以促进公平。这种选择机会以前只有有能力负担私立学校学费的家庭或者能负担在表现好的公立学校所在社区居住费用的家庭享有。① 同时，前文提及的自治、责任、选择与竞争有可能增强特许学校乃至整个公立教育系统的办学效果，从而促进教育优秀。而办学效果的改善也与教育公平相关。目前基于随机实验的实证评估已表明，就读特许学校的少数族群学生比就读传统公立学校的同伴学习表现要更好。②

四　特许学校运作的基本制度安排

下文将对特许学校运作的基本制度安排予以描述。

1. 授权

授权（Authorizing）是涉及特许学校运转的一系列程序的总和。主要包括：批准一个开办特许学校的申请，协商达成特许合同，监督特许学校，在特许合同结束时决定是否关闭特许学校或延续特许合同。由此可见，严格的授权对于确保特许学校的高质量非常重要（Shen，2013）。

---

① 实践中，特许学校服务更大比例的处于弱势地位的孩子。一些分析人士忧虑，特许学校促进了公立教育的社会和种族分层（Vergari，2003）。

② 下文会详及。

特许授权机构（Authorizing Agency）是接受特许学校申请、授予特许合同、监督特许学校运作等事项的公共机构。一些特许学校立法仅允许学区作为授权机构。比较强的特许学校立法允许其他类型的特许学校授权机构。主要包括如下公共机构：地方学校委员会、州学校委员会、大学、威斯康星州的密尔沃基市（the City of Milwaukee）、印第安纳州的印第安纳波利斯的市长、亚利桑那州和哥伦比亚特区设立的专门从事特许学校授权与监督的委员会（Vergari，2003）。90%的授权机构是学区。但是，它们仅监管52%的特许学校。换句话说，10%的非学区授权机构监管48%的特许学校。[1]

特许学校申请者是为了开办特许学校向特许学校授权机构提交申请的任何个人或组织，包括非营利或营利的私立组织。[2] 获得授权机构授予的特许合同后，特许学校申请者就成为特许学校运转者。

特许授权机构须行使四项职责（Shen，2013）：审查申请，确定特许合同，确保特许合同执行，延续特许合同或者关闭特许学校。

申请一般包括：提出特许学校的使命，针对预算和设施的财政计划，特定的教育目标（例如，毕业率和成绩基准），营利或非营利管理机构的参与，其他。

特许合同要规定：时间表，管理机构和内部规章方面的要求，传统公立学校法定义务的豁免，绩效目标，在特许合同下允许开办的学校数目，财政目标和报告要求等。合同的期限从1年到15年不等。阿拉斯加州、亚利桑那州、佐治亚州、伊利诺伊州、密歇根州、密苏里州、内华达州、新墨西哥州和哥伦比亚特区允许特许合同不超过5年。

监督：在特许合同有效期间，授权机构继续监督特许学校的运转和规则遵守情况。它们监督特定的事项，例如，注册、学习成绩、学生录取、财政、对规则的遵守。

延续或关闭：达到目标要求的特许合同将获得延续或更新。特许学校最普通的关闭原因包括：财政问题，低学习表现，规则遵守方面的缺乏。随着特许学校数量的扩张，关闭的比例也在上升。大多数的关闭集中在少数几个州，即加利福尼亚州、佛罗里达州、俄亥俄州、亚利桑那州、威斯康星州——除了亚利桑那州外，这些州也拥有最多的新开办特许学校。关闭率在各州不同，在一些州，从来没有关闭过特许学校。

2. 财政

原则上，一名学生在特许学校注册，相关的公共资金将跟随该学生到相应的特许学校。尽管每个州的特许学校都依据注册的学生数获得资金，但是针对特许学校的生均拨款额在州内和各州间差别很大（Shen，2013）。拨款主要有三种方法。①根据特许学校学生居住学区的生均收入。在8个州使用。因为学生带来其居住学区的部分资金，所以特许学校针对不同学生获得不同的资金额度。②根据特许学校授权机构的生均收入。在29个州使用，是最普遍的公式。在大多数情况下，因为授权机构是传统学区，所以这一公式

---

[1] National School Board Association, "Charter School Toolkit for School Board Members," http://www.nsba.org/Advocacy/Key-Issues/Charter-Schools/Charter-School-Resource-Center/Charter-School-Guide/Charter-School-Toolkit.pdf（2013-5-19）.

[2] National School Board Association, "Charter School Toolkit for School Board Members," http://www.nsba.org/Advocacy/Key-Issues/Charter-Schools/Charter-School-Resource-Center/Charter-School-Guide/Charter-School-Toolkit.pdf（2013-5-19）.

和第一个类似。科罗拉多州采用这一方法的一个变体。要求学区授权机构向特许学校转移100%的生均收入，除去5%与授权特许学校相关的管理成本。如果授权机构不是学区，特许学校就得到和所在学区公立学校相同的资金。科罗拉多州允许学区通过推翻某些地方财产税限制而筹集额外的收入，但是不要求将该部分资金分配给该学区的特许学校。因此，平均而言，特许学校获得的生均收入比传统公立学校低15%。③全州范围内的生均拨款。在5个州和哥伦比亚特区使用。不管它们的地理位置和它们学生的居住地点，给特许学校提供同样的拨款。

一个有关特许学校财政的基本问题是，和传统公立学校相比，对特许学校的拨款水平如何？尽管基于数据的不充分和学校财政的复杂性，准确的比较是困难的，但是关于这一主题有了越来越多的知识。研究一般显示：特许学校获得的公共资金少于传统公立学校。最近的一项研究分析了24个州的特许学校财政，发现平均差距为19%，相当于生均约2247美元。已有研究指出了可能的原因：固定的生均成本——如设施和教学材料——不容易随学生转移。例如，不管有多少学生离开，维持一个建筑运转的成本差不多是相同的。此外，学校的资金需求不同。经济弱势学生、特殊教育学生需要更多的资金以满足教育需求。一些特许学校服务更多的高需求学生，而其他则相反。大多数特许学校没有提供一些昂贵服务的法定义务，例如午餐和交通。

需要指出的是，传统公立学校通过地方税和债券收入支付建筑物建造和维护支出。而特许学校通常在这方面面临限制。它们必须依靠其他公共和私人的资金来源。通常的方式包括以下几种。①州直接资助。一些州给特许学校提供直接的现金援助用于设施建设。通过两种方式，一种是专门针对学校设施的生均拨款；另外一种是提供补助金项目，由学校相互竞争资金。在11个州和哥伦比亚特区，特许学校可以得到州的资金专门用于学校设施。在12个州和哥伦比亚特区，给符合资格的特许学校授予补助金。这些补助金项目通常是竞争性的。②免税债券。到2011年，有32个州和哥伦比亚特区实行特许学校可以申请的支付设施成本的免税债券项目。这将让特许学校处于负债的状态。和传统的学区不同，特许学校不能征税作为未偿债务的担保，结果是，寻求免税债券和其他债务形式的特许学校面临高利率。③联邦项目。有众多的联邦项目为公立学校和学区的设施改善提供资助。有两个特别针对特许学校的设施。州特许学校设施激励补助金项目给符合资格的州提供补助金，为期5年，联邦分担的设施成本部分逐年下降。为了符合该项目，州必须有授予特许学校生均设施拨款的政策。四个州——加利福尼亚州、印第安纳州、明尼苏达州、犹他州和哥伦比亚特区已从该项目获得了补助金。另外一个联邦项目是联邦特许学校设施信用提升项目，旨在改善特许学校的信用状况，能够使其更易于获得私人贷款和债券用于设施改善。通过补助金降低特许学校的公共和非营利债权人的金融风险实现该目的。④地方学区债券收入。科罗拉多州、佛罗里达州和新墨西哥州给某些特许学校提供债券收入。能够获得地方学区债券收入使得特许学校可以依靠学区偿还债务，而不用其自己的已有资金偿还。一些学区不同意特许学校获得学区设施资金，因为它们认为特许学校的很多学生居住在学区之外，他们的家长没有支付地方学区税。此外，许多特许学校是由非学区实体授予的，如州或大学。因为学区对这些学校没有权限，所以也反对和其分享地方税收和债务收入。⑤分享学区设施。新出现的一个趋势是促使特许学校获得学区放弃或不用的建筑。和私人租用或购买相比，使用学区已有的建筑将使特许学校承担更低的成本。⑥将运转资金用于设施。当特许学校无法获得充足的设施资金时，特许学校被迫将其部分一般生均拨款用于支付设施维护和建造。与可以获得地方设施资金的传统公立学校相比，这使得特许学校的教学和支持服务资金更少。在得克萨斯州，特许学校平均支付生均约 849 美元的运转资金用于设施需求，这笔资金足以雇用四名额外的教师。

3. 封顶要求

特许学校封顶要求（Cap）限制一州内可以开办的特许学校数或在特许学校能够注册的学生数（Bell，2013）。大约一半的州有一些特许学校封顶要求。大多数封顶要求限制允许的学校数目，其他的限制每个学校的学生数。一些州限制新学校的数目，以及传统学校转为特许学校的数目。在一些州，封顶要求也限制某些授权机构授权的学校数，而不限制其他授权机构。夏威夷州将特许学校数限定在 48 所；新墨西哥州允许每年不超过 15 所，5 年不超过 75 所；加利福尼亚州限定每年增加 100 所，未用完的指标可以转到下一年；伊利诺伊州限定 120 所，在芝加哥为 75 所，在其他地方为 45 所；阿肯色州限定新开设的特许学校数为 14 所，但没有限制转制学校数。

最早的特许学校立法包括封顶要求。随着特许学校变得更为普遍，封顶要求被取消。随着特许学校运动在 20 世纪 90 年代和 21 世纪初期的推进，更多的州立法废除了封顶要求，但是争论仍在继续。1998 年，纽约州的特许学校法包括封顶要求，而在同一年，科罗拉多州废除了封顶要求。最近，联邦政府通过创立最优竞争补助金项目启动了新一轮关于特许封顶的争论。前文已经提到，该补助金项目是由 2009 年通过的《美国复兴与再投资法》所创立的，鼓励州去除对特许学校和其所服务学生数的限制。州要获得补助金的一个标准是，为表现良好的特许学校和其他创新学校确保成功的条件。这一标准在挑选成功者的 500 个点中占 40 个。15 个州通过立法去除了封顶要求，这其中有 6 个州获得了补助金。

关于封顶要求的争论主要围绕质量。反对者认为封顶要求是武断的，限制市场竞争。支持者认为封顶要求控制了特许学校的整体质量。研究表明，单是封顶要求不能决定特许学校的质量。一些有封顶要求的州——阿肯色州、伊利诺伊州、密苏里州——特许学校拥有更高的阅读和数学成绩。而在一些没有封顶要求的州——亚利桑那州、佛罗里达州和明尼苏达州——特许学校的成绩低于传统公立学校。

4. 教师

特许学校倾向于吸引多样化的教师。根据国家教育统计中心的数据，特许学校教师更为多样化，在这些学校的非洲裔和西班牙裔教师几乎是其他学校的两倍。他们更加没有经验。30% 的教师处在他们教学生涯的前三年，74% 的教师教龄低于 10 年。而在传统公立学校，只有 15% 的教师处在他们教学生涯的前三年，43% 的教师教龄低于 10 年（Exstrom，2013）。

针对特许学校教师的许可或认证要求和普通公立学校很不相同。传统公立学校教师必须通过州或学区认可的传统项目或替代项目获得许可或认证而开展教学。对于特许学校的要求，各州不同。根据国家教育统计中心的数据，只有23个州要求所有特许学校的教师通过传统的或替代的项目获得许可。14个州只要求一所特许学校中有一定比例的教师被许可，比例从30%到90%不等。4个州和哥伦比亚特区没有许可要求，或者留给批准每所特许学校的授权机构来决定。①

特许学校更受教师流动的挑战。高教师流失率对任何学校都有损害。特许学校的教师流失更严重。

特许学校通常没有工会，教师不能为他们的薪水和福利进行集体谈判。一方面，这将使得特许学校能够自由决定薪酬和员工配置，这会有利于单个学校和特定的学生。另一方面，让特许学校教师处于不公平雇佣的脆弱状态。②研究显示，大约600所特许学校是工会化的，占到运转的特许学校总数的12%。在4个州，特许学校是全部工会化的：阿拉斯加州、夏威夷州、艾奥瓦州和马里兰州。在堪萨斯州97%是工会化的。8个州没有工会化的特许学校：北卡罗来纳州、新罕布什尔州、内华达州、俄克拉荷马州、南卡罗来纳州、田纳西州、犹他州和弗吉尼亚州。22个州的特许学校法规定所有的特许学校教师有选择权。19个州的部分或全部特许学校教师应受学区集体谈判协议或人事政策的约束。一些社区的特许学校将创新做法纳入集体谈判协议。例如，在费城、纽约市和哥伦比亚特区。在特许学校能够促进学习产出的某些创新被纳入地方教师工会合同之中。例如，延长在学校的时间、延长学期时间、绩效工资、增加辅导、在学校层面进行人员控制等。③

五　关于特许学校效果的实证评估

和特许学校运动相伴随的是大量关于特许学校效果的实证评估研究的出现。有三个文献来源较为全面地综述了目前的实证研究状况，下文将分别予以介绍。

1.《科学》的综述文献

2012年的《科学》刊发了美国国家科学基金会（NSF）前任主任Richard C. Atkinson等人的综述文章《对于特许学校的效果需要更好的研究》（Betts and Atkinson, 2012）。文章提出，特许学校促进成功了吗？特许学校在效果方面有差别吗？关键的政策问题是：对失败的特许学校应该关闭，对成功的则应该复制。文章指出，不幸的是，关于特许学

① National School Board Association, "Charter School Toolkit for School Board Members," http://www. nsba. org/Advocacy/Key-Issues/Charter-Schools/Charter-School-Resource-Center/Charter-School-Guide/Charter-School-Toolkit. pdf（2013 – 5 – 19）.

② National School Board Association, "Charter School Toolkit for School Board Members," http://www. nsba. org/Advocacy/Key-Issues/Charter-Schools/Charter-School-Resource-Center/Charter-School-Guide/Charter-School-Toolkit. pdf（2013 – 5 – 19）.

③ National Alliance for Public Charter Schools, "Public Charter School and Teachers Unions," http://www. publiccharters. org/editor/files/NAPCS%20Documents/PublicCharterSchoolsandTeachersUnions. pdf（2013 – 5 – 20）.

校对学生成绩效果的大多数研究使用了不精细的方法，告诉我们很少因果关系方面的效果。

最近的一项元分析放弃了75%的研究，原因是它们不能对就读特许学校和传统公立学校的学生的背景和学术历史的差别做出解释。大多数研究简单地使用了单一时点的学生表现。这些研究不能把学校的质量和已存的成绩水平与决定就读特许学校学生的其他因素相区分出来。学生自选择进入特许学校的可能性是很大的，这将使得简单比较特许学校和传统公立学校学生的成绩会产生误导。父母不申请特许学校的原因可能是学校的距离或者缺乏时间以完成学校有时候要求的自愿工作。申请的家庭也许有很强的激励。在哪里建立特许学校的决定也影响谁就读。这就使得简单比较变得困难。通常，特许学校和传统公立学校之间平均考试分数的差距反映了谁就读学校，而不是学校所提供教育的质量。

严格、可靠的研究正在出现。这些研究利用了特许学校录取学生的方法。州法律规定，如果有过多的学生申请特许学校，则必须通过抽签录取。因为只有抽签可以区分谁得到或得不到录取机会，所以没有获得录取机会的学生就组成了一个理想的控制组。相关研究倾向于发现：特许学校好于或与传统公立学校一样。然而，这些研究只涵盖了90所特许学校，大约占到全国的2%。作者强烈支持用随机控制实验来研究特许学校对学生成绩的影响。但是，同时承认这一方法的局限。最主要的一点是，大多数的特许学校不是过度申请的。

研究没有过度申请的许多特许学校是重要的。此类研究的关键是控制单个学生以前的成绩。即使如此，由于影响谁就读特许学校的未观测因素的影响，估计就读特许学校的因果效果也是困难的。比较基于抽签的研究和仔细设计的非基于抽签的研究，两个方法产生了大致类似的结果，尽管非基于抽签的研究有时得出较低的估计效果，可能是因为对学生和他们家庭未观测特征的不充分控制。

文章还指出，对特许学校的研究必须进一步推进。研究应当估计特定特许学校（至少是特定类型特许学校）的效果。一旦我们找到最成功的模型，为了复制它们，我们就需要得到促发更好表现的学校特征的更多信息。教学法、课程或者教师资格可以解释其中的任何差别？特许学校是地方来组织，或者附属于特许管理（非营利）、教育管理（营利）机构起作用？政策环境，如州法律和地方授权机构采用的方法，是否起作用？逐渐重要的不是仅仅报告"平均"效果，而是单个学校的效果，到"黑箱子"的内部获得每个特许学校的独特教育特征。

2. 布鲁斯金特许学校布朗工作组的研究报告

由著名教育经济学家 Caroline Hoxby 和 Susan Dynarski 等（Croft et al., 2010）领衔的布鲁斯金特许学校布朗工作组发布了关于特许学校效果评估和政策建议的综合研究报告。报告指出，特许学校的数量在过去10年稳定增长，这反映了父母和公众的认同。它们在使命、所服务的学生和效果方面差别很大。研究表明：特许学校在提高城市地区低收入和少数族群学生的成绩方面特别有成效。

众多种类的特许学校和最初的使命是一致的，即为家庭提供新的选择，促进创新方法以组织学校、提供课程。但是同样的多样性使得将特许学校作为一个部门得出其教学效果如何变得很困难。与所研究的学校和采用的研究方法有关，研究发现差别很大。几乎所有的评估多个州特许学校成效的大规模研究都依赖统计控制处理就读特许学校和传统公立学校学生的背景差别。几个研究发现，就读特许学校的学生不比就读传统公立学校的学生表现好。对这些研究的批评指出，对于观测到的差别没有做统计调整，例如，两类学校少数族群或低收入学生比例的差别。此外，影响学习成绩的有关学生和家长的非观测差别独立于学生所就读的学校类型。

和前面《科学》的文章一致，大多数研究者同意，评估特许学校效果的首选研究策略应是随机控制实验。截至2010年，有5个随机实验研究，4个发现了对学生表现的积极效果，1个发现在整体上没有效果。4个发现积极影响的研究针对的是服务于少数族群学生的特许学校，3个在大城市学区（芝加哥、纽约、波士顿），1个在较小的、低收入城市北波士顿。没有发现整体影响的研究评估了多个州的特许学校。值得注意的是，没有发现整体影响的研究发现了次分组（Subgroup）效果。例如，来自贫穷、少数族群和城市背景的学生在特许学校表现更好；而来自中产阶级、郊区背景的学生在特许学校表现更差。这样，所有的随机实验研究在指出特许学校在大城市地区的成功方面是一致的。这些随机实验研究的一个限制是外在效度，即将研究结果向其他环境推广的能力。因为有很少非城市的、大量过度申请的特许学校，所以随机实验研究主要针对拥有高比例少数族群学生的大规模城市地区。相关的随机实验研究结果不可能推广到主要城市地区以外。采用其他方法的更多的研究需要研究非城市地区的特许学校的效果。研究结果也不能推广到那些家长不想获得特许学校录取的学生。一些特许学校的成功依赖于家长的额外努力。此类学校对于没有类似动机家长的学生可能是不成功的。到目前，可靠的研究并没有处理这一可能性。

这些研究的最后一个局限是，它们关注通过标准化考试测量的学生在阅读和数学方面的表现。研究应扩展学生产出的范围，包括长期的产出。例如，一项对于芝加哥和佛罗里达特许高中的研究发现，对于高中完成和大学就读有积极的效果。

概括起来，关于特许学校成绩表现的研究文献显示了影响效果方面的巨大差别。因此，知道一所学校是按特许学校组织的并不能对其是好是坏或中等做更多的判断。和服务于类似学生的传统公立学校相比，一些特许学校明确地为学生提供更有效的教育。其他特许学校和与之竞争的公立学校相比并不更好，一些更差。

和《科学》的文章一样，该报告也强调，对研究者的一个重大挑战是，甄别出使特许学校成功的积极因素，同时知晓哪些因素可能与学校提供的教育服务与学生和家长的特征相互作用。

3.《教育经济学评论》的特许学校专辑

国际著名的教育经济学期刊《教育经济学评论》（*Review of Economics of Education*）在2012年第2期推出了一期关于特许学校的专辑。几乎所有的论文都强调，现有的对特许学校整体效果的研究结果都是不确定的。一些关注个别地方的研究发现，特许学校优于传统公立学校，一些发现它们和传统公立学校没有区别，一些发现其表现更糟糕（Toma and Zimmer，2012）。

六 总结与启示

下文对以上内容进行总结，并指出其对我们的一些启示。

（1）特许学校运动是发端于20世纪90年代的一项美国教育改革运动。目前有42个州和哥伦比亚特区通过了特许学校立法。

（2）特许学校运动在美国的兴起具有多方面的深刻背景。教育危机与教育改革、经济改革与经济思想、政治支持和联邦政府支持等因素都促成了这一教育改革运动的发展。

（3）特许学校是基于特许学校运转者和特许学校授权机构达成的特许合同运转的、由公共资金支持的、免费的、无宗派的、选择的公立学校。特许学校介于传统公立学校与私立学校之间。在本质上仍然属于公立学校，是公立学校系统的组成部分。

（4）特许学校运动秉持的理念包括：自治与责任、选择与竞争、公平与优秀。通过以"责任"换取"自治"，特许学校获得改革创新的空间。学生和家长的学校选择机会导致整个公立教育系统形成健康的竞争环境，挑战传统公立学校的"垄断"地位，从而最终促成教育的公平与优秀。

（5）关于特许学校的办学效果评估目前并没有一致的意见。有些特许学校好于传统公立学校，有些类似，还有些更遭。但是，比较一致的研究发现是：少数族群学生在特许学校的学习表现会更好。

（6）尽管对特许学校实证评估的结果并不是很确定，但是特许学校已成为美国联邦政府推进教育改革和制度创新的重要抓手。① 奥巴马政府在2009年通过的《美国复兴与再投资法》和针对《初等和中等教育法》再授权的建议都将特许学校放在教育改革的重要位置上。

（7）特许学校立法、特许学校和在特许学校就读学生的不断增多都表明，特许学校运动获得了公众的支持。尽管实证评估的效果还不确定，但是，特许学校运动确实为学生和家长提供了一个可选择的机会，从而为利用市场原则改进公立学校系统提供了潜在的可能性。

在我国，如何提高公办学校的办学效率也是一个极具挑战性的议题。多年来，我国也在不断开展公办学校的各类改制工作。但在实践中，经过改制，学校的公办属性往往会丧失，学校通常会转为高价收费的民办学校。转制学校与政府之间的关系往往很不清晰，造成诸多纠纷。此外，"名校办民校"的做法更是模糊了公办学校和民办学校之间的界限，有可能造成国有资产的流失，同时影响公平的民办教育市场的形成。美国的特许学校在保持学校公立属性不变的前提下，将公共资金支持和私人管理相结合，通过市场机制改革公立教育系统，同时运用特许合同清晰界定相关主体之间的权利义务关系。美

---

① 联邦政府的另外一个教育改革抓手是"责任与标准"。

国特许学校的相关理念与做法也值得我国在公办学校改革方面予以参考和借鉴。

参考文献

Beale, L. K. 1997. "Chapter Schools, Common Schools, and the Washington State Constitution." *Washington Law Review*, April: 535 – 566.

Bell, Julie Davis. 2013. "Charter School Caps." http://www. ncsl. org/issues-research/educ/charter-schools-in-the-states. aspx (2013 – 5 – 19).

Betts, Julian R., Richard C. Atkinson. 2012. "Education Better Research Needed on the Impact of Charter Schools." *Science* 335 (6065): 171 – 172.

Bush, George W. 2001. "Remarks by the President on Parental Empowerment on Education." April: 12.

Casanova, Clarisse C. 2008. "Chapter Schools: A Step in the Right Direction or a Fourth Left Turn for Public Education?" *Whittier Journal Of Child and Family Advocacy*, Spring: 231 – 251.

Clinton, William J. 1997. "State of the Union Address." February: 4.

Croft, Michelle, Susan Dynarski, Caroline Hoxby, et al. 2010. "Charter Schools: A Report on Rethinking the Federal Role in Education." http://www. brookings. edu/research/reports/2010/12/16-charter-schools.

Danilova, Maria. 2017. "Trump Asks Congress to Extend School Choice Nationwide." http://www. pbs. org/newshour/rundown/trump-asks-congress-extend-school-choice-nationwide/ (2017 – 6 – 16).

Exstrom, Michelle. 2013. "Teaching in Charter Schools." http://www. ncsl. org/issues-research/educ/charter-schools-in-the-states. aspx (2013 – 5 – 19).

Forman, James Jr. 2007. "Do Charter Schools Threaten Public Education? Emerging Evidence from Fifteen Years of a Quasi-Market for Schooling." *University of Illinois Law Review* 3: 839 – 880.

Grady, Dylan P. 2012. "Charter School Revocation: A Method for Efficiency, Accountability, and Success." *Journal of Law & Education* 41 (3): 513 – 554.

Green, Preston C., Erica Frankenberg, Steven L. Nelso and Julie Rowland. 2012. "Charter Schools, Students of Color and the State Action Doctrine: Are the Rights of Students of Color Sufficiently Protected?" *Washington and Lee Journal of Civil Rights and Social Justice*, Spring : 253 – 274.

Haft, William. 1998. "Charter Schools and The Nineteenth Century Corporation: A Match Made in the Public Interest." *Arizona State Law Journal*, Winter: 1023 – 1088.

Heise, Michael. 1994. "Goals 2000: Education America Act: The Federalization and Legalization of Educational Policy." *Fordham Law Review* 63 (2): 345 – 381.

Hollingworth, Liz. 2009. "Unintended Educational and Social Consequences of the No Child Left Behind Act." *The Journal of Gender, Race & Justice*, Winter: 311 – 327.

Huffman, Kevin S. 1998. "Charter Schools, Equal Protection Litigation, and the New School Reform Movement." *New York University Law Review*, October: 1290 – 1328.

Johnson, Judith and Alex Medler. 2000. "The Conceptual and Practical Development of Charter Schools." *Stanford Law & Policy Review*, Spring: 291 – 304.

LoTempio, Catherine. 2012. "It's Time to Try Something New: Why Old Precedent Does Not Suit Charter Schools in the Search for State Actor Status. " *Wake Forest Law Review* 47, Spring: 435 – 462.

Mead, Julie F. 2003. "Devilish Details: Exploring Features of Charter School Statutes That Blur the Public/Private Distinction. " *Harvard Journal on Legislation*, Summer: 349 – 378.

Morley, John. 2006. "For-Profit and Nonprofit Charter Schools: An Agency Costs Approach. " *The Yale Law Journal*, May: 1782 – 1821.

Oluwole, Joseph O. and Preston C. Green, III. 2007. "Charter Schools Under the NCLB: Choice and E-qual Educational Opportunity. " *St. John's Journal of Legal Commentary*, Summer: 165 – 197.

Peters, Tracy. 2012. "Demanding More from Michigan's Charter Schools. " *The Journal of Law in Society* 2: 555 – 583.

Peterson, Deana R. 2009. "Leaving No Child Behind: Why Were Charter Schools Formed and What Makes Them Successful?" *The Journal of Gender, Race & Justice*, Winter: 377 – 388.

Ryan, James E. 2008. "Charter Schools and Public Education. " *Stanford Journal of Civil Rights and Civil Liberties*, October: 393 – 410.

Ryan, James E. and Michael Heise. 2002. "The Political Economy of School Choice. " *Yale Law Journal*, June: 2043 – 2136.

Shen, Yilan. 2013. " Auhorizing Charter Schools," http://www.ncsl.org/issues-research/educ/charter-schools-in-the-states.aspx (2013 – 5 – 19).

Siegel-Hawley and Genevieve, Erica Frankenberg. 2011. "Does Law Influence Charter School Diversity? An Analysis of Federal and State Legislation. " *Michigan Journal of Race & Law*, Spring: 321 – 367.

Smith, Leah Rupp. 2012. "Crossing the Line in Tight Budget Times: The State Constitutional Implications of Diverting Limited Public Funds to Charter Schools in Kentucky. " *University of Louisville Law Review*: 125 – 157.

Sunderman, Gail L. 2013. "The Federal Role in Education: From the Reagan to the Obama Administration. " http://www.annenberginstitute.org/VUE/wp-content/pdf/VUE24_Sunderman.pdf (2013 – 5 – 8).

Superfine, Benjamin Michael. 2011. "Stimulating School Reform: The American Recovery and Reinvestment Act and the Shifting Federal Role in Education. " *Missouri Law Review*, Winter: 81 – 134.

Toma, Eugenia and Ron Zimmer. 2012. "Two Decades of Charter Schools: Expectations, Reality, and the Future. " *Economics of Education Review* 31 (2): 209 – 212.

Vergari, Sandra. 2003. "Charter Schools: A Significant Precedent in Public Education. " *New York University Annual Survey of American Law*: 495 – 512.

Viteritti, Joseph P. 2012. "The Federal Role in School Reform: Obama's 'Race to the Top'. " *Notre Dame Law Review* 87 (5): 2087 – 2120.

Walk, David JR. 2003. "How Educational Management Companies Serve Charter Schools and Their Students. " *Journal of Law & Education*, April: 241 – 254.

Zimmer, R., Gill, B., Booker, K., Lavertu, S., Sass, T. R., & Witte, J. 2009. *Charter Schools in Eight States: Effects on Achievement, Attainment, Integration, and Competition.* Santa Monica, CA: RAND Corportation.

关于学券的理念、争论与实践[*]

魏建国^{**}

（2018 年 4 月）

作为一种教育创新的工具，学券在美国的教育改革中扮演着重要的角色。特朗普总统上台之后，学券再一次成为人们关注的焦点。在其第一个教育预算中，特朗普政府大力削减公立学校预算，而增加包括学券在内的学校选择项目的预算。[①] 早在 20 世纪 50 年代，著名经济学家弗里德曼就提出了学券的设想。尽管在一些州有了学券的实践，但是学券在美国仍面临着政治、法律、竞争、质量、种族等诸多方面的争论。在特朗普政府重提学券的大背景下，本文拟对美国教育改革中学券的理念、争论与实践等问题予以探讨，在此基础上，提出一些相关的启示。

一 关于学券的理念——弗里德曼的建议

现代的学券理念是著名新自由主义经济学家弗里德曼 1955 年在《政府在教育中的角色》（Friedman，1955）一文中提出来的。基于对政府控制的不信任以及对政府教育角色的定位，弗里德曼提出了他的学券理念。其核心是通过解除政府对教育的控制而将控制权交给学生家长从而创造一个具有竞争性的教育系统。

他指出，如果没有对一些普遍价值的广泛接受，没有最低程度的识字和知识，那么一个稳定和民主的社会是不可能的。教育对这两者都有贡献。每个孩子的教育收益不仅仅惠及自己和父母，而且通过促进稳定和民主的社会而有助于其他公民的福利。在这种情况下，将特定的个体收益分离出来而针对相应的服务收费是不可行的。弗里德曼因此认为这种服务具有显著的"邻里效应"（Neighborhood Effect）。哪种政府行为可以基于这种特定的邻里效应获得正当性支持？最明显的是政府要求每个孩子接受最低数量的特定种类的教育。正如建筑物、汽车主人被要求遵守特定的标准而保护其他

---

  * 本文简化版曾发表在《教育学术月刊》2018 年第 4 期上。

  ** 魏建国，北京大学中国教育财政科学研究所副研究员、副所长。

  ① "Trump's First Education Budget: Deep Public School Cuts in Pursuit of School Choice," http://www. chicagotri-bune. com/news/nationworld/politics/ct-trump-education-budget-school-choice-20170517-story. html （2017 - 8 - 8）.

人的安全一样。但是，政府没有必要直接提供教育。为教育提供资金和提供教育服务可以分离。政府可以规定最低水平的教育，给父母提供特定额度的学券用于支付"被批准"的教育服务。父母自由地用这笔资金和任何额外的资金从一个他们自己选择的"被批准"的教育机构购买教育服务。教育服务可以由营利的私人机构、各种非营利的机构提供。政府的角色被限定为确保这些学校达到最低的标准，例如，在它们的教学项目中包括最低限度的普通内容。正如目前对餐馆的监督，要求它们维持最低的卫生标准。无论将孩子送到何处，只要学校符合特定的最低标准，父母都会获得补贴。通过把孩子从一个学校转到另外一个学校，父母可以直接向学校表达他们的意见。目前，他们只能通过改变居住地点来实现这一目的。而这对于低收入家庭是不可能的。这样，正如在其他领域一样，竞争性的私人机构可能比国有机构在满足消费者要求方面更有效率。

在实施普遍性（Universal）学券项目的同时，在小社区和农村地区，孩子数量可能太少而不可能开办一个以上具有合理大小的学校，因此不能靠竞争来保护父母和孩子的利益。在这种情况下，自然垄断的主张显然是有道理的，尽管随着交通发展和人口的集中，这种情况在显著改变。在此可以考虑提供混合的模式，在此模式下，政府可以继续举办一些学校，但是对于选择送他们的孩子去其他学校的父母应给予一定额度的补贴（估计的一个孩子在政府学校的成本），只要该补贴被花在被批准学校的教育服务上。

总之，弗里德曼区分了对教育的资金支持和对教育机构的运转。他的核心关注是人而不是机构。政府给父母的特定额度的补贴只能被用于支付他们孩子的普通教育。父母将该笔钱自由花费在他们自己所选择的学校，只要该学校满足适当的政府单位规定的特定的最低标准。此类学校可以由很多机构举办：营利的私人企业、私人捐赠基金、宗教组织设立的非营利机构，一些甚至是政府机构。

这样，基于持有学券的父母的学校选择，可以在教育系统形成和其他领域一样的市场竞争，从而促进教育质量的提高。值得注意的是，在弗里德曼的学券理念下，除了极个别情况外，公立学校是没有存在的必要的。也就是说，从根本上，弗里德曼是反对"公立学校"这一教育系统的，这和他的新自由主义经济思想一脉相承。

在1980年出版、1990年再版的《自由选择》中，弗里德曼进一步阐述了他的学券理念。他指出，政府接管导致了教育质量的下降，并且使得学校教育变得千篇一律（弗里德曼、弗里德曼，2008：148~149）。一种简便有效的改革方法便是学券计划，它既能保证学生家长拥有较大的自由选择权，同时仍然可以保持目前的教育资金来源。可以允许家长们既能在私立学校也能在公立学校使用学券，并且，使用学券也不应该仅限于他们所在的区、市、州的学校，只要学校愿意接受学券，那么就应该不论何处都能使用。这样，家长们可获得更大的自由选择权，同时公立学校也就只能通过收取学费来自筹资金（若其全部资金可用学券来满足，那就是完全自筹资金；若学券只可满足部分资金需求，那就是部分自筹资金）。因此，公立学校之间、公立学校与私立学校之间便可展开竞争（弗里德曼、弗里德曼，2008：156）。与1955年的论文相比，公立学校的存在空间似乎有些变大。在 1955 年的论文中，没有提到学券在公立学校使用的问题。

在 2003 年 3 月 24 日接受 CNBC 采访时，弗里德曼重申了他对学券的看法。他说，学券运动远没有胜利，但是非常乐观和有希望。目前仅处于起步阶段，因为只有少量的孩子参与学券项目。最终目标是：拥有一个系统，在该系统中，美国的每一个家长将有能力为他们的孩子选择所就读的学校。离这个最终目标还差得很远。如果达到那个目标，拥有一个自由选择的系统，那么也就拥有了一个竞争和创新的系统，它将改变教育的特性。[①]

另外一位新自由主义的代表人物哈耶克也支持学券理念。他在《自由秩序原理》中论及教育私有化时指出：正如弗里德曼教授指出的那样，通过给予父母能够覆盖其为自己孩子选择学校成本的学券，不用维持政府学校，降低普通教育的成本，是完全可行的。在少数偏远社区，那里对于举办私立教育而言孩子很少，教育的平均成本因此很高，所以由政府直接举办学校是可行的。但是对于绝大多数人把教育的组织和管理完全交给私人，政府仅仅提供基础的资金并确保招收学券学生学校最低的标准，毫无疑问是可行的。[②]

二 关于学券的争论

随着 1955 年《政府在教育中的角色》的发表，弗里德曼引导了美国教育史上最激烈的争论之一（Loeb，Valant，and Kasman，2011）。和特许学校获得较为一致的支持相比，学券在美国是一个颇有争议的教育改革议题，主要体现在如下几个方面。

（一）政治争论

学券项目既获得了剧烈的反对，又获得了热情的支持，成为一个具有高度政治争论性的主题（Hansen，2001）。学券理念由保守主义经济学家弗里德曼所提出，也得到了保守派的大力支持。共和党领导人普遍支持学券。里根总统两次试图引入学券立法，没有获得成功。布什总统曾提议"针对孩子的 G. I. Bill"项目。由于代表全国教育协会（NEA）的院外游说的努力，项目没有获得国会的支持（Hansen，2001）。在 2000 年总统选举中，学券议题成为共和党和民主党政纲的一个区别议题。小布什总统[③]支持学券项

[①] CNBC Interview，"Milton Friedman on Vouchers," March 24，2003，http://www. edchoice. org/The-Friedmans/The-Friedmans-on-School-Choice/Milton-Friedman-on-Vouchers. aspx（2013 - 5 - 28）.

[②] F. A. Hayek，"The Constitution of Liberty，Section 24. 3," http://en. wikipedia. org/wiki/School_voucher（2013 - 5 - 29）.

[③] 小布什总统对学券的支持获得了弗里德曼的赞赏。CNBC Interview，"Milton Friedman on Vouchers," March 24，2003，http://www. edchoice. org/The-Friedmans/The-Friedmans-on-School-Choice/Milton-Friedman-on-Vouchers. aspx（2013 - 5 - 28）。

目，而戈尔反对（Hansen, 2001）。这和 2008 年总统选举中，两党都将特许学校列入其教育政纲的做法明显不同（Siegel-Hawley and Frankenberg, 2011）。

自由派认为，保守主义者将学券当作反对政治自由主义、工会和其他非军事、警察类政府支出的便利工具（Finkelman, 2008）。

而弗里德曼也分析了自由派反对学券的深刻背景。他说，克林顿在当州长的时候支持学券，而在任总统时反对。这是政治原因造成的。人们可能不知道教师工会的政治影响力有多强大。民主党全国代表大会 1/4 的代表都来自教师工会。它们可能是美国最有影响力的组织，拥有雄厚的资金、众多的成员，在政治上非常积极。①

弗里德曼从根本上是反对公立学校系统的。他认为，19 世纪公立教育改革的发起者并不是那些对教育现状感到不满的学生家长，而"主要是教师和政府官员"。实际上教师之所以如此热心拥护公共教育改革，是因为他们怀有狭隘的利己之心。他们都希望自己的工作能够更加稳定，薪水更有保证，而且，若由政府而不是家长来出资的话，他们对于学校也将有更大的控制权。与美国的情形一样，英国政府之所以接管教育事业，其动因同样不是来自学生家长，而是来自教师、政府官员以及那些好心办坏事的知识分子（弗里德曼、弗里德曼，2008：148～149）。

而自由派认为，学券项目会破坏为民主社会的公民灌输共同价值观的公立学校模式（Zimmer and Bettinger, 2008）。此外，学券运动和对整个公立学校的概念以及教师工会的攻击相联系（Finkelman, 2008）。在保守主义者那里，有一个未说明的前提，即"越少越好"将会起作用。他们设想，公立学校是浪费的，教师是过度支付的，没有做他们的工作。这样，在学券支持者的理论世界里，把资金从公立学校取出将会更加高效，因此更好。

因此，针对学券的政治争论的根本在于各派对公立学校系统的认识和定位，也就是更大范围的政府在教育领域的角色和行为方式，乃至政府在整个经济和社会中的角色定位。当然，与此相关的是这一议题与特定利益集团的切身利益也是密不可分的。

值得注意的是，这一高度政治化的争论也体现在一些独立机构的研究中。② 教育政策中心（CEP）是一个旨在促进公立教育和更加高效的公立学校的全国性的、独立的组织。其在 2011 年的综述报告中指出：2000 年以来的研究已证明学券对于学生的学习成绩没有强的效果（Strong Effect）。③ 而弗里德曼创立的学校选择基金会所支持的 2011 年的综述报告指出：经验证据一致表明，学券同时改进了学券参与者和公立学校的产出（Forster, 2013）。两个机构的政治倾向性可见一斑。两个报告的综述结论也都有相应的实证研究做

---

① CNBC Interview, "Milton Friedman on Vouchers," March 24, 2003, http://www.edchoice.org/The-Friedmans/The-Friedmans-on-School-Choice/Milton-Friedman-on-Vouchers.aspx（2013 - 5 - 28）.

② 好在关于这个问题，学者有比较公允的综述和评价，让旁观者能有一个比较正确的认识。下文详述。

③ Center on Education Policy, "Keeping Informed about School Vouchers: A Review of Major Developments and Research," http://www.cep-dc.org/displayDocument.cfm? DocumentID = 369（2013 - 5 - 29）.

支持。

（二） 法律争论

政府与教会相分离是美国宪法的基本原则之一。在杰斐逊的宗教与政府相分离的理论下，自由仅仅在个人不能强迫支持其他人的宗教信仰的情况下才会可能（Finkelman，2008）。尽管和学券类似的 G. I. Bill 的合宪性从来没有受到挑战（Hansen，2001），但是，早期对于公共资金支持教会学校的做法都被宣布违宪。因此，学券项目的出现面临很复杂的法律问题。

在 2002 年 6 月联邦最高法院做出 Zelman v. Simmons-Harris 判决之前，学券争论的主要议题集中在州或市给宗教附属学校提供资金的行为是否违反了国家与教会相分离的宪法条款。在最高法院 5∶4 的判决中，法院认为俄亥俄州的学券项目没有违反国教条款（O'Neill，2003）。法院认为，学券项目是中立的，"是把资金直接提供给广泛的民众，然后由其再将政府资金交给宗教学校，这完全是他们自己严肃和独立的私人选择的结果"。尽管对于学券支持者，该判决作为一个标志性的胜利而欢呼，但是许多学者相信，这仅仅是给宗教学校提供政府资金的学券项目所面临的法律挑战的开始。有学者指出，首席大法官 Rehnquist 在 Zelman v. Simmons-Harris 案中的分析是虚伪的，无视案件的事实。根据事实来说，法院的意见似乎是完全荒唐的。州的资金实际上不是直接给宗教学校的，而是给予单个的父母去支付他们孩子的教育。这里有些文字游戏的味道。甚至在 Zelman v. Simmons-Harris 案中，法院也认可和接受如下观念：给教会学校提供资金是违宪的。

批评者认为，当学券项目允许父母用州的资金送他们的孩子去私立教会学校就读的时候，美国宪法的国教条款就受到妥协（Hansen，2001）。同时，学券运动也将威胁到宗教。学券项目将导致政府对宗教学校的管制。如果让学券支持宗教学校，这就是不可避免的。而美国的大多数私立学校是宗教性的，最终，接受学券的学校必须接受不断增加的管制。这是民主的特征。纳税人理应获得问责和审计。学券最终导致有信仰的人和他们自己的信仰做出妥协。政府对宗教的支持会稀释和弱化宗教而不是加强（Finkelman，2008）。

值得注意的是，包括教会学校的学券项目面临法律难题，排除教会学校的学券项目也有可能在违反自由表达宪法条款方面受到攻击。最高法院在 Zelman v. Simmons-Harris 案中坚持，仔细设计的学券项目可以包括宗教学校。但是法院没有回答，州或市是否必须在给公立和非宗教私立学校提供补贴的学券项目中包括宗教学校。

此外，除了联邦层面的法律问题外，在州的层面也存在类似问题。和联邦宪法一样，许多州宪法也规定，未经本人同意，任何人将不能被强迫去支持教会或宗教组织。只有缅因州、路易斯安那州和北卡罗来纳州三个州没有类似的规定。此外，有的州宪法还规定禁止将支持公立教育的资金用于非公立学校和非公立实体。加利福尼亚州（2000）、密歇根州（2000）和犹他州（2007）的全民公决先后否决了学券项目。佛罗里达州、科罗拉多州、路易斯安那州①的相关学券项目被各自的州最高法院判决违宪。②

（三）有关竞争机制和教育质量的争论

学券理念的核心在于通过家长的学校选择权促使竞争机制的产生从而提高教育质量。通过去除政府控制和将控制权交给家长，学券被当作救治公立学校低下绩效的工具（O'Neill，2003）。学券支持者今天也采用弗里德曼的推理（Hansen，2001）。他们声称，学券项目不会破坏公立学校的改革，但是会使所有学校获得更好的教育质量。支持者相信，学券项目将迫使公立学校和私立学校为学券资金而竞争。竞争的结果是，公立学校将提高其教育项目的质量。此外，学券支持者愿意看到公立学校的改革，但是他们不满意一些就读薄弱公立学校的学生将要等着看那些改革是否成功。这些孩子必须同时被给予一个机会，让他们接受他们所需要的教育。

学券反对者认为学券项目将主要通过两种方式影响公立学校的教育质量。这些项目将会使公立学校流失资金（Drain Funding），从而影响公立学校的改革（Hansen，2001）。学券项目将带走对公立学校而言十分重要的稀缺资金。学券支持者指出，学券项目会使得更少的公立学校学生需要教育，这会解决资金减少的问题。两个事实反驳了这一点。首先，很大比例的学券项目的学生从来就没有在公立学校就读。其次，因为离开公立学校的学券学生来自许多不同的学校，所以结果是相关公立学校的管理费用和维持现有设施的成本不能缩减（Mincberg，2001）。这些学券的保守主义支持者主张，学券将引起学校选择，选择将产生更好的公立学校。他们主张，通过拿出公立学校的资金支持学券也将使得公立学校更好。他们没有解释必须以更少预算运转的情况下公立学校如何变得更好。他们有时候说，学生离开学校并没有减少学校的生均预算支出。但是，此类论调忽视了规模经济或者维持现有设施的成本。在一个连获得最好支持的公立学校都被迫去寻求父母捐赠，通过一些销售获取收入，各种形式的资金筹措去提供"奢侈"的音乐和美术课程、学校乐队甚至运动队，很难想象削减学校经费会改进公立教育（Finkelman，2008）。

另外，竞争需要公平的竞争环境和开放的市场（Mincberg，2001）。学券的问题之一就是它们没有创造一个这样的市场。私立学校经常能够通过"吸脂效应"（Cream Skimming）挑选最好的学生或最容易教的学生。它们可以拒绝那些有学习困难、身体残疾或有社会问题的学生。一些私立学校要求父母为学校提供志愿服务，这将排除许多父母，特别是有工作的单身父母。

结果是，学券仅给少数学生提供有限的帮助，同时将剩余的学生放在更差的公立学

---

① 路易斯安那州最高法院于2013年5月7日宣布，州的"教育优秀学生奖学金项目"（学券项目）违反州宪法。Education Justice，"Voucher Program Violates La Constitution，Supreme Court Declares，"http://www.educationjustice.org/news/may-9-2013-voucher-program-violates-la-constitution-supreme-court-declares.html（2013-5-28）。

② Center on Education Policy，"Keeping Informed about School Vouchers：A Review of Major Developments and Research，"http://www.cep-dc.org/displayDocument.cfm? DocumentID=369（2013-5-29）.

校（Hansen，2001）。学券系统将让公立学校去教育那些需要最昂贵成本的学生——却用更少的资源去教育他们。学券系统实际上对于留在公立学校的学生是不公平的。此外，新的营利性私立学校进入市中心贫民区学券市场可能实际上让学习记录比"失败"的公立学校更糟糕。

（四）有关种族和社会隔离的争论

弗里德曼认为，学券计划将几乎丝毫不会改善为富人提供的教育的质量，却可以适当地改善为中产阶级提供的教育的质量，同时极大地改善为穷人提供的教育的质量（弗里德曼，2008：163）。学券会缓和种族冲突，促成一个黑人和白人为共同的目标而合作的社会，同时，又将互相尊重各自的权利和利益。许多人之所以反对强迫的种族合校，并不是出于种族主义情绪，而是因为他们多少有些担心孩子的人身安全和教学质量受到影响，这种担心也是很有道理的。如果种族合校不是靠强制而是靠自由选择的话，那才是最成功的（弗里德曼、弗里德曼，2008：160）。

反对者认为，学券没有处理好公平问题，将导致种族[①]和社会隔离，不利于社会融合（Finkelman，2008）。尽管一些学券支持者宣称，学券将增加少数族群学生上更好学校的机会。事实上，绝大多数的私立学校直接或间接地运用各种方法歧视少数族群学生。许多有宗教背景的学校不录取有其他信仰的孩子。那些确实录取所有信仰孩子的学校经常要求每个学生参加宗教活动。学券系统可能允许一个城市贫民区父母送孩子去一个更好的私立学校就读，代价是迫使孩子在他的信仰之外去祷告。大多数优质私立学校有针对校友的照顾录取政策。这将歧视那些父母、爷爷奶奶没有在此类学校就读的学生。私立学校歧视的最重要部分是经济方面的。学券系统不能解决这个问题。如果把学券给所有的孩子，他们中大多数会因为学券额度不够而不能就读优质私立学校。而且，通过简单地把学费提高到学券额度之上，收取高额学费的学校可以继续根据阶级和经济状况排除那些孩子。在许多情况下，符合学券资格的父母并不用学券，原因是他们找不到额外的资金支付私立学校的学费（O'Neill，2003）。

学券反对者认为，实际上，学券项目通过两种方式补贴了富人（Finkelman，2008）。首先，通过给最富有的人资金，学券对那些不需要补贴的人接受私立教育提供直接补贴。其次，补贴可以帮助那些处于临界点的人，他们可以用补贴送他们的孩子去私立学校，因此增加私立学校的收入，从而降低支付私立学校学费的所有人的总成本。和弗里德曼的论述相反，学券反对者认为，对私立教育的补贴最终是非民主的，最终导向社会的教育分离，而不是拥有分享的教育经历。学券把最贫穷和能力最低的家庭置于危险状态，因为最终学券将影响公立学校的教育质量，而那些拥有最少资源的人仍将要在这些学校就读。

[①]　值得注意的是，学券曾被作为南方抵制废止种族歧视的一种措施。作为对布朗案的一个回应，当时学区关闭了公立学校，提供由州支持的学券允许白人学生就读私立学校。这种做法最终被最高法院宣布违宪（Siegel-Hawley and Frankenberg，2011）。

三 关于学券的实践

学券最早的实践①发生在 1869 年的佛蒙特州和 1873 年的缅因州。

两州的学券项目给在家附近没有公立学校的农村孩子提供公共资金，让他们去选择私立学校或其他学区的公立学校。②

布朗案后，南方有些州通过关闭公立学校，给白人家长提供由州支持的学券让他们的孩子就读私立学校，从而抵制废止种族歧视（Desegregation）政策。这种做法最终被最高法院宣布违宪（Siegel-Hawley and Frankenberg, 2011）。

1990 年，威斯康星州在全国创立了第一个学券项目。允许在密尔沃基（Milwaukee）学区就读的学生用公共资金去支付非宗教私立学校的学费。1995 年，俄亥俄立法机关通过了学券项目，在克利夫兰作为一个试点项目实施。选择克利夫兰是因为该学区受到高辍学率和低毕业率的困扰。佛罗里达州的公立教育系统非常糟糕，州的毕业率是全国表现最差的州之一。1999 年，佛罗里达州立法机关通过了全国第一个在全州范围内实施的学券项目，叫作佛罗里达机会奖学金项目（Hansen, 2001）。在该项目下，在薄弱公立学校就读的学生被给予学券去就读他们选择的学校，包括私立宗教学校和更高质量的公立

---

① 全世界有许多国家有学券或类似的项目，包括智利、哥伦比亚、瑞典、荷兰、伯利兹、日本、加拿大和波兰。这些国家的相关项目和美国的项目无论在激励因素还是政策背景方面都有很大的不同。例如，许多非美国的项目旨在提高女生或低收入学生的入学率。教会学校和公立学校的关系在其他国家也很少界定，在很多情况下，宗教组织运转公立学校。其中，哥伦比亚和智利的学券项目很有名。1992～1997 年在哥伦比亚实施的学券项目是世界上最大的学券项目之一。它向全哥伦比亚超过 144000 名低收入学生提供学券。开始的时候，学券项目相当慷慨，向想从公立学校转到私立学校的中学生提供全额的私立学校学费。和美国想通过学券项目引起更多竞争不同，哥伦比亚使用学券是为了扩展公立学校系统的能力。大多数公立高中的建筑每天都要接待众多的会议。因为大多数私立学校并不拥挤，哥伦比亚想通过学券项目利用私立系统过剩的能力。哥伦比亚项目的一个独特之处是，其采用随机方式分配学券。当项目被过度申请的时候，每个市都通过抽签决定哪些申请者获得学券。随机分配的方法给研究者提供了研究学券因果效应的机会。研究发现赢得学券的学生学术表现更好。但是，总体上，对于该学券项目是否实际上增加了教育机会，没有系统的评估。对于学券项目是否提高了最不利家庭孩子的整体注册，目前还不清楚。1980 年，智利启动了一系列旨在分权化和私有化的教育改革。在弗里德曼等经济学家的推动下，智利建立了也许是世界上最大的运转的学券项目。项目给就读私立学校提供学费补贴。只有少数精英私立学校不接受学券。作为对学券项目的回应，很多新的学校进入教育市场。在改革之前，联邦政府给许多私立学校提供补贴，额度等于公立学校获得的一半。改革后，这些学校获得和公立学校一样的资金。此外，作为改革的一部分，政府对公立教育实行分权化。不控制公立学校的所有费用，中央政府放弃对学校的控制，对公立学校给予生均补贴。改革前，公立学校对注册学生数不敏感，改革后，如果学生转到学券学校，地方公立学校将丢掉相应的资金。和哥伦比亚的项目瞄准贫困学生不同，智利的项目是面向所有学生的。和其他项目不允许选择性录取不同，智利的学券学校可以录取它们最想要的学生。这些政策的结果是，和其他家庭相比，最贫困家庭孩子更不可能在学券学校注册。因为这个录取政策的存在，对智利学券项目效果的研究将更难解释（Zimmer and Bettinger, 2008）。此外，荷兰于 1917 年设立了学券项目。今天，大约 70% 的中小学生就读于独立学校。中国香港 2007 年在学前教育阶段实施学券项目。在巴基斯坦也有一个学券试点项目。"School Voucher," http://en. wikipedia. org/wiki/School_voucher（2013 - 5 - 29）。二战后的《退伍军人法案》给退伍军人提供的可以自由选择高等教育机构的助学金计划也是一个类似学券的计划。

② 参见附录。

学校。和仅在城市范围的密尔沃基和克利夫兰的学券项目相比，佛罗里达的项目在全州实施，不局限于低收入家庭。① 2001 年，佛罗里达州制定了残疾学生奖学金项目，成为第一个为残疾学生提供学券的州。2004 年，第一个联邦资助和管理的学券项目通过。在哥伦比亚特区给低收入学生提供学券，优先考虑就读低表现公立学校的学生。2007 年，犹他州立法机关通过了第一个全州范围的普遍的学券项目，意味着全州所有的学生都有资格获得学券。在 2007 年 11 月的公决中，该项目被否决。犹他州已有的特殊需求学券项目没有受到公决的影响。2011 年，印第安纳州创设了全国第一个全州范围内针对低收入学生的学券项目。② 截至 2016 年，14 个州和华盛顿特区拥有学券项目。各个州学券项目瞄准的学生各不相同。来自低收入家庭的学生、就读失败学校（Failing Schools）的学生、残疾学生、生活在农村地区的学生成为学券项目最主要的瞄准群体。③

四　关于学券的基本制度框架

尽管每个州的做法不同，但有一些共同的问题在设计学券项目时需要考虑。④

（1）享受对象。大部分学券项目的享受对象为低收入家庭学生、就读薄弱公立学校学生、有特殊需求学生。例如，对于低收入家庭学生，印第安纳州规定为家庭收入低于免费和减价午餐指导标准150%的学生；威斯康星州规定为家庭收入低于联邦贫困线300%的学生；华盛顿特区的标准为家庭收入低于联邦贫困线185%的学生。目前的参与者仍然每年可以保留在项目中，除非他们的家庭收入超过贫困线的300%。对于就读薄弱公立学校的学生，亚利桑那州规定为就读在学校排序系统中被分为 D 或 F 的公立学校或者学区的学生。对于有特殊需求的学生，亚利桑那州为具有某些残疾的学生；佛罗里达州为具有某些残疾的学生，具有个性化教育计划（IEPs）的学生；佐治亚州为具有某些残疾的学生，学生必须同时有个性化教育计划（IEP）；密西西比州为被诊断为难语症的1~6年级学生；俄亥俄州为被诊断为孤独症的学生，目前具有个性化教育计划的特殊需求学生；俄克拉荷马州为任何具有个性化教育计划的残疾学生；犹他州为具有个性化教育计划的某些残疾学生。

（2）实施区域。大部分为全州范围，但也有限定在特定学区的。例如，威斯康星州

---

① 该项目在 2006 年 1 月 5 日被宣布违宪。
② 印第安纳州最高法院于 2013 年 3 月做出判决宣布州的学券项目是合宪的。该判决结束了将近两年对全国最大的学券项目（超过一半的该州学生有资格参与）的审查。该州最高法院以 5∶0 判决"学券项目指出不直接有益于宗教学校，而是通过提供就读非公立学校的机会直接有益于有学龄儿童的低收入家庭"。印第安纳州立法机关目前正在审查扩展"选择奖学金项目"提议。该提议将允许获得学券学生的兄弟姐妹、有特殊需求的学生、家庭寄养的孩子、军事成员的 K-12 家属有资格获得学券。还将学券的额度由目前的 4500 美元提高到 6500 美元。The Friedman Foundation，"Indiana Supreme Court Rules School Vouchers Constitutional，" http://www.edchoice.org/Newsroom/News/Indiana-Supreme-Court-Rules-School-Vouchers-Constitutional.aspx（2013-5-28）。
③ NCSL，"School Vouchers，" http://www.ncsl.org/research/education/school-choice-vouchers.aspx（2017-8-9）。
④ 每个州的具体情况请参见附录。

的学券项目限定在密尔沃基和拉辛。路易斯安那州的特殊需求学券仅在某些教区实施。

（3）先前就读公立学校要求。大部分州都有这一要求。有个别没有要求，包括缅因州、密西西比州、华盛顿特区和威斯康星州的密尔沃基。

（4）对私立学校参与学券项目的要求。私立学校要参与学券项目需要满足一系列要求，主要包括以下内容。①必须每年给父母提供每个学生进步的书面报告。例如，佛罗里达州、佐治亚州、密西西比州、犹他州、华盛顿特区。②对学生、教师和学校的评估要求。实施针对获得学券学生的州评估。例如，印第安纳州、路易斯安那州、缅因州、俄亥俄州。而亚利桑那州的私立学校不被要求对持有学券的学生实施州的评估。威斯康星州要求参与学校必须对所有学生实施州的评估。每个参与学校必须符合一系列最低学生绩效要求。华盛顿特区要求必须实施由独立评估员批准的跟踪学生表现的评估。印第安纳州要求学校必须实施年度教师绩效评估计划，学校将被纳入州学校评级系统。缅因州要求如果私立学校至少60%的学生是公共资金支持的，那么学校必须参加州的评估。③财政稳定性要求。例如，佐治亚州要求私立学校必须开办至少1年，或者必须就其财政稳定性获得州的批准。俄克拉荷马州要求私立学校必须运转1学年或者给州提供财政稳定性的证据。犹他州要求私立学校必须提供财政稳定性的证据。④认证要求。例如，印第安纳州要求私立学校必须获得州或地区认证机构的认证。密西西比州要求私立学校在难语症治疗实践方面学校必须获得州的认证；治疗必须由持证的治疗师提供。俄亥俄州要求必须是被州政府指定为特许的非公立学校。俄克拉荷马州要求私立学校必须获得州教育委员会的认证。犹他州要求所有参与学校必须首先向州申请批准。佛蒙特州要求私立学校必须满足州学校质量标准，可以是州内的学校或州外的学校。威斯康星州要求参与的学校必须获得私立学校认证机构的认证。⑤学费要求。俄亥俄州要求对于家庭收入低于贫困线200%的学生，私立学校不能在学券额度之外收取学费。威斯康星州要求学校不能对K–8年级学生、家庭收入不超过贫困线220%家庭的9～12年级学生在学券之外再收取学费。⑥录取要求。威斯康星州要求学校不能以任何理由拒绝项目申请者，除非没有位置。俄克拉荷马州要求在开除一名学券学生前必须遵守其发布的纪律政策。⑦其他。缅因州要求必须是非宗教学校。

（5）授予学券数的封顶要求。大多数州没有规定，有些州有要求。例如，印第安纳州规定不超过15000个。威斯康星州的密尔沃基项目没有限定，拉辛项目规定2011～2012学年不超过250个，2012～2013学年不超过500个。俄亥俄州的克利夫兰项目没有封顶要求；教育选择奖学金项目，学券数不超过60000个；孤独症项目没有封顶要求；特殊需求奖学金项目的发放数不能超过有资格的所有俄亥俄州学生的5%。

（6）单个学券的最高限额要求。亚利桑那州规定为学区获得的州针对参与项目学生拨款的90%。佛罗里达州规定为等于公立学校可以获得的相应的生均收入。佐治亚州规定为等于公立学校可以获得的相应的生均收入，不包括联邦资助部分。印第安纳州规定为州对有资格获得免费和减价午餐学生生均拨款的90%；州对家庭收入达到免费午餐标准150%的生均拨款的50%；1～8年级学生为4500美元。缅因州规定为等于全州平均生均拨款。密西西比州规定为等于州的基础生均拨款加上任何州和联邦的参与学生有资格获得分类用途补助金。俄亥俄州规定为克利夫兰教育选择项目，K–8年级为4250美元，9～12年级为5000美元；孤独症和特殊需求项目为 20000 美元。俄克拉荷马州的法律包括一个州教育部必须每年使用的拨款公式去决定学券的最高额。犹他州的规定为根据学生需要的特殊服务的数量，学券额度可以为加权的生均拨款的 150% ~ 250%。佛蒙特州的规定为学券额度不能超过佛蒙特公立学校平均宣布的学费。威斯康星州的规定为 2010 ~ 2011 学年为 6442 美元；增加的额度等于州公立学校的拨款增加额度；学券额度不能降低。在华盛顿特区，K – 8 年级为 8136 美元；9 ~ 12 年级为 12205 美元。最高额将根据通货膨胀提高。

五　关于学券效果的实证评估

前文已经提到，关于学券效果的实证评估已有众多的文献综述，但囿于机构立场，不能做出完全客观的评价。所以，了解大学研究者对这一问题的评价还是很有必要的。

学者指出，和特许学校一样，对于学券对改进学习表现效果的评估也不是结论性的（Loeb，Valant，and Kasman，2011）。对密尔沃基学券项目的评估，20 世纪 90 年代晚期和 21 世纪早期的评估由于采用不同的方法和控制组定义，得出了不同的结果。1999 年的一项研究用没有获得满足的学券申请者作为控制组，发现在数学和阅读方面有大的积极效果。1998 年的另外一项研究发现在数学上有小的积极效果，而在阅读上没有效果。2010 年的一项研究根据学生住址、先前考试成绩和各种人口学特征变量用随机匹配的公立学校学生作为控制组，发现就读两年的数学和阅读成绩差别不明显。这一发现和同一研究组前期的发现一致，在学券组和公立学校组的就读一年收获方面没有发现显著差异。对于其他公共支持的学券项目的研究发现了类似的混合结果。例如，对克利夫兰奖学金和学费项目的评估，根据样本、控制组和所采用方法的不同，发现有多种效果。通过比较随机挑选获得学券和没有获得学券的学生，对华盛顿特区学券项目的评估发现，在阅读方面有效果而在数学方面没有。前期由同一研究组对该项目的评估没有发现数学或阅读方面的效果，但是表明赢得学券的学生有更高的满意度。

此外，通过对密尔沃基公立学校校长的访谈，该文作者评估了学券项目对学校的影响。总体上，调查为校长的竞争感觉提供了建设性证据：校长感受到了竞争，但是他们回应竞争的方式不是改进教学以更好地服务于学生需求，而是努力通过广告等形式影响家长的信息获得。最后，学校感受到的竞争主要来自与其类似的学校，例如，它们更可能与拥有更好考试表现、更高白人学生比例和更低贫困学生比例的学校竞争。

六　总结与启示

在弗里德曼的普遍性（Universal）学券系统中，政府给学生家长提供学券，家长为其子女自由选择就读的私立学校。在这里，由家长的学校选择权维持一个竞争的教育系统的存在。此外，除了偏远地区等极特别的例外，公立学校没有存在的必要。这是一个全面取代公立学校系统的设想。这里首先面临的问题是：如何评价 19 世纪以来的公立学校系统？公立学校存在的合理性为何？显然，在弗里德曼的体系中，公立学校的存在范围是很狭窄的，在绝大部分情况下是被否定的。

即使我们完全认同弗里德曼的理念，顺着他的思路往下走，也需要考虑到切实存在的现实状况。就美国而言，目前约 90% 的学生在公立学校就读。[①] 如何从这个现实起点前进到弗里德曼的理想体系，显然不仅仅是一个理论问题，还是一个非常复杂的现实问题。在某种意义上，他的理想体系具有"乌托邦"和"空想"的成分。

从现实起点到理想体系之间存在的差距相当大，所设计的学券项目也是各种各样，这样势必会引起现实中的激烈争论。因为弗里德曼所说的理想体系谁也没有见过，人们只能评价现实中存在的学券项目。即使是弗里德曼的理想体系，尽管在理论上看来是"完美"的，[②] 但也存在实证检验的问题。例如，学券项目到底是否有利于种族和社会融合，这在很大程度上是一个实证问题。而对于这个问题，目前显然是很难实证回答的。

此外，要实现弗里德曼的理想体系，就需要对现实的制度框架做出重大的调整。例如，目前的学区制度、支持公立学校的财产税制度等。在美国的政治体制下，这些重大制度的调整不是一朝一夕所能完成的。在学券的操作环节，家长面临的交通方面的障碍、学券额度不能覆盖私立学校学费、私立学校学费的上涨等看似是小问题，其实也与学券的可持续健康运转密切相关。

无论如何，弗里德曼的学券理念还是对认识公立学校、认识政府的教育角色提供了极佳的视角。对那些正在大力热情发展公立教育的发展中国家或许能起到"镇静剂"的作用。此外，经过在瞄准人群、对参与私立学校的各种要求、学券最高额度等方面精心设计的学券项目应该能在特定的范围发挥其作用。例如，可以先在公立教育比较薄弱的教育阶段实施学券项目，从而为更大范围的推行提供示范作用。

附录：各州学券立法的主要条款[③]

州（相关学券项目）	主要条款				
	学生资格要求	以前在公立学校就读的要求	私立学校参加的标准	授予学券数的封顶要求	一个学券的最高额
亚利桑那州 学券项目： 许可奖学金账户 （2011） 区域：全州范围	具有某些残疾的学生；就读在学校排序系统中被分为 D 或 F 的公立学校或者学区的学生；服现役人员的孩子；家庭寄养的孩子	是	私立学校不被要求对持有学券的学生实施州的评估	没有	学区获得的州针对参与项目学生拨款的 90%

① CAPE, "Private School Statistics at a Glance," http://www.capenet.org/facts.html (2017-8-9).
② 即使在理论上，如何解决影响竞争机制的信息不对称问题，在这里仍然存在。
③ NCSL, "School Voucher Laws: State-by-State Comparison," http://www.ncsl.org/research/education/voucher-law-comparison.aspx (2018-10-30).

续表

州（相关学券项目）	主要条款				
	学生资格要求	以前在公立学校就读的要求	私立学校参加的标准	授予学券数的封顶要求	一个学券的最高额
阿肯色州	残疾学生；学生必须同时有个性化教育计划（IEP）	是，除非学生是现役军人的孩子	私立学校必须向州报告其向严重残疾学生提供的年级和特定的服务；学校必须经州或被批准的独立认证机构的认证；必须至少已运转一年；学校必须向参与的学生进行州批准的相关评估		
佛罗里达州 学券项目： John M. McKay 残疾学生奖学金项目（2001） 区域：全州范围	具有某些残疾的学生；具有个性化教育计划（IEPs）的学生	是	必须每年给父母提供每个学生进步的书面报告；私立学校不被要求实行州的评估，但父母可以要求他们的孩子参加州的考试，私立学校必须合作	没有	等于公立学校可以获得的相应的生均收入
佐治亚州 学券项目： 特殊需求奖学金项目（2007） 区域：全州范围	具有某些残疾的学生；学生必须同时有个性化教育计划（IEP）	是	必须开办至少1年，或者必须就其财政稳定性获得州的批准；私立学校不被要求实行州的评估，但父母可以要求他们的孩子参加州的考试，私立学校必须合作；必须向州和学生父母报告学生评估数据	没有	等于公立学校可以获得的相应的生均收入，不包括联邦资助部分
印第安纳州 学券项目： 印第安纳选择奖学金项目（2011） 区域：全州范围	家庭收入低于免费和减价午餐指导标准150%的学生；学生具有个性化学习计划，家庭收入不超过免费和减价午餐指导（FR-PL）标准的200%；其相邻的公立学校被州问责系统划分为"F"，家庭收入不超过标准的150%；之前接受过学券或税收抵免奖学金，家庭收入不超过标准的200%	是，学生必须在前两个学期就读公立学校，不包括幼儿园。如果学生在前一学年获得了税收抵免奖学金，那么前述要求就被豁免	必须获得州或地区认证机构的认证；学校必须针对学券获得者实施州的评估；学校将被纳入州学校评级系统；学校必须实施年度教师绩效评估计划	15000	州对有资格获得免费和减价午餐学生生均拨款的90%；州对家庭收入达到免费午餐标准150%的生均拨款的50%；1~8年级学生为4500美元

州（相关学券项目）	主要条款				
	学生资格要求	以前在公立学校就读的要求	私立学校参加的标准	授予学券数的封顶要求	一个学券的最高额
路易斯安那州 学券项目： 教学优秀学生奖学金项目（2008）；针对某些异常学生的学校选择试点项目（2010） 区域： 基于收入的学券是全州范围的；特殊需求学券仅在某些教区实施	所有家庭收入低于联邦贫困线250%并就读评级为C或更低的公立学校的学生；任何进入幼儿园的符合收入要求的学生；居住在有资格的教区，具有个性化教育计划的K-8年级学生	基于收入的学券：是；特殊需求学券：否	学校必须对学券接受者进行州评估；在3~8年级或高中拥有至少40名学券学生的学校，会根据学券学生的考试结果获得一个绩效分数（SCI）；SCI分数低于50的学校在下一年不能招收新的学券学生	没有	基于收入的学券：等于州生均拨款；特殊需求学券：相当于州生均拨款的50%
缅因州 学券项目： 市镇学费项目（1873） 区域：全州范围	居住在没有任何公立学校的学区或者没有与其他学区学校达成协议学区的学生	否	如果私立学校至少60%的学生是公共资金支持的，那么学校必须参加州的评估；必须是非宗教学校	没有	等于全州平均生均拨款
密西西比州 学券项目： 密西西比难语症治疗奖学金项目（2012）；面向语言障碍学生的言语治疗奖学金 区域：全州范围	被诊断为难语症的1~6年级学生；符合I-DEA界定的具有语言障碍的1~6年级学生	否	在难语症治疗实践方面学校必须获得州的认证；治疗必须由持证的治疗师提供；必须给家长提供年度进步报告	没有	等于州的基础生均拨款加上任何州和联邦的参与学生有资格获得分类用途补助金
北卡罗来纳州 项目： 机会奖学金项目；面向残疾学生的特殊教育奖学金项目 区域：全州范围	家庭收入不超过FRPL标准133%的学生；具有个性化教育计划的学生，没有用学区的经费被安置在私立学校	是，除非学生是寄养孩子	机会奖学金项目：必须对学券学生进行州的评估或者类似的考试，将结果报告给州；必须向州报告学券学生的毕业率；必须向学券学生父母提供包括标准化评估分数的年度进步报告；拥有25名以上学券学生的私立学校必须公开报告汇总的学生评估数据；不能向学券学生收取高于非学券学生的学杂费；这些要求不适用于参与特殊教育奖学金项目的学校	机会奖学金项目：否，但是限于立法机关拨付的金额；所有学券接受者获得资助后，至少50%的剩余资金必须用于资助家庭收入不超过FRPL标准100%的学生；不超过35%的剩余资金可用于进入一年级幼儿园的学券学生。特殊教育奖学金项目：没有封顶要求	机会奖学金项目：家庭收入不超过FRPL标准100%的学生最高可以获得4200美元；家庭收入在FRPL标准100%~133%之间的学生，可以获得90%的私立学校学费，最高4200美元。特殊教育奖学金项目：每学期3000美元

州（相关学券项目）	主要条款				
	学生资格要求	以前在公立学校就读的要求	私立学校参加的标准	授予学券数的封顶要求	一个学券的最高额
俄亥俄州 学券项目： 克利夫兰奖学金和学费项目（1995）；教育选择奖学金项目（2005）；孤独症奖学金项目（2003）；Jon Peterson 特殊需求奖学金项目（2011） 区域：全州范围	任何在克利夫兰学区居住的学生；优先给予家庭收入低于贫困线 200% 的学生；克利夫兰之外，附近学校在连续 3 年中有 2 年低表现的学生；全州范围，被诊断为孤独症的学生；目前具有个性化教育计划的特殊需求学生	是，除非学生就读的私立学校同时从州获得非公立的特许；特殊需求和孤独症项目参与者必须正式在公立学校就读	私立学校必须被州政府指定为特许的非公立学校；对于家庭收入低于贫困线 200% 的学生，私立学校不能在学券额度之外收取学费；特许的非公立学校必须针对学券获得者实施州的评估；对于特殊需求和孤独症项目，私立教育提供者必须被州教育委员会批准	克利夫兰项目没有封顶要求；在教育选择奖学金项目，学券数不超过 60000 个；孤独症项目没有封顶要求；特殊需求奖学金项目的发放数不能超过有资格的所有俄亥俄学生的 5%	克利夫兰教育选择项目：K-8 年级为 4250 美元，9～12 年级为 5000 美元；孤独症和特殊需求项目：20000 美元
俄克拉荷马州 学券项目： Lindsey Nicole Henry 残疾学生奖学金项目（2010） 区域：全州范围	任何具有个性化教育计划的残疾学生	是，学生在前一学年必须在州的公立学校就读	必须获得州教育委员会的认证；必须运转 1 学年或者给州提供财政稳定性的证据；将对家长负责满足学生的教育需求；在开除一名学券学生前必须遵守其发布的纪律政策	没有	法律包括一个州教育部必须每年使用的拨款公式去决定学券的最高额
犹他州 学券项目： Carson Smith 特殊需求奖学金项目（2005） 区域：全州范围	具有个性化教育计划的某些残疾学生	是	必须提供财政稳定性的证据；必须针对每名学券学生的学习进步实施评估，向父母报告结果；所有参与学校必须首先向州申请批准	没有	根据学生需要的特殊服务的数量，学券额度可以为加权的生均拨款的 150%～250%
佛蒙特州 学券项目： 市镇学费项目（1869） 区域：全州范围	必须在没有小学或中学的学区居住，并且学区的选民批准将公共资金用于支付私立学校学费	否	私立学校必须满足州学校质量标准；可以是州内的学校或州外的学校	没有	学券额度不能超过佛蒙特州公立学校平均宣布的学费

续表

州（相关学券项目）	主要条款				
	学生资格要求	以前在公立学校就读的要求	私立学校参加的标准	授予学券数的封顶要求	一个学券的最高额
威斯康星州 学券项目： 密尔沃基父母选择项目（1990） 拉辛父母选择项目（2011） 威斯康星父母选择项目（2013） 区域：全州范围	生活在密尔沃基和拉辛：家庭收入低于联邦贫困线300%的学生。 生活在密尔沃基和拉辛以外：家庭收入不超过联邦贫困线185%的学生	只有生活在拉辛学区的学生	参与的学校必须获得私立学校认证机构的认证；学校必须给1～6年级的学生提供至少1050小时的直接指导，给7～12年级的学生提供至少1137小时的直接指导；学校不能以任何理由拒绝项目申请者，除非没有位置；学校不能对K-8年级学生或者家庭收入不超过贫困线220%家庭的9～12年级学生在学券之外再收取学费；每个参与学校必须符合一系列最低学生绩效要求；参与学校必须对所有注册于私立学校的学生实施州的评估	密尔沃基和拉辛：没有。 威斯康星父母选择项目：2013～2014学年限于500名学生；2014～2015学年限于1000名学生；不超过单个学区注册学生数1%的学生可以获得学券（不适用于密尔沃基和拉辛）	2013～2014学年为6442美元；2014～2015学年，K-8年级为7210美元，9～12年级为7856美元；从2015～2016学年开始，增加的额度等于州对公立学校的拨款增加额；学券的额度永远不会降低
华盛顿特区 学券项目： D. C. 机会奖学金项目（2004） 区域：哥伦比亚特区	家庭收入低于联邦贫困线185%的学生；目前的参与者仍然每年可以保留在项目中，除非他们的家庭收入超过贫困线的300%	否	必须给父母提供有关他们孩子学习进步的年度报告；必须实施由独立评估员批准的跟踪学生表现的评估	没有	K-8年级：8136美元；9～12年级：12205美元。最高额将根据通货膨胀提高

注：路易斯安那州最高法院于2013年5月7日宣布，州的"教育优秀学生奖学金项目"（学券项目）违反州宪法。州宪法规定支持公立教育的资金不能被用于非公立学校和非公立实体。

参考文献

米尔顿·弗里德曼、罗丝·弗里德曼，2008，《自由选择》，张琦译，机械工业出版社。

Finkelman, Paul. 2008. "School Vouchers, Thomas Jefferson, Roger Williams, and Protecting the

Faithful: Warnings from the Eighteenth Century and the Seventeenth Century on the Danger of Establishments to Religious Communities. " *Brigham Young University Law Review*: 525 – 555.

Forster, Greg. 2013. "A Win-Win Solution: The Empirical Evidence on School Vouchers. " http://www. edchoice. org/research/reports/a-win-win-solution—the-empirical-evidence-on-school-vouchers. aspx（2013 – 5 – 29）.

Friedman, Milton. 1955. "The Role of Government in Education. " In *Economics and the Public Interest*. http://www. edchoice. org/The-Friedmans/The-Friedmans-on-School-Choice/The-Role-of-Government-in-Education-%281995%29. aspx（2013 – 5 – 26）.

Hansen, Suzanne. 2001. "School Vouchers: The Answer to a Failing Public School System. " *Hamline Journal of Public Law & Policy*, Fall: 73 – 107.

Loeb, Susanna, Jon Valant, and Matt Kasman. 2011. "Increasing Choice in the Market for Schools: Recent Reforms and Their Effects on Student Achievement. " *National Tax Journal* 64（1）: 141 – 164.

Mincberg, Elliot M. 2001. "School Vouchers: Bad for Our Children and Dangerous for Our Liberty. " *University of Dayton Law Review*, Fall: 17 – 22.

O'Neill, Rita-Anne. 2003. "The School Voucher Debate After Zelman: Can States Be Compelled to Fund Sectarian Schools under the Federal Constitution?" *Boston College Law Review*, July/September: 1397 – 1430.

Siegel-Hawley, Genevieve and Erica Frankenberg. 2011. "Does Law Influence Charter School Diversity? An Analysis of Federal and State Legislation. " *Michigan Journal of Race & Law*, Spring: 321 – 367.

Zimmer, Ron and Eric P. Bettinger. 2008. "Beyond the Rhetoric: Surveying the Evidence on Vouchers and Tax Credits. " In *Handbook of Research in Education Finance and Policy*, Ladd, Helen F. and Edward B. Fiske（eds.）, Routledge, pp. 447 – 466.

二

教育事权与财政支出责任划分

美国基础教育事权与财政支出责任划分

魏建国[*]

（2017 年 6 月）

一　美国基础教育事权与财政支出责任
划分的总体情况

（一）　基础教育事权划分

美国《宪法》并没有提到教育。而《宪法》第 10 条修正案规定："宪法未授予合众国、也未禁止各州行使的权力，由各州各自保留，或由人民保留。"因此，教育事权由州和地方政府保留，通常由州的宪法和法律予以规定。就具体的基础教育提供而言，除了夏威夷州、哥伦比亚特区外，其他州的基础教育都由学区负责提供。

（二）　学区的财政支出责任

早在 18 世纪末期，州就开始授予地方学区通过税收支持学校预算的权力。就专门支持教育的税种而言，除了夏威夷州外，其他州的学区支持基础教育的税种主要是财产税。原则上，基础教育学校的财政支出责任属于学区。

（三）　州政府的财政支出责任

由于州和联邦政府的立法，地方学区在学校政策方面的权力影响在消退。对学区间财政一致性的追求促使许多州更多地管制它们的学校。州和联邦层面的司法介入，使得地方对学校的控制逐渐减弱。同时，地方收入在学区预算中的相对份额也下降了。而州对地方学区预算的贡献在绝对数和相对数方面都在增长。值得注意的是，随着州在学校财政方面贡献和责任的加强，州的政策制定权力也增加了。教育政策制定权力向州的明

---

*　魏建国，北京大学中国教育财政科学研究所副研究员、副所长。

显转移和两个重要的运动有关：20 世纪六七十年代兴起的教育财政诉讼；20 世纪 80 年代以来兴起的标准和评估运动。这两个运动都提升了州对教育政策的控制。

早期，初等和中等教育的财政支出责任主要由地方学区政府负责。现在，州在财政支出责任方面扮演了一个更大的并持续增强的角色。这一趋势在 20 世纪 70 年代开始出现，当时州的支出第一次超过地方政府。

州政府承担财政支出责任的方式是转移支付，州教育转移支付的主要特征包括以下几个方面。

（1）州教育转移支付包括教育均等化转移支付和教育专项转移支付。和联邦政府教育转移支付不同，州政府有教育均等化转移支付，旨在实现学区间财政能力的均等化。各州采用不同的教育均等化转移支付公式。

（2）州教育专项转移支付的类型和数量远少于联邦政府教育专项转移支付。其主要集中在基建、交通、特殊教育、补偿教育、英语和双语教育等领域。

（3）有些州教育转移支付项目依托于联邦项目。例如，在很多情况下，有资格享受免费或减价午餐的学生数被作为分配州教育专项转移支付资金的重要依据。

（4）州教育专项转移支付也考虑到了均等化因素。在很多项目的公式设计中都考虑到学区的财产价值，州的补助比例往往与学区的财产状况成反比，起到了均等化的作用。

（四）联邦政府的财政支出责任

1965 年的《初等和中等教育法》标志着联邦政府开始瞄准特定学生提供额外的资源，以促进教育公平。该法在历史上成为联邦教育法的旗舰。尽管 20 世纪 70 年代联邦政府的教育功能在增加，但是其在几个重要领域的角色仍然是有限的。1983 年的《国家处在危险中》为教育争论从公平转向优秀提供了契机。《国家处在危险中》代表了一个对更高教育标准的倡议。1994 年《2000 年目标：美国教育法》和《改进美国学校法》的通过使得联邦开始介入基于标准的改革运动。这些法律都强调州层面基于标准的问责系统的实施，是 2002 年《不让一个孩子掉队法》（NCLB）的先声。NCLB 代表了联邦政府对国家公立中小学学校政策制定领域的最显著的介入。在此之前，联邦在国家 K–12 学校的大多数事务中的作用一直很小。联邦政府对 K–12 教育的持续介入在 20 世纪 90 年代不断增强，在 NCLB 出台时达到顶点。NCLB 的基石是依赖学生成绩"充足年度进步"（Adequate Yearly Progress，AYP）的学校问责系统的扩张。NCLB 代表了在 K–12 教育政策方面联邦政府角色与过去的分野。历史上，联邦政府在公立 K–12 学校政策方面聚焦于特定类型的学校，如那些主要服务低收入家庭孩子的学校；或者聚焦于那些亚群体学生，如残疾学生。与此相反，NCLB 影响所有参与的州与学校。

2015 年的《每个学生成功法》（ESSA）代替了 2002 年的《不让一个孩子掉队法》，是对 1965 年的《初等和中等教育法》的再次授权。ESSA 对联邦介入基础教育事务的力度有所回调。允许州在学生表现目标、年度考试、学术标准、责任措施、成功目标等方面具有一定的灵活性。

应该说，特别是从 20 世纪 80 年代至今，责任、标准和评估成为推进教育改革、扩张联邦政府教育角色的重要政策工具。伴随着联邦对基础教育介入的，是联邦通过转移支付形式承担的财政支出责任。

联邦教育转移支付具有如下一些主要特征。

（1）在类型上都是专项教育转移支付，没有均等化教育转移支付。在整个财政领域，除了 20 世纪 70 年代实行过的一般性收入分享计划外，美国联邦政府也没有一般性转移支付。

（2）专项教育转移支付是美国联邦政府实现其教育角色的主要财政工具。在宪法框架下，联邦政府只能通过基于"支出权"的转移支付来实现其教育角色。特别是从二战之后的《退伍军人权利法》和《国防教育法》、20 世纪 60 年代的《初等和中等教育法》和《高等教育法》等法律通过后，这一做法便成为常态。值得注意的是，联邦政府除了通过教育转移支付实现直接的政策目标之外，还特别注意发挥教育转移支付的诱导功能，引导和鼓励州政府进行教育制度创新。在《不让一个孩子掉队法》和奥巴马政府推出的最优竞争补助金项目中，对教育制度创新的追求显得尤为明显。州要获得相应的补助金往往要以修改相关的法律、采纳一定的标准作为代价。2015 年的《每个学生成功法》也有类似的规定。

（3）专项转移支付的政策目标在不同历史阶段有所不同。延续 1954 年布朗诉教育委员会案的传统，20 世纪六七十年代的重点在于通过对特定弱势群体学生（少数族群学生、经济地位弱势学生、残疾学生等）的支持促进教育公平。进入 80 年代之后，和整个政府更迭及其指导思想的转型相一致，开始重视教育领域的问责和教育质量问题。不单是重视特定群体的教育问题，也重视所有学生的教育质量。这一倾向在 21 世纪初的《不让一个孩子掉队法》中达到了顶点。该法规定了针对所有学生的问责目标，同时也强调对特定群体学生成绩的问责目标。2015 年的《每个学生成功法》做出了一定的调整，加强了州的灵活性。

（4）负责联邦教育转移支付管理的部门包括：教育部、农业部、健康和公共事业部、劳动部、国防部等。大多数项目由教育部负责管理。

（5）联邦教育转移支付的类型繁多，几乎涉及各级各类教育的各个方面。2011 和 2012 财政年度《教育部项目指南》都有 300 多页，列举了联邦教育项目的主要内容。从资金数量来看，美国联邦教育部任意性拨款主要进入三个转移支付项目：《初等和中等教育法》的标题 1（Title 1）针对地方教育机构的补助；《残疾人教育法》（IDEA）针对州的补助；针对大学生的佩尔助学金项目。2011 年这三个项目总共得到 489 亿美元。在 683 亿美元任意性拨款总额中，Title 1 占到 21.2%，IDEA 占到 16.8%，佩尔助学金项目占到 33.6%，其他项目占到 28.4%。除了以上项目外，比较重要和有特点的联邦教育转移支付项目还包括：联邦营养午餐项目、学前教育"领先"项目、职业教育项目、流动人口教育项目、教育评估项目等。

（6）基础教育领域的转移支付多数为任意性支持项目。这就意味着，大部分项目只有在每年的拨款法中获得资金才能继续存在。[1] 值得注意的是，特朗普政府最新发布的预

---

[1] 这里须明确美国预算法中两个重要的概念：授权法（Authorization Act）和拨款法（Appropriation Act）。主要的区别是，授权法规定须设立的机构或项目的基本内容，而拨款法规定具体的资金支持额度。美国国会每年要通过 13 个拨款法。拨款法仅适用于一个财政年度。对于获得强制性（Mandatory）资金支持的项目，不需要通过年度拨款法获得资金，而通过法律规定自动获得。而对于获得任意性（Discretionary）资金支持的项目，则需要通过每年的拨款法获得资金。

算案将教育任意性拨款削减14%，一些项目被中止，包括：给予非营利组织用于教师和校长招聘和专业化培训的"支持有效教学州补助金"（Supporting Effective Instruction State Grants）项目、资助高贫地区儿童入学前后学习的"21世纪社区学习中心"（21st Century Community Learning Centers）项目、帮助残疾儿童和英语有限儿童识字的"推动读书"（Striving Readers）项目、旨在提高新进教师质量的"教师质量合作伙伴"（Teacher Quality Partnership）项目、资助基于联邦财产而免税的学区的"联邦财产影响学区资助"（Impact Aid Support Payments for Federal Property）项目等。

（7）联邦教育专项转移支付主要通过公式进行分配，也采用竞争性资助方式。有的补助公式包括均等化的成分，如考虑贫困儿童比例等。有些项目有资金匹配要求。

二 成效和问题

（一）成效

（1）在基础教育的事权配置方面，具体的事权实施（基础教育的提供）由地方政府（学区）承担，对于事权实施的监管则主要由州政府、联邦政府承担。基础教育事权的配置相对比较清晰。

（2）州政府通过转移支付的方式承担财政支出责任。教育均等化转移支付提高了全州范围内学区间经费水平的均等化。教育专项转移支付也多包含均等化的因素。

（3）联邦政府也通过转移支付的方式承担财政支出责任。历史上，联邦政府在公立K-12学校政策方面聚焦于特定类型的学校，如那些主要服务低收入家庭孩子的学校；或者聚焦于那些亚群体学生，如残疾学生。与此相反，《不让一个孩子掉队法》则影响所有参与的州与学校。2015年新出台的《每个学生成功法》则对联邦政府的参与力度有所回调，强调州的灵活性。

转移支付是州和联邦政府介入相关基础教育事务的财政工具。州教育转移支付更多地重视教育公平；而联邦政府教育转移支付除了重视教育公平之外，也强调对制度创新的诱导功能。例如，在2015年的《每个学生成功法》中，法律给7个州提供资金以探索"创新性"考试。这些考试将考虑个性化学习与基于能力的教育。

联邦的基础教育转移支付种类繁多，且处于不断的变化之中。每年都需要通过预算拨款法才能获得资金。特朗普政府的预算案就提出要中止一些联邦教育转移支付项目。可以看出，联邦政府在运用教育转移支付这一财政工具时具有调控的主动性。往往根据情势的不断变化而做出相应的调整。

（二）问题

尽管美国的高等教育成就卓越，但是，其基础教育的水准要逊色很多。为此，州政府、联邦政府做出很多努力。20世纪80年代以来，州政府在标准和评估方面做了不少工作，这些努力也为联邦政府进入相关领域提供了政策平台。2002 年的《不让一个孩子掉队法》将联邦政府在标准、评估、问责等方面的努力提高到一个新的高度。但是，过于严格和集中化的要求给法律的实施带来了困难。为此，2015 年的《每个学生成功法》将联邦政府的干预和介入力度进行了回调，强调州的灵活性。与之相适应，联邦教育转移支付资金也有增减。在联邦调控和地方控制之间如何保持一个恰当的平衡，是一个永恒的主题。

此外，在学前教育阶段，除了学前一年教育 ［K－12 的 K（Kindergarten）］ 外，在学前两年、三年的入学率、公共投入水平等方面，美国的表现在 OECD 国家排名中都比较靠后。

三　启示和借鉴

我国的基础教育事权和财政支出责任划分与美国具有一定的相似性。基础教育事权原则上属于地方政府，实行"以县为主"的体制。这就意味着，提供基础教育服务的责任在基层地方政府。而中央政府和省级政府对于提供基础教育服务的监管具有一定的权限和职责，并以转移支付作为行使监管权的财政工具。美国的州政府在州内教育经费均等化方面扮演着重要的角色。而我国也提出了"省级统筹"的策略。美国州政府的相关做法可以为我国提供一些参考。美国的联邦政府在基础教育领域主要发挥促进公平、政策调控和鼓励创新等功能，具有监管方面的权限和职责。联邦政府往往通过教育转移支付介入基础教育事务，实现其期望的目标。我国对中央政府在基础教育事务中角色的定位也可以借鉴美国的相关做法。

英国教育事权与财政支出责任划分

毕建宏[*]

（2017 年 6 月）

英国实行地区自治的教育体制，英国中央政府教育行政部门主管英格兰地区，而威尔士、苏格兰和北爱尔兰地区的教育管理则分别由这三个地区各自的议会和地方教育行政部门负责。英国教育制度一般以英格兰地区教育制度为代表。[①]

英格兰教育年龄结构为：3~4 岁为学前教育，5~16 岁为义务教育阶段（5~11 岁为小学教育，11~16 岁为初中教育），16~18 岁为高中教育（继续教育），18 岁以上为高等教育和终身教育。

一　教育事权划分

教育管理包括中央和地方两个层级。中央政府负责管理全国的教育，有权决定全国教育政策并规划整个教育体系的方向。议会颁布教育法，政府部门以国务大臣制定的命令和规章的方式来具体实施相关政策（European Commission，2009/2010：65 - 68）。教育部负责英格兰地区儿童的教育与服务，包括高等教育和继续教育政策、学徒制以及广泛技能（wider skills）。教育部还设有政府平等办公室，确保为每个孩子提供平等的教育和服务机会，不管他们来自什么家庭背景。[②]

地方当局（LAs）负责实施和管理教育政策，并有其法定权力和职责（European Commission，2019/2010：44）。地方当局的教育职责包括：为适龄儿童和青少年提供充足而多样的学校和教育；确保公立学校（maintained schools）的质量，提高教育标准；为公立学校提供资助；负责社区学校、自愿团体创办的受监管学校（voluntary controlled schools）[③]

---

* 毕建宏，北京大学中国教育财政科学研究所科研助理。

① http://www.edu-chineseembassy-uk.org/publish/portal24/tab5267/info94806.htm.

② https://www.gov.uk/government/organisations/department-for-education.

③ 自愿团体创办的教会学校（Church School）分为两种：有些学校拥有自己的校舍，且负责部分学校维修费，不足款项由地方教育局补贴，所以称为"Voluntary Aided School"；另一类学校有自己的校舍，但是教育局聘用教师，支付学校所有的行政费和维修费，学校理事会只管理宗教事务，被称为"Voluntary Controlled School"，http://blog.sina.com.cn/s/blog_60c4e8930101p2oh.html.

和特殊学校（special schools）的教师和人员招聘以及招生工作；确保义务教育年龄的孩子接受适当的全日制教育；为有特殊教育需求的学生提供特殊教育；为学生提供免费午餐；等等（European Commission，2009/2010：65－68）。

在义务教育阶段，大部分公立学校是由地方当局负责运行及管理（李丽、匡建江、沈阳，2016）。特许学校（Academies）① 和自主学校（Free Schools）② 不受地方当局管理。

在高等教育阶段，1992 年议会通过《继续教育和高等教育法》之后，高等教育由二元制回归到一元制体系（多科技术学院脱离地方政府控制，升格为大学），高等教育机构统一由中央政府负责。

政府和议会通过枢密院（Privy Council）掌握学位和大学校名的授予权，或通过皇家特许状（Royal Charter）和议会法（Act of Parliament）等方式来管理新高等教育机构的审批。一方面，英国的高等教育高度自治。所有接受公共资助的高等教育机构都需遵守问责制并实行独立的法人治理和专业治理，以保障机构的可持续性和质量及财务的良好运行。受英格兰财政资助的高等教育机构的治理遵循由大学理事长委员会（Committee of University Chairs）颁布的《大学治理准则》（Code of Good Governance）。另一方面，中央政府通过向教育机构拨付公共资金时所提出的要求来实现对公立高等教育机构的外部监管。这些要求主要围绕高等教育机构治理、质量评估、信息提供和财政可持续性发展，其提出的法律依据是 1992 年《继续教育和高等教育法》、英格兰高等教育机构《保障问责备忘录》（Memorandum of Assurance and Accountability）和英格兰高等教育拨款委员会（HEFCE）颁布的条例。作为监管体系的重要组成机构，英格兰高等教育拨款委员会与高等教育机构紧密联系，建立了一系列有效的制度，并适时地对部分高等教育机构进行管理。高等教育质量保障署（Quality Assurance Agency）对英格兰高等教育拨款委员会资助的高等教育机构进行评估，确保这些机构的运行符合相应要求。外部监管的主要目标是提高高等教育质量和国际声誉，监管拨付到高等教育机构的财政资金，促进其有效使用，实现公共政策目标（刘绪、匡建江、沈阳，2016）。

二　财政支出责任划分

（一）义务教育阶段

法定学龄（5～16 岁）学生所接受的公共资助教育主要由公立学校提供。公立学校主要通过地方当局从中央政府那里获得教育经费。特许学校（Academies）不受地方当局管

① Academies 是公立的独立学校，从中央政府而非地方当局那里直接获取资金，不受地方当局管理。前身多是教学力量薄弱、表现欠佳的学校，在中央政府的干预下被迫转制，多由企业、大学、其他学校、志愿团体或慈善团体联合创办，以提高学校的绩效。不必遵循国家课程，可以自行设立学期。

② 自主学校，随着 2010 年联合政府的上台而引入，是 Academy 项目的延伸。只要家长们有要求，家长、教师、慈善团体和商业机构就可以设立新的学校。自主学校是由中央政府资助不由地方委员会管辖的综合能力学校，不能像文法学校一样使用学术筛选程序。自主学校可以自行设立教师薪资和条件，有权改变学期长短和教学日程，不需按照国家课程教学。

理，由教育部直接予以资助（European Commission，2009/2010：50）。

学校获得的拨款用来支付经常性支出和资本性支出。经常性支出包括在教师、其他人员、图书、设备等方面的支出，修缮和维护费用也属于经常性支出。资本性支出是指制造或维护一项持续很长时间的资产的支出，比如建筑、机器或大型设施。

1. 经常性拨款

中小学校的收入绝大部分来自中央政府给地方当局的转移支付。公立学校从地方当局获得经常性拨款，为3~16岁的孩子提供教育。

在中央政府给予地方政府的经常性拨款中，约90%是专门学校拨款（Dedicated Schools Grant，DSG）（HM Treasury，2016）。该项拨款是专项拨款（ring-fenced funding），意味着必须全额支付给学校（除了地方当局集中提供的某些学校相关服务的拨款），是学校预算收入的主要来源，必须用于支持规定的学校预算，不能用于其他用途。专门学校拨款（DSG），是地方当局从中央政府获得的资助学校的核心拨款（Department for Education，2014）。

中央政府给予地方当局的转移支付还包括学生补助（pupil premium）等项目资助。公立学校通过地方当局从教育部获得拨款，特许学校和自由学校直接从教育部获得拨款。[1]

除了来自中央的拨款，地方当局还可以从地方收入（税收）中向学校增加拨款（Department for Education，2014）。但在经费筹措上，地方政府的本级税收投入所占比例不高。可以说，地方政府在基础教育财政投入过程中的作用主要体现在经费分配上，而非经费的投入上（丁瑞常，2017）。

2. 资本性拨款

地方当局负责公立学校的保养和维护，不过自愿团体创办的受资助学校（voluntary aided schools）一般要自己支付一小部分资本性支出（European Commission，2009/2010：92-94）。教育部发放的资本性拨款有许多不同类型。大多资本性拨款都是基于需求相关公式发放给学校和地方当局，因此地方当局和学校可以决定如何进行投资。

在获得公共资金之外，学校还可以从家长或其他人的自愿捐款获得其他资金，或者通过各种活动比如出租学校场地或经营额外活动产生收入。

（二）高中教育阶段［继续教育阶段（further education），16~18/19岁］

16~18岁的继续教育（FE）阶段，虽然不属于义务教育，但国家为了促进这一年龄段青年继续参与教育和培训，所以仍然免费提供教育机会。绝大多数青少年在16岁以后仍然继续全日制教育，包括普通教育和职业教育。

英格兰高中阶段的教育经费主要来自中央政府。教育部下属的教育资助局[2]负责资助

---

[1] https://www.gov.uk/topic/schools-colleges-childrens-services/school-college-funding-finance.

[2] 2016年7月，英国政府重组后，将原商业、创新和技能部（BIS）与原能源和气候变化部（Department of Energy and Climate Change）合并为商业、能源与产业战略部（BEIS）。原BIS负责的高等教育事务划归至教育部。教育资助局和技能资助局现在合并为教育与技能资助局，作为教育部的下属部门，统一负责为儿童、青少年和成年人的教育与培训提供拨款。https://www.gov.uk/government/organisations/education-and-skills-funding-agency。

16 ~ 19 岁青少年的教育项目，包括实习和学徒制。学校、学院（colleges）、继续教育学院、特许学校等教育机构从教育资助局那里获得年度拨款，为 16 ~ 19 岁青少年提供教育。继续教育学院、特许学校等直接从教育资助局那里获得 16 ~ 19 岁教育拨款（包括补助金，Bursary Fund），公立学校（maintained school）第六学级则通过地方当局间接从教育资助局获得 16 ~ 19 岁教育拨款（包括补助金）。教育资助局会与直接接受资助的机构个体以及每个地方当局（公立学校教育）签署拨款协议。拨款额根据统一的公式进行计算，拨款公式包括学生数、学生保留率、高成本学科、不利学生（disadvantaged students）和地区成本等因素。

除此之外，教育资助局还为高需求学生提供额外拨款，为学生个人提供补助金和其他财政资助。[①]

（三）高等教育阶段[②]

英格兰高等教育公共经费总额每年由中央政府决定。经费来源包括以下三个方面。

（1）给予学生的学费贷款、生活费补助金和贷款。

（2）英格兰高等教育拨款委员会（HEFCE）给予大学和学院的拨款。

（3）其他公共实体（如英国研究委员会和卫生部）给予教育机构的拨款、给予学生的补贴。

高等教育拨款通过 HEFCE 这一中介机构来进行。大学与科学国务大臣给 HEFCE 发放拨款函（grant letter），确定每年的高等教育拨款额，并规定资金分配用于哪些政府优先事项（priorities）。HEFCE 负责为大学和学院提供拨款，并定期就英格兰高等教育经费需求向国务大臣提出建议。HEFCE 给予大学和学院的拨款并不能完全满足院校的成本需求：只针对教学、研究、知识交换以及相关活动提供资助。HEFCE 拨款和学费收入以及其他来源的收入一起构成了教育机构的总收入。

2016 ~ 2017 年，HEFCE 的拨款为 367400 万英镑，分为教学拨款、研究拨款、知识交换拨款、国家设施和计划拨款（national facilities and initiatives）以及资本性拨款（capital grants）。教学、研究和知识交换经费为"经常性拨款"，占拨款的绝大部分。2016 ~ 2017 年，HEFCE 直接为 131 所高等教育机构、213 所提供高等教育课程的继续教育学院和第六级学院提供拨款。经常性拨款一旦拨给高校，高校就可以在 HEFCE 的宏观指导下根据其自身的优先事项自主支配。其余拨款为"非经常性拨款"，包括资本项目拨款和其他发展计划以及资助国家基础设施。这些补助金可以在学年的任何时候进行发放。高等教育机构要对其获得的 HEFCE 拨款的使用向 HEFCE 负责，最终向议会负责。

2012 年实施高等教育财政改革后，更多的公共拨款直接提供给学生（以预付学费贷款的形式，在学生毕业后收入达到一定水平再偿还），通过 HEFCE 发放给教育机构的教学拨款则减少了。这意味着，很高比例的教学公共拨款通过学生贷款公司来获得，HEF-

---

① https://www.gov.uk/guidance/16-to-19-education-funding-guidance.

② HEFCE, Guide to Funding 2016 - 2017 How HEFCE Allocates Its Funds, May 2016/07.

CE 资助教学的拨款比以往大大减少。HEFCE 的教学拨款直接发放给那些单独依靠学费不足以支付全部成本的领域：高成本学科；研究生教育；资助来自弱势背景的学生或需要额外资助才能完成学业的学生；拥有世界一流教学的专业机构；等等。HEFCE 的研究拨款是专项拨款（ring-fenced），不受该项改革政策的影响。

高等教育机构的研究主要由政府提供资助。除了 HEFCE 给予的研究拨款外，研究委员会（Research Councils）还为其提供研究项目资助，这构成了所谓的"双重资助体系"。

（1）HEFCE 为高等教育机构提供研究拨款，以保证研究基地有能力开展高质量的创新型研究，并资助研究基础设施建设。HEFCE 资金的发放不针对任何特定活动——可以用于支付正式（permanent）学术人员的工资、建筑处所、图书馆和中央计算（central computing）等的费用。还资助高等教育机构的基础性研究和"蓝天"研究，以及对新的科研人员的培训。这些研究是战略性和应用性工作的基础，而战略性和应用性工作大多由研究委员会、慈善组织、企业和商业来资助。

（2）研究委员会根据 1965 年颁布的《英国科学技术法》和皇家宪章设立，为不同领域的特定研究项目和计划提供资助，资助额是项目全经济成本的一部分。研究委员会还提供研究奖学金（research scholarship）。英国七个研究委员会的经费来自商业、能源与产业战略部（BEIS）负责管理的科学预算。有些研究委员会还从其他政府部门及研究资助者那里获得收入。研究委员会要就其活动和资助向议会进行报告。[1]

参考文献

李丽、匡建江、沈阳，2016，《英国义务教育政策探析》，《世界教育信息》第 13 期。

丁瑞常，2017，《英国基础教育财政性教育经费的投入与分配》，《郑州师范教育》第 1 期。

刘绪、匡建江、沈阳，2016，《英国高等教育监管新趋势》，《世界教育信息》第 9 期。

Department for Education, "Dedicated schools grant Conditions of grant 2015 to 2016," December 2014.

European Commission, "Organisation of the Education System in the United Kingdom-England, Wales and Northern Ireland," 2009/2010, pp. 65 – 68.

HM Treasury, "Public Expenditure Statistical Analyses 2016, July 2016," https://www.gov.uk/government/uploads/system/uploads/attachment_data/file/539465/PESA_2016_Publication.pdf.

---

[1] http://www.rcuk.ac.uk/about/aboutrcs/governmentfunding/.

法国教育事权与财政支出责任划分

李怡宁[*]

（2017 年 6 月）

一 法国教育体系简介

自 1959 年的法国《教育改革法》起，法国开始实施 10 年的义务教育，针对 6～16 岁学生，包括 5 年小学、4 年初中及高中的第 1 年，过了 16 岁的学生可以继续读高中或离开学校。

1. 初等教育

法国的初等教育由学前和小学教育构成。学前教育是非强制性的免费教育。小学教育是义务教育的初级阶段，带有强制性。凡年满 6 岁的儿童都应由家长负责送入家庭所在区域附近的小学入学，例外的入学要求须经市政府批准。

2. 中等教育

初中是法国中等教育的第一阶段。法国的小学毕业生都可就近进入初中就读，在初中结束时被分流。自 1975 年的《哈比法》（La Loi Haby 1975）以来，所有学生接受同样的课程直至 15 岁。校方根据初中毕业生的成绩和爱好向家长建议学生的就学方向，学生将分别进入两类学校：（1）普通和技术高中（general and technological lycées）；（2）职业高中（professional lycées）。

高中是法国中等教育的第二阶段。高中学校分为两种：（1）普通和技术高中；（2）职业高中。高中教育提供三种教育方向：普通教育（为学生接受高等教育做准备）；技术教育（为学生接受高等技术教育做准备）；职业教育（主要为学生进入职场做准备，也为学生继续接受高等职业教育做准备）。普通和技术教育课程由标准的高中学校提供，而职业教育课程由单独的职业高中学校提供。

3. 高等教育

法国高等教育机构主要分为综合大学（université）、大学校（grande école）和短期高

---

* 李怡宁，原北京大学中国教育财政科学研究所科研助理，现在美国 Gordon College 读研究生。

等教育机构三大类。综合大学是从事高等教育和科学研究的主要场所，培养目标是教师、科研人员、公职人员、律师和医生等专门人才。大学校是高等专业学校，包括行政管理学校、工程师学校和高等商业学校等，是培养高级工程技术人员和其他各类专业人才的高等教育机构。短期高等教育机构包括大学技术学院和高级技术员班。大学技术学院是隶属综合大学下的学院，高级技术员班是附设在一些高中内的高等职业教育机构，都旨在培养中级技术人员。

二　各级政府教育职责

法国的行政体制由中央政府、大区、省和市镇构成。法国本土划为 22 个行政大区，每个大区有 2～8 个省，海外属地有 4 个大区。

法国教育体制的特点是在教育组织和经费上都实行高度的中央集权。所有教育法令、政策、经费、课程表及教材教法等，全由中央决定，全国的教育设施都整齐划一。国民教育部的职责包括：规定所有层级教育的课程表明细；教师的聘任、培训和管理（大多数公立中小学教师是国家公务员）；招收和培训监管人员，负责控制教育系统的质量；给学校分配合适的员工配额；是公立教育的主要出资方，并且补贴合同制下的私立学校；还负责组织考试和颁发国家的资格证书，如学士文凭（Baccalauréat）。

国民教育部管理职能非常繁重，因此就有了一些"外派"的教育行政机构，被称为"大学区"（Académies），它是国民教育部在地方的直辖机构。法国本土被分为 26 个大学区，它们的管辖范围相当于法国的行政大区，只有少数几个例外。另外还有 4 个大学区分别在法国的 4 个海外属地。每个大学区有一位总长（Le recteur）负责管理区内各级教育。大学区与地方各级政府合作，起到了中央和地方（省）之间教育方针政策的传达和协调作用，确保国民教育部制定的官方教育程序得到执行。总长的职责主要包括：（1）在高等教育方面，协调区内国民教育部所属高等学校和其余各级各类学校的教育工作；（2）在中等教育方面，领导和监督各类中等学校的工作，分配经费和职位，任免教职人员，考勤和审核开支；（3）在初等教育方面，决定学校和班级的开设、裁减和撤销，教师的任免和纪律处分。

自 2004 年 8 月 13 日的《权力下放法》（第 79 条和第 84 条）规定加大地方政府的自主权以来，省政府（Départements）成为初中学校的所有者，并且负责初中的运营、发展规划、校舍兴建和维修等；而大区政府（Regions）成为高中的所有者，负责高中的运营和发展规划；市镇（Municipalities）是幼儿园和小学的所有者，负责学校的布局、校舍兴建、维修和行政管理等。这种新的管理体制的原则是在确保全国统一管理的前提下，充分调动地方、学校和社会的办学积极性。

三　教育经费来源情况

法国的财权集中在中央，中央政府的最主要财源来自税收，包括所得税、销售税、公司税等，这使得中央政府有雄厚的实力支撑义务教育经费。地方当局对教育的投入主要在省和市镇两级，其经费来源主要是地方税，包括地方直接税和地方间接税两类。同时，中央政府还对地方进行财政补助。省按照规划修建初中，市镇修建小学，在地方财政不足的情况下，均可申请中央财政的专项补助。根据国民教育部的统计（见表1），教育经费主要有以下几个来源：国家（国民教育部和其他部门）、地方当局、其他公共行政机构、企业及其他私营出资者和家庭。2014 年国家为国内教育总支出提供了 54.4% 的资金，地方当局为 24.1%，家庭为 11.2%，企业及其他私营出资者为 8.9%（主要通过学徒税和对继续教育的资助），其他公共行政机构为 1.4%。

表 1   法国历年国内教育经费来源结构比例

单位：%

	1980 年	1990 年	1995 年	2000 年	2005 年	2010 年	2013 年	2014 年
国民教育部	58.7	54.2	54.2	55.1	53.5	51.3	51.1	51.3
其他部门	7.5	5.0	5.7	5.0	4.4	3.9	3.2	3.1
国家（以上两项加总）	66.2	59.2	59.9	60.1	57.9	55.2	54.3	54.4
地方当局	14.0	19.8	21.1	21.8	22.4	24.4	24.2	24.1
企业及其他私营出资者	6.8	7.3	6.7	6.7	7.9	8.4	9.0	8.9
家庭	12.6	12.9	11.2	10.6	11.0	10.7	11.1	11.2
其他公共行政机构*	0.4	0.8	1.1	0.8	0.8	1.3	1.4	1.4
总计	100.0	100.0	100.0	100.0	100.0	100.0	100.0	100.0

注：其他公共行政机构是一些行政上涉及资助教育的机构，比如服务和支付局（ASP-Agence de Services et de Paiement），其服务覆盖了农业、林业、环境、教育和培训等。

资料来源：Ministère de l'éducation nationale de la recherche et de la technologie. Repères & références statistiques sur les enseignements, la formation et la recherche edition 2016。

四　义务教育和高中阶段财政支持机制

法国的财政体制由中央预算和地方预算组成。地方预算包括大区预算、省预算和市镇预算。法国对义务教育的投入实行的是由中央与地方政府共同分担，又以中央为主的投入体制。在义务教育投入中承担主要责任的中央财政和省、市镇两级地方财政，均有各自稳定的经费来源。

法国教育经费支出主要分为三大块：人员的工资和补贴、管理运行经费和其他投资经费等。其中教职员工和教育行政人员的工资和补贴约占 3/4，2009 年这部分共支出 970 亿欧元，占全部教育经费的 73.4%；管理运行经费和其他投资经费分别占 18.5% 和 8.1%。国家财政来源的教育经费基本上用于支付人员的工资和补贴，因此国家经济状况对教师职业的影响尤为深刻。在义务教育经费分担方面，教师及其他人员的工资费用由中央政府承担，由国民教育部直接发放到教师手中；学校的基建费用和日常费用由地方当局（市镇、省和大区）来分别承担，地方当局的财政分级负担如下：（1）大区负责高中（ISCED 3）：普通和技术高中、职业高中和特殊教育学校（EREAs）；（2）省负责初中（collèges）（ISCED 2）；（3）市镇负责幼儿园和小学（ISCED 1）。

2014年法国的国内教育支出约为1460亿欧元，占国内生产总值的6.8%。仅教学活动就占1243亿欧元，即国内教育支出的85.1%。教科书在小学和初中阶段是免费的，很多地区在高中阶段也提供免费教科书。食宿（含营养餐）支出占7.3%，余下的7.6%的资金流入以下活动类型：总务、迎新、校医、校车、学习用品和书本、服饰和特殊课程。法国营养餐收费标准由地方政府制定。营养餐收费灵活，根据家庭收入不同和用餐天数不同来收取餐费。以巴黎市政府为例，2010~2011学年，家庭收入被分为8个收费档次。如果是低收入家庭，可以免费或象征性地收取低廉的费用。政府向学校提供营养餐补助，大区议会负责高中的营养餐，省议会负责初中的营养餐，市镇负责幼儿园和小学的营养餐，并有社会食堂基金用于资助家庭。场地大的学校会有自己的食堂、厨师和厨房，自行供应每日午餐；场地有限的学校由专门提供学生餐的机构每天配送营养餐。法国的校车支出主要由地方当局和家庭承担，对校车进行预算、组织和管理的是省级政府。2014年的校车支出总共是29.18亿欧元，其中地方当局支出为24.59亿欧元，家庭支出为4.6亿欧元（见表2）。①

表2 最终出资者的总支出（日常开支＋资产）

单位：百万欧元

		国民教育部	其他部门	国家财政**（前两项加总）	地方当局	其他公共行政机构*	家庭	企业及其他私营出资者	总计
教育类型	初等教育	21175	72	21247	11876	242	866	1	34233
	中等教育	33000	1350	34350	9935	280	1658	1124	47348
	高等教育	15395	1651	17046	2642	546	2674	2743	25650
继续教育和培训等		351	1044	1394	3880	833	1949	9024	17081
国内教学总支出		69921	4117	74038	28334	1901	7148	12892	124312
附加活动	食宿（含营养餐）	1446	143	1589	3773	79	5160	79	10681
	校医	687		687	20				707
	迎新	308		309	13		7	2	331
	总务	2567	261	2827	460	2	5	65	3359

---

① Ministère de l'éducation nationale de la recherche et de la technologie. Repères & références statistiques sur les enseignements, la formation et la recherche edition 2016.

续表

		国民教育部	其他部门	国家财政 ** (前两项加总)	地方当局	其他公共行政机构 *	家庭	企业及其他私营出资者	总计
相关物品和服务采购	校车				2459		460		2918
	学习用品和书本				181		2722		2904
	服饰和特殊课程						825		825
国内教育（含教学）总支出		74929	4520	79450	35240	1983	16327	13037	146037

　* 其他公共行政机构是一些行政上涉及教育资助的机构，比如服务和支付局（ASP-Agence de Services et de Paiement），它的服务覆盖了农业、林业、环境、教育和培训等。

　** 国家财政包含国民教育部和其他中央部门的财政。

　注：由于四舍五入，存在各分项数据与总和不符的情况。

　资料来源：法国教育部，2016 年教育、培训和研究统计参考。

　　法国的各级各类教育中，中等教育支出占总教育支出的比例最高，其次是初等教育和高等教育。根据表 2，初等教育的教学支出占国内教育支出比重为 27.5%（342 亿欧元），中等教育占比 38.1%（473 亿欧元），高等教育占比 20.6%（257 亿欧元），继续教育和培训占比 13.7%（171 亿欧元）。

　　相对于免费的公立学校，法国的私立学校可以收费，政府对收费标准没有规定，但是以非营利为原则。私立学校可以在法律允许的条件下获得公共经费。如果私立学校与国家签订了合同（大多数私立学校都如此），国家将负责提供教师的薪酬、社会保险以及教师的培训费用。作为回报，这些私立学校应实行和公立学校完全相同的课程；按照合同招聘和支付教师薪酬；同公立学校接受一样的检查。大区和省也要资助合同制下的私立中学（初中和高中）。[1] 2009 年法国公立学校的资金大部分来源于国家财政（71.0%），其次是地方当局（22.8%）；私立学校大部分资金来源于国家财政（69.3%），其次是其他渠道（21.5%），地方当局投入较少（9.2%）。[2]

五　特殊教育财政支持机制

　　法国的特殊教育由国民教育部管辖，同时受公共卫生部、社会事务部和司法部监督指导。国民教育部为有特殊需要的学生设计预防和支援项目，同时管理一些有残障

---

　① Ministere des Affaires Etrangeres，http://franceintheus. org/IMG/pdf/education_system. pdf.

　② Ministère de l'éducation nationale de la recherche et de la technologie. Repères & références statistiques sur les enseignements，la formation et la recherche edition 2011.

学生的班级和院校。国民教育部有法律义务支付这些学生的学习费用、医疗费用和特殊教育教师费用。社会事务部拥有所有医疗教育部门的管辖权，尽管社会教育机构由省政府提供经费支持，但是社会事务部负责监督社会教育机构，公共卫生部负责管理医疗机构。

1975 年 6 月 30 日出台的 75 - 534 号《残障人士方针法》（Loi d'Orientation en Faveur des Personnes Handicapée）规定了残障人士的教育、培训和职业指导是国家的义务，并要为其提供资金保障。2005 年 2 月 11 日出台的 2005 - 102 号《残障人士机会均等、参与和公民权法》提出残障人士的权利、机会和参与平等，强调残障儿童拥有在普通学校就学的权利，且有权选择其他就学安置方式，包括普通学校的普通班级（需要学校相关特殊教育人员的看护）、普通学校的融合班级、特殊学校、交替接受普通学校和特殊学校教育、医教机构、在家上学。法国特殊教育的财政体制安排并没有与普通教育相分离，而是共享教育经费。得益于该法，法国 2005 年的特殊教育支出提高到了 2.6 亿欧元。2009 年，学校教育计划（Mission de l'enseignement Scolaire）投入 1.97 亿欧元用于招募在普通班级对学生进行一对一辅导的助教，投入 4.26 亿欧元用于招募融合班级的助教。此外，学校教育计划投入 1300 万欧元用于开发特殊教育教材，投入 30 万欧元用于资助高等教育阶段的残障学生。按照《残障人士机会均等、参与和公民权法》，全法各省创建了省级残障人士之家（Maisons Départementales des Personnes Handicapées，MDPH）。MDPH 主要向残障人士及其家人提供接待、帮扶、咨询等服务，也向大众宣传关于残障人士的扶助政策，是中央在各省处理身心障碍者各项事务的权责行政机关。

在初等教育阶段，市镇根据有特殊需要学生的数量、残障类型，为其提供无障碍设施建设的费用。如果学生需要康复服务，费用则由社会保障部门负担。中等教育阶段特殊教育的支出方式与初等教育阶段一致，由大区和省负担。地方政府所拥有的更大的办学和财政自主权减少了中央政府在融合教育政策实施上的负担。地方政府更了解本地的特殊教育发展情况，在决策过程中会与许多当地利益相关者合作获取需求信息，因此，经费使用也更有效率。然而，各地地理、经济和社会发展情况的不同，会加剧区域差异。除了在中小学免费接受教育外，法国的年度教育预算还根据不同障碍类型大学生所需相关服务的费用安排一定预算给高等教育机构。省级残障人士之家设置的身心障碍者权利与自主能力委员会（Commission des Droits et de l'Autonomie des Personnes Handicapées，CDAPH）记录了学生的障碍类型。根据该委员会的鉴定和推荐，有特殊需要的学生可以申请特别助学金（OECD，2011）。

六　高等教育财政支持机制

法国的公立高等教育机构都由中央政府举办，经费也主要由中央政府负担。

1. 经费支出结构

在 2011 年的高等教育支出中，61% 用于人员经费，其次是运营经费（28%），资本性支出占 11%（见图 1）。

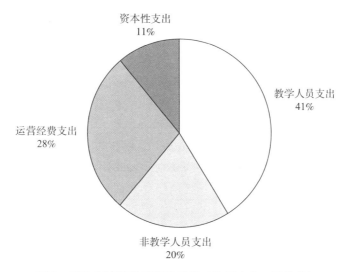

图 1　2011 年高等教育支出种类（法国本土 + 海外省）

资料来源：MEN-MESR-DEPP

2. 教学拨款

法国的高等教育拨款机制主要包括：公式拨款（funding formula）、基于战略目标的绩效合同拨款（performance contracts based on strategic objectives）、针对特定研究项目的拨款（funding for specific research projects）（Jongbloed et al.，2010：20）。

法国的大部分（80%）大学，都是由政府按照 SANREMO（système analythique de réparation des moyens）模型计算人员需求支出和经常性支出。它包括的标准有注册人数、占地面积和课程相关的指标。除公式外，一些公共资源的分配还基于 4 年制合同。这种拨款是非集权化的（decentralised）产出导向（output-oriented）的拨款模式。国家和大学间签订合同的概念出现于 1984 年的《高等教育法》，该法颁布后，法国的高校在行政管理、教育、研究和财政上的自主权不断扩大。最初合同的政策只限于高教研究领域，但是在 1989 年，这个政策普及到了所有高教活动领域（Jongbloed et al.，2010：24）。每个高校都根据国家目标和地方教育需要制定一份 4 年发展规划，该规划涵盖所有活动（教学、研究、国际化和管理等），涉及所有行动者（学生、教职人员、公共当局和校外第三方）（Kaiser et al.，2002：64）。

总体而言，投入导向的因素在大多数欧洲国家非常重要，尽管有的欧洲国家已经减轻了学生人数权重，而更偏向绩效相关的因素，然而没有一个国家是 100% 的基于绩效的拨款系统。法国的拨款模式也是以投入导向为主，绩效相关的标准为辅（Jongbloed et al.，2010：21）。

3. 科研拨款

国家对研发（R&D）的预算拨款主要是在"政府部门间研究和高等教育任务"（MIRES-Mission InterministéRielle Recherché et Enseignement Supérieur；Inter-ministerial Mission for Research and Higher Education）的拨款框架内进行。政府部门间研究和高等教育任务（MIRES）

由法国《财政组织法》（LOLF, La loi organique relative aux lois de finances）① 规定产生。MIRES 由十个项目构成，其中五个从属于高等教育暨研究部（M. E. S. R），分别是：高等教育和大学研究、学生生活（直接援助、医疗救助和社会教育、食宿）、多学科的科学技术研究、环境和资源管理研究、空间研究（除了民用和军事领域研究）。自从有了《财政组织法》，每个项目都有专门的拨款，以确保公共政策目标的实现。《财政组织法》依据对任务、项目和行动所需款项的评估，依据支出的最终目的进行国家预算。②

政府研发拨款涵盖了公共机构（如图 2 里的国家研究署、国家艾滋病研究署等）的研发、法国国内和国外的其他机构的研发活动。具体包括：公共服务补贴，公共研发机构内有针对性的研究项目、大学研究、各类协助研发的计划和激励措施，公共/私人合作的研究投入，传播科学技术文化的措施所需的经费（见图 2）。

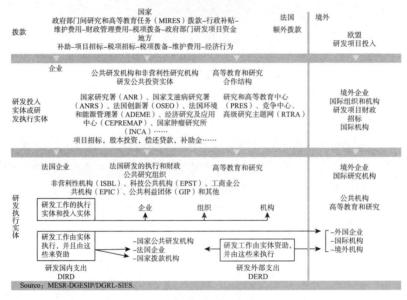

图 2　研发财政结构

根据图 3 2012 年法国 MIRES 的预算拨款，高等教育暨研究部（MESR）负责的多学科的科学技术研究、大学研究和空间研究占了拨款的 74%，能源部（MEDDE）负责的环境和资源管理、能源和可持续性发展占了拨款的 18%。

2012 年，政府部门间研究和高等教育任务（MIRES）的研发预算为 140 亿欧元。对企业研发的间接支持是通过各种税收政策和应偿还贷款进行的，这是不记录在公共研发预算内的。如法国的所有公司，无论规模大小、领域类型，公司产生的研发费用都可以享受税收抵免待遇。地方政府对研究和技术转让（R&T）的预算在 2012 年为 13.2 亿欧

---

① 《财政组织法》运用绩效机制来推动财政预算，重新建立了财政预算机制，使得各级管理者责任明确、国家政策连贯而紧密。该机制把财政预算分为"任务"（mission）、"项目"（programme）、"行动"（action）。"任务"是财政预算的最高级，体现了国家的主要公共政策以及相应的财政预算安排。同时，若干个"项目"组成了某个"任务"。"行动"又把项目的各项计划具体化。

② Budget Enseignement Supérieur-Recherché, http://www. enseignementsup-recherche. gouv. fr/cid61606/la-mission-inter-ministerielle-recherche-et-enseignement-superieur-mires. html.

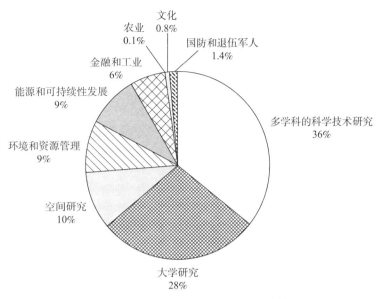

图 3　2012 年法国 MIRES 的预算拨款

元，这个预算的一部分是通过国家和地区合同项目拨款。欧盟通过研究项目也参与到公共和私人的研发活动，其研究项目包括欧洲研究与发展框架计划（PCRD）。2010 年，法国在这个研究项目上获得 6 亿欧元，占总经费的 16.5%。

　　法国研发的成就由两种类型的指标衡量（见表 3）。第一类指标用于国际比较，是研发国内支出（DIRD），它涵盖在国土范围内所有机构的研发项目和活动，包括政府研发支出（DIRDA）和企业研发支出（DIRDE）；第二类指标是研发全国支出（DNRD），是指法国所有经济主体对于研发的资金投入。2010 年，研发国内支出（DIRD）高达 434 亿欧元，占 GDP 的 2.24%；政府研发支出（DIRDA）占研发国内支出（DIRD）的 37%，企业研发支出（DIRDE）占研发国内支出（DIRD）的 63%。法国国内为国外利益相关者实施的研发活动支出占研发国内支出（DIRD）的 7.6%。研发全国支出（DNRD）高达 446 亿欧元，其中政府研发支出占 43%，企业研发支出占 57%。

表 3　法国的研发拨款和执行

		2008	2009（2）	2009 Révisé（3）	2010（4）	2011（5）
研发的执行						
DIRD	按当期价格（百万欧元）	41066	42835	41758	43387	44921
研发国内支出	按 2005 年价格（百万欧元）	38220	38587	39676	40535	40234
	占 GDP 百分比	212	227	221	224	225
研发的拨款						
DNRD	按当期价格（百万欧元）	42190	44461	43411	44628	
研发全国支出	按 2005 年价格（百万欧元）	39266	41085	40115	40811	
	占 GDP 百分比	213	235	236	230	

续表

		2008	2009（2）	2009 Révisé（3）	2010（4）	2011（5）
研发国际交流	按当期价格计算（百万欧元）					
资金		3271	3013	3013	3301	
	行政机构（1）	635	621	621	727	
	企业	2636	2392	2392	2574	
支出		4432	4640	4667	4542	
	行政机构（1）	2304	2364	2391	2179	
	企业	2128	2276	2276	2363	
余额		−1162	−1626	−1653	−1241	
	行政机构（1）	−1669	−1743	−1770	−1452	
	企业	507	116	116	211	

注：（1）行政机构包括公立和私立（政府、高等教育和非营利机构）；（2）最终结果；（3）2009年重新计算的结果，以便和2010年数据相比；（4）有计算方法的改变，不是最终结果；（5）估算。

资料来源：MESR-DGESIP/DGRI-SIES。

4. 大学科研拨款

上文所介绍的合同拨款也涉及了大学科研拨款。国家与大学签订合同拨款，合同规划涵盖了大学的所有活动（包括教学、研究、国际化和管理等）。该合同在科研和教学上有清晰的界限，教学部分的内容比较简短，而科研部分内容非常详细，涉及大学里具体的科研单位（Jongbloed et al. 2010：24）。竞争性的经费资助模式也是法国大学获得科研经费的一个重要渠道。除了国家研究预算中的高等教育部分外，法国的大学还可以从法国国家科学研究中心（CNRS）以及其他的国家研究委员会中获得不少的科研经费（由于法国政府非常注重大学与国家研究机构之间的合作，目前法国国家科学研究中心中有80%的研究单位是与高等教育机构联合创办和管理的）（康小明，2017）。

由图4 2010年法国研发资金的来源可见，企业的研发经费主要来源于自有资源，比

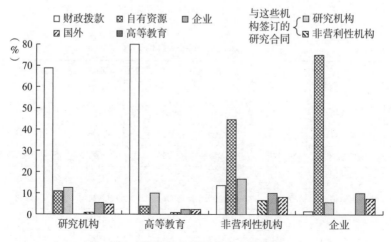

图4 2010年法国研发资金的来源

资料来源：MESR-DGESIP/DGRI-SIES。

例高达 75%；研究机构的财政拨款高达 69%；而高等教育的研发经费大部分来源于财政拨款，少部分经费来自其他机构签订的合同拨款。

根据表 4，2010 年法国所有研发活动的政府资金总计约 186 亿欧元，这些投入主要来源于预算拨款（71%），其次是合同资金（20%）和其他自有资金（9%）。政府部门与企业签订的合同总金额为 8 亿欧元，来自境外和国际机构（尤其是欧盟）的金额为 7 亿欧元。最后，政府部门的其他自有资金的研发投入为 9%，来源包括知识产权税（redevances de la propriété intellectuelle）、捐赠和遗赠及部门补助金。

表 4　2010 年法国公共研究资源的性质和来源

单位：百万欧元，%

	预算拨款	合同资金	其他自有资金	总计	总计占比
国家部门	8058	2411	1079	11547	62.1
科技公共机构 – EPST（不包括法国国家科学研究中心 – CNRS）	1731	445	97	2273	12.2
法国国家科学研究中心 – CNRS	2493	615	147	3256	17.5
工商业公共机构 – EPIC	2144	1303	833	4280	23.0
政府部门和其他公共机构	1689	48	2	1739	9.3
高等教育部门	5053	1040	251	6344	34.1
不隶属于教育部的大学校	252	142	10	404	2.2
大学和高等教育机构	4801	898	241	5940	31.9
关联部门	96	295	317	708	3.8
政府总计	13206	3746	1647	18599	100.0
总计占比	71	20	9	100	

注：预算拨款是从国家预算里给机构的拨款；由于四舍五入，存在各分项数据与总和不符的情况。
资料来源：MESR-DGESIP/DGRI-SIES。

七　总结

法国作为中央集权国家，对教育有很强的控制管理权，中央对教育支出占比历年都在一半以上，从高等教育支出来看，家庭和企业历年对高教的支出都不足 10%，而中央的支出一直都在一半以上。公共教育支出占 GDP 比例高于相应的国际平均水平，私人承担的教育经费比例较低。中央政府在总体办学方针、教育法规等方面进行宏观规划，保证各级各类教育的办学质量，并在各级教育行政机关都设有中央参议机构，以便审议各种教育方案，提出意见供中央参考。中央积极支持和推动各级地方政府分别管理不同层级教育的方式可以在确保中央统一管理的前提下，充分调动地方、学校和社会的办学积极性。这种整齐划一的方式可以说是法国教育管理的特色。其优点是：（1）国家教育政策和理念易于实现；（2）可以根据国家需要制定或修改整个教育计划；（3）可使全国教育事业步调一致，实现同一目标；（4）可以建立一致的教育标准，以保障教育机会均等；（5）可以在特殊时期迅速做出调整和改变措施以配合新的国策。然而，缺点是：（1）地方教育事业受中央辖制，不能完全自由发展；（2）地方教育缺乏伸缩回旋余地，缺乏弹性，容易陷入呆板；（3）教育事业发展容易受到政治影响，如果政局不稳就无法稳定发展；（4）民众对教育政策的影响有限。

参考文献

康小明：《政府对大学科研资助政策的国际比较研究》，北京大学中国教育财政科学研究所工作论文，2007。

Frans Kaiser et al. , "Public Funding of Higher Education: A Comparative Study of Funding Mechanisms in Ten Countries," Center for Higher Education Policy Studies (CHEPS), 2002, p. 64.

Jongbloed Ben et al. , "Funding Higher Education: A View Across Europe," ESMU (European Centre for Strategic Management of Universities), 2010, p. 20.

OECD, "Inclusion of Students with Disabilities in Tertiary Education and Employment," OECD Publishing, Paris, 2011. http://dx. doi. org/10. 1787/9789264097650-en.

德国教育事权与财政支出责任划分

周　娟[*]

(2017 年 6 月)

在德国，除了《基本法》(the Basic Law) 赋予联邦对教育的立法权，教育事务绝大多数由州政府负责。各州有权在州宪法框架内制定有关各级各类教育的政策和法规。而联邦政府在教育、科学和研究领域的责任在于对如下领域做出管理方面的规定：企业中的职业培训和职业继续教育，高等教育机构入学和高等教育学位（州可以制定与联邦法存在差异的法律），学生财政资助，推动科学、学术研究和技术发展（包括提升崭露头角的学者），青少年福利（尤其是早期教育、日托中心和托管服务），函授课程参与者的法律保护，法律专业准入规则，医学和辅助医疗专业准入规则，促进就业措施以及职业和劳动力市场研究。[①]

德国公共教育的支出责任主要由联邦、州和地方这三级政府来承担。虽然这三级政府都具有教育相关的经费决策权，但教育支出主要（90% 以上）由州和地方政府负担。2011 年，德国公共教育支出为 1100 亿欧元，其中联邦政府仅占 8.3%，州和地方政府分别承担了 70.6%、21.1%。[②]

一　基础教育事权和支出责任划分

在德国，义务教育从 6 岁开始，持续 9～10 年（根据不同的州）。此后，不再接受全日制教育的年轻人必须接受职业义务教育，到 18 岁为止。公立中小学教育是免费的。

(一) 基础教育事权划分

1. 中小学（学校）教育

根据《基本法》和各州宪法，德国普通和职业教育系统的最高一级教育监管权力部门为州教育和文化事务部。州对学校内部事务 (internal school matters) 负责，执行主体

---

[*]　周娟，北京大学中国教育财政科学研究所科研助理。

①　The Education System in the Federal Republic of Germany 2013/2014.

②　The Education System in the Federal Republic of Germany 2013/2014.

为州教育和文化事务部及其下属教育部门，内部事务包括组织、计划、管理和监督整个学校系统，以及在《教育法》的框架内对学校理念、教学和教育目标的详细规定。学校的管理实体（the school-maintaining bodies）对学校外部事务（external school matters）负责。管理实体包括镇、市、自治市、农村区（rural districts）或区级自治市。外部事务包括学校建筑物、室内装饰、教学材料的采购和提供、人员管理和日常管理、承担非人员性成本，以及学校的建立、变更和关闭等组织性事务。

公立学校由州或地方当局举办，由州和地方当局共同管理。绝大多数公立学校由地方当局举办，跨地区的学校（比如艺术、体育类学校，某些职业学校和特殊学校）由州举办。

2. 双元制培训（公司内培训）

在地方，双元制培训由独立的经济组织（工商业协会、手工艺协会、农业协会、自由职业代表协会）负责相关的咨询、监管，以及立法规定的中期考核和结业资格考试事务。

（二）基础教育支出责任划分

1. 中小学教育

（1）总体情况与各级政府分担比例

公共部门举办的中小学学校系统的财政责任主要由州和地方政府分担。州政府负担教学人员成本，地方政府负担非教学人员成本、材料成本（the materials costs），以及基建、运行成本。跨地区的学校，州也要负担非教学人员成本和材料成本。2011年，德国普通中小学和职业学校公共支出为599亿欧元，州政府负担了79.1%，地方政府负担了17.6%，联邦政府负担了3.3%。[1]

为了平衡地方和州之间的财政责任，对于某些支出州政府会通过"州预算"（the Land budget/the Land）给予地方政府补偿（reimbursements）或一次性分配资金（lump-sum allocations）。州政府还通过例如"一次性补助"（one-off grants）补贴学校基建支出，或通过某种补助（certain subsidies）补贴学校运行支出，从而给予地方政府资助。[2]

（2）对学生及家庭的补助

①午餐补贴等

根据《教育法》，父母领取二类失业保险或社保福利、社会资助、儿童补助津贴或住房福利的儿童，在儿童日托中心、学校或课后学习中心有权获得午餐补贴，有权获得学习上以及参加青少年体育俱乐部或音乐学校的支持，以及学校或日托中心组织的一日游的费用资助。地方政府负责实施这些教育活动并提供资金支持。

②教学辅助用品

大多数州或者为学生购买教学辅助用品提供财政资助，或者免费提供教学辅助用品。

---

① The Education System in the Federal Republic of Germany 2013/2014.

② The Education System in the Federal Republic of Germany 2013/2014.

资助的程度取决于学生父母的收入水平和学生数量。这部分资金或者由地方政府（负责学校运行与维护的地方当局）负担，或者由州政府负担。就读于私立学校的学生是否适用于教学辅助用品免费的资助政策，由各州决定。

③往返学校的交通费

义务教育阶段全日制学校的校车服务是统一安排的。学区和自治市负有提供学生家校之间交通服务的责任。学校交通服务通常由管理实体（例如地方当局）来资助。大部分情况下，州会提供补助。往返家校的实际形式，有的州制定了详细的规则，有的州由学区和自治市自主安排。公共交通通常是最便宜的方式。没有公共交通的地方，由地方当局提供校车。由于身体或心理疾病而不能自行往返家校的学生，地方当局还可以支付一个陪同人的票价。

④学生资助

根据《联邦培训资助法》，从 10 年级开始，就读普通和职业中等学校的学生，符合某些特定条件，比如父母收入低、没有其他经济来源以维持学业，有权获得国家（以联邦负担为主，联邦和州共同提供）的补助。资助额度按照学生是否和父母住在一起，以及进入的培训机构的类型来判断。

⑤住宿费和取暖费补贴

除了联邦培训资助，根据《社会保障法》，在某些情况下学生有权获得合理的住宿费和取暖费补贴。

⑥保险

联邦意外险适用于所有在上课期间、在往返家校的路上，以及在学校活动中的中小学生。学校活动也包括任何短期的预备学习项目或者学校要求的提供监督的后续课程。这些活动也包括学校提供的午餐、学校步行游览、在国内外的游学和学校旅行。法定意外险通常由地方当局意外险协会负责。

（3）私立学校

私立学校的管理实体可从州政府获得各种形式的财政支持。财政支持的参考值是公立学校的办学成本。各州保证符合条件的学校有权获得标准化的财政支持，包括给予标准化的师资成本和材料成本的补助。州政府给予的一次性补助额度，基于特定统计标准的规定数额和学校类型的不同，或者根据个别学校提出的合理需求的一定比例来计算。

州还提供其他形式的财政支持，例如补贴基建成本、为学生提供免费的教学辅助用品、为教师提供老年退休金、为具有公务员身份的终身教师提供带薪假期。家长和监护人可以获得学费和交通费返还。资金绝大部分由州政府负担，地方当局负担一小部分。对私立学校的财政资助的比例，各州不同。①

2. 双元制培训

（1）总体情况与各级政府分担比例

双元制非全日制职业学校②的财政责任由州和地方当局负责。公司承担公司内培训发

---

① The Education System in the Federal Republic of Germany 2013/2014.

② 双元制之外的全日制职业学校由州预算支持。下文主要讨论双元制培训的财政支持问题。

生的成本。联邦政府提供额外的资金支持。2007 年，双元制培训成本中，公共支出占 23%，私人（企业）占 77%（Gutschow，2012）。可以看出，双元制最大的成本由培训公司承担。

双元制职业培训的基于学校部分由州和地方当局的公共资金支持。州承担学校内部事务成本（例如，学校监督、课程设置、教师培训、教师薪酬）。地方当局负责学校外部事务成本（例如，建造、建筑物的维护和翻新、日常管理、教学资源采购）。州也补贴学校建筑物成本。州政府负担职业学校 80% 的成本，地方政府负担剩余部分（Mattern and Timmermann，2006）。

联邦政府对于职业学校的资助仅仅通过针对学生的生活补助金，作为家庭收入支持的一部分。

（2）对学生和家长的补助

就读公立非全日制职业学校是免费的，但是就读其他类型的职业学校，特别是私立学校，针对某些职业课程会收取费用。此外，学生家庭要支付课本、其他教学材料和来往学校的交通费（Mattern and Timmermann，2006）。

学生还可以获得培训公司支付的报酬，报酬受到集体协议的调整，随着培训的年限每年增加，平均大约是受训的熟练工人起薪的 1/3。联邦政府还对学生发放生活补助金，作为家庭收入支持的一部分。

（3）私立学校

私立非全日制职业学校获得财政资助的范围、形式和标准等，与前述私立中小学相同。私立职业学校在补充公立学校的情况下，可以获得办学费用最多 80% 的补贴，在取代公立学校的情况下，可以获得 90%。其余的 20%、10% 必须通过其所属的私立机构（例如教会、大企业）、学生父母（学费）获得（Hummelsheim and Timmermann，2000）。

二 高等教育事权和支出责任划分

（一）高等教育事权划分

1998 年《高等教育总纲法》第四次修正案（2002 年再次修改）和 2006 年修改的《基本法》对高教权力进行了重新划分。联邦政府保留的部分权力包括：一是保留高校入学和结业决定权，确保文凭互认；二是维持对大学生学习资助的权力，保证教育机会均等。联邦政府下放给州政府的权力包括：一是取消了联邦政府的高等教育立法权；二是取消了联邦政府今后对扩建和新建高校基础设施出资的规定；三是限制联邦政府的教育规划权；四是将包括大学教师在内的工资和待遇的决定权下放到各州，以便实施教授工资与绩效挂钩的改革。

经过这一轮改革，除了学生资助、确保文凭互认和部分教育规划权，其他高等教育权力都属于州政府。不过，联邦和州可以在一些具有跨地区意义的领域进行合作，例如，高校以外的科研机构和项目、高校中的科研项目、高校科研楼的建设，包括大型设备等。

（二）高等教育支出责任划分

1. 总体情况与各级政府分担比例

德国公立高校的经费主要由基本资金（basic funding）、第三方资金（research income from research councils）和合同资金（contract research and education）构成。2005 年，德国高教经费收入中，80% 的资金来自基本资金，16% 来自第三方资金，4% 来自合同资金（Kaulisch and Huisman，2007）。

通常情况下，大学 80% 的经费来自州政府拨款，应用科学大学甚至有 90% 的经费来自州政府拨款。州政府的拨款主要是基本资金，用于高校教学和科研的经常性支出，比如人员工资、运转经费（包括材料成本和投资）等。根据修改后的相关法律，基建经费也由州政府承担。联邦政府的拨款除了少量基本资金之外，主要体现在对高校科研、基建以及学生的资助方面。2011 年，德国高教公共支出共计 238 亿欧元，其中，州政府占 83.9%，联邦政府占 16.1%。相比 2009 年的 13%，联邦政府所占的份额有所增长（OECD，2014）。

州政府给予高校的教学经费和科研经费不分开计算和拨付。德国高校科研经费制度是双轨制（dual funding system）。一轨是"基本资金"，即政府拨付给高校用于教学和科研的经费。这部分资金包括高等学校的人员经费、实验室经费、图书经费等，约占高等学校总科研预算的 75%。这部分经费主要由负责高等学校基本运行经费的州政府提供。另一轨是研究项目资金（research project funding），主要是第三方资金和合同资金中用于科研的经费，约占高等学校总科研预算的 25%。第三方资金中，33% 来自 DFG（德意志研究联合会），24% 来自工商界，20% 来自联邦政府，10% 来自国际机构（主要是欧盟），7% 来自 PNP（政府和私立非营利科研部门），6% 来自其他公共渠道，其中近 70% 是公共资金。合同资金中的科研经费主要来自州政府支持的科研机构、联邦和州政府的其他部门、基金会和基金协会（funding societies），其中 80% 是公共资金。总的来说，德国的科研经费中，来自工商界、联邦政府、州政府和其他部门的科研经费大概分别占 60%、22%、15% 和 3%。

过去几年，联邦对高教的投入有所增长，主要体现在二者在某些方面的合作上。①2005 年，联邦和州合作出台了"高校科研卓越计划"，旨在资助高校及其合作者的科研活动。预计到 2017 年，联邦和州共投入 7 亿欧元，其中联邦负担 75%，州负担 25%。②2007 年，联邦和州通过了《高等教育协定 2020》以促使高校能够应对新生规模的扩大以及确保科研效率。项目第一阶段（2007～2010 年）共需 15.6 亿欧元，联邦出资 5.66 亿欧元（占 36%），州负责项目的整体融资。第二阶段（2011～2015 年）联邦出资 70 亿欧元，州提供可比性资金以及负责项目的整体融资。2010 年，联邦和州拓展了《高等教育协定 2020》，启动了优化学习条件和提高教学质量项目。到 2020 年联邦将为教学质量协议出资 20 亿欧元，高校所在的州负责项目的整体融资。③基建经费由州政府承担之后，作为补偿，同时也为了完善高校的科研基础设施，以及提高其跨地区影响力和作用，联邦每年资助州 2.98 亿欧元直到 2019 年，其中 2.13 亿欧元用于科研楼的建设，0.85 亿欧元用于大型设备。初步计算，到2013年补偿金额达6.95亿欧元。2013年，这一补偿措施通过形成法律条文落地，并规定2014～2019年联邦政府将以同样的比例提供补偿金。科研楼建设的资助由各州申请，提交联邦和科学协会审批。基于这些项目，联邦不断增长的投入在高校基本资金中所占的比例，从1995年的10.9%增长到2010年的14.3%，2013年增至18.1%。[①]

2. 学生及家庭

是否收取学费或其他相关费用，由各州自行决定。目前，德国各州均不收学费。不过，有些州收取少量杂费，包括注册费、学校的社会设施使用费、学生会会员费等。而大多数州，针对延期学生、继续教育课程以及正常学期之外的课程会收费。德国公立高校不愿意收取学费的重要原因是，政府拨款的重要指标是学生人数，收取学费会影响学生对自己学校的选择，进而影响学生人数。

（1）学生资助

在联邦层面，《联邦培训资助法》针对低收入家庭学生，会提供全部或部分的学生学费贷款，以及学生毕业后收入无关联还款贷款。2001年，联邦政府联合德国复兴信贷银行、联邦管理办公室共同推出了"教育学分计划"。该计划面向未被联邦培训资助法覆盖的、36岁以下人群提供有息贷款。2010年，联邦政府针对特别优秀的学生实施了"德国国家奖学金计划"。由私人组织（公司、基金会、私人等）和联邦共同出资。

在州层面，各州发展的学生资助系统，是帮助学生完成学业的强有力的支持系统。特别优秀的学生可以获得相应基金会的助学金。这些基金会通常和教会、政党、工商界保持密切联系。唯一例外的是"德国国家奖学金基金会"，不依附任何特定方向，在德国同类基金会中规模最大。该基金会为上述那些基金会的工作提供雄厚的资金支持，而州政府则为该基金会提供资金。德国学术交流中心（DAAD）为外国留学生和在德国高等教育机构从事研究或限期进修的青年学者提供奖学金。除德国学术交流中心外，一些州也有特别基金为在当地高等教育机构学习的留学生提供资助。在第一学位完成后，学生还可以根据州的《研究生援助法》获得奖学金以支持其继续研究生学习。

此外，高校学生受法定意外险保护，经费由州负担。

（2）家庭税收优惠

根据德国《个人所得税法》和《儿童福利法》，所有25岁以下的学生家庭，有权享受税收优惠，直到学生毕业为止。

参考文献

Gutschow, Katrin. 2012. "Understanding the Dual System in Germany." Excellence in Apprenticeships: An International Perspective, London.

---

① 数据源于德国统计局网站及BILDUNGS-FINANZBERICHT 2013，https://www. destatis. de/DE/Publikationen/Thematisch/BildungForschungKultur/BildungKulturFinanzen/Bildungsfinanzbericht. html。

Hummelsheim，Stefan and Dieter Timmermann. 2000.“The Financing of Vocational Education and Training in Germany：Financing Portrait.”CEDEFOP.

Kaulisch，Marc and Jeroen Huisman. 2007.“Higher Education in Germany-Country Report.”CHPE.

Mattern，Cornelia and Dieter Timmermann. 2006.“Stuckturen und Strukturprobleme des Deutschen Bildungssystems.”FernUniversitat in Hagen.

OECD. 2014.“Education Policy Outlook Germany.”http：//www. oecd. org/education/EDUCATION% 20POLICY% 20OUTLOOK% 20GERMANY_EN. pdf

日本教育事权与财政支出责任划分

丁 颖[*]

（2017 年 6 月）

一 日本学制及教育财政体制概况

日本实行小学六年、初中三年的九年免费义务教育制度。办学体制分为国立学校（中央公立学校）、公立学校（地方公立学校）和私立学校。按在校人数计算，义务教育阶段以公立学校为主；高中阶段，私立学校占 29.8%；大学以私立学校为主（见表 1）。

日本行政区划分为三级，即中央、都道府县（广域的地方公共团体）以及市町村（基础的地方公共团体），都道府县和市町村统称为地方自治体。日本实行中央、都道府县、市町村三级课税制度。中央财政收入占 60% 左右，支出占 40%，通过转移支付制度平衡地方财政、弥补地方财力不足。在教育财政体制方面，中央政府主要通过"义务教育国库负担金"（专项）和地方交付金（一般性转移支付）转移支付给地方财政。都道府县级政府通过"都道府支出金"和"国库补助金"支付给地方学校。另外，市町村公立学校可以通过发行地方债和捐赠形式进行基建筹款。各级教育阶段的国库补助金、都道府支出金、市町村支出金、地方债、捐助数据由文部科学省《地方教育费调查》统计，义务教育阶段的国库负担金数据由《文部科学省一般会计支出决算报告书》统计。中央财政负担国立学校的所有费用，以及全国义务教育阶段学校 1/3 的人事经费（工资及福利）。都道府县（省）财政负担本都道府县义务教育阶段学校 2/3 的人事经费，以及本级学校的其他各项费用。市町村财政负担本级学校的公用经费以及基建费。日本营养餐经费采取的是办学主体与家庭共同分担原则。[①]

2004 年，日本实行国立大学法人化改革，对国立学校的人事经费、基建费、公用经费采用中央财政为主体的"运营费交付金制度"。同年，公立大学实行"公立大学法人制

---

[*] 丁颖，原北京大学中国教育财政科学研究所项目研究员，现任河北经贸大学副教授。

[①] 赤井·伸郎教等：《育财政の资金配分の在り方（教育财政ガバナンス）に关する考察 – 教育段階を超えた视点も考虑して –》，http://www.rieti.go.jp/jp/publications/dp/14j009.pdf，2017 年 6 月 18 日。

度"改革。由学校所属层级财政通过"运营费交付金"制度拨款给各学校法人。2003 年废除了中央财政对地方大学的基建拨款制度。

私立学校通过"私学助成金"得到各级政府的财政补助。根据《私学振兴法》,省级财政补助私立学校的公用经费;中央财政补助私立学校基建费用,通过专项"日本私立大学振兴"补助公用经费(见表 2)。

表 1　2010 年日本私立学校比重

	在学人数(人)				私立学校比例(%)
	国立	公立	私立	总计	
大学	609356	139446	2087200	2836002	73.6
短期大学(职业教育)		9004	144327	153331	94.1
高等专门学校(职业教育)	53524	4026	1906	59456	3.2
高中	8751	2357261	1002681	3368693	29.8
初中	32077	3270582	255507	3558166	7.2
小学	45016	6869318	79042	6993376	1.1
特别支援学校(特支)	3054	117968	793	121815	0.7
幼儿园	6215	294731	1304966	1605912	81.3
专修学校(一般课程、不属于任何教育阶段)	574	27372	609951	637897	95.6
各种学校(制度外)		934	129051	129985	99.3

资料来源:日本文部科学省,http://www.mext.go.jp/a_menu/koutou/shinkou/main5_a3.htm。

表 2　日本各级各类教育财政财源种类

	教育阶段	国立	公立	私立
中央财政	小学、中学、特支、高中	国立学校经费	国库补助金	国库补助金
	大学	国立学校经费	国库补助金	私立大学经常费补助金、国库补助金
地方财政	小学、中学、特支、高中		都道府支出金、市町村补助金、地方债、计入公费的捐赠	地方公共团体补助金
	大学		公立大学经费	地方公共团体补助金

二　日本教育财政改革趋势及特征

总体来说,日本教育财政体制的特征包括以下几点。

(1)各级政府承担不同的教育事权。中央政府主要承担大学教育责任、地方政府主要承担义务教育责任、私立系统主要承担高中和大学教育责任,经费随之予以倾斜(见表 3)。

表3　各类型学校在各级教育中的教育财政经费分配比例

单位：%

学校类型		教育阶段	1998 年	2004 年	2008 年
中央＋地方	国立	小学	1.8	2.2	2.2
		中学	1.6	2.0	1.8
		特支	1.4	1.7	1.5
		高中	0.6	0.6	0.6
		大学	94.7	93.6	94.1
	公立	小学	43.8	45.3	45.4
		中学	25.7	24.8	25.2
		特支	5.3	5.9	6.5
		高中	22.6	21.8	20.6
		大学	2.6	2.1	2.3
	私立	小学	1.9	2.0	2.3
		中学	7.3	7.7	8.8
		特支	0.2	0.2	0.2
		高中	48.7	45.1	42.9
		大学	41.9	45.0	45.8

资料来源：文部科学省官网（トップ＞白書・統計・出版物＞統計情報＞地方教育費調査＞地方教育費調査－結果の概要＞地方教育費調査－結果の概要）（教育行政調査＞平成20年度地方教育費調査について）（http://www.mext.go.jp/b_menu/toukei/001/005/07051601.htm）。作者根据大阪大学赤井伸郎教授团队提交日本经济产业省报告《教育財政の資金配分の在り方（教育財政ガバナンス）に関する考察－教育段階を超えた視点も考慮して－》加工。下同。

（2）中央对地方教育转移支付减少。2003年是中央对地方各级公立学校教育转移支付的高峰，之后逐步减少，到2007年出现全面降低；相反中央财政对私立学校的转移支付逐步增加。另外，从1998年开始，义务教育的国库支出金（专项）有向地方交付金（一般性转移支付）改革的倾向，改革趋势是把义务教育的国库专项转变为地方自有财源。

（3）中央教育财政支出总额降低，且出现结构变化。总体来说，因为国立大学法人化改革，近年中央财政对国立大学和地方公立大学的支出逐步减少，增加了竞争性研究经费，并打破学校类型的壁垒，增加了对私立学校的投入。而地方财政对地方大学，以及对地方私立初中和高中学校的投入有所增加（见表4、表5）。

表4　各级各类学校教育财政经费中中央与地方政府支出比例及演变

单位：%

教育类型	教育阶段	教育财政经费中各级财政支出比例	1998 年	2001 年	2004 年	2008 年
国立	各级学校	中央	100	100	100	100

续表

教育类型	教育阶段	教育财政经费中各级财政支出比例	1998 年	2001 年	2004 年	2008 年
公立	小学	中央	39.5	41.8	39.3	31.3
		地方	60.5	58.2	60.7	68.7
	初中	中央	40.0	42.5	39.9	32.0
		地方	60.0	57.5	60.1	68.0
	特支	中央	36.2	40.1	38.0	30.1
		地方	63.8	59.9	62.0	69.9
	高中	中央	16.7	19.9	20.0	16.7
		地方	83.3	80.1	80.0	83.3
	大学	中央	13.0	12.8	12.0	15.0
		地方	87.0	87.2	78.0	85.0
私立	小学	中央	17.3	19.7	21.2	19.3
		地方	82.7	81.3	78.8	80.7
	初中	中央	17.9	20.1	20.5	19.2
		地方	82.1	79.9	79.5	80.8
	特支	中央	27.5	32.0	50.2	53.4
		地方	72.5	68.0	49.8	46.6
	高中	中央	18.9	33.1	22.2	19.2
		地方	81.1	66.9	77.8	80.8
	大学	中央	96.0	95.4	96.0	97.5
		地方	4.0	4.6	4.0	2.5

资料来源：文部科学省官网（http://www.mext.go.jp/b_menu/toukei/001/005/07051601.htm）。作者根据大阪大学赤井伸郎教授团队提交日本经济产业省报告《教育财政の资金配分の在り方（教育财政ガバナンス）に関する考察 – 教育段階を超えた視点も考慮して –》加工。

表5　各级政府财政在各级各类学校支出比较及演变

单位：%

教育阶段	学校类型	1998 年	2001 年	2004 年	2008 年
中央财政	小学	国立	0.7	0.7	0.7	1.1
		公立	99.1	99.1	99.0	98.6
		私立	0.1	0.1	0.2	0.2
	初中	国立	1.2	1.2	1.3	2.1
		公立	98.1	98.0	97.7	96.7
		私立	0.7	0.8	0.9	1.2
	特支	国立	4.9	4.2	4.5	5.6
		公立	94.9	95.6	95.2	94.1
		私立	0.2	0.2	0.3	0.3

续表

教育阶段	学校类型		1998 年	2001 年	2004 年	2008 年
	高中	国立	0.9	0.7	0.7	1.0
		公立	87.2	87.4	87.5	86.4
		私立	11.8	11.9	11.8	12.5
	大学	国立	70.9	81.6	65.9	70.1
		公立	6.0	4.8	5.9	3.8
		私立	23.2	23.7	28.3	26.2
地方财政	小学	公立	99.7	99.7	99.7	99.7
		私立	0.3	0.3	0.3	0.3
	初中	公立	98.0	97.9	97.8	97.7
		私立	2.0	2.1	2.2	2.3
	特支	公立	99.7	99.7	99.8	99.8
		私立	0.3	0.3	0.2	0.2
	高中	公立	89.6	89.9	89.9	89.2
		私立	10.4	10.1	10.1	10.8
	大学	公立	95.6	92.1	93.8	95.8
		私立	14.4	17.9	16.2	13.2

资料来源：文部科学省官网（http://www.mext.go.jp/b_menu/toukei/001/005/07051601.htm）。作者根据大阪大学赤井伸郎教授团队提交日本经济产业省报告《教育财政の资金配分の在り方（教育财政ガバナンス）に関する考察－教育段階を超えた視点も考慮して－》加工。

三 总结

（1）日本教育财政支出规模不大。日本的财政性教育支出占 GDP 的 3.6%，低于 OECD 国家平均水平，公共教育支出的规模较小。其主要原因是在 20 世纪 70 年代，日本在职业教育与高等教育蓬勃发展之时，选择了以私立学校为主的策略。民间资本为高等教育和职业教育的发展做出了巨大贡献。

（2）中央财政教育支出规模逐步缩小，且向分权化发展。日本中央财政主要支出责任是义务教育教师 1/3 的人事费用与国立大学经费。考虑到日本国立大学代表了日本最强的学术研究实力，这意味着中央财政主要是为义务教育与具有最强研究实力的国立大学提供经费保障机制。

近 100 年来，日本义务教育采取中央集权制，中央对地方各级各类教育转移支付力度大，多集中在一般性转移支付（地方交付税）以及传统的专项（国库支出金、私成助学金）。教育财政分担主体的上移起到了教育均衡作用。但从 1998 年开始出现分权化的改革趋势，特别是 2006 年，中央财政对义务教育人事费用的负担由 1/2 降为 1/3。从整体来看，国库负担金最终将作为一般财源转移给地方财政，教育分权成为趋势。从高等教育阶段来看，2004 年国立大学法人化改革后，中央教育财政总支出规模逐步缩小。

（3）扩大高校自主权：从"国立大学特别会计制度"到"国立大学法人化"。作为政府行政、财政改革的一个重要环节，2004 年"国立大学法人化"是对有 130 年历史的国立大学的一次重大改革。大学法人享有在大学内部各院系之间进行资金配置、确定其使用途径等方面的自主裁量权。各国立大学法人已经不必遵循讲座、学科以及学院等单位制定教员编制，并可以自行决定教职员的数量及薪酬水准。换言之，大学的高层决策部门获得了在自上而下的经营模式中具有决定性意义的人力物力资源配置的权限，从根本上动摇了以往按照细化基准单价进行预算核定的方式。法人化改革实施十年来，中央政府拨款逐年下降（减少 2.9%），学校自主收入呈上升趋势。

韩国基础教育事权与财政支出责任划分

钟未平[*]

（2017 年 6 月）

一　韩国的财政税收制度

韩国实行中央集权的税收体制，且实施彻底的分税制。中央政府集中了大多数的税收收入，地方税收收入占比较小。如 2010 年，韩国国税和地税的比例是 77.6∶22.4（财政部财政科学研究所，2012）。地方收入不足的部分就只能依赖中央政府的转移支付和一些非税收入。以 2008 年预算为例，中央财政收入和地方财政收入之比为 71∶28。但是，加上地方交付税、国库补助金等转移支付后，可以看到中央政府、地方政府和地方教育自治体（教育厅和教育室系统）的收入比例为 40∶45∶15（见表 1）。由此可见，转移支付在韩国的财政体制中发挥了很大作用。

表 1　韩国中央财政和地方财政的关系（以 2008 年预算为基础）

单位：%

区分			中央政府	地方政府	地方教育自治体
自主收入	财政规模		71.3	28.2	0.5
转移支付财源	来自中央政府的转移支付	地方交付税		28.8	
		国库补助金		17.8	
		均特会计		7.6	
		地方教育财政交付金等			30.8
	从地方财政向地方教育自治体的转移支付				7.8
包含转移支付的实际财政使用规模			40.3	45.1	14.6

资料来源：财政部财政科学研究所，2012。

---

* 钟未平，北京大学中国教育财政科学研究所科研助理。

二 韩国的教育行政管理制度

韩国教育行政管理实行中央集权下的分层管理，主体是教育部、地方教育自治体（包括市/道教育厅、区/市/郡的教育室）。地方教育自治体独立于地方政府。其中教育厅一把手"教育监"由居民直接选举产生；副教育监由教育部任命，代表中央政府对地方教育自治体进行监督；教育室负责执行具体政策。教育厅作为与地方政府并行的行政管理机构，目的在于强调教育事业的专业性和独立性。

从经费角度来说，中央政府教育预算为管理基础教育的教育厅提供经费，为公立高等教育提供经费，为私立高等教育机构提供资助，为教育行政部门和学术研究提供资助。教育厅负责为基础教育阶段各级各类公立学校提供经费，为基础教育阶段私立学校提供资助。

同时需要看到，韩国政府教育财政投入以基础教育为主，高等教育对私立教育机构和私人教育投入依赖度非常高（见表2、表3）。采用这样的经费投入策略，韩国既为基础教育提供了尽可能多的经费，又实现了高等教育普及化①。

表2　2016年韩国高等教育基本情况

单位：%

总计	公立	私立
大学数（432所）	13.43	86.57
学生数（3516607人）	23.28	76.72
教师数（90371人）	22.38	77.62

表3　2009年韩国教育财政投入的基本情况

总计（亿美元）	基础教育（%）	高等教育（%）	成人教育（%）	其他一般教育经费（%）
36.9	84.28	14.09	1.36	0.35

资料来源：艾宏歌，2011。

三 韩国基础教育阶段经费来源和支出责任

韩国基础教育阶段包括幼儿园教育（区别于保育园）、小学、初中和高中阶段教育。其教育经费来源大致可以分为公共财政部分和私人缴费部分。公共财政部分来自税收收入，包括中央和地方政府。根据《教育税法》《地方教育财政交付金法》等相关法律，韩国基础教

---

① 韩国已经进入高等教育普及化阶段。1980年，韩国高等教育入学率达14.7%，进入大众化高等教育阶段；1994年达到51%，进入高等教育普及化阶段。到2016年，韩国高等教育提供的就学机会比高中毕业生的人数还要多；估计到2040年，韩国将会有100所高校被迫关闭。

育的财政经费都有明确的税收来源和切割比例规定（见表4）。中央政府根据各市/道的不同财政情况，分配地方教育财政交付金，其主要目的是保证各地方所有学生都能平等地获得教育经费。需要注意的是，根据《私立教育法》，韩国中央和地方政府都需要为私立学校提供经费支持。私人缴费部分主要是非义务教育阶段的高中和5岁以下幼儿教育收费。

2011年韩国基础教育阶段的收入和支出情况如表4所示。其中，地方教育财政交付金，是中央和地方依据《地方教育财政交付金法》提供给初中等教育（幼儿园教育、小学、初中和高中教育）的财政经费。其目的是确保不同区域之间教育的均衡发展。国库补助金是根据中央财政情况和教育多样化政策性需要，由不同的中央行政部门为基础教育提供的财政经费。其目的是强化中央教育事业和地方教育事业之间的关系，支持符合中央要求的地方特定教育事业和中央委托地方完成的教育事业。也就是说国库补助金适用于中央指定项目。

表4 2011年韩国基础教育的经费收入情况

单位：%

经费来源		法律规定	占比
中央政府转移收入	地方财政交付金	《教育税法》和《地方教育财政交付金法》规定：内国税的20.27%，教育税的全额收入	70.23
	国库补助金	补助金管理相关法律	
地方政府转移收入	法定转入金	《地方教育财政交付金法》和《地方税基本法》规定：地方教育税，香烟消费税的45%，首尔市税总额的10%，广域市以及京畿道的税总额的5%，其他道以及特别自治道的税总额的3.6%，学校用地负担金（确保学校用地所需经费的1/2）	16.48
	非法定转入金	《学校给食法》《学校图书馆法》《读书振兴法》等规定的经费	
地方政府教育费特别会计负担收入		教学活动收入、行政活动收入、资产收入、利息收入、其他收入	13.06
学生家长缴费		学校学费及其他缴费（主要是幼儿园和高中阶段学生需要根据家庭收入情况，负担部分学费）	0.23

资料来源：索丰、孙启林，2015。

从教育支出来看（见表5），韩国基础教育阶段经费支出主要包括公私立学校的人员经费和学校运营费（支援费），以及基建相关的土地购买费、建设费、设施费等。

表5 2011年韩国基础教育阶段经费支出情况

单位：%

支出项目		占比
人员经费	教师	60.01
	行政职员	
	其他职员	
	社会福祉支援	
	私立学校教职员	

续表

支出项目		占比
物品费		2.87
转移支出		0.88
购买资产	土地购买费	11.20
	设施费	
	资产购买费	
	其他资产购买费	
偿还支出	地方教育债	3.33
	民间资本支付金	
学校支援	公立学校	21.56
	私立学校	
	其他	
预备金及其他		0.16

资料来源：索丰、孙启林，2015。

四　韩国幼儿教育经费责任

韩国学前教育采用二元管理体制，即由教育部门负责的幼儿园和保健福利部门负责的保育园构成。

其中，幼儿园的入学对象是 3~5 岁儿童，在园时间是半天（现在已经有提供全天服务的项目），服务对象主要是中产家庭、高收入家庭，尤其是全职妈妈家庭的孩子。幼儿园适用的法律是《幼儿教育法》《幼儿教育法实施令》，属于教育法体系。直接管辖权属于地方教育自治体，经费也来自地方教育自治体。

保育园的服务对象是 0~5 岁儿童[①]。0~5 岁儿童在园时间是全天，为低收入家庭和职场妈妈所设立。保育园适用的法律是《婴幼儿保育法》，属于社会福利法体系。直接管辖权属于地方政府（市/道）市长，财政经费来源于中央政府和地方政府（包括中央、市/道、区/市/郡三级政府）。

2009 年，韩国有 1360234 名入园适龄儿童，幼儿园的入园儿童数为 537361 名（入园率为 39.5%），保育园的入园儿童数为 597415 名（入园率为 43.9%）。[②] 2006 年韩国幼儿教育经费投入规模为 260856 万美元，其中 30.30% 投入幼儿园，69.70% 投入保育园（艾宏歌，2011）。根据《幼儿教育法》，韩国对学前一年教育（5 岁儿童）实行免费公共教育。2011 年起韩国所有 5 岁儿童家庭（包括保育园）均可享受同等的政府财政支持。

[①]　韩国的保育园还为小学阶段儿童（12 岁以下）提供课后保育服务。

[②]　韩国保育园入园对象是 0~5 岁儿童，但统计数据是 3~5 周岁儿童（韩国保健福利部《保育统计》）。

　　韩国有公立①、私立两种幼儿园。2009 年，公立幼儿园占 53.66%，比私立幼儿园多约 7 个百分点。但是公立幼儿园的在园儿童数占 23.32%，私立幼儿园占 76.64%（见表6）。原因是，人口稀少地区的幼儿园以公立为主，大城市，尤其是首尔市，以私立幼儿园为主。

表6　2009 年教育系统管辖下的幼儿园基本情况

	总计	公立（%）	私立（%）
园数（所）	8373	53.66	46.34
幼儿数（人）	537361	23.32	76.64

资料来源：The Korean Educational Development Institute，Early Childhood Education and Care Policy in Korea，2010。

　　保育园的情况比较复杂。在韩国，举办保育园的主体比较多，其中以家庭举办的保育园比例最大，其次是私立保育园，政府举办排第三位（见表7）。

表7　2009 年韩国保育园基本情况②

	总计	公立（%）	法人团体（%）	私立（%）	家庭（%）	雇主提供（%）	父母合作（%）
院所数（所）	35550	5.39	4.14	40.42	48.83	1.04	0.19
幼儿数（人）	1175049	11.03	9.56	57.51	20.16	1.60	0.14

　　从经费投入来看，幼儿园教育经费包括在教育系统的基础教育经费中。保育园的财政经费情况如表8 所示，以地方政府投入为主，中央政府投入为辅。

表8　2006 年韩国对幼儿教育和保育教育的财政预算投入情况

单位：百万美元，%

	幼儿教育		幼儿保育	
总计	790.45	30.30	1818.11	69.70
中央	—	—	697.41	38.36
地方	—	—	1120.7	61.64

资料来源：艾宏歌，2011。

五　义务教育经费责任

　　长期以来，在义务教育阶段，韩国中央政府承担了主要责任。2003 年韩国政府进行了教育财政税制改革。韩国政府通过缩减高等教育和继续教育的预算规模，进一步提高给基础教育阶段的内国税交付率，同时确认由地方政府承担中学教师的薪水。随后韩国

---

① 公立包括国立和公立两类。

② The Korean Educational Development Institute，Early Childhood Education and Care Policy in Korea，2010.

国会修订了"地方教育自治相关法律",将由中央政府负担义务教育经费、地方政府只负担非义务教育阶段公立学校教师薪水的条款,修订为义务教育相关经费的负担主体为中央、地方政府和学生家长(权世振,2009)。

这些改革引发了地方政府对中央政府和国会的诉讼。从韩国宪法法院对首尔市和中央政府之间关于义务教育经费负担主体相关争议的判决可知:(1)从宪法中不能直接得出"中央政府承担义务教育全部经费"的结论;(2)地方政府承担义务教育经费不违反宪法。由此,韩国正式确认地方政府分担部分义务教育经费符合宪法精神,且地方政府提供经费可以用于义务教育阶段(非小学)教师薪水(权世振,2009)。也就是说,义务教育阶段初中教师的薪水中有部分来自地方政府的转移支付。

但是,总体来看,地方政府在义务教育阶段的经费责任相对较小。

六　高中教育的经费责任

随着高中平准化政策的实施,韩国高中阶段的升学率已经接近100%。为了满足民众不断增长的教育需求,韩国在平准化的基础上,实施多样性高中的政策。根据2010年《初中等教育法实施令》,韩国高中的类型分为以下几种:实施普通教育的普通高中[1];培养特定领域专业人才的特殊目的高中[2];以培养最优秀的技术名匠为目的的行业需求导向型的高中(采用小规模、精英化班级形式实施教学);特色化高中[3];自律型高中(包括自律型公立高中和自律型私立高中)。

因为韩国的高中阶段教育不属于义务教育,除了财政经费外,学生和家长还需要缴纳学费、注册费等。而且特殊目的高中和自律型高中收费明显高于其他高中,其中又以特殊目的高中收费最贵。根据首尔市2011学年人均教育费用调查,首尔市内普通高中学生一学年承担的教育费用平均为101万韩元(1000韩元约合5.7元人民币),而自律型高中学生一年平均要负担160多万韩元。费用最高的是特殊目的高中,一些特殊目的高中学校的学年费用是普通高中的5倍多,超过600万韩元。[4]

根据韩国相关法律,特殊目的高中和自律型公立高中都必须招收15%～20%的社会弱势群体子女,政府同时给予学校费用补贴。[5]

但是,需要注意的是,对于自律型私立高中,中央和地方财政对其教职人员经费和

---

[1]　一般包括普通高中和综合高中,综合高中又包括人文课程和实业课程,满足学生的升学和就业的需求,虽然就业的学生比例很小。

[2]　包括科学高中、外国语高中、国际高中、体育高中、艺术高中,其中科学高中的办学条件是韩国高中阶段最优的。

[3]　包括职业特色高中和选择性特色化高中,后者以现场实行等方式为主,专门实施体验性教育。

[4]　《韩帝国高中收富家子弟高额学费　给弱势群体特招》,http://news.xinhuanet.com/world/2014 – 03/06/c_126225943.htm。

[5]　《韩帝国高中收富家子弟高额学费　给弱势群体特招》,http://news.xinhuanet.com/world/2014 – 03/06/c_126225943.htm。

学校、教育课程的运营费用是不提供任何补贴的（索丰、孙启林，2015）。

七　特殊教育的经费责任

根据韩国的《特殊教育法》，从幼儿园到高中的特殊教育都属于义务教育，且0～18岁都实行免费教育。根据韩国法律的规定，中央和地方政府都需要向特殊教育提供经费，中央政府承担大部分经费责任。

八　学校营养餐

截至2011年，韩国有96%的小学、75%的中学为所有学生提供免费午餐。[①] 目前，韩国的各个市/道的教育监根据选举时的承诺，决定提供全面免费午餐计划还是缩小免费午餐计划。

比如，在2011年8月份，首尔市开展了关于免费午餐的公投。选项只有两个：一是为首尔市所有学生提供免费午餐（不分家庭收入面向所有学生，小学生从2011年开始，中学生从2012年开始全面实施无偿供食）；二是为部分学生提供免费午餐（面向低收入家庭的占50%的学生阶段性地提供免费午餐直到2014年）。公投结果是支持部分免费午餐计划的首尔市市长下台。[②]

而2015年，庆尚南道教育监则将接受免费午餐的中小学生从28万人减少为6.6万人。[③]

九　启示

（1）提高基础教育阶段教育经费投入的法制化水平。韩国的教育财政投入都有相应的法律依据，这为韩国基础教育的发展奠定了坚实的法律基础和财政基础。

（2）在民众对"均衡化"和"个性化、多样化"的需求之间谋求平衡。韩国在促进基础教育阶段的均衡化方面做了巨大的努力，包括师资队伍、学校基础建设、设施设备等方面，也取得了很大的成效。同时，韩国政府也在努力响应民众的个性化、多样化教育需求。包括基础教育阶段的英才教育、高中多样化政策等。这些政策在一定程度上满

---

① "What School Lunches in Korea Tell Us About the Future of the Welfare State," http://fanyi. baidu. com/transpage? query = http%3A%2F%2Fbusiness. time. com%2F2011%2F08%2F26%2Fwhat-school-lunches-in-korea-tell-us-about-the-future-of-the-welfare state%2F&source = url&ie = utf8&from = auto&to = zh&render = 1&origin = ps.

② "Are Free School Lunches Sustainable?" http://www. koreafocus. or. kr/design2/layout/content_print. asp? group_id = 104948.

③ "Debate on Free School Meals," http://www. koreatimes. co. kr/www/news/opinon/2015/03/202_175607. html.

足了部分民众的需求。①

（3）韩国地方教育自治体，就中央政府而言，是地方分权化政策的重要一环；就地方政府而言，作为平行的行政管理机构，是保证基础教育事业专业性和独立性的必要设计。地方教育自治体为基础教育经费保障提供了制度保证。

参考文献

艾宏歌，2011，《当代韩国教育政策与改革动向》，社会科学文献出版社。

财政部财政科学研究所，2012，《经济危机中的财政——各国财政运行状况（2011）》，中国财政
    经济出版社。

权世振，2009，《韩国的教育财政制度和国家负担制度》，载陈志勇、李祥云编《2008年教育财
    政理论与制度国际研讨会论文集》，中国财政经济出版社。

索丰、孙启林，2015，《韩国基础教育》，同济大学出版社。

---

① 当然，英才教育、高中多样化政策也招致了广泛的质疑，批评者认为这些做法违反了"均衡化"的法律
    规定。

巴西基础教育事权与财政支出责任划分

田志磊[*]

（2017 年 6 月）

巴西联邦由 26 个州和 1 个联邦区（巴西利亚联邦区）组成。州下设市，全国共 5560 个市。州平均人口约 720 万人，市平均人口约 3.4 万人。

长期以来，巴西面临与我国相似的基础教育发展困境——投入总量不足、事权和支出责任不清、经费分配失衡、地区差异巨大、缺乏问责等。巴西教育部甚至被前部长称为"高等教育的教育部，而非基础教育的教育部"。

20 世纪 90 年代末开始，巴西开始了大刀阔斧的改革，明确了基础教育经费的来源和分配机制，调整了各级政府的教育事权和支出责任，取得了举世瞩目的成就。下文中，笔者将介绍巴西基础教育事权和支出责任划分的相关做法，以期对我国基础教育改革有所裨益。

一　巴西的学制和教育管理体制

巴西教育体系可分为四个阶段：学前教育、小学（4 年）、初中（4 年）、高中（3~4 年）和高等教育。在初中阶段的七、八年级，学校开设职业教育课程。高中阶段实施分流，分为 3 年制普通高中和 3~4 年制职业学校。

根据《宪法》规定，巴西教育行政管理体制分为联邦、州和市三级，三级政府均可举办各级各类教育。14/96 号宪法修订案对三级政府的教育事权做了明确的界定。

（1）联邦政府向联邦公共教育机构提供资助，处理教育事务，通过执行再分配和补充职能，以及向联邦区、市提供技术和资金支持，保证教育机会均等和教学质量达标。

（2）各市应将初等教育和幼儿教育放在优先位置。

（3）各州和联邦区应将初等和中等教育放在优先位置。

《宪法》对各级政府教育事权的规定奠定了三级政府在各级教育中所扮演的角色。学前教育主要由市政府承担；初等教育由市、州两级政府共同承担；中等教育主要由州一

---

* 田志磊，北京大学中国教育财政科学研究所助理研究员。

级政府负责；高等教育主要由联邦政府负责，州、市两级政府举办的地方大学与联邦高等教育的规模大致相当。在公立教育系统之外，各级各类教育均有一定比例的私立教育（见表 1）。在学前教育到中等教育阶段，私立教育的质量好于公立教育，中上社会阶层普遍选择私立；而在高等教育阶段，公立教育优于私立教育且免费，能进入公立大学就读的学生大多来自中上社会阶层。

表 1　各级教育举办者分布（按照 2003 年在校生人数占比计算）

单位：%

	学前教育	初等教育	中等教育	高等教育
联邦	0	0	1	23
州	5	39	86	18
市	87	61	2	5
私立	28	10	12	54

二　巴西基础教育支出责任划分

1988 年《宪法》规定，所有的州、市乃至联邦政府都必须拿出财政收入（包含本级收入和转移支付）的固定比例用于教育。其中，联邦政府每年至少将财政收入的 18% 用于教育，州和市政府则不低于 25%。上述规定明确了教育经费的来源，但是在"谁举办、谁投入"的背景下，基础教育整体投入不足、分配失衡、地区差异巨大等一系列问题依然难以解决。为了破解上述问题，巴西在 1996 年通过了宪法修正案，并基于该修正案成立了教育发展基金①。作为具有独立核算性质的基金，其收入和支出在政府预算中列出，资金分配在联邦和州政府执行，由各州根据学生数拨付给市政府。

2006 年之前，教育发展基金资金专用于义务教育。彼时，基金主要有三大收入来源：①州政府独享的商品服务流通税②；②州共享基金③；③市共享基金④。按照规定，上述财政收入的 15% 被置于基金之内。此外，联邦还会从本级财政收入中拿出一定的补充资金，对无法达到联邦生均教育经费最低标准的地区给予帮助。其中，来自商品服务流通税的资金占到基金资金的 70%，来自州共享基金、市共享基金的资金分别占到了基金资金的 13% 左右。剩余的少量资金来自联邦补助。

---

① 基金的全称是基础教育发展、维护及教学促进基金（Fund for Maintenance and Development of the Fundamental Education and Valorization of Teaching，FUNDEF）。

② 商品服务流通税（ICMS）是州政府独立制定税率的增值税，为巴西政府除社会保障收入外的第一大税收来源，占 GDP 的比重近 10%。

③ 州共享基金（FPE）是联邦对州政府的一般性转移支付，分配依据主要是人口、土地面积、人均收入倒数，占 GDP 的比重超过 1%。

④ 市共享基金（FPM）是联邦对市政府的一般性转移支付，分配依据主要是人口数，占 GDP 的比重为 1.2% 左右。

　　基金对资金使用做出了明确规定：①不低于60%的资金用于支付公办义务教育在职教师的工资[①]；②最多40%的剩余资金用于教育管理和发展的各项开支，主要包含以下几个方面：公立学校教师培训、教育行政管理人员的工资[②]、公立学校基本建设支出、教学设备购置和修缮、用于改善教育质量的统计调查和研究、公立和私立学校的奖学金、偿还贷款、教学材料和校车支出等。上述资金使用规定表明，"保证义务教育机会均等和教学质量达标"是巴西各级政府的共同财政事权，与之相关的教师工资、日常性支出、资本性支出都由三级政府共同分担。不过，对于义务教育阶段的私立学校，其教师工资、学校基本建设和设备购置均不在三级政府共同财政事权范畴内，只有私立学校学生奖学金被纳入基金资金使用范围。

　　在2006年，鉴于基金为期十年的成功运转，巴西政府进一步扩大了基金的税基和投入比例，[③] 并将教育基金资金使用范围扩大到了学前教育和高中阶段。与此同时，联邦政府的补充资金也不再作为一种非常规手段，而规定以逐步增长的方式，最终达到州市投入资金的10%。基金资金分配依然以学生数作为依据，不同类型的学生权重各异[④]，遵循成本规律和"弱势群体优先"的纵向公平原则。根据教育部01/06号决议，2007年度的学生权重如表2所示。

　　上述变化，表明了巴西联邦政府对三级政府共同财政事权范围的重新定义。在学前教育、义务教育、普通高中和中职教育阶段，提供基本教育服务被列入三级政府共同事权范畴，学生数是进行资金分配的依据。虽然联邦政府规定了资金使用的基本规则（比如用于教师工资的比例不低于60%），但是联邦和州政府并不参与到更为具体的支出标准制定中。市政府对于资金的使用，享有较大的自主权。

表2　2007年资金分配公式中各级各类教育学生权重

学生类型	权重	学生类型	权重
幼儿园	0.8	城市中等教育	1.2
学前班	0.9	农村中等教育	1.25
城市一至四年级	1	中等职业教育	1.3
乡村一至四年级	1.05	特殊教育	1.2
城市五至八年级	1.1	土著教育	1.2
农村五至八年级	1.15		

---

① 根据巴西的财政责任法，人员经费支出不得超过州财政收入的49%和市财政收入的54%。不过，基金会规定60%用于在职教师工资并不违背财政责任法，只要总的人员经费支出占财政收入的比重低于49%（州）和54%（市）即可。

② 教育行政管理人员指总务助理、行政助理、学校秘书等。不包括州或市教育局官员，也不包括向学生提供医疗服务的人员。

③ 遗产和赠与税、机动车税、市政府分享的农村土地税被补充进入基金会税基。同时，征收比例从15%增加到20%。

④ 权重的选定由基金跟踪三人委员会承担，该委员会由教育部、全国州教育局长委员会（CONSED）和市教育领导委员会（UNDIME）各派一名代表组成。

三 巴西经验小结

通过联邦政府的顶层设计，以教育发展基金为主要抓手，巴西建立起了规范的教育财政转移支付体系，并对联邦、州、市三级政府从学前教育到高中阶段教育的事权和支出责任进行了调整。概括而言，巴西的经验可以总结为以下几点。

（1）立法保障教育财政投入的来源。通过选取稳定的税种，规定特定税收拿出固定比例用于教育发展，保障教育经费投入的稳定增长。20 世纪 90 年代初期，巴西公共教育支出仅为 GDP 的 3%。根据 OECD 的最新数据，巴西公共教育支出占 GDP 的比重已经达到 5.2%，其中学前和义务教育阶段达到 3.2%，高中阶段为 1.1%，高等教育阶段为 0.9%。由立法保障的稳定税基，为巴西基础教育的跨越式发展提供了物质基础。

（2）确立"州级政府统筹、联邦政府兜底"的基础教育财政体制。联邦政府作为教育基金的制度建构者，制定经费筹集、分配、使用的基本规则，但是其直接提供的补助资金并不多，主要用于改善极端贫困地区的教育发展，缩小州际差异。州政府在基础教育财政体制中处于核心位置，收集辖区内各级各类基础教育学生数，计算州政府对所属市的分配系数，确定各市政府应得的基础教育转移支付金额，然后交由金融机构统一分配资金到市政府的账户。市政府必须严格遵循基金的相关规定，但是在此之外，可根据本地需要灵活地增加教育经费支出。

（3）建立跨教育类别的资金池，破解教育财政投入碎片化问题。巴西将教育发展基金的服务对象从义务教育拓展到学前教育、高中阶段教育。学生权重的设置，由专门的委员会承担，同时考虑了教育成本规律和纵向公平原则。这意味着，占巴西国内生产总值 2% 左右的资金被置于同一个资金池之中，采取了透明、高效、公平的分配机制为学前教育、义务教育、中职教育、特殊教育等各类教育提供物质保障。

芬兰教育事权和财政支出责任划分

（2017 年 6 月）

20 世纪 90 年代芬兰实现地方分权后，教育主要由中央和地方两级分管，市具有很大的自治权。[1] 教育经费主要由公共财政提供。根据 2014 年统计，芬兰总教育经费占财政预算的 12.45%，占 GDP 的 7.16%。[2] 其中，0~6 岁孩子的教育费用由公共财政和家庭共同分担（低收入家庭免费），家庭承担比例为总支出的 14%。针对 6 岁孩子的学前教育、义务教育和普通高中阶段教育支出的 99% 由公共财政负担。中职教育的非公共财政经费占比稍高，但仍然低于 5%。高等教育经费的主要来源也是公共财政。自 2010 年新《大学法》实施后，大学变更为独立法人，目前非公共财政经费约占高等教育总经费的 1/3。总体来讲，非公共财政经费在芬兰整体教育支出中占比不到 2.6%。

一 义务教育事权与财政支出责任划分

芬兰自 1921 年起实行全国义务教育。从学前教育、九年义务教育到高等教育均实行免费。义务教育（1~9 年级）由地方政府负责提供，中央政府管控[3]。

义务教育从 7 岁开始，包括小学 6 年、初中 3 年。地方政府可独立举办学前和义务教育，或与其他地方机构合力举办，或从政府认证的教育提供方购买服务。98% 的综合学校是市属综合学校，私立和国有综合学校占比不到 2%，私立学校由公共财政负担。[4] 目前芬兰拥有约 3200 所综合学校，其中包括大于 900 人的大规模学校，但总体而言 45% 的学校规模小于 100 人。[5] OECD 2013 年的统计数据显示，芬兰 1~6 年级学生生均支出为

---

* 黄珍，北京大学中国教育财政科学研究所科研助理。

① Organization of the Education System in Finland, 2009/2010.

② Education and Literacy, Finland, http://uis. unesco. org/en/country/FI.

③ http://ncee. org/what-we-do/center-on-international-education-benchmarking/top-performing-countries/finland-overview/finland-system-and-school-organization/.

④ http://www. oph. fi/koulutus_ja_tutkinnot/perusopetus.

⑤ Organization of the Education System in Finland, 2009/2010.

8519 美元，7～9 年级学生生均支出为 13312 美元。①

　　地方政府有权征税以履行其举办教育的义务，教育经费由地方政府和中央政府共同分担。具体负担项目包含：适龄儿童的学费、书本费、营养餐，为居住地离学校大于 5 公里的学生提供交通补助及离学校 30 公里以上的学生提供免费住宿、为需要专门交通工具的特殊教育学生提供交通补助等。

　　2015 年中央给地方用于基本服务的法定转移支付（statutory government transfer）占基础教育总支出的 25%，地方政府可自行决定转移支付的使用。自 2010 年开始，根据《中央对地方基本服务转移支付法》的规定（1704/2009；laki kunnan peruspalvelujen valtionosu-udesta），由财政部直接负责中央政府对地方政府基本服务的法定转移支付，并规定具体的央地承担比例及计算方式，以确保地区间的均衡。②

　　具体而言，学前和义务教育的法定转移支付总量由各地方政府计算出的生均成本和其行政区域内登记的 6～15 岁学生总量决定。但根据不同行政区域内的年龄结构层次、未就业人员总量、海岛城市、是否为双语区域等因素设置相关增量（见图 1）。另外，人口

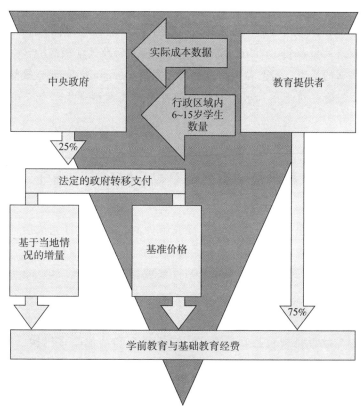

图 1　学前教育和基础教育经费情况

　　资料来源："Funding in Pre-primary and Basic Education Supports Equity and Equality"，Finnish National Board of Education，FNBE 2014，https://www.oph.fi/en/statistics-and-publications/publications/funding-pre-primary-and-basic-education-supports-equity.

---

①　https://data.oecd.org/eduresource/education-spending.htm.

②　https://webgate.ec.europa.eu/fpfis/mwikis/eurydice/index.php/Finland：Fundamental_Principles_and_National_Policies.

密度小、就业机会少及萨米少数族群地区的转移支付比例相对较高。芬兰义务教育阶段，尤其是1～6年级阶段，大部分学生就近入学，极少部分家庭因特殊需求选择离家远的学校，对于选择在非居住地上学的学生，财政经费依照钱随生走支付。2013年数据显示，地方政府年收入的28%用于提供教育及文化服务（Amdré and García，2014）。

二 特殊教育事权和财政支出责任

在芬兰，特殊教育并非根据学生的身体或其他残障划分，而根据学生学习困难程度将特殊教育干预分为三个阶段：基本干预、加强干预和特殊干预。其中，基本干预和加强干预均在普通综合学校进行，由地方政府承担相关经费，政府对于特殊需要学生的生均拨款根据学习困难情况成比例增加。[①]

特殊干预主要发生在非普通综合学校。其中，6个国有的特殊学校专门针对视听障碍或其他身体残疾的学生，为其他学校暂时转入的学生提供教育和住宿。这6个学校同时作为国家发展服务中心，为其所在行政区域内的政府及学校提供支持和建议。另外，还有6个国有改革学校（state-owned reform schools）为精神障碍及其他疾病的学生提供保护和教育。对于忍受病痛的学生，需要在医院或社区之家（community home）接受照顾，由社区之家的学校负责教育。对于在社区之家接受教育的非当地籍学生经费，由学生本籍政府承担。[②]

三 高中及中职教育事权及财政支出责任

芬兰的普通教育和职业教育从高中阶段开始分流。义务教育完成后，学生可选择普通高中教育、职业高中教育及非高等教育的继续教育。其中高中和职业高中教育各三年。2014年的数据显示，中学毕业生约50.8%选择就读普通高中、40.3%选择职业高中、8.9%选择不升学，其中2%中学毕业生选择复读一年。[③]

1. 高中及中职教育事权

普通高级中等教育机构包括普通高中、成人普高和其他教育机构（Finnish National Board of Education，2010；Kyrö，2006）。普通高级中等教育的许可证由教育部授予地方当局、联合市政当局、已注册的协会或基金会。普通高中教育的举办者主要是地方当局（87%），此外，也有部分由私人组织（8%）和中央政府（2%）提供（2008年）。教育

---

① https://webgate.ec.europa.eu/fpfis/mwikis/eurydice/index.php/Finland：Separate_Special_Education_Needs_Provision_in_Early_Childhood_and_School_Education.

② https://webgate.ec.europa.eu/fpfis/mwikis/eurydice/index.php/Finland：Separate_Special_Education_Needs_Provision_in_Early_Childhood_and_School_Education.

③ Statistics Finland 2014.

部还授予一些高中特殊的教育任务（European Commission，2009/2010：74；Kyrö，2006：23）。约有 4% 的学生在私立机构就读（European Commission，2009/2010：35）。从教育举办者来看，地方当局为主要举办者，其提供的学校数量为 391 所（公立）；其次是私立机构，提供了 38 所；中央政府、联合市政当局和奥兰群岛（Aland islands）共计提供 20 所（European Commission，2009/2010：36）。

职业高级中等教育机构包括职业高中、成人职高、成人职教中心和其他教育机构（Finnish National Board of Education，2010；Kyrö，2006）。职业教育机构大多数属于市政当局、联合市政当局及中央（60%），其次是私立组织或基金会（40%）。在私立职业机构中就读的学生约 20%（2010 年）（Cedefop，2012：20）。2008 年芬兰开始实施职业机构战略（the Strategy for Vocational Institutions）①，政府鼓励小的 VET 举办者加入地区、地方或其他实力更强的、覆盖更多职业领域的实体进行整合办学，以加强其教育服务能力（Cedefop，2012：20）。2008 年，职业高级中等教育与培训的举办者主要是私立机构（51.5%），其次是地方当局（44.9%）（European Commission，2009/2010：98）。芬兰大多数私立学校是由公共财政资助的，且处于公共监管之下。因此，它们遵循 FNBC 确定的国家核心课程安排、教育质量要求和结业资格指导。教育部授权私立教育机构办学许可证。教育举办者可依据《教育和文化财政法》依法获得财政资助。给予私立机构财政资助的原则和标准与公立机构相同；给予就读于私立机构学生福利的原则和标准也与公立机构的学生相同。

2. 学生资助

芬兰高中和职业高中教育均实行免费，但学生需要支付少量的费用，包括教科书费、工作服费、其他材料费（Kyrö，2006：23）。此外，学生需要支付医疗服务费，参加大学入学考试的学生还需要支付基本费以及每个科目的考试费（European Commission，2009/2010：77）。只要在全日制高中或中学就读超过两个连续自然月的高中生，均有资格享受政府资助。

在普通高中或职业机构中连续就读至少两个月、取得学术上的进步且确实需要财政资助的全职学生，均可获得学生资助。学生资助②的主要形式包括助学金（study grants）、住宿补助金（housing supplements）、政府担保的学生贷款（government guarantees for student loans）。前两种是政府资助的福利，按月拨付到学生的银行账户，无须偿还。但助学金是要交税的。如果学生获得政府贷款担保的资格，可以自行选择一家银行贷款，贷款由银行拨付（Cedefop，2012：38；European Commission，2009/2010：77）。

3. 其他福利

普通和职业高级中等教育学生都可以获得免费校餐；如果教育举办者安排了学生宿舍，可以住宿舍。如果不住校，家和学校的距离超过 10 公里，则每月可获得至少 54 欧元的交通补助。

学徒培训的理论学习期间雇主不支付报酬，但学生可以获得国家负担的每日津贴、家庭津贴，以及交通和住宿补贴。

---

① The Development Plan for Education and Research 2007 – 2012.

② http://www.minedu.fi/OPM/Koulutus/koulutuspolitiikka/rahoitus/? lang = en.

四 高等教育事权及财政支出责任

芬兰的高等教育机构主要分为大学和应用科技大学两大类。大学负责普通高等教育，应用科技大学负责高等职业教育。2009～2014 年，芬兰高等教育机构数量由原来的 48 所经合并后变为 38 所，包括 14 所大学和 24 所应用科技大学，以及 6 个大学中心（为没有大学的地区提供高等教育服务）。[1]

2010 年芬兰开始实施新的《大学法》，大学的性质由国有变更为独立法人——以自治公共机构或私立基金会等形式体现。大学因此获得更大的财政自治权，可以更灵活地获取各种外部经费及使用资本和财政资产（the capital and financial assets）。改革前，大学是从政府租用教学楼；改革后，大学可以拥有自己的公司，并可将自己在公司所占的股份作为担保在资本市场贷款。此外，大学人事转由各学校独立负责，即取消大学教师的公务员身份。根据《大学法》的规定，大学董事会校外代表占比不得少于 40%，大学的公共受托责任也得到增强。[2]

应用科技大学自 2011 年开始经历了两次改革，最新的《应用科技大学法》于 2015 年 1 月起实施。应用科技大学自此变更为独立法律实体，其核心财政经费的支持主体也由地方政府上移到中央政府。目前，芬兰的 24 所应用科技大学是以非营利有限公司的形式注册的。[3]

芬兰高校的公共经费由两大部分构成：①财政预算拨款（国家核心教育经费）和补充拨款（付费服务、捐赠、赞助等）；②公共科研/项目拨款（竞争性科研经费）。其中，国家核心拨款（国家直接拨付到高校的资金）占高校总经费的 64%。[4] 核心教育经费总量主要是基于绩效进行计算，经费拨付是由绩效产出而非协定的目标和总量决定的；大学的核心拨款总量的 75% 是基于绩效指标，而应用科技大学则是 100% 基于绩效指标。例如，2015 年高校的经费是根据 2011～2013 年高校的平均绩效在 2014 年计算出来的。这种事后交易模式加强了拨款与绩效的关联。高校每年可获得经费按年计算，但按月拨付。[5] 关于绩效考核指标及操作，具体来讲，国会通过芬兰政府纲要报告提出教育科研发展目标并做出预算决定高校可获得的经费总量（如 2015 年应用科技大学改革）。具体操作由芬兰教育与文化部通过与高校协商达成绩效协议，负责管控和拨款（国家核心教育经费），以及制定具体的拨款模式。

芬兰政府早在 1994 年便引入了高等教育绩效协议，2013～2016 年的绩效协议，共含四个结构项。

（1）高等教育整体目标：与高校座谈达成的口头目标；高校法定责任，结构性发展、

---

① Finish University Act, 2558/2009, amended 315/2011. 932/2014.

② Reports of the Ministry of Education and Culture, Finland 2015：11, Towards a Future Proof of System for Higher Education and Research in Finland, pp. 6 – 8.

③ Polytechnics Act.

④ http://www. minedu. fi/OPM/Koulutus/yliopistokoulutus/hallinto_ohjaus_ja_rahoitus/？ lang = en.

⑤ Performance-based-funding and Performance-agreements in Fourteen Higher Education Systems, p. 64.

质量、竞争力、效率、国际化、师生反馈、活动的生产率及成本效率。

（2）高校的使命、地位及办学重点。

（3）核心发展评估：每个高校评估 1~5 个与高等教育机构战略相关的项目。

（4）拨款：核心及项目拨款，监督及评估。

公共科研经费（竞争性科研经费）是高校经费收入的一个重要部分，对于提升其影响力和质量尤为重要。下文将详细介绍大学和应用科技大学核心教育经费和竞争性科研经费的具体计算和拨付方式。

（一）核心教育经费

1. 大学核心教育经费

大学核心教育经费是基于绩效的公式拨款，目前使用的是 2013 年调整后的公式（见图 2），相较 2010~2012 年的拨款公式，新公式更强调质量、效率和国际化。拨款公式主要由三大部分组成：教育、科研和其他教育与科学战略性发展。对于大学而言，与国家教育和科技政策目标保持一致是非常重要的，此项经费占比为 25%。其中，战略发展占比 10%；专项拨款占比 8%；国家职责占比 7%。[①]

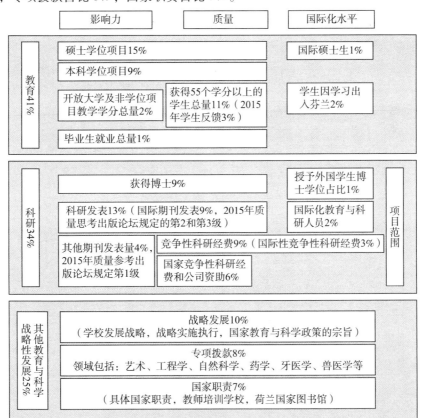

图 2　芬兰大学核心拨款方式（2013 年后使用）

---

① Performance-based-funding and Performance-agreements in Fourteen Higher Education Systems, p. 66.

　　在绩效协议签订前，大学各自和教育与文化部协商其绩效目标。协议包含大学各自的目标，其中包含一些可量化的数字，比如各自承担的学生培养人数等。例如，在2013~2016年的协议里，大学总体目标为：培养14200名本科生，15023名研究生，1635名博士生，8950名国际生，11950名交换生（入芬兰或出芬兰大于3个月学习时间的学生）。①

　　2013~2016年大学绩效考核指标为教育、研究和国际化水平。其中，教育又包含三个方面：①硕士生与教研人员比率；②博士生与教授比率；③每年获得55个学分的学生比例。研究包含两个方面：①科研发表与科研人员比率；②竞争性科研经费在大学总经费中的占比。国际化水平通过国际流动教职工与总教研人员比率来反映。

　　2. 应用科技大学核心教育经费

　　2014年以前，应用科技大学的经费由中央和地方政府共同分担。中央政府拨款主要由生均拨款（基于生均人头费）、项目拨款和绩效拨款组成。生均拨款额度由其专业决定。但地方承担的经费中70%是中央政府转移支付。2014年以后，作为应用科技大学改革的一部分，其经费提供方上移到中央财政，国家核心教育经费的拨款模式也改为基于绩效的公式拨款。其中，教育模块占比85%、研发占比15%和其他战略性发展（项目拨款）。拨款指标涵盖授予的学位数、学生进步、科研产量和外部研发经费（含芬兰科学院和经济与就业部下的TEKES拨款）、合同收入和国际化水平（学生出入境流动）。图3展示了应用科技大学自2014年起实施的核心拨款模式。

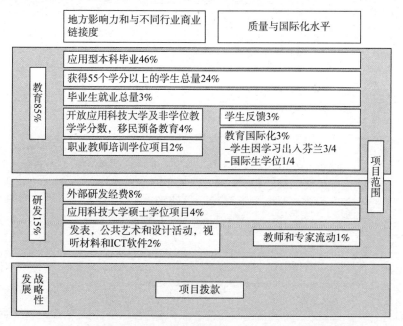

图3　芬兰应用科技大学核心拨款方式（自2014年后使用）

---

① Local Public Finance and Municipal Reform in Finland, p. 69.

（二）高校公共研发经费

除国家核心拨款外，研发经费也是高校经费收入的重要构成部分。除大学额外申请的研发经费外（见表1），芬兰2017年公共科研经费（高校可申请）占GDP的0.82%，相较2016年减少4800万欧元。[①]　其中，约60%是由芬兰教育部下属的芬兰科学院（Academy of Finland）提供的竞争性科研经费；约30%是由芬兰经济与就业部下属的创新基金机构（Tekes）提供的研发基金；其他经费则是由欧盟或其他组织和个体提供的科研经费。值得关注的是，相较往年，教育部下属的芬兰科学院管控的科研经费比例近几年有较大幅度上升。

表1　2016年研发方面的国家预算支出

单位：百万欧元，%

	研发经费	研发经费占比
研发经费总量	1845.4	100.0
主要管理部门		
教育与文化部	1112.3	60.3
经济与就业部	488.8	26.5
社会事务与健康部	69.9	3.8
农业与林业部	72.4	3.9
经费拨付单位		
大学	585.5	31.7
Tekes - 芬兰创新基金机构	381.1	20.7
芬兰科学院	439	23.8
政府科研机构	197.1	10.7
其他研发基金	227.7	12.3
大学中心医院	15	0.8

注：http://www.stat.fi/til/tkker/2016/tkker_2016_2016-02-25_tie_001_en.html.

（三）学生资助

每一位拥有芬兰国籍和部分非芬兰国籍的学生都可以申请芬兰福利保障系统Kela的四类资助：①学习补助；②租房/住房补贴；③政府担保的学生贷款；④高等教育学生贷款补贴。Kela会根据学生自身的收入、所在家庭收入和是否跟父母合住等情况决定资助比例。对于高等教育阶段的学生每个月学习补助约为300欧元，住房补贴大概覆盖房租的80%；政府担保的学生贷款每月额度为400欧元；若学生在规定期限内完成高等教育，可

[①]　Government R&D Funding Decreases Further in the Budget for 2017，http://www.stat.fi/til/tkker/2017/tkker_2017_2017-02-23_tie_001_en.html.

申请学生贷款补贴，Kela 最高可帮学生偿还 1/3 的学生贷款。学生资助额度根据学生所在学校类型会有差别，但资助额度跟学生所学专业不相关。

实习/实训作为高校学生职前教育的重要部分，其资助形式因地方政府或学校不同而有很大差别。但总体而言，高校学生拥有多种实习资金补助申请渠道，补助额度因个人的实习地点、时长、项目等因素影响而存在很多差异。学校学生就业中心、学生会、地方政府的补助项目、芬兰政府和 NGO、欧盟及国际交流与实习相关组织等都为其提供相应的经费支持。资助额度可覆盖实习期间基本开销，很多时候高于基本开销。

参考文献

André, C. and C. García. 2014. "Local Public Finances and Municipal Reform in Finland", OECD Economics Department Working Papers, No. 1121, OECD Publishing, Paris. http://dx. doi. org/10. 1787/5jz2qt0zj024-en.

Cedefop. 2012. inland vocational education and training in Europe, p. 20, http://www. minedu. fi/OPM/Koulutus/ammatillinen_koulutus/hallinto_ohjaus_ja_rahoitus/? lang = en.

European Commission. 2009/2010. Organisation of the education system in Finland.

Finnish National Board of Education, Vocational Education and Training in Finland, 2010; Matti Kyrö, Vocational Education and Training in Finland, Short Description, 2006.

Finnish National Board of Education. 2010. Vocational education and training in Finland. http://www. adapt. it/adapt-indice-a-z/wp-content/uploads/2014/08/finish_nationaledu. pdf.

Kyrö, Matti. 2006. Vocational education and training in Finland, short description, https://www. cedefop. europa. eu/files/5171_en. pdf.

三

民办教育财政

我国民办教育的发展成就与面临的基本问题[*]

王江璐[**]

（2018 年 7 月）

近年来，我国的民办学校呈现了若干新的特点和发展趋势，已逐步成为我国教育事业的重要组成部分。本文将从我国民办学校的区域间差异分析以及《民办教育促进法》（以下简称《民促法》）修订带来的新的发展机遇和政策挑战入手，系统讨论我国民办学校的新面貌与新问题。如无特别说明，本文中的民办学校指民办高校（含普通本科院校、专科院校和独立学院）、民办高中（含普通高中和中职）、民办义务教育学校（普通初中和普通小学）以及民办幼儿园。[①]

一　我国各级各类民办学校的发展态势和省际差异

2002 年《民促法》实施后，我国各级各类民办教育发展迅速。2002 ~ 2016 年，各级各类民办学校的在校学生数由 1004.73 万人增加至 4806.23 万人，增长了 3.78 倍。民办学校学生数占全国在校生人数的比例则由 4.22% 增长至 18.94%。各级各类教育的学生数变化和比例变化如表 1 所示。

表 1　2002 年和 2016 年各级各类民办教育学生数及占比

单位：万人，%

教育层级	2016 年在校学生数	占比	2002 年在校学生数	占比
高等教育	616.20	21.29	31.75	3.51
普通高中教育	279.08	11.79	103.45	6.14
中等职业教育	184.14	12.63	44.40	10.37

---

[*] 本文节选自《中国教育新业态发展报告（2017）——基础教育》（王蓉，2018）《我国民办教育的发展成就与面临的基本问题》一文。

[**] 王江璐，北京大学中国教育财政科学研究所博士后。

[①] 若无特别说明，本文中所谈的民办教育主要指的是举办学历教育的民办学校，并不涉及非学历教育的教育培训机构等。

续表

教育层级	2016 年在校学生数	占比	2002 年在校学生数	占比
普通初中教育	532.82	12.31	202.47	3.07
普通小学教育	756.33	7.63	222.14	1.83
学前教育	2437.66	55.23	400.52	19.67
总计	4806.23	18.94	1004.73	4.22

注：选择 2002 年和 2016 年的数据，原因在于此时间跨度还可以呈现 2002 年底《民办教育促进法》颁布后民办教育事业的发展，且《中国教育统计年鉴（2016）》提供了最新的教育事业数据。

资料来源：根据《中国教育统计年鉴（2002）》《中国教育统计年鉴（2016）》基础数据，由作者整理得到。

从表 1 中可以看到，2002～2016 年，在校学生数增长幅度最大的是民办高校，增长了 18.41 倍，其次是民办幼儿园，增长了 5.09 倍。增长幅度最小的是普通高中和普通初中的在校学生数，分别增长 1.63 和 1.70 倍。学生占比增长最多的也是幼儿园和高校，并且民办幼儿园就读的学生已超过公办园。

以上仅仅反映了民办教育在全国层面的发展现状，地区间和地区内部的民办教育现状可以通过省级层面的数据予以揭示。在这里，可以首先计算出各省（自治区、直辖市）的各级各类民办教育在校生数占本省内相应学段和类型的在校生数的比例，之后将 31 个省（自治区、直辖市）按照占比大小进行排序。占比最高的 10 个省份被称为民办教育"较发达"省份，在表 2 中以"1"表示。占比处于中间的 10 个省份被称为民办教育"一般发达"省份，以"2"表示。占比最低的 11 个省份被称为民办教育"欠发达"省份，以"3"表示。以北京市的民办高校为例，2015 年，北京市民办高校学生数占北京市所有高校学生数的 11.19%，这个比例在全国位列第 27，处于占比最低的 11 个省份之列，故在表 2 中以"3"表示。

从各省内部的各级各类民办教育的发展态势来看，各省的情况基本可以分为以下几组。（1）第一组包括浙江、河南、海南、广东、陕西、江西、湖南和吉林等地，在各个层级中，其民办教育都处于"一般发达"或"较发达"的位列，这些省份中大部分教育层级的民办学校在相对重要性上走在全国前列。（2）第二组，六大层级的民办教育都属于"欠发达"的省份有西藏、新疆和甘肃，而青海除了民办幼儿园"一般发达"外，其他层级均是"欠发达"的。也就是说，在绝大部分西部欠发达省份中，民办学校的供给还相对较少。（3）第三组是其余省，三种形态俱备。这说明大多数省份内部，民办各级各类教育发展程度的差异性是极大的，无法用一个单一的模式进行概括，即各省对不同层级的民办教育的依赖程度并不同。

表 2 2015 年各省（自治区、直辖市）各级各类民办教育发展现状

地区	高校	高中	中职	初中	小学	幼儿园
北京	3	3	3	2	1	3
天津	3	2	3	2	3	3
河北	1	1	2	1	1	3

地区	高校	高中	中职	初中	小学	幼儿园
山西	3	1	1	1	1	3
内蒙古	3	3	2	3	3	2
辽宁	2	1	2	3	3	1
吉林	2	2	2	2	2	1
黑龙江	3	3	2	3	3	2
上海	2	2	3	1	1	3
江苏	2	1	3	1	1	3
浙江	1	1	2	1	1	1
安徽	3	1	1	1	1	2
福建	1	1	3	1	2	2
江西	2	1	1	2	2	1
山东	2	2	2	2	2	3
河南	2	1	1	1	1	1
湖北	1	2	3	2	2	2
湖南	2	2	1	1	2	1
广东	1	2	2	1	1	1
广西	2	2	2	3	2	1
海南	1	1	1	2	1	1
重庆	1	3	2	2	3	1
四川	2	3	1	2	2	2
贵州	3	2	3	3	2	3
云南	1	3	1	3	3	2
西藏	3	3	3	3	3	3
陕西	1	2	1	2	2	2
甘肃	3	3	3	3	3	3
青海	3	3	3	3	3	2
宁夏	1	3	1	3	3	2
新疆	3	3	3	3	3	3

资料来源：根据教育部数据，由作者整理得到。

二 民办学校发展的"新时代"挑战

当前，新《民促法》的落地开启了分类管理的改革，目前也有超一半的省份制定并出台了符合地方实际情况的实施细则。在这个新的历史起点上，民办教育面临着三大基本问题值得进一步思考。

（一）如何监管非营利性民办学校？

2016年新《民促法》删除了"合理回报"的相关规定，其落地开启了对民办教育进行"营利性"和"非营利性"的"分类管理"改革。对于营利性学校，国家已经出台了《营利性民办学校监督管理实施细则》和《营利性民办学校名称登记核准有关事宜对应表》以对营利性民办学校进行监管。然而，对于非营利性民办学校的监管问题，还没有专门的政策予以说明。

对于非营利性民办学校，新《民促法》要求此类学校的举办者不得取得办学收益，办学结余全部用于办学，因此需要对其监管以保证其"非营利性"的属性。我国《慈善法》也提及了相关机构"应当执行国家统一的会计制度，依法进行会计核算，建立健全会计监督制度，并接受政府有关部门的监督管理"，同时"发起人、主要捐赠人以及管理人员，不得利用其关联关系损害慈善组织、受益人的利益和社会公共利益"。

虽有法律规定，但是当前针对非营利组织的关联交易及其定价是否公允的监管机制存在缺位。在2016年8月出台的《关于改革社会组织管理制度促进社会组织健康有序发展的意见》中也着重强调了要"加强对社会组织资金的监管"[1]。此外，在2018年2月出台的《关于非营利组织免税资格认定管理有关问题的通知》中延续了非营利组织五年免税优惠资格的规定，并且进一步突出了组织的非营利的特性，虽然通知中强调了"对取得的应纳税收入及其有关的成本、费用、损失应与免税收入及其有关的成本、费用、损失分别核算"，但并没有与此相关的针对不合法合规关联交易的具体办法和实施细则。

此外，目前我国已有超过20家民办教育集团在境外上市，而绝大多数主营学历教育的教育集团使用了VIE结构[2]。这种方式的主要目的在于规避我国对境内及境外投资者投资学历教育的限制，以避开学历教育上市时政策的不确定性和风险性等。境外实际控制者可以让境内民办学校通过签订协议以学费、咨询费、管理费、租赁费等来取得办学收益，并将利润转移至境外实质控制公司。这些教育集团的主营业务中涉及了各级各类学历教育。在义务教育阶段，除了新《民促法》的规定外，在2017年新修订的《外商投资产业指导目录》中义务教育被规定为禁止外商投资的产业之一。同时，对外商投资学前、普通高中和高等教育机构（仅限于由中方主导的中外合作办学）被规定为"限制外商投资产业"。[3] 这就使得对境外上市公司，特别是非营利性的教育机构需要更多监管，一方面，维持其"非营利"的特性；另一方面，对于"外资变相进入义务教育领域，并通过

---

① 本文件中强调了：（1）严格执行国家有关财务会计制度和票据管理使用制度；（2）税务部门严格核查非营利组织享受税收优惠政策的条件，落实非营利性收入免税申报和经营性收入依法纳税制度；（3）对社会组织的财务收支情况、国有资产管理使用情况进行审计监督；（4）金融管理部门加强对社会组织账户的监管、对资金往来特别是大额现金支付的监测，防范和打击洗钱和恐怖融资等违法犯罪活动。

② "VIE结构"，全称为可变利益实体（Variable Interest Entities），也称为"协议控制"，是指境外上市实体与境内运营实体相分离，境外上市实体通过协议的方式控制境内运营实体，使该运营实体成为上市实体的可变利益实体。这种安排可以通过控制协议将境内运营实体的利益转移至境外上市实体，使境外上市实体的股东（境外投资人）实际享有境内运营实体经营所产生的利益。

③ 参见《外商投资产业指导目录》（2017年修订）。

控制学校举办者介入学校管理的行为，应予以规范"。①

（二）如何创新民办学校的财政扶持体系？

20世纪80年代以来，虽然国家从制度建设等层面开始逐步完善和丰富民间办学的扶持政策，但具体的扶持手段和扶持标准仍然是向地方分权并由地方制定的，带来了地方政府对民办学校所采取的多样化支持手段。新《民促法》中依然延续了分权化办民办教育的思路，强调了对分类管理改革的实施需要"坚持顶层设计与基层创新相结合"，同时，各级地方政府需要根据实际情况来确定实施意见和配套措施，② 对不同类型的民办学校建立"差别化"的扶持政策。

从2017年9月起，各省（自治区、直辖市）开始陆续出台具体的实施细则。截至2018年6月，安徽、甘肃、河北、湖北、江苏、内蒙古、辽宁、陕西、上海、天津、云南、浙江、重庆、广东和宁夏等省份出台了实施意见。各省（自治区、直辖市）的实施细则中，对民办学校的扶持政策，除了传统的生均经费补贴、奖助学金、助学贷款等，对民办学校的扶持有着不同程度的侧重和创新。例如，安徽省、湖北省的细则中非常强调政府对民办学校购买服务的标准化、程序化，并要求建立绩效评价制度。浙江省对直接的财政投入更加重视，包括"继续执行"现有的民办教育投入政策，同时加大省级财政对民办教育的专项转移支付力度。陕西省的扶持细则特别详细，围绕着民办教育的各类扶持政策都有明确的规定。湖北省则在土地供给方式上有创新，并强调盘活存量资产。例如民间资本可以利用闲置的学校、医院、厂房、商业设施等存量土地和用房资源进行整合改造后用于办学，可以在五年内暂不办理土地用途和使用权人变更手续。而采用租赁方式供应教育设施用地的，实行长期租赁、先租后让、租让结合的土地供应方式。另外，不少省份都强调金融对民办学校的促进作用，鼓励使用教育公益信托、知识产权质押贷款业务、未来经营收入、资产证券化等金融产品为民办学校提供多样化的金融服务。

各个省份都有不同的补贴强度和扶持重点，但是扶持的出发点、重点和难点仍然有很多，例如，如何对营利性和非营利性民办学校进行扶持才能够使得二者协调发展？民办义务教育和民办非义务教育的扶持比例应各为多少？如何提高财政扶持的有效性？这些问题在各省份的实施细则中并没有太多体现。

（三）如何处理公办学校和民办学校的关系？

理解公办学校和民办学校的关系是一个非常重要的问题，这对于理解地区间和地区内部公办和民办学校的发展，以及民办学校所扮演的角色起着至关重要的作用。随着教育市场的不断开放，民办教育已逐步成为我国教育事业的重要供给主体。在原公办大一

---

① 《长沙亚兴置业发展有限公司与北京师大安博教育科技有限责任公司合同纠纷二审民事判决书》，中国裁判文书网，http://wenshu.court.gov.cn/content/content? DocID = 19f4cb5e － 2209 － 46ab － b7e2 － 75fa6f7d134f，2016年11月8日。
② 参见《国务院关于鼓励社会力量兴办教育促进民办教育健康发展的若干意见》（国发〔2016〕81号）。

统格局下发展起来的民办教育体系，对公立教育及整个教育体系所起的作用值得深入研究。

在本书的第一部分中，我们已经提到了教育的"拉丁美洲化"问题。围绕着这个问题，当前产生了不同的声音。主流的观点可以分为两类。一是提供基础教育的民办学校，特别是高收费、高门槛的民办学校虽然满足了部分差异化需求，但是打破了整个教育体系的基本"秩序"。由于不少学校对学生的选拔手段非常"苛刻"，设置各种选拔标准以抬高准入门槛，家长对此仍趋之若鹜。眼下已有不少民办中小学在选拔学生时需要大量的"超前学习"作为升学准备，比如市面上存在不少所谓的"小升初培训班"，以对孩子进行培训和选拔，而此类培训班的业务量在很多培训机构已经超过了中考培训，甚至有着"得小升初者得天下"的说法。[1] 除此之外，有的民办学校还需要"查血统""考家长"，包括填写祖辈第一学历、工作单位和职务等，有时甚至还要看家长身材（徐天，2017）。而民办学校越是受追捧，家长们一方面越焦虑，另一方面又想尽办法去"竞争"民办学校。民办学校招生的自主性以及选择过程的非透明化，带来了极强的负外部性。目前，已有不少地区针对民办学校的招生环节启动了新的"调控"政策。例如，在上海市教委发布的《2018年本市义务教育阶段学校招生入学工作的实施意见》中增加了对民办中小学的招生规范，包括了对公、民办小学实施同步招生，并要求民办学校招生时必须坚持"三统一、两限定、两公开、三承诺"的规则，同时进一步细化了各项监管要求，包括不得提前招生或变相招生，严禁以各种测试、测评、考试为录取参考或依据。[2] 此外，根据笔者的访谈，在上海的某些区县，对于新申办的民办学校，相关部门的管控和审批非常严格，并有逐步收紧的趋势。

另外一个观点则是，"高端"民办学校成为高质量公办学校的"替代"，[3] 而这些公办学校被高价学区房所"包围"。也即比起学区房给居民带来的沉重负担，"高端"民办学校或许是一个不那么"恶"的产物。根据已有研究，仅有少数论文认为教育资源对房价无显著影响（梁若冰、汤韵，2008：71～83），大多数地区性的研究中，学者通过不同的方法和数据验证了优质公办教育资源对房价有明显的正向影响，例如，针对北京的情况，2011年市重点小学学区房的溢价高于8.1%（胡婉旸、郑思齐、王锐，2014：1195～1214）；2014年，在北京市城六区的二手房中，市重点和区重点小学所在的学区房分别比非学区房的出售价格高出18.4%和5.4%（哈巍、吴红斌、余韧哲，2015：3～10）。针对上海的研究中，同样也发现教育质量对房价有显著的正向影响，同时验证了区域内每增加一所"实验性示范性高中"，平均房价会提高6.9%（Feng and Lu，2013：291－307）。杭州亦是如此，初中和小学的教育质量得分对其学区内房价的边际提升效应分别为5.4%和2.0%，此外，在其他无"学区"概念的教育层级，对房屋价格的影响主要通过房屋与

---

[1] 《"私立热"引发疯狂"提前学" 学生超前学习成常态》，福州新闻网，http://news.fznews.com.cn/shehui/20170321/58d09e285b8e7.shtml，2017年3月21日。

[2] 《上海市教育委员会关于2018年本市义务教育阶段学校招生入学工作的实施意见》，中国上海网上政务大厅，http://www.shanghai.gov.cn/nw2/nw2314/nw2319/nw12344/u26aw55084.html，2018年2月2日。

[3] 这里的"高端"民办学校指的是高收费、高质量、高门槛的民办基础教育学校。

学校的距离体现，即房屋的周边学校资源越多，住宅价格越高（Zheng，Sun，and Wang，2014：550－568）。然而，在"划片就近入学"的政策要求下，并不是所有家庭都能够承担高价的学区房。长期以来，由于民办学校可以跨区域招生，家长也有让孩子接受更高质量教育的诉求，在高额学费和高价学区房之间，前者或许是一个在当期的较好选择，既无须承担过高的家庭支出压力，也可以选择比所在非学区地区公立教育系统更好的教育资源。

　　事实上，在以上两种相反的态度中，我们似乎很难做出"两害相权取其轻"的判断，因为二者都直接影响了孩子的入学机会和教育公平。前者的观点指向了高端民办学校的非透明化、非制度化的招生过程对基础教育整个培养过程的"破坏"，包括了一系列的超前学习、学生背景考察、提前招生、与培训机构合作筛选等。后者的观点则认为在学区房价格居高不下的背景下，高端民办学校是一个更适宜的选择。由于高价学区房和高端民办学校都在不同层次上影响了教育的公平性，理顺公办学校和民办学校之间的关系，引导公、民办学校的健康发展是当下非常重要的问题。在微观层面上，政府面对的是如何规范和引导民办学校的办学行为，在办学的各个环节上既能保持民办学校的独立和开放，又能避免其违背基本教育规则。在宏观层面上，既涉及了反思公办教育体系内部质量下滑的原因和提升的可能，也涵盖了如何使优质资源均等化的问题。

参考文献

哈巍、吴红斌、余韧哲，2015，《学区房溢价新探——基于北京市城六区重复截面数据的实证分析》，《教育与经济》第 5 期，第 3 ~ 10 页。

胡婉旸、郑思齐、王锐，2014，《学区房的溢价究竟有多大：利用"租买不同权"和配对回归的实证估计》，《经济学》（季刊）第 3 期，第 1195 ~ 1214 页。

梁若冰、汤韵，2008，《地方公共品供给中的 Tiebout 模型：基于中国城市房价的经验研究》，《世界经济》第 10 期，第 71 ~ 83 页。

王蓉主编，2018，《中国教育新业态发展报告（2017）——基础教育》，社会科学文献出版社。

徐天，2017《上海幼升小调查："幼儿时期的一次高考"》，中国新闻周刊网，http://www.inews-week.cn/news/cover/1210.html，2017 年 6 月 20 日。

Feng，Hao，and Ming Lu. 2013. "School Quality and Housing Prices：Empirical Evidence from a Natural Experiment in Shanghai，China." *Journal of Housing Economics* 22（4）：291－307.

Zheng，Siqi，Weizeng Sun，and Rui Wang. 2014. "Land Supply and Capitalization of Public Goods in Hou sing Prices：Evidence from Beijing." *Journal of Regional Science* 54（4）：550－568.

《慈善法》的出台与我国民办非营利教育发展

魏建国 *

（2016 年 4 月）

2016 年 3 月 16 日，第十二届全国人民代表大会第四次会议通过了《中华人民共和国慈善法》（下文简称《慈善法》）。该法对慈善组织、慈善募捐、慈善捐赠、慈善信托、慈善财产、慈善服务、信息公开、促进措施、监督管理等事项做了较为系统的规定，以调整自然人、法人和其他组织开展慈善活动以及与慈善有关的活动。该法的出台与我国教育事业的发展关系密切，特别是对慈善组织的相关规定对民办非营利学校的发展具有重要意义，本文拟结合相关法律条款予以阐释。

一 有助于从法律层面进一步明晰对民办非营利学校的认识和定位

我国过去的教育立法没有很好地解决民办非营利学校的定位问题，从而抑制了捐资办学人的热情、制约了民办非营利学校的发展。最近《中华人民共和国教育法》（下文简称《教育法》）和《中华人民共和国高等教育法》（下文简称《高等教育法》）的修改，以及《慈善法》的出台，将有助于解决这一问题。

（一）教育法律对民办非营利学校的定位

早期通过的《教育法》和《高等教育法》特别强调教育机构的非营利性。1995 年通过的《教育法》第 25 条明确提到"任何组织和个人不得以营利为目的举办学校及其他教育机构"。1998 年通过的《高等教育法》第 24 条规定："设立高等学校，应当符合国家高等教育发展规划，符合国家利益和社会公共利益，不得以营利为目的。"而 2002 年通过的《民办教育促进法》迁就了民办教育的现实，并没有坚持《教育法》和《高等教育法》关于非营利的规定，关于公益性、营利非营利等问题做了模糊处理。首先，该法第 3 条规定："民办教育事业属于公益性事业，是社会主义教育事业的组成部分。"而在该法第 51

---

* 魏建国，北京大学中国教育财政科学研究所副研究员、副所长。

条又规定："民办学校在扣除办学成本、预留发展基金以及按照国家有关规定提取其他的必需的费用后，出资人可以从办学结余中取得合理回报。"这里用"合理回报"回避了《教育法》关于"不得以营利为目的举办学校及其他教育机构"以及《高等教育法》"不得以营利为目的"的规定。为此，不少学者还专门就"合理回报"和"非营利"不冲突、不矛盾进行了很多论述。其实，从内涵上分析，凭借股权投资所取得的股息、红利回报，凭借债权投资所取得的利息回报，在法律上都是"合理"回报。如果是"不合理"的回报，那法律是不可能保护的。所以，取得"合理回报"就是取得投资回报，而取得投资回报，就是取得利润分配，就是典型的营利，这和举办企业取得投资回报没有什么区别。可见，《民办教育促进法》认为教育都应该是公益性的，而公益性与是否营利没有关系。①同时，该法第 6 条又提到"国家鼓励捐资办学"。而捐资办学通常是不分配利润的，是典型的非营利办学。这就造成了严重的理论混乱，不分配利润的捐资办学和取得"合理回报"的投资办学都构成非营利教育，这种理论混乱也延续到相应的制度设计中。一方面民办学校举办者根据"合理回报"取得投资收益，另一方面民办学校又根据"公益性"享受税收优惠、公益事业用地等各项政策优惠。而与此同时，真正的非营利的捐资办学并没有享受到比取得"合理回报"的投资办学更为优惠的政策条件。

2010 年颁布的《国家中长期教育改革和发展规划纲要（2010—2020 年）》明确提出要"积极探索营利性和非营利性民办学校分类管理"。

2015 年修改的《教育法》删除了原来的"任何组织和个人不得以营利为目的举办学校及其他教育机构"的条款，特别规定"以财政性经费、捐赠资产举办或者参与举办的学校及其他教育机构不得设立为营利性组织"。该条款意味着以其他经费来源举办的学校及其他教育机构可以设立为营利性组织。而于同年修改的《高等教育法》则删除了"不得以营利为目的"的规定。这样，新修改的《教育法》和《高等教育法》就在法律层面明确解除了对营利性教育的限制，而为非营利教育的清晰定位创造了条件。

（二）《慈善法》对民办非营利学校法律定位的参照意义

新出台的《慈善法》对慈善组织做了较为系统的规定。慈善组织的本质特征是非营利。我国已有的法律对非营利组织及其相应的制度保障并没有细致的规定，《慈善法》关于慈善组织的相关规定弥补了这一领域的立法空白。《慈善法》为"非营利"提供了操作性标准，并规定了包括"禁止财产分配"规则、"清算后剩余财产处理"规则和"投资收益全部用于慈善目的"规则在内的诸多制度保障措施。民办非营利学校的本质特征也在于非营利。因此，《慈善法》关于慈善组织的相关规定为民办非营利学校的法律定位提供了参照，也为今后《民办教育促进法》的修改提供了制度参照。

1. "非营利"的操作性标准

关于"非营利"的操作性标准，国际上的一些著名学者都强调禁止利润分配这一限

---

① 值得注意的是，《民办教育促进法》第 66 条规定，在工商行政管理部门登记注册的经营性的民办培训机构的管理办法，由国务院另行规定。

制性条件。韦斯布罗德教授在其著作中指出，非营利这一术语具有许多含义，而他所强调的一点是，对组织分配利润的限制。非营利组织这种组织形式的本质是该组织不能将利润向任何与其有关系的人进行分配（Weisbrod，1988：1）。汉斯曼教授在其1980年关于非营利组织的经典论文中将禁止利润分配（Nondistribution Constraint）界定为非营利组织区别于营利性组织的本质特征（Hansmann，1980）。萨拉蒙教授总结了非营利组织的五大特征。其中，不进行利润分配是非常重要的一个特征（Sallamon and Anheier，1997）。概括起来，所谓"非营利"就是禁止将其赚得的任何利润分配给其他组织和个人。所有的剩余利润必须保留并被用于支持非营利组织所提供的各项服务。同时，并不禁止非营利组织盈利。事实上，许多非营利组织通常有年度会计盈余（Hansmann，1996：228）。

除了学者们的探讨外，禁止利润分配也是世界上许多国家非营利组织相关法律制度的重要规定（Salamon and Anheier，1997）。美国《国内收入法典》［IRS §501（C）(3)］规定享有免税优惠的须是所谓的慈善组织（Charitable Organization），这些组织不能分配利润，应以公益（Public Benefit）为目的。大陆法系民法规定的财团法人，以捐赠人的财产为成立基础，是"财产的集合体"，法人成立后，捐赠人也不享有利润分配权。

我国已有立法虽有"非营利"的规定，但并没有提供操作性的标准，没有强调禁止利润分配这一本质特征，这也是造成实践中认识模糊的一个原因。《慈善法》对这一问题进行了回应，可作为今后《民办教育促进法》修改和其他相关立法的参照。

《慈善法》将慈善组织界定为，依法成立、符合该法规定，以面向社会开展慈善活动为宗旨的非营利性组织。同时，该法还规定："开展慈善活动，应当遵循合法、自愿、诚信、非营利的原则，不得违背社会公德，不得危害国家安全、损害社会公共利益和他人合法权益。"也强调了"非营利"。在规定慈善组织的设立条件时，也强调"不以营利为目的"。《慈善法》比我国已有立法先进的地方在于，在规定了"非营利"之外，还规定了"非营利"的操作性标准。《慈善法》第51条规定："慈善组织的财产包括：发起人捐赠、资助的创始财产；募集的财产；其他合法财产。"第52条规定："慈善组织的财产应当根据章程和捐赠协议的规定全部用于慈善目的，不得在发起人、捐赠人和慈善组织成员中分配。任何组织和个人不得私分、挪用、截留或者侵占慈善财产。"我们可以把《慈善法》的相关规定概括为"禁止财产分配"规则。"禁止财产分配"规则和前文提到的"禁止利润分配"规则的本质含义应该是一致的。这一制度安排也是为了防止慈善组织像私人商业机构一样追求利润最大化，而把组织的发展目标定位于开展公益性的慈善活动之上。这样，《慈善法》就为慈善组织和非慈善组织提供了一个操作性区分标准，也为"非营利"的界定提供了一个操作性标准。《慈善法》关于"非营利"的这个操作性标准可以为今后包括《民办教育促进法》在内的相关法律的修改提供参照。关于民办非营利学校的定位和界定也应该参照《慈善法》的相关规定。

2. 相关的制度保障

对于慈善组织的"非营利"，还需要一系列的制度予以保障。前文提到的"禁止财产分配"规则既是界定"非营利"的操作性标准，同时也是对慈善组织"非营利"的一个重要的制度保障。除此之外，《慈善法》还规定了其他的一些制度保障。

（1）"清算后剩余财产处理"规则。除了"禁止财产分配"规则外，《慈善法》规定的"清算后剩余财产处理"规则对慈善组织的"非营利"的保障具有重要的意义。对于营利性的组织，清算后的剩余财产应由股东按投资比例分配。而对于非营利组织，则完全不同。在非营利组织的组织架构中，没有股东这样的角色。《慈善法》第18条规定，慈善组织清算后的剩余财产，应当按照慈善组织章程的规定转给宗旨相同或者相近的慈善组织；章程未规定的，由民政部门主持转给宗旨相同或者相近的慈善组织，并向社会公告。《慈善法》确立的这一"清算后剩余财产处理"规则在我国已有立法中也是不存在的。《民办教育促进法》就没有很好地解决这个问题，其第59条仅仅规定，民办学校清偿法律规定债务后的剩余财产，按照有关法律、行政法规的规定处理。而我国台湾地区"私立学校法"则规定了与《慈善法》类似的条款。今后修改《民办教育促进法》时，可以参照《慈善法》的"清算后剩余财产处理"规则，解决民办非营利学校的清算后剩余财产的处理问题。

（2）"投资收益全部用于慈善目的"规则。前文提到的"禁止财产分配"规则、"清算后剩余财产处理"规则和"投资收益全部用于慈善目的"规则构成了《慈善法》关于慈善组织"非营利"的最有特色的重要制度保障。《慈善法》第54条规定："慈善组织为实现财产保值、增值进行投资的，应当遵循合法、安全、有效的原则，投资取得的收益应当全部用于慈善目的。政府资助的财产和捐赠协议约定不得投资的财产，不得用于投资。慈善组织的负责人和工作人员不得在慈善组织投资的企业兼职或者领取报酬。"《慈善法》在强调投资取得收益应当全部用于慈善目的的同时，对投资原则、禁止投资财产、禁止投资企业兼职或领取报酬也做了规定。

（3）其他制度保障。除了以上三条与"非营利"极为密切的制度保障规则外，《慈善法》还规定了其他一些制度保障，主要包括以下内容。①建立健全治理结构。《慈善法》第12条规定："慈善组织应当根据法律法规以及章程的规定，建立健全内部治理结构，明确决策、执行、监督等方面的职责权限，开展慈善活动。"应该说，这一条款规定还是相当概括的，没有体现出对慈善组织在治理结构方面的特殊性要求，需要相关的法规予以进一步细化。②执行国家统一会计制度。根据《慈善法》第12条的规定，慈善组织应当执行国家统一的会计制度，依法进行会计核算，建立健全会计监督制度，并接受政府有关部门的监督管理。③报送年度工作报告和财务会计报告规则。根据《慈善法》第13条的规定，慈善组织应当每年向其登记的民政部门报送年度工作报告和财务会计报告。报告应当包括年度开展募捐和接受捐赠情况、慈善财产的管理使用情况、慈善项目实施情况以及慈善组织工作人员的工资福利情况。④关联交易限制规则。根据《慈善法》第14条的规定，慈善组织的发起人、主要捐赠人和管理人员，不得利用其关联关系损害慈善组织、受益人的利益和社会公共利益。慈善组织的发起人、主要捐赠人和管理人员与慈善组织发生交易行为的，不得参与慈善组织有关该交易行为的决策，有关交易情况应当向社会公开。⑤信息公开规则。信息公开将对慈善组织的非营利目的起到重要的保障作用。《慈善法》设专章规定了信息公开的相关规则。相关的规则主要包括：县级以上人民政府民政部门和其他有关部门应当及时向社会公开慈善组织登记事项、具有公开募捐资格的慈善组织名单、具有出具公益性捐赠税前扣除票据资格的慈善组织名单等慈善信息；慈善组织应当依法履行信息公开义务，信息公开应当真实、完整、及时；慈善组织应当向社会公开组织章程和决策、执行、监督机构成员信息以及国务院民政部门要求公开的其他信息；慈善组织应当每年向社会公开其年度工作报告和财务会计报告，具有公开募捐资格的慈善组织的财务会计报告须经审计；具有公开募捐资格的慈善组织应当定期向社会公开其募捐情况和慈善项目实施情况；慈善组织开展定向募捐的，应当及时向捐赠人告知募捐情况、募得款物的管理使用情况；等等。

二　为促进民办非营利学校发展提供更加优惠的税收优惠措施

基于慈善组织的非营利地位，《慈善法》规定了一系列促进措施。其中，很重要的方面是税收优惠。《慈善法》第 79 条规定："慈善组织及其取得的收入依法享受税收优惠。"此外，对于捐赠财产，《慈善法》第 80 条规定："自然人、法人和其他组织捐赠财产用于慈善活动的，依法享受税收优惠。企业慈善捐赠支出超过法律规定的准予在计算企业所得税应纳税所得额时当年扣除的部分，允许结转以后三年内在计算应纳税所得额时扣除。境外捐赠用于慈善活动的物资，依法减征或者免征进口关税和进口环节增值税。"

值得注意的是，关于税收优惠，和我国已有的相关法定优惠相比，《慈善法》在企业捐赠扣除方面做出了重大突破。根据《企业所得税法》第 9 条的规定，企业发生的公益性捐赠支出，在年度利润总额 12% 以内的部分，准予在计算应纳税所得额时扣除。而《慈善法》进一步规定，当年超出法律规定利润总额 12% 部分的捐赠支出，允许结转以后三年内扣除。这一规定将有可能激发企业从事慈善捐赠的积极性，从而促进我国慈善事业的发展。

基于非营利的法律地位，未来的民办非营利学校也应该享受到类似的税收优惠待遇，从而为民办非营利学校创造更加优惠的制度环境。《慈善法》的相关规定也为《民办教育促进法》的修改提供了制度参照。

参考文献

Hansmann, Henry. 1980. "The Role of Nonprofit Enterprise." *Yale Law Journal* 89: 835 – 901.

Hansmann, Henry. 1996. *The Ownership of Enterprise.* Cambridge: Harvard University Press.

Salamon, Lester M. and Helmut K. Anheier. 1997. "Toward a Common Definition." Pp. 29 – 50 in *Defining the Nonprofit Sector: A Cross-National Analysis*, edited by Lester M. Salamon and Helmut K. Anheier. Manchester & New York: Manchester University Press.

Weisbrod, Burdon A. 1988. *The Nonprofit Economy.* Cambridge & London: Harvard University Press.

"非营利"内涵的立法界定及其 对民办教育发展的意义

——从《慈善法》的出台到《民办教育促进法》的修改[*]

(2017 年 8 月)

我国已有法律没有对"非营利"的内涵做出清晰的界定,造成了许多不必要的争议和理解混乱。新出台的《慈善法》第一次在法律层面规定了"非营利"的操作性标准。而新修改的《民办教育促进法》也摒弃了"合理回报"这一广为诟病的规定,延续了《慈善法》的立法精神,追求法律体系的协调一致性,明晰了"非营利"的内涵。对"非营利"内涵的立法界定将对我国非营利慈善事业的发展,特别是民办教育事业的发展具有积极的意义。

一 《慈善法》对"非营利"的界定及其制度保障

2016 年 3 月 16 日,第 12 届全国人民代表大会第 4 次会议通过了《中华人民共和国慈善法》(下文简称《慈善法》)。该法对慈善组织、慈善募捐、慈善捐赠、慈善信托、慈善财产、慈善服务、信息公开、促进措施、监督管理等事项做了较为系统的规定,以调整自然人、法人和其他组织开展慈善活动以及与慈善有关的活动。《慈善法》对"非营利"这一慈善组织的本质特征进行了界定,为"非营利"提供了操作性标准,并规定了包括"禁止财产分配"规则、"清算后剩余财产处理"规则和"投资收益全部用于慈善目的"规则在内的诸多制度保障。这些规定是我国非营利立法上的突破性进展,弥补了这一领域的立法空白。《慈善法》的相关规定为今后的相关立法和法律修改提供了制度参照。

(一)在法律层面第一次规定了"非营利"的操作性标准

关于"非营利"的操作性标准,国际上的一些著名学者都强调禁止利润分配这一限

---

[*] 本文最初发表在《华中师范大学学报》(人文社会科学版)2017 年第 1 期上。根据最新的民事立法,进行了必要的更新。

[**] 魏建国,北京大学中国教育财政科学研究所副研究员、副所长。

制性条件。韦斯布罗德教授在其著作中指出，非营利这一术语具有许多含义，而他所强调的一点是，对组织分配利润的限制。非营利组织这种组织形式的本质是该组织不能将利润向任何与其有关系的人进行分配（Weisbrod，1988：1）。汉斯曼教授在其1980年关于非营利组织的经典论文中将禁止利润分配界定为非营利组织区别于营利性组织的本质特征（Hansmann，1980：835）。萨拉蒙教授总结了非营利组织的五大特征。其中，不进行利润分配是非常重要的一个特征（Salamon and Anheier，1997：29，50）。概括起来，所谓"非营利"就是禁止将其赚得的任何利润分配给其他组织和个人。所有的剩余利润必须保留并被用于支持非营利组织所提供的各项服务。同时，非营利组织并不被禁止盈利。事实上，许多非营利组织通常有年度会计盈余（Hansmann，1996：228）。

除了学者们的探讨外，禁止利润分配也是世界上许多国家非营利组织相关法律制度的重要规定（Salamon and Anheier，1997：29，50）。美国判例法对非营利的含义界定得十分清楚。如美国联邦最高法院在一个判决中提到，"非营利实体与营利法人的区别在于，非营利实体不能向任何控制它的自然人，包括成员、管理人员、董事或托管人分配净收益"（Hansmann，1980：899）。美国《国内收入法典》［IRS § 501（C）（3）］规定享有免税优惠的须是所谓的慈善组织（Charitable Organization），这些组织不能分配利润，应以公益（Public Benefit）① 为目的。大陆法系民法规定的财团法人，以捐赠人的财产为成立基础，是"财产的集合体"，法人成立后，捐赠人也不享有利润分配权。而财团法人是非营利组织的重要形式。通过对美、日、德、法、葡萄牙等国相关立法例的考察，可以得出的基本结论是：非营利性的法律含义在于不向团体成员分配利润（税兵，2008：158）。

我国已有立法虽有"非营利"的规定，但并没有提供操作性标准，没有强调禁止利润分配这一本质特征，这也是造成实践中模糊认识的一个原因。《慈善法》对于这一问题进行了回应，可作为今后其他相关立法和法律修改的参照。

《慈善法》将慈善组织界定为，依法成立、符合该法规定，以面向社会开展慈善活动为宗旨的非营利性组织。同时，该法还规定："开展慈善活动，应当遵循合法、自愿、诚信、非营利的原则，不得违背社会公德，不得危害国家安全、损害社会公共利益和他人合法权益。"也强调了"非营利"。在规定慈善组织的设立条件时，也强调"不以营利为目的"。《慈善法》比我国已有立法先进的地方在于，在规定了"非营利"之外，还规定了"非营利"的操作性标准。《慈善法》第51条规定："慈善组织的财产包括：发起人捐赠、资助的创始财产；募集的财产；其他合法财产。"第52条规定："慈善组织的财产应当根据章程和捐赠协议的规定全部用于慈善目的，不得在发起人、捐赠人和慈善组织成员中分配。任何组织和个人不得私分、挪用、截留或者侵占慈善财产。"我们可以把《慈善法》的相关规定概括为"禁止财产分配"规则。"禁止财产分配"规则和前文提到的"禁止利润分配"规则的本质含义应该是一样的。这一制度安排也是为了防止慈善组织像

---

① 还有一类组织也不能向其成员分配利润，但其以成员利益为目的，不以公益为目的，被称为互益性组织。这类组织也是非营利组织的一种。把不分配利润，同时以公共利益为目的的非营利组织通常称为公益性组织。公益性组织和互益性组织共同构成非营利组织。本文探讨的非营利是从公益性组织的角度而言的，不涉及互益性组织。

私人商业机构一样追求利润最大化，而把组织的发展目标定位于开展公益性的慈善活动之上。这样，《慈善法》就为慈善组织和非慈善组织提供了一个操作性区分标准，也为"非营利"的界定提供了一个操作性标准。《慈善法》关于"非营利"的这个操作性标准可以为今后包括《民办教育促进法》在内的相关法律的修改和制定提供参照。①

（二）相关的制度保障

对于慈善组织的"非营利"，还需要一系列的制度予以保障。前文提到的"禁止财产分配"规则既是界定"非营利"的操作性标准，同时也是对慈善组织"非营利"的一个重要的制度保障。除此之外，《慈善法》还规定了其他的一些制度保障。

1. "清算后剩余财产处理"规则。除了"禁止财产分配"规则外，《慈善法》规定的"清算后剩余财产处理"规则对慈善组织的"非营利"的保障具有重要的意义。对于营利性的组织，清算后的剩余财产应由股东按投资比例分配。而对于非营利组织，则完全不同。在非营利组织的组织架构中，没有股东这样的角色。《慈善法》第18条规定，慈善组织清算后的剩余财产，应当按照慈善组织章程的规定转给宗旨相同或者相近的慈善组织；章程未规定的，由民政部门主持转给宗旨相同或者相近的慈善组织，并向社会公告。《慈善法》确立的这一"清算后剩余财产处理"规则在我国已有立法中也是不存在的。② 修改前的《民办教育促进法》就没有很好地解决这个问题，其第59条仅仅规定，民办学校清偿法律规定债务后的剩余财产，按照有关法律、行政法规的规定处理。

2. "投资收益全部用于慈善目的"规则。前文提到的"禁止财产分配"规则、"清算后剩余财产处理"规则和"投资收益全部用于慈善目的的"规则构成了《慈善法》关于慈善组织"非营利"的最有特色的重要制度保障。《慈善法》第54条规定："慈善组织为实现财产保值、增值进行投资的，应当遵循合法、安全、有效的原则，投资取得的收益应当全部用于慈善目的。政府资助的财产和捐赠协议约定不得投资的财产，不得用于投资。慈善组织的负责人和工作人员不得在慈善组织投资的企业兼职或者领取报酬。"《慈善法》在强调投资取得收益应当全部用于慈善目的的同时，对投资原则、禁止投资财产、禁止投资企业兼职或领取报酬也做了规定。

3. 其他制度保障。除了以上三条与"非营利"极为密切的制度保障规则外，《慈善法》还规定了其他一些制度保障，主要包括以下几项。（1）建立健全治理结构。《慈善

---

① 值得注意的是，2017 年 3 月 15 日第十二届全国人民代表大会第五次会议通过的《中华人民共和国民法总则》在第三章法人部分专门规定了一节非营利性法人。其中，第 87 条规定，为公益目的或者其他非营利目的成立，不向出资人、设立人或者会员分配所取得利润的法人，为非营利法人。2004 年财政部印发的《民间非营利组织会计制度》也做了类似的规定。适用该制度的民间非营利组织应当同时具备以下特征：该组织不以营利为目的和宗旨；资源提供者向该组织投入资源并不得以取得经济回报为目的；资源提供者不享有该组织的所有权。

② 值得指出的是，《中华人民共和国民法总则》第 95 条也规定了类似的内容：为公益目的成立的非营利法人终止时，不得向出资人、设立人或者会员分配剩余财产。剩余财产应当按照法人章程的规定或者权力机构的决议用于公益目的；无法按照法人章程的规定或者权力机构的决议处理的，由主管机关主持转给宗旨相同或者相近的法人，并向社会公告。

法》第12条规定："慈善组织应当根据法律法规以及章程的规定，建立健全内部治理结构，明确决策、执行、监督等方面的职责权限，开展慈善活动。"应该说，这一条款规定还是相当概括的，没有体现出对慈善组织在治理结构方面的特殊性要求，需要相关的法规予以进一步细化。（2）执行国家统一会计制度。根据《慈善法》第12条的规定，慈善组织应当执行国家统一的会计制度，依法进行会计核算，建立健全会计监督制度，并接受政府有关部门的监督管理。（3）报送年度工作报告和财务会计报告规则。根据《慈善法》第13条的规定，慈善组织应当每年向其登记的民政部门报送年度工作报告和财务会计报告。报告应当包括年度开展募捐和接受捐赠情况、慈善财产的管理使用情况、慈善项目实施情况以及慈善组织工作人员的工资福利情况。（4）关联交易限制规则。根据《慈善法》第14条的规定，慈善组织的发起人、主要捐赠人和管理人员，不得利用其关联关系损害慈善组织、受益人的利益和社会公共利益。慈善组织的发起人、主要捐赠人和管理人员与慈善组织发生交易行为的，不得参与慈善组织有关该交易行为的决策，有关交易情况应当向社会公开。（5）信息公开规则。信息公开将对慈善组织的非营利目的起到重要的保障作用。《慈善法》设专章规定了信息公开的相关规则。（6）税收优惠规则。《慈善法》第79条规定了慈善组织及其取得的收入依法享受税收优惠。此外，对于捐赠财产，《慈善法》第80条规定，自然人、法人和其他组织捐赠财产用于慈善活动的，依法享受税收优惠。企业慈善捐赠支出超过法律规定的准予在计算企业所得税应纳税所得额时当年扣除的部分，允许结转以后三年内在计算应纳税所得额时扣除。境外捐赠用于慈善活动的物资，依法减征或者免征进口关税和进口环节增值税。值得注意的是，和我国已有的相关法定优惠相比，《慈善法》在企业捐赠扣除方面做出了重大突破。根据《企业所得税法》第9条的规定，企业发生的公益性捐赠支出，在年度利润总额12%以内的部分，准予在计算应纳税所得额时扣除。而《慈善法》进一步规定，当年超出法律规定利润总额12%部分的捐赠支出，允许结转以后三年内扣除。这一规定将有可能激发企业从事慈善捐赠的积极性，从而促进我国慈善事业的发展。（7）土地优惠规则。对于符合《慈善法》规定情形的慈善服务设施用地，可以依法申请使用国有划拨土地或者农村集体建设用地。慈善服务设施用地非经法定程序不得改变用途。

二 修改前的《民办教育促进法》对"非营利"的模糊处理及其消极后果

（一）修改前的《民办教育促进法》对"非营利"的模糊处理

早期通过的《教育法》和《高等教育法》特别强调教育机构的非营利性。1995年通过的《教育法》第25条明确提到"任何组织和个人不得以营利为目的举办学校及其他教育机构"。1998年通过的《高等教育法》第24条规定："设立高等学校，应当符合国家高等教育发展规划，符合国家利益和社会公共利益，不得以营利为目的。"而2002年通过的《民办教育促进法》并没有坚持《教育法》和《高等教育法》关于非营利的规定，对于公益性、营利非营利等问题做了模糊处理。首先，该法第 3 条认定，民办教育事业属于公益性事业，是社会主义教育事业的组成部分。其次，该法第 51 条又规定，民办学校在扣除办学成本、预留发展基金以及按照国家有关规定提取其他必需的费用后，出资人可以从办学结余中取得合理回报。可以看出，《民办教育促进法》并没有直接界定"非营利"的内涵，而是采取了模糊处理的方式。用"合理回报"回避了《教育法》关于"不得以营利为目的举办学校及其他教育机构"以及《高等教育法》"不得以营利为目的"的规定。从《民办教育促进法》和《教育法》、《高等教育法》的关系来看，其又不可能直接突破后者关于"不得以营利为目的"的相关规定。因此，一个必然的推论是，《民办教育促进法》所持的立场是，出资人取得"合理回报"与"不得以营利为目的"不矛盾。或者说，取得"合理回报"也属于"非营利"。同时，《民办教育促进法》也是基于这一思路来进行相关制度设计的。《民办教育促进法》第 46 条规定，民办学校享受国家规定的税收优惠政策；第 50 条规定，新建、扩建民办学校，人民政府应当按照公益事业用地及建设的有关规定给予优惠。可以看出，不论是否要求"合理回报"，民办学校都享有税收优惠和土地优惠。而这些优惠按法理是只有真正的非营利学校才能享有的。从相关的界定和制度设计都可以看出，《民办教育促进法》认为，要求"合理回报"和"非营利"是不矛盾的。

（二）修改前的《民办教育促进法》关于"合理回报"相关规定的消极后果

修改前的《民办教育促进法》关于"合理回报"的相关规定的消极后果体现在如下几个方面。

1. 造成相关的理论混乱。从内涵上分析，凭借股权投资所取得的股息、红利回报，凭借债权投资所取得的利息回报，在法律上都是"合理"回报。如果是"不合理"的回报，那法律是不可能保护的。所以，取得"合理回报"就是取得投资回报，而取得投资回报，就是取得利润分配，就是典型的营利，这和举办企业取得投资回报没有什么区别。值得注意的是，《民办教育促进法》为体现"合理回报"为行政行为而不是民事行为，特将"合理回报"规定在"国家的扶持与奖励"部分。这种掩耳盗铃的做法并不能改变"办学结余"就是办学利润、"合理回报"就是收益索取权的法律事实（税兵，2008：158）。

同时，该法第 6 条又提到"国家鼓励捐资办学"。而捐资办学是不分配利润的，是典型的非营利办学。这就造成了严重的理论混乱，不分配利润的捐资办学、不要求取得"合理回报"的办学、相当于分配利润的要求取得"合理回报"的办学都构成非营利教育。在同一部法律中，竟然存在三种类型的"非营利"教育！捐资办学和不要求取得"合理回报"办学之间的本质区别是什么？要求取得"合理回报"办学和不要求取得"合理回报"办学之间的本质区别又是什么？《民办教育促进法》都语焉不详。而前文对国际文献和各国立法的梳理表明，"非营利"的最本质内涵和界定标准就是"禁止分配利润"。可以看出，《民办教育促进法》关于"合理回报"的相关规定和国际上关于"非营利"的界定是相冲突的。

此外，值得注意的是，"非营利"并非仅限于教育领域的一个法律概念。在科学、文化、卫生等诸多领域都存在举办"非营利"机构的现象。《民办教育促进法》关于"合理回报"的相关规定在教育以外的其他领域具有什么含义呢？如果说取得"合理回报"可以算作"非营利"仅限于教育领域的话，那就意味着，在中国的法律体系中，关于"非营利"存在不同的内涵。这种理论混乱是不可想象的。

2. 制度设计上的不配套。前文对《慈善法》相关规定的分析表明，"非营利"是需要相关的制度予以保障的，例如，禁止财产分配、清算后剩余财产处理等。对于三种类型的"非营利"办学，《民办教育促进法》并没有规定与之相配套的三类制度予以保障。《民办教育促进法实施条例》对确定"合理回报"的比例进行了限定，需要考虑的因素包括：收取费用的项目和标准；用于教育教学活动和改善办学条件的支出占收取费用的比例；办学水平和教育质量。回报是否"合理"直接关系到对民办学校的定性，但是，可以看出，上面的规定操作性并不强，具有很大的主观性，并没有给出一个客观、明确的标准。回报"合理"不"合理"也就只能流于法律条文的规定了。《民办教育促进法》以取得回报是否"合理"来界定是否"非营利"也就没有了可操作性。

此外，在制度设计上还有一些待解决的问题。例如，是否要求"合理回报"有没有时间限制？中间能否变更？是否可以先不要求"合理回报"，过一段时间之后，再要求"合理回报"，或者相反？这些问题的存在必将影响法律的严肃性和可预期性。同时也表明"合理回报"相关规定所存在的内在缺陷。

3. 影响真正的非营利办学。《民办教育促进法》将要求取得"合理回报"也纳入"非营利"范畴，同时在优惠政策设计上使此类办学与真正的非营利办学处于大致同样的地位。例如，在土地方面，《民办教育促进法》并没有区分是否要求取得"合理回报"，而是针对民办学校做了统一规定。在税收方面，《民办教育促进法实施条例》对是否要求取得"合理回报"的税收优惠做了区别。其第38条规定，捐资举办的民办学校和出资人不要求取得合理回报的民办学校，依法享受与公办学校同等的税收及其他优惠政策。出资人要求取得合理回报的民办学校享受的税收优惠政策，由国务院财政部门、税务主管部门会同国务院有关行政部门制定。但是，相关部门并没有出台专门针对要求取得"合理回报"民办学校的税收优惠政策。这种状况使得真正的非营利办学并没有享受到比要求取得"合理回报"办学更为优惠的政策条件。此外，"合理回报"相关规定使得真正的非营利办学在整个民办教育立法中处于边缘地位。这都不利于真正的非营利办学的健康发展。

4. 造成对其他领域投资的不公平。要求取得"合理回报"办学其实是一种在教育领域的投资行为。一方面民办学校举办者根据"合理回报"取得投资收益，另一方面民办学校又根据"非营利"享受税收优惠、公益事业用地等在内的各项政策优惠。如果仅仅站在相关机构及其投资者的立场，或者站在所谓"发展教育事业"的立场，这似乎也是没有问题的。但是，应该把视野放得更宽一些来思考相关的问题。如果教育领域可以通过"合理回报"规定获得非营利相关的政策优惠的话，那其他的社会事业，比如医疗、文化、环保、科技等都可以提出类似的主张。如果无限延伸下去，对于任何事业，如果既可以分配利润，又可以获得政策优惠，那都可能会获得更好的发展。但是，这种延伸其实是不现实的。如果真是那样，那国家的财政收入将会成为问题。因此，《民办教育促进法》的"合理回报"相关规定对于其他领域的投资者而言是不公平的。

三　新修改的《民办教育促进法》关于"非营利"的界定及其相关的制度保障

新修改的《民办教育促进法》延续了《慈善法》的立法精神，追求法律体系的协调一致性，在相关教育法律修改的基础上，摒弃"合理回报"的相关规定，对"非营利"做了清晰界定，并规定了相关的制度保障。

（一）相关教育法律的修改为《民办教育促进法》的修改创造了前提条件

2015年修改的《教育法》删除了原来的"任何组织和个人不得以营利为目的举办学校及其他教育机构"的条款，特别规定"以财政性经费、捐赠资产举办或者参与举办的学校及其他教育机构不得设立为营利性组织"。该条款意味着以其他经费来源举办的学校及其他教育机构可以设立为营利性组织。而于同年修改的《高等教育法》则删除了"不得以营利为目的"的规定。这样，新修改的《教育法》和《高等教育法》就在法律层面明确解除了对营利性教育的限制，而为非营利教育的清晰定位创造了条件。

（二）《慈善法》相关规定对《民办教育促进法》修改的参照意义

前文的分析已经表明，《慈善法》第一次在法律层面对"非营利"提供了操作性标准，即"禁止财产分配"，同时规定了一系列制度保障。值得注意的是，全国人大常委会公布的《中华人民共和国民法总则（草案)》也明确强调非营利性法人不得向其成员或者设立人分配利润。基于法律体系的协调统一性，《慈善法》的相关规定对《民办教育促进法》的修改具有参照意义。

（三）新修改的《民办教育促进法》对于"非营利"的界定及其相关的制度保障

2016年11月7日，第12届全国人民代表大会常务委员会第二十四次会议通过了《全国人民代表大会常务委员会关于修改〈中华人民共和国民办教育促进法〉的决定》（下文简称《决定》)，对《民办教育促进法》予以修改。新修改的《民办教育促进法》的一项重要内容是对民办学校实行分类管理，明确将民办学校分为非营利性民办学校和营利性民办学校。同时，界定了"非营利"的内涵，即"非营利性民办学校的举办者不得取得办学收益，学校的办学结余全部用于办学"。可以将上述界定概括为"禁止取得收益"，这一界定和国际通行的"禁止利润分配"与《慈善法》规定的"禁止财产分配"

在本质上是一致的。在界定了"非营利"之后，法律还对"营利性"做了界定，即"营利性民办学校的举办者可以取得办学收益，学校的办学结余依照公司法等有关法律、行政法规的规定处理"。这样，就从正反两个方面对"非营利"的内涵做出了清晰的界定。

除了对"非营利"做出清晰界定外，新修改的《民办教育促进法》还为非营利办学规定了一些制度保障。相关规定主要包括以下内容。（1）税收优惠规则。法律规定，非营利性民办学校享受与公办学校同等的税收优惠政策。（2）土地优惠规则。法律规定，新建、扩建非营利性民办学校，人民政府应当按照与公办学校同等原则，以划拨等方式给予用地优惠。（3）剩余财产处理规则。法律规定，非营利性民办学校清偿债务后的剩余财产继续用于其他非营利性学校办学。对于剩余财产的不同处理也是营利与非营利相区别的一个重要方面。（4）扶持措施。法律规定，县级以上各级人民政府可以采取购买服务、助学贷款、奖助学金和出租、转让闲置的国有资产等措施对民办学校予以扶持；对非营利性民办学校还可以采取政府补贴、基金奖励、捐资激励等扶持措施。此外，法律还规定了一些共同适用于营利性和非营利性民办学校的制度保障。例如，设立学校理事会、董事会或者其他形式的决策机构并建立相应的监督机制；收取费用的项目和标准向社会公示，并接受有关主管部门的监督；依法对民办学校实行督导，建立民办学校信息公示和信用档案制度；评估办学水平和教育质量，并将评估结果向社会公布；等等。

（四）新修改的《民办教育促进法》存在的不足

对于"非营利"，需要一系列制度予以保障。上文已经提到，新修改的《民办教育促进法》已经规定了诸多保障制度，但是，还存在一些不足之处。例如，在实践中，民办学校通过高额管理费、咨询费等方式规避法律、转移办学收益的做法并不鲜见。这种做法在法律上属于关联交易，应该予以规制。《慈善法》明确规定了关联交易限制规则。针对实践中存在的问题，《民办教育促进法》也应该规定类似的规则，从而让"非营利"真正落到实处。即使在《民办教育促进法》没有相关规定的情况下，相关部门也应该加强这方面的监管，评估其是否具备"非营利"地位以及是否应该享有相应的税收和土地等方面的优惠待遇。

此外，为了保持法律的稳定性和可预期性，全国人大常委会的《决定》特别针对《民办教育促进法》修改前设立的民办学校做了特殊规定："本决定公布前设立的民办学校，选择登记为非营利性民办学校的，根据依照本决定修改后的学校章程继续办学，终止时，民办学校的财产依照本法规定进行清偿后有剩余的，根据出资者的申请，综合考虑在本决定施行前的出资、取得合理回报的情况以及办学效益等因素，给予出资者相应的补偿或者奖励，其余财产继续用于其他非营利性学校办学；选择登记为营利性民办学校的，应当进行财务清算，依法明确财产权属，并缴纳相关税费，重新登记，继续办学。具体办法由省、自治区、直辖市制定。"这一规定具有一定的合理性。首先，修改前的《民办教育促进法》对于清偿债务后的剩余财产处理并没有明确规定，仅仅规定"民办学校清偿上述债务后的剩余财产，按照有关法律、行政法规的规定处理"。因其他法律、行政法规也没有相关的明确规定，所以使得对相关问题的处理处于一个空白状态。其次，尽管前文提到《民办教育促进法》规定的"合理回报"相关规定具有诸多不合理之处，但是，为了保持法律的稳定性和可预期性，为了保护办学者因信赖"合理回报"相关规定而产生的利益，给办学者一定的补偿是合理的。全国人大常委会《决定》的上述规定有助于解决前面提到的这两个问题。但是，相关的规定也存在一些不足。全国人大常委会的《决定》将"补偿和奖励"设定的时点为"终止时"，那么，做一个极端的假设，"终止"的时间可能会在未来非常远的某个时点。而在此期间，社会经济状况有可能发生巨大的变化，到那时该如何确定"补偿和奖励"的标准？同时，在此漫长的期间内，办学者的预期也是不确定、不稳定的。这一状况不利于法律的稳定性、安定性和可预期性。全国人大常委会的《决定》将具体的措施授权各省、自治区、直辖市制定。但愿各地在制定本地的相关办法时能妥善解决这一问题。

四 《慈善法》出台和《民办教育促进法》修改 对非营利慈善事业、民办教育事业 发展的重要意义

上文提到的两部法律的出台与修改对我国非营利慈善事业、民办教育事业的发展将具有积极的促进作用。下文主要探讨对民办教育事业发展的重要意义。

有必要从美国私立非营利大学的成功实践来看在法律层面明晰"非营利"对发展我国民办教育的重要性。值得注意的是，美国的高等教育是当今世界上最为成功的。观察美国的高等教育体系，其显著的一个特征是机构类型的多样性（diversity）。高等教育机构包括公立、私立非营利和私立营利三大类型。其中，私立非营利高等教育机构扮演了极其重要的角色。早在公立大学建立之前，私立非营利大学就已经存在。私立非营利大学为美国高等教育机构的组织、管理、运转奠定了基础，确立了学术标准（Shils，1973：6-29）。特别是自1819年达特茅斯学院案［Dartmouth College v. Woodward，17 U. S. 518（1819）］以来，私立非营利大学在高等教育体系中的法律地位得到了牢固的确立。联邦最高法院的判决明确了美国私立大学所享有的法人地位，使得私立大学免受公权力的干涉，保证了私立大学的独立、自治和学术自由（任东来、陈伟、白雪峰，2005：40~51）。更为重要的是，私立非营利大学的存在增强了美国高等教育体系的竞争性。特别是在研究型大学中，私立非营利大学更是长期占据排行榜的前列。以相关数据为例，2014年秋季，全美有4614个可授予学位的高等教育机构，其中，公立机构1621个，私立非营利机构1666个，私立营利机构1327个，私立非营利机构占36.11%。在"非常高"类研究型大学（Research University，very high）① 中，公立大学有73所，私立非营利大学有34

① 卡耐基基金会高等教育分类将研究型大学分为三类：（1）"非常高"类研究型大学（Research University，very high）：具有非常高水平的研究活动的研究型大学；（2）"高"类研究型大学（Research University，high）：具有高水平研究活动的研究型大学；（3）博士/研究型大学（Doctoral/Research University）：每年至少授予20个博士学位，但是没有高水平研究活动。

所。在"高"类研究型大学（Research University，high）中，公立大学有 73 所，私立非营利大学有 24 所。① 在顶尖研究型大学中，根据美国《新闻与世界报道》2016 年的全美大学排名，前十名均为私立非营利大学，第一名为普林斯顿大学。② 根据泰晤士高等教育世界大学排名 2015～2016 年的数据，前十名中美国占 6 所，全部是私立大学，第一名为加州理工学院。③ 根据 QS 世界大学排名 2015～2016 年的数据，前十名中美国占 5 所，全部是私立大学，第一名为麻省理工学院。④ 根据上海交通大学世界大学排名 2015 年的数据，前十名中美国占 8 所。除了加州大学伯克利分校外，其他均是私立非营利大学。哈佛大学为第一名。⑤

在学生人数方面，2014 年秋季，本专科在校生数为 17292787 名，其中就读私立非营利机构的为 2771341 名，占在校生总数的 16.03%。就读四年制机构的学生为 10578302 名，其中就读私立非营利机构的为 2740976 名，占 25.91%。⑥

从上面的数据可以看出，私立非营利高等教育机构在美国高等教育体系中占据了非常重要的地位。尽管有特殊的国情背景因素，但是，美国私立非营利高等教育的发展还是值得引起我们的重视和借鉴，其成功实践值得我们关注。

自改革开放以来，我国的民办教育取得了长足的发展。以高等教育为例，2015 年，全国民办高校达到 734 所，而全国普通高等学校为 2560 所，民办高校占到 28.67%；全国民办高校在校生达到 610.90 万人，而全国各类高等教育在学总规模达到 3647 万人，民办高校在校生占到 16.75%。⑦ 民办高校为当年高等教育毛入学率达到 40.0% 做出了贡献。客观地说，民办教育在我国高等教育大众化进程中发挥了重要的作用。但是，也可以看出，我国民办高等教育的办学水平尚处于较低的层次，对"985""211"等高水平公办大学构不成竞争压力，这和美国私立非营利研究型大学的繁荣发展形成了鲜明对比。制约我国民办高等教育向更高水平发展的因素很多，稳定可预期的良好制度环境的缺乏或许是其中的一个因素。前文的分析已经表明，在"非营利"的内涵成为国际学术界通说和各国立法惯例的情况下，我国原有的民办教育立法却对其采取了模糊处理，规定了"合理回报"这样不"合理"的法律条款。在制度设计上没有把真正的非营利办学放在核心位置。这种做法会鼓励投资办学者，但是对真正的非营利办学是不利的。在这种情况下，真正的非营利办学并没有享受到比所谓要求取得"合理回报"办学更为优越的优惠条件。

---

① NCES. List of 2015 Digest Tables-Table 317. 40，https：//nces. ed. gov/programs/digest/d15/tables/dt15 _317. 40. asp，2016 – 8 – 1.

② National Universities Rankings，http：//colleges. usnews. rankingsandreviews. com/best-colleges/rankings/national-universities? int = 9ff208，2016 – 8 – 1.

③ World University Rankings 2015 – 2016，https：//www. timeshighereducation. com/world-university-rankings/2016/world-ranking#! /page/0/length/25/sort_by/rank_label/sort_order/asc/cols/rank_only，2016 – 8 – 2.

④ QS World University Rankings 2015/16，http：//www. topuniversities. com/university-rankings/world-university-rankings/2015#sorting = rank + region = + country = + faculty = + stars = false + search = ，2016 – 8 – 2.

⑤ Academic Ranking of World Universities 2015，http：//www. shanghairanking. cn/index. html，2016 – 8 – 2.

⑥ NCES. List of 2015 Digest Tables-Table 303. 70，https：//nces. ed. gov/programs/digest/d15/tables/dt15 _303. 70. asp，2016 – 8 – 2.

⑦ 《2015 年全国教育事业发展统计公报》，http：//education. news. cn/2016 – 07/07/c_129123711_3. htm，2016 – 8 – 2。

值得注意的是，新修改的《民办教育促进法》有望改变这一状况。前文已经提到，新修改的《民办教育促进法》明确了"非营利"的内涵，对非营利性民办学校和营利性民办学校实行分类管理，对非营利性民办学校在税收、土地、捐赠等方面都规定了更为优惠的政策。这些制度创新为非营利民办教育的发展创造了更为优越、稳定、可预期的制度环境。有一种意见认为，在我国目前阶段，愿意捐资办学的办学者还极为有限，尚不具备非营利民办教育发展的条件。笔者认为，尽管现阶段捐资办学者的数量可能不多，但是法律应该为此类办学提供制度选择空间，对此类办学予以鼓励，为此类办学的发展提供可能性；而不应该将本来应该给予非营利办学的优惠政策赋予其他类型的民办教育，那样会抑制真正的非营利民办教育的发展。因此，新修改的《民办教育促进法》的相关规定将会有力改善非营利民办教育的制度环境，必将吸引真正的捐资办学者举办非营利学校，形成一个充满活力的非营利民办教育系统，进而对公办教育系统构成竞争态势，从而促进我国整个教育系统的繁荣发展。

参考文献

任东来、陈伟、白雪峰，2005，《美国宪政历程：影响美国的 25 个司法大案》，中国法制出版社，第 40 ~ 51 页。

税兵，2008，《民办学校"合理回报"之争的私法破解》，《法律科学》（西北政法大学学报）第 5 期，第 156、158 页。

Hansmann, Henry. 1996. *The Ownership of Enterprise*. Cambridge：Harvard University Press, p. 228.

Hansmann, Henry. 1980. "The Role of Nonprofit Enterprise." *Yale Law Journal* 89（5）：835, 899.

Salamon, Lester M. and Helmut K. Anheier. 1997. "Toward a Common Definition." In *Defining the Nonprofit Sector：A Cross-National Analysis*, edited by Lester M. Salamon and Helmut K. Anheier, p. 29, 50. Manchester & New York：Manchester University Press.

Shils, Edward. 1973. "The American Private University." *Minerva* 11（1）：6 – 29.

Weisbrod, Burdon A. 1988. *The Nonprofit Economy*. Cambridge & London：Harvard University Press, p. 1.

新《民促法》出台后地方实施条例的
概况与特点

王江璐[*]

2016 年 11 月 7 日，第十二届全国人大常委会第二十四次会议审议通过了《全国人民代表大会常务委员会关于修改〈中华人民共和国民办教育促进法〉的决定》，对《民办教育促进法》予以修订（以下简称"新《民促法》"），开启了对民办学校进行分类管理的改革。新《民促法》的相关配套文件相继发布，新时期民办教育政策体系也臻于完善（见表 1）。

表 1 新《民促法》出台后的中央相关政策

发布时间	政策名称
2017 年 1 月 18 日	《国务院关于鼓励社会力量兴办教育促进民办教育健康发展的若干意见》（国发〔2016〕81 号）
2016 年 12 月 29 日	《中共中央办公厅印发〈关于加强民办学校党的建设工作的意见（试行）〉的通知》（中办发〔2016〕78 号）
2016 年 12 月 30 日	《教育部等五部门关于印发〈民办学校分类登记实施细则〉的通知》（教发〔2016〕19 号）
2016 年 12 月 30 日	《教育部、人力资源社会保障部、工商总局关于印发〈营利性民办学校监督管理实施细则〉的通知》（教发〔2016〕20 号）
2017 年 7 月 7 日	《中央有关部门贯彻实施〈国务院关于鼓励社会力量兴办教育促进民办教育健康发展的若干意见〉任务分工方案》（教发函〔2017〕88 号）
2017 年 8 月 5 日	《国务院办公厅关于同意建立民办教育工作部际联席会议制度的函》（国办函〔2017〕78 号）
2017 年 8 月 30 日	《教育部发展规划司关于进一步做好民办学校办学许可证填写有关工作的通知》（教发司〔2017〕251 号）
2017 年 8 月 31 日	《工商总局、教育部关于营利性民办学校名称登记管理有关工作的通知》（工商企注字〔2017〕156 号）
2018 年 4 月 20 日	《教育部关于〈中华人民共和国民办教育促进法实施条例（修订草案）（征求意见稿）〉公开征求意见的公告》
2018 年 8 月 22 日	《国务院办公厅关于规范校外培训机构发展的意见》（国办发〔2018〕80 号）
2018 年 8 月 10 日	《中华人民共和国民办教育促进法实施条例（修订草案）（送审稿）》
2018 年 11 月 7 日	《中共中央、国务院关于学前教育深化改革规范发展的若干意见》

---

* 王江璐，北京大学中国教育财政科学研究所博士后。

新《民促法》落地后，地方政策也陆续出台。截至2019年1月底，除黑龙江、新疆、和福建外，全国28个省（自治区、直辖市）都已印发了地方实施意见。此外，海南、上海、天津、河北、陕西、浙江、四川、江苏、宁夏、重庆等地出台了分类登记实施办法；陕西、四川、江苏、重庆等地出台了营利性民办学校监管办法；上海、江苏、青海、天津、广东出台了培训机构设置标准和管理办法。本文将主要分析地方实施意见中涉及过渡期设置、退出机制、财税扶持、土地政策、教师待遇与学生权益、金融政策、招生政策和收费政策等方面的内容，以比较各省（自治区、直辖市）的异同与特点。

一　过渡期设置

"过渡期"是指在新《民促法》修订（2016年11月7日）或正式实施（2017年9月1日）前成立的民办学校，在进行"营利性"和"非营利性"选择时，由于诸如政策衔接、手续办理等因素影响，地方政府可根据实际情况设立时间节点，以保证分类管理改革平稳进行。

在新《民促法》和《国务院关于鼓励社会力量兴办教育促进民办教育健康发展的若干意见》（以下简称《若干意见》）中没有明确提及民办学校的过渡期问题，授权给地方政府决定。在28个省级实施意见中，共有16个省级文件设置了过渡期。其中，大多数省（自治区、直辖市）设置了3～6年的过渡期，即新《民促法》通过或正式实施前设立的民办学校最晚于2023年前都需要完成分类管理相关手续的办理。具体而言，以上海的相关规定最为细致，根据不同属性和不同层级的民办学校在过渡期内的不同流程和手续办理，划定了相应的时间节点，例如，要求各民办学校在2018年底前提交属性选择的书面材料，在2019年底前非营利性学校完成学校章程修订、法人治理结构和内部管理制度完善等步骤；而营利性学校中，民办高校在2021年底、其他层级学校在2020年底必须完成财务清算、缴纳税费、重新办理法人登记手续等。此外，广东也较为特殊，并没有设定具体的日期，而是提出了"各地、各有关单位要认真指导现有民办学校开展财务清查、清算和章程修订工作，按'一校一策'原则制定过渡工作方案"，进一步授权给各级政府和不同民办学校的主管部门。

二　退出机制

针对民办学校的退出机制，新《民促法》规定，选择登记为非营利性学校的，根据新《民促法》出台后的学校章程继续办学，在其终止时，清偿后有剩余的，综合在新《民促法》实施前的"出资、取得合理回报的情况以及办学效益等因素"，给予出资者相应的补偿或者奖励，其余财产继续用于其他非营利性学校办学。选择登记为营利性学校的，应当进行财务清算，依法明确财产权属，并缴纳相关税费，重新登记，继续办学。

《若干意见》的第十条为"健全学校退出机制"，基本延续了新法的条款，增加了营利性学校终止时，依法清偿后有剩余的，依照《公司法》处理。但具体政策，则交由省级政府制定。

在地方的实施意见中，大多数省（自治区、直辖市）基本照搬了新法和《若干意见》的规定，其中贵州没有太多变化，而云南的相关条款则最为笼统，为"有关部门要结合实际出台具体办法，健全民办学校退出机制，依法保护受教育者的合法权益"。其余各地则在中央规定的基础上有适当调整和增加，主要体现在清偿顺序和对出资者奖励与补贴的细化。具体体现在以下五个方面。

（1）清偿程序方面，内蒙古强调了"要严格按照法律法规程序，提出清算和安置方案，保证有序退出"；山西规定在民办学校终止办学后，增加了"由原审批部门收回办学许可证，并向原登记机关申请注销登记"这一步骤。

（2）增加了对师生权益的保障。例如，在民办学校终止时，辽宁、广西、四川、青海等地提出了应当优先退还/清偿"教育者学费、杂费和其他费用，应发教职工的工资及应缴纳的社会保险费用"等；上海也提出要"妥善安置受教育者和教职工"。

（3）对现有民办学校选择为非营利性学校后，当学校终止时，对出资者奖励或补贴考虑因素的细化。在综合新法出台或实施前的出资、取得合理回报的情况以及办学效益等因素的基础上，重庆增加了"土地取得方式"因素，陕西增加了"人力资本投入""社会声誉"因素。而需要扣除投入的部分，湖北提出要扣除"国有资产、捐赠、土地房产增值部分"，四川提出需要"扣除财政投入、社会捐赠形成的资产"，宁夏则更加强调要"明确土地、校舍、办学积累等财产的权属"。

（4）细化了补偿或奖励的力度或额度。总体而言，各省（自治区、直辖市）关于原有民办学校登记为非营利性学校终止后的补偿和奖励问题，遵循了办学终止—清算—清偿—补偿—奖励—继续用于其他非营利性办学的流程。但具体的补偿或奖励办法，各省存在差异（见表2），其中规定得较为具体的有以下省份。湖北提出了"清偿后的剩余资产可按不高于经确认的出资额返还举办者，仍有结余的，可视情况给予举办者学校净资产（扣除国有资产、捐赠、土地房产增值部分）15%的奖励"。重庆的规定为"补偿额最高不超过2017年8月31日前举办者的累计投入；若补偿后仍有结余净资产，可以在该结余净资产额度内按照结余净资产种类、不同的时间段和终止的情形等情况综合考虑实施奖励，实行'一地（校）一策'"。上海和四川都规定了"补偿与奖励从学校剩余财产中的货币资金提取；货币资金不足的，从将其他资产依法转让后获得的货币资金中提取"。而湖南则对补偿金额进行限定，即"补偿奖励总额占学校依法清偿后剩余财产总额的比例不高于出资者2017年9月1日前的出资占学校办学总投入的比例"。此外，也有若干省份进一步授权给相关部门制定规范。例如，宁夏的规定为"具体奖励或者补偿标准另行制定"；云南则是"有关部门要结合实际出台具体办法"；广东一方面要求遵循"一校一策"原则，另一方面又规定"具体补偿或奖励办法由各级教育、人力资源社会保障部门按照审批权限另行制定"。

表2　部分省（自治区、直辖市）关于登记为非营利性民办学校终止后
补偿和奖励的规定

省（自治区、直辖市）	补偿金额	奖励金额
湖北	不超过 Y	$(X-Y)\times15\%$ $(X-Y\geqslant0)$
重庆	不超过 Y	"一地（校）一策" $(X-Y\geqslant0)$
陕西	原始出资额加上追加出资额，但不超过 Y	给予一定奖励
江西	不超过 X	补偿后仍有剩余的，申请一定比例作为奖励
湖南	补偿奖励总额占 X 的总额的比例不高于出资者2017年9月1日前的 Y 占总投入的比例	
四川	从 X 的货币资金提取；货币资金不足的，从将其他资产依法转让后获得的货币资金中提取	
上海		

注：X＝清偿后剩余财产；Y＝举办者出资额／累计投入。

（5）若干省份提出建立民办学校的产权流转制度。甘肃的《实施意见》规定，登记为营利性民办学校的，在清偿后有剩余的，"可按照股东的出资比例或持有的股份比例分配"。而内蒙古和安徽针对非捐资举办的民办学校，提出了要建立"民办学校产权流转制度"，"出资或投资者对所有者权益（股权）可以增设、释股、转让、继承、赠予。产权流转要纳入所在地政府产权交易平台，规范操作"。也即除了捐赠举办的学校外，不管是营利性还是非营利性学校都可以进行股权流转。

三　财税扶持

对民办学校的财税扶持政策主要包括政府补贴、政府购买服务和税费减免等方面内容。

（一）政府补贴

新《民促法》规定了"对非营利性民办学校还可以采取政府补贴、基金奖励、捐资激励等扶持措施"。《若干意见》提出"地方各级人民政府应建立健全政府补贴制度，明确补贴的项目、对象、标准、用途"。各省实施意见呈现了以下若干特点。

（1）不少省（自治区、直辖市）强调了对义务教育阶段民办学校的生均经费补助。根据《国务院关于进一步完善城乡义务教育经费保障机制的通知》（国发〔2015〕67号）和《财政部、教育部关于印发〈城乡义务教育补助经费管理办法〉的通知》（财科教〔2016〕7号），对城乡义务教育阶段学生（含民办学校学生）免除学杂费、免费提供教科书，对家庭经济困难寄宿生补助生活费。民办学校学生免除学杂费标准按照中央确定的生均公用经费基准定额标准执行。有不少省级文件也制定了类似条款。例如，北京的规定是"完善生均基准定额补助制度"；山西是根据学生数和公办学校的生均教育经费标准，拨付相应的教育经费；宁夏则是"按同级同类公办学校标准核拨生均公用经费"；上海提出"按照不低于生均公用经费基准定额的标准给予补助"，同时健全"以招收进城务工人员随迁子女为主的民办小学办学成本政府补贴制度"。值得注意的是，海南在政策表述上对民办义务教育学校的补贴力度最大，提出"补贴标准应当能够基本补偿民办学校所付出的成本"。

（2）完善非义务教育阶段民办学校和学生的补贴政策。针对非营利性民办幼儿园，陕西、青海提出了享受同类公办学校生均公用经费补助。甘肃的奖补资金则是从学前教育专项资金中统筹。针对民办中职，宁夏的政策是按同级同类公办学校标准执行学费减免政策。山西则是强调了民办中职"在实施学校基础能力建设、实习实训基地建设时，与公办学校同等对待"。

（3）若干省级文件中出台了不强调特定教育层级、涵盖各级各类民办学校的政府补贴政策的条款。例如，海南的政策是对非营利性民办学校，其补助标准参照生均公用经费标准；重庆的规定较为详细，除了落实生均经费补助外，还需要"适度增长"，另外还有用于"非营利民办学校实习实训基地建设、优质特色建设、师资队伍建设、公共服务资源平台建设等普惠和竞争性财政项目"；西藏则是"落实民办学校学生与公办学校学生同等享受免费教育、'三包'补助"①。

（二）政府购买服务

新《民促法》和《若干意见》规定，各级人民政府可以采取购买服务的方式对民办学校予以扶持。该规定包含营利性和非营利性学校。此项内容在各省（自治区、直辖市）的配套文件中较为相近，重合度较高。

（1）大部分省级文件直接沿用了中央文件提出的营利性和非营利性学校都可以采取政府购买服务的方式予以扶持的宽泛性的表述，包括天津、河北、浙江、安徽、河南、甘肃、青海、宁夏等地，即"各级人民政府要完善制度政策，在政府补贴、政府购买服务、基金奖励、捐资激励、土地划拨、税费减免等方面对非营利性民办学校给予扶持。各级人民政府可根据经济社会发展需要和公共服务需求，通过政府购买服务及税收优惠等方式对营利性民办学校给予支持"。

（2）大部分省级文件提出了需要完善政府购买服务的标准和程序、建立绩效评价制度。北京、天津、山西、内蒙古、辽宁、吉林、上海、江苏、江西、广西、四川、贵州、云南、陕西、宁夏等地制定了相关条款。其中，宁夏提出了要"完善政府购买服务的目录"，而重庆对政府购买服务的流程规定得最为详细，强调了"明确购买服务的范围、清

---

① "三包"政策是中央在西藏自治区实施的一项特殊优惠政策。从1985年开始，西藏自治区在农牧区实行以寄宿制为主的中小学校办学模式，并对义务教育阶段的农牧民子女实行包吃、包住、包学习费用的"三包"政策。"三包"补助范围和经费标准屡次提高，在2018年底，学前教育阶段生均补助标准为：二类区3120元、三类区3220元、四类区或边境县3320元；义务教育阶段生均补助标准为：二类区3620元、三类区3720元、四类区或边境县3820元；高中教育阶段生均补助标准为：二类区4120元、三类区4220元、四类区或边境县4320元。

单和委托管理项目。建立健全项目申报、预算编报、组织采购、项目监管、绩效评价的规范化流程"。

（3）增加了政府向民办学校购买或公民办学校相互购买服务的具体内容。包括北京在内的二十多个省级文件增加了相关内容，购买服务的具体形式包括购买教学资源、管理服务、就读学位、课程教材、科研成果、职业培训、政策咨询等教育服务，通过"委托、承包、采购"等方式实现。

此外，重庆和上海都提出了要提高和加大政府购买能力和力度。北京则希望通过政府购买服务，"鼓励行业组织对民办教育理论和实践问题开展研究，并推动研究成果转化应用，引导民办学校科学办学"。西藏并未提及政府购买服务。

（三）税费减免

新《民促法》中提到，"民办学校享受国家规定的税收优惠政策；其中，非营利性民办学校享受与公办学校同等的税收优惠政策"。另外，现有民办学校选择登记为营利性的，"应当进行财务清算，依法明确财产权属，并缴纳相关税费，重新登记，继续办学"。但对于具体的减免和缴纳的税费政策并未说明。在《若干意见》中，也提及了对非营利性和营利性民办学校采取税费减免和税收优惠的支持，强调了落实相关激励政策的税费优惠项目，如表3所示。地方发布的实施意见中，与《若干意见》相差无几的有北京、内蒙古、上海、浙江、安徽、山东、河南、湖北、广东、海南、云南、陕西、甘肃、青海等地。其余的地方文件中，增加了对民办学校增值税、企业所得税等的优惠条款。

表3　《若干意见》中的税费优惠政策

	非营利性民办学校	营利性民办学校
房产税	免征	
城镇土地使用税	免征	
企业公益性捐赠支出	在年度利润总额12%以内的部分，准予在计算应纳税所得额时扣除	
个人公益性捐赠支出	在个人所得税前予以扣除	
企业所得税	免税资格认定后，免征非营利性收入的企业所得税	

1. 增值税

在《若干意见》中并未对民办学校涉及的增值税问题进行规定，表4反映的是各省（自治区、直辖市）对民办学校增值税的减免政策，分为免征和简易计税两种。增值税减免的范围较广，主要集中在民办学校提供的教育服务、获取的劳务收入上，也有不少地区针对民办学校提供的与技术相关的开发、转让和咨询等业务所产生的增值税进行减免。针对非学历教育，有3个省份使用了简易计税方法。此外，还有针对境外捐赠、不动产转让和土地使用权转让行为的增值税减免规定。

表4　省级文件中对民办学校增值税的减免规定

省（自治区、直辖市）	增值税
	免征
天津 吉林	从事学历教育的民办学校和民办幼儿园提供的保育/教育服务收入（未区分营利性和非营利性）
重庆 四川 江苏 广西	学历教育学费/幼儿保教保育费、住宿费（未区分营利性和非营利性）
重庆	学校自办食堂取得的伙食费收入
河北 宁夏 江苏	营利性学校幼儿保教保育和学历教育服务收入
辽宁 重庆 贵州 宁夏 广西	民办学校提供技术开发、技术转让和与之相关的技术咨询、技术服务
吉林 重庆	境外向中国境内依法设立的非营利性民办学校的捐赠，减征或者免征进口环节的增值税[①]
重庆	民办学校在资产重组过程中，通过合并、分立、出售、置换等方式，将全部或者部分实物资产以及与其相关联的债权、负债和劳动力一并转让给其他单位和个人的，对涉及的不动产转让和土地使用权转让行为不征收增值税
	简易计税方法
河北 宁夏 江苏	民办培训机构提供非学历教育服务

注：①同时也减征或者免征进口关税。重庆的规定则较为模糊，即"民办学校接受境外捐赠、进口科学研究和教学物品所涉关税和进口环节增值税按财政部、科技部、民政部、海关总署、税务总局等部门有关规定执行"。

　　根据2016年3月23日由财政部、国家税务总局颁布的《关于全面推开营业税改征增值税试点的通知》（财税〔2016〕36号）（以下简称"36号文件"）中的附件3《营业税改征增值税试点过渡政策的规定》，免征增值税的具体内容，针对学历教育，包括学费、住宿费、课本费、作业本费、考试报名费收入，以及学校食堂提供餐饮服务取得的伙食费收入，但不包含择校费和赞助费等；针对民办托儿所和幼儿园，指教育费、保育费，且规定了超过规定收费标准的收费，以开办实验班、特色班和兴趣班等为由另外收取的费用以及与幼儿入园挂钩的赞助费、支教费等超过规定范围的收入，不属于免征增值税的收入。[①] 也即教育服务收入已经涵盖了学费/保教保育费、住宿费和伙食费。江苏一方面规定了"从事学历教育的民办学校，对经有关部门审核批准收取的学费、住宿费等免

　　① 《营业税改征增值税试点过渡政策的规定》，中华人民共和国财政部，http://www.chinatax.gov.cn/n810219/n810744/n2048831/c2052141/content.html，最后访问日期：2016年3月23日。

征增值税"，另一方面同时规定了"对从事学历教育的营利性民办学校提供的教育服务免征增值税"，产生了一定的重复。而事实上地方并无权限实现增值税减免上的突破。

同样，辽宁等 5 地针对技术开发与转让方面的增值税减免在《营业税改征增值税试点过渡政策的规定》中也能找到依据。而吉林和重庆设定的关于境外捐赠减征或免征进口环节增值税，则依据了《中华人民共和国慈善法》中"境外捐赠用于慈善活动的物资，依法减征或者免征进口关税和进口环节增值税"的规定。此外，重庆关于资产重组的相关规定，亦来自"36 号文件"附件 2《营业税改征增值税试点有关事项的规定》中的第一条第二款第五项规定。① 而一般纳税人提供非学历教育服务，可适用简易计税方法，出自《财政部、国家税务总局关于进一步明确全面推开营改增试点有关再保险、不动产租赁和非学历教育等政策的通知》（财税〔2016〕68 号）。

2. 所得税

关于所得税的减免，地方同样也没有制定优惠政策的权限。《若干意见》中主要针对两个方面，一是捐赠时对企业或个人所得税的扣除，二是免税资格认定后，对非营利性学校免征企业所得税。在省级的相关条款中，对个人所得税问题并未做进一步说明，但是企业所得税方面有所细化（见表 5）。

（1）辽宁等 5 省在《若干意见》中关于企业公益性捐赠的基础上，增加了超过利润总额 12% 的部分，"准予结转以后 3 年内在计算企业所得税应纳税所得额时扣除"的规定，这实质上直接使用了 2017 年 2 月 24 日第十二届全国人民代表大会常务委员会第二十六次会议通过的对《中华人民共和国企业所得税法》（以下简称《企业所得税法》）修改的相关条款。

（2）辽宁增加了《中华人民共和国企业所得税法实施条例》（中华人民共和国国务院令第 512 号）中第九十条关于"居民企业技术转让"所得的相关规定。

（3）辽宁的企业接收实习生时发生的支出可以扣除企业所得税应纳税所得额的规定，同样源自《企业所得税法》第八条规定的"企业实际发生的与取得收入有关的、合理的支出，包括成本、费用、税金、损失和其他支出，准予在计算应纳税所得额时扣除"。

（4）辽宁针对非营利性民办职业学校接受捐赠的收入的情况，规定除《企业所得税法》中规定的财政拨款以外的其他政府补助收入（不包括因政府购买服务取得的收入），"按照省级以上民政、财政部门规定收取的会费，不征税收入和免税收入孳生的银行存款利息收入，财政部、国家税务总局规定的其他收入等，按规定免征企业所得税"。而这一条则来自《财政部、国家税务总局关于非营利组织企业所得税税收收入问题的通知》（财税〔2009〕122 号）中关于非营利组织免税收入的划定。

（5）重庆关于西部大开发政策规定的营利性民办学校可享受 15% 的优惠税率，来自《财政部、国家税务总局、海关总署关于西部大开发税收优惠政策问题的通知》（财税〔2001〕202 号）、《财政部、海关总署、国家税务总局关于深入实施西部大开发战略有关税收政策问题的通知》（财税〔2011〕58 号）中"对设在西部地区国家鼓励类产业的内

---

① 《营业税改征增值税试点有关事项的规定》，中华人民共和国财政部，http://www.chinatax.gov.cn/n810219/n810744/n2048831/c2052301/content.html，最后访问日期：2016 年 3 月 23 日。

资企业和外商投资企业……减按15%的税率征收企业所得税"的规定。

表5　各省（自治区、直辖市）对企业所得税减免情况的规定

省（自治区、直辖市）	所得税
辽宁 吉林 江苏 江西 贵州	对企业用于支持教育事业的公益性捐赠支出，超过年度利润总额12%的部分，准予结转以后3年内在计算企业所得税应纳税所得额时扣除
辽宁	一个纳税年度内，居民企业技术转让所得不超过500万元的部分，免征企业所得税；超过500万元的部分，减半征收企业所得税
辽宁	企业因接收实习生所实际发生的与取得收入有关的、合理的支出，在计算企业所得税应纳税所得额时扣除
重庆	对符合西部大开发政策规定的营利性民办学校，可减按15%的税率缴纳企业所得税
辽宁	对按照税法规定认定为非营利组织的非营利性民办职业教育学校接受捐赠的收入，除财政拨款以外的其他政府补助收入（不包括因政府购买服务取得的收入），按照省级以上民政、财政部门规定收取的会费，不征税收入和免税收入孳生的银行存款利息收入，财政部、国家税务总局规定的其他收入等，按规定免征企业所得税
广西	民办学校开展科研项目获得的财政拨款，符合企业所得税有关政策规定的，作为不征税收入

3. 其他

在涉及土地、不动产等的税费减免方面，海南提出了2017年9月1日前设立的民办学校，选择登记为营利性民办学校的，分类登记之前依法依规减免的税收不再补缴，减免的增值税、企业所得税依据税收法律法规执行，减免的规划建设相关费用不再补缴。山西提出了将不动产过户到民办学校名下且不属于交换或买卖行为的，免费办理过户手续，此外，民办学校承受的土地、房屋权属用于教学的，免征契税。重庆则在不动产的基础上增加了土地、设备等相关资产的过户手续费的免费，对提供学历教育服务的营利性民办学校和营利性民办幼儿园经批准征用的耕地依法免征耕地占用税。贵州则增加了减免资产过户时的服务性收费。重庆是唯一一个涉及了免征印花税的省份，免征对象为"财产所有人将财产捐赠给民办学校所立的书据"。此外，有超过20个省（自治区、直辖市）提出了民办学校的用电、用水、用气、用热，执行与公办学校相同的价格政策。

相较于其他省（自治区、直辖市），重庆和辽宁在税费问题上花了最多的篇幅，尤其是在增值税、所得税方面增加了不少规定，但均是源自税法和国家税务总局的相关规定。

四　土地政策[①]

新《民促法》中对民办学校用地的规定是："新建、扩建非营利性民办学校，人民政

---

① 这一部分并不涉及跟土地相关的税费问题，如城镇土地使用税、房产税等，相关问题将在税费部分讨论。

府应当按照与公办学校同等原则，以划拨等方式给予用地优惠。新建、扩建营利性民办学校，人民政府应当按照国家规定供给土地。"《若干意见》进一步提出了实行"差别化的用地政策"，且针对营利性民办学校的土地政策做了进一步说明，"只有一个意向用地者的，可按协议方式供地。土地使用权人申请改变全部或者部分土地用途的，政府应当将申请改变用途的土地收回，按时价定价，重新依法供应"。此外，"出资用于办学的土地"也需要足额过户到学校名下。绝大多数地区直接沿用了《若干意见》中的表达，其中如安徽、山东和河南等地直接使用了中央条款，其他省份的侧重点体现在以下几个方面。

（1）增加了将民办学校用地纳入地方政府用地统筹的相关规定。对于民办学校的新建、扩建和改建用地，河北、山西、辽宁、吉林、浙江、江苏、宁夏、青海、海南、广西、广东和云南等地提出了由当地政府统筹安排、统一纳入土地利用总体规划。其中山西和广东提出了对民办学校用地计划的"优先"纳入，而云南还提出了"民办学校迁建、扩建可依法依规进行土地置换"。此外，青海还特别提出要"预留教育公共服务用地，充分考虑全面二孩政策、人口流动、城镇化、扶贫搬迁等对学龄人口总量、结构、分布的影响"，以合理安排民办学校和公办学校用地。

（2）增加了对于现有学校登记为营利性民办学校时土地的变更规则。江苏、江西、湖北、广东、宁夏和海南6个省（自治区）设置了相关条款，即原民办学校登记为营利性学校后，原以划拨方式供地的，需补缴土地出让价款，转为有偿使用。其中江西和宁夏提出了除了采取补缴土地出让金外，还可以采取"租赁"等有偿方式办理供地手续。广东和宁夏在《实施条例》中仅涉及的"只有一个意向用地者"的情况下，增加了当有两个或两个以上用地申请人时，应以"招、拍、挂"方式确定土地使用者。海南则强调了在2017年9月1日前设立的民办学校，选择登记为营利性民办学校的，以划拨方式取得的用地，不改变土地用途的，按"市场评估价格40%补缴土地使用权出让金"，可分期缴纳。市县政府可按照"一校一策"的原则，针对用地大、补缴出让金有困难的民办学校，采用长期租赁、先租后让、租让结合等方式办理用地手续。

（3）增加了对校园基建相关费用减免的若干规定。在中央文件中，基本不谈及校园基础设施建设的问题，但有8个省级文件有所涉及，且都与土地问题同时讨论。其中，北京和山西均提出了要建立差别化的"建设政策"，但没有具体的相关内容。内蒙古、江西和广西则提出了民办学校在新建、扩建基础设施时，相关费用享受优惠政策，其中内蒙古和广西的文件中的相关费用涉及城市配套费、建设费、人防费等。此外，辽宁、广西、海南、云南等地则提出了针对非营利性民办学校，校舍及附属设施建设在报建立项、规费减免、水电气供给、环境保护等方面享受与公办学校同等的政策。而宁夏的范围更广，涵盖了所有民办学校。

（4）增加了对存量土地盘活使用的规定。重庆和山西提出了可对存量用地、闲置的国有土地等进行盘活，用于民办学校建设。广西提到了民办学校迁建、扩建可以依法依规对旧校区进行盘活处置。而吉林、江西和湖北则提出社会力量投资教育项目时，利用闲置的厂房、医院、学校、商业设施等存量土地和用房资源，整合后用于办学的，可依法办理用地手续，其中湖北的措施更加优惠，即"五年内可暂不办理土地用途和使用权人变更手续"，持续经营满五年后，经批准可采取协议出让方式，再办理用地手续。

（5）增加了降低土地交易成本的相关规定。例如江苏、辽宁和宁夏等地，提出了当出资人或举办者将"土地以原值过户到学校名下时"，只收取登记费和工本费。湖南在此基础上还增加了"因学校名称变更办理土地和房屋等不动产变更登记手续的，减半收取不动产登记费，不收取第一本不动产证书的工本费"的规定。

（6）创新土地供应方式。江西、湖北和海南等地鼓励先租后让、长期租赁、租让结合等租赁方式供应土地。

五 教师待遇与学生权益

（一）教师待遇

新《民促法》中涉及教师权益的内容主要是：第三十一条规定的"民办学校应当依法保障教职工的工资、福利待遇和其他合法权益，并为教职工缴纳社会保险费。国家鼓励民办学校按照国家规定为教职工办理补充养老保险"，以及第三十二条规定的"民办学校教职工在业务培训、职务聘任、教龄和工龄计算、表彰奖励、社会活动等方面依法享有与公办学校教职工同等权利"。在2002年《民促法》的基础上仅增加了"和其他合法权益"以及"国家鼓励民办学校按照国家规定为教职工办理补充养老保险"。而在《若干意见》中，对教师权益和待遇部分做了进一步的细化，主要有三个方面的内容。

（1）完善社保机制、人事制度等。具体内容包括：完善学校、个人、政府合理分担的民办学校教职工社会保障机制；鼓励民办学校建立补充养老保险；民办学校应为教职工足额缴纳住房公积金和社会保险费；落实跨统筹地区社会保险关系转移接续政策；完善民办学校教师户籍迁移等方面的服务政策；探索建立民办学校教师人事代理制度和交流制度。

（2）保障民办教师与公办教师的平等权利。具体内容包括：在"资格认定、职务评聘、培养培训、评优表彰等方面与公办学校教师享有同等权利"；非营利性民办学校教师享受当地公办学校同等的人才引进政策。

（3）加强教师队伍建设。主要体现在：纳入当地教师队伍建设整体规划；加大教师培训力度；学校在学费收入中安排一定比例资金用于教师培训；"提高教师工资和福利待遇"。

绝大多数省（自治区、直辖市）的规定中遵循了中央的文件精神，差异化的内容如下。

（1）增加了改善教师社保待遇的相关内容。在鼓励民办学校建立补充养老保险的基础上，增加了设立企业年金、职业年金和其他形式的养老保险等内容，上海、浙江、重庆、辽宁、四川、山西、甘肃、宁夏、重庆和青海等地都有相关规定。其中，青海还鼓励教职工缴纳个人储蓄型养老保险，上海则将"试点对距退休时间较短的专职教师加速年金积累"，并且对实施全日制学历教育的民办学校，将年金制度的建立与落实情况作为拨付民办教育专项资金的重要因素之一。浙江还提出了在参加基本医疗保险和大病保险基础上，为教师办理补充医疗保险。值得注意的是，江苏和山西增加了地区财政可为教师办理事业单位社会保险的内容，而辽宁和宁夏分别增加了地方财政可对建立企业年金和办理补充养老保险的民办学校给予适当补贴的相关规定。

（2）确立教师收入的增长机制。增加相关条款的省（自治区、直辖市）较少，仅5个。主要从三个方面加以规范，一是关注收入的直接变化，如湖北提出了"民办学校教师基本工资标准应不低于当地同级同类公办教师，并保持同步增长"；上海和山西则鼓励建立与办学效益动态调整相应的教师收入机制。二是提高人员经费在学校支出中的比例，如山东和上海。三是教师工资体现岗位绩效，例如上海提出"探索建立民办学校教师从教奖励制度"；四川提出"建立健全符合教师职业特点、体现岗位绩效的工资分配激励约束机制和正常的工资调整制度"。

（3）完善教师培训制度。一是将民办教师纳入与公办教师同样的培训计划，例如贵州、广东、海南、重庆、湖北、青海等地都有类似规定。二是对教师培训经费的保障。广东提出了民办学校需要"经费和时间上予以保障"；湖北的规定是"民办学校用于培训教师和校长的经费，参照公办学校标准提取"；浙江的规定较为笼统，为"足额提取教师培训经费"；重庆则提出教师培训费用的占比不得低于教职工工资总额的2.5%；而青海对于教师培训经费的分担机制有规定，即营利性民办学校教师的培训费用由学校承担，而非营利性民办学校教师的培训费用由各级财政和学校分担。三是从体制机制上加强对教师培训的保障。四川提出了要"落实5年一周期的教师全员培训制度"；重庆则将引导民办学校形成"分层分级的校本研修机制"；而上海最为特别，通过上海师资培训中心、民办高校教师专业发展中心等第三方教师专业培训机构，来促进教师专业发展。

（4）在教师的住房问题上，除了中央文件中要求的足额缴纳住房公积金外，部分地区的政策中对此还有延伸，但非常有限。例如，重庆规定了民办学校教师在住房方面享受与同级同类公办学校教职工的同等政策；贵州强调了通过人才引进的教师享受当地的住房安置补助政策；山西则提出了民办学校可以利用自用土地建设公共租赁住房。

（5）增加与公办教师同等权利的范围。根据表6，各省在中央文件基础上增加的与公办教师平等权利的条款，包括法律地位、教师培养、退休制度、同等待遇等。其中广东在此方面的扶持力度较大。

表6 省级文件在《若干意见》基础上增加的与公办教师同等权益的相关内容

	法律地位	同等待遇/基本工资标准	户籍迁移、住房、子女就学	退休制度	科研立项	培训/专项计划
河北						√
江西	√			√		
浙江	√					
广东		√			√	√
海南						√
贵州				√		√
重庆			√			

（二）学生权益

《民促法》中涉及学生相关权益的是：第三十三条规定的"民办学校依法保障受教育者的合法权益。民办学校按照国家规定建立学籍管理制度，对受教育者实施奖励或者处分"，以及第三十四条规定的"民办学校的受教育者在升学、就业、社会优待以及参加先进评选等方面享有与同级同类公办学校的受教育者同等权利"。2016年的法律修订中对此两条并未有调整。在《若干意见》中，涉及民办学校学生权益的主要内容包括：（1）与公办学校学生同等享受助学贷款、奖助学金，各级人民政府建立健全民办学校助学贷款业务扶持制度，提高民办学校家庭经济困难学生获得资助的比例；（2）要求民办学校提取5%的学费收入，用于奖励和资助学生；（3）地方引导鼓励企事业单位、社会组织和个人向民办学校设立奖助学金；（4）学生在评奖评优、升学就业、社会优待、医疗保险等方面与同级同类公办学校学生享有同等权利。

在已出台的地方政策中，绝大部分省（自治区、直辖市）直接采用了《若干意见》中的四点规定，相较于中央文件并无太大的突破，略有调整的地方体现在以下两个方面。

（1）在学生奖助学金、助学贷款等方面，部分地区增加了地方资助政策并细化了资助内容。例如西藏增加了"三包补助"，重庆增加了"学费补偿"、"国家助学贷款代偿"、"贫困生学费减免"和"生活补助"等；云南和山西则增加了"伙食价格补贴"和"学费减免"等。

（2）扩大了与公办学校学生同等权利的范围。湖北增加了民办学校学生的创业、转学、考试、交通优惠、户籍迁移、档案管理、公务员招考等方面，贵州在湖北的基础上还增加了"民办学校的学历、学位证书与公办学校具有同等效力"。

六　金融政策

虽然在新《民促法》中无金融政策的相关条款，但是在《若干意见》中，提出了要"创新教育投融资机制"，以多渠道方式吸引社会资金，具体的支持手段是：鼓励金融机构开发适合民办学校特点的金融产品，探索办理未来经营收入、知识产权质押贷款业务，提供银行贷款、信托、融资租赁等多样化的金融服务。

各省（自治区、直辖市）的相关规定体现了各地为支持民办学校发展，提出了多样化的金融政策，具体体现在如下几个方面。

（1）通过降息贴息降低贷款成本。重庆针对非营利学校提出了其享有与公办学校同等的政策性银行、外国政府贷款项目以及政府贴息等政策，也鼓励金融机构对民办学校给予贷款利息优惠。湖北则提出了"各地可建立民办学校低息贷款政策，支持民办学校融资；对于办学规范、信誉良好的民办学校，当地政府可提供贴息贷款"。

（2）明确固定资产抵押的范围。在山西、江西和天津，可以"将非教学设施"进行抵押融资，浙江则在非教学不动产之前使用了"民办学校功能清晰、产权独立"的定语，但这几个地方文件中都没有区分营利性和非营利性民办学校。针对营利性学校，上海、山东、湖北、广西、海南都允许将有偿取得的土地、设施等财产进行抵押融资，其中广西和海南也允许非营利性民办学校以教育设施之外的"附属产业"进行抵押融资。在《中华人民共和国担保法》中已经规定了"学校、幼儿园、医院等以公益为目的的事业单位"的财产不能抵押，各省提到的营利性学校有偿获得的土地、设施以及非营利学校的"附属产业"等均不属于此列，也即地方政府实际上并无规定抵押品范围的权限。

（3）在民办学校可质押的范围上并无太多突破。例如，在《若干意见》所列的"未来经营收入""知识产权"质押的基础上，上海增加了"应收账款"，天津增加了"商标权"，浙江细化了经营收入的内容为"学费"和"住宿费"。

（4）引入融资担保机制。例如，天津和湖北鼓励依托融资担保机构为民办学校的发展提供融资担保服务。辽宁和天津还提出了民办学校可以办理担保中心信用担保。

（5）鼓励营利性学校股权融资。湖北、广东、广西、重庆、海南和安徽等地允许和鼓励营利性民办学校开展包括风险投资在内的股权融资。

（6）拓宽营利性学校的债券融资渠道。除了股权融资外，四川、安徽、广西和海南等地还提出可以通过短期融资券、中期票据、发行企业债、专项债等债务融资工具多渠道筹集资金，其中广西和海南还鼓励上市融资。浙江提出了可以开发资产证券化、项目收益债、教育公益信托、融资租赁等金融产品，却并未明确是营利性学校。

（7）拓宽非营利性学校的融资渠道。四川鼓励社会力量对非营利性学校设立基金，重庆的相关规定较为详细，即鼓励设立教育基金会并引入公益信托机制，利用捐赠资金、慈善财产和办学结余设立教育基金或交由具有办学能力和管理能力的教育基金会举办非营利性学校。此外，文件还强调了要保障教育基金资金安全和保值增值，同时强调了其收益全部用于非营利性民办学校发展。湖北虽然也有类似的规定，但并未区分学校性质。

（8）推广政府和社会资本合作（PPP）模式。重庆、安徽和云南都提出了支持民间资本通过 BT（建设－移交）、BOT（建设－经营－移交）等 PPP 模式参与民办学校基础设施建设和运营管理，但均没有明确政府所承担的具体责任和采用的运作模式。

此外，河南、山西和甘肃直接使用了中央文件中的条款，而北京和江苏在地方文件中并没有规定金融政策的条款。

七 招生政策[①]

《若干意见》中关于招生政策涉及三个方面，一是社会声誉好、教学质量高、就业有保障的民办高等职业学校，可在核定的办学规模内自主确定招生范围和年度招生计划；二是中等以下层次的学校在核定的办学规模内，与当地公办学校同期面向社会自主招生；

---

① 此部分内容仅涉及与民办学校相关的招生范围、是否可以自主招生等问题，并不涉及对招生简章、招生宣传的规定等。

三是各地不得对民办学校跨区域招生设置障碍。在此基础上，地方文件的调整主要集中在以下两个方面。

（1）保护和促进民办学历教育学校招生权。一是针对民办高等学校，江苏增加了"高校招生计划增量部分应向办学条件好、管理规范的民办高校倾斜"，以满足民办高校的招生需求。上海则针对民办高职的招生，提出了要"进一步优化招生计划分配模式、探索创新招生选拔机制、改进录取方式"。湖北同意民办高校"自主确定年度分专业招生计划和跨省招生计划"，进一步释放了民办高校招生权。吉林直接将《若干意见》中"民办高等职业学校"扩展为"民办高校"。而青海的力度最大，提出了"使单考单招逐步成为招生主渠道"。二是在基础教育方面，云南特别提及了省内跨区域招生的政策实践和探索。三是增加了对开展职业培训的民办学校的招生规定。山西和甘肃增加了"以技能为主的职业资格培训、职业技能培训和其他文化教育培训"的民办学校，可自主确定招生计划并自主招生。

（2）对民办学校违规招生的规范。广西和甘肃针对超计划招生等违规民办学校的惩罚手段为"调减招生计划，直至暂停招生"；浙江一方面禁止"招生、掐尖式招生、违反规定变相考试选拔等"，另一方面要求民办中小学教师总数中有超过20%为公办编制的民办学校，不得跨区域招生。

八　收费政策[①]

针对收费政策，新《民促法》的规定为"民办学校收取费用的项目和标准根据办学成本、市场需求等因素确定，向社会公示，并接受有关主管部门的监督。非营利性民办学校收费的具体办法，由省、自治区、直辖市人民政府制定；营利性民办学校的收费标准，实行市场调节，由学校自主决定"。在《若干意见》中进一步提出要规范民办学校收费、加强监管，而针对不同类型的民办学校，提出非营利性学校"通过市场化改革试点，逐步实行市场调节价"，具体政策授权给省级人民政府制定，对营利性学校的表达与新《民促法》中基本一致。

表7总结了各省（自治区、直辖市）实施条例中对民办学校收费问题的规定。总体而言，各省（自治区、直辖市）根据民办学校的类型（营利性/非营利性）和办学层次，划分了三种不同的收费模式，即市场调节价、限价/指导价/审批制、逐步实行市场调节价，具有明显的过渡性质和较大的政策执行空间。各地在这个基础上还增加了若干不同的限制性条款。

（1）针对营利性学校，绝大多数省（自治区、直辖市）沿用了中央的表述，即实行市场调节价。但是也有少数省份缩小了实行范围，例如山西的规定中，虽然非学历教育（包括营利和非营利）都可以实行市场调节价，但是学历教育则需要"选择部分学校、部

---

① 此部分内容主要与民办学校是否为市场化收费有关。

分学段进行市场化改革试点"。山东则规定了"除指导价以外的"营利性民办学校是可以实行市场调节价的。

（2）对非营利性学校的收费规则，主要可以分为两大类，第一类是登记为非营利性学校也可以使用市场调节价，但具体的限定规则存在差异。这里可以进一步划分为三种形式。①限定民办学校层级。在可以实行市场调节价的省级文件中，河北的规定是"除本科及以上学历以外"，辽宁是"除中小学学历教育外"，广东是"除义务教育民办学校外"，广西是"民办幼儿园、民办高校（'十三五'期间）"，海南为"民办幼儿园、民办中职、高职（'十三五'期间）"，陕西为"民办高等教育、中等职业教育、学前教育"，宁夏为"除普通高中和义务教育"。②规定非学历教育民办学校可以采用市场调节价，例如山西、江苏、安徽、重庆、四川等地。③其他方式。例如天津的规定是"已经具备充分竞争的"民办非营利性学校，山东是"除实行指导价外"的其他非营利性民办学校可以通过市场调节机制确定学费。第二类是采取过渡的价格调节价机制。例如天津、山西、江苏、安徽、广西、河南和甘肃等地采取了"逐步放开"或先"试点"的策略。

（3）各地在"限价/指导价/审批价"上体现了较大差异。其中重庆、四川、青海和西藏四个西部省（自治区、直辖市）则是针对所有非营利性民办学历教育的学校，都执行政府指导价。余下的省级文件中，针对不同教育层级的民办教育，对幼儿园阶段进行限价的省（自治区、直辖市）有北京（普惠性幼儿园）、江苏（部分非营利幼儿园）、山东（非营利幼儿园）等，对义务教育阶段采取限价的有北京（承担政府委托义务教育的民办学校）、辽宁、山东（非营利民办学校）、广东、宁夏等，针对高中阶段的则有辽宁、山东、宁夏（非营利普通高中）等地。

（4）有部分省级文件中未明确规定收费机制的，进一步授权给地方或相关部门。例如浙江的规定是"非营利性民办中小学校收费政策由各级政府按照市场化方向确定"；山东的是"中等及以下学历教育收费标准由各市人民政府制定；学前教育收费标准由各市、县人民政府制定"；安徽和陕西也有类似规定。

表7　中央和省级文件中对民办学校收费政策的规定

市场调节价			逐步实行市场调节价	限价/指导价/审批价	备注
地区	非营利	营利	非营利		
中央		√	非营利性民办学校收费的具体办法，由省、自治区、直辖市人民政府制定		
北京	√	√		普惠性幼儿园	可由所在区教育行政部门以合同等方式约定收费标准
				承担政府委托义务教育的民办学校	对协议就读的学生执行公办学校收费政策
天津	已具备充分竞争的学校	√	部分实行市场化改革试点，逐步扩大范围		

续表

	市场调节价		逐步实行市场调节价	限价/指导价/审批价	备注
河北	除本科及以上学历教育以外	√	非营利性学校本科及以上学历教育收费暂实行审批制，条件成熟后，实行市场调节价		
山西	非学历教育	非学历教育	部分学校和学段进行市场化改革试点		
内蒙古	√	√			
辽宁	除中小学学历教育	√		中小学学历教育	
吉林		√	√		
上海		√	新设立或者完成过渡手续的非营利性民办学校		过渡期间，民办学校需要调整现行教育收费标准的，应先按规定完成办学属性的重新登记，再按照程序调整收费标准
江苏	非学历教育（除幼儿园外）	√	在试点基础上有序放开部分学段非营利性民办学校学历教育收费	部分非营利性民办幼儿园	对执行公办幼儿园收费标准的非营利性民办幼儿园，按照公办幼儿园同等标准安排生均公用经费拨款
浙江	幼儿园、高等学校学费、住宿费	学费、住宿费			非营利性民办中小学校收费政策由各级政府按照市场化方向确定
安徽	非学历教育	√	在试点基础上有序放开非营利性民办学校学历教育收费		非营利性民办学校收费管理办法由省物价局会同有关部门另行制定
江西	√	√			
山东	除实行指导价外的其他民办学校			非营利性中等及以下民办学历教育、学前教育收费实行政府指导价	中等及以下学历教育收费标准由各市人民政府制定；学前教育收费标准由各市、县人民政府制定
河南		√	非营利性民办学校收费实行政府指导价，逐步实行市场调节价		民办学校收费项目和标准确定后，在一个学年内不得增加收费项目或提高收费标准
湖北	√	√			民办学校制定和调整学费标准时实行"新生新政策、老生老办法"
湖南	√	√			义务教育民办学校收费标准抄送价格主管部门。公办学校参与举办的民办学校收费报价格部门审批后执行
广东	除义务教育阶段民办学校			义务教育阶段民办学校	原则上实行政府定价，视改革进程及市场竞争程度适时放开

	市场调节价		逐步实行市场调节价	限价/指导价/审批价	备注
广西	民办幼儿园、民办高校（"十三五"期间）	√	"十三五"后逐步放开非营利性学历教育收费标准，实行市场调节价		
海南	民办幼儿园、中职、高职（"十三五"期间）	√	"十三五"后逐步放开非营利性学校收费标准，实行市场调节价	除民办幼儿园、中职、高职外的非营利学校	报物价、教育主管部门审批后由学校公示执行
重庆	非学历教育	√		非营利性民办学校学历教育	非营利性民办学校学历教育学费的收费标准实行政府指导价
四川	非学历教育	√		非营利性民办学校学历教育	
贵州	√	√			
云南	√	√			
西藏		√		非营利性民办学校	
陕西	非营利性民办高等、中等教育，学前教育	√			非营利性民办中小学校收费，由各地政府按照市场化方向，根据当地实际情况确定
甘肃		√	非营利性民办学校收费，通过市场化改革试点，逐步实行市场调节价		
青海		√		非营利性民办学校	实行政府定价（含政府指导价），并按照市场化改革方向逐步实行市场调节价
宁夏	除普通高中和义务教育	√		非营利性普通高中和义务教育	实行政府指导价

九　小结

本文着重分析了 2019 年 1 月底前，全国 28 个省（自治区、直辖市）根据新《民促法》和《若干意见》出台的关于促进民办教育发展的实施意见，主要分为过渡期设置、退出机制、财税扶持（含政府补贴、政府购买服务和税费减免政策）、土地政策、教师待遇与学生权益、金融政策、招生政策和收费政策八方面内容。通过梳理和总结，呈现了以下若干特点。

（1）地方对中央政策完善和细化的内容，包括了过渡期设置、退出机制、政府购买和招生政策等。在过渡期设置方面，大多数省（自治区、直辖市）选择了3~6年的过渡期，基本将于2023年完成民办学校分类选择的过渡。在退出机制的制定上，各省（自治区、直辖市）关于原有民办学校登记为非营利性学校的，其终止时遵循的流程是办学终止—清算—清偿—补偿—奖励—继续用于其他非营利性办学，但补偿与奖励的金额和计算方式存在差异。营利性学校终止后，各省级条例的主要不同在于对出资者奖励或补贴考虑因素的细化。在政府购买服务方面，各地的相关规定主要细化了对政府购买标准和程序的建立，同时还要求建立绩效评价制度，以及政府向民办学校购买或公民办学校相互购买服务的具体内容等。招生政策上，部分省份为了促进民办高校或其他教育层级的招生，开放了一定的政策空间，但总体而言，与中央政策相较改动仍然较少。

（2）地方与中央政策基本一致的内容，包括了政府补贴、税收政策、学生权益。在政府补贴方面，省级文件主要还是强调了对义务教育阶段民办学校的生均经费补助制度的执行，仅有少数省（自治区、直辖市）出台了针对非义务教育阶段民办学校的补贴政策。在学生权益方面，省级文件基本直接采用了《若干意见》中的规范，包括与公办学校学生享受评奖评优、升学就业等方面的同等权利，要求民办学校提取5%的学费收入，用于奖励和资助学生等。而税收政策与中央政策基本相同，即便各地在《若干意见》的基础上增加了关于增值税、企业所得税等方面的优惠条款，但均来源于国家税务总局颁布的各项税收政策。

（3）地方政策中体现了较大自主性和创新性的内容有土地政策、教师待遇问题、金融政策、收费政策。除增加了将民办学校用地纳入地方政府用地统筹的相关规定外，土地政策在各省间的差异主要体现在增加了对于现有学校登记为营利性民办学校时土地的变更规则、对校园基建相关费用减免的规定、提倡盘活使用存量土地、降低土地交易成本等，还创新了土地使用的形式，例如可采用先租后让、长期租赁、租让结合等租赁方式供应土地。在保证教师权益方面，中央文件的规定已较为充分，涵盖了教师待遇、社会保险和人事制度的建立，加强教师队伍建设，与公办教师平等权利等。地方则根据省内民办教育教师制度的发展程度不同，增加了改善教师社保待遇、健全教师收入增长机制、完善教师培训制度等，不少省（自治区、直辖市）还为教师的住房问题提供了额外的保障，同时还增加了与公办教师同等权利的内容。在民办学校的收费问题上，营利性学校适用市场调节价。非营利性学校，各省则根据不同学段和差异的市场化程度，制定了适用于市场调节价、逐步实行市场调节价，以及限价/指导价/审批价三种主要模式。金融政策是各大条例中创新性最高的部分，各地的侧重点非常不同，有的更强调通过降息贴息降低贷款成本，有的则希望引入融资担保机制或者拓宽营利性学校的债券融资渠道。还有一些省（自治区、直辖市）则希望通过鼓励PPP项目的建设来支持民办学校的融资。

（4）地方政策中体现的分权化的重心差异较大。例如，在收费政策上，浙江的规定是"非营利性民办中小学校收费政策由各级政府按照市场化方向确定"；山东的是"中等及以下学历教育收费标准由各市人民政府制定；学前教育收费标准由各市、县人民政府制定"；广东则在过渡期和退出机制上更为分权，提出了按照"一校一策"的原则制定过渡方案，并且由各级教育、人力资源社会保障部门按照审批权限来制定具体的补偿或奖励办法；海南在土地问题上，针对选择登记为营利性民办学校的，若是地大、补缴出让金有困难，市县政府则可以按照"一校一策"的原则，采取长期租赁、先租后让、租让结合等方式办理用地手续。

（5）部分地方政策特点鲜明。总体而言，大部分省区市在新《民促法》和《若干意见》的指导下有不同程度的调整，但仍有部分省级文件体现了明显的地方特色。例如，上海将各项条款规定得非常详细，其规范与发展并存的特点较为突出；海南的财政扶持力度很大，针对非营利性民办学校，其补助标准参照生均公用经费标准，在土地政策上，尤其是登记为营利性学校的民办学校，免除新法实施前设立学校的各种依规减免的税收，减免的增值税、企业所得税等，且以划拨方式取得的用地，不改变土地用途的，"按国土部门同意补办时该宗地经确认的市场评估价格 40% 补缴土地使用权出让金"。而重庆和安徽则在金融政策方面的突破更大，不仅允许和鼓励营利性民办学校开展包括风险投资在内的股权融资机制，而且重庆还针对非营利性学校提出了其享有与公办学校同等的政策性银行、外国政府贷款项目以及政府贴息等政策，也鼓励金融机构对民办学校给予贷款利息优惠。

关联交易与非营利性民办学校的"非营利"地位

魏建国*

(2018 年 12 月)

有效的关联交易监管是保证非营利性民办学校"非营利"地位的重要制度设计。基于对美国非营利组织相关制度设计的介绍与分析,以及对我国现行民办教育立法相关制度设计存在问题的探讨,本文重点分析《民办教育促进法实施条例(修订草案)》(征求意见稿)、(送审稿)关于关联交易的相关规定,最后提出若干完善建议。

一 美国保证非营利组织"非营利"
地位的相关制度设计

私人获利禁止原则与中间制裁制度是美国保证非营利组织"非营利"地位的重要制度设计。①

(一) 私人获利禁止原则

私人获利禁止原则(the Private Inurement Proscription),也被称为私人获利原则(the Private Inurement Doctrine)。该原则最早出现于 1894 年。自 1909 年以来,联邦政府《国内收入法典》(*Internal Revenue Code*)的每一个版本都包括了私人获利禁止原则。

一般而言,对慈善组织有财务控制的内部人为了其个人的利益而运用组织的资产,就可能构成对该原则的违反。《国内收入法典》第 501(c)(3)部分规定:免税组织的净收入不能让任何私人股东或个人获利。私人获利禁止原则也被学者们概括为禁止利润分配原则(the Non-distribution Restraint)。

该原则禁止的获利行为指的是,通过与"内部人"(设立者、理事会成员、他们的家

---

* 魏建国,北京大学中国教育财政科学研究所副研究员、副所长。

① 还有一个重要的法律原则是私人利益限制原则(the Private Benefit Limitation),也被称为私人利益原则。因与本文讨论的关联交易关系不大,所以在这里将不予分析。

庭以及其他任何相当于所有人或管理人的内部人）的不公平交易转移免税组织的收入或资产。获利交易包括两大类：（1）慈善组织为了获得内部人所拥有的财产或提供的服务支付超过公允市场价值的价格；（2）慈善组织收取低于公允市场价值的费用给内部人转移财产或提供服务。违反私人获利原则最经典的两种形式包括：（1）支付"不合理"的薪酬——远超过市场价值的薪酬；（2）给内部人提供免息贷款、免租金使用办公空间等。

（二）中间制裁制度

多年来，美国联邦政府国内收入署（Internal Revenue Service，IRS）对私人获利交易的唯一制裁是：撤销相关组织的免税资格。这一制裁对免税组织具有致命的不利效果，而没有惩罚真正的违法者（通过利益输送获利的内部人）。1996年被编纂为《国内收入法典》第4958条的立法，通过征收"惩罚性消费税"（Penalty Excise Taxes）作为对公共慈善组织和社会福利机构从事"过量利益交易"（Excess Benefit Transactions）的制裁。这一制裁被称为中间制裁制度（Intermediate Sanction Regime）。中间制裁制度允许国内收入署制裁获利主体，同时不用撤销慈善组织的免税资格（被认为是严厉的措施，而极少采用）。这样，一方面，给国内收入署的制裁提供了更多的灵活性；另一方面，也为此类行为提供了一个惩罚规则。中间制裁制度通常是作为撤销免税资格制裁的替代，不过，在适当的情况下，国内收入署仍然会撤销慈善组织的免税资格。

"过量利益交易"主要指两类交易：（1）公共慈善组织或社会福利机构向"被取消资格的人"（Disqualified Person）支付过量报酬；（2）有利于"被取消资格的人"与公共慈善组织或社会福利机构之间的交易（例如，出租、贷款、销售、特许权使用费安排等）。

"被取消资格的人"类似于上文提到的"内部人"，是指在不正当交易发生之前五年内能够对适当的免税组织事务施加实质性影响的人。

在中间制裁制度下，当一个"被取消资格的人"从与适当的免税组织之间的"过量利益交易"中获益时，该"被取消资格的人"将被首次征收"过量利益"25%的惩罚性消费税。如果在纳税期限内（60日）过量利益没有得到校正，税率将提高到200%，以接受更严厉的惩罚。通常，"被取消资格的人"通过将慈善组织的财务状况恢复到不正当交易不发生情况下的状态而对过量利益予以校正。

（三）小结

美国的相关制度设计虽然没有采用关联交易的提法，但为了确保相关组织免税地位的合法性，其规范的主要行为事实上就是关联交易行为。无论是私人获利禁止原则还是中间制裁制度，主要规范两类关联交易行为，一是支付过量报酬，二是有利于相关主体的其他不当交易安排。法律视相关行为的严重程度，采取相应的制裁措施。在通常情况下，相关责任人将被征收惩罚性消费税，同时要赔偿相关组织的损失，以恢复到不当行为发生之前的状态。对于违法性质严重的，相关组织的免税资格将被撤销。

这些制度的存在将会确保非营利组织的非营利地位，从而使得相关非营利组织能够保持其免税资格。

二 我国现行立法关于非营利性民办学校
"非营利"地位的相关规定及
存在的问题

新修订的《民办教育促进法》对民办学校实行营利性与非营利性分类管理。就非营利性民办学校而言，法律界定了非营利的内涵，同时在税收、土地、补贴、捐赠等方面提供了一系列优惠政策。而非营利性民办学校能够持续享受上述系列优惠政策的重要前提条件就是要遵循法律关于非营利的相关要求。法律为此也规定了系列制度要求相关的非营利性民办学校能够确保其非营利地位，而关联交易的缺失是目前民办教育立法在这方面存在的主要问题。从非营利性民办教育立法的完整逻辑来看，除了上述相关内容，对于违反非营利相关要求的非营利性民办学校和相关责任人，也应施加相应的不利法律后果。这也是目前民办教育立法所不足的地方。

（一）现行立法对"非营利"内涵的清晰界定

2016年3月出台的《慈善法》对慈善组织做了较为系统的规定。而慈善组织的本质特征就是非营利。《慈善法》将慈善组织界定为：以面向社会开展慈善活动为宗旨的非营利性组织。我国已有法律对非营利组织的内涵并没有做出清晰的规定，《慈善法》关于慈善组织的相关规定弥补了这一领域的立法空白。该法第52条规定："慈善组织的财产应当根据章程和捐赠协议的规定全部用于慈善目的，不得在发起人、捐赠人和慈善组织成员中分配。"我们可以把《慈善法》的上述规定概括为"禁止财产分配"规则。"禁止财产分配"规则和国际上关于非营利组织界定的"禁止利润分配"规则的本质含义应该是一致的。

2016年12月修订的《民办教育促进法》摒弃了"合理回报"相关条款，参照国际惯例，和《慈善法》保持一致，也对非营利做了清晰的界定。其第19条规定："非营利性民办学校的举办者不得取得办学收益，学校的办学结余全部用于办学。"

而2017年3月出台的《民法总则》在第三章法人部分专门规定了一节非营利法人，其中第87条规定："为公益目的或者其他非营利目的成立，不向出资人、设立人或者会员分配所取得利润的法人，为非营利法人。"

可以看出，新修订的《民办教育促进法》和《慈善法》、《民法总则》关于"非营利"的内涵界定是相一致的。值得注意的是，非营利不只是民办教育领域的问题，不是《民办教育促进法》所独有的问题，而是整个法律体系需要共同面对和处理的问题。在法律体系中具有基石性地位的《民法总则》对这一问题的清晰界定应该作为我们思考相关问题的法律基准和出发点。因此，需要从整个法律体系的大背景下，来思考非营利性民办学校的非营利问题，而不能如"合理回报"时代那样过分强调民办教育的特殊性。

（二）现行立法为确保非营利性民办学校非营利地位的相关规定

除了清晰界定"非营利"的含义外，新修订的《民办教育促进法》还规定了一些制度来确保非营利性民办学校的非营利地位。主要包括如下内容。（1）剩余财产处理规则。《民办教育促进法》第59条规定："非营利性民办学校清偿上述债务后的剩余财产继续用于其他非营利性学校办学。"如果举办者可以分配剩余财产，那"非营利"的法律要求也就有可能落空。（2）资产不得侵占规则。《民办教育促进法》第37条规定："民办学校存续期间，所有资产由民办学校依法管理和使用，任何组织和个人不得侵占。"

除了如上提到的制度安排外，不当的关联交易是影响非营利性民办学校非营利地位的一个重要方式。其在实践中往往比较隐蔽，给监管带来了种种挑战。

《慈善法》规定了关联交易，其第14条规定："慈善组织的发起人、主要捐赠人以及管理人员，不得利用其关联关系损害慈善组织、受益人的利益和社会公共利益。"另外，财政部、国家税务总局分别于2009年、2014年、2018年下发的《关于非营利组织免税资格认定管理有关问题的通知》都提到了关联交易。值得注意的是，新修订的《民办教育促进法》并没有规定关联交易。

（三）现行立法对非营利性民办学校违反非营利要求的处理方式

违反了"非营利"要求应该承担相应的法律后果，这样才构成整个非营利立法的完整逻辑链条。目前，《慈善法》规定了一些相关的法律责任。根据该法第98条的规定，对于慈善组织私分、挪用、截留或者侵占慈善财产的，由民政部门责令限期改正；逾期不改正的，吊销登记证书并予以公告。根据该法第99条的规定，对于违反关联关系相关规定造成慈善财产损失的，由民政部门予以警告、责令限期改正；逾期不改正的，责令限期停止活动并进行整改。

财政部、国家税务总局分别于2009年、2014年、2018年下发的《关于非营利组织免税资格认定管理有关问题的通知》都规定，对于通过关联交易或非关联交易和服务活动，变相转移、隐匿、分配该组织财产的，应自该情形发生年度起取消其免税资格。此外，根据2009年、2014年发布的通知规定，因上述情形被取消免税资格的，自其被取消资格的次年起五年内财政、税务部门不再受理该组织的认定申请；而2018年发布的通知将五年调整为一年。

值得注意的是，新修订的《民办教育促进法》没有规定违反非营利相关要求的法律责任条款。此外，因该法没有规定关联交易，自然也就没有规定与不当关联交易行为相关的法律责任。

三 《民办教育促进法实施条例》（征求意见稿）、 （送审稿）关于关联交易的相关规定 及存在的问题

《民办教育促进法实施条例》（征求意见稿）、（送审稿）都对关联交易予以规定，在一定程度上弥补了《民办教育促进法》没有规定关联交易的缺憾。下文将对《征求意见稿》和《送审稿》关于关联交易的相关规定及存在的问题进行分析。

（一）关于关联交易的行为主体

《征求意见稿》将关联交易限定在非营利性民办学校，其第 43 条规定："非营利性民办学校与利益关联方发生交易的，应当遵循公开、公平、公允的原则，不得损害国家利益、学校利益和师生权益。"而《送审稿》将关联交易的行为主体从非营利性民办学校扩展到所有民办学校，其第 45 条规定："民办学校与利益关联方发生交易的，应当遵循公开、公平、公允的原则，不得损害国家利益、学校利益和师生权益。"

前文的分析已经表明，关联交易监管是保证非营利性民办学校非营利地位的重要环节。对非营利性民办学校的关联交易监管和新修订的《民办教育促进法》规定的"非营利性民办学校的举办者不得取得办学收益"密切相关，二者是相互配套的法律制度安排。如果不对关联交易进行监管，"不得取得办学收益"的规定在某种意义上也将形同虚设。对于营利性民办学校而言，则不存在这个问题。根据新修订的《民办教育促进法》确定的分类管理的精神，对于营利性民办学校的关联交易行为，应主要适用已有的调整营利性企业关联交易的规则，以及《企业所得税法》规定的关于关联交易的特别纳税调整规则等。相关的规则和实践都比较成熟。

因此，《征求意见稿》重点关注非营利性民办学校关联交易的写法更为合理和可行。

（二）关于关联交易的监管主体

较之《征求意见稿》，《送审稿》增加了对关联交易行为的监管主体。《送审稿》第 45 条规定："教育行政部门、人力资源社会保障部门应当加强对非营利性民办学校与利益关联方签订协议的监管，对涉及重大利益或者长期、反复执行的协议，应当对其必要性、合法性、合规性进行审查审计。"可见，《送审稿》将教育行政部门、人力资源社会保障部门确定为关联交易的监管主体。值得注意的是，这两个部门在关联交易的监管手段方面并没有优势。前文已经提到，财政部、国家税务总局分别于 2009 年、2014 年、2018 年下发了《关于非营利组织免税资格认定管理有关问题的通知》。相关文件中明确规定了因关联交易可能丧失免税资格的不利后果。税务部门在处理非营利组织关联交易方面应该已经积累了不少经验。特别是在处理营利性企业关联交易方面具有丰富的理论和实践经验。而税务部门对非营利性民办学校关联交易的监管意义重大，关系到法律规定的"非

营利"要求能否真正地实现。《送审稿》的相关条款忽视税务部门的重要作用是不可取的。①

(三)《征求意见稿》和《送审稿》对不当关联交易的法律后果规定得很不完善

对于不当关联交易的法律后果,《征求意见稿》第43条规定了赔偿责任和其他法律责任。《征求意见稿》对赔偿责任的规定是值得肯定的,但遗憾的是,对其他的法律责任并没有详细列举。

《送审稿》在法律责任部分的第62条规定:"民办学校举办者及其实际控制人有下列情形之一的,由主管行政部门或者审批机关责令限期改正,有违法所得,没收违法所得;情节轻微的,记入执业信用档案并可视情节给予1至3年从业禁止,情节较重的,列入失信联合惩戒名单;构成犯罪的,依法追究刑事责任。"其中列举了一种情形:与利益关联方发生交易损害国家利益、学校利益和师生权益的。可以看出,《送审稿》只规定了行政责任和刑事责任,缺乏民事赔偿责任,在这一点上,和《征求意见稿》相比,存在明显的倒退。同时,对相关的责任人也没有规定经济方面的惩罚性措施。

值得注意的是,《征求意见稿》和《送审稿》都没有规定严重违法的关联交易在税收、土地、补贴、捐赠等方面所面临的不利后果。

(四)《送审稿》还有一个与关联交易相关的条款值得关注

《送审稿》第10条规定:"举办者依据前款规定参与学校的办学和管理的,可以按照学校章程的规定获取薪酬。"这一条款存在如下几方面的问题。(1)正如《送审稿》第10条所言,举办者取得薪酬的依据是"参与学校的办学和管理",而不是因为其是"举办者",那么,参与学校办学和管理的校长、副校长等其他重要主体的薪酬在该条款中也应该予以体现,而不应该单单强调举办者。换句话说,显得非常突兀的这一条款在逻辑上是说不通的。(2)从学校章程的特点来看,作为学校运转的重要依据,学校章程需要保持一定的稳定性。而薪酬需要体现相关主体的市场价值,应该随时间不断变化。因此,从学校章程的相对稳定性和薪酬的变动性之间的天然冲突,也可以得出学校章程不宜规定薪酬内容的结论。从调整营利性企业的《公司法》的相关规定来看。其第25条关于有限责任公司章程的载明事项和第81条关于股份有限公司章程的载明事项都没有提到薪酬问题。而在第37条关于股东会的职权中规定"选举和更换非由职工代表担任的董事、监事,决定有关董事、监事的报酬事项";在第46条关于董事会的职权中规定"决定聘任或者解聘公司经理及其报酬事项,并根据经理的提名决定聘任或者解聘公司副经理、财务负责人及其报酬事项"。可见,《公司法》由股东会、董事会决定报酬的相关规定更为合理。而新修订的《民办教育促进法》第22条关于学校理事会、董事会的职权中规定

---

① 事实上,除了关联交易,税务部门对非营利性民办学校其他活动的监管也具有非常重要的意义。因此,建议在《送审稿》第47条也增加税务部门的相关内容。

"决定教职工的编制定额和工资标准"。考虑到第5条、第21条将"举办者""校长"与"教职工"并列，表明校长不属于教职工，那么对于校长等高级管理人员的薪酬也应该由学校理事会、董事会作为"其他重大事项"予以决定，而不宜在学校章程中予以规定。①（3）《送审稿》规定由学校章程规定举办者的薪酬，而《民办教育促进法》和《送审稿》没有明确的条款对相关的薪酬水平予以限制。在此情况下，学校章程完全可以给举办者规定畸高的薪酬待遇而事实上给举办者输送办学收益。这样，学校章程的薪酬规定就可以完全规避掉《民办教育促进法》关于"不得取得办学收益"的规定以及《送审稿》关于关联交易的规定。民办教育分类管理的基础将荡然无存，相关的制度设计也就失去了意义。（4）有学者主张，财政部、国家税务总局2018年发布的《关于非营利组织免税资格认定管理有关问题的通知》对非营利组织工作人员的薪酬做了限定：工作人员平均②工资薪金水平不得超过税务登记所在地的地市级（含地市级）以上地区的同行业同类组织平均工资水平的两倍。这样，即使学校章程对举办者的薪酬做出规定，财政部、国家税务总局的通知也会对其有所限制。因此，不可能出现前文分析的严重后果。但问题在于，《民办教育促进法实施条例》属于行政法规，其法律效力要高于财政部、国家税务总局发布的通知。如果学校章程基于《民办教育促进法实施条例》的授权规定的举办者薪酬，高于财政部、国家税务总局发布的通知规定的标准时，该如何处理？在司法实践中将会给相关的执法部门带来极大的挑战。根据我国《行政诉讼法》第63条的规定，人民法院审理行政案件，以法律和行政法规、地方性法规为依据，参照规章。而前面提到的通知尽管是由财政部、国家税务总局发布的，但在法律性质上应该还不属于规章的范畴。最终有可能的结局是，基于行政法规授权的学校章程的相关规定完全架空关于非营利性民办学校"非营利"的相关规定，而相关执法部门承担败诉的结果。

四　若干完善建议

基于上文的分析，特提出如下完善建议。

第一，《民办教育促进法实施条例》关于关联交易的规定应该聚焦非营利性民办学校。《征求意见稿》的做法更为可行。《送审稿》将营利性民办学校和非营利性民办学校笼统地归为一类进行规定，模糊了关联交易监管对非营利性民办学校的特殊重要性。

第二，应该重视税务部门在非营利性民办学校关联交易监管方面的重要性。应该在《送审稿》的相关条款中增加"税务部门"。

第三，系统规定不当关联交易的不利法律后果。不当的关联交易至少需要面临三个不利法律后果。首先，赔偿相关民办学校的损失，至少要恢复到不当关联交易发生之前的状态。在这一点上，《征求意见稿》的规定更为合理。其次，完善相关责任人的法律责任。可以借鉴前文提到的美国的中间制裁制度，规定经济方面的惩罚性责任，完善《送

---

① 关于《民办教育促进法》规定的"教职工"的具体内涵和范围，还有必要继续研究。

② 这里规定的"平均"工资薪金的合理性也需要进一步探讨。

审稿》第 62 条的相关内容。同时，第 62 条仅仅规定了民办学校举办者、实际控制人的法律责任，对于理事、董事、监事等其他利益关联方的法律责任并没有规定，也应该予以完善。最后，对于不当关联交易情节严重的，应该考虑撤销相关民办学校的免税资格，以及在土地、补贴、捐赠等方面的不利后果。前文提到的《关于非营利组织免税资格认定管理有关问题的通知》有取消免税资格方面的规定。考虑到该通知的法律效力较低，所以应该在作为行政法规的《民办教育促进法实施条例》中规定相关的内容，从而使得相关的非营利性民办学校立法在较高的法律效力层级实现逻辑结构的完整性。可以借鉴前文提到的美国的中间制裁制度。可区分关联交易的违法严重程度，对于违法情节较轻的，可以不取消非营利性民办学校的免税资格，主要规定赔偿损失、追究相关责任人的法律责任；而对于违法情节较重的，则取消非营利性民办学校的免税资格，同时规定其他的法律责任。此外，根据违法情节轻重，在土地、补贴、捐赠等方面也规定不利的法律后果。

第四，取消《送审稿》第 10 条的薪酬条款。畸高薪酬是非营利性民办学校转移办学收益的重要形式，也是前文分析的美国相关制度的监管重点。目前的薪酬条款将造成对非营利性民办学校监管的逻辑混乱，让相关执法部门陷入法律困境。因此，应该取消相关规定。对于相关的内容，应由学校理事会、董事会根据具体情况去规定。

一民办学校举办者三问《民办教育
促进法》（修订）

李元正*

（2017 年 7 月）

2016 年 11 月 7 日，第十二届全国人民代表大会常务委员会第二十四次会议通过了《全国人民代表大会常务委员会关于修改〈中华人民共和国民办教育促进法〉的决定》，对《民办教育促进法》予以修订。为了深入了解一线民办学校办学者们在《民办教育促进法》修改后所面临的新挑战，北京大学中国教育财政科学研究所的研究人员为此专门进行了实地调研。在调研中，某民办学校举办者的发言颇为典型。本文对其发言的主要内容整理如下。①

一　不允许义务教育阶段设置营利性
学校是否会挫伤民间资本
投入的积极性？

目前，我国义务教育阶段民办学校举办者大多是以经营企业的思维在办学，以营利为目的，只有少数办学者是以反哺社会、做公益的心态经营学校。她认为，造成我国办学者大多是以营利为办学目的的原因有两个。一是我国办学者的社会公益意识普遍不如欧美社会。在欧美国家，各式各样的教会组织构成了绝大多数民办教育办学力量，这是历史所遗留下的财富。根据她的个人经验，国外由教会组织举办的民办学校大约占到民办学校总量的 90%，其余的 10% 才是追求营利的民办教育组织。二是在此次修改以前，《民办教育促进法》是允许办学者（出资人）营利的。2002 年 12 月 18 日第九届全国人民代表大会常务委员会通过的《民办教育促进法》中第五十一条指出："民办学校在扣除办学成本、预留发展基金以及按照国家有关规定提取其他的必需的费用后，出资人可以从办学结余中取得合理回报。取得合理回报的具体办法由国务院规定。"国家通过允许办学

---

* 李元正，北京大学中国教育财政科学研究所硕士研究生。
① 本文仅仅是呈现该民办学校举办者的个人观点，不体现发言整理者的任何个人判断。

者以营利为目的办学，① 鼓励社会力量为社会提供更多的学位。因此，她提出，在她身边的大部分办学者是响应 2002 年《民办教育促进法》的号召才出资投入学校的兴办。而 2016 年《民办教育促进法》（修订）的仓促出台忽略了此前义务教育阶段民办教育者的努力。相关配套和扶持政策的缺失，以及"一刀切"的做法造成了民办教育举办者们对未来的国家政策态度感到不安。她认为，不允许义务教育阶段设置营利性学校肯定会挫伤民间资本投入的积极性。未来可以预见的是，部分民办学校会由于《民办教育促进法》（修订）的通过而离开义务教育阶段的市场，兴办允许营利的幼儿园、高中或其他阶段教育。地方教育部门需要准备好如何满足办学者从义务教育阶段教育离场后学位提供的问题。对于那些准备退出的办学者，她希望国家给予充分的过渡时间。根据其个人的经验，过渡时间至少要有三年或六年。如果过渡时间是三年，那么有意向退场的办学者可以停止招收初一新生，三年过后顺利结束学校的经营。如果过渡时间是六年，那么小学的办学者也能够顺利地在不引起社会不稳定的情况下结束学校的经营。

二　义务教育阶段民办教育举办者能否将投资学校建设的股本转为学校向投资者的借债？

无论是哪个层级的民办学校，都需要有举办者的投入。民办中小学肯定也是由社会上的个人或组织出钱购买或租用土地、出资建校、购买设备等以满足学校运营。现阶段在财务做账时，会将这些初始投入作为学校出资者的股本。她提出，由于新修订的《民办教育促进法》要求义务教育阶段不可设立营利性学校，那么办学者是否能够将出资者的股本金转为学校向出资者的借款？由于法律没有明确学校是否能够向出资者借债，也没有明确规定办学者需要有多少股本金，那么只要学校的股东们同意，就可以将股本金转为学校欠出资者的债务。那么这些欠债的利息怎么算？会不会因为法律的缺失，造成民办中小学举办者可以通过这样的调整转移办学利润？学校举办投入巨大，又没有任何抵押物，那么出资者能够收取比银行同期贷款利率多高的利息？此外，尽管《民办教育促进法》出台已有 13 年的时间，但是并不是所有办学者都已经收回了办学的投资，那么国家应该如何保证投资人收回投资？

三　国家如何完善监管制度，确保非营利的义务教育阶段学校没有通过关联交易转移学校经营利润？

她提出，站在国家的角度思考问题，最担心的应该是《民办教育促进法》修订后，

---

① 值得注意的是，"取得合理回报"是不是就等于"营利"，是存在争议的。

没有任何相关的文件明确国家对非营利学校的监管办法。到目前为止，国家出台的相关法律、法规里只有对营利性学校的监管办法，即《教育部、人力资源社会保障部、工商总局关于印发〈营利性民办学校监督管理实施细则〉的通知》（教发〔2016〕20号）。但现实的情况是，对非营利学校的监督管理更为紧迫。新修订的《民办教育促进法》不允许义务教育阶段设置营利性学校是指办学不让营利，具体指的就是教学不让营利。那么学校的后勤管理，包括吃、住等方面都可以营利。因此，是不是学校可以将后勤管理单独分出来？如果后勤管理可以单独运营，那么学校是否可以向办学者在学校外成立的后勤管理公司购买服务？国家是否允许这样的关联交易？假如不能向办学者的后勤公司购买服务，那么学校能不能跟办学者的亲戚等为法人代表的公司进行交易？如果一个学校是从幼儿园到高中一体化的办学集团，那么能不能将幼儿园到高中所有的办学成本都由登记为非营利的义务教育阶段学校承担？此外，办学者可不可以设置VIE结构，即以"协议控制"的形式将境外注册公司与境内业务运营实体相分离，境外注册公司通过协议的方式控制境内的业务实体，再以后勤管理、土地校舍租用等形式将办学利润转移到境外办学者控制的实体？国家财政向这样的非营利学校提供更多的财政补贴、基金奖励、税收减免、土地减免等优惠政策，是否会造成国有资产流失？

试析民间办学政策演变与政协提案参与的策略性互动

王江璐　刘明兴[*]

（2018 年 3 月）

一　导言

民间办学[①]在改革开放以来取得了巨大的发展，相应的法律政策环境也日趋完善。例如，1997 年的《社会力量办学条例》（以下简称《97 条例》），2002 年的《民办教育促进法》（以下简称《民促法》），以及 2013 年和 2016 年分别对《民促法》的修订。同时，围绕着这些法律法规的实施条例、办法等也相继出台，如《中外合作办学条例》《独立学院设置与管理办法》等针对具体民间办学形式所做出的制度规范。除此之外，还有分布在教育部、财政部、国家税务总局、民政部等所发布文件中涉及的民间办学相关问题的指导、规范和扶持措施等，由此在民间办学领域形成了多维度、多层次的法规政策体系。

与其他教育类主体不同，针对民间办学的法规政策在制定和落实过程中有一定的特殊性。首先，民间办学的相关法律政策体现了政府对民办学校的态度和定位，并在不同的历史时期呈现显著的差异，进而影响了各种利益相关主体参与政策制定的可能性、积极性及方式方法。例如，在《97 条例》中将民间办学视为"社会主义教育事业的组成部分"，而《民促法》则进一步提出要将其纳入社会发展和国民经济规划。针对各级各类教育而言，在《97 条例》中，社会力量办义务教育被视为对国家办学的补充，高等教育领域则没有放开；而在《民促法》中则提出了财政应对委托承担义务教育任务的民办学校

————————————

[*]　王江璐，北京大学中国教育财政科学研究所博士后；刘明兴，北京大学中国教育财政科学研究所教授、副所长。

[①]　在本文中，"民间办学"指的是国家机构以外的社会组织或个人，利用非财政性经费举办的教育机构，是对"社会力量办学"和"民办教育"的统称，目的是涵盖不同时期国家的政策表达。同时，在文中亦可与"社会力量办学"和"民办教育"交替使用。

拨付教育经费，并开放了民办高校的设立渠道。换言之，此类政策的设立不仅规范民间办学本身，也是调节公办和民办关系的重要依据。伴随着民间办学政策环境的逐步宽松，不仅使参与政策制定的民办教育机构更加多元化，公办教育机构也同样可能作为利益相关方参与其中。

其次，民间办学相关的法规政策是对既有的各级各类教育法规政策的补充，后者的变迁方向不仅会直接影响前者的具体内容，而且会影响民间办学利益相关主体的政策诉求倾向。例如，在《教育法》《高等教育法》《义务教育法》《职业教育法》等依据教育层级和类型划分所制定的教育类法律中，虽然绝大多数情况下把公办和民办教育同时进行讨论，但主要以公办学校为出发点。以教育财政为例，《义务教育法》中"国家将义务教育全面纳入财政保障范围"，《高等教育法》中"国家建立以财政拨款为主、其他多种渠道筹措高等教育经费为辅的体制"等相关条款皆从公共财政和公办学校的角度出发，较少涉及民间办学问题，故而需要针对各级各类的民间办学机构开展新的立法工作。更为重要的是，当中央针对公办学校的经费管理体制出现分权或集权的变化时，也必将影响民间办学的相关法规政策取向，以及利益相关方对政策内容的诉求。比如，在后文中将涉及，当教育投入均衡化的政策在公办学校内部被强化时，要求公办和民办学校之间平权的呼声也会变得日益强烈。

最后，公办教育机构一般可以通过其上级主管行政部门来影响教育政策的制定，民办机构的话语权则显得相对弱小。在人大代表和政协委员的层面，不同类型的民办教育机构所掌握的话语权也存在很大差异。事实上，民间办学的法规政策制定一直都是由政府主导的，民间办学主体迄今还不具备显著的直接的影响力。不过，当政策与办学主体的利益出现矛盾的时候，民间办学者一般可以通过调整办学形态等方式来规避管制，政策原定目标也会在一定程度上受到消解。因此，民间办学的相关法规政策不能仅仅体现政府对教育事业的单方面意志，必须考虑通过制定政策来引导民间办学的能动性（闫凤桥，2005）。

恰恰是由于民办教育机构的特殊角色，其在政策制定过程中的诉求倾向就更应该受到政府部门的关注，并以此作为政策制定的参考依据。那么，随着我国市场经济体制的不断完善、教育事业的不断发展，在各个历史时期民间办学政策的制定和落实的过程中，利益相关方究竟表现出怎样的行动特征？政策内涵的演变与利益相关方的诉求倾向之间存在何种关系？分析这些问题背后的逻辑又具有何种政策含义？

本文试图通过1983～2012年全国政协提案[①]的相关数据来呈现及理解，政府在民间办学政策所涉主要问题上遇到的各种争论，特别是政策制定中的参与博弈的跨时期演进特征，并以此来为民间办学相关法规政策的进一步完善提供建议。下文的安排如下：第二部分为文献回顾；第三部分分析涉及民间办学的政协提案的若干特点；最后一部分将对政策制定参与者的行动逻辑及其延伸含义进行总结。

---

① 文章的实证分析基于全国政协教育类提案数据库，涵盖了1983～2012年中所有涉及教育领域相关问题的9015条提案，包括个人提案、联名提案、党派提案、专委会提案等。

二　理论背景与文献回顾

针对民间办学政策制定过程的研究，既有文献主要以《民促法》的出台为分析对象。《民促法》的制定过程，包括了议案的提出、立法议程的设立、方案的设计和论证、立法决策等主要步骤。其中，各方意见碰撞的情况时有发生，比如，在全国人大常委会第二十八次会议上各方对"合理回报"内涵的争论（季忠发，2008）。针对如此丰富的现象，学术界运用不同的理论和方法进行了各种阐释和分析。

程化琴、陈学飞（2006）认为，《民促法》的出台可以被视为有限理性的决策过程，即在制度约束下的工具理性选择。这不仅体现在立法宗旨的确立中，也贯穿于为实现立法目标而展开的各项活动。换一个角度看，立法过程可以被视为一个"自上而下"和"自下而上"的有机结合。当然，上述分析视角也同样适用于其他教育政策制定的研究。例如，林小英（2006）通过分析高等教育政策的变迁过程，认为教育政策文本的演进逻辑有别于政策实践，政策部门与政策对象的互动体现了"上下回应"的特征，属于渐进主义的决策过程。

更多的研究文献运用了政策网络（Policy Network）理论的框架，试图详细解构民间办学政策制定过程中利益相关者（Stakeholder）之间的博弈特征（Scharpf，1997）。林小英（2007）提出，现实中的决策资源不同程度地被各种利益相关者所掌握。随着利益群体的逐渐活跃，政府必须回应其需求，但是资源的稀缺性造成了多重利益相关者之间的冲突，政策参与者就必然将矛盾和冲突带入决策过程。

在政策制定过程中，政策制定者、政策执行者和政策对象是最主要的利益相关者（陈汉聪，2011），三者之间通过互动和博弈，围绕着自己的利益诉求，共同影响政策制定和执行结果。吴华等（2003）指出，由于《民促法》立法参与各方的利益向左，在现实层面利益相关者缺乏共同的立场，达成共识的可能性很小。政府官员和民办学校代表有显著的立场差异，前者更多关注既有规范和管理效率，后者更多关注权益保障和市场秩序，但都对消费者（家庭、学生）的要求关注不够。因而，需要超越各方具体利益，在一个更高的层面上对民办教育共同的事实判断和价值判断达成共识。

近年来，政策网络理论被越来越多地应用于教育政策研究中。从教育层级和教育内容上看，涉及了高等教育（毛丹，2015）、职业教育（张衡，2015）、义务教育（侯云，2012）以及素质教育（胡金荣，2007）等。不过，相关文献的缺点在于，没有将各个历史时期的教育政策利益相关者的行动特征在一个可比较的实证数据基础上进行充分对比。实际上，利益相关者在《民促法》的制定过程中所呈现的行动特征，已经是长时期政策博弈演变的产物，而在此后民间办学政策的制定中，其博弈策略也必然具有"边干边学"的动态能动性。换言之，既有文献对政策制定参与博弈的演进趋势缺乏系统的分析和清晰的解释，政策制定过程中博弈的重要性和变化趋势都无从论证，因此研究结论对当前民间办学政策争议热点的决策价值不足。

近期，有关教育政策制定过程的学术文献中已出现了利用全国人大、全国政协的提案数据以及新闻文本为数据基础的跨时期实证研究。伍银多（2017）通过对全国两会提案的量化网络分析表明，全国两会提案的内容倾向与数量压力对若干教育法规政策的出台产生了重要影响。同时，在诸多参与决策的利益相关者中，中央所属教育系统的代表往往处于提案网络的核心地位，其对其他利益相关者的动员强度将受制于地方政府对相关政策的实际态度。也就是说，诸多利益相关者并非单纯根据自身的立场发声，其内部存在相互制约和相互动员的复杂关系。

于洋（2016）通过对政策文本、学术文献和新闻文本的实证分析，对我国高校自主权政策的演变过程进行了透视。研究发现，尽管中央政府一直主导政策制定过程，但教育行政部门、地方政府和相关办学主体均通过各种渠道的发声，以期对实质政策导向产生影响。随着时间的推移，为高校自主权发声的利益群体阵营逐步分化，高校资源和权利分配的不均衡会使相对弱势的高校和地方政府具有更强的利益诉求。也就是说，政策的变化对发声者的立场会带来一定影响。

张宸晖（2016）分析了全国政协中涉及民族教育财政政策的提案数据，研究表明，我国的民族教育财政体制有别于一般性的高等教育和义务教育财政体制，从而导致利益相关方在政策参与与提案动员方面的行为特征出现了系统性的差异，来自特定民族地区的政协委员表现得更加活跃，其诉求的政策目标也更具地方色彩。也即利益相关方的博弈策略会根据决策部门的政策设计初衷而不断调整。

本文同样以全国政协提案为实证基础，尝试研究在民间办学法规政策制定过程中，利益相关方通过提案所呈现的利益诉求倾向和博弈策略特征。诚然，政协提案并不一定是利益相关方参与民间办学政策制定的关键性渠道，故而在单一历史案例分析中所囊括的信息难免不够全面，但为我们理解跨时期动态政策参与行为提供了客观依据。

三　民间办学相关提案的特点分析

此部分将利用 1983～2012 年全国政协教育类提案的数据，简要分析民间办学相关议题的演变过程与政策演变之间的共性、差异及呈现的特点，以此来观察在某项中央政策出台前后，各利益相关者所采取的态度、应对策略和方式等。

1. 民间办学相关提案的总体变化趋势

1983～2012 年，教育类政协提案共计 9015 条。根据民间办学的办学主体和举办形式的特征，本文首先拟定了"民办"、"社会力量办学"、"企业（国有、民营）办学"、"独立学院"、"名校办民校"、"校中校"、"私立（人）/贵族学校"、"境外组织"（如教会办学等）、"民主党派办学"、"工商联团体办学"、"人民（群众）团体办学"、"转制学校"、"民办公助"等关键词，然后将标题信息中包含这些关键词的政协提案全部提取出来。按照此方法提取的涉及民间办学的政协提案共 427 条，占所有教育类提案的 4.74%。

图 1 反映了各年份中"民间办学"相关提案的数目和占教育类提案的比例的变化趋

势，总体上数目与比例的变化趋势是一致的。在 2002 年之后，由于总体提案数目的增加，民间办学提案在数量上虽然有所增加，但是比重略有下降。由于民间办学的提案内容非常复杂且多元，下文需要根据提案内容的差异进行具体分析。

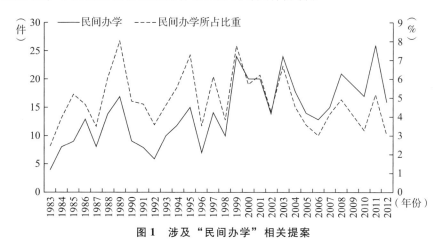

图 1　涉及"民间办学"相关提案

2. 提案中对民间办学的态度差异

民间办学的发展长期以来是一个争议较多的话题，在不断出现"促进"和"支持"等态度的提案的同时，也始终贯穿着强调对其进行"管制"和"规范"的提案，这也是民间办学提案的一个突出特点。在此，本文将提案的倾向性态度分为"促进"和"规范"两类，以下简称"促进"提案和"规范"提案。值得注意的是，在若干提案中同时谈及了"促进"和"规范"，为了更加准确地反映问题，将此类提案统一归到"规范"一类，原因是此类提案以"规范"的倾向为主，例如"关于建议由地方政府加强对民主党派、工商联所办业余学校统一领导管理并组织上给予支持"等。

在三十年间，要求对民间办学进行扶持的"促进"提案共 153 条，占所有民间办学提案的 35.83%，而要求对民间办学加强管理的"规范"提案为 63 条，占所有民间办学提案的 14.75%。虽然"促进"提案在数量上明显超过了"规范"提案，但从图 2 中可以看到，这两大类提案的变动周期在长期内呈现了此消彼长的态势。也即当"促进"提案较多时，同时期的"规范"提案则较少，反之亦然。要求促进民办教育发展的提案较多地集中在 1988 年、1994 年、2000 年、2007 年和 2011 年前后，而这几个年份中，除了 1992~1995 年"促进"和"规范"提案处于同向变化外，其他时间段"规范"提案都处于数量较少，甚至是一定时期内的低谷。

具体而言，自 1992 年中央确立社会主义市场经济体制发展方针之后，至《97 条例》出台之前的几年内，基层的民间办学开始呈现快速发展的局面，国家和社会各界人士对此问题的关注度不断提高，而彼时针对民间办学的政策并没有形成一个明确且稳定的制度安排，进而导致了"促进"和"规范"提案都有一定上升趋势的局面。这种情况在 2002 年《民促法》出台前发生转变，1998~2001 年，"促进"提案要远超过"规范"提案，而"规范"提案则处于低位。2004 年，《民办教育促进法实施条例》（以下简称《实施条例》）出台，"促进"提案开始处于低谷，"规范"提案处于历史峰值。在 2011 年，

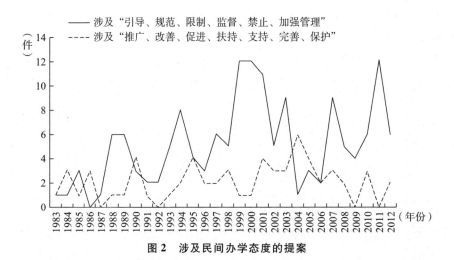

图2 涉及民间办学态度的提案

"促进"提案高峰再次出现，而这恰逢2013年《民促法》修订前夕。总之，在涉及民间办学的问题上，政协提案的总体数量波动及其态度取向与政策发布的周期有着较高的一致性。当然，即便是相似态度的提案在不同的历史时期也会提出差异性的建议，因此需要进一步挖掘具有代表性的提案内容，并进行跨时期的对比分析。

3. "促进"提案：以财政支持和平权为切入点

从20世纪80年代末期起，以《关于社会力量办学的若干暂行规定》、《97条例》、《民促法》以及《实施条例》等对民间办学有重要指导作用的法律及文件为主线，其中涉及支持民间办学的政策条文，经历了从宽泛到具体的演变。

具体而言，80年代和90年代的文件中只提及了对办学存在困难的教育机构"尽力帮助"①，表彰、奖励办学成果较好的学校，② 未提及任何具体的扶持措施。《97条例》中明确了对民间办学的扶持主要由地方政府财政承担，③ 这意味着国家对社会力量办学的支持政策逐步具体化，尽管这并不体现在扶持金额和力度上，而是体现在扶持的主体上。十六大期间出台的《民促法》以"扶持与奖励"为专章，进一步发展了对民办教育的扶持政策，④ 并在其配套文件《实施条例》中进一步细化。《民促法》承认了地方政府可委托民办学校承担义务教育任务并拨付一定的教育经费，这种扶持手段以"购买"的方式体

① 参见《关于社会力量办学的若干暂行规定》。

② 参见《社会力量办学条例》（中华人民共和国国务院令第226号）。

③ 《社会力量办学条例》确定了县级及以上各级政府、教育部门以及其他相关部门承担了对社会力量办学诸如教师培训管理、教学活动、业务指导等方面的责任。同样，关于土地政策，也是县级及以上各级人民政府的职能。

④ 对地方扶持民间办学的财政政策的具体化。相较于《社会力量办学条例》中仅稍微涉及的扶持政策，在《民促法》中对扶持政策的多样性有进一步发展和细化，包括：（1）设立资助民办学校发展的专项资金；（2）表彰先进个人和组织；（3）转让和出租国有资产对民间办学予以扶持；（4）享受税收优惠；（5）民办学校可接受捐赠，并给予税收抵免等政策；（6）运用信贷等金融手段；（7）对民间办学使用的土地和基础建设，予以同公益事业的优惠标准；（8）支持和鼓励办学者到贫困偏远、少数民族地区等发展民办事业。可见，《社会力量办学条例》中只提及了对办学者的表彰和用地政策，其余的六点都是在《民促法》中新增的，并且以法律的形式确定了下来。

现。在《实施条例》中，对承办义务教育的民办学校拨付经费的规定进行了必要的补充和细化，强化了县级政府的支出责任以及生均经费的拨付标准。① 党的十七大后，对民办学校的扶持政策，比较有代表性意义的体现在 2012 年出台的《关于鼓励和引导民间资金进入教育领域 促进民办教育健康发展的实施意见》中。该实施意见强调，民办学校能够得到税收减免、征地优惠、教师保障和学生资助等政策支持，并清理各类歧视性政策。可见，对民办学校的扶持政策是逐步具体化、多元化乃至平权化的，当然具体责任都落在了地方各级政府身上，体现的仍然是简政放权和分权化管理的思路。

根据政协提案标题中所包含的信息，我们将涉及要求政策支持的"促进"提案细分为：（1）宽泛地提及"加大扶持力度"，即不明确指出具体扶持方式和扶持对象的提案，共 2 条，分别为 2005 年的"关于加大对民办教育的支持力度的提案"和 2008 年的"关于加大民办教育扶持力度促进民办教育发展的提案"；（2）涉及"民办公助"的提案共 1 条，为 1991 年提出的"建议国家对社会力量办学采取'民办公助'的政策案"；（3）涉及"税收"优惠和减免的提案共 4 条，出现在 1999 年、2006 年、2009 年和 2010 年，分别谈及了对民办高校、独立学院的税收减免问题，以及建议将教育捐赠的款项"从应纳税金额中扣除"和对民办教育机构"免征办学收入营业税"等；（4）涉及要求"加大财政投入/纳入补助范围"的提案有 10 条；（5）涉及公办学校和民办学校之间"平权"的提案有 11 条。由于涉及"财政支持"和"平权"的相关提案较多，故在图 3 中反映其在历史年份中的变化趋势。

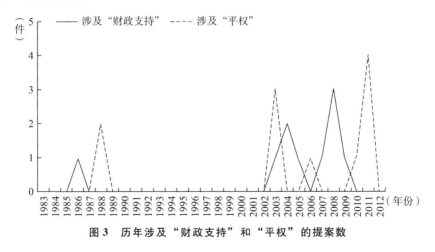

图 3　历年涉及"财政支持"和"平权"的提案数

涉及"平权"的提案可以进一步细分为三类：第一类是宽泛地提出民办学校需要"同等政策支持"；第二类是要求民办学校教师待遇与公办一致；第三类为少量要求民办学校学生与公办学校学生应享受同等权利的提案。2003 年和 2011 年的提案高峰中的内容有所不同。2003 年的提案中有 2 条属于第二类，1 条属于第一类，而 1988 年的 2 条都是

---

① 《民办教育促进法实施条例》中提到，"县级人民政府根据本行政区域实施义务教育的需要，可以与民办学校签订协议，委托其承担部分义务教育任务。县级人民政府委托民办学校承担义务教育任务的，应当根据接受义务教育学生的数量和当地实施义务教育的公办学校的生均教育经费标准，拨付相应的教育经费"。

关于教师的，而2011年的4条提案中，有3条属于第一类，1条属于第三类。可见，经过若干年的演变，提案中要求"平权"的内容从具体的政策诉求逐步抽象化。此处必须指出的是，早在《97条例》中就已经出现了关于"平权"的政策表述，① 但是其在提案中形成焦点的时间相对滞后。

直接要求"财政支持"的提案密集出现在2002年之后，其中有4条直接指出了将开展义务教育的民办学校纳入"免费义务教育"和"两免一补"政策之中，分别是2007年的1条、2008年的2条和2009年的1条。2004年左右的提案多涉及从企业改制中所剥离的学校的问题，2004年有2条，2005年有1条，例如"关于中央增加企办学校剥离资金投入的提案"等。注意，关于要求加大义务教育投入的政协提案是在2001～2006年达到高峰，并最终促成了2006年对《义务教育法》的修订以及农村义务教育经费保障新机制的出台。但关于民办学校承担义务教育的经费诉求并没有发生在国家对公办义务教育大力投入的前期阶段，而在义务教育免费政策出台之后，政协提案中才开始出现要求将民办义务教育学校纳入财政保障范围的声音。

4. "规范"提案：以调整公办和民办学校之间的关系为切入点

80年代至90年代初，"规范"类提案均强调政府要对民间办学予以管制和整顿，有的甚至加上了"严格""严禁"的表达。90年代中后期起，针对具体的办学类型和特点，相关提案的内容开始出现分化和细化。需要指出的是，单纯从标题信息上进行对比，"规范"提案在政策指向上都较为具体，而"促进"提案则显得相对宽泛，这实际上也是两类政策自身特性差异的体现。也就是说，中央的鼓励性政策在基本取向上是为地方政府提供分权化的政策合法性空间，为一些民间办学政策快速变革的地区背书，当地方不出台鼓励性政策时往往也不会有强制性的措施。而中央的规范性政策实质上是在给地方政府的行为划定边界，为了贯彻政策，就必须有具体的指导意见及强制性措施。于是，这两种态度相反的提案在政策建议上的做法也出现了相应的差异。

2000年之后，有相当比例的"规范"提案强调要划清公办和民办之间的界限，包括规范"名校办民校""校中校"等现象。同时期，教育部提出了办学质量高的公办学校是"长期积累形成的公共教育资源，不得改为民办或以改制为名实行高收费"，严格控制"公办中小学校异地办学和招生"以及"坚持义务教育阶段公办学校就近免试入学，任何民办和各类进行办学体制改革的小学、初中也不得以考试的方式择优选拔新生"等规定。② 如图4所示，上述政策出台后，相关指向的提案迅速增加，但下滑的趋势也很快。

在这里，需要引入有关"独立学院"的提案内容，与"名校办民校"和"校中校"的提案做对比。有关"独立学院"的政协提案共17条，也是在2002年之后开始出现并逐年上升的，分别在2005年和2009年达到高峰（见图5）。在2005年前后，国家先后出台了各项规范和促进独立学院发展的政策，包括《关于规范并加强普通高校以新的机制和

---

① 参见《社会力量办学条例》第四十六条，"县级以上各级人民政府教育行政部门、劳动行政部门和其他有关部门对社会力量举办的教育机构在业务指导、教研活动、教师管理、表彰奖励等方面，应当与对国家举办的教育机构同等对待"。

② 参见《教育部关于加强基础教育办学管理若干问题的通知》（教基〔2002〕1号）。

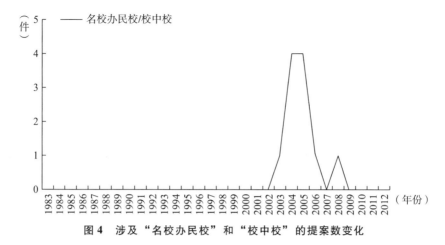

图 4　涉及"名校办民校"和"校中校"的提案数变化

模式试办独立学院管理的若干意见》（教发〔2003〕8 号）、《教育部办公厅关于做好独立学院本科专业清理备案工作的通知》（教高厅〔2004〕22 号）以及《教育部关于加强独立学院招生工作管理的通知》（教学〔2005〕3 号）等。另外，在 2004 年的《实施条例》中专门提到了关于"公办学校参与举办民办学校"的问题，包括对"不得利用国家财政性经费"的重申，必须"具有独立法人的资格"，并要求"防止国有资产流失"等。可见，除了 2003 年的文件外，其他文件中所表达的政策态度是较为保守的。在 2008 年的《独立学院设置与管理办法》出台后，相关提案再次达到高峰。

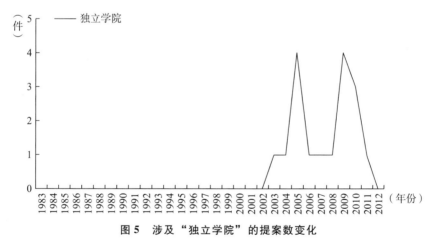

图 5　涉及"独立学院"的提案数变化

"独立学院"和"名校办民校/校中校"均属于利用公办学校资源设立民办教育机构。① 前者主要出现在高等教育领域，并被国家法规所允许；后者出现在基础教育领域，且在社会上引起的舆论效应更加广泛，但是在提案中没有产生类似"独立学院"那么强的反响。更重要的是，同样是利用公办教育资源扶持民办教育的发展，政协提案在高等教育和基础教育中呈现了完全不同的态度。在"名校办民校"和"校中校"的问题上，11 条提案全部持"规范"态度，例如"坚决制止""禁止""严肃整治""清理整顿"此

---

① 本文中"名校办民校"和"校中校"仅指举办基础教育的教育机构。

类学校等。但是在有关"独立学院"的 17 条提案中，只有 1 条是"规范"提案，即 2005 年的"关于规范高等院校独立学院办学行为的提案"，其他均是要求支持和鼓励独立学院发展的，包括要求解决学位问题、减税免税、设立新学院等。

虽然"独立学院"和"名校办民校/校中校"两类提案在与相应政策出台的时序关系上呈现了相似性，但是二者各自与相应政策导向的关系并不一致。在高等教育领域，国家政策中一面推进"独立学院"发展，一面要求其明晰产权、规范招生，大部分政策文本的取向总体上偏向规范管理，但更多的相关政协提案属于"促进"提案，现实中也在各地迅速出现了一批独立学院。而在提及基础教育领域的"名校办民校/校中校"问题时，政策与提案在基本取向上保持了一致。

5. 办学主体利益相关的历史特征

国家对民间办学的主体在不同时期有不同的界定和要求，这一点在政策中可以清晰地被反映出来。1980 年对于坚持"两条腿走路"方针的解释是，以国家办学为主体，同时鼓励和调动厂矿企业、社队集体以及群众自筹经费。[①] 1983 年 5 月，国家强调中央和地方增加教育经费的同时，要求基层组织和农民集资办学。[②] 1985 年发布的《中共中央关于教育体制改革的决定》中指出，需要"调动各级政府、广大师生员工和社会各方面的积极性"，其中包括各社会组织、人民团体、民主党派、集体经济单位、离休退休干部、知识分子和个人等采用多种形式和办法办学。文件认为地方在鼓励和指导社会力量办学中具有一定的责任。[③] 1986 年的义务教育法中也提及了"国家鼓励企业、事业单位和其他社会力量"办学。直到 1987 年，才有专门针对社会力量办学的文件，其正式规范界定了社会力量办学的范围，即具有法人资格的国家企业事业组织、民主党派、人民团体、集体经济组织、社会团体、学术团体，以及经国家批准的私人办学者。[④]《97 条例》中强调了利用非国家财政性教育经费的企事业组织、社会团体及其他社会组织和公民，《民促法》则更加宽泛，简化为"国家机构以外的社会组织或者个人"。从这个过程中能看到，国家对于办学主体的界定经历了一个开放办学主体的过程，并且逐步扩大其外延。

图 6 反映的是 30 年间涉及"民主党派办学"的提案变化趋势，其共 16 条。此类提案只在 1997 年前（含 1997 年）出现过，在此之后再未有过涉及"民主党派办学"的提案，即内容涉及民主党派办学的提案全部出现在《97 条例》出台前，且集中在 80 年代中后期和 90 年代初。1985 年是提案高峰，共有 4 条相关提案。另外，与"民主党派办学"在同一条提案中出现的办学主体，有"工商联办学"，共 4 条，时间分别为 1985 年、1986 年、1990 年和 1995 年，内容有"对民主党派、工商联举办的大专和中专学校希望国家教委另订政策，以资鼓励与支持案"等。同样，与"民主党派办学"在同一条提案中出现的办学主体，还有"社会（力量）""群众团体""人民团体"办学等。

---

① 参见《中共中央、国务院关于普及小学教育若干问题的决定》（中发〔1980〕84 号）。
② 参见《关于加强和改革农村学校教育若干问题的通知》。
③ 参见《中共中央关于教育体制改革的决定》。
④ 参见《关于社会力量办学的若干暂行规定》。

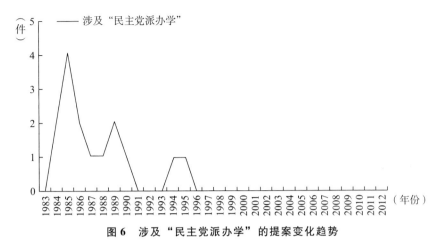

图 6　涉及"民主党派办学"的提案变化趋势

国家首次在政策文件中认可"民主党派"办学是在 1985 年，与提案高峰吻合。等到《97 条例》出台后，即国家不再具体规定办学主体形式后，相关提案也随之消失。这说明在 1997 年以前，不同的办学主体，特别是民主党派，通过政协提案一直在积极争取办学权利、巩固办学的合法地位。

为了佐证政协提案中的确存在来自民间办学者的声音，除了以上提到的促进民主党派办学的提案外，提案人中也不乏民办学校的举办者。例如，提出提案名为"对改进社会办学的意见案"（1991 年）的提案人为宁夏银川某 12 年一贯制民办学校的校长；提出提案名为"应坚决制止公办名校办民校的提案"（2003 年）的提案人为下设了若干所国际学校的集团公司的董事长；某民办高校创始人兼中国民办教育协会副会长在 2012 年提出了"关于营利性和非营利性民办高校实行分类管理的提案"。值得注意的是，谈及对民办学校进行"营利性"和"非营利性"管理的提案非常少，仅此 1 条。尽管从 2013 年起缺乏相关政协提案数据，但仍然可以找到很多办学者为民办学校发声的证据。例如山东某民办普通本科高等院校的董事长提出了确定民办学校的法人身份；[1] 西安一民办高校院长提出营利性民办学校也应当享受教育的"税收及土地等优惠政策"；[2] 来自河南民办高校的举办者建议实施"特色民办高校建设工程"，设立专项基金以重点支持；[3] 还有的要求落实民办学校的自主权等。[4]

---

[1]　全国政协十二届一次会议提案第 0341 号，http://www.cppcc.gov.cn/zxww/2013/03/06/ARTI13625383-28203133.shtml，中国政协网。

[2]　任芳：《修改民办教育促进法的几条建议》，http://www.canedu.org.cn/index.php? m = content&c = index&a = show&catid = 129&id = 1474，中国民办教育协会，最后访问日期：2016 年 4 月 8 日。

[3]　杨雪梅：《关于重点支持一批特色民办高校建设的建议》，http://www.canedu.org.cn/index.php? m = content&c = index&a = show&catid = 129&id = 1465，中国民办教育协会，最后访问日期：2016 年 4 月 6 日。

[4]　任芳：《解决民办院校供给侧结构性矛盾　落实民办院校办学自主权》，http://www.canedu.org.cn/index.php? m = content&c = index&a = show&catid = 129&id = 1656，中国民办教育协会，最后访问日期：2017 年 3 月 9 日；张杰庭：《推进民办教育分类管理，促进民办学校健康发展》，http://www.canedu.org.cn/index.php? m = content&c = index&a = show&catid = 129&id = 1454，中国民办教育协会，最后访问日期：2016 年 3 月 11 日。

四 政协提案的特点总结与政策含义

1. 民间办学提案的特点总结

前文分析了民间办学提案中的若干重要特点，并与相关法律和政策的出台进行了分维度、分时期、分内涵的比较，但是并没有分析中央政策演变自身的逻辑归因，只是在预设中央政策导向的前提下，通过提案数据来佐证可能存在的各方利益倾向，并以此来解释政策参与博弈的演进特点。

首先，在党的十二大（1982年）至十七大（2007年）期间，民间办学政策的变迁与相关提案的涌现基本上是同步的，提案内容无论是倾向于"促进"还是"规范"，在绝大多数情况下"配合"着中央政策的出台和落实，较少出现提案高峰先于政策发布的情况，即基本没有出现通过提案来主动推动政策出台的局面，尽管类似的情形在义务教育、高等教育等领域已经多次出现（伍银多，2017；张文玉、王江璐，2017）。这说明，中央决策部门充分地掌握了民间办学政策制定的主导权，教育行政部门也并不依赖提案的压力来促成某项中央政策的出台，而利益相关者必须在中央既定政策的框架之内根据自身的动机来决定提案的内容。

其次，关于教育类政协提案的研究文献表明，各级教育行政部门、地方政府以及各级各类的办学主体均会对提案行为产生影响。从本文的实证分析中，我们也可以直接或间接地观察到类似现象。也即对于不同导向的民间办学政策，提案中出现了不同的态度。当民间办学在基层实践上已经有显著进展，而中央政策尚不明朗的情况下，"促进"提案和"规范"提案会出现同向上升的情况，利益相关方都希望实际政策会朝着有利于自己的一方变化；对于分权化、鼓励性的政策，大部分提案均积极支持政策出台和落实，这说明多数的利益相关者的态度是一致的，都希望中央能够赋予地方政府及办学机构以更大的自主权以及相应的支持性政策，提案高峰的出现更多的是在促使地方政府尽快落实中央的政策；对于规范性的政策，由于部分利益相关者的态度不积极，提案数量会在政策出台后出现迅速衰减的趋势。

此外，民间办学机构本身在提案中是有一定的发言权的，特别是那些在全国政协中具备一定话语权的办学机构。1997年前各民主党派政协委员要求民间办学权的提案就是一个典型的例证。对于高等教育领域的"独立学院"和基础教育领域的"校中校"的规范性政策，提案中出现了不同的态度。这进一步表明，来自高校的政协委员掌握了更多的话语权，并希望针对"独立学院"的政策尽量"照顾"高校自身的利益。

最后，对于有规范性前提要求的鼓励性政策，提案中表现出了试图强化其"鼓励性"导向的意图。中央在2004年就已经出台了涉及民办学校平权的政策条文，[①] 并在党的十

---

① 在《民办教育促进法实施条例》中提到，"民办学校享有与同级同类公办学校同等的招生权"，"县级以上地方人民政府教育行政部门、劳动和社会保障行政部门应当为外地的民办学校在本地招生提供平等待遇"，等等。

七大之后逐步细化。与以往不同的是，对于鼓励性政策，特别是强调平权的政策，近年来开始不断强调普惠制或非营利性等以分类管理为导向的规范性前提，并通过增加对民间办学的财政投入的手段来确保规范性政策要求的执行。

在此宏观环境下，对于民办普惠或非营利学校的财政支持政策已经有了多方面的进展。例如，中央要求对义务教育阶段的民办学校"按照中央确定的生均公用经费"标准免除学杂费。[①] 在学前教育阶段，自 2010 年起，国家明确提出了"积极扶持民办幼儿园特别是面向大众、收费较低的普惠性民办幼儿园发展"，提倡采取多种形式，如政府购买服务、减免租金、以奖代补、派驻公办教师等支持民办幼儿园提供普惠性服务，并与公办园具有同等地位。[②] 随即通过中央财政的专项资金的引导，在 2011～2013 年开展了第一期"学前教育三年行动计划"，"二期行动计划"也已于 2014 年开展。[③]

同期，倡导鼓励性政策的"促进"提案明显要多于"规范"提案，且呼吁平权的提案占比有显著增加。另外，2012 年以前的提案对普惠和非营利的重视程度并不高，虽然缺乏 2013 年及之后的提案数据，不过从公开的政协提案信息中可以找到若干涉及分类管理的内容，[④] 且相关提案要求对非营利性、普惠性民办学校提供财政支持。[⑤] 也就是说，在国家不提"营利性"和"非营利性"的话语之前，民办教育界长期以来缺乏推动"非营利化"办学的内在动机，而是在尽量保有自身办学自主权限的前提下要求公/民办学校平权化。

2. 政策含义

民间办学已逐步成为我国教育事业的重要办学形式，从以上历史经验出发，能够从政策制定的角度去理解政协提案在民间办学政策推进中的变化，以及针对中央各项相关政策所采取的态度。

从中央政策执行的角度来看，要尽量降低强制性措施对地方发展民办教育的积极性的挫伤，确保政策的整体实效性。为了贯彻分类管理的政策目标，则需要财政资金的配套支持，但也由此引发了中央和地方财政的责任划分问题。从中央文件的本意出发，中央财政给予专项经费支持，主要起到引导、鼓励地方投入的作用，具体的扶持责任其实还是在地方财政层面，即由各地自行制定扶持和补贴标准以及扶持的具体措施和形式。[⑥]

---

① 参见《国务院关于进一步完善城乡义务教育经费保障机制的通知》（国发〔2015〕67 号）。

② 参见《国务院关于当前发展学前教育的若干意见》（国发〔2010〕41 号）。

③ 目前已经开始第三期行动计划，参见《教育部等四部门关于实施第三期学前教育行动计划的意见》（教基〔2017〕3 号）。

④ 《秦和委员建议支持非营利性民办高校加快发展》，http://www.cppcc.gov.cn/zxww/2014/03/10/ARTI-1394414887813431.shtml，中国政协网，2014 年 3 月 10 日。

⑤ 《秦和委员代表教育界委员：着力制度创新大力发展民办教育》，http://www.cppcc.gov.cn/zxww/2015/03/11/ARTI1426036213275882.shtml，中国政协网，2015 年 3 月 11 日。

⑥ 参见《教育部　国家发展改革委　财政部关于实施第二期学前教育三年行动计划的意见》（教基二〔2014〕9 号）中对民办普惠制幼儿园的扶持，文件中提到，"各地……认定一批普惠性民办园，通过政府购买服务、减免租金、派驻公办教师、培训教师等方式，支持民办园提供普惠性服务，有条件的地区可参照公办园生均公用经费标准，对普惠性民办园给予适当补贴。各地 2015 年底前出台认定和扶持普惠性民办园实施办法，对扶持对象、认定程序、成本核算、收费管理、日常监管、财务审计、奖补政策和退出机制等做出具体规定"。

　　因此，对于民办教育的财政支持政策，在中央层面也应基于公共支出标准化体系建设的框架下展开。近日，国务院出台文件要求进一步规范中央和地方支出责任的分担方式，制定基本公共服务保障国家基础标准。具体而言，指的是对于基本公共服务，中央确定国家基础标准，同时明确地方政府的职能，所需资金按中央确定的支出责任分担方式负担。地方政府可在确保国家基础标准的落实后，根据地方财力和发展需要来适当提高地方标准。教育领域就包括了义务教育公用经费等8项。① 这里和新《民促法》的对接之处在于，法律中将涉及对民办学校的政府补贴、基金奖励、政府购买等都分权给县级以上地方政府，地方政府可以自主选择扶持方式和扶持力度。

　　尽管历史经验表明，民间办学领域尚没有出现依靠全国两会上的提案压力来主动推动某项政策出台的情况，但近年来的政策演变和政协提案中，已经呈现了要求民办教育分类管理的财政投入标准不断提高、财政扶持责任不断上移的趋势。在此情况下，如果分类管理的规范性措施过于缺乏弹性，留给地方政府的自主空间过小，那么地方政府必然缺乏落实中央政策的积极性。最终，要么分类管理的政策目标难以落实，要么与之配套的财政投入责任可能会转嫁给中央财政，这种倾向也终将体现在提案的压力之中。故而，在执行类似规范性政策时，还是应给地方政府保留一定的自主性空间。

　　在给地方一定自主权的问题上，可以从上海民办教育的财政支持政策的演变中得到若干启发。早在1997年开始，上海就已经在民间办学中区分学历教育和非学历教育，并通过不同的设置标准、扶持手段、管理方式等来引导民办教育机构的发展。② 进入2010年后，上海市对民办学历教育和非学历教育的管理有着进一步的分化，在非学历教育中区分了经营性和非经营性③，并制定了系统性的规范。④ 新《民促法》出台后，上海市政府出台了《上海市人民政府关于促进民办教育健康发展的实施意见》，除了与国家政策相应外，对于营利性和非营利办学架构的地方治理，其特色体现在：一方面，提出了具体的财政资金扶持重点，将明确市、区两级政府对各级各类民办学校进行补贴的项目、对象、标准、用途，以及专项资金的使用对促进民办学校内涵建设的作用等，在已有的制

---

① 参见《国务院办公厅关于印发基本公共服务领域中央与地方共同财政事权和支出责任划分改革方案的通知》（国办发〔2018〕6号）。

② 在20世纪90年代上海关于民间办学所出台的政策中，有5个里程碑式的文件，分别指向了中外合作办学、民办学历教育学校（特别是中小学）以及民办非学历教育机构及其财政扶持问题。这5个文件分别是：（1）1993年12月发布的《上海市境外机构和个人在沪合作办学管理办法》；（2）1994年4月发布的《上海市民办学校管理办法》；（3）1996年发布的《关于加强上海市民办中小学管理工作的若干意见》；（4）1997年发布的《上海市社会力量举办学院设置的暂行规定》；（5）《上海市社会力量举办学校设置的暂行规定》。而另外一个具有重要意义的文件是1994年发布的《上海市民办学校管理办法》，为各级各类民间办学的具体管理政策的出台提供了地域内的基本管理依据。

③ 非经营性民办培训机构是指由政府教育行政部门或人力资源社会保障部门审批管理的，经营性民办培训机构是经征求教育行政部门或者人力资源社会保障行政部门意见后，由工商行政管理部门登记的从事经营性培训活动的内资公司制企业（不含经营性民办早期教育服务机构）。

④ 参见《上海市经营性民办培训机构管理暂行办法》（沪教委终〔2013〕5号）、《上海市教育培训机构学杂费专用存款账户管理的补充规定》（沪教委终〔2013〕10号）、《上海市教育培训机构学杂费收缴和使用管理规定》（沪教委终〔2015〕7号）、《上海市民办非学历教育机构管理办法》（沪教委民〔2015〕19号）和《上海市民办非学历教育机构设置标准》（沪教委民〔2015〕20号）等。

度建设基础上进行完善和发展；另一方面，上海市对民办学校收费的政策有所改革，除了对营利性民办学校可以自主确定收费标准以实行市场调节价外，对非营利民办学校，也开始“通过市场化改革试点，逐步稳妥推行市场调节价”，这里与国家政策相应。① 但值得注意的是，上海市提出了要“规范民办学校收费”，其中特别是“完善民办学校学费专户管理和收费公示等制度，健全民办学校收费监管机制”，此为截至 2018 年 3 月出台的省级文件中所独有的。② 2010 年起，上海市作为国家分类管理改革的试点之一，开始重点支持非营利学校。特别是率先在民办高校财务监管上做出了尝试，利用学生收费管理软件和财务软件，对各校的资金资产进行跟踪监督，以提高资金使用效率。这表明，对于非营利民办学校的定价机制和监管手段，上海市虽然也正处于探索阶段，但已经有较为明确的改革方向。

如果非营利性民办学校所提供的教育服务定价过低，在监管手段不完善的情况下，则容易通过租赁费、管理费、咨询费等以非公允价格形成的关联交易进行利润转移。而如果民办学校的收费过高，则容易被视为营利性学校。但事实上，《慈善法》和新《民促法》中关于“非营利性”的界定并不来自对收费的限定，而是“禁止财产分配”规则，因此以限定收费来确定是否营利的做法值得商榷。在此，上海市根据自己的实际情况制定了符合自身民办教育发展的政策体系，值得借鉴。

总之，本文的主要工作在于对民间办学政策的实际内涵和利益相关方的提案倾向之间进行了跨时期分类对比，进而尝试总结政策参与博弈的演进特征及其政策含义。当下正值民间办学政策的一个新的历史分野期，为了使政策制定更具科学性和可持续性，对于全国层面乃至各地区的人大和政协相关提案尚需要更加深入的研究。

参考文献

陈汉聪，2011，《利益相关者分析框架：教育政策执行研究的一种尝试——基于独立学院的案例分析》，《教育学术月刊》第 12 期，第 3~7 页。

程化琴、陈学飞，2006，《有限理性的决策过程——〈民办教育促进法（草案）〉制定过程的实证研究》，《苏州大学学报》（哲学社会科学版）第 3 期，第 130~134 页。

侯云，2012，《流动儿童义务教育政策执行的复杂性——基于政策网络视角的研究》，《教育科学研究》第 7 期，第 38~41 页。

胡金荣，2007，《政策网络视野下的中国素质教育政策过程分析》，硕士学位论文，兰州大学。

季忠发，2008，《我国民办教育政策制定过程研究——以〈中华人民共和国民办教育促进法〉及其实施条例为例》，硕士学位论文，湖南师范大学。

林小英，2006，《中国教育政策过程中的策略空间：一个对政策变迁的解释框架》，《北京大学教育评论》第 10 期，第 130~148 页。

林小英，2007，《理解教育政策：现象、问题和价值》，《北京大学教育评论》第 4 期，第 42~

① 参见《国务院关于鼓励社会力量兴办教育促进民办教育健康发展的若干意见》（国发〔2016〕81 号）。
② 已出台的省级实施条例中，除上海外，其他省份中对于收费的监管基本上并不提及具体的监管手段。

52 页。

毛丹，2015，《美国高等教育绩效拨款政策的形成过程及政策网络分析——以田纳西州为个案》，《北京大学教育评论》第 1 期，第 148～165 页。

吴华、蒋新峰、童锦波、周宵龙，2003，《民办教育的事实与立场——对〈民办教育促进法〉观念基础的解读》，《教育发展研究》第 12 期。

伍银多，2017，《教育立法过程中的公共参与机制和行动特点：基于 1983～2013 年全国两会提案的实证分析》，博士学位论文，北京大学。

闫凤桥，2005，《民办教育政策的经济学分析》，《教育研究》第 9 期，第 59～63 页。

于洋，2016，《"谁在为高校自主权发声"——对政策文本、学术文本与新闻文本的内容分析》，博士学位论文，北京大学。

张宸珲，2016，《民族地区教育财政优惠政策扩散效应研究》，博士学位论文，北京大学。

张衡，2013，《集体行动与秩序生成——高职学制政策变迁的政策网络分析》，博士学位论文，华东师范大学。

张文玉、王江璐，2017，《高等教育财政政策的演进逻辑（1983～2012 年）——中央与地方博弈策略分析》，北京大学中国教育财政科学研究所《中国教育财政》第 17-4 期（总第 146 期）。

Scharpf, F. W. 1997. *Games Real Actors Play*: *Actor-centered Institutionalism in Policy Research*. Westview Press.

香港私立非营利学校用地制度简述

张文玉[*]

（2016 年 11 月）

地租优惠是香港特别行政区政府（以下简称香港特区政府）针对私立非营利学校进行的资助政策。香港特区政府《1998 年施政报告》提出，为促进更多优质的私立学校的出现，以建立更多元化的教育体系，让学校有更大的创新空间，也让家长有更多选择，1998 年起将推行一项试验计划，让非营利私立学校可以向政府申请以象征式地价批地，以及申请一笔工程设备资助贷款。本文将对香港特区政府的私立非营利学校用地供给政策进行简要介绍，以期对内地的教育用地制度有所启示。

一　香港土地批租制度概述[①]

不同土地所有制的国家/地区在确定土地所有权与使用权关系模式上，主要有两种类型：一是土地所有权与使用权不可分割，土地使用权随着土地所有权的转移而转移，不可以独立行使，如美、法、德等国家；二是土地使用权与所有权分离，土地所有权永不转移，使用权则可由所有权人有条件地让渡给他人使用，如英国、英联邦国家、中国（不包括港澳台）。

在回归之前，香港的土地为英国女王租借地，由港英政府代为管理；回归之后，根据《中华人民共和国香港特别行政区基本法》，香港土地国有，由香港特区政府负责管理、使用、开发、出租或批给个人、法人或团体使用和开发，其收入全归香港特区政府支配。

中国香港土地使用制度的主要内容和初级形式是土地批租制度，即由土地所有者（香港特区政府）将土地的使用权有条件租与土地需求者（地产发展商、自用人等）。香港特区政府会通过城市规划委员会及规划署厘定各区的土地用途，再由香港地政总署（以下简称地政总署），以长期租约、短期租约或协约方式批出土地，并且会通过地政总署，

---

* 张文玉，北京大学中国教育财政科学研究所博士研究生。
① 除另有注释外，本部分参考（董立坤，2016）。

对土地的运用进行监管。① 如发现有违反契约条件的情况，地政总署可采取适当的执行契约条款行动。地政总署通常会发出警告信，要求有关业主在指定时限内纠正违契情况。如业主没有在限期前做出纠正，地政总署可把警告信在土地注册处注册（俗称"钉契"）。如违契情况严重，例如对公众安全构成严重威胁，致使需要采取进一步行动，地政总署可重收有关地段或把相关权益转归政府。②

在香港，政府批租土地的方式主要有公开拍卖、公开招标、临时租约和私人协约批地等。公开拍卖一般用于商业性、经营性土地的批租，如商业用地、商品住宅用地等。公开招标方式多用于大的工业项目和大的城市建设项目用地的批租。临时租约用于那些不宜长期出租、暂时不能按土地发展大纲进行开发的"闲置土地"的批租。私人协约批地只批给非营利团体，用于公用、公益事业用地，某些特殊用途用地如学校、医院、发电厂、码头、停车场等，香港特区政府采用与租地申请人直接协商签约的形式批租。

二 香港对私立非营利学校的批地政策

如开篇所述，为促进更多优质的私立学校的出现，香港特区政府1998年起开始接受私立非营利学校申请，以象征式地价给私立非营利学校批地。根据香港发展局地政署近年来批出的公益用地的价格，所谓的象征性地价，不区分申请的地块面积大小，均为1000港币。香港特区政府给予私立非营利学校的建校用地，均通过私人协约批地的方式批出。

关于私人协约批地的申请通过严格的政策审核，经周全考虑，证明符合公众利益后，由行政会议③逐一审批，或由获授权当局按照行政会议所订定的批核准则，逐一审批。私人协约批地一般都有特定用途，会在批地文件内注明。在私人协约批地上进行的发展，必须符合土地批出时有关规划图则许可的用途，或符合城市规划委员会其后就有关规划图则批出的发展许可或所做的修订。有关发展必须按批地的指定用途进行，确保地尽其用。承批人须证明有财力落实有关发展计划。相关的政策局及部门也须在政策上给予明确支持（比如兴建学校的申请须获得教育局的明确支持），私人协约批地的申请才获受理。④ 当土地以私人协约方式批出用作兴建学校之后，一般不允许改变土地用途。承批人如打算把批租地段改作其他用途或发展，必须向当局申请修订地契。每个个案获得批准与否，须通过严格的政策审核，根据每宗申请的情况，证明符合公众利益后，由行政会

---

① 陈伟业：《香港土地管理意见书》，http://www.chanwaiyip.com/policypaper/land.pdf。
② 参见香港地政总署网站，http://www.landsd.gov.hk/tc/lease%20enforcement/lease%20enf.htm。
③ 《基本法》规定，行政会议是协助行政长官决策的机构，行政长官在做出重要决策、向立法会提交法案、制定附属法规和解散立法会前，须征询行政会议的意见。行政长官会同行政会议也对根据各项条例所赋予的法定上诉权而提出的上诉、请愿或反对做出裁决。2015年，行政会议有30名成员，包括16名主要官员和14名非官守成员。
④ 立法会规划地政及工程事务委员会：《有关容许以地契修订的方式更改私人协约批地的土地用途的检讨 CB（1）1158/05-06（01）》，2006。

议逐一审批，或在行政会议转授的权力下，由当局按个别情况做出考虑。一般来说，更改私人协约批地的土地用途申请要符合以下的情况，才会获得考虑：（a）有关土地先前获准的用途因时移势易而变得不合时宜；（b）有关土地的原来用途已通过法定的规划程序改作其他更合适的用途；（c）申请人接受按十足市值缴付补价。①

具体来讲，私立非营利学校申请建校用地依据香港教育局的校舍分配工作程序进行。所谓校舍分配工作，是通过公开及公平竞争的机制，分配空置校舍及全新土地（包括以前没有任何临时或永久建筑物的土地）做教育用途，包括营办国际学校。在进行校舍分配工作时，教育局会要求申办团体递交详细的办学计划书，然后交由校舍分配委员会考虑。校舍分配委员会的成员包括政府和非政府人员。委员会负责审视在校舍分配工作中收到的办学计划书，然后提出建议予教育局常任秘书长考虑。②

在大部分情况下，教育局会在进行校舍分配工作前邀请团体表达意向③，以了解学校体系的发展需求以及对使用有关的空置校舍及/或土地的兴趣。考虑过各团体表达的意向后，如确信应进行校舍分配工作，便会邀请已递交回复表格的团体参加校舍分配工作。

经过审批合格后，申请学校即可获得政府通过私人协约批地方式批出的土地用于兴建学校。但根据现行政策，香港对于公立学校和私立学校批拨土地的年限有所不同，公立学校的批地年期一般为五十年，而私立独立学校的年期一般为十年。④

以私人协约方式批出的土地，在变更土地用途上存在很多问题，为了避免这些问题，从2006年开始，地政总署已就新批地个案加强终止规定土地用途条款，规定地政总署署长就某地段是否已不再用作私人协约批地准许用途的意见，不受约束，不可推翻，并对承批人具约束力。⑤

获批拨土地后，香港特区政府会应非营利国际学校办学团体的申请，以免息贷款形式提供工程设备资助，以供在获分配的全新土地兴建校舍。贷款上限为相当于兴建一所容纳相同学生人数的标准设计公营学校校舍的建筑费用。如贷款申请获立法会财务委员会通过，政府会与成功申请的办学团体签订贷款协议书。贷款会借以政府为受惠一方的法定押记做还款保证，办学团体将于新校舍落成时支取贷款，并会分十年摊还款项。申请团体属非营利机构，因此需要香港特区政府的免息贷款作为向私人或商业机构申请过渡贷款的支持，以供兴建校舍。如贷款申请获得批准，申请贷款的办学团体会以该笔款项偿还为支付兴建新校舍费用而借取的过渡贷款。⑥

---

① 立法会规划地政及工程事务委员会：《有关容许以地契修订的方式更改私人协约批地的土地用途的检讨 CB（1）1158/05-06（01）》，2006。
② 《香港的国际学校》，http://edb.hkedcity.net/internationalschools/what_is_it.php? lang=tc。
③ 邀请团体表达意向，目的是评估市场对利用空置校舍及全新土地发展国际学校的反应。所有有兴趣的团体均可参加。当局会在校舍分配会话邀请已表达意向并能证明符合有关要求的团体提交详细的办学计划书。
④ 《立法会十三题：私人协约批地申请事宜》，http://www.info.gov.hk/gia/general/200212/04/1204153.htm。
⑤ 立法会规划地政及工程事务委员会：《有关容许以地契修订的方式更改私人协约批地的土地用途的检讨 CB（1）1158/05-06（01）》，2006。
⑥ 参考 http://edb.hkedcity.net/internationalschools/provide_interest_free_loan.php? lang=tc。

三 申请私立非营利学校的程序——
以非营利国际学校为例①

本部分以非营利国际学校为例，说明香港非营利学校申请政府批地的条件和程序。

（一）申请需满足的前提条件

办学团体如申请校舍分配工作提供的空置校舍及/或土地发展国际学校，应符合以下的强制规定。

（1）应把最少70%的学额分配予学校公开宣布服务的目标学生。目标学生指持有香港特区护照和英国国民（海外）护照以外的任何其他护照的学生或持有学生签证来港就读的学生。

（2）办学团体须开办适合国际学校的非本地课程。为应考本地考试或主要为升读本地学校做准备的课程，概不接纳。

（3）办学团体须利用有关的空置校舍及/或全新土地营办国际小学、中学或中学暨小学。政府不会提供校舍或土地供营办学前教育、幼儿中心、托儿所或幼儿园，但或会容许有限度营办学前教育或幼儿园，条件是申请团体能够证明这是小学课程的主要部分，并证明供小学及/或中学使用的空间和设施不会受到影响。批准与否会按个别情况考虑。拟办的学校不应提供寄宿设施或利用该校舍及/或土地作为临时校舍。

（4）除了获批拨全新土地的办学团体可获政府提供的免息贷款外，办学团体不会获得政府任何经常资助金或非经常补助金。办学团体营办的国际学校必须以自负盈亏的模式运作，并须证明具有充足的财政支持，能够进行所需的基建工程。

（5）于每学年，办学团体须预留款项，金额不少于国际学校学费总收入的10%，用以向有需要的学生发放奖学金及/或其他经济上的援助。

（6）办学团体和在获分配校舍或土地营办的学校均须为根据《税务条例》（香港法例第112章）第88条获豁免缴税的机构（"豁免缴税资格"）。办学团体亦须根据《公司条例》[香港法例第32章或自2014年3月3日起生效的香港法例第622章（如适用）]注册成立，而其章程细则须包括分配校舍或土地所需的全部标准条文；或根据其他条例注册成立，而教育局常任秘书长在审阅其章程后，认为可获考虑分配校舍。

为鼓励海外办学团体和未在本地营办国际学校的新办学团体参与校舍分配工作发展国际学校，豁免缴税资格并非参加分配工作的先决条件。尽管如此，出示有关豁免缴税资格的证明文件仍是获分配校舍或土地的一个条件。成功申请的团体及其国际学校均须每年向教育局确认仍具备有关资格地位。

（7）在不影响学校的日常运作和学生的安全的情况下，办学团体须因应要求开放校

---

① 参考 http://edb.hkedcity.net/internationalschools/what_we_do.php？lang＝tc。

舍及设施，供政府和小区做教育或其他活动之用。

（8）申请团体须提供领事馆或商会发出的推荐信，表明该领事馆或商会支持申办的学校，以及其参与营运该校的方式（如有）。其目的是确保申请团体所提供的服务将能满足领事馆所代表国家的国民和商会成员的需求。

（二）完成校舍分配工作后的安排

若办学团体满足上述条件，并且通过了教育局的审核与社会团体的意向表达，即可获得政府以象征性地价 1000 港币批拨的土地。

教育局会发信把校舍分配工作的结果通知成功申请的团体。成功申请的团体一旦接受有关校舍土地，须在指定时间内提供豁免缴税资格的证明文件（满足《税务条例》第 88 条规定）。

在此之后，教育局会安排与成功申请的团体签立服务合约和租约（如属空置校舍，由教育局或房屋署签立）及/或私人协约批地（如属全新土地，由地政总署签立）。完成上述手续后，有关的校舍或土地会交予成功申请的团体。

（三）签立服务合约

为确保国际学校所提供的教育质素及加强学校的问责性，在校舍分配工作中获分配空置校舍及/或全新土地发展国际学校的申请团体须与政府订立服务合约。服务合约规定成功申请的团体所经营和管理的国际学校须符合申请团体就校舍分配工作曾递交的详细办学计划书、学校发展计划、《教育条例》（香港法例第 279 章）、《教育规例》、校舍分配工作下特定的条款、其他有关的法例、其他由政府不时公布的要求和适用于国际学校的教育政策。服务合约首段年期为十年，之后政府可酌情每五年续期一次。

学校发展计划应包括学校的整体概况、其管理及组织、学生学习和教学、学生支持，以及五年工作计划（列明工作表现目标及指针、所需资源，以及实践五年计划的策略的评估方法）。

（四）签立租约及私人协约批地

租约及私人协约批地分别订明占用和使用政府校舍和土地的条款及条件。

租约是由成功申请的团体与教育局或香港房屋委员会（若空置校舍位于公共屋宇范围内）签立的契约。获分配全新土地的办学团体须向地政总署递交申请，以便借私人协约批地方式批拨有关的全新土地。

与服务合约相似，租约或私人协约批地的首段年期为十年，之后政府可酌情决定是否续期。租约及私人协约批地须与相关的服务合约同时届满。换言之，如租约或私人协约批地终止，服务合约亦会因此而终止，反之亦然。

（五）学费调整及账目审核

根据《教育规例》（香港法例第 279A 章）第 65 条的规定，国际学校如拟调整学费，必须获得政府批准。国际学校须就下列方面提出调整学费的依据：建议的调整幅度的合理性、对学生的好处、学校的财政状况是否稳健，以及调整学费对学生学习的改善。在批准校方调整学费前，教育局也会考虑家长及其他利益相关者的意见，以及学校有无妥善地响应家长的关注。

获政府资助（包括获提供校舍及/或土地和发还地租及差饷）的国际学校及其办学团体必须是根据《税务条例》（香港法例第112章）第88条获豁免缴税的机构。学校须向教育局提交年度账目。有关的账目须经根据《专业会计师条例》（香港法例第50章）注册的执业会计师审核。学校提交的经审核周年账目，须包括校监证明书、核数师报告，以及有关学校营办情况的详细财务报表。表格须按指定的格式编制，而账目须由校监和核数师签署。

四　香港私立非营利学校用地制度的启示

从整体土地政策来讲，内地和香港有诸多相似之处，比如都是土地的所有权和使用权相分离，对土地的用途有严格规定，严禁擅自改变土地用途等。但是，从针对私立非营利学校的用地政策来讲，香港与内地也有不同之处，可为内地的相关政策提供一定的启示和借鉴。

（一）以学生为中心

香港私立非营利学校的用地制度，实际上是一种以学生为中心的教育PPP形式。香港特区政府以象征性地价批地给申请团体用于建立私立学校，同时还可据申请给予10年免息的工程设备资助。但香港特区政府也会要求私立非营利学校为学生提供服务上满足特定的要求，如以国际学校为例，就应该满足把最少70%的学额分配予学校公开宣布服务的目标学生、开办适合国际学校的非本地课程，以及每学年预留不少于国际学校学费总收入的10%，用以向有需要的学生发放奖学金及/或其他经济上的援助等要求。比较来说，内地在以优惠政策给私立非营利学校批拨土地时，对其提供的服务则缺乏类似具体的要求，不利于约束非营利学校的营利动机以及确保目标学生从中受益。

（二）土地使用年限固定

对于私立非营利学校土地批拨的年限，香港特区政府有明确的10年期限制。但从内地来讲，具体的年限则没有明确规定。虽然《城镇国有土地使用权出让和转让暂行条例》规定了科教文卫体等用途土地最高50年的使用权出让年限，但同时也规定"土地使用权出让的地块、用途、年限和其他条件，由市、县人民政府土地管理部门会同城市规划和建设管理部门、房产管理部门共同拟订方案，按照国务院规定的批准权限报经批准后，由土地管理部门实施"。这就导致在现实中，地区与地区之间、学校与学校之间在土地批租年限上存在很大差异，虽然可以增加管理的灵活性，但也导致一定程度的混乱，产生腐败滋生的空间。

（三）免息工程设备贷款

对已经通过私人协约批地获得建校用地的学校，香港特区政府会根据学校的申请，提供 10 年期限的免息工程设备贷款资助，用于兴建校舍。需要注意的是，相关贷款是在办学团体已经完成学校兴建工作之后支出的，这样的好处在于，一方面，非营利私立学校可将政府的免息贷款用作向私人或商业机构申请贷款的支持，降低贷款的难度，可以保证学校能及时贷到款项兴建学校，避免土地的空置浪费；另一方面，在学校建成后支出贷款，可以避免学校提前支取建校贷款而挪作他用的现象出现。这一点或许可供内地参考，以保证获批准的私立非营利学校能够有充足的资金保证校舍兴建，减少土地空置和违约贷款问题的出现。

参考文献

董立坤，2016，《中国内地与香港地区法律的冲突与协调》，上海：中华书局。

四

学前教育财政

学前教育成本分担国际经验及其
对我国的启示

（2016 年 11 月）

　　由于政治经济体制、历史文化传统、人口规模及分布之差异，世界各国政府在学前教育发展中的角色存在巨大差异，甚至同一国家在不同历史发展阶段，政府角色也可能有变化和调整。各国政府在学前教育政策制定过程中也常相互学习，试图寻找符合本国特点的学前教育发展模式。本文试图总结世界上典型国家学前教育财政体制及成本分担的主要模式，并为我国建立合理的学前教育成本分担机制提出初步政策建议。

一　学前教育成本分担的几种模式

　　在全世界各国学前教育体系中，政府和市场的角色差异非常之大。如果按成本分担比例可分为政府包揽型和成本分担型；按不同层级政府间责任划分可分为中央集权型、地方分权负责型以及中央地方共同分担型；按学前教育提供机构的所有制性质可分为公有制、私有制和混合制；按政府主要负责的人群定位可以划分为普惠型及瞄准型；按政府公共财政投入方式可分为提供方投入、需求方投入以及混合投入。本文基于文献及典型国家案例分析，以政府在学前教育中与市场的关系，以各国学前教育财政体制、成本分担情况和公私提供比例为框架，总结提炼出学前教育成本分担的五个模式：（1）中央政府包办提供型，法国模式；（2）央地分权地方提供型，瑞典模式；（3）混合市场提供型，美国模式；（4）政府创建市场型，英国模式；（5）典型市场经济型，新西兰模式。[①]

　　在五种模式（见图 1）中，最左边的是法国模式，是中央政府包办提供型，在这种模式中几乎不存在学前教育市场。最右边的是新西兰模式，是典型市场经济型，几乎所有

---

[*]　宋映泉，北京大学中国教育财政科学研究所副研究员；张眉，北京大学中国教育财政科学研究所科研助理。

[①]　需要指出的是，这种总结和归类主要基于世界银行报告 "Financing Early Childhood Development: A Look at International Evidence and Its Lessons" （Grun, 2008），有其局限性。因为各国发展模式彼此有差异，也有相似处。

的学前教育服务都由私立部门在市场上提供。在中间的美国模式算是混合市场提供型。不同的国家，根据其政府与市场的关系情况，也许都可以被放在这个坐标轴的某一个位置（见图1）。以下我们给予简要说明。

图1 学前教育成本分担政府与市场关系谱系示意

1. 中央政府包办提供型：法国模式

法国模式的基本特点：学前教育机构的所有权、管理权（包括从聘用教师到租用场地）以及财政来源都归中央政府。因此，在法国，所有幼儿园都属于政府所有，都是公办幼儿园。3～5岁学前教育完全免费，家长不用承担成本。家长可以参与幼儿园的管理和监督，但家长不能为自己的孩子选择幼儿园。因为这个模式假定学前教育质量都是一样的。这个模式的基本假设是：（1）学前教育市场严重失灵，尤其是在学前教育质量方面，家长与幼儿园之间存在信息不对称；（2）学前教育固定成本高。第一个假设需要专家对学前教育质量进行持续的监控和巡查，第二个假设需要政府在学前教育实施自然垄断。

该模式的优点：学前教育质量差异小，政府直接控制质量，政府确保100%地影响学前教育的提供。这样就容易实现普及。

该模式的缺陷：运行成本高。由于缺乏竞争和激励，学前教育机构没有节约成本的内在动力。没有竞争，幼儿园教师也没有提高质量的内在动力，要提高和确保质量就必须加大质量监督力度，这样势必增加大量监督成本。

不过需要说明的是，近年来法国模式也有所调整，2013年在公办园的幼儿比例为90%左右，在非营利机构办的幼儿比例为10%左右。这说明私立学前教育机构也有所发展。公共财政在学前教育中的成本分担比例为93%（OECD，2015）。

2. 央地分权地方提供型：瑞典模式

瑞典模式的特点：中央政府是瑞典学前教育成本的主要承担者，但中央政府通过一般性转移支付由地方（市政府）来提供学前教育。超过96%的幼儿园属于市政府所有。4～5岁的儿童有权享受免费学前教育，其毛入园率高达97%。1～3岁儿童的入园率也达到75%。在1～3岁儿童保育阶段，瑞典实施成本分担，由中央政府、地方政府和家庭共同承担。中央政府不是通过专项拨款，而是通过转移支付给地方。家长支付的学费占成本的17%（Grun，2008）。就质量管理而言，瑞典中央政府基本上插手不太多，国家有一个课程框架而已。学校董事会根据中央课程框架制订学前教育发展计划。家长是学前教育董事会的重要成员，他们主要通过在董事会中发声和在幼儿园中进行选择来发挥其影响。学前教育质量存在地区间差异。

优点：该模式保证基本的学前教育质量标准和入园机会。通过财政来源与管理分离，以及父母可以在幼儿园之间进行选择，在幼儿园之间形成了一定的竞争机制。在一定程度上可以实现预算约束，降低成本。

缺陷：中央政府对地方政府（市政府）的一般性转移支付可能不能形成足够激励。其结果是地方政府可能不愿增加入园，同时也不愿多提供服务时间。

需要说明的是，瑞典模式近年来也有所变化。2013 年，在公立机构的幼儿占比下降到 80% 左右（OECD，2015）。

3. 混合市场提供型：美国模式

在美国模式中，学前教育公共资金提供与幼儿园机构所有权和管理权分开。尽管资金由政府提供，但学前教育服务往往是由私立部门提供实施。家长可以在学前教育机构之中自由选择。政府还通过鼓励这种自由选择从而形成幼儿园之间的竞争。政府既采用供给方财政支持方式，也采用需求方财政支持方式。前者是直接通过拨款补贴学前教育机构，后者是通过类似于教育券补贴学生，学生家长通过选择学前教育服务机构形成办园者之间的竞争。对学前教育机构的财政补贴与学前教育机构的质量密切相关。财政资助采用基于质量评级的分级报销方式。也就是说，不同质量级别的幼儿园获得的生均报销额不同。

美国模式有以下特点。第一个特点是瞄准型。在美国绝大多数州，公共学前教育资金只提供给来自父母属于低收入家庭的孩子，而中等收入和高收入家庭的孩子需要全额承担学前教育费用。

第二个特点是有差异的成本分担比例。对于 0～3 岁儿童的保育成本，联邦政府承担 25%，州政府和地方政府承担 15%，而家庭承担 60%。对于低收入家庭，差不多 18% 的家庭收入用于学前教育。对于 3～6 岁儿童的学前教育成本，公共财政承担差不多 34%，家庭和社会机构分担剩下的 66%。其中，大约一半（33%）是来自家庭支付的学费（Belfield，2006）。美国幼儿园通过梯度收费的方法来实现成本分担。有 6 个州和地区所有家庭都需要交一定费用；有 11 个州和地区贫困线以下的家庭全部免费；有 39 个州在贫困线以下的部分家庭免交学费。

第三个特点是联邦政府与州政府事权分开。联邦政府主要通过"提前开端计划"（Head Start）和"儿童养育发展基金"（Child Care Development Fund，CCDF）专项拨款支持学前教育。提前开端计划是联邦政府针对低收入家庭儿童的综合性营养、教育和保育计划。自 1965 年至今，服务儿童规模为 100 万人左右，拨款总额达 90 亿美元。CCDF 是美国联邦政府第二大学前教育发展专项基金。2008 年为来自 93 万个家庭中的 160 万名儿童提供服务，2010 年该项目拨款总额为 50 亿美元。这个项目主要针对收入较低家庭（州家庭收入中位数的 85%）的儿童，年龄范围为 0～13 岁。"提前开端"项目的资助方式是供给方资助，而 CCDF 以需求方资助为主。各州有自己的学前教育发展模式。自 1975 年开始，美国各州先后实施学前一年（学前班，kindergarten，5 岁）免费。但至今，也只有少数几个州实现了 4 岁儿童免费学前教育。

该模式的优点是对学前教育成本有较好约束。使用专家的知识，对学前教育质量进行分类定级。财政资助与学前教育质量挂钩。对质量高（分类定级高）的幼儿园教师有吸引力。其缺陷是对质量差的幼儿园吸引力不够。它们不接受政府的财政补贴，却仍然低水平存在，如何将它们挤出市场是一个挑战。

该模式背后的假设包括学前教育质量很难测量，政府对学前教育质量的管理影响也非常有限。

属于这种模式的国家包括韩国、日本等。在日本，学前教育分为两种，一种是幼儿园（3～6岁），另一种是日托班（0～6岁）。日本幼儿园以民办园为主。据2010年日本文部省的数据，2007年日本在公立幼儿园中的幼儿占比不足20%，而在私立幼儿园中的幼儿占比超过80%。公立园占比只有39.28%，民办园占60.72%。在公立日托所中的幼儿不足46%，尽管公立日托机构占比略高（52%）。在公办园的幼儿比例在2013年有所增加，但也不足30%。在日本，学前教育实行成本分担，父母承担比例非常高，2013年为54%。在韩国，学前教育成本分担中，父母承担的比例为38%。在公立学前教育机构中的幼儿占比不足20%。

4. 政府创建市场型：英国模式

英国政府在学前教育中的角色是帮助创建市场（market maker），而不是直接参与市场（market player）。英国政府在学前教育管理和财政投入中遵循一个结果导向的基本方法，该方法的目的是尽量使公立部门少参与学前教育的提供和管理。教育部门设定目标和标准，对学前教育承担有限的成本分担，明确鼓励私立部门和志愿者组织拥有学前教育机构，提供学前教育。地方政府管理学前教育经费，有责任确保工作的父母有足够数量和质量的学前教育。地方政府需要仔细分析当地学前教育资源，如果学前教育供给和需求有差距，尽量鼓励私立部门和志愿者机构提供，不是万不得已，政府不会出面直接提供。学前教育机构的管理和所有权都应该属于非政府部门。

因此，在这样一个模式下，英国学前教育机构以私立和非营利托儿所和幼儿园为主。2006年，46%为营利性私立园，39%为志愿者组织办园，只有6%为地方政府办园，6%为学校办园，其他部门办园占4%（Grun，2008）。2013年，在公立机构中的儿童不足50%（OECD，2015）。

成本分担方面：联合国教科文组织支持的一项研究（Belfield，2006）显示，英国政府公共财政在学前教育成本中占比为55%以上，家庭分担的比例据估计在45%左右［在世界银行的一个研究报告中（Grun，2008），该比例为70%］，而低收入家庭的学前教育成本中80%由政府负担。家庭对学前教育经费的贡献非常大。平均来说，家庭在学前教育方面的支出占年家庭可支配收入的27%（Grun，2008）。

政府财政支持方式：包括供给方资助的直接资助和补贴学生的间接资助。供给方资助的直接资助主要指"确保开端"项目（Sure Start）。该项目主要针对贫困地区的弱势家庭孩子，是一个集健康、教育和社会服务于一体的综合性项目。需求方补贴的间接资助主要是指3～4岁的英国（英格兰和威尔士）儿童都部分地享有非全日制的免费学前教育。穷人家庭（年收入在1万英镑以下）可以享受每周26小时，每年38周的免费学前教育。年收入在3万英镑家庭的孩子，只能享受每周8个小时的免费学前教育。[①] 中央政府

---

① 2007年，平均来说，英国3～4岁儿童可享受每周12.5小时，每年38周的免费义务教育。现在为每周15小时（每天3小时），每年38周的免费义务教育。

按照生均拨款给地方政府，地方政府再拨给有关办园机构。

家长以"儿童税收抵免"和"儿童照料津贴"获得政府财政支持。前者由税务部门提供，后者由工作和退休金部门提供。尽管如此，家长也在学前教育成本中承担非常高的比例。

优点：对于学前教育质量信息不对称、地方学前教育需求差异大、公共预算紧张、强调问责制的地方，英国模式是一种很好的模式。

缺点：该模式假设家长愿意为学前教育承担大比例的成本，这有可能会导致学前教育在某些地方和某些人群中供给不足。

属于这种模式的还有中国香港。在中国香港，所有的幼儿园都属于民办幼儿园。

5. 典型市场经济型：新西兰模式

新西兰模式是一种公私合营的 PPP 模式（Public-Private Partnership）：政府负责公共资金和管制，市场负责学前教育的提供。学前教育的资金和管制由新西兰教育部负责，而差不多所有的学前教育提供者都是私立部门。私立机构对学前教育机构拥有所有权和管理权。这些机构以商业运作的方式合同出租他们的员工和设施。目前新西兰有 51% 的学前教育机构是商业性运作，43% 是非营利性质，只有 4% 由公立机构拥有（Grun，2008）。营利性私立机构在高收入和低收入地区都提供学前教育。大量国际性和全国性的营利性质的学前教育机构出现和增加。

人们预期的"市场失灵"在低收入贫困地区没有出现，其中一个最重要的原因是政府对学前教育的补贴很丰厚，而且都是按需求方补贴的方式进行。根据家庭收入和人口数量，贫困家庭儿童每年获得 5000～16400 美元接受全日制学前教育的补助。同时，3～4 岁的儿童获得每周 20 个小时（每天 4 个小时）的免费学前教育。对于超出政府规定的免费学前教育的部分，家庭必须自行付费。贫困家庭补贴和免费都是需求方补贴。由父母选择学前教育机构，学前教育机构根据学生人数向政府部门获得报销。报销额度与幼儿园质量三个级别（基本、良好、优秀）挂钩。质量与幼儿园的结构性变量（教师资格、师生比、服务类型、城乡类型、儿童年龄、是否有特殊需要等）有关，由第三方外请专家评估。此外，政府还有一些额外的拨款，用以在学前教育供给不足的地方，作为种子基金，促进新幼儿园的产生。

尽管所有权和管理属于私立部门，但执照发放和质量督导由不同的公立部门完成。执照由教育部门发放，而质量监督由教育评议办公室（Education Review Office）负责。教育评议办公室独立于教育部，其报告直接递交国会。

成本分担比例：据 2013 年 OECD 数据，新西兰政府分担比例为 87%。

该模式的优点：新西兰模式是典型公共管理 PPP 模式，给家庭和私立部门最大限度的自由，但通过公共资金和质量监督确保充足的学前教育供给。父母可以自由选择幼儿园，政府补助资金充足，足以激励私立办园者在低收入地区开办幼儿园。这个模式也能确保高质量的学前教育提供。公立部门的质量监控确保最低质量标准；对有特殊需要的儿童有激励资金；父母的自由选择能造成民办园之间的竞争。同时，通过幼儿园之间的竞争、质量监督（幼儿园质量的评级）、生均幼儿园补贴额度等信息的公开化，形成了一个能够通过竞争和级别管理约束成本的健康的学前教育提供体系。一般父母选择带来竞争的模式通常假设父母对学前教育质量有很好的了解和把握，但在新西兰模式中，质量差异通过专家评级以及幼儿园级别活动识别。

该模式缺点：跟法国模式相比，不同办园者的治理和能力还有很大差异。

属于这种模式的国家还包括澳大利亚。2009 年，营利性私立幼儿园占 75%，非营利办园占 22%，政府办园只有 3%。到 2012 年，就读于公立机构的儿童只占 22%，而就读于依赖于政府的私立机构的儿童高达 78%。

综上所述，五种模式各有其特点，也各有其优点和局限。一般而言，不同国家基于政治经济体制和历史传统选择不同的模式，但这样的模式也并非一成不变，同一国家的模式也可能随着时间进行调整和改革。在现有几个模式中，左边的中央政府包办提供型可能逐步发挥市场的优势，从而慢慢靠近右边的模式。同时，右边的典型市场经济型也有可能慢慢采用一些政府干预的方式。①

二　学前教育成本分担国际比较的几点启示

1. 实施成本分担是学前教育财政体制的基本模式

从上述五个模式的总结中，除了法国模式，其他几个模式都实行成本分担。② 政府和家庭是学前教育经费来源最主要的贡献者。不过，需要说明的是，首先，每个国家政府承担的比例有非常大的差异。英国和美国所代表的混合市场经济模式中，政府承担的比例相对要低。尽管 OECD 国家中，政府在学前教育成本中的平均分担比例为 84%（OECD，2015），但是这种平均值计算是把法国以及北欧一些福利国家的高比例也计算在其中了。同时，需要指出的是，这个指标的计算其实非常困难。如前所述，关于美国和英国成本分担的比例在不同的文献中，有比较大的差异。其次，各国在成本分担的方式上也有非常大的差异。有的国家采用直接补贴学前教育机构的供给方投入方式（比如瑞典模式），有的国家采用间接补贴学前教育机构的需求方补贴方式（比如新西兰模式）。当然更多的国家是采用混合模式，即两种方式都有采用（比如美国模式和英国模式）。最后，免费学前教育只是在部分国家的部分儿童（特定年龄，特定家庭收入）部分时间（半日制等）实施。比如英国，只有 3～4 岁的儿童可以享受部分免费学前教育，且不同家庭背景的孩子获得的减免比例和补贴额度不同。美国大多数州的儿童享受学前一年（学前班）免费，有关费用由州政府负责。至于 4 岁儿童的学前教育，除了部分州，大多需要成本分担。

---

① 另外，需要指出的是，某些国家也许不好直接被套入上述框架中，比如印度。印度学前教育规模巨大，其学前教育提供者主要由两部分构成，政府部门所办公办园（儿童发展综合服务项目，ICDS）占 97%，在民办园中的孩子只占 3%（Kaul & Sankar，2009）。政府公办园质量不高，主要在农村，而民办园主要为精英人群的孩子提供。

② 当然，也有一些国家在学前教育财政中分担比例非常低，比如印度尼西亚、非洲的肯尼亚、塞内加尔等国。在这些国家，政府财政分担比例在个位数，因此私立机构是主要的提供者，入园率也非常低。

2. 政府公共财政投入与学前教育提供通常分开

除了法国和瑞典模式之外，大多数政府并不直接提供学前教育，而是通过财政激励和购买服务的方式由私立部门（非营利组织）提供多样化的学前教育服务。换言之，私立学前教育机构已经成为学前教育提供最主要的载体。这体现在美国、英国以及新西兰模式当中，类似的国家和地区还包括中国香港、新加坡、韩国、日本。而政府通常是在不得已的情况下才亲自通过公立机构提供学前教育服务。而公立机构主要是为服务弱势群体而存在。

3. 中央/联邦和地方政府在学前教育财政投入中有比较明确的责任划分

一般而言，联邦政府/中央政府与地方政府有较为明确的财政责任划分。除法国和瑞典之外，大多数国家中央政府不会直接负责学前教育经费的提供。大多数国家中央政府在学前教育中都是起引导作用。换言之，地方政府承担学前教育的主体责任。比如，在德国，联邦政府几乎不承担财政责任。在美国，联邦政府主要通过设立"提前开端"和"儿童养育关爱基金"（CCDF），促进弱势群体子女获得有质量保证的学前教育。州政府负责学前教育一年免费的财政供给。

4. 政府在学前教育中的一个重要角色是创建和培育市场

一般来讲，政府和市场在学前教育中有非常清楚的边界。政府的角色是帮助建立和培育健康的市场，促进学前教育的提供，通过良好的竞争机制，激励多元化的办园主体，实现学前教育供给与需求的平衡。政府的重要角色是帮助克服学前教育中的"市场失灵"：在信息不对称（学前教育质量通常不好测量，对一般家长来讲，学前教育质量很难把握）时，通过独立的第三方对学前教育机构进行评级，公布幼儿园质量级别；在家庭支付能力不足的情况下，通过补贴机构和补贴家长的方式帮助家长对幼儿园进行选择；在供给不足的部分地区，通过"种子基金"激励私立机构和志愿者机构提供学前教育，同时也对私立机构提供慷慨的报销额度。

5. 政府公共财政往往以瞄准弱势群体子女为己任

除了法国和瑞典模式之外，大多国家在学前教育的财政投入是为了促进该领域的公平问题，特别是为低收入家庭儿童提供有基本质量保障的学前教育和其他综合性服务。美国的"提前开端"、英国的"确保开端"以及印度的"整合儿童发展项目"（ICDS）通常都是政府为弱势群体子女提供教育、营养、亲子教育等方面的服务。

6. 学前教育服务往往由市场定价，通过梯度收费实施成本补贴

幼儿园往往通过市场定价而不是进行过度管制。良好的市场竞争能促进价格，也能约束成本。这是英国模式、美国模式以及新西兰模式对学前教育市场的基本假设。过度的价格管制可能带来扭曲的市场。政府对学前教育机构的补贴也和其质量直接挂钩。同时，对不同家庭收入和儿童数量的家庭实施不同的收费办法：低收入家庭可获得免费入园；而高收入家庭需全数付费。政府与幼儿园机构实行报销结算。

三　对我国学前教育财政体制机制改革的几点建议

考虑到我国经济体制正在转型、经济发展和人口分布在地区之间的不平衡宏观背景，

也考虑到我国学前教育的现有特点和主要挑战，我们有必要认清学前教育发展的主要问题。我们认为，我国学前教育的主要矛盾包括以下几点。

（1）学前教育结构性供给不足。

（2）公办园缺少竞争和激励，没有动力增加入园人数和提高质量；普惠性民办园获得的财政激励不足。

（3）办园主体单一，以公办园和公办性质园和营利性民办园为主，缺少多元办园主体，比如非营利组织主办的幼儿园。

（4）过度管制导致整体供给不足，同时幼儿园价格扭曲，表现为公办园低价优质，民办园之间竞争不足，价格过高。

（5）公共财政没有起到促进学前教育公平的作用。

（6）政府与市场的边界不清楚，教育部门既是学前教育的管理者，又是学前教育的提供者；政府在学前教育"市场失灵"的地方往往干预不足或者干预不当。

（7）中央与地方政府在学前教育中事权责任划分不明确。

（8）财政投入以供给方投入方式为主，以投入公办园为主，且以投入硬件为主；几乎没有需求方投入方式（补贴学生和家庭）。

为了学前教育事业的长远可持续健康发展，结合中国国情，基于国际经验，我们提出以下几个方面的政策建议。

1. 探索建立合理的学前教育成本分担机制

考虑到我国学前教育规模和学前三年入园率已经接近 OECD 国家水平，我国家庭在学前教育投入并参与成本分担的意愿，第三部门（非政府部门、类政府部门、非营利机构）的兴起，建立合理的成本分担机制有其合理性和现实性。成本分担的实质就是政府（公共财政）服务于来自低收入家庭的儿童，保障其享受基本质量的学前教育，对于来自中高收入家庭的儿童，父母承担其全部成本不仅公平合理而且具有现实可行性。建立正确的成本分担机制表明父母和家庭承担儿童教育成本的责任，同时表明政府对学前教育负有明确的财政责任。所谓"学前三年免费"的政策提议在全世界也少有实现，许多发达国家的学前教育免费的实质其实是有限的成本分担体制，是瞄准型的财政分担而不是普惠性的全面覆盖。

2. 逐步实现政府在学前教育中财政投入与政府办园主体分离

政府未必一定有必要成为学前教育服务和产品的直接提供者。美国、英国、新西兰等成熟市场经济体系国家就尽量避免由政府直接提供学前教育。这是因为法国式的国家包办提供有其内在固有的缺陷，缺少竞争，难以约束成本，不能确保质量，难以扩大入园规模。我国过去几年实施的两个"三年行动计划"中学前教育公办园增加入园非常有限的事实就体现了公办幼儿园的局限。

如果在学前教育办园管制和质量监控方面建立了一系列合理的制度，随着良好的成本分担机制的建立，财政资金可以促进更多办园主体的出现。这些办园主体包括非营利民办园、类政府/非政府部门办园、社区和集体办园以及志愿者办园。可以考虑采用新西兰模式中的种子基金，对于某些地方创办幼儿园可以提供奖励基金。

3. 明确中央与地方在学前教育领域与事权相匹配的财权责任划分

明确学前教育事权归地方政府，但中央政府每年可以有一定的预算作为全国学前教育引导和示范型项目。目的是展示中央政府对学前教育公平性和整体发展方向的关切。在这方面，美国联邦政府针对弱势群体低收入家庭的两个学前教育项目——"提前开端"和"儿童养育关爱基金"（CCDF）以及英国政府的"确保开端"等项目有借鉴意义。各省及县级地方政府负责当地学前教育经费的提供。

4. 建立补贴需方和供方相结合的财政投入方式

长期以来，我国学前教育财政投入是供给方投入方式，以投入公办园硬件和人员为主，新增学前教育财政投入完全可以考虑需求方和供给方相结合的方式。加大对普惠性民办园的财政补贴力度和改进补贴方法，按接受低收入家庭孩子人数进行补贴，同时可以考虑对某些民办园进行整体奖补。如果公办园能够更多服务弱势群体家庭儿童，则可以按照增加服务的儿童数量实施补贴。这样的补贴其实是类似"学前教育券"的方式。

此外，新增学前教育财政投入不可再集中投入公办园及其硬件设备。可以考虑投入软件建设，通过间接补贴学生的办法要求有关园所必须达到一定的教师资格、教师待遇标准。财政投入与幼儿园质量挂钩，通过第三方专家和正式渠道披露质量等级方面的信息。

5. 逐步建立对贫困地区或弱势群体子女的瞄准机制

成本分担机制建立的过程其实就是逐步确立瞄准服务人群的过程。总体的方向是建立对贫困地区/低收入家庭弱势群体子女接受有基本质量保障学前教育的成本分担。对于部分特别有需要的儿童可以实施全部或者部分免费。比如，对于政府精准扶贫战略中"建档立卡"的家庭可以考虑全部免费；对于艾滋病遗孤儿童入园可以考虑全部免费；对于来自收入在全国贫困线以下某一个百分比家庭的儿童可以考虑全部或部分免费。

6. 逐步建立健康的幼儿园定价机制，实行倾斜（梯度）收费制度

建立成本分担机制和对某些特殊群体实施免费并不意味着对幼儿园价格进行严格管制。地方政府应当测算当地学前教育供给（园所数量、基本价格）基本情况，根据幼儿园收费的不同情况，计算合理的梯度收费标准，且公布有关信息。这既能促进幼儿园的健康发展也能兼顾学前教育的公平性。

四　结论

世界各国政府在学前教育发展中扮演不同的角色，从直接包办提供到培育建设学前教育市场，但成本分担是基本的经费投入体制。考虑到我国现有民办学前机构占半壁江山，但仍然供给不足，公立机构缺乏竞争和效率，且服务优势群体的不公平现状，我国政府可以从国际经验中学习有效的策略，包括学习英国政府作为市场创建者的角色，新西兰政府的公私合营模式，美国模式中联邦政府瞄准性低收入弱势群体的政策目标和梯度收费方式，建立起促进市场与政府良性关系的学前教育成本分担机制。

参考文献

Belfield, Clive R. 2006. "Financing Early Childhood Are and Education: An International Review." Background paper prepared for the Education for All Global Monitoring Report 2007 Strong foundations: Early childhood care and education, UNESCO.

Grun, Rebekka. 2008. "Financing Early Childhood Development: A Look at International Evidence and Its Lessons." A note for the Department of Education of Khanty-Mansiysk, Russian Federation. Document of the World Bank.

Kaul, Venita & Deepa Sankar. 2009. "Early Childhood Care and Education in India." National University of Educational Planning and Administration.

OECD, "Education at a Glance 2015: OECD Indicators," OECD Publishing, 2015, http://dx. doi. org/ 10. 1787/eag－2015－en.

调整目标 增加供给 建立机制 促进公平
——关于建立成本分担机制促进学前教育
健康发展的政策建议

宋映泉[*]

（2016 年 11 月）

一 对学前教育事业发展的基本判断

自 2010 年以来，我国学前教育事业取得了重大发展。主要表现为在园幼儿规模大幅度扩大，以及学前三年毛入园率快速增长。学前教育发展成就要归功于中央及地方各级政府对学前教育的重视，归功于政府增加学前教育财政投入，以及广大家庭对学前教育的强劲需求。

1. 学前教育已经提前 5 年实现并超过《国家中长期教育改革和发展规划纲要（2010—2020 年）》目标

我国已经提前 5 年实现《国家中长期教育改革和发展规划纲要（2010—2020 年）》（下称“《规划纲要》”）确定的学前教育事业发展目标。《规划纲要》制定的事业发展目标为：2015 年在园幼儿规模达到 3530 万人，学前三年毛入园率达到 62%；2020 年在园幼儿规模达到 4000 万人，学前三年毛入园率达到 75%。根据教育部最新数据，2015 年我国幼儿园在园儿童规模已经达到 4265 万人，学前三年毛入园率已经达到 75%。这就意味着我国学前教育已经提前 5 年实现并超过《规划纲要》确定的学前教育事业发展规划目标。

2. 我国学前教育事业规模和覆盖率已接近经合组织国家平均水平

从学前教育三年毛入园率来看，我国已经接近经合组织国家（下称“OECD 国家”）平均水平。2013 年，OECD 国家 3 岁儿童的平均毛入园率是 74%，4 岁是 88%，5 岁为 95%，6 岁为 97%。若按我国 75% 的学前三年毛入园率，我国已经接近 OECD 国家平均

---

　　* 宋映泉，北京大学中国教育财政科学研究所副研究员。

水平。① 同时，我国学前三年毛入园率应该已经超过美国。美国 3 岁只有 41% 入园，4 岁只有 66% 入园，5 岁达到 90%。在"金砖四国"中，我国学前三年毛入园率应该已超过巴西和印度，并接近俄罗斯。巴西 3 岁孩子的入园率是 53%，4 岁是 70%，5 岁是 88%。俄罗斯 3 岁、4 岁、5 岁、6 岁孩子入园率分别是 73%、79%、81%、88%（OECD，2015）。不过，需要特别指出的是，各国对"入园"的定义存在很大差别。许多国家幼儿园并非全天入园，或者类似"学校"正规园。比如，英国的"入园"是指每天 3 个小时，每周 15 个小时，每年 38 周的入园。美国的"入园"也包括"非中心""非幼儿园园所"的非正规入园。

3. 政府、社会力量和家庭需求是推动学前教育事业发展的"三驾马车"

我国学前教育事业之所以能取得如此规模和速度的发展，三个因素的作用至关重要，我们暂且称之为推动学前教育发展的"三驾马车"。"第一驾马车"是政府的力量。近年来在中央政府带动下各级地方政府对学前教育事业也非常重视，公共财政投入大量增加。据教育部数据，中央和地方政府 2010～2015 年一共投入超过 4000 亿元。除了财政投入，中央和地方教育部门还出台多种促进学前教育发展的政策，推动学前教育发展。"第二驾马车"是社会力量。民办幼儿园在我国学前教育提供中扮演了非常重要的角色，2015 年民办园占全国幼儿园园所总数的 65% 左右，民办在园儿童占比已经占全国学前在园总量的 54%。同时，在 2010～2015 年两期"学前教育三年行动计划"中，尽管对民办幼儿园的公共财政投入非常有限，但民办幼儿园承担全国入园增量为903 万人，占比为 70.01%。"第三驾马车"是我国广大人民群众（家长）对子女接受学前教育的强劲需求。这种需求不论在城市还是在农村家长中都非常强烈。这与一些国家（比如美国、加拿大、英国等）中的部分家长不愿让孩子入园不一样。这也体现在来自家长的学费在学前教育成本分担中发挥了非常重要的作用。据 2013 年数据，学费在我国幼儿园经费总收入中占 48.37%，在非义务教育阶段（幼儿园、普通高中、职业高中、高等院校）中学费占收入比最高。

综上，我国已经提前五年实现《规划纲要》确定的学前教育事业发展目标，作为学前教育规模最大的国家，在学前三年毛入园率上，我国已经接近 OECD 国家的平均水平。同时，政府、社会和家庭已经形成学前教育发展的强大动力系统，"三驾马车"为我国学前教育发展建立成本分担机制打下了良好的基础。因此，笔者认为，总体规模可以不必再作为学前教育事业发展最重要的发展目标，政策决策者需要分析把握当前学前教育的主要矛盾，并以此为基础研究下一步学前教育发展策略。

二 我国当前学前教育主要矛盾及财政投入困境

尽管我国学前教育在幼儿在园规模和三年毛入园率方面都有了很大发展，但仍然存

---

① 我国没有公布分年龄（3 岁、4 岁、5 岁）儿童的入园率，直接比较有些困难。因此，这些比较是非常粗略的估计。

在诸多深刻的矛盾和不可回避的挑战。具体包括：弱势群体子女无法享有基本质量标准的学前教育、"入园难""入园贵"等结构性供给不足问题凸显、学前教育公共财政投入体制和机制并未有效解决公平性等。

（一）当前学前教育主要矛盾

1. 三类弱势群体子女学前教育机会和质量存在严重挑战

（1）中西部农村及偏远山区儿童仍然无园可上

全国没有入园机会的3~6岁儿童，大约每四个中就有一个在农村偏远山区。粗略估计全国大约有1400万名3~6岁儿童目前仍然无园可上，这些儿童大多集中在中西部农村及偏远山区。

（2）农村地区学前教育质量远远落后于城市地区

在两期"学前教育三年行动计划"中，中央和地方政府学前教育财政投入中相当大比例都投入了中西部农村，用于推动农村乡镇幼儿园建设。这些经费大多投入公办园硬件建设，但与儿童身心发展密切相关的保教质量似乎并没有得到显著改善。有证据显示农村和县镇幼儿园与城市幼儿园相比在结构性质量指标上还有明显差距。农村地区幼儿园结构性质量和儿童发展质量显著低于城市地区。农村地区幼儿园教师资格（专科学历以上占46%）显著低于城市地区（72%）；农村幼儿园生师比（45∶1）显著高于城市园（17∶1）。有实证研究表明，中西部地区农村幼儿园儿童在认知、语言、身体健康方面的发展水平低于县城幼儿园儿童发展水平，甚至低于北京地区"非注册"幼儿园流动儿童发展水平。

（3）城市地区流动儿童还不能享受有质量保证的学前教育

中央财政学前教育专项"四大类七大项"之"综合奖补类"资金专门用于"鼓励多渠道多形式办园和妥善解决进城务工人员随迁子女入园"，然而大量证据显示进城务工农民工子女在城市的学前教育质量堪忧。他们中的绝大多数只能在城市就读"非注册"民办幼儿园。这些"非注册"幼儿园往往收费不高，规模不大，质量不高。

2. "入园难"矛盾依然突出，公办园建设作用非常有限

"入园难"的本质其实是"入好园难"，而"入好园难"主要是指在城市和县城地区入读低价优质"公办园"或者"公办性质幼儿园"难，同时也是指入离家近便的幼儿园难。"入园难"矛盾依然突出的根源在于"公办园"作为"低价优质"的稀缺资源本身。在过去5年当中，尽管政府大量投入建设公办幼儿园，但这两类公办园依旧是"稀缺资源"。第一，公办园资源少。根据教育部数据，截至2015年，全国公办园占比只有34.56%，公办在园儿童占比不到一半（46.01%）。第二，公办园承担入园增量贡献非常有限。据我们测算，2010~2015年，公办园在幼儿入园增量中承担的贡献不足三成。第三，公办园平均在园规模已经非常大，这意味着靠公办园新增入园确实不太现实。据计算，2015年全国公办园平均在园儿童规模为254人。第四，在某些本来没有公办园的区县，新建公办园反倒成了一种家长争相追逐的"稀有资源"。

因此在某种意义上，目前的公办园建设发展方式（服务对象、定价和收费方式、财

政模式）本身不是解决入园难的根本出路，相反，这种公办园建设方式可能会积聚和引发社会矛盾，成为社会不稳定因素。

3. 城市中低收入家庭子女面临的"入园贵"问题依然严重

"入园贵"的本质是城市地区"民办园"价格仍然居高不下。普惠性民办园建设并没有根本解决城市中低收入家庭子女"入园贵"难题。这有三个方面的原因：第一，一般来讲，在同一城市或者区县，"普惠性民办园"保育费是"公办园"和"公办性质园"（企事业单位、集体、院校、军队等单位办园）的 1.5 倍或者 2 倍；第二，一般来讲，"普惠性民办园"质量相对于教育部门公办园和企事业单位公办性质园（两类公办园）要低；第三，高收费非普惠性民办幼儿园收费不是普通中低收入家庭所能支付的。我们有过这方面的初步研究。

"入园难""入园贵"是学前教育内在的结构性矛盾而不是规模总量问题，这也与学前教育的公平性高度相关。换言之，"入园难""入园贵"与学前教育总体规模和入园率没有直接关系。即使在某些入园率已经高达 100% 的地方，"入园难""入园贵"矛盾依然存在。可以预计，如果将学前教育发展目标定为公办园、公办性质园以及普惠性民办园占比达到某一个目标（比如 85%），"入园难"和"入园贵"问题依然不会根本消除。

总之，我国学前教育当前的主要矛盾已经不再是总体规模问题，而是结构性供给不足问题以及公平性问题。换言之，学前教育当前的最主要矛盾是特定人群和特定地区儿童还不能享受基本有质量保证的学前教育服务。公平性仍然是我国学前教育领域里的最大挑战。学前教育仍然是我国最不公平的教育阶段，体现在：第一，获得有基本质量保证的学前教育主要由家庭地理位置以及父母家庭社会经济地位所决定；第二，学前教育财政投入方向也正在增加这种不公平。

（二）学前教育财政投入困境

1. 现有学前教育财政投入以投向公办园为主，而绝大多数公办园并不以服务弱势群体子女为主

长期以来，我国学前教育财政投入以投向公办园机构为主。在两期"学前教育三年行动计划"中，这种投入方向并没有改变。中央和地方政府财政投入的主要方向还是公办幼儿园，城市幼儿园和县城公办幼儿园仍然是获得财政投入的主体。然而，有机会进入这些幼儿园的儿童大多不是弱势群体子女。这种将公共财政投入公办园而公办园以服务相对优势人群子女为主的不公平格局与我国学前教育发展历史有关，在两期"学前教育三年行动计划"中，这一方面的改革收效甚微。

2. 公办园在扩大入园规模方面的贡献非常有限，在农村地区更是如此

在两期"学期教育三年行动计划"发展成就中一个突出的特征是公办园数量有了较大增加，然而从增加儿童入园的贡献来讲，公办园在入园增量中的贡献非常有限。首先，从全国来看，2010～2015 年，公办园数量从不足 5 万所（48131 所）增加到近 8 万所（77307 所），但公办园在入园增量中的贡献不足三成。在这期间，全国公办园和民办园一共增加入园 1288 万名儿童，其中公办园增加规模仅 385 万人，占 29.9%，而民办园增加

入园规模为 903 万人，占 70.1%。其次，如果进一步分析这期间农村地区公办园在入园增量方面的贡献，结论更加明显和突出。2010～2015 年，农村公民办园一共增加入园 551 万人，公办园入园增量为 156 万人，仅占 28%，而民办园增加入园 395 万人，占 72%。另外，公办园增量远远超过民办园增量。在此期间，农村幼儿园从 11.5 万所增加到 15.5 万所，一共增加 4 万所，其中公办园增量为 2.2 万所，占 55%，民办园增加 1.8 万所，仅占 45%。再次，分析城市地区的情况结论相似。2010～2015 年，城市入园增量的 69% 由民办园完成。最后，分析 2013～2015 年的数据这一结论更加突出。这期间公办园仅贡献全国入园增量的 16%（58 万人），而 84% 的入园增量（312 万人）由民办园完成。在农村地区，公办园对入园增量的贡献不足一成（9.6%，18.96 万人），入园增量超过九成（90.4%，178.95 万人）由民办园完成。在城市地区，公办园在入园增量中的占比为 22.6%，民办园在入园增量中的占比为 77.4%。

上述分析充分说明，即使在农村地区（含乡镇），民办幼儿园依然是学前教育规模扩大的主要载体。公办园在增加入园方面贡献非常有限的原因需要进一步研究，但其中一个非常重要的原因是人口流动和城市化。在一些中西部地区，由于人口流动（往县城或者更大的城市流动），已经建设成的乡镇中心园存在入园儿童规模不足，甚至荒废以至于浪费的情况。

3. 普惠性民办园建设中没有有效增加弱势群体子女入园

普惠性民办园认定和建设是两期"学前教育三年行动计划"中各地政府和教育部门探索扩大公益普惠性学前教育资源解决"入园贵"的重要策略。作为政府通过财政投入方式增加幼儿园资源的主要方式，很多城市和地方政府将公办园和普惠性民办园占幼儿园的百分比作为政策目标，然而似乎没有证据显示普惠性民办园大规模降价从而增加弱势群体子女的入园机会。相反，有研究显示普惠性民办园在获得政府补贴后比补贴之前涨价的例子。一个主要的原因是对于民办园来讲，政府补贴不能弥补因为限价或降价带来的收入减少。同时，民办幼儿园价格偏高的一个重要原因还是整体供给不足。

4. 中央政府和地方政府在学前教育领域的事权划分并不明确

中央政府和地方各级政府在学前教育事权上责任划分并不明确，在推进前两期"学前教育三年行动计划"过程中，存在地方政府过度依靠中央政府的现象，这不利于学前教育长期可持续发展。根据《国务院关于深化预算管理制度改革的决定》（国发〔2014〕45 号）及《国务院关于改革和完善中央对地方转移支付制度的意见》（国发〔2014〕71 号）有关文件精神，学前教育不应属于中央事权（国防、外交、国家安全、全国统一市场等），而属于省级政府统筹推进区域内基本公共服务均等的职责。当然，中央政府在推进地区间学前教育差距方面可以逐步通过一般性转移支付来协调。因此，目前中央政府在学前教育领域的四大类七大项的专项投入不具有可持续性。

5. 学前教育成本分担机制没有建立

长期以来，政府与家庭在学前教育方面的成本分担制度没有建立起来。在两期"学前教育三年行动计划"中，尽管建立了贫困幼儿资助补助制度，大约有 10% 的幼儿享受补助，然而这项投入在增加弱势群体子女入园享受有基本质量的学前教育方面的有效性值得评估。更重要的是，公办园和普惠性民办园价格的严格管制方式在某种程度上也影响了幼儿园在市场上配置资源的能力。

根据《中共中央　国务院关于分类推进事业单位改革的指导意见》（中发〔2011〕5号）精神，学前教育属于公益事业。但该文件没有明确规定学前教育的公益类型。我们认为，服务于弱势群体子女的幼儿园可以属于公益一类，而服务于一般家庭及中高收入家庭子女的幼儿园应该属于公益二类。因此，最有效的财政投入方式应该是通过补贴增强弱势群体家庭的购买力，促进幼儿园根据家庭经济情况，通过建立梯度收费方式，增加这个群体子女的入园机会，从而建立有效的学前教育成本分担方式。

三　未来学前教育发展目标及财政投入的政策建议

因此，未来学前教育发展方向应该是调整目标，增加供给，建立机制和促进公平。学前教育下一步发展方向应该从扩大规模向瞄准弱势儿童入园转变，向解决学前教育结构性供给不足转变，向促进学前教育公共财政投入改善公平方向转变，向使学前教育事业发展顺应中央国务院事业单位改革和发展方向转变，向建立学前教育成本分担机制转变。

1. 坚持学前教育普惠公益性，突出学前教育发展结构性和公平性目标

我国学前教育发展的主要目标已经不再是总体规模问题，而应该是结构性供给不足问题和公平性问题。学前教育发展的目标应该从重视规模和入园率转变到突出对特定地区和特定弱势群体子女入园享受有基本质量学前教育为目标。只有当这些特定地区或者特定弱势群体子女的入园问题解决了，总体入园规模和入园率才会根本提升。因此，应该考虑从普及性大发展模式调整到瞄准型发展模式。具体瞄准的方向和方法可以包括但不限于以下几种：

（1）按地区瞄准中西部农村偏远地区乡镇和村以下幼儿；

（2）按贫困线瞄准城市低收入家庭（城市低保，建档立卡）子女；

（3）按人口流动情况瞄准（城市流动儿童和农村留守儿童）；

（4）按年龄瞄准（比如5岁）。

考虑到我国按收入"精准瞄准"的困难，可以创新性地设定需要帮助的群体。政府的学前教育目标是负责10%（或者20%）的弱势群体子女接受基本质量标准的学前教育服务。

2. 改革学前教育管理体制，增加学前教育资源

我国学前教育发展长期存在"公办"与"民办"之争，学前教育管理体制还有计划经济时代的许多烙印。学前教育管理体制的改革方向是建立和完善一个符合市场经济方向的区分"提供者"与"管理者"的体制，消除"公办"与"民办"之间的制度性障碍。这方面改革的目的是进一步增加学前教育资源，从根本上消除"入园难"和"入园贵"难题。正视现有主要公办园办园模式在增加入园上的贡献不足（效率不高）和导致

社会不公平的现实，同时也正视民办园容易存在管理不规范、质量不高等问题。

（1）改革公办园和公办性质幼儿园主要服务优势人群子女的不公平局面。当弱势群体子女入园达到一定比例（比如50%）时方可接受公共财政资源。公办园不服务弱势群体子女必然导致"入园难"问题和不公平问题。

（2）继续完善普惠性民办园建设和管理，强化民办园按公益一类和公益二类分类登记管理。

（3）引导和扶持多种形式的办园主体，提供不同模式的学前教育服务。在农村偏远地区、城乡接合部，在"学校化""机构化""规模化"的幼儿园无法建立的地区，鼓励和扶持志愿者、NGO等力量成为办园主体。

（4）创新学前教育服务的多种形式，"全日制""机构化""学校式"的幼儿园并不是唯一的选择。

3. 理顺学前教育财政投入体制，建立和完善学前教育成本分担机制

明确各级政府在学前教育中的管理和财政投入责任，调整和改革现有学前教育投入方式和方向。政府是学前教育发展的"三驾马车"之首，对学前教育健康发展负有不可推卸的管理责任和财政投入职责。考虑到学前教育另外两驾马车（社会力量办园和家长为其子女入园的强烈需求），学前教育必须建立成本分担机制。成本分担的基本原则是：政府只负责弱势群体家庭子女接受学前教育，而普通家庭子女（收入达到一定程度，比如80%以上）的学前教育成本需要成本分担。为此，学前教育财政投入改革方向包括以下几个方面。

（1）改革供给方财政资助方式，转向补需方和补供方结合的方式

在前两期"学前教育三年行动计划"中，财政投入主要用于幼儿园机构建设（改扩建幼儿园），为数不多的幼儿园资助专项并非补需方的方式。补需方的财政补贴方式是为了加强竞争提高质量。

（2）改革学前教育财政现有投入方式和方向

过去以投公办园/投硬件/建机构为主，将来可以考虑以加大对民办园投入力度，加大对软件（比如有效的教师培训和学前教育师资培养）的投入，加大购买学前教育服务等多种方式的学前教育投入。

（3）改革幼儿园收费标准，建立梯度收费方式

四　中央财政投入学前教育的政策选择

为了促进学前教育未来长远可持续健康发展，必须进一步明确中央政府和地方政府的学前教育事权和财政责任划分。根据有关文件精神，学前教育不属于中央事权，考虑到学前教育部分公益性以及地区间经济发展不平衡，中央政府有如下政策选择。

1. 中央政府学前教育财政投入以一般性转移支付为主

明确学前教育属于省以下地方政府事权，中央政府主要通过一般性转移支付来支持

学前教育发展。比如学前教育总预算的80%可以通过一般性转移支付投入中西部省份和地区。其实，目前两期"学前教育三年行动计划"中，中西部省份的某些区县已经在使用一般性转移支付来发展学前教育。

2. 创建"中央政府学前教育示范项目"

建议考虑创建类似于美国联邦政府在学前教育领域的"提前开端"计划的"学前教育示范项目"。专门服务于弱势群体子女接受有基本质量保证的学前教育服务。由省级政府、高等院校、社会组织等申请创立多种方式，发展有质量规范针对弱势群体子女的学前教育综合性服务项目。

3. 保持中央政府对学前教育发展方向的引导和奖补

对学前教育整体发展好，尤其是在解决结构性入园和教育公平性难点问题方面有创新和贡献的地区实施奖补和扶持。

参考文献

OECD. 2015. "Education at a Glance 2015: OECD Indicators." OECD Publishing.

关于我国学前教育成本分担现状、挑战和政策建议初步研究报告

北京大学中国教育财政科学研究所学前教育课题组[*]

（2018 年 1 月）

在教育部和财政部委托下，北京大学中国教育财政科学研究所学前教育课题组承担学前教育成本分担研究任务。课题组通过定性研究和定量研究相结合的方法开展此项研究工作。定性方法包括参访、召开座谈会、焦点小组等；定量分析使用国家、省层面的汇总数据和幼儿园层面的调查数据进行初步简单描述统计和多元回归分析。学前教育成本是指为了提供一定质量的学前教育服务而耗费的人力、财力和物力的货币化价值；而学前教育成本分担是指政府、家庭和社会三个方面在学前教育成本中所分担的比例和结构。由于目前没有从教育部获得幼儿园层面学前教育经费和成本的管理数据，本报告仅是基于财政所已有的研究基础做出的初步判断。

一 学前教育成本分担现状

我国政府在学前教育办学成本中分担的比例到底为多少？理论上人们可以从全国、省、市、县、幼儿园五个层面计算学前教育成本分担情况。这五个层面就是五个不同的分析单位。不同分析单位展示的成本分担不同。分析单位越宏观，比如以全国、省、市为分析单位，分析结果越会掩盖一些细小单位（比如县域之间和院所之间）的重要差别。在成本分担研究中理想的分析单位是幼儿园，因为真正的成本分担发生在具体的幼儿园机构中。学前教育成本构成主要要素包括：园舍房租（摊销）、人员经费（编制教师和非编制教师工资和津贴）、公用经费、大型固定资产（折旧）。公办园和民办园在成本构成上有一定差异。由于至今没有从教育部获得全国幼儿园层面学前教育成本构成情况及分担方面的基本管理数据，本报告只能以《中国教育经费统计年鉴》汇总的学前教育经费收入数据为依据，以某年度学前教育总经费为办学成本，其中财政性学前教育经费为政府负担部分，学费收入为家庭负担部分，其余为社会负担部分。这种方法非常粗糙，一

---

[*] 课题组负责人是宋映泉，课题组成员包括博士后王默、博士后康乐、研究助理张眉、梁净、张晓。

方面财政性教育经费中包括幼儿园离退休人员的工资和福利方面的费用，另一方面财政性教育经费里面也包括基建经费和某些大型设备的投入，这些费用没有经过折旧或摊销，因此这样的成本分担情况的估计还非常初步。

（一）政府、家庭和社会在幼儿园办园成本中的分担基本情况分析

1. 政府在幼儿园办学成本中的分担比例

政府在学前教育办学成本中的分担比例不到50%。根据2015年数据计算，学前财政性教育经费收入在全国幼儿园总收入中的占比是46.7%。这个数据是否客观反映了政府在学前教育成本分担中的分担比例？笔者初步判断，该方法高估了政府的分担比例。至少有两个方面的原因：（1）经费收入总数应该低于实际幼儿园成本，严格的成本应该包括固定资产折旧方面的；（2）部分民办园经费可能没有被统计在内。2010年以前的教育经费统计年鉴关于幼儿园经费部分只包含了公办幼儿园。2010年之后民办幼儿园经费被纳入统计。理性的估计是还有一些幼儿园没有被纳入，比如未注册民办幼儿园或者非常高端的民办园。前者不在体系内，后者可能数据不真实。基于这样的原因，可以初步估计政府分担比例可能还要低。

2. 家庭在幼儿园办学成本中的分担比例

总的说来，家庭在学前教育办学成本中分担比例超过50%。根据2015年教育经费统计数据，学费在全国学前教育经费总收入中占比是47.7%。跟笔者对政府成本分担的比例估计相似，这个比例是对家庭在学前教育办学成本分担比例的低估。因为大量民办园办园经费和学费收入可能在经费统计中遗漏。

3. 社会在幼儿园办学成本中的分担比例

除了政府和家庭，社会也是学前教育办学成本的分担者。通常指的社会包括社会团体、慈善机构、公益机构等。初步估计，社会在学前教育成本分担中的比例在5%左右。这个5%也有可能还是高估。社会在幼儿园办学成本中分担比例低跟我国学前教育提供者都不是慈善机构、公益组织和社会团体有关。这类社会组织在学前教育的参与非常有限，一方面跟社会组织发展成熟度有关，另一方面也跟我国学前教育办园资格管制在硬件方面较为严苛有关。

（二）财政投入方式与不同幼儿园成本分担方式及结构

目前公共财政投入学前教育的主要方式包括：公办幼儿园事业经费中的人员经费（教师工资）和津贴；公办幼儿园园舍建设（新建或改扩建）硬件投入；各种专项经费。

财政投入方式决定了目前在不同类型幼儿园中的成本分担方式及结构。在教育系统公办园中，一般来说政府以保障事业编制幼儿园教师工资及福利为主要分担方式；同时，园舍租金一般免费；部分地方政府也提供生均公用经费；还有其他专项经费。因此政府在教育系统公办园中的分担比例会相对高。特别地，政府在县直机关园、实验幼儿园等示范幼儿园的分担比例会很高。非教育系统负责的其他体制公办园（事业单位办园、企业办园、集体办园、部队办园、其他部门办园）的情况类似，但总体上政府分担比例在

教育部门公办园中相对要低。一般来说，民办园（包括普惠性民办园）中政府分担比例非常低。

学前教育成本分担比较理想的分析单位是幼儿园。在幼儿园层面可以看到政府、家庭和社会在不同类型幼儿园中的成本分担情况。由于没有获得来自教育部关于幼儿园层面的经费数据，课题组无法计算全国各地不同类型幼儿园成本分担基本情况，仅使用两个使用微观调查数据的实证研究来说明前面的预测。2017 年北京大学中国教育财政科学研究所来自某省 429 所幼儿园的调查数据研究表明，政府在公办园中的分担比例是51.6%，在民办园办园成本中平均分担比例只有 1.1%。该发现与浙江师范大学学者研究发现类似，在 138 个样本幼儿园中，政府在公办园中的成本分担比例是 49%，在民办园的分担比例是 7%。需要指出的是，在北大课题组的研究中发现，机关园中的政府分担比例超过 80%，而在普惠性民办园中的成本分担比例不到 10%。

二　学前教育成本分担主要问题与挑战

（一）政府整体分担水平不高

总的来说，政府在学前教育成本分担中比例过低，家庭在学前教育成本分担中比例过高，保教费收入成为学前教育经费最主要来源。2015 年，笔者初步估计政府分担水平不到 50%。如果跟 OECD 国家 83% 的平均水平相比，我国政府分担比例过低，与最低的日本相似。2015 年，平均而言，家庭在学前教育成本分担中占比是 47.7%，在若干省份家庭承担比例超过 60%，其中辽宁 63%，河南 66%，湖南 66%，广东 67%。其次，县域内公共财政在不同类型幼儿园中成本分担差异过大。

（二）各级政府财政责任不明确

各级政府在学前教育中的责任不明晰，导致省、市两级政府在学前教育中的责任有较大差异。中央政府自 2010 年以来，通过专项投入学前教育 1017 亿元，地方政府一共投入 4645 亿元（来自教育部）。政府财政投入主要靠区县级政府投入，省、市两级财政投入相对较少。据初步估计，中央财政投入占比大约为 18%。尽管系统数据不可得，省、市两级政府在学前教育经费中的比例不可知，但通过访谈和个案分析发现，在大多数地方，省、市两级政府在学前教育中的财政投入整体较低。

（三）分担结构不合理、不公平

政府分担比例过低，家庭在学前教育成本中分担比例过高，保教费收入成为学前教育经费最主要来源。2015 年，平均而言，家庭在学前教育成本分担中占比是 47.7%。其次，县域内公共财政在不同类型幼儿园中成本分担差异过大。政府有限的财政投入在不同园所的成本分担中存在显著差异。在某些公办园（主要是政府机关园、各种实验幼儿园、示范幼儿园）中政府分担比例过高，但在某些公办园（比如街道办园、部门办园）中分担比例过低，在普惠性民办园中分担比例极低。北京大学中国教育财政科学研究所来自超过 8 万个家庭样本的数据分析结果显示，政府机关园主要服务于经济条件好、受教育程度高的精英人群子女，而普惠性民办园主要服务于低收入阶层家庭的孩子。

另外，据北京大学中国教育财政科学研究所 2017 年全国入户调查数据，全国公办园保教费支出为 4839 元/年，民办园平均保教费支出为 7211 元/年。按家庭年支出的四分位数计算，农村地区，最低四分位数（最穷阶层）家庭学前教育保教费支出占其家庭支出 12.5%，第二个四分位数学前教育保教费支出占家庭支出 9.9%，第三个四分位数学前教育保教费支出占家庭支出 7.8%，第四个四分位数（最富阶层）学前教育保教费支出占家庭支出 4.8%。城镇地区，最低四分位数（最穷阶层）学前教育保教费支出占其家庭支出 14.3%，第二个四分位数学前教育保教费支出占家庭支出 10.5%，第三个四分位数学前教育保教费支出占家庭支出 8.9%，第四个四分位数（最富阶层）学前教育保教费支出占家庭支出 6.7%。因此，目前的财政投入方式导致学前教育领域里的极大不公平。

（四）分担机制不健全

公共财政对幼儿园的投入方式主要包括：（1）公办幼儿园编制内人员的事业经费拨款；（2）公办园园所建设方面的硬件投入经费；（3）公办园和普惠性民办幼儿园的各种奖补专项经费；（4）贫困幼儿入园助学经费。其存在的问题包括：第一，弱势群体家庭子女享受有质量的学前教育机会没有得到目前财政投入机制之保障；第二，公共财政投入以向幼儿园机构为主，家长购买力和选择能力并没有得到提升；第三，公办园非编教师以及民办园教师几乎无法获得政府财政经费补贴。

三 建立健康公平学前教育成本分担机制的建议

（一）提高整体学前教育投入水平

考虑到大力发展学前教育对国家人力资本积累的重要性，对学前教育的投入就是对国家未来的投入；也考虑到我国政府在学前教育成本中分担的比例相对于国际水平过低之事实，我国政府应提高对学前教育的整体投入水平。2016 年全国财政性学前教育经费为 1325.39 亿元，仅占全国财政性教育经费的 4.22%。跟国际经合组织（OECD）国家该指标的平均水平 9% 相比，我国财政性学前教育经费还有提高的空间。

（二）明确各级政府间学前教育财政责任

长期以来，由于中央、省、市、县、乡镇各级政府对学前教育的财政责任不明确，区县政府是学前教育财政投入的责任主体。尽管自 2010 年以来，中央政府带动地方政府对学前教育有大量投入，但地方投入的主体还是区县政府，省、市级政府。在经济欠发达地方，区县政府财力有限；在经济发达地方，县镇政府财力也充足。由于目前没有来自教育部的数据，我们无法分析中央、省、市、县和乡镇政府在学前教育成本中的分担比例，但依据访谈的发现，笔者认为，省、市政府在学前教育发展中还可以承担更大的财政责任。

（三）调整成本分担结构

政府在学前教育的责任应该是保障来自弱势群体家庭儿童享有具备一定质量的学前教育机会，而不是对所有家庭子女入园机会的"普惠"。在这个意义上，政府应该提高对弱势群体子女入园成本的分担水平，降低对优势群体儿童入园成本的分担水平。有几个办法实现这样的目标：（1）提高优质公办园的保育费，提高家庭在优质公办园中的分担比例；（2）优质公办园必须保证接受50%以上弱势群体家庭子女；（3）对不同家庭背景子女入园实行梯度收费，可以免除弱势群体（建档立卡贫困户、低收入家庭等）家庭入园保育费，对高收入家庭子女实施100%收费；（4）加大和创新对普惠性民办幼儿园的财政投入。

（四）改革和创新成本分担机制

目前政府在学前教育中的成本分担方式过于单一和僵化，改革的方向是增加公共财政投入的公平性与效益。（1）学前公共财政投入可以考虑提高弱势群体家庭对学前教育的购买力，比如生均学前教育公用经费可以考虑给弱势群体家庭儿童（比如，农村户籍儿童，贫困户、有重大疾病家庭、低收入）更高权重。（2）提高对普惠性民办幼儿园的补助水平。使用类需求方财政投入方式，对普惠性民办幼儿园收费水平进行调研，凡低于某个水平的幼儿园均可获得支持。（3）可以考虑对非编教师或民办幼儿园教师有一定补贴。针对教师资格、工作年限以及在某幼儿园固定工作时间，不论是否有编制都给予一定补贴，也算是对幼儿园成本分担的新方式。

"财政补贴"还是"政府提供"?

——美国两个"学前教育模范州"不同财政投入方式及其借鉴意义

宋映泉 梁 净[*]

(2017 年 12 月)

美国前任总统奥巴马在 2013 年的国情咨文中提出雄心勃勃的全面普及学前教育的计划（Preschool for All）。该计划的目标是推动全美所有 4 岁儿童都能享受免费学前教育。学者和公众对此有支持也有反对。支持者强调学前教育的重要性，认为政府理应承担学前教育财政投入的责任。反对者认为不实施精准瞄准的"全面免费"是不必要的财政浪费，因为中产阶级和中上阶层家庭本来就有经济能力为其孩子提供学前教育。其实，自 20 世纪 80 年代以来，美国各州就开始推出各种发展学前教育的项目，大多项目是瞄准性地为来自低收入家庭 3~4 岁幼儿提供免费学前教育机会。到 2015 年，有 42 个州和华盛顿特区已为 4 岁幼儿提供这样的瞄准性学前教育（The State of Preschool，2015）。奥巴马政府的学前教育计划除了受国际上对学前教育普遍重视这一趋势之影响外，同时也受到美国国内两个"学前教育模范州"的影响。这两个州就是都位于美国南部的佐治亚州和俄克拉荷马州。笔者称其为"学前教育模范州"，是因为它们率先对 4 岁儿童提供免费学前教育，在美国学前教育领域具有示范作用；也由于这两个州正好采取不同的公共财政投入方式实现普及学前教育目标：佐治亚州是政府通过类似学前教育券进行财政补贴，俄克拉荷马州是政府直接通过公立幼儿园系统提供。关于不同公共财政投入对学前教育事业发展影响的研究有非常重要的实证意义和政策启示。本报告首先介绍这两个州普及学前教育及其不同的财政投入模式，然后引用一个美国学者关于这两个州不同公共财政投入方式对学前教育供给影响的实证研究，最后指出该案例对我国学前教育发展的借鉴意义。

一 两个模范州普及学前教育及不同的财政投入方式

佐治亚州和俄克拉荷马州是美国最早实施"普及学前教育"的两个州，它们在普及

---

* 宋映泉，北京大学中国教育财政科学研究所副研究员；梁净，北京大学中国教育财政科学研究所科研助理。

目标和政策实施力度方面具有相同点。在普及目标方面，两个州都是让所有 4 岁儿童自愿享受免费学前教育。也就是说，这是一个不看家庭背景不分家庭收入情况的免费学前教育，只要家长愿意，他们的孩子都可以享受学前教育服务。这不同于联邦政府所提供的"提前开端"项目（Head Start），以及其他各州所提供的以瞄准弱势群体家庭儿童为主的学前教育项目。从政策实施力度来看，这两个州都是在极短的时间内开始实施和推广有关政策。

佐治亚州 1992 年通过《彩票教育法》，通过彩票收入对中低收入家庭进行补助。随着彩票收入大幅增加，从 1995 年开始启动"普及学前教育"项目。佐治亚州有 20% 的学前教育提供方为公立学校，2010 财年[1] 4 岁幼儿的入学率达 54.6%，总支出为 3.41 亿美元。[2] 2014 财年的总支出为 3.056 亿美元，2015 财年的总支出为 3.125 亿美元。[3] 2013 年平均一个 4 岁幼儿全天的保育成本为 6234 美元。[4] 佐治亚州提供 6.5 小时/天的学前教育服务，每周开放 5 天。

俄克拉荷马州从 1998 年开始启动"普及学前教育"项目。俄克拉荷马州大约 90% 的学前教育提供方为公立系统。2010 财年 4 岁幼儿的入学率达到 70.7%，总花费为 1.67 亿美元。2013 年平均一个 4 岁幼儿全天的保育成本为 5610 美元。俄克拉荷马州提供 2.5 小时/半天和 6 小时/天两种学前教育服务选择，每周开放 5 天。

虽然佐治亚州和俄克拉荷马州率先推出了各自的"普及学前教育"项目，但是两个州在实施免费学前教育的财政路径上又存在显著差异。佐治亚州可以被称为政府"财政补贴"模式，俄克拉荷马州可以被称为"政府提供"模式。佐治亚州采取政府"财政补贴"的方式鼓励各类性质的幼儿园提供学前教育服务，其具体方式是通过类似学前教育补助券进行补贴，任何类型的学前教育机构都可以通过学前教育补助券获得州政府的资助。所谓"类似学前教育券"是因为不是通常意义上把钱发到父母手中的"学前教育券"，而是当学前教育机构提供服务之后，政府通过报销的方式按学生人数对幼儿园机构进行补贴。这种做法同时鼓励了公立和私立机构对学前教育的投入。

俄克拉荷马州采取"政府提供"的方式即通过公立幼儿教育系统提供全额免费的学前教育。俄克拉荷马州的"普及学前教育"项目通过公立学校系统运作，政府根据幼儿的数量、每日服务时长等将资金直接用于公立学前教育系统管理。公立学前教育系统自行提供服务，采用增加公立机构数量或者支持符合国家规定的幼儿中心的方式扩大学前教育服务的供应。

二 两种不同财政投入方式对学前教育事业的影响

为了探讨佐治亚州和俄克拉荷马州两种"普及学前教育"不同财政投入方式对学前

---

[1] 2009 年 10 月 1 日至 2010 年 9 月 30 日。

[2] http://nieer.org/yearbook/pdf/yearbook.pdf（March 13，2007）.

[3] http://nieer.org/sites/nieer/files/Georgia_2015_rev1.pdf.

[4] http://usa.childcareaware.org/sites/default/？les/cost_of_care_2013_103113_0.pdf（April 4，2014）.

教育事业和行业的影响，来自斯坦福大学和弗吉尼亚大学教育学院等机构的研究者最近的一项研究采用1990～2009年纵向税收数据库和公立学校入学数据，通过与美国南部地区和综合控制组对照，使用综合控制倍差分析框架的分析方法，综合分析了两种不同财政投入方式对学前教育领域的影响（Bassok, Fitzpatrick, and Loeb, 2013, 2014）。这项研究的主要发现如下。

（一）两种方式都促进了学前教育事业的发展，都一定程度实现了普及学前教育的政策目标

在佐治亚州的政府"财政补贴"方式下，该州学前教育入园率有了大幅增长。1994年该州的学前教育入园率仅为7.8%，1995年为13.9%。自1996年该州正式开始实施普及学前教育政策，当年毛入学率就增长到33.8%，1997年增长到50.5%。之后一直维持缓慢增长，到2010年已经增长为54.6%。

在俄克拉荷马州"政府提供"方式下，学前教育入园率也有明显增长。从1998年开始免费普及学前教育以来，毛入园率从37%增长到2010年的70.7%。

（二）两种方式都促进了幼儿园园所数量的增长，但不同财政投入方式对学前教育教职员工规模的影响不同

1. "财政补贴"模式不仅显著增加了幼儿园园所数量，而且显著扩大了幼儿园员工规模

政府"财政补贴"模式（佐治亚州）和"政府提供"模式（俄克拉荷马州）都显著增加了幼儿园数量。在佐治亚州，随着政府增加公共财政普及学前教育政策的引入，幼儿园园所数和幼儿园教职工数都有显著增加。学前教育机构总量相对于美国南部地区和综合控制组均显著增加，其中私立机构数量没有显著变化。据估计，"普及学前教育"政策使佐治亚州增加了374个学前教育机构和5443名员工（增长率分别为23%和35%）。

在这个意义上说，政府"财政补贴"模式扩大了学前教育行业从业人员的就业规模。

2. "政府提供"模式增加了幼儿园园所数量，但对整个行业幼儿园教职员工规模没有显著影响

在俄克拉荷马州，随着普及学前教育政策的引入，正规幼儿园机构数有显著增加。"普及学前教育"项目使俄克拉荷马州估计增加448个学前教育机构（41%）。同时，"政府提供"式学前教育财政投入政策虽然使幼儿园机构数有显著增加，但对幼儿园教职员工数量没有显著影响。财政投入的增加导致学前教育机构总量相对于美国南部地区和综合控制组均显著增加，学前教育机构在园职工总数相对于美国南部地区和综合控制组没有显著变化。

（三）不同财政投入方式对公办和私立幼儿园的影响不同

"财政补贴"模式对公办和私立幼儿园发展都有促进作用，但"政府提供"模式对私

立幼儿园似乎有抑制作用。佐治亚州"财政补贴"模式显著增加了公办和私立幼儿园的员工数量，而俄克拉荷马州的"政府提供"模式显著减少了民办幼儿园教职工数量。

在以政府"财政补贴"方式为主的佐治亚州，公办和私立幼儿园教职员工数量都显著增加。据估计，政府补贴模式下，公办园增加了1400名员工，民办园增加了4000名员工。学前教育机构在园职工总数相对于美国南部地区和综合控制组均显著增加，其中私立机构在园教职员工数也随之显著增加；私立学前教育机构在园员工的薪酬相对于美国南部地区显著减少，相对于综合控制组没有显著变化。其中，虽然私立机构的总数几乎没有变化，但私立学前教育机构教职员工总数估计增加4059人。

在俄克拉荷马州，"政府提供"方式对公办幼儿园教职员工规模没有显著影响，却显著减少了私立幼儿园教职工数量。根据估算，学前教育机构员工总数没有显著变化，但私立学前教育机构员工数减少了1293名（13%）。为什么会有这种变化？研究者认为，这是因为私立学前教育机构的教职员工很可能流动到新开办的公办学前教育机构。为什么私立幼儿园的教职员工会流动到公办幼儿园？是薪水的原因吗？研究者并没有提出这方面的证据，因为一个相关的发现是：两种投入方式对幼儿园员工的薪资都没有显著影响。

（四）"财政补贴"模式下学前教育供给增长主要发生在农村和之前学前教育供给不足的地区

在佐治亚州，实施普及学前教育政策的影响主要表现在农村地区或者之前学前教育供给不足地区的幼儿园和幼儿园员工的增加。在政策实施前学前教育供给不足的农村地区，政府财政投入之后公办园和私立园数量都显著增加了。相比而言，在之前就有较多学前教育供给的地方，新增幼儿园主要是公办园而不是私立园。为什么有这样的影响，似乎也需要更多研究。

综上所述，该研究表明，"财政补贴"是比"政府提供"更有效的一种普及学前教育的财政投入方式。这是因为，"财政补贴"方式不仅增加了学前教育机构的数量，也扩大了学前教育行业教职员工的就业规模。同时，在这种财政支持模式下，公办幼儿园和私立幼儿园都得到了发展。而在"政府提供"模式下，由于只依靠公办幼儿园，虽然也增加了幼儿园园所数量，但学前教育教职员工数量没有显著增加。换言之，私立幼儿园机构的发展被抑制；大量曾经在私立幼儿园工作的员工流动到公办幼儿园。此外，"财政补贴"方式也促进了农村地区和学前教育供给不足地区的学前教育发展。

三　对我国发展学前教育财政投入及研究的借鉴意义

自2010年以来，我国政府加大了对学前教育领域的财政投入，学前教育事业也取得了空前发展。然而，中央政府和地方政府如何对学前教育进一步投入仍然是一个有争议的问题。是继续当前以投入公办幼儿园为主的"政府提供"方式，还是调整和改革投入机制，逐步建立公/民办幼儿园儿童都平等享受的"财政补贴"方式？不同学者以及不同政府部门的决策者对此有不同的看法。笔者认为，鉴于目前我国缺少关于学前教育公共财政投入方式有效性的实证研究，对于哪种财政投入方式对我国学前教育发展更加有效仍需进一步探讨。不过，美国佐治亚州和俄克拉荷马州这两个"学前教育模范州"的两种普及学前教育的不同财政模式影响差异的案例至少给我们如下三个方面的启发和借鉴意义。

（一） 尊重并鼓励地方政府探索不同财政投入方式发展学前教育

尽管美国联邦政府自 1965 年就开始瞄准弱势群体家庭和幼儿，实施"提前开端"计划，但直到目前，各州在发展学前教育方面水平都不尽一致。特别地，联邦政府给各州发展学前教育的自由，在财政投入方面允许不同模式同时存在。当然，这和美国教育体制有关：基础教育包括学前教育主要是地方政府的责任，联邦政府没有权力强制各州如何发展其学前教育。

其实，在我国各省区市学前教育发展过程中也出现过不同的地方模式，比如上海和河北的公办为主模式，广东、浙江等地的民办为主模式。笔者认为，要求以公办园为主实现普及学前教育的政策目标是值得商榷的。相反，应该尊重甚至鼓励地方发展学前教育的独特路径，包括对不同学前教育财政投入模式的选择。

（二） 探索并调整以投入公办园为主的"政府提供"学前教育财政投入方式

长期以来，我国政府对学前教育的财政投入是一种"政府提供"模式：以投入公办园为主，以投入幼儿园机构为主。在 2010 年政府加大投入以来，这样的格局没有根本改变。据初步估计，中央财政的专项中接近九成投入了公办园中。2011～2013 年，有89.3%投到了公办园，只有10.7%投给了民办园。同时，差不多95%是投入幼儿园机构而非补贴家庭增强购买力。地方政府对学前教育的财政投入也以投入公办园为主。

借鉴美国佐治亚州"财政补贴"的经验，我国中央或者地方政府可以考虑试点并改革目前投入公办幼儿园为主的"政府直接提供"的模式，试点以需求方（家庭和幼儿）为导向的"财政补贴"模式。这势必激发民办学前教育机构和公办机构的共同健康发展；减少对民办幼儿机构的挤出。在农村和供给不足的地区，这种模式也会有促进作用。

（三） 研究和评估政府"财政补贴"及"政府供给"模式对我国学前教育事业的影响

美国学者使用严谨的实证研究方法发现通过不同财政投入模式对学前教育事业发展有不同影响，即政府"财政补贴"比"政府提供"更有效。在我国目前还没有这样的实证研究。笔者发现，自2010年以来的学前教育发展中，民办园在承担入园增量方面起到了非常重要的作用。尽管民办幼儿园机构占比增长受到了抑制，但在民办园中的儿童占比持续增长。图 1 展示了 1997～2015 年民办园在全国幼儿园中占比以及在民办园中的幼儿在全国在园儿童规模中的占比变化趋势。民办园占比从1997年的13.5%增长到2011年的69.2%，自2012年开始逐年下降：2012年为68.8%，2013年为67.2%，2014年为66.4%，2015年为65.4%。而民办园在园儿童占比一直在上升：从1997年的5.4%增长到2011年的49.5%，2015年达到54.0%。自2010年以来，在民办园儿童占比继续上升。这是不是意味着目前我国的"政府提供"财政模式对民办园没有挤出效应呢？这是一个需要实证研究的问题，而且这是一个在研究方法和数据方面都受到挑战的研究问题。从研究方法上看，在全国宏观层面来看公办园/民办园及在园人数的增加无助于做出"反事实"的因果推断。可能的突破是获得一些省份（地区）（比如上海和浙江）的中观或微观数据，使用综合控制法（Synthetic Control）进行分析。能做出好的实证研究的前提当然是能获得历年地方学前教育事业发展的数据。

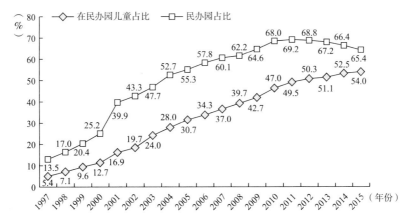

图1　民办园及在民办园儿童占比（1997～2015）

资料来源：作者根据有关年份（1997～2015）教育部公布学前教育事业发展有关数据整理计算制成。

参考文献

Bassok, Daphna, Maria Fitzpatrick, and Susanna Loeb. 2013. "Does State Preschool Crowd-Out Private Provision? The Impact of Universal Preschool on the Childcare Sector in Oklahoma and Georgia." *NBER Working Paper* No. 18605.

Bassok, Daphna, Maria Fitzpatrick, and Susanna Loeb. 2014. "Does State Preschool Crowd-Out Private Provision? The Impact of Universal Preschool on the Childcare Sector in Oklahoma and Georgia." *Journal of Labor Economics* 83: 18 – 33. http://dx. doi. org/10. 1016/j. jue. 2014. 07. 001.

The State of Preschool. 2015. The National Institute for Early Education Research, Graduate School of Education at Rutgers, The State University of New Jersey, http://nieer. org/state-preschool-yearbooks.

五

义务教育财政

基于省级统筹视角的教师工资管理体制改革建议

赵俊婷　刘明兴[*]

（2017 年 3 月）

一　导言

为了解决机关事业单位人员基本工资多年未涨、基层人员待遇偏低的问题，以及配合养老保险制度并轨改革，中央于 2015 年初下发了《国务院办公厅转发人力资源社会保障部财政部关于调整机关事业单位工作人员基本工资标准和增加机关事业单位离退休人员离退休费三个实施方案的通知》，启动了新一轮的机关事业单位薪酬体制改革。这次改革要求，将部分津贴补贴或绩效工资纳入基本工资，适当提高基本工资的比重；通过加强职级工资、艰边津贴（及设立乡镇工作补贴制度）等手段实现向基层和经济欠发达地区倾斜；规定各地各部门不能自行提高调整津贴补贴标准，为推动地区附加津贴制度改革、建立基本工资标准的正常调整机制做准备。

本次改革大体上延续了 2006～2008 年机关事业单位薪酬体制改革的基本思路。虽然改革后各地区基层教师的基本工资和绩效工资水平均有显著提高，且在 2016 年实现了改革拟定的基本工资每两年调整一次的目标，但教师工资管理体制所面临的基本矛盾并没有得到有效的缓解。

（1）在工资水平调控的宏观体制方面，由于施行全国统一的基本工资标准，国家统一调资时难以同时兼顾经济发达地区和落后地区的客观要求。地方政府一直有动力自行出台各种津补贴和奖金政策，而中央政府则陷入了对地方性薪酬政策进行周期性清理的怪圈。

（2）在确保工资正常发放的财政体制方面，工资的正常增长与中央财政为涨工资"埋单"之间的矛盾日益加剧。越是提高基本工资的占比，中央财政的保障压力越大，越难以确保工资水平的正常增长。

---

*　赵俊婷，北京大学中国教育财政科学研究所博士后；刘明兴，北京大学中国教育财政科学研究所教授、副所长。

（3）在教师教学的微观激励机制方面，工资管理体制的集权化削弱了学校的经费自主权，绩效工资管理体制原本所设计的激励机制被虚化，"绩效工资不绩效"的问题普遍存在，而公办教师的各种维权活动也在不断加剧。

面对上述问题，教师工资管理体制改革（乃至整个机关事业单位的工资管理体制改革）在思路与方向上存在多方面的争议。例如，是否继续以提高基本工资在工资收入中的占比为主要政策抓手？在宏观经济衰退背景下，中央财政是否应当继续强化对于工资发放的财力保障机制？单纯通过提高工资水平的办法是否可以提升教师工作的积极性和满意度？如果这些问题得不到有效解决，那么新一轮的改革就难以取得长效性的成果。

基于上述考虑，本文以下内容将分析中央集权的工资管理体制运转的机理，总结历次改革中的政策经验得失，并尝试对我国教师工资管理体制分权化改革的基本思路提出若干政策建议。本文认为，尽管中央集权工资管理体制有助于控制机关事业单位工资水平在地区之间以及行政层级之间的差距，但是也相应地带来了许多弊端。为此，需要对中央的各部委之间以及中央地方之间的权力配置进行适度调整，增强中央各部委之间的集体行动能力，以省级统筹改革为基础重构工资标准的宏观调控体制和工资发放的经费保障机制，并提升基层事业部门对于人员性经费支配的弹性空间。

二 教师工资管理体制的宏观机理及其困境

在中国机关事业单位工资管理体制的历史沿革中，中央政府对于工资标准的管理方式经历了从集权到逐步分权，再回归集权的过程。工资标准管控权发生变化的同时，针对公共事业部门及其下属单位的各项经费管理体制也会相应地进行调整，并共同影响每个特定历史时期的工资管理体制的执行效果。

（一）中央集权工资管理体制的运转机理

中国公共事业部门管理体制的一个典型的微观特征是所谓"管办不分"，即公共事业单位与业务行政主管部门之间是行政隶属关系，为了扩张本位利益，业务行政主管部门和基层事业单位均有动力扩大财政支出刚性，不断扩大基建规模、提高工资待遇水平和增加公用经费支出。如果财政无法满足其资金扩张需求，则公共事业部门就有动力通过提高公共服务价格向社会转嫁成本。

在宏观体制构建上，主要是通过行政部门之间的关系平衡来克服上述弊端，这既包括中央和地方之间的权限划分，也包括条线行政部门之间的权力配置。在传统的计划经济体制下，相关宏观管理体制主要包含如下几方面的内容。

第一，财政部门与公共事业部门之间的权力配置。公共事业部门的投入需经过财政部门批准，基层事业单位的各项收入需纳入财政预算管理。在财政支出的具体管理上，基本建设、公用经费和人员性经费的支出管控权也被分散到了不同层级的行政部门。其中，公共事业部门的基本建设经费主要由计划部门（计委）控制，且在宏观经济紧缩的时期，大型基建项目的审批权会集中于中央计划部门。公共事业单位公用经费的拨付，主要由业务主管部门和财政部门来共同决策，具体标准在大部分的历史时期均相对分权于地方层面。

第二，对于公共事业部门人员性经费支出的多重管控。就编制体制而言，事业单位财政供养人员规模的控制权掌握在编制部门手中。其中，中央编制部门控制公务员的编制数量，事业单位编制的控制权在省一级，但中央有权管制财政供养人口的总体规模。工资标准主要受人事（人社）部门的控制，且长期集权于中央层级。

第三，公共服务产品的定价权由计划部门（计委）及其下属的物价部门掌控。对于公共服务供给中所必须使用的一些重要商品（如药品）的价格，公共事业部门无权自行定价。公共服务产品价格的高低将会直接影响公共事业部门相应事业性收入的规模，事业性收入的支配需要重新纳入财政部门的管理，并根据支出的性质而受制于多个行政部门的管控。

在20世纪80年代之前，我国机关事业单位工资管理体制是以中央集权为基本特征的。在该体制下，中央规定的工资标准不仅涵盖了机关事业单位，也包含了国有企业的职工，并且基本工资和津补贴标准的调整权均高度集中于中央政府。为解决不同地区之间的消费水平差距问题，全国被划分为11类工资区。不同的工资区之间，最高与最低工资收入水平的差距大约为30%，并主要体现为基本工资的差距，而基本工资在工资收入中的占比则保持在70%以上。

上述体制的运转以计划经济为基础，中央政府对于国民经济收入分配体系具有较强的调控能力，区域经济差距的矛盾尚不突出，因此在中央财政并没有为基层机关事业单位人员的工资发放提供财力保障的前提下，工资水平的地区差距以及在行政层级之间的差距却得到了有效的控制。

该体制的弊端也是明显的。首先，始终未能建立起正常的晋级和工资标准增长机制，导致财政供养人员的工资水平在全国范围内长期停滞不前；其次，对公共事业投入的行政部门之间的关系平衡虽然抑制了"管办不分"的弊端，但也造成了基层公共服务供给不足的问题。特别是当地方党政领导过度干预公共事业部门的人事权和财权的时候，在争取公共事业经费投入的谈判中，公共事业单位及其业务主管部门势必处于弱势地位。

（二）工资管理体制分权化改革的次序与后果

20世纪80年代至90年代中期，在经济体制和财政体制分权化改革的背景下，中央推行了结构工资制改革（1985年）和教师职级工资管理体制改革（1993年），两次改革都以中央行政部门下放各项管控权为特征。1985年，中央政府缩小了对工资管理体制的管控范围，实现了国有企业工资管理体制与机关事业单位的脱钩，缩小了财政部门的保障范围；1993年，国务院发布《关于机关和事业单位工作人员工资制度改革问题的通知》（国发〔1993〕79号），政府机关与事业单位的工资管理体制开始脱钩。改革之后，中央政府继续控制基本工资标准的决定权，而地方政府则可以灵活调整本地区的津补贴水平。同时，地方政府和公共事业部门对于预算外收入的支配权大幅上升。

尽管工资管理体制分权化改革提高了地方财政加大教育投入的积极性，但是教育事业部门在地方政府中的弱势地位并没有得到本质性的改变。自此，教师的工资水平开始越来越受到本单位获取事业性收入能力的影响。教师的工作绩效与工资收入之间的关系变得日益密切，但教师实际收入在同一地区内部乃至同一学校内部的差距也开始拉大。

1994年，我国实行了分税制改革，财政体制的集权化以及宏观经济衰退使得地方财政运转困难的问题迅速凸显。一方面，伴随着地区经济差距的逐步扩大，各种地方性津补贴占比进一步上升，基本工资在工资结构中占比倒挂的现象开始浮现；另一方面，部分农村学校公办及代课教师的工资发放缺乏保障的情况越来越严重，地方政府不能平等对待公务员和教师工资待遇保障的问题也越来越普遍。这意味着中央政府对于机关事业单位人员工资收入水平的宏观调控能力进一步趋于下降。

为了缓解地方财政的压力和教育经费投入的短缺问题，中央政府在财税收入体制集权的前提下，延续了公共事业部门预算外收入分权化管理的措施。例如，将学校的各类收费项目审批权及定价权下放到基层（乃至学校本身），并容许学校使用预算外事业性收入作为公用经费以及发放教师的津补贴。这种做法造成了学校的乱收费和公共服务的社会公平性被扭曲的局面。此外，部分地区的政府利用中央的分权政策进一步压低了预算内教育经费的投入比重，并与教育部门一起将经费投入压力转嫁给社会。例如，将优质的教育资源集中到所谓"公办民助"学校，以增加收费收入。

（三）工资管理体制再次集权化

自1997年开始，中央政府连续多次提高了机关事业单位人员的基本工资标准。为了确保工资政策的落实，中央财政在1999年决定针对中西部地区公务员基本工资的增资部分直接提供财力保障。伴随着农村税费体制改革和"以县为主"改革，教师工资开始纳入县财政统发的机制。同时，中央财政不断加大对于县乡财政的补助力度，确保基层机关事业单位的正常运转。伴随这一系列的改革，农村公办教师工资的准时发放得到了保证，中央对于机关事业单位工资管理体制的管控力度再次被强化，且行政机关和事业单位人员工资之间的挂钩机制逐渐增强。

2006年，中央推行了新中国成立以来的第四次机关事业单位工资管理体制改革。本次改革加大了级别工资在基本工资中所占的比重，清理规范了各项地方性津补贴的发放，进一步提高了艰边津贴的水平（全部由中央财政承担）。2008年，伴随着义务教育免费政策在城市和农村的全面实施，中央推行了教师绩效工资管理体制改革。这次改革提高了公办教师（特别是义务教育阶段的教师）的工资待遇，但对基础教育学校教师的地方性津补贴和奖金的发放进行了更加严格的规范，包括义务教育阶段在内的各级各类学校的收费权及定价权开始收紧，教师工资与公务员工资之间的硬性挂钩机制被进一步强化。

必须指出的是，以中央财政保障为基础的机关事业单位工资管理体制集权化改革与传统计划经济时期的体制设计存在较大的差异。中央各行政部门之间在公共事业部门经费投入上的水平权力配置机制出现了明显的变化，这进而影响了中央与地方之间权责划分的稳定性。

首先，人社部门和财政部门对工资标准进行了双重管控。其中，人社部门管控基本工资标准，财政部门主要负责管理规范各项津补贴标准。

其次，公共事业部门的基本建设经费主要由发改部门控制的格局已经被打破。发改部门、财政部门以及公共事业的业务主管部门都有权安排基建类专项资金。

最后，中央财政不仅为基层事业单位人员的工资发放提供财力保障，而且开始承担公共事业部门公用经费的投入责任。公用经费的具体投入标准，则由财政部门和公共事业的业务主管部门协商解决。

上述改革导致在中央政府层面，公共事业的业务主管部委为了扩大对于本系统基层单位的影响力，均有积极性以执行某项政策为理由提高本部门在中央财力中的占比。同理，人社部门也有动力坚持要求提高基本工资占比，而不是将工资总额水平作为首要调控目标。由此，保障基层工资发放对于中央财政的压力越来越大，而学校的经费自主权日渐萎缩。

（四）绩效工资管理体制运转的宏观困境

在现行的工资管理体制下，中央政府主要通过管制基本工资、规范绩效工资、清理各种地方自行出台的津补贴三种手段，达到对于各地区教师工资的宏观调控目标。此方式同样应用于对公务员工资的宏观管理。中央的宏观目标主要是将机关事业单位工资水平在地区之间的水平差距和行政层级之间的垂直差距控制在一定的范围之内，然而传统的管理措施与不断扩大的地区经济差距和城镇化速度的加快产生了矛盾。

第一，由于施行全国统一的基本工资标准，中央难以同时兼顾经济发达地区和落后地区的实际要求，发达省份要求涨薪的呼声强烈；而落后地区由于自身财力的限制，为了执行中央规定的工资标准，需要依赖以中央财政为主的工资发放保障机制，但也引起了工资正常增长机制与中央财政保障能力之间的矛盾。地区经济差距越大，此矛盾便越难以调和。事实上，自2008年的绩效工资管理体制改革后直至2014年，基本工资标准一直没有提高。由此，地方政府自行提高津补贴的冲动便难以遏制。例如，部分地区以执行工作目标责任制考核为由，发放各种名目的年终绩效考核奖，变相提高公务员的津补贴水平，这又进一步引起了事业单位的攀比和效仿。

第二，由于行政级别较高的政府公务员工资收入存在示范效应，中央政府一直严格控制中央本级、省级公务员的津补贴水平。同时，基于同城同待遇的工资管理规定，这一调控措施也直接影响了省会级城市所在地政府机关事业单位人员工资水平的提高。控制工资水平的垂直压缩率（行政上下级之间的差距）是中央清理规范地方性津补贴的重要抓手，通过抑制低行政级别机关事业单位的攀比效应，中央希望以此实现全面管控工资水平的政策目标。然而，随着城市化进程的提速，大中城市的生活成本迅速上升，大中城市的公务员、教师工资水平偏低的问题也日益突出。这与20世纪90年代末期拖欠农村教师工资是当时中央政府所面临的主要问题恰好相反。

第三，工资管理体制再次集权化后，地方政府向中央财政转嫁支出责任的趋势不断加剧。伴随着中央财政保障压力的上升（不仅仅是保障工资发放的压力），建立工资正常增长机制的难度会越来越大。在此局面下，人社部门继续强化基本工资占比的调控目标，势必与建立健全规范的地区附加津贴制度的政策目标产生矛盾。① 如果中央放松对于津补贴的管控，那么总体工资水平的地区差距和垂直差距必然会再次拉大，从而促使经济落后地区要求提高基本工资标准，最终导致全面涨薪的压力。面对这一局面，中央政府只能对各种地方性津补贴政策进行周期性清理整顿。然而，对于基层事业单位的过度行政干预，又会引起教师微观激励机制的扭曲。

三 绩效工资管理体制实施的微观困境

教师绩效工资管理体制改革面临的更加棘手的问题是，尽管教师的总体工资水平已经有了显著提高，各级财政（特别是中央财政）的保障力度不断加大，但是教师群体的不稳定因素有增无减，绩效工资的激励机制被虚化。也即并非"涨工资"就可以让教师安心工作。

（一）围绕基层教师待遇权益保障的纷争

20世纪90年代，由于基层政府拖欠农村教师工资，许多地区都出现了教师（包括公办教师和代课教师）的集体行动。伴随着"以县为主"体制的确立，因拖欠工资引起的公办教师集体行动明显减少，参与集体行动的主要是农村代课教师。当然，尽管基本工资的发放在教师和公务员之间统一了步调，许多地区的公务员在各种津补贴和福利上依然高于教师，但是这并没有显著引起公办教师的集体行动。

在教师绩效工资管理体制改革启动伊始，一些地方出现了公办教师（包括退休教师）的集体行动。其直接的诱因在于，这次改革进一步严控学校通过创收发放教师津补贴的做法，部分城市学校教师（特别是高中阶段教师）在改革之后实际收入水平不升反降。同理，在岗教师工资上涨的同时，部分地区的财政保障力度偏软，使得退休教师相对工资水平（替代率）下降，导致退休教师维权。

近几年来，伴随绩效工资管理体制改革的推进，同一地区公办教师与公务员之间以及公办教师群体内部的账面工资收入差距进一步缩小，然而教师群体维稳的难度在上升。就教师的维权诉求特征而言，教师要求工资收入（主要是各种显性乃至隐性的津补贴）与本地公务员刚性挂钩的呼声变得逐步强烈，邻近地区之间的教师收入相互攀比的效应也日益显著。

上述问题与集权化工资管理体制的弊端密切相关。首先，教师发起集体行动，既需

---

① 这种活乱循环的周期至今也没有发生根本性的变化。从实地调研的情况来看，在2015年中央新一轮工资管理体制改革启动的同时，部分省份的地方政府已经着手大幅提高公务员和教师津补贴水平，津补贴的上涨先于基本工资上调。而调整津补贴的政策在各地间步骤不一，省级政府没有对涨幅进行系统性的管理，从而弱化了中央政策的效力。例如，一些地方政府已经将原来作为公务员绩效奖发放的"津补贴"正式纳入了津补贴工资，这主要是由于在社保并轨的改革驱动之下，当地公务员要求把收入水平的提高"制度化""持久化"；否则一旦退休，实际收入水平将会出现较大幅度的下降。由于公务员隐性津补贴的显性化，自然也就带动了教师津补贴水平的上涨。

要参与者有一致性的利益诉求，也需要一定的"依法维权"的借口。工资标准的决策机制越集中，对基层教师各种来自预算外收入的津补贴控制得越严，这两方面的问题就会变得越严重。而教师的收入来源越多元化，教师的个体诉求越不容易统一起来，越难以形成较大规模的集体行动。

其次，在分权化工资管理体制下，基层学校具备一定的经费和人事自主权，学校管理层也就有主观能动性和政策自主权去提升教师的工作激励及确保教师队伍稳定；同时，越处于基层的单位，其行政权力越小，对维权活动的反应就越敏感。针对某些不稳定因素，乡镇政府、县教育局、乡镇学区和学校都会各自承担一部分责任，也就减小了教师向更高行政机关上访的可能性，有利于把矛盾化解在基层。但在集权体制下，基层学校的管理层对教师的激励和控制力都大幅削弱。校长本人的工作绩效也缺乏相应的奖励制度配套，岗位自身的吸引力下降，积极化解矛盾的动力也减弱了。

（二）绩效工资激励机制的扭曲

从激励教师教育教学的角度，绩效工资管理体制在微观上面临的困境包括两方面：一是奖励性绩效工资被普遍性地平均分配；二是教师实际工资发放的水平与结构则受到地方性津补贴政策和教师维权行动的影响，与公务员呈现趋同化的倾向。

虽然教师绩效工资管理体制改革在启动伊始就充分关注了教师激励机制的重要性，但是相应的政策设计在现实执行中并不顺畅。本应依据绩效考核发放的奖励性工资，由于学校内部部分教师的抵制，往往只能采取平均分配的方式，激励机制被虚化。在同一个地区内部，当部分学校施行平均分配时，其他原本打算执行绩效工资政策的学校也只能跟着一起搞平均主义。为此，部分地区的县区政府把教师的绩效工资集中起来，再根据考核结果进行统一发放，但引起了全县多个学校教师的集体反对。

教师工资激励机制与教师维权并不存在必然的矛盾。许多义务教育阶段的学校在分级办学的时代都采取了各种与教师收入水平挂钩的奖惩措施，通常不会引起教师的集体反对，因为奖金往往是来源于学校的各种收费收入，而收费的水平取决于学校的办学质量。伴随着义务教育免费政策在城市和农村全面实施，包括高中和中职在内的基础教育阶段学校的收费（或创收）政策都在日渐收紧，各级财政为学校所拨付的公用经费中一般也不容许给教师发放津补贴，因此学校的经费支配自主权普遍下降，对于教师收入的调节能力和激励机制的制定权都被削弱。一旦学校依赖财政拨款来进行奖惩，而拨款总额与学校的办学质量无关，则奖惩制度在教师内部就难以执行了。

工资管理体制越集权，教师群体内部以及对公务员的攀比效应越强，这不仅使绩效工资难以与教师教学质量挂钩，也使得教师工资在水平和结构上与公务员出现了刚性挂钩的局面。尽管这有利于确保教师的收入待遇，但是教师毕竟不是公务员，如果二者的工资结构趋同化，则可能使得教师工资管理体制与教育工作的自身特点相背离。例如，地方政府采取发放改革性津补贴和工作目标绩效考核奖的方式变相提高公务员待遇，结果诱发了教师的维权。迫于教师群体的压力，部分地区最终干脆把这两部分收入在公务员和教师群体中同步发放。我们在实地调查中发现，这两部分收入的总和在个别地区甚至已经明显高于基础性和奖励性绩效工资的合计水平，教师的平均待遇虽然提高，但是教师的工资结构和激励机制被扭曲。

一种来自基层教师的呼声要求，财政部门应在绩效工资之外再单独拨付教师的绩效奖励资金。实际上，地方政府为教师（而不是公务员）单独设立高额绩效奖的现象也普遍存在。特别是为了确保高中教师的工作积极性，许多地区都从本级财政中单列专项资金，并根据高考升学情况重奖优秀的任课教师和班主任。现行教师绩效工资管理体制如何包容吸纳这些地方性的薪酬政策，或者再次以行政手段进行清理规范，无疑也是决策部门必须面对的难题。

必须指出的是，体制内维稳压力的上升一定程度上会削弱中央对工资水平的调控能力。例如，在本轮工资管理体制改革伊始，中央政府意图在冻结规范性津补贴的同时，先提高基本工资水平，再推动地区附加津贴制度改革。但是，在基层的压力之下，地方政府被迫迅速提高了本地机关事业单位的津补贴水平，这样强制冻结津补贴的政策就无法落实了。类似花钱买稳定式的涨工资势必加剧薪酬体制的攀比效应和平均主义倾向，财政增资的结果也无法提高财政供养人员的工作积极性。

（三）农村艰苦岗位教师补贴制度的历史经验

除了教学绩效激励之外，艰苦岗位补贴制度也是对于基层教师的重要激励机制。在绩效工资管理体制改革之前，许多县市（包括经济发达地区）为鼓励公办教师到农村艰苦学校任教，在辖区内自行采取了浮动工资制，使在农村艰苦学校任教的教师享受更高的待遇。例如，对于在农村学校任教的教师上浮一级工资，对于在偏远农村学校任教的教师上浮两级工资。然而，在2008年的改革之后，类似向农村倾斜的地方性教师待遇政策在许多地区都被取消，因为绩效工资管理体制本身并没有考虑到县域内部艰苦岗位补贴的设置问题。尽管同期执行的特岗教师政策在一定程度上弥补了这一缺陷，但也使得教师工资管理体制的保障责任进一步形成了对中央财政的依赖。

自2013年起，各地政府开始陆续推行农村艰苦学校教师岗位补贴政策。在本次改革中，中央政府改变了集权化的思路，改由地方政府自行出台政策，中央财政针对地方实施情况给予奖补。在分权化的条件下，地方政府执行政策的情况出现了很大的差异。部分县市没有落实此项政策，在落实政策的县市中具体做法也各不相同。例如，有些县按照岗位的艰苦程度，在县域内部采取了有差别的补贴标准；有些县则对全部农村学校岗位采取了同样的补贴标准；有些县为了防止艰苦岗位教师补贴政策引起农村机关事业单位工作人员的攀比，规定只有在一些偏远村小、教学点任教的教师才享受这一政策，而在乡镇政府所在地的学校教师就不享受此项政策。

中西部地区的部分省级财政对于此项政策的实施缺乏积极性，在中央奖补资金之外不愿意追加配套资金，这也是县市政府缺乏积极性的重要原因。不过，尽管分权化带来了政策落实上的地区差异，但是地区差异并没有明显地引起教师群体（或者在农村工作的其他财政供养人员）的集体行动。分权化的模式在控制工资政策的维稳风险方面的确是有效果的，也有助于减轻中央财政的包袱。但是，在没有省级政府充分配合的情况下，该项政策的效力还是有限，只有将中央财政奖补与省级统筹体制相结合，才能确保分权化的改革最大限度地达成中央的政策目标。

四　建立健全基于省级统筹的教师工资管理体制

在当前财政增收局面日趋严峻的情况下，基于过往集权和分权的政策周期中所积累的经验教训，决策部门不应继续强化过往的政策思路，而有必要考虑对教师工资管理体制（乃至整个机关事业单位工资管理体制）进行分权化导向的改革，增强基层单位的自主权和提高工资水平调控的灵活度，并将现行的中央财政保障机制与省级统筹体制改革充分结合起来。

第一，中央政府应取消对于基本工资的全国统一标准，改为对地区间的总体工资差距进行"限高、托低、稳中"的调控。

为了增强宏观调控政策的协调性，应将工资总量标准的调控权统一归属中央的人社部门，改变人社部门和财政部门分头管控基本工资和津补贴标准的格局。同时，基本工资标准管控权则以省级统筹为基础向地方分权，薪酬内部结构如基本工资与津补贴比例的调整权也下放到地方，并增强基层单位对津补贴和奖金发放的自主权限。

在分权管理体制下，中央政府的监管重点放在省会一级城市之间的工资水平差距调整之上，并对省会城市与省内各县市工资水平的差距范围提出要求。原则上，中央容许省内县市的工资水平高于省会城市，但对省会城市高于省内各县市的最大幅度做出硬性限制。在中央政策框定的范围之内，省级政府出台适合本省情况的政策细则。比如，省政府拟提高省直机关事业单位的工资水平，那么就必须负担本省各县市工资水平上调的责任，防止不同行政层级之间的工资水平差异加剧。在满足这一要求的情况下，省级政府自行确定省内县域之间的工资水平差距的调控区间，但中央对于基层机关事业单位人员的工资水平提出最低保障要求。

第二，在区分公共服务性质并进行分类管理的基础上，增强地方政府和教育部门对于办学经费的自主权和公共服务产品的定价权。

在教育行政主管部门与物价部门之间重新划定权力。教育部门有权规定"基本公共服务"和"非基本公共服务"的界定范围。高等教育和义务教育的界定权可以集中在中央教育主管部门，其他各级各类教育的界定权下放到省一级。物价部门对于"非基本公共服务"的定价权进行分权化管理，原则上可以下放到市县一级，并尽量确保教育产品定价与服务质量之间的对应关系。基层的教育行政部门和学校对于"非基本公共服务"的收费收入具备一定的支配权，包括用于教师的津补贴和奖金的发放。①

---

① 一种意见认为，公办学校开设收费项目或者提高收费标准，将引起社会公众的不满情绪，诱发新的不稳定因素。而事实上，学校所面对的社会维稳压力主要来源于学校安全事件，并非收费问题。从另一个角度来讲，增强学校对于教师收入的调节能力和激励机制设计能力，也可以扭转"绩效工资不绩效"的被动局面，反而有利于减缓教师群体的不稳定因素。

原则上，中央决策部门的宏观调控重点是分地区机关事业单位的平均工资水平差异，对于具体部门、具体岗位的差异化工资标准设置权限（如班主任津贴等）一律下放到省级层面。例如，地方政府如果认为本地区的某些类型的岗位应当支付高于平均水平的工资（工作条件艰苦、工作强度大或者危险性强的岗位），需要增设一些特定的津补贴科目，只要不对整个区域的平均工资水平造成较大的影响，中央政府均应给予地方自主权。同样，省级政府应自行出台调控措施，对本省教育单位由"非基本公共服务"收入所支撑的津补贴和奖金的发放进行宏观管理。

第三，中央推行简政放权的同时需要加强省级统筹的制度建设，强化中央对于省级统筹体制的监管调控权力，防止工资保障压力过度上移。

自"以县为主"体制确立以来，中央已经开始强化省级政府的统筹责任，特别是统筹保障农村教师工资发放的责任，并在历次改革中逐渐扩大省级统筹的内涵。不过，从实践效果来看，省级统筹改革并没有达到预期目标，围绕省级统筹的相关评价标准、配套激励政策和监督机制也没有建立起来，中央的文件规定尚难以有效规范和引导省级政府的偏好和行为。显然，省级统筹体制改革的困境直接制约了工资管理体制改革的步伐。为了实现二者的同步推进，需要注意如下几方面问题。

第一，需要强化县级财力保障机制在省级统筹体制中的地位，确保中央对于工资水平及其经费保障的调控力度。为了实现此目标，县级财力保障机制中所涉及的工资标准及浮动区间的核定与实施应由人社部门来具体负责，[①] 同时财政部门的权限主要在于设计并执行对于省级财政的监管和激励措施。除了公办教师的工资之外，中央针对教育部门人员性经费的各类专项资金（如特岗教师专项资金）也必须纳入县级财力保障机制的统筹范围之内，并努力减少增设此类中央专项资金的安排，尽量在县级财力保障机制的框架内通过奖补方式鼓励地方财政自行出台类似政策。

第二，将中央财政对于机关事业单位的工资发放经费保障机制与县级财力保障机制相衔接。（1）在确保既得利益的前提下，重新核定中央财政在工资发放保障机制中所承担的比例任务，由保障基本工资发放改为按比例承担核定工资总额最低保障水平的方式，且实际工资总额高出最低保障的部分由地方财政全额承担；（2）中央财政的保障重点要向县级以下的机关事业单位倾斜，同时弱化对于县级以上单位的保障力度，加强省级财政自身的责任，减缓工资发放对于中央财政的压力；（3）如果部分县市的机关事业单位工资水平与省会城市的差距未能达到规定水平，或者部分县市未能达到中央规定的最低保障水平，则中央财政将扣减对于省级财政的转移支付或者税收返还，直接补助给相关县市。如果省会城市的工资水平超过了中央的规定，则可以使用行政措施与财政激励手段相结合的方式加以规范。

---

① 现行的县级基本财力保障机制中，各项公共支出标准的核定权都是由财政部门控制的，其他公共事业部门的主管部委并没有参与进来，这最终导致财力保障机制本身很难将各项中央的财政支持政策统筹考虑进来，仅仅变成了中央财政的一项转移支付政策，并没有起到规范整个中央地方财政体制的作用。另外，省级统筹体制改革虽然被中央多次强调，但是没有一个配套的财政体制，所以省级政府并没有足够的激励去履行自己的统筹责任。

第三，为了进一步缓解财政保障压力，在省级统筹政策调控的目标对象上，不能仅针对预算内的经费标准及其分配规则，必须将教育经费总量的调控考虑进来，统筹调控预算内经费和多元化筹资的预算外经费，并在二者之间建立关联性的激励机制，调动地方政府主动吸纳民间资本办学的积极性。注意，当中央针对包括民办教育在内的生均教育经费（如公用经费和人员性经费）进行宏观调控之时，主要还是运用县级财力保障机制中的奖补性政策工具，而不是保障性政策工具（短期内中央财政不对民办教育的最低经费投入标准给予财力保障），目的是避免进一步加剧中央财政的支出刚性。就工资经费而言，要逐步探索在公立学校和民办学校、公办教师和市场化聘用制教师之间灵活的经费配置机制。中央应容许公办教师以多种方式流动到民办学校或者混合所有制学校任教，且只要是核定编制的公办教师，中央拨付的工资经费不变。

第四，在省级统筹体制的基础上确立基于劳动力市场调查的工资正常增长机制。

市场调查所得到的工资信息可以作为机关事业单位工资调整的重要依据，但建立工资正常增长机制还需要多方面的前提。首先，只有建立以分权化为导向的省级统筹工资管理体制才能有效降低中央财政的保障压力，增强基层事业部门及单位的经费自主权，抑制相关群体盲目攀比的行为，逐渐软化教师和公务员工资结构之间刚性挂钩的倾向，进而确保基于工资调查的正常增资机制的建立；否则财政经费保障和基层维稳的压力均会直接影响工资水平与结构的科学增长。

其次，保留学校对于教师工资水平的微调权，也为上级行政部门从宏观上调整工资标准提供了一扇观测窗口。由于编制体制的存在，机关事业单位的工资水平与劳动力市场的工资信息之间尚不具备完全的可比性。对于决策部门来说，学校对于教师收入的微调信息有助于决策部门判断工资调标的真实压力，调整基本工资和津补贴标准需要综合考虑来自工资调查的市场信息以及基层单位的意见和诉求。

综上所述，当前的机关事业单位工资管理体制改革沿袭了以往的集权化思路，不利于缓解集中统一的工资管理体制与地区经济差距不断扩大之间的矛盾，更难以建立起可持续的工资正常增长机制和有效的教师教学激励机制。面对当前经济下滑的压力，教师工资管理体制需要进行以分权为导向的改革。改革方案的设计要从教师工资管理体制运转的宏观机理入手，对于中央的各部委之间以及中央地方之间的权力配置进行适度调整，工资发放的经费保障机制要与行政权力的制衡机制进行同步改革。概括而言，建立适应市场经济要求的教师工资管理体制要把握十六字原则：中央调控、省级统筹、弹性管理、科学增长。

农村特岗教师薪酬体制的调研报告

刘明兴　宋婷娜　魏　易*

（2016 年 8 月）

2006 年，教育部、财政部、人事部、中央编办联合启动实施"特岗计划"，在中西部农村学校设立教师岗位，公开招募高校毕业生从事农村义务教育工作，创新农村学校教师补充机制，以解决农村学校师资紧缺和结构不合理等问题。根据《关于实施农村义务教育阶段学校教师特设岗位计划的通知》（教师〔2006〕2 号）（以下简称《通知》），特岗教师在聘任期间，执行国家统一的工资制度和标准，其他津补贴根据当地同等条件公办教师年收入水平和中央补助水平综合确定。中央财政按人均年 1.5 万元的标准设立专项资金用于特岗教师工资性支出，高于 1.5 万元的部分由地方政府承担。省级财政负责统筹落实资金，用于解决特设岗位教师的地方性津补贴。《通知》还规定特岗教师纳入当地社会保障体系，享受相应的社会保障待遇。[①]

随着公办教师薪酬的调整，中央财政特岗教师工资性补助标准先后提高了 3 次，由 2006 年的 1.5 万元/（年·人）提高至 2015 年西部地区的 3.1 万元/（年·人），中部地区的 2.8 万元/（年·人）。为确保特岗教师和编制内教师之间的公平性，各地特岗教师的待遇水平并不严格按照中央拨款标准来设定，各地政府主要采取特岗教师与编制内教师同城同待遇的原则，包括两方面：一是实发工资的结构和水平；二是各项社会保障、保险和福利政策。落实特岗教师和编制内教师同城同待遇的政策有利于确保教师群体内部的公平与稳定，但也为合理安排特岗教师薪酬的中央地方财政分担机制带来了复杂的影响。首先，由于目前各地区教师的薪酬水平及结构存在较大差异，2014～2015 年机关事业单位薪酬调整之后，这种情况并没有得以改变，甚至有加剧的趋势；其次，机关事业单位社保并轨体制改革在基层落实的过程中尚存在诸多遗留问题，中央和地方财政的实际投入责任划分不清晰。因此，随着教师薪酬待遇水平的提高和社会保障体制的改革，中央财政对于特岗教师补助标准的原有核定办法也将面临新的挑战。有效解决这些矛盾问题，是特岗教师政策进一步顺利实施的必要前提。

---

* 刘明兴，北京大学中国教育财政科学研究所教授、副所长；宋婷娜，北京师范大学教育学部博士研究生；魏易，北京大学中国教育财政科学研究所博士后。

① 教育部、财政部、人事部、中央编办：《关于实施农村义务教育阶段学校教师特设岗位计划的通知》（教师〔2006〕2 号），http://www.moe.edu.Dn/publiDfiles/business/htmlfiles/moe/s3312/201001/xxgk_81624.html。

为了研究教师薪酬体制问题，北京大学中国教育财政科学研究所于2014～2015年对东部A省和中西部B、C、D省的五个县市中小学教师的工资进行了调研。本文基于此次调查收集的数据和访谈资料，分析了特岗教师薪酬待遇以及特岗计划的中央、地方财政分担机制，反思了特岗教师政策存在的问题，并对调整中央财政对特岗教师补助标准以及完善农村学校艰苦岗位教师补充的长效机制提出了建议。

一　特岗教师薪酬待遇的基本情况

2014～2015年的机关事业单位薪酬调整及社保并轨改革中，此次调研的四省各县市已经按中央、省、市各级政府的政策部署，对教师工资的水平、结构及各项津补贴标准进行了相应的调整，同时也初步落实了教师社保并轨改革。其中，部分地区特岗教师的相关配套政策安排相对滞后，导致特岗教师与编制内公办教师的同城同待遇格局被打破。为了厘清特岗教师和入编的公办教师的薪酬待遇的异同，我们首先对比二者的工资构成，其次比较工资水平的差异，最后再来看社保并轨改革后特岗教师社会保险缴纳情况。

（一）工资结构

教师工资由基本工资、绩效工资及津补贴、奖金等几部分构成。绩效工资又分为基础性绩效工资（占绩效工资总量的70%，按月发放）及奖励性绩效工资（占绩效工资总量的30%，一般按学期发放）。津补贴和奖金的构成比较复杂，各地差别较大。为了清晰对比纳编的公办教师和特岗教师的薪酬待遇状况，表1中列出了五个调研地区的教师薪酬组成结构。D省H县纳编的公办教师与特岗教师的薪酬结构存在较大差异，因此表1将H县的公办教师和特岗教师做分别说明。其余地区特岗教师与公办教师工资结构较为相似。

表1　四省特岗教师工资结构

	工资结构	包含项目
A省E县	1. 基本工资	职务工资、薪级工资、教护（高定工资，为职务和薪级工资的10%）
	2. 绩效工资	基础性绩效（占绩效总量的70%）、奖励性绩效（占绩效总量的30%）
	3. 奖金	按本人当年十二月份的月基本工资计发（第十三个月工资）
	4. 津补贴	教龄津贴、女职工卫生费（5元/月）、取暖补贴（300元/月）、独生子女费（120元/月）、乡村教师生活补助（四档，100～500元/月，每年发10个月，不计入工资）、乡镇工作补贴（四档，120～340元/月，2015年1月开始）
B省K县	1. 基本工资	职务工资、薪级工资、教护（高定工资，为职务和薪级工资的10%）
	2. 绩效工资	基础性绩效（占绩效总量的70%）、奖励性绩效（占绩效总量的30%）
	3. 地区附加津补贴	保留地区补贴、艰苦边远地区补贴、南部工作补贴
	4. 农村岗位教师津补贴	乡镇基层岗位补贴（与公务员同等享受，1200元/年）、农村教师生活补助（公务员不享受，2400元/年）、农村工作津贴（K县本地政策，根据农村机关事业单位距离县城的远近分三档）
	5. 其他津补贴	取暖费、班主任津贴

续表

	工资结构	包含项目
C省N市	1. 基本工资	职务工资、薪级工资、教护（高定工资，为职务和薪级工资的10%）
	2. 绩效工资	基础性绩效（占绩效总量的70%）、奖励性绩效（占绩效总量的30%）
	3. 地区附加津补贴	保留地区补贴、艰苦边远地区补贴、南部工作补贴
	4. 农村岗位教师津补贴	农村教师生活补助（未全部执行到位）
	5. 奖励性津补贴	按本人当年十二月份的月基本工资计发（分至每月发放）
	6. 年终绩效考核奖	单独设立的年终奖（主要取决于各级财政国有资本金预算收入的多寡，发放办法和平均发放水平在市本级以及各县之间存在较大差异）
	7. 其他津补贴	取暖费、班主任津贴
D省H县	纳编公办教师	1. 基本工资：职务工资、薪级工资、教护（高定工资，为职务和薪级工资的10%）
		2. 基础性绩效工资（占绩效总量的70%）：生活津贴、D津贴
		3. 奖励性绩效工资（占绩效总量的30%）：工作津贴、奖金、班主任津贴
		4. 津补贴：艰边津贴、女职工卫生费（10元/月）、教龄津贴（四档，3、5、7、10元/月）、住房公积金补贴（应发工资的5%计，纳入工资，特岗教师也享受此项待遇）、交通费（200元/月）
		5. 其他津补贴：取暖费（3900元/年）
		6. 年终奖励性津补贴：目标达成奖
	特岗教师	1. 应发工资：为当月工资发放总量
		2. 扣发工资：扣发总量，并对扣发工资进行备注说明
		3. 年终奖励性津补贴：特岗教师只享受60%
D省Y市	1. 基本工资	职务工资、薪级工资、教护（高定工资，为职务和薪级工资的10%）
	2. 基础性绩效工资	占绩效总量的70%：生活津贴、D津贴
	3. 奖励性绩效工资	占绩效总量的30%：工作津贴、奖金、班主任津贴
	4. 国家统一津贴	艰边津贴、女职工卫生费、教龄津贴、高海拔津贴
	5. 地方性津补贴	工龄工资、年限补贴、十年补贴、二十年补贴
	6. 其他津补贴	肉交补贴（5元/月）、住房公积金补贴（应发工资的5%）

A省E县特岗教师工资结构与纳编的公办教师工资结构完全一致，包括基本工资、绩效工资、奖金和津补贴四个部分。奖金为第十三个月工资。津补贴包括教龄津贴、女职工卫生费、取暖补贴、独生子女费和乡镇工作补贴、乡村教师生活补助。其中，乡村教师生活补助按照县域内部不同地区（平原、丘陵、山间、山地）进行了分档。

B省K县特岗教师工资结构与公办教师基本一致。K县除将农村岗位教师津补贴单列外，特岗教师还享受取暖费及班主任津贴等其他津补贴。农村岗位教师津补贴分为乡镇基层岗位补贴、农村教师生活补助和农村工作津贴三项。其中乡镇基层岗位补贴、农村教师生活补助都为中央政策，而农村工作津贴为县级政策，是本次工资改革的新政策，由县财政负担，其他县市并未实施此项政策。此外，K县已经取消发放第十三个月工资。

C省的N市特岗教师工资结构与公办教师也基本一致。与K县不同，N市的农村岗位教师津补贴只有农村教师生活补助一项。但N市保留第十三个月工资，并将此作为奖励性津补贴拆分至各月工资中。此外，N市另设年终绩效考核奖，发放办法和平均发放水平在市本级以及各县之间存在较大差异，主要取决于各级财政国有资本金预算收入的多寡。例如，市本级所属学校的发放办法是按照教师月均应发工资的 85%，而县所属学校则不一定会与教师本人的工资水平挂钩。部分经济水平较好的县所属学校特岗教师的年终绩效奖可以达到 5000 元。此外，C 省内部市本级学校与各县学校教师待遇还存在一些细微的差异。例如，市本级学校给教师每年发放体检费，而许多县学校没有发放。N 市某县属民族学校教师每月享受 150 元生活补助，住在县府所在地的教师还享受每人每月 150 元交通补助，而其他县属学校则没有这项政策。N 市各县为了推进城镇化建设、吸引外地人才，对于特岗教师购买个人住房给予了政策优惠，包括购房款和利息的减免，而类似优惠政策在各县之间存在较大差异。从调研的情况来看，对于特岗教师而言，类似差异性的补助政策在 N 市均遵循了同城同待遇的原则。

D 省两个地区特岗教师工资结构有明显差异。Y 市特岗教师的基础性绩效工资与奖励性绩效工资中出现了细分模块。这些模块是 2009 年绩效工资改革前的津补贴项目，在 2009 年绩效工资改革时规范津补贴项目，将其直接并入了绩效工资中，确保教师工资的原有水平在绩效工资改革中不变。在奖励性绩效工资条块中，特岗教师和纳编公办教师月奖金的金额略有差距。调研发现 Y 市并未执行差别性绩效工资政策，学校并不对奖励性绩效工资进行考核制定分配方案，而是根据教师职称、岗位进行总量核定。总体而言，Y 市特岗教师与纳编公办教师在工资政策的同城同待遇方面执行得比较到位。

与调研的其他地区相比，H 县特岗教师工资结构单一，特岗教师工资结构并未严格遵循同城同待遇的原则。工资条块中只有应发工资和扣发工资两项，其中扣发工资并不出现在每个月的工资条上，只有在月发工资中扣发了某项工资时才会标明。由于工资结构单一，H 县特岗教师并不清楚教师工资结构，只能根据实发工资与纳编公办教师工资待遇进行比较。值得注意的是，H 县纳编公办教师工资津补贴条块中有一项住房公积金补贴，计发金额为应发工资的 5%，自 2014 年起开始发放，特岗教师也享受此项补贴（从工资结构中反映不出来）。与此同时，特岗教师享受与纳编公办教师等额的 3900 元/年的取暖补贴。

（二）工资水平

表 2 为 2015 年机关事业单位薪酬调整前后特岗教师与新纳编的公办教师工资水平差异。

表 2　调资前后四省特岗教师与新纳编公办教师工资水平

	A 省 E 县	B 省 K 县	C 省 N 市	D 省	
				H 县	Y 市
调资前	略低	略高	基本一致	低于	基本一致
调资后	略低	低于	基本一致	略高	基本一致

A 省 E 县在本次薪酬调整前后均按照本科毕业生 12 级岗位、专科生 13 级岗位确定特岗教师的待遇标准。特岗教师与纳编公办教师享受同等绩效工资、乡村教师生活补助、艰边津贴等，在职称评审、评优评先、年度考核、休假等方面也与纳编公办教师同等对待。2013 年起，E 县全额保障事业单位开始发放 3000 元/年的精神文明奖励，此项奖励特

岗教师并不享受。因此，特岗教师年收入略低于纳编教师。

在本次薪酬调整之前，B省K县特岗教师的基本工资与新纳编的公办教师大体保持一致。由于当时各项津补贴的发放水平不高，套算的结果显示特岗教师的绩效工资水平反而高于新纳编的公办教师。在薪酬调整之后，特岗教师同步享受了各项津补贴政策，但由于基本工资和绩效工资仍维持在本轮薪酬调整之前的水平，尤其是基本工资的差距显著拉大，结果实发工资要低于新纳编的公办教师。例如，专科毕业生应发基本工资，特岗教师与初纳编公办教师每月相差800元左右，本科毕业生相差900元左右。

与K县相比，C省N市执行同城同待遇政策更加规范。本科毕业生按照12级岗位、专科生按照13级岗位确定特岗教师的待遇标准。伴随本轮薪酬调整，N市各县各学校特岗教师的基本工资和绩效工资均同步上调，确保了与纳编教师的同等待遇。

D省Y市调资前后都按照本科毕业生12级岗位、专科生13级岗位确定特岗教师的待遇标准，特岗教师与纳编公办教师享受同等工资待遇，服务期间可参加职称评定，各项奖励、津补贴也和纳编公办教师一致。而D省H县特岗教师工资在调资前后与纳编公办教师相比呈现比较复杂的情况。在本次薪酬调整前H县特岗教师工资存在中央拨付工资性补助落实不到位的情况。H县提供的材料显示，2006～2008年中央财政下拨的特岗教师工资性补助为1.896万元/年，即每月1580元。在访谈中，2006年第一批特岗教师（大专学历）指出到手的工资只有1000元左右，2007年涨至1400元/月。教育局资金管理中心主任表示，2006年H县特岗教师工资按照本科毕业生1197元/月（共60人）、大专毕业生1072元/月（共29人）发放，与中央财政下拨的工资性补助之间存在差额。由于H县特岗教师工资结构单一，并不能够从工资条上看出扣款去向。在薪酬调整之后，以2016年1月同一学校特岗教师与13级岗位纳编公办教师工资为例，特岗教师应发工资为4745元，实发工资为3597.48元，扣发工资为2015年9～12月的养老金。纳编公办教师应发工资为5754元，实发工资为2622元，扣发工资为住房公积金、养老保险、失业保险、医疗保险、个人所得税、班主任津贴、绩效工资。特岗教师应发工资低于纳编公办教师，而实发工资则高于纳编公办教师。此外，特岗教师在年终奖励性津补贴上低于纳编公办教师，只享受目标达成奖金额60%的奖励。

（三）社会保障政策

表3为四省特岗教师社会保障政策对比表，社保并轨后各省、市、县之间都存在一定不同。

表3 社保并轨后四省特岗教师社会保险缴纳情况

缴纳项目	A省E县	B省K县	C省N市	D省 H县	D省 Y市
养老保险	√		√	√	√
医疗保险	√	√	√	√	√
失业保险		√	√	√	√

缴纳项目	A 省 E 县	B 省 K 县	C 省 N 市	D 省	
				H 县	Y 市
生育保险	√		√	√	√
工伤保险	√		√	√	√
大额医疗保险		√	√		
住房公积金	√	√	√		√
职业年金	√				

A 省 E 县作为社保并轨的试点，从 2007 年 7 月起全额事业单位就开始缴纳养老保险。2014 年 10 月之后，除养老保险、医疗保险、生育保险、工伤保险、住房公积金之外，E 县还为特岗教师缴纳职业年金，这在其他省份并未出现。

社保并轨后，B 省 K 县按照国家的政策为特岗教师缴纳了医疗保险、大额医疗保险、失业保险、住房公积金。但在本轮改革中，特岗教师没有被纳入机关事业单位养老保险的覆盖范围，只有在转正之后才开始纳入。

C 省 N 市特岗教师已经计提的社保、保险和福利项目包括：养老保险、医疗保险、失业保险、生育保险、工伤保险、大额医疗保险及住房公积金。然而，在基本养老保险并轨的改革中，N 市的特岗教师与纳编公办教师也没有完全保持一致。特岗教师的计提基数不是按照实发工资的标准，而是按照社会公益岗位的工资标准计提。

自 2014 年开始，H 县为特岗教师缴纳养老保险（20%）、医疗保险（11%）、失业保险（2%）、工伤保险（0.5%）、生育保险（0.5%）。但是特岗教师服务期间并不享受住房公积金，只有转正之后才开始纳入。与 H 县相比，Y 市不仅按照国家政策为特岗教师缴纳五险，还自录取开始为特岗教师缴纳住房公积金。

二　特岗教师薪酬的财政分担体制

（一）财政分担体制

从特岗教师薪酬的财政分担体制来看，调研四省分担机制根据自身财力以及对上级转移支付的总体依赖程度各有不同。

A 省 E 县特岗教师的薪酬主要由中央财政以及县本级财政共同承担，中央拨付的工资性补助主要保障特岗教师基本工资和艰边津贴。在同城同待遇的原则下，县财政补足剩余工资以及社保缴费的单位负担部分。特岗教师工资支出为 47424 元/（年·人），除去中央财政 28000 元/（年·人）的工资性补助，E 县需配套 19424 元/（年·人）。县财政局局长表示，县本级财政收入（含上级财政拨付的财力性补助）的 90% 都用于财政供养人口的工资支出。

表4 四省特岗教师薪酬财政分担体制

	工资结构	中央、地方分担	公积金和社保单位负担部分
A省E县	1. 基本工资	中央财政承担	中央财政及县级财政共同承担
	2. 绩效工资	中央财政及县级财政承担	
	3. 奖金	县级财政承担	
	4. 津补贴	乡村教师生活补助和乡镇工作补贴由中央和县级财政承担，其他津补贴由县级财政承担	
B省K县	1. 基本工资	中央及省财政承担	主要由县级财政承担
	2. 绩效工资	中央及省财政承担	
	3. 地区附加津补贴	K县级财政承担南部工作补贴的30%，其余由中央及省财政承担	
	4. 农村岗位教师津补贴	K县级财政承担乡镇基层岗位补贴、农村教师生活补助的30%、农村工作津贴的100%	
	5. 其他津补贴	县级财政承担	
C省N市	1. 基本工资	中央财政全额拨付	由学校所属的本级财政承担
	2. 绩效工资	中央财政全额拨付	
	3. 地区附加津补贴	中央财政全额拨付	
	4. 农村岗位教师津补贴	省已经出台的农村教师生活补助金政策是每人每月600元（这是省同项政策的3倍），由中央、省、市本级财政各承担200元（但至今未落实到位）	
	5. 奖励性津补贴	由学校所属的本级财政承担	
	6. 年终绩效考核奖	由学校所属的本级财政承担	
	7. 其他津补贴	由学校所属的本级财政承担	
D省H县	纳编公办教师	1. 基本工资：中央财政承担	中央财政及县级财政共同承担
		2. 基础性绩效工资：中央、省及县级财政共同承担	
		3. 奖励性绩效工资：中央、省及县级财政共同承担	
		4. 津补贴：艰边津贴由中央财政承担，乡村教师生活补助由中央和县级财政承担，其他津补贴由中央、省、县级财政共同承担	
		5. 其他津补贴：由中央、省、县级财政共同承担	
		6. 年终奖励性津补贴：由中央、省、县级财政共同承担	
	特岗教师	1. 应发工资	
		2. 扣发工资	
		3. 年终奖励性津补贴：由中央、省、县级财政共同承担	
D省Y市	1. 基本工资	中央财政承担	中央财政及县级财政共同承担
	2. 基础性绩效工资	中央、省、县级财政共同承担	
	3. 奖励性绩效工资	中央、省、县级财政共同承担	
	4. 国家统一津贴	艰边津贴由中央财政承担，乡村教师生活补助由中央财政和县级财政共同承担，其他津补贴由中央、省、县级财政共同承担	
	5. 地方性津补贴	中央、省、县级财政共同承担	
	6. 其他津补贴	中央、省、县级财政共同承担	

B省K县特岗教师的薪酬主要由中央财政和省本级财政共同承担，社保缴费的单位负担部分和少部分津补贴由县级财政承担。考虑工资水平上调以及计提养老金，如果维持中央地方的负担比例不变，省教育厅提出需要将中央的特岗补助标准从目前的33000元/（年·人）

提高到 44000 元/（年·人）。此算法是直接将特岗教师社保缴费单位负担部分均算成对特岗教师的地方财政投入（A 省 E 县提供的数据也采用类似算法）。实际上，社保的单位缴费部分对应的是给离退休人员的工资投入，社保本身处于空账运转状态，地方财政实际上并没有负担账面上所显示的投入金额。因而在计算中央地方实际分担比例时，还要再对实际情况进行摸底。

　　C 省 N 市特岗教师工资，中央补助的不足部分需要由省和市本级财政共同负担。N 市本级财政对于经济状况困难的县以及处于边境的县还要进行额外的转移支付，以缓解特岗教师的社保和福利缴费对于县级财政造成的压力。从 2016 年初起，C 省将农村教师生活补助定为 600 元/（月·人）（这是 B 省其他地区同项政策的 3 倍），由中央、省和市本级财政各承担 200 元（但至今未落实到位）。C 省之所以要求中央财政承担 200 元/（月·人），存在多方面的考虑。目前，中央对 C 省的特岗教师的补助标准是 31000 元/（年·人），低于 B 省 33000 元/（年·人）的标准。如果中央财政承担特岗教师 1/3 的农村生活补助金，那么就等于将中央对于 C 省的补助标准提高到 33000 元/（年·人）。而对于社保的单位缴费投入，C 省各县财政的实际投入也存在空账运转的情况。因此，要准确计算省对特岗教师的财政投入金额，也不能简单按照账面数值来核算。

　　D 省 H 县特岗教师的薪酬主要由中央财政、省级财政及县本级财政共同承担，中央拨付的工资性补助主要保障特岗教师基本工资及艰边津贴，省级财政保障绩效工资的部分比例，县财政保障津补贴的部分比例及社保缴费的单位负担部分。2016 年 H 县特岗教师月平均工资为 4745 元，年工资性支出为 56940 元/（年·人），比中央财政拨付的 31000 元/（年·人）的补助高出 25940 元/（年·人）。因此，D 省教育部门表示希望将中央财政工资性补助标准提高至 42000 元/（年·人），并将补助期限由现行的 3 年延长至 5 年。由于 Y 市震后情况特殊，特岗教师工资基本主要由中央财政及省级财政负担，Y 市级财政只负担少部分津补贴和社保缴费的单位负担部分。另外，中央财政也对养老金并轨改革中地方财力的缺口提供了转移支付。

（二）提高中央补助标准需注意的几个问题

　　由于各地特岗教师薪酬的财政分担体制存在较大差异，调整中央财政对特岗教师工资性补助标准以及财政分担机制存在几个值得关注的问题。首先，地方财政对于特岗教师的实际投入金额缺乏准确的核算，难以按照一个固定的比例来确定中央和地方的投入。其次，由于 B、C、D 省等民族地区的机关事业单位薪酬体制及财政分担体制有别于其他省份，如果较大幅度地提高个别省份的特岗教师的补助标准，需要评估对其他中西部省份产生的影响。针对这些问题，本文提出调整中央对特岗教师补助标准的建议。

　　（1）不规定跨省统一的补助标准，也不明确规定中央和地方的投入比例，而是将补助标准与教师薪酬的部分模块"挂钩"，即与中央政府审批的基本工资、绩效工资以及中央财政明确保障的津补贴（如艰边津贴）的总数挂钩。可以全额补助，也可以按照一定的比例补助，剩余不足部分由地方财政承担。

　　（2）中央财政投入主要是为了帮助贫困地区。教师绩效工资的标准在省际有较大差异，即便是在同一个省内部也存在多个水准，因此中央财政可以根据各省内的最低标准调整补助。同样，艰边津贴的标准在省际和省内都有较大差异，中央财政可以根据其分地区的具体标准对于特岗教师进行全额补助。此外，针对少数民族地区的一些特殊情况，中央政府已经批准在艰边津贴之外增设一些地区性的附加津补贴，如南部工作补贴、高海拔补贴等，以体现对于这些特定地区教育发展的重视。中央财政对于这些特定地区特岗教师的补助标准也应该将之考虑在内。例如，南部各县市及省特岗教师目前享受南部工作补贴的最低标准，每月550元。中央财政可以考虑全部或者部分负担这个补助金额。

（3）对于特岗教师的社会保障问题，中央可以交由地方财政负责，也可以根据中央财政对于地方政府机关事业单位社保并轨的转移支付办法进行相应的补贴。如果采取后一种方式，那么中央政府需要明确规定特岗教师的社保政策。

（4）类似N市等中央财政直接供养单位的中央政策补助方式需要与各省政策相互衔接配合。N市作为一个中央本级财政供养单位，其对应的中央地方财政体制安排与其他地区存在很大的区别。事实上，N市并不需要增设特岗教师的中央专项，因为特岗教师在入编之前和入编之后都主要是靠中央财政供养。如果新任教师不经过特岗计划，而是直接经过人事部门的招考进入编制内，中央财政给予的保障力度反而要大于特岗计划的补助额度。之所以积极支持特岗计划的实施，可能基于多方面的考虑。首先，C省内部的学校存在长期教师缺编或者超编的情况，通过实施特岗计划可以统筹安排学校的师资补充机制。其次，由于特岗计划是C省义务教育阶段学校教师的主要补充渠道，这等于将部分的师资管理权限集中到了省一级。最后，通过特岗计划可以突破中央对编制的限制。例如，B省在学前阶段既直接争取到了中央的扩编指标，又增设了自行批准的额外编制计划。C省在一定程度上模仿了B省的做法，向中央申请到了学前阶段的扩编指标。尽管现阶段N市和C省其他地区特岗计划的同质性安排在短期内是很难改变的，但是从长期来看在中央财政一级预算单位中是否需要延续此类专项政策还需要慎重考虑。

三　四省特岗教师政策存在的问题

1. 结构性缺编问题仍旧存在

比较调研的四省，A省E县特岗教师需求量已经基本与退休教师的数量持平，教师补充机制已经基本进入均衡状态，但仍旧存在结构性缺编的问题。大部分特岗教师在农村中心学校工作，在教学点及偏远村小工作的大多是当地老教师或代课教师，特岗教师仅占2.6%。另外，这也说明中央的专项补助政策对于地方政府的努力程度产生了替代效应。每年因教师退休所产生的空岗，会逐步被边远学校调动来的教师占据（包括已经纳编的特岗教师），艰苦的教学岗位会一直处于结构性缺编状态，其中部分岗位将由新招聘来的特岗教师担纲。随后，在纳编以后，这些年轻的特岗教师又会慢慢调离艰苦岗位。总的来说，特岗教师计划补充了农村教师队伍，但还需要进一步完善政策，使优质师资能够下沉到村小及教学点。

2. 财政分担体制对保障教师薪酬的挑战

C 省 N 市、D 省 Y 市属于中央财政直接供养单位，其机关事业单位编制内人员由中央财政直接保障，因此在落实特岗教师与在编教师同城同待遇政策时难度较小，但也存在一些问题。目前 N 市教师绩效工资高于省内其他地区同等岗位级别的教师 1000 元，如果农村教师生活补助政策全部落实到位，那么 N 市的特岗教师的实际待遇水平已经大幅度高于省内其他地区的学校，进而对省内各地特岗教师造成潜在的涨薪压力。

此外，伴随着城镇化建设的推进，C 省内部各地已经在原体制不变的前提下增设了市镇建制。从学校教师的薪酬来看，公办教师既有原本的编制，也有新建的市属编制。特岗教师服务期满之后两种编制都可以入，取决于哪一类编制有空缺。不同编制类型的教师执行一致的薪酬标准，但财政保障资金的来源不同。新编制教师的工资主要由新设立的市级财政来承担，而新设市的财税收入需要在中央、自治区、市本级之间进行分享。如何改革完善类似 N 市等中央财政直接供养单位的财政体制，是一个比较有挑战性的问题。

3. 社保并轨改革对保证教师队伍稳定的挑战

各地社保并轨对教师薪酬待遇所产生的影响各异。A 省 E 县自 2007 年开始进行机关事业单位社保并轨体制改革试点，至 2014 年社保正式并轨运行。同年，E 县进行了公办教师基本工资调整，结果 2014 年 9 月退休教师与 10 月退休的公办教师退休金相差近 1000 元，退休教师就此问题进行了多次上访。这说明机关事业单位待遇的提高与地方财力衰退之间的矛盾已经日益加剧，最终也会影响特岗教师的待遇保障。

K 县、N 市和 H 县在特岗教师的各项社保待遇上均未能做到与纳编公办教师同等水平。H 县特岗教师的工资计提金额低于纳编公办教师，也没有执行住房公积金政策。H 县志愿者教师人数众多，该县很多特岗教师是志愿者教师通过特岗项目招聘转岗。志愿者教师每月固定工资为 1900 元左右，并不享受各项社会保险及福利。与志愿者教师相比，特岗教师工资已有了大幅度提升，因此许多特岗教师不太关注各项社保待遇，但仍旧给教师队伍的稳定性带来一定问题。

此外，N 市内部各学校公办教师自 1992 年以来已按照企业单位的政策要求缴纳养老保险。这与 N 市新入职的公办教师、特岗教师以及省内其他地区的公办教师存在较大差异。今后如何在事业单位养老保险并轨的制度框架下解决此问题，尚需要尽快出台政策。

4. 中央财政的引导和激励作用有限

特岗教师计划中央财政的引导、激励性作用在实施过程中并没有调动地方积极性，甚至加重了地方对中央财政的依赖性。目前许多地区对于特岗教师招聘的兴趣日趋浓厚，其宏观背景在于这些地区对于中央转移支付的依赖度在不断提高。以 D 省 H 县为例，2015 年 H 县本级财政收入 40011 万元，县财政支出 358826 万元，教育人员性经费支出 48255 万元，即 H 县财政主要依靠中央及省的转移支付运转。在这种情况下，特岗教师服务期工资的差额补助部分，需要由县本级财政负担，而转正后其工资的来源主要是中央和省级转移支付。随着特岗教师差额补助金额的进一步加大，H 县在财政压力下希望中央能够进一步提高补助金额或缩短特岗教师服务期，使特岗教师尽快转入吃"财政饭"

的行列。

四 关于农村学校艰苦岗位教师补充的长效机制

长期以来，地方政府对于社会公益部门的人员性经费投入缺乏充分的动力，这导致农村学校艰苦岗位上一直缺乏优质的师资。为此，中央财政运用多项措施对于地方教育财政的支出结构进行了直接干预，努力将财力下沉到基层的学校、教师及其所服务的社会群体之上。例如，农村教师工资发放保障机制、特岗教师计划、农村教师生活补助政策、农村教师流转房政策、西部志愿者计划等。中央政府的政策措施对于稳定农村教师队伍、为艰苦岗位补充师资起到了显著的作用，但同时也在很大程度上承担了本应由地方政府负责的公共事权，产生了地方财政对中央财政的倒逼现象。从政策实践来看，大部分贫困地区的地方政府有积极性扩张特岗教师规模，但是这并不意味着特岗计划对于地方政府提高师资投入的激励效应在增强。

在过往的十年中，贫困地区得到的上级财政转移支付保持高速增长，远高于其本级财力的增速。而教育部门人员性经费的增长主要依靠上级补助来支撑，因此对于许多贫困县来说，中央财政已经承担了绝大部分包括特岗教师在内的教师工资的发放责任。特岗项目的不同之处在于，中央财政主要通过一般性转移支付来补助地方政府的人员性经费开支，而特岗计划则是专项转移支付。在这个格局下，中央政府应该综合考虑多种政策工具的运用，来激励地方政府加大对于艰苦边远岗位的投入，以建立起更具可持续性的农村教师队伍补充长效机制。从特岗计划的实施经验来看，长效机制的设计应当重点考虑如下几方面问题。

（1）中央政府的补助政策目标究竟是盯住教师个人，还是学校的艰苦岗位？人岗之间是否分离？

特岗教师计划为了增强对于大学毕业生的吸引力，主要采取"人岗不分"的办法，承诺进入计划的年轻教师服务期满之后可以进入正式编制。该政策的设计主要有三方面的弊端。第一，年轻教师在纳编之后，可以逐渐从艰苦岗位上调离、回城，最终艰苦岗位上照样缺编，然后再由新的特岗教师补充。第二，人员编制的规模一直是由中央集权决策，因此各项中央财政的转移支付政策都与编制数量紧密挂钩。在中央转移支付不断增加的背景下，膨胀编制内的财政供养规模是获取更多上级补助的有效方式。因此，地方政府可以通过扩大特岗教师规模将财政投入负担再转嫁给中央财政。第三，在部分少数民族地区，特岗计划也为地方政府倒逼中央政府扩张编制规模提供了借口。例如，B省在执行特岗计划的过程中，已经突破了中央政府的编制限制，设置了地方性的教师编制，即所谓"人才储备编制计划"。

（2）中央和地方财政在经费投入上的责任分担机制究竟是采取总量投入按比例的方式，还是按照特岗教师的薪酬结构进行分项目分担？

中央目前采取区分中西部地区、按照固定金额补助的办法，该方式在农村教师工资水平开始快速上涨的情况下（相对于中央财政对特岗教师的补助）已经面临诸多矛盾。如果中央财政放弃按照固定金额补助的办法，而是按照某一个固定比例来承担特岗教师的投入，则可以增加补助标准的弹性，避免一刀切。但是无论采取哪一种办法，地方政府都有动力来夸大自身实际承担的投入金额。如果中央按照某几个特定的等次来规定跨地区的特岗教师的总投入水平，再按一定比例来承担特岗教师薪酬的投入责任，那么各地区之间依然会以薪酬水平的地区差异为借口，相互攀比，倒逼中央提高补助标准。

相比之下，中央和地方按照特岗教师的薪酬结构进行分项目分担，中央政府审批的薪酬项目由中央财政来承担，同时执行跨地区差异化补助标准，省内标准存在较大差异的薪酬项目按照省内最低标准来承担。这样的政策设计既确保中央的专项资金主要瞄准贫困地区，也更能够抑制地方政府的攀比效应。必须指出的是，即便是执行这个政策方案，也要针对地方政府的真实执行情况采取一定的惩罚机制。例如，如果特岗教师由于工资政策落实不到位而出现上访的话，则应当在下一年度核减给该县的特岗数量。

（3）中央在解决贫困地区农村学校艰苦岗位空缺的问题上，需要明确县域内部究竟是结构性缺编，还是整体性缺编？

如果县域内部的公办教师已经处于整体性超编的状态，而仅仅是艰苦岗位上缺少教师执教，则并不合适继续执行基于专项补助的特岗计划（但可以继续执行不与编制体制挂钩的西部志愿者计划）。此时，中央的政策主要是为了对县域内部的教师岗位进行结构性调整，而农村教师薪酬体制的深化改革是确保特岗政策目标得以实现的重要基础。

首先，中央层面制定的农村津补贴政策在执行过程中没有在县域内部进一步细分，这种情况在全国比较普遍。A 省 E 县在执行乡村教师生活补助和乡镇工作补贴政策时，在县域内部进行了等级细分，这个经验值得推广。B 省 K 县农村教师同时享受乡镇基层岗位补贴、农村教师生活补助及农村工作津贴三项农村工作补助，其中农村工作津贴是 K 县本地政策，根据机关事业单位距离县城的远近分三档。尽管如此，类似在县域内部划分层次的补助政策在补助金额的绝对水平上尚缺乏足够的吸引力，且没有区分乡镇所在地学校和村小及教学点。

中央应鼓励县政府实施更为灵活的农村教师生活补助政策，在县域内部根据岗位的艰苦程度重新确定补助标准，拉大艰苦岗位与普通农村教学岗位之间的补助差异。中央财政可以对县域内部的差异化标准采取更加有弹性的奖补措施。例如，如果县财政根据农村教学岗位的层次划分，对于艰苦岗位给予更高的补助标准，那么中央财政也可以相应加大针对艰苦岗位的奖补力度，以增强这些岗位的吸引力。在这个政策激励机制之下，给定艰苦岗位的实际数量，缺编的数量越小，地方财政得到的中央补助越多，这对于艰苦岗位长效补充机制的确立起到了正向激励的作用。

其次，由于农村教师生活补助的数额在工资结构中的占比较小，尚不足以对地方政府产生充分的激励。对于仅处于结构性缺编的地区，可以根据农村边远学校编制内岗位的实际缺编情况，采取人岗分离的补助方式。中央财政仅对缺编岗位进行补助，在相应岗位上执教的教师一旦离岗，便不再享受该项补助。补充到缺编岗位上的执教教师原则上可能包含四种情况：从非艰苦岗位调动或者支教的公办教师、新招聘的公办教师、特岗教师、临聘教师。对于整体性超编的县，第二、第三种情况的教师可以暂不考虑，中央的补助政策可以重点针对第一种情况的教师，补助的持续期可与特岗计划的三年服务期保持一致。该办法也存在一定的弊端：地方政府为了得到中央的补助，有动力让艰苦岗位一直处于缺编状态。因此，需要由上级教育行政主管部门对县域内部艰苦岗位的缺编补充情况进行督导考核，缺编岗位如果逐年下降的话，中央财政可以通过县级财力保障机制以奖励的方式对县级财政进行财力性补助。

上述思路始终都围绕编制体制和薪酬体制来设计政策，这主要是为了政策设计本身与宏观财政体制充分衔接起来。需要指出的是，工资的中央集权管理体制事实上是促使地方政府相互攀比、倒逼中央财政的深层根源。机关事业单位的编制体制和薪酬体制都是中央集权的，各项央地财政政策往往都与这两个体制密切挂钩，最终导致地方财政对于中央的依赖度不断攀升。如果不逐步增强地方财政和事业单位的自主权，由此建立起来的农村教师补充长效机制也是无法避免倒逼问题的。

打工子弟学校学生初中后流向哪里？

——基于北京市 1866 名流动儿童学生长期跟踪 调研数据的实证分析[*]

宋映泉　曾育彪　张林秀[**]

（2016 年 12 月）

引　言

　　打工子弟学校是我国城市化过程中因大量流动人口子女无法入读城市公办学校而产生的一种特殊办学形式。起源于一种自发自救的教育提供，打工子弟学校首先是一种特殊的民办学校，因其主要经费来自学生所缴纳的学费。同时，大多数打工子弟学校有营利目的。此外，地方政府对打工子弟学校的政策措施有较大差异：有的地方打工子弟学校获得了批准（比如广东）；有的地方大量打工子弟学校并没有被批准（比如北京），其中大多数属于"非法"办学；还有的地方打工子弟学校接受政府管理并获得财政支持（比如上海和贵阳）。因此，各地打工子弟学校的发展存在较大差异。作为一种特殊的办学形式，一方面，打工子弟学校客观上为无法进入城市公办学校的进城务工人口子女提供了教育机会；另一方面，打工子弟学校往往教学设施较简陋，教师素质不高，因而教学质量不高。

　　国内已经有不少研究关注流动儿童学生初中后的教育问题和挑战。比如，有研究分析了北京打工子弟学校学生初中后的教育选择意向（杨东平、王旗，2009）；也有研究估计上海市农民工子女初中后教育的需求与供给问题（课题组，2008）；有研究分析上海流动儿童学生初中后的教育意愿（吴晓燕、吴瑞君，2009）；还有研究比较广州、深圳流动儿童和城市儿童入读不同类型高中学校的差异（沈小革、周国强，2006：181）；还有些

　　*　本文最初发表在《教育经济评论》2017 年第 3 期上。

　　**　宋映泉，北京大学中国教育财政科学研究所副研究员；曾育彪，香港大学华正中国教育研究中心客座教授；张林秀，中国科学院农业政策研究中心研究员。本研究获得国家自然科学基金重大国际合作项目资助（基金编号：71110107028）。

分析农民工子女升学挑战及策略（刘秋月，2012；叶庆娜，2011；林泉君，2009）。虽然上述研究分析了流动儿童初中后的教育意愿和挑战，但没有一个研究使用实证数据展示这个群体初中后的具体流向，没有一个实证研究分析他们的教育意愿和实际教育选择之间的差异。

因此，本文基于北京市 10 个区县 50 所打工子弟学校 1866 名初中二年级学生自 2010 年以来连续 5 年的跟踪调查数据，分析了流动儿童群体初中后流向问题及他们的教育和就业前景。分析发现，这个群体的初中后教育和就业遭遇严重挑战。在教育方面，他们的高中入学率不足 40%，大学入学率不到 6%。在就业方面，这个群体的大多数继续留在北京，以不到这个城市职工月平均工资一半的月薪在各种低端服务行业就业；也有部分（10% 左右）以自我雇佣的方式就业；还有部分（13%～21%）处于无业状态。此外，这个群体中已经开始第二代流动儿童"再生产"。上述发现至少有如下政策含义：打工子弟学校学生群体初中后教育和就业面临严峻挑战，这一现实意味着巨大的人力资本损失；"两为主"政策本身及在此框架下的打工子弟学校的地位需要调整；"以学控人"的政策效果有限。

下文分三个部分。第一部分是对数据来源和方法的说明；第二部分是主要发现及讨论；第三部分是总结和政策建议。

一　数据和方法

本研究所使用的数据来自笔者主持的"流动人口子女资产建立计划"实验项目。该项目由香港青年发展基金资助，课题组由来自北京大学中国教育财政科学研究所、中国科学院农业政策研究中心、斯坦福大学以及香港大学的研究人员组成。使用随机控制实验的方法，该课题旨在探讨不同资助方式对流动儿童学生初中后教育选择的影响。该研究从 2010 年 10 月开始在北京市 10 个区县[①] 50 所打工子弟学校中展开。课题组在项目学校中开展基线调研，抽取初中二年级学生 1866 名为样本学生。样本学生中 60% 是男生，85% 是农村户口，平均年龄 14.4 岁（标准差 0.86 岁）。样本学生分别来自全国 24 个省区市[②]，其中来自河南、四川、安徽及河北四个省份的学生就占样本学生七成以上（70.89%）：来自河南的学生占近 1/3（33.19%），来自四川的学生占 15.87%，来自安徽的占 11.64%，来自河北的占 10.19%。

课题组对这批初中二年级样本学生进行了为期 5 年的跟踪调查。跟踪调查时间分别为 2011 年 5 月、2012 年 10 月、2013 年 10 月、2014 年 10 月和 2015 年 10 月。到 2015 年 10 月，样本学生应该是大学一年级第一学期。第一次跟踪采用的方式是调研人员到学校班级进行问卷调查，接下来四次调研都是由调研人员采用电话、QQ、微信等多种方式进行联络。五次跟踪的成功率都超过 80%。表 1 分别列出了各次跟踪成功人数、成功率及调

---

① 这 10 个区县包括朝阳、昌平、海淀、大兴、房山、丰台、石景山、顺义、通州和西城。

② 样本中只是没有来自上海、天津、青海、西藏、广西、宁夏和海南六省区市及港澳台的学生。

查方式。

表 1　跟踪调研基本情况

单位：人，%

跟踪次数	跟踪时间	成功追踪人数	成功追踪率	调查方式
1	2011 年 5 月	1737	93.09	课题问卷
2	2012 年 10 月	1652	88.53	电话/QQ/微信
3	2013 年 10 月	1537	82.37	电话/QQ/微信
4	2014 年 10 月	1550	83.07	电话/QQ/微信
5	2015 年 10 月	1493	80.01	电话/QQ/微信

　　基线调研和第一次跟踪调研主要了解学生的家庭背景情况以及学生初中后教育选择意向。接下来的四次跟踪调研主要是了解这批学生的实际去向，包括是否上学，上什么类型的学校，在哪里上学；如果已经不上学，就业情况如何，目前在哪里从事何种工作，收入情况如何；等等。本文是基于课题组所获得的跟踪调研数据而做的简单描述统计分析。有两点需要说明：首先，在描述统计中笔者对样本观察值并没有使用权重，这是因为不恰当的权重可能是武断的和扭曲的；其次，对于跟踪调查中的缺失值亦没有使用插值法之类的方式处理。关于缺失的样本学生，笔者的初步分析是他们与跟踪到的学生之间在主要特征上似乎并没有显著差异。

二　主要发现及讨论

　　本文主要分析了样本学生初中后的教育及就业基本情况。以下首先报告这两个方面的发现，然后就有关发现进行讨论。

（一）教育情况

　　1. 有多少学生还在上学？

　　首先分析样本学生在各个调研时点的在学情况。这里"在学情况"包括初二年级第二学期在学情况（含转学、留级和跳级情况）；高一到高三年级第一学期在普通高中、职业学校就读以及在初中复读情况；上大学阶段继续在学情况。通过分析得到以下发现。①初二年级下学期，样本学生在学率只有八成左右（82.84%）。换言之，初二一学年的辍学率就接近二成（17.16%）。②初中毕业后只有不到一半的学生继续在各类学校学习。样本中只有49.03%的学生在高一年级阶段继续在学。需要说明的是，这不是高中升学率，因为其中包括仍然复读初中的学生。[①] ③在学人数和在学学生占比逐年下降。到高二年级第一学期，只有四成（40.27%）学生在学；到高三年级开始时，只有不足三成

---

① 2012 年在初中补习的学生为 110 人，占在读学生比例的 15% 左右。

（28.52%）的学生还在学。④到了大学一年级阶段，只有不足两成（17.55%）的学生在学。需要指出的是，这个比例也不是大学升学率，而是在本应该上大学时候依然在各类学校教育机构中的学生比例，包括选择继续在普通高中和职业学校复读的学生。表2是五次跟踪调研时点样本学生在学人数和百分比情况。

表2　样本学生在学人数及占比

单位：人，%

年份	有效样本数	在学人数	在学学生占比
2011	1737	1439	82.84
2012	1652	810	49.03
2013	1537	619	40.27
2014	1550	442	28.52
2015	1493	262	17.55

2. 有多少学生上了高中？其中多少上普高？多少上职校？

接着分析样本学生就读高中以及就读不同类型高中的情况。这里不同类型高中是指普通高中和职业学校之分。普通高中是指学术导向、以进入高校为主要目标的高中学校（简称"普高"），而职业学校是指职业导向的各类高中学校，包括中等专业学校、技工学校、技师学院、职业培训学校以及职业高中学校等（简称"职校"）。通过分析得到以下发现。①在高一年级第一学期，只有不到四成（39.35%）的学生升入高中阶段。这就是说高中升学率不到四成。②就读职业学校比例高于就读普高比例。在高一、高二和高三的第一学期，职业学校就读比例分别为26.33%、22.25%、15.35%，而普高的就读比例只有13.01%、14.96%、11.29%。③在高中阶段就读的人数和比例逐年下降。到高三年级第一学期只有大约四分之一（26.65%）的学生在高中阶段就读。④在本应该上大一的时候，还有大约一成（11.72%）的学生在高中阶段就读，在普高和职业学校的比例分别为5.89%、5.83%。表3是2012~2015年样本学生入读普高和职业学校的人数及占比情况。

表3　样本学生入读普通高中及职业学校情况

单位：人，%

年份	普高人数及占比		职校人数及占比		合计人数及占比	
2012	215	13.01	435	26.33	650	39.35
2013	230	14.96	342	22.25	572	37.22
2014	175	11.29	238	15.35	413	26.65
2015	88	5.89	87	5.83	175	11.72

3. 有多少学生上了大学？他们都上了什么样的大学？

根据2015年秋季跟踪数据，样本学生中只有88个上了大学。这在1493名被成功跟踪的学生中只占5.89%，换言之，有94.11%的学生没有上大学。在统计学中，在5%的水平上发生的事件基本上算是一个小概率事件。因此，这个群体中只有不到6%的大学升学率，说明这个群体上大学的比例实在是非常低。

这些上了大学的学生都上的什么类型的大学？在上大学的88个学生中，有73个学生透露了所上大学的名称。笔者对这些大学进行了分类。结果显示，一半（50.69%）左右是一本或者二本，另一半（49.32%）是三本或者高职高专院校。一本大学名单包括：北京航空航天大学、中国地质大学、吉林大学、重庆大学、中国传媒大学、北京外国语大学、北京交通大学、中国林业大学、国防科技大学等。二本大学名单包括：安阳工学院、北京服装学院、长江大学、成都理工大学、海口师范大学、河北北方学院、河北经贸大学、江汉大学、青岛大学、热带海洋学院、山西财经大学、四川师范大学、新疆石河子大学、燕山大学、郑州大学医学院、重庆师范大学等。三本大学主要是一些独立学院。剩下的是高职高专院校（见表4）。

表4　样本学生入读各类型大学人数及占比

单位：%

大学类型	频数	占比
一本	17	23.29
二本	20	27.40
三本	9	12.33
高职高专	27	36.99
合计	73	100

4. 他们都在哪里上学？

简单地说，大多数就读职业学校的学生在北京上学，而大多数就读普通高中的学生则回到了老家，甚至在上大学的学生中，有近三成的学生在北京上大学。

（1）超过七成就读职业学校的学生在北京上学。表5是2012～2015年样本学生在北京就读职业学校的人数和占比。有如下几个特点。①样本中超过七成的职业学校学生在京就读。2012年秋季（高一年级第一学期），在就读职业学校的435个学生中，在京人数为327人，在京学生占比超过四分之三（75.17%）。到2014年秋季（高三年级第一学期），在就读职业学校的238个学生中，有175名学生在京，比例为73.53%。即使到2015年秋季，也还有超过六成就读职业学校的学生在京。②职校在京就读比例逐年下降。

表5　样本学生在北京就读职业学校人数及占比

单位：人，%

跟踪年份	就读职校人数	在京人数	在京学生占比
2012	435	327	75.17
2013	342	252	73.68
2014	238	175	73.53
2015	87	54	62.07

（2）就读普通高中的学生大都回到家乡。接近九成就读普通高中的学生都回到了老家。2012 年秋季（高一年级第一学期），就读普高的学生中有 89% 回到了老家，只有 7% 在北京就读，余下 4% 去了其他地方。笔者也分析了就读普高学生所在具体省份的分布情况。[1] 毫不意外，河南、四川、河北和安徽是普高比例相对高的四个省份。2013～2015 年，在这四个省份就读普高的比例分别为 64.19%、67.44% 和 88.50%。

（3）上大学的学生中有近三成在北京，其余零星分布在全国 20 个省区市。在上大学的 88 名学生中，有 83 个学生透露了其大学所在地。其中有 25 个学生，即近三成（29.76%）大学所在地是北京。除了北京，这些学生分布在河南（9）、山东（9）、河北（7）、四川（5）、重庆（5）、湖北（4）、广东（2）、广西（2）、海南（2）、陕西（2）、天津（2）、安徽（1）、湖南（1）、吉林（1）、江苏（1）、江西（1）、辽宁（1）、山西（1）、新疆（1）、云南（1）20 个省区市。

5. 小结及讨论

根据前面样本流动儿童学生初中后教育流向分析，可以归纳出以下三点。

第一，打工子弟学校学生初中后教育成就低下。一方面，样本打工子弟学校学生高中阶段升学率是 39.3%，这意味着这个群体入读高中的机会不到全国平均水平的一半。根据教育部发布的《2012 年全国教育事业发展统计公报》，2012 年全国初中毕业生升学率为 88.4%，高中阶段毛入学率为 85%。[2] 另一方面，打工子弟学校学生大学入学率低得令人吃惊。在本研究中样本学生大学入学率不到 6%，与 2015 年全国高等学校毛入学率 40%[3] 相比，后者是前者的 6.7 倍左右。

第二，打工子弟学校学生初中后所接受的教育类型低下。在高中阶段，入读职业学校的比例远高于入读普通高中的比例。在大学阶段，差不多一半的学生所在大学为三本及高职高专院校。

第三，打工子弟学校学生大多数初中后并没有回到家乡，而是留在北京。除了上普通高中的学生外，上职业学校和上大学的学生都有较大比例选择继续留在北京。

（二）就业情况

自 2013 年开始，课题组每年都调研了没有上学学生的就业状态、工作行业、收入情况及就业地点。

1. 他们的就业状态如何？

在 2013～2015 年三年[4]的调研问卷中，课题组都设置了一个问题，"如果不上学了，你/你的孩子目前在做什么？"有四个选项：①工作或者打工；②帮助家里照看生意；

---

[1] 限于篇幅，笔者没有将有关结果在此呈现。

[2] 中华人民共和国教育部：《2012 年全国教育事业发展统计公报》，2013 年 8 月 16 日，http://www.moe.gov.cn/srcsite/A03/s180/moe_633/201308/t20130816_155798.html。

[3] 中华人民共和国教育部：《2015 年全国教育事业发展统计公报》，2016 年 7 月 6 日，http://www.moe.gov.cn/srcsite/A03/s180/moe_633/201607/t20160706_270976.html。

[4] 在 2014 年的问卷中，把有正式合同的工作与无固定合同的临时工作为两个独立选项分开来问。但本次分析中，笔者把临时工和正式工作合在一起分析，因为二者的区分并不明显。

③什么也没有做;④其他。笔者将有工作或者临时打工当作"有工作","帮助家里照看生意"当作"自雇者","什么也没有做"当成"无工作"。表6是2013~2015年不在学校的样本学生的四种就业状态人数情况。从三年的趋势来看,就业人数(包括有工作者和自雇者)在逐年增加,而无工作者人数在减少。

表6 样本学生就业状况

单位:人

年份	有工作	自雇者	无工作	其他	合计
2013	581	109	185	22	897
2014	721	121	164	66	1072
2015	789	143	164	107	1203

图1的柱形图更为清楚地展示了这三年这个群体在各种就业状态的分布情况:差不多2/3处于"有工作"状态,11%~13%处于"自雇者"状态,有13%~21%处于"无工作"状态。

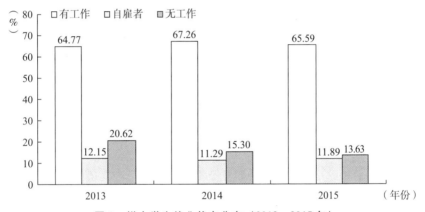

图1 样本学生就业状态分布(2013~2015年)

2. 他们在哪些行业和场所就业?

关于就业行业和职业分类是一件非常复杂的事情,因此课题组在调研中询问了被调查者工作的具体内容。根据具体工作内容,笔者将2015年样本学生就业行业按国家统计局公布的20个行业分类进行了归类整理。表7就是整理的结果。

通过分析得到以下发现。①样本学生就业领域广泛,除了农、林、牧、渔业,采矿业和国际组织三个行业外,在17个行业领域都有人就业。②就业学生主要集中在三个"低端"服务行业——批发和零售业,住宿和餐饮业,居民服务、修理和其他服务业,在这三个行业的就业人数就接近六成(57.14%)。在批发和零售业就业的人数达到208人,占样本中就业者的26.53%;在住宿和餐饮业中的就业者为127人,占16.20%;在居民服务、修理和其他服务业中的就业者为113人,占14.41%。③样本学生在一些"知识"和"技术"含量较高的行业就业的人数相对较少。比如,在教育、科技、卫生、社会工作、房地产等行业就业的人数较少。

表7　样本学生就业行业分布

单位：人，%

序号	行业	频数	占比
1	批发和零售业	208	26.53
2	住宿和餐饮业	127	16.20
3	居民服务、修理和其他服务业	113	14.41
4	制造业	69	8.80
5	信息传输、软件和信息技术服务业	57	7.27
6	建筑业	49	6.25
7	交通运输、仓储和邮政业	45	5.74
8	文化、体育和娱乐业	31	3.95
9	公共管理、社会保障和社会组织	21	2.68
10	金融业	16	2.04
11	租赁和商务服务业	16	2.04
12	电力、热力、燃气及水生产和供应业	7	0.89
13	教育	7	0.89
14	房地产业	6	0.77
15	卫生和社会工作	5	0.64
16	水利、环境和公共设施管理业	4	0.51
17	科学研究和技术服务业	3	0.38
		784[①]	100

注：①2015年就业人数为789人，在课题组的数据中有5个学生工作内容数据缺失。

　　笔者本来试图分析这个群体就业的职业类型，但这是一个复杂而艰巨的工作。[①] 不过有一个发现可以在此报告。那就是这个群体的工作场所非常广泛，涉及人们社会生活的方方面面。他们工作的场所包括但不限于：餐厅、酒店、咖啡厅、烧烤摊、美容美发店、超市、公交车、地铁站、高铁、机场、加油站、4S店、物流公司、保安公司、建筑工地、服装厂、电子厂、幼儿园、健身房、电影院、出版社、网络公司、旅游公司、书店、药店等。

　　3. 他们在哪些地区就业？

　　通过对样本学生中2015年就业者就业地区的分析，一个非常明显的发现就是，尽管就业地区涵盖24个省区市，但超过3/4（77.91%）的就业者聚集在北京。表8按照分布占比由高到低罗列了样本学生就业的24个省份。在783个就业者当中，有610人在北京。其余就业者分布在河南（30）、广东（22）、四川（22）、河北（17）、江苏（15）、上海（11）等23个省区市。不过，样本学生到很多地区工作的人数不过是个位数。

---

① 一方面是因为职业类型划分复杂，另一方面是因为跟踪数据中有些信息不够完整和充分。比如有些职业的场所不明确，比如服务员和销售人员。这就导致职业分类工作比较困难。

表8 样本学生就业地区分布

单位：人，%

序号	省份	频数	占比
1	北京	610	77.91
2	河南	30	3.83
3	广东	22	2.81
4	四川	22	2.81
5	河北	17	2.17
6	江苏	15	1.92
7	上海	11	1.40
8	江西	9	1.15
9	浙江	9	1.15
10	湖北	8	1.02
11	山东	6	0.77
12	安徽	4	0.51
13	陕西	3	0.38
14	天津	3	0.38
15	辽宁	2	0.26
16	内蒙古	2	0.26
17	云南	2	0.26
18	重庆	2	0.26
19	福建	1	0.13
20	甘肃	1	0.13
21	黑龙江	1	0.13
22	吉林	1	0.13
23	山西	1	0.13
24	新疆	1	0.13
	合计	783[①]	100

注：①在调研数据中，有6个学生就业地区信息不详。因此，这里样本总数是783。

4. 就业者收入如何？

对于那些就业者，2013～2015年课题组都询问了他们的月收入情况。表9是三个年份样本学生就业者平均月收入的描述统计。2013年月平均工资是2657元，样本数为527人，标准差为1348；2014年月平均工资是3040元，样本数为696人，标准差是1340；2015年月平均工资是3528元，样本数为751人，标准差是1827。考虑到极值对平均值的影响，笔者也在此汇报了这个群体月收入的中位数。2013年中位数工资是2500元，2014年和2015年都是3000元。

表 9 样本学生就业者平均月收入描述统计

单位：人，元

年份	样本数	平均值	标准差	中位数	最小值	最大值
2013	527	2657	1348	2500	300	20000
2014	696	3040	1340	3000	500	15000
2015	751	3528	1827	3000	300	20000

5. 自雇就业者和无业者在哪些地区？

当分析自雇就业者和无业者这两个群体所在地区时，有一个发现非常清楚。那就是这两个群体中很高比例的人都没有离开北京。① 换言之，他们中差不多60%～80%仍然以"自雇"方式或者无业方式聚集在北京。表10展示了2013～2015年三次调研中这两个群体在京情况。2013～2015年，自雇在京者占比分别为72.48%、68.60%和74.13%；无业在京者占比分别为72.97%、57.93%、68.29%。如果与"有工作"类型的就业者相比，这两个群体留京比例似乎略低。2015年，"有工作"者留京比例高达77.91%。

表 10 样本学生自雇就业和无业者在京情况

单位：人，%

年份	自雇就业者	自雇在京者	自雇在京者占比	无业者	无业在京者	无业在京者占比
2013	109	79	72.48	185	135	72.97
2014	121	83	68.60	164	95	57.93
2015	143	106	74.13	164	112	68.29

6. 关于就业情况小结

综上所述，关于打工子弟学校学生就业特点可以总结如下。

第一，打工子弟学校学生群体初中后就业率和就业质量不高。如果把样本中没有上学且无业者定义为"失业"，那么2013～2015年这个群体的失业率在13%～21%。2015年全国城市登记失业率为4.05%（刘燕斌，2016）。这说明这个群体失业率是全国平均水平的3～5倍。样本学生就业者中，有2/3左右在"低端"服务业就业，其平均月工资在2500～3500元，不到北京市职工平均月收入的一半。据北京市统计局的数据，2013年北京市职工平均月工资为5793元，2014年为6463元，2015年为7086元，相应年份样本学生就业者平均月收入分别为2657元、3040元和3528元。

第二，这个群体就业的行业和场所广泛。他们工作的场所涉及城市人生活的各个方面，从吃、穿、住、行到娱乐、安全保障。

第三，这个群体中大多数人没有离开北京。无论是"无业者"，还是在低端服务业的就业者，或者是"自雇"方式的就业者，他们中的60%～80%留在了北京。

---

① 笔者也分析了这两个群体连续三年在北京以外其他省区市的具体分布情况，但限于篇幅没有在此呈现。

7. 一个附带的发现

此外，还有一个重要的发现值得提出。那就是第二代流动人口子女已经出现。样本流动儿童学生已经开始结婚生子。在样本中，已经有 13 人结婚或怀孕生子（其中 10 个是女性）。其中，有 8 个（占 61.5%）在北京。这就是说，流动儿童的"再生产"已经发生。

（三）讨论

1. 导致打工子弟学校学生初中后教育和就业挑战的原因

为什么打工子弟学校学生初中后教育成就低下？为什么他们的就业水平和质量不高？为什么他们中大多数继续留在北京？笔者从以下三个方面简单予以讨论。

（1）破灭的"教育梦"

有一种观点认为打工子弟学校学生本来就没有太高的教育追求，笔者试图用数据说明他们其实是有自己的"教育梦"的，包括"高中梦"和"大学梦"。

调查结果显示，在样本学生初中二年级时，当询问他们初中后的教育意向时，只有15%的学生打算初中毕业后即打工。换言之，85%的学生有"高中梦"，他们希望自己初中毕业后上高中（包括职业学校）（见图 2）。在同样的调查中，课题组试图从教育期望的角度了解他们希望自己能读到的最高受教育程度，其结果类似，只有12%的学生希望最高受教育程度是初中，而88%的学生希望自己至少读到高中及以上。同时，有56%的学生有自己的"大学梦"，他们希望自己能够读到大学及以上（包括大专、本科和研究生及以上）。这样的发现与文献中的发现也非常一致。比如，杨东平、王旗（2009）在北京17 所打工子弟学校的调研发现，77%的学生有上高中的意愿。

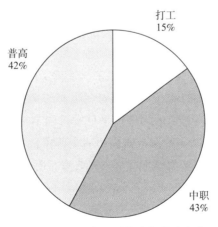

图 2　样本学生初二时教育与就业意向

如果将这个群体的"教育梦"与他们实际达到的教育成就相比，人们便不难发现这个群体中大多数人的梦想实际上已经破灭。是什么导致他们的"高中梦"和"大学梦"破灭的？学者们有很多假设，包括经济原因、信息原因、教育质量原因、自我兴趣和动力原因等。①经济原因假设认为他们由于家庭经济方面的障碍而不能继续上高中，进而不能上大学；②信息原因假设认为他们对高等教育的回报率没有正确认识，再加上"大学生毕业即失业"的媒体宣传对他们的决策有消极影响，导致他们对大学教育没有兴趣；③教育质量原因假设认为打工子弟学校教育质量整体不高，这是让这群学生过早对教育失去兴趣的原因；④自身兴趣和动力原因假设认为这个群体中的大多数人对学习没有兴趣。但真正使这个群体教育梦想破灭的是以户籍制度为主的一系列体制性障碍，包括中高考报名必须在户籍所在地等。

（2）低廉的"职业梦"

如本文前面所描述，这个群体以在低端服务行业就业为主，同时收入微薄。笔者称之为低廉的"职业梦"，是想说明这个群体的就业梦想其实非常低廉，他们基本上处于有工作机会就干的状态。这首先跟他们受教育程度不高有关，其次也跟他们具备的知识、经验和技能不足有关。同时，还跟他们的家庭背景、父母受教育程度、职业类型有关。他们的职业选择很大程度上受他们父母的职业影响。他们中不少人的职业甚至是父母职业的复制。

（3）执拗的"留京梦"

除了就读普通高中的学生外，这个群体中大多数选择留在北京而不是回老家或者其他地方，笔者称之为"执拗的留京梦"。为什么会有此"执拗的留京梦"呢？要回答这个问题需要进一步的实证研究。除了北京本身在资源、机会等方面的吸引力外，笔者谨在此提出几个可能的解释。第一，这个群体远离"家乡"，北京已经是他们成长的地方。有几组基线数据予以说明：①样本中有 254 人（占 13.6%）出生于北京，北京是他们的出生地；②样本学生到北京的平均年龄是 8.14 岁（$N = 1842$，标准差为 4.57）；③在初中二年级时，他们在北京的平均时间已经有 6.24 年（$N = 1849$，标准差为 4.19）。

第二，这个群体的父母及家庭在北京已经有一定的"根基"，要拔起来不容易。有两组调研数据予以说明：①2010 年样本中父母在北京的平均年限为 10.55 年（$N = 1808$，标准差为 6.04）；②2014 年，父母双方都在北京的比例为 82.5%，2015 年，父母双方都在北京的比例达到 86.57%；③即使是关闭打工子弟学校这样的行政方法，也不能轻易使父母离开北京。笔者曾做过关闭打工子弟学校对父母是否离开北京的研究，结果显示，有孩子在被关闭的打工子弟学校上学的父母似乎更有可能不离开北京。2011 年夏天，北京市关闭 24 所打工子弟学校，其中涉及本研究中的 7 所项目学校。笔者研究发现，2014 年秋季，被关闭学校中只有 7.19% 的学生父母离开北京，而在未被关闭的学校中有 11.22% 的学生其父母双方离开北京。

第三，法制建设和城市管理执法水平有提高。2003 年 8 月"城市收容遣送"制度被废止，给这个群体选择自己的生活所在地提供了一定的法律保障。根据基线调研，如果初中毕业打工，这个群体中打算留在北京打工的比例是 80%。[①] 这个比例与目前留在北京打工的比例接近。这似乎说明，他们的"留京梦"并没有被打破，因此他们可以继续执拗地拥有"留京梦"。

---

① 愿意回家乡的只有 8%，愿意去其他城市的有 12%。

2. 本研究的局限

毋庸置疑，本研究还有诸多局限。第一，本研究使用的样本数据是北京打工子弟学校初中二年级学生，这个数据可能存在一些不可避免的局限。首先，由于样本学生来自北京 50 所打工子弟学校，本研究的发现不一定可以推广到其他城市。其次，打工子弟学校中的学生与在公办学校中的流动儿童应该存在系统性差异，本研究的发现不见得可以推广到普遍的流动儿童群体。同时，由于本项目跟踪的是打工子弟学校初中二年级学生，他们可能也有别于打工子弟学校中的小学生。

第二，从方法来讲，本研究仅使用描述统计，而没有使用多元回归或者其他经济计量方法来分析不同变量之间的相关关系甚至因果关系。

第三，本文关于这个群体中的大部分人为什么那么"倔强"地选择留在北京，为什么有部分人还是选择回到老家或者其他地方还缺少细致的实证分析。本文的研究仅分析了以省为单位的流向，事实上，如果能深入分析他们所回到家乡的区县特征也有意义。

三　总结和政策建议

本文使用来自北京市 10 个区县 50 所打工子弟学校 1866 名初中二年级学生自 2010 年以来连续 5 年的跟踪调查数据对这个群体初中后流向进行了初步分析。通过分析发现这个群体的"教育梦"已经破灭，剩下低廉的"职业梦"和执拗的"留京梦"。同时，这个群体已经开始养育下一代，这意味着第二代流动儿童已经出现。基于以上发现，笔者提出以下三个方面的政策建议。

第一，有关部门应当重视打工子弟学校流动儿童学生初中后教育和就业的严峻现实。本研究揭示了我国在这个群体中存在巨大的人力资源损失。据教育部统计，2015 年全国义务教育阶段进城务工人员随迁子女为 1367.1 万人[①]，其中在初中就读 354 万人。如果按照教育部所公布的随迁子女在公办学校就读比例达到 80%，笔者粗略估计，全国至少还有 273.4 万名流动儿童学生在打工子弟学校就读（李文姬，2015）。

第二，重新审视"两为主"政策，明确打工子弟学校地位。自 2001 年中央提出以流入地政府为主，以公办学校为主（"两为主"）解决流动儿童义务教育问题的政策以来，这一问题获得了一定程度的解决。鉴于如此大规模的打工子弟学校学生长期存在，"两为主"政策框架需要重新审视和调整。一个调整方向是公办学校应责无旁贷地全部承担流动人口子女的教育责任；另一个调整方向就是切实落实《民办教育促进法》，明确打工子弟学校的地位，并通过财政支持等多种策略提高打工子弟学校的教学质量。

第三，特大城市应停止"以学控人"这种效果不显著的政策，尊重并保障流动人口追求自由和幸福的基本权利。建立儿童受教育权高于一切的基本价值观，确保儿童受教育之基本权利不被地方政府城市管理、人口管控等目标剥夺。因为人的价值和尊严应该

---

① 按 2010 年人口普查估计，流动儿童总数为 3580 万人。如果按 80% 在公办学校就读，那么有 716 万名学生在打工子弟学校就读。

永远高于城市发展!

参考文献

李文姬，2015，《随迁子女入公办学校比例超过 80%》，《法制晚报》11 月 26 日。

林泉君，2009，《城市流动人口子女义务后教育机会缺失的补偿性政策研究——以杭州市职业教育为例》，硕士学位论文，浙江工业大学。

刘秋月，2012，《在京农民工随迁子女升学现状研究——以北京市两所打工子弟学校为例》，硕士学位论文，中央民族大学。

刘燕斌主编，2016，《劳动保障蓝皮书：中国劳动保障发展报告 (2016)》，社会科学文献出版社。

上海教育科学研究院课题组，2008，《上海流动人口子女义务教育后出路问题研究》，《教育发展研究》第 3 期。

沈小革、周国强，2006，《流动人口子女教育公平问题研究》，群众出版社，第 181 页。

吴晓燕、吴瑞君，2009，《上海市流动人口子女初中后教育的现状、问题及其难点分析》，《教育学术月刊》第 1 期。

杨东平、王旗，2009，《北京市农民工子女初中后教育研究》，《北京社会科学》第 1 期。

叶庆娜，2011，《农民工随迁子女高中教育：现状、政策及障碍》，《中国青年研究》第 9 期。

校外培训行业发展现状

——基于 2017 年中国教育财政家庭调查的分析[*]

黄晓婷　魏　易[**]

（2018 年 7 月）

一　中国教育财政家庭调查

本文基于 2017 中国教育财政家庭调查（China Institute for Educational Finance Research-Household Survey，CIEFR-HS 2017）的数据对我国校外培训的现状进行描述。2017 年，北京大学中国教育财政科学研究所与西南财经大学中国家庭金融调查与研究中心合作，进行了第一轮中国教育财政家庭调查（CIEFR-HS）。调查内容包括 0～3 岁幼儿早教、3～6 岁幼儿入园情况，6～16 岁以及 16 岁以上在校生的在读情况、入学选择、家庭教育支出等方面。CIEFR-HS 2017 采取分层、三阶段与概率比例规模抽样的方式进行抽样。在全国范围内覆盖除西藏、新疆和港澳台地区之外的 29 个省份 353 个县，共涉及 40011 户的 127012 位家庭成员。其中，农村 12732 户，城镇 27279 户。

鉴于本文的研究对象是小学到高中阶段的在校生，因此，我们以 CIEFR-HS 2017 数据中的 13110 名中小学生作为分析的样本（见表 1）。其中，小学生 7487 名，初中生 3358 名，普通高中生 2265 名；农村地区的学生 5124 名，城镇地区的学生 7986 名。

表 1　不同地区样本量情况

单位：人，%

	样本量	占比		样本量	占比		样本量	占比
小学	7487	57.11	东部	5172	39.45	一线城市	904	6.90
初中	3358	25.61	东北部	1222	9.32	二线城市	2725	20.79

* 本文节选自《中国教育新业态发展报告（2017）——基础教育》（王蓉，2018）《校外培训行业发展现状——基于 2017 年中国教育财政家庭调查的分析》一文。

** 黄晓婷，北京大学中国教育财政科学研究所副研究员；魏易，北京大学中国教育财政科学研究所博士后。

续表

	样本量	占比		样本量	占比		样本量	占比
普通高中	2265	17.28	中部	2857	21.79	其他县市	4357	33.23
总数	13110		西部	3859	29.44	农村	5124	39.08

二 主要发现

（一）校外培训行业的总体规模

首先，我们估计了小学、初中和高中学生参与各类校外培训的比例和生均的校外培训支出[1]，其中既包括学科类的校外培训，也包括兴趣拓展类的校外培训。其次，我们根据各学段在校生规模，估算全国校外培训市场的大体规模，并进一步分析学科类和兴趣类校外培训各自的参与率和生均支出，以及学段、城乡和地区差异。

1. 总体规模和地区分布

根据 CIEFR-HS 2017 数据估计，有 48% 左右的中小学生至少参加了一类校外培训（学科类或兴趣拓展类）。参与校外培训的学生平均每人每年支出 5616 元，平摊到所有在校学生为每人每年 2697 元。根据《2016 年全国教育事业发展统计公报》，我国小学到高中阶段共有 1.817 亿名在校生。据此，我们估算出校外培训行业的市场规模达到 4900 亿元。

表2 为全国不同地区、城乡分学段的生均校外培训支出。东北部地区最高，平均支出达到 4357 元/年；其次为东部地区，平均支出为 3592 元/年；而中部（1970 元/年）、西部（1806 元/年）的生均支出只有东北部的一半不到。城乡之间的差异更为惊人，农村学生的平均校外培训支出为 419 元/年，城镇学生平均校外培训支出达 3710 元/年，约为农村学生的 9 倍。不同类型的城镇之间也存在较大的差异。一线城市学生的平均校外培训支出达 7781 元/年，二线城市为 4863 元/年，其他县市仅为 2395 元/年，不足一线城市的 1/3。

表2 全国不同地区生均校外培训支出

单位：元/年

	全部	东部	东北部	中部	西部	农村	城镇	一线城市	二线城市	其他县市
小学	2537	3438	3395	1909	1773	411	3635	7896	4541	2336
初中	2754	3700	4805	2137	1555	422	3780	9287	4346	2672
高中	3015	3853	5602	1939	2169	439	3793	6143	6073	2233
全部	2697	3592	4357	1970	1806	419	3710	7781	4863	2395

[1] 我们计算的是加权平均数。

　　从小学到高中阶段，虽然总体校外培训参与率比较接近，但分为学科补习和兴趣拓展来看时，小学阶段的学科补习参与率相对较低，而兴趣拓展培训的参与率则相对较高（见图1）。在生均支出方面，高中阶段的生均总支出和学科补习类支出较高，而小学阶段兴趣拓展类校外培训的生均支出则要高于初、高中阶段（见图2）。

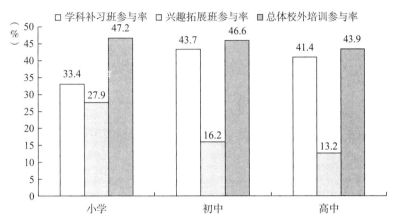

图 1　校外培训参与率的学段差异

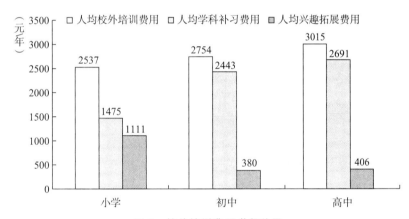

图 2　校外培训费用学段差异

　　2. 学科补习类校外培训的规模和分布

　　学科补习类校外培训与"影子教育"的定义更接近，所提供的培训内容对应于全日制学校的课程，例如语文、数学、外语、物理、化学、生物、历史、地理、政治。其中既有补习，也有培优；既有针对教育主管部门组织的正规考试的，也有针对各类官方或民间学科竞赛的，还有一部分是针对国外考试和升学要求的。

　　CIEFR-HS 2017 数据的分析结果表明，不同地区学生的学科补习类和兴趣拓展类培训参与率及费用都存在显著差异。首先，学科补习的参与率如表3所示。东北部最高（60.8%），东部（38.1%）和中部（38.0%）次之，西部（30.5%）最低。城乡差异显著，城镇学生的参与率是农村学生的2倍多，而一、二线城市和其他县市之间则差异不大。从各省的平均学科补习类校外培训参与率来看，最高的省份超过了60%，而最低的省份在20%以下。东部沿海、东北部和中部一些省份均高于全国平均值，而西部的省份则普遍低于平均值。

从不同学段的差异来看，全国范围内小学生学科补习的参与率为33.4%，初中生为43.7%，高中生为48.2%。一些地区如东北部地区，小学生学科补习的参与率也超过了一半，且初中阶段的参与率高于高中阶段。中部地区和一线城市的初中阶段学科补习参与率也呈现相似的情况，一定程度上说明了这些地区初升高的升学考试竞争较为激烈。

表3　全国不同地区学科补习类校外培训参与率

单位：%

	全部	东部	东北部	中部	西部	农村	城镇	一线城市	二线城市	其他县市
小学	33.4	33.8	57.1	35.4	25.0	20.8	40.0	39.4	42.5	37.5
初中	43.7	44.8	67.8	45.1	33.7	24.4	52.3	54.0	56.5	48.7
高中	48.2	49.8	63.5	42.5	46.4	26.0	54.2	52.7	60.4	50.6
全部	37.8	38.1	60.8	38.0	30.5	21.8	44.8	43.4	48.8	41.8

表4为全国不同地区学科补习类校外培训支出。全国平均学科补习支出为1982元/年。其中，东北部最高，生均每年的支出达3693元，其次为东部（2535元/年），中部（1463元/年）和西部（1308元/年）较为接近。城镇地区的生均支出是农村地区的7倍多。从城镇内部来看，一线城市生均费用达5739元/年，二线城市为3772元/年，而其他县市的生均支出为1635元/年。尽管总体来看东北部地区的参与率和支出都要高于其他地区，但分省份看生均支出水平最高的省份都属于东部地区，分别为上海、北京和天津，拉高了全国的平均水平；而生均支出水平最低的分别为海南、青海和广西。

从不同学段的差异来看，全国范围内小学生学科补习的生均支出为1475元/年，初中生为2443元/年，高中生为2691元/年。各地中学学科补习费用普遍高于小学，高中普遍高于初中。在补习参与率与城镇地区平均水平相差不大的情况下，一线城市的初中生均学科补习支出远高于高中阶段和小学阶段的生均支出。

表4　全国不同地区生均学科补习类校外培训支出

单位：元/年

	全部	东部	东北部	中部	西部	农村	城镇	一线城市	二线城市	其他县市
小学	1475	1891	2205	1159	1074	312	2074	4950	2774	1184
初中	2443	3225	4549	1985	1253	392	3359	8045	4005	2327
高中	2691	3374	5451	1652	1938	394	3385	5525	5675	1851
全部	1982	2535	3693	1463	1308	345	2712	5739	3772	1635

3. 兴趣拓展类校外培训的规模和分布

除学科补习外，近年来兴趣拓展类的培训正在成为校外培训行业越来越重要的组成部分。内容包括艺术、体育、科创、生活技能、研学等，兴趣拓展类培训不直接对应校内学习目标，旨在满足学生兴趣特长发展、综合素质提升。表 5 为全国不同地区中小学生兴趣拓展类校外培训的参与率。全国平均参与率为 21.7%，低于学科补习类校外培训的平均参与率（37.8%）。东部地区最高（26.7%），东北部次之（21.9%），西部仍然最低（17.6%）。兴趣拓展类校外培训的参与率和支出的城乡差异都要远高于学科补习类校外培训，农村地区平均参与率为 5.4%，城镇地区的参与率为 29.0%，是农村地区的 5 倍以上，而城镇地区学科补习的参与率则是农村的 2 倍左右。城镇内部，不同类型的城市之间也存在较大的差异。一线城市中小学生的兴趣拓展类校外培训的参与率平均为 41.2%，二线城市为 29.6%，其他县市为 25.6%。从不同学段的差异来看，全国范围内小学生兴趣拓展类校外培训参与率为 27.9%，初中生为 16.2%，高中生为 14.6%。小学阶段普遍高于初中和高中阶段，一些地区初中、高中参与率为小学阶段的一半左右，仅在一线城市，学段之间的差距才较小。

表 5　全国不同地区兴趣拓展类校外培训参与率

单位：%

	全部	东部	东北部	中部	西部	农村	城镇	一线城市	二线城市	其他县市
小学	27.9	33.8	29.8	25.5	22.2	6.8	38.8	48.5	39.4	34.9
初中	16.2	21.7	14.1	13.4	12.7	3.1	21.9	36.9	21.1	19.6
高中	14.6	17.2	16.0	12.1	13.5	4.1	17.4	31.8	19.8	13.9
全部	21.7	26.7	21.9	19.4	17.6	5.4	29.0	41.2	29.6	25.6

表 6 为全国不同地区兴趣拓展类校外培训支出。全国平均的生均兴趣拓展类校外培训支出为 773 元/年。其中，东部地区最高，生均支出达 1146 元/年，东北部地区次之，为 744 元/年，中部（547 元/年）和西部（533 元/年）较为接近。城镇地区的生均支出为 1082 元/年，而农村地区则远低于城镇地区（81 元/年）。从城镇内部来看，一线城市生均支出达 2270 元/年，二线城市为 1208 元/年，是一线城市的一半左右，而其他县市的生均支出仅 809 元/年，与全国平均水平相当。

表 6　全国不同地区生均兴趣拓展类校外培训费用

单位：元/年

	全部	东部	东北部	中部	西部	农村	城镇	一线城市	二线城市	其他县市
小学	1111	1641	1262	783	719	106	1637	3183	1885	1191
初中	380	568	284	208	348	37	532	1586	464	421
高中	406	566	312	345	295	57	511	722	560	445
全部	773	1146	744	547	533	81	1082	2270	1208	809

根据上述的结果，我们可以大致估算出学科补习和兴趣拓展两类校外培训的市场规模。学科补习类的市场规模约为 3601.3 亿元（1982 × 1.817 ≈ 3601.3），占校外培训市场的 72% 左右。兴趣拓展培训的市场规模约为 1404.5 亿元（773 × 1.817 ≈ 1404.5），占校外培训市场的 28% 左右。

（二）不同家庭经济状况的学生校外培训的参与率和支出差异

首先，我们根据家庭全年消费总支出，由低到高将家庭分为四组，每一个四分位为一组。① 此外，我们还关注消费总支出处于最低5%以及最高5%的两组家庭。其次，我们根据母亲的受教育程度，由低到高将家庭分为五组，依次为母亲没上过学、小学毕业或肄业、初中毕业或肄业、高中毕业或肄业、大学及以上。

1. 不同家庭经济状况的学生校外培训参与率

表7为不同消费水平组的家庭子女学科补习类和兴趣拓展类校外培训的参与率。随着家庭经济实力的提高，中小学生校外培训的参与率随之提高。家庭年消费支出最低5%的学生学科补习类和兴趣拓展类校外培训的参与率分别为7.5%和0.8%，而最高5%的学生分别为54.3%和45.7%，远高于最低5%组家庭的学生。尤其在初高中阶段，最低的5%的家庭几乎没有学生参加兴趣拓展类的校外培训，但是对于学科补习还有一定的需求，尽管占比仍远低于其他分组的家庭。此外，还可以看出家庭对学科补习类校外培训的需求更具"刚性"，而对兴趣拓展类校外培训的需求更具"弹性"。也就是说，是否选择兴趣拓展类的校外培训更加依赖于家庭的经济水平。

表7 不同消费水平家庭的校外培训参与率

单位：%

	平均	最低5%	第一四分位	第二四分位	第三四分位	第四四分位	最高5%
学科补习类校外培训							
小学	33.4	6.4	16.6	26.0	34.2	44.9	47.0
初中	43.7	4.4	17.3	35.5	46.7	57.4	61.9
高中	48.2	18.2	30.3	35.7	46.9	59.5	70.2
全体	37.8	7.5	18.1	29.0	38.6	50.1	54.3
兴趣拓展类校外培训							
小学	27.9	1.3	6.6	14.1	29.8	44.9	51.7
初中	16.2	0.0	5.3	4.8	15.7	29.0	44.1
高中	14.6	0.0	3.7	7.4	11.3	23.7	33.3
全体	21.7	0.8	5.8	10.0	21.9	35.6	45.7

表8和表9为按母亲学历来划分的不同学生群体的校外培训参与率。随着母亲学历的提高，校外培训参与率也不断提高。母亲没上学的学生学科补习参与率为16.3%，兴趣拓展类校外培训参与率为2.9%。而母亲学历为大学及以上的学生，学科补习类和兴趣拓展类校外培训参与率分别为54.2%和51.3%。

---

① 即样本中总支出最低的25%的学生为一组，以此类推，分为4组。

表 8　母亲学历与校外培训参与率

单位：%

学科补习类校外培训					
	没上学	小学	初中	高中	大学及以上
小学	16.4	22.6	34.0	41.4	45.3
初中	18.0	29.7	45.2	58.3	68.1
高中	17.9	38.2	43.9	55.1	68.0
全体	16.3	26.7	37.6	47.1	54.2
兴趣拓展类校外培训					
	没上学	小学	初中	高中	大学及以上
小学	3.8	8.2	22.5	39.1	63.9
初中	1.5	5.9	14.4	23.1	42.0
高中	0.0	6.8	10.8	20.0	26.2
全体	2.9	6.9	18.0	30.8	51.3

2. 不同家庭经济状况的学生的培训费用差异

由表 9 可见，随着家庭消费能力和水平的提高，校外培训总支出（包括学科补习类和兴趣拓展类）都呈现不断上升的趋势。来自家庭年消费最高的四分位组的学生人均校外培训支出为 8824 元/年，是家庭年消费最低四分位组（1520 元/年）的将近 6 倍。而年消费支出最高 5% 的家庭生均校外培训支出为 14372 元/年，是最低 5% 的家庭生均支出（710 元/年）的约 20 倍。

表 9　不同消费水平组的家庭子女校外培训支出情况

	最低 5%	第一四分位	第二四分位	第三四分位	第四四分位	最高 5%
校外培训总支出（元）	710	1520	2088	3652	8824	14372
学科补习（元）	792	1430	1976	3465	7822	12738
兴趣拓展（元）	0	1163	1394	2174	4889	6913
占教育总支出比例（%）	23.7	28.6	31.5	34.1	38.7	42.5
占家庭总支出比例（%）	9.3	8.5	6.7	7.0	7.6	7.3

从校外培训支出占家庭教育支出的比例来看，随着家庭经济实力的提高，校外培训占教育总支出的比例是不断提高的，占家庭总支出的比例则略有下降。随着免费义务教育的普及，家庭在教育系统内部的支出，尤其是公立教育系统内部的支出开始减少并趋同。然而，这并不意味着不同家庭在子女教育投入上的趋同。收入差距越大，不同收入水平的家庭对教育需求的差异就越大。一方面，当公立教育系统的质量无法达到预期的时候，一部分收入较高的家庭会转而到私人教育市场上寻求更高质量的教育资源；另一方面，当免费政策实施之后，公立学校更加偏向于提供标准化、规范化的教育，导致一些家庭对教育的差异化需求无法在公立教育系统内部得到满足，也会导致一部分较为富裕的家庭选择增加对子女的校外培训投入（王蓉，2017）。而由于富裕家庭整体可支配收

入高，教育支出占家庭总支出的比例就低于经济弱势家庭，校外培训支出的占比相应也就较低。这个结果意味着校外培训对贫困家庭的确造成了较大的经济负担；同时，不同的家庭支付能力的差异导致在学校教育之外获得的市场教育资源开始产生分化，造成新的教育机会分配的不公平，最终有可能导致结构性的不公平。为家庭经济弱势的学生提供免费的学科补习，有可能降低由校外培训带来的教育不公。

（三）校外培训带来的学习负担

关于校外培训给学生造成的学习负担问题，我们统计了学生参与培训的时长。学习负担可以是广义的，包括时间、难度、心理压力等。由于数据的局限，本文仅讨论时间维度的负担。

表10展示了参与校外培训的学生在学期中和暑假期间的平均培训时间。在学期中，中小学生校外培训的平均时长为5.9小时/周，暑假期间学生花在校外培训上的总的时间要远远多于上学期间，平均长达15.0小时/周。在地域分布上，学期中，东北部地区的平均培训时长（7.6小时/周）远远超过其他三个地区；而东、中、西部的学生之间，培训时长差距并不大。同样，城乡差异也不显著。暑假期间，东北部的学生校外培训时间（17.4小时/周）也高于其他地区。有趣的是，农村学生在暑期的平均校外培训时间高于城镇学生。一种可能的解释是，城镇学生在暑期有更多可选择的活动（如旅行等）。

分学段来看，在学期中，小学生的平均校外培训时长为6.4小时/周，初中生为5.4小时/周，高中生为5.2小时/周。随着学段的提升，上学期间的培训时长相应减少。在暑假期间，小学生的平均校外培训时长为14.7小时/周，初中生为16.0小时/周，高中生为14.6小时/周。

表10　学期中和暑假期间中小学生校外培训时长地域差异

单位：小时/周

上学期间						
	平均	东部	东北部	中部	西部	农村	城镇
小学	6.4	6.3	9.2	5.9	6.0	6.7	6.3
初中	5.4	5.5	6.5	5.6	4.4	4.4	5.6
高中	5.2	4.5	6.0	4.5	6.1	4.6	5.2
全体	5.9	5.7	7.6	5.6	5.6	5.8	5.9
暑假期间						
	平均	东部	东北部	中部	西部	农村	城镇
小学	14.7	14.5	15.8	16.3	12.6	18.5	13.9
初中	16.0	17.3	20.5	15.4	12.1	22.2	14.9
高中	14.6	11.8	17.1	14.1	17.6	16.8	14.3
全体	15.0	14.6	17.4	15.7	13.7	19.2	14.2

（四）校外培训的提供者：个人 VS 商业公司

在讨论校外培训的提供者时，我们主要关注学科补习类校外培训，并将提供者分为商业公司和个人两类。个人提供者中，在职教师是一个特殊的群体。教育部自 2015 年印发了《严禁中小学校和在职中小学教师有偿补课的规定》，但仍有媒体报道个别教师上课不教，鼓励学生参与自己课后提供的校外培训的情况。因此，我们进一步统计了参与由在职教师提供的校外培训的学生的比例。

根据表 11，只有不到 20% 的学生仅参与由商业公司提供的学科补习。小学阶段为 17.5%，初中阶段占 18.4%，高中阶段为 16.2%。从费用来看，小学阶段这一部分学生的平均支出为 7410 元/年，初中阶段为 8739 元/年，高中阶段为 14042 元/年。农村地区、东北部和其他县市（三线及以下城市），购买以商业公司和机构提供的学科补习类校外培训服务为主的学生比例远低于东部和一线城市。

表 11　商业公司提供的学科补习的参与率和支出

	参与率（%）									
	全部	东部	东北部	中部	西部	农村	城镇	一线	二线	其他县市
小学	17.5	21.6	9.2	13.5	20.6	7.1	20.2	34.8	30.7	11.4
初中	18.4	21.7	5.9	18.6	20.9	7.5	20.7	40.3	30.9	11.5
高中	16.2	22.4	6.5	15.4	13.7	7.9	17.3	34.4	26.7	9.2
全体	17.4	21.8	7.5	15.3	18.8	7.3	19.7	36.2	29.7	10.9

	生均支出（元/年）									
	全部	东部	东北部	中部	西部	农村	城镇	一线	二线	其他县市
小学	7410	8073	6473	6690	7133	2049	7926	11528	9622	3648
初中	8739	8986	18833	9705	5336	1815	9275	13258	9511	6761
高中	14042	19686	23246	7984	5498	3991	14670	18684	13780	13553
全体	9247	11051	13086	7937	6252	2307	9823	13643	10539	6654

根据表 12，有超过 75% 的学生仅参与由个人提供的学科补习。小学阶段为 77.2%，初中阶段为 74.2%，高中阶段为 73.0%。从费用来看，小学阶段这一部分学生的平均支出为 3310 元/年，初中阶段为 4610 元/年，高中阶段为 4904 元/年。由此来看，购买由商业公司提供的服务的家庭在学科补习类校外培训上的花费是做出其他选择的家庭的两倍多。由此，我们大致地估计商业公司占整个学科类校外培训市场的 30%~40%。

表 12　个人提供的学科补习的参与率和支出

	参与率（%）									
	全部	东部	东北部	中部	西部	农村	城镇	一线	二线	其他城市
小学	77.2	72.6	88.4	80.0	74.8	85.9	74.8	53.4	62.6	85.7
初中	74.2	70.3	91.9	73.5	70.1	81.8	72.6	48.4	61.9	82.3

续表

	参与率（%）								
	全部	东部	东北部	中部	西部	农村	城镇	一线	二线	其他城市
高中	73.0	70.3	86.3	72.1	70.7	74.7	72.8	60.6	65.3	79.2
全体	75.4	71.4	89.0	76.5	72.3	83.0	73.7	53.7	63.1	83.1

	生均支出（元/年）								
	全部	东部	东北部	中部	西部	农村	城镇	一线	二线	其他城市
小学	3310	3693	3692	2676	3377	1449	3872	7672	4964	2951
初中	4610	5581	5813	3575	3355	1609	5307	7159	5792	4799
高中	4904	4498	7007	3487	5467	1992	5291	5470	8661	3427
全体	4033	4394	5181	3076	3911	1567	4626	6962	6182	3600

商业公司培训的费用较高，因此我们不难想到家庭经济状况好的学生选择商业公司服务的比例高于经济弱势家庭学生（见图3）。如果商业公司提供的服务质量显著优于个人，那么教育公平可能受到更大的挑战。

通过分析 CIEFR-HS 2017 的数据，我们发现，在职教师给本校学生提供校外培训的情况仍然存在，且不同的地区程度不同。表13列出了在不同地区参与学科补习的学生中，参与过由本校教师提供的补习服务的比例。总体来看，中部地区最高，东北部和西部次之，东部占比最低但仍超过20%。一方面，地区差异有可能是各地相关政策的执行力度不同的结果；另一方面，结合机构的地区分布来看，也可能是因为部分地区校外培训的资源较少，在职教师仍然是满足家长和学生校外学习需求的最佳选择。

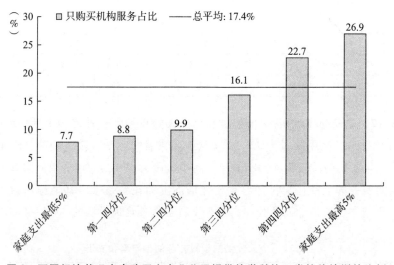

图3　不同经济状况家庭购买由商业公司提供的学科补习类校外培训的比例

表13　参与由本校教师提供的学科补习的学生的比例

单位：%

	全部	东部	东北部	中部	西部	农村	城镇	一线	二线	其他县市
语文	36.7	25.0	30.8	40.2	30.9	34.6	30.4	10.9	24.0	36.3
数学	35.4	25.5	34.6	35.9	27.8	37.6	28.3	12.4	23.3	33.5
外语	29.0	21.1	20.5	26.1	28.4	31.3	22.1	14.2	19.1	25.6

（五）校外培训的主要授课形式

我们调查了校外培训有哪些主要的授课形式。比较常见的授课形式包括班级授课、一对一授课和在线授课。我们调查的结果显示（见表14），在线课程虽然关注度高，但实际上参加在线校外培训的学生还不足1%。绝大多数学生参加的校外培训仍然是线下的班级授课。参与一对一授课的学生的比例在13%左右。在学科补习中，不同科目之间，授课形式也没有太大的差异。

表14　校外培训的授课形式

单位：%

	一对一授课	班级授课	在线授课	其他
语文	9.6	88.3	0.8	1.2
数学	13.6	84.2	0.8	1.5
外语	12.7	85.1	0.9	1.4
总体	12.2	85.5	0.9	1.5

不同学段之间，不同学生选择不同授课方式的比例略有差异。从表15可以看出，随着学段上升，学生选择班级授课的比重在逐渐降低，而选择一对一授课的比重不断上升。这有可能是因为随着学习难度的提高，以及学生个人的学习基础、学习方式等差异变大，学生对个性化学习的需求不断增强，一对一授课能给学生提供更有针对性的个性化辅导。

表15　不同学段的校外培训授课形式

单位：%

	一对一授课	班级授课	在线授课	其他
小学	8.33	89.85	0.67	1.14
初中	12.53	84.61	0.84	2.02
高中	20.86	76.33	1.28	1.53

此外，我们还发现家庭经济状况好的学生选择一对一授课的比例更高，城市学生选择一对一授课的比例更高。这可能和一对一授课成本较高、价格较为昂贵有关。但我们的数据没有课程的价格，无法证实这种假设。总体来说，校外培训的授课形式仍然以传

统的班级授课为主。更加个人化、便捷，相对低成本的在线授课还有待发展。

参考文献

王蓉，2017，《直面我国的"教育拉丁美洲化"挑战》，北京大学中国教育财政科学研究所《中国教育财政》第5期。

王蓉主编，2018，《中国教育新业态发展报告（2017）——基础教育》，社会科学文献出版社。

PISA 框架下城市移民教育公平分析

黄晓婷[*]

（2017 年 1 月）

在 2015 年的 PISA（Programme for International Student Assessment，国际学生评估项目）测试中，我国北京、上海、江苏、广东四地的学生在参与的 72 个国家和地区中排名第十。由于上海学生在 2009 年和 2012 年两轮测试中都取得了第一名的好成绩，本轮测试的排名变化引发了社会各界的热议。然而简单的排名绝非 PISA 真正的意义和价值所在。作为一项以影响教育政策为目标的国际大型评估项目，PISA 为参与测试的国家和地区提供了以学生的职业发展和终身学习能力为核心的教育质量评估，以及以学习机会公平、资源配置公平、克服多样化挑战和教育结果公平为核心的教育公平状况评估。因此，除了关注排名外，我们可以在 PISA 提供的质量与公平框架下，对我国的课程、教学、教育资源分配等相关的教育政策进行更多理性的思考。

本文简要介绍了 PISA 提出的教育质量和教育公平的评估框架，并以上海流动人口的教育公平问题为例，展示了运用 PISA 数据进行实证分析的过程，以期抛砖引玉，引起更多学者对 PISA 数据的深度解读，为我国教育政策的完善提供更丰富、科学的依据。

一 PISA 的教育质量和教育公平评估框架

1. 教育质量评估框架：重"素养"而非课程的掌握程度

从 2000 年起，每三年进行一次的 PISA 测试主要考察的内容包括阅读素养、数学素养和科学素养三科。PISA 将"素养"（literacy）定义为学生在生活情境中应用相关知识和技能的能力（OECD，2016）。例如，2015 年重点考察的科学素养被定义为作为公民参与科技相关事务的能力，包括解决生活中与科学技术相关问题，并有科学的意识，会科学反思等。而我国在 2015 年测试中得分最低的阅读素养则被定义为实现个人发展目标、有效地参与社会生活所需的理解、运用和反思书面材料的能力。从这些定义中我们不难看出，与传统的侧重学科知识掌握程度的测试相比，PISA 更强调学生职业发展和终身学习

---

* 黄晓婷，北京大学中国教育财政科学研究所副研究员，教育测量与评价中心主任。

所需的应用知识的能力和批评思维能力。

由于 PISA 的测试对象不是某一个年级，而是 15 岁 3 个月到 16 岁 2 个月的学生，跨了至少两个年级，且不同国家和地区使用的教材也不同，因此考核"素养"是其唯一理性的选择。"素养"的定义及其测试具体包含的内容，是由各国专家通过反复研讨确定的，因此 PISA 的测试框架在一定程度上也代表了全球化背景下各国共同关注的核心能力。

我国最新一轮的课改也提出了把问题解决、批判思维等能力培养与学科知识相结合的理念，然而目前绝大多数的标准化考试仍然拘泥于考察课本里的知识点，与国务院考试招生制度改革方案要求的"重点考察运用所学知识发现问题和解决问题的能力"还存在不小差距。有学者对比了 PISA 与上海的中考，并发现在考察学生的统计知识时上海中考题偏重计算，而较少涉及基于数据的分析、归纳、建模、解释等技能和思想方法（李俊、黄华，2013）。PISA 为我们提供了评估"素养"的整套方法。同时，在 PISA 测试中表现优异的国家和地区的教育实践也为我们的课程改革和教学改革提供了借鉴和参考。

2. 教育公平评估框架：兼顾资源配置公平和教育结果公平

教育公平是 PISA 关注的另一个主要方面。教育公平已经成为教育成就（学生成绩）外衡量一国教育体系优劣的另一重要指标。研究表明，一个人的受教育水平不仅在很大程度上决定了他一生的经济收入、社会地位等，而且对他的心理健康、社会归属感等，也都有着重要的影响。因此，在世界范围内被广泛看作一项基本的人权，受到持续高度的关注。

然而，评价一国的教育是否公平并非易事。PISA 在整合各国学者对于公平的探讨和主张后，将公平界定为两个层次——全纳（inclusion）与公正（fairness）（Field, Kuczera, and Pont，2007）。全纳即所有的人都应该接受至少符合最低要求的教育。公正则是指个人背景因素，如性别、种族、社会经济地位或宗教信仰等，都不应该成为其通过教育获得成功的阻碍。具体来说，PISA 关注不同性别和家庭背景的学生是否获得公平的学习机会、教育资源和教育结果。PISA 提出的教育公平不强调成绩绝对相同，而是着眼于学生背景在多大程度上影响了他们从教育中获益的机会：学生个人背景特征等对成绩的影响越大，则教育公平程度越低。

PISA 通过学生问卷、校长问卷、教师和家长问卷（后两种问卷各参与国可选择是否进行），采集学生背景信息和教育资源分配等方面的信息，进而对不同性别、种族、家庭经济文化背景、移民背景的学生的教育公平状况进行分析和评估。由于公平是一个相对的概念，难以从一个地区、单一时间点的数据中得出确切的结论，PISA 的结果为我们提供了横向的国际比较，多次参与的国家和地区还可以进行纵向的历史比较。

我国学者运用 PISA 数据对上海的教育公平状况已经进行了一些探讨。例如，2009 年的结果显示，上海的学校存在明显的生源家庭经济文化背景分层现象，且平均经济文化背景占优势的学校能够获得更好的教师资源；平均经济文化背景对学校平均成绩有极显著的影响（陆璟，2013）。不过，通过 PISA 结果分析我国教育公平情况的研究数量仍然很少，更缺乏纵向的比较。本文试图运用 2009 年和 2012 年两次测试的数据，对上海流动人口教育公平的情况和变化进行初步分析。

二　基于 PISA 结果的流动人口教育公平的实证研究

1. 上海的城市移民及其教育公平问题

在全球化背景下，很多国家的移民数量不断增加。OECD（2011）发布的一个报告指出，2000～2009 年 OECD 国家的移民学生数平均增加了 2 个百分点，且在 13 个 OECD 国家中，移民学生数超过了学生总数的 5%。PISA 结果显示，大多数国家的移民学生成绩显著低于本国出生的学生；只有少数国家，如澳大利亚、比利时、加拿大，已经缩小甚至消除了这样的成绩差异。

我国的移民数量十分有限，但随着城镇化进程，大批的农村人口向城市迁移，形成了数量庞大的"城市移民"。其中大部分人，由于户籍制度、当地学校容量、教育财政体制等多种因素影响，其子女往往难以在城市里获得优质教育。近年来，流动人口子女的教育问题在北上广等人口流入集中地尤其明显，给教育公平带来巨大的挑战。

关于上海流动人口教育公平状况的研究结果并不一致。上海师范大学陶行知研究中心组织的一项调查显示，非沪籍学生的家庭状况在几乎每个方面都弱于沪籍学生的家庭，明显处于社会弱势（陆建非，2013）。Wang 和 Holland（2011）发现上海流动儿童缺乏进入公办学校的渠道，且进入的学校质量偏低。而朱小虎和张民选（2014）则发现上海的外来人口在 PISA 测试中成绩表现优异。样本的差异可能是造成不同结果的最主要原因。根据上海的人口数据，截至 2010 年底，上海的非户籍人口占常住人口的 39%，而在 17～43 岁的人口中，外来人口占比均超过 50%。即便在严格进行分层随机抽样的 PISA 测试中，父母双方均出生在中国大陆其他省份、学生本人出生在上海或其他省份的上海城市移民也仅占 19.0%（2009 年）和 25.0%（2012 年）。为进一步探讨上海流动人口的教育公平问题，本文试图从纵向比较的视角，分析在抽样方法相同的连续两次 PISA 测试中上海外来人口教育公平状况的变化，并思考产生这些结果和变化的可能原因。

2. 数据和分析模型

数据。PISA 自 2000 年起，每 3 年举行一轮测试。每次测试在阅读、数学和科学中选取一科作为重点考察科目，即该科目总的试题数量远远高于其他科目，因此可以比较精确地了解参与的国家和地区的学生在该科目上的能力水平。2009 年的重点考察科目为阅读，而 2012 年为数学。上海自 2009 年以来，已连续 3 次参加了 PISA 测试。2015 年的数据为北京、上海、江苏和广东的混合数据，因此本文仅选取了 2009 年和 2012 年的两轮数据进行分析，两组数据的有效样本量分别为 5056 人（152 所学校）和 5076 人（155 所学校）。

参照国际上对移民的分类，本文将学生分为本地居民、一代移民和二代移民三类：父母中至少有一方在上海本地出生者视为本地居民；父母和自己均不在上海出生者视为一代移民；父母双方均不在上海出生，而学生自己在上海出生者视为二代移民。表1 描述了两次测试中不同学生类型所占比例，其中本地居民在两次测试中占比都最高，分别为 79.49% 和 72.44%；其次是一代移民，占比分别为 13.83% 和 18.26%，而二代移民占比最低。在性别比例上，一代移民和二代移民中的男性比例略高，而本地居民中女性的比例则略高。从 2009 年到 2012 年，本地居民的比例有所下降，一代移民和二代移民的比例都有所增加。

表 1　2009 年和 2012 年上海考生类型分布

单位：人，%

学生类型	2009 年			2012 年		
	男性	女性	总计	男性	女性	总计
一代移民	366	333	699	498	429	927
	(7.24)	(6.59)	(13.83)	(9.81)	(8.45)	(18.26)
二代移民	180	158	338	257	215	472
	(3.56)	(3.13)	(6.69)	(5.06)	(4.24)	(9.30)
本地居民	1943	2076	4019	1720	1957	3677
	(38.43)	(41.06)	(79.49)	(33.88)	(38.55)	(72.44)

值得注意的是，PISA 给出了每个学生在抽样中的权重，因此在比较不同群体学生的背景差异和成绩差异时，我们需要进行加权计算，以获得更科学的无偏差估值。

本文首先对比了不同类型学生的社会经济背景。PISA 提供了每位学生的家庭经济文化背景指数（ESCS 指数），该指数由学生背景问卷中的父母教育背景、父母职业、家庭图书数量等几道题通过主因子分析（principal factor analysis）模型合成而来，在全球具有极高的适用性和认可度。

由表 2 可以发现，2009 年一代移民和二代移民的 ESCS 均值都高于本地居民，而 2012 年二代移民的平均 ESCS 仍高于本地居民，一代移民则显著低于本地居民。此外，一代移民、二代移民的 ESCS 标准差更大，即离散程度更大。这一结果与过去的研究发现存在较大的差异（陆建非，2013），一种可能的解释是外来人口中只有具有较高 ESCS 的那部分才能实现移民，留在本地读初三或高一。其中二代移民的父母教育水平较高，他们中的相当一部分人应该不是其他研究中的流动人口，而是从外地到上海工作的受过高等教育后留在上海的高学历、高收入人群。从 2009 年到 2012 年，一代移民的平均 ESCS 变化较大，这可能是上海 2010 年前后对非户籍人口入学政策放宽的结果，受益于更宽松的政策，更多

表 2　2009 年和 2012 年不同类型学生的家庭经济文化背景

学生类型	2009 年	2012 年
一代移民	-0.375	-0.655
	(0.048)	(0.040)
二代移民	-0.322	-0.288
	(0.053)	(0.045)
本地居民	-0.489	-0.360
	(0.015)	(0.014)

注：括号中为标准差。

较低社会经济背景家庭的孩子留在了本地就读。PISA 背景问卷没有采集学生的户籍所在地信息，因此我们无法准确判断哪一类学生更符合我国"流动人口"的一般定义。而从 ESCS 指数来看，一代移民的情况更接近已有研究对这一群体的描述，即他们处于相对劣势的社会经济地位。

因此，本文将问题聚焦在 2009 ～ 2012 年一代移民的教育结果公平的状况上，即在相同性别、相同家庭经济文化背景的条件下，一代移民的身份是否对学生的成绩有显著的影响，以及这种影响在两次测试中是否出现变化。

分析模型。本文选取 2012 年重点考察科目数学素养作为教育结果的衡量指标，首先对比了三类学生的数学考试成绩。正如前文提到的，教育公平并非成绩的绝对相同，而是指不管学生个人和家庭背景如何，他们从教育中获益的机会都相同。因此，本文通过建立多层线性模型（Hierarchical Linear Modeling）（Raudenbush，2000），分析学生是不是一代移民对其成绩的影响。PISA 数据是双层嵌套数据，因此传统的回归分析面临个体间随机误差不独立的问题，即同一学校的学生因受到学校变量的影响而存在一定的相关性，从而无法满足传统回归分析的前提条件。多层线性模型可以有效避免这一问题。此外，多层线性模型能够估计不同层级结构下变量间的交叉影响。例如，学生个人 ESCS 对成绩的影响可能会随着学校平均 ESCS 的不同而变化，这种波动就可以通过多层线性模型估计得到。最后，多层线性模型可以将成绩的差异进行分解，帮助我们识别学生成绩的差异有多少来源于个体，多少来源于学校，方便我们用个体变量和学校变量分别对差异进行解释。

以往国内的相关研究多建立在基本的描述统计之上，本文利用 HLM 模型对 PISA 数据进行更为详细深入的分析，为相关研究提供更为确切的实证证据。具体来说，我们构建了三个"个人 – 学校"双层线性模型。模型 1 仅加入了个体层面的移民类型变量：

$$Math_{ij} = \beta_0 + \beta_1 FirstGen_{ij} + \beta_2 SecondGen_{ij} + u_j + \varepsilon_{ij} \qquad (1)$$

其中，i 代表学生，j 代表学生 i 所在的学校。$Math_{ij}$ 代表在第 j 所学校的第 i 个学生的数学成绩。$FirstGen_{ij}$ 表示该学生是否属于一代移民，如果是则 $FirstGen_{ij} = 1$，不是则为 0。同样，$SecondGen_{ij}$ 表示该学生是否属于二代移民，如果是则值为 1，不是则为 0。β_1 和 β_2 是本文最为关注的系数，分别反映了一代移民和二代移民与本地学生之间的数学成绩差异。u_j 代表了学校层面剩余的差异，而 ε_{ij} 则代表了个体层面模型还不能解释的差异。

模型 2 在模型 1 的基础上加入了两个个体层面的解释变量：性别（$Gender_{ij}$，男生 = 1，女生 = 0）和学生家庭经济文化背景指数（$ESCE_{ij}$）。

$$Math_{ij} = \beta_0 + \beta_1 FirstGen_{ij} + \beta_2 SecondGen_{ij} + \beta_3 Gender_{ij} + \beta_4 ESCS_{ij} + u_j + \varepsilon_{ij} \qquad (2)$$

模型 3 在模型 2 的基础上又加入了一个学校层面的变量，即该校学生的平均家庭经济文化背景（$schoolESCS_j$）。模型 3 的结果显示了在控制了性别、个人家庭背景、学校平均家庭背景后，一代移民和二代移民的数学成绩是否与本地居民存在显著的差异。

$$Math_{ij} = \beta_0 + \beta_1 FirstGen_{ij} + \beta_2 SecondGen_{ij} + \beta_3 Gender_{ij} + \beta_4 ESCS_{ij} + \beta_5 schoolESCS_j + u_j + \varepsilon_{ij} \qquad (3)$$

本文运用上述 3 个模型，分别分析了 2009 年和 2012 年的数据，通过对比两次测试的结果，我们可以看到移民类型对成绩影响在 3 年中的变化。需要指出的是，我们对所有使用的变量都进行了加权，学生个人层面的变量使用学生个体的权重，学校层面变量则使用学校的权重。为简便起见，在上述模型中并未将权重表述出来。

3. 结果和讨论

表 3 对比了不同类型学生的数学素养情况。在 2009 年和 2012 年两次测试中，一代移民的数学素养均明显低于其他两类学生。此外，从标准差可以看出一代移民的成绩差异也大于另外两类学生。2009 年，本地居民和二代移民的成绩比较接近，二代移民略微领先。从两次测试结果的变化来看，本地居民和二代移民的成绩都有所提高，而一代移民的成绩反而下降了一些。

表 3　2009 年和 2012 年不同类型上海考生的数学素养成绩

单位：分

类型	2009 年	2012 年
一代移民	585.87	574.53
	(108.15)	(110.52)
二代移民	608.39	620.32
	(87.59)	(104.62)
本地居民	603.22	620.97
	(95.38)	(90.48)

注：括号中为标准差。

表 4 显示了运用 3 个双层线性模型分别对 2009 年和 2012 年的数据进行分析的结果。2009 年，模型 1 的结果表明，尽管一代移民的平均成绩低于本地居民，但这一差异在统计上不显著。二代移民的成绩高于本地居民，差异也同样不显著。模型 2 加入了个体层面的两个解释变量：性别和学生 ESCS 指数。在控制了这两个变量后，一代移民的效应增大，而二代移民的效应则变小。也就是说，在去除了性别和 ESCS 的影响后，我们可以更明显地看到一代移民略微落后于本地居民，而二代移民与本地居民更为接近。此外，从模型 2 的结果我们也可以看出，男女生之间存在显著差异，ESCS 与成绩呈正相关，但每一个单位的 ESCS 对成绩的影响并不显著。模型 3 加入了学校平均ESCS，一代移民的效应进一步加大，但在统计上仍然不显著。二代移民的效应则继续减小。性别和个人 ESCS 对成绩的影响与模型 2 类似，而学校平均的 ESCS 则对成绩有显著的正效应，即生源的平均家庭经济文化水平越高的学校，在 PISA 测试中取得的成绩越好。这一结果与过去的研究发现相吻合（陆璟，2013）：越是生源处于社会经济优势地位的学校越容易获得更多、更优质的教育资源，进而对学生成绩产生显著的影响。综上，从 3 个模型的分析结果可以看出，2009 年进入 PISA 抽样框的学生中，一代移民获得了较为公平的教育。

而 2012 年的结果则不如 2009 年乐观。模型 1 的结果显示，一代移民成绩显著低于本地居民，二代移民与本地居民没有显著差异。模型 2 中，加入了性别和个人 ESCS 后，一代移民的负效应较模型 1 几乎不变，二代移民的效应接近 0。性别差异比 2009 年更大一些，而原本不显著的个人 ESCS 则对成绩产生了显著的影响，在控制了其他变量后，ESCS 每提高一个单位，平均成绩提高 9.15 分。当加入学校平均 ESCS 时，移民的效应及性别、个人 ESCS 对成绩的影响都保持不变。和 2009 年一样，学校平均 ESCS 对成绩有显著的影响。

表 4　2009 年和 2012 年多层线性模型回归结果

	2009 年			2012 年		
	模型 1	模型 2	模型 3	模型 1	模型 2	模型 3
β_1	-3.14 (3.17)	-3.78 (3.14)	-3.82 (3.13)	-13.80*** (3.87)	-13.25*** (3.60)	-13.24*** (3.60)
β_2	2.38 (3.99)	1.68 (4.03)	1.64 (4.03)	1.07 (3.36)	0.20 (3.31)	0.19 (3.31)
β_3		11.63*** (1.96)	11.64*** (1.96)		15.48*** (1.96)	15.49*** (1.95)
β_4		2.96 (1.40)	2.90 (1.40)		9.15*** (1.58)	9.05*** (1.58)
β_5			86.10*** (5.41)			84.70*** (5.88)
β_0	599.73 (5.91)	595.55 (5.87)	637.80 (4.39)	613.91 (5.30)	609.83 (5.04)	642.19 (4.26)
σ_u	71.64 (3.17)	70.72 (3.14)	45.69 (2.70)	68.53 (3.23)	64.88 (3.07)	42.01 (2.47)
σ_ε	65.48 (1.27)	65.18 (1.26)	65.18 (1.26)	67.19 (1.25)	66.39 (1.22)	66.39 (1.22)

注：括号中是标准误；*** $p < 0.01$，** $p < 0.05$，* $p < 0.1$。

　　仅从数据结果来看，上海的城市移民的教育公平状况从 2009 年到 2012 年似乎有了些许后退。但我们不能简单地依据统计结果下结论，而是需要参照其他相关研究和政策等，审慎地对待量化分析的结果。事实上，2009~2010 年，上海对于外来人口的教育政策是逐步放宽的。2008 年以前，非上海户籍儿童进入上海义务教育阶段公办学校免费就读的条件为"六证"，包括父母农民身份证明、就业证明、居住证明、计划生育证明、社会综合保险证明及监护人证明。自 2008 年秋季起，六证要求减少为两证，凡能提供父母农民身份、父母的上海市居住证或就业证明两方面证明材料的可以享受免费就读政策。2010 年又对持有临时居住证人员子女接受义务教育工作进行了规范，扩大了义务教育阶段公办学校接收比例，市、区教育行政部门鼓励公办学校放宽班额吸纳非上海户籍儿童入学。为何在对非上海户籍学生更为有利的政策背景下，教育结果公平的程度反而下降了呢？一种可能的解释是，之前非上海户籍儿童较难进入本地公立学校时，很大一部分人在初三或更低年纪就回到户籍所在地就读，或是在初三后就离开了学校，因此没有被纳入 PISA 的样本框，而这部分学生恰恰是一代移民中社会经济背景更弱势或成绩更低的群体。

而当抽样框包含更高比例这一群体的学生时，我们就看到了原本没有显现出来的问题。

以上表明，宽松的就学政策，扩大了享受公平教育的人口覆盖面，增进了基础意义上的入学权利公平。但在统计学意义上，也同时造成了特定群体学生之间成绩差异的扩大。从模型 1 的结果可以看出，学校间的校际差异（σ_u）大于校内差异（σ_e），因此上海一代移民教育公平问题，更多的是家庭经济背景与学生所入学校的层次水平之间的关系所导致的。对于移民来讲，促进入学的"机会公平"，仍然远比注重教育教学的"过程公平"优先和重要。

三　结语

PISA 对我们的意义远不止于与其他国家比赛排名高低。在教育公平方面，我们可以从国际比较和历史比较的角度，探究不同性别和家庭经济文化背景学生是否获得了公平的教育机会、资源和结果，还可以运用测试结果对教育公平的状况和机理进行多种层次的深入分析，找到政策调整的切入点。PISA 数据为我们提供了宝贵的研究资源：以能力为导向的评估框架可以为我们的课程改革和考试评价改革提供思路；评价结果让我们对学生的知识运用能力、思考能力等有更清晰和深入的了解；结合背景数据，我们还可以分析有哪些因素对我国学生成绩产生显著影响，从而更好地为学生发展提供所需的教育资源等。

当然 PISA 数据也存在一些限制。首先，PISA 采集的横截面数据，数据中出现的相关性都不能简单地认为是因果关系。例如，有少数国家和地区，其班额和成绩成正比，但绝不能由此得出大班额对提高学生成绩有效的结论。此外，PISA 强调国际可比性，因此一些我国特有的信息（如学生的户籍类型等）没有包含进去。充分、合理地使用 PISA 数据，谨慎、理性地对待 PISA 数据的分析结果，方能最大限度发挥 PISA 的作用，为我国教育政策的不断完善提供更多科学的依据。

参考文献

李俊、黄华，2013，《PISA 与上海中考对统计素养测评的比较研究》，《上海教育科研》第 12 期。

陆建非，2013，《以教育公平理念关注民工子女教育——关于上海民工子女教育的现状与思考》，《现代基础教育研究》第 2 期。

陆璟，2013，《上海基础教育公平的实证研究》，《教育研究》第 2 期，第 77～84 页。

朱小虎、张民选，2014，《上海基础教育中外来人口的分布及 PISA 成绩表现》，《教育发展研究》第 4 期。

Field S., Kuczera, M., and Pont, B. 2007. "No More Failures: Ten Steps to Equity in Education." OECD.

OECD. 2011. *How Are School Systems Adapting to Increasing Numbers of Immigrant Students? Pisa in Focus.* Paris: OECD Publishing.

OECD. 2016. "PISA 2015 Results（Volume I）：Excellence and Equity in Education. " Paris：OECD Publishing. DOI：http://dx. doi. org/10. 1787/9789264266490-en.

Raudenbush, S. W. 2000. "HLM 5：Hierarchical Linear and Nonlinear Modeling. " *Lincolnwood IL Scientific Software International* 114（100）：881 – 886.

Wang, Lihua and Tracey Holland. 2011. "In Search of Educational Equity for the Migrant Children of Shanghai. " *Comparative Education* 47（4）：471 – 487.

校园欺凌：让农村寄宿生更"受伤"

——基于 17841 名农村寄宿制学校学生的实证研究[*]

吴方文　宋映泉　黄晓婷[**]

(2016 年 8 月)

近年来，校园欺凌（中国台湾和香港地区多称之为"校园霸凌"）问题在我国越来越受到社会各界的重视，尤其是留守儿童聚集的农村寄宿制学校，校园暴力事件更成为社会关注的焦点。2011 年教育部统计数据显示，我国义务教育阶段寄宿生达 3276.51 万人，占在校生总数的 21.85%（教育部，2012）。但关于这一群体中的校园欺凌情况的实证研究十分缺乏。因此，本研究抽样调查了河北、四川两省的 138 所农村寄宿制学校的 17841 名学生，以了解这些学校校园欺凌的现状，并分析其对学生心理健康的影响。

在校园欺凌行为中，按照国际通用的分类，相关角色可分为"实施欺凌者""被欺凌者""实施欺凌者 + 被欺凌者""目击者"四类。欺凌与被欺凌可以看作同一问题的不同方面，都能反映校园欺凌事件的现状。本研究选取"被欺凌者"视角，全面调查言语、身体、关系及网络四种形式的校园欺凌情况。

一　研究设计：大样本调研 + 国际化研究方式

本研究采用整群抽样法，在四川、河北两省五个县的 138 所农村寄宿制学校中抽取四、五年级共 17841 个学生样本。样本学生在性别和年级上的分布比较均衡，其中男生 8844 人（49.57%），女生 8761 人（49.11%），性别变量缺失数据 236 个（1.32%）；四年级学生 8954 人（50.19%），五年级学生 8689 人（48.70%），年级变量缺失数据 198 个（1.11%）。在户口方面，以农村户口为主（共 16031 人，占 89.85%），城镇户口和无户口学生分别为 824 人（4.62%）和 146 人（0.82%），户口变量缺失数据 840 个（4.71%）。在就读方式上，寄宿生有 10827 人（60.69%），走读生 6413 人（35.95%），就读方式变量缺失数据 601 个（3.37%）。学生的平均年龄为 10.09 岁（$SD = 0.90$）。

[*] 本文最初发表在《中小学管理》2016 年第 8 期上。

[**] 吴方文，北京大学中国教育财政科学研究所科研助理；宋映泉，北京大学中国教育财政科学研究所副研究员；黄晓婷，北京大学中国教育财政科学研究所副研究员。

此外，学生父母的受教育水平普遍偏低，父亲受教育程度为小学或以下的有 4247 人（23.80%），初中的有 8794 人（49.29%），高中/中专/中职的有 3089 人（17.31%），大专及以上的有 1040 人（5.83%），缺失数据的有 671 人（3.76%）；母亲受教育程度为小学或以下的有 5773 人（32.36%），初中的有 7649 人（42.87%），高中/中专/中职的有 2546 人（14.27%），大专及以上的为 1102 人（分别为 6.18%），缺失数据的有 771 人（4.32%）。

为了解学生遭受欺凌的现状，本研究采用了 Cheng 等（2011）编制的校园欺凌问卷，内容包括身体、言语、关系和网络欺凌四个方面。学生在问卷上的得分越高，表示遭受的欺凌越严重。在计算检出率时，以"每月 2 ~ 3 次"遭受欺凌作为临界值（cut-off point）。同时采用卡方检验分析检出率在不同人口学变量上的差异。

为研究校园欺凌可能对学生心理健康造成的伤害，本研究使用了国际上通用的量表，调查了学生的抑郁（Faulstich et al.，1986）、焦虑（Lee and Park，2010）、社会退缩（Lee and Park，2010）和自尊（Rosenberg，1965）四个方面的情况，并使用回归模型，分析在控制学生性别、就读方式、年级以及父母受教育水平等背景变量之后，校园欺凌对学生心理健康的影响。模型如下：

$$心理健康(y) = B_0 + B_{性别}X_{性别} + B_{就读方式}X_{就读方式} + B_{年级}X_{年级} + B_{父母受教育水平}X_{父母受教育水平} + B_{被欺凌}X_{被欺凌} + e$$

模型中的控制变量包括性别（0 = 男，1 = 女）、就读方式（0 = 寄宿，1 = 走读）、年级（0 = 四年级，1 = 五年级）、父母受教育水平，自变量为被欺凌，因变量（y）分别为抑郁、焦虑、社会退缩和自尊。

二 研究结果：农村寄宿制学校校园欺凌问题较为严重

1. 农村寄宿制学校校园欺凌检出率高于港澳台地区

调查研究发现，样本学校中学生遭受欺凌的检出率（每月 ≥ 2 ~ 3 次）为 16.03%，这比 Chen 和 Cheng（2013）、Mok 等（2014）使用相同量表在港澳台地区的调查高出近 7.00 个百分点，也远高于赵景欣等（2016）在我国非寄宿制学校的调查。由此可见，我国农村寄宿制学校的校园欺凌现象较为严重。

此外，在欺凌的形式方面，学生遭受言语欺凌的检出率为 24.50%，遭受身体欺凌的检出率为 20.90%，遭受关系欺凌的检出率为 23.90%，遭受网络欺凌的检出率为 13.20%。可见，农村寄宿制学校的校园欺凌还是以传统形式为主。

研究进一步从社会人口学角度分析发现：(1) 样本校的寄宿生遭受欺凌的检出率（16.10%）高于走读生（14.90%）；(2) 男生遭受欺凌的比例（18.46%）高于女生（13.42%）；(3) 四年级学生遭受欺凌的比例（17.12%）稍高于五年级学生（14.75%）。但进一步的卡方检验结果显示，不同就读方式 [$\chi^2(1) = 4.5, p < 0.036, \Phi = 0.02$]、性别 [$\chi^2(1) = 83.4, p < 0.001, \Phi = 0.07$] 及年级 [$\chi^2(1) = 42.2, p < 0.001, \Phi = 0.05$] 的学生遭受欺凌的检出率虽然在统计数据上有差异，但效应量（effect size）均小于 0.1（Cohen 认为，当 $\Phi = 0.1$ 时，效应量较小；$\Phi = 0.3$ 时，效应量适中；$\Phi = 0.5$ 时，效应量较大）。因此，在样

本校，不同就读方式、性别及年级的校园欺凌情况差异并不大。

2. 农村寄宿制学校男生和寄宿生心理状况更令人担忧

已有研究发现，寄宿制学校学生的抑郁水平远高于非寄宿制学校（肖利敏等，2008）。本研究中，样本校学生的抑郁检出率为64.50%，远高于国际上已有的研究报告（Faulstich et al.，1986）。这样的结果说明农村寄宿制学校学生心理健康水平堪忧。具体来说，男生的抑郁检出率（66.40%）高于女生（63.60%），寄宿生（66.10%）高于走读生（61.30%），四年级学生（64.60%）与五年级学生（64.30%）基本相同。

除抑郁外，焦虑、社会退缩及自尊水平也是衡量学生心理健康的重要指标。本研究通过差异性检验进一步发现，样本校学生在焦虑、社会退缩和自尊方面都存在性别差异（见表1），具体表现为：男生在抑郁和社会退缩上的得分显著高于女生，在自尊上的得分显著低于女生；女生的焦虑水平显著高于男生。综合来说，男生的心理健康水平更低。

不同就读方式的学生在这几方面也存在显著差异（见表2）：寄宿生在抑郁、焦虑和社会退缩上的得分均显著高于走读生，走读生的自尊水平略低于寄宿生。整体来看，寄宿生的心理健康水平更低。

表1 学生心理健康水平在性别上的差异

	性别	平均数	标准差	t 值
抑郁	男	0.98	0.44	5.228***
	女	0.94	0.44	
焦虑	男	1.12	0.64	-8.683**
	女	1.20	0.64	
社会退缩	男	0.88	0.51	9.982***
	女	0.80	0.47	
自尊	男	1.76	0.45	-5.763***
	女	1.80	0.43	

*** $p < 0.001$，** < 0.01，* $p < 0.05$。

表2 学生心理健康水平在就读方式上的差异

	就读方式	平均数	标准差	t 值
抑郁	寄宿	1.00	0.85	7.888***
	走读	0.91	0.85	
焦虑	寄宿	0.98	0.44	3.936**
	走读	0.92	0.44	
社会退缩	寄宿	1.18	0.63	3.576***
	走读	1.14	0.65	
自尊	寄宿	0.85	0.48	-2.785**
	走读	0.82	0.50	

*** $p < 0.001$，** < 0.01，* $p < 0.05$。

3. 校园欺凌与学生心理健康水平密切相关

本研究采用相关分析发现，校园欺凌与学生的心理健康水平密切相关（见表3）。其中，校园欺凌与抑郁、焦虑和社会退缩均存在较高的正相关，与自尊存在显著的负相关。也就是说，校园欺凌越严重，学生的抑郁、焦虑和社会退缩越严重，自尊水平越低。

表3　校园欺凌与学生心理健康水平的相关分析

	1	2	3	4	5
1. 校园欺凌	1				
2. 抑郁	0.556**	1			
3. 焦虑	0.295**	0.380**	1		
4. 社会退缩	0.274**	0.349**	0.929**	1	
5. 自尊	-0.165**	-0.320**	-0.189**	-0.152**	1

*** $p < 0.001$, ** < 0.01, * $p < 0.05$。

本研究通过多元回归进一步探讨了在控制学生的性别、就读方式、年级以及父母受教育水平后，校园欺凌对学生心理健康的影响。结果发现：（1）四个回归模型均显著，即校园欺凌会显著增加抑郁、焦虑和社会退缩，降低自尊；（2）校园欺凌对学生抑郁水平的影响最大，其次分别是社会退缩、焦虑和自尊。在其他背景条件相同的情况下，学生每多遭遇一次欺凌，抑郁水平增加0.242，社会退缩和焦虑水平增加0.144，自尊水平降低0.064（见表4）。

表4　回归分析：校园欺凌对学生抑郁、焦虑、社会退缩和自尊的影响

	模型1 因变量（抑郁）		模型2 因变量（焦虑）		模型3 因变量（社会退缩）		模型4 因变量（自尊）	
	B	SE	B	SE	B	SE	B	SE
1. 常数项	1.228***	0.009	-0.341***	0.013	-0.692***	0.012	0.192***	0.010
2. 性别	0.024***	0.006	0.053***	0.008	0.003	0.008	0.018**	0.006
3. 就读方式	-0.028***	0.006	-0.017*	0.008	-0.016*	0.008	0.011	0.007
4. 年级	-0.025***	0.006	0.046***	0.008	0.033***	0.008	0.026***	0.006
5. 父亲受教育水平	-0.002	0.004	-0.005	0.005	-0.003	0.005	0.012**	0.004
6. 母亲受教育水平	0.005	0.003	-0.015**	0.005	-0.013**	0.004	-0.002	0.004
7. 校园欺凌	0.242***	0.003	0.144***	0.004	0.144***	0.004	-0.064***	0.003
F	1176.513***		225.100***		252.169***		78.679***	
R^2	0.307		0.077		0.086		0.029	

*** $p < 0.001$, ** < 0.01, * $p < 0.05$。

三　研究建议：创建安全积极的校园环境，联合应对校园欺凌

1. 结果分析：学校管理水平落后，学生缺乏情感支持

研究发现，农村寄宿制学校校园欺凌问题产生的原因主要有以下两方面。一方面，

源于农村寄宿制学校的管理体制不完善。有研究者（叶敬忠、潘璐，2007）认为，目前大部分农村寄宿制小学的管理还处于"以看管为主、以不出事为原则"的低水平，学校对学生的问题行为与心理状况往往缺乏关注和引导。另一方面，农村寄宿制学校环境相对封闭，学生们24小时都在一起生活，这就为校园欺凌的发生提供了更多的机会和场合。

通过对欺凌形式的分析发现，在农村寄宿制学校，传统的言语、身体和关系欺凌仍占主导。网络欺凌虽然已成为一种新的欺凌方式，但受经济水平限制，农村寄宿制学校学生网络和手机等电子通信手段使用率低，网络欺凌现象相对较少。同时需要注意的是，关系欺凌的检出率高达23.90%，仅次于言语欺凌。这说明这些学校的学生小团体排他性比较严重。群体排他性无疑会让被排斥的学生无法产生归属感与安全感，从而带来很大的心理创伤。

在农村寄宿制学校，学生无法避免与欺凌者接触，而遭受欺凌的学生自我调节能力和各种生理、心理机能尚未达到成熟稳定的水平，因此校园欺凌可能引发更多的心理问题。同时，寄宿生活在很大程度上削弱了儿童与父母间的情感联结，减少了父母对学生的引导与情感支持。因此，一旦遭受欺凌，儿童在无法获得情感支持与慰藉的情况下，更可能把自己的情绪与感受隐藏起来；有些学生甚至会把遭受欺凌归因为自我问题，有的则会把它看作同伴如何看待自己的一个负面信息，并将这一负面信息整合到自我概念中，从而引发抑郁、焦虑、社会退缩和低自尊等一系列心理健康问题。

2. 应对策略：营造安全校园，建立同伴支持系统

为较好地应对严重的校园欺凌问题，国际上有研究者提出"全校反欺凌项目"（Whole-School Anti-Bullying Program）（Olweus，1994），通过学校、个体和社区联合实施反欺凌行动。实践证明，该项目能有效处理校园欺凌问题，改善同伴关系，创建安全积极的校园环境。结合我国农村寄宿制学校的办学模式，参考上述项目的反欺凌范式，研究建议可以从两个层面应对欺凌问题。

在学校层面，学校要营造关怀、尊重、包容和支持的校园氛围，建立良好的师生关系；制定并有效地执行反欺凌制度，以及明确清晰而又有力的惩戒措施；加强对操场、寝室、走廊等地的监管；对学生进行反欺凌教育及应对方式的教育；对教师进行专题培训，以提高教师处理校园欺凌事件的意识、知识和技能；开展学生心理健康教育和心理咨询，对实施欺凌者和被欺凌者均需进行指导，引导他们解决心理问题，帮助他们接纳他人、控制自我、建立良好的同伴关系。

在个体层面，学校和教师要引导学生建立同伴支持系统，在发现校园欺凌行为时，其余同伴（互助小组、朋友圈等）敢于面对欺凌者，支持被欺凌者，能采取合理的方式进行调节与干预。

参考文献

教育部，2012，《2011年全国教育事业发展统计公报》，《中国地质教育》第3期。

肖利敏、陶芳标、陈钦等，2008，《安徽省农村寄宿制学校学生抑郁焦虑症状及其影响因素分

析》，《中国学校卫生》第 9 期。

叶敬忠、潘璐，2007，《农村寄宿制小学生的情感世界研究》，《教育科学》第 9 期。

赵景欣、杨萍、赵喜佳等，2016，《早期青少年的同伴侵害与抑郁：自尊和性别的调节作用》，《中国特殊教育》第 1 期。

Chen, L. M. and Cheng, Y. Y. 2013. "Prevalence of School Bullying Among Secondary Students in Taiwan: Measurements With and Without a Specific Definition of Bullying." *School Psychology International* 6.

Cheng, Y. Y., Chen, L. M., Liu, K. S., et al. 2011. "Development and Psychometric Evaluation of the School Bullying Scales: A Rasch Measurement Approach." *Educational & Psychological Measurement* 1.

Faulstich, M. E., Carey, M. P., Ruggiero, L., et al. 1986. "Assessment of Depression in Childhood and Adolescence: An Evaluation of the Center for Epidemiological Studies Depression Scale for Children (CES-DC)." *American Journal of Psychiatry* 8.

Lee, Leng and Albert Park. 2010. "Parental Migration and Child Development in China." http://repository. upenn. edu/cgi/viewcontent. cgi? article = 1023&context = gansu_papers.

Mok, M. M. C., Wang W. C., Cheng Y. Y., et al. 2014. "Prevalence and Behavioral Ranking of Bullying and Victimization Among Secondary Students in Hong Kong, Taiwan, and Macao." *The Asia-Pacific Education Researcher* 3.

Olweus, Dan. 1994. "Bullying at School: What We Know and What We Can Do." *British Journal of Educational Studies* 4.

Rosenberg, Morris. 1965. *Society and the Adolescent Self-Image*. Princeton, NJ: Princeton University Press.

工作环境对乡村教师专业学习的影响机制研究

——心理资本的中介作用[*]

赵新亮　刘胜男[**]

（2018 年 7 月）

一　问题提出

《乡村教师支持计划（2015—2020 年）》实施两年来，极大地改善了乡村教师的物质待遇、工作环境与专业发展水平，乡村教师"留得住、下得去"的局面基本形成，但是在促进乡村教师专业发展、实现"教得好"目标方面仍有待加强。研究表明，教师专业学习是提升教师素质、提高教育教学质量的重要途径，是教师为了更好地实现教育教学目标，积极获取新知识、主动和同事协作、不断总结反思和勇于试验创新的行为（刘胜男，2016）。Darling-Hammond 等（2009）也认为，有效的教师专业发展应该基于有效的教师专业学习，这种学习应该是教师自我导向、持续发生的。然而，当前我国乡村教师专业学习的内外部环境比较薄弱，主要面临着缺乏名师引领、培训机会相对少、学习动力不足、学习资源匮乏、学习时间和机会缺乏保障等问题，农村学校特殊的工作环境已成为制约乡村教师专业学习的重要因素。因此，本研究将对乡村教师的专业学习情况进行调研，通过实证分析探究工作环境中影响其专业学习的关键因素，并通过模型来构建各因素对乡村专业学习的内在作用机制。

梳理国内外相关文献发现，学者们普遍认为工作环境因素对教师专业学习有直接的影响，比如 Lam 等（2003）对中国香港中小学教师的调查发现，校长鼓励决策参与、团队合作、灵活安排工作等因素是影响教师参与学习活动的因素；弋文武（2008）通过回归分析提出了自我发展意识、学习环境与资源、学习时间、学习活动方式等影响农村教师专业学习的

　＊　本文最初发表在《教师教育研究》2018 年第 4 期上。［基金项目］2016 年度国家社会科学基金教育学青年课题"乡村教师'自我生长'模式的理论与实践研究"（课题批准号：CGA160172）。

＊＊　赵新亮，北京大学中国教育财政科学研究所博士后；刘胜男，华东师范大学教育管理学系副教授。

因素。Thoonen 等（2011）对荷兰 502 名小学教师的调查发现，教师的自我效能感是影响教师专业学习的重要因素，并同时在学校组织环境和领导实践中产生调节效应。陈向明和张玉荣（2014）提出，教师专业学习成效受到各种外部因素的制约，不仅与所处的时代和情境密切相关，而且与其身份认同和日常生活之间有着复杂的关联。马琳雅（2016）在对农村中学教师自我导向学习能力的调查中也发现，外部环境、教师个体和培训支持者等是重要的影响因素。在明确了工作环境对教师专业学习影响作用的同时，也有学者对影响教师专业学习的工作环境要素进行细化探究，并对相互之间的影响关系进行分析，比如刘胜男（2016）通过实证研究，具体分析了学习导向型领导、教师信任和教师能动性等因素对教师专业学习的影响与作用机制。此外，还有些学者围绕乡村教师专业学习的基本现状、学习策略、学习共同体、学习资源、学习方式等主题分别进行了研究。

综上所述，国内外关于教师专业学习的研究有较好基础，对教师专业学习的影响因素有相关的实证分析，主要涉及学校领导、资源条件、自我效能、同事合作、动力态度等因素。但是，关于乡村教师专业学习的研究比较匮乏，尤其是缺少量化研究，且已有研究仅对外部环境与专业学习的影响关系进行分析，并未关注到乡村教师个体的心理资本要素的价值，尤其是心理资本在外部环境和专业学习两个变量间的作用关系。因此，本研究既要关注工作环境对乡村教师专业学习的影响，包括变革型领导、工作支持、同事关系、程序公平等变量要素，更要深入探讨个体心理资本对其影响关系的中介作用。本文将聚焦四个研究问题：一是人口学变量下乡村教师心理资本和专业学习的现状及差异；二是不同工作环境对乡村教师专业学习的影响；三是不同工作环境对乡村教师心理资本的影响；四是乡村教师心理资本在工作环境对其专业学习影响过程中是否起中介作用。

二　研究方法

（一）样本与施测

本研究以山东省 Q 市的乡村教师为调查对象，采用随机分层抽样的原则，于 2017 年 5 ~ 6 月份以学校为单位抽取样本，包括乡镇学校和村庄学校。为确保问卷回收质量，问卷施测主要采取由课题组成员当场说明注意事项、集体作答、当场回收的方式，前后共发放了 1000 份问卷。对于问卷中有规律性作答或者超过 5 题及以上没有填答的问卷做无效处理后，一共回收有效样本 864 份，有效率为 86.4%。区分性别、年龄、学历、职称的样本描述见表 1。

表 1　被试人口学资料统计（$N = 864$）

单位：人，%

变量	类别	样本人数	所占比例
性别	男	294	34.0
	女	570	66.0

续表

变量	类别	样本人数	所占比例
学历	专科及以下	140	16.2
	大学本科	705	81.6
	研究生	19	2.2
职称	初级	445	51.5
	中级	369	42.7
	高级	50	5.8
年龄	28岁及以下	150	17.4
	29～39岁	364	42.1
	40～50岁	241	27.9
	51岁及以上	109	12.6

（二）变量及工具

1. 变量概况

本研究中变革型领导、程序公平、工作支持等变量虽然都来自国外，但是目前在国内都已经有了比较广泛的应用。因此作者在比对中英文版量表的基础上，邀请3名教研员根据丰富的一线教学经验，对题项的表达方式和用词等做了微调。最终形成的问卷共72题，均采用Likert 5点计分，1～5表示从"完全不符合"到"非常符合"。运用验证性因素分析方法检验工具的效度，结果表明变革型领导、工作支持、程序公平、心理资本、同事关系和专业学习等问卷的效度良好。采用Likert量表常用的信度检验方法即内部一致性系数（Cronbach's Coefficient Alpha，α）对工具进行信度检验（见表2），各量表及维度的α系数均在0.7以上，AVE均大于0.5，CR均大于0.6（Fornell and Larcker, 1981），信度良好。

2. 量表工具

变革型领导采用了Garcia-Morales等（2008）以及Fu、Tsui、Liu等（2010）的变革型领导风格量表，由8个题项构成。该量表由黄淑芬（2016）在国内情境下检验过，信效度良好。示例题项包括"校长经常向我们传递他对教育教学工作的高期待""校长经常给我们传达教师职业的使命感"等。

工作支持借鉴了李永鑫、赵娜（2009）和Wayne等（1997）编制的部分题项，由3个题项构成。示例题项包括"学校为我们提供了良好的福利待遇""学校能让我们灵活安排时间应对家庭事务"等。

程序公平借鉴了Kirkman等（2009）研究中的题项，由6个题项构成。示例题项包括"学校领导通过公平公正的方式制定教师职称评价制度""与教师利益相关的决定，学校领导会充分征求教师的意见"等。

心理资本来自陈威燕（2016）研究中的题项，包括自信、希望、乐观和韧性四个维度，由26个题项构成。示例题项包括"我相信教育教学工作中的任何问题都有很多解决方法""我对工作中的压力能够泰然处之"等。

同事关系来自姜定宇（2005）研究中的题项，本研究选取了其中的义务性关系变量，其将组织中人际关系分为基于利益、基于情感和基于角色义务等维度，由 3 个题项构成。示例题项包括"单位的同事像兄弟姐妹一样，工作时团结一心""作为单位一员，同事遇到困难时大家有责任和义务相互帮助"等。

专业学习来自 Thoonen、Sleegers、Oort 等（2011）和 In de Wal、den Brok、Hooijer 等（2014）研究中对教师学习测量的题项。国内刘胜男（2016）曾在调研中应用该量表，信效度良好。该量表包括协作、反思、创新和获取新知四个维度，由 26 个题项构成。示例题项包括"我经常和同事一起探讨各种教学问题""我会创造性地在课堂上尝试应用新的教学方法"等。

3. 分析思路

本研究采用 SPSS 19.0 和 Mplus 7.4 对数据进行统计、分析，主要使用描述性统计分析、聚类分析、多元线性回归分析以及中介效应检验对数据进行处理。首先，对主要变量进行描述性统计分析，考察各主要研究变量上的人口计量学差异。其次，分别采用多重回归、多元回归的方法，探索工作环境中各变量指标对乡村教师心理资本和专业学习的独特效应，独特效应是指多个预测变量同时作用于相同结果变量时各自的预测作用是否不同于零，其目的是考察多个前因变量共同作用时各自的效应（周菲、余秀兰，2016）。最后，采用 Bootstrap 检验考察心理资本的中介效应，提出工作环境作用于乡村教师专业学习的影响机制。

三　研究结果

（一）变量描述性统计及相关分析

各主要变量的描述性统计及相关矩阵如表 2 所示，其中也列出了各变量内部一致性系数的 α、CR、AVE 等值。

表 2　变量的描述性统计及相关矩阵

	平均数	标准差	变革型领导	工作支持	程序公平	同事关系	心理资本	专业学习
变革型领导	4.179	0.849	—					
工作支持	3.658	1.030	0.686**	—				
程序公平	3.852	1.060	0.686**	0.697**	—			
同事关系	4.299	0.572	0.245**	0.143**	0.198**	—		
心理资本	4.157	0.797	0.515**	0.442**	0.549**	0.471**	—	
专业学习	4.273	0.584	0.449**	0.328**	0.428**	0.446**	0.844**	—
α			0.931	0.789	0.949	0.781	0.953	0.936
CR			0.932	0.799	0.949	0.813	0.934	0.935
AVE			0.632	0.575	0.758	0.600	0.781	0.784

注：** 表明在 0.01 水平上显著相关（双侧）。

由表2可知，各研究变量的平均值大多在3.6～4.2，说明样本校校长在变革型领导方面表现较好（$M = 4.179$，$SD = 0.849$）；乡村教师对自我心理资本（$M = 4.157$，$SD = 0.797$）和专业学习（$M = 4.273$，$SD = 0.584$）的评价较高。但是对于学校组织中程序公平（$M = 3.852$，$SD = 1.060$）和工作支持（$M = 3.658$，$SD = 1.030$）的评价呈中等偏上状态，对同事关系的评价也较高（$M = 4.299$，$SD = 0.572$）。各研究变量间相关均在0.01及以上显著水平，均为显著的正相关关系。分析相关矩阵可知，变量间相关关系符合研究理论预期，可以进一步探索各变量间的相互预测关系并进行模型探讨。

（二）专业学习与心理资本的代际差异

教师代际差异的划分主要结合国内外通行的"重大事件划分法"和"客观出生年代"两个标准，将教师群体具体划分为"社会主义建设一代"（1960～1966年，简称"60后"）、"文革一代"（1967～1978年，简称"67后"）、"改革开放一代"（1979～1989年，简称"80后"）和"90后"（1990～1995年）四代。为检验乡村教师心理资本与专业学习的代际差异，首先采用方差分析进行数据处理，如果代际群体出现显著差异，再分别对各群组进行两两检验，检验结果见表3。结果显示，专业学习中的协作（$F = 1.07$，$p = 0.36 > 0.05$）与创新（$F = 1.63$，$p = 0.18 > 0.05$）在不同代际不存在显著差异；专业学习中的反思（$F = 2.92$，$p = 0.03 < 0.05$）与获取新知（$F = 4.23$，$p = 0.01 < 0.05$）在不同代际存在显著差异。心理资本中的自信、希望、韧性和乐观四个变量在不同代际均存在显著差异，显著性检验 p 值均达到0.01显著性水平。

表3　专业学习和心理资本的代际差异（$N = 864$）

变量名称		① "90后"（$n = 150$）	② "80后"（$n = 364$）	③ "67后"（$n = 241$）	④ "60后"（$n = 109$）	总体（$n = 864$）	F	两两比较（LSD）
专业学习	协作	4.31 ± 0.69	4.33 ± 0.65	4.41 ± 0.62	4.38 ± 0.67	4.36 ± 0.65	1.07	无显著差异
	反思	4.24 ± 0.72	4.20 ± 0.72	4.34 ± 0.66	4.39 ± 0.66	4.27 ± 0.70	2.92*	④③ > ②
	创新	4.28 ± 0.65	4.20 ± 0.69	4.32 ± 0.66	4.23 ± 0.65	4.25 ± 0.67	1.63	无显著差异
	获取新知	4.26 ± 0.66	4.13 ± 0.69	4.32 ± 0.63	4.20 ± 0.73	4.21 ± 0.68	4.23**	③① > ②
心理资本	自信	4.10 ± 0.62	4.14 ± 0.60	4.26 ± 0.57	4.38 ± 0.59	4.20 ± 0.60	6.48**	④③ > ①②
	希望	4.16 ± 0.68	4.07 ± 0.70	4.19 ± 0.72	4.36 ± 0.63	4.15 ± 0.70	5.31**	④ > ①②③
	韧性	4.03 ± 0.65	4.04 ± 0.69	4.18 ± 0.63	4.31 ± 0.55	4.11 ± 0.66	6.57**	④③ > ①②
	乐观	4.10 ± 0.69	4.05 ± 0.75	4.22 ± 0.68	4.34 ± 0.58	4.14 ± 0.71	6.32**	④ > ①②

注：* 表明在0.05水平上显著相关（双侧），** 表明在0.01水平上显著相关（双侧）。

根据表3中的两两比较结果可知，在专业学习变量中的反思维度方面，60后及67后与80后存在显著差异，从均值上看，67后和60后也显著高于80后和90后，表明青年教师在反思性学习方面不如中老年教师有经验。在获取新知方面，67后及90后与80后存在显著差异，从均值上看，67后和90后也显著高于80后，表明"文革一代"教师具有更强烈的知识获取欲望，这与其特殊的成长环境相关，同时 90 后作为新入职教师，在获取新知方面也明显高于 80 后。

在心理资本变量中的自信与韧性两个维度方面，60 后、67 后与 80 后、90 后之间存在显著差异，在均值方面，60 后、67 后也显著高于 80 后和 90 后，说明在乡村的中老年教师更加自信，韧性水平也较高，而 80 后、90 后等青年教师的自信与韧性水平则相对较低。此外，在希望与乐观两个维度方面，60 后教师也显著高于其他年代的教师，尤其高于 80 后、90 后教师，说明 80 后、90 后的乡村教师不如 60 后教师乐观，对未来发展的希望认知相对较低。

（三）分层回归分析的结果

采用分层回归方法考察工作环境和心理资本对专业学习的预测情况。对各因子进行多重共线性诊断，其容忍度均大于 0.5，方差膨胀因子（VIF）均小于 2，表明各因子间不存在严重的共线性问题，分析结果详见表 4。首先，将性别、"代"、学历、职称和职务等人口统计学控制变量纳入回归方程，控制变量与专业学习的多元相关系数 R^2 为 0.018，解释变异量较低，但其多元回归整体检验的 F 值为 3.137，达到 1% 显著水平。结果表明"代"和职务与专业学习有显著的正向关系。

表 4　工作环境及心理资本与专业学习的关系（$N = 864$）

变量		因变量：专业学习		
		模型 1	模型 2	模型 3
控制变量	性别	0.072	0.034	0.035
	"代"	0.105 *	0.054	− 0.038
	学历	0.011	0.034	0.037
	职称	− 0.062	− 0.031	− 0.025
	职务	0.104 **	0.036	0.015
自变量：工作环境	变革型领导		0.220 ***	0.056
	工作支持		− 0.008	− 0.024
	程序公平		0.205 ***	− 0.009
	同事关系		0.292 ***	0.078 ***
中介变量：心理资本	自信			0.548 ***
	希望			0.119 ***
	韧性			0.058
	乐观			0.124 ***
回归模型摘要	R^2	0.018	0.289	0.663
	$\triangle R^2$	0.012	0.282	0.658
	F	3.137 **	38.624 ***	128.6 ***

注：表格内数值为回归系数；* 表明在 0.05 水平上显著，** 表明在 0.01 水平上显著，*** 表明在 0.001 水平上显著。

其次，将工作环境中的四个变量纳入回归方程，模型 2 中自变量与专业学习的多元相关系数 R^2 为 0.289，即能解释专业学习 28.9% 的变异量，显著性改变的 F 值为 38.624，达到 0.001 的显著性水平，方程整体拟合效果较好。结果表明变革型领导、程序公平和同事关系能够显著预测教师专业学习表现，呈现显著的正向关系，而工作支持与专业学习间未达到统计显著水平，因此本研究将进一步探讨心理资本是否显著调节两者关系。

最后，将心理资本中的四个变量纳入回归方程，合计 13 个自变量与专业学习的多元相关系数 R^2 为 0.663，即整体解释变异增加了 37.4 个百分点，显著性改变的 F 值为 128.6，达到 0.001 显著性水平。从标准系数 β 也可看出，自信、希望和乐观与专业学习呈现显著的正向关系，回归系数最高的是自信，为 0.548，其次是乐观（0.124）和希望（0.119），最低的是韧性（0.058），韧性与专业学习间也未达到统计显著水平。

（四）工作环境对乡村教师专业学习的影响机制

本部分将运用结构方程建模技术，通过 Bootstrap 方法，对变革型领导、工作支持、程序公平和同事关系通过心理资本对乡村教师专业学习的影响进行验证，即验证心理资本在不同变量中的中介效应。Bootstrap 是将原来的样本（样本量为 n）做有放回的随机重复抽样，共抽取 N 个样本，可能存在重复样本，这样在原始样本基础上就产生了新的样本。重新取样建立起来后，计算重新取样数据集中的中介效应估计值 a、b。这个过程一般至少要进行 k 次（k 至少要进行 1000 次，本研究做了 2000 次）。直到全部完成后，我们获得了关于间接效应的 k 个估计值。我们将这些估计值进行有序排列，用第 2.5 个百分位数和第 97.5 个百分位数来估计 95% 的置信区间，这一过程称为非参数的百分位 Bootstrap 法。假如这一置信区间中的上限和下限不包含零，那么我们可以认为拒绝了间接效应为零的虚无假设，即间接效应成立。Bootstrap 在检验中介效果方面比 Sobel Test 和 Baron 与 Kenny 的因果逐步回归分析法更加有效（Hayes，2009）。

以往的研究曾指出，年龄、学历和职务等变量可能对教师的专业学习产生影响，因此本研究将其设置为控制变量。结果显示，在控制了年龄、学历和职务等教师人口学变量后，变革型领导、程序公平和同事关系通过心理资本影响乡村教师专业学习的中介效应成立，但是直接效应并不显著。这意味着学校组织中变革型领导、程序公平和同事关系并非直接对乡村教师的专业学习产生影响，而是通过作用于心理资本，间接地影响专业学习。但是工作支持对乡村教师专业学习不论是直接效应还是中介效应都并不显著。模型各项拟合指数如图 1 右上角所示，表明所建构的中介模型与数据拟合水平良好，中介模型及变量间路径的标准化系数值详见图 1。

从图 1 可以看出，本研究中变革型领导、程序公平和同事关系对乡村教师专业学习的总解释效应为 0.723（0.169×0.844 + 0.329×0.844 + 0.358×0.844）。其中变革型领导对专业学习的间接影响效应为 0.143（0.169×0.844）；同事关系对专业学习的间接影响效应为 0.302（0.358×0.844）；程序公平对专业学习的间接影响效应为 0.278（0.329×0.844）。变量间的路径系数及显著性检验见表 5。

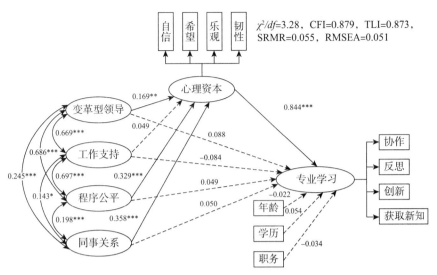

图 1　工作环境对乡村教师专业学习的影响结构模型

表 5　潜变量间路径系数及显著性检验 （N = 864）

影响路径	效应	点估计值	系数乘积		95% Bias Corrected CI		Two-tailed Sig
			SE	Z	下限	上限	
变革型领导→心理资本→专业学习	标准化总效应	0.231	0.059	3.900	0.164	0.341	***
	标准化间接效应	0.143	0.051	2.764	0.080	0.218	**
程序公平→心理资本→专业学习	标准化总效应	0.228	0.050	4.528	0.203	0.319	***
	标准化间接效应	0.278	0.042	6.539	0.206	0.320	***
同事关系→心理资本→专业学习	标准化总效应	0.353	0.035	10.102	0.301	0.392	***
	标准化间接效应	0.302	0.030	10.088	0.255	0.338	***
工作支持→心理资本→专业学习	标准化总效应	− 0.043	0.053	− 0.813	− 0.132	− 0.008	—
	标准化间接效应	0.041	0.033	1.270	− 0.008	0.071	—

四　结论和建议

（一）主要结论

　　第一，描述性统计结果显示，乡村教师对自我心理资本和专业学习的评价较高，对工作环境中同事关系的认可度也较高，而对学校组织中程序公平和工作支持的评价相对较低，说明要在学校制度建设和组织关怀等方面进一步加强对乡村教师的支持。从乡村教师心理资本的均值来看，其自信水平表现最高，其次是希望水平，再次是乐观水平，最后是韧性水平。对乡村教师专业学习的均值比较后发现，乡村教师间的协作学习程度最高，其次是反思学习，再次是创新学习，而获取新知的学习程度则最低，表明乡村教师的专业学习更多地依靠协作与反思的方式进行，而在创新与获取新知的学习方面相对不足，这也与其特殊的身份和工作环境相关。

第二，人口学变量差异结果表明，乡村教师在专业学习和心理资本方面存在明显的代际差异。在专业学习变量中，67后和60后乡村教师的反思性学习水平显著高于80后和90后；90后乡村教师在获取新知方面显著高于80后，与67后、60后相比，80后获取新知的学习程度最低。在心理资本变量中，60后与67后的自信与韧性水平显著高于80后和90后；在希望与乐观维度，60后乡村教师也显著高于其他年代的教师，尤其高于80后、90后教师。整体来看，80后乡村教师对自我心理资本的认知评价较低，其专业学习水平也有待提高，反映出其职业认同度偏低的问题。这与岳金环（2010）的研究一致，即25岁及以下年龄段的农村教师职业认同度最高，其次是51岁及以上年龄段，26～30岁、31～40岁等农村教师职业认同程度最低。

第三，通过回归分析结果发现，工作环境与心理资本对乡村教师的专业学习程度有显著的正向预测效应。工作环境变量中变革型领导、程序公平和同事关系能够显著影响乡村教师的专业学习表现，心理资本变量中的自信、希望与乐观水平也能显著影响乡村教师的专业学习表现，合计13个自变量与专业学习的多元相关系数 R^2 为0.663，即能整体解释变异量为66.3%。同时，通过 Bootstrap 方法分析可知，心理资本在工作环境与专业学习间的中介效应显著，表明工作环境中变革型领导、程序公平和同事关系并非直接对乡村教师专业学习行为产生影响，而是通过作用于心理资本，间接影响乡村教师的专业学习。主要形成了"变革型领导→心理资本→专业学习""程序公平→心理资本→专业学习""同事关系→心理资本→专业学习"三条显著的影响路径。

（二）政策建议

依据上述研究结果和结论，本研究提出以下几点建议。

（1）改善制约乡村教师创新与学习的不利环境。乡村学校地理位置相对偏远，生态环境较为封闭，乡村教师与外界进行信息流和能量流交换时受到一定限制，其专业学习的方式主要依靠个人反思和同事协作进行，而在创新试验和获取前沿知识等方面的专业学习不足。因此，要大力改进制约乡村教师专业学习的不利环境，以多种措施保障其专业发展。政府层面，应重点加强乡村学校信息化基础设施建设，引导乡村教师积极参加远程教育，与城市学校优秀教师建立一对一在线合作学习机制；同时在经费投入、培训机会、教学科研等方面向乡村教师倾斜，保障其基本的学习时间和学习机会，鼓励乡村教师大胆开展教学试验和创新探索。学校层面，要创新教育教学管理制度，确保程序公平，为乡村教师专业学习提供制度支持和条件保障，形成符合乡村教师需求的常态化专业学习机制。积极加强学校组织关怀，建立促进乡村教师专业学习的激励和制约机制，构建以"学习文化"为核心的学习型组织。

（2）重视中介效应，提升乡村教师的心理资本。研究结果显示，工作环境并非对乡村教师专业学习产生直接影响，而是通过心理资本间接影响专业学习，心理资本在这个过程中发挥了完全中介作用，因此要高度重视其中介效应，提升乡村教师的心理资本，从而改善乡村教师专业学习的态度、行为及成效。从个体层面来说，乡村教师自身要努力克服否定自我的自卑情节及玩世不恭的犬儒定位，牢记身为人师所肩负的道德使命，充分认识个体在乡村社会中普及文化、移风易俗、引进科技、发展经济的重要价值；同时要通过和谐的社会交往和适当的运动保持身心健康，通过自我学习、主动改良、试验探索等方式，从根本上完善自我的核心素养（高盼望、徐继存，2015）。从学校层面来说，要通过多种措施引导和干预乡村教师的心理状态，激发和提升其心理资本水平。学校领导要密切关注乡村教师心理资本的变化，实施必要的激励与评价工作，重点加强心理资本提升的专题培训，鼓励乡村教师增强自信、保持乐观并应对挫折，学会自我调节。

（3）引导乡村教师自主学习，激发内在发展动力。外在工作环境对乡村教师的专业学习有较大影响，但是其影响属于一种非自觉、他组织的客观主义学习范式，为更有效提升乡村教师专业学习水平，还需加强其自主学习、内生动力的引导与激发。因为与城市相比，乡村学校的外在环境毕竟有限且难以在短时间内有较大改变，这就更加需要引导乡村教师以一种自我救赎的方式自主学习与内生发展。首先，要通过外部物质、精神环境的支持，引导乡村教师理解专业学习和自主成长的必要性，逐步培养自主学习的意识。通过组建各种学习共同体，增强其组织认同和归属感，发挥群体文化的积极动力作用，激发每一位乡村教师的内在发展动力。其次，还需要政府或社会各界加大乡村学校学习资源的投入，为乡村教师自主学习提供资源保障，重点搭建网络平台、构筑优质的自我导向学习资源库。乡村学校也要积极打破封闭办学状态，充分挖掘和有效利用本土和社会资源，建立广泛的资源共享机制，有效构建内容丰富、空间开放的教师学习平台（徐君，2009）。

（4）对不同代际乡村教师实施差异化支持政策。研究表明，工作环境对乡村教师专业学习的影响，在不同代际群体间存在较为明显的差异，比如年长教师在反思性学习方面远高于年轻教师，而年轻教师在获取新知方面又高于年长教师，乡村学校中80后、90后教师的心理资本水平普遍低于60后和67后等。基于此，为提高乡村教师专业学习水平，需要针对不同代际群体实施差异化、个性化的支持策略。对于80后和90后乡村教师来说，要加强其心理资本的培育与提升，重点增强80后和90后对乡村教师职业的认同感和归属感，努力保持一种自信、乐观、积极向上的人生态度，在乡村学校也能实现个人事业发展的理想目标。对于60后和67后乡村教师，要鼓励其积极获取最新教改信息，不断开展教育教学的试验探索与创新，不因循守旧、消极怠工。调研中也发现，乡村教师对于学校程序公平的认可度相对较低，要求学校在组织管理和专业支持等方面不断改进，避免简单化、一刀切的刚性管理，制定差异化的考核评价和激励策略，调动不同群体乡村教师专业学习的积极性。

参考文献

陈威燕，2016，《基于心理资本视角的高校教师工作绩效影响机制研究》，博士学位论文，中国矿业大学。

陈向明、张玉荣，2014，《教师专业发展和学习为何要走向"校本"》，《清华大学教育研究》第
　　1期，第36~43页。

高盼望、徐继存，2015，《论新型城镇化中乡村教师的文化转型》，《中国教育学刊》第2期，第
　　96~100页。

黄淑芳，2016，《基于跨学科合作的团队异质性与高校原始性创新绩效的关系研究》，博士学位
　　论文，浙江大学。

姜定宇，2005，《华人部属与主管关系、主管忠诚及其后续研究：一项两阶段研究》，博士学位
　　论文，台湾大学。

李永鑫、赵娜，2009，《工作－家庭支持的结构与测量及其调节作用》，《心理学报》第9期，第
　　863~874页。

刘胜男，2016，《教师专业学习影响因素及其作用机制研究》，博士学位论文，华东师范大学。

马琳雅，2016，《农村中学教师自我导向学习能力提升研究》，硕士学位论文，河南大学。

徐君，2009，《自我导向学习：农村教师专业发展的有效途径》，《教师教育研究》第3期，第17~
　　22页。

弋文武，2008，《农村教师学习问题研究》，博士学位论文，西北师范大学。

岳金环，2010，《农村小学教师职业认同现状研究——来自湖南省常德地区的调查》，硕士学位
　　论文，湖南师范大学。

周菲、余秀兰，2016，《家庭背景对大学生学术性投入的影响及其作用机制》，《教育研究》第2
　　期，第78~88页。

Darling-Hammond, L. & Richardson, N. 2009. "Teacher Learning: What Matters." *Educational Leader-
　　ship* 66 (5), 46 – 53.

Fornell, C. & Larcker, D. F. 1981. "Evaluating Structural Equation Models with Unobservable Varia-
　　bles and Measurement Error." *Journal of Marketing Research* 18 (1): 39 – 50.

Fu, P. P., Tsui, A. S., Liu, J., et al. 2010. "Pursuit of Whose Happiness? Executive Leaders' Trans-
　　formational Behaviors and Personal Values." *Administrative Science Quarterly* 55 (2): 222 – 254.

García-Morales, V. J., Lloréns-Montes, F. J., & Verdú-Jover, A. J. 2008. "The Effects of Transfor-
　　mational Leadership on Organizational Performance Through Knowledge and Innovation." *British
　　Journal of Management* 19 (4): 299 – 319.

Hayes, A. F. 2009. "Beyond Baron and Kenny: Statistical Mediation Analysis in the New Millennium."
　　Communication Monographs 76 (4): 412 – 413.

In de Wal, J. J., den Brok, P. J., Hooijer, J. G., et al. 2014. "Teachers' Engagement in Professional
　　Learning: Exploring Motivational Profiles." *Learning and Individual Differences* 36: 30.

Kirkman, B. L., Chen, G., Farh, J. L., et al. 2009. "Individual Power Distance Orientation and
　　Follower Reactions to Transformational Leaders: A Cross-level, Cross-cultural Examination." *Acade-
　　my of Management Journal* 52 (4): 744 – 764.

Lam, Y. L. & Pang, S. K. 2003. "The Relative Effects of Environmental, Internal and Contextual Fac-
　　tors on Organizational Learning: The Case of Hong Kong Schools under Reforms." *The Learning Or-
　　ganization: An International Journal* 10 (2): 83 – 97.

Thoonen, E. E. J., Sleegers, P. J. C., Oort, F. J., et al. 2011. "How to Improve Teaching Practices the Role of Teacher Motivation, Organizational Factors, and Leadership Practices. " *Educational Administration Quarterly* 47（3）: 503.

Wayne, S. J. , Shore, L. M. , & Liden, R. C. 1997. "Perceived Organizational Support and Leader-member Exchange: A Social Exchange Perspective. " *Academy of Management Journal* 40（1）: 82 – 111.

六

高中教育财政

我国普通高中经费筹措体制回顾与评析：1980～2016[*]

赵俊婷　刘明兴[**]

（2017 年 6 月）

一　引言

　　总的来看，我国的普通高中以公办教育为主，公办普通高中的经费投入体制总体上采取了先通过多元化渠道筹资，再逐渐加大财政保障力度的发展道路。相对于义务教育阶段，普通高中的经费筹措和投入体制是高度分权化、多元化的，地区间乃至同一地区内部学校间的差异均是非常明显的。

　　中国与美国的公办高中经费筹措方式有相似之处，都是在分权的体制下进行的，因而我们在此重点就美国高中经费筹措进行论述。在 K－12 教育财政框架下，美国的公立高中主要采取免费教育的形式。各级政府之间的职责分明，地方政府负责所在地区的公立高中的教育，办学资金主要来源于本地区的财产税（王蓉，2011：481）。州政府通过立法机关对公立高中进行统筹管理，其拨款主要用于协调富裕的学区（学生）和贫穷的学区（学生）之间的差异（Friend，1995：3；Landerman，2014；Reyes，1995）。但各州之间财政投入差异较大（Wassmer and Fisher，2002）。美国联邦政府在教育财政的问题上充当补偿的角色，只针对低收入家庭所在的学校以及学区进行投入（Loeb and Socias，2004）。从财政投入讨论的主题来看，美国的公立基础教育财政投入的研究主题逐渐从公平性转到了充足性问题的讨论（Odden and Picus，2014：76）。

　　近几年，不少学者开始对我国高中阶段教育经费投入进行研究，研究的思路主要是从现状出发，分析普通高中经费投入面临的主要问题（沈百福，2011；刘建民、刘建发、吴金光，2012；薛海平、唐一鹏，2016），投入经费不足被认为是普遍存在的问题。除此

　　[*]　本文最初发表在《教育学报》2017 年第 3 期上。

　　[**]　赵俊婷，北京大学中国教育财政科学研究所博士后；刘明兴，北京大学中国教育财政科学研究所教授、副所长。

之外，薛海平和唐一鹏（2016）指出，高中财政性教育经费还存在"中部塌陷"的现象。总的政策解决思路是打破原有的"以县为主"的政府经费投入体制，建立多级政府财政分担机制。但是不同的是，一些学者将重点放在了政府承担的责任上（刘泽云，2009；刘建民、刘建发、吴金光，2012），另一些学者同时也强调了多元化社会筹资的重要性（薛海平、唐一鹏，2016）。

从目前的文献情况来看，尚未有学者梳理过历年来我国普通高中教育经费筹措体制的相关研究。而梳理相关体制的研究是认识当前普通高中投入现状的基础，因此回顾我国普通高中教育经费筹措体制的研究具有重要的学术意义。

二 分权多元化的经费筹措体制

（一）从体制内走向体制外多渠道筹集资金（20世纪八九十年代）

在普通高中办学经费筹措中，受分权化的财政体制和教育管理体制的影响，中央对地方的普通高中办学是充分放权的。在80年代中期，基础教育领域建立了分级办学、分级管理体制后，普通高中的办学由本级政府负责。但在"划分收支、分级包干"的财政管理体制下，预算内资金的使用办法采取预算包干、结余留用、超支不补方式。地方政府特别是县乡两级政府被赋予的职能众多，除了文教卫生外，还包括公安、民政、司法、计划生育等工作。但地方政府税收来源有限，特别是乡镇一级政府，倘若没有乡镇企业以及工商税收，收取的只能是农业税、农业特产税、屠宰税等，即县和乡两级政府用预算内资金支持普通高中办学的经费是有限的。另外，县乡两级的普通高中数量众多，据1985年统计，县以下（含县）农村中学在校生约占全国中学生总数的82%①（何东昌，1998a：2623），使得县乡两级政府面临普通高中办学责任过大与办学经费不足的双重压力。

在此背景下，地方各级政府对普通高中的办学也是充分放权的。除了上级政府以及本级政府预算内拨款外，主要依靠多渠道筹资办学。（1）主要通过税外收费来实现多渠道筹资，包括以下两种。①教育费附加。针对农村地区，1984年国务院颁布的《国务院关于筹措农村学校办学经费的通知》中规定，乡人民政府可以征收教育事业费附加。在城市中，1986年国务院发布的《征收教育费附加的暂行规定》中指出，以各单位和个人实际缴纳的产品税、增值税、营业税的税额为依据，教育费附加率为1%。教育费附加成为当时重要的财政性经费来源。但教育事业附加费在文件上没有规定明确的征收办法和征收数量，导致各地的差异很大。②县乡两级政府向民众征收的各种教育费用，例如，除了"五统"中农村教育事业附加支持乡村两级办学外，乡镇也会向民众收取"中学民办教育费"。（2）向学生家长收取的学费、杂费以及借读费。我们在1989年颁布的《国家教委、国家物价局、财政部关于清理整顿中小学收费项目有关问题的通知》中可看到这样的规

---

① 《国家教育委员会、财政部关于农村基础教育管理体制改革若干问题的意见》（1987年6月15日）。

定，非义务教育的高级中学应收学费和杂费①（何东昌，1998a：2856）。（3）勤工俭学收入，主要包括校办企业或者校办农场。（4）社会力量的捐资助学。在 1984 年的《国务院关于筹措农村学校办学经费的通知》中指出：鼓励社会各方面和个人自愿投资在农村办学。当时通过社会力量捐资助学来维系办学是很重要的资金来源之一，例如，山东省共投资 25.5 亿元改造农村中小学校舍，使 90% 以上的中小学校舍面貌一新，其中群众和社会各方面集资占了 93%，达 23.6 亿元②（何东昌，1998a：2710）。另外，在县域内设立人民教育基金这种集资方式也是被当时的国家教委所提倡的。例如，山东的平度县做出了《关于全县统筹人民教育基金的决定》，按县 1983 年人均收入的 2% 集资，每年集资总额达到 1030 万元③（何东昌，1998a：2743）。

值得注意的是，不管在统收统支的教育财政管理体制时代还是在财政包干的年代，在教育领域采用多渠道筹资都是惯常的做法。但是不同的是，在统收统支的年代，筹集的资金需要上缴后由上级再做二次分配，但是在 70 年代之后，中小学收取的学杂费按照专项资金进行管理，不作为收入上缴财政④（何东昌，1998b：1517）。到了 80 年代实行包干后，多渠道筹集的资金也主要留本校使用，从政策上县一级政府除了负责县属的中小学经费外，还时常承担着全县中小学的专项经费（例如基建、修缮、设备）筹集。但在政策的实际操作中地区间的差异较大，通过对中西部地区教育系统老干部的访谈得知，当地县政府只负责公办教师的工资，各普通高中的公用经费完全依靠自收自支的方式维持办学。这种方式在一定程度上激发了办学的积极性，也拉大了学校之间的差距，一些乡镇高中由于有非常强的教师激励机制，常常在高考中取得好成绩，而另一些乡镇高中则面临着难以维持办学的状态。

虽然地方普通高中的经费投入主要来自预算外的多渠道教育经费筹集方式，但高中阶段办学较为复杂，因此在经费筹集上稍有不同。

（1）中等教育结构调整政策不同导致投入倾向不同。从 80 年代开始，中央对中等教育的办学进行了结构调整。一方面，自高考恢复之后，普通高中经历了内部调整，第一是恢复重点中学办学体制。1980 年 10 月，经国务院批准，教育部颁布《关于分批分期办好重点中学的决定》后，一批省属级别的重点中学创立，形成了新中国举办重点中学的第二个高潮。该政策形成了重点中学大部分集中在省、市级城市的局面。同时普通高中学制被延长至三年，主要的目的是在人力物力有限的条件下，尽可能为高等教育培养精英人才，由此这些重点中学获得更多本级财政的支持。另一方面，为了改革中等教育单一结构的局面，特别是针对农村中等教育中普通高中比例过高的局面，中央对中等教育

① 《国家教委、国家物价局、财政部关于清理整顿中小学收费项目有关问题的通知》（1989 年 5 月 19 日）指出：小学和初级中学免收学费，但各地应根据实际情况，经过批准可适当收取杂费。非义务教育的高级中学应收学费和杂费。
② 《关于当前教育事业发展和改革的几个问题——何东昌同志在国家教委 1988 年工作会议上的讲话》（节录）（1988 年 2 月 3 日）。
③ 国家教委《关于印发〈全国初中教育工作经验交流会纪要〉的通知》（1988 年 4 月 21 日）。
④ 国务院科教组、卫生部、财政部《关于中小学财务管理若干问题的意见》（1974 年 1 月 17 日）。

办学进行了结构性调整①（何东昌，1998a：1855），开始了将中等教育结构向职业技术教育方向发展的转向，逐渐将中学改办为农业中学或者职业（技术）学校、职业中学。最为突出的政策体现是，1987年，国家教委在全国范围内开展了农村教育综合改革实验，这一改革的目的是，在中等教育阶段开展职业教育，并在普通高中注入职业教育的内容，"燎原计划"是这一综合改革的重要措施，以此实现"三教统筹、农科教结合"。由此形成了这样的局面：在城市，以扶持重点中学为主；在农村地区，重点打造县重点高中，同时将其他普通高中转制为职高和农业中学（见图1）。

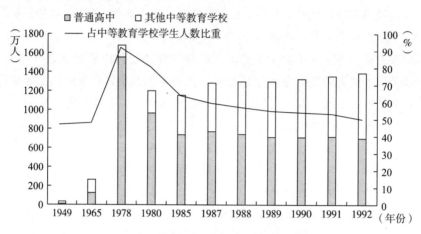

图1 普通高中在中等教育中的规模

注：在数据的使用上我们将年鉴中"普通中等学校"中的所有初中数据剔除，即图1中的"中等教育"不包含初中，"其他中等教育学校"包括：①中等专业学校（中等技术学校、中等师范学校）；②技工学校；③农业、职业中学（除初中外）；④工读学校。

资料来源：不同年份《中国教育统计年鉴》。

图1中的数据显示，1978年普通高中的比例占到92%，这是因为"文化大革命"期间，我国放弃了"两种劳动制度、两种教育制度"的办学思路，砍掉中等专业学校，取消了农（职）业中学和各种半工（农）半读的中等教育学校，广大农村几乎全部办成了普通中学，"这样一来，普通教育与职业教育成为一而二、二而一的东西"（杨明，2009：80）。随着中等教育结构的调整，80年代的普通高中学生数在整个中等教育中的占比从初期的80%以上一直稳步下滑，到1992年低至51%。

（2）随着对义务教育的逐渐重视，不同类型的普通高中在资金投入上也有所不同。从宏观角度来看，随着1986年4月《义务教育法》的颁布，中央要求地方增加的教育经费要优先考虑义务教育，在城乡征收的教育事业费附加也主要用于实施义务教育，因此普通高中的资金筹集更依赖于多渠道筹资，而现实的情况是已经开始出现"重高中、轻初中"②（何东昌，1998a：2742）的现象，即虽然从宏观上财政资金开始向义务教育倾斜，但实际上通过访谈发现，完全中学的资金投入更可能向高级中学倾斜。

---

① 《国务院批转教育部、国家劳动总局关于中等教育结构改革的报告》（1980年10月7日）。

② 国家教委《关于印发〈全国初中教育工作经验交流会议纪要〉的通知》（1988年4月21日）。

90 年代的公办普通高中筹资方式沿着多渠道筹资的放权式路径继续前行。从中央教育文件中我们也看到，"在资金的安排上，向普及九年义务教育和发展职业技术教育倾斜"[①]（何东昌，1998c：3129）。这一点与 80 年代的办学思路保持了一致性。但外部政治经济环境变化给公办普通高中的教育投入也带来了新的变化。90 年代，党的十四大确立了社会主义市场经济体制的改革目标，为普通高中走向市场化做好了制度上的准备。为了缓解中央财政收入急剧减少的状态，我国实行了分税制财政体制改革（刘克崮、贾康，2008：321～382），地方财政收入占全国财政收入的比重下降，这在宏观财政体制上并不利于以地方为主的普通高中办学，在一定程度上使得普通高中教育办学更加依靠预算外的资金。

整个 90 年代，普通高中办学依靠预算外资金的筹措方式主要有以下四个方面的变化。（1）公办普通高中办学越来越难依靠勤工俭学来筹集办学资金。虽然"发展校办产业、开展勤工俭学"的政策还是广为提倡，但校办企业生产销售存在困难，一些校办企业还出现强行要求学生购买产品的现象，校办企业纷纷倒闭或与学校脱钩。同时学校的一些创收项目也被严格限制，这给普通高中的办学带来了挑战。（2）普通高中越来越依靠向学生家长收费来完成办学任务，收费的项目有学杂费、赞助费以及自行设置的收费项目。但不同类型的普通高中在收取费用上也有所不同。重点中学数量继续扩大，从 80 年代办好省级重点高中的思路转向要求每县都要办重点中学。1993 年的《中国教育改革和发展纲要》中提出"每个县要面向全县重点办好一两所中学"。加上中央提出的继续对学校布局进行调整的政策，以及 1996 年中央实行了完中分离的政策之后，地方政府采用了优先发展的原则，加大了对重点（示范）高中的投入，逐渐形成了一县一优质高中的局面。县政府对重点中学的支持政策是不吝啬的，为了让重点中学有更优的生源质量，原来的划片招生的政策[②]（何东昌，1998a：2856）被打破，教师引进上也获得了各种优先权，这些政策使得重点高中的多元化筹资能力继续加强。（3）从 80 年代体制内的多元化办学走向市场化的多元办学筹资模式。1993 年国务院颁布《中国教育改革和发展纲要》，提出"改变政府包揽办学的格局，逐步建立以政府办学为主体、社会各界共同办学的体制"的改革目标。同年，《中国教育事业统计年鉴》在普通中小学、职业中学和幼儿园教育的统计中，单列"民办"一项。这个时期纯民办高中开始发展（见图2）。在公办普通高中系统内部，一种重要的混合办学形式也开始慢慢发展。随着学生家长对优质高中资源的需求变大，地方政府往往采取扩大高中办学自主权的方式来维系和发展高中，开始运用市场机制获得更多的办学资源，通过"公办民助、民办公助"的一托二的办法，发展一批"校中校"等混合形式的普通高中。虽然这种依靠市场力量实行多元化办学的提法不是单单针对普通高中，还包括其他阶段的基础教育在内，但是普通高中在其中展示得最为充分。市场化进入普通公办高中后，一方面促进了办学的灵活性，另一方面缓解了地方教育经费的压力，这些学校可以通过更加开放的收费政策，收取各种借读费、择校费来弥

---

① 国家教委印发《"八五"期间教育财务工作要点》（1991 年 3 月 16 日）。
② 80 年代普通高中更多采取划片招生，严格受到户籍所在地的限制，对招收"计划外"学生是严格控制的。见《国家教委、国家物价局、财政部关于清理整顿中小学收费项目有关问题的通知》（1989 年 5 月 9 日）。

补公用经费的不足，并扩大办学规模。而非重点高中由于无法获得更多的政府资源而变成"薄弱普通高级中学"①（何东昌，1998c：3840），学校收取不到择校费，财政投入匮乏，导致办学举步维艰。此时从80年代开始形成的县域内高中之间的竞争状态已经不复存在。（4）90年代还有一个明显的特征是，在政策上允许利用金融信贷手段扩大教育资金来源，这在1993年的《中国教育改革和发展纲要》、1994年的《国务院关于〈中国教育改革和发展纲要〉的实施意见》以及1995年颁布的《中华人民共和国教育法》等文件中都有提及。之后，地方政府对普通高中的支持多数来自承诺高中扩大办学规模的贷款由政府担保。

总的来看，各学校都在发挥自己的多渠道筹资能力，但是重点中学获得了更多的优质资源和财政政策支持②（何东昌，1998a：2113），而一部分由普通高中改成的职业高中和农业中学，以及保留下来的非重点普通高中，由于资金短缺一直处于低水平的运行之中。

（二）依靠混合办学收取择校费扩大办学规模（2000年前后）

此阶段的普通高中办学仍是以多元化筹资为主，但宏观背景发生了根本性变化，这也给普通高中的投入方式带来了巨大的变化。（1）起始于20世纪90年代后半期的高等教育扩张给普通高中教育的发展带来了前所未有的契机，引发了"普高热"，同时也暴露出普通高中阶段的供给不足，形成了需求与供给不足的瓶颈制约。（2）在中央政策上，1998年教育部制定的《面向21世纪教育振兴行动计划》提出有步骤普及高中阶段教育。党的十六大把"基本普及高中阶段教育"作为全面建设小康社会的目标之一，"扩大高中阶段招生规模"③（何东昌，2010：673）实际上促进了现实中的扩大普通高中规模。到了1999年，发展高等教育的提法与发展高中阶段教育被紧密联系起来④（何东昌，2010：297）。（3）21世纪形成的"以县为主"的农村义务教育管理体制虽然是针对义务教育而提的，但县级政府被规定承担对本地教育发展规划、经费的安排使用以及对校长和教师的管理责任，因而原来由乡镇负责的普通高中，全部被纳入县一级政府统筹管理。（4）同时地方政府还面临着城镇化的重任，城镇化发展成为地区经济发展的重要支撑，能带动基础设施和公共服务的发展，促进就业和拉动GDP，而重点中学往往是一个地区的"窗口"，能否把重点中学办好在一定程度上关系到是否能吸引农民进城。对此地方政府充分意识到其中的重要性，因而改变了对普通高中办学较少过问的态度，在普通高中办学的规划上给予了高度的重视和很强的干预。虽然这种强干预并不与财政投入的比例对等。普通高中

---

① 《国家教委关于印发〈加强薄弱普通高级中学建设的十项措施（试行）〉的通知》（1995年6月22日）。

② 从1983年8月10日发布的《教育部关于进一步提高普通中学教育质量的几点意见》文件中，可以看出重点中学在师资、实验设备、图书资料等方面都要优于一般的普通中学，因而才在该文件中提出要"正确处理重点中学和一般中学的关系"。

③ 《教育部关于统筹管理高中阶段教育学生招生工作的通知》（2005年3月22日）。

④ 例如，1999年6月5日李岚清在《深化教育改革，全面推进素质教育，为实现中华民族的伟大复兴而奋斗》中提到，"当务之急是根据需要和可能，采取多种形式积极发展高中阶段和高等教育，扩大招生规模"。

继续保持着多元化筹资的趋势，但宏观背景的变化也导致了整个普通高中的资金来源以及办学结构发生了巨大的变化。

1. 依靠高额择校费来维持优质高中的扩大办学

由于高校扩招导致普通高中市场需求急剧增大，以及城镇化进程的需要，2000 年之后地方政府对优质高中的打造和支持是空前的，远远超过了 90 年代中期示范性高中的建设热潮。这主要体现在一些地方"一把手"直接参与管理、向银行担保贷款为优质高中建楼办学、放宽定价政策、给予招生政策的自主权，给予独立的人事权等。此时的普通高中校长常常被赋予非常强的自主权力，一些地方的高中校长行政级别以及待遇都远超过教育局局长。虽然从以上迹象可以看出地方政府对普通高中是极其重视的，但实际上地方政府并没有给予相应的财政保障。从统计数据上看，从 2000 年到 2005 年，每年全国普通高中财政预算内教育经费占普通高中教育经费总数的 43% ~ 45%（见图 3）。由于普通高中是地方政府举办的，虽然各地财政投入情况差异较大，但大多数地方政府除了给高中在编教师的工资外，基本不注入资金，投入完全依靠学校自筹经费。学校一方面依靠收取择校费维持扩大办学，另一方面靠向银行贷款进行举债建校。贷款办学的还贷则由每年收取的择校费来偿还[1]（何东昌，2010：1066）。由此形成了优质普通高中的办学规模越来越大，普通高中的学校数量增长缓慢，而在校生人数急剧增加的局面。

2. 以名校办民校的混合办学模式来筹集办学资金

2000 年左右，优质的公办高中纷纷以名校办民校的混合形式进行办学。政策上，中央鼓励社会资本进入教育系统办学。优质高中凭借着优质师资、生源以及政府的支持，尝试各种形式的混合办学模式[2]（何东昌，2003：338）。优质高中常有的混合办学模式有优质高中附带民办初中、优质高中附带民办高中、优质高中附带国际高中班。这些优质高中积极利用招商引资，采取利益分成的方式实行"民办公助"或"公办民助"办学模式。在"三限"政策下，这些混合模式的普通高中，更有利于避开中央对择校费的管制，优质高中所办的民校，在一定程度上承担了补给优质高中扩大办学规模的重任。但这样混合的办学模式有其天生的不足，它并不符合"独立法人、独立校园校舍、独立实行经费核算和人事管理、独立进行教育教学的'四独立'标准"[3]（何东昌，2003：1132）。教育部对"名校办民校"的态度是不一致的：一种观点认为，它能弥补教育资源不足[4]（周济，2004）；另一种观点认为名校改制"民校"，不但没有扩大优质的教育资源，反而

① 《教育部关于进一步规范普通高中建设兴办节约型学校的通知》（2006 年 5 月 17 日）提到"有些地方在政府投入不足的情况下，高额举债建校，通过向学生高收费进行还贷"。
② 《教育部关于积极推进高中阶段教育事业发展的若干意见》（1999 年 8 月 12 日）中指出，鼓励办学条件较好、教育质量较高的公办普通高中在保证本校规模和教育质量的前提下，采取多种方式与其他学校、社会力量联合举办民办普通高中。
③ 《教育部关于加强基础教育办学管理若干问题的通知》（教基〔2002〕1 号）。
④ 2004 年在《民办教育促进法实施条例》的促动下，周济部长从优质教育资源缺乏的角度出发，肯定了名校办民校的做法，但也提出了对于教育市场化要有"公办不择校，择校找民校，名校办民校"的规范（周济，2004）。

刺激和强化了家长们的择校心态，这是一种畸形的发展。[①] 但是到了 2005 年之后，国家纠风办多次批评"名校办民校"中的"假民办"问题，使得"名校办民校"的热度急剧下降。优质高中的筹资渠道从扩大走向了一定程度的受限状态。

3. 纯民办普通高中的发展和投入

20 世纪 90 年代末，在确定社会主义市场经济体制改革目标以及实施科教兴国、教育优先发展战略的宏观背景下，民办教育获得了很好的发展契机。中央层面对民间办学的发展大力支持，例如中央领导的讲话中提到"新建扩建学校尤其是民办学校，政府可以无偿提供办学用地"[②]（何东昌，2003：303）。

而这个时期的纯民办普通高中，从数据（见图 2）看，经历了 90 年代的萌发以及 2000 年之后的快速增长，到了 2005 年之后民办高中在整个普通高中的比例保持在 10% 左右，之后并没有再继续扩大。其原因是公办优质高中举办的"公办民助"以及民办依托公办优质高中的"民办公助"形式的混合型高中的办学在一定程度上冲击了纯民办普通高中的发展。即便是在 2005 年之后，中央政策要求对这类性质不清的混合型高中进行清理，但由于公办普通高中属于地方办学，对于中央的政策出现了两种做法，一些地方将混合型普通高中转制为公办普通高中，而一些地方由于地方财力不允许，普通高中的办学还是会保持混合办学的模式，以获得维持办学的经费。另外，社会资本力量更乐意借助优质公办高中的优质师资力量以及优质生源来举办混合性质的高中，而不愿意冒风险举办"四独立"标准的民办高中。因此，在一定程度上，混合性质的高中挤压了真民办高中的生存和发展空间。

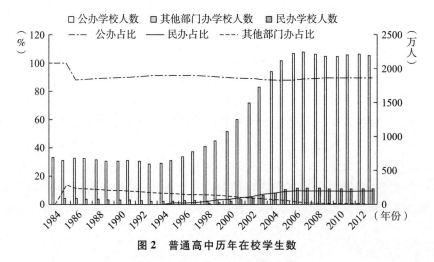

图 2　普通高中历年在校学生数

---

① 例如，2001 年教育部基础教育司司长李连宁在"21 世纪教育论坛"上的演讲中明确指出，民办学校可以努力办成"名校"，但名校不能办"民校"。李连宁：《向名校办民校说"不"》，搜狐新闻，2001 年 11 月 23 日，http://text.news.sohu.com/86/30/news147253086.shtml。

② 《朱镕基在第三次全国教育工作会议上的讲话》，1999 年 6 月 18 日。

三　中央管制与加大财政保障力度（2006 年之后）

2006 年，我国建立起义务教育经费保障新机制。在新机制的框架下，义务教育的专项性一般转移支付迅速增加。与之形成鲜明对比的是，公办普通高中仍旧以地方办学为主，不同于以往的是，在经历了持续的乱收费清理后，中央政府对公办普通高中的收费价格进行了严格的管制。主要体现在收紧普高的"三限"政策，择校生的规模被逐渐压缩，并要求对按照民办运营的公办高中进行改制清理，以及对混合型高中进行清理，同时也导致了中央和地方政府在不同程度上加大对普通高中的财政投入。公办的普通高中从收取择校费维持运转走向地方政府加大财政保障，逐渐取消择校费。

（一）中央管制与财政投入

中央开始对普通高中的办学进行管制。第一，对公办普通高中实行"三限"政策。最早颁布于 2001 年的"三限"政策，因为未对择校生的比例有一个明确的说明，因而也未起到多大作用，但是从 2006 年开始，中央严格限制了择校生的比例不能超过 30%，并开始实施择校费最高金额限制。特别是《教育部等七部门关于 2012 年治理教育乱收费规范教育收费工作的实施意见》规定："每个学校招收择校生的比例最高不得超过本校当年招收高中学生计划数（不包括择校生数）的 20%。在 3 年内取消公办普通高中招收择校生。"2013 年实施了择校生的比例最高不能超过高中学生计划数的 10% 的规定，到了 2015 年虽然中央并没有一个正式的文件重申，但是很多地方政府纷纷取消了择校费。2016 年，一些省份如陕西等实施普通高中免费教育。第二，对按照民办运营的公办高中进行改制清理。2011 年，中央要求对按照民办学校机制运行的公办普通高中进行改制清理。[1] 此时地方采取的清理策略方式较多，大致的策略是：完全转为公办运行、转为民办学校运行以及停办学校。但在整个清理过程中，由于教师编制的非流动等原因，符合政策的做法只能采取回归到公办普通高中，办学多元化受到限制。清理导致的结果是在制止违规现象的同时，对民办资本办学产生了一定的影响，形成了这样的局面：民办资本投入混合型的普通高中，在法规政策上并不具有合法性；面对优质公办高中优质教师、硬件资源以及良好的产出，举办纯民办的普通高中风险过大。

由于对公办普通高中进行管制，普通高中多渠道筹集资金路径受限，各级政府开始逐渐加大财政保障力度以弥补办学经费的不足。全国公办普通高中财政预算教育经费支出情况如图 3 所示。

除去 2008 年调整统计口径的影响，地方政府从 2006 年开始，对普通高中的财政支持是稳步上升的，到 2014 年公办普通高中财政预算教育经费支出已经占教育经费支出的

---

[1]　教育部、国家发改委发布《关于进一步做好普通高中改制学校清理规范工作的通知》（教基二〔2011〕7号）。

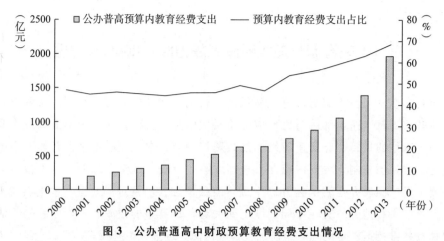

图3 公办普通高中财政预算教育经费支出情况

注：①在《中国教育经费统计年鉴》中，1999年之前普通高中分为高级中学和初级中学，但从1999年调整了口径，在普通中学下分为三种类型：高级中学、完全中学以及初级中学。而高级中学和完全中学中都包含了普通高中，从2008年的年鉴才开始有普通高中的统计口径。因此我们2000～2007年的数据采用的是将高级中学和完全中学两者总经费相加而进行计算的。实际上2000～2007年的公办普通高中经费支出要低于图中的支出。②在《中国教育经费统计年鉴》中，普通高中的教育经费支出的数据用的是"各级各类教育机构教育经费支出明细（全国教育和其他部门）的数据"，在计算"普通高中公共财政预算内教育经费支出"时用的是"各级各类教育机构公共财政预算教育事业费和基本建设支出明细（全国）"数据。

数据来源：部分年份《中国教育经费统计年鉴》。

68%，即公办普通高中办学越来越依赖于地方政府的财政拨款。另外，虽然普通高中的办学由地方政府负责，但从政策上看，中央陆续实施了对普通高中的财政资助政策以及投入计划，包括建立普通高中家庭经济困难学生国家资助制度（2010年）、面向贫困地区定向招生专项计划（2012年）、设立专项资金用于支持改善贫困地区普通高中办学条件（2015年）、正式发布免除普通高中建档立卡家庭经济困难学生学杂费的文件（2016年）。但是中央的资金并不能达到义务教育经费保障机制一样的力度，因而不能解决当前公办普通高中的资金困难。① 2015年10月召开的中共十八届五中全会指出要"普及高中阶段教育"。这引发了地方纷纷提出免费高中的做法。从2006年之后，我们可以看到在高中办学问题上，政府加大了对公办普通高中办学的管制力度，同时各级政府也加大了对其的财政投入。

（二）现实影响

如果强行压缩高中经费筹集的自主权、挤出社会投入机制，高中的经费就只能高度依赖公共财政，而学校的管理机制就会陷入比较僵化的局面。在这种情况下，高中的教学质量主要取决于当地财政投入的多寡。现实状况是，除了东部沿海地区以及一线城市的政府有财力支持"三限"政策停止后的高中教育供给外，中西部地区由于税源薄弱，丧失了制度外的筹资后并没能立刻建立起高中财政保障。虽然中央最近几年加大了对普

① 《全国高中负债1600亿，其中多是优质高中》，《北京青年报》2014年2月27日，第A14版。

通高中财政投入的力度，但地方政府对其财政投入的态度不一。

面对中央的财政管制，从逻辑上看地方很有可能出现以下三种应对策略：执行、不执行、变相执行。在我国，采取不执行策略对地方官员的政治仕途影响大，一般不会出现坚决站在中央对立面的局面。因此在现实中我们常常看到执行和变相执行的情况。就出现的概率来说，变相执行出现的概率最大。因为高中财政投入主要是地方财政行为，而财政管控是中央行为，这为地方变相执行带来了很大的空间。下面我们将结合现实的调研情况①印证以上判断。

1. 完全执行策略的影响

首先，完全执行的情况主要发生在经济发达的大城市，由于这些城市财政保障力度大，"三限"政策停止之后，地方政府给予财政补助，教师的工资和办学经费基本上没有受到"三限"政策停止的影响，并且取消择校费后，他们较多采用的做法是，促进本地方高中教育的均衡化发展，并积极向着多元化高中发展。例如北京和上海等发达城市利用"名额分配"等招生办法设法促使普通高中走向均衡化发展，同时在一些优质高中引进国际课程，使得高中超越应试教育的藩篱，走向多元化发展。但其弊端也较明显，为了避免争夺优质资源，实行严格划区招生后，学区房价飙升。

其次，一些经济欠发达地区也采用了完全执行的应对策略。从2015年我们调研陕西省一个县来看，该县由于地方财力不足，教育经费主要靠教育费附加、土地出让金以及上级的财政转移支付。县域内一所优质高中原来每年可以获得400万元的择校费来维持办学，在完全执行取消"三限生"政策之后被停止收取。加上对各种收费的管制，导致县一中办学经费不足，教师的工资福利下降。2015年取消补课后，由于高考的压力，引来家长的不满，学校被迫恢复补课，但不能给教师发放补课津贴导致了教师的不满情绪。在校外，引发影子教育的兴起，导致家长需要投入更多的资金用于孩子的教育。由于地方财政资金紧张，地方政府为了降低财政投入的成本，调整了高中的招生规模，该优质高中在2015年将招生规模由原来每年的1500人降低至1100人，但由于民众存在对优质教育资源的需要，这种做法极易带来依附在限价商品上的"隐形租金"，产生权力寻租。在调查中我们也看到，该县在规定的1100人招生规模之外多招收了75人，这些学生都是通过社会关系才获得就学机会。

完全执行的一个极端例子是实行普通高中免费，免费所需的经费由当地财政承担。当前据不完全统计，从2007年开始陆续约有40个县（市）自发地在不同程度上实行了免费高中教育，这一数据中并不包括内蒙古、青海、陕西、甘肃、新疆、西藏等地以省政府下达的免费高中政策。如果财力不支持，那么这些免费高中很可能陷入"低投入、低水平"的境地。如此会导致大量优秀师资加速向发达地区流动，导致地区之间高考绩效差距固化。

2. 变相执行策略的影响

在我们2016年调研的地区中有采用变相执行的方式，如云南省的一个教育强县，该

---

① 为了完成财政部教科文司下达的关于普通高中教育财政的课题任务，2015~2016年，我们分别到浙江省、陕西省、湖北省、云南省、河北省共7个县区展开对普通高中办学经费的调研。

县地方财力虽然不足，但教育长期以来办得很好，因而吸引了大量的跨地区的优质生源，通过择校生政策本地的教育得以扩大再生产。不能招收"三限生"后，地方政府为了保住教育强县的地位，采取另辟蹊径的方式，在县优质高中办学基础上，将择校生放到体制外的民办高中，确保教育强县的地位不丧失。

从以上的案例可以看到，"三限"政策最重要的内容是对价格的管制。从消费者角度考虑，对价格管制会导致供给不足，在限价后，可能导致错误配置，引致消费者福利的损失。就政策制定者而言，从逻辑上看，定价机制越是僵硬，那么补贴政策就越要偏向需求方，否则消费者的选择权就会被所谓的廉价福利扭曲，例如实行一个全免费的政策，那么就对应一个消费券的补贴政策。但现实中当前的做法恰恰相反，政策制定者严格对价格进行管制，定价机制越发僵硬，补贴政策却走向供给方，导致了以上所提及的各种扭曲现象。

四 评析

纵观历史上普通高中教育的发展，我们可以看出，整个普通高中教育财政的问题围绕着管制和放权进行。公办普通高中的发展成绩得益于分权化、多元化的经费投入体制，以此长期保持着自己的活力。多元化的筹资对支撑招生规模的迅速扩张起到了至关重要的作用，但筹资机制的多元化并没有有效地推动办学机制多元化格局的形成。更为重要的问题在于，差异性的政策导致地区间高中教育发展极度不均衡，不利于普通高中平等竞争的局面产生。

有观点认为，当前我国普通高中教育财政的困境是：相对于义务教育来说，普通高中的财政投入少，因此需要政府加大对普通高中的投入。作为非义务教育阶段的普通高中，到2014年为止，公共财政投入平均占比达到68%（见图3），这其实并不算低。实际上，我们认为，普通高中财政拨款机制的真正矛盾在于，财政资源在同一地区内部不同公办高中之间的分配存在极度差异性问题，导致同一个地级市、同一个县市内部，不同高中之间的投入均存在很大差距，不利于公立普通高中之间的平等竞争。从我们对各地普通高中调研的情况来看，具有普遍性的现象是：一县域内一般只有一所重点中学，重点高中之外的中学质量堪忧；在一个地市范围内，地市垄断了好的优质高中资源，即使是县域内的重点高中也不能与之竞争。

自20世纪90年代以来"重点校""示范校达标"，特别是2000年之后"省级示范高中"政策的长期推行，使得在招生权力上，地方政府特别是市一级以上的政府，可以对所在地的某一个或几个重点扶持的省级示范中学授予在全省或全市范围内招生的权力，并且一旦确定，下一级政府的教育部门不能干涉。例如在《江苏省高中阶段教育招生工作暂行规定》（苏教学〔2007〕7号）中指出："不得封堵省、市教育、发展和改革（计划）部门统一下达的招生计划。"同时对一般的普通高中跨省辖市区的招生给予了严格的限制。这些被扶持的优质学校通过跨区招生获得优质的生源，一方面可以提高教育绩效，另一方面借此可以招收择校生获得择校费，以获得更多的扩大办学的资源。最为常见的做法是，一所优质的公办高中常常可以办民办分校，这些名校的分校，往往在招生上享受更多更优惠的政策，例如第一批的自主招生优势。随着"三限政策"择校费压缩后，名校的分校常常还能够补给优质高中的日常经费支出。除了赋予优质高中跨区的招生权之外，2000年以来，地方政府还优先将这些高中作为重点，投入基建项目，据统计"2000年以来生均基本建设费'县中'与一般普通高中平均相差5.2倍"（中国普通高中教育发展战略研究课题组，2011：53），另外在师资力量、设备图书等方面，也是其他高中所不能比拟的。而优质高中之外的其他普通高中，一般来说会按照学校的办学等级分层，依次分批招生，导致这些学校在不同程度上遇到了生源危机，办学质量绩效也急剧下降。长期以来也没有收取择校费的市场，其办学主要依靠学费以及财政微薄的支持，因此，在高中教育办学上基本上丧失了竞争力。

到目前为止，由于示范高中的政策，以及地方财力的倾斜，形成了优质高中向地市一级以及省一级集中的趋势。在县域中，虽然有自己的一所优质高中，但其办学质量已经不能与地市一级高中竞争，而其他县域高中，特别是农村高中面临着低质量办学的局面，曾经县域以及农村高中可与城市高中竞争的局面难以重现。

近年来，各大城市的优质高中拥有了更多的发展机会，逐渐走向"特色高中"的道路，开办了各种国际班、特色班以及国际高中，这些"特色高中"采用高额定价的方式，国际班的学费通常是普通高中学费的10~20倍。从经济条件来说，只有中上阶层家庭的孩子才有经济条件就读。县域的高中，特别是中西部地区县域的高中则无法催生多元化的特色高中，还是以满足高考升学为主的教育形式。差异性的政策不利于高中之间的平等竞争，对于整个地区普通高中升学绩效产生负面影响，不利于纵向教育流动渠道的形成。

最后，我们认为，我国公办普通高中财政政策应该继续坚持以地方办学为主的分权化的思路，省级政府以及地方政府基于"畅通纵向教育流动渠道"的目标，首先实现高考升学机会在地区之间、群体之间的均衡，其次再考虑降低就读成本的问题。

参考文献

何东昌主编，1998a，《中华人民共和国重要教育文献（1976~1990）》，海南出版社。

何东昌主编，1998b，《中华人民共和国重要教育文献（1949~1975）》，海南出版社。

何东昌主编，1998c，《中华人民共和国重要教育文献（1991~1997）》，海南出版社。

何东昌主编，2003，《中华人民共和国重要教育文献（1998~2002）》，海南出版社。

何东昌主编，2010，《中华人民共和国重要教育文献（2003~2008）》，新世界出版社。

刘建民、刘建发、吴金光，2012，《强化普通高中教育经费政府投入责任的路径探讨》，《教育研究》第9期，第44~48页。

刘克崮、贾康，2008，《中国财税改革三十年——亲历与回顾》，经济科学出版社，第321~382页。

刘泽云，2009，《我国普通高中经费政府分担比例问题研究》，《教育与经济》第1期，第5~

9页。

沈百福，2011，《我国高中阶段教育经费投入分析》，《教育理论与实践》第 31 期，第 16～20 页。

王蓉主编，2011，《中国教育财政政策咨询报告（2005—2010）》，教育科学出版社，第 481 页。

薛海平、唐一鹏，2016，《我国普通高中教育经费投入：现状、问题与建议》，《教育学报》第 4 期，第 89～101 页。

杨明编著，2009，《应试与素质——中国中等教育 60 年》，浙江大学出版社，第 80 页。

中国普通高中教育发展战略研究课题组，2011，《中国普通高中教育发展战略研究》，教育科学出版社，第 53 页。

周济，2004，《公办不择校　择校找民校　名校办民校》，《人民日报》3 月 26 日，第 11 版。

Friend, Janin. 1995. "Texas High Court Upholds Tax Law that Redistributes School." *The Bond Buyer*, New York, 3: 3.

Landerman, Paul W. 2014. "Compensatory Education Funding and Economically Disadvantaged High School Students in Texas." Dissertation Presented to the Faculty of the Graduate School THE University of Texas at EI Paso.

Loeb, Susanna and Miguel Socias. 2004. "Federal Contributions to High-income School Districts: The Use of Tax Deductions for Funding K – 12 Education." *Economics of Education Review* 23: 85 – 94.

Odden, Allan R. and Lawrence Picus. 2014. *School Finance: A Policy Perspective* (5th edition). McGraw-Hill Higher Education, p. 76.

Reyes, Augustina. 1995. "Funding At-Risk Compensatory Programs: An Urban High School Case Study." *The Urban Review* 27 (2).

Wassmer, Robert W. and Ronald C. Fisher. 2002. "Interstate Variation in the Use of Fees to Fun K – 12 Public Education." *Economics of Education Review* 21: 87 – 100.

"超级中学"公平与效率的实证研究

——以 K 大学为例[*]

黄晓婷　关可心　熊光辉　陈　虎　卢晓东[**]

（2016 年 1 月）

一　对"超级中学"现象的争论

每年高考后，各地区创造出高考"神话"的"超级中学"都会成为社会关注的焦点。教育界许多专家都曾对超级中学现象提出过尖锐批评（杨东平，2012b：19；熊丙奇，2012：76）。学者的担忧主要分为两个方面。第一，超级中学垄断了优质教育资源，不利于教育公平。有研究认为，地方领导、地方教育管理部门注重升学率和"北清率"（北大、清华录取率）的政绩观导致了高中（甚至初中）阶段优质师资、优质生源跨地区向超级中学倾斜，进而造成了地区高中发展的马太效应，超级中学越来越强，一般高中则在竞争中处于越来越不利的位置（习勇生，2014）。冯帮和李紫玲（2014）的一项抽样调查显示，超级中学学生中城市户籍比例比一般高中更高，因此超级中学对城乡教育公平也有负面影响。

第二，有研究者认为，超级中学注重应试教育而忽略素质教育，有些更形成严苛的"遵守纪律与惩罚"相结合的持续"训练"（training）体系，因而不利于人才培养和学生的自由发展（杨东平，2012a；顾文同，2014）。部分超级中学为市场化目标全力比拼升学率、"北清率"，高调宣传"高考状元"等行为导致学校和教师在教学中片面强调应试技巧，不以学生的全面发展为导向，忽略学生自主学习能力、创新能力等方面的培养。因此，超级中学为高校输送的学生未必能适应未来的学习和工作。

一方面，超级中学因其在高考中的出色表现而受到家长和学生的欢迎，又因其对地

---

*　本文最初发表在《教育学术月刊》2016 年第 5 期上。

**　黄晓婷，北京大学中国教育财政科学研究所副研究员；关可心，北京大学中国教育财政科学研究所科研助理；熊光辉，北京大学招生办公室职员；陈虎，北京大学教务部基地办公室主任，助理研究员；卢晓东，北京大学中国教育财政科学研究所客座研究员/教务部副部长，三级研究员。

区经济和声誉有所拉动而（一般会）得到地区领导的支持；另一方面，超级中学却因有损教育公平、有悖素质教育而遭到教育专家和社会的批评和质疑。围绕超级中学的这些争议，急需实证研究来检验。本文尝试用教育部属重点高校 K 大学（国际国内公认的一流大学，以下简称 K 大）2005～2009 年 5 届学生数据，从公平和效率两个方面对超级中学予以审视。

（1）公平方面。超级中学对其所在区域教育均衡有怎样的影响？具体来说，首先，我们需要考察各省是否存在招生名额集中在少数几所超级中学的情况；其次，对超级中学究竟在多大程度上垄断了重点高校的招生名额进行分析。此外，我们还要比较 K 大来自超级中学与一般中学学生中农村户籍的比例，探讨超级中学对城乡教育公平的影响。

（2）效率方面。超级中学对重点大学人才选拔的效率有何种影响？超级中学是仅仅培养出适应高考的"考试机器"，还是培养出了更适应大学学习的学生？我们通过对超级中学与一般中学学生在 K 大第一年的学业表现进行比较以回答这个问题，这是对高中教育质量在高考成绩之外另外一个角度的深入评价。

二 研究方法

1. 超级中学的操作性定义

超级中学迄今尚没有明确定义，现有研究主要突出了超级中学可能具有的四方面特征：位于省会或大城市；学生规模大；垄断当地一流生源和教师；毕业生垄断一流高校在该省（自治区、直辖市）的录取计划，或者说"北清率"高（王斯敏等，2012；马笑，2014）。其中后两者是超级中学的必要条件。垄断当地一流生源和教师这一特征难以量化，因此本研究中我们将毕业生是否垄断一流高校在该省的录取计划作为判断一所高中是不是超级中学的核心量化指标。具体来说，我们将 K 大录取人数占比超出中学所在省平均值 2 个标准差以上的中学定义为该省的超级中学（刘瑜，2010）。K 大教育质量较高，办学经费主要来源于中央财政，学费较低，因而 K 大招生计划在各中学之间的分配也意味着优质教育资源在不同中学之间的分配，分配的均衡因而与公平程度相关。

2. 数据与分析方法

本文使用 K 大 2005～2009 年的招生数据，对 31 个生源省份逐一进行了分析。由于单一年度的招生情况可能有较大波动，我们使用了 5 年的大数据来获得比较稳定的结果。5 年中，K 大从 31 个省份的 2082 所中学共录取学生 12465 名，平均每年录取 2493 名（去掉了留学生、保送生、艺术特长生和体育特长生，这四类学生录取与省份无关，入学后学业表现不具备公平的可比性）。按照本文对超级中学的操作性定义，全国共有 84 所中学可以被标记为超级中学，平均每个省份不到 3 所，其中有 9 个省份仅有 1 所超级中学，有两个省份多达 6 所。

我们从三个层次分析了 K 大录取名额省内分配的均衡情况。第一，通过对比 K 大学生中来自超级中学和一般中学的比例了解各省份以及全国整体情况。第二，计算各省份分别有多少比例的 K 大招生名额被超级中学毕业生占据，了解不同省份间是否存在差异。同时，还对比了各省份超级中学的数量。其中，越多录取名额集中在越少超级中学的省份，其生源的集中度越高，这意味着省内高中的校际均衡越差，公平程度越低。第三，分析各超级中学之间占有名额比例是否存在一定差异，并试图了解那些超级中学是否集中在某些省份或大城市。此外，我们还通过对比 K 大来自超级中学和一般中学学生中农村户籍生源的比例，探究超级中学对教育城乡公平的影响。

为对比超级中学与一般中学学生在适应大学学习方面是否存在差异，我们首先比较了两类中学学生入学第一年的 GPA。选取学生第一年 GPA 作为学业水平指标，原因在于这一成绩尚未受到大学教育过多影响，比单一高考成绩更能很好地衡量高中生源的优异程度。为使所有学生 GPA 可比，分析中我们将学生 GPA 按院系和入学年份进行了标准化（$\mu = 3.0$，$SD = 0.5$），标准化后的 GPA 代表该学生在本院系该届所有学生中的相对排名。除平均 GPA 外，我们还对比了两类学校学生中 GPA 排名进入前 15% 和最后 15% 比例的差异，以期了解超级中学是否更高效地为 K 大输送了优秀学生。

过去的研究表明，直接观察到的成绩差异也会受学生个人背景等多重因素的影响，如家庭社会经济背景、学习动力等。其中，性别、户籍类型、自主招生这三个因素不仅与大学生学业表现相关（黄晓婷等，2015），还是 K 大学生数据中可获得的客观信息。因此我们运用多元回归，计算在控制了性别、户籍类型和录取类别后超级中学和一般中学学生在第一年的学业水平上是否存在统计上显著的差异。回归模型如下：

$$GPA(y) = B_0 + B_{gender}X_{gender} + B_{rural}X_{rural} + B_{type}X_{type} + B_{HS}X_{HS} + e$$

其中，X_{gender} 是学生性别的二分变量（女生 $X_{gender} = 0$，男生 $X_{gender} = 1$），X_{rural} 为学生户籍类型变量（城市户籍 $X_{rural} = 0$，农村户籍 $X_{rural} = 1$），X_{type} 即录取类别变量（普通高考 $X_{type} = 0$，自主招生 $X_{type} = 1$），X_{HS} 则代表该生是否来自超级中学（一般中学 $X_{HS} = 0$，超级中学 $X_{HS} = 1$），B_{HS} 为控制了性别、户籍类型和录取类别后，超级中学与一般中学学生第一年 GPA 成绩的差异。

三　研究结果

1. 超级中学对公平的影响

按照超级中学的操作性定义，我们从 K 大全国 2082 所生源中学中标识出了 84 所超级中学。这 84 所超级中学 5 年中共占有 K 大全部录取计划的 40.3%，而其余 1998 所一般中学仅占录取计划的 59.7%。图 1 显示了 2005～2009 年超级中学占 K 大录取人数的比例逐步由 2005 年的 35.4% 提高到 2009 年的 43.8%。这表明，在高考和自主招生两大录取机制下，K 大录取名额向超级中学集中的情况不断加剧，各省份不同中学之间的均衡被逐渐破坏。值得注意的是，2005～2009 年也是各高校自主招生名额逐步扩大的 5 年，招生名额向超级中学集中很可能是自主招生发展过程中各高校都忽略的一点。

分省份来看，31 个生源省份都至少有 1 所超级中学，最多的省份有 6 所超级中学。K

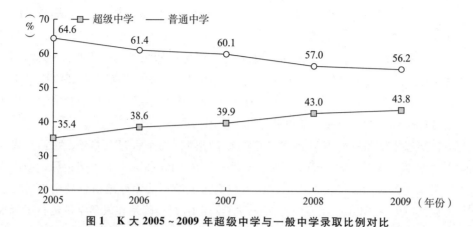

图1　K大2005～2009年超级中学与一般中学录取比例对比

大在7个省录取名额高度集中，超级中学占据了全省一半以上的录取名额；17个省超级中学占有K大30%～50%的录取名额；其余7省则在19%～30%。图2展示了各省超级中学的数量与这些中学占有K大录取名额比例，超级中学数量越少、占有比例越高，则录取名额的集中度越高，校际差异越大。图中的A区域（左上）为集中度最高的区域，分布于A区域的省份高中教育均衡程度较差，B区域（右下）为集中度相对低的区域，只有一个省份在这个区域。

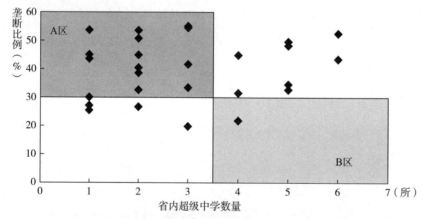

图2　各省超级中学数量与占有K大录取名额比例

表1　分布于A区域的16个省份

单位：所，%

省份	超级中学数	超级中学录取人数平均占比
海南省	1	53.49
宁夏回族自治区	1	44.44
青海省	1	43.33
吉林省	1	31.04
新疆维吾尔自治区	1	30.57

续表

省份	超级中学数	超级中学录取人数平均占比
陕西省	2	53.68
重庆市	2	53.42
天津市	2	50.94
河北省	2	44.80
甘肃省	2	39.88
内蒙古自治区	2	38.22
广东省	2	32.36
黑龙江省	3	54.81
上海市	3	54.18
山西省	3	41.46
江西省	3	33.33

最后，不同超级中学占据 K 大的名额优势存在一定差异。84 所超级中学平均占有本省 K 大录取计划的 14.4%，是省内每所中学平均占比的 9.4 倍左右，其中占比最低的为省平均的 4 倍，而最高的竟达 22.8 倍。有 32 所学校占比是省平均的 10 倍以上，绝大部分分布在直辖市或省会城市。

这一结果支持学者提出的超级中学会加剧教育资源分配地域间特别是城乡间不公平的观点。K 大来自超级中学与一般中学学生中农村户籍比例的差异进一步支持这一观点。数据表明，K 大来自一般中学学生中农村户籍的比例是超级中学的 8 倍左右（见表2）。2005～2009 年，随着我国城镇化进程，全国农村户籍人口比例降低，两类中学的学生中农村户籍的比例均有所下降，但两者之间的差异并没有出现明显变化。超级中学不断扩大的名额优势，确实带来了城乡间更大的不公平。

表2　K 大 2005～2009 年来自全国超级中学与一般中学学生户籍比例

	农村户籍比例					
	2005 年	2006 年	2007 年	2008 年	2009 年	5 年平均
超级中学（%）	3.69	1.57	1.53	2.45	1.59	2.17
一般中学（%）	20.59	17.92	17.22	15.50	16.56	17.56
差异（个百分点）	16.90	16.35	15.69	13.05	14.97	15.39
全国农村户籍人口比例[*]（%）	57.0	56.1	55.1	54.3	53.4	55.2

注：[*] 国家统计局全国 1% 人口抽样调查数据，http://www.stats.gov.cn/tjsj/ndsj/。

2. 超级中学人才培养效率的深入评估

我们将 K 大学生第一年 GPA 作为衡量学生对大学阶段学习适应能力的量化指标，这一指标在某种程度上意味着生源的优异程度。表3 显示了超级中学与一般中学学生 GPA 对比结果。总体来看，超级中学学生平均 GPA 为 3.08 分，仅比一般中学学生高 0.12 分，优势十分微弱。从 GPA 排名进入前 15% 的比例来看，来自超级中学的学生比一般中学高出近 6 个百分点；此外，来自超级中学的学生处于 GPA 排名后 15% 的比例也低于一般中学。

表 3　K 大 2005～2009 年来自超级中学的学生与一般中学学生入学第一年 GPA

	平均 GPA（分）	GPA 排名进入前 15% 的比例（%）	GPA 排名在后 15% 的比例（%）
超级中学	3.08	18.37	11.59
一般中学	2.96	12.73	17.23

表 3 显示的成绩差异是否能直接归因于中学教育呢？例如，我们注意到 K 大农村户籍的学生大学一年级的学业表现大幅度落后于城市学生（卢晓东、于晓磊、陈虎、黄晓婷，2016），超级中学农村户籍学生较少，同样会使得超级中学学生在大学一年级学业表现优秀。多元回归的结果显示，在控制了学生性别、户籍类型和录取类别后，超级中学学生比一般中学学生的 GPA 仅高出 0.04 分（见表 4），这一差异虽然在统计上显著，但效应值非常小，不具有实际意义。我们可以认为，在相同性别、户籍类型和录取类别的学生中，超级中学学生比一般中学学生并未显示出明显优势。此外，各省超级中学生源的表现并不一致。有少数省份在控制了其他变量后，超级中学学生的学业表现甚至略低于一般中学的学生。

表 4　超级中学学生与 GPA 关系的多元回归

	第一年标准化 GPA		
	B	SE	p
常数项	2.868	0.016	0.00
男性	−0.175	0.010	0.000
农村	−0.043	0.014	0.002
录取类别	0.167	0.012	0.000
超级中学	0.040	0.010	0.000

这一结果意味着，如果我们将评价的眼光从高考后仅仅放长一年，从 K 大一年级学生的学业表现来看，超级中学和一般中学学生的差异不大，超级中学并未在人才培养方面显示出更高效率。超级中学并不"超级"，超级中学的教育本身很可能没有给其学生增添更多潜质。

四　总结和讨论

本研究表明，各省都存在占据 K 大录取名额绝对优势的超级中学，全国共有 84 所超级中学。在 1/4 的省份，超过 50% 的名额集中来自超级中学，这些中学平均占有 K 大本省 14.4% 的招生名额，其中约 1/3 占有的 K 大名额在省平均 10 倍以上。绝大多数超级中学位于省会或直辖市。来自超级中学的学生中，农村户籍比例远低于一般中学。超级中学对高中教育的均衡有很大破坏，对优质教育资源分配的城乡公平有负面影响。

值得注意的一点是，2005~2009 年 K 大在不同省份招生名额的分配大体遵从历史惯例，也就是说，如果 K 大 2004 年在河北省招生 80 人，2009 年也大体招生 80 人（虽然这一分配方式需要在关注公平与效率的双重视角下有所调整）（邓溪瑶等，2014）。假设在河北省没有超级中学的情况下，80 人的生源可能会比较均衡地来自全省各个地方，邢台、秦皇岛、张家口、邯郸、承德、唐山，甚至沽源、赤城等县城中学都会有学生考入 K 大。但如果河北省只发展超级中学，80 人的名额会大幅度向石家庄、衡水这两所超级中学所在地集中，其他地区中学考生考入 K 大将成为小概率事件，这很可能会使大部分地区的教师丧失工作的成就感，使得大部分中学的学生刚刚进入高一，就可以清晰地预见到自己希望渺茫，这意味着河北省各中学很可能普遍地陷入"无希望、不努力；不努力，更无希望"的恶性循环，全省高中教育的生态被超级中学严重破坏。与此同时，不管有没有超级中学，K 大在河北省的招生名额都是 80 人，超级中学实际上不会导致 K 大在河北的招生名额总数增加，超级中学不会给河北省学生带来更多的进入重点高校的机会。

从适应大学学习角度来看，研究表明超级中学所培养出的毕业生在 K 大并没有显示出明显优势。尽管超级中学与一般中学学生大学一年级 GPA 差异在控制了性别、城乡背景和招生渠道后在统计上显著，但效应值仅为 0.04，实际优势十分微弱，可以认为在性别、户籍类型和录取类别相同的学生中，超级中学毕业生比一般中学毕业生并未显示出明显优势。超级中学确实在应试以外的学习能力培养方面不够"超级"，其教育本身似乎并没有给学生增添更多潜质。

对超级中学的治理是另一个值得严肃讨论的问题，虽然治理的责任主要在地方政府、地方教育主管部门一边，但同时需要认识到，高等学校在竞争优秀生源的过程中，也对超级中学的出现、发展和各省高中教育生态的逐步恶化负有责任，特别是在自主招生发展过程中，对自主招生生源中学的比例分配很可能无意间助推了超级中学的发展。

本研究提示，与超级中学发展有关的以下问题需要在观念上继续深入研究和澄清。

第一，超级中学在高考竞争中大获全胜，但其对教育均衡、公平均有严重破坏，其毕业生在大学并未显示出优势。这样看来，超级中学的校长和领导者是否可以被严肃地称为"教育家"呢？

第二，有很多中学教师去各地的超级中学学习，但超级中学的"成功"秘诀是否可以学得到？是否值得学习呢？

第三，地方的领导者如果要去中学参观，是应当选择到一般中学看看，还是到超级中学看看呢？高中发展的价值观如何引导？

第四，为促进城乡教育均衡，在超级中学仍然存在的情况下，各地是否应当先行要求超级中学以寄宿制方式录取更多农村户籍的学生学习呢？

第五，K 大以及其他国内一流大学逐渐录取了更多来自超级中学的学生，在破坏各省高中均衡和公平的同时，达到了更高的录取分数线，但是否从根本上提高了本校生源的质量呢？

第六，在高考录取仍主要看高考成绩的情况下，K 大以及其他国内一流大学是否应当将更多自主招生的名额分配给一般中学呢？如何在"状元招生观"下促进各地区教育均衡和公平的实现呢？

最后，本文的局限在于，仅依据 K 大 5 年的学生数据进行分析，对超级中学的审视仍属于窥豹一斑，如能有全部"985"高校更长时间的生源和学生学业表现数据，那么将能够更全面地揭示问题，相关研究非常值得期待。另外，本文没有全国 K 大 2082 所生源中学的学生规模数据，因此我们无法对录取人数进行加权，分析各中学"考中率"的差异。例如，如果一所超级中学高三学生有几千人，那么即便该校考中 K 大的人数很多，其教育质量也可能并不高。此外，没有学生进入 K 大的中学也无法纳入分析中。

2009 年以后，超级中学又经历了一段时间的发展，依靠大学更即时、全面的数据，我们可以对超级中学的公平和效率问题进行实时、深入和全面的分析，持续提示大学，特别是一流大学在自主招生、高考招生中需要关注公平和效率。

参考文献

邓溪瑶、乔天一、于晓磊、陈虎、卢晓东、黄晓婷，2014，《高校分省招生计划的效率判据——学生群体学业表现地域差异大数据研究》，《中国高教研究》第 12 期，第 23～27 页。

冯帮、李紫玲，2014，《关于"超级中学"引发的城乡子女教育公平问题的调查研究——以湖北省 D 市为例》，《基础教育研究》第 15 期，第 3～7 页。

顾文同，2014，《"超级中学"："状元摇篮"还是"血汗工厂"？》，《中国妇女》（英文月刊）第 10 期，第 46～47 页。

黄晓婷、关可心、陈虎等，2015，《自主招生价值何在？——高校自主招生公平与效率的实证研究》，《教育学术月刊》第 6 期，第 28～33 页。

刘瑜，2010，《河北省人口城市化水平的发展现状及趋势分析》，硕士学位论文，河北大学。

卢晓东、于晓磊、陈虎、黄晓婷，2016，《基础教育中的城乡差异是否在大学中延续——高校城乡学生学业表现差异的实证研究》，《高等教育管理》第 1 期。

马笑，2014，《疯狂的掠食者——超级中学》，《新教育时代电子杂志》（教师版）第 2 期。

王斯敏、周航、陈美诗等，2012，《超级中学正在垄断一流大学入学资源》，《内蒙古教育》第 11 期，第 14～17 页。

习勇生，2014，《"超级中学"：普通高中校际差距的催化剂》，《中国教育学刊》第 6 期，第 15～18 页。

熊丙奇，2012，《衡水中学模式的真问题在哪里？》，《基础教育课程》第 6 期，第 76 页。

杨东平，2012a，《"超级中学"的五宗罪》，《高中生之友》（高三年级版）第 19 期，第 40 页。

杨东平，2012b，《警惕"超级中学"恶化教育公平和教育生态》，《生活教育》第 7 期，第 19 页。

基础教育中的城乡差异是否在大学延续

——高校城乡学生学业表现差异的实证研究[*]

卢晓东　于晓磊　陈　虎　黄晓婷[**]

（2016 年 3 月）

一　研究背景与问题

城乡差异是目前中国大陆高等教育研究和政策中的一个热点问题。这一问题又可以分为两个方面：一是城镇和农村户籍学生在入学机会方面的公平问题，特别是农村学生进入重点大学的机会公平问题；二是城镇和农村户籍学生进入大学后在学业表现方面是否存在差异。后一问题意味着基础教育中的城乡差异是否在大学中延续。

研究与舆论普遍关注城镇和农村学生在大学入学机会方面的公平，这一领域已有大量的持续研究，重要的研究者包括杨东平、丁小浩、谢维和、王伟宜等，研究视角和数据基础各有不同。其中，王伟宜（2013）以四川省四所不同类型的大学为研究对象，采用分层抽样方法对 1982 级、1990 级、2000 级和 2010 级学生的学籍和户籍进行研究，发现"对农村子女来说，由于缺乏各种资源，除极少数天赋较好者之外，大部分人难以达到高层次院校的入学标准，结果是院校层次越高，农村子女所占比例越低。近三十年的调查结果显示，总体上，部属重点高校中城乡子女间的入学机会差距最大，其次是普通本科院校，专科院校中的差距最小"。2015 年 9 月，北京大学公布了新生数据，当年校本部共招生 3159 人，其中留学生 295 人，国内录取 2864 人中有农村户籍生源 416 人，占新生总数的 14.53%。[①] 教育部有多年全面的大学生电子学籍注册数据库，因此可以完成全国范围内当年、多年、局部、全面的城乡学生入学机会分析，但也许因为这样的数据分

---

[*]　本文最初发表在《高校教育管理》2016 年第 1 期上。

[**]　卢晓东，北京大学中国教育财政科学研究所客座研究员/教务部副部长，三级研究员；于晓磊，北京大学哲学系 2014 级研究生；陈虎，北京大学教务部基地办公室主任，助理研究员；黄晓婷，北京大学中国教育财政科学研究所副研究员。

[①]　《北大新生 2015 大数据》，http://www.mxzzzs.com/zxyw/134 - 17635.html。

析具有一定敏感性，因而尚未有此类公开的研究结果。

城镇和农村户籍学生进入大学后，其学业表现是否存在差异？对于这个问题存在两种定性猜测。一种观点认为，城镇学生在学习习惯、家庭背景、基础教育等方面具有全方位优势，这一优势不仅体现在入学机会方面，而且也将在大学阶段延续。另一种观点认为，即使基础教育阶段城乡存在差异，但大学入学后学生将站在同一条起跑线上。农村学生具有与城镇学生相同的天然禀赋和素质，他们进入大学后愿意付出更多的努力，因而学业表现不一定差于城镇学生。究竟城乡学生在大学入学之后的学业表现是否存在差异？有多大程度差异？由于学业表现定量数据较难以获得，全面的定量研究相对较少。熊静、余秀兰以东南大学、南京大学 363 份学生问卷为基础对此问题有所研究，但问卷数量较少，且为学生主观填写，因此仍有待客观全面数据研究的进一步支持（熊静、余秀兰，2015）。

本研究选取某部属重点高校 A 大学 2004～2009 级六个年级学生的户籍和学业信息，试图从一所研究型大学的视角客观回答以上问题。对以上问题的定量回答在宏观和微观层面都有重要意义。

二　入学机会的城乡差距

表 1 为 A 大学 2004～2009 级学生中城镇学生与农村户籍学生的人数和比例。A 大学农村学生占当年入学学生的比例多年徘徊于 10%～15%，最低的 2008 年仅为 10%，而同期全国农村人口比例一般在 50% 以上。

表 1　A 大学农村学生在校生比例

年份	城镇学生（人）	农村学生（人）	农村学生比例（%）	全国城镇人口（万人）	全国农村人口（万人）	全国农村人口比例（%）
2004	2320	388	14	54283	75705	58
2005	2162	386	15	56212	74544	57
2006	2329	334	13	58288	73160	56
2007	2292	283	11	60633	71496	54
2008	2324	264	10	62403	70399	53
2009	2432	309	11	64512	68938	52

图 1 为 A 大学农村户籍学生比例年度变化趋势，全国农村人口比例变化趋势为比较背景。图 1 显示，2004～2009 年 A 大学农村学生比例总体呈下降趋势，与同期全国农村人口比例总体下降趋势一致。随着中国城镇化进程的加快，城镇人口逐渐增多而农村人口不断减少，A 大学农村学生比例与中国城镇化进程相关联。另外，2004～2009 年全国农村人口占 50% 以上，在一个农村人口比例如此高的国家，A 大学农村学生比例在 10%～15%，确实处于较低水平。A 大学是部属重点高校，其农村生源比例特征与王伟宜

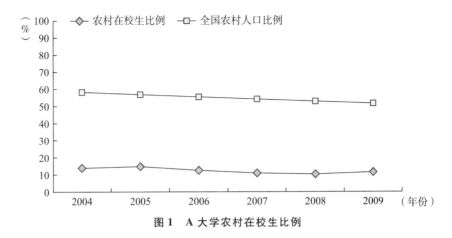

图 1　A 大学农村在校生比例

等多位研究者的研究结论相吻合。

在基础教育存在城乡差异的前提下，仅仅使用高考成绩作为单一的录取指标，一所大学所录取的城乡学生比例会呈现较大差异。不少高校在招生方面积极采取措施来弥补城乡教育差异。以北京大学为例，北京大学在自主招生中单独推出了"筑梦计划"，对部分农村学生降分录取，2015 年共录取学生 67 人。教育部近年推出了"农村贫困地区专项招生计划"和"农村学生单独招生计划"，根据《教育部关于做好 2015 年重点高校招收农村学生工作的通知》（教学〔2015〕3 号），全国计划招生总人数超过 5 万人，北京大学 2015 年经由以上计划录取 189 人。这些计划大大促进了高等教育资源分配的城乡均衡，对统一高考和自主招生的公平性形成了有效补充。但除去以上降分录取专项外，2015 年北京大学通过高考实际只录取农村生源 160 人，仅占录取人数的 5.59%，这一数据再次凸显出城乡基础教育巨大的甚至有些危险的差距。

判断城乡间基础教育差距另一个更加深入的指标就是本文的研究主题：城乡学生入学后的学业表现是否存在差异？

三　数据与方法

本研究对象为 A 大学 2004～2009 级学生，数据中包含较为全面的学号、院系、性别、户籍类型等学生基本信息和成绩。

本研究衡量学生群体学业表现的量化数据基础指标为 GPA（Grade Average Point），GPA 计算公式为：

$$\text{GPA} = \text{所学课程学分绩点之和} \div \text{所学课程学分之和}$$

GPA 是衡量学生学业表现的主要指标，但它是单一量化变量。其可以计算一段学习时间多门课程的综合表现，因而具有综合指标特点。本研究选取大学一年级 GPA 以衡量入学初期学生学业水平，选取本科四年所有课程 GPA 衡量大学四年整体学业水平。在删除户籍不明以及辍学、退学等不完整数据后，包括港澳台注册学生在内，每年约有 2600

名学生可用信息。

单一 GPA 亦有缺点。不同专业 GPA 横向不可比，因此本研究基于 GPA 而继续采用"优异指数 EI"（Excellence Index）研究城乡两个群体学生学业水平的相对水平（邓溪瑶等，2014）。其中，农村学生群体 EI 指数是指 GPA 排名在所有学生中前 30% 的农村学生人数与后 30% 的农村学生人数比值，城镇学生 EI 指数内涵相同。EI < 1，说明该群体学生大部分分布于后 30%，整体学业表现相对较差；EI = 1，说明该群体学生整体学业表现处于平均水平，即处于前 30% 的学生与处于后 30% 的学生比例相等；EI > 1，说明该群体学生大部分分布于前 30%，整体学业表现相对优秀。30% 的比例是基于研究者对该校教师的访谈而设定的比例参数。

四　城乡学生学业表现差异

首先以 2004 级学生数据进行初步分析。表 2 为 2004 级学生学业表现 GPA 区间分布人数，其中一年级各院系学生 GPA 前 30% 中以城镇学生为主，城镇学生一年级 EI 指数为 1.03；居于后 30% 的农村学生人数多于前 30% 的农村学生，农村学生一年级 EI 指数为 0.67。

经过四年学习，EI 的分布情况似乎没有太大变化。四年级毕业时各院系学生 GPA 前 30% 中也以城镇学生为主，居于前 30% 的城镇学生略多于后 30% 的城镇学生，城镇学生四年级 EI 指数为 1.05；居于后 30% 的农村学生人数继续多于前 30% 的农村学生，四年级 EI 指数为 0.61，成绩差的农村学生更多一些。

表 2　2004 级学生学业表现 GPA 区间分布人数

单位：人

	GPA 前 30%		GPA 后 30%	
	城镇人数	农村人数	城镇人数	农村人数
一年级	708	92	688	138
四年级	709	91	676	150

表 3 为 2004～2009 级城乡学生 EI 数据，城镇学生群体 EI 指数始终高于 1.0，农村学生群体 EI 指数徘徊在 0.3～0.7，相差较大。从波动上看，城镇学生六年的 EI 极差为 0.08，其学业表现相对稳定；农村学生群体六年的 EI 极差为 0.31，其学业表现波动较大，有些年份表现非常不好。六个年级的 EI 数据说明，城镇学生学业表现显著好于农村学生。特别值得注意的一点是，农村学生大学一年级的学业表现就不佳，毕业时虽然作为个体的学生名次可能有所变动，但整体学业表现继续不佳。他们的学业表现似乎被固化了！即使 A 大学的本科教育被认为十分优秀，但这种优秀难以使农村学生的学业表现在四年中获得相对提升（绝对提升或者说净提升可能存在）。

表3　2004～2009级城乡学生EI数据

城乡/年级	2004年	2005年	2006年	2007年	2008年	2009年
一年级城镇	1.03	1.10	1.07	1.07	1.03	1.05
一年级农村	0.67	0.43	0.49	0.36	0.57	0.48
四年级城镇	1.05	1.09	1.04	1.07	1.05	1.02
四年级农村	0.61	0.44	0.57	0.39	0.47	0.61

五　讨论与建议

中国城乡基础教育差异体现在以下四个方面。

第一，学校教育。城镇学校在硬件和师资水平方面大幅度超过农村学校，城镇学生从小就接受优质教育，其优势甚至始于幼儿园时期，比如城市会有国外教师任教的双语幼儿园。城乡教育差异的关键在于师资。城市和经济发达地区中小学已经可以留用更多博士、硕士作为教师，而与此同时，师资可以基于市场原则自由流动，因此城市和经济发达地区对农村优秀师资还存在"吸血"效应。比如，河南一名因优异教学成绩升任县教育局局长的教师，会选择到深圳一所民办中学担任副校长。李涛基于对四川芥县基础教育的田野调查，发现在村落社会中，农村教育体系仅仅作为"人才抽水机"而存在，是整条教育生态链中价值位阶上的"最末端"。其使用的"人才抽水机"概念与吸血效应几乎同义。在李涛（2015）所参与的对江西、重庆等9省份20个区县的调研中发现，在5285个总体有效样本中，发生过事实性流动的高达3366个，占总有效样本量的63.69%，在2274个样本农村教师中，有1556个教师具有潜在外部流动意愿，占样本量的68.43%，其中有87.76%的农村教师想流出农村实现外部性流动，而乡镇中学教师的潜在外流比例最高，为76.51%。农村教师群体中事实性流失率和潜在性流失率都偏高。

第二，与学校教育相补充，城镇学生接受大量的课外补习教育（影子教育）。这类教育不仅与课程学习内容相联系，甚至延伸至体育、音乐、演讲、国外旅行等素质教育层面。城镇学生不仅在课程学习成绩上优于农村学生，还在各类技能、素养、信心等方面全面超过农村学生。曾满超等（2010）对中国大陆初中生课外学习城乡差异的分析表明，城镇学生参加课外补习的比例和相关支出均高于农村学生。薛海平（2015）使用中国家庭追踪调查2012年数据（CFPS 2012）继续研究课外补习，发现来自较好家庭社会经济背景以及大中城市的学生更可能接受课外补习，其结论认为我国义务教育阶段课外补习活动扩大了城乡和不同阶层义务教育阶段的学生获得教育资源和教育结果的差距。

第三，家庭层面。城镇学生家庭中的父母以及其他亲属有更好的学历、背景、视野以及领先的教育观念，在学生学业帮助、挫折辅助、视野开阔等方面能为子女提供农村家庭无法提供的帮助。如果考虑流动儿童、留守儿童等因素，这项差异更加显著。

第四，环境因素。城镇学生成长的环境更加开放和现代化，学生会很早接触网络、艺术馆、博物馆、动物园、音乐艺术演出等，受到国际化、开放、现代等多方面观念潜移默化的影响，因而可以对其未来职业有所了解和规划。这些因素对学生未来成长十分重要，是农村环境很难提供的因素。

20 世纪 90 年代之前，城乡基础教育差距并没有拉大，农村学生依靠学校正常水平教育和自身努力，在学生天生资质相差不大的情况下，通过付出更多努力还有很大机会进入部属重点高校。但随着市场经济的发展和城乡基础教育差距的扩大，城镇学生所拥有的上述四种优势逐渐增强，他们的起点优势和过程优势凸显，结果在以单一高考成绩作为录取指标的情况下，就会使得农村学生在重点高校录取的机会越来越小。"高等教育机会的不平等首先是基础教育阶段机会不平等积累的结果。"（李海涛，2009：45）

本文对城乡学生入学后学业表现的实证研究更进一步发现以下几点。

第一，城乡基础教育阶段的差异在大学阶段将延续。对 A 大学 2004～2009 级学生学业表现的研究表明，城镇学生群体 EI 指数始终大幅度高于农村学生，农村学生大学一年级的学业表现就不佳，毕业时学业表现仍然不佳，他们的学业表现似乎被固化了。城乡基础教育阶段的差异将在大学期间延续，这似乎是非常悲观的发现。

第二，对 A 大学的研究发现，农村学生是大学显著的学习弱势群体。大学阶段如果缺乏对农村学生的特别关注，其本科教育中的核心元素如自由选课、通识教育、小班研讨课教学、本科生科学研究、大学国际化等，很难使农村学生相对受益。例如，通识教育要求学生开放心灵，超越简单的职业需求、专业主义和功利主义，生发出"通识学习"的观念和行动（卢晓东，2015），但对于农村学生，特别是家庭第一代大学生而言，直接、迅速改变家庭经济状况的要求更加强烈。对于农村第一代大学生群体而言，如果该大学通识教育的主要内容是强迫性阅读柏拉图、黑格尔的经典，这类通识教育对农村学生很难生发出意义，并且可能成为他们的学习阻碍。小班研讨课要求学生积极表达、具备批判性思维等，这类思维模式要求对于农村学生而言，挑战性太大，使得他们很难在这类课程中有优秀表现。大学国际化要求学生具备很好的语言能力，家庭具备很好的经济基础才能出国学习、参与学术会议等，但农村学生在这一领域很难参与，即使获得特别资助而能参与，也很难有很好的表现。熊静、余秀兰（2015）在东南大学和南京大学对农村学生的访谈就有以下内容呈现。

> 别人英语都很好，我们当时不考英语听力，听力不行，口语不行，就没有信心和人家比。

基于以上发现，本文认为仅仅关注城乡学生在入学机会方面的公平是远远不够的，应当将政策视角延伸到高中教育阶段、入学机会公平和大学教育三个方面，为此提出如下政策建议。

第一，教育部"农村贫困地区专项招生计划"和"农村学生单独招生计划"的政策十分必要和及时。建议逐渐扩大总计划的规模，增加对"985"和"211"高校农村户籍学生专项计划比例要求，使得大部分"985"和"211"高校农村生源比例短期内达到并超过 20%。

第二，城乡基础教育阶段的差异将在大学延续，这表明仅仅在高校录取阶段给予农村生源以补偿已经来不及了。农村基础教育阶段更加重要。除继续要求城市优秀教师在晋升高级职称前，普遍有 2~3 年时间支援农村学校外，还应当要求直辖市和其他城市重点中学，以寄宿制方式录取更多农村生源学生，其中应该特别考虑学生家庭背景因素，重点支持父母没有受过高等教育的中学生，或者说家庭第一代大学生。

第三，大学应该普遍建立对弱势学生群体的教育支持体系，建立相关机构并积极工作，给予农村户籍学生较强的学术发展支撑类型的影子教育。大学应当对农村学生学业水平进行持续分析，如果发现农村学生为学习弱势群体，应当给予特别帮助。包括：（1）给予农村学生更大的专业选择自由，使其更可能根据兴趣选择专业，直接改变家庭经济情况；（2）成立学习中心（Learning Center），对农村学生予以专项帮助，提高相关能力，包括口头、笔头表达能力，计算机能力，人生规划、求职、实习等方面能力，重点提供一对一帮助；（3）以高校暑期学校为平台，要求农村学生提前一个月甚至更早入学，有针对性地专门设计大学教育，对其欠缺予以补课辅导。

对 A 大学学生学业表现的分析同时发现城乡差异与中西部差异并存，西部省份的学生学业表现也欠佳，这很可能意味着西部城市学生也是学习弱势群体（邓溪瑶等，2014）。

本文结论只是根据部属重点高校 A 大学六个年级学生学业表现数据获得，虽然结论本身与之前多项研究成果相互印证，但仍具有一定局限性。作者对西南交通大学教务处长的访谈也发现该校同样存在城乡学生学业表现差异，但仍建议"985"和"211"高校采用类似方法研究本校农村学生学业表现，积极发现学习弱势群体，逐步建立弱势学生群体支持体系。A 大学本科教育中具备很强的通识教育、小班研讨课、本科生科学研究、大学国际化等研究型大学的教育因素，使得城乡学生有如此显著的差距，也许在一般教学型高校，城乡学生不会有如此大的差距，相关实证研究值得期待。

参考文献

邓溪瑶、乔天一、于晓磊、陈虎、卢晓东、黄晓婷，2014，《高校分省招生计划的效率判据——学生群体学业表现地域差异大数据研究》，《中国高教研究》第 12 期，第 23~27 页。

李海涛，2009，《中国教育不平等问题的统计研究》，浙江工商大学出版社，第 45 页。

李涛，2015，《政策误区让农村教师岗位成过渡》，《中国青年报》9 月 21 日，第 10 版。

卢晓东，2015，《从通识教育深入到通识学习》，《中国高校科技》第 Z1 期，第 54~57 页。

王伟宜，2013，《我国城乡子女高等教育入学机会差距变化研究（1982-2010）——基于四川省的实证调查》，《教育发展研究》第 1 期，第 5~11 页。

熊静、余秀兰，2015，《研究型大学贫困生与非贫困生的学习经历差异分析》，《高等教育研究》第 2 期，第 46~55 页。

薛海平，2015，《从学校教育到影子教育：教育竞争与社会再生产》，《北京大学教育评论》第 3 期，第 47~69 页。

曾满超、丁小浩、沈华，2010，《初中生课外补习城乡差异分析——基于甘肃、湖南和江苏 3 省的初中学生课外补习调查》，《教育与经济》第 2 期，第 7~11 页。

提升我国高考科学化和专业化水平

——来自美国 ACT 考试的经验和启示[*]

王　建^{**}

（2016 年 4 月）

2014 年 9 月，国务院颁布《关于深化考试招生制度改革的实施意见》（以下简称《实施意见》），提出了深化高考考试内容改革的一系列要求："依据高校人才选拔要求和国家课程标准，科学设计命题内容，增强基础性、综合性，着重考查学生独立思考和运用所学知识分析问题、解决问题的能力。改进评分方式，加强评卷管理，完善成绩报告。加强国家教育考试机构、国家题库和外语能力测评体系建设。"同时启动了高考综合改革试点。美国 ACT（American College Test）考试，素有美国"高考"之称，是美国使用最为广泛、研究最为深入的大学入学考试，至今已有 50 多年的历史。ACT 考试属于学业成就测验，是以中学所学课程内容为基础、侧重于对中学所学内容掌握程度的测试，与我国高考内容比较接近。探讨 ACT 考试评价体系的研制过程与方法，借鉴其促进考试科学性和公平性的有效经验，对提升我国高考专业化水平具有很好的启迪意义。

一　ACT 考试评价运作的科学化程序

美国 ACT 教育集团成立于 1959 年，是一个在教育和职业发展领域提供测评、研究、信息以及项目管理服务的独立的非营利性机构，现有雇员超过 1500 人。1959 年秋季举办第一次 ACT 考试，当时有 75460 人参加，2015 年美国国内有超过 190 万名高中生参加 ACT 考试，约占当年全美高中毕业生总数的 59%，美国 50 个州和首都哥伦比亚特区 4300 多所学院和大学都认可并接受其考试成绩，将其作为招生录取的重要标准。同时，ACT 还为大学招生单位和考生提供关于学业指导、专业和职业选择、大学课程安排、奖学金授予等方面的有效信息。ACT 考试作为以课程为基础、测量学生升入大学所必须具备的学术能力的标准化考试，之所以成为衡量学生学术能力的客观标尺，关键在于其采用专业化标准和科学化程序开展研制工作，通过了严格的设计、审核、试测、分析、预测、校

---

　*　本报告获 2015 年国家留学基金委国外教育调研访问学者项目资助。

　**　王建，国家教育发展研究中心专题研究部主任，北京大学中国教育财政科学研究所客座研究员。

准、评估等核心步骤，确保了测量的可靠性和有效性。

1. 考试设计理念和运作程序

ACT 考试的核心是测查学生是否为修读大学学业做好了知识与技能方面的准备（College Readiness）。所谓"大学准备"是指一个学生升入大学并取得成功，即不需要补习而在中等后教育课程第一年学习中获得学分所必须具备的学业成就水平，而这一水平是由大学准备标准（College Readiness Standards）和大学准备基准（College Readiness Benchmark）共同决定的。其中，大学准备标准描述了学生升入大学所必须掌握的核心技能和知识，大学准备基准是基于全国性样本进行评估后获得的分数线，意味着一个学生的成绩在此基准之上会有较大可能完成中等后教育。ACT 通过一套科学的评估框架和运作程序，确保测量评价的准确性和可靠性，包括全国课程调查以及经常的外部标准审核、证据基础、持续研究和监测评估，不断提高测试内容效度和预测效度（见图 1）。

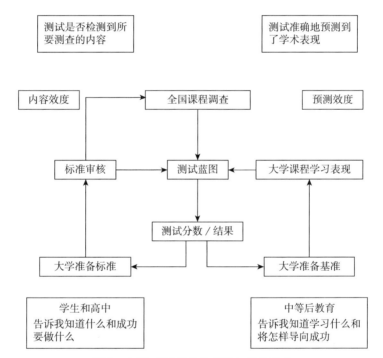

图 1　ACT 考试评价的框架与运作程序

2. 考试内容与结构

ACT 考试由四个部分构成：（1）旨在测量考生书面英语理解与分析能力的英语测试；（2）旨在测量考生定量推理能力的数学测试；（3）旨在测量考生理解、分析、推理和解决问题能力的阅读测试，阅读测试的内容涵盖自然科学、社会科学以及文学和艺术；（4）旨在测量考生运用图表、表格和研究总结等方式解释、分析、评估、推理和解决问题能力的科学测试。还有非必选的 40 分钟的英语写作，属于给材料的作文，测试学生的英语写作能力。全套 ACT 考试，共计 215 道题，其中英语测试有 75 题，数学测试有 60 题，阅读测试有 40 题，科学测试有 40 题，考试时限为 175 分钟。在美国本土、领地、波多黎各和加拿大一年有 6 次考试，其他地方有 5 次国际考试。

3. 课程调查

为了选择出特定的知识与技能用于评价，ACT 重点调查研究三方面的资源：一是研究各州公布的课程框架，以了解 7～12 年级的教学目标与教学内容；二是审阅各州批准的 7～12 年级各科教材目录，以了解中学的教材内容；三是进行全国课程调查。ACT 每 3～5 年开展一次全国课程调查，询问教师在课程中都教给（或没教给）学生哪些知识和技能，以及他们认为在当前或未来课程学习中对学生取得学业成功最重要的学科主题。调查还询问教育工作者当前关心的教育话题，如对学生的大学学术准备或 ACT 大学准备标准、2010 年颁布的具有全国统一性质的课程标准"共同核心州立标准"的实施意见。

最近的一次调查是在 2012 年进行的，样本来自全美公立和私立的小学、初中、高中和大学，包括教授英语/写作、数学、阅读、科学的 9937 名教师。调查发现：（1）高中教师感觉的高中毕业生大学学术准备情况和大学教师感觉的大学一年级学生的准备情况存在较大的差距，说明基础教育和中等后教育体系之间的课程缺乏衔接和连贯性；（2）许多课堂需要更好或更有保障地使用计算机，使学生更有效地适应大学或职业准备标准要求和新的评价方法；（3）州、地方和学校执行"共同核心州立标准"的努力程度存在差异，说明还没有足够的教师准备在课程和课堂上进行必要的变革。通过调查，ACT 形成并继续推动以下发展议程：（1）在 ACT 大学准备标准和"共同核心州立标准"之间建立清晰的联系；（2）尽可能地利用新技术，提供更有意义的结果报告；（3）在题库中把科学作为关键内容领域；（4）注重以证据为中心的设计，通过研究来验证 ACT 考试对大学入学准备的反应和对大学学业水平的预测效度。

4. 试题编制

作为教育测评机构，ACT 致力于所有测试在原理和准确度方面的公平性，支持和遵循"教育公平测试实践准则"（P-Mar，2010）和"教育测量专业责任准则"（Schmeiser，2010）。前者是为教育测试和数据开发、管理和使用者制定的准则，规定了以下四个领域的公平标准，包括开发和选择适当的测试、管理和评分、报告和解释测试结果并通知考生；后者要求测试开发人员研制和提供测评产品与服务，尽可能避免由于与测量结果无关的特性，如性别、民族、种族、社会经济地位、残疾、宗教信仰、年龄或国籍产生的偏见。这些准则贯穿于 ACT 整个试题研制过程中，从考试设计和规范到试题编写和审核、试测、题目选择和形式建构等各个环节。

（1）测试规范。测试规范是编制试题的蓝图，主要由两部分组成：一是由考试来测量的内容和技能认知水平的说明；二是试卷中考题统计特征的说明。为了让考试有效和公正，确保规范仅包括满足考试目的实际需要的知识和技能，并能够对学术准备较好和较弱的学生做出有效的区分。

（2）试题编写。招募并培训试题编写者，通过向题目编写者（作为内容专家，许多是很活跃的高中和大学任课教师）提供内容领域的具体指南，包括测试规范（如对公平的关注、准确的标准等）、内容和风格要求（如考题的内容和范围、考题类型、技能水平、期望的难度、字数、格式和语言）以及可接受的题目的案例，同时考虑试题编写者能够代表全美人口民族、性别和地理背景方面的多样性，确保编写出反映多种视角的试题。ACT 工作人员则对这些考题的公正性、利益和年级水平的适当性以及语法的准确性及测量特征等遵循规范的情况进行全面审查，避免涉及对某些社会群体不熟悉，包含可能被认为冒犯或歧视任何群体的语言、角色、情境的内容。

（3）外部审核。由代表地理区域、民族和性别多样性的任课教师、大学教师、课程专业人员组成的外部内容专家组，以及反映民族、性别和地理背景多样性和对测试项目公正问题保持敏感的外部公正专家组共同审核试题的准确性、年级水平的适当性、教育的重要性以及对所有考生的公平性，ACT 工作人员然后进一步修改每一个考题使之符合专家的反馈意见，以保证所研制的试题与大学准备标准的一致性及不存在偏向某一特殊群体的现象。

（4）试用和统计分析。通过公正、课程、年级水平适当性审核的考题在考试中作为不计分的部分进行试测，ACT 工作人员对试用的每一个考题进行统计分析，看是否包含统计上的非常态现象，鉴定考题是否在技术上良好和难度水平适当，审查在统计上非常态的考题，确定是否修改准备下一次试用或删除。

（5）试题库。如果一个考题成功通过试用，它就能被放进试题库里备用，新试卷的考题从基于内容标准和统计特性的题库中选择，每张试卷应在多元文化和性别代表性上保持平衡，并有效地区分出不同表现水平的学生，被选出来的考题也要确保学生有足够的时间完成整场考试。

（6）附加的外部审核。ACT 工作人员将试卷作为一个整体审查内容准确性和风格，再请新一批外部内容与公正专家就是否存在攻击、公正描述、多样性和平衡、语言公正、基于课程的内容和技能、不公正的考试和考生压力等方面进行评审。根据专家的反馈意见，在管理使用之前对考试形式进行必要的修改。总之，ACT 研发一套新试题需要两年或一年半的时间，每道考题出现在正式考卷之前至少经过 16 次的独立审查，确保每个学生的学业成就水平得到准确和公正的评价。

5. 试题形式

ACT 考试普遍使用客观题，除作文题外，一律为多项选择，认为编制较好的多项选择题具有以下优势：（1）能够在较短的时间内考查较为宽泛的内容，具有效率优势；（2）能够实现多重目标，尽管非常适于考查记忆性的内容，但也能够较好地评价高层次的思考技能；（3）通过改进可以减少猜测，通常具有较高的信度和效度；（4）受考生的欢迎；（5）阅卷经济和时间成本低，同时也比较容易采用计算机考试的方式。考试包含的少量开放题（open ended），如建构性试题（constructed response，如作文）或表现性任务（performance-based，如科学实验），则要求有十分清晰的评分标准。

6. 计分方法

ACT 考试中的多项选择题的成绩（英语、数学、阅读和科学）的原始分（答对的题目数量）转化为量表为 1~36 分的标准分，总分是这四项标准分数的平均值（小数四舍五入），最低 1 分，最高 36 分，还同时报告英语的用法/结构和修辞技巧，数学的预备代数/初级代数、中级代数/解析几何、平面几何/三角函数，阅读的社会研究/自然科学、文学艺术七个方面的子分数，原始分转化为 1~18 分的标准分。如果一个学生参加了写作考试，将由两个训练有素的专家采用六点计分法独立评阅，基于学生表现出来的能力和判断的证据、提出和坚持问题的立场、组织和表达观点的逻辑、用标准书面英语清晰和有效表达的状况，并作为一个整体进行评价，每个阅卷者的评定分数范围为 1~6 分，两人评定分数合计为该学生写作考试的原始分数（2~12 分），报告结果时转化为 1~36 分的标准分并单独计分，同时报告观点与分析、发展与支持、组织、语言运用和惯用法等各个领域的分项分数。

ACT 考试中的多项选择题阅卷采用电子扫描设备，最大限度地减少错误评分的可能性。如果一个学生认为评分有误，可以提出书面申请，进行人工评分；如果一个学生认为写作考试评分有误，可以提出申请，作文将被两位不了解初始分数的新专家评阅并重新赋分，新分数在最终确定前经过 ACT 工作人员写作专家的裁定才能生效。ACT 保留取消考试成绩的权力，在考试管理过程中出现非正常情况，如伪造身份、替考、同一考场考生答卷的非正常雷同或其他不准确反映考生教育成就的考试分数等，都有可能导致 ACT 取消考试成绩。

7. 大学准备标准和大学准备基准

ACT 在 1997 年开始开发大学准备标准，即学生在考试中的得分范围代表着其可能知道和能够做什么的说明，从而用于大学入学和课程安排决策。在深入研究的基础上，ACT 工作人员认为分值范围 1~12、13~15、16~19、20~23、24~27、28~32 和 33~36 能够较好地区分学生的学业水平，并从高中和大学英语、数学等专业邀请全国知名教师和研究人员提供独立、权威的评审意见，确定特定的分值范围是否准确地反映了学生可能已经掌握的知识和技能，并与下一步即将学习的内容建立起联系。这种评审通常每三到四年进行一次，并确保标准中所描述的知识和技能能够反映课堂教学内容。ACT 也定期通过分析数据和相应的考题进行内部评估，确保标准反映每一个分值范围所测量的知识和技能，反映从最低分到最高分不断增加的复杂技能和理解的累积性进展，对标准的说明做出微调。

大学准备基准是学生修读大学学分课程并取得成功所要求的最低考试分数，是基于学生在大学学习中的实际表现通过实证研究得来的，样本充分考虑到大学课程和机构类型多样化，2013 年根据 214 所机构和 23 万多名学生考试分析后，确定英语、阅读、数学和科学的基准分别为 18 分、22 分、22 分和 23 分，满足了基准的学生在相应大学课程学习中获得 B 或以上的概率大约为 50%，获得 C 及以上的可能性为 75% 左右。在 2015 年全美参加 ACT 考试的 1924436 名高中毕业班学生中，满足三项或四项 ACT 大学准备基准的学生比例达到 40%，完全没有达到基准的比例为 31%。大学准备基准能够让学生认识到他们高中毕业时是否具备升学所要求的技能基础，研究者和政策制定者还能够用来监测学校、地区和州教育进展，中学则可以用来检验学生升学准备情况，必要时及时采取干预措施，或者作为教育咨询或生涯规划的工具。

8. 评分量表和常模

ACT 常模是代表美国 12 年级开始参加考试、准备进入两年或四年制大学的 12 年级学生的考试分数。1988 年 10 月，ACT 开始对全国超过 10 万名高中学生进行学术技能研究，研制评分量表和提供代表全国的常模。每年报告的常模是基于最近三年的高中毕业班学生参加 ACT 考试成绩确定的，开发出累积性的百分位数。一位考生得分对应的百分位排名，代表分布中有多大比例的全国高中毕业的考生等于或低于此分数，从而可用以评估个人的相对优势和弱势。各种稳定性和效度研究表明，ACT 报告的分数的含义及其在大学课程学习结果预测能力方面，显示出不同试卷和不同年度评分量表的一致性。

9. 等值方法

ACT 每年研发新试卷，即使每套题都遵循相同的内容和统计规范，但题目在难度上还略微不同。为控制这些差异，即后来使用的试卷必须与以前的试卷是等值的，根据评定量表对考生报告的分数应具有相同的含义，这样不同试卷和日期的考试是可以比较的。ACT 从全国每年的六次考试中抽取一次考试的考生样本作为等值的样本，随机抽取每张试卷的考生超过 2000 人，以初始研制评分量表的试卷作为锚题（共同题），采用等百分位等值方法使在另一份考卷中获得的分数与评定量表等值。

10. 信度和效度

信度是测量分数和真分数一致性的估计，测量标准误差反映考试分数错误或不一致性的程度，两者密切相关。ACT 开发的评分量表具有大体稳定的标准误差，如果用正态分布曲线来估计，大约 2/3 可能被误测考生的分数会少于 1 个标准差。面对参加多次考试即重考（ACT 允许最多参加 12 次考试）的人数越来越多，2009 年高中毕业前重考比例为 41%，2015 年上升为 45%，数据显示拥有真实潜力的学生重考确实能够增加总分，如在 2015 年重考高中毕业生中，57% 的学生总分在第二次考试中有所改善，但 22% 的下降，21% 的没有变化。从这个意义上说，考试次数的增加倾向于能够提高平均总分，然而，深入分析发现增加的分数往往更多的是测量误差而不是实际学术能力的收益，在 10 次考试后就可能达到天花板。

效度是体现测试结果解释的相关性、有用性和有价值的程度，主要包括内容效度和预测效度。ACT 测验蓝图的设计和编制题目的程序，定期的全国课程调查和学科专家、心理测量人员和其他专业人员的审核，保障了 ACT 考试聚焦于高中和大学课程的内容效度。学生考试成绩和大学课程等级数据的长期追踪研究表明，ACT 考试分数和高中的平均成绩点数（GPA）、大学成绩等级之间的统计关系显示了良好的预测效度，有助于预测谁能够在大学一年级甚至进入二年级时取得学业成功（见表 1）。

表 1　ACT 大学准备基准和大学一年级学业水平的关系

单位：%

项目	英语		数学		阅读		科学		所有学科	
	满足基准	未满足基准	满足基准	未满足基准	满足基准	未满足基准	满足基准	未满足基准	满足基准	未满足基准
升入大学比例	78	56	81	63	79	62	82	67	83	67

续表

项目	英语		数学		阅读		科学		所有学科	
	满足基准	未满足基准	满足基准	未满足基准	满足基准	未满足基准	满足基准	未满足基准	满足基准	未满足基准
大学一年级课程获得B及以上等级的比例	写作I（66）写作II（63）	写作I（45）写作II（49）	中级代数（62）大学代数（53）有限数学（46）微积分（52）	中级代数（29）大学代数（31）有限数学（27）微积分（28）	美国历史（63）心理学（64）	美国历史（36）心理学（39）	生物（64）化学（66）	生物（32）化学（39）		
大学一年级GPA在3.0及以上的比例	51	28	61	35	54	33	62	39	67	39

二 ACT 考试评价对提升我国高考专业化水平的启示

ACT 考试作为评价学生基础教育课程内容掌握程度和综合能力的标准化测试，设计和编制的科学化程度较高，试题难度和分数评定量表稳定，得到了多数大学的信任，其影响范围已不仅限于美国，正走向全球越来越多的国家。ACT 考试理念、设计、编制与实施方面的经验值得我们认真研究与借鉴。

1. 重新认识高考的功能定位，实现基础教育和高等教育的有效衔接

ACT 考试诞生于第二次世界大战后美国社会转型时期，大学面对申请注册人数的陡增而缺乏指导入学和课程设置的测试工具，以确保来自多样化教育和族群背景的学生取得成功。作为创始人的爱荷华大学教授 E. F. 林奎斯特在 1959 年阐明了 ACT 考试存在的目的和意义：不同于 SAT 考试（美国大学理事会 1926 年开始举办的学术能力评估测试）侧重考查学生的学术潜能，过于强调选拔和排斥功能，ACT 考试则侧重考查学生为进入大学所做的学业准备情况，即判断学生进入大学学习所具备的知识和能力，并根据这种知识技能储备和职业兴趣来判断适合他们的大学和专业。ACT 通过全国课程调查制定了大学准备标准，实现中学、大学课程内容框架的一致性，当然与高中课程的相关程度更高。虽然以中学所学课程内容为依据命题，但试卷中不会直接考查对所学知识的机械记忆或死记硬背，而是强调应用所学内容分析解决问题的能力。

《实施意见》提出深化高考内容改革，要依据高校人才选拔要求和国家课程标准，科学设计命题内容，增强基础性、综合性，着重考查学生独立思考和运用所学知识分析问题、解决问题的能力。首先，考试机构作为考试工具的开发者和标准的执行者，了解高校的人才需求和高校课程内容的基本框架，并从考试的可操作性出发，联合高校形成国家课程标准之外的人才选拔标准或入学标准。其次，高考命题应当关照基础教育特性，

制定与课程标准相匹配的学业成就评价标准，题目开发强调考查学生活学活用、分析问题与解决问题能力等在大学学习中所必备的核心能力。再次，实施综合性考试命题形式，随着高中学业水平制度的建立和完善，借鉴 ACT 将中学所学课程内容融合为语言、数学、阅读、科学四大部分的经验，从学科的整体高度出发，注重反映学科的知识结构体系，体现学科中各部分内容的联系和融合，增强高考考试内容的综合性。

2. 加快高考测试理论、技术和方法创新，提高高考科学化水平

ACT 考试设计和命题以先进的教育测量理论和方法为指导，如目前在教育测量领域被奉为圭臬的项目反应理论、计算机自适应考试等，通过全国课程调查确保考试所测量的知识与技能是授课教师们一致认可的内容，且这些知识与技能对于学生在大学相应内容领域学习获得成功是至关重要的。恪守教育测量的行业规范和专业伦理，并贯穿于考试设计、试题编写和审核、试测、题目选择和形式建构等各个环节，每道试题都要经过内容专家和公正专家的严格审核，各科目考试的考核点、试题类型、覆盖面和比例等方面都进行明确的规定，确保不同考卷之间各类题材、体裁的合理分布与统一，确保各套试卷在总体难度上基本对等，成绩经过量表化和等值处理，使得各次考试得分之间具有可比性。在题型方面，客观题的使用非常普遍。除作文题外，一律为多项选择题，采用计算机阅卷，评分客观、迅速，成本效益高，同时也较容易采用计算机考试的方式。

我国现行高考命题一直采取"入闱"命题的形式，即专家集中开会命制当年试题的会议任务型命题方式，这种考试命题组织形式相对封闭，容易出现内容的偏向性、不公平，也难以确保每次高考试题难度基本相当，实行多次考试存在等值性问题。提高我国高考的科学化程度，关键在于提高命题质量。一是完善高考命题质量保障体系。建立健全高考命题质量标准、规范和程序，扩大命题队伍，广泛招募命题教师，甚至通过网络开展社会征题，形成工作流程、试卷生成程序、学科命题手册、试题入库标准等规范，加快建设国家高考题库，保证最后生成的试卷在难度、区分度等方面的一致性。二是采用标准分计分法，研制评分量表，确保每一科目考试所测得的考生信息在分数转换前后守恒，并建立起分数与能力水平的对应认知；利用等值技术使同一测验或多次考试的不同套题之间考试结果具有可比性，并显示出不同试卷和不同年度评分量表的一致性。三是完善高考效度检验体系。现行高考命题质量评价主要由考试部门提供考后数据统计分析，其所提供的主要是试题的内部效度证据，应该增加服务对象，研究测试结果与考生中学学习、大学入学后成绩的一致性，将预测效度作为高考效度的重要指标。

3. 基于研究和数据支撑增强服务功能，加快教育考试机构专业化建设

ACT 作为一个以帮助人们取得教育和工作场所成功为使命的非营利组织，拥有一支高水准的专业技术团队，包括测验方法的基础研究人员、每个具体测验项目的负责人及专家、政策研究人员，其中设有 150 余人的独立的研究与发展部门，将研究和证据基础上的逐步更新和功能增强作为持续改进的哲学，凭借其强大的项目研发和数据支撑基础，为学生实现从高中向大学过渡提供信息支持和解决方案，从考前、考中和考后提供全方位的服务，考前为考生提供考生手册、样题和练习资料，考中为残疾考生提供特殊服务和装置，为因家庭经济原因无力交纳考试费的考生减免考试费用等，考后为考生、家长

和学校提供面向不同群体的数据分析报告和周到的延伸管理服务。

我国教育考试机构大多为具有一定行政职能的事业单位，有少数属于国家行政部门，对考试本身的评价和系统研究、数据开发和证据积累以及由评价延伸的服务存在严重不足。编制大规模考试是一项高度专业化的工作，高考的研究基础、组织实施、信息服务、机构设置等问题需要逐渐完善，发展方向应该是由专业化的考试机构或公司承担高考命题与组织工作。随着我国事业单位分类改革的推进，按照"考试和招生相对分离"的原则，教育考试机构必须由管理型向研究、管理和服务型转变，在行政部门的监控下独自承担考试设计、考试实施、数据开发、信息服务甚至失误等责任，在理论研究、标准建设、技术发展、组织体系、队伍素质等方面加快专业化建设，不断提高高考命题质量、水平及其评价服务能力。

参考文献

P-Mar, V. N. 2010. "Code of Fair Testing Practices in Education（revised）." *Educational Measurement Issues & Practice* 24（1）：23－26.

Schmeiser, C. B. 2010. "Code of Professional Responsibilities in Educational Measurement." *Educational Measurement Issues & Practice* 14（3）：17－24.

七

职业教育财政

辉煌、衰落与重塑

——改革开放四十年职业教育财政回顾与展望

田志磊　赵晓堃　张东辉[*]

（2018 年 11 月）

一　从辉煌到衰落

（一）辉煌：改革开放至 1996 年

这一时期，中职教育是我国职业教育的主体。1978 年全国教育工作会议上，邓小平指出中等教育发展极不协调，教育结构不甚合理，中等职业教育远远落后于普通高中教育，提出"扩大农业中学、各种中专、技校的比例"。此后，一系列政策文件出台，职业教育迈入快速发展阶段。1983 年，《关于改革城市中等教育结构、发展职业技术教育的意见》明确了城市职业教育多部门、多结构、多形式办学的指导方针，中央财政对教育部门办的职业技术教育追加一次性补助费 5000 万元，分配原则由教育部、财政部商定。同年，国务院下发《中共中央、国务院关于加强和改革农村学校教育若干问题的通知》，提出改革农村中等教育结构，发展职业技术教育，以振兴农村经济，加速农业现代化建设。不少地方县乡普通高中翻牌为职业学校，全国兴起职业中学、农业职业高中的建设热潮。1985 年，《中共中央关于教育体制改革的决定》提出"逐步建立起从初级到高级、行业配套、结构合理又能与普通教育相互沟通的职业技术教育体系"。1996 年实施的《中华人民共和国职业教育法》，虽然属于"宣言性"立法，但是通过立法明确了政府发展职业教育的责任。

在社会需求和政策支持下，我国职业教育取得了辉煌的发展。职业教育经费节节攀升，中职经费从不足教育总经费的 3% 提升到 1992 年的 3.65%。统包统配下，职业教育良好的就业前景吸引了一大批优秀的初中毕业生进入中专、技工学校。迅速发展的城市服务业客观上推动了按照市场需求、实行自主择业的职业高中的发展。1985 年，中职专业学校的学生人

---

* 田志磊，北京大学中国教育财政科学研究所助理研究员；赵晓堃，共青团中央组织部干部；张东辉，华中师范大学教育学院硕士研究生。

数比1978年增加了29.3%，农村职业高中的学生人数增加了10.5%，技工学校增长了大约4.6%，中职学校的学生总人数突破了420万人。1996年，中职学生招生比例占到了高中阶段招生比例的58%，在校学生总数占到了高中阶段学生总数的57%（和震，2009）。

（二）衰落：1996～2002年

20世纪90年代中后期，诸多因素的交织导致职业教育从辉煌迅速陷入困境。① 一方面，市场经济改革继续深化，国企改革、工人下岗在很大程度上降低了居民选择职业教育的意愿。另一方面，义务教育和高等教育成为教育发展的主要关注对象，高校扩招带来了普高热，"抑职扬普"观点不断升温，国家对于职业教育的政策支持力度有所下降，各种计划经济时期的就业优惠政策被陆续取消（见图1）。从教育体系自身的角度来看，市场经济要求职业教育冲破计划培养时代的藩篱，与市场紧密联系，这需要在人事体制、薪酬体制、专业设置、课程体系全方面做出调整，职业教育体系却并没有，或者说没有能力根据市场经济的需求发生改变。

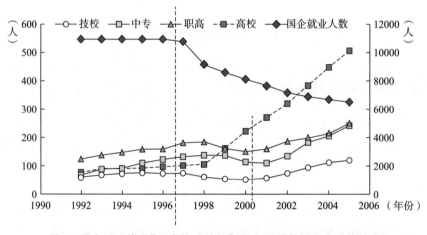

图1　国企"下岗潮"、高校"扩招"与中职学校招生数趋势对比

随着职业教育滑坡现象的加剧，教育部门采取了一系列应对策略。1999年9月，《教育部关于印发〈关于调整中等职业学校布局结构的意见〉的通知》（教职成〔1999〕3号）提出要通过合并、共建、联办、划转等途径改变条块分割的中等职业学校布局结构，建立起在当地政府的统筹规划下适应区域经济和社会发展需要的中等职业学校布局结构，促进中等职业教育在规模结构质量效益等方面的进一步协调发展。2000年7月，教育部发出特急电报，放宽招生政策，吸引生源。"要求各地努力扩大高中阶段职业教育规模……放开招生计划限制""允许一些办学条件好、社会需求旺盛的学校，自主确定招生规模""国家级重点中等职业学校可跨地区、跨省市招生"。教育部于2001年发布通知，要求打破中专招生指标限制，实行自主招生，这在政策上促进了中职学校自主扩展招生

---

① 由于在教育体制中处于边缘位置，了解职业教育的发声者难以进入政策决策层和政策参与层，90年代中期以来的一系列政策制定忽略甚至伤害了职业教育。

规模的意愿。

不过，值得特别注意的是，20 世纪 90 年代中后期开始的职业教育滑坡，并不是全国同步的。以佛山顺德为例，20 世纪 90 年代中后期正值顺德职业教育发展的黄金时期，纠正了上一时期职业教育快速发展所带来的办学混乱、管理不规范、教育资源浪费等状况。中专、技校和职业中学的界限消除，布局结构得到大规模调整，并根据资源共享原则建立起了机电类、电子技术等公共实训中心，区级统筹、集约办学的职业教育体系初步形成（姜蕙，2012）。1997 年，苏州太仓开始对职高类学校布局进行规划、调整，实行集约化规模办学。2001 年，太仓中专（太仓工业学校和太仓职业高级中学合并而来）与克恩－里伯斯、慧鱼两家德资企业合作，开始了"双元制"的本土化探索（李俊，2018）。在珠三角、长三角地区职业教育发展良好的县市，往往在 90 年代中后期开始资源整合，形成与本地产业紧密结合的职业教育体系。顺德和全国职业教育发展阶段比较如表 1 所示。

表 1　顺德和全国职业教育发展阶段比较*

	顺德区	全国
1978 年	自发产生，百花齐放，以镇为主	恢复阶段。允许办学，多部门、多行业共办，社会力量可参与办学
1979 年		
1981 年		
1984 年		
1985 年		发展阶段。规模发展和内涵发展并重，引入市场机制
1992 年		
1993 年	转型阶段。区级统筹，集约办学，资源共享	
1996 年		
1997 年		
1998 年	体系形成阶段。中专、中技与职业中学界限消除。高职为龙头，中职为主体，成人继续教育及岗位培训为延伸。一镇一校，一校一品，优质均衡	转型滑坡阶段。矛盾重重，生源减少，学生与就业联动少，课程滞后，政策支持力度下降
1999 年		
2000 年		
2001 年		
2002 年		
2003 年		
2004 年		
2008 年		重振阶段。扩大规模，提高质量。建立学生资助体系，示范校建设，基础能力建设，生均拨款机制等
2009 年		
2011 年		
2012 年至今	政策集权化背景下的体系重塑	

　* 顺德职业教育阶段划分主要借鉴姜蕙《顺德现代职业教育发展研究》，全国职业教育阶段划分主要借鉴和震《关于我国职业教育政策三十年回顾》，笔者根据自己理解做了一定调整。

二 重塑

（一）重振的哨声——"技工荒"的警示和三次全国职业教育工作会议

2002年，新华社记者章苒、《海宁日报》记者袁亮华关注了海宁的技工荒现象。在"皮衣之都"浙江海宁，皮衣车工缺口高达2000人，最紧张时12个岗位等1个工人。皮革企业利用预警机制成功突破欧盟技术壁垒，却因为车工紧缺这个家门口的"壁垒"，不得不放弃到手的国际订单。这是国内新闻媒体上，第一次出现技工荒的报道。随后，国内媒体对于技工荒的报道逐年增加，技工短缺成为社会热点。随着公共舆论对技工荒的关注，职业教育也从边缘进入舆论中心。2002年之后，技工荒和职业教育的媒体报道呈现同步高速增长的趋势，于2006年同时达到峰值（见图2）。

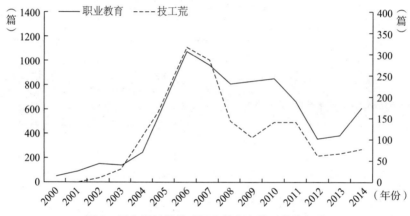

图2 国内报纸媒体对职业教育和技工荒的报道

资料来源：以职业教育和技工荒为关键词在中国知网报纸中进行全文检索得到。

在社会各界对职业教育发展的密切关注中，2002～2005年，全国职业教育工作会议三次召开。[①] 2002年全国职业教育工作会议，朱镕基、李岚清、吴邦国出席，颁发《国务院关于大力推进职业教育改革与发展的决定》；2004年，陈至立出席，讨论了七部委《关于进一步加强职业教育工作的若干意见（征求意见稿）》；2005年，温家宝、黄菊、华建敏、陈至立出席，首次提出现代职业教育体系、增加投入、建立学生资助体系等。随着各方共识凝聚，国务院明确中央财政"十一五"期间带头投入100亿元。此后，中央财政聚焦职业教育基础能力、示范引领、学生资助等，带动地方财政投入，进行了一系列重大项目建设。

（二）财政政策

1. 职业教育基础能力建设

2004年，教育部、国家发展改革委、财政部、人事部、劳动保障部、农业部和国务

---

① 1986～2001年，16年间仅召开3次全国职业教育工作会议。

院扶贫办联合印发了《关于进一步加强职业教育工作的若干意见》（教职成〔2004〕13号）（以下简称《若干意见》）。《若干意见》强调加快职业教育实训基地建设。为引导和支持各地职业教育实训基地建设，从2004年开始，中央财政设立专项资金，对符合条件的各级各类职业院校实训基地进行扶持。中央财政专项资金对各地的职业教育实训基地建设采取不同的支持方式。对东部等经济发达地区，在奖励方式上以贴息为主；对中西部地区以补助为主。2004～2007年，中央安排20亿元专项资金实施"推进职业教育发展专项建设计划"，加强了1000所左右市、县级骨干中等职业学校（职教中心）建设。2004～2013年，中央财政共投入专项资金78亿元，支持建设4556个职业教育实训基地。

2006年教育部、财政部印发《关于实施中等职业学校教师素质提高计划的意见》（教职成〔2006〕13号），提出到2010年，培训15万名中等职业学校专业骨干教师，其中中央财政重点支持培训3万名。国家级培训，由中央财政按人均培训成本10000元的标准补贴培训和食宿费用。国（境）外培训中央财政按人均培训成本30000元的标准补贴培训和食宿费用。省级培训经费由地方财政、学校和教师个人分担。此外，中央财政安排专项资金，支持全国重点建设职业教育师资培养培训基地和全国职业教育师资专业技能培训示范单位，开发100个重点专业、紧缺专业的师资培养培训方案、课程和教材。"十一五"期间，中央财政还安排专项资金，支持一批中等职业学校从社会上聘请兼职老师任教。

2011年教育部、财政部发布《关于实施职业院校教师素质提高计划的意见》（教职成〔2011〕14号），2013年，教育部、财政部印发了《职业院校教师素质提高计划中等职业学校专业骨干教师培训项目管理办法》等三个文件（教师厅〔2013〕3号），进一步明确了相关规定。2011～2015年，教育部和财政部组织5万名中等职业学校专业骨干教师参加国家级培训，从中选派2000名优秀学员出国进修；各省（区、市）组织20万名中等职业学校专业骨干教师参加省级培训。国家级培训经费（含出国进修）以中央财政投入为主，中央补助资金标准：国家级培训1.8万元/（人·次）、出国进修5万元/（人·次）。"中等职业学校青年教师企业实践项目"，教育部和财政部2011～2015年组织选派2万名中等职业学校青年教师到企业进行专业实践，项目所需经费以中央财政投入为主，补助资金标准为2万元/（人·次）。"高等职业学校专业骨干教师培训项目"，包括国家级培训和省级培训。国家级培训包括国内培训、国外培训和企业顶岗培训。2011～2015年，教育部和财政部组织2.5万名高职教师参加国内培训，选派2500名高职教师参加国外培训，组织2.5万名高职教师到企业顶岗培训。省级培训由各省（区、市）负责，2011～2015年共培训高职教师15万名。国家级培训经费以中央财政投入为主，主要用于支付培训费和培训期间的住宿、交通费等其他相关费用，不足部分由地方财政、高等职业学校和教师个人负担。中央补助资金标准：国内培训0.5万元/（人·次），国外培训3万元/（人·次），企业顶岗培训1万元/（人·次）。仅2007～2013年，中央财政投入职业院校教师素质提高的专项资金即达到21亿元。

2. 学生资助补助

2005年，《国务院关于大力发展职业教育的决定》（国发〔2005〕35号）提出建立职业教育贫困家庭学生助学制度。2007年，国务院发布《关于建立健全普通本科高校高等职业学校和中等职业学校家庭经济困难学生资助政策体系的意见》（国发〔2007〕13号），中职学生首次被纳入资助体系。此后，中职教育助学政策体系逐渐完善。中央继续设立国家奖学金，用于奖励普通本科高校和高等职业学校全日制本专科在校生中特别优秀的学生，每年奖励5万名，奖励标准为每生每年8000元，所需资金由中央负担。中央与地方共同设立国家励志奖学金，用于奖励资助普通本科高校和高等职业学校全日制本专科在校生中品学兼优的家庭经济困难学生，资助面平均约占全国高校在校生的3%，资助标准为每生每年5000元。中央与地方共同设立国家助学金，用于资助普通本科高校、高等职业学校全日制本专科在校生中家庭经济困难学生和中等职业学校所有全日制在校农村学生及城市家庭经济困难学生。国家助学金资助面平均约占全国普通本科高校和高等职业学校在校生总数的20%。财政部、教育部根据生源情况、平均生活费用、院校类别等因素综合确定各省资助面。平均资助标准为每生每年2000元。国家助学金资助中职学校所有全日制在校农村学生和城市家庭经济困难学生。资助标准为每生每年1500元，国家资助两年，第三年实行学生工学结合、顶岗实习。

2009年，《关于中等职业学校农村家庭经济困难学生和涉农专业学生免学费工作的意见》（财教〔2009〕442号）出台，从2009年秋季学期起，公办中等职业学校全日制正式学籍一、二、三年级在校生中农村家庭经济困难学生和涉农专业学生逐步免除学费，并确立逐步实行中等职业教育免费。免学费标准为每生每年2000元，由中央和地方按照一定比例共同分担，西部地区不区分生源中央承担80%，中部地区生源地为其他地区的，中央承担60%（生源地为西部地区的，中央承担80%），东部地区分省（市）确定。2010年，《关于扩大中等职业学校免学费政策覆盖范围的通知》（财教〔2010〕345号）颁布，城市家庭经济困难学生也被纳入免学费范畴。2012年10月，《关于扩大中等职业教育免学费政策范围进一步完善国家助学金制度的意见》（财教〔2012〕376号）出台，决定从2012年秋季学期起，将免费范围由涉农专业学生和家庭经济困难学生，扩大到所有农村（含县镇）学生、城市涉农专业和家庭经济困难学生。

2012年是中职学生资助体系发生变革的重要年份。根据教育部学生资助中心的介绍，2012之前，全国中职学生资助中，助学金覆盖90%学生，免学费覆盖30%。2012年后这一比例互换，免学费覆盖90%，助学金覆盖30%。不过，这一变化并不是立即实现的，中央财政拿大头的中西部地区实施较早，而东部省份的实施有先有后。此外，部分地区如内蒙古、山西、江苏、浙江宁波等在遵循中央资助政策的基础上更进一步，已经实现了中职学生免学费的全覆盖。

3. 示范引领建设

2006年，教育部、财政部在《关于实施国家示范性高等职业院校建设计划加快高等职业教育改革与发展的意见》（教高〔2006〕14号）中提出，要支持100所高水平示范院校建设，重点建成500个左右的特色专业群；培养和引进高素质"双师型"专业带头人和骨干教师，聘请企业行业技术骨干与能工巧匠，建设专兼结合的专业教师队伍；改革课程体系，提升教学质量等。建设计划的实施，以地方投入为主，积极吸纳社会、企业资金，中央财政进行引导和推动。"十一五"期间，中央财政安排专项资金，主要支持示范院校改善教学实验实训条件，兼顾专业带头人和骨干教师培养、课程体系改革，共享型专业教学资源库建设等。2010年，教育部、财政部印发了《关于进一步推进"国家示范性高等职业院校建设计划"实施工作的通知》（教高〔2010〕8号），2010～2012年逐渐新增共100所左右骨干高职院校。2006～2013年，中央财政共投入专项资金46亿元，分两期实施，支持建设了200所国家示范（骨干）高职院校。

2010年教育部、人力资源社会保障部、财政部发布《关于实施国家中等职业教育改革发展示范学校建设计划的意见》（教职成〔2010〕9号）（以下简称《意见》），在全国范围内重点支持建设一批中等职业教育改革发展示范学校（项目学校包括普通中专、成人中专、职业高中、技工学校）。《意见》指出，所需资金主要由中央财政专项安排。中央财政资金重点支持项目学校建立工学结合、校企合作、顶岗实习的教育模式改革，提高办学质量，办出自身特色，在资金安排上向先进制造业特别是装备制造业、现代服务业、新兴产业、现代农业等领域的学校和专业倾斜。2011年，根据《意见》（教职成〔2010〕9号），教育部、人力资源社会保障部、财政部制定了《国家中等职业教育改革发展示范学校建设计划项目管理暂行办法》（教职成〔2011〕7号）规定建设计划的资金包括中央财政专项资金、地方财政专项资金、项目学校举办者安排的专项资金和学校自筹专项资金。中央专项资金主要用于支持项目学校改善教学、实习和实训条件，开展工学结合、校企合作和实习实训，培养专业带头人和骨干教师，建设专业、课程和教材体系等。2010～2013年，中央财政共投入专项资金近100亿元，分三批支持了示范中职建设。

4. 建立生均拨款制度

2014年财政部、教育部发布《关于建立完善以改革和绩效为导向的生均拨款制度加快发展现代高等职业教育的意见》（财教〔2014〕352号），指出要以地方为主建立完善高职院校生均拨款制度，2017年各地高职院校年生均财政拨款水平应当不低于12000元。从2014年起，中央财政建立"以奖代补"机制，激励和引导各地建立完善高职院校生均拨款制度。

2015年，财政部、教育部、人力资源社会保障部印发《关于建立完善中等职业学校生均拨款制度的指导意见》（财教〔2015〕448号），提出各地应当建立完善中职学校生均拨款制度。随着这一文件的颁布，各省份陆续建立起了中职生均拨款制度（见表2）。

表2　部分代表性省份中职生均拨款标准

省份	生均拨款标准
福建 （2016）	1. 休闲保健类、财经商贸类、旅游服务类（不含烹饪专业）、教育类、司法服务类、公共管理与服务类专业，每生每年4200元。 2. 轻纺食品类、资源环境类、能源与新能源类、信息技术类、其他类专业，每生每年5100元。 3. 农林牧渔类、土木水利类、加工制造类、石油化工类、交通运输类、旅游服务类的烹饪专业，每生每年5600元。 4. 体育健身类、医药卫生类专业，每生每年5400元。 5. 文化艺术类专业，每生每年7000元

续表

省份	生均拨款标准
山东 （2013）	1. 旅游服务类（不含烹饪专业）、财经商贸类、休闲保健类、教育类、司法服务类、公共管理与服务类专业，每生每年2800元。 2. 农林牧渔类、资源环境类、能源与新能源类、土木水利类、加工制造类、电工电子类、石油化工类、轻纺食品类、交通运输类、信息技术类专业，每生每年3300元。 3. 体育与健身类、医药卫生类专业，每生每年3900元。 4. 文化艺术类专业、旅游服务类的烹饪专业，每生每年4500元
河南（2011）	基本标准为1300元/（生·年）。根据专业类别进行调整：理工类专业调整系数为1；文科类专业调整系数为0.8；体育、卫生、艺术类专业调整系数为1.5
广西 （2013）	自治区属：700元/（生·年）；市属（含城区）：600元/（生·年）；县属：500元/（生·年）
上海 （2013）	根据中等职业教育不同专业类型的生均公用经费需求分为7个等级： （一）定额等级2250元的专业：商贸与旅游类、财经类、社会公共事务类； （二）定额等级2400元的专业：土木水利工程类、交通运输类、信息技术类； （三）定额等级2550元的专业：文化艺术与体育类 b； （四）定额等级3000元的专业：农林类、资源与环境类、能源类； （五）定额等级3150元的专业：加工制造类； （六）定额等级3300元的专业：医药卫生类； （七）定额等级6750元的专业：文化艺术与体育类 a。 分段定额级差拨款方法： （一）学校在校生规模在2000人以下，按照确定定额标准给予100%的拨付； （二）学校在校生规模在2600人以下，其中2000人按照上述条款（一）执行，其余按照定额标准的50%拨付； （三）学校在校生规模在3200人以下的，其中2600人按照上述条款（二）执行，其余按照定额标准的20%拨付； （四）学校在校生规模在3200人以上的，其中3200人按照上述条款（三）执行，超出部分不纳入生均公用经费的拨款范围

注：1. 表中各省份生均拨款标准除河南为生均财政拨款外，其余各省份为生均公用经费拨款。

2. 河南生均财政拨款不含学校学费等事业收入，可用于奖励性绩效工资、公用经费和项目支出，不含教职工的基本工资、工资附加、基础性绩效工资、离退休经费和养老保险。

3. 福建生均公用经费标准包含了对中职学校的免学费补助，财政对公办中职学校由补助免学费转换为按专业核拨生均公用经费。

资料来源：福建：福建省财政厅、教育厅、人力资源和社会保障厅《关于建立完善市、县（区）中等职业学校生均拨款制度的指导意见》。

山东：山东省财政厅、教育厅、人力资源和社会保障厅《关于中等职业学校生均公用经费基本拨款标准有关问题的通知》。

河南：河南省财政厅、教育厅、人力资源和社会保障厅《关于省属公办中等职业学校生均经费财政拨款标准意见的通知》。

广西：广西壮族自治区财政厅、教育厅、人力资源和社会保障厅《关于印发广西公办中等职业学校生均公用经费财政拨款标准的通知》。

上海：上海市财政局、市教委《关于调整本市公办中等职业学校生均公用经费拨款定额标准方案》。

（三）谁在为职业教育发声

2005年以来，以中职免费、生均拨款机制、示范校建设为代表的一系列职业教育财政政策，兼有我国义务教育、高等教育领域教育财政政策的价值取向，很大程度上塑造了当前的职业教育体系。然而，回溯历史，在技工荒与大学生就业难并发的 21 世纪初期，加大职业教育投入、重振职业教育虽然是社会共识，但是此后的一系列财政政策工具选择并非唯一的选项。这一时期的职业教育财政政策是如何进入政策议程设置并最终脱颖而出的呢？

王绍光将我国决策参与结构分为内外两个"政策圈"，内圈具有决策话语权，外圈属于政策参与者。内圈包含最高决策者、协调机构和职能部委的政策制定者；外圈包含政策研究者、有组织利益团体和普通群众。政策过程是由各决策主体、社会团体和大众寻求广泛参与和一致同意的决策过程，处于政策内圈的决策者与处于外圈的参与者求同存异形成最终决策（王绍光、樊鹏，2013）。最高决策者或许会指定政策方向，但是一般不会指定政策制定和实施的具体细节，这为不同部委的政策制定者、地方政府、不同利益群体间的协商和博弈提供了空间。

相当一部分协商和博弈，发生在"台面以下"，难以进入研究者的视野。中国人民政治协商会议（下文简称政协）作为政治生活中发扬社会主义民主的重要形式，其职能之一是将政治、经济、文化和社会生活中的重要问题以及人民群众普遍关心的问题，通过调研报告、提案、建议案或其他形式向中国共产党和国家机关提出意见和建议，是各社会团体和个人利益表达和初步综合的重要平台。通过对政协职业教育提案的分析，我们可以一窥职业教育政策输入的逻辑。

1983~2012 年，职业教育相关提案共计 355 件，占教育类总提案数的 4%。政策内圈参与政协提案较少，政策外圈是职业教育提案的主要参与者。

在政策外圈中，来自职业学校的提案仅 5 件，地方政府官员、高校教师、企业家群体是最主要的提案人。地方政府官员提案共计 158 份，占到全部提案的一半。东部地区和西部地区提案数量基本相同，中部地区提案较少。从提案案由上看，职业教育发展、农村职业教育成为地方影响层提案的主要关注点，对免费的诉求尤其是西部政府提案的重点。东部地区政府委员提出了一些与主流不一致的提案，如"举办职业高中要考虑好学生毕业后就业问题"（江苏）、"理顺职业教育管理体制"（福建）、"改革职业技术教育发展模式"（广东）等。高校委员提案 73 件，提案人多数为高校领导和具有党派身份的高校教授，几乎均不具有与职校相关的经历或潜在的工作关系。提案涉及范围较广，对职业教育发展、农村职业教育涉及较多，对资助免费、经费投入、立法体制、校企合作等都有涉及。企业委员提案数量为 37 件，大多关注技工培养、校企合作等方面，而对资助和免费的内容则完全没有提及。东部地区企业委员一些提案涉及人才素质或产业升级，体现出企业的人才需求。其中职业教育发展较快的东部沿海地区中，仅有江苏省企业委员提出了提案，其中一件要求利用企业资源提升职业教育成效，在一定程度上反映出企业需求与职业教育成果可能存在错配。西部企业委员提案与本地政府提案保持高度一致，诸如"支持西藏职业教育""扶持贵州职业教育"等。

中职资助政策是职业教育重振阶段最重要的政策之一。2012 年，中职资助体系从助学金为主转向免学费为主。中职免费政策，本质上是教育成本分担和学费管制两种措施的混合。在同样实行免学费的情况下，中西部地区的免费补贴由中央财政拿大头，东部地区则以地方承担为主。在中西部地区，中职免费政策起到了扭转中职教育颓势的作用，2012 年以后中西部地区的中职招生已经显著好转。但是，在东部省份，"中央请客，地方埋单"的方式引发了中职教育的滑坡（田志磊、黄春寒，2017）。温州市教育局职成处处长薛昭直言，温州百姓家庭经济条件尚可，对职业教育的最大诉求是希望有好的办学设施和好的办学质量，而不在于免除学费。温州每年用于职业教育的经费约 14 亿元，学费减免支出需要约 3 亿元，学费减免支出挤占了提升办学质量所需经费（薛昭，2014）。

存在巨大异质性影响的中职免费政策，如何在政协中进行政策输入呢？从 2005 年开始，中职资助政策提案大量产生，共 40 件，包括集体提案 5 件，个人提案 35 件。主要提案人为地方政府官员（18 件）和高校教师（11 件）。地方政府官员提案中，西部地区提案 10 件、东部 6 件、中部 2 件。高校教师提案中，央属高校提案 3 件，东部省属高校提案 2 件，西部省属高校提案 6 件。来自西部地区的委员对于中职资助政策十分积极，无论是政府官员还是高校教师，体现出高度一致性（见表 3）。而在东部地区，几乎所有涉及职业教育资助免费的提案均来自民主党派提案，民主党派系统外对职业教育资助免费政策几乎没有提案产生（赵晓垦，2017）。①

表 3　西部地区典型政协提案

	案由	提案人身份
2009 年 宁夏提案	《关于免除西部欠发达地区接受中等职业教育农村学生及贫困生学费的提案》	政府官员
	《关于免除西部欠发达地区农村学生及贫困生中等职业教育学费，促进西部普高和中职教育协调发展的提案》	政府官员
2011 年 新疆提案	《关于中等职业教育实行免费义务教育的提案》	政府官员
	《关于请求扩大国家中等职业教育免学费政策的提案》	高校人员
	《关于请求扩大国家中等职业教育免学费政策在新疆覆盖面的提案》	高校人员
	《关于扩大国家中等职业教育免学费政策在新疆覆盖面的提案》	高校人员

从上述分析可以看出，地方政府官员、高校教师、企业家是最主要的"发声者"。在案由的选择上，企业家提案侧重技工培养、校企合作等方面，几乎不涉及免费教育；西部地区政府官员、高校教师共同关注免费政策，东部地区具有党派身份的委员也对免费政策持支持态度。最终，中职免费成为政协提案中支持最多的职业教育政策之一，最终在 2012 年顺利出台。

（四）职业教育经费的变化

2005 年《国务院关于大力发展职业教育的决定》发布以来，伴随着一系列职业教育财政政策的出台，我国职业教育经费进入迅速增长的轨道。

1. 经费收入结构

财政投入力度的加大，从根本上改变了职业教育的经费来源结构。表 4 呈现了职业教

---

① 赵晓垦（2017）详细讨论了职业教育提案的党派系统特征，发现存在极强的党派内部一致性。

育三种主要的经费来源：财政性教育经费、民办学校举办者投入、事业收入。2005～2016年，中职教育的财政性教育经费占比由 53.09% 上涨到 87.67%。民办学校举办者投入占比较低，2006 年的 3.67% 是其历史最高值，随后迅速下滑到 1% 以内，2016 年仅为0.36%。随着 2009 年起逐步实施"中职免费"，事业收入占中职经费的比重大幅下滑，2016 年时仅为 8.79%。高职教育经费结构的变化趋势与之类似。2005 年和 2006 年是民办学校举办者投入的最高峰，占到高职经费的 16%～18%，随后迅速下降到 2% 以内。2010年以前，事业收入一直是高职教育最主要的经费来源，2010 年之后，伴随着一系列高职财政政策的实施，财政性教育经费占比反超事业收入成为第一大经费来源，随后两者差异越来越大。2016 年，高职财政性教育经费占比为 62.51%，事业收入占比已经下滑至 32.34%。

表 4 2005～2016 年中高职经费来源结构

单位：%

年份	中职			高职		
	财政性教育经费	民办学校举办者投入	事业收入	财政性教育经费	民办学校举办者投入	事业收入
2005	53.09	3.23	39.27	32.01	16.29	47.51
2006	54.82	3.67	36.84	32.22	17.16	46.23
2007	60.13	0.86	34.70	36.79	1.34	55.96
2008	65.03	0.90	30.73	41.73	1.57	51.50
2009	67.91	1.07	27.96	43.10	1.92	50.37
2010	71.34	0.95	24.46	46.76	1.39	47.49
2011	76.84	0.79	19.69	53.95	1.13	40.56
2012	81.70	0.55	15.46	58.98	0.86	36.07
2013	86.04	0.44	10.62	56.71	1.37	37.09
2014	86.41	0.28	10.12	59.93	0.58	36.22
2015	87.04	0.39	9.12	63.09	0.63	33.10
2016	87.67	0.36	8.79	62.51	1.70	32.34

2. 经费增长速度

十一五期间，中职教育经费从 2005 年的 271 亿元增加到 2010 年的 1357 亿元（年增幅 38%），高职高专经费也从 371 亿元增加到 1051 亿元（年增幅 23%），远高于同期教育经费 18% 的年增幅。与之相随的是，中高职经费占教育总经费的比重，从 2005 年不足8% 增长到 2009 年的 12.8%，达到历史最高值。

十二五期间，职业教育经费增长速度大幅回落。2011～2016 年，高职高专经费分别为1251 亿元、1410 亿元、1452 亿元、1518 亿元、1726 亿元、1836 亿元，中职教育经费分别为1639 亿元、1909 亿元、1997 亿元、1907 亿元、2138 亿元、2223 亿元，两者的年增幅均跌至10% 以内，低于同期 12% 的教育总经费年增幅。最终，中高职经费占总教育经费的比重一路回落，从 2009 年的最高值下降了 2.4 个百分点，2016 年为 10.4%（见图 3）。

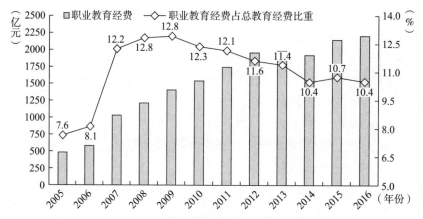

图 3　中职、高职高专教育经费占总教育经费比例

注：在教育经费统计年鉴中，高职、高专经费数据仅在 2006 年、2007 年进行了区分。故本文的职业教育经费为中职经费加上高职高专经费。

3. 职普经费对比

图 4 给出了 1994～2016 年中职、高中生均经费的比较，以及 2005～2016 年高职高专、本科生均经费的比较。所有年份经费数据均以 1994 年为基期根据居民消费价格指数进行了平减。1994 年，中职生均经费为 3096 元，普通高中生均经费为 1542 元，前者为后者的近两倍。此后，中职对普通高中的经费优势有所缩小，但是直到 2004 年依然保持在 1.4 倍左右。2005～2016 年，中职与普通高中之间的生均经费差异不断缩小，到 2016 年两者已经大体相当，都为 9100 元左右。2005 年，本科生均经费为 10976 元，高职生均经费为 6103 元，两者相差 4873 元。2016 年，本科生均经费为 18414 元，高职生均经费为 11049 元，两者经费差距扩大到 7365 元。虽然职业教育投入不断增加，但是与普通教育相比，生均经费的增长相对滞后。

2005 年以来，伴随着财政对职业教育投入的不断加大，职业教育经费结构的公私划分出现了显著变化，逐步形成了财政性教育经费、非财政性教育经费"一条腿粗、一条腿细"的格局。这一趋势，与同期教育财政体制的总体变化趋势相一致（王蓉，2015）。虽然中央层面重视程度不断加码，职业教育经费在十二五期间的增速依然落后于普通教育，职普生均经费的对比凸显了职业教育经费增长的相对乏力。

（五）产教融合的变化

随着投入水平提高、办学条件迅速改善，职业教育的核心矛盾越来越聚焦于效益维度——职业教育是否适应我国社会经济发展的需要？① 2013 年，《中共中央关于全面深化改革若干重大问题的决定》中提出："加快现代职业教育体系建设，深化产教融合、校企合作，培养高素质劳动者和技能型人才。" 2014 年，《国务院关于加快发展现代职业教育

---

① 教育适应论在国内高等教育学术界有过巨大的争议（展立新、陈学飞，2013；王洪才，2013；冯向东，2014）。不过，从职业教育来说，其发展需要适应社会经济发展即使仍有争议，也会远小于高等教育。从多个中央政策文件的表述中可以看出，适应经济社会发展被视为衡量职业教育发展情况的首要标准。

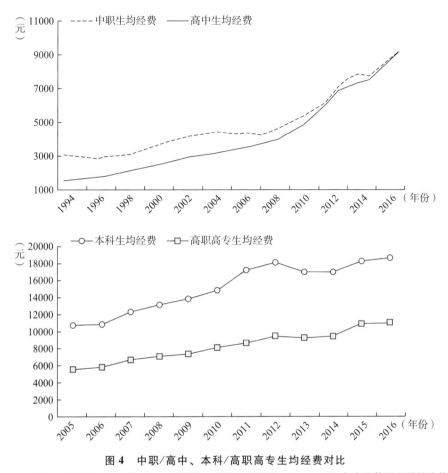

图 4　中职/高中、本科/高职高专生均经费对比

注：1994～2006 年中职生均经费为中等专业学校生均经费，2007～2016 年为中等职业学校生均经费。2005 年以前没有高职高专统计数据，故高职高专和本科对比从 2005 年开始。所有年份数据均以 1994 年为基期，采取居民消费价格指数进行了平减处理。

的决定》要求："同步规划职业教育与经济社会发展，协调推进人力资源开发与技术进步，推动教育教学改革与产业转型升级衔接配套。突出职业院校办学特色，强化校企协同育人。"2017 年 12 月，《国务院办公厅关于深化产教融合的若干意见》认为"受体制机制等多种因素影响，人才培养供给侧和产业需求侧在结构、质量、水平上还不能完全适应"，明确提出"统筹职业教育与区域发展布局"。产教融合已经成为中央关注的焦点所在。

随着人口红利的消失，近几年企业参与深度校企合作的积极性有所提升。而在学校方面，由于资源获取重心的改变，职业院校"向企业看"的倾向在下降。随着职业教育财政投入的高速增长，各种项目建设的出现，一部分曾深度嵌入区域产业中的职业院校正在弱化其与区域产业的联系。

在华东某市，当地中职教育在全国享有盛誉。调研中，与当地中职学校有着长期紧密合作的企业人力资源经理表示，学校对双元制培养的积极性在下降，"现在想找校长谈学徒制相关事情，电话总是打不通"。随着中职学校升学热愈演愈烈，优质生源越来越多地选择升学而非参加学徒制项目，中职学校对就业教育的积极性也在下滑，企业不得不转向高职寻求合作。

在东南某市，某高职院校校企合作深度不高，但是通过对标其他省份示范校排名第一的高职进行"指标建设"，从而在省内排名中名列前茅。校企合作中"虚的部分"在增加——越来越多的发达地区高职院校，在校企合作中倾向于与大企业联名建立冠名学院、争取大量财政资金补助的合作方式，而对需要精耕细作的校企合作失去动力。

三　对我国职业教育财政体制调整的思考

2005 年以来，为了促进职业教育发展、支撑产业人才需求，我国职业教育领域动作频频。中央政府通过一系列的财政政策，迅速而深刻地改变了我国职业教育办学、产教关系的基本格局，职业教育已然从衰落走向重振，取得了巨大的发展成就。不过，无论是在职业教育投入动员方式上，还是财政政策促进产教融合的效果上，都存在改进的空间。十二五期间职业教育经费增速下滑、中职免费政策对东部职业教育的冲击以及产教融合的现状，对当下的职业教育财政体制给出了提醒。我们需要思考，构造什么样的博弈形式，才能满足利益相关者的激励相容，使得这个博弈的解更接近我们所期待的政策目标。

首先，需要思考职业教育政策制定中的发声机制。我国所推崇的德国双元制，源自工业化早期独立工匠、技能熟练的产业工人以及技能密集型产业中的雇主之间的博弈（Thelen et al.，2004，2010；Busemeyer and Trampusch，2011），以及基于长期博弈而形成的权利责任关系和成本收益分配关系。无论是相关部委的政策制定者还是政策研究者，都难以计算合理的、可持续的成本收益分配。在职业教育财政政策的制定过程中，来自接受中央转移支付地方政府的"声音太强"，来自企业界（无论是企业家还是技术工人）的"声音太弱"，并不利于激发企业投入意愿，也不利于实现产业与职业教育的融合。

其次，需要思考职业教育财政投入中的央地关系。在多级政府的情况下，加大政府教育投入力度的过程往往伴随着政策制定的重心上移，形成更加集权的教育财政体制。而集权化的教育财政体制，是把双刃剑。一方面，它有效地制衡了地方政府公共教育供给意愿的不足，通过中央层面的政策动员形成压力传导机制，保障政府教育投入；另一方面，也因忽略地方的习惯、格局、偏好的差异而带来效率损失（田志磊等，2015；王蓉、田志磊，2018）。具体到职业教育领域，由于地方产业特征、政府职业教育偏好、居民职业教育需求异质性巨大，依靠中央出台各种项目建设并以行政压力和财政诱导保障其实施，不仅难以调动地方财政的积极性，而且存在巨大的效率损失。

最后，需要思考职业教育拨款机制设计的基本理念。目前，学校的行政级别越高、规模越大，越容易得到财政资金的支持。中职免费补助和生均拨款标准，虽然在一定程度上拉开了专业差距，但是并不反映真实的专业办学成本，也缺乏对办学质量、社会需求和评价的考量。而以示范校建设为主的专项投入方式，虽然大幅度改善了示范校的办学条件，但是依然属于行政化的资源分配方式（孙翠香，2017）。目前，我国的财政资金分配方式，缺乏基于市场视角的绩效拨款因子（田志磊、刘云波，2016）。应重塑职业学校的评价体系，并建立相应的拨款机制。应尝试在职业学校评价中更多地引入包括行业企业在内的第三方评价，让职校毕业生的用人单位参与到对职业学校的评价之中，由此将真正融入区域产业发展的职业学校与升学型的职业学校区分开来，向真正融入区域产业发展的职业学校提供更多的经费支持。

参考文献

冯向东，2014，《走出高等教育"适应论"意味着什么——对教育"适应论"讨论的反思》，《北京大学教育评论》第 4 期。

和震，2009，《我国职业教育政策三十年回顾》，《教育发展研究》第 3 期。

姜蕙，2012，《顺德现代职业教育发展研究》，华南理工大学出版社。

李俊，2018，《江苏省太仓市现代学徒制的合作治理结构探析》，《江苏教育》（职业教育版）第 20 期。

孙翠香，2017，《中职示范校政策执行：现状调查与分析》，《职业技术教育》第 27 期。

太仓市教育志编撰组，2013，《太仓市教育志（1988～2005）》，上海人民出版社。

田志磊、黄春寒，2017，《中职教育学生资助政策评估报告》，《教育学术月刊》第 11 期。

田志磊、刘云波，2016，《国际视野下的职业教育拨款机制：模型、特征及适用环境》，《职教论坛》第 1 期。

田志磊、杨龙见、袁连生，2015，《职责同构、公共教育属性与政府支出偏向——再议中国式分权和地方教育支出》，《北京大学教育评论》第 4 期。

王洪才，2013，《论高等教育"适应论"及其超越——对高等教育"理性视角"的理性再审视》，《北京大学教育评论》第 4 期。

王蓉，2015，《如何建立兼顾公平与效率的教育财政体制机制?》，《人民教育》第 23 期。

王蓉、田志磊，2018，《迎接教育财政 3.0 时代》，《教育经济评论》第 1 期。

王绍光、樊鹏，2013，《中国式共识型决策："开门"与"磨合"》，中国人民大学出版社。

薛昭，2014，《好动机不等于好效果——教育公共财政政策变形记：以温州为例》，北京大学中国教育财政科学研究所《中国教育财政》第 8 期。

展立新、陈学飞，2013，《哲学的视角：高等教育"适应论"的四重误读和误构——兼答杨德广"商榷"文》，《北京大学教育评论》第 4 期。

赵晓堃，2017，《中等职业教育政策议程设置中的政协提案参与研究》，北京大学中国教育财政科学研究所《中国教育财政》第 7 期。

Busemeyer, M. R. and Trampusch, C. 2011. "Comparative Political Science and the Study of Education." *British Journal of Political Science* 2.

Thelen, Sarah, Barthelat, Francois, and Brinson, L. Catherine. 2004. "Mechanics Considerations for Microporous Titanium as an Orthopedic Implant Material." *Journal of Biomedical Materials Research Part A* 4.

国际视野下的职业教育拨款机制
——模型、特征及适用环境*

田志磊　刘云波**

（2016 年 1 月）

职业教育内涵丰富，各国在办学模式、授课内容等诸多方面都有其独特性。根据教育对象的不同，国际上通常将职业教育分为三类：针对学龄人口的职业教育（IVT）①、继续职业教育（CVT）和针对失业人群的职业教育（UVT）。三类职业教育相对独立，各自有其办学体系和拨款机制。

一般而言，针对学龄人口的职业教育（IVT）是各国职业教育的主体。根据"校企合作，工学结合"中的主次关系，OECD（1986）认为 IVT 有两种不同的模式：学校为中心的职业教育体系，如丹麦、芬兰、法国、荷兰主要是职业学校，而美国、瑞典、英国则主要是综合中学；工作场所为中心的职业教育体系，如德国、奥地利。在学校为中心的职业教育体系中，不论职业教育的管理重心何在，政府都是职业教育的主要出资方和管理者，学费及其他非政府投入所占比重不大；而在工作场所为中心的职业教育体系中，企业通常会承担培训者和培训教师的工资、设备和耗材的费用。虽然以德国双元制为代表的工作场所为中心的职业教育体系得到了广泛青睐，被认为能够有效契合企业人才需求、降低青少年失业率，但是双元制的实施受到社会结构、文化传统、教育体系自身特征等诸多因素的制约。在全球范围内，学校为中心的职业教育体系依然是主流模式，我国的职业教育体系也属于这一模式。

各国的职业教育拨款预算通常会考虑政府财力、职业教育相对其他公共服务的重要性、职业教育学生规模、历史拨款额度、提供职业教育服务的机构类型、不同类型和专业职业教育的市场价值等。但是，归根结底，拨款机制设计主要是基于成本和绩效的考量。成本是最核心的依据，在此基础上，是否考虑绩效、考虑哪些成本和绩效、如何考虑成本和绩效因素则是各有不同。

目前，国际上对于职业教育拨款模式的分类并没有达成共识。本文中的分类是根据

---

* 原文最初发表在《职教论坛》2016 年第 1 期上。

** 田志磊，北京大学中国教育财政科学研究所助理研究员；刘云波，北京师范大学教育学部职业与成人教育研究所讲师。

① 不同国家的 IVT 有着不同的学龄范围，例如荷兰为 12～21 岁，英国和瑞典为 16～19 岁，奥地利为 14～18 岁。

国外拨款实践、相关研究报告以及我国研究需要制定的。本文目的是为国内职业教育拨款机制改革提供可参考的坐标系，所以主要依据学校为中心的 IVT 拨款机制进行分析，不过也会涉及其他职业教育类型。纵览各国，职业教育基本经费拨款机制可概括为生均拨款机制、成本单元拨款机制和产出拨款机制三大类。下面分别介绍这三类拨款机制并加以比较分析。

一　生均拨款机制

生均拨款机制在教育财政中使用最为广泛，这一模型的核心参数是生均拨款标准。学生数和生均拨款标准两者相乘即可得出学校应得拨款额度。大部分职业教育拨款实践中都包含某种形式的生均拨款。美国全国性的调查报告显示，大约20%的州政府采用严格的生均拨款分配职业教育经费，此外，州政府再无其他拨款。[①] 在制定生均拨款标准时，通常都会考虑实际教育成本，而考虑的成本因素越多，通常得到的生均标准也越高。例如，美国马萨诸塞州在计算生均拨款标准时，考虑了19个成本因素，包括教师工资、福利、培训经费、设备、耗材等，最后得到的生均拨款标准比普通教育学生高出56%；怀俄明州的生均职业教育拨款标准就是根据大约25个教学和运营成本因素计算得出，其标准在美国实施严格生均拨款的10个州中处于最高水平之一（Klein，2007）。

作为生均拨款模型的一种拓展，许多国家会根据培养成本的差异而将职业教育学生细分为几类，不同类型的学生被赋予不同的权重，可称之为加权生均拨款[②]。根据教师工资保障的不同安排，生均拨款模型又可以分为两种：第一，生均公用经费拨款，教师工资由政府在生均拨款之外负担，生均拨款主要负担公用经费；第二，生均综合定额拨款，即生均拨款中包含了教师工资和公用经费，教师工资部分根据规定的师生比进行折算后计入生均综合定额。大部分国家职业教育教师的工资都有政府在职业教育拨款机制之外予以保障，因此，生均公用经费拨款机制的运用更加普遍。

生均拨款模型具有简单易行的特点，而且由于学校经费高度依赖于学生数，会激励公办学校之间产生竞争，有助于职业学校针对教育需求做出更加灵活的调整并提升教育质量。但是，生均拨款模型对竞争的激励效果也存在一定局限性：由于职业教育中的设备成本较高，为了实现规模经济，政府通常会对职业学校的资源布局、专业设置统筹安排，因此职业教育机构会成为区域性职业教育服务的垄断提供者，在职业教育学生跨地区流动不大的时候，生均拨款机制所带来的竞争和对教育质量的激励效果会受到限制。法国的 Vocational Lycée、荷兰的 ROC、瑞典的 Gymnasieskola 都属于此类情况（Green，Hodgson，and Sakamoto，2000）。极端情况下，学校甚至会出现"偷工减料"的行为，压缩用于学生培养的支出。

[①] 在美国，职业教育拨款采用严格生均拨款的州有：阿肯色州、内布拉斯加州、内华达州、新罕布什尔、新泽西州、新墨西哥州、俄勒冈州、南达科他州、威斯康星州、怀俄明州。
[②] 北京市目前采用的生均拨款机制就属于这一种。

无论哪种生均拨款模型，其有效性高度依赖于如下假设的成立：培养一个学生有着大致相同的合理成本。生均拨款也包含一定的绩效属性，能够有效利用资源吸引到更多学生的学校就能得到更多拨款。加权生均模型进一步优化了激励机制，通过对高成本专业学生实施更大的拨款权重，避免学校只提供低成本的职业教育，对高市场需求专业学生给予更大拨款权重激励学校响应市场需求。不过，生均拨款机制的有效性成立还需要一个相对稳定的教育体系，这一稳定有以下两层含义。

一方面，生源规模相对稳定。职业学校的成本分为固定成本和可变成本，其中固定成本占据了相当比重而且短期内不随学生规模的变化而变化，一旦学生规模在短期内发生剧烈变化尤其是剧烈下降时，按照既有生均标准乘以学生数得到的拨款额可能无法维持学校基本运转。若学校学生数的变化是学生依据学校教育质量"用脚投票"的结果，生均拨款从激励学校竞争提高教育质量的角度尚具有合理性；若本地区的职业教育资源布局是政府规划的结果，并不存在太强的直接竞争时，学生数量的减少可能并不能反映学校办学质量的高低，而生均拨款机制会激励学校的行为短期化、背离政府的职业教育长期发展改革规划，其合理性很难成立。

另一方面，教育活动、成本结构本身相对稳定。当职业教育本身处于创新多发时期而创新活动又对教育成本结构产生了较大冲击时，之前确定的生均拨款标准可能会无法覆盖创新活动的成本从而对创新活动产生阻碍。美国怀俄明州曾发生过最高法院判定当时的生均拨款机制阻碍职业教育创新的事件，此后怀俄明州的生均拨款机制被成本单元拨款机制取代。

二　成本单元拨款机制

虽然学校的主要目标是培养学生，但是职业教育机构的成本发生很多与学生数并没有直接关系。在成本单元拨款模式下，除了学生以外，教师、实习实训设备、校园建筑面积等成本发生单元会被直接纳入拨款依据。

美国康涅狄格州75%的职业教育拨款依据学生人头分配，其余的25%则依据校园面积分配。亚利桑那州的做法与之类似，83%的职业教育经费依照学生人头分配，这其中的90%按照在校生数分配，并根据专业课时数、专业的市场需求程度和预期工资水平设置学生权重，另外10%按照在岗学生数进行分配；剩下的17%用于支付管理成本，分配机制与学生数无关。美国加州的职业教育拨款机制（program-based funding）在计算拨款基数时考虑了教学、教学服务、学生服务、维护与运行、非学分教学指导、机构支持六类项目，分别计算这六类项目拨款，最后加总得到项目拨款基数总和（Murphy，2004）。

与生均拨款相比，成本单元拨款机制更加适用于不稳定的教育体系。在生源剧烈变化，并不存在一个合理的生均培养成本的情况下，成本单元拨款能够给予学校持续运转所必需的经费保障。作为从生均拨款机制转向成本单元拨款的案例，美国怀俄明州的情况值得关注。2001年，怀俄明州最高法院认定该州的生均拨款方式不利于本州的职业教育教学活动创新，判定州政府开发新的、能够覆盖创新性教育活动成本的拨款方式。随后，该州将以往的生均拨款机制变革为综合考虑学生数、师生比、设备、耗材等因素的成本单元拨款机制①（Odden et al.，2005）。

本质上，生均拨款和成本单元拨款都依据各种各样的教育活动和学校运营成本，但是考虑的方式不相同：生均拨款对于成本采取一种比较静态的考虑方式，所有的成本维度都通过历史数据核算出一个生均拨款标准，除非更改标准，否则拨款额度就完全取决于学生数；成本单元拨款对于成本采取更加灵活、动态的考虑方式，学生数、班级数、设备、校园面积等成本维度的变化均会影响到职业学校所能得到的拨款。由于成本单元拨款机制对于各种成本因素"应保则保"的属性，其提供的竞争环境会弱于生均拨款机制。

三　产出拨款机制②

产出拨款尤其常见于继续职业教育或针对特定人群的职业教育项目。一般情况下，产出因素不会是唯一的拨款依据，通常还会包含成本因素。该拨款模式对于成本因素的考量不会超出上述两种模式的范畴，因此不再赘述。需要详细说明的是对产出因素的考量。

强调产出因素的重要性是过去若干年里职业教育财政研究领域的普遍认识。欧洲职业培训发展中心的研究报告认为（Felstead，1998），职业教育拨款主要与下列三种活动或事件紧密联系：学生数、职业教育项目的属性和持续期（例如课时数、设备和耗材的需求）、产出。前两者都属于成本维度，第三者即产出维度。一份名为《技能、而非文凭，东欧和中亚教育体系的目标管理》的世界银行报告建议采用更灵活、明智的教育拨款机制，从支持教育投入要素到关注教育产出。世界银行职业教育专家王一丹博士建议在生均经费投入指标的基础上，引入绩效预算并将其与可测算的结果直接挂钩；将激励机制引入资金使用中，奖励取得成效的参与者。

与单纯基于成本的拨款机制相比，产出拨款机制被认为具备一系列优点。

（1）增强职业教育服务供给的灵活性。与学历教育相比，非学历培训的需求更加多元化。例如，有的培训者可能偏好周期短、高强度的培训，而有的培训者可能偏好周期长、低强度的培训，产出拨款机制会激励职业教育机构提供多种培训模式供培训者选择，从而更好地满足培训者差异化的需求。

（2）能够对被列为产出指标的教育目标提供更加直接的激励，规避学校"偷工减料"

---

①　怀俄明州的职业教育拨款还会考虑到学区间经济发展、居民偏好的差异，不过这些因素超出了本文的研究范围，故不做介绍。

②　也有许多研究尤其是美国的相关研究将产出拨款（output-related funding）称为绩效拨款（performance-related funding）。不过笔者更加认同欧洲职业培训发展中心专家 Alan Felstead 博士的观点，生均拨款机制和成本单元拨款机制中也存在绩效因素，例如生均拨款机制就是将能招到更多学生的学校视为高绩效，绩效拨款这一说法容易造成理解上的混乱。故本文采用产出拨款这一术语。

行为。教育目标既可以是"量"的方面，也可以是"质"的方面。鉴于职业教育的高流失率，最常见的"量"的产出度量指标是在校课时数①和毕业生数，针对在校课时数和毕业生的拨款让学校具有更加强烈的质量意识和服务意识，有更大的激励将学生留住。在"质"的方面，可以对职业教育机构的优质课程进行拨款，或者是对满足学生或培训者特殊需求、实现特定教育目标的职业教育机构拨款。

1974 年，美国印第安纳州就开始对高成本的职业教育项目（如机械制造）给予远高于非资本密集型职业教育项目（如家政）的拨款权重，这一拨款标准的差异在 3 倍以上。2002 年，印第安纳州在生均拨款机制中进一步加入产出因素，所有学生依据市场需求的强弱区分为三类：对高市场需求专业的学生给予 1000 美元，中等市场需求专业的学生给予 700 美元，弱市场需求专业的学生给予 300 美元。对于参与到学徒制项目的学生给予 230 美元的拨款，毕业生获得职业资格证书的也会帮助学校增加 550 美元的拨款。

（3）降低管理和行政成本，增强教育问责。产出并不与成本对应，而是与过程对应，产出拨款机制强调关注教育成果而非教育过程。一个基于教育过程的拨款机制需要大量的监管和审计成本。基于产出因素的拨款机制的一个潜在好处是，简化教育管理体系和审计工作，增强职业教育机构的问责。

不过，产出拨款机制的效果如何，很大程度上取决于两点：（1）是否能在成本因素和产出因素之间取得恰当的平衡；（2）定义什么是"成功产出"。前者在某种程度上可以被称为一种"拨款艺术"，需要考虑诸多因素，目前尚缺乏相关研究对什么是"恰当的平衡"进行详细说明。对于后者，我们已经积累了一定的认识，产出拨款实践中通常采用两个维度的指标定义成功产出。（1）就业。在职业教育求大于供的背景下，就业质量是比就业率更重要的度量指标。（2）学生或培训者职业技能水平的提升，可以用教育增值法进行度量，还可以采用获得的资格证书衡量。② 产出指标的设计尤其需要谨慎，可能会造成激励机制的扭曲，带来负面影响。

1983 年开始实施的美国 JTPA（工作培训合作法）项目则被认为是产出拨款机制的失败典型，由于衡量"成功产出"的指标中缺乏增值评估指标，职业教育机构更倾向于招募能够达到产出标准的培训者而将能力较弱的培训者排除在外，教学活动则集中于被列入考核指标的内容。直到 1994 年改变产出度量指标后 JTPA 的效果才得到改善（Green and Mace，1994）。英国的 FEFC（持续教育拨款委员会）模型值得关注，被欧洲职业培训发展中心认为是成功平衡成本因素和产出因素的典范，避免了产出拨款机制可能存在的扭曲效应，显著提升了英国的职业教育效率。

产出拨款的引入通常伴随着职业教育管理权的下放。换句话说，产出拨款通常被作为监管学校绩效、实施问责的工具。由于存在监督、记录和报告学校产出的需要，实施

---

① 在校课时数指学生在学校上课的时间总额。这一因素作为拨款依据的前提是可靠的课堂记录。

② 需要说明的是，职业技能大赛获奖情况作为"成功产出"衡量指标需要慎用。技能大赛容易导致职业院校将教育资源过度集中于少数学生，在教育资源有限的情况下，可能会影响其他学生的培养质量。在课题组的调研中发现，某中部省份存在"大赛学生一个人二十块钢板，非大赛学生二十人一块钢板"的情况。

产出拨款机制会产生一定数量的交易成本。

四　结语

没有最优的职业教育拨款机制，每一种拨款机制都有其适用的背景和环境。生均拨款机制无疑是最常见的拨款机制，简单易行，能够激励学校之间竞争，但是这一机制并不适用于生源剧烈变动、教育创新活动频发的职业教育体系；成本单元拨款机制对于成本因素有点"应保则保"的味道，对学校之间的竞争激励可能不强，但是只要设计合理，能够对创新性的职业教育活动产生较好的激励效果；产出拨款能对被列为产出指标的教育目标提供直接的激励，特别适用于非学历教育拨款，能够激励职业院校提供灵活的培训服务，并降低管理成本增强问责，但是产出指标的选择需要十分谨慎，选择不当会给职业院校带来扭曲的激励效果。

目前，在高职教育中，生均定额拨款已经成为一种普遍采用的财政拨款机制（杨钋，2013）。通过生均拨款，在近年公共财政对高等职业教育的大力支持下，大多数高职院校的"生存"问题基本得到了保障。而高职院校教育质量的提升和院校特色发展很大程度上依赖于专项经费。但从各地高职教育经费的结构来看，专项经费的比重较高且使用困难，导致学校发展的自主权受到很大的限制。而在中职教育中，"基数＋增长"仍是主流，只有 14 个省份出台了生均标准（李曜明、张婷，2014）。中职免学费政策虽然提供了一种类似于生均拨款的拨款机制，但是也限制了学校的事业收入。虽然地方政府在免学费政策的落实过程中也考虑了区分学校类型、专业类型制定免费标准，但是不同类型的免费标准差异并不大，难以弥补培养成本的巨大差异。如果职业教育拨款机制不能及时跟上，对中等职业教育体系提供适当的激励，中职学校提供高质量、高成本职业技能教育的积极性会受到损害。

面对这一现状，如何借鉴国际职业教育财政拨款的先进经验，将生均拨款机制与成本单元拨款机制、产出拨款机制有机地结合起来，构建高职、中职综合考量的拨款机制是建立现代职业教育体系的重要一环，对于办好"人民满意的职业教育"存在重要意义。我国幅员辽阔，不同地区的职业教育发展处于不同的发展阶段，所面临的实际问题和具体矛盾也呈现不同的特点，因此，应当在建立生均拨款机制、保障最低经费需求的基础上，允许、鼓励不同地区探索更符合本地需求的职业教育拨款机制。

参考文献

李曜明、张婷，2014，《中职生均经费标准何时落地》，《中国教育报》4 月 22 日。

杨钋，2013，《地方政府对高等职业教育的财政支持》，北京大学中国教育财政科学研究所《科研简报》第 14 期。

Felstead, A. 1998. *Output-Related Funding in Vocational Education and Training: A Discussion Paper and Case Studies.* Luxembourg: Office for Official Publications of the European Communities.

Green, A. and Mace, J. 1994. "Funding Training Outcomes: Performance-related Funding in the USA." *Working Paper* 15. London: Institute of Education Post-16 Education Centre.

Green, Andy, Hodgson, Ann, and Sakamoto, Akiko. 2000. "Financing Vocational Education and Training." Cedefop Reference Series.

Klein, S. 2007. *Financing Vocational Education: A State Policymaker's Guide.* Berkeley, CA: MPR Associates.

Murphy, P. J. 2004. "Financing California's Community Colleges. Public Policy Institute of California. " http://www. ppic. org/content/pubs/report/R_104PMR. pdf. 2014 - 4 - 12.

Odden, A. , et al. 2005. "An Evidence-based Approach to Recalibrating Wyoming's Block Grant School Funding Formula. " Prepared for the Wyoming Legislative Select Committee on Recalibration.

OECD. 1986. *Education and Training Beyond Basic Schooling.* Paris: OECD.

探寻职业教育产教融合的治理之道

田志磊 李 俊 朱 俊[*]

一 引言

2009 年，中国工人入选美国时代周刊年度人物。《时代》用黑白照片配"豆腐块"的版式，向读者介绍了以农民工为代表的中国工人群体。《时代》认为，中国在全球主要国家中继续保持最快增速，应归功于这些勤劳坚韧的中国工人。

长期以来，庞大的农民工是"中国制造"的比较优势所在。但是，伴随农村剩余劳动力不断转移，廉价劳动力无限供给的时代逐渐逝去。提高产业工人素质、提升劳动生产率成为保持我国竞争力、绕开中等收入陷阱的关键。遗憾的是，20 世纪 90 年代中后期的国企改革、工人下岗降低了居民选择职业教育的意愿，随后的高校扩招进一步带来了普教热，职业教育沦为教育中的劣质品，成为无法获得普通教育的无奈之选。进入 21 世纪后，我国技能人才供给陷入困境。

随着技工荒愈演愈烈，我国政府在 2002～2005 年连续召开三次全国职业教育工作大会，明确加大职业教育的经费投入，支持职业教育发展。根据教育部财务司公开信息，仅 2005～2013 年，职业教育国家财政性经费就达 1.23 万亿元，中央政府聚焦职业院校基础能力、示范引领、学生资助等，带动地方财政投入，进行了一系列重大项目建设。随着投入水平提高、办学条件改善、学生规模扩大，职业教育发展中的核心矛盾越来越聚焦于效益维度——职业教育是否适应我国社会经济发展的需要。

众望之下，职业教育产教融合的进展难言满意。职业教育投入多而效果不佳，成为颇具代表的观点。2017 年，国办 95 号文《关于深化产教融合的若干意见》直言"受体制机制等多种因素影响，人才培养供给侧和产业需求侧在结构、质量、水平上还不能完全适应"。

---

* 田志磊，北京大学中国教育财政科学研究所助理研究员；李俊，同济大学职业技术教育学院副教授；朱俊，中山火炬职业技术学院讲师。

如国办 95 号文所言，制约我国职业教育产教融合的，关键在供给侧。与服务业技能人才培养相比，工业技能人才培养具有高成本、高社会收益、低私人收益的特点，这注定了其治理过程更具挑战。从 2016 年开始，笔者将研究视角从职业学校中拓展开来，[①]将区域产教关系作为研究主题。在为期两年的田野调查中，笔者及团队成员围绕多个地区主要产业和中高职院校的合作情况展开了大量的田野调查。基于近两年的田野所得，笔者尝试跳出就职业教育谈职业教育的窠臼，在区域发展的视角之下，直面职业教育融入区域产业之困，探寻我国职业教育产教融合的治理之道。

二 职业教育产教融合：历史与趋势

长期以来，区域产教关系一直作为区域发展的子系统而存在。区域经济发展的阶段、模式决定了区域职业教育的发展水平和产教融合情况。

经济欠发达的中西部，产业相对薄弱、吸纳就业能力有限，劳动力大量流出，职业教育往往扮演着引导劳动力转移的角色。地方财政从职业教育发展中获益有限，其发展职业教育的动力更多来源于上级政府的考核压力而缺乏内在激励，这使得地方政府倾向于"规模优先"而非"产教融合优先"的区域职业教育发展策略。

经济发达的东部沿海，在不同的发展模式下，形成了不同的产教关系。在"大政府、小社会"的苏南地区，政府、资本[②]在收入分配中占据较大的份额，居民的份额略低且以劳动收入为主。这一收入分配格局使得政府有意愿和能力提供面向本地产业的职业教育、企业有意愿和能力参与校企合作，[③] 本地普通居民也有意愿接受职业教育。紧密的产教关系，有力地支撑了苏南的高技能人才需求。

而在"小政府、大社会"的浙南地区，政府在整个收入分配中所占份额较小，本地居民收入水平颇高且一直有"握微资以自营殖"的文化传统（从事制造业技术岗位意愿低，经营性、财产性收入占比高），资本所得虽不低但是欠缺参与校企合作的经验。这一格局下，政府缺乏面向区域产业提供高成本、高质量职业教育的意愿和能力，而本地居民也缺乏面向制造业技术岗位就业的意愿。无奈之下，需求创造供给，一些产业重镇不依赖于政府发展出了特有的区域技能形成方式。例如，瓯江沿岸的皮鞋产业聚集区，曾有大量民办职业培训学校存在，提供高收费的短期培训，大量外地打工者于此习得一技

---

① 在 2015 年的《教育蓝皮书：中国教育发展报告》中，基于数十个县市职业学校的田野调查，田志磊、王蓉、刘明兴撰写了《探寻中职教育发展的中国路径》一文。本文可以理解为该文的续篇，是上述研究在区域产教融合视角下的新进展。

② 在 20 世纪 80 年代，苏南地区以乡镇集体经济为主，少数精英和广大居民间收入差距逐渐扩大。进入 90 年代中后期，随着集体经济的衰落，乡镇企业改制成为苏南地区经济平等和社会结构的关键转折点。外资企业的进入并没有改变苏南的社会结构。张建君（2006）指出，外资除了给本地带来税收及薪水外，其产生的主要利润被外资"拿走"了。

③ 苏南产业发展对技能型人力资本的依赖程度较高，这是企业积极参与校企合作的另一个原因。不过，本文无意全面刻画区域产教融合的决定机制，具体细节可参考笔者撰写的《产教融合视角下的区域职业教育发展研究报告》。

之长，在一定程度上满足了产业的技能人才需求。不过，职业院校融入的不足，依然制约了产业集群技能形成的深度和知识创新的速度，限制了产业升级的潜力。

由于区域职业教育产教融合整体上的不尽如人意，中央对职业教育产教融合的关注不断加码。2013 年 1 月，职业教育产教融合首次出现在中央层面的部门规章中。同年年底，《中共中央关于全面深化改革若干重大问题的决定》中提出："加快现代职业教育体系建设，深化产教融合、校企合作，培养高素质劳动者和技能型人才。"2014 年，《国务院关于加快发展现代职业教育的决定》要求："同步规划职业教育与经济社会发展，协调推进人力资源开发与技术进步，推动教育教学改革与产业转型升级衔接配套。突出职业院校办学特色，强化校企协同育人。"同年 12 月，《国务院办公厅关于深化产教融合的若干意见》明确提出"统筹职业教育与区域发展布局"。2019 年 2 月出台的《国家职业教育改革实施方案》，更是频频提起职业教育服务区域发展。

当前，职业教育融入区域发展的趋势如何？基于田野调查和大量的实证分析，笔者认为，区域出现了如下分化。

在中西部地区，职业教育融入区域产业的程度总体向好。近年来，东部企业大量内迁，带去了职业教育发展所需的产业集群。产业集群所提供的税收，增强了地方政府提供面向本地产业就业的职业教育的意愿，产教融合日益成为中部地区经济迅速发展县市政府的占优策略。而新兴产业集群所提供的技术岗位，逐渐提升居民选择职业教育的意愿。

公共政策也有所助力。在中职阶段，伴随免学费政策的实施，地方政府供给意愿和居民需求均有进一步提升，中职教育生源和辍学率均有所好转。虽然在缺乏产业基础、财政投入和合格师资的欠发达地区，免费政策更多刺激了低成本的升学教育，但在有限的对口高考本科名额下（某省甚至大幅压缩本科招生名额，从而压制中职学校的升学导向），面向产业培养学生依然是主流。而在高职阶段，示范校引领、能力提升、生均经费达到 1.2 万元等政策的实施，改善了高职院校的办学条件，为其对接产业需求提供了坚实的物质基础。受益于高职院校能力的提升，企业更加认可高职院校作为合作伙伴的价值，越来越多地以各种形式参与到校企合作中。

在东部地区，职业教育融入区域产业有喜有忧。

有观点认为，东部职业教育发展面临的挑战在于：随着东部居民收入的增长，老百姓不想读职业教育；随着产业发展，东部沿海企业需要更多本科或者至少是高职毕业生。

笔者不认同上述观点。首先，职业教育并不是天然的"劣质品"。在以区域就业为主、在本地产业集群建立了良好口碑的珠三角镇办中职学校，在与外资企业合作进行高质量学徒制培养的长三角县办中职学校，即使到了 2010 年，也有招生分数超过本地普通高中分数线的情况。高质量且质量信号能够有效传递的职业教育，即使在发达地区，也依然广受居民欢迎。其次，产业升级并不意味着学历要求的提升。即使是首倡工业 4.0 的德国，对于技术工人认知能力要求虽有提高，但对学历的要求并未提升。近年来，德国企业人员的学历结构变化主要在于无学历的劳动者被替代，职业学校毕业的劳动者比例变化很小。奔驰公司等大公司在学徒工的招聘中也仍然会从学历较差的过渡系统中招募部分学徒。田野调查也为上述观点提供了对立面证据。调研中，一些行业隐形冠军企业表示，部分技术岗位，中职教育阶段的学徒制毕业生更加符合需求。而现实的困难在于，企业在招聘环节越来越难以招到适合的中职毕业生。随着升学热愈演愈烈，优质生源越来越多地选择升学，这迫使企业不得不提高对员工学历的要求。

事实上，企业端的变化，有利于东部职业教育的产教融合。在东部腾笼换鸟的进程中，一部分中低端产业迁出，其技能人才需求结构有所优化。在人口红利消失、用工成本攀升的压力下，留守企业资本深化。机器换人成为普遍现象，将技能要求不高、重复性强的工作交由机器人完成，这在降低简单劳动需求的同时增加了机器人操作、维修等技能人才的需求。在外资企业的带动和影响下，本土企业也开始认同参与校企合作对于企业人力资源建设的战略意义。而招工的日益困难、社会招聘员工忠诚度的不足，让越来越多的企业意识到介入学校人才培养过程的重要性——在订单班中，通过班级活动、团队建设不断增强学生和企业之间的纽带，已经成为企业参与校企合作的重要考量。而在居民方面，虽然伴随收入水平的持续上升，本地居民选择职业教育产教融合的意愿略有下降，但是通过外来人口的补充，弥补这一下降并非难事。

真正的忧虑，在职业院校！在东部，职业院校不断增加应对体系建设的精力，而放松对区域产业需求的关注。原本珠三角专业镇"一镇一校、一校一品"的产教融合模式与德国区域性的产教融合高度相似。① 近年来，小规模职业学校的发展空间日益收缩，多个地区试图对辖区内的中职学校进行整合。在长三角某市，当地中职教育在全国享有盛誉。调研中，与当地中职学校有着长期合作的企业人力资源经理表示，学校更多转向境外机构认证的项目，对与本地企业合作的学徒制项目积极性在下降，"现在想找校长谈学徒制相关事情，电话总是打不通"。由于就业导向的中职教育质量信号不如升学导向的中职教育质量信号彰显，中职学校深耕校企合作的积极性下降，努力办升学教育的积极性在提升。在东南某市，笔者追踪了某大型制造业企业倾心投入、精细设计的校企合作项目。在项目合作高职院校中，有的工作重心在对标其他省份示范校排名最高的高职院校进行"指标建设"，有的项目负责人对于增加的工作量心存抵触，深度合作均难持续。校企合作中"虚的部分"在增加——越来越多的高职院校，在校企合作中倾向于与大企业联名建立冠名学院、争取财政资金补助的合作方式。

对于东部企业而言，一部分技能人才需求可以通过跨区域合作来解决。杭州湾南岸的纺织企业，在秦岭脚下的中职举办订单班；珠三角腹地的家具厂商，远去广西南宁寻找高职开设冠名班。这样的跨区域校企合作，满足发达地区企业用人需求的同时，也有助于欠发达地区劳动力转移和职业教育发展，无疑是双赢之举。但是，遥远的距离，限制了合作的深度，企业难以深入职业院校人才目标确定、课程开发、实训基地建设之中，

---

① 在被视为榜样的德国，校企合作是高度区域性的。根据最新数据，全德国范围内职业学校约2200所，在校学生约250万人，提供双元制职业培训的企业约42万家。职业学校大多规模不大，主要设置与周边产业有高度相关性的专业，大部分的职业学校都位于相关产业集群周边。以人口约108万人的科隆市为例，全市有职业学校29所，分布在全市的不同区域，在校学生共约4.15万人，平均每所学校约1431人。在德国较为完善成熟的制度框架下，正是这种区域性、深层次的产教融合保障了职业教育整体的质量和水平。

预定员工的意义大于合作培养的意义。技能水平要求高、技能专用性强的岗位，需要依靠本地的产教融合。

三　东部职业教育产教融合的痛点：根源与具体表现

职业教育产教融合，需要调动企业、居民、地方政府、学校四方的积极性，缺一不可。不妨在理性人假设下，思考各方的行为逻辑。各方参与职业教育产教融合获益越大、成本越低，参与意愿越强。对于居民而言，可以选择普通教育，也可以选择职业教育。在居民收入水平不断上升、学生资助体系日益完善的当下，居民如何选择，更多取决于教育质量及其预期收益。对于企业而言，在产业创造的财富中自我保留的越多，职业教育越能对其高附加值、高技能专用性的岗位提供人才，需要其承担的成本越低，其参与职业教育产教融合的意愿就越强。对于地方政府而言，在产业创造财富中所得越多，对职业教育的供给意愿越强，也愿意承担更多的成本。故在相似的产业发展水平下，一个采用苏南模式的地方政府的供给意愿要远大于一个采用浙南模式的地方政府的供给意愿。在高度分权的情况下，地方举办的职业院校是地方政府的衍生，体现地方政府的意志。在珠三角、长三角，许多地市、县乃至乡镇举办的职业院校，一直扎根于本地产业。不过，伴随着从上而下的体系建设，职业院校日益从区域发展的子系统转变为全国性职业教育体系的一部分，呈现越来越强的独立于地方政府的发展诉求。

因为体系建设的滞后，职业教育有过深刻的经验教训。1983 年，《关于改革城市中等教育结构、发展职业技术教育的意见》《关于加强和改革农村学校教育若干问题的通知》先后出台，明确了职业教育多部门、多结构、多形式办学的指导方针。职业教育良好的就业前景吸引了一大批优秀的初中毕业生进入中专、技工学校。不过，进入 20 世纪 90 年代后，随着分税制改革所带来的政府与社会、中央与地方关系的调整，各级各类教育陆续开始了体系建设。此时，职业教育在公共资源配给、公共政策制定中处于弱势地位的缺陷凸显。20 世纪末的职业教育大滑坡，虽然有国企改革工人下岗的原因，但是更为根本的原因是：职业教育未能跟上其他教育类别体系建设的步伐，社会地位相对下降，公共投入相对不足，教育质量相对下滑，逐渐沦为劣质品。

基于这一历史教训，2002～2005 年，全国职业教育工作大会三次召开，各方共识凝聚，此后，我国职业教育进入了体系建设的快车道。从随后的变化来看，体系建设确实改变了职业教育在教育系统内部乃至整个公共事业部门中的地位，增加了职业教育的公共资源配给，扭转了职业教育事业滑坡的态势。不过，在体系建设的过程中，需要一系列的政策推动，集权化在所难免。

体系建设政策集权化与区域产教融合利益多元化之间的冲突，逐渐成为东部职业教育产教融合最大的痛点。这一冲突又突出表现在如下三个方面。

其一，财政体系建设与地方政府供给意愿之间的冲突。在中西部地区，免费所需经费大多由中央承担，地方承担较少。但在东部，在中职免费之后，所需经费大多由地方政府承担。不同类型的政府，对此政策反应差别甚大。在大政府的苏南，政府财力较好且中职学生以本地人为主，中职免费政策的负面影响并不明显。但是，在小政府的温州，甚至政府并不算小的中山，教育成本分担方式的变化严重影响了地方政府的供给意愿，尤其是对非本地户籍学生的供给意愿——而这些孩子有着更大的可能毕业后在本地从事生产性工作。浙南某教育局职成处处长直言："对公共财力有限的政府而言，教育经费只有一碗水——各种支出都在这碗水里匀一点。学费减免支出多了，发展中职内涵、提升软实力的想法变成无米之炊。"

其二，评价体系建设与职业院校深耕校企合作之间的冲突。体系建设树立了一系列评价标准，各种资源按照上述评价标准进行分配。职业院校的评价标准和资源获取重心均发生了改变，这深刻改变了职业院校的行为——学校出于自身利益及地位考量，投入大量资源和精力进行评价指标建设。职业院校"向上看"的倾向持续上升，"向企业看"的倾向持续下降。原来的一些运行良好的校企合作，受到破坏，逐渐走样。因此，出现了前文介绍的现象：某高职院校重心在对标其他省份示范校排名最高的高职院校进行"指标建设"，项目负责人对于深度校企合作增加的工作量心存抵触；某中职学校转向境外机构的认证项目，对与本地企业深度合作的学徒制项目失去兴趣。

其三，立交桥体系建设与居民产教融合选择意愿之间的冲突。立交桥体系下，各地纷纷拓宽中高职贯通和中本贯通，职业教育升学通道得到了拓展。升学通道的拓展，迎合了居民的教育诉求，从短期看，增强了职业教育的吸引力。但是，与此同时，立交桥建设也深刻地改变了职业教育的质量信号。以中职为例，居民眼中的优秀中职已变为能够考上数百个本科的学校，而非深耕校企合作的学校。由于职业教育质量信号的改变，优秀学生的选择开始背离产教融合。

四 产教融合的良治之道

斯科特在其名著《国家的视角》一书中介绍了大量以改善人类福祉为诉求的大型项目是如何失败的。体系建设须对地方习惯、偏好、利益格局、实践知识有充分的了解。当上述因素差异过大、复杂到难以充分理解时，试图采用简单的工具来解决现实问题，很可能事与愿违。

我国当前的职业教育产教融合，面临着习惯、偏好、利益格局、实践知识等方面的区域差异，需要因地制宜的治理架构。针对德法英等国的比较历史分析表明，工业化早期独立工匠、技能熟练的产业工人以及技能密集型产业中的雇主之间的博弈，是塑造各国职业教育治理架构的关键。多方利益博弈过程中逐步成型的治理之道，与哈耶克笔下的"自发扩展秩序"有着相同的内核，其精密程度往往超出世人的认知。对于进入稳态的产教关系，基于对复杂性的充分理解，人为设计或许更加高效；而在非稳态的产教关系中，尤其是设计者对复杂性缺乏充分理解的情况下，人为设计难以保障各方利益和积极性，也难以应对内外冲击。技术岗位工资水平的波动、居民收入结构的变化（工资收入/非工资收入）、技术工人来源结构（本地/外来）的改变、教育成本分担的变化、职业院校评价标准的调整，都可能影响到政府、学校、企业、居民某一方或者几方的意愿，使其失效。

近年来，为了促进职业教育和产业的融合，我国出台了不少政策文件，体现出不同于自发扩展秩序的机制设计倾向。中央政府通过一系列的公共政策，迅速而深刻地改变了我国职业教育办学、产教关系的基本格局。通过对区域产教融合关系的研究，笔者倾向于做如下判断：2005 年以来的职业教育体系建设，给东部地区原有的区域产教融合带来了冲击。

可喜的是，从 2019 年 2 月出台的《国家职业教育改革实施方案》（简称职教 20 条）来看，中央吸取了 2005 年以来体系建设的一些经验，大幅度优化和完善了体系建设的具体内容。"1 + X" 证书制度是在建立毕业生质量标准；职业教育工作联席会议，是在克服之前职业教育政策制定中教育本位的单一价值取向的问题；而产教融合型企业，则为企业深度参与校企合作树立了榜样、提供了激励。某种意义上，职教 20 条可视为 2005 年以来职业教育体系建设的 2.0 版本。通过体系的优化和完善，能否处理好体系建设与区域产教融合利益多元化之间的矛盾，将是落实职教 20 条、促进我国职业教育产教融合的关键所在。

针对体系建设的最新进展，在探寻职业教育产教融合良治之道的过程中，笔者以为，我们需要严肃思考如下几点。

（1）职业教育利益相关者的参与机制。在体系建设的过程中，来自接受中央转移支付地方政府的声音太强，来自其他条线部门的声音太弱，来自企业界（无论是企业家还是技术工人）的声音太弱，来自东部产业聚集区地方政府的声音太弱，不利于了解地方利益格局的复杂性，调动多方参与意愿，实现职业教育与产业的融合。国务院建立职业教育工作部际联席会议制度、国家职业教育指导咨询委员会，无疑是有益的尝试。其效果，有赖于各部委是否有动力和能力将各自代表的利益诉求反映到政策过程中，有赖于不同利益诉求的声音（尤其是批评的声音）能否在政策过程充分发声并产生影响。在宏观层面，不同利益相关方如何发声并参与到新一轮的体系建设的博弈，将会塑造我国职业教育体系未来的模样。

（2）职业教育的质量信号。职教 20 条强调要完善政府、行业、企业、职业院校等共同参与的质量评价机制，积极支持第三方机构开展评估，将考核结果作为政策支持、绩效考核、表彰奖励的重要依据。落实上述质量评价机制，关键在于让职校毕业生的用人单位参与到对职业学校的评价之中，由此将真正融入区域产业发展的职业学校与升学型的职业学校区分开来。在评价体系建设中，不妨将重心更多置于省级政府，尝试让行业、企业等利益相关方参与到职业教育立交桥的升学渠道宽度、标准的制定过程，允许一段时期内评价标准的争鸣。

（3）职业教育发展中的央地关系。集权还是分权，是治理永恒的两难。分权的好处在于信息优势、差异化供给和本地问责对各方福利的改善，集权的好处则在于解决地区间的溢出效应。对于少数具有较大区域间外溢性的事宜，大可采取集权化的方式，否则应尽可能由地方自行决定。针对财政体系建设，不妨减少对部分优质职业教育收费的管制，更多地考虑以一般性转移支付交给地方，减少对资金使用的干预。中央则更多地思考绩效问责体系的建构，鼓励地方政府改进职业教育拨款机制，调整升学型职业学校的生均拨款权重，向真正融入区域产业发展的职业学校提供更多的经费支持，激励地方政府尽可能多地提供深度产教融合的职业教育。

参考文献

田志磊、王蓉、刘明兴，2015，《探寻中职教育发展的中国路径》，载杨东平主编《教育蓝皮书：中国教育发展报告》，社会科学文献出版社。

詹姆斯·C.斯科特，2011，《国家的视角——那些试图改善人类状况的项目是如何失败的》（修订版），社会科学文献出版社。

张建君，2006，《发展模式和经济平等——苏南和温州的比较》，《管理世界》第8期。

职业教育公私伙伴关系的实践与反思

——基于河南省县域职业教育改革的案例分析

田志磊　刘明兴*

（2017 年 6 月）

经历了 20 世纪 80 年代的债务危机和恶性通货膨胀后，新自由主义理念在全球范围内被广泛接受，并在华盛顿共识后成为世界银行、国际货币基金组织等国际机构的指导原则。但是，在诸多国际机构的推动下，以新自由主义理念为指导，以分权、私有化、使用者付费、社会融资为基本内容的一揽子公共教育政策变革并未如预期般改善拉美各国教育状况，反而损害了相关国家教育体系的基本能力和质量，加剧了社会两极分化和不平等。

基于对上一轮新自由主义浪潮中教育私有化、市场化的反思，公私伙伴关系（PPP），作为教育服务供给的第三条道路，开始受到越来越多的关注。广义上，公共部门和私人部门合作提供公共服务的制度安排和政策实践，都可以称为公私伙伴关系。在过去的十多年间，教育公私伙伴关系已经成为教育领域的热门词语，其对全球教育治理的实际影响已经超过了 20 世纪 80 年代新自由主义思潮指导下的教育市场化改革。

与普通教育相比，职业教育领域的公私伙伴关系有着天然的必要性和悠久的历史传统，远早于 PPP 这一术语的流行。校企合作一直被认为是高质量的职业教育必不可少的组成部分，德国双元制的历史可以追溯到 19 世纪初期。但是，随着 PPP 理念和实践的发展，职业教育公私伙伴关系也被注入了新的内涵。

在简述教育 PPP 主要模式的基础上，本文试图更多地理解我国当前职业教育 PPP 的现实格局。全文结构如下：第一部分，基于国际组织的相关研究，概括职业教育 PPP 的基本形态，并结合课题组田野调查的经验进行评述，提炼一个适合于分析我国职业教育 PPP 的分类体系；第二部分，聚焦职业教育改革示范区河南省的 PPP 实践，总结其经验教训；第三部分，给出相应政策建议。

---

* 田志磊，北京大学中国教育财政科学研究所助理研究员；刘明兴，北京大学中国教育财政科学研究所教授、副所长。

一 职业教育 PPP：全球视野与本土视角

（一）国际组织对于教育 PPP 的理解

全球范围内，教育 PPP 的兴起是为了实现公共部门难以独立完成的两大目标：扩大教育机会供给、改善教育产出质量。在不同的社会经济政治环境下，基于上述政策目标，所适宜的教育 PPP 模式也会有所不同。在合同中，为了明确公共部门和社会合作者的权利和义务，通常需要规定社会合作者提供的教育或是教育相关服务的数量、质量，公共部门支付给社会合作者的价格或是提供的支持。

实践中，各国已经开发出了多种形式的教育 PPP 模式。有些 PPP 模式，政府向社会合作者购买投入要素，例如教师培训、课程设计、课程教学，甚至是向社会合作者租用设施；在另一些 PPP 模式中，政府与社会合作者签订委托管理合同，由社会合作者负责公办学校的日常运行；也有一些 PPP 模式，政府向社会合作者购买学位，由社会合作者向特定人群提供教育服务。总而言之，在教育过程的每一个环节，都可以看到 PPP 的"身影"。但是，针对投入、运行、产出等不同环节的教育 PPP，相互之间存在巨大差异，潜在的收益和挑战各不相同，需要分别讨论。

教学服务整体外包，特别适合于行业技能更新较快、公办教育体系难以应对、教育的个人收益较高且技能高度标准化的专业（典型如 IT 相关专业）。学生家庭比较愿意为此类外包服务额外付费，学生也有动力在此类课程中努力学习。但是，教学服务整体外包在加工制造等专业的局限性较大，运用并不广泛。对于加工制造类专业，经典的 PPP 模式是双元制——企业负责发生在企业场所的培训费用，包括建设培训中心、购买设施耗材、支付学徒工津贴和实训教师工资；政府负责公办职业院校校内发生的基建支出、人员经费和运行经费。不过，德国双元制的有效开展是以行业协会、工会、同业雇主协会共同组成的统和主义体系为前提条件的。在缺乏配套制度支持的情况下，直接拷贝双元制也很难发挥其效果。

学校运行过程的外包，又称委托管理。在部分地区，公办职业院校办学绩效不佳的关键问题是管理。在这一情况下，社会合作者往往被引入作为改善管理的解决之道。在此模式下，运行者得到固定的管理费或者人头费，并对学校的各种绩效负责，其所得也往往和学校办学表现挂钩。在国外，委托管理者通常为营利性、专业化的教育管理机构。委托管理包含三个方面：资金管理、人员管理、规划和领导。研究发现，委托管理往往在改善管理尤其是改善资金管理上有着显著效果。但是，对于公办教育而言，由于学校的教职工依然是政府雇员，人员管理难以改善是制约委托管理效果的关键所在。

涉及学校基建的 PPP 无疑也是教育 PPP 的重要组成部分。在世界银行的划分中，又将此类 PPP 分为两大类：一类是仅仅为基础设施建设融资的 PPP，另一类则是"学校基建投入＋运行"的捆绑式 PPP，社会合作者既负责基建，也负责学校运行。表1给出了世界银行一份著名的研究报告中对教育 PPP 的分类。全球范围来看，与基建相关的 PPP 模式只是教育 PPP 的一部分。在早期，最常见同时也是最重要的 PPP 模式是政府向民办学校购买学位，借此扩大教育供给。不过，近年来，教育 PPP 的发展更多体现在专业性服务外包、委托管理等模式上。通过这些 PPP 模式引入新的教学法、提升公办教育体系的效率，提高教育产出质量，成为当前教育 PPP 的发展方向。

表 1　教育 PPP 合同的类型

教育 PPP 合同的类型		社会合作者提供的"产品"
非基建类	管理服务	财务管理、人力资源管理
	专业性服务	教师培训、课程设计、教材交付、附加服务
	支持性服务	早餐、校车等
	运行服务（过程）	捆绑学校日常运行的全部责任，包括教学、财务管理、教师聘任、专业性服务、建筑维护等
	教育服务（产出）	在民办学校中安置学生
基础设施建设类投入		教学楼、宿舍、实训基地等基础设施的建设和维护
"基建 + 运行"捆绑式合同		社会合作者既负责基建，也负责学校运行

资料来源：根据世界银行报告（Patrinos, Barrera-Osorio, and Guaqueta, 2009）整理得到。

（二）基本问题——基于国内职业教育 PPP 实践的思考

对国外职业教育 PPP 的详细讨论，在国际案例报告中有较为详细的介绍，本文不再赘述。基于国际组织对于教育 PPP 的理解，再结合国内职业教育的大规模调研，笔者以为，在国内职业教育 PPP 的顶层设计中，需要优先考虑以下问题。

（1）存量改革还是增量改革？在国家发展改革委公布的 PPP 项目库中，教育类项目近 40 个，其中职业教育近 10 个（见表 2），项目投资金额合计近百亿元，都是为职业院校的基础设施建设融资。不过，从课题组数十个县市的田野调查来看，新建职业院校基建项目并非当务之急。2005 年国务院颁布《关于大力发展职业教育的决定》以来，各地职业教育基建投入并不算少，田野调查中甚至能见到县职教中心硬件条件强于县重点高中的情况。在专项经费支持下购买了昂贵实训设备，却因为耗材太贵而低频次使用的情况十分普遍。整体来看，当前职业教育发展的主要矛盾并不是教育机会供给不足，而是职业教育供给质量与居民需求的不匹配，大量职业教育资源处于闲置或者低效运转。在中西部，投入不菲、硬件条件优良但是招生数寥寥无几的职业院校十分常见。[①] 近几年，中西部地区纷纷将职业教育资源整合优化作为工作重点，取得了不错的成效。部分地区在产业基础和财政能力比较薄弱的情况下，引入社会合作者进行多种层次的合作，极大地提升了职业院校的办学水平和吸引力。通过各种 PPP 模式盘活闲置的职业教育存量资

---

① 笔者在另一份研究报告（田志磊，2015）中分析了浙江、河南、陕西三省的职业教育资源分布。以陕北为例，受益于能源化工产业，神木、府谷、志丹、吴起、靖边、安塞均曾位列陕西省十强县，财力充裕。在"每个县办好一所职业学校"的政策思路下，不少县投入巨资建设职业学校。然而，从职业教育分布地图来看，除神木县一枝独秀，大量经费投入并未在陕北实现"每个县办好一所职业学校"的愿景。

源，是当前职业教育 PPP 顶层设计中更为重要的政策目标。

表2 国家发展改革委项目库中的职业教育 PPP 项目

项目名称	项目所在地	建设内容及规模	项目总投资	政府参与方式	拟采用 PPP 操作方式
高新区职业学校	潍坊市高新区	占地 150 亩	1.5 亿元	购买服务、政府补贴、匹配资源	BOT 或 BOO 或合资或参股
临朐县职教中心二期工程	潍坊市临朐县	建筑 1.1 万平方米，新建 2 所学生公寓	0.46 亿元	购买服务、政府补贴、匹配资源	BOT 或 BOO 或合资
山东海洋科技大学公共实训基地	潍坊市滨海区	建筑 31 万平方米，含实训中心、研发中心、模拟工厂、生活配套等	21.2 亿元	购买服务、政府补贴、匹配资源	BOO
北部职教园区一期	青岛市城阳区	占地 785 亩，建筑面积 23.8 万平方米，在校生规模 0.98 万人	15.95 亿元	财政补贴	BOT
哈尔滨职教园区项目	哈尔滨市	校企合作项目，建筑面积 16.5 万平方米	11 亿元	财政补贴	BOT
樟山新区城镇基建项目	吉安市吉州区	占地 500 亩职教园区；占地 600 亩养老社区	13 亿元	财政补贴	BOT
红河州卫生职业学院	红河州	建筑面积 13 万平方米	5.84 亿元	财政补贴、匹配资源、其他	BOT
兰州商贸职业技术学院	兰州新区	建筑面积 40 万平方米，在校生 1.5 万人	15 亿元	财政补贴	其他
甘肃省产教融合实训基地	兰州新区	建筑面积 15 万平方米	10 亿元	财政补贴	其他

注：BOT 为建造—运行—移交；BOO 为购买—建造—运营。
资料来源：根据国家发展改革委固定资产投资司网站 PPP 项目专栏整理。

（2）社会合作者在哪？合适的社会合作者是教育 PPP 实施效果的关键所在。以十分常见的委托管理为例，大规模实施的一个重要前提是社会上已经存在大量相互竞争、专业化的教育管理机构。2003～2004 学年，美国有 463 所学校交由 51 个不同的教育管理机构委托管理，1998～1999 学年时则仅有 138 所学校接受委托管理，专业化教育管理机构的成熟是委托管理得以大规模实施的必要条件。在下文中，笔者还会详细介绍职业学校改制失败的案例。实践表明，当社会上尚未孕育出合适的社会合作者时，实施 PPP 会导致较大的风险。

职业教育 PPP 的社会合作者是否发育成熟，是一个需要分门别类探讨的问题。从投入、运行、产出三个环节来看，基本情况如下。在课程设计、课程教学方面，潜在社会合作者成长较快。借助"互联网＋"，部分专业如信息技术、财经商贸等专业已经有了不少课程内容提供商。[①] 在运行环节，专业化的教育管理机构也已经初具规模，但是大多数管

---

① 在信息技术专业大类，有北大青鸟、达内科技、极客学院、邢帅网络学院、萝卜教育等；在财经商贸、司法服务专业大类，有正保教育等；在土木水利专业大类，有学尔森教育等。

理机构的主要经验集中于普通教育，具备职业院校管理经验和能力的专业化教育管理机构正在起步阶段。① 而在产出环节，已经存在大量拥有丰富办学经验的社会合作者，但是由于办学质量信号传递不畅、财政补贴方式的原因，目前这一环节的社会合作者存在比较严重的"逆向淘汰"现象，面向制造业、高成本办学的社会合作者正在大量退出。

（3）姓公还是姓私？20 世纪 90 年代，世界银行等国际机构组织专家讨论教育 PPP 理念时，一开始将教育 PPP 视为教育私有化进程的新形态。但是，随着教育 PPP 理念在全球范围内的推广和实践，教育 PPP 的内涵也在不断演变。广义上，教育 PPP 包含各种形态的公共和私营部门共同参与和提供教育的合作关系，教育私有化只是教育 PPP 的一个组成部分。而且，在现实中，即使是完全改制的职业院校，政府也会给予多种形式的支持，一旦学校运行出现问题，地方政府将承担最终责任，出面处理。这意味着，政府始终是风险的最终承担者。因此，职业教育 PPP 顶层设计不妨抛开姓公还是姓私、部分私有化还是完全私有化的讨论，突出职业教育 PPP 改革以效率为导向、关注成果的基本理念，更多从具体合作内容、控制权分配、责任划分、问责机制等具体制度安排上进行思考。

（三）职业教育 PPP 的几种重要模式——基于中西部存量改革的视角

为了解决本地职业教育发展中的一些突出问题，破解职业教育供给质量与居民需求不匹配的矛盾，各地探索出了形态各异的 PPP 模式。

实践中的职业教育 PPP 模式往往是以 PPP 基本形态的组合形式出现的，更多体现在对存量公办职业教育资源的改造，在已有的公办职业院校中引入社会力量。因此，我国职业教育 PPP 的研究重点并不在于融资模式——为职业院校的基建融资，而在于管理模式——唤醒沉睡的存量职业教育资源。基于盘活存量资源的视角，以及对中西部地区职业教育 PPP 实践的观察，以下几类职业教育 PPP 模式值得重点关注。

（1）模块式外包。模块式外包，是将学校运行的某一个子系统剥离出来，交由更具专业优势的私人部门负责。根据外包模块的具体内容，又可进一步区分为管理服务、专业性服务和支持性服务的外包。支持性服务的外包，如后勤、安保服务的外包，这在我国公办学校中已经司空见惯，故不做讨论。管理服务外包，以前并不常见，但是随着私立教育管理机构的成长，近年来逐渐增加。现实中比较常见的模块式外包主要是课程设计和教学的外包。

（2）专业层面的整体式外包。这一模式常见于欠发达地区。公办职业学校提供基本的办学条件，通常文化课、专业基础课和学生管理由公办职业院校承担。私立机构则投入经费购买价格昂贵的实训设备，提供更为专业的师资，开发更符合行业需要的课程体系，提供"增值服务"，并收取一定费用。私人部门资源和专长的引入，弥补了欠发达地区职业院校办学条件的不足。正是通过这一模式，一些职业院校在自身禀赋不佳的情况

---

① 例如，翔宇教育集团早期以普通教育为主，2015 年首次在温州永嘉改制了一所高职院校并对另一所中职学校进行委托管理。

下，办出了有吸引力的职业教育。

（3）公办职业院校的改制。改制，是涉及学校层面产权结构变化的职业教育PPP。通过改制，政府将学校产权让渡给私人部门，但是无论具体的产权结构如何，政府通常会继续对学校给予人力、财力上的支持，让渡收益权的同时对改制学校保留程度不等的控制权（例如，保留校长提名权、学校转让权）。

重点列出上述三类PPP模式，并不意味着其他PPP模式在国内职业教育实践中不存在或是不重要，而是这三类PPP模式对于本文的分析最为重要。目前，民办中职院校学生普遍享受免学费财政补助，这意味着民办职业院校都在一定程度上属于政府购买服务的PPP范畴。几乎所有的职业院校中都有程度不一的校企合作的存在，而校企合作一般都涉及专业性服务PPP，深度校企合作还会涉及其他类型PPP的范畴。[1] 对于另外一些PPP模式（尤其是混合所有制的校企合作）的研究，笔者将在下一个报告中结合东部地区职业教育PPP实践进行分析。

二　河南省县域职业教育PPP案例分析

作为国家职业教育改革试验区，河南省实施了职业教育攻坚计划，职业教育强县（市）的评选对地方政府产生了比较强的激励和约束，在一些县职业教育甚至是"书记工程"。但是，即使是高强度的考核压力，也并未带来县域职业教育的普遍好转。[2]

伴随中职免费政策的实施和职业教育资源整合工作的推进，河南省县域职业教育发展迅速分化——一部分县扬长避短以升学教育为主要模式办出了成绩，一部分县采取PPP模式引入社会合作者克服了财政投入、师资力量、激励机制的瓶颈，提升了职业技能培养质量，招生好转；但是，也有相当比例的县未能找到具有竞争力的办学模式，或是学校改制失败，本地职业教育萎缩，生源外流。

在本节，笔者将重点分析探索了PPP模式的四个县——Y县、P县、G县和S县。

（一）Y县：酒店业人力资源集成提供商主导的改制

Y县地处豫西浅山丘陵区，户籍人口近70万人，常住人口64万人，是一个传统农业县，近年来工业发展较快，主要工业产业为能源、建材、精细化工、冶金、机械加工和制造、烟花爆竹。每年初一一年级注册人数约1万人，3年后参加中招考试者7500~8000人。县域内4所高中，合计招生4000人左右，剩下3000~4000名生源留给中职学校。但是3所中职学校常年招生合计不足400人。2011年，县招商引资局引入A公司。

1. 社会合作者

A公司以金融投资、金融咨询及金融中介服务起步，后涉足酒店管理、电子商务、文

---

① 关于校企合作，可参见本所研究报告（郭建如、伍银多，2014）。
② 相比之下，河南城市职业教育全面大幅好转，几乎所有地级市市区的职业教育都有大幅度增加。具体参见笔者另一份报告（田志磊，2015）。

化传播等。旗下有一家资产管理有限公司、一家酒店管理有限公司和一家 A 公司旗下的招聘网站。其中，A 公司旗下的招聘网站是一个酒店服务业人才招聘的平台。创办人梳理旗下投资与管理业务，期望打造中国酒店业的人力资源集成服务商。A 公司投资职业教育的目的是希望把所举办的学校作为技能型人才的培养基地，使人才培养成为其酒店行业垂直一体化链条中的重要一环。

2. 合作主要内容

经协商，由 A 公司出资（截至 2012 年秋季开学，投入 2.5 亿元，建成 23 万平方米）、县政府给予多种优惠条件，整合 Y 县中职教育资源，成立 Y 县职教中心，待时机成熟扩建成一所高职院校（华富商学院）。双方合作主要内容如下。

（1）县政府以 7.5 万元/亩的价格出让 360 亩土地给 A 公司，全部为教育用地，用于建设 Y 县职教中心。Y 县教育局主管的 2 所职业高中合并整合为 Y 县职教中心。① 通过双向选择，原职高教师中 80 人成为职教中心教师，公办教师身份不变，由县财政发工资 10 年。② Y 县职教中心所有投资产权全部归 A 公司所有。合作协议中没有涉及学校倒闭的条款，也没有倒闭善后处理的条款。但是，明确规定依据国家政策教育用地在任何情况下都不能挪作他用。

（2）县教育局积极为职教中心争取上级财政给予的各种资助，包括以项目形式下达的建设经费、奖励经费、中职学生免学费补助、家庭困难学生生活费补贴等。在招生政策上，县里面给予职教中心全力支持。③

（3）学校实行董事会领导下的校长负责制，学校设校长 1 名，副校长 1 名，校长、副校长由教育局与校董会协商后选派，中层管理人员由校长推荐，董事会认可，教育局备案。教育局只进行业务指导，不参与学校的内部管理；校董会也只参与大事决策，不干预微观层面的管理活动。校长独立开展教学管理工作。

3. PPP 之后职教中心运行情况

2012 年秋季，Y 县职教中心正式招生。改制后，Y 县职业教育招生规模和办学模式都发生了巨大变化。2011 年，Y 县几所中职学校的招生规模仅 400 人，2012 年大幅增长到 1000 人以上（见图 1）。合并前职高学生的出路主要是对口升学，2013 年高三年级（合并过来的学生）110 多名中 70 多名参加对口升学。合并后，新招收的学生参加对口升学者不多，仅涉农专业的学生仍以对口升学为主。专业类型也发生了大幅改变，集中于第三产业，主要有金融投资与服务、财务管理、酒店与旅游管理、连锁经营与管理、电子商务、动漫设计与制作等 10 多个。这些专业与本地的六大支柱产业没有紧密联系，而是服从于出资方战略需要。由于办学模式发生了变化，学校的课程设置也随之改变，更多使用自编教材，强化技能训练，专业课教学学时增加到总课时的 70%（以前只占 50%）。

---

① 另一所是隶属于县人事劳动局的技工学校，全日制学历学生很少，主要开展短期培训。
② 2013 年，有 8 位教师不能适应职教中心的工作，退回公办教育系统，职教中心重新从该县公办学校教师中招聘 8 人。故 2013 年县职教中心公办教师合计 82 人，约占职教中心教师总数的 60%。
③ 教育局出台政策考核初中的升学率，但是中职教育中仅在 Y 县职教中心就读的初中毕业生计入升学率。

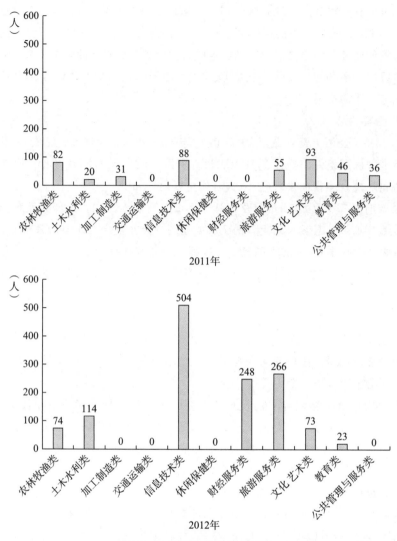

图1 Y县职业教育招生情况

注：2011年，Y县职业教育资源尚未整合，故当年数据为所有职业院校合计情况。2012年，为Y县职教中心情况。

学校财务运转良好。不考虑不可持续的财政奖励①，2013年学校收入主要有：学费收入600万元，住宿费144万元，校园经济收入434万元，函授培训办证收入10万元，合计约1200万元。学校支出主要有：教师工资360万元，职工福利110万元，助学金奖学金24万元，教工保险费64万元，水电费38万元，办公费140万元，学校商业中心贷款累积260万元，继续教育6万元，支出合计约1000万元。由于该校开办的主要是金融和酒店服务等专业，实训耗材支出不大，含在办公费中未单列。

学校管理极为严格，但是提供了与之相适应的激励。学校为教师提供高于本地公办

---

① 2013年，职教中心获得政府财政奖励1450万元。其中，"民办学校每投资1000万元政府奖励50万元"，得到450万元；"民办学校每新增设一个班奖励30万元"，得到1000万元。

学校的收入水平,① 但是工作强度很大,需要给学生提供保姆式的服务、家长式的关怀、牧师式的教育,每月考核,根据考核结果发放津贴等。后勤人员需为师生提供优质服务,例如保洁人员上班时间要不停地擦地,和肯德基店比清洁度。受益于严格的学校管理,该校学生的生活学习习惯要远好于一般中职学校。

A 公司旗下的招聘网为学校学生提供的服务兼具中介和工会两种内涵。招聘网服务的对象中有几万家企业,以会员(企业会员和个人会员)身份享受招聘网提供的劳动中介服务,会员每年以会费形式付费。另外,招聘网为其介绍出去就业的各类人才免费服务 7 年,服务期内出现劳动纠纷等问题,招聘网都会及时做出反应,帮助劳动者维护合法权益。②

Y 县职教中心改制 3 年来,招生就业、财务等诸方面运行状况良好。但是,这一运转良好是以投资人不计短期办学回报为前提的。在投资人的设计中,该校是其打造"人力资源集成提供商"的一个"样板间",具有示范性,因此不惜投入。从中长期看,投资人的目标是持续收购、托管其他县域职业院校,达到一定规模后与招聘网站打包 IPO。目前,河南省内还有多个县域职业院校正在与 A 公司洽谈合作。

(二)P 县:失败的公办职业院校改制

P 县位于河南中南部,户籍人口 80 余万人,常住人口 70 万人,是典型的内陆农业县,经济基础薄弱。近年来生源下滑,每年参加中招考试者约 7000 人。全县普通高中 3 所(2 所公办,1 所民办),合计招生 5000 多人。县域内职业学校有 4 所,年招生量 700～1000 人。在职业教育攻坚计划的考核压力下,县政府引入了 B 教育投资集团(以下简称 B 集团)。

1. 社会合作者

2008 年,P 县招商引资引来 B 集团。该集团有 5 位股东,专为承办 P 县中等职业学校而成立。董事长原本从事商贸行业,后涉足房地产开发,其他几位股东多从事矿业开发。2011 年,大股东购买了其他四位股东手中的全部股份。

2. 合作主要内容

经协商,由 B 集团出资,整合县域内的全部职业教育资源(4 所中职学校),成立 P 县中等职业学校。双方合作主要内容如下。

(1)县政府以 2.5 万元/亩出让教育用地 130 亩,以 3.5 万元/亩出让商业用地 30 亩。此后,再以 3.5 万元/亩的价格追加 40 亩商业用地。原来 4 所中职学校的教师全部调入改制后的职业中专,财政承担教师工资(未设置服务年限)。此外,财政每年拨款 100 万元弥补教育经费不足,期限 5 年共 500 万元,主要用于发放教师课时补贴、班主任津贴等。

---

① 教师队伍分为两部分。一部分是公派教师,可以享受财政发放的基本工资、津贴、福利等,财政发放的部分初级职称的教师在 1300 元/月左右,中级职称 1700～1800 元/月,高级职称在 2300 元/月左右。除此之外,学校根据他们在校的工作表现发放全勤奖、课时补贴、伙食补贴、劳保福利等,平均每人每月 1000～1500 元。另外一部分是学校招聘来的非公派教师,他们的工资待遇加起来与公派教师的收入差别不大。该校教师的待遇平均比公办学校高 1100 元/月,如果担任班主任,另有班主任津贴 600 元/月。

② 2013 年,招聘网认定某酒店对 Y 县职教中心实习学生不公,撤出该酒店的 40 多名员工。该酒店马上出现了运转问题,最终重新谈判。

（2）B集团投资P县职业中专总额不少于3000万元，用于建设教学楼等教学设施和配套设施。

（3）投资后的所有资产产权归出资人所有。但是，学校倒闭必须由双方共同处置学校资产。

3. PPP之后学校运营情况

在B集团接手学校后，新校区一期建设投资1600余万元，随后利用学费收入滚动投资600万~800万元。政府以项目款的形式资助700万元，全部用于学校基本建设，增加建筑面积1.3万平方米。截至2013年，P县中等职业学校建成建筑面积4.6万平方米。

在P县职业教育资源整合之前，四所中职学校在校生合计约2000人。2009年新校建成，实行春秋两季招生，在校生很快增加到近3000人。学校财务情况也属正常。新校建成后，学费相比以前有所提高，所有学生一律按照学费1400元/年、住宿费300元/年收取。学校每年从学费收入中拿出一部分资金用于学校基本建设。此外，还能从政府手中获得一定数额的财政奖补资金。P县职业教育呈现蒸蒸日上的态势。

但是，好景不长，学校内部出现了一系列问题。①校长频繁更迭。根据合作协议，校长和学校领导班子由教育局任命。但是，由于未能建立完善的学校章程，也缺乏约束出资方的硬性机制，出资人与校长之间摩擦不断，短短3年中换了三任校长，最短的一任校长在职仅两个月。最终，以出资人亲任校长结束。②教师管理出现问题。董事长将企业的管理经验运用于学校管理，工作要求比较苛刻，但是待遇并不高。① 这一做法导致教师积极性不足，抵抗情绪普遍存在。③后续投入并未兑现。在一期建设投入1620万元之后，虽然投资方也从学费收入中拿出了600万~800万元进行滚动投资，但是并未实现不低于3000万元的基建投入承诺。此外，将学费收入用于基建的做法挤压了学校的运行经费，直接导致学校加工制造等相关专业的实习实训无法保障。

学校的内部问题迅速反映在学校招生上。对比2013年和2011年的招生情况（见图2）可以看出，招生下滑一半以上，原本规模最大的加工制造类专业更是下降超过75%。此时，B集团的商业用地开发销售完成，其继续投资教育的决心开始动摇。2013年，出资人在地方政府不知情的情况下，打算把学校卖给另一公司。最终，P县政府介入，回购P县中等职业学校。至此，历时5年的P县中等职业学校改制宣告失败。

（三）G县、S县——专业外包

G县和S县，两地相去甚远，但是同为内陆欠发达县，两地职业教育发展面临相似的不利条件，最终不谋而合探索出了各具特色的专业外包PPP模式。在本小节，笔者将介绍G县职教中心和S县职业中专的PPP实践。

G县位于河南省东南隅，全县户籍人口为170余万人，近70万人外出务工。每年普通高中招生1万人左右，中职招生3000多人，以民办职业院校为主。在大力发展职业教

---

① 2010~2012年，教师平均每月可领取课时补贴约400元/月（讲课4元/节，听课3元/节），2013年在校生人数下降，教师平均每月可领取课时补贴下降为200多元/月；班主任津贴250元/月；学校领导班子成员值班副校长每月津贴400元，主任300元，副主任200元。

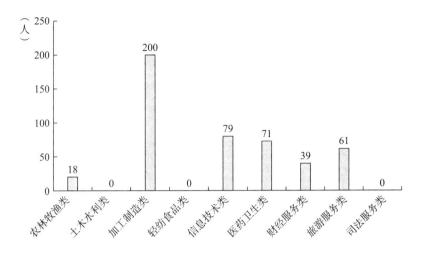

2011年

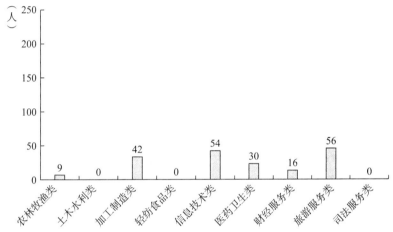

2013年

图 2 P 县中等职业学校招生情况

育的背景下，G 县职教中心在原 G 县职业中专基础上成立。职教中心新校区占地 164 亩，总投入 8600 多万元，建筑面积 6 万平方米。2010 年，学校被教育部认定为国家级重点职业中专，获得央财 1000 万元的项目资助款，县财政配套 463 万元资金，很大程度上缓解了学校新校区建设中的资金紧缺问题。G 县虽是河南重点培育的豫皖交界地带区域性中心城市，但是本地工业基础薄弱，财力不足，很难为本县职业教育的发展提供充足的财政支持。

S 县县域内 95% 为深山区。全县人口约为 60 万人，农业人口近 50 万人。每年参加中招的学生为 6000 多人，四所普通高中招生约 3000 人，剩下大约 3000 名生源留给中职学校。S 县中等专业学校始建于 1985 年，经过了 3 次搬迁，2010 年迁入现址。学校于 2009 年从职业中专晋升为普通中专，校园面积为 130 多亩。学校长期以升学教育为主要办学模式，对口高考录取总人数在本地市学校中连续 13 年排名第二。

G 县和 S 县职业教育发展面临着相似的条件。①不需要引入投资者进行大规模基建。在上级财政的支持下，按照省攻坚计划"县（市）政府在巩固九年义务教育的同时，要集中人力、财力和物力，重点办好 1 所在校生规模达到 3000 人以上的职教中心或中等职业学校"的要求，两个县都进行了大规模的职业教育基本建设，已经建成了一所硬件条件较好的公办职业学校。②本县财政能力较弱，产业基础较差，无力为职业教育的发展提供充足财政保障和产业支持。现有的师资力量、实训设备也无法适应举办高质量的、以就业为导向的职业教育的要求。

上述局面是中西部县域职教发展的一种普遍情况。相当一部分县域的职业院校，在专项支持下进行了基本建设后，专业缺乏竞争力，招生规模偏小，资源闲置。为了避免这一局面发生，G 县和 S 县不约而同地走向了引入专业层面的社会合作者、充分挖掘现有公办职业教育资源潜力的 PPP 之路。

不过，由于外部环境的不同，两县的 PPP 也各有特色。G 县本地民办教育发达，①已经拥有 4 所民办中职学校（C、D 两所学校以就业为主，其余两所以升学为主），最终 C、D 两所面向就业的民办职业院校都成为 G 县职教中心的社会合作者，形成了一种公民办职业学校共生的特殊形态。而在 S 县，由于缺乏发达的民办职业教育，S 县中等职业学校最终采取了一个专业一个社会合作者的"柜台出租式"PPP 形态。

1. G 县职教中心——公民办职业学校共生式 PPP

汽修专业是 G 县职教中心进行 PPP 合作的重点专业。合作者为本县的一所民办职业院校——C 中等职业学校②。双方合作协议的主要内容是：社会合作者（C 中职）投资 200 万元在 G 县职教中心校内建设汽修专业实训大厅，再由职教中心投资 60 多万元③、社会合作者投资 60 万元共同购置实训设备，开展实训实习教学。社会合作者负责招生、聘请双师型专业课教师，负责实训课的教学与管理，承担实训耗材费用；职教中心负责提供建设实训大厅的场地，负责文化课、专业基础课教学和日常管理，提供吃住等公共设施。学费 4000 元/（年·生）[含住宿费 400 元/（年·生）]，其中的 10% 归职教中心，90% 归承办方。合作期为 10 年，10 年后实训大厅和双方投资的设备产权归职教中心所有。职教中心汽修专业 2013 年总计招生 260 人，其中 80% 是三年制的学历教育，初步呈现火热景象。

数控专业的社会合作者，是本县另一所民办学校——D 职业技术学校。2013 年秋，D 职业技术学校与职教中心合作，前者以教学楼④的产权与后者合作，后者利用县政府实施

---

① G 县财力薄弱，但是本地外出务工人员较多，老百姓收入水平并不算低。随着居民收入水平的提高，居民对教育质量的需求也日益提高，这为当地民办教育的快速发展提供了基本条件。即使在义务教育阶段，民办教育也占到了相当大的规模。

② G 县本地交通运输业发达，对于汽修专业人才需求旺盛。C 中职学校的创始人原来从事的就是运输行业，在汽运、汽修行业有着较多积累，汽修专业也是 C 中职学校的王牌专业，办学实力雄厚。值得注意的是，C 中职学校本身也是 PPP 的产物，虽然由私人投资，但是接受了大量财政专项经费支持，另有部分公办教师、校长由教育局委派，校长在学校日常管理中有着较大自主权。

③ 其中 30 万元是 2010 年申请国家全民振兴计划工程项目资助获得，加上该专业本校原有的旧机器折合 10 万元，公用计算机房 50 套计算机折算 20 万元。

④ D 学校创办人为 G 县工业局原副局长，曾负责本县劳务输出。1995 年，创办人创立 D 学校，为本县劳务输出提供技能培训。长期以来，D 学校并无自有校园，租用场地办学。2005 年，创办人倾尽所有以 7 万元/亩的价格在城区购买教育用地 35 亩，但是由于周边配套和自有资金的不足，至今尚未开发。2013 年，为了避免学校硬件条件不足影响招生，D 学校投资 120 万元、职教中心出资 240 万元，共同在职教中心校内建设了一栋教学楼。

的"中职品牌校建设"项目资金80万元建设数控专业实训大厅、70万元购买数控专业实训设备。双方合作协议主要内容有：社会合作者负责招生、聘请双师型专业课教师，负责实训课的教学与管理，承担实训耗材费用；职教中心负责文化课、专业基础课教学和日常管理，提供吃住等公共设施。学费3800元/年（含住宿费400元/年），其中的10%归职教中心，90%归承办方。合作期为10年，10年后D职业技术学校与职教中心合资建设的教学楼所有权全部归职教中心所有，数控专业的实训大厅和实训设备产权也全部归职教中心所有。该专业2013年秋第一次招生，共招收20多人，处于起步阶段。

2.S县中等职业学校——柜台出租式PPP

作为本地市升学教育数一数二的中职学校，S县中等职业学校缺乏面向就业的"基因"。因此，在办学模式转型的过程中，S县中等职业学校几乎为每一个就业导向的专业寻找了一个社会合作者（个别专业甚至寻找了两个合作者）。每个专业的合作具体内容，也各不一样。下文，笔者重点介绍计算机专业和摄影化妆专业的合作情况。

计算机专业，社会合作者为F公司，学费为2950元/年。F公司提供课程体系、教师培训（暑假寒假各半个月），半年更新一次资料，18个月更新一次教材，而且为学生提供就业机会。由于只涉及课程设计和教师培训，不涉及其他实训设备、专业课师资的配套，计算机专业的PPP可以归入模块式外包。目前，计算机专业的F公司班学生稳定在120人。2014年以前，办学收益学校拿1/3，F公司拿2/3。2014年开始，学校不再参与收益分享，而是改由F公司负责招生费。

摄影化妆专业，社会合作者为G公司，学费为2800元/年。合作之前，学校没有摄影专业。具体合作方式为，学校提供场地和文化课教学，G公司提供设备和专业课师资。课程比例安排为文化课两天（本校教师负责），实训课三天（G公司委派教师负责）。由于社会合作者需要全面负责专业办学的各个方面，摄影化妆专业的PPP可归入专业层面的整体式外包。2013年开办以来，这一专业招生规模稳定在60~70人。由于社会合作者投入较大，学校不参与办学收益分成，不过招生费用由G公司负责。

目前，S县中等职业学校合作办学班级学生已经超过全校学生的一半。合作办学班级学生流失率在10%左右，而非合作办学班级的流失率在30%~40%。S县中等职业学校2011年和2013年的招生情况如图3所示。

（四）小结

引用一位著名职业院校校长的话说："纯粹的公办，活不起来；纯粹的民办，大不起来。"

基于存量改革的视角，笔者介绍了河南省县域职业教育PPP实践的几个典型案例。选择何种模式的PPP，很大程度上取决于当地公办职业院校办好职业教育所欠缺的要素。在缺乏基本建设的地区，整合本地职业教育资源、引入外部投资者进行改制是迅速改善办学条件、增强办学活力、提升职教吸引力的可行方式；在已经进行了大量职业教育基本建设的地区，无须改变职业院校公办性质，但是受限于师资、课程体系、实习实训设备等诸多因素，需要引入专业层面的社会合作者，由社会合作者提供专业课程设计、师

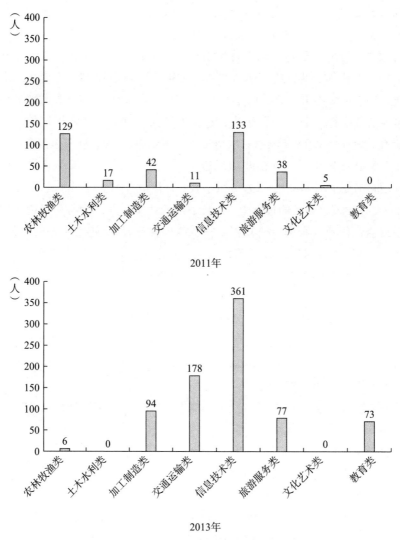

图3　S县中等职业学校招生情况

资培训等专业性服务，甚至是全面负责专业相关的实训基地设备投入、课程设计、就业等。在4个案例中，Y县和P县为了迅速改善本地职业教育发展局面，选择了改制；在S县和G县，由于在专项经费支持下已经完成了基建，为了充分发挥现有职教资源的潜力，选择了专业层面的PPP。

职业院校的改制，是一项风险与机遇并存的改革。目前，公办职业院校的改制是不少投资机构眼中的"香馍馍"，笔者已经听到了多家投资机构负责人希望在学校改制过程中"得到机会"。在前文的案例中，既有如Y县职教中心一样脱胎换骨的，也有如P县中等职业学校一样改制失败的。在河南的县域职业教育田野调查中，改制失败的情况并非孤例，借"办学之名行圈地之实"的情况并不少见。改制过程中所存在的风险已经在PPP实践中得到了充分暴露，有必要在职业教育PPP的顶层设计中考虑建立"防火墙"机制。

专业层面的PPP，风险相对较小，运用妥当成效也十分显著。课程体系和实训是办好职业教育的关键，需要根据行业产业需要进行调整和更新，需要高水平的实训课教师、实训设备设施，需要消耗较多的耗材。此外，在中西部地区激烈的招生竞争中，还需要不低的招生经费才能招募到生源。在产业欠发达、财力薄弱的内陆县，依靠纯粹的公办环境，上述条件很难全部得到满足。引入专业层面的社会合作者，公办职业院校将精力集中于自己擅长的文化课和专业基础课的教学、学生事务的管理，由专业层面的社会合作者负责专业实训课程、招生就业等环节，成为公办职业院校提升办学质量、提高办学灵活性、吸引生源的有效选择。但是，这一 PPP 模式也带有先天的不彻底性。例如，S 县中等职业学校与 F 公司合作的计算机专业，作为一种模块式外包 PPP，需要本校教师接受 F 公司培训后再按照社会合作者的要求进行教学，这一过程中的教师激励问题仍然未能很好地解决（校长语），只是建立起了相对的竞争优势。

职业院校的委托管理还不属于县域职业教育 PPP 模式的主要类型，但是有着光明的前途，也已在实践中零星出现。这一 PPP 模式的社会合作者成熟后，会是保证公办职业教育性质下的一种改革方案。伴随着教育管理机构的成长，委托管理在职业教育 PPP 中的比重会越来越大。在职业教育 PPP 的顶层设计中，应当着重考虑如何为专业化的教育管理机构的发展与成熟提供良好的制度环境。

三　政策建议

基于课题组目前的研究进展，针对当前的职业教育 PPP 顶层设计，笔者有如下建议。

（1）如果一定要确立职业教育 PPP 示范项目，重点支持有技术、有理念、有市场的产业资本对现有公办职业院校的改制，而非为新建职业院校基础设施融资的项目。

（2）针对公办职业院校的改制，建立交易控制和运行控制机制。通过适当的程序控制，形成一整套筛选机制，筛掉"别有用心"的投资者，甄别出真正好的社会合作者。通过改制后的运行控制，规范社会合作者在办学过程中的行为。

（3）大力扶持潜在的社会合作者。在各类 PPP 中，职业院校的委托管理发展相对滞后，关键在于缺乏专业的教育管理机构。在财政支持职业教育 PPP 时，可以建立瞄准对象为优质社会合作者的支持机制，加快社会合作者的成长。

（4）针对政府购买服务，需要通过精细化的拨款机制设计避免"逆向淘汰"。高办学成本、面向制造业的民办职业院校正在大幅度萎缩，或者转向低成本的、"软"的职业教育。这一问题的严重性尚未得到充分重视。只有通过科学化、精细化的拨款机制，才能为政府购买服务的社会合作者提供合理的激励，让其回归正途。

参考文献

郭建如、伍银多，2014，《我国职业教育校企合作现状、成本－效益评估及政策综述》，北京大学中国教育财政科学研究所研究报告。

田志磊，2015，《中职教育招生是否在好转——基于 GIS 的大数据分析》，北京大学中国教育财政科学研究所《中国教育财政》第 10 期。

Patrinos，Harry Anthony，F. Barrera-Osorio，and Juliana Guáqueta. 2009. *The Role and Impact of Public-Private Partnerships in Education.* The World Bank Publications，Washington，DC. https：//open-knowledge. worldbank. org/bitstream/handle/10986/2612/479490PUB0Role101OFFICIAL0USE0ONLY1. pdf？sequence = 1&isAllowed = y.

地方普通本科高校转型发展中的核心问题探析[*]

郭建如[**]

（2017 年 1 月）

一　问题提出的背景

20 世纪 90 年代末我国高等教育扩招以来，地方高校成为吸纳高等教育大众化需求的主要力量（阎凤桥等，2006）。尽管地方高等教育出现了大规模扩张，但高校的多样性并未随之上升，相反出现了地方院校同研究型高校办学定位趋同、专业设置雷同、人才培养方式相近，"重理论、轻实践"、科研活动"重科学、轻技术"等现象[①]（杨钋、井美莹，2015），难以培养地方社会经济发展所需要的人才；同时，地方高校与所在区域的经济发展需要脱节，毕业生就业难的问题日益凸显。针对上述问题，2014 年 3 月，教育部相关领导明确提出鼓励部分本科院校向应用型转变，发展我国的应用技术大学/学院。一些省份主动开展地方本科院校转型发展的试点，如山东、河南、云南等省份，教育部学校规划建设中心、应用技术大学/学院联盟在教育部指导下成立，推动着地方高校转型发展。2015 年 10 月，教育部、国家发展改革委和财政部联合下发《关于引导部分地方普通本科高校向应用型转变的指导意见》（以下简称《指导意见》)[②] 后，地方高校转型的步伐有加快趋势。

但从全国来看，各省的进展差异较大，地方高校的转型并不均衡；即便同一省份不同的地方高校转型发展的进度也不一致，普遍面临着定位、教育内涵、组织变革、政府引导政策与评价方法等方面的问题。第一，转型定位涉及地方本科高校转型发展是为了建立现代职业教育体系，还是定位于单一体制的高等教育系统内的人才培养方式改革，

---

[*]　本文最初发表在《黄河科技大学学报》2017 年第 1 期上。

[**]　郭建如，北京大学教育学院教授，北京大学中国教育财政科学研究所客座研究员。

[①]　应用技术大学（学院）联盟、地方高校转型发展研究中心，《地方本科院校转型发展实践与政策研究报告》，2013，http://gjs.xxu.edu.cn/info/1011/1075.htm；中国教育科学研究院课题组，《地方本科院校转型发展研究报告》，2013，http://www.moe.gov.cn/publicfiles/business/htmlfiles/moe/s271/201312/161603.html。

[②]　《教育部、国家发展改革委、财政部关于引导部分地方普通本科高校向应用型转变的指导意见》（教发〔2015〕7 号）。

这一问题既涉及教育层次，也涉及教育类型。第二，地方本科高校在转型发展中如何处理与职业本科教育、普通高等教育之间的关系，即在教育内容方面，地方高校要教给学生什么类型的知识，培养学生具有什么样的能力，以及如何培养学生，涉及教育内涵的界定。第三，转型意味着人才培养方式、培养流程、教师的科研导向以及高校相应的组织结构和运行机制的变化。地方高校怎么才能有效地促进组织转型呢？第四，地方高校转型发展还涉及现有的高等教育行政管理体制的调整，如拨款制度以及招生制度等，也涉及地方政府的政策引领与支撑问题。第五，如何评估地方高校转型的成效。以上这些问题归根到底涉及地方高校向哪里转（目标与标准在哪）、为何转（转型的合法性与必要性）、转什么（转的内容）、如何转（高校如何转、政府如何引导），以及如何评价这五个维度。在现实中，这五个维度的问题已对地方高校转型发展政策的制定者、执行者和实践者形成了普遍困扰，如果不能正确地认识这些问题，就难以有效推动地方本科高校的转型发展。鉴于此，本文尝试探析这些核心问题，以起到抛砖引玉的作用。

二　核心问题探析

讨论上述地方本科院校转型发展中的五个核心问题可以从不同层面进行，如国际层面、全国层面、省级层面、高校层面以及社会层面，尽管这五个问题都可以在这些层面展开，但不同层面上聚焦的问题可能会有所不同。如国际层面上重点讨论发达国家如何在理论和现实中处理普通高等教育、应用技术高等教育、职业高等教育之间的关系；全国层面、省级层面主要关注政府是如何考虑地方高校转型发展的，为地方高校的转型发展提供了哪些政策和制度支持？高校层面主要分析转型发展的空间、转型发展的途径以及如何通过组织制度变革实现转型发展？最后，地方高校的转型既需要各级政府、高校内部各主要群体的支持，又要取得社会重要利益相关者支持，并对社会主要的利益相关者产生作用，对转型效果的评估也要注意到这些利益相关者的关切。

1. 地方高校转型发展的目标与定位：高教体系抑或职教体系

当前，我国地方本科院校在转型发展目标与定位上往往纠结于如何辨识和正确看待学科/学术导向、应用导向与技能导向的高等教育的差别与联系。联合国教科文组织是按照课程属性对高等教育分类的，依据1997年版的《国际教育标准分类法》，高等教育实际上包括了技能型（如5B，一般学制较短，面向实际的、适应具体职业，主要是使学生获得从事某个职业、行业所需的实际技能和知识，完成5B学业的学生一般具备进入劳务市场的能力和资格）、应用型（5A2，根据行业或应用领域划分专业，"可从事高技术要求的职业"，如医学、牙科、建筑等）和学术型（5A1，根据学科划分专业）（余祖光，1998；胡天佑，2013），5A和5B的区别主要在于对理论要求程度的不同以及学制上的差异，把医学和建筑等应用性很强的教育列在A类也主要是强调这些学科的人才培养需要有较高的理论训练。2011年版的分类法则明确地将教育划分为普通/学术教育和职业/专业教育两类：2～5级教育分为普通教育和职业教育（vocational education）两类，其中5

级明确为短线的高等教育，大体对应于我国三年制的高职教育；6～8 级教育分别对应于学士、硕士和博士教育层次，每一层次都区分为学术教育和专业教育（professional education）两类。① 在这一框架下，学术教育可以看作普通教育的延伸，专业教育可以看作职业教育的延伸（和震、李玉珠，2014）。在 2011 年版的框架下，职业教育与高等教育在第 5 级有重叠，但 5 级的高等教育是职业教育，而 6 级以上的培养高技术要求的相关职业人才的教育被称为专业教育，这之间的区分就在于第 6 级的教育一般是以理论为基础的（陈飞，2012），也即专业教育与职业教育课程的逻辑起点是不同的。

联合国教科文组织的标准分类法是基于国际上主要国家的实践确定的，但是具体到不同的国家或地区，对技能型教育、应用型教育和专业教育的看法不一样，处理方式并不一样，因此也就形成了不同的教育体系。大体上，欧洲大陆的教育体系多采用双轨制，基础教育阶段分轨较早，分流为以学科学习为主和以工作技能为主的中学，高等教育则由学术导向的普通高等教育与应用导向的应用科技大学或学院构成。后一类型的高等教育出现于 20 世纪六七十年代，以德国最典型，目前应用科技大学的学生已占到大学生数量的 1/3，个别州甚至还有本科层次偏重技能训练的双元制大学。其他欧洲国家，如丹麦、荷兰等的应用科技大学在最近二三十年也有比较大的发展。欧洲的应用科技大学可授予本科和硕士文凭，一些学校还可以与综合性大学联合培养博士生。按照教科文组织 2011 年版的教育标准分类，这些应用型高校从事的是专业教育。但在欧洲系统中，这些学校并不在综合性大学和工科大学的轨道上，被称为大学部门之外的高等教育机构（Kyvik and Lepori，2010），是高等教育系统的另一轨。美国的高等教育并没有发展出双轨制，其两年制的社区学院最初功能是以转学教育为主，只是到了 20 世纪六七十年代，社区学院才转型为以职业教育为主。美国四年制本科院校并没有严格地区分出学术导向和应用导向这两大类，而是根据教学和科研所占比例区分为研究型大学、教学研究型大学和教学型大学这些类型。但美国的大学，特别是公立大学，受赠地学院传统的影响，对社会的服务意识和能力都很强；在大学，特别是综合性大学往往会设有专业学院，如商学院、法学院、医学院、教育学院等，进行专业教育（professional education），培养专门人才。在亚洲，新加坡和我国台湾地区的高等教育也有各自模式：新加坡南洋理工学院是三年制大专，以现代职业教育的理念与实践著称，被我国不少高职院校奉为学习榜样；我国台湾技职教育体系在最近几年被看作大陆职业教育体系建设中的重要参照，技职教育体系包括职业学校、专科技术学院、科技大学等，学历层次上包括了中专、大专、本科、硕士以及博士研究生等层次，是与普通的大学体系相并列的一个独立体系。

为什么不同的国家和地区能够形成不同的教育体系呢？这主要是同各自的经济发展水平、发展策略以及对教育的定位有关。学术定向的高校常常以追求学科知识和学术声誉为目标，较少关注产业或技术的应用，培养的人才与产业和企业的要求不相匹配。这些学校的毕业生想达到企业用人要求，可能需要企业花费更多的培训成本。通过改造高等教育体系，由一批学校承担应用型人才的培养，既可以为企业节省相应的培养成本，

---

① UNESDOS，"International Standard Classification of Education，" 2011，http://unesdoc. unesdoc. org/images/0021/002191/219109e. pdf.

也减少了受教育者为适应产业或企业需求额外交付的费用。德国应用科技大学的兴起、新加坡和我国台湾地区发展高职教育，乃至建立独立的技职体系同样也是为了与快速发展的经济相适应。

推动地方普通本科高校向应用型转变，同样是基于我国经济发展和产业升级的考虑。但国内目前的争论焦点之一是地方高校转型是定位于普通高等教育系统内部的调整，或是为了建立一个新的技职类的高等教育体系。对于这一问题，国家层次、地方政府和地方高校在认识上是有差异的。国务院2014年5月颁布的《关于加快发展现代职业教育的决定》在"加快构建现代职业教育体系"一节中明确提出"引导一批普通本科高等学校向应用技术类型高等学校转型，重点举办本科职业教育"[1]，显然是将地方本科高校的转型作为职业教育体系的重要组成部分，目的是建立一个与普通高校系列并行的职业高等教育体系。但是这一规划在教育部各司局之间就存在不同看法。职业教育司虽然参与了现代职业教育体系文件的出台工作，但并不主导本科院校转型，相关负责人对文件的解读是含混的，如认为"985"高校也可以转型为应用型高校（葛倩，2014）。教育部发展规划司主导地方本科院校转型发展，但考虑到地方高校的反对并没有将这些新建本科校称为职业教育本科，而是采取妥协方式，称之为应用技术大学/学院。在教育发展规划司的推动下，一些转型或准备转型的学校成立应用技术大学（学院）联盟作为推动转型的行业组织。高等教育司则有不同看法，该司负责人对媒体公开讲，"你听到了我讲'转型'吗？一个都没有。在其他讲话中也从没有出现'转型'"（李建平，2014），公开否认转型问题，张大良（2016）后来的提法是新建本科院校要建设为新型本科院校。在高等教育司主导下成立的新建本科院校联盟下的新建本科院校要建的新型本科其实质仍是应用型的，名称上的不同显示有关司局并不赞同将这些院校称为职业本科院校，也不大认可应用技术大学的提法。也就是说，从这些话语的争论来看，教育部不同的司局并没有很认真地将应用型本科建设与职业教育本科建设联系起来。有学者指出，在职业教育语境下普通本科高校转型的顶层设计很难落地，完善现代职业教育体系的初衷无法兑现（孙善学，2016）。

按照教育部要求，地方本科院校的转型发展是由省负责统筹的，各省的态度对应用型本科高校的建设至关重要。从目前来看，一些省份在三部委《指导意见》出台前就已经在进行应用型本科院校建设的尝试，一些省份在《指导意见》正式颁布后也出台了明确的政策给予引导，但是还有一些省份并没有出台具体政策。从已出台的政策来看，对省内高校的分类也还存在不同的看法，如浙江省对省内高校的划分仍是采用教学/科研的维度。

在院校层面上，除少数院校，如齐齐哈尔工程学院明确地将自己称为职业教育本科，愿意举起这样的职业教育本科的旗帜外，多数院校不太认同职业院校的定位，认为这种定位会使本科院校"向下掉""向后退"；对于应用型或应用技术的提法也有不同看法，一些已升格为大学的省属高校有意识地同新建本科院校拉开距离，在定位于应用型的同

---

① 《国务院关于加快发展现代职业教育的决定》（国发〔2014〕19号），2014年5月2日。

时更强调其他层面，如定位于创新创业型大学（如临沂大学）；还有的院校认为应用技术难以包含一些文科类院校，应用技术大学或学院的名称容易使文科类院校或院系、专业陷入尴尬境地，更愿认同教学服务型高校这样的称号，如铜仁学院。

尽管存在上述的混乱和争论，一些基本趋势和共识还是慢慢地显露出来，值得注意的是关于应用型本科的层次定位以及主要的纳入对象已逐渐明确，这个明确的主要推动者还是各省级政府。多个省份在相关的政策文件中把省内高校区分成研究型、应用基础型、应用型、技能型四类，如山东省。研究型高校对应的是"985"和"211"院校；应用基础型多是一些省内老牌本科大学且行业特色比较突出的，如工业大学、农业大学、师范大学等；应用型则主要是新建本科院校；技能型则是高职院校。这种分类方法采用的是学术型/应用型的维度。应用型高校被看作中专和大专层次的职业教育向上的延伸，这种做法与联合国教科文组织的划分是一致的。随着这种划分方法被接受，在某种程度上可能会先在省的范围内确立起高等教育双轨制，进而可能会在全国范围内确立起这样的双轨制。至于是否一定要坚持把本科以上培养应用型人才的教育称为职业教育，在不同层级之间展开职业教育、技职教育抑或专业教育的争论，其实质意义可能并不是很大。但是，本科以上应用型人才的教育被称为"职业教育"、"应用型教育"或者"专业教育"，对教育内涵的界定还是有重大影响的。也就是说，名称之下实际的教育内容和教育方式才是最重要的差别。

2. 地方高校转型的教育内涵：技能、技术与科学

地方普通高校向应用型转变是"构型"的转变、"结构"上的转变，最核心的是人才培养模式的转变，即教与学的问题：地方高校要传授给学生什么样的知识？要培养学生具有什么样的能力与素质？以什么样的方式去传授知识与技能，培养学生？地方高校是否拥有传授新型知识与技能的能力呢？这种知识与能力如何形成呢？对学生来讲，地方高校的转型意味着要学什么样的知识，形成什么样的能力以及以什么方式学习？这些问题就涉及技能教育、应用技术教育、普通本科教育之间在教育内涵上的联系与区别。

在国务院发布的加快现代职业教育建设的文件中，现代职业教育体系包括了不同层次的学历教育，即中职、大专、本科和研究生教育等，这个划分模糊或者说是淡化了以本科为分界的传统的专业教育与技能教育的差异。国内也有不少人出于各种原因有意识地打混战或乱战，如有人认为应鼓励"985"和"211"高校以应用型的学科和专业为基础举办本科及以上层次的职业教育，这样能够比较快地建立起职业教育全学历层次的体系；但同样认为"985"大学的一些专业是培养实践人才、职业人才，也属于应用型专业的人则对于职业教育体系有不同看法，倾向于认为没必要再设立本科以上层次的职业院校，将以从事职业教育为主的院校维持在大专和中专层次即可，更有甚者认为维持在中职层次就可以，没必要延伸到高等教育阶段；还有一些人认为依托传统的研究型大学或教学科研型大学来构建现代职业教育体系是换汤不换药，很难指望这些大学能发生实质性的改变，期望以目前的中高职院校为基础独立发展出从学士到博士的职业教育体系。在这些不同的观点与不同的设计方案中，大多有意或无意地把美国和德国作为最重要的参照系，但德国的应用科技大学与亚琛工大、慕尼黑工大并不是一类。联合国教科文组

织 2011 年版的教育标准分类法是将本科层次的以理论为基础的教育统称为专业教育，并没有将德国的两种类型区分出来。从国内目前省级的实践来看，已出台的分类管理办法绝大多数是将应用型高校与"985"和"211"高校区分出来的，因此似乎有必要把与新建本科相对应的应用型和与"985""211"高校相对应的"专业型"区分出来。

从国内目前的争论来看，以技能训练为主的职业教育、以应用为导向的技术教育、以学科/学术为导向的本科教育之间的差别主要体现在对待学科的认识上，把有无学科作为技能型高校与应用型高校的分界线，把以学科/学术为导向还是以学科为基础以应用为导向作为学术型高校与应用型高校的分界线，学术型高校中应用性强的学科或专业的专业教育与应用型高校教育的区别在于对理论强调的程度以及应用环境复杂的程度。中职和高职层次的职业教育以培养操作性技能人才为主，根据操作熟练程度、对操作原理的理解程度、处理技术故障能力以及在复杂的工艺、设备情况下具有的操作能力，分为初级工、中级工、高级工，乃至技师、高级技师，这些是以现场操作为主，以实际经验以及实践智慧的增长为依据，强调对实践技艺的把握，以及伴随实践层次的不同而对相应层次的理论知识的把握。在以操作技能为主的教育阶段，理论知识的学习是以"必需和够用"为原则，服务于对相关技能的掌握，也鼓励这些技能人员对技艺或工艺进行改进，但这种改进更多的是建立在经验以及部分的对原理理解的基础上。应用型院校的人才培养是以学科为基础，但与学术导向高校不同的是，所培养的人才主要从事科学理论基础上面向应用的研发和找到问题解决方案；学术导向大学的专业教育是以深入的理论为基础培养高技术职业所需要的能在复杂应用情境中进行研发和技术应用的人才，如同样是工程教育，学术导向的高校会比应用型高校更重视数学、物理和化学等基础学科理论的掌握，对现实问题进行抽象和建模的能力，以及运用工程原理解决复杂工程问题能力的培养（限于篇幅，本文对学术导向院校的专业教育不做重点分析）。

上述划分依据的是不同教育的培养目标和培养定位的差异。具体来说，因为培养目标、规格不同，对人才的素质与能力要求不同，相应的专业设置、教学模式、课程体系构成、实践教学内容与地位、师资要求等诸方面就有不同。学术导向的本科教育目的是为学术研究和学科发展提供继续深造的人才，因此更偏重理论学习，强调发现学术问题和研究学术问题能力的培养；应用型本科院校培养的是在不确定环境下运用学科理论和科学方法创造产品或专业服务价值的人才；技能型职业教育培养的是掌握某些岗位或岗位群的工作技能的人才。专业设置的依据，技能型院校是岗位或岗位群的划分和要求，应用型本科的依据是工程或技术领域的分工，普通本科是按学科的知识领域进行划分。在教学方式与培养流程上，对技能型职业教育而言，职业能力的培养是通过完成一系列的工作过程来实现的，因此特别强调基于工作过程重构课堂教学，实践教学环节所占比例远远超过应用型高校和学术型高校。应用型高校强调在学科理论基础上着重培养学生的技术开发和技术应用能力，实践性教学也要比普通本科院校比例高，这些实践性教学包括实验教学、实践学期、项目教学、毕业设计和学术考察等环节，强调毕业论文选题来自实习企业项目（姚寿广，2011）。应用科技大学对教师的要求也不同于综合性大学，其聘任的教师除要有博士学位外，受聘者在科学知识与方法的应用或开发方面至少具有 5

年的实践经验，且至少有 3 年是在高校以外的领域工作（孙进，2013）。

　　我国地方普通本科院校向应用型高校转型的过程中普遍遇到的困惑是技能、技术和学科三者之间的联系与区别，究竟这三个部分在人才培养上占有多大比例比较适宜呢？有的本科院校，如齐齐哈尔工程学院明确定位于职业本科，"坚定不移地走职业技术教育之路"，倾向于借鉴和学习高职院校在人才培养方面的做法，强调办学模式为"政校企合作、产学研一体、教学做合一"，旗帜鲜明地将"实践第一"作为学校的教育原则，[①] 强调作为企业的"预备队"，[②] 学生要"在真实的职业环境中真学、真做、掌握真本领，培养学生的'创新、创业'精神和'可雇佣性'能力，实现与相关行业的'无缝衔接'"[③]。机电工程系是齐齐哈尔工程学院最具特色的院系之一，该系将培养的目标定位于"机电一体化设备操作员、自动化生产线操作员、机电设备的维修与调试人员、机电设备的售后服务、生产一线设备的安装与制造人员"，教学方式采用"工程任务课程化"方式，从第三学期开始学生要到校外基地实习 6～8 个月。[④] 黄河科技学院在升本以后就在积极地探索本科教育与职业教育的结合，提出了"本科教育＋职业资格证书"的培养模式。许昌学院、常熟理工学院等建立起行业学院，同当地主要行业的龙头企业紧密合作，进行订单式人才培养。在校内缺乏师资、缺乏相关设施、缺乏应用型人才培养经验的情况下，一些高校在教育部相关机构的牵头下与中兴等公司合作成立通信人才培养基地，如山东英才学院。还有一些高校集团则从企业招聘有经验的高端人才作为教师，组织力量根据相关行业的实际要求研发应用型课程标准，在所属高校中进行标准化的教学，如拥有云南工商学院等多家应用型高校的大爱教育集团。但还有些院校认为应该坚持普通本科以学术为导向的学习方式，只不过要增加些实习实训环节。

　　地方本科院校各种理念、实践探索的不同反映了这一类型学校内部存在的非均质化的特点，这种多元性和差异性也同地方性本科院校这一概念包括的范围较广有很大关系，由各个学校的办学历史、办学传统、办学水平、师资水平、生源质量存在不同导致。实际上，在这些地方本科院校中，还可以根据升格的节点和办学实力划分为不同的亚种类，如 1998 年高等教育扩招后新升格的本科院校，省属的非"211"的行业性特色鲜明的大学，以及介于这两者之间的 1998 年高等教育扩招前升格的老本科院校等。在有的省份，如山东省，其高校分类管理明确将一些省内行业特色鲜明的老牌本科院校划入"应用基础类"，同新建本科院校所在的"应用技术"类区分出来。相对来讲，省属非"211"高校的有行业特色的大学，如（理）工大、农大、师大，办学历史悠久，科研实力强，行业影响大，拥有一些博士点，能够培养博士和硕士，设置的专业行业特点突出，服务行业的能力较强，在学生培养方面不满足于技能型，学科基础理论的训练所占比例较大；一些设有若干硕士点或有可能申请到硕士点的省属老本科院校对于学科的强调可能要弱于省属的行业性旗舰大学，但对学生技术应用能力的强调则是比较突出的；新建本科院

　　① 齐齐哈尔工程学院官网，http：//www. qqhrit. com/index. php/home/index/view/id/838. html。
　　② 齐齐哈尔工程学院官网，http：//www. qqhrit. com/index. php/home/index/view/id/839. html。
　　③ 齐齐哈尔工程学院特色介绍，http：//www. qqhrit. com/index. php/home/index/view/id/839. html。
　　④ 齐齐哈尔工程学院机电工程系官网，http：//www. qqhrit. com/index. php/home/jdx/view/id/2177. html。

校普遍来讲可能更强调学生的应用能力，其中可能部分地会强化技能方面的训练，如齐齐哈尔工程学院。

无论是强化技能训练的职业类本科高校，还是强化学生应用能力的应用技术本科院校，或者是比较多地强调学科/学术训练的省内行业特色鲜明的旗舰大学，都可以作为向应用型本科高校转型的对象，但判断这些高校是否真正发生了转型的最关键指标就是看人才培养的方式是否发生了根本的改变，即是否在根本上不同于普通本科院校以学科/学术为导向的知识学习和能力培养的模式。这种模式最明显的标志是是否实现了以"产教融合、校企结合"为特色的人才培养方式，其中理工科类较简单的判断标准则是类似于卓越工程师培养的模式是否在学校的相关专业中大范围地实施。如果用国际标准去判断，则可借鉴国际通用的专业认证标准，如工程和医学等领域的专业认证标准。如果学校真正实现了转型，这些标准最终会体现到课程、课堂与教师的改变，因此有应用型高校的校长感叹："转到深入是课程，转到难处是教学，转到痛处是教师。"（曹勇安，2016）

3. 地方高校转型的发展潜力与发展空间：纵向、横向与全球维度

地方普通本科要实现转型发展必须有内在动力，这种动力取决于转型后能否为学校带来更大的发展空间。如果转型后的发展空间和机遇较小，对地方高校自然就没有吸引力；如果发展空间和机遇大，自然吸引力和动力就会强。地方高校转型发展的空间可以从纵向和横向两个维度来分析：纵向发展主要是指地方本科高校在办学层次上能否上升，特别是能否获得硕士研究生培养资格，开展专业硕士研究生的培养，甚至进一步发展到专业博士研究生的培养，同时从管理部门获得更多的招生名额、专业设置等方面的更大自主权，甚至是经费方面更大力度的支持等。在这方面，国家相关部委的政策文件以及教育部考核评估的导向已经有一定的体现，但政策能否落实，落实的力度大小则会对吸引力大小产生影响。横向上看，地方高校转型后的发展空间主要是依赖学校能否从行业企业以及所在地的政府等服务单位获得进一步发展的资源。在调研时发现，一些应用型的院系转型动力比所在的高校还强，一些有较高实践能力的教师转型的动力比校领导的动力还足，关键就在于这些单位或个人看到了利用自身能力可以从产业和企业中获得更多的发展资源，也能够在当地和产业界中确立起该专业和教师的地位，甚至能够增强高校在当地经济社会发展中的话语权。

地方高校向应用型高校转型对自身的意义还应该放在知识生产方式转变的背景下来分析。在知识经济时代，大学的知识生产已逐渐摆脱过去封闭性的象牙塔方式，更强调知识生产的情境性、跨界性、应用性和多方评估，更强调高等教育要服务于社会经济发展的需求（吉本斯等，2011）。高校也只有更好地与当地政府、产业和企业进行合作，才能更好地抓住知识生产的需求，也才能获得用于知识生产的地方资源。在这些方面，研究型大学在更大范围内，如全球和全国的合作上享有优势，而地方高校则必须依赖于当地可能的资源。

从我国的经验来看，在经济发达区域，地方政府、高校与产业已经形成了非常密切的关系，高校已经成为当地经济与社会发展的重要支撑。这些地方的政府仍在不断地引进和举办更多高校，典型的如深圳和苏州。位于苏州的常熟理工学院在向应用型转型发

展过程中，得到了省与所在市的大力支持，省市签订共建协议。在河南，许昌学院虽是省属院校，但积极与所在地的许昌市政府合作，并获得许昌市政府承诺的三亿元的支持，许昌市政府也积极推动政府、企业与高校教师的人员交流，高校教师或干部可以到政府或企业挂职，企业人员和政府官员也可以到学校兼职，很好地解决了兼职教师队伍建设的问题。许昌学院还同全国发制品的龙头企业、当地上市公司瑞贝卡集团共同建立行业学院，培育发制品方面的人才。许昌学院在这场转型中获得真正发展，成为河南省转型试点的优秀高校。同样，位于经济落后地区的黄淮学院依靠向应用型转型，在办学实力、生源质量以及全国的影响力方面都有较大提升，成为教育部树立的应用型高校转型的一面旗帜，黄淮学院所在的驻马店市成为全国应用型高校每年春季会议的永久驻地。

4. 地方高校转型发展的途径与突破口：校企合作与驾驭核心

地方普通本科高校转型的核心是人才的培养模式，在地方高校有了转型动力后，还需要解决转型的突破口问题。国家三部委关于转型的《指导意见》明确提出以"产教融合、校企合作"作为转型的突破口。这是因为校企结合是转型的关键枢纽所在，具有牵一发而动全身的功效。

首先，校企合作的可能性会直接影响院校专业/学科的布局与调整。专业/学科是高校组织的主体框架，高校内部重要资源的配置，如学生、教师、设施空间、经费分配等主要是围绕着专业/学科进行的，地方高校要转为应用型，就需要对专业/学科结构进行调整，而这种调整主要是增加或扩大可以与产业对接，与企业合作的专业/学科，减少或缩小难以与产业对接、与企合作的专业/学科。

其次，校企合作是人才培养的主要平台和载体，应用型人才的培养不能封闭起来在高校内部独自完成，必须通过校企合作才能得以实现，可以说，校企合作的人才培养方式和企业的培养环节是应用型人才培养方案中必不可少的。专业人才培养方案的变革需要校企合作提供支持，这种支持既包括实习机会的提供，有经验的兼职教师的授课，以及学生毕业论文的选题及研究的环境，还包括在校内专业学习中对相关课程知识的改造以及重新的建构等。三部委的《指导意见》明确要求建立行业校企的合作平台，希望行业、企业全方位全过程参与学校管理、专业建设、课程设置、人才培养和绩效评价，争取"地方、行业、企业的经费、项目和资源在学校集聚，合作推动学校转型发展"，没有校企合作平台，单纯靠地方本科高校自身是完成不了这一转型的。

再次，校企合作关乎应用型高校的科研与服务能力。一些有实力的高职院校在发展过程中已经认识到"教学立校、科研兴校、服务强校"的道理，积极支持教师参与企业的科技研发。对本科院校来讲，科研更是汲取行业企业乃至政府资源和支持教学的重要工具。在这一问题上，一些高校还存在认识误区。如传统本科院校按照科研与教学比重往往会分为"研究型高校、科研教学型高校、教学科研型高校、教学型高校"等，对新建本科院校来讲，因为科研力量较弱，很容易归入教学型高校，认为这类高校以教学为主，不必从事科研，即便从事科研，也应该主要关注教学型科研，即研究教学改革等。不少高校在实践中认识到如果教师只从事教学，而没有科研作为服务地方政府和企业的支撑，那么学校就难以吸引企业的注意力，难以吸引政府的注意力，也就难以吸引到资源，难以维持校地和校企的合作；只有科研能力变强了，企业和政府认识到学校服务能力时，校企合作、校地合作才会顺利开展。一些高校在教学型高校基础上提出向"教学服务型高校"发展。这种提法和定位有意识地回避了科研，也忽视了科研在教育与服务之间的桥梁作用。实际上，服务功能是以教师的科研水平为基础的。有的高校，如北京理工大学珠海学院，一方面提出建设高水平的教学型高校，另一方面提出要建设应用型高校，这种定位同样没有认识到要建设应用型高校在中国的情境中更是需要通过教师的应用科研得以实现的。另外，教师也只有参与企业研发和承接政府委托项目，才能更好地将科研成果转化为教学内容，进而提升教学质量，有效地培养学生的应用能力。

当然，把校企结合作为应用型高校建设的枢纽，提升学校、院校、教师等各层次开展校企合作的能力并不是一件容易的事情，特别是在外部环境未必友好，教师习惯于从课本到课本的教学方法时，如何推动学校的转型对学校的领导人而言是很大的挑战。地方高校是转型的主体，政府主要起引导作用，强制性力量相对较弱，相应的支持力量可能会不足。因为高校转型涉及其基本的运行模式的转变，涉及高校组织内部许多惯例与制度的变更，以及校内外复杂的利益调整，没有强有力的驾驭核心是很难实现的。高职示范校建设如此（郭建如等，2014），本科院校更是如此，因为教师的学历更高，教师工作的个体性更强，学校行政权威的领导相对于高职院校来讲更弱一些。

从众多的实践来看，地方高校转型的顺利与否、成功与否、可持续与否在很大程度上取决于高校能否有一个稳定的持久的坚强的驾驭核心。在实地调研中发现，同是一所学校，同一任期的主要领导，可能会对转型有不同的看法。高校核心领导的不同看法自然会影响学校内部相关部门的政策，特别是评职称与考核的政策，进而会影响教师的积极性。因此经常可以看到同一所学校因为先后任主要领导对转型看法的差异，导致学校转型过程起起伏伏。有些已经在转型路上进行了很多卓有成效探索的院校因新换的领导抱有办普通大学的梦想而使转型夭折，这也可能是国家三部委《指导意见》强调"通过广泛的思想动员，将学校类型定位和转型发展战略通过学校章程、党代会教代会决议形式予以明确"，防止因人而废的缘故。

5. 地方政府推动转型的激励机制与促进转型的政策工具

与高职示范校建设不同的是，在这次地方高校的转型发展中，三部委明确提出"转型的责任在地方"。这个地方主要指的是地方政府，特别是省级政府，因为省级政府具有统筹管理本省高等教育的职责。但实际上，一些地方高校是地市举办的，还有一些省属高校坐落在一些地市，而非省会城市，这些地市级政府对地方高校的转型而言同样是重要因素。省级和地市级政府对地方高校转型发展的支持可以采用的工具是比较多的，如财政政策、税收政策、招生政策、人事招聘考核等。

对新建本科院校来讲，最直接的帮助是如何与所在的地市级政府、地市主导产业的龙头企业建立起有效的政行企校的合作关系。从对全国高职院校组织转型的实践来看，政行企校有效合作的关键在于政府（郭建如，2015）。政府以什么态度、什么政策方式推动学校和企业的合作是破解目前校企合作困局的关键。在高职教育发展比较好的地方，地方政府能够以各种正式或非正式的方式巧妙地降低校企合作的交易成本，在高职教育发展比较缓慢或落后的地方，往往可以看到政府的不作为，或者是不懂得如何运用政策工具以有效的方式去作为。

在地方本科院校的发展中也有类似情况，如江苏省教育厅与常熟市政府签订共建常熟学院的协议，常熟学院与常熟市政府签订市校合作协议；河南省教育厅与许昌市政府签订共建许昌学院协议，许昌市政府承诺对许昌学院投入 3 亿元进行建设。铜仁学院在当地企业资源相对不足的情况下，提出要盯着地方政府领导的眼球转，想领导之所想，如在打造梵净山生态资源方面，提出并论证"武陵桃源，深处是铜仁"的概念，服务于当地政府的战略决策；同时还将一些政府技术性较强的职能部门的技术楼，如食品安全部门的检验楼建在校园内，为学生提供相应的实习环境。政府在解决高校教师到职能部门挂职，解决企业人员到学校担任兼职教师方面发挥着关键作用。这些不同机构之间人员的流动自然就会带来资源的流动，社会网络的形成可有效地降低建立政行企校合作关系的成本。当然，近些年，随着问责及监察制度的不断强化，存在地方政府的一些职能部门把高校当成下级附属部门进行管理的现象，在事实上可能会对学校及相关教师从事校企合作的积极性产生较大束缚。

6. 地方高校转型效果评价

目前，我国多个省份已出台了相关政策，引导地方普通本科高校向应用型转变，在教育部相关司局的支持下，应用技术大学（学院）联盟和新建本科院校联盟都已成立，联盟中有一批高校已在应用型本科院校的建设上进行了卓有成效的探索。在全国推进高等教育分类管理的过程中，如何制定应用型高校的评价标准对正确引导这些地方高校的转向可能会具有极强的引导作用。目前一些新建本科高校之所以在是否向应用型转变方面犹豫不决，因素之一就是搞不清楚本科的评估体系，担心在现有的评价体系没有改变的情况下，按照旧的对传统本科院校的评估标准进行评价会处在不利位置，有的院校甚至把黄淮学院在前些年省内组织的本科评估中不理想的结果作为前车之鉴。为解决后顾之忧，国家和省级政府应尽快出台应用型本科的设置与评估标准，同时要给予被评估高校自主权，以发展性评估为主。

在制定设置与评估标准时，要特别关注地方高校应用转型与否的那些关键标志，如人才培养的模式是否真正发生了变化，即学生应用技术能力的培养是否建立在校企合作的平台上，课程是否体现了应用技术的导向和侧重，课堂的教与学方式是否紧密地围绕着应用能力的培养来进行，教师应用技术的能力与素质是否有了真正提高；再如还需要重点考察实训实习环节，这些环节在培养流程中是否达到了较高比例，实训和实习质量是否得到切实提高，学生实习的企业是否真正给学生以技术指导，毕业论文多大程度来自企业的实践课题；还需要考察教师在校企结合、校地结合中的表现，以及相应的科研成果是否转化为教学内容。另外，需要强调的是，地方高校的转型是一个整体，是系统性的变化，在组织的各个部分之间存在紧密的联系。一些学校可能为了顺应转型的大形势而被迫做出样子，刻意去突出应用转型的某些指标，如与企业合作、与政府合作等横向的应用型课题的获得，或者只是加强校内实训基地建设，增加学生在校内实训的机会和次数，或是简单地拉一些企业组成专业指导委员会或者是董事会，其他主要环节仍保持不变，这样的做法更多的是点缀性的、盆景式的、拼凑式的。这些方面的成果在非转型普通高校中也是可以做到的，甚至可能会把一些指标做得更好，如在应用科研课题的获得方面，在与企业和政府的合作方面，在实训条件的建设方面，但这些方面是否构成了一个有机的整体，各个环节是否联通而不是片段状裂片式的，这是在评估中需要特别给予重视的。

应用型院校设置与评估标准的制定要考虑到状态、过程、结果，甚至是机制等方面。所谓状态主要是指院校构成要素的基本情况，如生源质量、师资结构与水平、应用性专业设置、实训课程占比、校企合作校地合作数量、横向课题数量及占比等，状态指标有助于判断学校是一所普通的学科导向的本科院校，还是一所应用导向的本科院校。过程性指标则要对转型过程的变化进行测量，主要是教学与科研过程以及具体的活动性支持，如教学方式、校内实训活动和校外的实习活动等。结果性评价可以从学生、教师、组织等多个方面来设计指标。在学生方面，可以测量毕业生劳动力市场的竞争能力，如求职时间、起薪高低、工作满意度，以及那些难以通过短期的劳动力市场检验的能力与素质等。教师方面的指标如教师在应用性教学和应用性研究方面的能力与素质的变化，相应的科研成果等；在组织层次则主要考虑组织的成长以及组织影响力的变化、组织资源获取的变化等。机制评估则要关注组织各个部分之间以及各种活动之间的内在联系。

三 总结与讨论

综上所述，本文认为在地方高校转型发展的过程中，向哪里转、转什么、为什么转、如何转以及如何评价转型效果是五个核心问题，目前我国地方高校转型发展过程中的困惑大多与这五个问题有着紧密联系。本文试图厘清与这五个核心问题有关的误区，并认为在上述五个问题中，最核心的是人才培养模式选择的问题，关键的突破点是校企结合，决定性因素在于地方高校是否形成了稳定的可持续的坚强的驾驭核心，而政府的支持，尤其是在营造政行企校合作关系上的支持是重要推动力。但是如何确定适合特定高校的人才培养模式，如何形成强有力的组织转型的驾驭核心，如何打造作为地方高校转型动员机制的校企合作平台，如何激励地方政府有更大的积极性参与到地方高校的转型中去，还需要进一步的探索。

参考文献

曹勇安，2016，《高校转型抓住课程建设牛鼻子》，《中国教育报》10月18日，第7版。

陈飞，2012，《国际高等教育标准分类新调整对我国技术本科教育发展的启示》，《现代教育科学》第7期。

葛倩，2014，《葛道凯：985和211名校也可能转为职业学校》，《南方都市报》6月27日，http://www.chinazy.org/models/adefault/news_detail.aspx? artid=58342&cateid=1539。

郭建如,2015,《高职教育的办学体制、财政体制与政校企合作机制——对浙江省高职教育资源获取的制度分析》,《高等教育研究》第10期。

郭建如等,2014,《项目制下高职场域的组织学习、能力生成与组织变革》,《北京大学教育评论》第2期。

和震、李玉珠,2014,《基于〈国际教育标准分类法(2011)〉构建中国现代职业教育体系》,《首都师范大学学报》(社会科学版)第3期。

胡天佑,2013,《建设"应用型大学"的逻辑与问题》,《中国高教研究》第5期。

李建平,2014,《教育部高教司司长张大良否认"高校转型说"》,《中国青年报》11月25日,第3版。

迈克尔·吉本斯等,2011,《知识生产的新模式:当代社会科学与研究的动力学》,陈洪捷等译,北京大学出版社。

孙进,2013,《德国高等教育机构的分类与办学定位》,《中国高教研究》第1期。

孙善学,2016,《高校转型的语境整合与路径选择》,《中国职业教育》第18期。

阎凤桥等,2006,《中国高等教育大众化过程与普通高等教育系统的变化分析》,《高等教育研究》第8期。

杨钋、井美莹,2015,《荷兰应用科技大学的发展经验及对我国的启示》,《高等教育评论》第1期。

姚寿广,2011,《德国两类技术型大学的比较与启示》,《中国大学教学》第3期。

余祖光,1998,《新国际教育标准分类法与职业教育学制》,《中国职业技术教育》第11期。

张大良,2016,《把新建本科院校办成新型本科院校》,http://www.360doc.com/content/16/1031/21/1097634_602873669.shtml。

Kyvik, Svein and Benedetto Lepori (ed.). 2010. *The Research Mission of Higher Education Institutions Outside the University Sector*. Springer Netherlands.

一流应用型本科高校建设刍议*

郭建如**

（2018 年 10 月）

一 应用型本科高校的"一流"情结

随着国家"双一流"建设高校名单公布和相应的重大教育项目的实施，关于应用型本科院校发展的问题再次凸显出来，争论的核心是国家层面是否也应该建设一流的应用型本科高校，以及配置以相应的政策、项目与资金？近些年，教育部一直在推动我国高等教育的分类发展，并明确地将高校划分为研究型、技能型和应用型三类。研究型高校以原"985 工程""211 工程"高校为主，培养学术研究人才，强调理论研究与创新；技能型高校以高职院校为主，培养生产管理一线的技能型人才；非研究型的本科院校就属于应用型，培养服务于社会经济发展，能开展或参与技术服务或技术应用创新的人才。①应用型高校以省属地方高校为主体，绝大部分是 1999 年之后新建的普通公办和民办院校。在较长时间内，这些地方高校以学科教育为主，服务地方的意识和能力都比较弱。2015年，教育部等三部委明确提出引导部分地方普通本科高校向应用型转变。

国家"双一流"建设高校名单制定的主要依据是高校和学科的科研实力，尤其是在全球范围内的学术竞争力，针对的是研究型高校。那么，应用型高校能否有自己的一流呢？尽管在国家层面上还没有一流应用型本科院校的建设计划或项目，但国家教育行政部门和地方政府已有"一流"应用型本科院校的提法或相应规划。陈宝生部长在 2018 年6 月全国高等学校本科教育工作会议上提出"应用型也要加强一流本科建设"，应用型高

---

* 本文最初发表在《北京教育》（高教）2018 年第 10 期上。本文系国家社科基金重点课题"地方高校转型发展研究"（项目编号：AIAI50008）研究成果。

** 郭建如，北京大学教育学院教授，北京大学中国教育财政科学研究所客座研究员。

① 《教育部关于"十三五"时期高等学校设置工作的意见》（教发〔2017〕3 号），http://www.moe.edu.cn/srcsite/A03/s181/201702/t20170217_296529.html。

校要在"应用型人才培养上办出特色，争创一流"。①

　　相对于一流大学和一流学科有许多国际上的排行而言，几乎难以找到关于一流应用型高校的排行，这对准确界定何谓世界一流应用型本科高校增添了难度。我国的应用型本科院校对应于德国的应用科技大学，在没有公认的应用型大学的排行榜和评价方法时，国内一些关于应用型大学的排行在相当程度上参照了学术型高校的评价标准，引起了众多的混乱和质疑（应卫平，2017）。要对应用型院校进行排行，从中选出"一流"，就必须准确地把握应用型院校的缘起、使命、任务和组织特征。

二　应用型高校的模式与特色

　　应用型大学的出现同高等教育功能的拓展有关。传统大学以保存和传授知识为主，通过教学活动培养人才是其最基本的功能，德国大学的崛起使科学研究成为大学的基本功能之一，此后美国大学将社会服务拓展为大学的第三项基本功能。美国赠地学院对社会服务有着明确的承诺，著名的威斯康星思想就体现了大学服务于全州经济与社会发展的意识。因为服务社会是美国大学的一项重要传统，美国大学并没有严格的应用型本科这种类型。美国在对大学的划分上更多采用卡内基分类法，依据教学与科研的比重，依据博士生培养的多少而将大学划分为教学型、教学研究型、研究型等。

　　应用型高校明确作为一种类型出现，可以说是欧洲高等教育体系的突出特征。20世纪70年代以来，德国、奥地利、瑞士、芬兰、荷兰等国都在大力推动应用型大学的发展，形成了欧洲模式。欧洲模式有一些显著特点：一是作为与学术型、研究型、综合性大学并列的高等教育部门存在；二是这些应用型高校教师具有丰富的实践经验，不仅要求具有博士学位，而且要求有五年以上的工作经验（不少于三年的企业经验），有的国家甚至要求十年以上的工作经历；三是学生来自职业教育中学或中专的比例较高；四是教学和科研均强调应用型，而非学术发表。欧洲国家的应用型大学并不属于职业教育系列，更强调科学的应用，是应用科技大学或学院。我国台湾地区的应用科技大学，其办学的定位也是非常明确的，如龙华科技大学校长葛自祥在谈到该大学的目标时就明确提出"两不要"和"两要"，"两不要"就是"不追求世界排名"和"不培养诺贝尔奖得主"；"两要"则是"要为企业培养优质实务人才"和"要为产业提供创新技术服务"（魏其濛，2018）。

　　谈到世界一流大学，人们常常想到美国哈佛大学等常春藤名校。但在谈到应用型高校时，除更多地想起不同的国家和地区的模式外，似乎很难有世界公认的一流应用型学校。这除了与应用型高校本身在高等教育体系的地位不像一流大学那样显赫耀目有关外，可能与应用型高校本身的特质有直接关系。

---

①　《坚持以本为本　推进四个回归　建设中国特色、世界水平的一流本科教育》，http://www.moe.gov.cn/s78/A08/moe_745/201806/t20180621_340586.html，2018年6月21日。

三 应用型高校的地方性、行业性与国际化

（1）地方性。应用型本科院校与一流大学的目标指向不同，一流大学指向的是国际，是在国际范围内争高下。世界一流大学都是研究型高校，这些大学更倾向于关注和解决人类社会和自然界普遍面临的重大和基本的问题，对这些大学水平的衡量标准是对解决这些重大和基本问题的贡献程度。相对来讲，科学研究成果、科学研究水平、拥有影响力的拔尖科学家的数量、充足的科研经费、对全球优秀学生的吸引能力是非常重要的。应用型本科高校的指向则是地方性，服务于地方经济社会发展的目标，解决当地企业的技术问题，为当地培养应用型人才。这些高校要解决的通常并不是学术前沿问题，更多的是理论、科学原理或是新技术如何在现实中应用并加以改进的问题，虽然在解决问题过程中也会产生新技术，但很难在科学层面产生新发现或者说不是以追求新发现为目的的。应用型高校人才的培养目标主要是解决现实问题的能力，而不是学术发表。这并不是说不需要创新，解决现实的问题常常还是需要创新性的思维和创新性的人才。因为地方的多样性和异质性更突出，这就使得应用型高校的排名更为复杂，需要考虑到不同的维度和指标，才能彰显其本质的特征和特色。

（2）地方性与行业性。在地方高校的转型发展中，有不少高校将自己定位于"地方性、应用型和国际化"，或者是定位于"行业性、应用型和国际化"，也有些高校定位为"城市型、应用型和国际化"。那么，地方性与行业性、城市型、国际化是什么关系呢？

其实，从应用型本科院校来讲，最重要的特性或者说本质属性是地方性。城市型和行业性都只是强调其服务的范围而已，城市型更强调其服务于所在城市的发展，解决其所在城市在发展中面临的问题。一些高校提出行业性定位主要是因为历史上是行业主管部门创办的高校，服务于该行业的特色比较明显。但在高等教育管理体制改革中，原部属高校的行业院校大多已下放到地方，这些高校已经很大程度上地方化了，因此所服务的某个行业主要是所在地的某个行业。换句话说，行业性也是有一定地理范围限定的。相对于行业性、城市型来讲，地方性的特点对于应用型高校具有更强的约束力，在很大程度上影响着学校的服务范围与服务目标，甚至规定着学校的发展潜力和发展方向。

（3）地方性与国际化。地方性是应用型本科院校最重要的特性。因为应用型本科院校与一流大学的面向不同，一流大学要面向国际，在国际范围内进行比较和排名；应用型本科院校要面向地方，主要服务于地方，但这并不意味着应用型高校可以不关注、不参与国际化。只是相对于研究型大学，应用型高校国际化的侧重点是不同的。应用型高校参与国际化重在师生的国际交流、国际先进的教学理念和人才培养方式的学习、专业的认证或者国际的应用型科研合作等，国际交流的圈子更多聚集于应用型或应用导向比较突出的国外高校，而非以学术研究取向的高校为重点。目前，国内的一些应用型高校

在强调国际化时，并没有强调应用型的导向，只是为国际化而国际化，或者仅仅是让学生有更多留学经历，这与普通高校没有什么区别。在这样的情况下，简单地强调国际化就会把应用型做"空"了。

四 应用型高校中的"一流"

一流是比出来的，没有比较就没有一流。尽管地方性会导致应用型本科院校呈现复杂的多样性和异质性，但并不是说在应用型本科院校之间就不可比较。只不过这个可比性在很大程度上受限于地域，超出一定的地域，其可比性就弱了。因为地域不同，各地产业不同，需求不一样，学校所能发挥的作用也就有很大的差别。前面提到，地方性是应用型高校的基本特性，这个特性决定了应用型高校的服务范围和努力的方向。如果应用型高校办得比较好，就必须扎根于地方，与当地的经济社会的发展融为一体，成为当地经济社会发展中有力的推进器。相应地，这就要求这些应用型高校必须具有鲜明的地方性特征，深深地打上地方性的烙印。

那么，如何来判别应用型高校是否真的扎根于地方，对于地方的经济社会发展有重要影响呢？Roessler 等（2017）测量了与应用科技大学的应用导向相关的两个领域：地方事务的参与和知识转移。地方事务参与度有六个指标，分别是本地（50公里邻近地区内）工作的本科毕业生占比；本地工作的硕士毕业生占比；在本地完成实习的学生占比；高校教师与本地的一位作者共同发表著作占比；地方提供的资助在高校获得的第三方资助中的占比；与地方上合作伙伴建立战略型合作伙伴关系占比。知识转移维度的测量有九个指标：与一位企业员工共同完成并发表的学术著作占比；每一位学者拥有的来自非官方赞助者提供的第三方资助；取得专利的绝对数量（每千名学生十年期间）；变量正常化后取得的专利的数量（每千名学生十年期间）；与校外合作伙伴共同取得的专利占比（十年期间）；每一位学者拥有的衍生公司的数量（全职工作的学者）；至少在一项国际专利里被引用的高校出版物的占比；高校基于培训活动取得收入在整个学校收入中占比；毕业生创建企业的数量（每千名毕业生）。其实，应用导向并不仅仅体现在这两个领域，还体现在教与学领域、科研领域、国际化领域，这五个方面是一个完整的有机的整体，共同构成了应用型大学的应用特色。

国家引导地方本科院校向应用型转变的主要目的是使这些高校能更好地为地方服务。与"一流"相关的评估和评价在国内高校建设和发展中是非常有效的动员和激励工具，一流的应用型本科院校应该能够在这种类型高等教育主导功能的发挥上起到表率和示范性作用，体现在人才的培养理念和培养方式、应用性科研和服务于当地社会经济发展的努力上，也体现在校企结合与产教融合方面。在设定一流应用型高校的相关评价指标时，特别要注意突出这类院校应有的导向、使命和特征，有效地避免应用型高校建设的"名不副实""换汤不换药"的现象出现。

参考文献

魏其濛，《新时代职业技术教育发展研讨会举办》，http://news.cyol.com/yuanchuang/2018 - 09/
　　17/content_17589033. htm，2018 年 9 月 17 日。

应卫平，2017，《如此"排行"误导公众》，《中国教育报》3 月 25 日，第 1 版。

Roessler，Isabel、Frank Ziegele、陈颖，2017，《高校应用型特色的可视化——以多维全球大学排
　　名（U-MultiYank）为比较视角》，《应用型高等教育研究》第 2 期。

荷兰应用科技大学的发展经验及对我国的启示[*]

杨　钋　井美莹[**]

（2015 年 6 月）

一　引言

虽然我国高等教育大规模扩张，但高校的多样性并未随之而上升。高校专业设置雷同、院校发展定位重合等问题逐步浮现出来。究其原因，一方面是因为存在"学术惯性"，即多数高校习惯于模仿少数知名研究型大学的结构和范式以实现学术声誉最大化（Cai &Yan，2015）；另一方面是由于出现了"职业惯性"，即为了使人才培养模式与市场需求相匹配，刻意加大课程和教学中职业教育的比例。这两种相互矛盾的力量导致我国的地方非精英型本科院校出现了院校使命不清晰、发展模式滞后、人才培养质量低、生源短缺等问题（Xu，2014）。

针对这个问题，2014 年政府主管部门提出应鼓励部分本科院校向应用技术教育和职业教育方向转型，发展我国的应用科技大学，实现双元制的高等教育系统（Xinhua News，2014）。然而，这一转型面临两个现实困难。第一，我国已经拥有 1200 余所较为成熟的高职高专院校，基本满足了高等教育阶段的职业教育需求。若要引入应用科技大学，必须说明其合法性，并构建有利于其发展的制度条件。合法性和制度条件的缺乏可能会阻碍转型。第二，我国尚缺乏运行应用科技大学的经验，尚未提出此类院校发展的核心战略，这可能也会阻碍转型。

解决上述问题的方法之一是借鉴国际经验，即通过考察其他国家建立和发展应用科技大学的经验，提出建设我国应用科技大学的可行模式。已有学者结合中国地方高等院校面临的挑战，系统性地介绍了芬兰应用科技大学在法律地位、治理结构、经费、校企合作、系统构成、课程和教师发展等方面的经验，并对中国地方院校的转型提出了相应

---

[*] 本文是北京大学中国教育财政科学研究所课题"我国高职教育办学体制与财政体制的演变与类型研究"的阶段性成果。

[**] 杨钋，北京大学教育学院副教授；井美莹，国家教育行政学院涉外培训部副主任、助理研究员。

建议（杨钋等，2015）。本文将从荷兰建设应用科技大学的历史背景出发，深入分析荷兰专业高等教育产生的历史制度因素，在此基础上探讨荷兰应用科技大学的发展特色，提出对我国本科院校转型的启示。

二　应用科技大学产生的历史制度背景

近年来荷兰的社会经济取得了迅猛的发展。根据联合国公布的 2014 年"人类发展指数"①（UNDP，2014），荷兰在 187 个国家中排名第四。荷兰的发展在很大程度上与国家的人力资本投资和存量相关。2010 年荷兰政府的公共教育支出占国民生产总值的比例达到了 5.9%。从 2000 年到 2010 年，具有本科以上学历的人口比例从 14% 上升到 18%，研究生以上学历人口从 7% 上升到 10%。

荷兰应用科技大学的发展对劳动力素质的提高起到了至关重要的作用。2010 年欧盟应用科技大学联盟八个国家的调查中，荷兰以 44 所大学位居榜首（UASnet，2012）。图 1 显示了从 2004 年到 2013 年，荷兰应用科技大学各专业在校学生数量平均增长了 15%，其中卫生领域增长了 50%，工程领域增长了 27.4%（Hogescholen，2014a）。从 2009 年到 2014 年，荷兰应用科技大学的招生数量从 10.43 万人略下降到 10.24 万人；授予学位数量从 2009 年的 6.76 万人，提升到 2011 年的 7.13 万人和 2013 年的 6.61 万人（Hogescholen，2014b）。

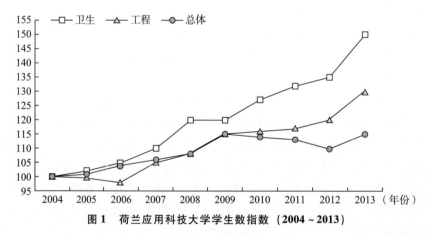

图 1　荷兰应用科技大学学生数指数（2004～2013）

除了规模和发展速度优势，荷兰应用科技大学的毕业生在劳动力市场上也受到欢迎。根据最新的毕业生调查，2013 年应用科技大学本科毕业生在毕业 18 个月后的月薪约为 2250 欧元，略低于研究型大学硕士毕业生的收入（约为 2500 欧元）。仅有 6% 的应用科技大学和研究型大学毕业生处于失业状态（SEO，2014）。

荷兰为何能够在短时期内建成规模较大、质量较高的高等职业教育体系？为了回答这个问题，必须考察该国职业技术教育发展历史和制度环境。通过对政策文本、研究文

---

① 人类发展指数包括出生时预期寿命、成年人口平均受教育年限、学龄儿童预期受教育年限、毛人均收入。

献的综述和对荷兰应用科技大学协会的访谈，本文提出促进荷兰应用科技大学的产生和发展的三个关键因素，即混合型技能形成体系、欧洲化进程的推动、职业教育与高等教育的衔接。

（一） 混合型技能形成体系

已有政治经济学和比较政治学研究对欧洲各国的技能体系进行了分类。技能体系是指由职业教育与培训、劳工关系、劳动力市场和福利国家政策所构成的一系列制度，它们影响工人和企业投资各种技能的意愿，从而影响整个经济的技能构成。Busemeyer（2009）提出如果要分析协调市场经济国家（如德国和荷兰）采用的技能体系，必须从技能专用性的两个来源出发对技能体系进行划分，即同时考虑公司参与技能形成的过程（表面还是深入）和职业技能的认证方式或教育体系的职业特性（高还是低）。

通过这两个维度，可以将不同资本主义经济体划分为四类：以美国为代表的普通技能形成系统、以日本为代表的以公司为基础的技能系统、以瑞典为代表的以学校为基础的职业技能系统、以德国为代表的以工作场地为基础的职业技能培训系统（见表1）。在该分类体系中，瑞典是以学校为基础的职业技能系统。为了消除普通教育和职业教育的区别，瑞典以学校为基础的职业教育完全整合进综合的高中阶段教育。这种教育体系的职业特性较强，高于美国和日本体系。在该体系中，德国代表了以工作场地为基础的职业技能培训系统，其特点是公司的参与程度高，教育体系的职业特性明显。该体系维持了普通教育和职业教育之间的严格区分，但与日本不同，相当大比例的德国企业参与了双元制教育，混合了公司培训和学校教育。德国企业捍卫其在学徒制培训中的自主权，反对将职业教育整合到综合高中教育中。

表1 技能体系的划分

		公司参与技能形成的过程	
		表面	深入
教育体系的职业特性	低	普通技能形成系统（美国）	以公司为基础的技能系统（日本）
	高	以学校为基础的职业技能系统（瑞典）	以工作场地为基础的职业技能培训系统（德国）

资料来源：Busemeyer（2009）。

根据上述分类，荷兰的技能体系属于混合型体制，介于瑞典和德国的培训体系之间。实际上荷兰与德国的技能体系有很多相似之处，例如普通教育和职业教育的区分、以工作场所为基础培训的重要地位，以及社会合作伙伴在学徒制和技能认证中的核心地位（Anderson and Hassel，2008）。荷兰和德国模式也存在很大差异。例如，荷兰体系中，以学校为基础的职业教育处于主导地位，享有很高的社会声誉。政府为职业教育培训提供财政资助。政府在促进社会伙伴和职业教育机构的合作中也发挥了重要的作用。政府还负责协调以学校为基础的培训和劳动力市场的需求。在德国系统中，双元制居于主导地位，企业为学徒制提供经费，政府的财政支持和协调作用有限。

混合型技能体系成为应用科技大学出现的重要条件之一。与德国一样，荷兰教育体系的职业特性较高，这意味着该国高等教育体系中有较高比例的学生接受了职业教育或者专业教育。与瑞典相似，荷兰的职业技能培训多以学校为基础。这两个因素的叠加导致了"专业高等教育"（professional higher education）的出现，即提供以专业为导向的实践技能的高等教育（Camilleri, Delplace, Frankowicz, & Hudak, 2013）。独立设置的专业高等教育机构被称为应用科技大学（Universities of Applied Sciences），其特征是强调学习的实践应用方面、课程强调实践方面和技能与能力的发展、学习项目包括大量的实践经历（如实习或者工作经验）。

混合型的技能体系要求教育部门能够在高等教育阶段提供以学校为基础的专业教育或职业教育，这一任务显然无法由传统的研究型大学完成。技能体系的压力催生了荷兰的应用科技大学和双元高等教育系统。目前，该系统包括了 14 所研究型大学和 37 所应用科技大学。根据"欧洲资格框架"（EQF）的定义，荷兰应用科技大学负责在欧洲资格框架的第五到第七个层次提供专业化高等教育。

（二）欧洲化进程的推动

随着欧洲一体化的推进，博洛尼亚进程和哥本哈根进程推动了各个国家高等教育系统的调整，促进了非大学部门——尤其是应用科技大学的发展（Powell and Solga, 2010）。1998/1999 年开始实施的博洛尼亚进程建立了一个泛欧洲高等教育区，其目的是促进跨越边界的流动、协调国家间教育质量保障机制、提高教育资格的透明性和可认证性。2002 年开始的哥本哈根进程旨在加强欧洲各国在职业技术教育培训领域的合作。其内容包括建立统一的职业资格和能力框架、统一的职业教育和培训学分转化系统、增加公民接受教育和培训的机会（Powell, Bernhard, and Graf, 2012）。

哥本哈根进程成为持续发展中的国家技能形成体系"欧洲化"的最新阶段。它直接促成了欧洲各国应用科技大学的大发展。首先，哥本哈根进程倡导建立的欧洲职业教育与培训学分系统（ECVET）独立于欧洲学分转换系统（ECTS），使得专业高等教育成为独立于学术性高等教育的新系统，为应用科技大学的崛起打下基础（袁松鹤，2011）。[①]其次，与 ECVET 相配套的欧洲终身教育资格框架（European Qualifications Framework for Lifelong Learning，EQF）是独立于欧洲高等教育资格框架（The Framework for Qualifications of the European Higher Education Area）的职业教育能力框架。2007 年通过的 EQF 框架基于学生学习结果，每一级资格水平均从知识、技能和能力这三个维度界定了与该级资格水平相对应的学习结果。欧洲终身教育资格框架的第五到第八个层次构建了专业高等教育的基本能力框架。它可以直接衡量职业教育所取得的知识、技能和能力，使得专业高等教育与学术性高等教育的分离成为可能。

[①] 欧洲不同国家的职业教育与培训间互不兼容，这制约了欧洲劳动力市场的发展。鉴于此，2002 年签署的《哥本哈根宣言》提出为了实现不同国家不同层次资格证书间的可比性、互认性和透明性，需要建立一种职业教育与培训学分系统。2008 年 4 月，欧洲委员会发布了欧洲议会和委员会关于建设欧洲职业教育与培训学分系统的建议书，ECVET 自 2012 年在成员国内开始实施。

（三） 职业教育与高等教育的衔接

与多数拥有双元制职业教育培训体系的国家类似，荷兰面临着如何衔接职业教育与高等教育体系的挑战。传统上，双元制的职业教育培训与高等教育体系的发展相互独立。一般来说，从双元制职业教育培训体系毕业后不能直接获得接受高等教育的资格。双元制职业教育培训体系国家常常实施早期分流，这导致大批进入双元制体系的学生失去接受高等教育的机会，造成较低的高等教育参与率（Powell and Solga，2011）。图2显示，2012年OECD国家25~64岁人口中，接受过高等教育成年人的平均比例是32%，荷兰仅为34.4%，德国约为28.1%，奥地利为19.9%（OECD，2014）。

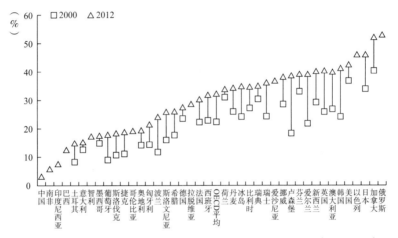

图2　OECD国家25~64岁人口接受高等教育者比例（2000年和2012年）

为了提高高等教育的普及率，双元制国家需要将职业教育与高等教育衔接起来。从理论和实践来看，至少有六种可行的方式（Ebner，Graf，and Nikolai，2013：281－298）。① 荷兰主要选择了第一和第三种方式进行职业教育和高等教育的衔接，即允许职业教育培训升格，将早先的职业教育机构转型为高等教育机构，并允许双元制毕业生在毕业后进入普通高中进行学习，从而获得接受高等教育的资格。在荷兰教育系统中，荷兰中等职业教育的毕业生有机会通过应用科技大学接受专业高等教育。此外，部分中等职业教育的在校生可以转入普通高中进行学习，从而获得接受学术性高等教育的资格。换言之，正是对职业教育和高等教育衔接的需求促使荷兰应用科技大学得到了较为迅速的发展。

（四） 荷兰应用科技大学的定位

由于荷兰属于混合型技能体系国家，劳动力市场要求发展具有专业性的高等教育部门。

---

① 第一种是允许职业教育培训升格，将早先的职业教育机构转型为高等教育机构，例如德国、瑞士的部分中等职业教育机构转型为应用科技大学。第二种是双元制学习，允许将高等教育和工作场所学习混合起来。第三种是允许双元制毕业生在毕业后进入普通高中进行学习，从而获得接受高等教育的资格。第四种是允许双元制学生同时完成双元制培训和高等教育入学资格。第五种是基于此前的工作经历而获得高等教育的入学资格。第六种是对此前的学习经历进行认证，承认其为高等教育经历的一部分。

在欧洲化进程的推进下，荷兰的专业高等教育部门与学术性高等教育部门逐渐分离开来。此外，为了满足职业教育与高等教育衔接的需求，应用科技大学成为横跨两个组织场域的新型教育组织。

基于上述分析，本文提出荷兰应用科技大学的定位是介于职业教育和高等教育之间的专业高等教育机构，它与研究型大学所代表的学术性高等教育机构一起构成了荷兰的双元高等教育体系。

三　荷兰应用科技大学发展的特色

（一）基于多元化中等教育的专业高等教育

荷兰应用科技大学发展的基础是多元化的中等教育体系。多元化的结构使得即使参与早期分流的职业教育学生也有机会不断提高学历层次，并且有可能取得接受高等教育的资格。

荷兰中等教育体系的一大特点是开放和高流动性，这为学生提供了多次选择的机会，也为应用科技大学提供了广泛的生源。该国的中等教育分为三大部分。完成小学教育后，学生面临三种选择。（1）大学前教育（VWO）。一般持续 6 年，为进入研究型大学或高等职业院校做准备，学生年龄为 12~18 岁。（2）高级中等普通教育（HAVO）。一般持续 5 年，为进入高等职业教育做准备，学生年龄为 12~17 岁，学生可以转入大学前教育轨道。（3）初级中等教育和前职业教育（VMBO）。一般持续 4 年，为学生接受高中阶段的职业教育做准备，学生年龄为 12~16 岁（SEO，2014）。[①] 在完成初级中等教育和前职业教育之后，从 16 岁开始，学生可以接受高级中等职业教育（MBO）。该阶段包括四个层次，各个层次职业教育持续的时间从 1 年到 4 年不等。

上述三种中等教育的毕业生都有机会接受高等职业教育。首先，应用科技大学的直接招生对象是高级中等普通教育的毕业生和获得高级中等职业教育第四级证书的毕业生。获得研究型大学入学资格的毕业生也可以直接进入应用科技大学就读。根据最近的研究，荷兰应用科技大学 2013 年入学的学生中有 42.3% 来自高级中等普通教育，29.2% 来自高级中等职业教育，8.2% 来自大学前教育，20.3% 来自其他渠道。[②] 来自其他渠道的学生中有不少是研究型大学的毕业生。由此可见，荷兰多元化的、开放的中等教育结构使得早期分流也不会影响学生后期接受专业高等教育。

（二）以能力为核心的专业高等教育

荷兰应用科技大学的首要使命是提高学生的能力（competency）。为此，在国家、院校和专业领域层面都提出了能力的定义和操作性框架。在国家层面，欧洲终身教育资格

[①] 2011 年，选择大学前教育（VWO）的比例为 20%~23%，选择高级中等普通教育（HAVO）的比例为 24%~25%，选择初级中等教育和前职业教育（VMBO）的比例为 64%~69%。

[②] Swissuniversities. "The Bachelor for the Labour Market Report." http://www.swissuniversities.ch/fileadmin/swissuniversities/Dokumente/DE/FH/Publikationen/BaLaMa_report.pdf.

框架对专业高等教育学生应该具有的能力做出了明确的规定，即应用科技大学提供的教育应该涵盖欧洲终身教育资格框架第五到第七层次的能力。荷兰-弗兰德认证机构（Dutch-Flemish Accreditation Organization，NVAO）专门提出了专业学士学位应该提供 10 种核心能力，包括专业化、跨专业整合、科学应用、转移和广泛的可用性、创造力和行动复杂性、以问题为导向的解决方案、有条不紊的和深思熟虑的思考和行动、社会沟通技能、承担管理角色的基本资格、社会责任的认知（Camilleri，Delplace，Frankowicz，& Hudak，2013）。

为了将上述能力贯彻到具体高校，政府提出针对六大高等职业教育专业领域，产业界要制定出具体的职业形象（professional profile）和职业资格（professional qualification）。根据职业形象和职业资格，应用科技大学的责任是制定出相应的项目轮廓（programme profile）。各个高校需在项目轮廓的基础上制定本校的课程和教学计划。荷兰应用科技大学协会进一步要求各个高校将相似专业整合在一起，提出专业领域（domain）层面的核心能力。通过描述该领域毕业生所面临的典型专业情景，学生和产业界能够清楚地认识到该领域毕业生所应具有的能力。

在对教师的选拔中，应用科技大学同样强调教师的专业能力。理想的候选人应该在相关领域具有多年的工作经验。此外，由于应用科技大学的知识创造和转换的功能日趋重要，能够进行实践性研究的能力也受到院校的重视。

（三）深层次、多方位的产业界参与

由于荷兰属于混合型技能体系国家，产业界对专业高等教育的参与程度较深。这不仅体现在工作世界对高等职业教育目标和方向的影响，也体现在产业界能够直接定义某一专业或者职业领域中学生的核心能力。虽然产业界和应用科技大学合作密切，但是双方没有正式的关系，即产业界或者专业协会不是应用科技大学的所有者或管理者（刘延东，2013）。① 产业界或者专业协会参与大学工作的主要形式是参与理事会、董事会、咨询委员会或者专业咨询委员会。

产业界和专业协会的参与一方面保障了专业高等教育的质量，另一方面直接促进了学生能力的发展。工作世界最重要的贡献是参与专业高等教育的质量保障。在国家层面，荷兰应用科技大学协会经常就质量保障的相关问题与全国性产业组织进行磋商，如荷兰工业和雇主联合会、MKE-荷兰皇家协会。该协会也经常听取社会经济委员会、联合产业劳工委员会和其他全国性组织的意见。针对每个产业部门，协会都有一个相应的部门咨询委员会，经常就该部门高等教育的目标、组织和质量问题听取行业意见。此外，应用科技大学与地方的商会、工会、雇主协会、专业组织等保持着密切联系，后者对大学在地区发展中的角色、教学和研究的质量提出意见和建议。每个大学还设置有专门的咨询委员会，其成员是了解劳动力市场的专家。每个专业也设有相应的专家委员会，就如

---

① 应用科技大学是具有独立法人资格的组织，在荷兰，共有 37 所应用科技大学和 14 所大学接受政府资助，还有 60 所应用科技大学和 8 所大学不接受政府资助。

何使专业与行业发展相一致提供意见。

除了宏观层面的咨询，产业界还帮助应用科技大学评估学生实习的质量和学习质量。例如荷兰应用科技大学协会与荷兰产业和雇主联合会共同制定了一个实习行为准则，规定了实习的质量标准。部分大学还邀请行业专家担任外部考试审查员，参与考试、评价考试的质量及其与工作世界的相关性。在合作教育、实习或者类似项目中，来自产业界的导师常常和院校导师一起评价学生的表现。

除了支持应用科技大学的教学和人才培养，产业界也积极支持高校进行实践性研究。自 2001 年以来，政府与应用科技大学签订契约，鼓励在专业高等教育中引入研究教授岗位和研究团队。研究教授是具有丰富工作经验的高资格的专业人士。他们的主要职责是为专业实践和教育进行研发和创新。高校为这些教师建立专门的研发中心，同时鼓励本校教师参与他们的工作。

（四） 以实践性研究推动院校发展

大学研究可分为三种：基础研究、应用研究、实验性发展。专业高等教育机构一般从事后两种研究，其重点在于创新、技术转化、应用研发。传统上，荷兰政府的研究经费主要用于支持研究型大学和研究机构。但是 2001 年以来，政府也开始鼓励应用科技大学从事实践性研究（practice-based research）。

实践性研究是指根植于专业实践，有益于专业实践的提升和创新的研究。实践性研究既可以生产知识，也可以提供可用的产品与设计，以及提供解决实践中问题的具体方案。它属于多学科研究或者跨学科研究，常常跨越内部和外部的多种组织结构。这种研究与教育密切相关，能够对教育实践直接做出贡献，有利于教师的专业化和课程创新。实践性研究与专业实践、教育和社会相关，由此发展出来的知识能够通过非常广泛的渠道向多样化的群体进行传播。从性质上看，实践性研究属于"知识生产模式"。这种研究由该领域中不同研究网络的专家和研究者参与，其质量常常被多个团体评估。一方面，相关团体以科学标准来评价这种研究的影响力；另一方面，相关团体也要评价此类研究对教育、专业实践和社会的影响力，后者是此类研究质量的关键（韩民，2010）。

实践性研究已经成为荷兰应用科技大学发展的主要动力之一。为了促进知识传播，应用科技大学提出将应用科技大学定位为地方知识基础设施的强有力合作者；应将知识传播与创新性思维整合起来，直接与专业实践相联系。从应用科技大学的经费结构来看，从 1999 年到 2003 年，接受公共资助的高校中约有 66% 的经费来自政府补贴，18% 来自学费，7% 来自第三方捐赠，9% 来自其他渠道。其他渠道经费主要是指由实践性研究产生的高校收入。

荷兰应用科技大学的研究角色已经逐步结构化，这主要得益于研究教授和研究团队的引入。2001 年应用科技大学协会和政府协商建立了荷兰应用科技大学知识发展基金会（SKO），该基金会的主要责任是根据大学研究团队提交研究申请的质量来分配研究补贴。2003 年创新联盟基金会组织的"地区行动和关注知识创新项目"的引入刺激了研究团队的发展。该项目主要是为了鼓励地区团体，如应用科技大学、中小型企业和公共机构之间的知识流动。2004 年新的质量保障体系取代原有的知识发展基金会成为研究经费分配的新机制。此后政府开始以一次性经费的形式向应用科技大学拨付研究经费。2007 年荷兰应用科技大学协会正式采纳了政府提出的研究质量保障体系，这表明政府和专业高等教育机构已经就应用科技大学的"研究"的定义和质量保障系统的发展方向取得了一致。

应用科技大学的实践性研究主要服务于中小企业的发展。地区行动和关注知识创新项目引入之后，应用科技大学逐步成为地区中小企业创新网络的重心。截至 2006 年，已有 40 多个项目服务于 1500 多个中小型企业。此外，荷兰经济事务部还向中小企业提供创新券，鼓励它们使用应用科技大学生产的知识。企业可以使用价值 7500 欧元的创新券向高校提出一个研究问题或者知识问题。每一所应用科技大学都设有一个或者多个知识转化中心，致力于促进与营利或者非营利组织之间的知识交换。

（五）具有高度协调作用的应用科技大学协会

在应用科技大学的发展过程中，荷兰应用科技大学协会（HBO-RAAD）发挥了至关重要的作用。该协会充分利用欧洲化进程和社会对高等教育的需求，积极将本部门的发展纳入国家优先发展的日程表。通过加强与工作世界的合作和加强实践性研究，协会帮助应用科技大学占据了地区创新和中小企业创新主要支持者的重要位置，提高了该部门的合法性、提高了院校的声誉、扩大了资源基础。

首先，协会是专业高等教育部门与工作世界联系的核心纽带。如前所述，协会经常就应用科技大学的发展战略问题与全国性产业组织进行磋商。该协会还通过部门咨询委员会，就该部门高等教育的目标、组织和质量问题听取行业意见。协会将了解到的产业界动态和需求及时反馈给各个高校，鼓励它们据此调整院校的培养模式和服务地方经济的方式。

协会的另一个重要角色是在相关领域的协调中代表应用科技大学的利益。秉承集体技能形成体系的传统，该协会成为代表所有接受政府资助的专业高等教育院校利益的全国性组织。例如，在对实践性研究的评估中，荷兰应用科技大学协会与荷兰大学协会，荷兰皇家艺术和科学学院，荷兰科学研究组织，荷兰教育、文化和科学部共同建立了"在情境中评价研究"平台，用于考察实践性研究对专业实践、教育和社会的影响力。

该协会也负责为本部门制定发展战略和进行内、外部协调。例如 2004 年协会提出了"应用科技大学创新日程表"，将创新作为未来发展的主要战略。该协会还代表荷兰专业高等教育部门参与国际交流与合作。2013 年和 2014 年，该协会主席参与了荷兰与中国教育部共同举办的部长级对话，促成中荷两国签署了职业教育领域进行合作的备忘录。协会还帮助多所荷兰应用科技大学参与在中国举办的国际教育展，开展与中国高职高专院校合作办学项目。

四 对我国地方本科院校转型的启示

如前所述，我国地方本科院校转型面临两个挑战：一是转型的合法性和制度条件尚不清晰；二是转型的战略尚不明确。荷兰应用科技大学发展的历史经验恰恰可以为此提供有益的借鉴。基于对荷兰专业高等教育的历史制度背景和发展特色的分析，本文认为荷兰模式最值得借鉴的经验有两点：一是构建有利于应用科技大学发展的制度条件；二是制定与研究型大学和高职高专院校错位发展的战略。

（一）构建有利于应用科技大学发展的制度条件

1. 通过建立开放的中等和高等教育体系，扩大对专业高等教育的需求

我国20世纪90年代末开始的高等教育扩张主要不是为了满足职业教育与高等教育衔接的需要，而是为了迅速满足社会对高等教育的"过度需求"，高职高专院校成为满足社会需求的、较低层次的高等教育机构。根据荷兰的经验，应用科技大学应该被定位为专业高等教育机构。一方面这可以提高教育体系的职业特性、满足混合型技能体系的要求，另一方面也可以将职业教育与高等教育有机地衔接起来。根据这一定位，应用科技大学可成为与研究型大学具有平等地位的"双元高等教育系统"的参与者。

荷兰经验显示专业高等教育机构出现的前提是具备开放的中等和高等教育系统（如图3所示），通过系统的开放来扩大社会对应用科技大学的需求，从而巩固此类院校的合法性基础。

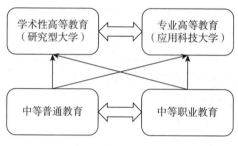

图3 荷兰教育体系

如前所述，首先，在中等教育和高等教育阶段，荷兰学生可以自由地在职业教育和普通教育轨道之间流动。其次，政府创造条件使得中等职业教育（包括双元学徒制）学生有机会接受专业高等教育，甚至学术性高等教育。由此，中等普通教育学生既可以转入中等职业教育学校，从而获得接受专业高等教育的机会，也可以在毕业后直接升入应用科技大学。此外，已经进入研究型大学的学生也可以转学到应用科技大学就读。通过打通中等和高等教育阶段的普通教育和职业教育之间的壁垒，荷兰的教育体系使得任何对中学后阶段职业教育感兴趣的学生都可以获得多次就读的机会，这相当于扩大了社会对专业高等教育的需求，巩固了此类型教育的合法性基础。

建立开放的中、高等教育体系也符合我国当前构建"现代职业教育体系"的总体思路。现代职业教育体系提出要构建初等、中等和高等职业教育之间的立交桥，促进中、高职衔接，在专科、本科、硕士甚至博士阶段培养专业人才（刘延东，2013）。为了将应用科技大学纳入现代职业教育体系中，必须消除普通教育和职业教育之间的壁垒，使更多的学生有机会接受专业高等教育。

2. 通过构建国家能力资格框架，形成专业高等教育发展的核心竞争力

哥本哈根进程所倡导的欧洲职业教育与培训学分系统和欧洲终身教育资格框架的最

大贡献就是赋予专业高等教育以独立的能力资格框架和能力评价体系,使得应用科技大学可以发展成具有独特竞争力的高等教育机构。

20 世纪 90 年代中期出现的荷兰应用科技大学多由中等职业教育院校和职业教育机构升格而来,并不具备符合高等教育要求的培养模式和质量保障体系。过去 10 年来,欧洲各国已经就职业教育所应取得的知识、技能和能力达成共识,并且通过欧洲终身教育资格框架固定下来,形成了可以通过欧洲职业教育与培训学分系统进行量化的能力框架。由此,应用科技大学获得了独立发展的组织资源,成为与研究型大学并列的双元高等教育系统的平等组成部分。

鉴于此,我国地方本科院校向应用科技大学的转型必须利用我国构建终身学习体系、构建能力资格框架的机遇(韩民,2010),努力发展与专业高等教育相适应的资格框架、质量保障体系和学分累积系统,从而形成未来应用科技大学的核心竞争力。

(二) 制定与研究型大学和高职高专院校错位发展的策略

借鉴荷兰经验,我国的应用科技大学应将自己定位为专业高等教育机构,以实践性研究作为院校发展的主要动力,成为与研究型大学和高职高专院校错位发展的新型机构。应用科技大学的发展战略应包括以下几个方面。

第一,构建开放的生源基础和学业发展轨道。在生源方面,应同时招收普通高中和中等职业教育的毕业生,扩大生源基础。同时,应与研究型大学和高职高专院校协商转学协议,允许学生在就读期间转入其他类型高校。此外,应发展与研究型大学的衔接课程,允许应用科技大学毕业生在完成衔接课程后进入研究型大学攻读研究生学位。

第二,以实践性研究作为主要发展方向。我国的研究型大学在基础研究和应用研究方面都具有比较优势。新兴的应用科技大学应该聚焦于实践性研究,重视与工作世界的联系,发展成为地区中小企业的创新技术解决中心。荷兰经验表明,发展实践性研究可以在三个方面促进应用科技大学的发展。首先,通过实践性研究促进专业实践、教学和社会发展,巩固院校的合法性基础。其次,通过实践性研究密切与产业界的关系,获得产业界对院校的财政和其他方面的支持。最后,通过实践性研究实现知识创新和转化,提升院校的社会声誉。

第三,积极促进院校协会的发展。由于面临研究型大学和高职高专院校的竞争,应用科技大学必须组织起来,积极参与国家和地方相关政策的制定,积极与产业界合作以争取资源。由于应用科技大学在我国属于新生事物,院校协会可以作为知识中心,为政府制定与专业高等教育相关的规则和政策提供咨询。此外,院校协会也可以促进院校之间的协调和合作,促进最佳实践和知识的传播。

参考文献

韩民,2010,《构建"立交桥"完善终身学习体系》,《中国教育报》3 月 28 日。

刘延东,2013,《加快发展现代职业教育为实现中国梦提供人才支撑——在 2013 年全国职业院校技能大赛闭幕式上的讲话》，《中国职业技术教育》第 22 期，第 8 页。

杨钋、井美莹、蔡瑜琢、阿鲁·李迪娜、赛博·霍达，2015，《中国地方本科院校转型的国际经验比较与启示》，《国家教育行政学院学报》第 2 期。

袁松鹤，2011，《欧洲学分体系中 ECTS 和 ECVET 的分析与启示》，《中国远程教育》第 5 期。

Anderson, K. M. and Hassel, A. 2008. "Pathways of Change in CMEs: Training Regimes in Germany and the Netherlands." Conference Paper Prepared for the "American Political Science Association Meeting" in Chicago, IL, August 27-September 1.

Busemeyer, M. R. 2009. "Asset Specificity, Institutional Complementarities and the Variety of Skill Regimes in Coordinated Market Economies." *Socio-Economic Review* 7 (3): 375 – 406.

Cai, Y. & Yan, F. 2015. "Supply and Demand in Chinese Higher Education." In S. Schwartzman, P. Pillay & R. Pinheiro (eds.), *Higher Education in the BRICS Countries: Investigating the Pact Between Higher Education and Society.* Springer.

Camilleri, A. F., Delplace, S., Frankowicz, M., & Hudak, R. 2013. "Profile of Professional Higher Education in Europe." http://haphe. eurashe. eu/wp-content/uploads/2013/10/Profile-of-Professional-Higher-Education-in-Europe-FINAL. pdf.

Ebner C., Graf L., and Nikolai R. 2013. *New Institutional Linkages Between Dual Vocational Training and Higher Education: A Comparative Analysis of Germany, Austria and Switzerland and Integration and Inequality in Educational Institutions.* Springer Netherlands.

Hogescholen, Vereiging. 2014a. "Feiten en Cijfers." http://www. vereniginghogescholen. nl/onderwijs.

Hogescholen, Vereiging. 2014b. http://cijfers. hbo-raad. nl/index. htm.

OECD. 2014. "Education at a Glance 2014." http://www. oecd. org/edu/Education-at-a-Glance-2014. pdf.

Powell J. J. W. & Solga H. 2010. "Analyzing the Nexus of Higher Education and Vocational Training in Europe: A Comparative-Institutional Framework." *Studies in Higher Education* 35 (6): 705 – 721.

Powell J. J. W., Bernhard N., and Graf L. 2012. "The Emergent European Model in Skill Formation Comparing Higher Education and Vocational Training in the Bologna and Copenhagen Processes." *Sociology of Education* 85 (3): 240 – 258.

Powell J. J. W. and Solga H. 2011. "Why Are Higher Education Participation Rates in Germany So Low? Institutional Barriers to Higher Education Expansion." *Journal of Education and Work* 24 (1 – 2): 49 – 68.

SEO. 2014. "Studie & Werk 2014." http://www. seo. nl/fileadmin/site/rapporten/2014/2014 – 26_Studie_Werk_2014. pdf.

UASnet. 2012. "Facts & Figures: Universities of Applied Sciences in Europe." https://docs. google. com/file/d/0B841P4yDYEDsay1LREx5cDY0ZVk/edit? pli = 1.

UNDP. 2014. "Human Development Report 2014." http://www. undp. org/content/dam/undp/library/corporate/HDR/2014HDR/HDR-2014-Chinese. pdf.

Xinhua News. 2014. "Vice Minister of Education Lu Xin's Talk on Speeding up the Construction of Morden Vocational Education." http://news. xinhuanet. com/politics/2014 – 03/26/c_119961295. htm.

Xu, J. 2014. "The Transformation of Newly Established Colleges: Policy Issues." Paper presented at the Sino-Finnish Learning Garden: CEREC Seminar Series on "University of Applied Sciences in Finland and China: What the Two Countries Can Learn from Each Other", Ministry of Education and Culture, Helsinki.

高职院校专业设置的实证研究

——基于专业开设广泛度、招生规模和集中度的分析*

吴红斌　　刘云波**

（2016 年 7 月）

近年来，随着国家大力发展职业教育相关政策的出台和社会对职业人才需求的增加，我国高职教育快速发展，教育部最新数据显示，2014 年我国高等职业（专科）院校有 1327 所，占所有高等院校的 52.4%。高等职业教育已经成为我国高等教育发展的重要组成部分，旨在面向地方经济和职业岗位培养社会需要的专门高级应用型人才（李沛武、刘桂兰，2005）。相比普通本科院校，高职教育办学相对更加灵活，对市场反应更加明显，办学主体也更加多元化。专业设置作为人才培养的关键环节，是高职院校和社会联系的纽带，是构成高职院校核心竞争力的关键要素，它是影响高职院校办学质量、办学特色的重要因素，也是区域性教育行政部门布局结构调整的重要内容（单嵩麟、潘立本，2006；杜怡萍，2014）。为了提升高等职业院校的办学水平，我国相继实施了"百所国家示范性高等职业院校建设工程"和"百所国家骨干高等职业院校建设工程"。

自我国高等职业教育发展以来，就有相关学者对高职教育专业设置问题进行研究。谢勇旗（2004）在对我国高职教育专业设置进行研究时发现专业规模逐渐扩大、热门专业设置集中。单嵩麟、潘立本（2006）通过对广东、江苏、云南、河北等地的高职教育专业设置进行调查发现高职专业设置较为盲从、重复设置情况严重、专业结构性短缺严重。李爽（2013）通过对河南高职教育结构进行研究发现，河南高等职业教育专业集聚程度不高、高职教育缺乏特色。麻丽娟（2013）通过对山西高等职业专业设置问题进行研究发现，专业设置雷同化现象严重、专业规模发展不平衡。金嘉平（2012）在浙江省高职院校专业设置与产业结构的适应性研究中发现，专业设置重复率高、行业企业与高职院校联系不紧密。可以看出，已有研究都在不同程度上提出了高职院校专业设置重复性、趋同性的现象。对于专业设置趋同，不同学者给出了不同的视角，如专业设置政策的"总量控制"、学术资本主义和市场机制、经济动机、路径依赖、现行财政拨款模式、"竞争性压力"和"模仿性压力"等（张宝蓉，2008；徐斯雄、吴叶林，2011；刘剑虹、

---

　* 本文最初发表在《教育与职业》2016 年第 13 期上。

　** 吴红斌，北京大学医学教育研究所/全国医学教育发展中心讲师；刘云波，北京师范大学教育学部职业与成人教育研究所讲师。

任丽清，2011；周光礼、吴越，2009；姜楠、罗尧成、孙绍荣，2010；刘云波，2014）。上述研究大多从定性或个案层面对高职教育专业设置进行研究，鲜有从全国层面对所有高职院校的专业设置的实证研究。在考虑高职院校的不同办学主体、国家高职院校建设工程和高职院校服务地方经济发展的特点的基础上，借鉴刘云波对民办院校专业结构实证研究的角度，本研究从专业开设的广泛度、专业的招生规模和专业设置的集中程度三个方面来实证分析我国高职院校专业结构的基本情况，以期回应和补充已有研究，从而为高职教育专业发展提供借鉴。

一　数据说明

本研究利用教育部 2011 年《全国普通高校分专业录取分数线》，依据《普通高等学校高职高专教育指导性专业目录（试行）》，把全国每所高职院校所开设的专业类别都划归到计算机、工商管理、财务会计等 78 个专业类中，并从平台中获取了每个专业类当年的招生数据。此外，从教育部等相关网站上，获取百所高职示范院校名单和百所骨干院校名单数据，将样本中的院校分为国家示范院校、国家骨干院校和一般院校，三类院校在办学水平、获取资源能力和政府投入上都存在较大差别，本研究认为三类院校属于不同层次。对于院校办学主体，从教育部教育经费统计信息平台获取每所院校的隶属关系，并根据院校网站上的信息逐一进行核实，将院校办学主体分为中央部门及国企、省级教育部门、省级非教育部门、地市级政府和民办。需要说明的是，部分院校是由县级单位所举办，为统一处理，将之归为地市级政府。在院校地区划分上，根据通用的地区划分标准，将 31 个省区市划分为东部、中部、西部三个地区。将数据进行整理、合并后得到 1148 所高职院校在专业类层面的数据，样本中高职院校占当年总体院校的 94.5%。

二　高职院校的基本情况

首先从举办者主体来看（见表 1），1148 所样本院校数据中，中央部门及国企举办院校 78 所，占总数的 6.8%；省级教育部门举办院校 237 所，占总体的 20.6%；省级非教育部门举办院校 260 所，占总体的 22.6%；地市级政府举办院校 298 所，占总体的 26.0%；民办院校 275 所，占总体的 24.0%。从公私格局来看，公立院校远多于私立院校。总体上看，高职院校举办者主体较为多元化，且举办主体相对较为分散。从地区分布来看，西部院校明显少于东部和中部院校；相比其他地区，东部地区民办院校占民办院校总体比值最高，达到 54.2%；中部地区省级非教育部门占比相对最高，达到省级非教育部门举办院校总体的 48.5%。此外，从不同主体举办院校的骨干院校和示范院校分布来看，省级教育部门占有明显优势，地市级政府在骨干院校中也占据相当的比重，民办院校在骨干院校和示范院校中仅有 1 所。

表1 不同举办主体高职院校在地区和骨干示范院校上的分布

单位：%，所

地区/类型	中央部门及国企	省级教育部门	省级非教育部门	地市级政府	民办	合计
东部	7.0	21.5	16.9	23.8	30.8	42.2（484）
中部	6.1	17.7	28.6	28.8	18.8	38.4（441）
西部	7.6	24.7	23.3	25.1	19.3	19.4（223）
一般院校	6.4	17.1	22.1	25.8	28.7	83.3（956）
国家骨干院校	9.5	32.6	28.4	29.5	0.0	8.3（95）
国家示范院校	8.2	44.3	22.7	23.7	1.0	8.4（97）
合计	6.8（78）	20.6（237）	22.6（260）	26.0（298）	24.0（275）	100（1148）

注：括号内为院校数量。

其次，从不同层次来看，样本院校中国家骨干院校和国家示范院校分别为95所和97所，一般院校为956所，占比83.3%。从地区比较来看，在国家骨干院校和国家示范院校上，中部地区相对较弱，而东部和西部地区相对较好（见表2）。

表2 不同地区不同层次高职院校分布

单位：%，所

地区	一般院校	国家骨干院校	国家示范院校	合计
东部	81.4	9.7	8.9	42.2（484）
中部	86.8	6.6	6.6	38.4（441）
西部	80.3	8.5	11.2	19.4（223）
合计	83.3（956）	8.3（95）	8.4（97）	100（1148）

注：括号内为院校数量。

从各类院校的招生情况来看，在地区分布上，中部地区院校招生占比最大，达到44.1%，院校平均规模也最大，达到2213人。在举办主体上，地市级政府院校招生占比最大，达到28.6%，高于民办院校招生占比（20.9%）。从院校层次来看，国家示范院校和国家骨干院校平均招生规模均明显高于一般院校，分别达到2974人和2494人，国家示范院校和国家骨干院校在招生上优势明显（见表3）。

表3 各类院校招生情况

单位：人，%

分类		招生数	招生占比	院校平均招生规模
地区	东部	814118	36.8	1682
	中部	976139	44.1	2213
	西部	423784	19.1	1900

续表

分类		招生数	招生占比	院校平均招生规模
举办主体	中央部门及国企	148957	6.7	1910
	省级教育部门	479211	21.6	2022
	省级非教育部门	491163	22.2	1889
	地市级政府	632468	28.6	2122
	民办	462242	20.9	1681
院校层次	一般院校	1688592	76.3	1766
	国家骨干院校	236968	10.7	2494
	国家示范院校	288481	13.0	2974

三　高职院校的专业设置情况

对1148所院校的78个专业类，按照所开设的院校数和招生规模进行排序，分别得到开设最广泛和招生数最多的前十个专业类（见表4）。可知，1148所院校中有928所开设了计算机类专业，计算机类专业开设的广泛度达到80.8%，其次分别是市场营销类、语言文化类、财务会计类等。招生数最多的前几个专业类分别是计算机类、财务会计类、机械设计制造类、语言文化类和自动化类等。计算机类专业2011年招生数约为19.4万人，占到所有专业类招生总数的8.7%，前六个专业类的招生总数占到全部专业类招生总数的40.7%，即约有四成的新生就读于这六类专业。从广泛度和招生占比对比来看，在排名靠前的几个专业类中，财务会计类和机械设计制造类变化最为明显。

表4　开设最广泛和招生数最多的前十个专业类

排名	专业类	开设学校数（所）	广泛度（%）	专业类	招生数（人）	占总体比重（%）
1	计算机类	928	80.8	计算机类	193687	8.7
2	市场营销类	763	66.5	财务会计类	186181	8.4
3	语言文化类	761	66.3	机械设计制造类	138524	6.3
4	财务会计类	727	63.3	语言文化类	136997	6.2
5	工商管理类	713	62.1	自动化类	125570	5.7
6	旅游管理类	647	56.4	工商管理类	119682	5.4
7	自动化类	596	51.9	市场营销类	107119	4.8
8	电子信息类	581	50.6	旅游管理类	91264	4.1
9	机械设计制造类	561	48.9	护理类	83702	3.8
10	经济贸易类	411	35.8	汽车类	72970	3.3

（一）不同举办主体院校专业设置

分别对不同举办主体院校开设的专业类进行排序（见表5），可知：（1）在各类举办主体院校中，排名前十位的专业类有九个专业类重合，只是排序不同，另外非重合的专业类为汽车类和经济贸易类，计算机类、市场营销类、语言文化类均排名较高；（2）除中央部门及国企举办院校外，其余四类举办主体开设最广泛的专业类均为计算机类，且地市级政府举办院校计算机类开设广泛度最高，达到85.9%，即298所院校中有256所开设；（3）从前十位专业类的广泛度大小来看，相比其他院校，地市级政府举办院校专业类在同等排序上，其广泛度更高，说明专业类设置趋同现象更加明显；（4）从前十位专业类所属的专业大类来看，所属财经大类、电子信息大类和制造大类的专业类占到前十位中的八位，中央部门及国企在制造大类上开设广泛度最高。

表5　不同举办主体院校开设最广泛的前十个专业类

单位：%

排序	中央部门及国企（78所）		省级教育部门（237所）		省级非教育部门（260所）		地市级政府（298所）		民办（275所）	
1	自动化类	75.6	计算机类	82.7	计算机类	74.2	计算机类	85.9	计算机类	81.5
2	计算机类	75.6	市场营销类	69.6	语言文化类	57.3	语言文化类	73.2	语言文化类	75.6
3	市场营销类	66.7	财务会计类	68.8	市场营销类	56.9	财务会计类	72.1	市场营销类	68.0
4	机械设计制造类	62.8	工商管理类	65.0	工商管理类	55.8	市场营销类	70.8	工商管理类	68.0
5	工商管理类	60.3	语言文化类	65.0	财务会计类	52.3	旅游管理类	69.5	财务会计类	61.8
6	财务会计类	55.1	电子信息类	57.0	旅游管理类	46.9	自动化类	67.1	旅游管理类	61.5
7	电子信息类	50.0	自动化类	55.3	电子信息类	41.2	机械设计制造类	63.4	经济贸易类	45.8
8	语言文化类	41.0	旅游管理类	50.6	机械设计制造类	38.5	电子信息类	61.7	电子信息类	42.2
9	旅游管理类	37.2	机械设计制造类	49.4	自动化类	37.3	工商管理类	60.4	自动化类	39.6
10	汽车类	33.3	经济贸易类	38.0	经济贸易类	31.2	汽车类	47.7	机械设计制造类	38.5

分别对不同举办主体的院校专业类招生数进行排序，得到表6。由表6可见：（1）中央部门及国企主办院校在招生专业类别上，自动化类和机械设计制造类占比较高，两者达到78个专业类招生中的20.7%；（2）计算机类在各个主体举办的院校中招生占比均排在所有专业类别招生中的前三位，且在省级教育部门院校和民办院校排名第一，招生规模分别达到4.3万人次和5.4万人次；（3）不同举办主体的院校在招生占比和专业开设广泛度上存在一定差别，工科类、应用性程度越高的专业类，相对开设的广泛度排名、招生占比排名更靠前，如机械设计制造类、财务会计类等；（4）在招生占比上，相比专业开设广泛度，省级非教育部门和地市级政府举办院校差别更大，如对于地市级政府举办院校，护理类专业开设广泛度未进入前十，但在招生占比上排名第一。

表6 不同举办主体院校专业类招生占比

单位：%

排序	中央部门及国企		省级教育部门		省级非教育部门		地市级政府		民办	
1	自动化类	10.6	计算机类	9.0	财务会计类	8.1	护理类	7.8	计算机类	11.7
2	机械设计制造类	10.1	财务会计类	8.0	计算机类	7.7	计算机类	7.5	财务会计类	11.5
3	计算机类	7.7	机械设计制造类	7.5	语言文化类	5.3	财务会计类	7.5	语言文化类	9.0
4	电力技术类	7.4	自动化类	6.7	机械设计制造类	5.0	机械设计制造类	6.7	工商管理类	8.5
5	财务会计类	5.1	语言文化类	5.9	工商管理类	4.9	自动化类	6.4	市场营销类	6.9
6	市场营销类	4.4	教育类	5.1	市场营销类	4.4	教育类	5.9	机械设计制造类	4.6
7	工商管理类	4.2	工商管理类	4.8	自动化类	4.2	语言文化类	5.8	旅游管理类	4.6
8	电子信息类	3.5	市场营销类	4.3	旅游管理类	4.1	旅游管理类	4.4	汽车类	4.4
9	汽车类	3.1	旅游管理类	3.7	法律实务类	4.0	工商管理类	4.3	工程管理类	4.1
10	民航运输类	2.9	电子信息类	3.6	工程管理类	3.8	市场营销类	4.2	经济贸易类	3.8

（二）不同层次院校专业设置

我们再分别对不同层次院校专业类开设广泛度进行排序发现：（1）在一般院校、国家骨干院校和国家示范院校中，排名前十位的专业类有九个专业类重合，只是排序不同，且国家骨干院校和国家示范院校排名前十位专业类完全重合，计算机类、财务会计类、工商管理类、自动化类和市场营销类在国家骨干院校和国家示范院校中均在前五位；（2）比较开设广泛度大小可知，国家骨干院校和国家示范院校排名前十位的专业类开设广泛度均明显高于一般院校，且国家示范院校表现更为明显，这说明院校层次越高，在同一层次院校专业设置趋同性越高，在国家示范院校中有91所院校开设计算机类专业，开设广泛度达到93.8%；（3）在各个专业类别中，针对三个层次院校重合的专业类，语言文化类在三个层次院校中差别较大，该专业类在一般院校中开设广泛度排名第二，而在国家骨干院校和国家示范院校分别排名第七和第六；（4）针对每个层次院校各个专业类的开设广泛度，国家示范院校各个专业类开设广泛度均较高，且各个专业类差异较小，而国家骨干院校各个专业类差异相对较大（见表7）。

分别对各层次院校专业类招生数进行排序，得到表8。通过分析可发现：（1）一般院校、国家骨干院校和国家示范院校招生规模最大的专业类分别为财务会计类、计算机类和机械设计制造类；（2）相对各个专业类，计算机类专业在不同层次院校中综合排名①最高，其次为财务会计类、机械设计制造类；（3）工科、应用程度越高的专业类，相比该专业类开设广泛度排名在招生占比上提前越多，如机械设计制造类、护理类、财务会计

① 将三个层次院校中各个不同类的专业排名相加而得，值越小，综合排名越高。

类和汽车类等，可以判断这些专业类招生规模相对较大。

表 7　不同层次院校专业类开设广泛度

单位：%

排序	一般院校（956 所）		国家骨干院校（95 所）		国家示范院校（97 所）	
1	计算机类	78.6	计算机类	90.5	计算机类	93.8
2	语言文化类	64.5	工商管理类	76.8	财务会计类	85.6
3	市场营销类	63.9	市场营销类	75.8	工商管理类	84.5
4	财务会计类	60.0	财务会计类	73.7	自动化类	83.5
5	工商管理类	58.4	自动化类	72.6	市场营销类	82.5
6	旅游管理类	54.4	机械设计制造类	70.5	语言文化类	80.4
7	电子信息类	46.7	语言文化类	69.5	机械设计制造类	78.4
8	自动化类	46.7	电子信息类	65.3	电子信息类	75.3
9	机械设计制造类	43.7	旅游管理类	62.1	旅游管理类	70.1
10	经济贸易类	33.4	汽车类	53.7	汽车类	66.0

表 8　不同层次院校专业类招生占比

单位：%

排序	一般院校		国家骨干院校		国家示范院校	
1	财务会计类	8.9	计算机类	9.1	机械设计制造类	10.1
2	计算机类	8.8	财务会计类	8.3	计算机类	8.2
3	语言文化类	6.6	自动化类	7.6	自动化类	7.7
4	工商管理类	5.5	机械设计制造类	7.6	财务会计类	5.5
5	机械设计制造类	5.4	工商管理类	5.6	语言文化类	5.0
6	市场营销类	5.1	语言文化类	4.4	工商管理类	4.6
7	自动化类	5.1	市场营销类	4.0	汽车类	4.6
8	护理类	4.5	汽车类	3.9	旅游管理类	3.8
9	旅游管理类	4.3	工程管理类	3.3	市场营销类	3.7
10	教育类	3.7	旅游管理类	3.3	电子信息类	3.5

　　此外，本文还比较了不同地区高职院校专业设置的情况。对比不同举办主体院校间和不同层次院校间专业设置情况，不同地区间院校专业开设广泛度和招生规模差异均相对较小。

四　高职院校专业设置集中度的分析

　　为分析专业设置集中程度，需要考虑各个专业类所属的专业大类，高职院校一共有 19 个专业大类。如果院校开设大类较少，则可认为院校专业设置较为集中。在专业大类上，本文对每一所高职院校开设的专业大类个数进行基本描述统计，见表9。由表9可知：（1）在地区差异上，虽然中部地区专业大类均值稍大，但整体上看，不同地区院校专业大类设置在均值、方差上差异均较小，这说明不同地区高职院校在专业设置集中程度上差异并不明显；（2）从举办主体来看，相比省级教育部门和地市级政府举办院校，民办院校所开设专业大类数明显较小，可认为民办院校专业设置上较为集中，而地市级政府举办院校和省级教育部门举办院校专业设置较为分散；（3）在院校层次上，国家骨干院校和国家示范院校开设专业大类数明显高于一般院校，可知国家骨干院校和国家示范院校专业设置相对较为分散，集中程度较低。

表9 不同类型高职院校专业大类开设个数

分类		院校数（所）	均值（个）	方差	最小值（个）	最大值（个）
地区	东部	484	6.0	2.7	1	15
	中部	441	6.4	2.7	1	16
	西部	223	6.0	2.8	1	13
举办主体	中央部门及国企	78	5.6	2.3	1	11
	省级教育部门	237	6.2	2.8	1	16
	省级非教育部门	260	5.6	2.7	1	13
	地市级政府	298	7.2	2.8	1	15
	民办	275	5.4	2.1	1	10
院校层次	一般院校	956	5.8	2.6	1	16
	国家骨干院校	95	7.4	2.6	1	13
	国家示范院校	97	8.3	2.7	2	15
总体		1148	6.1	2.7	1	16

考虑到不同举办主体和不同层次院校在专业大类开设个数上的差别，按不同举办主体和不同层次院校专业大类个数做直方图，纵坐标为院校个数，得到图1和图2。可以看出，在院校举办主体上，民办院校开设专业大类直方图明显左偏，院校开设专业大类数大多集中在4～8个，而地市级政府集中在6～11个；在院校层次上，一般院校开设专业大类直方图左偏，院校开设专业大类数集中在5～9个，而国家骨干院校和国家示范院校则大多集中在6～11个。

此外，鉴于不同院校招生规模的不同，在上述的分析中加入招生规模作为权重，得到加权后各校的平均专业类个数，再进行上述同样分析后结果显示，各校之间的平均专业大类个数差距稍微有所缩小，但总体趋势仍然保持。

为更加深入分析高职院校专业设置的集聚程度，本研究还借鉴产业经济学中区位商的概念（刘云波，2014），对高职院校专业大类的开设进行了分析。区位商（专业大类）=（某学校某专业大类招生规模/该学校当年招生规模）/（该学校所在省该专业大类招生规模/该省当年招生规模）。区位商越大，表示该专业大类所开设越集中在某些地区或某些院校，并在这些地区或院校形成集聚状态。图3显示了各个专业大类的平均区位商，可以发现：公安

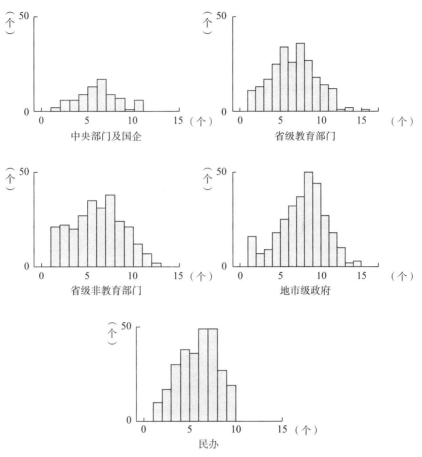

图 1　不同举办主体院校专业类个数直方分布

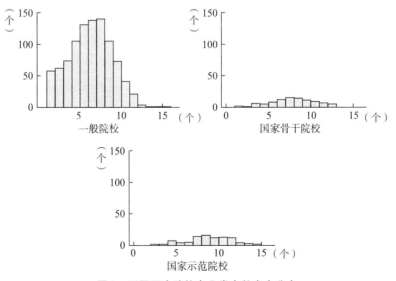

图 2　不同层次院校专业类个数直方分布

大类区位商值明显远大于其余各专业大类的区位商，这与公安大类是国家控制类专业有关。此外，国家管控较强的水利大类、法律大类和医药卫生大类值也相对较高，而广泛开设的财经大类、电子信息大类区位商较低。这与前面的分析保持一致，不过需要说明的是专业大类的区位商较小，有可能是内部存在的差异，即有些地区或有些院校在该专业大类上具有集聚状态，而在有些地区或有些院校则没有，从而导致均值有所下降，同时各个专业大类下的专业类区位商也会有所差别，对此进一步的分析将另行探讨。

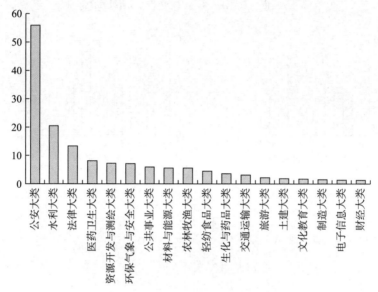

图3　不同专业大类的平均区位商

五　结论和启示

通过上文的实证分析，本文得出以下结论。

第一，目前我国高职院校举办主体较为多元化，举办主体相对较为分散，并不集中于某一类或某两类举办主体，这有利于高职院校的平衡发展，相对国内本科院校也更具特色；在地区分布上，民办院校更多地集中于经济水平更为发达的东部地区，东部地区民办院校数占民办院校总体比值达到54.2%。从国家骨干院校和国家示范院校所占比例来看，中部地区占比最小，国家骨干国家和国家示范院校均只占该地区院校总数的6.6%，而东西部地区该比值均在9%左右，甚至达到11%；国家示范院校与国家骨干院校更多地集中于省级教育部门举办院校。

第二，从开设广泛度来看，总体上，计算机类专业开设的广泛度最高，80.8%的院校开设了此类专业，其次为市场营销类、语言文化类、财务会计类和工商管理类等。无论是不同举办主体、不同院校层次还是不同所在地区，高职院校专业设置重合度均较高，在排名前十位的专业中均有8～9个专业类设置相同。相比其他举办主体，地市级政府举办院校间专业设置趋同现象越明显。此外，院校层次越高，院校间专业设置趋同现象越明显，在国家示范院校中有91所院校开设计算机类专业，开设广泛度达到93.8%。

第三，从招生来看，各个专业招生占比排序和专业开设广泛度有所差距，专业广泛度高并不一定意味着招生规模也很大。总体上看，招生数最多的前几个专业类分别是计算机类、财务会计类、机械设计制造类、语言文化类和自动化类等，排名前六位的专业招生总数占到78类专业招生类总数的40.7%，工科类、应用性更强的专业类可能在开设广泛度上并不是很高，但在招生规模上更有优势。

第四，从专业设置集中程度来看，在考虑招生规模的情况下，相比举办者类型和高职院校层次，地区对高职院校专业设置集中程度影响并不明显；从举办主体来看，民办院校和省级非教育部门举办院校在专业设置上较为集中，而地市级政府和省级教育部门举办院校专业设置较为分散；国家骨干院校和国家示范院校在专业设置上集中程度较低。国家管控较强的专业大类主要集中在某些院校，并不能广泛开设。专业设置的集中程度与专业受到政府管控的强度、市场渗透和专业的开设成本等均具有一定关系。

本文的实证结果反映出高职院校专业设置结构在不同举办主体和不同层次院校上存在较为明显的差别，而在不同地区院校上差异较小。相比地区经济文化等因素对高职院校的影响，举办主体等制度性因素对高职院校影响更大。不同类型院校所处的竞争环境和制度空间存在一定差别，相比较来看，地市级政府举办院校在专业设置上更为分散，集中程度较低。这也不难理解，地市级政府所举办的高职院校，相比于省属高职院校，与较低层级的政府——地市级政府的联系更为紧密，承担着更为密切的服务地方经济的使命，使其专业设置方面呈现"全而杂"的特点，因此在不同的地区出现趋同的现象。

另一个值得注意的问题是，各院校在开设广泛度和招生规模上表现出较大差异，且国家示范院校或国家骨干院校、地市级政府举办院校，两者的差异更为明显。一般而言，相比专业开设个数，专业的招生规模更易受到"市场"影响。高职院校在自身发展过程中受到政府和市场的双重制约，不同类型院校应对方式并不一致。国家或相关政府部门在调整高职院校专业设置或进行高职院校人才培养模式改革时，要充分考虑到不同类型院校的特点。

参考文献

杜怡萍，2014，《高等职业教育专业设置的问题与对策》，《教育与职业》第3期，第19~22页。

姜楠、罗尧成、孙绍荣，2010，《高校专业设置趋同与教育财政拨款的改革建议》，《江苏高教》第4期，第23~24页。

金嘉平，2012，《浙江省高职院校专业设置与产业结构的适应性研究》，硕士学位论文，浙江工业大学。

李沛武、刘桂兰，2005，《高职高专教育专业设置及其与地方经济建设的关系》，《中国高教研究》第11期，第69~70页。

李爽，2013，《河南省高等职业教育之专业结构研究》，硕士学位论文，河南大学。

刘剑虹、任丽清，2011，《高等学校专业设置的经济动机及合理实现》，《中国高教研究》第2期，第22~24页。

刘云波，2014，《我国民办高职院校专业结构实证分析》，《职业技术教育》第 13 期。

麻丽娟，2013，《山西省高职院校专业设置问题研究》，硕士学位论文，山西大学。

单嵩麟、潘立本，2006，《地方多科性高职院校专业设置的实践与思考》，《中国高教研究》第 9 期，第 73～75 页。

谢勇旗，2004，《高等职业教育专业设置研究》，硕士学位论文，天津大学。

徐斯雄、吴叶林，2011，《当前高校专业设置的问题审视——基于学术资本主义的视角》，《教育学报》第 1 期，第 87～92 页。

张宝蓉，2008，《从严格控制到总量管制：台湾地区高校专业设置政策走向分析》，《现代大学教育》第 3 期，第 76～81 页。

周光礼、吴越，2009，《我国高校专业设置政策六十年回顾与反思——基于历史制度主义的分析》，《高等工程教育研究》第 5 期，第 62～75 页。

中职教育招生在好转吗[*]

——来自浙豫陕三省中职学生资助数据的证据

田志磊^{**}

（2015 年 10 月）

　　近年来，关于中职教育发展现状，社会舆论存在尖锐对立。主流观点认为，随着政府投入和改革力度的不断加大，职业教育的春天已经到来。不过，依据《全国教育事业发展统计公报》中职教育招生数的下滑，部分媒体和学者认为，不断出台的中职教育政策未能达到预期效果。中职教育发展现状究竟如何？借助 GIS 和北大教育财政研究所建立的中职教育数据库，笔者对其进行了探讨。

一　注意事项与基本判断

　　对中职教育招生情况进行推断，必须考虑两个因素：统计口径的可比性与学龄人口的变化。

　　首先，考虑学生统计口径的可比性。图 1 给出了 2010～2013 年浙江、河南、陕西三省中职学校新生的年龄情况。作为东部省份，浙江的中职学生资助资金由地方财政承担（省市县分担），其 18 岁以上新生规模一直很小，几乎可以忽略，其新生平均年龄也一直保持在 15.8 岁左右。河南、陕西则出现了比较剧烈的变化。河南 18 岁以上新生数、新生平均年龄在 2011 年发生了大幅下滑；陕西的 18 岁以上新生数、新生平均年龄则在 2012 年发生大幅下滑。查询两省的职业教育政策文件可知，河南在 2011 年颁布《河南省教育厅关于开展中等职业教育国家助学金和免学费政策落实情况检查工作的通知》，陕西则在 2012 年颁布《陕西省教育厅关于加强和改进中等职业学校学生学籍及资助管理工作的通知》。18 岁以上新生人数、新生平均年龄下降的时间拐点与政策出台时间一致。有充分的理由认为，中职学籍和资助管理工作的规范是河南、陕西两省 18 岁以上受资助新生大幅下降的主因。由于学籍规范工作落实的情况不同，不同年份、不同地区的招生数统计口径并不一致。结合学生年龄分析和各省开展中职学籍规范工作的时间，笔者认为，浙江

---

　　*　感谢西北大学地理信息系马东波同学优秀的助研工作。

　　**　田志磊，北京大学中国教育财政科学研究所助理研究员。

学生数统计口径基本可比，河南2011年以后（含2011年）的学生数统计口径相近，陕西2012年以后（含2012年）的学生数统计口径相近。

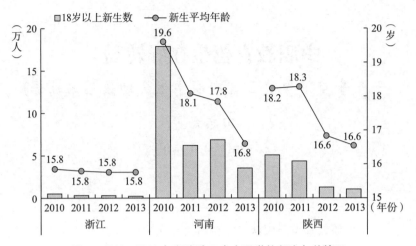

图1　2010～2013年浙豫陕三省中职学校新生年龄情况

随后，考虑学龄人口的变化。由于各地学龄人口变化趋势并不相同，直接比较中职招生数的变化不能说明中职教育招生情况的好坏。因此，笔者采用中职新生（仅18岁以下）数除以三年前的初中招生数（下文称入学率指标），作为中职教育招生情况的度量指标（见图2）。需要指出的是，本文中的入学率指标会低于"真实的入学率"。虽然这一指标并不完美，但是提供了一个"更加可比"的中职招生判断工具。

图2b给出了三省的入学率指标。在浙江，中职新生入学率处于持续下降中，尤其是学生资助政策从"以助学金为主"向"免学费为主"转换的2012年，入学率下滑幅度最大。在河南，随着中职免费政策的实施，2012年入学率即提升2.9个百分点，随后的2013年再次增加1.6个百分点。在陕西，由于2012年以前的统计口径相差太大，我们无法比较免费政策实施前后入学率的变化，但是可以看到，2013年的入学率指标相比2012年略有增加。

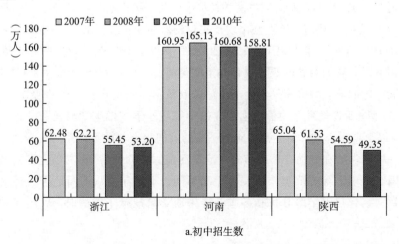

a.初中招生数

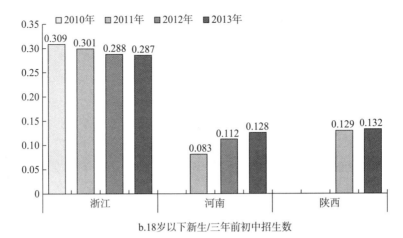

b.18岁以下新生/三年前初中招生数

图2　2010～2013年浙豫陕三省中职招生情况

二　分省说明

上文的入学率指标可以度量本省中职教育招生情况的"平均水平"。不过，职业教育的区域发展存在巨大差异，办学模式丰富多样，"平均数"过分简化，无法揭示现实格局的复杂性。

为了更好地理解近年来中职教育发展情况，基于GIS技术，笔者绘制了浙豫陕三省中职学校分布地图和中职生源流动地图。①

河南

在人口稠密、交通相对便利的河南，中职教育资源呈现"县市并重"的格局（2011年），区县属、地市属学校招生规模均在四成左右，省属中职学校的招生规模则在两成左右。作为国家职业教育改革试验区，河南省实施了职业教育攻坚计划，职业教育强县（市）的评选对地方政府产生了比较强的激励和约束，在一些县，职业教育甚至是"书记工程"。但是，即使是高强度的考核压力，也并未带来县域职业教育的普遍好转。伴随中职免费政策的实施和职业教育资源整合工作的推进，县域职业教育发展迅速分化——一部分县扬长避短以升学教育为主要模式办出了成绩（如正阳县），一部分县通过混合所有制创新引入社会合作者克服了财政投入、师资力量、激励机制等方面的瓶颈，提升了职业技能培养质量，招生好转（如嵩县）；但是，也有相当比例的县未能找到具有竞争力的办学模式，或是学校改制失败，本地职业教育萎缩，生源外流。2011～2013年，河南招有新生的中职学校减少了数十所，尚存中职学校的平均招生数量则大大增加，增幅超

---

①　由于排版限制，本文在此不对基于GIS方法的相关图表进行呈现，建议对本文感兴趣的读者在本所网站（http://ciefr.pku.edu.cn）下载电子版阅读。

过 30%。

流动和城市化，是近几年河南职业教育发展的两个关键词。与 2011 年相比，2013 年跨区县就读的学生占比提高近 10 个百分点，接近全部学生的 70%。流动目的地绝大多数为地级市，随着学校数量减少，县域生源向郑州、洛阳等区域中心城市集中。在中职教育城市化的进程中，原本办学条件较好的地市属中职学校成为最大受益者。2012 年地市属中职学校招生数增加 51%，2013 年继续增加 20%，超越区县属中职学校招生数。对于民办中职教育而言，向大城市聚集的趋势则更为明显。2011～2013 年，民办职业教育招生数有所增加（增幅远低于公办），但是多数地市的民办职业教育在萎缩，民办学校数大幅度减少，增长集中在郑州和洛阳两市。

总之，"县域分化，以市为主，公进民退"的中职教育格局在河南日益凸显。

浙江

在县域经济发达的浙江，中职教育"以县为主"，区县属中职学校的招生规模占到 3/4 左右，地市属中职学校的招生规模略大于 1/5，省属中职学校招生规模较小。浙江的中职教育一度接近"普职比大体相当"的要求，职业教育分布也与区域经济发展高度吻合，杭州湾地区、温台沿海产业带、金衢丽高速公路沿线产业带三大区域是学生流动的主要目的地。不过，流动并非主流，在本区县就读的学生接近七成，即使经济不那么发达的县通常也拥有至少一所成规模的中职学校。

近几年，浙江职业教育版图发生了巨大改变。首当其冲的是温台地区的中职教育。温台地区以"小政府，大社会"而著称，民营经济活跃，民间资金充裕，块状经济发达。2010 年，温州、台州两市的中职教育规模占据全省（不含宁波）的 30%，与其人口规模（人口数占比 33%）和经济地位（GDP 占比 24%）大致匹配。2010～2013 年，温台地区中职教育招生数量出现了大幅度的下滑，降幅高达 35%（远高于全省平均的 21%）。其中，民办中职教育更是下滑严重，超过半数的民办中职学校退出，招生规模也减小近半。

温台地区职业教育的衰落是温台模式发展困境的体现，但是也集中反映了中职教育资助政策在东部地区的负面影响。长期以来，温台地区藏富于民，地方财政收入并不富裕（远无法与苏南模式下的地方政府相比），缺乏财力提供大规模、高质量的公共服务。随着中职资助政策的不断升级，地方政府培养一个中职学生所需要付出的"单位成本"也不断提高，最终损害了温台地区的职业教育供给意愿。而民办职业教育，无疑成为地方政府供给意愿下降的最大受害者。温台地区民办中职学校的大规模退出并非招生竞争失败的结果，更多缘于地方政府为了减轻财政压力的主动干预。

借助浙江省中职资助政策六类地区的划分，可以更清楚地认识到学生资助政策对浙江职业教育造成的巨大冲击。作为东部省份，浙江中职学生资助资金由地方承担。依据社会经济发展水平的不同，浙江将全省分为六类地区，省财政分别负担 20%、40%、60%、80%、90% 和 100%。在所有县市中，省财政负担 20% 的一类地区有：瑞安市、乐清市、温岭市、义乌市、绍兴县、杭州市区、绍兴市区、湖州市区、嘉兴市区、温州市区、台州市区。温台地区的一类地区，成为中职教育下滑"重灾区中的重灾区"，2010～

2013 年招生数量降幅在 40% 以上。在温台地区之外，非一类地区中职招生数量下滑 14%，与学龄人口的降幅相当；一类地区的中职招生数量下滑超过 30%，远超学龄人口的变化。

最终，量变带来质变。2010 年，浙江区域经济最发达的一类县市招生规模远大于其他各类地区，经济版图与中职教育版图大体匹配。2013 年，由于一类地区的中职招生数量下滑速度远高于其他几类地区，一类地区的职业教育招生规模已经远小于二类地区。职业教育分布和产业分布之间的紧密联系被削弱，浙江的经济版图和中职教育版图不再完全一致。

陕西

在陕西，中职教育也呈现"以县为主"的格局，区县属中职学校招生规模占到六成以上，省属、地市属中职学校的招生规模大致相当，都略低于两成。陕西的民办职业教育是一大亮点，接近总规模的 1/4，高于浙江和河南。

北山山系、秦岭山脉将陕西分为陕北、关中、陕南三块泾渭分明的区域。陕西的职业教育资源分布也与这一地理特征紧密相关。在人口稠密、经济相对发达的关中平原，职业院校星罗棋布，中职教育占全省的 70%，西安和宝鸡两地就集中了全省一半的中职教育学生，民办职业教育更是有超过 2/3 聚集在西安和宝鸡。在陕南地区，中职学校零星散布，招生规模略低于全省的 20%。在人口稀少但是能源化工产业发达的陕北地区，中职教育资源略高于全省的 10%，主要分布在榆林市区、神木县和延安市区，其他县域的职业教育招生较少。由于天然的地理阻隔，三大区域之间的学生流动并不大。分别来看，关中地区内部的学生流动规模较大，西安、宝鸡、渭南是主要的流入地，而且吸引了大量周边省份的生源。榆林市区在陕北地区独树一帜，吸引了周边地区的大量生源，陕南地区流入略多的是汉中和安康。

在关中地区，公办职业教育和民办职业教育以差异化生存方式共同发展。公办职业教育以本地生源为主，六成学生来自学校所在地市；民办职业教育以外地生源为主，超过六成的学生来自学校所在地市之外，其中近四成来自外省。公办学校和民办学校的专业结构也有着根本性的区别（专业结构问题超出本文讨论范畴，将在后续研究中介绍）。在本地招生市场上，民办学校竞争力弱于公办学校，随着 2013 年陕西省学龄人口的大幅下降（10%），民办学校招生规模大幅减小，但是外省生源的大幅增加（20%）弥补了这一损失。关中地区公民办职业教育的差异化生存模式进一步增强。

陕北职业教育发展困局值得特别关注。受益于能源化工产业，陕北地区拥有陕西省十强县中的六个县（2012 年排名），部分县的财力十分充裕。在"每个县办好一所职业学校"的政策思路下，不少县投入巨资建设职业学校。然而，除神木县一枝独秀外，大量的经费投入并未在陕北实现"每个县办好一所职业学校"的愿景。职业教育资源的布局优化以及财政投入效率问题，在陕北地区有着集中体现，值得重视。此外，2012 年下半年开始的资源价格回落，对陕北地区的影响迅速从经济领域蔓延到职业教育。与 2012 年相比，2013 年陕北地区的中职招生规模降幅达到 13%，远高于关中地区的 6%，也超过了同期学龄人口的降幅（10%）。

三　小结

基于浙豫陕三省的中职学生数据，笔者分析了近几年中职教育的招生情况。现实情况不能用简单的"好"或"不好"来回答。本文主要的研究发现如下。

（1）整体来看，在豫陕两省，伴随一系列政策的出台，中职教育招生有所好转，但是内部结构的变化并不一致，城市职业教育普遍受益，但是县域职业教育依然未能普遍好转，一部分欠发达县的职业教育生源仍在下滑，职业教育存量资源依然有挖掘潜力。通过引入多种形态的 PPP 模式，个别案例县已经取得了不俗的成绩，笔者将在后续研究中予以专题介绍。

（2）在浙江，中职教育招生数量有一定幅度的滑坡，下滑集中在"小政府、大社会"的温台地区，集中在浙江经济最发达的一类县市。个别资助政策对浙江职业教育产生了显著的负面影响。中职教育分布和产业分布之间的紧密联系被削弱，浙江的经济版图和中职教育版图不再完全一致。

全面准确把握中职教育招生情况，只是理解当前中职教育发展的起点。在随后的系列研究中，结合职业教育"大数据"与浙豫陕三省的田野调查，北京大学中国教育财政科学研究所中职课题组还将在近期陆续推出以下主题研究：①中职教育专业结构、办学模式、产教关联度研究；②职业教育 PPP 在中国的实践与反思。

借鉴德国经验，为职教升学热降温

田志磊　李　俊[*]

田志磊　李　俊[*]

（2018 年 6 月）

我国职业教育升学热在过去几年中持续升温，对职业教育服务地方经济发展产生了不利影响。在德国，职业教育与高等教育维持了适度的融通，而融入区域产业发展依然是其最为显著的特征，相关经验值得中国参考和借鉴。

一　中国职业学校的升学热现象

自 2014 年多个部委提出现代职业教育体系建设规划以来，越来越多的省份开始试点不同形式的"中高职贯通"和"中本贯通"，职业教育升学通道得到了拓展。上述拓展带来了两个方面的影响。一方面，这增加了中职教育的吸引力，促进了高中阶段教育普及，缓解了部分生源紧张职业院校的招生压力；而另一方面，这引发了职业学校升学热，强化了中职教育人才培养的应试倾向。部分职业学校借此机会片面追求升学率，将主要的办学精力放在提高升学率上，个别学校甚至以数学仅考二三十分即可上本科作为招生宣传重点。许多地区职业学校毕业生的升学率已超过 50%，一些"著名"中职学校每年本科录取人数高达数百人。

职业教育的人才培养结构应当与产业用人需求大致匹配。然而，从笔者在东部沿海大范围的企业调研发现来看，对于职业学校学生的学历提升，来自产业需求的支撑并不明显，多数企业对技术技能型人才并无严格的学历要求。部分受访的德资企业表示，针对部分岗位，中职教育阶段的双元制毕业生更加符合需求。现实的困难在于，企业在招聘环节越来越难以招到适合的中职毕业生。

在职校升学热的背景下，我们应当重新思考两对关系：职业教育和高等教育之间的关系，人才培养结构和产业用人需求之间的关系。在前一对关系中，普职融通的规模、标准是重中之重；而处理后一对关系，关键在于促进区域层面的产教融合。从国际比较来看，德国的职业教育在发展过程中很好地处理了上述两对关系，值得我国借鉴。

---

[*]　田志磊，北京大学中国教育财政科学研究所助理研究员；李俊，同济大学职业技术教育学院副教授。

二 德国职业教育与高等教育的分立与融通

德国的人才培养历来由高等教育与职业教育两个相互独立的系统组成。职业教育被认为是局限在高中阶段教育的层次上，以培养产业需要的技术技能型人才为主要任务，而高等教育则遵循学术专业主义，以传授系统的学科知识为目的，培养学术型人才。20世纪70年代逐渐兴起的应用技术大学在德国并不被当作高等职业教育看待，而是高等教育体系的组成部分（当然它在某种程度上也可被视作职业教育实践性原则的延伸）。

进入21世纪之后，德国的学术界与媒体开始越来越多地讨论职业教育与高等教育之间融通的可能。具体的诱因在于，在德国，部分属于职业教育范畴的专业，在其他国家却是通过高等教育来培养的。随着欧洲一体化进程不断推进，为了促进其学历证书的国际可比性，德国有必要提高职业教育与高等教育之间的相互融通。更深层次的原因则是，由于技术变革和人口结构的变化，德国需要更加充分地挖掘劳动力市场中现有人力资源的天赋和潜力，并让受教育者有可能选择更多的教育路径。

在此背景下，德国政府于2006年委托一个由雇主协会代表、商会代表、工会代表、联邦及州政府代表、企业代表、职业学校代表和学术界代表等多方共同组成的专家团提出职业教育方面的改革建议，其中就包含增强职业教育与高等教育相互融通的内容。

2009年，在专家团建议的基础上，各州文教部长联席会议（德国教育政策实际上最重要的制定者和协调者）颁布了《无高校入学权的有职业资格者进入大学的通道》决议，该决议旨在向职业教育毕业生等群体扩张就读大学的路径，其核心内容包括：（1）参加过职业继续教育培训并获文凭的有职业资格者，比如获得手工业中的师傅证书者，有进入大学学习的可能；（2）国家认可的职业教育的毕业生有三年工作经验后，经过大学或国家机关按照一定条例开展的能力认定，或至少一年的试读大学的成功经历后，可获得与其职业相关专业的大学入学资格。

德国的这一融通标准，既奖励了通过职业教育获得高级资格证书的劳动者，也在开放融通可能性的同时坚持了高等教育较为严格的入学标准。

然而，尽管德国职业教育与高等教育出现了一定的相互融通的趋势，但两者之间仍然在很大程度上保持了各自的独立性。2014年，职业教育毕业生中升入大学的人数很少，尚不及毕业生总数的5%。两者之间这种相互独立性的主要原因在于，一方面，职业教育毕业生进入高等教育就读的标准较高，只有满足了上述决议中所陈述的条件，才能实现升学；另一方面，学生和企业界均对双元制职业教育本身的质量有较高的认可，职业教育不必通过更强的融通途径来增强自身的吸引力。

概括来说，职业教育的核心使命仍然是培养产业发展和社会进步所需要的技术技能型人才。至于升学通道，只是作为一种有益的补充。

三　德国高度区域性的职业教育产教融合

德国职业教育最显著的特征之一就是教育与产业的紧密联系，且这种联系具有很强的区域性。

在双元制职业教育中，产业界深度介入职业教育事务，这不仅体现在全国层面，比如雇主协会和行业协会等参与到职业教育标准的制定和调整之中，也体现在区域层面，这一层面的行业协会具有审核企业及培训师的培训资格、监督职业培训过程和举办职业资格考试等多项权力。

职业学校的数量和区域分布能够很好地反映产教融合的区域性。根据最新的统计数据，全德国范围内共有职业学校约 2200 所，在校学生约 250 万人，提供双元制职业培训的企业约 42 万家。这意味着，每所学校的平均学生数为 1136 人，每个企业平均接收约 6 名学徒进行培训。以人口约 108 万人的科隆市为例，全市有职业学校 29 所，且分布在全市的不同区域，在校学生共约 4.15 万人，平均每所学校约 1431 人。德国的职业学校大多规模不大，主要设置与周边产业有高度相关性的专业，而且，大部分的职业学校都位于相关产业的企业周边，从而为职业学校融入区域产业发展、提供企业所需要的技术技能型人才提供了便利。

在德国较为完善成熟的制度框架下，正是这种高度区域性的深层次的产教融合保障了职业教育整体的质量和水平，从而有利于职业教育本身吸引力的维持。

四　对抑制我国职业教育升学热的建议

我国职业学校的升学热迎合了部分学生和家长对于学历教育的诉求，从短期看，增强了中职教育的吸引力。但是，其负面影响已然显现。首先，它削弱了区域产教融合。在家庭选择学校时，升学导向的职业学校其质量信号更容易观察，且更容易受到家长认可。而在公共资源分配时，目前的拨款机制又未能很好地甄别升学导向的职业学校和就业导向的职业学校。在双重激励下，一些原本产教融合出色的学校也逐渐倾向于举办升学教育，产教融合的深度不断下滑。其次，它激发了过度教育。技术技能人才并非学历越高越符合企业要求。升学驱动的教育过程更加强调理论知识的培养，即使升入高职或本科后再进入产业，也并不一定适应产业界对技能的真实需求。部分受访企业表示，针对部分岗位，中职教育阶段的双元制毕业生更加符合需求，但由于中职教育的升学转向，一部分与中职学校深度合作的企业岗位不得不转向高职寻求合作。

在这种情况下，有必要借鉴德国职业教育发展的经验，强化职业学校服务产业发展的功能。在当前形势下，公共政策应重点关注如下两方面：其一，彰显和突出职业学校高水平产教融合的质量信号，并根据这一信号进行公共资源分配；其二，减少对职业教育的直接行政干预，尊重教育自身规律，尊重区域发展的差异性，尊重多方利益主体的诉求。具体而言，可以尝试以下措施。首先，重塑职业学校的评价体系，并建立相应的拨款机制。借助于就业数据和企业评价，将真正融入区域产业发展的职业学校与升学型的职业学校区分开来；与此同时，改进职业教育拨款机制，向真正融入区域产业发展的职业学校提供更多的经费支持，并调整升学型职业学校的生均拨款权重。

其次，减少对职业学校升学过程的行政干预，遵循高等教育人才选拔规律。目前，各省份均是通过行政手段规定中职学校升入高职和本科的人数。在部分省份，为了增强中职教育吸引力，提供了过高的本科录取名额。个别迎接产业转移的省份虽然意识到升学热的危害并削减了本科录取名额，但依然治标不治本。应更多地让高校依据自身的教育教学情况和知识能力要求、按照考试分数择优选拔中职学生。在少数发达地区，可尝试让行业企业等利益相关方参与到职校升学标准的制定过程。针对少数高技能人才，可提供特别的升学通道。例如，以更高的职业资格标准作为职业学校毕业生升学的条件。

最后，慎重考虑撤点并校和布局结构调整。目前有多个地区在进行职业学校的布局调整，大幅度开展撤点并校的工作，将分散分布的、本来与所在地区具有紧密联系的职业学校合并。例如，300万人口的东部沿海某市，2007年有17所中职学校，其中多数与其所在镇的产业有着较为紧密的联系，这种一镇一品的产教融合模式与德国区域性的产教融合有着高度的相似之处。近年来，受评价体系和资源分配方式变化的影响，小规模学校的发展空间日益收缩，该市有意在近期将全市中职学校整合为6所。这样的做法，虽然更加适应当前的职业教育评价体系和资源分配方式，但不利于产教融合，可能削弱学校与产业的天然联系。

德国中等职业教育财政支持机制及启示*

魏建国**

（2014 年 9 月）

如果说美国以其发达的高等教育为全世界最为先进的创新体系奠定了基础的话，那么以"双元制"为代表的德国职业教育无疑也是"德国制造"的一个重要前提条件。德国的职业培训源自中世纪的学徒制传统，行会在 14 世纪、15 世纪就创立了学徒制这种职业培训方式。而双元制产生于 19 世纪的最后 20 年和 20 世纪的前 20 年（Reinisch and Frommberger，2004）。在 19 世纪，学徒经常在晚上或星期天就读成人业余补习学校。补习学校通常重复小学教的内容，同时传授特定行业所需要的理论知识。19 世纪末期，这些学校发展为职业学校。至此，学徒一方面在工厂接受培训，另一方面在学校学习理论知识，双元制开始逐步成型（Greinert，2004）。这一培训模式延续至今。1969 年通过的《职业教育与培训法》在联邦立法层面对双元制予以确认。尽管德国的职业教育因其分流过早而受到学界的诟病（Hanushek，Woessmann，and Zhang，2011），但是德国职业教育所取得的积极成果还是让世人有目共睹。特别是在最近的金融危机期间，德国年轻人的低失业率让很多国家羡慕（德国为 8%，欧盟 27 国平均为 23.4%，而西班牙和希腊则超过 50%）。[1] 基于双元制对劳动力市场的积极影响，OECD 和许多国家都将其看作德国经济成功和社会强大凝聚力的一个核心因素。2012 年 12 月，德国、西班牙、希腊、葡萄牙、意大利、斯洛伐克、拉脱维亚和欧洲委员会在柏林签订了备忘录，其中包括许多基于德国模式引进职业培训系统的切实措施。[2]

德国的职业教育模式[3]无疑是世界上最有特色且取得积极成果的模式之一，本文拟对德国中等职业教育的运作体制、管理体制以及财政支持机制予以评述，以期对我国的中等职业教育发挥某种程度的借鉴和参考作用。

---

* 本文最初发表在《世界教育信息》2016 年第 17 期上。

** 魏建国，北京大学中国教育财政科学研究所副研究员、副所长。

[1] 当然，优秀的职业教育只是年轻人低失业率其中一个可能的原因。

[2] "Federal Ministry of Education and Research." Report on Vocational Education and Training 2013, http://www.bmbf.de/pub/bbb_2013_en.pdf.

[3] 有学者将欧洲的中等职业教育模式归纳为三大模式，即英国的"自由市场模式"、法国的"国家管制模式"、德国的"双元公司模式"。三种模式在职业教育与培训的管理、组织、内容、财政支持、资格证书等方面都存在很大的不同（Greinert，2004）。

一 德国中等教育体系

在德国，义务学校教育从 6 岁开始，持续 9～10 年（根据不同的州）。在此之后，不再接受全日制教育的年轻人必须接受职业义务教育，到 18 岁为止。

在针对所有人的 4 年小学之后（个别州为 6 年），教育路径被分为四类学校：国民中学或主干中学（Secondary General Schools，Hauptschule）、实科中学（Intermediate Schools，Realschule）、文法中学（Grammar Schools，Gymnasium）、综合中学（Comprehensive Schools，Gesamtschule）。小学毕业的学生，大多根据老师依其成绩所做的建议选择上述四类学校中的一个去登记入学。一般来说，成绩最好的可以就读文法中学，成绩不佳的，则多会就读国民中学（Hippach-Schneider，Krause，and Woll，2007）。

国民中学为学生提供基础的普通教育，通常覆盖 5～9 年级。在 9 年级结束时，所有州的学生获得毕业证书。持有该证书可参加双元制职业培训，在一些条件下，也可以进入全日制职业学校或者开始一个基础职业培训年（为进入双元制做准备）。

实科中学给学生提供扩展的普通教育，通常覆盖 5～10 年级。学生在 10 年级结束时都能获得毕业证书。证书持有者可以继续接受教育，例如，就读特定的全日制职业学校和应用科技大学（Fachhochschulen），也能参加双元制职业培训。此外，只要学生成绩优秀，他们可以在任何时间从实科中学转到文法中学，学生也可以从国民中学转到实科中学。

文法中学为学生提供深度的普通教育。初中和高中层次相连贯的文法中学教育项目覆盖 5～13 年级。几乎所有的州都正在将中学阶段由 9 年变为 8 年。高中阶段文法学校教育以资格考试结束（Abitur）。通过考试并取得资格的学生可以到任何高等教育机构就读，也可以接受职业培训。

二 德国的中等职业教育体系

在德国，年轻人通常有两种方式接受初始职业培训。一是参加双元制培训，即基于企业的培训与基于非全日制职业学校的学习相结合；二是就读全日制职业学校。所有提供职业教育的学校，无论是全日制的还是作为双元制部分的非全日制的，都被称作职业学校或职业培训学校。

双元制非全日制学校是最有名的职业学校，它们的任务是强化学生的普通教育，给他们提供针对特定职业的专门教学。大多数全日制职业学校从 20 世纪 70 年代中期发展起来，它们提供大量的职业培训课程（Hummelsheim and Timmermann，2000），由州政府负责，培训也包括公司实习。

在高中阶段职业教育轨道中，大约有 75% 的学生注册双元制系统，其余的在全日制职业学校就读。全日制职业学校的学生大部分是女生（体现了学习领域），而双元制系统中的男女性别比例则是相反的（Hoeckel and Schwartz，2010）。

　　在整个高中阶段，德国的学生除了通过双元制或全日制职业学校接受职业教育，就读获得大学入学资格的文法学校外，还有很大一部分学生处在为双元制培训做准备的转换系统中。如果不考虑处于转换系统中的学生，德国高中阶段职业教育学生所占的比例大约为60%（见表1、表2）。

表1　德国高中阶段学生分布情况

单位：人

年份	职业教育	大学资格	转换系统
2005	739149	454423	417647
2006	751563	466700	412083
2007	788893	463464	390552
2008	776917	514603	363037
2009	728484	526684	348217
2010	729577	554704	320173
2011	741023	492696	284922
2012	730352	505129	266732

　　资料来源："Federal Ministry of Education and Research" Report on Vocational Education and Training 2013，http://www.bmbf.de/pub/bbb_2013_en.pdf。

表2　德国高中阶段职业教育占比情况

单位：%

2005 年	2006 年	2007 年	2008 年	2009 年	2010 年	2011 年	2012 年
62	62	63	60	58	57	60	59

　　资料来源："Federal Ministry of Education and Research." Report on Vocational Education and Training 2013，Available at http://www.bmbf.de/pub/bbb_2013_en.pdf；作者根据相关数据计算而得。

三　德国双元制培训的运作状况

　　德国双元制的主要特征是雇主、工会和政府之间的紧密合作伙伴关系。社会对话和共同决定对于改革是非常重要的。在具体运作方面，又体现了如下特征：国家与工商业界的密切合作；在工作过程中学习；社会对具有普遍约束力资格标准的接受；对职业培训人员的资格要求；制度化的职业培训研究；等等。① 下文从参与双元制各方的职责划分、注册与培训合同、教学与培训、终期评估与资格证、受训职业的调整等方面对德国

---

　　① "Federal Ministry of Education and Research." Report on Vocational Education and Training 2013，http://www.bmbf.de/pub/bbb_2013_en.pdf.

双元制培训的运作状况予以描述。

（一）参与双元制各方的职责划分

双元制的成功运转有赖于各方的积极参与和有效协作。政府、行业协会和雇主、工会等都扮演着极为重要的角色。双元制培训的组织需要各方职责之间进行复杂而清晰的划分。

1. 联邦层面

根据德国《基本法》，教育和文化立法与管理主要是州的职责。因此，在职业教育领域，联邦政府负责公司内职业培训，而州负责学校内的职业培训，也对职业学校负责（Hensen and Hippach-Schneider，2012）。

联邦教育与研究部负责《职业教育与培训法》（最近一次修订是在 2005 年）的实施。负责发布每年的职业教育报告，资助和指导德国联邦职业教育与培训研究所（BIBB），负责促进职业教育的项目，负责双元制中的公司内培训部分（Hoeckel and Schwartz，2010）。值得注意的是，每个需要正式培训的职业的认证是联邦负责相应职业领域的部门的任务。在大部分情况下，职责被归到联邦经济与技术部（BMWi）。但是，在任何情况下，都需要联邦教育与研究部的批准。因此，联邦教育与研究部在涉及所有受训职业的培训政策方面发挥着协调与调控的功能。

在国家层面为各方形成共识的核心机构是联邦职业教育与培训研究所（BIBB）。该研究所从事公司内职业培训方面的研究，为联邦政府和职业培训提供者提供服务和咨询。BIBB 负责准备对双元制运转至为重要的培训指令（training directives）。

联邦雇佣局负责职业教育与培训的咨询、促进。

2. 州层面

根据《基本法》，学校教育由州教育与文化事务部负责。州教育与文化事务部与州际常务会议（KMK）合作确保学校和高等教育政策的统一性和可比性。KMK 的决定仅仅是建议，只有在州议会通过后才具有法律约束力。州设立职业培训委员会，由来自雇主、雇员、州当局的代表组成。它们为州政府提出学校职业培训方面的建议。

州对双元制非全日制职业学校和全日制职业学校负责。它们设计学校课程，培训教师和支付教师工资，负责对行业协会的法律监管（Hoeckel and Schwartz，2010）。

3. 社会合作伙伴

社会合作伙伴密切介入职业教育的设计与提供。雇主和工会扮演着核心角色，使得职业培训的结构可以满足工业界的需求。

它们介入培训指令（由经济事务与技术部正式发布）的发展和更新。通过集体工资谈判决定学徒的薪酬。一些集体协议也包括类似条款：在一个限定的合同下，受训毕业人员得到持续雇佣。

行业协会负责对参与培训的公司提供建议，并监督基于公司的培训。行业协会还负责登记学徒合同，评估参与培训公司的适合性（suitability），监督它们的培训，评估培训者的能力，为参与培训公司和学徒提供建议（Hoeckel and Schwartz，2010）。行业协会在固定日期负责考试的所有组织活动，设立管理考试的考试委员会（Hensen and Hippach-Schneider，2012）。

雇主和工会之间在联邦层面的伙伴关系通过与 BIBB 的主要委员会的合作得以体现。在州层面，则通过部的职业教育委员会、行业协会的职业教育委员会和考试委员会得以体现（Hummelsheim and Timmermann，2000）。

（二）注册与培训合同

和就读全日制职业学校需要初中文凭不同，学生仅需完成义务教育就可申请注册双元制。但是，在实践中，和过去几年一样，2010 年，大部分进入双元制的受训者都拥有实科中学文凭证书（42.9%）或国民中学文凭证书（32.9%），拥有高等教育入学资格（Abitur）的新受训者[①]为 21.0%，比上一年增加 3.4%，没有初中中等学校文凭证书的降到了 3.1%。拥有高等教育入学资格新受训者的数量在过去 4 年都在增长，没有初中文凭证书者也在若干年内持续下降，这一趋势表明双元制培训仍然具有吸引力。

参加双元制的学徒除了在非全日制职业学校注册外，还需要与公司签订培训合同。新签订的培训合同数自 2005 年开始增加，2008 年开始下降，2011 年又开始增加，2011 年有 569380 个新培训合同，比 2010 年（559960）多了 9420 个（Hensen and Hippach-Schneider，2012）。2012 年，新签合同为 551272 个，比上一年减少 18108 个（3.2%）。2012 年，处在转换系统中的年轻人进一步减少（6.4%），没有申请到培训位置的人数也在下降（3.3%）。[②]

表3 双元制学徒合同的供给与需求

单位：个，%

年份	新的学徒合同	空余位置	非成功的申请者	供给	需求	供给/需求
1992	595215	126610	12975	721825	608190	118.7
1993	570120	85737	17759	655857	587879	111.6
1994	568082	54152	18970	622234	587052	106.0
1995	572774	44214	24962	616988	597736	103.2
1996	574327	34947	38458	609274	612785	99.4
1997	587517	25864	47421	613381	634938	96.6
1998	612529	23404	35675	635933	648204	98.1
1999	631015	23439	29365	654454	660380	99.1
2000	621693	25690	23642	647383	645335	100.3
2001	614236	24535	20462	638771	634698	100.6

---

① 值得注意的是，在 20 世纪 60 年代，80% 的学徒来自国民中学。后来出现的一个新现象是，更多获得高等教育入学资格的学生参加双元制。双元制学徒的平均年龄也从 1970 年的 16.6 岁提高到 1996 年的 19 岁。

② "Federal Ministry of Education and Research." Report on Vocational Education and Training 2013, http://www.bmbf.de/pub/bbb_2013_en.pdf.

续表

年份	新的学徒合同	空余位置	非成功的申请者	供给	需求	供给/需求
2002	572323	18005	23383	590328	595706	99.1
2003	557634	14840	35015	572474	592649	96.6
2004	572980	13378	44084	586358	617064	95.0
2005	550180	12636	40504	562816	590684	95.3
2006	576153	15401	49487	591554	625640	94.6
2007	625885	18359	32660	644244	658545	97.8
2008	616342	19507	14515	635849	630857	100.8
2009	564307	17255	15487	581562	579794	100.3
2010	559960	19605	11990	579565	571950	101.3
2011	569380	29689	11325	599069	580705	103.2
2012	551272	33275	15650	584547	566922	103.1

资料来源："Federal Ministry of Education and Research." Report on Vocational Education and Training 2013, http://www.bmbf.de/pub/bbb_2013_en.pdf。

（三）教学与培训

非全日制职业学校的教学和公司的培训构成双元制的两大要素。

（1）教学。在双元制中，职业学校是学习的自治场所。其任务是提供基础的和特定的职业培训，并扩展之前所获得的普通教育。根据职业学校框架协议，职业学校一周必须提供至少12小时的教学，通常是8小时的职业课程，4小时的普通课程（例如，德语、社会学习/商业学习、宗教教育和体育）。也会考虑外语教学，取决于其对所涉及培训职业的重要性。经与培训企业、督学、工业组织协商，职业学校决定如何分配教学。不同组织形式的目标是确保受训者在企业花费尽量多的时间，同时，以符合教学法和学习心理的方式合理地分配教学（Hippach-Schneider, Krause, and Woll, 2007）。

职业学校的教师包括两类。承担理论课的教师需要有大学学位，并有实践培训。承担实践课的教师须有中等学位、老师傅（Master Craftsman）头衔或技术文凭，并有工作经历（Gill and Dar, 2000）。

（2）培训。公司和受训者签订合同。公司承担培训的成本，为受训者支付报酬，报酬受到集体协议的调整，随着培训的年限每年增加，平均大约是熟练工人起薪的1/3（Hensen and Hippach-Schneider, 2012）。

培训必须根据培训指令进行。培训指令须包括：培训职业的名称，培训的持续期限，培训计划的框架（科目和时间的细化），考试要求。和培训指令的发展相一致，州专家为基于职业学校的培训拟定框架课程。时间和内容与公司内培训的框架培训计划相协调（Hippach-Schneider, Krause, and Woll, 2007）。

培训指令的约束力保证了一个统一的国家标准，而不考虑企业的当前需求。国家标准和相应职业的要求相适应。培训只能在如下企业开展：在该企业中，培训指令要求的所有技术能够被拥有适当专门知识的培训人员所传授。培训企业和公司内培训人员的适合与否由相应的行业协会监控。适当的培训提供本身也由行业协会监控。

培训企业为受训者拟定公司内培训计划。该计划必须和培训指令相适应，但可以有所偏离（Hippach-Schneider, Krause, and Woll, 2007）。

根据法律规定，只有在个人和职业方面适合的人才能成为培训人员。职业适合性包括相关职业所要求的技能、知识和能力，以及相应的职业和教学资格。公司到行业协会登记这些雇员。在登记的培训人员中，只有少部分（大约10%）完全负责这项任务，大部分是作为副业。2010年，有675198名人员登记为培训者（BIBB, 2013）。

中小企业通常不能提供所有的学习内容，它们可能缺乏适当的培训人员，或者受限于它们的特定专长。实践中有一些解决这些问题的途径。例如，设立公司间职业培训中心（ÜBS）。该中心旨在补充公司内培训，通常由相应工业部门的自治组织资助，联邦教育部通过投资补贴支持资助者。此外，企业还组成连贯培训结构，主要做法包括以下几种。①"领导企业加伙伴企业模式"，领导企业承担所有的培训职责，但是部分培训在不同的伙伴企业实施。②"按序培训模式"，一些培训阶段发生在常规企业之外，可能是在有培训车间的附近大企业进行。③"培训共同体模式"，几个中小企业合作录用受训者，如果在一个企业不能获得特定的内容，受训者可以到其他企业接受培训（轮换原则）。企业之间也签订合作协议。它们平等合作，独立训练它们自己的受训者。

提供培训的公司占比相对比较稳定。2011年为21.7%，2010年为22.5%，2009年为23.5%，2008年为24%，1999年为23.6%。[①]

（四）终期评估与资格证

在培训的第二年结束之前，受训者要参加包括实践和书面内容的中期考试。受训者获得通过中期考试的证书，表明完成了特定的培训阶段。

双元制学徒的最后评估包括三部分。第一，学生会收到非全日制职业学校颁发的证书，该证书基于教师对学生在学徒期间的持续表现的评估。第二，培训雇主也会提供学徒表现的书面评估。第三，必须参加行业协会组织的考试，测试与职业相关的技能和知识。最后的行业协会考试是最重要的部分：通过该考试的学生可以获得正式的职业教育与培训资格（Hoeckel and Schwartz, 2010）。资格证书由行业协会颁发。凭借该资格，学徒就可以被雇主以熟练工人身份雇佣。[②]

行业协会组织的终期职业考试在双元制培训的最后阶段进行。企业和职业学校负责实施培训，但行业协会负责实施考试。为此，行业协会必须为每一个职业建立考试委员会，每个考试委员会必须至少由3名成员（来自雇主、雇员和职业学校教师的代表各1名）组成。

---

① "Federal Ministry of Education and Research." Report on Vocational Education and Training 2013, http://www.bmbf.de/pub/bbb_2013_en.pdf.

② 不是所有的受训者在完成培训后都能被培训企业雇佣。被雇佣的比例为61%。东部要显著低于西部。这表明，企业培训了多于其需求的受训者。在大企业，对于继续雇佣有更好的机会（75%，小企业只有50%）。西部有更好的机会（至少60%，东部至少50%）（BIBB, 2013）。

考试的特定结构由单个的培训指令和其所包括的考试要求所规定。特定的考试方法根据所测试的活动要求而定。考试的持续期限因职业、测试领域、采用方法的不同而差别很大，从几天到数周不等。书面任务考试通常为 2 个小时，口试通常持续 30 分钟（Hippach-Schneider, Krause, and Woll, 2007）。

值得注意的是，并不是所有的学徒都能通过考试获得资格证书。2009 年的通过率为 90.2%（分母包括重考的）、93.8%（分母不包括重考的）（Dionisius, Lissek, and Schier, 2013）。

（五）受训职业的调整——培训指令的发展和更新

对于公司内培训，需要获得的职业能力被规定在培训指令中。对于职业学校的教学，每一个被认可的培训职业的框架课程本着与培训指令相一致的原则拟定。这意味着培训职业的更新以及让其适应工作世界的新要求是职业培训进一步发展的根本要素。

考虑到技术和组织变迁的速度，许多培训指令过若干年后都需要进行修订。修订培训指令的第一步通常由企业进行。企业通知它们的行业协会有更新的需求。后者将更新、修订或重述特定资格要求的愿望传达给联邦职业教育与培训研究所（BIBB）。研究所通过实证研究考察具体情况，如果有必要，则协调培训指令的重整或修订。对于现存职业的更新需要 1 年，对于新职业的发展需要 2 年。雇主、行业协会、联邦和州在各个阶段发挥着重要的作用（Hippach-Schneider, Krause, and Woll, 2007）。被认可的受训职业数量在过去 10 年几乎没有变化。从 2002 年到 2011 年，数量从 349 个变为 344 个，同时，171 个得到更新，43 个经过重组（见表 4）。至于受训职业的结构模式，几乎没有数量上的变化（BIBB, 2013）。

表 4 新的和更新的受训职业数（2002～2011）

单位：个

年份	新职业数	更新职业数	总数
2002	8	16	24
2003	8	22	30
2004	5	27	32
2005	5	18	23
2006	4	17	21
2007	3	20	23
2008	7	12	19
2009	2	12	14
2010	0	11	11
2011	1	16	17
总数	43	171	214

资料来源："Federal Ministry of Education and Research." Report on Vocational Education and Training 2013, http://www.bmbf.de/pub/bbb_2013_en.pdf.

四 中等职业教育财政支持机制

（一） 总体情况与分担比例

双元制非全日制职业学校①由州和地方当局给予财政支持。公司承担公司内培训发生的成本。联邦政府提供额外的资金支持。总体而言，双元制最大的成本由培训公司承担。具体的分担比例如表 5 所示。

表 5　双元制培养成本分担比例

单位：%

	1986 年	1991 年	1996 年	2007 年
联邦	0.3	0.72	0.59	
州	12.84	13.18	18.11	
市	3.34	3.53	3.02	
公共	16.48	17.5	21.72	23
私人（企业）	83.52	82.5	78.28	77

资料来源：Gutschow，2012。

（二） 政府

双元制职业培训的基于学校部分由州和地方当局的公共资金支持。州承担学校内部事务成本（例如，学校监督、课程设置、教师培训、教师薪酬），地方当局负责学校外部事务成本（例如，建造、建筑物的维护和翻新、日常管理、教学资源采购）。州也补贴学校建筑物成本。州政府负担职业学校 80% 的成本，地方政府负担剩余部分（Mattern and Timmermann，2006）。

联邦政府对于职业学校的资助仅仅体现为学生的生活补助金，作为家庭收入支持的一部分。

（三） 公司

公司负责承担公司内培训部分的成本。单个企业独立决定它们是否提供培训或者在哪些职业提供培训，以及它们在法定框架内接受的受训者人数。除了由单个企业资助外，一些行业部门（例如，建筑业）还实行集体资助。在这种情况下，所有的企业基于特定的评估标准（例如，工资总额）给一个共同基金缴费，培训企业的支出部分或全部由该

---

① 双元制之外的全日制职业学校由州预算支持。下文主要讨论双元制培训的财政支持问题。

基金负担。

对于公司间的职业培训设施，实行混合负担。联邦政府会给予补贴。在"领导企业加伙伴企业"模式中，领导企业通常负责培训报酬，伙伴企业负责发生在它们责任范围内的人员、设备成本。

总之，双元制的公司内培训部分由受训企业资助。根据2007年的调查计算，不考虑培训产出的总成本，大约为239亿欧元，大约每个受训者每年15300欧元。净成本为56亿欧元，大约每人每年3600欧元（见表6）（BIBB，2013）。

表6 每位培训生每年毛成本、投资收益和净成本

	1971年	1980年	1985年	1991年	1995年	1997年	2000年	2007年
毛成本（马克）	7902	17043	20499	29573	34985	35046		
（欧元）	4038	8709	10475	15112	17877	17909	16435	15288
投资收益（马克）	2561	6753	8151	11711	13528	14178		
（欧元）	1309	3451	4165	5984	6913	7245	7730	11692
净成本（马克）	4387	10289	12348	17862	21458	20868		
（欧元）	2242	5258	6310	9127	10965	10664	8705	3596

资料来源：NutzenBetriebe-paper-Bellmann。

鉴于市场上培训场所的困难状况，联邦也支持一些旨在创造额外培训场所和改进公司内培训条件的项目（Hippach-Schneider，Krause，and Woll，2007）。此外，传统上企业在资助职业培训中扮演重要角色，国家也通过给企业提供税收扣除或豁免，补贴企业的培训（Hummelsheim and Timmermann，2000）。

（四）学生和家长

职业学校，特别是公立职业学校，主要是公共预算支持。就读公立非全日制职业学校是免费的，但是就读其他类型的职业学校，特别是私立学校，针对某些职业课程会收取费用。此外，学生家庭负担课本、其他教学材料和来往学校的交通费（Mattern and Tim-mermann，2006）。

学生还可以获得培训公司支付的报酬，报酬受到集体协议的调整，随着培训的年限每年增加，平均大约是受训的熟练工人起薪的1/3。联邦政府还对学生发放生活补助金，作为家庭收入支持的一部分。

（五）私立学校

私立非全日制职业学校也获得许多形式的公共资金支持。通常，向适合的私立职业学校提供经常性的人员和材料成本的财政补贴。补助金的发放根据基于特定统计标准的固定数额，根据学校类型有所不同，或者合理需求的一定比例。其他财政支持方式包括：建筑成本补贴、教具补助金、教师养老金缴款、对有公务员身份的教学人员支付公休假、支付学费和交通成本。资金主要由州政府提供，地方政府提供一小部分。

私立职业学校在补充公立学校（Ergänzungsschulen，Complementary Schools）① 的情况下，可以获得办学费用最多 80% 的补贴，在取代公立学校（Ersatzschulen，Alternative Schools）② 的情况下，可以获得 90% 的补贴。其余的 20%、10% 必须通过其所属的私立机构（例如，教会、大企业）、学生父母（学费）获得（Hummelsheim and Timmermann，2000）。

五　若干启示与讨论

（1）与英国的"自由市场模式"、法国的"国家管制模式"相对应的德国的"双元公司模式"在政府、雇主与行业协会、工会之间达成了一个平衡，也体现了政治、经济和社会诸因素的融合，兼顾了经济目标与社会目标。

（2）德国双元制培训有一系列制度来保障培训质量。在联邦层面有培训指令，保证了职业资格标准的全国统一；在具体的培训阶段，有针对每个受训者的按照培训指令制定的培训计划，只有通过严格的考试才能取得资格证书。

（3）德国双元制巧妙解决了职业教育中的"通用性知识"与"专门性知识"的冲突。由政府举办的非全日制职业学校提供"通用性知识"，包括一般理论课程和与职业相关的理论课程；由公司培训提供与职业相关的实践性、专门性知识。同时，职业学校由政府提供资金支持，而公司负担公司内培训的成本（Gill and Dar，2000）。

（4）德国双元制植根于其特定的历史传统和国家背景。早在中世纪时，欧洲各国的职业培训方式并没有很大差异，而在当代则呈现多种模式。行会在 14 世纪、15 世纪创立了学徒制这种职业培训方式。工业革命之后，很多国家主张自由放任的经济思想，作为保守力量的行会被纷纷解散，行会在 19 世纪初丧失了它们的社会和经济影响。而在德国，尽管行会也曾被解散，但持续的时间并不长。在整个 19 世纪，这些行会在没有其他团体介入的情况下修订学徒制规则，即使到现在，它们在职业教育中仍然有强大的影响（Reinisch and Frommberger，2004）。此外，在当时，工人运动不断壮大，政府开始向年轻人灌输它们的政治信念。在手工艺行业的生活和工作的传统世界被认为是社会和政治整合学徒的一个良好基础（Greinert，2004）。总之，行会的持续存在与国家对行会所控制的职业资格的认可是德国双元制发展至今的一个重要因素。

参考文献

BIBB. 2013. "VET Data Report Germany 2012：Facts and Analyses Accompanying the Federal Report on

---

① 补充型学校，通过提供通常在公立学校不存在的课程对公立学校予以补充。补充型学校的开办仅须通知教育当局。在一些情况下，教育当局也可以禁止补充型学校的成立和运转（Lohmar and Eckmardt，2014）。
② 取代型学校的主要目的是取代州内已经存在的公立学校。它们必须获得州的批准（Lohmar and Eckmardt，2014）。

Vocational Education and Training—Selected Findings. "

Dionisius, Regina, Nicole Lissek, and Friedel Schier (eds). 2013. "Participation in Vocational Education and Training—A Summary of Indicators and Rates. " Discussion Papers 143, BIBB.

Gill, Indermit S. and Amit Dar. 2000. "Germany. " In Indermit S. Gill, Fred Fluitman, and Amit Dar (eds.) *Vocational Education & Training Reform: Matching Skills to Markets and Budgets*, Oxford University Press, p. 493.

Greinert, Wolf-Dietrich. 2004. "European Vocational Training 'Systems'——Some Thoughts on the Theoretical Context of Their Historical Development. " *European Journal of Vocational Training* 32.

Gutschow, Katrin. 2012. *Understanding the Dual System in Germany, Excellence in Apprenticeships: An International Perspective.* London.

Hanushek, Eric A. , Ludger Woessmann, and Lei Zhang. 2011. "General Education, Vocational Education, and Labor-Market Outcomes over the Life-Cycle. " IZA DP 6083.

Hensen, Kristina Alice and Ute Hippach-Schneider. 2012. "VET in Europe—Country Report: Germany. " BIBB.

Hippach-Schneider, Ute, Martina Krause, and Christian Woll, 2007. "Vocation Education and Training in Germany: Short Description. " *Cedefop Panorama Series:* 138.

Hoeckel, Kathrin and Robert Schwartz. 2010. "Learning for Jobs OECD Reviews of Vocational Education and Training: Germany. " OECD.

Hummelsheim, Stefan and Dieter Timmermann. 2000. "The Financing of Vocational Education and Training in Germany: Financing Portrait. " CEDEFOP.

Lohmar, Brigitte and Thomas Eckmardt (eds). 2014. "The Education System in the Federal Republic of Germany 2011/2012. " http://www. kmk. org/fileadmin/doc/Dokumentation/Bildungswesen_en_pdfs/dossier_en_ebook. pdf.

Mattern, Cornelia and Dieter Timmermann. 2006. "Stuckturen und Strukturprobleme des Deutschen Bildungssystems. " FernUniversitat in Hagen.

Reinisch, Holger and Dietmar Frommberger. 2004. "Between School and Company: Features of the Historical Development of Vocational Education and Training in the Netherlands. " *European Journal of Vocational Training* 32.

韩国中等职业教育财政支持机制及启示

钟未平[*]

（2014 年 9 月）

一般认为，韩国近四十年来经济的高速发展，与其优良的职业教育培训体系密切相关。韩国的职业教育培训包括职业教育[①]（Vocational Education System，即正规的学校教育系统）和职业培训（Vocational Training System，即政府部门和社会机构提供的职业培训）两大并立的体系，且两套系统分属不同的政府部门。其中，职业教育系统主要由教育部管辖，[②] 职业培训系统由劳动部（Ministry of Labor）管辖。职业教育系统主要由高中阶段的职业高中（Specialized Vocational High School）和高等教育阶段的专科学院（Junior College/ Vocational Colleges）构成；另外，理工学院、教育学院也被韩国学界视为职业教育的组成部分。[③] 职业培训系统则主要包括公共职业培训、企业内职业培训、认证型职业培训和私营培训班等类型。培训机构一般不向受训者提供正规职业教育体系的文凭，而是为合格的受训者颁发职业资格证书[④]。本文将主要对韩国职业高中现状及经费概况进行介绍。

一　韩国职业教育体系及其特点

1. 学制

韩国政府于 1951 年修改《教育法》后，正式采用"6 - 3 - 3 - 4"的阶梯式学制，即小

---

* 钟未平，北京大学中国教育财政科学研究所科研助理。韩信大学兼职教授韩国职业能力开发院课题研究员李大雨老师为本文的写作提供了许多有价值的信息，特在此感谢！文责自负。

① 韩国的职业教育区别于人文教育，被称为实业教育。长期以来，实业教育、技术教育、产业教育、实业·技术教育这些术语在不同场所相互混用，但现在正在逐步统一到职业教育这一说法上来。另外，在人本主义教育思潮下，韩国政府和学界又提出了"生涯教育"的职业教育理念。

② 在正规职业教育体系中，有少量职业学校由韩国产业通商资源部（Ministry of Trade，Industry and Energy）管辖，因为数量很少，故本文对这类学校不做专门介绍。

③ 理工学院（Technical Colleges/ University of Technology/ Polytechnic Colleges）的培养目标是为各行各业培养专业技术人才，教育学院（Teachers Colleges）的培养目标是为小学培养教师。来源：韩国济州岛地方政府网站，http://english. jeju. go. kr/index. php/contents/living/Education/institutions。

④ 韩国的职业资格证书包括三大类：国家认证的政府部门职业资格证书、国家认证的社会资格证书、未经国家认证的社会职业资格证书。

学六年、初中三年、高中三年、专科学院两年或三年（医科类专业有 5 年制的专科）/大学四年/研究生阶段。其中职业高中和专科学院属于正规职业教育体系，分别对应中国的中职和高职。不同于中国的是，韩国的专科学院毕业后可以获得相应的学位——副学士，且在工作一段时间后经过进一步学习（一般是一年）就可获得本科学位。具体学制如图 1 所示。

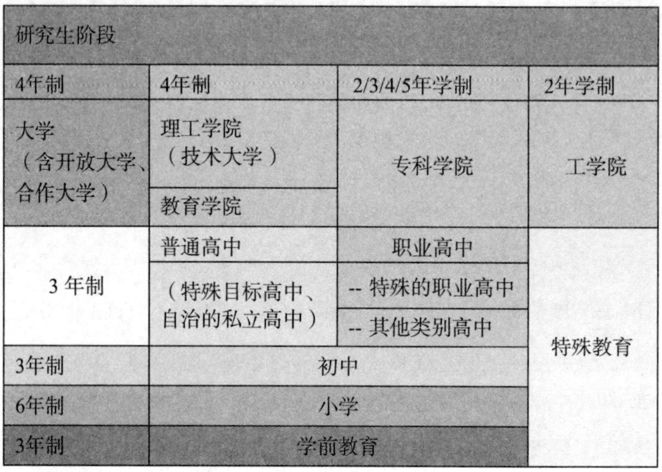

研究生阶段			
4年制	4年制	2/3/4/5年学制	2年学制
大学（含开放大学、合作大学）	理工学院（技术大学）	专科学院	工学院
	教育学院		
3 年制	普通高中	职业高中	特殊教育
	（特殊目标高中、自治的私立高中）	-- 特殊的职业高中	
		-- 其他类别高中	
3年制	初中		
6年制	小学		
3年制	学前教育		

图 1　韩国学制

2. 职业教育体系

韩国实施九年制义务教育（2004 年实现了免费），并从小学阶段就开始给学生提供职业类教育（被称为"生涯教育"）。小学阶段主要是认识职业。[①] 从课时来看，小学阶段，所有学生在 5 年级和 6 年级，每学期需要完成 68 学时（小学一学时是 40 分钟）的实践课程。初中阶段则是技术教育和家政课程，内容包括家政、技术与工业两大类；初一是 68 学时，初二和初三都是 102 学时（初中阶段一学时是 45 分钟）。[②]

韩国正式的职业教育始于高中阶段，实施的是普职分轨制度。1974 年的"高中平准化政策"（High School Equalization Policy）实施后，在高中阶段，选择就读普通高中的初中学生采用按区域抽签分配学校的制度，就读职业高中的学生在参加国家规定的考试后，可以根据职业高中专业选择自己就读的学校。普通高中也提供职业类课程的教育。

韩国职业高中办学模式主要有三类：第一类是专门化的职业高中，即其课程安排是提供某类专业技能教育的学校，包括农业高中、技术（工业）高中、商业高中、渔业/海事高中四种；第二类是一般性的职业高中；第三类是综合高中，即同时开设普通课程和职业（实业）专门课程的职业学校。随着经济、社会的发展，韩国中职毕业生逐渐以升学为主、就业为辅。

---

① 目标：（1）培育学生的生活基础能力及增进他们的适应能力；（2）了解工作的价值，为未来的职业生涯教育做准备；（3）提高计算机使用能力，为进入信息社会做准备；（4）生态教育等。

② 内容主要包括：（1）家政课覆盖范围较广，例如在食品方面，涉及营养问题、市场行销、准备食物及如何烹调、运用工具或服务；（2）技术与工业必修课程包括了解建筑、通信、运输、农业、工业、商业、水产养殖及生涯辅导等技术，其目的是促使初中学生对于材料、能源、器具、机具及产业制造等有初步认识。

韩国高等职业教育——专科学院的目标是培养具有坚实理论基础和技能的中等技能人才，涉及专业包括科技、农业、护理学、渔业、卫生、商业和商务、家政、艺术、培育、体育、园艺、美容等。2012 年专科学院共计 142 所学校，在校生人数为 769888 人。1994 年后，韩国政府规定，专科学院每年招生名额中 50% ~60% 需要预留给职业高中学生、通过国家认证的职业资格证书的技术人员和具有一定产业工作经验的人。专科学院毕业生以就业为主，升入本科教育的比例较低。

2005 年，韩国的职业教育体系开始向建设终身教育社会迈进，其主要举措包括：制定并颁布《终身教育法》，提出并实施"学分银行制"等。

3. 私立职业教育

为了弥补公共教育经费的不足，韩国长期以来都通过大力发展中等和高等教育阶段的私立教育，来增加教育机会的供给，满足民众日益增长的教育需求。尤其是在职业教育领域，私立教育发挥了无可替代的主体作用。就职业高中和专科学院来说，1965 ~2010 年，私立的职业高中学校占据了半壁江山，而高职阶段的私立专科学院则占据了绝对主导地位。

私立中等职业学校的大发展时期是 20 世纪 70 ~80 年代，这和该时期韩国通过发展私立教育来普及高中阶段教育，并且实施"高中平准化政策"，均衡不同地区公私立高中学校的教育水平等一系列政策有关。

"高中平准化政策"始于 1974 年，当时韩国政府要求不同地区的公私立高中，应当在学校的基建（包括教学设施和设备）、班级规模和办学经费方面大致相当，同时不允许私立高中选择学生，而且必须和公立学校一样遵守教育部门在课程大纲、课程安排和课本选择上的规定，以提供均衡化、均质化的高中教育。为此，韩国政府一方面限制私立职高的收费，另一方面开始为私立职高提供经费补贴。

二　职业高中基本情况

1. 职业高中学校数及学生数

20 世纪 60 ~70 年代是韩国职业高中大发展时期，学校数量和学生数量都有显著增加；20 世纪 80 年代后，职业高中学校数量和学生数量开始缓慢减少；进入 21 世纪后，中等职业教育发展更是面临学生数进一步下滑的窘境（见表 1）。

表 1　部分年份韩国普通高中和中等职业学校的学校数量及学生数量情况

年份	学校数量				学生数量			
	总计（所）	普通高中（所）	职业高中（所）	职业高中所占比例（%）	总计（千人）	普通高中学生（千人）	职业高中学生（千人）	职业高中学生所占比例（%）
1965	701	389	312	44.51	426.5	254.1	172.4	40.42
1970	889	408	481	54.11	590.4	315.4	275.0	46.58
1975	1152	673	479	41.58	1123.0	648.1	474.9	42.29

续表

年份	学校数量				学生数量			
	总计（所）	普通高中（所）	职业高中（所）	职业高中所占比例（%）	总计（千人）	普通高中学生（千人）	职业高中学生（千人）	职业高中学生所占比例（%）
1980	1353	748	605	44.72	1696.8	932.6	764.2	45.04
1985	1602	967	635	39.64	2152.8	1266.8	886.0	41.16
1990	1683	1096	587	34.88	2283.8	1473.2	810.1	35.47
1995	1830	1068	762	41.64	2157.9	1246.4	911.5	42.24
2000	1975	1193	764	38.68	2071.5	1324.5	747.0	36.06
2005	2095	1382	713	34.03	1762.9	1259.8	503.1	28.54
2006	2144	1437	707	32.98	1775.8	1281.5	494.3	27.84
2007	2159	1457	702	32.52	1841.4	1347.4	494.0	26.83
2008	2190	1493	697	31.83	1907.0	1419.5	487.5	25.56
2009	2225	1534	691	31.06	1965.8	1485.0	480.8	24.46
2010	2253	1561	692	30.71	1962.3	1496.2	466.1	23.75
2011	2254	1565	689	30.57	1280.0	985.3	294.7	23.02

资料来源：KEDI. "Education Statistics Service." http://kess.kedi.re.kr/eng/stats/intro? itemCode=01&survSeq=&menuCd=。

2. 私立职高情况

与20世纪70~90年代的私立职高大发展相比（见图2、图3），2000年后私立职高进入稳中有降的新时期。学校数占比从41.75%下降到40.75%，在校生数占比从50.93%下降到47.30%，教师数占比从45.55%下降到43.36%（见表2）。

表2 2000~2011年私立职高占比情况

单位：%

年份	私立职高学校数占比	私立职高在校生数占比	私立职高教师数占比
2000	41.75	50.93	45.55
2001	41.77	50.13	45.05
2002	41.97	50.01	44.97
2003	41.55	49.36	44.70
2004	41.70	48.97	44.85
2005	41.51	48.83	44.86
2006	41.44	48.55	44.84
2007	41.17	48.19	44.49
2008	41.03	47.58	43.98
2009	40.96	47.42	43.78

续表

年份	私立职高学校数占比	私立职高在校生数占比	私立职高教师数占比
2010	40.75	47.30	43.36
2011	40.93	47.49	43.36

资料来源：KEDI. "Education Statistics Service." http://kess. kedi. re. kr/eng/stats/intro? itemCode = 01&survSeq = &menuCd = 。

图 2　私立职高和私立专科学院的学校数占比

资料来源：KRIVET，2013。

图 3　私立职高和私立专科学院的学生数占比

资料来源：KRIVET，2013。

3. 不同专业的职业高中学校

从学校数量和学生数量来看，20 世纪 90 年代以来，中等职业学校中的农业高中数量不断萎缩，商业高中和综合高中数量也不断减少，渔业/海事高中和职业高中数量在 2000 年后变化不大，而技术高中的数量不断增加（见表 3、表 4）。

表3 部分年份韩国不同专业的职高学校数量及其比例

单位：所，%

年份	总计	农业高中	技术高中	商业高中	渔业/海事高中	职业高中	综合高中
1990	587	9.37	17.72	35.43	1.53	2.73	33.22
1995	762	3.81	22.97	32.55	1.18	8.14	31.36
2000	764	3.40	26.57	31.15	1.05	9.82	28.01
2001	759	3.56	27.54	29.64	1.05	9.62	28.59
2002	741	3.78	28.21	29.82	1.08	9.31	27.80
2003	734	3.81	28.47	29.56	1.09	9.95	27.11
2004	729	4.25	28.67	30.18	1.10	8.78	26.89
2005	713	4.35	29.73	29.73	1.12	8.98	26.09
2006	707	4.24	29.99	29.56	1.13	9.05	26.03
2007	702	3.56	30.20	28.35	1.00	9.97	26.92
2008	697	4.02	29.99	27.69	1.00	9.90	27.40
2009	691	4.20	30.39	27.35	1.01	9.99	27.06
2010	692	4.34	30.64	27.46	1.01	9.25	27.31
2011	689	4.35	30.77	27.72	1.02	9.14	27.00

资料来源：KEDI. "Education Statistics Service." http://kess.kedi.re.kr/eng/stats/intro? itemCode = 01&survSeq = &menuCd = 。

表4 部分年份韩国不同专业的职高学生数量及其比例

单位：人，%

年份	总计	农业高中	技术高中	商业高中	渔业/海事高中	职业高中	综合高中
1990	810651	5.01	23.68	45.75	1.15	2.06	22.34
1995	911453	2.34	30.03	39.00	0.75	7.20	20.68
2000	746986	2.39	35.59	36.50	0.75	7.72	17.05
2001	651198	2.58	35.58	34.97	0.77	7.61	18.49
2002	575363	2.85	35.89	35.08	0.80	7.24	18.13
2003	542077	3.01	36.25	34.36	0.84	7.89	17.65
2004	514288	3.31	36.60	34.62	0.88	6.75	17.84
2005	503104	3.35	37.19	34.17	0.89	6.73	17.68
2006	494349	3.37	37.79	33.92	0.89	6.70	17.33
2007	494011	2.78	37.67	32.99	0.82	7.53	18.21
2008	487492	3.19	37.04	32.01	0.82	7.91	19.03
2009	480826	3.39	36.85	31.59	0.81	8.03	19.34
2010	466129	3.54	36.42	31.63	0.80	7.33	20.28
2011	294668	3.63	36.26	31.95	0.78	7.28	20.10

资料来源：KEDI. "Education Statistics Service." http://kess.kedi.re.kr/eng/stats/intro? itemCode = 01&survSeq = &menuCd = 。

4. 升学率和就业率

随着韩国经济及社会的发展，职业高中入学人数不断减少，且职业高中毕业生选择放弃就业转而进入大学学习的比例逐年上升。职业高中毕业生的就业率自1990年后就不断下滑，2010年仅为19.2%。与此同时，中等职业学校毕业生升学率则在不断攀升，2010年为71.1%（见表5）。

表5 部分年份韩国职高毕业生生涯选择情况

单位：人，%

年份	毕业生总数	毕业生选择					升学比例	就业比例
		高等教育	就业	军役	失业	无信息		
1970	62854	6033	31569	—	—	—	9.6	50.2
1980	201057	23019	102812	—	—	—	11.4	51.1
1990	274160	22710	210123	1402	16108	23817	8.3	76.6
1995	259133	49699	190148	333	7582	11371	19.2	73.4
2000	291047	122170	149543	523	10508	8303	42.0	51.4
2005	170259	115164	47227	393	4327	3148	67.6	27.7
2006	162600	111601	42151	402	5348	3098	68.6	25.9
2010	156069	111041	29916				71.1	19.2

资料来源：KEDI. "Education Statistics Service." http://kess. kedi. re. kr/eng/stats/intro? itemCode = 01&survSeq = &menuCd = 。

三 职业高中的经费情况

韩国的教育经费[①]主要来源于以下四个方面：中央政府（教育部）、地方教育部门（16个直辖市和道的教育厅）、学生和家长（缴费）、学校财团（私立学校）。

韩国实行的是高度中央集权的教育管理体制，与此相适应的是中央主导的教育财政经费制度，即中央政府拨款占整个教育预算的绝大部分。从经费责任来看，中央政府教育预算为管理中小学教育的教育厅提供经费，为国立高校的运营管理提供经费，为私立高校提供部分资助，为教育行政和有关研究机构提供资助。地方政府教育经费用于支持基础教育，其中85%来源于中央政府，15%来自学生家长和地方政府。私立学校的资金主要依赖于学生缴费、中央政府和地区社会给予的支持以及（私立）学校财团的投资。2005年韩国教育部84.5%的预算拨付给了地方教育厅。[②]

2005年，韩国职业高中的经费构成为：65.1%来自政府，32.4%来自学生及其家长，

[①] 为了促进教育发展，保证财政教育经费，韩国征收专门的"教育税"。根据韩国《教育税法》，教育税包括国税和地税（省一级）两类。

[②] 中华人民共和国驻大韩民国大使馆教育处，《韩国教育概况》，http://www.chinaedukr.org/publish/portal109/tab5120/info91833.htm，2009年3月5日。

（私立）学校财团的投入比例不足1% （见表6）。

表6 2005年韩国职业教育财政投入情况

单位：百万韩元，%

		总计	学生和家长	政府	学校财团	其他（捐赠和服务收费）
职高	金额	1950667	631705	1269895	16771	32296
	比例	38.2	32.4	65.1	0.9	1.7
专科学院	金额	2609550	2053515	65209	44133	446693
	比例	51.1	78.7	2.5	1.7	17.1
其他	金额	550365	334070	161366	10475	44454
	比例	10.7	60.7	29.3	1.9	8.1
总计	金额	5110582	3019290	1496470	71379	523443
	比例	100	59.1	29.3	1.4	10.2

注："其他"主要是理工学院等大学阶段的职业教育。

资料来源：Sung-Joon Paik. "Vocational Education & Training Finance in Korea." http://www.adbi.org/files/2005.09.07.cpp.financing.vet.korea.pdf。

1. 公立职高的经费支持

地方教育厅给公立职业高中提供运营经费（含公用经费和教师薪酬）。一般都会考虑如下因素：职业高中的专业类型以及每个学校、班级和学生的成本。也就是说农业高中、技术高中、商业高中、渔业/海事高中、职业高中、综合高中获得的经费拨付标准是不同的；同一专业类型职业高中，又会因为班级数量、学生人数的不同而采用不同的拨付标准。

另外，地方教育厅还会就学校体育场馆、健身房等设施设备建设，交通车辆购置，校舍建设维修等事业发展提供相关的支持性经费。

2. 私立职高的经费支持

（1）限制私立职高的收费

韩国的职业高中，不论公立私立，学生都需要缴费入学。1974年"高中平准化政策"实施后，韩国政府对私立高中（包括私立职业高中）的缴费进行了强制性管制，要求参照公立高中标准收费。如表7所示，2011年韩国公办和民办职业高中收费标准基本没有差别。由于私立职业高中来自举办者（学校财团）的经费投入非常少，这就意味着，实际上私立职业高中和公立职业高中一样依赖政府投入。

表7 2011年职高学生年度缴费标准

单位：韩元

实施地区		公立职高			私立职高		
		注册费	学费	赞助费	注册费	学费	赞助费
首尔大都会	最高	14100	1450800	336000	14100	1450800	336000
	最低						

实施地区		公立职高			私立职高		
		注册费	学费	赞助费	注册费	学费	赞助费
一类地区 （实施标准化）	最高	19000	1400000	297200	19000	1400400	295418
	最低	14800	627600	201600	14900	1167600	201600
一类地区 （未实施标准化）	最高	16500	614100	294642	16500	895200	348815
	最低	13000	510000	201600	13000	554400	209230
二类地区（城镇）	最高	17000	1180800	294810	17000	1180800	322052
	最低	12000	490800	201600	12000	518400	209490
二类地区（乡村）	最高	15000	636000	293520	15000	766800	924000
	最低	11700	460800	201600	11700	477480	206400
三类地区 （海岛和偏远地区）	最高	12600	495600	285600	12600	495600	295440
	最低	10300	391200	230240	10300	391200	295440

数据来源：KRIVET，2013。

（2）私立学校教师年金政策

1975 年，韩国政府开始实施私立学校教师年金制度（《私立学校教职员年金法》，Private School Teachers and Staff Pension ACT）[1]。政府按照专科学院教师薪酬的 2%、职业高中教师薪酬的 3% 的标准，补贴其年金；教师按照其个人薪酬的 5.5% 缴纳年金；私立专科学院学校财团按照教师薪酬的 3.5%、私立职业高中学校财团按照教师薪酬的 2.5% 缴纳教师年金。该政策对于私立职高教师队伍的稳定发挥了很大的作用。

（3）为私立职高提供运营经费

1974 年"高中平准化政策"实施以后，严重依赖学生缴费的私立职高运转极其困难。为此，从 1977 年开始，韩国政府开始为私立职高提供学校运营经费支持，先测算同类型公立职高的标准预算支出额度（含教师薪酬和学校运营经费），然后测算私立高中的经费收入（含学生缴费和学校财团资金），最后依据两者之间的差额提供财政补贴。

（4）私立学校促进基金

1989 年，韩国政府设立了"私立学校促进基金"（Private School Promotion Foundation），旨在通过贷款的形式，为改善私立学校的办学条件和仪器设备提供经费。例如，1994 年，该基金 97.3% 的经费贷款给了私立学校，其中，初中、高中学校得到了 21.1%，专科学院得到了 26.0%，大学得到了 50.2%。借款的私立学校，在第一个五年需要支付每年 5% 的利息，后五年开始逐步偿还本金。

3. 学生资助情况

韩国高中阶段教育不属于义务教育，因此，普通高中和中等职业学校的学生都需要缴纳学费。中等职业学校不仅学费低于普通高中，而且其学生获得资助的范围和额度均

---

[1] 韩国私立学校教师年金由本人的退休年金、提前退休年金、职业伤害年金以及本人死亡后遗属的遗属年金构成。

高于后者。无论是公立学校还是私立学校的学生，都有机会获得政府提供的资助（如减免学费、提供奖助学金）（见表8）。而且，从2008年开始，韩国给获得"技师高中"的职高学生提供免费教育（详见后文）。

表8　2000年韩国普通高中和中等职业学校学生承担的教育成本

单位：%

	普通高中			中等职业学校		
	总计	公立	私立	总计	公立	私立
学生承担的教育成本	45.5	31.3	58.9	32.4	21.4	46.9

资料来源：Lee, Chong Jae. "The Korean Experience with Technical and Vocational Education." The Fourth ECA Education Conference.

四　韩国职高发展的新动向

1. 技师高中

20世纪90年代以后，为了建设人力资源强国，韩国政府放松了对高中阶段学校的"平准化"限制，转而提出了"追求竞争、卓越和多样化"的目标，高中多样化运动由此展开。2008年，李明博政府发布了以创建300所新型高中为核心目标的《高中多样化300工程》（Diverse High School 300 Plan），在中等职业学校领域实施的"技师高中计划"（Cultivate the Korean Meister High School）是其重要的组成部分。

2011年，韩国政府正式挑选出一部分资质优良的中等职业学校，赋予"技师高中"的称号。韩国第一至第七批技师高中的学校数量和学生数量如表9所示。

表9　韩国技师高中学校数量和学生数量

批次	成立时间	学校数量（所）			学生数量（人）
		总计	公立	私立	
第一、二批	2011年	21	18	3	3600
第三、四批	2012年	7	7	0	830
第五、六批	2013年	7	6	1	760
第七批	2014年	2	2	0	—
总计		37	33	4	

资料来源：KRIVET, 2013。

技师高中在全国范围内选拔优秀的初中毕业生，高中一年级结束后，[①] 学生就可以和

---

① 根据韩国教育部规定，中等职业学校和普通高中的高中一年级课程基本一致，高中二年级和高中三年级的课程则不同。

相关企业签订就业合同，然后继续学习两年。两年后，学生须遵循"先工作，再就读高等教育院校"的规定，即先工作一定年限（一般是三至四年）再进入专科学院就读。例如，中等职业学校学生在巨济技术高中毕业后，可以受聘在三星重工业公司工作，工作合同期满后就可以前往三星重工业工程大学学习工程学，获得副学士学位，然后可以进入釜山国立大学的合作院系就读，获得学士学位。再例如，就读于新正女子商业高中的学生在毕业后，就可受聘于 SPC 集团，工作合同期满后就可以前往 SPC 食品科学学院就读，获得副学士学位。

技师高中设置的专业集中在新传媒、机器人、能源、海洋、电子通信、机械电子、汽车修理、造船、机修、新能源电池、生物、半导体、机电、钢铁、移动通信、医疗设备、生态农业和畜牧业等领域，并且实施小班教学（班级规模一般为 20 人）。韩国政府规定，凡是就读技师高中的学生都可享受免除学费政策，家庭经济困难的学生还可以得到食宿补贴等资助。韩国技师高中培养计划如表 10 所示。

表 10　韩国技师高中培养计划的主要内容

	主要内容
学生毕业后职业道路的选择	·改变原来高中毕业生服兵役方法，即职高毕业生在工作后，可以进入军队任职，成为军队的非战斗类技术人才，然后再进入高等教育机构就读（因为韩国是全民义务兵役制国家，所以这一规定有利于毕业生未来的就业和深造）； ·毕业生工作合同期满后可以前往相应的专科学院就读，这就为职高学生提供了免试获得高等教育学位的机会； ·为有需要的毕业生提供接受国际培训或出国留学的机会
管理制度	·技师高中实施自治管理，包括教学过程和教科书的选择等方面； ·技师高中公开招聘校长，校长类似于企业的 CEO； ·通过各种途径，确保技师高中的教师质量
国家财政补贴	·免除学生学费，并为家庭经济困难学生提供补贴； ·为学生前往海外先进的职业学校进修（留学）提供经费； ·支持学校的基础设施建设，为学校购买所需器材设备提供经费支持

资料来源：韩国教育部，http://www.krivet.re.kr/ku/ca/prg_kuAABvwVw.jsp? gn = E1 - E120130060，2014 年 7 月 24 日。

2. 自立高中

韩国基础教育阶段经历了一系列均衡化、均质化政策实施后，尤其是 20 世纪 90 年代后，随着社会经济的发展，出现了基础教育危机，例如，基础教育阶段学生海外留学规模扩大、规模庞大的补习教育（尤其是以高考应试为目的补习）等。为此，韩国民众要求保证家长和学生的择校权利，满足多样化、特殊化的教育需求，为此应该保障私立学校的办学自主性，以提高其办学活力和创新能力。在经历了较长时间的争论后，终于在 2002 年，韩国政府出台了相关的运营方案，允许那些不需要国家财政补贴、完全依靠学生缴费收入和学校财团资助经费运营的优质私立学校成为"自立的私立高中"。这类高中的特点是：不再接受政府的管控，全面自治。具体表现为以下几点。

（1）可以自由地在全国选择学生。

（2）可以实施自己的教学计划和大纲（前提是，其中包括 56 个单元的国家课程大纲），自行决定教学过程中使用的课本。

（3）选择自己的教师，甚至可以招聘人数不超过 1/3 的未获得资格证书的教师。

截至 2011 年，此类高中阶段私立学校共计 51 所，其中有若干所职业高中。表 11 是两所"自立"的职业高中——光阳制铁高中和浦项制铁高中中的特点和招生情况。其中光阳制铁高中的普通招生，要求学生的课程成绩、出勤成绩、特别活动成绩、社会活动成绩等；对于优先选拔的特长生，要求审查其档案中的学校生活记录簿、获奖情况以及推荐信等。浦项制铁高中，对于普通招生，根据学生的初中成绩、课外成绩、自述以及申请面试成绩加总后，择优录取；对于特长生招收，要求同光阳制铁高中。

表 11　两所自立的职业高中

	光阳制铁高中	浦项制铁高中
建校理念	为国家和制铁行业培养人才	为国家和制铁行业培养人才
教育项目	通过多样化教育活动培养创造性、人性化、世界化教育	培养德智体的特别教育
申请年度	2002	2002
班级/年级	11	13
学生/班	35 名	35 名
师生比	17.8	19.7
学生缴纳费用	与普通高中相同	与普通高中相同
奖学金名额	15% 以上	15% 以上
招生区域	全罗南道	庆尚北道
选拔方式	内审、面试、特长生	内审、面试、特长生

资料来源：徐光宇、潘丽，2005。

五　启示

作为一个成功实现经济结构调整、产业升级换代和经济增长方式转变的国家，韩国的职业高中发展状况对我国中职教育具有一定的启示意义。

1. 以升学为主的职高

如前所述，2000 年后韩国的职高从之前的以就业为主转变为以升学为主。造成韩国中等职业学校毕业生升学率快速上升的直接原因是为总统提供咨询的教育改革委员会（Presidential Commission on Educational Reform）于 1996 年发布了《新职业教育体系建设方案》（Construction of a New Vocational Education System），这一方案使得中等职业教育的功能与种类开始由终结教育向继续教育转变（同时期，韩国政府还出台了鼓励中等职业学校转型为普通高中的政策）。另一重要原因是学龄人口的迅速下降。如图 4 所示，在 20 世纪 70 年代，选择就读普高和职高的初中学生人数较为接近；之后，选择就读普高的初中毕业生越来越多。90 年代，达到了高中阶段的入学最高峰，随后，学龄人口不断下降。

从预测看，选择进入普高的初中生人数也在下降，但是显然选择职高的初中毕业生下降得更快。这也意味着，在学生总量减少的情况下，更多的初中毕业生选择了普高，高中毕业后进入大学；同时，选择就读职高的学生也将以升学为主（如图5所示）。

图4　普高和职高的入学人数变化和预测

资料来源：Paik，2012。

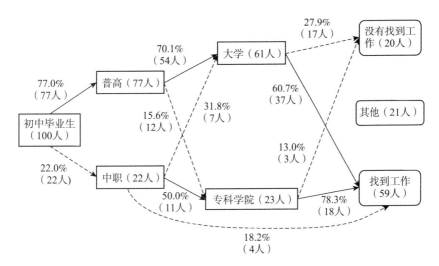

图5　初中毕业生的升学和就业路径

资料来源：KRIVET，2013。

但是，职高从以就业为主转变为以升学为主，究其根本还是因为亚洲金融危机后韩国社会经济的成功转型升级。为了避免从事"3D工作"（dirty，dangerous，difficult），职高毕业生选择进入高等教育领域继续深造，以期得到更好的工作。而这是社会经济发展到一定阶段，很难阻挡的趋势。

2. 高中教育的均衡化与多样化

实施"高中平准化政策"后，韩国的私立职高和普高都被视为"准公立学校"。私立职高在政府的财政补贴和强制管控下，虽然丧失了多样性、创新性等人们对私立教育的期待，却发挥了普及高中教育、均衡教育质量的巨大作用。

而"自立的私立高中"作为一种高中阶段教育的新形式，保障了家长和学生的教育选择权，满足了社会对高质量、多样性的高中教育的追求，有助于探索创新性教育模式和理念。但是一方面，这类学校的运营不需要政府投入，另一方面又主要依靠学生的缴费，可能会导致教育机会的不平等，虽然满足了社会部分人群的教育需求，却给学生和家长造成经济负担，削弱政府对于公共教育的责任，进而加大社会阶层分化。

因此，如何在均衡化的高中教育和多样化的优质高中教育之间，以及在公立学校和私立学校不同功能定位上找到一个平衡点，是一个值得探讨的问题。

3. 提供高质量的职业高中教育

韩国建设"技师高中"的政策目标，除了上文提及的促进高中多样化目标外，就是为了提高中职的吸引力，并减少"过度教育"的情况，缓解高等教育阶段毕业生就业难的压力。为此，"技师高中"政策的两大核心理念是：免费和优质。韩国"技师高中"政策执行以来，训练了许多技术优良的技师，这些技师在企业界也有突出表现。

韩国"技师高中"的实施表明，只是提供免费中职教育，并不能满足民众对教育的需求。只有高质量的中职教育，才能提升职业教育的地位，进而改进职业教育作为"低端教育"类型的社会刻板印象。

当然，面对韩国民众对于"高学历"的追求，"技师高中"政策设计了工作若干年后免试继续升学的路径，以平衡民众的需求和企业界对技能人才的需求。

参考文献

徐光宇、潘丽，2005，《韩国自立型私立高中发展现状及其启示》，《教育发展研究》第 22 期。

KRIVET. 2013. "Human Resource Development Indicators in Korea 2012."

Paik，Sung Joon. 2012. "New Vocational High School Policy in Korea." KDI School.

香港职业教育财政支持机制及启示[*]

张文玉^{**}

（2014 年 9 月）

从 20 世纪 50 年代联合国的禁运政策催生香港发展职业教育的需求到现在，香港职业教育已经走过六十多年的历程，逐渐形成了比较完善的管理与财政支持的体制机制，特别是在对职业教育的财政支持方面，香港积累了较为丰富的经验。本文旨在对香港的职业教育财政支持机制进行介绍，以为内地职业教育发展提供借鉴与启示。

一　香港职业教育概况

香港职业教育的发展，始于 1950 年。朝鲜战争爆发后，联合国在美国操纵下对香港实施禁运，使得香港的转口贸易一落千丈，从而迫使香港从单纯的转口贸易向制造业转移，催生了香港发展职业教育的需求，一些职业训练班和具有职业教育性质的工业学校开始出现。70 年代初期，石油危机使得香港经济面临新的困难，港英政府因此开始实施经济多元化战略，从劳动密集型经济向技术密集型经济转移。为了满足经济转型对职业技能人才的需求，港英政府开设了一批工业中学和职业先修中学进行初等和中等职业教育，并先后开设了 7 所工业学院进行高等职业教育。与此同时，一些行业也开始建立学校以培养行业内所需的技能人才，如服务于建造业议会（Construction Industry Council）的建造业议会训练学院（CICTA）和服务于香港纺织业、制衣业的制衣业训练局（CITA）。1982 年，根据《职业训练局条例》，职业训练局（VTC，职训局）成立，统筹负责原来由教育署和劳工署分担的职业教育和技术训练工作。1992 年，根据《雇员再培训条例》，港英政府又成立了雇员再培训局（ERB），通过统筹、拨款和监察，委任培训机构提供培训课程及服务（马早明，1998）。

目前，香港施行的是小学 6 年、初高中各 3 年和大学 4 年的 16 年学制。在普职分流方面施行的是初中后和高中后二级分流体制，学生可以选择在初中毕业或高中毕业后（或者高一高二辍学后）接受职业教育。在职业教育的课程上，根据上课形式的不同，可

---

　　*　原文发表于《世界教育信息》2014 年第 19 期，略有改动。

　　**　张文玉，北京大学中国教育财政科学研究所博士。

以分为全日制课程和兼读制课程；根据课程类型的不同，可以分为证书课程和文凭课程，证书课程的修业年限一般在 1 年以下，文凭课程的修业年限一般在 1 年以上。根据招收学生的不同，职业教育课程又可分为技工级课程、技术员级课程和高级技术员级课程。前两种课程要求报考学生需初三毕业，属于中等职业技术教育；后一种则要求报考学生需高中毕业，属于高等职业技术教育。

表 1 列出了 2007～2012 年香港职业教育的招生情况。从表中数据可以看出，香港每年职业教育的招生人数和普通教育招生人数大体相当，规模不可谓不大。

表 1　职训局、建造业议会训练学院和制衣业训练局中职课程的招生情况

单位：人

课程类别	2007 年	2008 年	2009 年	2010 年	2011 年	2012 年
职业教育						
中职兼读制课程	8493	6750	5889	5661	5452	4991
中职全日制课程	12992	12267	13769	14202	—	13271
高职兼读制课程	8770	9473	15599	15486	14517	13713
高职全日制课程	35580	37110	39853	38045	33203	30933
其他职业教育课程	226895	238146	290372	264146	246589	224046
合计	292730	303746	365482	337540	299761	286954
普通教育						
普通高中招生人数	83922	84243	81522	81850	77279	73246
普通高等教育课程招生人数	175139	175160	187475	197409	199856	231320
合计	259061	259403	268997	279259	277135	304566

注：表中数据根据《香港统计年刊（2013 年版）》相关数据整理；中职招生人数指职训局、建造业议会训练学院和制衣业训练局提供的中等职业技术教育课程的招生数；高职招生人数指职训局和教资会院校的高等职业技术教育课程招生数；"其他职业教育课程"人数包括成人教育/补习/职业课程招生人数和"毅进文凭课程"（下文详述）全日制和兼读制的招生人数；职业教育课程中只统计就读为期 1 年或以上长期课程的全日制及兼读制的学生人数。

有几点需要指出的是：首先，与内地不同，香港的职业教育并非普通教育的对等物，职业教育院校不只是接收应届毕业生，同时也向在职人员、失业人员和其他有职业教育需求的人员开放；其次，香港职业院校的全日制课程也并非内地脱产的概念，短期培训但全天上课的也称作全日制，兼读制则是指上午、下午或者晚间（夜校）在校学习；最后，从 2008 年起，香港开始实施 12 年免费教育，[①] 中学阶段学生基本会读完初一到高三，很少有人初中后选择职业教育，所以香港的职业教育虽有初中后和高中后二级分流体制，但主要的分流是在高中后进行。

---

① 香港特别行政区政府，《2007—2008 年施政报告：香港新方向》，https://www.policyaddress.gov.hk/07-08/。

二　香港职业教育的办学体制

香港职业教育包括职前培训、在职培训和转岗培训，培训的对象包括初高中毕业生、离校青少年、在职人员、失业人员和待业人员。为满足这些培训对象的不同需求，香港已经形成了一个多元化的职业教育办学体制。大体来讲，香港的职业教育学校主要有两类：具有半官方背景的职训局学校和依托社会力量举办的学校。

1. 职训局学校

香港特别行政区政府并不直接举办职业教育学校，而是通过其资助的职训局间接举办职业教育学校。职训局并非香港教育局的附属机构，而是一个独立的法人实体。职训局理事会下设 5 个功能委员会、21 个行业训练委员会及 5 个跨行业的一般委员会。其中各行业训练委员会吸收各行业代表成为其委员，并就各行业的人才培训需求和培训计划向职业培训局提供建议。5 个跨行业的一般委员会则就跨行业的培训事宜提出建议。

根据《政府与职业训练局订定行政安排备忘录》，职训局接受教育局的拨款，并用此拨款推行双方商定的职业服务承诺和职业培训目标。职训局兼具咨询与执行的双重职能。①《职业训练局条例》规定，职训局的咨询职能既包括向行政长官就职业教育提供咨询意见，也包括向其他团体、利害关系人提供职业教育咨询；而其执行职能，既包括营办和维持政府指派与职训局的技能训练中心，也包括设立、营办和维持科技学院、工业学院、工业训练中心及技能训练中心。

目前职训局是香港最具规模的专业教育培训及发展机构，每年为约 25 万名学生提供全面的职前和在职训练。职训局下辖香港高等科技教育学院、香港专业教育学院、香港知专设计学院、卓越培训发展中心、青年学院等 13 所职业教育院校（其中多为私立），为离校生和在职人士提供初三以上到学士学位的全日制和兼读制职业教育课程。职训局具有很高的自主权，可以自行决定招生、课程结构及发展等事宜。根据《香港统计年刊（2013 年版）》的统计，近年来职训局每年全日制课程的招生人数在 40000 人左右，兼读制招生人数在 13000 人左右。

2. 社会力量办学

香港由行业、企业、社会团体和个人等社会力量举办的职业教育学校数量众多，根据《香港统计年刊（2013 年版）》的统计，全港依托社会力量创办的职业学校（日校、日暨夜校和夜校）大大小小有 2500 多所。从行业办学来说，除了上文提到的建造业议会和制衣业训练局之外，还有香港旅游业议会、香港机电业工会联合会、香港仓库运输物流员工协会等都开展职业教育与培训。其所开设的课程有的是行业自发举办和提供的面向学员的自费课程，有的是雇员再培训局框架下的资助课程（下文详述）。在香港，由社

---

① 香港特区政府：《政府与职业训练局订定行政安排备忘录》，https://www.info.gov.hk/gia/general/200006/16/0616194.htm，最后访问日期：2019 年 9 月 25 日。

会力量举办的职业教育每年招生规模在 200000 人次^①以上，是香港职业教育的主体。

三 香港职业教育的财政支持机制

香港特别行政区政府一直非常重视对职业教育的投入，2008 年，在施政报告中宣布，从 2008 年起，免除公营高中学生学费，并全额资助职训局全日制课程学生的学费。^② 目前，在职业教育的财政支持方面，香港特别行政区政府主要采用了两种拨款方式：非竞争性拨款和竞争性拨款。非竞争性拨款主要通过职训局进行，面向职训局学校；竞争性拨款主要通过雇员再培训局进行，面向全港职业教育机构。

（一）非竞争性拨款^③

非竞争性拨款是香港特别行政区政府为了补助职训局开办课程所需经费而采用的支持方式。教育局每年根据预算安排将经费拨付职训局，并由职训局在其下属学校中统筹支配。拨款内容包括经常性拨款和非经常性拨款。拨款因素则由教育局和职训局共同商定。

1. 经常性拨款

经常性拨款以全年整笔补助金形式发放，供职训局调拨作为员工支出（包括员工薪酬、津贴、退休计划供款、酬金与人事有关的开支——包括现金或实物的附带福利）和其他营运支出（包括教材、家具及设备、租金及差饷等的开支）。

职训局在经常性开支的使用方面拥有自主权，可酌情由经常性拨款中支付非经常性开支，款额不设上限，但不得超过经常性拨款总额。

经常性拨款设有现金支出限额，职训局全年支出不得超过总额限制。而对于职训局每年的结余资金，在 2000 年以前，政府会要求职训局全额返还（通常以抵消下个财政年度政府拨给职训局的经常资助金款额的方式）。2000 年后，为给职训局更多的自主权以激发其创新精神和提高回应社会对职业教育需求的灵活性，政府规定职训局可保留全年整笔拨款中所节省的资金作为储备资金，但储备资金不得超过该财政年度整笔拨款的 15%，否则超出部分须于下一个财政年度退还政府。

2010～2013 年三个学年度，香港特别行政区政府对职训局的经常性拨款额度分别为

---

① 香港政府统计处：《香港统计年刊（2013）》，https://www.statistics.gov.hk/pub/B10100032013AN13B0100.pdf，最后访问日期：2019 年 9 月 25 日。

② 免费政策的出台受多方面因素的影响：第一是全球金融危机导致香港经济不景气，劳动力市场工资下滑，普通民众生活负担加重；第二是新学制的推行导致学费有所上涨；第三是由经济下滑导致民众对贫富分化的认受感增强；最直接的原因是民主建港协进联盟的推动：组织民众游行，呼吁免收学费以减轻贫困民众生活负担。

③ 香港特区政府：《政府与职业训练局订定行政安排备忘录》，https://www.info.gov.hk/gia/general/200006/16/0616194.htm，最后访问日期：2019 年 9 月 25 日。

19.16 亿港元、20.64 亿港元和 22.5 亿港元，占每年政府经常性支出的 4% 左右。[①]

2. 非经常性拨款

除经常性拨款外，香港特别行政区政府也会根据职训局的切实需要，拨付非经常性拨款用于非经常用途，其中包括基础设施的维修维护以及根据社会经济发展的需要设立新的职业教育学校。非经常性拨款只供特定用途使用，不得转入全年整笔拨款中。

经常性拨款按季度发放；非经常性拨款则按职训局的实际需要提前发放。

3. 拨款因素

从 2000 年起，香港教育局和职训局商定了一些服务成果指标和表现成效指标，作为职训局制定年度预算和教育局对职训局进行考核及批准拨款计划的标准。这些标准既有非绩效指标，也有绩效指标。非绩效指标包括全日制学生数和非全日制学生数；绩效指标则包括全日制和非全日制学生整体入读率、全日制学生留读率、非全日制学生留读率和全日制毕业生的就业率。根据上述指标计算出教育局对职训局的全年拨款总额后，教育局会从中减去职训局预计的学费收入和其他来源收入，再根据价格变动因素对拨款总额进行调整。

职训局每年会根据上述指标向教育局提交建议活动计划书及收支预算，而教育局则会根据职训局上一年度的预算完成情况与其商定本年度的具体目标及拨款计划。如果职训局没有达到事先与教育局协定的目标而又不能做出合理解释，教育局则有权削减甚至撤销对职训局的资助。

（二）竞争性拨款

竞争性拨款是香港特别行政区政府面向市场所采用的拨款方式，主要是通过雇员再培训局实施。

1. 雇员再培训局及其经费来源

1992 年，根据《雇员再培训条例》，香港特别行政区政府设立了雇员再培训局和雇员再培训基金，并委托雇员再培训局对基金进行管理。目前，雇员再培训局通过雇员再培训基金，委托约 115 家培训机构和近 410 家培训中心，为 15 岁或以上、具有副学位或以下受教育程度的人群提供培训。[②]

雇员再培训基金主要由两部分构成：雇员再培训征款和政府补助。雇员再培训征款是指雇佣外来工的雇主为其雇佣的工人所缴付的 400 港元/（人·月）的外来雇工征款和

---

① 香港政府统计处：《香港统计年刊（2013）》，https://www.statistics.gov.hk/pub/B10100032013AN13B0100.pdf，最后访问日期：2019 年 9 月 25 日。

② 雇员再培训局设立之初，主要面向 30 岁或以上、具初三或以下受教育程度的失业人群；但到 2008 年，由于受 1978 年香港开始施行的 9 年义务教育影响，劳动力市场上已很少有 30 岁以上初中以下学历的失业人员。因此，从 2008 年起，雇员再培训局将服务对象范围扩展为 15 岁或以上、具有副学位或以下受教育程度的人群。

雇佣外籍家庭雇工的雇主为其外佣缴付的 400 港元/（人·月）的外佣征款。[①] 政府补助则指香港特别行政区政府向雇员再培训基金注入的资金。雇员再培训基金设立之初，政府一次性注入了 3 亿港元，并在其后又多次向基金注入一次性补助金。2001 年起，政府开始向雇员再培训局提供每年约 4 亿港元的经常性拨款，并延续到 2008 年。[②] 2013 年，梁振英在其施政报告中宣布从当年 8 月起取消外佣征款，并提议为雇员再培训局提供长久而稳定的财政支持。[③] 在《2013—2014 财政年度政府财政预算案》中，香港特别行政区政府拟向雇员再培训基金注资 150 亿港元，以长期支持雇员再培训局的工作。

2. 雇员再培训局的拨款机制[④]

根据《雇员再培训条例》的规定，为了协助雇员掌握新的职业技能或提高其职业技能从而适应就业市场的变化，雇员再培训局应研究提供再培训课程及附属培训计划，并委托培训机构提供或举办再培训课程，以及向培训机构支付提供再培训课程及附属培训计划所需的费用和向再培训学员发放再培训津贴。

在具体执行上，雇员再培训局会根据社会经济发展的需求，制定年度的课程及招生规划，[⑤] 供培训机构申请提供相应课程。申请提供课程的培训机构需向雇员再培训局提供详细的课程建议书及财政预算，以供雇员再培训局审核。通过审核的课程会先进行试办及评估，通过评估的课程会按照培训机构的课程建议书和审定的财政预算正式开办。雇员再培训局制定了一套成效指标，用于在成本效率、课程效益和有关人士对课程的满意程度方面对培训机构进行评估。这些成效指标如下。

成本效率指标：学位使用率（实际招生与计划招生比）、课程出席率和学员单位成本。

课程效益指标：就业率、留职率和结业成绩评核/考试或技能测验的合格率。

有关人士对课程的满意程度：对受训学员、雇主及公众意见调查的结果。

为便于监察，雇员再培训局选择以学位使用率、课程出席率和就业率作为主要的成效指标，并为这些成效指标制定相应的目标比率。若课程在上述各方面的成效不能达到所规定的目标比率，雇员再培训局会要求有关的培训机构做出解释，以及提出建议和采取补救措施。2011～2012 年，雇员再培训局在再培训津贴和培训计划及课程方面的年度开支都在 7 亿港元左右，培训结业的毕业生在 100000 人次左右。

---

① 该款项从 2003 年开始征收，目的是避免外佣的滥用和减少外佣对本地工作计划的顶替。在向雇佣外籍家庭雇工的雇主征款的同时，香港特别行政区政府也把外佣的最低许可工资从 3670 港元/月减少到 3270 港元/月，导致这一政策从推出起就遭到外佣和社会人士的抗议。2008 年，香港特别行政区政府暂停了外来雇工征款和外佣征款。《雇员再培训局的未来发展路向》，2008，香港：立法会人力事务委员会。

② 《人力事务委员会讨论文件 CB（2）279/13－14（04）号》，2013，香港：立法会人力事务委员会。

③ 《2013 年施政报告：稳中求变，务实为民》，香港：香港特别行政区政府。

④ 《有关雇员再培训局提供再培训课程的若干问题的直接调查》，2000，香港：申诉专员公署。

⑤ 若某雇主或雇主团体某一职位有 12 个及以上的具有特别技能的员工需求，且此项技能的训练未涵盖在雇员再培训局的全日制就业挂钩课程中，该雇主或雇主团体可以向雇员再培训局申请量身定做的培训课程，以为其提供所需的员工，费用全免。

　　除雇员再培训局外，香港教育局通过"毅进文凭课程"① 和劳工处通过"展翅青见计划"② 也会提供一些竞争性的经费供培训机构申请，但由于数额较小，③ 此处不予赘述。

四　香港职业教育财政支持机制对内地的启示

　　尽管香港的职业教育发展的历史并不长，但从上文可以看出，不管是在职业教育办学体制还是职业教育的经费支持机制方面，香港都已发展出了比较完善的体系。概括而言，可以说，香港现行职业教育体系最大的特点在于有效发挥了职业教育发展中政府调控与市场机制的双重作用：在学校举办、课程设计和经费使用等方面充分发挥社会力量及学校的作用，同时通过竞争性的拨款机制设计促进职业教育学校之间的竞争；政府则通过办学成效评估，对职业教育学校进行管理与监督。考虑到内地在职业教育发展和财政支持机制方面存在的问题，香港的经验非常值得借鉴。

　　1. 发展灵活的职业教育办学与管理体制

　　从上文可以看出，香港已经建立了灵活的职业教育办学体制。这种灵活性表现在以行业为中心和职业学校的自主性。在以行业为中心方面，香港的职业教育学校主要由社会力量举办。这些学校不论是在招生规模上还是在数量上都远远超过职训局学校。即便是职训局学校，也吸收了各行业的代表进入其训练委员会，并就行业人才需求和学科课程发展方向和策略向职训局提供建议。这使得香港各行业的职业人才需求能够切实反映到职业教育中，保证了职业教育与市场对人才需求的适切性。在职业学校的自主性方面，和社会力量举办的学校一样，职训局学校也在招生和课程设置方面享有自主权。这样就保证了学校能够迅速地回应劳动力市场对人才的需求，适当调整不同课程的招生规模以及停办某些职业教育课程和开设新的职业教育课程。职业学校的自主性还表现在拥有经费使用的自主权。如前文提到，职训局所属学校可以调用其经常性拨款用于非经常性支出，这样有利于学校根据实际需要灵活调控经费的使用，有利于提高经费使用的效率。

　　相比于香港的职业教育办学体制，内地的职业教育则极其缺乏灵活性。一方面，虽然从20世纪90年代开始，中央就提出要改变政府大包大揽的办学模式，鼓励社会团体和个人举办职业学校。但是，由于在举办和运营民办学校方面存在诸多体制、机制上的障碍，民办职业教育的发展一直受到掣肘。另一方面，在公办职业教育学校的发展中，行

---

　　① "毅进文凭课程"的前身是教育局在2000年推出的"毅进计划课程"（Project Yi Jin，PYJ），主要面向旧制下的高二离校生和成年人。随着新学制的推行，2012年，教育局根据新高中课程对"毅进计划课程"的课程进行了调整，并更名为"毅进文凭课程"重新推出，其服务对象也变为高三离校生和年满21岁的成年人。

　　② "展翅青见计划"是劳工处在2009年整合其原有的"展翅计划"（Youth Pre-employment Training Programme）和"青少年见习就业计划"（Youth Work Experience and Training Scheme）而形成的，其服务对象是15~24岁、学历在副学位或以下的离校青少年。

　　③ 在《2012—2013财政年度政府财政预算案》中，香港特别行政区政府预留了10亿港元，用以支持"毅进文凭课程"2012~2017五个学年所需支出。2009~2012三个学年，"展翅青见计划"获得的拨款分别为9900万港元、1亿港元和8300万港元。

业、企业缺位严重，不管是人才培养计划的制定还是课程的设计，行业、企业均未能参与其中。在经费使用上，财政拨款规定了人员经费、公用经费和专项拨款各自的使用范围，学校缺乏自主调控的空间，不利于在学校内部优化资源的配置与使用。因此，为促进内地职业教育的发展，我们既需要着手打破企业、社会团体和个人举办职业教育的体制机制障碍，实现办学主体的多样化，又需要吸收行业、企业在促进职业教育发展中发挥作用和给予职业教育学校在招生、课程设置及经费使用方面的自主权。只有这样，内地职业教育才能够迅速适应劳动力市场对于人才的需求变化，为社会经济发展培育所需的技能人才。

2. 建立鼓励竞争的职业教育拨款机制

一定的办学体制需要一定的拨款机制与之相适应。要发展灵活的职业教育办学体制，除了鼓励社会力量办学及赋予学校办学自主权以外，更重要的是要通过财政手段调动社会力量办学的积极性及创设一个鼓励竞争的职业教育办学环境，以发挥市场的力量形成职业教育办学的进入与退出机制。香港雇员再培训局的竞争性拨款，恰恰起到了上述作用。首先，雇员再培训局的竞争性拨款面向全港职业教育学校开放，由社会力量举办的学校可以通过申请雇员再培训局的课程获得经费支持，这就为社会力量学校的运营提供了一定的经费支持。其次，通过竞争性的拨款，香港的优质职业教育学校及优质的职业培训课程能够被有效识别并获得财政的资助，而质量差的学校及课程则会在竞争中逐步退出职业教育市场。最后，需要特别注意的是，雇员再培训局的竞争性拨款是以课程为基础的，而不是以学校为基础的，这样既可以增加拨款的灵活性，向为回应劳动力市场对新型人才的需求而开设的新型课程提供经费支持，更可以提高拨款的识别度，确保优质学校的优质课程能够得到持续的资金支持。

就内地的职业教育而言，虽然政府投入了大量的财力，但是没有取得理想的效果，其问题就在于拨款机制过于单一且缺乏竞争性。对于公办职业教育学校而言，政府兜底的拨款方式导致其对政府财政的过度依赖，创新及发展的动力不足；而对民办职业教育而言，由于政府在财政拨款上的不公平对待，其缺乏与公办学校进行竞争的基础。因此，内地可以尝试学习香港的经验，在职业教育财政拨款中引入竞争机制。一方面通过这种竞争机制创设一个民办职业教育学校之间、公办职业教育学校之间以及民办职业教育和公办职业教育之间竞争发展的环境；另一方面也通过竞争性拨款为民办职业教育提供一定的经费支持，并通过竞争激发公办职业教育学校发展的动力。

3. 建立绩效导向的预算管理及评估体制

职业教育学校办学效率的提高离不开有效的监督。不论是教育局还是雇员再培训局，都建立了以绩效为导向的预算管理和评估体制，从而形成对职业教育学校办学效益的有效监督。职训局及申请雇员再培训局课程的学校每年都需要考虑与政府协商制定的或由雇员再培训局事先制定的绩效目标，并在此基础上编制预算，而教育局和雇员再培训局每年也会根据绩效指标对其委托的职业教育机构或学校进行评估，并在此基础上对职业教育机构或学校进行问责并决定下一年度的拨款计划。

与香港不同，内地在编制职业教育预算时，很少考虑绩效因素，即便有的地方考虑了绩效因素，在对绩效的考评和问责上也缺乏力度。这样就形成了十分吊诡的局面：就政府而言，认为职业教育学校并未充分利用其所拨款项，办学效果不理想，但因为缺乏有效评估学校办学成效的手段，因此在对学校进行拨款时处于被动局面；而就职业学校而言，则认为政府对其缺乏足够的经费支持，限制了学校的发展。总结香港职业教育拨款的经验，政府在制定对职业学校的拨款时，可以引入绩效因素，既为有效使用经费和评估学校办学成效提供依据，也能通过绩效因素激发学校办学的主动性、积极性。

参考文献

马早明，1998，《亚洲"四小龙"职业技术教育研究》，福建教育出版社。

八

高等教育财政

新中国成立七十年来我国高等教育财政的历史演变

王江璐[*]

（2019 年 2 月）

七十年来，随着我国经济体制、财政体制和高等教育管理体制改革，高等教育财政同样也经历了若干次重大变革。本文主要从两个角度进行分析，首先将高等教育财政的演变过程划分为 1949～1953 年、1954～1979 年、1980～1992 年、1993 年至今的四个阶段，分别从高等学校的管理模式、财政资金的投入模式、财政资金的分配方式、学生资助等维度进行归纳和总结。第二部分则在第一部分基础上对改革开放以来中央重点建设的高等教育财政政策进行梳理和分析。

一　新中国成立以来高等教育财政的历史变迁

（一）第一阶段：1949～1953 年

1949～1953 年，我国正处于从新民主主义向社会主义过渡的时期。此时的税收制度、预算体制、教育管理制度都具有明显的调整性质。中央实行了严格的"统收统支"体制，具有极强的计划性。国家对于高等教育财政的任何方面都严格按计划进行配置，包括预算决算程序、支出项目、支出标准等。

1. 高等学校的管理模式

新中国成立初期，国家通过社会主义改造使社会制度由新民主主义向社会主义转变，体现在高等教育方面则是政府将所有高等学校转化为公有，接收了教会学校、国民政府遗留的学校等。经过"1952 年院系调整后，私立高等学校已全部改为公立"（何东昌，1998a：213），高等教育成为较早完成社会主义改造的领域。

1949 年 9 月发布的《中国人民政治协商会议共同纲领》指出，要"有计划有步骤地实行普及教育，加强中等教育和高等教育"。与此同时，《一九五四年文化教育工作的方针和任务》中也强调了"教育是文教工作中的重点，而教育工作中的重点乃是高等教育"

---

* 王江璐，北京大学中国教育财政科学研究所博士后。

（何东昌，1998a：189），确立了高等教育的特殊地位。1950 年 5 月 5 日，政务院颁布《各大行政区高等学校管理暂行办法》，规定除华北区高等学校由中央教育部直接领导外，"各大行政区高等学校暂由各大行政区教育部或文教部代表中央教育部领导"（何东昌，1998a：14）。于是，此阶段高等教育的管理模式是中央和大行政区两级管理。

2. 财政资金的投入模式

对高等教育的集中管理直接体现在由中央统一安排财政经费。根据《政务院关于统一管理 1950 年度财政收支的决定》的规定，"为了克服国家财政收支不平衡与收支机关脱节的现象，为了节约支出，整顿收入，统一国家财政收支的管理"，确定了中央对大中小学文教机关团体学校费的直接管理，"均列入中央人民政府预算，按全国收支概算逐项审核开支"（何东昌，1998a：11）。同样在《各大行政区高等学校管理暂行办法》中还规定了"各大行政区高等学校的预算、决算由各大行政区教育部或文教部审核后，呈报中央教育部备案"（何东昌，1998a：14）。这均表明中央高度统一安排教育经费。

3. 财政资金的分配方式

在 1953 年 3 月发布的《关于 1953 年度"教育支出"预算的联合通知》中，中央确定了高等教育经费的涵盖范围、支出项目及预算编报程序等。首先，除全国医学院经费由中央高等教育部全部拨交卫生部统一分配外，一般高等学校经费（高等教育事业费）全部列入教育事业费。其次，在分配经费时，一般的经常费（如人民助学金、教学行政费、一般设备费三项）根据全国预算，规定经费的支出标准按照由高等教育部和教育部联合制定的《1953 年度全国各级各类学校各项经费预算标准（草案）》执行；预算编报程序则是根据高等教育部和各大行政区的分工，编制支出预算后，报送各地区财政部门审核，并同时将副本分别报送中央高等教育部及教育部（何东昌，1998a：197）。此阶段高等院校经费预算的简化核算公式为：应得经费数 = 招生人数 × 预算标准（李文利、刘强，2010）。

4. 学生资助

根据 1952 年出台的《政务院关于调整全国高等学校及中等学校学生人民助学金的通知》，"逐步统一学生待遇标准，决定将全国高等学校及中等学校学生的公费制一律改为人民助学金制，并对原有人民助学金的标准作适当的调整"（周恩来，1952）。不久后，教育部发布了《关于调整全国各级各类学校教职工工资及人民助学金标准的通知》，明确了"在废除学费的前提下，将全国高等学校及中等学校学生的公费制一律改为人民助学金"（教育部，1952）。随着 1952 年高校全面完成社会主义改造，对学生的资助方式开始了为期约三十年的"免学费 + 人民助学金"阶段。

（二）第二阶段：1954～1979 年

此阶段实行的"条块结合，块块为主"的财政管理体制一方面能保证中央计划自上而下地分解执行，另一方面则给予了地方政府一定的财权。"定员定额"的分配方式使得拨款的类目更加清晰和细致，能基本涵盖高等教育支出的各个方面。"基数加发展"的核算方法也可以降低国家对高校的管理成本。

1. 高等学校的管理模式

1958 年 4 月和 8 月，中共中央、国务院先后发布了《关于高等学校和中等技术学校下放问题的意见》（以下简称《意见》）和《关于教育事业管理权力下放问题的规定》（以下简称《规定》），《意见》要求除少数综合大学和某些中等技术学校仍由教育部或者中央有关部门直接领导以外，"其他高等学校和中等技术学校都可以下放"，"归各省、市、自治区领导"，《规定》强调了"为了充分发挥各省市自治区发展教育事业的积极性，改变过去以'条条为主'的管理体制，根据中央集权和地方分权相结合的原则，加强地方对教育事业的领导管理"（何东昌，1998a：850）。与此同时，陆定一在当年的全国教育工作会议上提到，"教育事业要下放，也要以地方为主，块块为主"。"条"指教育主管或相关部门，"块"指地方各级政府。由此，高等教育的管理体制进入"条块结合、块块为主"阶段。据统计，到 1958 年高等学校下放了 192 所，中央各部只留了 35 所（何东昌，1998a：835）。

1958 年，中央对地方实行"以收定支、三年不变"（后改为五年不变）的财政管理体制，是新中国成立以来第一次大规模的财政分权。这次财政体制改革使地方政府能够根据收入情况统筹安排支出，提高了地方办学的积极性。各省、自治区、直辖市，甚至是各厂矿、企业、人民公社出现了大办高等教育的局面，到 1960 年全国高校多达 1289 所。在此情况下，国家重新开始逐步收回高等教育的管理权。1963 年 5 月颁发的《关于加强高等学校统一领导、分级管理的决定（试行草案）》又将高等教育恢复到了中央统一领导，中央和省区市两级管理的制度。1969 年 9 月，中共中央发出《关于高等院校下放问题的通知》，再一次下放高等教育的管理权限，不仅决定将教育部所属的高等院校，全部交给所在省区市领导，同时令国务院各部门所属的高等院校，交由当地省区市领导或与厂矿结合办校的厂矿领导。此时是中国唯一一一并将所有高校交由地方管辖的时期，但持续时间同样也很短暂。1971 年 8 月的《全国教育工作会议纪要》指出，多数院校由地方领导，部分院校由地方和中央部门双重领导，以地方为主；少数院校由中央部门直接领导。原部属院校下放后，在中央统一计划下，加强地方对学校的一元化领导，中央有关部门积极协助地方，充分发挥中央和地方积极性，"既要反对'条条专政'，又不要撒手不管"，实行以"块块为主"的管理体制。

2. 财政资金的投入模式

"条块结合、块块为主"的管理模式在高等教育财政拨款体系上，最先体现在"教育事业计划"中。"教育事业计划"包括教育事业、教育财务（经费）、教育方面的基本建设（包括校舍修建及图书、仪器、标本的设备）三个基本组成部分（张建，1953）。高等学校的教育经费根据其隶属的两级行政级别划分，财政部门在编制教育经费概算和核定教育经费预算时，与同级教育部门协商拟定，并提请同级人民委员会审定，此为"条块"结合；① 而"各业务部门，除中央直辖各国营企业外，不准条条下达，亦不准条条上达，各级预算的编制和执行，由各级人民政府负责"，为"块块为主"。② 除此以外，各地区还

---

① 《国务院批转教育部、财政部关于进一步加强教育经费管理的意见》（何东昌，1998a：931）。
② 《教育部、财政部关于解决经费问题程序的通知》（何东昌，1998a：378）。

有 3%～5% 的预备费，① 也即在财政部所下达的经费控制指标范围内，各地开始可以结合自己的财力和物力，动用预备费，甚至对预算中的类、款、项进行统筹安排。

1969 年国家再次实行以"块块为主"的管理体制，这次改革的主要内容是"财政收支包干"。然而 1971 年 7 月，周恩来指出，"从 1972 年起，中央在安排下达国家财政预算时，把教育事业费支出单列一款，带帽下达，专款专用"（中央教育科学研究所，1984：439），这标志着教育财政的再次集权，并一直持续到 70 年代末期。此时到 1979 年期间实行的是"中央财政切块单列、带帽下达"的财政制度，专款专用。在短短二十余年内，国家对高校的管理经历了一个集权（1954～1958 年）—分权（1958～1963 年）—集权（1963～1969 年）—分权（1969～1971 年）—集权（1972～1978 年）的过程，高等教育不管是管理体制还是财政体制在此阶段内都变化极大，跌宕起伏，但总体来讲，此阶段的主要特点仍然是"条块结合、块块为主"。

3. 财政资金的分配方式

1955 年 8 月发布的《关于加强文教卫生事业定员定额的制订工作的联合通知》（以下简称《通知》）确定了"定员定额"的含义："按照事业机构规模的大小或事业的需要合理地确定其各种人员编制，房屋和设备标准，行政和业务费开支额度，器材的储备量。"（财政部文教行政司，1990：177～179）其主要目的是保证各部门合理的需要和减少浪费。《通知》还规定，"定员定额的工作必须由各级主管事业部门为主地加以研究制订"，并且部门分工为"由各级主管事业部门为主，经过调查研究提出定员定额的方案，在制订过程中各级财政部门应积极地进行核算，共同协商"。这与中央确定的"条块结合、块块为主"相符。《通知》规定了经费的核算方法和注意事项，以提高效率、降低成本和规范实施为目标，为使定额更加符合实际，从"过去开支情况来寻求规律"（财政部文教行政司，1990：185），找到经常性的支出来确定今后的定额，并对一些开支过大、不应开支或应列入其他开支的项目予以剔除。此外，根据支出的性质不同，即区分了人员经费、经常性支出和固定性支出，以此来确定不同的计算标准。

"基数加发展"的资金核算方式是根据定员定额法确定的，属于增量预算的一种，将此方法核拨高等学校经费转化为公式：

$$Y = A - B + \sum_{i=1}^{n} C_i X_i$$

其中：Y = 高等教育预算拨款额；A = 基期（上一年）实际拨款额；B = 基期不合理拨款因素或应剔除因素；C = 预算期增加项目；X = 预算期各增加项目的增长标准（李文利、刘强，2010）。

由公式可以读出，某高校的拨款总额等于上一期的拨款减去上一期不合理等因素造成的拨款，加上当期增加或减少的所有项目乘以各项目标准的总和，即当期各项定额标准乘以相应定员数目的加总。由于预算确定是以前一年为基期，考虑到当年的事业发展，

---

① 《国务院批转教育部、财政部关于进一步加强教育经费管理的意见》（何东昌，1998a：931）。

如学生人数、教职工待遇和基建维修等方面因素，进行调整和计算后构成当期的预算。

定员定额核定经费可分为"教职工经费开支"和"学生经费开支"两个部分。教职工经费开支包括标准工资、补助工资以及职工福利费三项，学生经费开支包括公务费、人民助学金、设备购置、修缮费、业务费等。教职工的平均工资根据各高校自身情况和年终决算，由三项工资组成加权求出，可以确定"教职工经费开支＝平均工资×教职工人数"；学生经费开支每一项的具体标准则会根据学生层次（本科生、研究生或留学生等）和专业（工科、理科、卫生、农科、林科、财经、文法、艺术和体育 9 项）不同确定不同的额度（王善迈等，2012：290）。除此以外，根据高校所在地的不同，各类目标准也有一定幅度的上下移动。[①] 如此，各项定额标准分别乘以不同类别的在校生人数加总后得到学生经费开支总额，财政部门对教育主管部门核拨经费，教育主管部门对所属各院校拨付经费。

4. 学生资助

在学生资助方面，采取的仍是"免学费＋人民助学金"的政策，但对助学金的补助力度有了一定的调整。将以往对一般学生实施的助学金制度改为根据学生家庭及经济状况不同发放人民助学金，即"凡家庭富裕能自费者，不发给助学金；凡能自费半数或1/3伙食费者，发给所缺部分；完全无力负担者，发给全部伙食费。经济特殊困难的学生的其他费用，许可另外申请补助"（何东昌，1998a：500），并计划在第二个五年计划期间逐步改行奖学金制度。1977 年发布的《教育部、财政部关于普通高等学校、中等专业学校和技工学校学生实行人民助学金制度的通知》，规定了普通高校的助学金标准为每人每月十九元五角，其中十五元五角为伙食费标准，四元为困难补助费。[②]

（三）第三阶段：1980~1992 年

改革开放后，国家经济管理体制的全面改革起步，财政体制同时也经历了由"统收统支"到"分灶吃饭"的巨大变革，在统筹安排事业经费的过程中，提高了地方政府自主权和自我发展的积极性。在高等教育事业领域实行的"预算包干，结余留用"的办法，能够让地方在勤俭办学控制成本的同时自主安排经费。1986 年，国家确定高等教育的资金分配方式为"综合定额加专项补助"，同时改革了学生学费及助学金改奖学金的政策，并准备向"以国家财政拨款为主，多渠道筹措教育经费的体制"过渡。

1. 高等学校的管理模式

自 1971 年恢复"块块为主"的管理模式以来，1978 年起中央开始加大力气发展教育，于 2 月 17 日发布了《教育部关于恢复和办好全国重点高等学校的报告》（以下简称《报告》）。《报告》中提到"面向全国和面向地区的全国重点高等学校，少数院校可由国

[①] 1956 年财政部、高等教育部制发了《1956 年教学行政、教学设备、一般设备费预算定额的联合通知》，进一步详细规定了包括教学行政费定额、新生教学设备费定额、旧生教学设备维持费定额及新生一般设备费定额范围和定额标准，使得最开始执行的不够缜密、精细的定员定额计划在实践中逐步完善。

[②] 《教育部　财政部关于普通高等学校、中等专业学校和技工学校学生实行人民助学金制度的通知》，http://www.51wf.com/law/1195033.html。

务院有关部委直接领导；多数由有关部委和省、市、自治区双重领导，以部委为主。面向本省、市、自治区的全国重点学校，原则上由本省、市、自治区领导，有关部委要给予支持。各省、市、自治区和有关部委普遍要求对面向全国和面向地区的非重点高等学校加强部委的领导"（何东昌，1998b：1597）。1979 年 9 月，中共中央转批了《教育部党组关于建议重新颁发〈关于加强高等学校统一领导、分级管理的决定〉的报告》，肯定了1963 年颁布的《关于加强高等学校统一领导、分级管理的决定（试行草案)》的良好效果，需要重申并进一步明确统一领导、分级管理的体制，基本恢复到 1963 年的教育管理格局（何东昌，1998b：1802）。

1985 年 5 月，中共中央颁发的《中共中央关于教育体制改革的决定》指出要"在加强宏观管理的同时，坚决实行简政放权，扩大学校的办学自主权"，同时为了调动地方的积极性，高等学校的举办权逐步演变为"中央、省（自治区、直辖市）、中心城市三级办学的体制"（何东昌，1998b：2285）。1986 年 3 月，国务院发布《高等教育管理职责暂行规定》对高校的管理权做出明确规定：由国家教委主管全国高等教育部工作，包括"制定高等教育工作的具体政策和规章""会同国务院有关部门制定高等教育的建设投资、事业经费、人员编制"等管理制度和定额标准等，以及直接管理少数高等学校等十二项职责；国务院有关部门在国家教委的指导下管理其直属高等学校，包括"基建投资、统配物资设备、事业经费预算的分配和决算的审核"等九项职责；省（自治区、直辖市）政府负责管理本地区内的高等学校；对扩大高等学校在教学、科研、人事、经费和外事工作等八个方面的自主权做了规定。自此我国高等教育的管理体制走向重大变革时期。

2. 财政资金的投入模式

1980 年 2 月 1 日，国务院发布了《国务院关于实行"划分收支、分级包干"财政管理体制的通知》和《关于实行"划分收支、分级包干"财政管理体制的暂行规定》①。实行"划分收支、分级包干"的基本原则是：中央统一领导和统一计划，"明确各级财政的权利和责任，做到权责结合，各行其职，各负其责，充分发挥中央和地方两个积极性"。其特点在于，各个地方在自己的收入范围内，包括地方财政收入和中央补助等，确定自己的支出，多收多支，少收少支，原则上 5 年不变。地方有权统筹规划财政支出，中央和地方"分灶吃饭"的财政体制由此拉开了序幕。

两个月后，随着宏观财政体制的变化，《关于实行新财政体制后教育经费安排问题的建议》（何东昌，1998b：1802）出台，强调从 1980 年起，"教育事业经费实行由各级地方政府统筹安排"，即原先的由财政部门、教育部门及相关部门共同制定的支出指标变为由中央和地方切块安排。同年 5 月 9 日，财政部发布了《关于高等学校实行"预算包干"的函》，并转发了《教育部属高等学校"预算包干"试行办法》（财政部文教行政司，1990：367～372），规定了各部门高等学校实行"预算包干"后，可在盈余的 10% 的额度内提取奖励基金，纳入学校基金计划。而由设备购置费、修缮费、人民助学金、科学研究费等项目的预算资金产生的盈余，只能结转使用，不能作为节支经费提取奖励基金。

---

① 《关于实行"划分收支、分级包干"财政管理体制的暂行规定》，http://fgk.chinalaw.gov.cn/article/xzfg/198002/19800200268001.shtml，1998 年 2 月 1 日。

对高等院校实行"预算包干"的实质是中央仅统筹和规划全国教育工作，直接管理其直属高校，对地方实行专项补助，而各省区市所属高校则完全由地方管理。

3. 财政资金的分配方式

1986年10月，国家教委、财政部颁发的《高等学校财务管理改革实施办法》（以下简称《办法》）提出，高等学校须按照"包干使用，超支不补，节余留用，自求平衡"的原则，其教育事业费预算由主管部门按照不同科类、不同层次学生的需要和学校所在地区的不同情况，按"综合定额加专项补助"的办法进行核定。《办法》还确定了"综合定额"和"专项补助"的适用范围，即教职工工资、补助工资、职工福利费、学生奖学金（人民助学金）、公务费、业务费、设备购置费、修缮费、其他费用和差额补助费等属于"综合定额"，此部分经费由主管部门按定额标准和学生人数核定下达；而专业设备补助费、长期外籍专家经费、离退休人员经费、世界银行贷款设备维护费和特殊项目补助费等则属于"专项补助"的范畴，由主管部门，即高等院校直接隶属的中央部委或各省区市政府按照各地区各院校的实际情况下达（何东昌，1998b：2509）。

作为高校预算管理体制的重大改革，实行"综合定额加专项补助"的核心要素是综合定额和学生当量数（罗晓华，2008：42），经费分配方式用以下公式表达：

$$Y = \sum_{i=1}^{n} A_i X_i + \sum_{i=1}^{n} B_i$$

其中：Y = 高等教育预算拨款总额；A = 综合定额各项项目，即教职工工资、补助工资、职工福利费、学生奖学金（人民助学金）、公务费、业务费、设备购置费、修缮费、其他费用和差额补助费等；X = 综合定额各项目的拨款标准；B = 专项补助各项补助（李文利、刘强，2010）。

4. 学生资助

1983年7月，教育部、财政部发布《普通高等学校本、专科学生人民助学金暂行办法》和《普通高等学校本、专科学生人民奖学金试行办法》，将人民助学金标准额度按照学生工龄、层次、专业、家庭情况等划分。文件还框定了部分学科享受助学金人数的比例，如师范、体育、农林和民族院校学生人数100%享受助学金，煤炭、矿业、地质和石油院校按学生人数的80%等。同时规定，享受人民奖学金学生的人数近一两年暂按本、专科学生总人数的10%～15%分为若干等级，且最高不超过每人每年150元。

《中共中央关于教育体制改革的决定》中提出了"要改革人民助学金制度，对确有经济困难的学生给以必要的补助"（何东昌，1998b：2285），1986年，国家教委、财政部颁发的《关于改革现行普通高等学校人民助学金制度的报告》明确了将人民助学金制度改为奖学金制度和学生贷款制度，并初步确立了奖学金的三种形式，分别为优秀学生奖学金、专业奖学金和定向奖学金，以及奖学金的额度和所占学生数的比例，[①] 另外还有学生

---

① 根据《关于改革现行普通高等学校人民助学金制度的报告》，优秀学生奖学金，用于鼓励品学兼优的学生；专业奖学金，用于鼓励报考师范、农林、民族、体育和航海等专业的学生；定向奖学金是有关部门和地区为鼓励立志毕业后到边疆地区、经济贫困地区和自愿从事煤炭、地质、水利、矿业、石油等艰苦行业的学生设立的。三类奖学金每年每人150～500元不等。

贷款的条件、金额、控制比例和贷款办法等。①

1987 年，国家教委、财政部联合发布的《普通高等学校本、专科学生实行奖学金制度的办法》和《普通高等学校本、专科学生实行贷款制度的办法》细化了奖学金和学生贷款的各方面内容。学校从主管部门核给的经费中，按原助学金标准计算的总额 80%～85% 转入由高校建立的奖学金和学生贷款基金账户中，专款专用。对于家庭经济较困难的学生，可向学校申请学生无息贷款，每人每年申请贷款额最高不超过 300 元，是学生贷款的雏形。

值得注意的是，此时新增设的"奖贷基金"节级科目作为学校预算内的专项基金管理，设在"人民助学金"科目下（何东昌，1998b：2647），这也说明此时期的奖学金和学生贷款制度正处于从人民助学金过渡的阶段。除了委培生和自费生要收取一定学费外，② 普通高等学校对计划内的招生仍实行的是免学费政策。因此，对学生而言此时的财政资助政策为由"免学费 + 人民助学金"过渡到"免学费 + 奖学金/学生贷款"。

（四）第四阶段：1993 年至今

自 1993 年起，不管是高校的管理模式还是财政分配手段和成本分担方式都有一个清晰的主线，那就是在中央和地方两级管理的基础上，逐步实现了以"共建"为主要形式的多方办学和经费投入模式，使得"谁举办、谁出资"的财政负担体制得以成熟，并且在对财政投入的"综合定额加专项补助"的资金分配模式的基础上，中央财政对央属高校和地方高校采取了不同的资金分配模式。同时，高等教育领域自 1997 年起彻底结束了"免学费"时代，并从社会各方集资办学，形成了包含"财、费、税、产、社、基、科、贷、息"等内容的多元化投资格局。

1. 高等学校的管理模式

1992 年起，国家按照"共建、调整、合作、合并"的八字方针对高等教育管理体制进行改革。所谓"共建"，就是将部门与地方条块各自办学转变为共同办学，统筹资源。经过 20 多年的发展，逐渐产生了如"部省共建""部市共建""校校联合共建""校企共建"等多种形式的共建项目，逐步改变学校原有的单一隶属关系和单一经费来源的状况，同时也逐步加强了省级政府对高等教育的统筹作用。"调整"指根据当期经济发展状况以及未来学科的发展需要对高等院校的管理体制和院系设置进行有规划有目标的调整。"合作"是通过优势互补以及校级间、机构间教学、科研和学科等相关合作，提高整体办学水平。"合并"指发挥学科优势互补和规模效益，对一些院校进行整合。

1993 年颁布的《中国教育改革和发展纲要》指出，在高校管理体制上，进一步确立中央与省（自治区、直辖市）分级管理、分级负责的教育管理体制（何东昌，1998c：3467）。中央进一步简政放权，仅直接接管一部分"关系国家经济、社会发展全局并在高

---

① 《国务院批转国家教育委员会、财政部关于改革现行普通高等学校人民助学金制度报告的通知》，http://www.cnki.com.cn/Article/CJFDTotal-GWYB198619001.htm。
② 1985 年的《中共中央关于教育体制改革的决定》中提到作为扩大高效办学自主权的一个重要组成部分，高校有权在计划外接受委托培养的学生和招收自费生，并收取一定的学费。

等教育中起示范作用的骨干学校和少数行业性强、地方不便管理的学校"。地方政府在统筹辖区内高校的同时，也需要完成由对学校的直接行政管理，转变为运用立法、拨款、规划、信息服务、政策指导和必要的行政手段的职能转变。到 21 世纪初，已基本完成了高等教育管理体制和布局结构的调整，形成中央和省级人民政府两级管理，分工负责，以省级人民政府统筹为主，条块结合的新体制（李岚清，2003：84~85）。

2. 财政资金的投入模式

1994 年国务院颁发的《国务院关于〈中国教育改革和发展纲要〉的实施意见》（以下简称《实施意见》）再次强调了"高等教育逐步实行中央和省、自治区、直辖市两级管理，以省级政府为主的体制"（何东昌，1998c：3363），明确了"谁举办、谁出资"的财政责任（王善迈等，2012：248）。《实施意见》中还提到"有条件的经济发展程度较高地区的中心城市办学，由中央和省两级政府统筹"（何东昌，1998c：3363）。与此同时，根据教育发展的规划和部署，中央对地方的转移支付除了一些学生资助项目外，主要是将专项建设项目投入少量高校，如"211"工程、"985"工程和一些重点学科项目等。随着高等教育财政体制进一步深化中央与地方分担、以省为主的制度的实行，高等教育分级投入的特征更加突出。

3. 财政资金的分配方式

1993 年后，我国针对高等教育财政资金的分配方式的改革主要体现在完善中央高校预算拨款制度以及对地方高校的财政支持两个方面。

（1）完善中央高校预算拨款制度

《中国教育改革和发展纲要》提出了针对不同科类和层次的学校，区别拨款标准和拨款方法；改革按人数拨款的方式，逐步实现基金制。2002 年，财政部先后颁发了《中央本级基本支出预算管理办法（试行）》[①] 和《中央本级项目支出预算管理办法（试行）》[②]，对中央部门的预算核定方式改为"基本支出预算＋项目支出预算"。针对高等学校，基本支出预算是为保障其机构正常运转、完成日常工作任务而编制的年度基本支出计划，包括人员经费和日常公用经费两部分，基本支出预算由之前的综合定额完全按照学生人数核定的办法，改为人员经费支出按照教职工人数、离退休人数核定，日常公用经费按照学生人数核定；项目支出预算则是高校为完成其特定的教学、科研和社会服务等工作任务和事业发展目标，在基本支出预算之外编制的年度项目支出计划。

2008 年，《财政部　教育部关于完善中央高校预算拨款制度的通知》（财教〔2008〕232 号）改革了中央高校预算经费拨款制度，基本框架主要包括两部分：一是"促进事业发展"拨款，包括教学经费、科研和社会服务补偿经费，并将教学经费、科研经费进一步细化为基本运行经费、专项经费和绩效拨款；二是"体现社会公平"拨款，此为以家庭经济困难学生资助为目标的助学拨款。完善中央高校预算拨款制度的主要政策措施有

---

① 《财政部关于印发〈中央本级基本支出预算管理办法〉（试行）的通知》，《中华人民共和国财政部文告》，2002，12：38~40。

② 《财政部关于印发〈中央本级项目支出预算管理办法〉（试行）的通知》，《中华人民共和国财政部文告》，2002，13：12~15。

以下几项。①细化综合定额生均拨款标准。此项按照"人员经费基本持平、公用经费体现差异"的原则，合理确定公用经费与人员经费的构成比例和基础标准，按学科设置公用经费学科折算系数，以及建立动态调整机制。②增设高校基本科研业务费。③引入绩效拨款机制。④增设社会服务补偿经费。

2015年11月，财政部、教育部发布《关于改革完善中央高校预算拨款制度的通知》（财教〔2015〕467号），其主要内容包括以下两项。①完善基本支出体系。在现行生均定额体系的基础上，以2~3年为一周期，保持周期内生均定额拨款总额的基本稳定；上一周期结束后，根据招生规模、办学成本等因素重新核定，并根据中央财力状况等情况适时调整本科生均定额拨款标准。逐步完善研究生生均定额拨款制度。继续对西部地区中央高校和小规模特色中央高校等给予适当倾斜。同时，将中央高校学生奖助经费由项目支出转列基本支出。②重构项目支出体系。新的项目支出体系包括中央高校改善基本办学条件专项资金、中央高校教育教学改革专项资金、中央高校基本科研业务费、中央高校建设世界一流大学（学科）和特色发展引导专项资金、中央高校捐赠配比专项资金，以及中央高校管理改革等绩效拨款内容。[①]

（2）对地方高校的财政支持

中央对地方高校的财政支持政策包括以下五个方面。

①中央与地方共建高校专项资金。2001年和2002年，财政部先后颁发了《财政部关于印发〈中央与地方共建高等学校共建专项资金管理暂行办法〉的通知》（财教〔2001〕75号）和《中央与地方共建高等学校专项资金管理办法》（财教〔2002〕213号），设立中央与地方共建高校专项资金，主要用于共建高校仪器设备购置、房屋和基础设施的维修改造等修购项目及其他项目。

②中央支持地方高校发展专项资金。2010年，财政部颁布《关于印发〈中央财政支持地方高校发展专项资金管理办法〉的通知》（财教〔2010〕21号），在原共建资金支持的普通高校的基础上，适当扩大支持范围，重点支持一批地方高校。专项资金主要用于地方高校重点学科建设、教学实验平台建设、科研平台和专业能力实践基地建设、公共服务体系建设以及人才培养和创新团队建设等。

③提高地方高校生均拨款水平。为促进区域间高等教育事业协调发展，2010年颁布的《财政部　教育部关于进一步提高地方普通本科高校生均拨款水平的意见》（财教〔2010〕567号）提出各地要根据高校合理需要，制定本地区地方高校生均拨款基本标准。在此基础上，结合财力情况、物价变动水平、高校在校生人数变化等因素，建立地方高校生均拨款标准动态调整机制，逐步提高生均拨款水平。此外，从2010年起，中央财政建立"以奖代补"机制，对于生均拨款水平已经到达12000元的省份，在生均拨款水平

---

① 中央针对各专项资金也设立了相应的管理办法。例如，《关于印发〈中央高校改善基本办学条件专项资金管理办法〉的通知》（财科教〔2017〕3号），《财政部　教育部关于印发〈中央级普通高校捐赠收入财政配比资金管理暂行办法〉的通知》（财教〔2009〕275号），《关于印发〈中央高校基本科研业务费管理办法〉的通知》（财教〔2016〕277号），《财政部　教育部关于印发〈中央高校教育教学改革专项资金管理办法〉的通知》（财科教〔2016〕11号）以及《关于印发〈中央高校管理改革等绩效拨款管理办法〉的通知》（财科教〔2017〕2号）等。

没有下降的情况下，中央财政每年给予定额奖励。对于生均拨款水平尚未达到12000元的省份，中央财政对各省份提高生均拨款水平所需经费按一定比例进行奖补。各省份具体的奖补比例，根据东部地区25%、中西部地区35%的基本比例以及在校生规模、省本级财力增长情况等因素确定。

④中西部高等教育振兴计划。这是中央政府为支持中西部地方普通高校而研究制定的计划，实施周期为2012～2020年。2010年，中共中央、国务院颁布实施《国家中长期教育改革和发展规划纲要（2010—2020年)》，2012年4月，中西部高校基础能力建设工程启动。"十二五"期间，中央财政投入100亿元支持中西部23个省（区、市）和新疆生产建设兵团所属100所高校加强基础能力建设。2012年9月，教育部、财政部启动支持中西部高校提升综合实力工作，这是在没有教育部直属高校的省份，专项支持一所本区域内办学实力最强、办学水平最高、区域优势明显的地方高水平大学。2013年出台的《教育部　国家发展改革委　财政部关于印发〈中西部高等教育振兴计划2012—2020年〉的通知》（教高〔2013〕2号）提出要健全投入机制，包括完善中西部地方高校预算拨款制度，建立健全高校财务风险控制长效机制以及加大中西部地方高校家庭经济困难学生资助力度等具体措施。

⑤部省合建高校。为进一步解决我国高等教育发展不平衡不充分问题，进一步提高中西部高等教育水平，2018年，教育部在京召开支持和提升中西部高等教育发展座谈会，部署启动部省合建工作。会议强调，要通过部省合建这一新的机制和模式，在尚无教育部直属高校的省份，按"一省一校"原则，重点支持了包括河北大学等在内的14所高校建设。在支持举措方面，体现合力，在不改变现有隶属关系和管理体制基础上，发挥部、省、校和支援方的作用。教育部将会同有关部门，参照教育部直属高校模式对合建高校的发展予以指导支持，在学科专业建设、科学研究、师资队伍建设、考核评价、对外交流合作等方面与直属高校同等对待。各省要强化重点支持，形成上下合力。

⑥建立高职院校生均拨款制度。《关于建立完善以改革和绩效为导向的生均拨款制度加快发展现代高等职业教育的意见》（财教〔2014〕352号）提出，地方为主建立完善高职院校生均拨款制度，中央财政建立"以奖代补"机制，激励和引导各地建立完善高职院校生均拨款制度，提高生均拨款水平。中央财政根据各地生均拨款制度建立和完善情况、体现绩效的事业改革发展情况、经费投入努力程度和经费管理情况等因素给予综合奖补。综合奖补包括拨款标准奖补和改革绩效奖补两部分。

4. 学生资助

党和国家高度重视家庭经济困难学生上学问题，通过出台一系列学生资助政策体系，从制度上保障不让一个学生因家庭经济困难而失学，促进教育公平。自1993年起，由"奖、贷、助、勤、减免"构成的学生资助体系陆续形成。

（1）"奖"

《财政部、教育部关于印发〈国家奖学金管理办法〉的通知》（财教〔2002〕33号）提出，为本、专科生提供国家奖学金。全国每年定额发放给45000名学生，其中10000名特别优秀的学生享受一等奖学金，标准为每人每年6000元；35000名学生享受二等奖学金，标准为每人每年 4000 元。国家奖学金获得者，其所在学校减免当年的全部学费。到了 2005 年，财政部、教育部印发了《国家助学奖学金管理办法》（何东昌，2010：788）。国家奖学金额度为每人每年 4000 元，每年资助 5 万名学生。2007 年修改为《普通本科高校、高等职业学校国家奖学金管理暂行办法》（何东昌，2010：1421），4000 元的标准提高至 8000 元，奖励名额不变，所需资金仍由中央负担。同时，中央与地方共同设立国家励志奖学金，资助面平均约占全国高校在校生的 3%，资助标准为每生每年 5000 元。中央部门所属高校国家励志奖学金所需资金由中央负担。地方所属高校国家励志奖学金所需资金根据各地财力及生源状况由中央与地方按比例分担。

对研究生而言，根据《关于印发〈研究生国家奖学金管理暂行办法〉的通知》（财教〔2012〕342 号），研究生国家奖学金由中央财政出资设立，奖励名额和标准为博士研究生 1 万名，每生每年 3 万元；硕士研究生 3.5 万名，每生每年 2 万元。2013 年 7 月 29 日，财政部、教育部出台《关于印发〈研究生学业奖学金管理暂行办法〉的通知》（财教〔2013〕219 号），规定从 2014 年秋季学期起，中央财政对中央高校研究生学业奖学金所需资金，按照博士研究生每生每年 10000 元、硕士研究生每生每年 8000 元的标准以及在校生人数的一定比例给予支持，所需资金按照预算管理程序列入年度部门预算。研究生学业奖学金标准不得超过同阶段研究生国家奖学金标准的 60%。

（2）"贷"

1999 年 6 月出台的《关于国家助学贷款的管理规定（试行）》（何东昌，2003：299）中规定，财政部门对学生给予利息补贴，即所借贷款利息的 50% 由财政贴息，50% 由学生个人负担。2 个月后，《国家助学贷款管理操作规程（试行）》（何东昌，2003：345）出台，进一步确定了助学贷款所适用的对象与条件、审批与发放、国家助学贷款期限为最长不超过借款人毕业后四年，并确定了学生贷款金额的计算公式：学生贷款金额 = 所在学校收取的学费 + 所在城市规定的基本生活费 − 个人可得收入[①]。2002 年 2 月，助学贷款的"四定""三考核"政策出台（何东昌，2003：1119），"四定"即定学校、定范围、定额度和定银行，"三考核"指中国人民银行及各分支行与教育行政部门要按月考核经办银行国家助学贷款的申请人数和申请金额、考核已审批贷款人数和贷款合同金额以及考核实际发放贷款人数和发放金额。到 2004 年 6 月，教育部、财政部等出台《关于进一步完善国家助学贷款工作的若干意见》（何东昌，2010：427），改革了助学贷款的财政贴息方式，由五年来对学生贷款利息给予 50% 财政补贴的做法，改为在校期间的贷款利息全部由财政补贴，学生毕业后开始计付利息并全部自付的办法。此外，相关政策也密集出台，包括《国家助学贷款风险补偿专项资金管理办法》、《国家助学贷款财政贴息管理办法》和《国家助学贷款招投标办法》等（何东昌，2010：449～450）。

2007 年国务院颁布的《国务院关于建立健全普通本科高校、高等职业学校和中等职业学校家庭经济困难学生资助政策体系的意见》（国发〔2007〕13 号）（何东昌，2010：1365），将"加大财政投入、经费合理分担、政策导向明确、多元混合资助、各方责任清

---

① 个人可得收入包括家庭提供的收入、社会等其他方面资助的收入。

晰"作为健全家庭经济困难学生资助政策体系的基本原则，要求中央、地方政府和各高校加大资金投入、提高资助水平和扩大受助学生比例。在此文件中，在国家助学贷款的基础上，又出台了"生源地信用助学贷款"政策，明确了生源地信用助学贷款和国家助学贷款的同等优惠政策，强调地方对经济困难学生的资助责任，并于当年 8 月起试点实施。① 2014 年发布的《关于调整完善国家助学贷款相关政策措施的通知》（财教〔2014〕180 号）规定，全日制普通本、专科学生每人每年申请贷款额度不超过 8000 元；年度学费和住宿费标准总和低于 8000 元的，贷款额度可按照学费和住宿费标准总和确定。而《关于完善国家助学贷款政策的若干意见》（教财〔2015〕7 号）中规定，学生在读期间利息全部由财政补贴，贷款最长期限从 14 年延长至 20 年，还本宽限期从 2 年延长至 3 年，建立国家助学贷款还款救助机制。此外，国发〔2007〕13 号文件发布不久后，教育部于 5 月召开新闻发布会强调将民办高校纳入资助体系。② 2008 年，财政部、教育部和全国学生资助管理中心联合下发了《高等学校学生资助政策简介》，提出了按照国家有关规定规范办学、从事业收入中足额提取 4%~6% 的经费用来资助家庭经济困难学生，民办高校（含独立学院）招收的全日制普通本、专科（含高职、第二学士学位）学生，也可享受国家资助政策，具体办法由各省（自治区、直辖市）制定。2017 年，财政部、教育部、中国人民银行、银监会四部门印发《关于进一步落实高等教育学生资助政策的通知》（财科教〔2017〕21 号）重申要落实民办高校同等资助政策。民办高校学生与公办高校学生按照规定同等享受助学贷款、奖助学金等国家资助政策。各地区应建立健全民办高校助学贷款业务扶持制度，提高民办高校家庭经济困难学生获得资助的比例。

针对研究生的助学贷款，在 2014 年出台的《关于调整完善国家助学贷款相关政策措施的通知》中强调，全日制研究生每人每年申请贷款额度不超过 12000 元；年度学费和住宿费标准总和低于 12000 元的，贷款额度可按照学费和住宿费标准总和确定。相应地，根据应征入伍服义务兵役等政策产生的研究生学费补偿、国家助学贷款代偿和学费资助的标准调整为每人每年不超过 12000 元。

截至目前，全日制普通本、专科学生每人每年申请贷款额度最高可达 8000 元，研究生可达 12000 元。③ 2015 年 7 月，教育部等部门联合发布了《关于完善国家助学贷款政策的若干意见》（教财〔2015〕7 号）。表示将贷款最长期限从 14 年延长至 20 年，还本宽限期从 2 年延长至 3 年整，学生在读期间贷款利息由财政全额补贴。

与此同时，还要求完善基层就业学费补偿贷款代偿等政策，根据生源地、就读高校所在地、就业所在地等，按照"谁用人谁资助"的原则，由就业所在地区给予学费补偿贷款代偿。④

---

① 《国务院关于建立健全普通本科高校高等职业学校和中等职业学校家庭经济困难学生资助政策体系的意见》，中华人民共和国教育部网站，http://www.moe.gov.cn/jyb_xxgk/moe_1777/moe_1778/tnull_27695.html。
② 《民办高校学生应同样享受国家新贫困生资助政策》，《民办教育研究》2007 年第 3 期，第 57 页。
③ 参见《关于调整完善国家助学贷款相关政策措施的通知》（财教〔2014〕180 号）。
④ 参见财政部、教育部、中国人民银行、银监会《关于进一步落实高等教育学生资助政策的通知》（财科教〔2017〕21 号）。

（3）"助"

2005 年的《国家助学奖学金管理办法》中，国家助学金标准定为每人每月 150 元，每年按 10 个月发放，每年资助约 53.3 万名学生。2007 年，国家助学金覆盖面须约占全国普通本科高校和高等职业学校在校生总数的 20%，平均资助标准为每生每年 2000 元，具体标准由各地根据实际情况在每生每年 1000～3000 元范围内确定，到 2017 年平均资助标准提高为每生每年 3000 元。①

此外，中西部生源家庭经济困难的新生可以申请入学资助项目，解决入校报到的交通费和入学后短期生活费，省（自治区、直辖市）内院校录取的新生每人 500 元，省（自治区、直辖市）外院校录取的新生每人 1000 元。

针对研究生的助学金，2013 年，财政部、教育部发布的《关于完善研究生教育投入机制的意见》（财教〔2013〕19 号）和《关于印发〈研究生国家助学金管理暂行办法〉的通知》（财教〔2013〕220 号）中，规定博士研究生资助标准不低于每生每年 10000 元，硕士研究生资助标准不低于每生每年 6000 元。中央部门所属高校博士研究生资助标准为每生每年 12000 元，硕士研究生资助标准为每生每年 6000 元。地方所属高校研究生国家助学金资助标准由各省（自治区、直辖市、计划单列市）财政部门会同教育部门确定。同时，加大研究生助教、助研和助管（以下简称"三助"）岗位津贴资助力度。高等学校要按规定统筹利用科研经费、学费收入、社会捐助等资金，设置研究生"三助"岗位，并提供"三助"津贴。依据《财政部 教育部关于进一步提高博士生国家助学金资助标准的通知》（财科教〔2017〕5 号）文件要求，从 2017 年春季学期起，全日制博士生（有固定工资收入的除外）的国家助学金资助标准，中央高校博士生从每生每年 12000 元提高到 15000 元，地方高校博士生从每生每年不低于 10000 元提高到不低于 13000 元。

（4）"勤"

1993 年出台的《关于进一步做好高等学校勤工助学工作意见的通知》（何东昌，1998c：3553），要求学校勤工助学支付学生劳动报酬的经费，由学校多渠道统筹解决。学校可从学杂费收入、学校社会服务收入、校办产业收入以及其他收入中划出一部分，作为学校勤工助学基金，专门用于支持校内开展勤工助学活动并支付学生的劳动报酬。1994 年，在《关于在普通高等学校设立勤工助学基金的通知》（以下简称《通知》）（何东昌，1998c：3638）中详细地规定了勤工助学基金的四个主要来源：一是教育事业费，按每生每月 35 元标准提取的经费；二是学杂费收入中 5% 的经费；三是从学校预算外收入中划出一定比例的经费；四是基金增值。到了 1999 年，国家为加大对特殊困难学生的补助，出台《教育部、财政部关于进一步加强高校资助经济困难学生工作的通知》（何东昌，2003：306），修改了原《通知》中的第二项经费来源，由原先从学杂费中划出 5% 的经费改为 10%。

2007 年，《高等学校勤工助学管理办法》（教财〔2007〕7 号）出台，制定了"以工时定岗位"的原则，规定了学生参加勤工助学的时间原则上每周不超过 8 小时，每月不

---

① 参见《关于进一步落实高等教育学生资助政策的通知》（财科教〔2017〕21 号）。

超过 40 小时。同时，校内固定岗位按月计酬，临时岗位按小时计酬，原则上不低于每小时 8 元人民币。2018 年 8 月，教育部、财政部针对管理办法进行修订，提高了勤工助学酬金标准，由不低于 8 元调整为 12 元。

（5）"减免"

1995 年国家教委出台《国家教委关于对普通高等学校经济困难学生减免学杂费有关事项的通知》（何东昌，1998c：3801），对困难学生实行减免学杂费政策。学杂费减免政策面对的对象并不广泛，主要是针对家庭非常贫困的来自农村地区和西部地区的学生。此外，2007 年 5 月 9 日，《国务院办公厅转发教育部等部门关于教育部直属师范大学师范生免费教育实施办法（试行）的通知》（国办发〔2007〕34 号）提出，从 2007 年秋季入学的新生起，在北京师范大学、华东师范大学、东北师范大学、华中师范大学、陕西师范大学和西南大学六所部属师范大学实行师范生免费教育。免费教育师范生在校学习期间免除学费，免缴住宿费，并补助生活费，所需经费由中央财政安排。2013 年和 2015 年分别新增了省部共建高校江西师范大学和福建师范大学为免费师范生培养高校。2018 年 3 月，根据《教师教育振兴行动计划（2018—2022 年）》和《教育部直属师范大学师范生公费教育实施办法》将"免费师范生"改称为"公费师范生"，履约任教服务期由 10 年调整为 6 年。

5. "财政拨款为主、其他多种渠道筹措经费为辅"的多渠道筹资模式形成

1985 年的《中共中央关于教育体制改革的决定》指出了高等学校获取收入的两种途径，除了收取委托培养生与自费生的学费外，高校还可以"有权接受委托或与外单位合作，进行科学研究和技术开发，建立教学、科研、生产联合体"等（何东昌，1998b：2288），开启了高校自行筹资的历史。1991 年 3 月，国家教委印发了《"八五"期间教育财务工作要点》，确定了教育财务工作的重点是"确立和完善以国家财政拨款为主，多渠道筹措教育经费的体制，确保教育经费的稳定来源和增长"（何东昌，1998c：3129）。1993 年的《中国教育改革和发展纲要》中提到，"要逐步建立以国家财政拨款为主，辅之以征收用于教育的税费、收取非义务教育阶段学生学杂费、校办产业收入、社会捐资集资和设立教育基金等多种渠道筹措教育经费的体制通过立法，保证教育经费的稳定来源和增长"，倡导"在国家和地方预算下达的教育经费之外，学校可依法筹集资金"，并鼓励"厂矿企业、事业单位、社会团体和个人根据自愿、量力原则捐资助学、集资办学"（何东昌，1998c：3470）。《国务院关于〈中国教育改革和发展纲要〉的实施意见》中就高校扩大服务面和拓宽经费来源渠道，加强高校的政企合作等方面提出了进一步的意见，例如"部门所属学校的管理体制要分别不同情况，采取中央部门办、中央和地方政府联合办、地方政府办、企业集团参与管理、学校之间的联合或合并等不同办法，进行改革"（何东昌，1998c：3363）。在这样的政策引导下，高等教育开始逐渐改变单一的经费来源，逐步形成了以中央、省（自治区、直辖市）两级政府办学为主、社会各界参与办学的新格局。

值得注意的是，在多渠道筹资中，学费虽然在高校经费总收入中占比有限，但非常重要。1994 年 9 月，国家计委、国家教委出台《关于调整普通高等院校学杂费问题的通

知》（以下简称《通知》）。《通知》确定了作为实行"公费"和"自费"招生"并轨"试点的 37 所高校，学杂费按其主管部门批准的标准执行，同时要求各高校须在健全和完善奖学金、贷学金、勤工助学制度，包括特困生补助、学杂费减免等配套政策下确保"并轨"方式的有效合理的实施（何东昌，1998c：3708）。当年实际上共 50 所高校开展了招生收费"并轨"试点，招收的新生数约占全国招生总数的 10%。

为进一步推进并合理规范高等教育学费"并轨"，国家教委、国家计委和财政部联合颁布了《关于 1996 年普通高等院校收取学费有关问题的通知》（何东昌，1998c：4003）和《高等学校收费管理暂行办法》（以下简称《暂行办法》）（何东昌，1998c：4103）。文件强调了"高等院校收费制度的改革是促进我国教育事业发展的重要举措"，1995 年，23 个省、自治区和直辖市共 246 所高等学校实行了招生收费并轨改革，为进一步推进教育事业发展的需要，实行招生并轨改革的普通高等学校本科生一般专业学费标准由每生每学年 1200 元调整为 1500 元，加大了学生学费成本分担的力度。《暂行办法》确定了作为非义务教育阶段的高等教育，学生必须缴纳学费的政策，学费标准则可依据不同地区、专业和层次，按照年生均教育培养成本的一定比例确定，但最高不得超过 25%。此外，《暂行办法》确定了教育培养成本的内容，包括公务费、业务费、设备购置费、修缮费和教职工人员经费等正常办学费用支出，以规范各高校所制定的学费。

自 1994 年实行招生收费"并轨"试点后，1997 年 9 月 1 日高校收费实现全面并轨。1998 年的《高等教育法》重申了这一政策，标志着我国近五十年来由国家免费提供高等教育的时代终结，自费生与公费生的区别自此成为历史。高校收取学费的开始标志了成本分担机制逐步形成，但是 2001 年教育部提出了"原则上不应提高学费标准"[1]，并在 2004 年开始加强对学校收费资金的管理和规范，明确了学校收费资金管理的范围，并将收费资金收支纳入行政事业性收费和政府性基金年度稽查的范围内。[2] 同年，在全国教育纪检监察工作会议上，提出了要"严格规范高等学校的收费行为"，继而需要继续稳定高校的收费标准，不得设立新的收费项目，也禁止各种变相提高收费的名目，如"双规"收费、降分收费、"转专业费"、"定向费"和"专升本费"等。[3] 到 2005 年，教育部、监察部、国务院纠风办联合发出紧急通知，进一步要求严厉禁止学校违规收费，对各地及各高校的要求是"坚决遏制与招生录取挂钩的各种乱收费。严禁以任何理由、任何形式提高或变相提高学费、住宿费收费标准，不准出台新的收费项目，也不准向学生收取国家规定项目外的其他任何费用；严禁高校强行向学生提供有偿服务"等。[4] 2007 年，国务院颁布了《国务院关于建立健全普通本科高校高等职业学校和中等职业学校家庭经济困难学生资助政策体系的意见》，其中要求"今后五年各级各类学校的学费、住宿费标准

---

[1] 参见《教育部关于印发教育部部长陈至立在 2001 年度教育工作会议上的讲话和〈教育部 2001 年工作要点〉的通知》（教政法〔2001〕1 号）。

[2] 《财政部 教育部关于严禁截留和挪用学校收费收入加强学校收费资金管理的通知》（财综〔2003〕94 号）。

[3] 《周济在全国教育纪检监察工作会议上的讲话（摘要）》，中华人民共和国教育部网站，http://www.moe.gov.cn/jyb_zzjg/moe_187/moe_410/moe_458/tnull_7341.html。

[4] 《教育部 监察部 国务院纠风办联合发出紧急通知要求严厉禁止学校违规收费 落实政府对教育的投入责任》，中华人民共和国教育部网站，http://www.moe.gov.cn/jyb_xwfb/gzdt_gzdt/moe_1485/tnull_11687.html。

不得高于 2006 年秋季相关标准"。这些都使得十年间高校学费几乎没有增长。

在学费"冻结"了十年后，基于办学成本的上扬，在 2014 年，教育部、国家发展改革委等五部门联合下发了《关于 2014 年规范教育收费治理教育乱收费工作的实施意见》，开始对学费政策有所松动，提出了"因地制宜建立健全高等学校收费标准动态调整机制"，截至 2016 年，在 25 个有数据的省份中，包括江苏、浙江、福建、江西、山东、湖南、广东、广西、贵州在内的 9 个省份调整了学费政策。以浙江为例，2015 年开始区分了"艺术类专业"、"工科类、医学类专业"、"农林类专业"和"其他专业"，基准价分别为 9000 元、5500 元、5000 元和 4800 元，同时考虑市场供求和适当扩大高校收费自主权，规定学校可以在省定基准标准的基础上适当下浮；也可自主选择本校当年招生专业总数 20% 以内的专业，在基准标准的基础上，按不超过 15% 的上浮幅度自主制定具体学费标准。①

二 改革开放以来高教重点投入政策的变迁

1954 年，中国人民大学、北京大学、清华大学、哈尔滨工业大学、北京农业大学、北京医学院暂定为全国重点大学（何东昌，1998a：367）。1959 年发布的《关于在高等学校中指定一批重点学校的决定》确定了北京大学、清华大学等 16 所高校为全国重点高校（何东昌，1998a：902）。1960 年《中共中央关于增加全国重点高等学校的决定》中将全国重点高校的数量增加至 64 所。直至 1978 年，国务院在《关于恢复和办好全国重点高等学校的报告》中确定了 88 所高校为全国重点高校。此后，1982 年的"高校博士学科点专项科研基金"等零散的重点学科项目的启动，到全面推进重点建设政策并达到高峰的"211 工程"和"985 工程"，再到"2011 计划"和"双一流"项目，反映了我国高等教育不同发展阶段的不同要求和战略部署。

（一）重点政策的铺垫期：部分政策先行

"高校博士学科点专项科研基金"于 1982 年启动，拨款 2000 万元优先"资助经国务院批准的博士学科专业点上自然科学方面的一批基础研究和应用研究项目"，1983 年继续拨款同等数额经费，受惠的重点大学达 66 所。② 1984 年，"国家重点实验室计划"启动。至 1986 年，包括北京大学、清华大学等在内的大学已经配备有优势学科的国家级实验室。③ 1986 年 3 月提出的"863"计划是重点扶持有关国家高技术研究发展中的先进能源、环境、交通等尖端学科。1987 年，原国家教委首次启动高等学校重点学科评选工作，经过申报、通讯评审、专家小组审核与国家教委审批四轮程序后最终确定了 416 个重点

---

① 详细内容参见王蓉、魏建国等（2017）。
② 《中国教育年鉴：1982－1984》，长沙：湖南教育出版社，1986，第 155 页。
③ 《中国教育年鉴：1982－1984》，长沙：湖南教育出版社，1986，第 457 页。

学科。①

（二）重点政策的全面推进期：以"211 工程"为核心的重点工程出台

1991 年的《中华人民共和国国民经济十年规划和第八个五年计划纲要》明确提出："有重点地办好一批大学。"1993 年，《国务院批转国家教委关于加快改革和积极发展普通高等教育意见的通知》（国发〔1993〕4 号）中提出"国家教委会同国务院有关综合部门有计划地选择其中一批代表国家水平的高等学校和学科、专业，列入国务院已原则批准的'211 工程'计划（面向 21 世纪，在全国重点办好 100 所大学），分期滚动实施"，目标是"力争到 21 世纪初，我国有一批高等学校和学科、专业进入世界先进行列，在教育质量、科研水平和学校管理等方面能与国际著名大学相比拟"。

"211 工程"项目的启动与 1995 年国务院办公厅转发国家教委《关于深化高等教育体制改革的若干意见》中提出的"要着重抓好高等教育管理体制的改革，争取到 2000 年或稍长一点时间，基本形成举办者、管理者和办学者职责分明，以财政拨款为主多渠道经费投入，中央和省、自治区、直辖市人民政府两级管理、分工负责，以省、自治区、直辖市人民政府统筹为主，条块有机结合的体制框架"的步调相一致。在积极推进"211 工程"建设之时，把高校所属划分清楚，对于资金的投入责任有着举足轻重的作用。"211工程"的主要内容包括学校整体条件、重点学科和高等教育公共服务体系建设三大部分，所需的建设资金采取国家、部门、地方和高等学校共同筹集的方式解决。按"中央和省级人民政府两级管理、以省级人民政府管理为主"的高等教育管理体制，建设资金主要由学校所属的部门和地方政府筹措安排，中央安排一定的专项资金给予支持，对工程建设起推动、指导和调控作用。②

1995 年 12 月，15 所首批"211 工程"大学产生，在整个"九五"期间，共批复立项建设的"211 工程"学校 99 所，"十五"期间，批复立项建设 95 所高校，到了"十五"末期，又新增了 13 所学校，总计 107 所。③ 这 107 所高校分布在全国 27 个省（自治区、直辖市）。在"十五"后期增加了 15 所高校。整个"211 工程"入选学校总数达到了112 所。④

分三期进行的"211 工程"在"九五"期间的重点是以对大学的基础设施建设为主，在"十五"期间则逐步加大了对重点学科建设力度。对"211 工程"学校的选择为了达到利益的平衡，除了少数高水平的教育部直属高校外，其他院校都是按"一部一校，一省一校"的原则遴选的（张国兵、陈学飞，2006：3）。作为以政府为主导的行为，"211工程"将大量国家资源引向这 100 多所高校，择优支持，重点扶持，为的是让一批高校

---

① 《中国教育年鉴：1989》，北京：人民教育出版社，1989，第 219～220 页。

② "211 工程"部际协调小组办公室编，《"211"工程发展报告（1995—2005）》，北京：高等教育出版社，2007，第 5 页。

③ "211 工程"部际协调小组办公室编，《"211"工程发展报告（1995—2005）》，北京：高等教育出版社，2007，第 8～10 页。

④ 《211 工程学校名单》，http://www.moe.edu.cn/publicfiles/business/htmlfiles/moe/moe_94/201002/82762.html。

尽快追赶国际先进水平，并且带动整个高等教育发展。但是，由于高校所属的不同，各部委、各地区根据自己的经济实力对所承担的"211 工程"建设的投入也相差巨大。

（三）重点政策的高峰期："优中选优"的"985 工程"

1998 年 5 月 4 日，在庆祝北京大学建校 100 周年大会上，江泽民同志提出"为了实现现代化，我国要有若干所具有世界先进水平的一流大学"。这也是将我国高校建设的目标正式提升为世界顶尖级大学水平。1999 年，国务院转批教育部《面向 21 世纪教育振兴行动计划》，意味着"985 工程"正式启动建设，而第一期的投资标志正是自 1999 年连续三年向北京大学和清华大学各投入 18 亿元。2004 年，根据国务院批转教育部《2003—2007 年教育振兴行动计划》，教育部、财政部印发《教育部 财政部关于继续实施"985工程"建设项目的意见》，启动了前后共 39 所高校进行二期建设。2010 年，根据《国家中长期教育改革和发展规划纲要（2010—2020 年)》和《教育部、财政部关于加快推进世界一流大学和高水平大学建设的意见》，新一轮"985 工程"建设开始实施。"985 工程"建设资金由多方共同筹集，鼓励有条件的部门、地方和企业筹集资金，整合资源、形成合力，共同建设有关"985 工程"学校。

自 2006 年国家开始启动"985 工程优势学科创新平台"（简称"985 平台"），倚重建设顶尖的行业特色型大学和一批优势学科创新平台。该项目参与学校从列入"211 工程"但不属于"985 工程"建设的中央部属高校中遴选，先后有 33 所高校和创新平台入选，包括北京化工大学、上海财经大学、江南大学、中国药科大学等，都具学科特色。"985平台"的设立，又选择性地给予了"211 工程"名单中"具有特色的"学校，而剩下的不在"985 工程"和"985 平台"之列的 50 所高校，大多是地属高校和特色不鲜明的综合性高校。

（四）重点政策的巩固期："双一流"项目

高等教育的不公平分配导致了高校的两极化趋势日益明显，为了让更多的高校能积极参与科研方面，"2011 计划"正式提出。"2011 计划"是"高等学校创新能力提升计划"的简称，且面向各类高校开放。"211 工程""985 工程"是一个封闭的系统，其排他性和永久性成为不少人诟病的关键点，而"2011 计划"则不再使用终身制，这不仅是为了保持协同中心的竞争性和创新性，更重要的是可以兼顾到大众高校，通过"竞争"和"轮换"的机制方可让更多高校参与其中。

依据这个思路，为了进一步发展重点高校和重点学科，同时为了避免原有的重点建设所带来的"身份固化、竞争缺失、重复交叉等问题"，2015 年通过的《统筹推进世界一流大学和一流学科建设总体方案》，将"211 工程"、"985 工程"及"优势学科创新平台"等重点建设项目，统一纳入世界一流大学和一流学科建设，简称"双一流"。"双一流"建设的总体目标是，到 2020 年，若干所大学和一批学科进入世界一流行列，若干学科进入世界一流学科前列；到 2030 年，更多的大学和学科进入世界一流行列，若干所大学进入世界一流大学前列，一批学科进入世界一流学科前列，高等教育整体实力显著提升；到 21 世纪中叶，一流大学和一流学科的数量和实力进入世界前列，基本建成高等教育强国。

到 2017 年 1 月，教育部、财政部和国家发展改革委联合出台了《统筹推进世界一流大学和一流学科建设实施办法（暂行）》。扶持的方式是中央财政支持中央高校，地方高校由地方财政统筹安排，中央财政予以引导支持。与此同时，对"双一流"的扶持更加强调"精准支持"，并强调动态管理。这体现在以下几个方面。①实施动态检测和及时跟踪指导。②开展中期和期末评价，加大对进展良好的建设高校及建设学科的支持力度，减小对缺乏实效的建设高校及建设学科的支持力度。③打破身份固化，建立建设高校及建设学科有进有出动态调整机制。[①] 在专项资金使用和管理方面，7 月发布的《关于印发〈中央高校建设世界一流大学（学科）和特色发展引导专项资金管理办法〉的通知》提出"引导专项"的分配、使用和管理遵循以下原则：①质量导向，突出学科；②因素分配，公平公正；③放管结合，科学管理；④注重绩效，动态调整。

9 月 21 日，首批"双一流"名单正式公布，其中包括了世界一流大学建设高校 42 所（A 类 36 所，B 类 6 所），世界一流学科建设高校 95 所；双一流建设学科共计 465 个（其中自定学科 44 个）。[②] 其中，重点大学和重点学科的名单相较"985 工程"、"211 工程"以及"985 平台"等都有所扩大。

三　总结

本文分别从高等学校的管理模式、财政资金的投入模式、财政资金的分配方式（含核算方式）、学生资助等方面来梳理和分析新中国成立以来重要的财政政策和教育政策，将演变过程划分为 1949～1953 年、1954～1979 年、1980～1992 年、1993 年至今的四个阶段。第一个阶段是新中国成立后高等教育完成社会主义改造的过渡期。第二个阶段内，高等教育的管理经历了一个集权（1954～1958 年）—分权（1958～1963 年）—集权（1963～1969 年）—分权（1969～1971 年）—集权（1971～1978 年）的过程。进入 80 年代，中国高等教育开始飞速发展，形成了中央、省（自治区、直辖市）、中心城市三级办学的体制，90 年代开始，还逐步形成了诸如省部共建等各种形式的合作办学。在筹资渠道上也日益体现了多元化，形成了以财政拨款为主，费、税、产、社、基、科、贷、息等多种渠道筹措经费为辅的多渠道筹资模式。与此同时，改革开放四十多年来国家对高校的"重点"扶持政策，经历了从 20 世纪 80 年代的"高校博士学科点专项科研基金"、"国家重点实验室计划"和"863 计划"等，到 90 年代中叶启动的全面推进重点大学项目的"211 工程"，再到世纪末开始的"优中选优"的"985 工程"，以及强调"精准支

---

① 参见《教育部　财政部　国家发展改革委关于印发〈统筹推进世界一流大学和一流学科建设实施办法（暂行）〉的通知》（教研〔2017〕2 号）。

② 参见《教育部　财政部　国家发展改革委关于公布世界一流大学和一流学科建设高校及建设学科名单的通知》（教研函〔2017〕2 号）。

持”和动态管理的“双一流”项目。这可以进一步总结为发展重点学科——强力推进重点高校建设——重点高校和部分重点学科并驾齐驱的动态过程，反映了国家的宏观战略需求。整个高等教育财政也从一个由中央集权的财政管理体制逐步走向由中央、地方分工管理、教育投入多元化以及重点政策的更为稳定的公共管理模式。

参考文献

财政部文教行政司，1990，《文教行政财务制度资料选编（1949－1985）》（第 1 册），中国财政经济出版社，第 185 页。

何东昌主编，1998a，《中华人民共和国重要教育文献 1949～1975》，海南出版社。

何东昌主编，1998b，《中华人民共和国重要教育文献 1976～1990》，海南出版社。

何东昌主编，1998c，《中华人民共和国重要教育文献 1991～1997》，海南出版社。

何东昌主编，2003，《中华人民共和国重要教育文献 1998～2002》，海南出版社。

何东昌主编，2010，《中华人民共和国重要教育文献 2003～2008》，新世界出版社。

教育部，1952，《教育部关于调整全国各类学校教职工工资及助学金标准的通知》，《新华月报》7 月 23 日。

李岚清，2003，《李岚清教育访谈录》，人民教育出版社，第 84～85 页。

李文利、刘强，2010，《中国高等教育财政六十年概览：历史演变、现状和未来》，载《北京论坛（2010）文明的和谐与共同繁荣——为了我们共同的家园：责任与行动："变革时代的教育改革与教育研究：责任与未来"教育分论坛论文或摘要集》。

罗晓华，2008，《高等教育财政投资政策研究》，中国财政经济出版社，第 42 页。

王蓉、魏建国等，2017，《师范教育经费支持机制研究课题报告》，北京大学中国教育财政科学研究所。

王善迈等，2012，《公共财政框架下公共教育财政制度研究》，经济科学出版社，第 290 页。

张国兵、陈学飞，2006，《我国教育政策过程的内输入特征——基于对"211 工程"的实证研究》，《黑龙江高教研究》第 8 期，第 3 页。

张建，1953，《严格地按计划办事》，《人民教育》4 月号。

中央教育科学研究所编，1984，《中华人民共和国教育大事记 1949—1982》，教育科学出版社，第 439 页。

周恩来，1952，《政务院关于调整全国高等学校及中等学校学生人民助学金的通知》，《新华月报》7 月 11 日。

经济新常态下我国高等教育投入和问责机制改革[*]

王守军[**]

（2016 年 10 月）

建设世界一流大学和一流学科是我国人才强国战略的选择，也是我国从高等教育大国向高等教育强国迈进的需要。"双一流"建设的可持续问题受到广泛的关注。高等教育可持续发展的前提是资源可持续。资源可持续，就是既要满足今天的需求也要考虑满足明天的需求，可以从三个方面来看：一是从总量上说，资源总投入是否能够持续增加；二是从结构上说，如果财政经费无法维持预期的增长，其他来源能否进行替代和弥补；三是从效率上说，能否保证单位资源投入的效益不断提高。

经济新常态下，经济增长放缓至中高速，财政增长放缓至中低速，"双一流"建设财政保障会面临较大压力。表面上看，我国当前财政可持续遇到的威胁是收入增速放缓和支出刚性增加带来的，本质上说是我国财政如何支持和顺利实现经济社会转型、如何激发经济主体活力、如何高效利用资源的问题。因此，在经济新常态下对于高等教育财政可持续问题，既需要顶层设计也需要机制改革，通过机制改革实现各个层面的激励兼容，保障和激发微观主体的效率效果。结合国际国内高等教育发展的大背景和大形势，讨论高校财务可能面临的困难与挑战，十分必要也十分重要。

一　困难挑战

从世界范围内看，许多国家高等教育都出现过由政府投入波动造成的学校财政困难，以至于不得不推动资源多元化甚至大幅度提高受教育者分担水平的情况。高等教育出现这种财政危机的原因有三：一是收入来源单一，学校对某一来源的依存度过高，学校收入结构存在问题；二是收入性质脆弱、财政积累不够而支出过于刚性，学校财务弹性存

---

* 本文根据作者在 2016 年 10 月 25～27 日 "第二届中国教育财政学术研讨会暨 2016 年中国教育发展战略学会教育财政专业委员会年会" 之分论坛 "'双一流' 建设背景下高校财务面临的挑战与机遇" 上的总结发言整理而成。

** 王守军，北京师范大学副校长、研究员。

在问题；三是学校资源配置中无法有效地减少低效和浪费，以迅速地适应和调整，学校效率存在问题。因此，高校财政多元化、保持财务弹性和保证资源配置效率一直是各国高校重视的问题。

如果"对标"的话，我国"双一流"建设瞄准的是哪些学校呢？不管按照哪个大学排名，都可以看到世界一流大学 2/3～3/4 分布在美国，而其中绝大部分又是私立的高选择性大学。当然，这些学校的成长和发展过程展示给我们的并不都是经验，也有教训。

从经验的方面来说，美国的一流大学有几个可以借鉴之处。

一是持续不断的投入，是保障人才培养和科学研究保持卓越的基本条件；二是收入来源的多元化，是学校财务可持续的基本经验；三是从支出结构来看，支出中用于"人"的费用占据了较大比重，体现着世界一流大学建设基本要素中"人"的重要性，体现着一种基本关注。

从教训的方面来说，美国一流大学所遇到的问题和挑战，有"三个困境"特别值得关注。

一是美国高选择性大学入学竞争日趋激烈，家庭和学生选择好大学的热情高涨，但同时这些学校也越来越多地遭到了质疑和批评。比如，这些大学一方面越来越富有，但另一方面其学费越来越高，这引起了美国社会公众对这些学校不小的愤怒，也引发了政府对于学费问题的关注和干预。也就是说，美国高选择性大学在保持卓越的同时受到的质疑也越来越多。这个问题值得注意："双一流"学校在取得必要办学资源的同时如何保持较高的社会公信力？

二是美国高选择性大学之间存在激烈的竞争，这些竞争不限于优秀师资和优秀生源，还扩展至围绕师资和生源的其他非学术领域，包括生活、学习、福利、校际比赛等方面，这就是所谓的"花钱竞赛"（Arm Racing of Spending）。竞争是办好大学必需的生态，但"花钱竞赛"就落入一种典型的"囚徒困境"。这个问题值得注意："双一流"建设过程中，如何在鼓励和保持竞争的同时，避免不必要的花费和过重的非学术负担？

三是美国高选择性大学多年来存在持续成本上升的问题，而成本控制不力的一个重要原因就是大学治理存在结构性问题。在共同治理过程中，学校成本控制与削减存在重重困难。这是美国高选择性大学面临的第三个困境：对于成本控制无能为力、无人负责。这个问题值得注意：我国高校治理改革能否解决软预算约束和无成本约束的问题，能否避开或减轻这个问题的影响？

我国的"双一流"建设实际上就是在中国这样一个发展中国家，通过公办教育和公立大学建设出世界一流的高等教育机构和学科。这个任务面临着以下多重挑战。

一是我国建设世界一流大学和一流学科存在"时空压缩"的紧迫性，赶超型的建设方式带来了多方面压力。从人才的短缺到办学条件的改善，再到办学水平提高、治理能力保障，需要做的事情太多，不仅需要持续大规模的投入，还需要保障资源投入的效率效果和效益，这个过程中各种矛盾会不断凸显。在较短的时间内，如何通过好的政策和机制鼓励内涵发展和质量提高，切实取得建设成效，使资源投入各方获得持续支持的信心，是十分重要的。

二是在我国高等教育大众化阶段做好"精英教育"，存在不少矛盾。我国公立大学的分层发展既是现实情况，也是未来选择，"梯队发展"或"雁阵发展"是十分必要的，对于这一点很少有人提出异议。但是，对于"谁先发展、谁后发展"，对于优先发展的高校如何支持等问题，看法差异很大。不仅正在建设世界一流的大学与一般大学有不同看法，即使那些同在建设世界一流的大学也有不同看法。如何处理好普遍与特殊之间的关系，如何做好高校分层建设和分类支持，如何解决好一流大学和一流学科建设支持政策的正当性与合法性的问题，消除"吃偏饭"嫌疑，是十分关键的问题。

三是我国建设世界一流大学面临的是全球竞争，是在国际范围内争夺人才、争夺资源、争夺机会，办学过程中的主要要素价格可能是发达国家的价格，如果不得不采取国际价格水平或远超国内的成本水平进行投入，在某些方面代价高昂或成本高企，政府、社会和国内其他高校都可能有质疑和不解，直接影响各方面支持的态度和力度。

二　投入机制

改革开放以来，我国高等教育投入的总量是持续增长的，尽管在一些地区、在有些年份生均投入出现过下降和停滞，但从总的趋势上看生均投入水平也是增加的。可以说，近年来我国高校已经习惯了投入的较高速度增长，也依赖投入的较高速度增长。现在的问题是，这种高等教育投入增长是否可持续？在经济新常态下，经济放缓和财政能力的相对下降，使得高等教育的投入增长也有可能放缓，如何做到高等教育的可持续发展是摆在政府、社会和学校面前的共同课题。因此，我国高等教育的投入机制面临着严峻的考验和转型压力，高等学校应当有忧患意识，应当未雨绸缪和长远规划，还应当有体制机制准备。

"双一流"建设不能仅仅靠政府投入，"双一流"建设更不能紧紧"靠"在政府投入上。承担"双一流"建设责任的学校要承担机制创新的责任，要在多年来的建设成果基础上，通过能力建设解决自我发展、良性发展的问题；政府支持的手段和方式可以多样化，投入不仅仅是资金的投入，资金之外的支持也很重要，不能忽视。简单地说，"双一流"建设的资源保障体系可以向社会争取资源、向政策争取空间、向管理争取效益。

1. 调整机制以引导资源投入多元化

"双一流"高校要坚持办学宗旨与办学特色，面向国家、社会、市场需要，争取社会各界的投入，政府鼓励学校收入来源的多元化，以财政资金撬动社会投入、放大财政投入效果。

多年来，我国一直推动高等教育建立多渠道筹集资金的体制，但这个体制尚需完善而且任重道远。所谓"向社会争取资源"，是指"双一流"高校要切实现实办学资源的多元化。办学资源多元化的目标是减少对政府的依赖。近年来，政府陆续实施了一些鼓励社会向高等教育投入、鼓励高校争取社会投入的政策，取得了良好的效果，比如，中央高校捐赠配比财政资金的政策等。当然，在这个方面还有许多可以努力的空间，包括以下选项。

（1）应形成合理的学费价格体系。学习型社会和学习型组织建设实际上为高等教育提供了巨大的发展空间，也为高校发挥社会服务职能提供了机会。在这个过程中，要逐渐建立健全成本补偿制度，形成合理的学费价格体系，在保证学习机会、激励学生学习的前提下，促进学习者、家庭、用人单位和社会公益的共同投入格局。

（2）开放办学和国际化办学应得到鼓励，一方面解决生源结构和教师结构等技术层面的问题，另一方面解决办学文化和国际竞争层面的问题。

（3）政府可以结合机制创新允许学校通过公开市场发债，接受公众对大学的财务监管，这不仅有财务方面的意义，还有治理方面的意义，使大学行为更为公开透明。

（4）财政科技投入机制改革以引导科技成果转化。鉴于高校作为科技成果转移转化的重要阵地，政府能否考虑对于高校科技成果转化收益按照一定的比例和条件，进行一定的财政资金配比政策，用于高校的科学研究工作。这种财政配比政策实际上也是一种鼓励产出、鼓励科学技术尽快转化为生产力的绩效拨款。

2. 下放权力以提高资源投入效率

通过取消经费使用方面的不必要、不合理限制，将资源配置的权力和责任落实给学校，鼓励学校统筹资源，减少冗余和浪费。所谓"向政策争取空间"，是指政府有可能以政策调整激励社会各界对一流建设的投入，有可能通过政策调整替代部分资金投入。政策空间是政府可以运用的重要手段，不能忽视。

财政资金按照基本支出和项目支出进行管理是现代财政管理的重要方法。近年来，项目支出在保证财政使用方向、体现事业发展导向方面的效果是显著的，但也出现了项目过多、过细，管理过于烦琐复杂的问题，项目结转和结余突出的问题。这几年，高等教育投入的基本支出与项目支出结构一直在调整之中，基本支出和能够统筹使用的项目支出的比重在提升，这种基本趋势是正确的。财政要实现"精细化科学化"，对于不同层面来说具体的意义和要求是不一样的。在微观层面，基层单位的"精细化科学化"就是要管好用好财政资源；在宏观层面，中央政府的"精细化科学化"首先是要建立健全良好的体制机制、进行合理的顶层设计、开展有效的宏观资源配置、建立完善宽严适度激励兼容的政策体系，而不是"事无巨细、一统到底"。财政管理需要在纵向之间合理地分配权力，激发各个层面的积极性，同时落实各级管理责任，共同做好管理工作。

我们应当认识到，外部控制与组织绩效之间存在一定的矛盾。也就是说，外部控制多而组织绩效不一定高。许多"假绩效之名"或"以绩效为初衷"而实施的控制，其结果往往是绩效越来越低，而且无法追究绩效低下的责任，因为组织行为是深受外部控制操纵的结果。财政经费执行进度考核虽然是出于好的初衷，但实际效果可能是"鼓励"尽快花掉来之不易的财政资金而不管效益效果如何。由于存在信息不对称的问题，监管部门很难判断每一笔经费的使用是否物有所值、是否与工作相关、是否有必要花费，甚至是否真实，只有经费使用当事人才掌握这些信息。因此，经费使用当事人对待财政资金的态度就十分重要：把财政资金当成别人的钱不负责任地花掉还是像对待自己的钱一样精打细算地使用？有人认为，基层单位财政经费的结余似乎意味着资源分配者的"事故"，因而不能剩余太多，但正是这种观念下的财政经费执行考核政策会造成背离初衷的结果。除此之外，还有以下几个方面的政策值得考虑。

（1）资产收益可能成为一些学校的重要办学来源，但现行许多规定并不利于高校资产收益、资产出租出借的管理等。

（2）高校资金保值增值的限制政策需要放宽，在满足风险控制条件的前提下，让高校有更多的选择，做到"安全合法有效"，使用资金收益补充教学科研、支持学校自我发展，是值得考虑的问题。

（3）妥善解决校办产业等风险较高资产的风险控制和规范治理问题，结合长远发展、在中国现实条件下推动教育基金积累，以培育学校的财务可持续性。

（4）学校在后勤和支持体系中，进一步通过"外包"替代"自产"，通过"有偿经营"替代"行政管理"，重新界定学校与社会之间的"效率边界"。比如，不必要求学生集中住宿，更不必要求留学生集中住在学校，进一步结合社会资源的合理利用来满足学校资源需求。

3. 鼓励积累以纾解资源投入压力

通过管理改进，激励高校节约经费、提高效率，不断地积累资金，形成抗御风险的能力，减轻对政府的过度依赖。

低效和浪费，在我国高校中普遍存在。资源配置效率既是事关社会投入信心和积极性的问题，也是事关高校财政可持续发展的问题。我们需要关注高等教育资源投入过程中可能存在的"沙地渗漏"现象，如果不能通过机制改革来解决这个问题，单纯投入只能造成不断的资源损失。经过多年投入，高校形成大量存量资产，存量资产利用不好，就会形成大量的闲置与浪费，不仅如此，形成资产闲置和浪费的机制会继续造成更多的闲置与浪费。这就是说，如果不能解决存量资产的利用效率问题，就无法解决增量资产的效率保障问题。存量资产与增量资产是一个机制上的两种形态，是相互关联的。所谓"向管理争取效益"，是指高校需要不断改进内部资源配置，提高存量资产的利用和增量资产的优化。因此，在高校中要大力探索资源配置机制改革。

（1）形成资源有偿使用机制。学校内部建立健全成本控制机制、资源共享机制。在学校中模拟市场机制，给资源都贴上一个"价格标签"，形成资源有偿使用机制，既能抑制不合理的需求，也能鼓励存量资产的有效供给；既能解决现有资产的运行保障问题，也能弱化增量资产购置动机。简单地说，如果"可以留用的就不必急着用，可以不买的就不用急着买"，在高校中形成资源稀缺、有偿使用的观念，鼓励师生珍惜资源珍惜经费。

（2）鼓励节约形成积累的机制。积累是高校抗御风险的重要手段，也同样是政府财政抗御风险的重要手段。从短期来看，假设出现了财政收入的急剧减少和资源短缺，如果高校可以以丰补歉、丰歉自平，积累就是缓冲而不至于让政府承担过大政治压力；从长期来看，高校积累的水平和积累的习惯，是学校改进配置、提高效率的方向，同时更是政府调整财政投入规模和投入方式的条件。因此，如果高校不愿积累、不能积累，而习惯于无视效益、突击花钱，政府作为投入方和高校作为使用方，就会"两败俱伤"，没人受益。

（3）学校通过探索"责任中心管理"等措施，将资源配置责权进一步下移，通过"去集权化"，减少信息不对称，贴近教学科研第一线，以提高资源配置效率。

（4）认真研究和解决高等学校非营利机构的免税地位问题。对高等学校征纳企业所得税的问题也是造成高校积累不足的原因之一。免缴企业所得税的一个直接效果就是鼓励节约和积累。在高等教育和公益慈善法律法规的建立健全过程中，对非营利性高等教育机构免除企业所得税政策迫在眉睫。

三　问责体系

高校在获得了物资资源、政策空间的同时，也应当考虑如何更好地承担社会责任。从逻辑上讲，讲投入和讲问责是相互联系、顺理成章的。要完善问责以增强资源投入信心：通过完善高校治理能力和治理体系建设，解决财政投入的问责机制难题，做到公开透明和阳光财务，让广大人民群众放心投入。

这些年来，各方面普遍反映经费使用管理越来越紧、越来越严，有人认为现行的某些科研经费政策影响了科学研究活动的顺利进行，甚至有人认为现行的某些科研经费管理政策阻碍了创新。认真分析一下我们会发现，之所以出现经费使用管理过于烦琐的问题，往往是与经费使用中不断出现不规范的情况密切相关的。多年来，我们所习惯的管理机制是一种"应激管理"，"出现问题—制定规则"。为了堵塞所发现的各种各样的漏洞，需要制定各种各样的规章制度。多次循环往复的修补以后，形成了越来越复杂的规章制度体系，而这种复杂体系既给经费使用者增添了许多"条条框框"和"沟沟坎坎"，也给经费的资助者和监管者增加了许多实施成本和防范成本。这种博弈过程所带来的社会代价是高昂的、是谁都不满意的，但是如何跳出这种"恶性循环"呢？这就需要解开一个"扣"，其核心是信息问题，就是如何区分正常的科研活动和谋取私利的违纪违法行为，做到既能支持正常的科研活动，也能够识别和惩处少数谋取不当利益的行为。也就是说，我们应当分清两类问题，一类是因科研经费使用管理规定不尽合理、程序过于烦琐，而需要改进的服务、简化的程序，另一类是经费使用过程中的不规范现象需要治理的问题。从道理上讲，既然高等学校所使用的是纳税人和委托人的钱，那么就需要对纳税人和委托人负责，管好用好经费是应当的责任，不是需要去除的、额外的负担；既然政府是广大人民群众利益的"守护人"，那么放权就不是放任，放权就不是放弃监管职责，"守护人"的职责是不能放弃的。

那么最近国家在科研领域"放管服"改革和经费使用自主权下放的本质要求是什么呢？就是经费使用者守住经费使用"真实合法相关"的底线，在这个基础上可以按照科学研究的需要来使用经费；经费监管者需要得到经费使用"真实合法相关"的合理保证，其他不再干预经费的使用。

毫无疑问，我们所讨论的放权不意味着没有底线。近年来，极其个别的科研人员以虚假的业务、虚假的发票套取资金，或者通过关联交易转移资金，或者将经费用于个人和家庭支出，甚至奢侈性地、豪华式地挥霍浪费。这些行为不符合法律法规的要求，不符合人民的期望，不符合科研人员的行为规范，不符合社会公共利益。因此，在科研经费使用放权的同时，需要完善经费使用监管体系，即所谓"放得了，接得住，管得好"。高校经费监管体系需要减轻经费使用方和经费监管方的信息不对称，需要降低监督的社会成本，需要保护科研人员的工作积极性。再次强调，外部控制与组织绩效之间存在矛盾和平衡，过去我们过分依赖外部控制，忽视了内部自律，忽视了外部控制要通过内部治理发挥作用，这种思路需要调整。我们认为，经费使用者和经费监管者的关系要从完善高校法人治理、促进政策合理化、落实各级责任和完善监督体系四个层面进行调节。

1. 完善高校法人治理

推动完善高校法人治理，是保证资源投入效率、落实管理责任的根本之路。高等学校接受财政资助来完成人才培养和科学研究任务，要做到"阳光财务"、资源配置合理有效、经费管理严格规范，这是一种基本的社会契约。目前按照高校信息公开的要求，高校已经逐步地进行信息公开，但是信息公开在内容、方式、可读性、有效性等方面还存在许多问题。从长远来看，建立高校整体财务报告制度，对学校改革发展运行的环境、责任、治理、财务进行综合报告，势在必行。这项工作一方面是解除受托责任的需要，另一方面是增强高校公信力、提高社会各方面投入的需要。不断完善学校治理体系和治理能力建设、内部控制体系建设，以及逐步推行对高校的社会审计鉴证，将对高校构建一个环节闭合、多面立体的社会问责体系，为办好人民满意的教育提供保障条件。

2. 促进政策合理化

经费使用与监管是一种典型的委托代理关系。由于存在信息不对称问题，外部监督者很难了解那些与业务密切相关的信息，比如，经费是否够用、预算结构是否合理，等等。对于经费够不够、经费如何使用更好等问题，教师比外人更清楚，所以调整预算的主要权力应该放给一线人员。从宏观上和长远上看，节约经费不仅会节约某一个时期的资源，还会有一定的替代效应，进一步带来未来资源需求的减少，减轻政府财政投入的压力。

3. 落实各级责任

经费使用的基本责任是什么？就是要做到真实、合法、相关。

从人员的层面看，项目负责人和具体经办人对经费使用中的真实性、合法性、相关性承担直接责任。在监督体系中，应当发挥同行的监督作用，发挥同事的监督作用，通过"熟人"的近距离牵制，逐渐形成良好的文化氛围，对故意不当使用经费的行为形成"现实而具体"的压力。

从机构层面看，高校有没有对师生正确使用经费开展过有效的教育？高校是不是具备健全有效的制度体系和内部控制？高校有没有及时发现和正确处理过经费使用方面的问题？经费使用管理是财务部门和审计部门的重要职能，也是高校党委的重要责任，还是纪委监督执纪的重要内容。责任追究不能流于形式、停在纸面，对于发现的问题，应当严肃处理，保持一定的威慑；对于经常发生违纪违法行为的单位，要追究党委和主要领导人的责任。

4. 完善监督体系

经费使用监督体系包括内部监督、政府监督和社会监督，这几个方面是各有分工、相互配合的。外部审计和检查过多过滥、重复检查、相互隔绝的问题必须得到解决。外部监督应当形成结果共享机制，既要减少检查和审计，又要保持必要的监督力度、深度和广度。各种检查要关注内部控制制度的健全性和有效性，外部监督、社会监督要与完善内部监督结合起来，通过完善内部管理来落地。

四　结语

"双一流"建设肯定不会一帆风顺，其根本原因在于有限理性与未来不确定性。就像一些研究指出的那样，高校作为一种社会组织，其短期效率与长期适应能力之间存在深刻的矛盾：当前的适应性越强，对未来的适应能力可能越弱。这就给高校管理者和政府提出了要求：对于高校来说，今天运转得好的高校不一定是明天发展最顺利的高校，竞争是必然的也是必需的，"双一流"不是百米赛，而是马拉松，所有高校必须克服惯性和"路径依赖"，突破利益集团的惰性和利益藩篱，尤其是当前发展好的学校。对于政府和社会来说，"双一流"建设成就可能是概率意义上的、是总体意义上的、是宏观意义上的，要允许不同方向上的探索，要给"双一流"高校以资源配置自由空间，没有宽容和灵活，就没法激发活力，就没有高校的可持续发展。

上述讨论和建议并不是要为"双一流"高校创造一个超国民待遇，而是期望通过机制改革和政策调整，创造一个公平竞争的环境，创造一个鼓励高校"眼睛向外"争取资源的环境，创造一个鼓励高校厉行节约和提高效率的环境。我们有一个基本判断：学校节约的潜力很大，社会投入的潜力很大，资源配置效率提高的潜力很大。在高等教育无法依赖高速大规模投入的情况下，高等教育的投入机制转型是必然的、不可避免的，迟不如早，应尽快使高等教育适应经济新常态。

基于以上条件和判断，我国完全可能在经济新常态下，通过体制机制改革，以放缓的财政投入水平维持高等教育的可持续发展。

高校财务报告的主体与范围[*]

王守军[**]

（2015 年 10 月）

多年来，我国高等学校会计制度和财务制度都未清晰地说明一个学校财务报告主体的边界或范围。本文试图厘清高等学校会计核算主体、组成单位、相关机构以及无关机构几个概念之间的关系，并对各类机构的相关信息如何在高校财务报告中进行披露加以探讨，希望对我国高等学校会计制度修订工作有所裨益。

一 高校财务报告主体界定问题的国内外现状

高校财务报告应当完整反映高校的会计信息，然而我国的《事业单位财务规则》《事业单位会计准则》《高等学校财务制度》《高等学校会计制度》中都没有关于财务报告范围的表述，也没有关于会计主体的论述。关于高校财务报告的范围和主体边界始终是一个悬而未决的问题，它切实地影响着事业单位的会计核算和财务报告，对会计信息的完整性和准确性、对事业单位受托责任的考察具有重要的影响。

国外高校的财务年报会对年报主体范围和报告的主体内容进行界定与说明，如哈佛大学的财务年报（Financial Reports）负责披露学校的会计信息，其中的财务报表是合并报表，包含了部分附属单位的数据，比如负责管理基金的哈佛管理公司；剑桥大学在其财务年报（Annial Report and Accounts）中说明了合并报表的基础和合并后的财务报告及附注，规定财务报告内容包括大学及其附属机构的信息，如盖茨剑桥信托基金和其他信托基金等，但合并报表不包括学生会和研究生会等独立机构的账目，因为学校在其中没有财务利益也不控制其政策决定；牛津大学的财务年报（Financial Statements）中也说明了财务报告的范围，如财务报告合并了大学和所属机构的账目，但不包括牛津大学出版社的账目等。

我国数量众多的高校都是在结构和功能上十分复杂的组织。高校除了包括从事人才

---

   * 本文为作者在 2015 年 10 月 28 日"高等教育成本费用管理制度改革专题座谈会"上的主题发言。原文《我国高校财务报告主体边界的研究》最初发表在《教育财会研究》2013 年第 3 期上。

  ** 王守军，北京师范大学副校长、研究员。

培养和科学研究的基本职能外，还有图书馆、信息网络等学术支持体系，有为教学科研和师生员工提供服务的行政体系和后勤体系，有承担着教育和科研职能的分校、研究院，有附属中小学和附属医院，有基金会和校友会，还有学校投资和控制的产业体系等。高校举办、管理或投资的单位，有些是独立的事业单位法人，有些是独立的社会团体法人，有些是独立的企业法人，有些是独立核算的非法人实体；有些单位从事着与高校职能相同、相近或相关的业务，也有的承担着与高校职能完全不同的业务，但接受学校领导。这些单位有一个共同的特征，即都受到高校一定程度的控制和影响，高校对这些单位通过各种方式实施管理。目前并不是所有这些单位都将财务收支和财务状况反映在高校的财务报表上。

高等学校职能的多样性和体系的复杂性，造成了会计核算主体与财务报告主体的分离，即除了在高校会计主体内核算的会计信息，还有一些财务信息是在其他会计主体中进行核算的。对于这些独立机构会计信息，高校这个会计主体中并未包含它们，也未通过合并报表或报表附注的方式将其财务信息反映到学校财务报表中。这些财务信息是否需要在高校这个报告主体进行披露以及如何披露，就成为需要研究的问题。因此，我们需要更加清晰地划分高等学校财务报告的范围和边界，即对于一个包含了各种业务、多种附属单位的高校而言，需要回答以下四个具体问题。

（1）哪些业务必须在高校会计主体的范围内进行核算和报告？

（2）哪些业务可以不在高等学校会计主体中核算，但需要通过合并报表方式进行报告？

（3）哪些业务可以不通过高等学校会计主体核算且不进行合并报表，但需要在报表附注或说明中予以披露？

（4）哪些业务的财务信息可以不予反映和披露？

二　高校财务报告主体范围界定的几种标准和主要方法

关于高校财务报告主体范围的界定标准，目前主要有法人主体、财政关系和责任范围三种标准。

所谓法人主体的标准，就是认为高校财务报告的范围仅限于高校这一法人主体的经济行为，法人主体之外的经济业务不予反映。根据这种观点，高等学校的财务报告主体与会计核算主体是一致的，财务报告的范围就是会计核算的内容。作为法人主体标准的典型例子是教育部所要求的决算报表——《财基表》，其范围就是高校这个事业法人的范围，而将其他法人实体的业务排除在外。

所谓财政关系的标准，就是认为高校财务报告的范围应该是高校主体加上与高校有财政经费领报关系的组成单位。按照这种标准，高校财务报告的范围除了高校会计核算主体之外，还包括了其他的法律主体，这些法律主体由于接受了高校转拨的财政经费而成为高校问责链条中的一个环节。财政关系标准的代表是财政部要求的部门决算——《财决表》，其范围除了高校法人，还包括通过高校进行财政拨款的附属学校和附属医院等单位。

所谓责任范围的标准，其基本观点为只要在高校管理职责范围内并且负有最终会计责任的活动，不管是否在高校法人实体内，也不管是否存在财政拨款关系，都应以各种形式反映到高校财务报告范围之内。

可以看出，上述三种标准所对应的高校财务报告范围，是从法人主体逐步向外扩展的逻辑关系。

对于高校财务报告的主体范围问题，我们主张采用责任范围的标准，即在确定高校财务报告范围时，所考虑的关键原因应该是高校的管理责任。高等学校单位通过行政管理、董事会或理事会、干部管理、财务管理等方式，直接或间接地对所属独立法人单位和独立非法人单位实施计划、组织、协调、控制和决策等活动。由于管理的权利是与责任相对应的，高等学校所管理的范围就是其应该承担责任的范围，而承担责任的范围就是高等学校反映财务信息的范围。如果财务信息并不在高等学校这一会计核算主体中产生，则需要通过合并报表、报表附注等方式补充相应的财务信息。因此，我们主张高校财务报告报表的范围应该是管理所及并且责任所及的范围，管理责任的边界就是高校财务报告的边界。

如何具体地确定高校的管理责任边界？面对一个单位或机构，我们选取以下五个指标对其是否属于高校财务报告的范围进行判断：法人地位、组织宗旨、财政领报、管理指派和重大影响、会计责任。

（1）法人地位：相对于自然人而言，法人是具有民事权利能力和民事行为能力，依法独立享有民事权利和承担民事义务的组织，是社会组织在法律上的人格化。

（2）组织宗旨：所谓组织宗旨，是指规定组织去执行或打算执行的活动，以及现在的或期望的组织类型。这里需要区分以营利为目的的组织和不以营利为目的的组织。前者是企业，后者为非营利机构或单位。

（3）财政领报：财政经费领报，是对预算单位而言的。按照我国预算管理体制，预算单位分为一级预算单位、二级预算单位和基层预算单位。下一级预算单位对上一级预算单位而言，就是经费领报关系，因为下一级预算单位得到上一级预算单位的拨款，还需按期报告经费的使用情况。

（4）管理指派和重大影响：指高校向单位派出全部或者部分管理人员，并且高校可以控制其决策或对其决策施加重大影响。

（5）会计责任：会计责任是指管理当局对其所编制和提供的会计报表所应承担的责任。会计责任的基本内容包括：建立、健全内部控制制度；保护资产的安全和完整；保证提交审计的会计资料真实、合法和完整。

要判断一个单位是否应纳入高校财务报告的范围之内，可以按照以下步骤进行判断。

第一步：是否为独立法人？这一指标如果为"否"，表明单位是高校的内部机构；如果为"是"，表明单位是独立于高校的另外的法律主体。如果是独立法人，进行下一步的判断。

第二步：是否为以营利为目的的企业？如果是企业法人，则按照对外投资进行核算。如果不是企业法人，而是事业单位法人或社会团体法人，则进行第三步判断。

第三步：是否与高校存在财政领报关系？如果存在财政领报关系，则是高校的组成单位，应该纳入高校的财务报告范围。如果不存在财政领报关系，则进行下一步判断。

第四步：是否存在管理指派和重大影响或者最终会计责任？如果为"是"，则该单位属于高校财务报告的相关机构。如果为"否"，则该单位不属于高校的相关机构。

第五步：对于与高校无关的机构，学校财务报告不予反映。

三　高校各类单位的分类及其在财务报告中的信息披露方式

第一类：高校内部机构。这类单位除了包括所有校内教学、科研、行政管理、学术支撑单位以外，还应该包括以下几项。

（1）非独立法人的后勤部门。

（2）非独立法人的基金会、校友会。

（3）非独立法人的附属学校、医院。

这些单位同时满足上述五条标准：不是独立法人、非营利、存在财政领拨关系、高校指派其管理层、高校承担最终会计责任。

第二类：高校组成单位。高校组成单位应该包括以下几类。

（1）具有法人地位、非营利的后勤部门。

（2）具有法人地位、具有财政领拨关系的附属学校、附属医院。

（3）具有法人地位、学校控制并负有最终会计责任的研究院、分校。

这些单位除了是法人实体外，满足其他四条标准，即非营利、存在财政领拨关系、高校指派其管理层、高校承担最终会计责任。

第三类：高校相关机构。此类机构包括以下几类。

（1）具有法人地位、有管理指派但是与大学之间不具有财政领拨关系，大学也不负最终会计责任的独立学院。

（2）具有法人地位、有管理指派但是与大学之间不具有财政领拨关系，大学也不负最终会计责任的附属医院。

（3）具有法人地位、有管理指派但是与大学之间不具有财政领拨关系，大学也不负最终会计责任的基金会、校友会。

（4）具有法人地位、有管理指派但是与大学之间不具有财政领拨关系，大学也不负最终会计责任的企业。

这些单位的共同点是：独立法人实体、高校指派其管理层。但是，这些单位中既有营利性的也有非营利性的。这些单位与高校之间不存在财政领拨关系，高校也不承担最终会计责任。

第四类：无关机构。在这里应该注意，无关机构是在财务报告意义上而言的，一个机构不属于高校财务报告的相关机构，并不一定与高校没有经济关系，比如学校的工会，是以学校教职工为成员的群众组织，是独立的社会团体法人，有独立的财务机构和财务人员，虽然其治理机构的管理层中的很多成员来自学校，但其是通过法定程序选举产生的。工会经费是由高校按照法律要求提取并转付的，与学校之间不存在财政领拨关系，学校也不承担最终会计责任，因此，它并不属于高校财务报告范围。

就与高校财务报告的关系而言，高校对于其内部机构、组成单位、相关机构、无关机构四种不同性质的单位，可以采取以下四种处理方式。

1. 主体核算

高校内部的所有教学科研单位（学院、系、所、中心、实验室）、学术支持单位（图书馆、信息中心等）、行政管理（部、处、科、室）、后勤服务单位（餐饮、修缮、运行维护、物业、接待等）、不具独立法人性质的附属学校（幼儿园、小学、中学）、不具独立法人性质的医疗机构（医院、诊所、卫生所）等，其资产、负债、净资产、收入和支出（费用）都应该在高等学校这个会计主体中进行核算。在实际工作过程中，出于内部划分经济责任等目的，一些单位的经济活动是在独立的会计账套内核算的，这些会计资料和会计信息也都应该属于高校这个"大主体"。

2. 合并报表

高校与组成单位之间的经济活动的反映，原则上应该通过合并财务报表的方式进行。合并财务报表至少应该包括资产负债表、收入表、支出（费用）表等主要的财务报表，以完整反映高校及其组成单位之间的业务活动和经济运行的成果，进一步向利益相关者说明高校履行管理职责的情况。在财务报告附注中，还应该说明合并财务报表的内容、方法、期间等。在必要的情况下，需要对高校主体与组成单位的财务报告数据分别列示，以便让会计信息使用者清楚高校自身的情况和组成单位的情况，做出正确的判断。

3. 报表附注

由于高校相关机构可能与学校在业务活动和经济活动中存在各种各样的联系，这些交易或事项虽然高校不一定承担会计责任，但还是需要向利益相关者和报表使用者进行说明。一般情况下，需要说明的主要内容有：相关机构的名称、性质、主要业务、资产负债状况、经营情况、与高校之间的主要关系、与高校之间重大的经济往来等。

4. 不予披露

对于无关机构，高校财务报告对其情况可以选择不予披露。但是，如果高校与某个财务报表意义上的无关机构之间发生的交易或事项，其数额和性质足以构成重大影响，高校可以在财务报告中予以说明或披露。

主体核算、合并报表、报表附注、不予披露这四种处理方式，是按照由内而外、由近及远、由重到轻的规则进行逐层划分。在上述分类中，对于高校投资企业的反映较为特殊。高校企业作为高校相关机构，其运行和发展情况应该在财务报告的报表附注部分（特别是结合高校的对外投资科目）予以说明，但同时在高等学校会计主体中，将对外投资以历史成本法进行核算。

四　总结及政策建议

综上所述，以流程图的方式将确定高校财务报告边界范围的过程进行总结（见图1）。

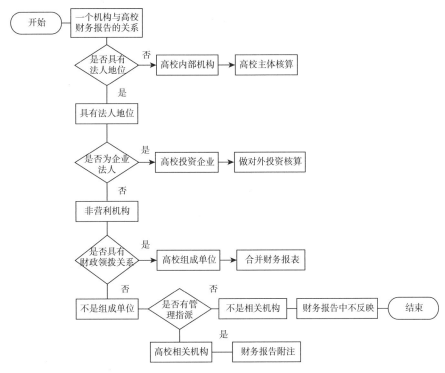

图1　确认高校财务报告边界范围流程

按照以上流程，可将学校的各个单位进行分类并对其财务信息进行分类处理。

（1）学校内部的非独立法人且非营利性质的院（系、所、中心）、后勤单位、附属中小学、附属医院、基金会、校友会等内部机构，在学校会计主体内核算，并在高校财务报告中报告这些单位的财务信息。

（2）学校投资并控制的企业，原则上应该以对外投资的方式在学校会计核算主体中记录对其投资和回报情况，不合并财务报表，但在报告附注中进行说明。

（3）学校独立法人的后勤单位、附属中小学、附属医院，如果是组成单位，则应该进行合并报表；如果是相关机构，其财务状况和信息则应在财务报告附注中予以说明。

（4）基金会、校友会等社会团体法人，服务于学校教育和研究，不存在财政领拨关系，但如果学校指派管理层并且高校要承担最终责任，则应该在高校财务报告附注中予以说明。

（5）工会属独立社会团体法人，对于其收入支出和资产有独立的法律进行规范，不在学校主体内核算、不进行合并报表、不进行补充披露。由学校财务部门代管账目的，不能计入学校收支和资产。

（6）对于独立法人的学院和研究院，如果存在财政领拨关系则属于组成单位，应进行合并报表处理；如果不存在财政领拨关系，但是学校指派管理层并且高校要承担最终责任，则属于相关机构，应在高校财务报告说明中予以披露；如果学校不指派其管理层也不必承担最终责任，则属于无关机构。

按照上述分析，高校财务报告范围如图2所示。高校财务报告的主体和范围为灰色部分，按照颜色由深至浅的顺序，分别以主体核算、合并报表、报表附注等方式予以财务信息的处理和披露。

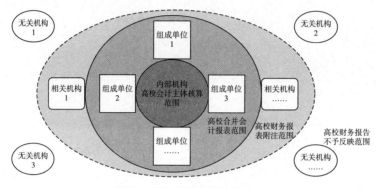

图2　高校财务报告范围示意

结合上述分析，本文对高校财务报告主体范围的界定提出以下政策建议。

（1）高等学校财务报告范围应该按照责任范围进行确定，即财务报告范围应包括高校可能承担管理责任的所有单位和机构，包括会计主体核算的部门和单位，也包括组成单位、相关机构。

（2）《高等学校会计制度》中增加关于高校财务报告的范围（内部机构、组成单位、相关机构和无关机构的定义）、财务报告的内容、财务报告的方式等条款。

（3）《高等学校财务制度》中增加关于高校附属业务和附属单位的财务监督管理责任、信息披露责任的条款。

高校科研项目成本归集以及高校科研项目资助政策[*]

湛毅青^{**}

（2015 年 10 月）

高校科研项目的完全成本由包括科研人工在内的直接成本以及分摊的科研间接成本构成。已有研究发现，科研项目完全成本补偿程度直接影响项目的完成质量、高校科研教学事业的协调发展以及受托责任的正确履行。美国、英国等发达国家政府均不断改革其科研项目资助政策，对科研人工和间接成本的补偿程度越来越高。我国现行的科研项目资助政策规定不补偿科研人工，且只少量补偿间接成本，使得科研质量、教学质量均受到一定程度的影响。本文通过将发达国家和我国科研项目的成本归集和科研项目资助政策进行对比分析，为建立适合我国高校的科研项目完全成本计算模型及资助政策提出相应的政策建议。

一　科研项目完全成本补偿的理论基础

1. 相关概念的界定

成本即对象化的费用，成本对象可以是教学项目、科研项目，也可以是学院项目、学生，等等。按照功能划分，教学项目、科研项目和服务项目是项目完全成本的最终归集对象，根据成本相对于成本对象的可追溯性，大学发生的成本通常被划分为直接成本和间接成本两大类。综合一些政府、大学、专门研究机构、学者等的界定，直接成本通常指可以明确地追溯到教学、科研项目等成本对象的成本，或者可以轻易地以高度准确性直接分配到这些成本对象的成本，一般包括人工费、材料消耗、设备费、资料费等。其中，可以明确地追溯到特定的科研项目，或者可以将多个项目共享的成本相对精确地分配到受益科研项目的成本被称为科研直接成本。相应地，大学成本对象项目共享的、不能明确地追溯到具体项目，但在大学日常运转以及项目执行中必不可少的成本，则被

＊　本文根据作者在 2015 年 10 月 28 日"高等教育成本费用管理制度改革专题座谈会"上的主题发言整理而成，并经作者审阅。

＊＊　湛毅青，华中科技大学副校长、教授。

归类到间接成本，一般包括与设施占用及综合管理相关的成本。因此，某成本对象的完全成本应包括直接成本加上应分摊的间接成本。

2. 科研项目完全成本构成的理论依据

美国斯坦福大学的 Roger G. Noll 与西北大学的 William P. Rogerson 两位学者从增量成本角度说明了科研项目的成本构成。一个项目（或活动）的增量成本通常又称为边际成本，是指在其他项目（或活动）照常进行的情况下，承担该项目（或活动）所发生的额外成本。增量成本具有两个特性：时间相关和协力作用。所谓时间相关，是指项目的增量成本随着执行期的增加而增加，即项目执行期越长增量成本越大，投入的人力越多，耗费的材料也越多；协力作用指一组项目作为一个整体的增量成本大于该组项目中单个项目的增量成本之和，因该组项目形成的协力（联合成本或共享成本）对其中任意单个项目均不构成增量。当项目之间存在协力时，这些项目具有联合成本，即多个项目共享的成本。对于每一个单个项目而言，联合成本不是增量成本，但对于构成联合成本的所有新增项目的整体而言，联合成本就成为增量成本。联合成本即间接成本，具有不变性和不透明性两个特点。不变性是指间接成本对大学的任一单个项目而言都不是增量的，即如果取消一项特殊的项目，间接成本的总费用几乎完全不受影响；不透明性是指若大学因为增加了相当规模的科研项目而引起间接成本的增加，对任一特定项目而言，与其相对应的间接成本的精确增量几乎无法用任何会计核算系统来测算。

基于增量成本的特性，Roger 和 William 认为科研项目资助的最低标准应为所有科研项目的长期增量成本。也就是说，科研项目不仅要补偿项目本身的增量成本，还要补偿与其他教学、科研等项目共享的成本，主要体现在人工、设施维护和管理体系方面。

补偿共享成本的关键是对间接成本进行合理分摊，间接成本通常按照"谁受益、谁分摊""分摊大小与收益大小成正比"的原则进行分摊。间接成本分摊方法有以下两种。

（1）传统成本法。在间接成本和最终成本对象之间采用单一的数量基础进行分配，采用这种模型的主要以美国为代表，如美国将设施占用和综合管理两类间接成本分为八个成本池，并将每个成本池按不同的分配基础分配到科研活动。

（2）作业成本法。"产品（成本对象）消耗作业、作业消耗资源"是作业成本法的基本指导思想，采用这种模型的主要以英国、欧盟为代表，如英国的透明成本计算法就是通过成本动因将支持成本先归集到学术部门，再归集到大学教学、科研等核心功能。

科研项目完全成本的构成即直接成本（直接增量成本）加上分摊的间接成本（分摊的联合成本或共享成本），直接成本通常由人工费、材料、设备、资料等可追溯成本构成，间接成本由设施占用成本、综合管理成本等项目构成，但不同国家对于人工费和间接成本的分类不尽相同。科研项目的成本归集和资助政策的研究首先是为了提高政府科研项目资助政策的科学性，其次是为了保证科研项目的完全成本得到充分补偿。间接成本的作用是维持、提高科研基础设施水平，管理、协调和服务科研活动的正常开展，不补偿科研完全成本会影响科研事业的可持续发展，也会影响教学和科研事业全面协调发展，以及影响高校正确履行受托责任。

二 发达国家科研项目的成本归集与资助政策

科研投入越大，对资助政策的科学性要求越高，否则对高校各项事业可持续发展的影响越大，因此，对科研项目完全成本资助政策的研究和改革主要集中在科技投入较多的发达国家。发达国家对科研项目资助政策的改革和发展路径，从一个侧面反映了政府对补偿科研项目完全成本重要性认识的变化过程。

1. 美国政府的科研成本归集与资助政策

美国是研究科研项目完全成本资助政策最早的国家，从二战后至今已有70余年的历史，其研究成果的应用保障了美国大学持续拥有一流的科技创新能力。美国的科研资助制度主要由三个通告构成，分别是美国公共与预算管理办公室（Office of Management and Budget，OMB）于1999年、2004年和2007年发布的《A-21通告》、《A-110通告》和《A-133通告》。《A-21通告》是教育机构成本原则，对联邦政府各部门资助教育机构的研发、培训和其他资助活动的成本制定了统一的成本确定原则；《A-110通告》是高等教育机构、医院和其他非营利组织的联邦资助项目的统一管理要求，制定了对联邦政府各部门资助项目的统一的财务管理要求；《A-133通告》是州、地方政府和非营利组织的审计规范，建立了对成本原则和财务管理要求遵守情况的审计规范。

美国政府对科研经费的监督实行外部监督和内部监督相结合的方法。外部监督的主体是国会及其审计署（the Government Accountability Office，GAO），国会负责审查批准预算，审计署协助国会进行事后审计监督；内部监督主体是各联邦资助机构的总检察长办公室（Office Inspector General，OIG），履行内部监督职能并独立于各部门，直接向本部门首长和国会负责。

美国政府资助高校的科研项目经费中，人员经费约占直接成本支出的2/3，包括研究人员科研全时工资和折算工资（按投入时间）以及全时投入项目管理的职员的全时工资；高校平均的科研间接成本率基本维持在51%左右，由于联邦政府、联邦资助机构、州政府以及大学内部政策的限定，政府实际补偿的科研间接成本约占科研项目总拨款的25%。

2. 英国政府的科研资助体系及完全成本计算方法

英国的科研资助是一种双重资助体系，由四个高等教育拨款委员会对高校进行基于水平的拨款和七个研究委员会实行基于项目的拨款。基于水平拨款的分配参数有科研规模、科研成本和科研水平；基于项目的拨款是通过同行评价等竞争性方式进行，资助金额依据完全经济成本。

高等教育拨款委员会基于水平的科研拨款，其目的是保持大学的基本研究能力，用途包括四个方面，分别是长期研究学者的工资、新研究人员的培训费用、资助自由探索式研究项目以及科研基础条件建设，如基本建设、辅助人员的费用和基本消耗品等。资金分配的方式是公式拨款，主要参数有科研规模（科研人员折合人数）、科研水平（根据学科评估结果）和不同领域的科研成本（基于实验室和基于图书馆，类似工科和文科）。

研究委员会拨付的基于项目的拨款，金额约为项目完全经济成本的80%。

3. 其他国家政府的资助政策

为使科技投入在不影响其他活动正常开展的情况下取得预期成效，再加上高校办学经费多元化所带来的受托责任的压力，另一些发达国家和区域如新西兰、加拿大、澳大利亚和欧盟等，从20世纪末开始也先后着手研究适合所在国（区域）高校的科研项目完全成本计算模型及资助政策。

新西兰政府于2003年提出，要按照完全成本资助大学科研项目。科研项目直接人工包含参与研究的所有研究人员的工资和福利；间接成本按照直接人工的一定比例进行补偿，补偿的间接成本占科研人工的比例一般在110%～127%。

加拿大联邦政府在2001年之前对科研项目不提供间接成本补偿，2001～2002年度开始提供一次性科研间接成本拨款，2003年开始将其作为一项长期项目设立，间接成本占直接成本的比例约为26%，其中直接成本根据各学校近三年从政府获得的科研项目的平均比重来计算。

澳大利亚政府对科研项目的补偿方式是用基本条件拨款补偿竞争性拨款的间接成本，间接成本按照大学最近两年获得政府竞争性科研拨款的份额分配，但两种拨款都未包含项目主要负责人和合作负责人的工资。根据澳大利亚八校集团（Group of Eight，Go8）的估计，联邦政府的竞争性拨款只拨付了项目直接成本的70%，间接成本大约为竞争性拨款的25%，并提出间接成本应达到竞争性拨款的50%～60%才能充分补偿项目相关的间接成本。

欧盟大学协会在其2008年的研究报告《财务可持续发展的大学——针对欧洲大学完全成本计算》中，对欧盟国家研究完全成本的方法进行了归纳总结，提出了用作业成本法（ABC）计算完全成本的指导思路。欧洲委员会的第七期科研框架计划（2007～2013年）里规定，对高校科研项目按照项目完全成本的75%支付项目经费，对未建立科研项目完全成本计算模型的大学则按照直接成本减去外拨经费后的60%设定间接成本，并且这一比例从2010年开始降到40%，以此敦促高校进行完全成本的核算。其中，直接成本包括在职研究人员的工资薪金。

可以看出，国外科研资助政策的改革趋势是科研直接成本支付在职研究人员科研工资的思想已逐步被认识和接受，科研间接成本的补偿经历了从无到有且力度逐步加大的过程。

三　我国科研项目的资助政策与成本归集

受科研项目管理体制的影响，我国政府至今未制定统一、完整的科研成本管理制度，现行的科研经费管理政策均是各归口管理部门为加强所辖项目经费的管理而制定的专项经费管理办法。项目预算一般由直接成本和间接成本构成，但各部门的规定不尽相同。

1. 政府资助政策及其改革

有关直接成本的最权威定义是2002年的《关于国家科研计划实施课题制管理的规

定》（以下简称《规定》）中界定的，即"直接费用是指课题研究过程中使用的可以直接计入课题成本的费用。一般包括：人员费、设备费及其他研究经费等"。虽然《规定》说明人员费指课题组成员的工资性费用，但要求课题组成员所在单位有事业费拨款的，在课题预算的相关科目中列示，从所在单位事业费中支付。为控制人员费支出，各归口管理部门关于科研人工的支出规定呈现两大特点：其一，人员限制，只允许支付研究生和外聘人员的劳务费，在职研究人员的工资均不允许从科研经费列支；其二，比例限制，劳务费占项目经费的比例一般被控制在 5% ~ 15%。2011 年的《关于调整国家科技计划和公益性行业科研专项经费管理办法若干规定的通知》（财教〔2011〕434 号，以下简称 434 号文）将劳务费上限设置取消，之后 2014 年的《国务院关于改进加强中央财政科研项目和资金管理的若干意见》（国发〔2014〕11 号，以下简称 11 号文）中规定劳务费可列临时聘用人员社保金，并将一部分直接费用的预算调整权下放，会议费、差旅费、国际合作与交流费在不突破三项支出预算总额的前提下可调剂使用。

间接成本在我国又称间接费用、公共设施费或者管理费，其中，管理费的提法较普遍。《规定》将科研间接费用定义为"为实施课题而发生的难以直接计入课题成本的费用。一般包括：支付依托单位课题服务的人员费用和其他行政管理支出、现有仪器设备和房屋的使用费或折旧费等"。该定义明确了间接成本与直接成本的区别，并界定了科研间接成本包含的费用。关于科研间接成本的补偿，有的归口部门通过设定间接成本占项目拨款额的比例予以控制；有的按项分摊固定额度的间接成本；有的在设定比例基础上又设定了上限控制额；有的项目不支付科研间接成本。尽管规定方式不同，但以往规定的平均比例一般不超过 5%。434 号文将间接成本比例提高到 10% ~ 20%，其中，绩效为5%；归口部门的项目对所有高校采用统一比例。之后的 11 号文将间接成本与信用等级挂钩，与直接成本分开拨付，同样包含绩效。另外，434 号文要求结余经费由过去的结余留用改为结余上缴，11 号文规定完成目标、验收通过且信用好的，可以留用一定的期限。

2. 我国高校科研间接成本管理细则特点

我们于 2011 年收集了 42 所教育部直属高校的样本数据进行研究，样本学校涉及全国16 个省区市，涵盖了综合、理工、师范、财经政法、农林和外语六种大学类型，其中综合、理工类 33 所，农林类 3 所，师范、财经政法和外语类各 2 所，其中有 34 所大学的管理细则是在 2006 年国家发布了"国家主体科技计划"（973 计划、863 计划和科技支撑计划）之后，于 2007 年以后陆续修改出台的。由于管理费若超过国家规定的 5% 上限则审计无法通过，高校一般规定允许管理费之外再提取应属于间接成本范畴的费用，包括学院管理费、学院间接费用、学院基金、公用图书资料费、水电费、公房占用费、无形资产使用费等内容。

一般而言，横向科研项目的管理费应低于纵向科研项目的管理费，因为横向科研项目大部分研究发生在校外的现场，基本不占用或较少占用校内设施资源，因此横向科研项目的管理费应比纵向的低一些。但是，样本学校中有 57.14% 的学校横向科研项目的管理费高于纵向科研项目的管理费，与理论不太相符，主要是由于纵向科研项目的管理费规定的比例过低，横向科研项目又没有严格的规定，一些高校利用横向科研项目的管理费去补贴纵向科研项目的管理费，从而导致这种不合理的现象发生。

3. 我国高校科研间接成本的执行现状及存在的问题

高校科技统计资料显示，我国 2013 年高校科研支出结构中人员经费的比例约占 14%，且从 2001 年开始这一比例一直呈现下降的趋势，而美国和英国的人员经费占比长期稳定在 2/3 左右。间接费用目前没有直接的测算，列入其他支出中，其他支出所占比例为 7%，且自 2001 年开始也一直呈现下降趋势。根据我们对国内某高校的测算结果，科研间接成本率按学科由高到低分别为工科、理科和人文社科；科研间接成本率约为 70%，其中设施占用和综合管理各占 50%；工资按教学科研工作时间的投入比重分摊到科研的人员直接成本约占科研总直接成本的 17%，若不考虑科研工资，该校科研间接成本率约为 84%。

直接成本不能补偿科研人员智力付出，间接成本补偿不足，导致科研人员和高校以一系列手段解决补偿不足问题。人员经费方面，除少数科研人员品行不端外，有不少科研人员以多种形式套取现金解决自身待遇问题；间接费用方面，按规定比例提取管理费后，再提取水电费、图书资料费、资源占用费等，或以提取资源占用费名义解决科研人员待遇问题；结余方面，以多种手段避免结余上缴，如结题前突击花钱或者调账等。

四　现行政策对高校的影响与改革建议

政府是否应资助科研人员的工资薪金取决于科研投入人工是不是大学的增量成本，即科研活动是否算大学教师的额外工作量。自我国高校扩招以来，生师比一直居高不下，2006 年高校生师比平均达 17.93∶1，几乎等于国家规定的基本办学条件指标中"合格"条件生师比的最高标准 18∶1。我国高校的专任教师人数仅够完成教学任务，科研活动已构成大学教师的额外任务，科研工资实际已成为高校的增量成本。另外，已有研究表明，由于我国高校办社会的现状及管理机构的庞大，高校科研间接成本率远高于美英等高校。由此可见，我国政府关于科研直接成本不允许开支科研工资以及限定比例的规定明显不符合高校实际，政府支付的科研管理费比例也远低于科研项目对于大学设施和管理资源的耗用。间接成本补偿比例过低，科研设施的维护成本无法得到保障，可能导致一些设备老化报废后无经费来源添置新设备，影响高校科研活动的可持续发展。为保证科研活动正常开展，在无其他经费来源的情况下，高校可能不得不用教学经费对科研项目的直接成本和间接成本进行"双重"补贴，而且争取的项目越多，对教学经费的挤占程度越大。这种补贴使教学质量受到冲击，且影响高校正确履行受托责任。

科研项目间接成本该如何资助？我们建立了以下科研项目间接成本分摊模型。首先高校总成本按成本性质将直接成本中的科研直接成本归集到各学院，间接成本按成本动因分别归集到学术部门中的各学院和管理部门中的各作业中心，再将各作业中心的间接成本根据作业动因归集到各学院，然后各学院的间接成本再按作业动因将科研间接成本进行归集，即可计算得出学院科研间接成本率，具体如图 1 所示。

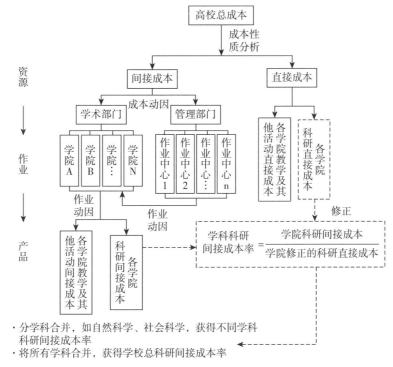

图1　科研间接成本分摊模型

从以上分析可知,科研政策不科学是导致科研管理费出现问题的主要原因。要想从根本上解决以上问题,应该尊重科学研究的规律,结合高校的实际情况,科学管理科研经费。综上所述,本文提出如下科研项目资助的改革建议。

首先,根据科研项目投入时间从科研经费中支付在职科研人员科研工资。从科研经费中支付科研工资的目的实际是"购买"研究人员时间,使其投入相应项目的研究。该做法有利于项目负责人对项目研究人员加强管理,保障科研项目的投入时间和完成质量;有利于科学归集科研成本和教学成本,使高校正确履行受托经济责任;也有利于跨学科组织研究团队,促进交叉融合。同时,可避免项目负责人以不当手段套取现金补贴研究人员劳务支出。当然,个人的精力是有限的,为保障教学、科研质量,我们应该科学核定人工投入时间上限,超过核定上限的投入时间不应给予补偿。

其次,根据不同高校对政府科研项目的支持程度充分补偿科研间接成本。目前,科技部已调增其所辖科研项目的间接成本补偿标准,但相对研究型大学的实际补偿程度仍有一定的差距,且对所有高校统一补偿比例的做法仍欠科学。随着国家科技投入的加大,相信归口管理部门对大学科研间接成本的补偿也将逐步增加。但是,关于不同大学实际应该补偿多少间接成本,应该建立在科学的依据之上。政府应借鉴发达国家政府和高校的研究成果,组织研究适合我国高校的科研间接成本计算模型,从而为政府制定科学的资助政策提供依据,也为高校争取国外科研项目提供定价依据。

最后,进行相关配套改革。借鉴国外政府对高校科研经费拨款的拨付方式,即将直接成本和间接成本分别拨付,这既有助于调动高校争取科研课题的积极性,也可以有效地防止高校科研管理费提取比例过高以及层层提取的现象。同时，高校为了保持自身的可持续发展，应该高度重视科研项目的预算管理，按照科学的成本核定和预算编制办法编制科研预算。所有科研项目都应该考虑间接成本，在项目申请人提出的项目直接成本预算的基础上，学校科研项目管理部门应该根据学校的实际情况加入间接成本的分担额，并将直接成本和间接成本的合计数作为科研项目的预算额。

高校财务自主权与建立健全中央高校经费投入机制[*]

魏建国[**]

（2016 年 2 月）

最近，财政部、教育部发布了《关于改革完善中央高校预算拨款制度的通知》（财教〔2015〕467 号）（下文简称《通知》）。早在 2008 年，财政部、教育部就发布了《关于完善中央高校预算拨款制度的通知》，细化了综合定额生均拨款标准，增设了高校基本科研业务费和社会服务补偿经费，初步建立起了中央高校预算拨款的基本框架。《通知》进一步完善了中央高校预算拨款制度，同时，在多元化筹资方面也做出了新的规定。《通知》的相关规定对建立健全中央高校经费投入机制具有重大的意义。

增加公立大学自主权、鼓励大学间竞争和特色发展、加强问责，从而提高公立大学办学质量和国际竞争力，是世界上许多国家都面临的挑战。自主权不足也是长期以来制约我国高校发展的一个突出问题，因此扩大高校自主权也成为推进高校改革的一个重要方向。高校自主权是高校发展的一个重要前提条件。值得注意的是，高校自主权的概念包括多方面的内容，例如，财务自主、组织自主、学术自治等。财务自主权是其中的一个重要方面。本文将以是否有利于高校财务自主权的实现作为一个衡量标准对我国已有的中央高校经费投入机制进行分析，对最近发布的《通知》进行评价，并对中央高校经费投入机制未来的完善方向提出一些建议。

一 中央高校经费投入机制存在的一些突出问题

近年来，我国先后出台了一些有助于高校办学自主权的经费投入举措，在笔者所做的院校调研中得到了比较积极的回应。比较突出的有以下两项。（1）2008 年推出的中央高校基本科研业务费。基本科研业务费专项资金在满足一定条件的前提下，由高校自主支配。在我国的高校科研经费拨款中，非竞争性拨款的缺乏是一个比较严重的问题，中央高校基本科研业务费的设立被有的大学财务处长认为是"在制度设计上填补了科研资

---

* 本文曾以《高校经费怎么投才能用到点儿上》为题发表在《中国青年报》2016 年 2 月 15 日第 10 版。

** 魏建国，北京大学中国教育财政科学研究所副研究员、副所长。

助的空白"。在调研的院校中，大家普遍认为，这一专项资金对于营造科研氛围，帮助青年教师尽快投入科研工作，鼓励其潜心研究，对未来申请国家纵向科研项目，成为教育部"长江学者""国家杰出青年基金获得者"，都具有非常重要的意义。（2）2009年设立的中央高校捐赠配比制度。捐赠配比也获得了调研院校较为一致的认可。配比资金在使用方面限制较少，扩大了高校的财务自主权，同时缓解了学校的资金压力。此外，捐赠配比提高了高校的募捐积极性，对学校对外筹款有很大的激励作用。

然而，从是否有利于高校财务自主权实现的角度来衡量，我国已有的中央高校经费投入机制还存在一些突出的问题。

（一）大量专项的存在限制了高校的财务自主权的有效发挥

专项在我国高校发展中曾经发挥了重要的作用。特别是在资金有限的情况下，可以集中力量办大事。专项也可以较为迅速地传递政府的办学意图和办学思想。但是，专项也存在一些问题需要解决。大量专项的存在限制了高校的财务自主权。这是在调研高校中反映最为强烈和一致的一点。专项存在的相关问题如下。（1）专项设立过多，项目之间存在交叉重复，没有体系化。从支出结构方面来说，中央高校的预算支出包括基本支出和项目支出。目前基本支出和项目支出的比例在6∶4左右。调研高校反映，目前的项目支出占比偏高。同时，项目之间存在交叉重复，没有体系化。例如，本科教学工程专项与基础学科拔尖学生培养专项之间存在交叉；中央高校改善基本办学条件专项资金与中央高校发展长效机制补助资金之间也存在一定的交叉。（2）专项的分配行政色彩浓厚，不能很好地反映高校的实际办学需求。"985"经费的分配就是一个很明显的例子。高校的规模、专业结构等方面都可能存在差别，但获得的"985"经费可能完全一样。"985"经费的分配更多的是一个政治决定或行政决定的过程，而没有根据更加客观的因素标准进行。在其他专项的申报、审批中，也存在类似的受主观因素、人为因素影响的问题。（3）专项的运作和高校的经费统筹之间存在矛盾。专项使得高校在预算编制方面的自主权受到限制，从而使得高校在全校层面的统筹规划能力较为有限。（4）专项的存在也严重影响了校院二级财务管理体制的建立健全。专项的执行必然在体制上要依赖高校的各个职能部门（教务部门、科研部门、规划部门等），这就使得大量的财权集中在"处长"们手里，而院长们没有权力，这样也就无法调动院系的积极性，无法鼓励院系基于各自的专业特色自主发展。（5）专项的不稳定影响高校的长远规划编制和日常的预算编制。高校规划按照相关的专项编制，但是专项一旦停止，相应的规划将无从落实。以高校内部的科研机构为例，目前除了国家重点实验室之外，其他的研究机构都没有专门的运行费拨款。高校多采用"985""211"经费对相关的研究机构予以支持。相关专项经费的停止或取消将使得高校没有资金来源来支持这些科研机构。（6）由于专项资金用途方面的限定，过多的项目还可能会造成资金的闲置和浪费。专项的一个重要特征是在资金的使用范围、支出时限等方面有严格的规定。这就有可能造成一方面高校在资金使用方面捉襟见肘，另一方面已有的专项资金又无法统筹使用。在调研中，某高校反映，在有的年份，基本支出在9月份就已经花完，给高校的运转带来了很大压力。

（二）　非竞争性科研经费拨款的不足

在大学科研拨款中，应该使非竞争性拨款与竞争性拨款保持适当的比例关系。非竞争性拨款不与特定的研究项目相联系，其主要用于如下三个方面：一是为专职研究人员提供工资和福利待遇等所需的经费；二是满足大学系统内实体科研机构的基本运行经费；三是为大学科研人员提供自由探索研究所需的基本科研经费。而竞争性拨款是基于同行评议的结果，拨给特定的研究人员或研究团队申请的科研项目。非竞争性拨款通常由大学自主决定如何使用，受到拨款机构的约束比较少。而竞争性拨款通常是基于项目，要受制于拨款机构的各项规定。相关的科研经费通常由负责科研项目的研究人员或研究团队支配，大学不能统筹使用。同时，两类拨款方式也与科学研究中的自由探索研究和项目研究具有密切关系。只有妥当处理两类拨款的比例关系，才能保证基础研究、应用基础研究和应用研究的协调发展。

我国科研经费结构不合理的问题相当严重。自1985年科技体制改革以来，竞争性拨款逐步取代了财政保障拨款，成为我国从事基础研究机构的主要经费来源。有关部门统计，中央级科研经费（民口）中竞争性经费的比例一度达到接近80%的比例。高校的状况也相当严峻。我国政府为大学提供的科研经费以来自国家自然科学基金委、"863计划"、"973计划"和"国家科技支撑计划"等国家大型科技计划的竞争性经费为主，非竞争性经费包括前面提到的第一类（例如，按专职研究人员编制拨付的科研事业费）和第二类（例如，国家重点实验室的经常性拨款等），缺乏支持自由探索的经费。前文已经提到，为了改变这一状况，财政部、教育部于2008年推出了中央高校基本科研业务费。但是在我国的大学科研拨款中，非竞争性经费还是远低于竞争性经费，结构仍然不合理。

（三）　收费调整受到限制

在高等教育阶段，实行成本分担、收取学费，在世界范围内，特别是在美国、英国和澳大利亚这些高等教育发达国家，已经成为解决高等教育办学经费紧张的通行做法。数年来，美国高校的学杂费一直呈上涨趋势。从1983~1984学年到2013~2014学年这三十年间，公立四年制机构州内学生学杂费从2684美元涨至8893美元，上涨了231%。在英国，大学收取学费始于1998年。从2012~2013学年开始，英格兰高校学费上限上升到9000英镑。我国在20世纪末实现了高校学费的并轨，实行高等教育成本分担。根据2007年发布的《国务院关于建立健全普通本科高校高等职业学校和中等职业学校家庭经济困难学生资助政策体系的意见》，除国家另有规定外，五年内各级各类学校的学费、住宿费标准不得高于2006年秋季相关标准。目前，学费冻结的期限已经结束，但除了个别地区，学费和住宿费政策仍然没有调整。同时值得注意的是，我国现行的学费水平在不同层次、不同质量的高校间没有体现出应有的差别。没有实现"优质优价"，就读高水平大学的学生并没有支付与其接受教育相适应的更高的学费。这一状况既不利于公平又不利于效率。就公平而言，有多项实证研究表明，目前在就读高水平大学的学生中，具有城镇户口的学生比例远高于农村户口学生，并且该比例还在继续上升。这表明更高比例的家庭经济状况良好的学生既接受了高水平高等教育，又享受了相对较低学费的优惠。就整个社会角度而言，这是不公平的。而对于就读高水平大学的家庭经济困难学生，对他们提供有针对性的学生资助则是更为公平的方式。就效率而言，长期的低水平收费不能补偿高校相应的办学成本，还会挤占其他的教学科研经费，不利于办学效率的提高。

（四）捐赠的功能尚没有得到有效发挥

美国是目前世界上举办研究型大学最为成功的国家。社会捐赠对包括公立大学在内的研究型大学发展的贡献居功至伟。美国私立大学吸引捐赠的能力远超过公立大学。哈佛大学 2013 年捐赠基金余额高达 326.89 亿美元。公立大学虽然无法和私立大学相比，但捐赠收入在其总收入中仍占有一定地位。2013 年，德州大学系统的捐赠基金余额为 204.48 美元，德州 A&M 大学系统和基金会的捐赠基金余额为 87.32 亿美元，密歇根大学的捐赠基金余额为 83.82 亿美元，都进入了当年捐赠基金余额最高的十个机构。此外，美国大学的捐赠基金都由专业机构和人员负责管理和投资运作。通过多样化的投资工具进行市场投资，从而实现捐赠基金的保值增值。值得注意的是，在美国以外的其他国家和地区，捐赠在公立大学收入结构中所发挥的作用还较为有限。

在我国，虽然前文提到了 2009 年设立的中央高校捐赠配比制度，但是，捐赠在高校的收入结构中所占的比例还相当低。此外，设立不动本的捐赠基金（Endowments）的高校还较为有限。在捐赠基金的专业化投资运作和税收优惠方面还存在诸多不足。

二 《通知》在建立健全中央高校经费投入机制方面的突破

从是否有利于高校财务自主权实现的角度来评价《通知》的相关规定，可以发现，《通知》在建立健全中央高校经费投入机制方面有一些重要的突破。

（一）优化整合专项，采取客观化分配方式，提高中央高校的经费统筹能力

前文已经提到，过多的专项在很大程度上制约了中央高校财务自主权的有效发挥。为此，《通知》在以下几个方面做出了重要调整。首先，将已有的用于改善办学条件、教学科研和重点建设等方面的 13 个专项，优化整合为如下 6 个专项：中央高校改善基本办学条件专项资金、中央高校教育教学改革专项资金、中央高校基本科研业务费、中央高校建设世界一流大学（学科）和特色发展引导专项资金、中央高校捐赠配比专项资金和中央高校管理改革等绩效拨款。可以看出，调整之后专项的数目大大缩减；同时，也就降低了项目之间的重复交叉。其次，在专项资金的分配中，改变过去行政色彩相对浓厚的分配方式，主要采取按照因素、标准、政策等相对客观的资金分配方式。调整后的分配方式提高了资金分配的透明度，促进了资金分配的公平性。最后，在专项资金的使用方面，则强调高校对经费的统筹使用。例如，对于由已有本科教学工程、基础学科拔尖

学生培养专项整合而成的中央高校教育教学改革专项资金，主要目的是统筹支持本专科生和研究生、教师和学生、课内和课外教育教学活动，用于教育教学模式改革、创新创业教育等方面，由中央高校按照规定统筹使用。对于中央高校捐赠配比专项资金和中央高校管理改革等绩效拨款，则保留原有做法，由中央高校按照规定统筹使用。

以上改革措施有助于克服过去专项过多的一些弊端，可以让高校在很大程度上按照各自的实际发展需求自主决定资金的使用范围，降低资金闲置和浪费的可能性，增加高校的财务自主权。这些改革措施最终将会增加高校的办学自主权，从而促进高校的内涵式发展与特色发展，在一定程度上克服同质化的弊端。

（二）松动学费管制，鼓励社会捐赠，进一步完善中央高校多元化筹资机制

前文已经提及，学费管制和社会捐赠不足是制约中央高校经费来源多元化的重要方面。为此，《通知》特别规定，根据"平稳有序、逐步推进"的原则，按照规定程序动态调整高校学费标准。这一规定将使得中央高校在学费设定方面具有一定的自主权，为依据高校办学水平实行"优质优价"新的收费模式创造了条件。值得注意的是，学费自主权和高校财务自主权密切相关。学费收入是高校可以在全校范围内统筹使用的资金，高校收入结构中学费收入占比的增加有助于高校财务自主权的实现。此外，《通知》还规定了对社会捐赠的鼓励和支持。《通知》在学费和社会捐赠方面的规定将进一步完善中央高校多元化筹资机制，促进高校财务自主权的实现。

三　中央高校经费投入机制的进一步完善

为了促进中央高校财务自主权的进一步实现，还需要继续推进中央高校经费投入机制的完善。

（一）进一步整合专项，提高高校经费统筹能力

目前整合过的6个专项还有进一步整合的余地。例如，目前已经由高校按规定统筹使用的中央高校教育教学改革专项资金，可以考虑纳入中央高校本科生、研究生生均定额拨款，由项目支出转为基本支出，由高校在更大范围内统筹使用该笔资金。

（二）建立健全中央高校科研拨款机制

前文已经提及，目前，以生均拨款体现的教学拨款机制已经基本健全，但科研拨款机制还不够完善。目前存在的比较大的一个问题是大学科研拨款中非竞争性和竞争性经费的严重失衡。对于整合后的中央高校建设世界一流大学（学科）和特色发展引导专项资金，仍实行项目管理方式。有必要从建立健全中央高校科研拨款机制的角度，进一步完善中央高校建设世界一流大学（学科）和特色发展引导专项资金，将其与中央高校基

本科研业务费资金合并，转为常规性的拨款，建立非竞争性的科研拨款制度。在拨款标准方面，可以考虑借鉴英格兰高等教育拨款委员会通过学科评估进行科研拨款的做法。在拨款方式上，采用一揽子整额拨款的方式，即经费的分配标准以特定的学科（评估质量标准、研究工作量、相对成本等）为依据，但在经费的使用方面则不与特定的学科直接挂钩，在学校层面由高校自己统筹使用。

（三）进一步完善中央高校多元化筹资机制

尽快落实学费调整政策，适度提高收费水平，体现办学成本。逐步改变高水平大学收费偏低的状况。这样一方面有助于合理补偿高校的办学成本，增加高校的办学经费，另一方面也有助于促进就读不同高校学生之间的公平。此外，进一步完善捐赠配比制度。在考虑效率的同时，也需要重视公平。对一些因院校层次、专业结构、地理位置等因素吸纳捐赠能力较弱的高校，应该制定倾斜性配比政策。鼓励高校设立捐赠基金，应该重视捐赠基金的保值增值，重视专业化运作，取消一些投资限制措施，建立风险防范机制。实行税收优惠政策，对于捐赠基金的投资收益应该免税。

（四）加强资金监管

落实高校财务自主权和加强资金监管是相辅相成的。首先，高校必须按照教学和科研等方面的实际要求，认真编制预算，并把决算做实。其次，要加强对资金使用的事中监督。完善资金使用和监管制度，对于经费使用中发生的违法犯罪行为，应该依法予以追究。再次，要加强事后的审计监督，从未来发展的角度，高校的财务会计报告须接受来自社会审计部门的审计。最后，加强高校财务公开。在一些高等教育发达国家，高校的资产负债表、收入费用表、现金流量表等，会在接受社会审计机构审计的基础上，向社会公开。目前中央高校的财务公开工作其实也在开展，但在公开的报表类型方面还存在一些不足。当然，高校财务公开与整个政府和事业单位的财务会计制度改革是紧密相连的。

政府预算公开背景下的高校财务公开[*]

魏建国[**]

（2017 年 8 月）

引　言

　　现代政府预算是建立责任政府、推进国家治理体系和治理能力现代化的重要基础，而政府预算公开是其中的一个重要环节。近年来，政府预算公开在我国有了重要的进展。2007 年，国务院通过了《中华人民共和国政府信息公开条例》，在行政法规层次第一次规定了政府预算公开。2009 年，财政部首次公布了经全国人大审议通过的财政预算报告。2010 年，有 75 个中央部门首次公开了部门预算。2011 年，公开部门预算的中央部门数量增加到 92 个，并有 90 个中央部门公开了部门决算。2013 年，中央部门同步公开部门预算与"三公经费"预算，同时，全面启动了中央部门 2012 年度决算公开和"三公经费"决算公开（王洛忠、李帆，2013）。2014 年修订的《预算法》在第一条就提出要"建立健全全面规范、公开透明的预算制度"，同时在相关条款中多次提及预算公开。2017 年，有 105 个中央部门集中公布了部门预算。这是中央部门连续第八年推进部门预算公开。

　　根据我国的预算制度，事业单位是政府部门预算的重要组成部分。在我国政府预算公开的大背景下，作为事业单位重要组成部分的高等学校[①]在财务公开方面也取得了一定的进展。2010 年 9 月 1 日起实行的《高等学校信息公开办法》规定了高校应该主动公开的财务信息。2012 年 12 月教育部公布的《教育部关于做好高等学校财务信息公开工作的通知》中提出，中央部门所属高校主动公开的财务信息，原则上应包括收支预决算总表、收入预决算表、支出预决算表、财政拨款支出预决算表。在相关文件出台后，高校财务公开也有了实践。笔者对教育部部属高校的财务公开状况进行了调查。通过对相关高校网站的浏览，截至 2017 年 5 月 1 日，74 所教育部部属高校在不同程度上进行了财务公开。

---

[*] 本文最初发表在《中国高教研究》2017 年第 10 期上。

[**] 魏建国，北京大学中国教育财政科学研究所副研究员、副所长。

① 这里的高等学校仅指公办学校。

当然，各个高校的财务公开情况并不完全一致。有的高校公布了 2013~2017 年度的财务预算和 2012~2015 年度的财务决算，有的高校公布的财务预决算则少于上述年份，而有的高校只公布了一年的预决算或预算。高校财务公开涉及多方面的内容，[①] 本文将重点关注财务公开的具体内容。下文对国外高校财务公开，特别是公立大学的典范加州大学系统的财务公开及其年度财务报告进行介绍和分析，总结归纳我国在高校财务公开内容方面存在的问题。在此基础上，结合我国当前相关的重要制度进展，就我国高校财务公开内容的进一步完善提出一些建议。

一 各国高校财务公开状况——以加州大学系统的财务报告为例

公立高校往往从政府、学生和家长、社会等多个渠道获得办学资金，为了促使公立高校切实履行公共受托责任，实现更加有效的资源配置，加强公立高校对社会各界问责（Accountability）的回应，许多国家都很重视公立高校的财务公开问题（Nelson, Banks, and Fisher, 2003）。英国 1989 年发布了《英国大学会计推荐实践声明》（Statement of Recommended Practice for Accounting in UK Universities），1994 年又发布了《推荐实践声明：高等教育机构会计》，这两个声明的目的是让高等教育机构的账目符合英国公认会计准则。在澳大利亚，根据 1988 年的《高等教育融资法》，联邦政府将拨款与对财务、会计指令的遵循相联系。通用财务报告应当根据会计概念声明和澳大利亚会计标准及立法机构或其他机构设定的其他相关要求来准备。新西兰是大学问责信息披露领域的领导者。随着 1987 年《新西兰会计师协会公共部门概念声明》的发布和 1989 年《国有企业法》和《公共财政法》的制定，新西兰大学在财务信息和非财务信息方面都显示出更加公开的趋势。在加拿大，1996 年，加拿大注册会计师协会发布了新的会计标准，适用于包括大学在内的非营利组织。该标准要求大学发布现金流量表，同时记录折旧。有学者考察，其他国家的高校财务公开一般都有包括经审计的会计报表在内的综合的大学年度报告，加拿大并没有类似的年度报告，而通过几个分开的文件来应对特定的事项（Nelson, Banks, and Fisher, 2003）。在西班牙（Gallego et al., 2009）、马来西亚（Ismail and Bakar, 2017）等国也都有高校财务公开方面的实践。

美国是当今世界高等教育最为发达的国家。美国也很重视公立高校通过财务公开的形式回应社会各界的问责问题。加州的公立高等教育体系规模大、质量高，为美国其他州乃至全世界提供了一个成功的范例（道格拉斯，2008）。加州公立高等教育体系由加州大学系统（UC）、加州州立大学系统（CSU）、加州社区学院系统（CCC）三大部分构成。其中，加州大学系统是加州公立高等教育体系的精华，由十个分校组成。加州大学系统的各个分校都是著名的研究型大学，而伯克利分校、洛杉矶分校等更是全球研究型大学

[①] 例如，高校财务公开情况的院校差异，高校财务公开的监管激励机制，高校财务公开的平台建设和人员配置，等等（孙颖颖，2014；丁怡清、俞剑文，2017）。

中的佼佼者。加州大学系统在治理体系，特别是财务公开方面都有一套卓有成效的做法。鉴于此，考虑到本文所探讨的高校为公立高校，这里将特别对加州大学系统的财务公开状况进行分析，以为我国的高校财务公开提供一些借鉴。

（一） 加州大学系统财务信息公开的基本情况

加州大学系统有专门的"报告透明度"（Reporting Transparency）网页。① 该网页旨在以便易的方式为公众提供关于加州大学系统的各种财务信息，以支持加州政府开展的类似的透明度方面的努力。该网页包括：预算文件（年度经常性运转和资本改进预算、总校校长办公室年度预算、预算资源和更新）、薪酬报告、财务报告、健康系统支持报告、内部审计报告、投资报告［董事会首席投资官年度报告、捐赠基金年度报告（分校基金会投资绩效报告）］、私人支持报告（包括分校基金会）、退休系统保险精算评估报告、收入和费用趋势报告、学生和员工统计摘要、学生录取统计、学生资助年度报告、供应商合同等。其中，财务报告（Financial Reporting）部分包括：2006 财政年度以来的审计报告、债券信息、经审计的综合财务报告（Consolidated Audited Financial Reports）（网上公布了从 2006～2007 财政年度到 2015～2016 财政年度的财务报告②）、捐赠基金报告、医学中心财务报告、退休收益计划年度报告、收入债券等。经审计的综合财务报告即年度财务报告涵盖了加州大学系统的主要财务信息。因此，本文将重点对年度财务报告进行分析。加州大学系统各年度的财务报告的格式大致相同，这里将以 2015～2016 财政年度的财务报告③为例进行分析。

（二） 加州大学系统年度财务报告的主要内容

加州大学系统年度财务报告是一个完整的、格式化的文件，除了封面、封底外，共有 106 页。其主要内容包括如下几大部分：（1）内容目录；（2）总校校长信，主要介绍加州大学系统过去一年在招生、应对气候变化、可持续的粮食供应、专利和创新、创业等方面所取得的主要成就；（3）执行副校长、首席财务官（CFO）信，介绍加州大学系统过去一年在基建、养老等方面的主要财务举措；（4）简要状况；（5）管理层讨论与分析（MD&A）；（6）独立审计师报告；（7）净资产表（Statements of Net Position）；（8）收入、费用和净资产变动表；（9）现金流量表；（10）退休系统、退休人员健康受益信托净资产表；（11）退休系统、退休人员健康受益信托净资产变动表；（12）财务报表附注；（13）被要求的补充信息；（14）加州大学董事和官员。

---

① "University of California Reporting Transparency." http://reportingtransparency. universityofcalifornia. edu/，2015 – 5 – 1.

② "Annual Financial Reports." http://www. ucop. edu/financial-accounting/financial-reports/annual-financial-reports. html，2017 – 5 – 1.

③ "Annual Financial Report 15/16." http://finreports. universityofcalifornia. edu/index. php？ file = 15 – 16/pdf/ fullreport – 1516. pdf，2017 – 5 – 1.

（三）加州大学系统年度财务报告的主要做法

1. 用五张财务报表呈现加州大学系统及其退休相关事务的财务信息。在年度财务报告中，在独立审计师报告之后为五张财务报表。其中，三张财务报表呈现加州大学系统的财务信息，两张财务报表呈现退休系统、退休人员健康受益信托的财务信息。最为重要的是记载加州大学系统财务信息的三张财务报表：净资产表，收入、费用和净资产变动表，现金流量表。（1）净资产表相当于资产负债表，记录加州大学系统和分校基金会在财政年度最后一日的财务状况。具体科目包括：资产（经常性资产、非经常性资产）、资源的递延流出、负债（经常性负债、非经常性负债）、资源的递延流入、净资产。这些科目之间存在如下等式：（资产＋资源的递延流出）－（负债＋资源的递延流入）＝净资产。（2）收入、费用和净资产变动表表明在一个财政年度加州大学系统和分校基金会的财务状况是如何变动的。该表的净资产数额和上述净资产表中的净资产数额是一致的。（3）现金流量表反映在一个财政年度内现金的流进和流出状况。现金流量表通常呈现来自运转性活动的现金流动（例如，学杂费的流入、向雇员支付的流出）、来自非资本性融资活动的现金流动（例如，联邦佩尔助学金的流入、商业票据本金偿还的流出）、来自资本性及其相关的融资活动的现金流动（例如，州政府资本性拨款的流入、购买资本性资产的流出）、来自投资活动的现金流动等。

2. 用表格形式的"简要状况"呈现近五年的主要财务信息和学生、教职员工基本信息，展示五年来的相关变动情况。（1）关于加州大学系统的财务信息概况。除了简述主要收入来源和按功能分类的运转费用外，特别强调了净资产的增减。可以看到，各个年份的情况并不一致。2016、2013、2012 财政年度的净资产分别减少 22.62 亿美元、13.34 亿美元、30.86 亿美元。而 2015、2014 财政年度的净资产则分别增加 0.20 亿美元、13.81 亿美元。而 2012～2016 财政年度的净资产分别为 113.71 亿美元、99.13 亿美元、117.13 亿美元、117.33 亿美元、94.71 亿美元。（2）提供了加州大学分校基金会、加州大学退休系统、加州大学退休人员健康受益信托的财务信息概况。也是从收入来源、费用、净资产等几个角度进行相关数据的展示。（3）提供了十所分校的学生、教职员工等基本信息和财务信息概况。

3. 提供详尽的管理层讨论与分析（MD&A）。管理层讨论与分析（MD&A）在 106 页的年度财务报告中占了 19 页的篇幅。GASB[①] 认为，它是财务报告的一个重要组成部分，其功能是将基本财务报表放在一个适当的运作、经济和历史背景之下来考察。这部分的目的是让读者更好地理解相应财政年度（截至 2016 年 6 月 30 日）的财务状况和运转情况，并提供和相关年份（截至 2015 年和 2014 年 6 月 30 日）的比较信息。这部分内容由管理层提供，应该和财务报表、财务报表附注一起阅读。管理层讨论与分析（MD&A）主要包括以下内容。（1）加州大学概况。（2）加州大学系统的财务状况。通过彩色的柱状

---

① GASB 是指美国政府会计准则委员会（Governmental Accounting Standards Board）。公立高校需要执行 GASB 发布的会计准则。

图呈现 2014～2016 财政年度的资产和递延流出、负债和递延流入、净资产状况，还用表格的形式呈现了三个财政年度资产、递延流出、负债、递延流入、净资产的主要构成情况。（3）加州大学系统的资产和递延流出的详细构成情况。（4）加州大学系统的负债和递延流入的详细构成情况。（5）加州大学系统的运转结果。通过表格呈现了 2014～2016 财政年度支持核心活动的收入和费用（经济分类），同时呈现了支持核心活动的收入和费用的详细构成情况和年度间的变动情况。（6）分校基金会的财务状况。（7）加州大学退休系统、加州大学退休人员受益信托的财务状况和运转结果。（8）对未来的展望。

4. 提供详细的财务报表附注。财务报表附注在 106 页的年度财务报告中占了 59 页的篇幅。财务报表附注主要包括如下内容。（1）加州大学的基本情况。包括加州大学的成立时间、机构属性、州拨款、大学财务和州财务的关系等内容。（2）财务报告主体。阐明哪些机构应作为加州大学系统财务报告的主体。根据加州大学董事会对相关机构承担责任的不同，来确定是合并进大学的财务报表还是作为构成单位来单独呈现财务报表。（3）重要会计政策。明确财务报表应采用权责发生制，根据美国公认会计准则来准备。应遵循 GASB 发布的会计原则。描述了 GASB 在 2015 年和 2016 年发布的若干准则。（4）详细提供了每个会计科目的含义界定。同时，具体列举各个会计科目在相应财政年度的具体情况，并通过相应的数据来呈现。这部分内容是财务报表附注的主体，占了 57 页的篇幅，而财务报表附注共有 59 页。

5. 提供按功能分类的费用统计。在加州大学系统年度财务报告的"简要状况"部分呈现了按功能分类的运转费用。其功能分类科目具体包括：教学费用、科研费用、公共服务费用、学术支持费用、学生服务费用、设备的运转和维护费用、学生资助、医学中心费用、辅助服务费用、折旧和摊销、能源部实验室费用、其他。

6. 提供详尽的债务方面的信息。除了政府拨款和私人捐赠等渠道，债券是大学资本性项目的重要资金来源。同时，大学还通过商业票据和银行贷款来提供临时融资。为了保证债务融资的可持续性，债务方面的信息公开就至为重要，可以让大学、债权人、政府等相关主体对大学的债务风险有合理的预期。加州大学系统在"报告透明度"网页上设有专门的债券信息，提供了 2010～2015 财政年度的年度债务资本报告。此外，在加州大学系统财务报告中，也提供了债务方面的信息。在管理层讨论与分析（MD&A）部分，提到 2016 和 2015 财政年度分别增加未到期债务 9.31 亿美元和 9.90 亿美元。用表格详细列举了各类未到期债务的增加情况和减少情况，以及未到期债务的净增加额。此外，还报告了债券的信用评级情况：一般收入债券的穆迪、标准普尔、惠誉的评级分别为 Aa2、AA、AA，全部为稳定展望；而限定项目收入债券和医学中心收入债券被确认为 Aa3、AA－、AA，全部为稳定展望。在财务报表附注部分，详细列举了截至 2016 年 6 月 30 日的未到期债务情况。包括各类债券的利率水平、到期年份（最长的到 2115 年）。详细描述了商业票据、加州大学收入债券、资本租赁（主要是设备）、其他大学借款等的具体情况，以及未来的债务偿还计划。

7. 提供详尽的与捐赠有关的信息。捐赠是加州大学系统的一个重要收入来源。捐赠为院系开展核心活动或新的学术项目提供了灵活性。作为向社会公众获取收入的一种形式，捐赠方面的信息公开也非常重要。在加州大学系统的"报告透明度"网页，提供了捐赠基金年度报告。此外，在加州大学系统财务报告中，也提供了捐赠方面的信息。收入、费用和净资产变动表记载的收入包括私人捐赠、捐赠基金的投资收入。在管理层讨论与分析（MD&A）部分提到了投资，其中涉及捐赠基金的投资问题。大学持有的投资主要由三个投资组织开展：短期投资池（STIP）、总回报投资池（TRIP）、一般捐赠基金池（GEP）。其中，GEP是一个平衡投资组合，是捐赠基金和视作捐赠基金资金的主要投资工具。加州大学董事会采用资产分配策略以可接受的风险水平最大化投资收益。2016财政年度GEP的收益率为负的3.4%，2015财政年度为7.2%，2014财政年度为19.0%。而TRIP上述三年的收益率分别为0.3%、2.6%、14.7%，STIP的收益率分别为1.3%、1.4%、1.6%。在财务报表附注部分也详细描述了GEP和其他的投资工具。此外，还分开呈现了分校基金会的净资产表，收入、费用和净资产变动表，现金流量表。

8. 由独立审计师进行审计。由独立审计师对财务报表进行审计，出具审计报告。审计报告的内容主要包括：管理层对于财务报表的责任、审计师的责任、审计意见、对重点事项和其他事项的说明。

二 我国高校财务公开在公开内容方面存在的问题

参照上文关于美国加州大学系统财务报告的分析，可以发现，我国高校财务公开在公开内容方面主要存在如下问题。

（一）缺乏一个完整、系统、格式化的财务信息公开报告

上文对加州大学系统财务报告的主要内容做了介绍。该财务报告是一个完整的、格式化的文件，具有一定的篇幅。除了财务报表外，还有专门的管理层讨论与分析（MD&A）和详尽的财务报表附注。我国目前的高校财务公开内容主要包括年度预算报告和决算报告两部分。教育部部属高校所采用的预决算报告都是统一格式的，主要内容包括：学校基本情况、部门预决算单位构成、部门预决算报表及其说明、关于科目的名词解释。可以看出，我国目前高校财务公开的主要内容不是一个完整、系统、格式化的财务信息公开报告，而是由预决算报告两部分组成。和前述加州大学系统财务报告106页的篇幅相比，我国高校的年度预算和决算报告篇幅都较小。有的高校的2017年预算报告有20页，2015年决算报告有31页；而有的高校的2016年预算报告仅有10页，2015年决算报告仅有20页。同时，预算报告和决算报告有相当部分内容是重复的，例如，学校基本情况、部分预算（决算）单位构成、名词解释等部分。考虑到重复部分，整个财务公开内容的篇幅就更加短小了。此外，虽然我国目前的预决算报告也有关于预决算报表的说明和科目的名词解释，但是其内容详尽程度、展示方式的丰富程度等方面和加州大学系统的管理层讨论与分析（MD&A）、财务报表附注都还有相当大的距离。

（二）高校预决算报表反映的财务信息较为有限，不利于真正发挥高校财务公开的监督功能

预决算报表分别由四张报表构成。预算报表包括：收支总表、收入总表、支出总表、一般公共预算支出表；决算报表包括：收支决算总表、收入决算表、支出决算表、财政拨款支出决算表。目前的预决算报表主要围绕政府的预决算收支进行编制，反映高校当年的收入来源和支出状况，但是提供的财务信息非常有限。由于实行收付实现制而没有实行权责发生制，关于高校的财务状况、财务运行情况、现金流量等财务信息，特别是资产、负债、净资产、费用等财务信息目前的报表都无法提供。而相关财务信息对于促使高校履行公共受托责任、让社会公众和其他利益相关者对高校进行有效监督等方面都具有重要的意义。

（三）支出的功能分类不能满足高校内部资源配置的需要

我国目前高校预决算支出的功能分类科目包括：一般公共服务支出、外交支出、国防支出、公共安全支出、教育支出、科学技术支出、文化体育与传媒支出、社会保障和就业支出、医疗卫生与计划生育支出、节能环保支出、城乡社区支出、农林水支出、交通运输支出、资源勘探信息等支出、商业服务业等支出、金融支出、援助其他地区支出、国土海洋气象等支出、住房保障支出、粮油物资储备支出、其他支出。可以看出，这些功能科目所对应的是政府一般公共预算支出功能分类科目，反映政府的各项职能活动。[①]这些功能科目没有体现高校的特点，不能对高校内部各个功能之间的资源配置提供准确的信息。目前的状况也反映了高校的资源配置更多地受到政府预决算的影响，而高校本身作为资源配置主体所应发挥的作用还体现得不够。

（四）缺乏债务方面的信息

我国高校普遍通过债务融资的方式进行基础设施建设。高校负债一度成为社会各界高度关注的一个议题。尽管经过多方面的努力，高校的债务问题逐步得到解决和控制（杜莉、徐磊，2014）。但是，作为长期融资的一种方式，债务问题仍然是值得关注的。值得注意的是，在目前我国的高校财务公开相关报表中，没有任何关于债务方面的信息。这和前述加州大学的做法完全不同。债务状况对于一个高校的正常运转意义重大，债务信息公开可以促使高校债务融资的可持续发展。

（五）缺乏捐赠方面的信息

捐赠不仅是美国私立研究型大学的重要收入来源，而且在公立研究型大学的收入来

[①]　高校预决算报表所涉及的功能分类支出科目与政府收支分类科目中的功能分类科目是相一致的（财政部，2015）。

源中也扮演着较为重要的角色。上文分析的加州大学系统的财务报告中，关于捐赠的收支、捐赠基金的投资、捐赠基金投资收益的分配、捐赠基金的净资产等方面都有详细的报告。在我国，捐赠也日益成为公立高校的一项收入来源。特别是自2009年中央高校捐赠收入财政配比制度建立以来，中央高校的捐赠工作有了长足进展。在目前我国的高校财务公开内容中，关于捐赠收支、捐赠基金等方面所披露的信息并不多。社会公众对捐赠对高校发展的意义以及捐赠基金本身的运转状况并不知晓。这种状况不利于高校更好地推进捐赠工作。

（六）缺乏社会审计

前述加州大学系统的年度财务报告包括专门的审计报告。目前我国的高校接受政府审计，但不接受社会审计。社会审计报告对于保障高校财务公开内容的权威性、专业性和客观性都具有重要的意义。

三 我国高校财务公开在公开内容方面的进一步完善

2014年修订后的《预算法》对政府预算公开提出了新的要求。《预算法》第97条特别规定，各级政府财政部门应当按年度编制以权责发生制为基础的政府综合财务报告，报告政府整体财务状况、运行情况和财政中长期可持续性。2015年10月，财政部公布了《政府会计准则——基本准则》（下文简称《政府会计准则》）。《政府会计准则》明确提到，该准则适用于各级政府、各部门、各单位。这些重要的制度进展对于我国的政府预算公开和作为部门预算重要组成单位的高校的财务公开都具有重要的意义。

上文对加州大学系统的财务报告进行了介绍和分析，同时参照该财务报告的相关做法，对我国高校在财务公开具体内容方面存在的一些问题与不足进行了分析和归纳。在此基础上，结合我国在这一领域的重大制度进展，下文就我国高校财务公开在公开内容方面的进一步完善提出一些建议。

（一）编制完整、系统、格式化的年度财务报告，作为高校财务公开的重要文件载体

关于未来高校财务公开的主要内容，应该摒弃目前预决算报告的做法，编制年度财务报告。《政府会计准则》也规定，政府会计主体应当编制财务报告。参照加州大学系统年度财务报告的格式和内容，可以考虑高校的年度财务报告包括如下内容：校长和总会计师关于学校基本情况和财务基本情况的信函；简要概况；管理层讨论与分析（MD&A）；财务报表；财务报表附注。其中，在简要概况部分，对学校过去一年在收入、费用、净资产等方面的基本信息通过简洁的方式予以呈现；对于基本的学生数、教职员工数等办学信息也予以呈现。让读者对高校的基本信息有一个总体把握。上文分析的加州大学系统财务报告中有一部分重要的内容为管理层讨论与分析（MD&A）。管理层讨论与分析

（MD&A）在商业公司中被普遍采用，对于提高证券市场中的公司信息披露质量有着极为重要的作用。中国证监会于 2001 年引进了这一制度。管理层讨论与分析（MD&A）是对财务报表有益、必要和不可或缺的补充。借鉴加州大学系统财务报告与我国上市公司的做法，我国高校的财务报告也有必要引进这一制度。让高校管理层对高校的相关重要财务信息予以重点解释与分析，同时对未来的发展进行展望。财务报表则构成财务报告最核心的内容。此外，应提供详尽的财务报表附注，对财务报表中列示的项目做进一步的说明，对未能在相关报表中列示的项目也予以说明。

（二）应实行权责发生制编制资产负债表、收入费用表、现金流量表等财务报表，以反映高校的财务状况、财务运行情况、现金流动等财务信息

上文分析的加州大学系统的年度财务报告包括的三个重要财务报表分别是：净资产表，收入、费用和净资产变动表，现金流量表。这三个会计报表的功能与未来我国高校要编制的资产负债表、收入费用表、现金流量表的功能是一致的。其中，资产负债表反映高校在某一特定日期的资产、负债、净资产状况；收入费用表反映高校在一定会计期间的收入来源、费用和净资产的变动情况；现金流量表则反映高校在一定会计期间的现金流入和流出情况。

（三）建立适合高校特点的支出（费用）功能分类科目

上文提到我国目前所采用的一般公共预算支出功能分类科目完全不符合高校自身的特点，不利于高校内部的资源配置。未来应建立适合高校特点的支出（费用）功能分类科目。我国 2014 年开始执行的《高等学校会计制度》将高校支出分为教育事业支出、科研事业支出、行政管理支出、后勤保障支出、离退休支出、上缴上级支出、对附属单位补助支出、经营支出、其他支出。可以看出，我国的高校支出功能分类工作已经启动，在分类方面带有我们自己的一些特色。对照前面提到的加州大学系统的功能分类科目，可以发现，我国现行的科目设置还存在诸多不足。（1）科目的设置比较粗放。现行的教育事业支出包括：学校各学院、系（含院系下属不单独编列预算的研究所和研究中心，下同）等教学机构，以及校团委、学工部、学生会等各类学生思政教育部门为培养各类学生发生的支出；高等学校信息网络中心、电教中心、测试中心、图书馆、博物馆和档案馆等教学辅助部门发生的支出。可以看出，这里的教学支出涵盖的范围相当广泛。把通常所指的学术支持、学生服务等功能方面的内容都包括其中。（2）科目的内涵不够精确。例如，在科研事业支出方面，仅仅包括高等学校在学院、系外单独设立的研究所、研究中心等各类科研机构发生的支出，以及高等学校为完成各项科研任务发生的支出。对于人员薪酬，仅为校内独立于学院、系的研究所、研究中心等科研机构的人员计提的薪酬等，对于院系人员的薪酬则全部归入教育事业支出，而没有考虑他们的科研贡献及相应的支出。然而，院系教师的科研工作，特别是在研究型大学中，占据教师相当大的工作量。再如，将学校统一承担的水、电、煤、取暖等各类公用事业费、物业管理费、绿化费、车辆维持使用费、房屋及公用设施维修费、食堂价格补贴等全部纳入后勤保障支

出。相关费用应该分摊到教育、科研等相应的功能中，而不能全部纳入后勤保障支出。（3）缺失一些重要科目。除了前面提到的将学术支持、学生服务等科目因归入教育而没有单列外，也没有设置社会服务方面的功能科目。

北大财政所已有研究团队对义务教育阶段学校的支出（费用）功能分类工作开展了扎实的试点，并取得了丰富的试点经验（赵俊婷，2017）。未来应该在高校也开展此类试点，以探索符合我国高校发展实践的支出（费用）功能分类，作为未来高校年度财务报告的一项重要内容。

（四）提供债务方面的信息

在未来的高校财务公开内容方面，应加大债务方面的信息披露。应编制专门的债务年度报告，对利率、到期日、年度债务偿还计划等各类债务的具体情况予以详细的描述。同时，对债务融资的相应资本性建设项目也应予以披露。在高校资产负债表、收入费用表和现金流量表中，应体现债务相关的信息。在管理层讨论与分析（MD&A）和财务报表附注部分，对债务方面的信息也应予以关注。

（五）提供捐赠方面的信息

在未来的高校财务公开内容方面，还应注重提供捐赠方面的信息。目前在有的高校的教育基金会网站上，提供了一些有关捐赠方面的信息。未来应该编制更为详尽的捐赠年度报告，详细列举捐赠的收入、支出（费用），不动本永久捐赠基金的资产、投资及其收益状况、投资收益分配，捐赠所支持的资本性建设项目的情况，等等。在未来编制的高校资产负债表、收入费用表和现金流量表中，也应呈现捐赠方面的信息。同时，在管理层讨论与分析（MD&A）和财务报表附注部分，对捐赠方面的重要信息也应予以提供。

（六）提供社会审计报告

目前，有的高校的教育基金会公布了审计报告，但高校还没有接受社会审计。未来高校根据权责发生制编制财务报表之后，也应该由注册会计师予以审计，提供审计报告。该审计报告应作为高校年度财务报告的重要组成部分在网上予以公开。

参考文献

财政部，2015，《2016年政府收支分类科目》，中国财政经济出版社，第2～6、69～74页。

丁怡清、俞剑文，2017，《高校财务信息公开状况研究——以江苏省内高等院校为例》，《经济研究导刊》第1期。

杜莉、徐磊，2014，《高校财务走出沉重外部负债"泥潭"的反思》，北京大学中国教育财政科学研究所《中国教育财政》第7-3期。

孙颖颖，2014，《陕西省高校财务信息公开现状调查与对策分析——以109所高校为样本》，《教育财会研究》第2期。

王洛忠、李帆，2013，《我国政府预算公开的实践进展、现实差距与提升路径》，《中国行政管理》第 10 期。

约翰·奥伯利·道格拉斯，2008，《加利福尼亚思想与美国高等教育——1850－1960 年的总体规划》，周作宇等译，教育科学出版社，第 14 页。

赵俊婷，2017，《中小学费用功能分类课题进展报告》，北京大学中国教育财政科学研究所《中国教育财政》第 8 期。

Gallego, Isabel, et al. 2009. "Universities' Websites: Disclosure Practices and the Revelation of Financial Information." *The International Journal of Digital Accounting Research* 9: 153 – 192. http://apira2010. econ. usyd. edu. au/conference_ proceedings/APIRA – 2010 – 260 – Ismail-Annual-reports-of-Malaysian-public-universities. pdf, 2017 – 5 – 1.

Ismail, Suhaiza and Nur Barizah Abu Bakar. 2017. "Annual Reports of Malaysian Public Universities: The Extent of Compliance and Accountability."

Nelson, Morton, William Banks, and James Fisher. 2003. "Improved Accountability Disclosures by Canadian Universities." *Canadian Accounting Perspectives* 2 (1): 77 – 107.

生源地助学贷款

——违约及其影响因素研究

田志磊　何婷婷　宋飞琼[*]

（2018 年 11 月）

　　20 世纪 90 年代中后期，随着亚洲金融危机的爆发，高校在扩大内需的呼声下开始扩招。1999～2001 年三年扩招期间，高校学费飞涨，学生学杂费增加达 3.1 倍（潘懋元，2003）。随着入学机会的增加，越来越多贫困家庭学生能够接受高等教育，但是，高昂的学费对其接受高等教育的机会造成消极影响，严重影响着高等教育的公平。传统的"奖、助、补、减"资助措施主要由政府或高校支出，在政府拨款不足高校经费紧张的情况下，其覆盖面和资助金额较小，难以满足贫困学生的需要（袁连生，2002）。为解决贫困家庭学生上学难的问题，1999 年，我国正式建立国家助学贷款制度，并以此作为高校学生资助金额的主要来源。

　　然而，助学贷款在实施的过程中，单笔金额小、利率低、缺乏担保违约风险较高，导致银行采取惜贷策略。2004 年，为解决银行惜贷问题，国家建立助学贷款风险补偿机制，银行不再筛选高校，校园地助学贷款模式逐步建立。随着校园地贷款规模的扩大，违约风险也随之提高，高校的管理成本和风险补偿金也越来越高，"高校惜贷"现象凸显（梁爱华，2008；宋飞琼，2011）。为解决贫困生甄别难、违约风险高等问题，2007 年，国务院颁布相关政策，对原有的生源地助学贷款[①]进行改造升级，将其正式纳入国家助学贷款体制（宋飞琼，2008），形成由开行经办、县级学生资助管理中心管理的生源地信用助学贷款。至此，我国大学生国家助学贷款体制形成校园地和生源地两种模式。经过十年发展，生源地模式助学贷款已成为学生助学贷款的主要模式。根据《2016 年中国学生资助发展报告》，申请生源地模式助学贷款的有 347.98 万人，发放金额 241.93 亿元，均占全年国家助学贷款的 92%。

---

[*]　田志磊，北京大学中国教育处财政科学研究所助理研究员；何婷婷，北京师范大学博士研究生；宋飞琼，河南科技学院教授。

[①]　在这之前，生源地助学贷款主要由农村信用社或城市的商业银行经办，具有浓重的商业气息。随着生源地助学贷款的普及，其商业性质带来的缺陷逐渐凸显。由于生源地助学贷款要求提供担保，而大多数贫困家庭难以提供担保，其覆盖面较窄，无法满足所有贫困学生的需要，做不到"应贷尽贷"。此外，其经办单位是商业性金融机构，将助学贷款视为一般性商业贷款，难以提供优惠的贷款利率（李庆豪、沈红，2005）。

作为国家助学贷款重要组成部分，生源地助学贷款一直受到两类人群的关注：金融系统工作者和高校教育财政学者。金融系统工作者主要通过具体案例和调查分析，对生源地模式的优缺点进行阐述，并提出相应的改进措施（朱奕名，2006；王震宇、周洁，2007；杨屹东，2008；陈正平，2011；谢志霞、陈艳霞，2014）。高校学者则主要从学理角度，探讨生源地模式的重要性、问题与困惑和可持续发展的问题（李庆豪、沈红，2007；宋飞琼、沈红，2008；臧兴兵、沈红，2010；臧兴兵、沈红，2011a；李泽华，2013），少数研究从生源地助学贷款的申请成本（沈华，2016）和发放规模角度[①]（臧兴兵、沈红，2011b）进行了实证分析。在研究者的努力下，生源地助学贷款的诸多问题已经得到了比较充分的讨论，很多洞见甚至是前瞻性的。不过，受研究资源的限制，多数讨论、洞见是基于田野经验和案例层面的零星证据。近年来，随着国家助学贷款体系度过其制度建设高峰期，部分教育财政学者认为这一领域研究空间已然不大，相关研究呈下降趋势。生源地助学贷款正式进入国家助学贷款体系已然十年，我们对其运行情况依然缺乏严谨的实证证据。

基于公平和效率的视角，本文为生源地助学贷款的运转情况提供了新的证据。在刻画生源地助学贷款的发放和回收基本情况后，笔者围绕县域资助违约情况构建分析框架，着重探索学生资助中心的作用。文章具体结构如下：第一部分，结合县级管理数据和学生调查数据，计算生源地助学贷款在不同区域之间和区域内家庭间的分布，以及区域层面的贷款违约水平；第二部分，基于相关理论和各国实践，从借、贷两个方面，厘清影响学生资助贷款回收情况的主要因素；第三部分，基于理论框架，构建贷款回收情况的计量模型，重点关注县级学生资助中心对回收的影响；第四部分，结语。

一　生源地助学贷款的发放与回收

本文基于 2016 年县级数据刻画生源地助学贷款的发放和回收情况。数据涵盖 21 个省份 2033 个县市（区）。样本县市生源地助学贷款发放额为 207.92 亿元，占全国发放额的 86%。

（一）　生源地助学贷款的地区分布和家庭分布

如何测度生源地助学贷款在地区间分布的合理性？[②] 按需分配可视为基本原则，即受资助需求越大的地区，应得到越多的贷款。通过考察地区资助需求水平和实际受助水平之间的关系，可判断资助在地区间分布的合理水平。在操作层面，本文采用农村居民人均可支配收入度量一个地区对资助的需求水平，采用新增贷款发放额除以参

[①]　臧兴兵和沈红（2011b）谈及的生源地助学贷款和本文不同，前者由金融机构（代办机构）办理，而本文特指国家开发银行经办的生源地助学贷款。

[②]　臧兴兵和沈红（2011b）基于田野发现生源地助学贷款名额分配"计划色彩"浓厚，并未真实反映贫困生的需求，地区分布严重失衡，但是对地区分布情况及其合理性水平并未做精确的刻画。

加高考人数、新增贷款发放额除以人口数度量一个地区的实际受资助水平①。表1给出了我国生源地助学贷款的地区分布特征。从省层面来看，我国生源地助学贷款的分布比较合理。居民收入水平较低的省份，受资助水平相对较高，样本省份农村居民人均可支配收入和人均受资助水平（新增贷款发放额除以参加高考人数）相关系数绝对值达到0.65。不过，以省为单位的分析显然掩盖了省内差异，当我们以县市为考察对象时，可以发现，不同省份资助分布的合理性水平相差极大。半数省份的资助合理指数低于0.5②，东北、西北地区个别省份的资助合理指数甚至为负数。在一部分省份，生源地助学贷款地区分布的合理性亟待提高！

表1 生源地助学贷款的地区分布特征

省份	省层面			省内	
	农村居民人均可支配收入（元）	贷款总额（亿元）	生均贷款额（元）	资助合理指数 I	资助合理指数 II
宁夏	9852	2.92	4218.37	0.9394	0.9541
江苏	17606	6.94	1925.25	0.8156	0.8258
辽宁	12881	1.99	910.25	0.7824	0.7729
贵州	8090	17.73	4741.62	0.7543	0.7712
湖北	12725	5.33	1473.84	0.6892	0.7003
山东	13954	9.86	1389.45	0.6754	0.6984
安徽	11720	10.04	1969.88	0.6089	0.6207
山西	10082	21.45	6323.92	0.5752	0.6123
云南	9020	10.50	3736.55	0.4872	0.5628
湖南	11930	5.83	1452.41	0.5620	0.5597
四川	11203	10.91	1910.42	0.4776	0.4638
江西	12138	5.00	1385.54	0.4405	0.4422
河南	11697	28.33	3454.74	0.4640	0.4336
陕西	9396	7.59	2310.89	0.4844	0.4316
广西	10359	18.32	5550.92	0.4027	0.4275
甘肃	7457	11.07	3729.42	0.1614	0.2125
广东	14512	0.16	22.10	0.1976	0.1523

① 采用地区贷款总额除以本地区大学在读人数是度量地区实际受资助水平的理想指标。由于数据可得性的制约，在测度省和县市实际受资助水平时，均无法计算理想指标。在省层面分析时，本文采取新增贷款发放额除以本年度参加高考人数度量实际受资助水平。在县市层面分析时，参加高考人数也难以获得，故采用贷款总额除以人口数来度量实际受资助水平。毫无疑问，上述指标存在一定偏误。在测度省的时候，会高估录取率高的省份的实际受资助水平，低估录取率低的省份的实际受资助水平；在测度县市时，会高估学龄人口占比较高地区的实际受资助水平，低估学龄人口占比较低地区的实际受资助水平。

② 本文将各县市农村居民人均纯收入与实际受资助水平排序的相关系数命名为省内资助合理指数，据此判断省内资助分布的合理性。

省份	省层面			省内	
	农村居民人均 可支配收入（元）	贷款总额 （亿元）	生均贷款额 （元）	资助合理 指数 I	资助合理 指数 II
内蒙古	11609	7.04	3500.41	0.0992	0.0819
吉林	12285	2.13	1434.92	-0.1504	-0.1695
青海	8664	1.92	4301.48	-0.2676	-0.2519

注：资助合理指数 I 是通过将农村居民人均纯收入和人均新增发放额分别按从低到高和从高到低排序，计算得到的相关系数；资助合理指数 II 则是通过将农村居民人均纯收入和人均贷款余额分别按从低到高和从高到低排序，计算得到的相关系数，其中，人均新增发放额＝新增贷款发放额/年末总人口，人均贷款余额＝贷款余额/年末总人口。由于县级农村居民人均纯收入数据最新只到 2010 年，故县域农村居民人均纯收入和年末总人口等数据都来自《2011 年中国区域经济统计年鉴》。

为进一步考察县域内资助的分布情况，我们采用来自五个县的生源地学生抽样数据，[①] 探讨县域内家庭的瞄准情况。在贫困瞄准文献中，资助的瞄准一般从以下两方面进行评估：一是覆盖不完全，即贫困家庭的学生未受资助；二是漏出，即非贫困家庭的学生受到资助（Grosh & Baker，1995；田志磊、袁连生，2010）。然而，覆盖不完全率和漏出率的计算，需要预先给定贫困线。在资助工作中，各县资助覆盖情况差异很大，且并未设置统一的贫困线，因此，在分析资助瞄准时，并不适合采用覆盖不完全率和漏出率。最终，为了保障跨地区的可比性，本文基于学生家庭特征构建家庭受资助需求指数[②]（得分越低，越需要资助），侧重关注该指数两端家庭的瞄准情况。从抽样数据来看，资助的瞄准情况较差，受资助需求得分最低的 20% 分位家庭得到资助的比例为 46%，最高的 20% 分位家庭得到资助的比例为 11%。在抽样县甲，最高分位家庭得到资助的比例虽然不高（1%），但是最低分位家庭得到资助的比例仅为 30%。在抽样县乙，最高和最低分位家庭得到的资助比例分别为 47% 和 24%，资助在两端的瞄准都亟待提高。资助的瞄准与贫困生的认定和审核等工作密切相关，贫困生认定过程中产生的模糊界定问题，如偏好成绩优异学生、贫困生证明失效等问题，贫困生贷款资格审核中较少入户调查等问题，都会导致生源地助学贷款的瞄准情况变差。从五个县的比较分析来看，学生资助中心开展工作的方式对于生源地助学贷款瞄准有着重要影响。不过，这一问题超出了本文的范畴，关于资助瞄准的详细讨论将在另一篇文章中展开。

（二）生源地助学贷款的回收情况

违约率一般有三种计算方式：金额违约率、人数违约率和合同违约率。考虑到生源

---

① 生源地学生抽样数据来自陕西省、湖北省、河南省和甘肃省的五个县。调查分两个批次进行，第一批调查贷款学生，第二批调查未贷款学生。在研究中，根据各县 2016 年新增贷款覆盖率进行加权。

② 为构建家庭受资助需求指数，本文对学生家庭社会地位和资产变量进行主成分分析，保留第一、第二、第三和第四主成分，并根据其贡献比例计算综合得分，即家庭资助需求指数。其中，家庭背景变量包括父亲户口、母亲户口、父亲学历和母亲学历；家庭资产变量包括汽车数量、电脑数量、相机数量、摄像机数量和空调数量；家庭健康变量包括父母健康状况和老人健康状况；家庭劳动力变量则包括非劳动人数和就业人数。

地贷款的借款学生有本专科生和研究生两类，贷款金额差异较大，采用人数违约率或合同违约率无法恰当反映违约状况。本文最终计算的是金额违约率，其计算公式：违约率＝逾期贷款余额/贷款余额。从数据来看，生源地助学贷款的回收情况良好。大多数地区的违约率较低，45%左右的县的违约率为0。即使考虑数据统计口径的差异，与学生贷款运行良好的发达国家相比，我国生源地助学贷款的违约率仍然相对较低（美国：7%～20.6%；加拿大：8.21%；韩国：5.63%）。

虽然违约率总体较低，但是资助违约的问题仍然不容忽视。有6%左右的县，其违约率超过2%。从空间分布来看，县域违约率呈明显的高值聚集特征。根据违约率计算得到全局Moran's I指数，由计算结果可知Moran's I显著为正（Moran's I = 0.18，$p = 0.00$），这表明县的违约率具有正的空间相关性。违约率高的县，主要集中在西北、西南地区，东北地区、山西和山东也有违约率较高的县聚集的情况发生。

对比高违约率县和低违约率县的县域特征，可以发现，两者在各方面并没有系统性差异。在年底总人口、人均收入（农村、城镇）和人均财政支出指标上，两者之间差别不大；在土地面积和人均GDP指标上，虽然略有差别，但是也并不显著（见表2）。两者上述特征的差异，不足以解释两者违约率的差异。在下文中，笔者将结合国内外相关文献，从理论上理解生源地助学贷款的违约。

表2　不同水平违约率县的基本特征

变量名	高违约率县（大于2%）		低违约率县（0%）		组间差异	
	均值	标准差	均值	标准差	平均差异	t 值
土地面积（平方公里）	3368	3321	4534	6568	1167	1.46
年底总人口（万人）	43.31	32.34	39.38	29.36	-3.93	-0.84
人均GDP（元）	18686	16447	21980	15902	3293	1.28
人均财政支出（元）	4608	2707	5047	4246	440	0.81
农村居民人均纯收入（元）	5066	2936	5344	2476	278	0.68
城镇居民人均可支配收入（元）	15770	5439	15498	4539	-272	-0.31

注：为得到县级基本信息，与表1的数据处理类似，我们将2016年生源地助学贷款数据与2010年县级基本特征数据相匹配，得到1535个观察值。根据县域违约率的分布情况，将违约率高于2%的县视为高违约率县，违约率为0%的县视为低违约率县。为更准确地比较两类县的基本特征，仅考虑与高违约率县相邻的低违约率县，最后得到高违约率县和低违约率县的有效样本分别为84个和89个。

二　理解生源地助学贷款违约

现有对大学生贷款违约的研究，最早可追溯到20世纪80年代，大多从需求侧角度出发，以借款人为研究对象，分析借款人的特征对贷款违约的影响。影响借款人违约行为的因素，可以分为偿付能力和非偿付能力两大类。借款人的偿付能力，受其未来收入的正面影响和经济负担的负面影响；而非偿付能力因素，则包含借款人偿付意愿和其他非收入因素。

　　在偿付能力方面，大学生的就读学校类型、就读专业、是否辍学和毕业后就业与其未来收入息息相关，受到了大学生资助违约研究者的普遍关注。美国研究者发现，相对于公立或非营利性大学，营利性大学的学生在就业市场上处于不利地位，就业状况较差，其违约情况尤为严重（Deming, Goldin, & Katz, 2012）。人文社科专业学生的收入普遍低于其他专业学生，面临更大的还款困难，其违约率显著更高（Lochner & Monge-Naranjo, 2004；Han, Kang, & Jun, 2015）。相对于辍学生而言，顺利获得学位的学生，在就业市场上更有优势，失业的可能性较小，更可能获得稳定的收入来源，违约率也显著更低（Flint, 1997；Podgursky, Ehlert, Monroe, Watson, & Wittstruck, 2002）。毕业后就失业的学生，没有稳定的收入来源，而如果来自家庭的经济支援较少，那么其偿付能力将变得更差，违约率将变得更高（Woo, 2002）。大多数学生之所以违约，是由于其个人收入无法与贷款偿还额保持一致（Flint, 1994；Woo, 2002）。随着毕业后收入的增加，违约率也随之降低，因此，在就业市场上的成功，对于偿还贷款起关键作用（Dynarski, 1994；Boyd, 1997；Monteverde, 2000；Woo, 2002；Lochner & Monge-Naranjo, 2004；Choy & Li, 2006）。

　　与此同时，大学生的年龄、抚养子女数、婚姻状况和负债水平与其经济负担密切相关，也受到研究者的广泛关注。一般而言，学生年龄越大，经济负担（如养家糊口）越重，累积的总债务负担也越重（Harrast, 2004；Herr & Burt, 2005）。部分研究认为，控制收入等重要因素，学生年龄越大，违约率也越高（Harrast, 2004；Herr & Burt, 2005；Wright, Walters, & Zarifa, 2013）。学生需要抚养的子女数越多，经济负担越重，就越可能违约（Dynarski, 1994；Volkwein & Szelest, 1995；Woo, 2002）。离异、丧偶人士，家庭负担重，也面临着更高的违约风险（Volkwein & Szelest, 1995）。学生借款越多，债务水平越高，违约的可能性也就越大（Dynarski, 1994；Lochner & Monge-Naranjo, 2004；Choy & Li, 2006）。

　　在非偿付能力方面，少数研究开始关注偿付意愿和其他非收入因素对贷款违约的影响。就偿付意愿而言，男女之间偿付意愿存在显著差异，由于女性更加规避违约风险，即使陷入资金困境，也更愿意继续偿还贷款（Chen & Volpe, 2002）。总体看来，女性借款虽然略低于男性，但其还款速度与男性相当，导致其违约率更低（Schwartz & Finnie, 2002；Wright, Walters, & Zarifa, 2013）。就非收入因素而言，借款者的金融素养（消费习惯和理财能力等）和在其他信贷市场上面临歧视的预期也会影响其学生贷款的违约行为。不同专业学生的金融素养存在很大的差异，而金融素养主要表现在消费习惯、理财规划能力和与贷款相关的金融知识（如贷款的偿还条件、债务减免政策等）等方面。比如，人文艺术专业学生在大学期间学到的技能，对其理财的帮助更少，[①] 这可能是其违约率更高的原因（Wright, Walters, & Zarifa, 2013）。学生贷款的违约行为会影响其信贷记录，从而约束其在其他信贷市场如住房市场上的借贷行为。

　　除借款人特征外，学生贷款制度的设计，也会对学生还款行为产生重要影响。学生

---

①　与之相反，计算机科学、工程和商科专业的学生，具备熟练的计算和数据处理能力，也更可能修习会计或金融类的课程，能更轻松地制定理财规划。

贷款一般由政府担保，其金额小和利率低的特点，导致银行的追索积极性不高，从而纵容违约行为的发生。从偿还方式来看，学生贷款一般在借款者毕业两年后开始偿还，并采取每月固定还款或渐增还款等方式。对于收入来源还不稳定的毕业生而言，每月固定还款的单一偿还方式，容易导致其因还款能力不足而违约。从违约惩罚措施来看，如果违约的后果并不严重，那么有可能会进一步诱导借款者未来的违约行为。因此，缺乏专门的贷款回收机构、灵活的偿还方式、有力的贷款追踪和违约惩罚措施，将导致违约率的增加（Schwartz，1999；Kitaev，Nadurata，Resurrection，& Bernal，2003）。

　　各国的实践为我们理解不同学生资助制度设计的影响提供了素材。在美国，联邦政府主要向学生提供三种贷款[1]，其中，市场化程度较高的斯塔福贷款是学生贷款的主流。为降低贷款违约率，联邦政府对学生和高校行为进行干预，如对违约学生，通常采取扣除工资、强征回收成本、提起诉讼、限制其他助学金或社保的获得等惩罚措施；对违约率高达40%或连续三年达到30%的高校，取消其获得联邦贷款或助学金的资格（Hillman，2014）。[2] 在加拿大，学生贷款计划（Canada Student Loans Program，CSLP）是一种生源地助学贷款。政府委托服务机构介入贷款的日常管理，如贷款的发放和回收等。同时，为帮助借款者度过短期的偿债困境，政府还推出两项人性化政策：利息减免和债务减免政策（Wright，Walters，& Zarifa，2013）。在韩国，政府向学生提供两种贷款：学生贷款证券抵押计划和按收入比例还款型贷款。[3] 韩国一方面加强贷款发放和回收的管理，另一方面建立了一套追债体系，同时实行严厉的违约惩罚措施（Hong & Chae，2011）。[4] 在泰国，传统助学贷款计划存在贷款对象甄别困难、贷款的偿还延迟、回收率低下等问题（Tangkitvanich & Manasboonphempool，2010），而按收入比例还款型贷款计划只运行一年即退出贷款体系。[5]

　　尽管不同国家的贷款方案在政策目标、组织机构、资金来源、覆盖群体、贷款发放程序和回收方式等方面存在很大的差异，但仍有一个共同点，即政府高度补贴。由于政策的优惠，学生还款现值低于借款现值，二者之比即贷款的偿还率。贷款方案的运行，往往伴随着违约行为和管理成本的发生。考虑违约损失和管理成本之后得到的实际回收还款现值与借款现值的比值，即贷款的回收率。如果违约行为和管理成本能够得到有效

　①　在美国，联邦政府主要提供斯塔福贷款（Stafford Loans）、帕金斯贷款（Pekins Loans）和大学生家长贷款（Parent Loans for Undergraduate Student，PLUS）。斯塔福贷款直接贷给学生，帕金斯贷款由参与该资助项目的高校贷给最需要资助的本校学生，PLUS 则贷给经济上未独立学生的家长（Avery & Turner，2012）。
　②　对于大多数营利性学院而言，联邦贷款或助学金是其收入的主要来源，占比有时高达90%。
　③　随着学生贷款证券抵押计划（Student Loans-backed Securities Scheme，SLBS）规模的大幅增加，其偿还期相对较短，导致违约率的提高。为使经济困难的学生能够完成学业，并延长其还款期，2010 年，韩国政府推出按收入比例还款型贷款（Income Contingent Loan，ICL），作为对现有贷款计划的补充。韩国的 ICL方案与澳大利亚或英国的贷款设计不同，该方案是基于需求侧的贷款设计，仅限于来自贫困家庭、学习成绩好的大学生。然而，始于 2005 年，由不同的政府部门实施的学生贷款证券抵押计划仍是主流，而教育与科技部（MEST，2008 年前，其前身为 MOE & HRD）贷款则是其中最主要的一种形式。
　④　在韩国，学生一旦违约，不仅需要缴纳高额滞纳金，还在就业、转职和其他经济活动中处于不利地位。
　⑤　在泰国，传统的助学贷款计划（Student Loans Fund，SLF）始于 1996 年，于 2005 年底中止，并于 2007 年再次实行。2006 年，政府引进新的贷款计划——按收入比例还款型贷款（ICL），该计划只实施了一年（Chapman & Lounkaew，2010）。

控制,那么贷款回收率与偿还率的差距将会减少,这表明贷款方案总体运行效率较高。美国斯塔福贷款的偿还率为80%左右,回收率则为77%左右,二者的差别较小,贷款机制运行效率较高。加拿大的学生贷款偿还率最高,在99%以上,而回收率相对较低,只有74%。韩国教育与科技部贷款的偿还率为72%,回收率为65%。泰国学生贷款的偿还率最低,为30%,回收率更低,只有28%,泰国的贷款设计过于慷慨,政府的暗贴率高达70%,而过低的回收率能否保证贷款的可持续发展,受到了学者的质疑(Shen & Ziderman,2009)。

在美国、加拿大和韩国等发达国家,已形成比较完善的贷款设计,建立有效的贷款回收结构、违约惩罚或人性化政策,受益于完善的市场机制、健全的法律制度和完备的信用制度,金融生态环境良好,违约惩罚的效果显著。因此,学生助学贷款运行良好,可持续性较强。而在一些发展中国家,如泰国,由于贷款设计、制度环境和文化背景等原因,助学贷款的可持续发展受到不同程度的影响(孙涛、沈红,2008;Chapman & Lounkaew,2010)。

国外学者,主要从需求侧和贷款制度设计两方面分析学生贷款的违约行为,极少关注机构层面的分析。笔者以为,这与其学生资助贷款的高度市场化有关。如在美国,一般将学生不良贷款打包给专门的追债公司处理,转移信贷风险。因此,机构特征对违约行为的影响并不特别重要。然而,在我国,情况并非如此。学生资助主要由政策性银行国开行经办,由政府财政贴息,并由县级学生资助管理中心具体实施,其市场化程度不高。对我国生源地助学贷款的理解,需要把关注的焦点放在县域层面。

不少研究分析了县域不良贷款的影响因素。概括起来,县域不良贷款的成因主要可归为金融生态环境、贷款机构自身特征和借款方因素,其中,前两者受到学者的广泛关注。金融生态环境,是金融运行的外部环境,涉及经济环境、法制环境、信用环境、行政体制、文化背景等各个方面(徐诺金,2005;苏宁,2005;韩廷春、雷颖絜,2008)。稳定的区域经济环境,是改善金融生态环境的重要前提,经济环境越好,也越容易形成相对良好的信用环境,不良贷款率也越低(邱兆祥、刘远亮,2011;张云燕、王磊玲、罗剑朝,2013;黄琦、陶建平、田杰,2013;邹克、蔡晓春,2017)。完善的法制环境是金融生态环境的核心,法制环境越好,越容易约束借款方的道德风险,不良贷款率也越低(王倩、黄艳艳、曹廷求,2007)。良好的信用环境、行政体制和文化背景,在金融生态环境中占据十分重要的地位。个体良好的信用行为,会带动整个地区诚实守信,形成良好的诚信氛围,地区信用环境越好,不良贷款率则越低(彭建刚、滑亚群、邹克,2016)。就贷款机构自身特征而言,在某种程度上,不良贷款是其管理者行为所致。管理者能力不足或经验欠缺,或短期内减少保证贷款质量的资源投入,或在资本水平低时受道德风险的激励故意采取对银行不利的行为,都会导致不良贷款的增加(Berger & DeYoung,1997;Williams,2004)。贷款机构的不良贷款率还与其内部治理结构有关。贷款机构内部治理结构的改善,使其治理水平和信贷风险防范效率提高,不良贷款率也更低(刘艳华、骆永民,2011;郭耀中,2012;张云燕、王磊玲、罗剑朝,2013)。此外,贷款机构的运营能力(存贷款比例)越强,信贷风险的防范能力越强,不良贷款率也越低

（黄琦、陶建平、田杰，2013）。贷款机构的规模（总资产）越大，越有能力分散和管理其风险，不良贷款率越低。高管的货币薪酬越高，越会努力降低贷款机构的不良贷款，以保住自身高昂的薪酬回报，从而导致不良贷款率也越低（王倩、黄艳艳、曹廷求，2007；位华，2012）。

然而，与县域金融机构不同，县级学生资助管理中心作为贷款的管理主体和核心行动者，一般由教育行政部门成立，在性质上属于行政机构，主要负责贷款的受理、审批、发放和催收工作（陈佳、薛澜，2012）。基于田野调查，少数研究者指出，县级学生资助管理中心人员配备和运行经费明显不足。在政策实践中，县级学生资助管理中心人员主要从教育部门抽调，专职工作人员数量较少，人员的专业能力明显不足，缺乏贷款回收和贷后管理等方面的知识。同时，生源地助学贷款财政贴息和风险补偿金较难到位，资助中心运行明显经费不足（臧兴兵、沈红，2010；臧兴兵、沈红、吴迎春，2011；臧兴兵、沈红，2011c）。探索学生资助管理中心的运行方式与资助违约的关系，可以为建立高效、可持续的生源地助学贷款资助体系提供政策建议。基于学生资助管理数据和问卷调查数据，下文将试图回答上述问题。

三 学生资助管理中心重要吗

基于前文综述和田野调查所得，我们首先构建理解县域生源地助学贷款资助违约的基本框架（见图1）。影响县域生源地助学贷款违约的因素，可分为三大类：借款人特征、县域金融生态环境和资助中心机构特征。鉴于县域分析和微观分析的差异，我们在基本框架中略去了对借款人非偿付能力特征的考察，主要从偿付能力的角度来刻画借款人特征，着重关注收入水平和贷款负担两个方面。县域金融生态环境，包括经济环境、法制环境、信用环境、文化背景等，具有较强的空间溢出效应。县级学生资

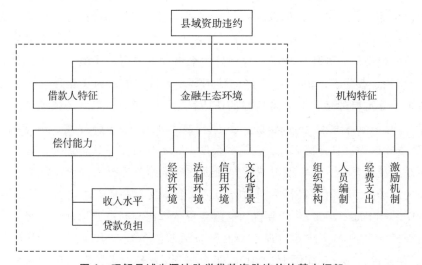

图 1 理解县域生源地助学贷款资助违约的基本框架

助管理中心的机构特征中，组织架构、人员编制、经费支出和激励机制四个方面尤为重要，是本文关注的重点。

县级学生资助管理中心的办公场所、人员和设备的配置，主要依靠地方教育部门，运行经费则主要由县财政分担，一般与高中学校相配合或下设乡镇代办点来完成资助工作。在资助中心的组织架构上，如下几点最为紧要：资助工作在县政府的牵头人、教育局的主管人、资助中心主任的任命情况。在县政府层面，学生资助工作一般由一把手县长、主管教育的副县长或主管财政的副县长牵头；在教育局一般由一把手局长、主管计财的副局长主管；资助中心主任则由局长（副局长）兼任或专职主任担任。资助中心的人员编制，是指其在岗人员、专兼职人员、借调人员和催还志愿者等的配备情况。资助中心的日常性支出是指维持其基本运行的经费，包括人员工资、房屋租金、水电费、电话费、差旅费、耗材费和给乡镇、村、教学点的回收奖励。资助中心的激励机制是指回收是否纳入考核体系、省级资助中心的评价和奖补等。

对于资助中心机构特征和县域资助违约之间的关系，我们有一些基本的假设。在组织架构上，由一把手县长、一把手局长牵头，对资助工作的统筹能力更强，能为资助中心提供更多人、财、物方面的支持，有利于减少县域资助违约。不过，由于资助工作需要一定的专业性且任务繁重，由一把手领导牵头也可能存在专业性不够、投入精力不足的问题。人员配备越充足，人均资助回收工作量越小，资助回收情况越有保障；运行经费越充裕，聘用越多的催还志愿者，并给予相对较高的回收补贴，充分调动工作人员的积极性和主动性，可能会带来越好的资助回收效果。

（一）数据说明、描述统计和模型设定

为考察资助中心机构特征对资助回收情况的影响，在县级学生资助数据和县级社会经济数据基础上，我们加入了学生资助中心调查数据。该数据来自2016年对中西部3省187个县学生资助中心的问卷调查，包括组织架构、人员编制、日常性支出和激励机制等信息。

表3是学生资助中心主要特征变量的描述性统计。从组织架构来看，贷款工作由一把手县长/局长牵头的情况较少，仅有9%的县资助工作由一把手县长牵头，而在教育局由一把手局长主管的比例略高，为17%。如果资助工作在县里由一把手县长牵头或在教育局由一把手局长主管，则组织架构虚拟变量取值为1，反之则取值为0。从人员编制来看，实际在岗人员平均为5人，2名来自借调，而催还志愿者人数则相对较少，仅有14%的县资助中心有催还志愿者，人数大多在5名以内，有4.3%的县超过5人，其中有两个县的人数最多，为36名。与之相类似，在人员经费中，临时人员的支出占比极低，几乎可以忽略不计。从公用经费来看，房租、水电费、电话费、差旅费、耗材费和给乡镇、村、教学点的回收奖金平均约13万元、7900元、3700元、1.58万元、1.64万元和7800元。在日常性支出中，人员经费略高于公用经费，分别为23万元和18万元左右。

表3　学生资助中心机构特征的描述性统计

变量名	样本数	均值	标准差	最小值	最大值
组织架构					
贷款工作在县里由一把手县长牵头	187	0.0909	0.288	0	1
贷款工作在教育局由一把手局长主管	187	0.171	0.378	0	1
组织架构	187	0.235	0.425	0	1
人员编制					
正编人数（人）	187	4.952	3.872	0	40
实际在岗人数（人）	187	4.888	2.041	1	9
借调人数（人）	187	1.61	1.882	0	9
催还志愿者人数（人）	187	1.23	5.149	0	36
日常性支出（万元）	187	40.92	24.1	5.84	112.6
人员经费（万元）	187	23.37	10.33	5.539	49.68
在岗人员支出（万元）	187	23.36	10.32	5.539	49.55
临时人员支出（万元）	187	0.00336	0.0179	0	0.144
人员支出（万元）	187	23.37	10.33	5.539	49.68
公用经费（万元）	187	17.55	20.77	0	83.6
房租（元）	184	127605	196858	0	720000
水电费（元）	184	7899	8818	0	60000
电话费（元）	183	3654	3533	0	20000
差旅费（元）	186	15795	15020	0	97500
耗材费（元）	186	16398	15137	0	80000
回收奖金（元）	186	7822	25701	0	200000

　　受限于部分变量的数据质量，在实证分析中，我们重点考虑组织架构、人员经费和日常性支出对资助违约的影响。人员经费主要指实际在岗工作人员和催还志愿者的工资，而公用经费则指房租、水电费、电话费、差旅费、耗材费和给乡镇、村、教学点的回收奖金等支出。根据人员的构成，将人员经费进一步分为在岗人员支出和临时人员支出，分别由实际在岗人数和在岗人员工资、催还志愿者人数和志愿者生活费相乘得到。

　　由于抽样县的空间分布相对分散，违约率的空间正相关关系变弱，① 采用空间计量的必要性不大。同时，考虑到超过半数的抽样县违约率为0，本文最终采用 Tobit 模型来进行估计。模型具体形式如下：

$$y^* = \beta_0 + \beta_{1jk} X_{jk} + \beta_{2st} X_{st} + \beta_{3jg} X_{jg} + \varepsilon \tag{1}$$
$$y = \max(0, y^*)$$

其中，因变量 y 是违约率，y^* 是潜变量，控制变量 X_{jk}、X_{st}、X_{jg} 分别是借款人特征、县域

---

① 经计算，抽样县违约率的 Moran 指数仅为 0.08，p 值为 0.04，指数大小和显著性都低于全国水平，其空间相关性大幅降低。

金融生态环境和资助中心机构特征，ε 则是误差项。在借款人特征中，我们采用人均农民收入度量收入水平，用贷款余额和贷款学生数来刻画贷款负担。贷款余额越低、贷款学生数越多，贷款负担越小。由于缺乏对县域金融生态环境的直接度量变量，我们通过不同方式构建县域金融生态环境的代理变量。资助中心机构特征则采用组织架构、人员编制、日常性支出来度量。其中，日常性支出区分了人员经费、公用经费、在岗人员支出、临时人员支出。人员编制区分了实际在岗人数和催还志愿者人数。

（二）机构特征对违约的影响——实证结果

金融生态环境的度量是实证的难点。作为分析框架中的三要素之一，虽然难以量化，但是对县域违约影响的重要性不容忽视。忽略金融生态环境，可能会高估学生资助中心相关特征的作用。利用 2016 年生源地助学贷款县级数据，本文构建了两种金融生态环境的代理变量。一种是在控制贷款余额、贷款学生数和人均农民收入的情况下，以逾期贷款余额为因变量，估计地市固定效应，并将其作为代理变量；另一种则根据空间误差模型估计得到，因变量和自变量与前者相同，将模型的误差项作为代理变量。代理变量值越大，代表金融生态环境越差。由于空间误差模型设定较为复杂，对其具体说明详见附录。必须指出，两种代理变量都不是令人满意的方案，只是部分地涵盖了金融生态环境的影响，而且混入了其他因素的影响。更理想的策略是，基于县域金融机构不良贷款情况来构建。遗憾的是，受数据可得性制约，笔者未能如愿。不过，由于本文关注的是学生资助中心机构特征，金融生态环境只是控制变量并非本文关注的核心，故不再过分纠结于代理变量的计算。

表 4 给出了 Tobit 模型的回归结果。模型 I-IV 和模型 V-VIII 分别是基于不同代理变量得到的估计结果。模型 I 和模型 V 在控制贷款余额、贷款学生数、人均农民收入和金融生态环境的情况下，加入组织架构变量和日常性支出变量；模型 II 和模型 VI 将日常性支出细分为人员经费和公用经费；模型 III 和模型 VII 将人员经费进一步分成在岗人员支出和临时人员支出；模型 IV 和模型 VIII 则用实际在岗人数和催还志愿者人数代替在岗和临时人员支出，进行稳健性检验。在所有模型中，贷款余额和贷款学生数、人均农民收入、金融生态环境代理变量对违约率的影响均与预期相符。贷款规模越小、贷款学生数越多，人均贷款负担越小，违约情况越轻；人均农民收入越高，偿付能力越强，违约情况越轻；金融生态环境越好，违约情况越轻。所有估计值均在 1% 的显著性水平下显著。

组织架构变量（是否由县长牵头或教育局局长主管）对于资助工作可能存在异质性的影响。一方面能为资助工作提供更多人、财、物方面的支持而改善违约率，另一方面也可能因为专业性不够、投入精力不足而带来负面影响。实证结果表明，资助工作由县长牵头或教育局局长主管，对违约率有显著的负向影响，这意味着县长或教育局局长在统筹安排上的优势能明显改善违约状况。日常性支出的系数为负数，且在 10% 的水平下显著，说明经费越宽裕，违约情况越轻。进一步考察日常性支出的内部结构则会发现，公用经费的作用略大于人员经费，且较为显著。在人员经费中，在岗人员支出的系数为负数，与之相类似，在人员构成中，实际在岗人数的系数也为负数。然而，临时人员支出和催还志愿者人数的系数都显著为正，与预期不符，这可能与催还志愿者人数的内生性有关：一方面，催还志愿者人数的增加，可能提高回收效率，缓解违约情况；另一方面，在催还工作比较严峻的情况下，资助中心可能才会选择雇用更多的催还志愿者，以期改善回收效果。遗憾的是，由于问卷设计的限制，我们难以解决催还志愿者人数的内生性问题，得到较为准确的估计。

通过改变金融生态环境的代理变量，模型 V-VIII 为资助机构特征的估计提供了稳健性检验。其结果与模型 I-IV 较为类似，资助中心各个特征的估计值变化不大，仅临时人员的系数有所下滑，且不再显著。

表 4　机构特征对违约的影响

变量名	金融生态环境代理变量 1				金融生态环境代理变量 2			
	模型 I	模型 II	模型 III	模型 IV	模型 V	模型 VI	模型 VII	模型 VIII
组织架构	−0.304 (−2.29)	−0.304 (−2.29)	−0.286 (−2.23)	−0.264 (−2.13)	−0.392 (−2.06)	−0.393 (−2.06)	−0.392 (−2.05)	−0.393 (−2.07)
日常性支出	−0.00453 (−1.81)				−0.00713 (−1.95)			
人员经费		−0.00321 (−0.68)				−0.00659 (−0.97)		
在岗人员支出			−0.00581 (−1.24)				−0.00693 (−0.98)	
临时人员支出			5.863 (2.36)				0.652 (0.18)	
实际在岗人数				−0.0203 (−0.92)				−0.0470 (−1.41)
催还志愿者数				0.0236 (2.83)				−0.00674 (−0.56)
公用经费		−0.00517 (−1.61)	−0.00568 (−1.79)	−0.00523 (−1.71)		−0.00738 (−1.62)	−0.00751 (−1.63)	−0.00730 (−1.62)
贷款余额	0.00029 (7.70)	0.00029 (7.49)	0.00031 (7.83)	0.00029 (7.95)	0.00023 (5.07)	0.00022 (4.93)	0.00023 (4.89)	0.00022 (5.08)
贷款学生数	−0.00059 (−7.52)	−0.00058 (−7.30)	−0.00063 (−7.64)	−0.00060 (−7.89)	−0.00042 (−4.84)	−0.00042 (−4.66)	−0.00042 (−4.62)	−0.00042 (−4.76)
人均农民收入	−2.079 (−5.80)	−2.093 (−5.78)	−1.975 (−5.69)	−2.045 (−6.02)	−2.152 (−4.16)	−2.158 (−4.14)	−2.146 (−4.08)	−2.093 (−4.05)
金融生态环境	0.392 (8.11)	0.393 (8.11)	0.419 (8.66)	0.443 (8.86)	0.143 (1.86)	0.142 (1.85)	0.140 (1.78)	0.140 (1.80)
常数项	1.072 (5.52)	1.055 (5.24)	1.076 (5.53)	1.090 (5.80)	0.948 (3.43)	0.941 (3.27)	0.942 (3.27)	0.980 (3.47)
观察值	187	187	187	187	187	187	187	187
Pseudo R^2	0.449	0.449	0.470	0.480	0.289	0.289	0.289	0.294

注：表中括号内是 t 值，模型 I-IV 是基于误差项为金融生态环境代理变量得到的估计结果，模型 V-VIII 是基于地市固定效应作为金融生态环境代理变量得到的估计结果，所有模型均控制贷款余额、贷款学生数、人均农民收入和金融生态环境。模型 I 和模型 V 加入组织架构和日常性支出，模型 II 和模型 VI 将日常性支出拆分成人员经费和公用经费，模型 III 和模型 VII 将人员经费进一步分成在岗人员支出和临时人员支出，模型 VI 和模型 VIII 则采用实际在岗人数和催还志愿者人数代替在岗人员支出和临时人员支出。

（三）机构特征为何并未趋同——案例研究

上文讨论了资助中心机构特征对于违约情况的影响。然而，受到问卷设计和数据质量的限制，量化分析仅能回答少数特征对于违约的影响，更不用说资助中心在降低违约之外的作用。为更好地理解资助中心在生源地助学贷款中所起的作用，我们补充了来自田野调查的证据。

表5是四个案例县资助中心的贫困生认定、贷款覆盖、人员编制、日常性支出和催收安排情况。其中，A1、B1两县经济发展水平较高，A2、B2两县社会经济发展情况较差。但从资助违约情况来看，A1、A2两县违约率较低，而B1、B2两县违约率较高。

案例县在贫困生认定、贷款覆盖、人员编制、日常性支出和催收安排等方面呈现不同的特征。从贫困生认定来看，资助中心很少对贫困生进行入户调查，A2县由高中进行资格审查，B2县则由乡镇/村一级进行资格认定。相对于乡镇/村认定，高中班主任对学生的家庭情况不够了解，有的可能按照学生学习成绩进行认定。由村一级负责认定，虽然对学生家庭情况十分了解，但也可能出现不规范的情况，如有的村通过抓阄进行认定。从贷款覆盖来看，A1县贷款条件宽松，覆盖率为30%左右；B1县优先考虑符合精准扶贫条件的学生，并给予事业单位职工子女一定贷款比例，覆盖率为18%；A2县不设贷款比例，除职工子弟外，其他都贷，覆盖率为38%；B2县贷款条件放开，想贷就贷，覆盖率高达81%。从日常性支出来看，A1运行经费较为充裕，高达25万元，能给回收工作人员较高的补贴；B1县运行经费有限，一年运营成本仅为6万~7万元，无法给教师发放补贴，教师只是被动工作；A2县运行经费相对充裕，能够按照回收人数给予奖补；B2县运行经费有限，志愿者和补贴较少，人均每天仅为40元。从人员编制来看，A1县人员配备较为充足，工作人员高达17人；B1县在编人员仅有5人，还不到A1县的1/3。从催收安排来看，A1县回收责任包干，通信、交通及差旅费用报销，完不成任务用工资抵账，工作人员的积极性较高；B1县按乡镇划片回收，中心每位教师负责3~4个乡镇，500多个学生，工作任务量大，积极性也相对不高；A2县回收由学区负责，多次分批进行通知和催缴，对资助工作投入的努力程度较高；B2县由当地代办点征收志愿者催收，由于各代办点的催收力度方式方法不同，各代办点的违约率差别较大，有的仅为0%，有的则在10%以上。

为什么各县级资助中心的内部结构和组织行为差异如此之大，而没有呈现组织趋同性？在现代社会中，组织普遍存在趋同现象，即内部结构和组织行为等方面越来越相似。例如，在美国，尽管教育体制是分权的，但是各州教育体制的结构非常相似。组织面临技术和制度两种环境，技术环境要求组织有效率，按最大化原则生产；制度环境则要求组织服从"合法性"机制，采取那些广泛接受、理所当然的（taken-for-granted）组织形式和做法，而不管其是否有效率。许多组织制度和行为不是由效率所驱使，而是源自组织追求合法性满足生存发展的需要。例如，在美国教育体系中，联邦政府为各学区提供财政支出的同时，还提出各种制度化要求，如完整的财务报告、不能有种族或性别歧视等，"诱导"各学区接受其规章制度，导致组织的趋同性，即各组织（学区）在适应同一

602 中国教育财政政策咨询报告 (2015～2019)

制度环境时表现出类似行为 (Meyer & Rowan, 1977)。从动态视角来看,组织趋同化过程中存在机制的转化,从理性选择机制转变为合法性机制。例如,美国各城市实行公务员制度的时间早晚不一,在前期,每个城市是否采纳、何时采纳公务员制度由城市本身特点决定,即出于理性选择;当越来越多的城市采纳公务员制度后,该制度就成为"广泛接受"的理性组织形式,转化为一种重要的制度力量,迫使其他组织采纳接受 (Tolbert & Zucker, 1983)。

从组织社会学视角来看,县级资助中心的组织趋同性表现得并不明显,尚未形成一套广为接受、顺理成章的理性组织形式和做法,还处于受到理性选择机制影响的前期阶段。从制度环境来看,资助中心的运行有效率,不仅简单指其覆盖率和回收率,还包括资助的瞄准问题,但并未引起上级的关注和考核。就回收而言,生源地助学贷款的整体违约率较低,对回收的关注难以引起各资助中心的模仿行为。因此,还需要关注资助的其他方面,如覆盖和瞄准等问题,不断完善制度环境,使各资助中心逐渐形成一套类似的运行模式,达到组织的趋同。

表5 访谈县资助中心运行情况

A1县 人均GDP: 38460元 违约率: 0%	A2县 人均GDP: 12664元 违约率: 0.097%
参加高考: 3935人 计划1500人、实际1000人	参加高考: 6518人 首贷新生: 2445人
款可以贷、条件宽松,但必须无条件还贷	都贷,没设比例,职工子弟不贷
覆盖率25%～38%	覆盖率37.51%
	高中资助中心审查贷款资格
县财政预算10万元、省下发经费15万元	
工作人员回收补贴: 180元/天 一年12天	
志愿者: 每月1000元补助	
回收人员: 17名 10名在编、7名编外	专职: 10名 只负责资助相关 占比不到50%
除贷款相关,还负责食品安全、扶贫等事项	
大学生志愿者: 3～5名	
8、9月份,教育组印发贷款档期回收通知单	由学区回收,按回收人数奖励
失联学生: 所在农村小学的教师和校长查信息、联系;	提前群发短信,通知学生
实在联系不上,由其带领登门拜访	开全县大会,各学区任务明确,逐个打电话
回收责任到人,分任务责任承包,责任包干	通知不到,上门催缴: 学区、中心 多次催缴
12月15日前必须完成,否则用工资抵账	
B1县 人均GDP: 33487元 违约率: 0.180%	B2县 人均GDP: 12000元 违约率: 0.825%
参加高考: 5257人 计划新增960人	参加高考: 11120人 首贷新生: 9000人
精准扶贫库优先、事业单位职工子女一定指标	条件放开,想贷就贷
覆盖率18%	覆盖率估计80.94%
扶贫库人员名单: 村里逐级上报—县—扶贫办	乡镇/村一级认定贫困生
一年运营成本6万～7万元,不加房租水电类的,房租水电由教育局负责	耗材至少6万元,乡镇代办点: 14万元左右
中心: 在编5人,都在教育局工作	志愿者: 13名 40元/天
在岗7人,均来自高中学校借调	代办点: 当地教师或志愿者 四五名
贷款回收给乡镇划分片区	由当地代办点征收志愿者催收
中心老师每人负责3～4个乡镇,大概500个学生	催收的力度方式方法不同

注: 各县常住人口、人均GDP为2015年数据,参加高考人数为2016年数据,覆盖率=2016年新生首贷人数/参加高考人数。B2县情况较为特殊,自然条件恶劣、常住人口规模较大,是国家级贫困县和生源地助学贷款首批试点县。

四 结语

自 2007 年以来,生源地助学贷款已发展成为我国大学生资助体系的主要组成部分,帮助无数家庭经济困难大学生顺利完成学业。结合县级管理数据和学生抽样调查,本文为生源地助学贷款体系的运行情况提供了初步证据。从贷款回收来看,生源地助学贷款的整体违约率不高,但是空间分布上的违约高值集聚现象需要引起注意;从贷款发放来看,资助的覆盖率较高,但资助分配的不合理现象十分突出。这一不合理,既体现在县域之间资助额度的分配中,也体现在县域内贫困学生家庭识别的准确性上。部分地区特困生的覆盖情况亟待改进。精准资助,依然任重道远。

结合量化分析和案例研究,本文着重探讨了县级学生资助中心的作用。在控制借款人特征、县域金融生态环境的情况下,我们发现,县资助中心的组织架构、日常性支出对县域资助违约率存在显著的影响。一把手县长或教育局局长主管资助工作、公用经费越充裕,县域资助的违约率越低。随后的案例研究,为县级学生资助管理中心的运行方式和资助回收、覆盖之间的关系提供了更鲜活的证据。

在不少教育财政学者眼中,生源地助学贷款模式被视为少数值得向国际推介的"中国教育制度创新"。本文的证据一定程度上支持了上述论断:高覆盖率和低违约率表明,生源地助学贷款已经超越了困扰大多数学生资助体系的"惜贷与违约问题"。但是,生源地助学贷款体系亦非完美。在精准资助之外,生源地模式的隐性成本值得特别关注。本课题组同步进行的另一项研究发现,考虑隐性成本后,案例县生源地助学贷款运行成本在 100 万~300 万元。在综合考虑显性成本和隐性成本的基础上,我们对县域生源地助学贷款运行成本进行了基于功能的拆分,试图为县级学生资助管理中心运行方式与资助覆盖、瞄准、回收、育人之间的关系提供更为严谨的证据。

附 录

在全国,县域违约率呈现高值集聚现象,即违约率高的县与违约率高的县相邻,空间效应的存在意味着空间计量模型是更加合适的选择。县域诚信文化等金融生态环境因素无法度量,其对违约率的影响反映在误差项中,可能导致资助中心机构特征估计上的偏误。因此,基于全部可得县级数据,我们采用空间误差模型进行估计,将误差项作为代理变量,用于控制金融生态环境因素的影响。空间误差模型的具体形式如下:

$$y_i = \alpha + \beta_k \sum_{k=1}^{k} x_i + u_i$$

$$u_i = \lambda \sum_{j=1}^{N} w_{ij} u_j + v_i, v_i \sim N(0, \sigma^2 I_n)$$

(1)

其中，y_i 为逾期贷款余额，x_i 为控制变量，包括贷款余额、贷款学生数和人均农民收入，u_i 为误差项，w_{ij} 为空间权重矩阵，表明地区间的空间依赖性随距离增加而逐渐衰减。λ 反映的是空间误差的影响，即遗漏变量的空间相关性。空间权重的设定，是空间计量分析中的关键环节，常见的空间权重矩阵有邻接矩阵、反距离矩阵和经济距离矩阵。事实上，空间权重的设定应该尽量简单，在区域经济学中，空间权重矩阵常采取邻接矩阵和反距离矩阵相结合的方式来设定。本文最终设定两种权重：邻接矩阵和反距离矩阵。[①] 空间依赖性检验和回归结果如附表 1 所示。

附表 1　空间依赖性检验和回归结果

空间依赖性检验			空间误差模型回归结果		
权重	邻接矩阵	反距离矩阵	变量	邻接矩阵	反距离矩阵
Moran's I（error）	3.86 *** （P=0.00）	16.79 *** （P=0.00）	贷款余额	5.35e−08 *** （8.01e−09）	5.37e−08 *** （8.10e−09）
LM（error）	329.27 *** （P=0.00）	264.74 *** （P=0.00）	贷款学生数	−0.000997 *** （0.000169）	−0.00100 *** （0.000171）
Robust LM（error）	31.01 *** （P=0.00）	45.15 *** （P=0.00）	人均农民收入	−0.000184 *** （5.06e−05）	−0.000198 *** （5.33e−05）
LM（lag）	298.55 *** （P=0.00）	219.77 *** （P=0.00）	λ	0.303 *** （0.0403）	0.407 *** （0.0561）
Robust LM（lag）	0.29 （P=0.59）	0.18 （P=0.67）	观察值	1436	1436

注：***、**、* 分别表示在置信度水平 1%、5% 与 10% 下显著。

在采用空间误差模型进行估计之前，需要对违约情况进行空间自相关分析，以验证空间效应的存在；需要基于普通最小二乘法对空间依赖性进行检验，选择合适的空间计量模型，以验证模型设定的准确性。[②] 附表 1 的前三列，是对式（1）进行普通最小二乘法估计，得到的空间依赖性检验结果。残差的莫兰指数［Moran's I（error）］显著不为零，说明存在空间效应，需进行空间计量分析。以邻接矩阵作为权重，违约率的莫兰指数为 0.19，z 值为 13.33，p 值为 0.00，表明违约率也存在明显的空间集聚现象。在拉格朗日乘数检验（LM test）都显著的情况下，空间误差模型的稳健拉格朗日乘数检验（Robust LM test）更显著，且检验值也更大，因此，空间误差模型是更合适的选择。附表 1 的后三

---

① 邻接矩阵的权重取值为 0 或 1，将接壤县定义为相邻县，1 代表相邻县，0 则代表非相邻县。反距离矩阵的权重取值则为距离的倒数，直观表示空间效应随距离的增加而衰减。我国幅员辽阔，县与县之间的距离可以从几十公里到上百公里不等，为保证每个县至少有一个非零权重，选择 160 公里作为截断点，将 160 公里以内的权重定义为反距离，而大于 160 公里或对角线的权重则定义为 0。

② 在度量空间相关性时，常采用全局莫兰指数（Moran's I）进行分析，全局莫兰指数介于 −1 和 1 之间，大于 0 表示正相关，越接近 1，相关性越强；反之亦然。为度量空间效应的产生机理，国内外常采用莫兰指数［Moran's I（error）］、拉格朗日乘数检验［LM（error）、LM（lag）］和稳健的拉格朗日乘数检验［Robust LM（error）、Robust LM（lag）］相结合的检验（张可云、杨孟禹，2016）。

列是空间误差模型的回归结果，通过邻接矩阵和反距离矩阵得到的估计结果较为相近，[①]且都在1%的水平上显著。

参考文献

陈佳、薛澜，2012，《国家助学贷款可持续发展的政策分析——基于政策体系与实践模式层面》，《清华大学教育研究》第1期，第33～39页。

陈正平，2011，《国家生源地信用助学贷款发展分析》，《西部金融》第10期，第37～38页。

郭耀中，2012，《商业银行不良贷款率下降影响因素研究》，《山西财经大学学报》第1期，第62～63页。

韩廷春、雷颖絜，2008，《金融生态环境对金融主体发展的影响》，《世界经济》第3期，第71～79页。

黄琦、陶建平、田杰，2013，《县域金融信贷风险的影响因素——基于全国2069个县（市）的样本分析》，《金融论坛》第10期，第9～15、57页。

李庆豪、沈红，2005，《生源地助学贷款：现状、问题与前景》，《教育与经济》第3期，第35～38页。

李庆豪、沈红，2007，《生源地助学贷款的发展困境与前景——以湖北省A市为例》，《清华大学教育研究》第5期，第39～45页。

李泽华，2013，《生源地助学贷款存在问题及其对策》，《云南农业大学学报》第3期，第87～91页。

梁爱华，2008，《"开行模式"国家助学贷款中高校"惜贷"问题探讨》，《当代教育科学》第5期，第16～18页。

刘艳华、骆永民，2011，《农村信用社信贷风险防范效率的实证分析》，《宁夏社会科学》第2期，第33～38页。

潘懋元，2003，《公平与效率：高等教育决策的依据》，《北京大学教育评论》第1期，第54～57页。

彭建刚、滑亚群、邹克，2016，《县域不良贷款率与金融生态关系的实证分析》，《广州大学学报》（社会科学版）第7期，第41～48页。

邱兆祥、刘远亮，2011，《中国商业银行信贷风险与宏观经济因素关系研究——基于2000－2009年面板数据的实证检验》，《广东金融学院学报》第1期，第38～44页。

沈华，2016，《中国生源地助学贷款申请成本影响因素分析》，《湖北大学学报》（哲学社会科学版）第5期，第141～146页。

宋飞琼，2008，《生源地信用助学贷款政策给国家助学贷款带来的可能影响》，《高等教育研究》第29期，第53～57页。

宋飞琼，2011，《国家助学贷款"河南模式"：进展、问题及对策》，《教育发展研究》第23期，第1～7页。

---

① 正文中所采用的误差项是以邻接矩阵作为权重的估计结果，将以反距离矩阵为权重得到的代理变量代入Tobit模型中，计量结果变化不大，故不做汇报。

宋飞琼、沈红，2008，《发展生源地助学贷款面临的问题与对策》，《高等工程教育研究》第 1 期，第 128～131 页。

苏宁，2005，《"金融生态环境"的基本内涵》，《金融信息参考》第 10 期，第 7 页。

孙涛、沈红，2008，《泰国高等教育助学贷款改革：基于实践的探讨》，《高教探索》第 1 期，第 75～78 页。

田志磊、袁连生，2010，《采用非收入变量认定高校家庭经济困难学生的实证研究》，《北京大学教育评论》第 8 期，第 145～157 页。

王倩、黄艳艳、曹廷求，2007，《治理机制、政府监管与商业银行风险承担——基于山东省的实证分析》，《山东社会科学》第 10 期，第 96～101 页。

王震宇、周洁，2007，《生源地信用助学贷款缘何难以助学：问题及建议》，《中国金融》第 17 期，第 79～81 页。

位华，2012，《CEO 权力、薪酬激励和城市商业银行风险承担》，《金融论坛》第 9 期，第 61～67 页。

谢志霞、陈艳霞，2014，《张掖市生源地助学贷款业务发展情况调查》，《甘肃金融》第 2 期，第 71～71 页。

徐诺金，2005，《论我国金融生态环境问题》，《金融研究》第 11 期，第 31～38 页。

杨屹东，2008，《完善生源地助学贷款政策的探讨——遂宁市生源地助学贷款实证分析》，《西南金融》第 3 期，第 22～23 页。

袁连生，2002，《中国高等教育大众化进程中的财政政策选择》，《教育与经济》第 2 期，第 19～23 页。

臧兴兵、沈红，2010，《生源地助学贷款现状调查与思考》，《教育发展研究》第 9 期，第 38～44 页。

臧兴兵、沈红，2011a，《生源地助学贷款 SWOT 分析》，《高校教育管理》第 4 期，第 63～70 页。

臧兴兵、沈红，2011b，《生源地助学贷款规模影响因素研究》，《中国人民大学教育学刊》第 1 期，第 91～105 页。

臧兴兵、沈红，2011c，《生源地助学贷款的问题与出路——基于甘肃省的抽样调查》，《高等理科教育》第 4 期，第 76～80 页。

臧兴兵、沈红、吴迎春，2011，《生源地助学贷款中的政府职能边界》，《高教发展与评估》第 2 期，第 60～67 页。

张可云、杨孟禹，2016，《国外空间计量经济学研究回顾、进展与述评》，《产经评论》第 1 期，第 5～21 页。

张云燕、王磊玲、罗剑朝，2013，《县域农村合作金融机构信贷风险的影响因素》，《西北农林科技大学学报》（社会科学版）第 2 期，第 51～57 页。

朱奕名，2006，《对商洛市生源地助学贷款情况的调查与思考》，《西安金融》第 4 期，第 48～49 页。

邹克、蔡晓春，2017，《不良贷款率影响因素的实证分析——基于 2005－2014 年省级面板数据》，《金融理论与实践》第 3 期，第 10～18 页。

Avery, C. & S. Turner. 2012. "Student Loans: Do College Students Borrow Too Much-or Not Enough?" *Journal of Economic Perspectives* 26 (1): 165－192.

Berger, A. N. & R. DeYoung. 1997. "Problem Loans and Cost Efficiency in Commercial Banks." *Journal of Banking & Finance* 21 (6): 849 – 870.

Boyd, L. A. 1997. "Discrimination in Mortgage Lending: The Impact on Minority Defaults in the Stafford Loan Program." *The Quarterly Review of Economics and Finance* 37 (1): 23 – 37.

Chapman, B. & K. Lounkaew. 2010. "Income Contingent Student Loans for Thailand: Alternatives Compared." *Economics of Education Review* 29 (5): 695 – 709.

Chen, H. & R. P. Volpe. 2002. "Gender Differences in Personal Financial Literacy among College Students." *Financial Services Review* 11 (3): 289 – 307.

Choy, S. P. & X. Li. 2006. *Dealing With Debt: 1992 – 1993 Bachelor's Degree Recipients 10 Years Later.* Washington D. C.: US Department of Education, National Center for Education Statistics.

Deming, D., C. Goldin, & L. Katz. 2012. "The For-profit Postsecondary School Sector: Nimble Critters or Agile Predators." *Journal of Economic Perspectives* 26 (1): 139 – 164.

Dynarski, M. 1994. "Who Defaults on Student Loans? Findings from the National Postsecondary Student Aid Study." *Economics of Education Review* 13 (1): 55 – 68.

Flint, T. A. 1994. "The Federal Student Loan Default Cohort: A Case Study." *Journal of Student Financial Aid* 24 (1): 13 – 30.

Flint, T. A. 1997. "Predicting Student Loan Defaults." *The Journal of Higher Education* 68 (3): 322 – 354.

Grosh, M. & J. Baker. 1995. "Proxy Means Tests for Targeting Social Programs: Simulations and Speculation." *LSMS Working Paper* No. 118. World Bank, Washington D. C.

Han, Byung-Suk, Hyoung-Goo Kang, & Sang-Gyung Jun. 2015. "Student Loan and Credit Risk in Korea." *Economic Letters* 135: 121 – 125.

Harrast, S. A. 2004. "Undergraduate Borrowing: A Study of Debtor Students and Their Ability to Retire Undergraduate Loans." *Journal of Student Financial Aid* 34 (1): 21 – 37.

Herr, E. & L. Burt. 2005. "Predicting Student Loan Default for the University of Texas at Austin." *Journal of Student Financial Aid* 35 (2): 27 – 49.

Hillman, N. W. 2014. "College on Credit: A Multilevel Analysis of Student Loan Default." *The Review of Higher Education* 37 (2): 169 – 195.

Hong, Hee Kyung & Jae-Eun Chae. 2011. "Student Loan Policies in Korea: Evolution, Opportunities and Challenges." *Educational Research Journal* 26 (1): 99 – 122.

John W. Meyer and Brian Rowan. 1977. "Institutionalized Organizations: Formal Structure as Myth and Cermony." American Journal of Sociology 83 (2): 340 – 363.

Kitaev, I., T. Nadurata, V. Resurrection, & F. Bernal. 2003. *Student Loans in the Philippines: Lessons from the Past.* UNESCO Bangkok/IIEP.

Lochner, L. & A. Monge-Naranjo. 2004. *Education and Default Incentives with Government Student loan Programs.* Cambridge, MA: National Bureau of Economic Research.

Monteverde, K. 2000. "Managing Student Loan Default Risk: Evidence from a Privately Guaranteed Portfolio." *Research in Higher Education* 41 (3): 331 – 352.

Podgursky, M., M. Ehlert, R. Monroe, D. Watson, & J. Wittstruck. 2002. "Student Loan Defaults and Enrollment Persistence." *Journal of Student Financial Aid* 32 (3): 27 – 42.

Schwartz, S. & R. Finnie. 2002. "Student Loans in Canada: An Analysis of Borrowing and

Repayment. " *Economics of Education Review* 21 （5）: 497 – 512.

Schwartz, S. 1999. "The Dark Side of Student Loans: Debt Burden, Default, and Bankruptcy. " *Osgoode Hall Law Journal* 37 （1）: 307 – 338.

Shen, H. & A. Ziderman. 2009. " Student Loans Repayment and Recovery: International Comparisons. " *Higher Education* 57 （3）: 315 – 333.

Tangkitvanich, S. & A. Manasboonphempool. 2010. "Evaluating the Student Loan Fund of Thailand. " *Economics of Education Review* 29 （5）: 710 – 721.

Tolbert, P. S. & Zucker, L. G. 1983. "Institutional Sources of Change in the Formal Structure of Organiza- tions: The Diffusion of Civil Service Reform, 1880 – 1935. " *Administrative Science Quarterly* 28: 22 – 39.

Volkwein, J. F. & B. P. Szelest. 1995. "Individual and Campus Characteristics Associated with Student Loan Default. " *Research in Higher Education* 36 （1）: 41 – 72.

Williams, J. 2004. "Determining Management Behavior in European Banking. " *Journal of Banking & Finance* 28 （10）: 2427 – 2460.

Woo, J. H. 2002. "Factors Affecting the Probability of Default: Student Loans in California. " *Journal of Student Financial Aid* 32 （2）: 5 – 23.

Wright, L. , D. Walters, & D. Zarifa. 2013. "Government Student Loan Default: Differences Between Graduates of the Liberal Arts and Applied Fields in Canadian Colleges and Universities. " *Canadian Review of Sociology* 50 （1）: 89 – 115.

各地"双一流"建设方案综述

毕建宏[*]

（2017 年 4 月）

在国务院于 2015 年 11 月 5 日颁布《统筹推进世界一流大学和一流学科建设总体方案》（下文简称《方案》）之后，"双一流"建设替代"211""985"迅速成为新的高等教育发展战略。按照《方案》所提出的"总体规划，分级支持"的措施，地方高校开展"双一流"建设，由各地结合实际推进。在《方案》出台后，不少省份都以此为模板，制定本地的"双一流"建设方案。还有一些省份早在《方案》颁布之前，就提出了本省的高水平大学建设计划或学科建设计划。本文就截至 2017 年 4 月各地出台的这些方案或计划进行一些梳理，[①] 以便对全国整体的情况有一个全面的了解和把握。

1. 各地出台的"双一流"建设方案

在《方案》颁布之后，河南、海南、贵州、内蒙古等省份纷纷发布本地区的"双一流"建设方案。从方案名称可以看到，各地实施的方案有的大致相同，有的则有差异。贵州、内蒙古、河北等地与《方案》相同，都是"一流大学和一流学科"建设，宁夏提出"西部一流大学和一流学科"建设，河南、海南、云南、新疆等地则仅实施特色重点学科或一流学科或重点专业建设，甘肃、安徽提出"高水平大学和一流学科"建设，江苏提出进行"高水平大学"建设，广西提出实施"高等教育强基创优计划"（见表 1）。

表 1　各地出台的"双一流"建设方案

	省份	实施方案	发布时间
1	河南	《河南省优势特色学科建设工程实施方案》	2015 年 12 月 8 日
2	海南	《海南省特色重点学科建设方案》	2016 年 4 月 8 日
3	贵州	《大力推进区域内一流大学和一流学科建设的实施意见》	2016 年 4 月 29 日
4	内蒙古	《自治区统筹推进国内和世界一流大学一流学科建设总体方案》	2016 年 5 月 16 日
5	河北	《关于统筹推进一流大学和一流学科建设的意见》	2016 年 5 月 17 日
6	江苏	《江苏高水平大学建设方案》	2016 年 6 月 15 日

---

[*]　毕建宏，北京大学中国教育财政科学研究所科研助理。

① 各地"双一流"建设方案等相关资料皆来自网上搜集，本文在汇总和整理中如有错误或遗漏，敬请指正。

	省份	实施方案	发布时间
7	广西	《广西高等教育强基创优计划实施方案》	2016 年 6 月 22 日
8	甘肃	《统筹推进高水平大学和一流学科建设实施方案》	2016 年 7 月 28 日
9	陕西	《关于建设"一流大学、一流学科，一流学院、一流专业"的实施意见》	2016 年 8 月 17 日
10	云南	《云南省一流学科建设实施方案》	2016 年 9 月 5 日
11	新疆	《新疆维吾尔自治区"十三五"重点学科建设方案》 《自治区普通高校重点专业建设实施方案》	2016 年 8 月 19 日 2016 年 9 月 29 日
12	深圳	《关于加快高等教育发展的若干意见》	2016 年 10 月 21 日
13	宁夏	《自治区西部一流大学和一流学科建设方案》	2016 年 12 月 27 日
14	山东	《推进一流大学和一流学科建设方案》	2016 年 12 月 26 日
15	湖北	《关于推进一流大学和一流学科建设的实施意见》	2016 年 12 月 28 日
16	安徽	《一流学科专业与高水平大学建设五年行动计划》	2016 年 12 月 28 日
17	辽宁	《辽宁省统筹推进世界一流大学和一流学科建设实施方案》	2017 年 1 月 3 日
18	青海	《关于加快推进一流学科建设的指导意见》	2017 年 1 月 10 日
19	湖南	《湖南省全面推进一流大学与一流学科建设实施方案》	2017 年 2 月 10 日
20	山西	《关于实施"1331 工程"统筹推进"双一流"建设的意见》	2017 年 2 月 26 日
21	福建	《关于建设一流大学和一流学科的实施意见》	2017 年 3 月 6 日

早在《方案》颁布之前，就有不少省份制定了本省的高水平大学建设计划或学科建设计划。2014 年 10 月，福建决定支持三所高校建设高水平大学；2014 年 10 月，浙江发布《关于实施省重点高校建设计划的意见》，2015 年，开展省一流学科遴选工作（2016 年 10 月，出台《浙江省高等教育"十三五"发展规划》，提出实施高水平大学建设计划、省重点高校建设计划和"一流学科建设工程"）；上海于 2014 年 11 月制定了《上海高等学校学科发展与优化布局规划（2014—2020 年）》，决定实施上海高等学校高峰学科和高原学科建设计划，2016 年 1 月，制定《上海高校高峰高原学科建设管理办法》；北京于 2015 年 3 月发布《北京高等学校高精尖创新中心建设计划》；2015 年 4 月，广东发布《广东省高水平大学建设实施方案》，2016 年 1 月，印发《关于加强理工科大学和理工类学科建设服务创新发展的意见》。

除了以上省份外，其余省份在"十三五"规划等文件中也都提到要推进"双一流"建设或"高水平大学"建设，"双一流"建设方案也在积极准备和筹划中。如《江西省有特色高水平大学和一流学科专业建设实施方案》目前已审议通过，但还没有对外公布。2016 年 11 月，重庆市教委通报"十三五"期间将实施"五项计划"，其一就是"双一流"建设计划，并将"发布《重庆市统筹推进一流大学和一流学科建设实施方案》"列为 2017 年教育工作要点之一。2017 年 2 月，黑龙江发布《黑龙江省高等教育强省建设规划（二期）》，提出实施"双一流"建设计划，加快制定高等学校"双一流"建设的实施意见。吉林已将推进"双一流"建设纳入省"十三五"规划和教育"十三五"规划，并将在 2017 年出台《统筹推进高水平大学和高水平学科专业建设实施方案》。2016 年 12 月，四川发布《四川省深化高等教育综合改革方案》，提出统筹建设高水平高校和学科；四川教育厅将制定"双一流"建设实施意见列为 2017 年工作要点之一。2016 年 8 月，西藏出台《关于加快教育事业改革发展的实施意见》，提出推进高水平大学和一流学科建设。2017 年 1 月，天津市教委公布《天津市高等教育事业发展第十三个五年规划》，提出统筹推进一流大学和一流学科建设。可以说，"双一流"建设已经成为各地高等教育发展规划的核心内容，而《方案》则起到了指南的作用。2017 年 1 月 24 日，教育部、财政部和国家发展改革委联合印发《统筹推进世界一流大学和一流学科建设实施办法（暂行）》。这是对贯彻落实《方案》的进一步细化和延伸，对于各地的"双一流"建设方案的落地也将起到指导作用。

2. "双一流"建设目标

各地在"双一流"建设方案中，都明确提出了建设目标，这些目标大多比较详细，具体列明了到什么时间点，有多少大学和学科进入什么排名。

· 浙江：实施高水平大学建设计划。支持浙江大学和中国美术学院建设世界一流大学。实施省重点高校建设计划。到 2020 年，力争全省高等教育竞争力和综合实力列全国省（区、市）前 6 位，10 所左右本科高校在全国同类型高校中处于前列。实施"一流学科建设工程"。到 2020 年，有 40 个左右学科进入全国前 10%、100 个左右学科进入全国前 30%；争取省属高校 ESI 前 1‰取得突破，一批学科进入 ESI 全球前 1%，若干学科名列全国前 3 位。

· 上海：按照国际一流、国内顶尖、国家和区域急需的标准，分类建设、优化布局、凸显优势，重点建设一批高峰学科和若干高峰领域（方向）；围绕国家需求优化学科布局结构，凝练学科重点方向，形成一批特色鲜明、贡献突出、达到国内一流水平的高原学科群。

· 安徽：支持中国科学技术大学建设世界一流大学；支持合肥工业大学、安徽大学等高校建设一流学科，达到或接近世界一流水平。到 2020 年，重点建设 8 所左右特色高水平大学和一批优势特色学科专业，达到国内一流水平。重点建设 10 所左右应用型高水平大学和一批品牌应用型专业，达到国内一流水平。重点建设 20 所左右技能型高水平大学和一批紧密对接产业的高职专业，达到国内一流水平。

· 北京：集中力量建设 20 个左右的高精尖中心，实施 50 个左右的高精尖项目。

· 广东：到 2020 年，重点建设高校综合实力排名大幅提升，达到或接近同类型"985工程"高校水平，或进入国家一流大学建设范围。每所高校进入 ESI 学科排名前 1‰或教育部学科评估排名前三名的数量有所增加，较重点建设前至少新增 3 个以上学科领域进入 ESI 世界排名前 1% 或 5 个以上学科进入教育部学科评估排名前 10%；到 2020 年，重点建设项目所依托主干学科的排名进入 ESI 学科排名前 1‰或进入 ESI 世界排名前 1%，进入教育部学科评估排名前三名或前 10%，已进入的排位明显上升或进入国家一流学科建设范围。到 2030 年，重点建设高校和重点建设项目总体上实现国内一流、世界知名，并带动全省高等学校整体办学水平大幅提升，建成高等教育强省。

· 河南：2024 年，5 个左右学科进入国家"世界一流学科"行列；10 个左右学科进入国内前列，ESI 排名进入前 1%，或在权威第三方评价中进入前十名或前 5%。

·海南：2020 年，5 个及以上学科进入国内一流学科的行列，ESI 排名进入前 1% 或在全国学科评估排名中进入前 10 名；15 个左右的学科在服务海南经济社会发展、对接海南"12 + 1"重点行业、引领海南产业结构调整中发挥重大作用。

·贵州：推动有条件的高校和学科专业进入区域前列或接近全国一流水平，一些具有冲击国内国际一流的能力和影响力的重点学科领域成为培养和造就科技领军人才的基地，服务区域和全省经济社会发展的能力更加突出，高等教育核心竞争力显著加强。

·内蒙古：到 2020 年，全区有 4～6 所高等学校初步具备建设国内一流大学的基础条件，内蒙古大学争取在 2025 年率先进入国内一流大学行列；民族学、中国语言文学（蒙古语言文学）、中国史、化学、生物学、生态学、科学技术史、材料科学与工程（含稀土工程）、化学工程与技术（含稀土工程、煤化工）、农业工程、食品科学与工程、畜牧学、林学、草学、蒙医学、蒙药学等学科进入国内一流学科行列，其中民族学、中国语言文学（蒙古语言文学）、生物学、蒙医学、蒙药学等 5 个左右学科争取进入国内一流学科前列。

·河北：到 2020 年，3 所左右大学达到或接近国家一流大学水平，一批学科进入国家一流学科行列，个别学科进入世界一流学科行列。

·江苏：到 2020 年，15 所以上高校进入全国百强，其中 10 所左右高校进入前 50 名；支持若干所大学进入国家层面开展的世界一流大学建设行列。全国学科评估中，排名第一的学科数不低于全国总数的 10%；100 个左右学科进入基本科学指标数据库（ESI）全球同类学科前 1%；进入国家层面开展的一流学科建设行列的学科数，不低于全国总数的 10%。

·广西：分批遴选若干所高校立项建设国内一流大学、国内高水平大学、地方特色高水平大学、地方应用型高水平大学、地方技术技能型高水平大学。支持具有博士点高校和博士授权点立项建设高校建设一批优势特色学科。支持本科院校建设一批重点学科。使一批学科进入国内同类学科先进行列。分类重点支持建设优质专业。到 2020 年，一批专业进入国内一流行列，若干个专业进入国内一流前列或国际一流行列。分类重点支持广西经济社会发展急需专业。重点扶持战略性重点保护专业。

·甘肃："十三五"期间，重点建设 50 个左右学术水平较高、优势特色明显、服务能力强的一流学科，其中 2～3 个学科（领域）进入 ESI（基本科学指标数据库）前 1‰或全国学科评估排名前 10%，达到世界一流水平；15 个左右学科（领域）进入 ESI 前 1% 或全国学科评估排名前 20%，达到国内一流水平。6 所大学进入国际国内同类院校高水平行列，3 所高职院校进入国内一流高职行列。

·陕西：到 2020 年，支持 1～3 所高校争创世界一流大学，5～7 所高校达到国内一流大学水平；持续推进省属高水平大学建设，加快部分省属本科高校向应用型院校转型。支持若干个学科进入世界一流行列，支持 30 个学科进入国家"一流学科"建设计划，培育 30 个全国一流学科，持续建设一批优势特色学科。

·云南：到 2020 年，努力使云南高校学科整体实力达到一个新水平，力争 5 个左右的一级学科进入国家一流学科行列；使一批一级学科跻身国内学科排名前10%，且这些一级学科中有1~2个二级学科或方向达到世界一流水平；力争支撑获得2~3个博士、硕士学位授予单位和一批一级学科博士、硕士学位授权点或博士、硕士专业学位授权点。

· 新疆："十三五"期间，重点学科建设总体数量为50个左右，其中10个争取建成国内一流学科，争取进入全国学科排名前30%，形成自治区重点学科的高峰；30个学科争取进入全国学科排名前50%，力争大部分建成博士授权一级学科，形成自治区重点学科的高原；建设10个特别扶持学科，面向交叉学科和边远高校，建成一级学科硕士点或专业学位点，形成自治区重点学科的新生力量。在全区本科高校建设50个重点专业，包括10个特色品牌专业、25个创新创业示范专业和15个战略新兴专业。

· 深圳：坚持以打造高水平学科为基础，较大规模高校和特色学院建设并举，普通高等教育和职业高等教育同步推进，经过10年左右努力，建立国际化开放式创新型高等教育体系，建设成为南方重要的高等教育中心。到2020年，5~6所高校纳入广东省高水平大学建设计划；到2025年，3~5所高校综合排名进入全国前50名。到2020年，力争进入教育部学科评估前10%的学科达到25个以上，进入世界ESI（基本科学指标数据库）排名前1%的学科达到15个以上；到2025年，进入教育部学科评估前10%的、世界ESI排名前1%的学科，分别达到50个和30个以上。到2020年，成为中外合作办学集聚区。

· 吉林："十三五"期间，实施高水平大学和高水平学科专业建设。支持吉林大学建设世界一流大学、东北师范大学建设世界一流师范大学；支持3~4所地方高校建设高水平应用研究型大学，进入国内同类大学一流行列；支持一批转型发展高校建设高水平应用技术型大学，在国内应用型高校中发挥示范作用；支持一批高职（专科）院校建设国内一流、国际知名院校；支持有条件的民办高校建设国内领先的民办大学。根据产业转型升级需求，重点支持一批优势学科率先建成在国内外具有重要学术影响力的"一流学科（A类）"，巩固提升一批潜力学科形成具有较高发展水平的"一流学科（B类）"，持续支持一批建设目标明确、对接社会需求的亟需专业，积极打造品牌专业群（链）。

· 宁夏：通过重点建设，推动宁夏大学、宁夏医科大学、北方民族大学、宁夏师范学院相关学科分别进入国内一流和西部一流行列；推动宁夏大学率先建成区域特色鲜明、服务地方能力突出、西部一流的高水平教学研究型大学。到2020年，在全国学科评估排名中，全区高校5个以上学科位列西部前20%，3个以上学科位列全国前15%，其中2个以上学科进入ESI世界学科排名前1%；在国内有影响力的大学评价排名中，宁夏大学综合实力进入西部地区高校前25名、全国前200名。

· 山东：积极支持山东大学、中国海洋大学、中国石油大学等驻鲁部属高校进入国家"双一流"建设工程，力争一批学科进入世界一流或世界前列；积极支持省属高校争创国内一流，力争一批学科进入国内领先或世界一流。到2020年，全省高校有若干学科进入教育部学位与研究生教育发展中心学科评估排名前10%；有50个左右学科进入基本科学指标数据库（ESI）学科排名前1%，并实现进入1‰的突破；1~2所大学进入世界一流行列，6所左右省属高校每校有3个以上学科进入ESI排名前1%，学术影响力排名进入国内高校前100名，建成国内高水平大学。

·湖北：到 2020 年，力争 10 所以上大学进入全国百强，至少 5 所大学列入国家层面开展的世界一流大学建设。6 个以上的学科领域进入基本科学指标数据库（ESI）全球同类学科前 1‰，20 个左右进入前 200 位，70 个以上学科进入前 1%，在全国学科评估中，排名第一的学科数占全国总数的 10% 左右，60 个左右学科进入前 5 名，120 个左右学科进入前 30%。

·辽宁：到 2020 年，大连理工大学、东北大学学科建设水平进一步提升，综合办学实力和国际影响力明显增强，为冲击世界一流大学打下坚实基础；5 所省属高校进入全国高水平大学行列，5 所进入行业领先研究应用型大学行列，5 所成为全国知名的高水平应用型大学。5 个学科达到世界一流水平，30 个左右学科达到全国一流水平，50 个左右学科形成为辽宁老工业基地新一轮全面振兴起到支撑作用的优势特色学科。

·青海：到 2020 年，努力在三江源生态、新能源、新材料、藏文信息与安全、高原医学、民族学等学科中，建成 2 个左右学术水平较高、优势特色明显、服务能力较强的国内一流学科，其中 1 个进入国家世界一流学科建设行列，实现零的突破。扶持建设一批独具青藏高原特色的生态环境保护、盐湖化工、高原生态旅游等新型产业以及与国家"一带一路"、社会治理、生态文明、精准扶贫等重大战略密切相关的新兴交叉学科，建成 15 个左右省级一流学科。鼓励各高校重点加强基础较好、特色鲜明、创新能力较强的基础性学科，积极开展校内一流学科建设，使高校真正成为我省高层次人才培养基地、重大科技创新高地和经济社会发展助推器。

·湖南：到 2020 年，40 个左右学科进入 ESI（基本科学指标数据库）排名前 1%，45 个左右学科进入全国前 10%，50 个左右应用特色学科进入全国应用学院同类学科的前列，50 个高职特色专业群进入全国高职学院同类专业群的前列。在此基础上，争取 3 所大学进入国家争创世界一流大学或世界特色大学行列，5 所大学进入国内一流大学或国内特色大学行列，5 所学院进入国内一流应用学院行列，6 所高职学院进入国内一流高职学院行列。

·四川：《四川省深化高等教育综合改革方案》提出进行高水平大学建设和一流学科建设。重点分类建设 15 所左右高水平大学；重点建设 300 个左右"一流学科、优势特色学科"，主要体现三个层次：力争建设 30 个左右学科具有全球竞争力、影响力的学科（世界一流学科），100 个左右优势学科具有全国竞争力、影响力的学科（国内一流优势学科），100 个左右特色学科紧密契合、重点支撑四川产业结构升级、创新发展重大需求的学科（区域一流特色学科及高端新型智库）。

·江西：遴选建设学科 60 个左右、专业 100 个左右。到 2020 年，力争 10 个左右学科进入国内一流学科行列，个别学科进入世界一流学科行列或前列；20 个左右本科专业进入国内一流专业行列；1 所拥有若干一流水平学科的大学进入国内一流大学行列，并争取成为教育部直属研究型大学；3～5 所拥有若干个同类高校领先学科的大学排名位次明显前移，成为特色高水平大学；若干所高职院校成为有较强竞争力的高水平职业院校。

·山西：基本建成规模合理、结构优化、布局科学、特色鲜明的山西高等教育体系，高校综合实力、办学活力、服务能力、国际化水平显著提高，相关发展指标达到中西部省份先进水平，产出一批对国家及地方经济社会发展有重大贡献的标志性成果。

·天津：支持南开大学、天津大学建设世界一流大学。支持市属本科高校建设高水平特色大学。重点建设一批有较强学科积淀、总体水平居于全国前列的优势学科；瞄准学科前沿，搭建优质资源平台，重点建设实力较强的潜力学科；瞄准产业结构调整需求，完善产学研用紧密结合的创新机制，推进校企双向人才交流合作，重点立项建设与我市优势主导产业、战略性新兴产业、现代服务业、都市型现代农业和科技小巨人企业等紧密对接的优势特色学科（群）。

·西藏：支持西藏大学进入教育部直属高校行列，进入国家"双一流"大学建设行列。强化民族优秀传统文化和高原科学与技术两大特色学科群建设，把西藏大学建成特色突出、国内有影响力、国际有知名度的高水平综合性大学。

·重庆：力争2～3所高校跻身国内一流、行业一流大学行列，建成一批在国内外有一定知名度和影响力的一流学科。

·黑龙江：建设1所世界一流大学，6～7所国内同类院校一流大学，按照区域产业结构调整和经济社会发展需求，支持40个左右的学科建成国际或国内一流的优势特色学科。

·福建：到2020年，1所大学建成世界知名高水平研究型大学，1所大学综合实力排名进入全国前50名，1所大学进入全国前90名，新增2所大学进入全国前100名；3个左右学科进入全球ESI（基本科学指标数据库）排名前1‰、20个左右学科进入前1%，10个左右学科在国内权威第三方评价中进入前10%、20个左右学科进入前20%，一流大学建设高校的示范引领作用显著增强，高等教育整体办学实力明显提升。

3. "双一流"建设的经费投入

"双一流"建设目标的实现离不开经费投入保障，不少省份在方案中都提到，对于"双一流"建设，省财政给予专项资金支持，并且列出了具体的投入额度。但根据财力的不同，各省份对"双一流"建设投入的力度也不同。总体上看，东部发达省份投入多，中西部发达省份投入少。

·上海：上海市高校高峰学科和高原学科建设计划分两个阶段，2014～2017年第一个建设阶段，市级财政预计投入36亿元，其中相当部分用于教师队伍建设；2017～2020年第二个建设阶段，市级财政继续加大对高峰高原学科建设的投入力度，确保规划目标顺利实现。

·北京：北京市财政持续稳定地对高精尖中心进行滚动支持，五年为一周期，每年每个中心（20个）给予5000万元至1亿元的经费投入，根据中心建设的实际需求安排预算；市财政设立经费对高精尖项目给予支持。

·广东：2015～2017年，广东省财政安排"高水平大学建设专项资金"共50亿元，支持重点建设高校5所左右，重点建设项目15项左右。

·山东："十三五"期间，山东省财政加大投入力度，加强资金统筹，多渠道筹集50亿元，积极支持"双一流"建设。

·河北：从2016年起，"十三五"期间每年增设一流大学和一流学科专项资金5亿元给予支持，连续五年，总计 25 亿元。

· 河南：为支持优势特色学科建设工程，2015~2017 年，安排 10 亿元，2018~2024 年每年安排 3 亿元。

· 江苏：对进入全国百强的省属高校，江西省财政自 2017 年起统筹新增教育经费加大投入，根据绩效评价结果，每年每校给予 1 亿元左右资金支持。

· 贵州：2016~2020 年安排不低于 5 亿元，每年不低于 1 亿元，扶持区域内一流大学和学科专业建设。

· 宁夏：从 2017 年到 2020 年，宁夏回族自治区高等教育专项资金规模增加 2 亿元。其中，一流学科建设经费 1 亿元，宁夏大学西部一流大学建设经费 1 亿元。

· 新疆："自治区重点专业建设计划"采取自治区财政投入和学校配套相结合的方式支持 50 个左右专业建设，五年为一个建设周期，自治区财政投入一亿元专项资金。

· 江西：江西省财政安排 8 亿元，统筹推进特色高水平大学和一流学科专业建设。

· 福建："双一流"建设计划列入省"十三五"发展规划重点项目，"十三五"期间省财政每年安排 16 亿元建设资金用于实施"双一流"建设计划，建设资金根据实施情况逐步增加。

· 深圳：加快推进深圳大学、南方科技大学建设高水平大学。对纳入广东省高水平大学建设计划的高校，建设周期内每所给予最高 10 亿元专项经费资助。对纳入广东省一流高职院校建设计划的高职院校，建设周期内给予专项经费支持。对纳入国家世界一流大学建设的高校，加大专项经费支持力度。培育 30~50 个优势学科参与国家世界一流学科、广东省高水平学科竞争，每个学科给予最高 3000 万元资助。列入国家世界一流学科和广东省高水平学科建设的，分别给予最高 5000 万元和 3000 万元资助。

除了财政资金支持以外，如上海、甘肃、宁夏、辽宁、湖南等不少省份都在方案中提到，高校要多渠道筹集建设经费，扩大社会合作，形成多元投入、合力支持的格局。这也是《方案》所提出的支持措施之一。

4. 促进高校分类发展

《方案》提出，"面向经济社会发展需要，立足高等教育发展现状，对世界一流大学和一流学科建设加强总体规划，鼓励和支持不同类型的高水平大学和学科差别化发展"。"双一流"建设促使地方对高等教育布局进行优化，推动高校分类发展、特色发展。

· 浙江：出台《浙江省普通本科高校分类评价管理改革办法（试行）》，提出本科高校按二维结构，根据人才培养、学科建设、师资队伍等，分为研究为主型、教学研究型、教学为主型；根据学科门类、专业数量等分为多科性和综合性。全省本科高校分为六种类型，鼓励高校在省内外同类型院校中争先创优，认真开展与全国同类型院校的比较分析，推动高校找差距，明目标，创一流。

· 上海：《上海高等教育布局结构与发展规划（2015—2030 年）》提出形成高校分类管理体系。按照人才培养主体功能和承担科学研究类型等差异性，将高校划分为"学术研究、应用研究、应用技术和应用技能"四种类型；按照主干学科门类（本科与研究生）或主干专业大类（专科）建设情况，将高校划分为"综合性、多科性、特色性"三个类别。对高校实行分类管理、分类评估、绩效拨款，促进错位竞争、特色办学和多样化发展，在各自领域内追求卓越、争创一流。

·安徽：按照分类发展目标，积极探索构建分类指导、分类建设、分类投入、分类核编、分类评价等分类管理、分类发展机制。支持中国科学技术大学建设世界一流大学，支持合肥工业大学、安徽大学等高校建设若干世界一流学科。地方高水平大学分三类进行建设：第一类是地方特色高水平大学，第二类是地方应用型高水平大学，第三类是地方技能型高水平大学。

·河南：《关于促进普通高等学校分类发展的指导意见》提出，从2015年起，启动实施高校分类发展计划。重点建设2~3所高水平综合性大学、5所特色骨干大学、10所左右示范性应用技术类型本科院校、30所左右品牌示范高等职业学校。

·广西：《广西高等教育强基创优计划实施方案》提出，要分类支持高校实施"创优计划"项目。分批遴选若干所高校立项建设国内一流大学、国内高水平大学、地方特色高水平大学、地方应用型高水平大学、地方技术技能型高水平大学。

·四川：重点分类建设15所高水平大学。其中，"一流类型"包括五个方面——研究型大学、同类高水平、应用技术型、高职院校、民办高校，并兼顾各类示范，从而带动促进不同层次、不同领域高校办出特色、争创一流。

·辽宁：根据高等教育布局和现有学科基础，按照对接产业类别的不同，将高等学校分为农林医药业类、工业类、现代服务业类、社会事业类四大类别，在上述四类高校的分类框架下，按照人才培养主体功能和办学层次水平的差异，将高等学校分为研究型、研究应用型、应用型三类。

·湖南：引导和支持高校结合自身发展实际，按照综合研究型、学科特色型、地方应用型、技术技能型等不同类型，找准发展定位，突出发展重点，在不同层次、不同类型中争创一流。

·重庆：强化高校分类管理、分类指导和特色发展，引导部分市属高校向应用型转型，探索创新型、应用型、复合型等不同类型的人才培养机制，提高应用技术技能人才培养比例。

·山西：优化本科院校层次结构，引导高校错位发展、特色发展，重点支持山西大学、太原理工大学建设成为国内一流大学；以需求和问题为导向，支持其他具有博士学位授予权的本科院校建设成为国内有特色的高水平大学。

·吉林：《吉林省教育事业发展"十三五"规划》提出加快推进高校分类发展。以人才培养定位为基础对高等学校进行科学划分，建立以研究型高校、应用研究型高校、应用技术型高校和技术技能型高职院校为基本框架的分类体系。

5. 学科专业建设突出特色与优势

《方案》提出，"坚持以学科为基础。引导和支持高等学校优化学科结构，凝练学科发展方向，突出学科建设重点，创新学科组织模式，打造更多学科高峰，带动学校发挥优势、办出特色"。在学科建设方面，不少省份都提出要强化特色与优势，除了服务国家重大战略需求、地区经济社会发展需求外，还要根据区域优势与特色来建设和发展优势学科和特色学科。

·浙江：一流学科建设重点支持建设一批有望成为国内领先、国际先进的高水平学科，巩固提升一批能够跻身国内前列、在国内同类院校中有较大影响的优势学科，择优扶持一批对接浙江省重大发展战略、促进经济社会发展急需的特色学科。另外，浙江还在省属普通本专科高校开展"十三五"优势特色专业建设工作，提出高校专业建设要"突出优势、强化特色"。

·湖北：开展"十三五"省属高校优势特色学科群遴选工作，建设一批具有一流创新条件、培养一流创新人才、产出一流创新成果的优势特色学科群。

·河南：实施优势特色学科建设工程。提出"突出中原特色、区域特色、学校特色、学科特色，凝练学科方向，集聚发展优势，提升优势学科，强化特色学科，整合支撑学科，拓展新兴交叉学科，增强学科核心竞争力"。

·海南：出台《海南省特色重点学科建设方案》。提出"强化优势特色。凝练学科方向，突出旅游、热带农业、海洋、医疗健康等特色，与高校博士、硕士学位点建设紧密结合，集聚发展优势，强化特色学科，拓展新兴交叉学科，增强学科核心竞争力"。

·内蒙古：引导和支持高等学校优化学科结构，按照世界前沿、国内领先、体现自身优势特色、符合自治区经济社会发展需求和自治区"8337"发展思路的总体要求，凝练学科发展方向，突出学科建设重点，创新学科组织模式，打造更多一流学科，带动学校发挥优势、办出特色。

·广西：2016年全面启动"强基创优计划"，实施优势特色学科专业发展工程。重点实施好"高校专业结构调整优化项目"。各高校重点建设的学科、专业需满足下列条件之一：一是经过努力能够达到区内先进水平的学科、专业；二是填补广西空白，对广西重大产业发展有突出支撑和拉动作用的学科、专业；三是依托广西独特优势资源打造区域原创、广西特色品牌的学科、专业，争取在全国同类院校竞争中实现"弯道超车"。

·宁夏：建设国内一流学科和建设西部一流学科。在新型煤化工、民族研究、现代农业、资源环境、医疗卫生等领域，遴选6个具有较强发展优势和鲜明地方特色的学科按照国内一流目标重点建设。在信息技术、先进装备制造、特色农业、新能源新材料、生物科技、区域经济、医疗健康、教师教育等领域以及相关基础研究领域，遴选10个提升速度快、发展潜力强的学科按照西部一流目标重点建设，支持学科创新组织模式，突出地方特色。

·黑龙江：建设国内一流优势特色学科。面向机械装备制造、新材料、新能源、信息技术、煤化石化、农林、医药、绿色食品及深加工、对俄合作、健康养老、冰雪旅游、文化创意等产业发展需要，重点支持一批具有明显优势学科进入国际一流学科行列；支持一批具有较大优势特色学科进入国内一流学科行列；支持一批具有较大潜力、特色逐步显现学科加强建设。

·新疆：启动实施普通高校重点专业建设计划，要建成一批服务国家和自治区重大战略需求、引领产业发展的特色品牌专业及创新创业示范专业。

·西藏：围绕民族优秀传统文化和高原科学与技术两大学科群，实施一流学科和特色优势学科支持计划,构建国家、自治区和学校三级学科建设体系。

·江西:强化学科专业建设。瞄准科学研究、技术创新前沿,遴选建设一批特色已经形成、优势相对明显的优势型学科专业;紧密对接区域经济社会发展和产业转型升级需要,遴选建设一批特色基本形成、发展优势良好的成长型学科专业;锁定市场应用技术需求,遴选建设一批特色初步显现、发展潜力较大的培育型学科专业。

·山西:实施"优势学科攀升计划项目",着力打造 10 个优势一级学科,努力达到国内一流学科水平;实施"服务产业创新学科群建设计划",打通基础研究、应用开发、成果转移与产业化链条,建设一批特色鲜明、与行业产业发展需求高度契合的学科群;支持一批省重点学科建设项目,培育一批新的学科方向,努力新增一批新的博士硕士学位授权单位(点)。

·青海:在加强省内和校内一流学科建设方面,提出重点建设独具青藏高原特色和地方经济建设急需的新能源新材料、装备制造、电子信息、高原旅游等学科,使其尽快形成优势和特色,达到省内一流学科水平。鼓励高校立足现有基础,挖掘学科发展潜力,以基础类和特色创新类学科为主,培育校内一流学科,为进入省内、国内和世界一流学科奠定长远的发展基础。

6. 人才引进与教师队伍建设

"双一流"建设,人才是关键。《方案》将建设一流师资队伍放到了建设任务之首。一方面,强化高层次人才的支撑引领作用,培养和引进一批一流科学家、学科领军人物和创新团队;另一方面,遵循教师成长发展规律,以中青年教师和创新团队为重点,优化中青年教师成长发展、脱颖而出的制度环境,培育跨学科、跨领域的创新团队。此外,《方案》还提到要加强师德师风建设。在人才引进与教师队伍建设方面,各地在"双一流"建设计划中也都进行了任务部署。

·安徽:完善高端人才培养和成长机制,加快培育高层次优秀人才及团队。加强"双能"和"双师"型师资队伍建设。借助国家级和省级科技创新平台,培养 100 名在工程技术领域对安徽经济社会发展和产业进步具有引领作用的高科技人才;重点建设 30 个省级教师能力发展中心,支持 800~1000 名优秀青年教师赴国内外一流高校、研究机构和大中型企业开展访学、研修、实践等活动,支持高校培养或引进紧缺的高水平应用型教师,鼓励高校派团队到国外应用型高校学习先进办学模式和管理经验,并争取国家公派留学项目予以支持。加大高端人才引进及现有国家级创新团队的支持力度。引进以两院院士、国家"千人计划(含外专千人)"人选、杰出青年基金获得者、教育部"长江学者"等为标杆的高端人才。大力支持省属高校争创国家"111 计划"引智基地,从海外引进 200 名左右高层次创新型领军人才、50 个左右优秀人才团队,逐步形成一批学术水平高、创新能力强、结构合理、富有团结协作精神的学科团队。

·甘肃:深入实施人才强校战略,强化高层次人才的支撑引领作用。依托国家千人计划、长江学者奖励计划、飞天学者特聘计划等人才工程,加快培养和引进一批活跃在国际学术前沿、满足国家和全省重大战略需求的科学家、学科领军人才和创新团队,建设一支素质优良、结构合理、可持续发展能力强的师资队伍。以社会主义核心价值观为引领，突出人才培养的核心地位，深化培养模式改革，加强创新创业教育，培养具有国家使命、社会责任、创新精神和实践能力的拔尖人才。

· 广东：大力构筑人才高地，到 2017 年，培养和引进 100 名以上在国内外学术前沿和国家重大战略需求领域的一流科学家、学科领军人物和 20 个以上的创新团队，争取推送更多人才入选珠江人才计划和广东特支计划。大力培养具有较强创新能力和发展潜力的中青年学术骨干和学术团队，提升师资整体水平。

· 深圳：引导高校积极参与国家、省、市各类人才计划，重点引进具有世界一流高校、科研机构教学科研经历的高层次人才。到 2020 年引进 50 个以上高层次创新团队和 1000 名以上海内外高层次人才，其中两院院士、长江学者特聘教授、千人计划入选者、万人计划入选者、国家杰出青年科学基金项目获得者等达到 300 名以上。支持高校加大对在教学领域做出突出贡献优秀教师的奖励。加强对青年骨干教师的培养，支持高校选派青年骨干教师到国内外高水平大学访学进修，到研究机构和企业一线参与科研实践和技术研发。强化博士后师资战略储备库功能，支持高校建立博士后流动站、校企合作设立博士后工作站，扩大博士后招生规模。支持高校设立学科带头人工作室，开展传帮带，培养杰出人才。在职业院校设立技能大师工作室、技师工作站。

· 广西：实施高层次人才引育工程。"领军人才和高水平创新团队引进项目"重点支持高校引进一批院士、长江学者、国家杰出青年科学基金获得者、"千人计划"受助者等国内外领军人才和高水平创新团队。"高层次人才培育项目"重点实施广西高校高水平创新团队及卓越学者计划、广西高校优秀中青年骨干教师培养工程，以及优秀骨干教师、优秀博士生和专业管理人员出国学习深造资助计划。"高水平教学团队建设项目"每年支持 100 名青年骨干教师到国内外高水平大学、科研院所访学研修。

· 贵州：深入实施人才强校战略，坚持培养与引进兼顾、教学与科研并重。采取优惠政策，吸引和凝聚一批具有国际水准和国内领先水平的中国科学院院士、中国工程院院士、国家最高科学技术奖获得者，国家自然科学奖、技术发明奖、科学技术进步一等奖的前 2 位完成人，教育部"长江学者奖励计划"入选者、国家"千人计划"入选者等的高层次人才，引进一批博士和学科带头人等高素质教师。加快培养现有师资队伍，加强高校中青年学术带头人、优秀青年骨干教师和科技创新团队的选拔与培养，以制度激励为核心实施高校教师队伍建设的创新和改革，创造一流教学科研平台，创设优质的培养基地，创新职称评审制度和方式，进一步优化和提升教师学历层次和教学水平。

· 海南：探索建立有利于一流人才集聚的政策环境，围绕学术前沿和重大战略需求，重视引进学科领军人才和高水平创新团队。通过"南海学者引进计划""海外名师项目"等举措，通过各种短期或远程合作模式，吸引一流人才为我所用；着力造就杰出学术人才和创新骨干人才，积极培育优秀青年骨干。以质量和贡献为导向完善学科绩效评价机制和人才评价制度，注重培养创新团队，为卓越人才队伍凝神聚力、潜心治学提供保障。

· 河南：围绕学术前沿和重大战略需求，强力引进学科领军人才和高水平创新团队，着力造就杰出学术人才和创新骨干人才，大力培育优秀青年骨干。以质量和贡献为导向完善学科绩效评价机制和人才评价制度。创造吸引、留住、用好人才的政策环境，为卓越人才队伍凝神聚力、潜心治学提供保障。

·湖北：深入实施人才强省战略，着力加大人才引进和培养力度，依托国家和省重大人才工程，重点引进高精尖缺、活跃在国际学术前沿、满足区域重大战略需求的战略科学家、学术大师、科技领军人物、高端创新人才。加快培养杰出学科带头人和优秀创新团队。深化人才发展体制机制改革，营造良好的人才发展环境，吸引集聚大批国内外优秀人才，建成智力资源密集高地。

·湖南：实施"双一流"领军人才计划。强化高层次人才的支撑引领作用，加大对领军人才的倾斜支持力度，建立灵活、高效、规范的人才培养与引进机制，加强各类人才的培养引进和支持力度以及绩效考核，培养学科和专业群发展领军人物，提升人才队伍整体水平。加大对中青年骨干教师的培养力度，完善青年优秀人才的持续支持政策，促进优秀人才脱颖而出，培养、造就一批具有国际国内先进水平的学科带头人和学科梯队。

·江苏：突出高层次人才对高水平大学建设的支撑引领作用，依托国家和省重大人才工程，采取柔性引进、项目引进、专项资助引进等方式，加快集聚国内外一流科学家、学科领军人才、创新团队。遵循高端人才和团队成长发展规律，深化人才引聘、职称评定、绩效评价、薪酬分配、创新创业等体制机制改革，优化完善中青年学术骨干成长和学科梯队发展的制度环境，着力建设具有全球影响力和竞争力的国际化、高端化、特色化的学科梯队。

·辽宁：进一步实施人才强校战略，全面推进"高等学校高端人才队伍建设工程"。以打造一批体现辽宁高校优势特色的一流学科为目标，通过深入实施"高等学校重点学科领军人才海内外引进计划""辽宁省高等学校攀登学者支持计划""辽宁特聘教授支持计划""高等学校创新团队和创新人才支持计划"等系列化的高端人才引进和培养工程，强化高层次人才的支撑引领作用。

·青海：深入实施人才强省战略，落实和扩大高校用人自主权，坚持"不求所有，但求所用"原则，进一步加大高水平师资队伍培养引进力度，依托国家"千人计划"、"长江学者奖励计划"和"青海高端人才千人计划"、"昆仑英才"等项目，面向国内外着力引进一批高端杰出人才、学科领军人才和高水平创新团队。注重科研团队引进培养，完善项目＋人才＋平台协同支持模式，积极鼓励吸引骨干企业、科研院所的优秀专家兼职。

·内蒙古：深入实施人才强区工程、"草原英才"工程和人才强校战略，强化高层次人才的支撑引领作用。进一步加大投入，制定和实施高层次人才引进"绿色通道"等特殊政策。加快培养和引进一批活跃在国内世界学术和技术前沿、满足国家和自治区重大战略需求、自治区高水平大学和重点学科建设急需的一流科学家、学科领军人物、创新团队，聚集国内世界的优秀人才。坚持高层次人才培养和引进相结合，创新人才激励机制，加强人才培养，充分发挥现有人才作用。

·新疆：着力培养造就一批学术水平高、富有组织协调能力、能带领本学科快速发展的学科带头人队伍；加快培养和聚集一批学术基础扎实、发展潜力突出的中青年学术骨干，建设一支具有较强创新能力、富有团结协作精神、可持续发展的学科团队。鼓励高校建立灵活、高效的人才引进、培养和使用机制，通过实施"长江学者""天山学者""新疆青年科技创新人才培养工程"等计划，遴选、培育、锻炼一批中青年学科学术带头人。

·宁夏：围绕学科发展主攻方向，依托国家和自治区重大人才工程，加快汇聚一批高层次领军人才和创新团队，引进培养1名以上院士、1个以上国家级创新团队和15名左右长江学者、千人计划、万人计划等国内外高端人才。加大高水平博士引进培养力度，专任教师中具有博士学位比例提高到70%以上。优化师资队伍结构，专任教师占比提高到70%以上。

·山东：引进、培育、整合并举，力争每个立项建设学科形成2个以上由国家级高层次专家领衔的学术团队，造就一批活跃在国际学术前沿、能够服务国家和我省重大战略需求、年龄结构合理、创新能力突出的杰出人才队伍。

·陕西：大力实施人才强校战略，积极推进系列高层次人才引进和培育计划，努力在高校汇聚一批学科专业领军人才。解放思想，创新制度设计，优化中青年教师成长发展、脱颖而出的制度环境，培育跨学科、跨领域的创新团队，增强教师队伍的发展活力。鼓励教师参与实践教学，支持教师参与企业管理、技术研发、人员培训，努力建设"双师型"教师队伍。

·浙江：把好教师入口关，优化结构，加强培养，着力提升教师队伍的整体素质。积极利用国家和省各类高层次人才引进与培养平台，集聚一批高水平学科带头人。培育形成一批具有较大影响力、较强创新能力的教学科研团队。完善教师岗位分类管理和评价办法，建立竞争择优、能上能下的用人机制，进一步调动教师的积极性和创造性。

·福建：强化高层次人才的支撑引领作用，加快培养和引进一批一流科学家、学科领军人才和创新团队，打造人才高地。构建符合青年人才成长规律的管理制度，优化有利于青年教师脱颖而出的制度环境，大力培育优秀青年骨干，增强人才队伍可持续发展能力。加强博士后队伍建设，使之成为高端人才后备库、科研团队生力军、优秀师资蓄水池。加强师德师风建设，培养和造就一支有理想信念、有道德情操、有扎实学识、有仁爱之心的优秀教师队伍。

美国高校教师薪酬制度概述

周 娟 周 森*

（2019 年 2 月）

美国高校用人机制灵活，教师薪酬市场化程度较高，薪酬体系比较完善。本文将从美国高校的教师类型、薪酬（管理）制度、薪酬类型、薪酬构成及水平、工资的确定和调整机制这五个方面介绍美国高校教师工资制度，以期对我国高校教师工资制度改革有所启示。[①]

一 美国高校教师类型

美国高校教师由高校自主聘任。按职位类型分类，如图 1 所示，包括阶梯职位教师（ladder-rank faculty）[②]、临床和其他教师（clinical and other faculty）、兼职/专业人员（adjuncts/professional practitioners）、访问学者（visiting）以及讲师（lecturers）。阶梯职位教师是高校教职人员构成的主体。加州大学系统此类教师占所有教职工总数的半数以上（约 8900 FTE）。[③] 按聘任类型分类，如表 1 所示，包括终身教职（Tenured）、终身轨教职（Tenure Track）和非终身轨教职（Non-Tenure Track）三种。获得终身教职的教师，包括教授和副教授，只需要通过每年的评估，可以一直工作到退休。一般来说，只要不出现严重失职或不良记录，获得终身教职的教师几乎没有可能被解雇（米格尔·帕迪拉、谢新水、张桂莉，2014）。申请进入终身轨教职的教师一般在助理教授期间，即前六七年属于试用期，其间每一年或两年须通过评估来决定是否续雇，到第六或第七年时综合考核来确定其是否可被聘为终身教职。非终身轨教职的教师按所教课时量拿工资，工资相对较低，每年一般都要通过评估续签合同才能继续雇佣关系，也没有资格应聘终身教职。

---

* 周娟，北京大学中国教育财政科学研究所科研助理；周森，北京大学中国教育财政科学研究所博士后。

① 本文所述薪酬（compensation）包含工资（salary）、健康（healthy）、牙科费用（dental）和其他福利（vision benefits）。

② 阶梯职位教师指获得终身教职或具有终身教职资格（tenured or tenure-eligible）且承担教学、科研、社会服务等较全面的职责的教师。

③ Legislative Analyst's Office, California State. "Faculty Recruitment and Retention at the University of California." 2012. http://www.lao.ca.gov/reports/2012/edu/uc-faculty/uc-faculty-121312.pdf.

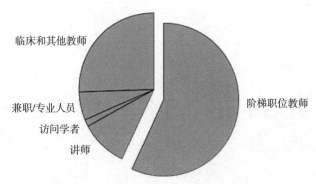

图 1 美国高校教师类型，按职位类型分类

资料来源：Legislative Analyst's Office, California State. "Faculty Recruitment and Retention at the University of California." 2012." http://www. lao. ca. gov/reports/2012/edu/uc-faculty/uc-faculty-121312. pdf.

表 1 2013～2014 学年不同类型高校各类教师占比，按聘任类型分类

单位：%

	小计	公立高校	私立独立高校	宗教附属高校	小计	公立高校	私立独立高校	宗教附属高校	小计	公立高校	私立独立高校	宗教附属高校
	非终身轨 （Non-Tenure-Track）				终身轨 （Tenure-Track）				终身 （Tenured）			
教授	4.9	3.5	7.9	7	0.9	0.7	1	2	94.2	95.8	91.1	91
副教授 （Associate）	7.8	6	12.8	9.5	7	5.9	9.5	9	85.2	88.1	77.8	81.4
助理教授 （Assistant）	23.4	20.6	27.4	30.6	70.6	72.5	69.5	62.6	6.1	6.9	3.1	6.9
讲师 （Instructor）	90.9	89.9	96.1	92.3	7.6	8.4	3.6	7.1	1.5	1.8	0.3	0.7
讲师 （Lecturer）	98.9	98.8	99.2	99.6	0.6	0.6	0.6	0.1	0.5	0.6	0.1	0.2
无职称 （No Rank）教师	74.2	66	95.7	96.2	5	6.5	0.9	2.1	20.8	27.5	3.5	1.6
合计	25.2	24.9	26.5	24.7	20.1	19.8	19.8	22.4	54.7	55.3	53.7	52.9

注：本表统计了 1159 所参与调查的高校数据。

资料来源：AAUP（American Association of University Professors）. "Losing Focus：The Annual Report on the Economic Status of the Profession, 2013 - 2014." Table 11. https://www. aaup. org/sites/default/files/files/2014% 20salary% 20report/zreport_0. pdf.

美国高校中学术人员是学校人力资源的核心，承担教学、科研和社会服务职责。这类人员除了阶梯职位教师（终身和终身轨教师）之外，还包括非终身轨教职的教授、副教授、助理教授，某些专业研究中心或机构的研究人员，以及非教授系列但从事教学和科研任务的教师，比如各级讲师、研究员等（付瑶瑶、吴旦，2007）。加州大学系统的学术人员则分为三类：（1）教师（faculty，比如教授系列、讲师、临床教师）；（2）学术研究专业人员（比如专业研究员和专业技术员）；（3）学术服务专业人员（比如图书管理员、合作拓展专业人员和咨询人员）；（4）研究生雇员（比如助研和助教）等。[①]

---

① 加州大学校长办公室，http://www. ucop. edu/academic-personnel-programs/academic-personnel-policy/。

二 美国高校教师薪酬（管理）制度

美国没有全国统一的高校教师薪酬制度，不但各州拥有各自的高等教育法以及相应的管理制度，而且公立院校与私立院校的教师薪酬制度也不同。在私立院校，首先，校长根据学校财力提出教师工资建议，由校董事会决定教师工资级别、工资标准、年度性自动增长工资的幅度，决定激励性增长工资、假日工资、养老金以及各种津贴的发放标准和发放办法（周小情，2009；刘婉华、袁汝海、裴兆宏、甘雪妮，2004）。在公立院校，州议会批准各类学校教师的工资级别或工资的最高限额，校长依据已有的工资级别向校董事会或直接向州立法机关提出教师工资标准的建议。教师工资由州政府拨款支付，但高校在具体实施教师的聘任和确定薪酬政策方面具有自主权，可依据学校财力和教师的工作成绩来调整教师实际的工资标准（刘婉华、袁汝海、裴兆宏、甘雪妮，2004），最终由校董事会批准确定（赵丹龄、张岩峰、汪雯，2004）。

公立大学教师薪酬主要由州政府负担。以加州大学系统为例，2010~2011学年，教师工资和福利（salaries and benefits）支出共计18亿美元，其中近3/4来源于州政府拨款，其余1/4则来源于联邦资金（联邦合同和资助）、销售和服务收入（比如大学的医疗中心提供的临床服务）、私人捐赠和合同、学生学杂费①以及其他资金（见图2）。②

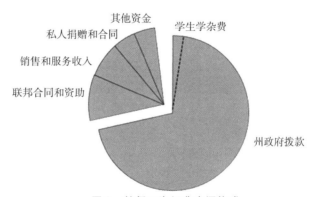

图2 教师工资经费来源构成

注：此处教师工资包括基本工资以及承担额外职责（暑期教学或管理工作等）的报酬。

资料来源：Legislative Analyst's Office, California State. "Faculty Recruitment and Retention at the University of California, 2012." http://www.lao.ca.gov/reports/2012/edu/uc-faculty/uc-faculty-121312.pdf.

三 美国高校教师薪酬类型

美国高校教师薪酬主要有协议工资和单一工资两种形式。协议工资制（Contract Sala-

① 虽然学生学费只占很小的比例，但自从学费和州拨款可以互抵以来，大学可以使用更多的学费收入。

② Legislative Analyst's Office, California State. "Faculty Recruitment and Retention at the University of California, 2012." http://www.lao.ca.gov/reports/2012/edu/uc-faculty/uc-faculty-121312.pdf.

ry System）指教师的年工资是通过与院系或学校之间协商来确定的，学校或院系根据教师的工作经验、教学效能、学术活动和社会化服务等多方面综合因素，并据此与教师进行协商共同制定工资水平。协议工资制是美国高校采用的主要形式。单一工资制（Single Salary System）是指学校会根据每位新聘教师的学历、工作经验等设定其进入工资的某一等级，然后随着教育水平和工作经验及绩效的提高，每年工资提升一定的百分比，或是晋升到下一等级（柯文进、姜金秋，2014）。

美国有的高校实行上述两种工资制中的一种，有的则同时使用这两种工资制。比如，加州理工大学（私立）实行单一工资制，而哈佛大学、斯坦福大学、普林斯顿大学、麻省理工学院对专任教师实行协议工资制，对行政管理和后勤人员实行单一工资制（柯文进、姜金秋，2014）。本文在此以加州大学系统为例进行介绍。

加州大学系统基于职位分类对不同的人员实行不同的工资制，且所有分校实行统一的工资标准（教师级别、工资范围）。统一的标准由加州政府制定。① 职位类型则有两种分类方式。一种分类根据是否加入集体协议性组织（represented or non-represented）来划分。加州《高等教育雇主 - 雇员关系法》［California's Higher Education Employer-Employee Relations Act（HEERA）］规定，加州大学雇员有权决定是否加入某个具有协议权的组织，并以集体协议作为主要手段来决定其工资标准、工作时间和其他项目，以及雇佣条件。② 另一种分类按照工资结构是否分级（with steps or without steps）来划分。

根据是否为集体协议性组织成员来划分，学术人员大部分属于集体协议性组织成员（包括终身教职和终身轨教职教师），少部分属于非集体协议性组织的人群。而非学术人员，包括管理人员和高级专业人员［Managers and Senior Professionals（MSP）］、专业人员和支持人员［Professional and Support Staff（PSS）］，均属于未加入集体协议性组织的人群。以学术人员为例，其分为两类。③（1）教师和未加入集体协议性组织的学术人员（faculty and non-represented academic personnel），包括阶梯职位教师、类似职位的教师及其他教师；导师系列（supervisors series）；讲师系列（lecturer series）；专业研究人员系列；专业技术人员系列；学生助理；研究助理；合作推广顾问系列；公共项目协调员；继续教育工作人员；学术管理人员系列、学术协调人员系列、项目系列人员等。（2）加入集体协议性组织的学术人员（represented academic personnel），包括保障性教学系统（the Non-Senate Instructional IX Unit）的讲师和非讲师、学术型学生雇员、博士后、图书管理员等。学术人员的这种分类常常在调整工资时使用。2015 年，第（1）类人员的工资最小值和调整幅度均上调 1.5%，第（2）类人员的工资上涨情况视合同而定。④

另一种分类按照工资结构是否分等级来划分，具体如下。（1）分等级职位，属于具有集体协议权的组织（Collective Bargaining Units，CBU）成员的职位。所有具有集体协议权的组织的成员，工资结构均是分级的，工资水平通常通过集体协议来决定。以阶梯职位教师的

---

① http://hrweb. berkeley. edu/guides/managing-hr/recruiting-staff/compensation/introduction.

② http://www. hr. ucsb. edu/am-i-represented-or-non-represented-employee-union-vs-non-union.

③ http://www. ucop. edu/academic-personnel-programs/_files/1516/2015 – 16-scales-iss-ltr. pdf.

④ http://www. ucop. edu/academic-personnel-programs/_files/1516/2015 – 16-scales-iss-ltr. pdf.

教授系列人员为例，教授分9级，副教授分5级，助理教授分6级，其工资标准对应各自的级别。此外，讲师（Instructor）的工资标准也是如此。加州大学阶梯职位的教授系列人员以及讲师的工资标准详见表2。实际上，加州大学教授们的工资通常是高于加州政府制定的标准水平的。（2）无等级区分职位，也即非集体协议性组织成员的职位（all non-represented positions are graded），工资范围具有开放性（open salary ranges），通常规定了最低、平均、最高标准，某一职位的不同员工的工资额度可以是这一范围内的任何一个值。以加州大学继续教育工作人员（Continuing Educator）为例，其工资标准对应具体如表3所示。①

表2　阶梯职位的教授系列人员工资标准（Salary Scale）（2017年7月1日）

单位：美元

职	级	各级年限	最低工资标准		调整后工资标准	
			年	月	年	月
讲师（Instructor）	—	—	51900	4325.00	54000	4500.00
助理教授	I	2	60300	5025.00	62700	5225.00
	II	2	64000	5333.33	66600	5550.00
	III	2	67500	5625.00	70200	5850.00
	IV	2	71300	5941.67	74200	6183.33
	V	2	75000	6250.00	78000	6500.00
	VI	2	78900	6575.00	82100	6841.67
副教授	I	2	75100	6258.33	78100	6508.33
	II	2	79000	6583.33	82200	6850.00
	III	2	83100	6925.00	86400	7200.00
	IV	3	88100	7341.67	91600	7633.33
	V	3	94900	7908.33	98700	8225.00
教授	I	3	88200	7350.00	91700	7641.67
	II	3	95000	7916.67	98800	8233.33
	III	3	102200	8516.67	106300	8858.33
	IV	3	109700	9141.67	114100	9508.33
	V	—	117800	9816.67	122500	10208.33
	VI	—	127000	10583.33	132100	11008.33
	VII	—	137000	11416.67	142500	118/5.00
	VIII	—	148200	12350.00	154100	12841.67
	IX	—	160800	13400.00	167200	13933.33

注："—"表示没有规定。

资料来源：https://www.ucop.edu/academic-personnel-programs/compensation/2018 – 19-academic-salary-scales.html，对于学术人员而言，两种分类存在交叉的情况，如后文表格所示。

---

① https://www.ucop.edu/academic-personnel-programs/compensation/2018 – 19-academic-salary-scales.html，对于学术人员而言，两种分类存在交叉的情况，如后文表格所示。

表3　继续教育人员工资标准（2015年7月1日）

单位：美元

级			最小	最大
I	工资范围	年	49236	89016
		月	4103.00	7418.00
II	工资范围	年	59916	105720
		月	4993.00	8810.00
III	工资范围	年	72228	148380
		月	6019.00	12365.00

资料来源：https://www.ucop.edu/academic-personnel-programs/compensation/2018 – 19-academic-salary-scales.html，对于学术人员而言，两种分类存在交叉的情况，如后文表格所示。

实际上，是否为集体协议性组织成员和工资结构是否分等级这两种分类存在交叉的情况。一般来说，集体协议性组织成员的职位工资结构是分级的，而非集体协议性组织成员的职位工资结构是不分级的。但是，也存在集体协议性组织成员的职位工资结构不分级，而非集体协议性组织成员的职位工资结构分级的情况。具体见表4。

总的来说，加州大学不同职位（rank）、不同级别（step/level）或不同梯次（grade）的教师，分别对应不同级别或梯次的工资。各级或各梯次的晋升年限也有明确的划分，教师们按照这些"梯级"的标准逐层向上攀升。

表4　按是否为集体协议性组织成员和工资结构是否分等级来分类的学术人员交叉情况

	可加入集体协议性组织的职位（可议价职位）	非集体协议性组织的职位（分等职位，开放性工资范围）
分等级职位	●阶梯职位教师、类似职位的教师及其他教师；博士后；加入集体协议性组织的图书管理员	○导师系列（Supervisors）；讲师系列（Lecturer Series）；专业研究人员系列；专业技术人员系列；非代表性的图书馆员；合作推广顾问系列；公共项目协调员；学术管理人员系列、学术协调人员系列、项目系列人员等
无等级区分职位	○保障性教学系统的讲师和非讲师；学术型学生雇员（仅伯克利分校）（工资为固定值）	●助理级别或资深图书管理员；继续教育工作人员；军事或航空科技助理（工资为固定值）

注："●"典型例子，"○"非典型例子。

资料来源：作者根据加州大学和加州大学伯克利分校网页资料整理，http://www.ucop.edu/academic-personnel-programs/_files/1516/2015 – 16 – scales-iss-ltr.pdf. http://apo.chance.berkeley.edu/。

四　美国高校教师薪酬构成及水平

美国高校不论公立和私立，都普遍实行年薪制，按月支付给教师。美国高校阶梯职位教师一般适用于按9个月学术年度或11个月财政年度聘任，教师可选择其一按月平均支付。[1]

---

① http://www.ucop.edu/academic-personnel-programs/compensation/index.html.

美国高校教师薪酬构成相对简单，主要由基本工资、绩效工资和福利构成。此外，高校教师还可以获得额外的收入。基本工资取决于教师的职称、级别、工作年限，一般不发生变化，除非职位、级别变动。绩效工资取决于教师的工作绩效、专业，以及大学当年的财力（付瑶瑶、吴旦，2007）。额外的收入包括标准教学任务以外的教学报酬、暑期教学报酬（按9个月学术年度聘任的教师）、大学外部服务报酬、教师顾问服务报酬、酬谢金以及来自校外的研究收入等。① 通常，基本工资占教师总薪酬的55%～60%，福利占30%～35%，绩效工资占5%～15%。不同类型的教师，收入构成有所不同。根据美国教授联合会AAUP的年度工资调查，2016～2017年，包含各级各类高校在内，教授的年均工资占年均薪酬的比例约为76%。②

值得注意的是，美国高校对教师工资以外的收入有严格的规定。这些规定包括对可获得额外收入的工作类型的限制、承担这些额外任务的教师类型的限制、工作时间的限制、因额外工作产生的收入额度的限制。比如，加州大学的相关规定如下。（1）暑期教学收入。按9个月学术年度聘任的教师，暑期班教学（Summer Session Teaching）收入累计不得超过年收入的1/3；按12个月财政年度聘任的教师，暑期班教学收入累计不得超过按月计算的年收入的1/12；享受全职健康补偿计划福利的教师，不得享受暑期班教学的额外收入。（2）额外的教学收入。因额外的教学任务（Additional Teaching）获得的收入，在课程类型、教学时间的计量方面有严格限制。（3）大学附属机构的教学收入。继续教育者、学术协调人员等可以获得这类收入；全职讲师、资深和代理教师每学年只能讲授一门课程；任何人员承担这类教学工作都须经过系主任的批准等。（4）社会咨询服务（Services as Faculty Consultant）收入。教师可偶尔提供咨询服务获得额外的收入，收入额度取决于日收费标准（daily rate），这一比例须由校长（the Chancellor）或同等权力的主管人员批准，日均收入最大额为日收费标准乘以30%；对于以学术年度聘任的人员来说，日收费标准根据171被除九个月的总收入来确定，而对于财政年度聘任的人员来说，日收费标准根据236被除协议的总年薪来确定。③

美国不同类型的教师工资收入不等。首先，高校性质和类型不同，教师待遇不同。私立高校教师年平均工资高于公立高校，综合性大学高于四年制高校，四年制高校高于两年制院校。其中，研究型大学尤其是名校教师工资更高。其次，教师职称级别不同，待遇不同。无论是终身制还是非终身制教师，职位级别越高工资越高（刘婉华、袁汝海、裴兆宏、甘雪妮，2004）。最后，学科不同，工资收入差距较大。从事法律教学、研究与服务的教授待遇最高，然后是工学和商学教授，而图书馆学、视觉与表演艺术、神学与宗教学科的教授待遇最低（施云燕、乔新歌，2015）。根据美国教授联合会AAUP的年度工资调查，2016～2017年，包含所有层级的高校在内，公立高校教授年均工资为10.3万

---

① 加州大学校长办公室，http://www.ucop.edu/academic-personnel-programs/academic-personnel-policy/salary-administration/index.html。

② AAUP.http://www.aaup.org/our-work/research/annual-report-economic-status-profession.

③ 加州大学，http://www.ucop.edu/academic-personnel-programs/academic-personnel-policy/salary-administration/index.html。

美元，年均薪酬则为 13.5 万美元；私立高校教授年均工资为 10.5 万美元，年均薪酬为 13.8 万美元。[1] 而公立授予博士学位的高校教授年均工资为 12.4 万美元，年均薪酬为 16 万美元；私立授予博士学位的高校教授年均工资为 15.4 万美元，年均薪酬为 19.6 万美元（见表 5）。

表 5　2016～2017 年不同高校各类教师的年均工资和福利收入水平

单位：美元

	工资（salary）				薪酬（compensation）			
	小计	公立高校	私立独立高校	宗教附属高校	小计	公立高校	私立独立高校	宗教附属高校
I 类（授予博士学位）								
教授	132471	124485	154369	125277	170201	160200	196154	170486
副教授	94966	90619	106991	90843	124762	119395	138874	124318
助理教授	83150	79126	94470	79231	108746	104371	121021	104949
讲师（Instructor）	61722	57673	71909	61602	82157	77611	94125	80462
讲师（Lecturer）	63302	60175	71937	72418	84710	81430	94459	91342
无职称	79708	79605	79819	80564	96380	94075	101351	103265
合计	98994	92222	117285	94851	128944	120665	150638	128701
II 类（授予硕士学位）								
教授	94950	94201	98437	88309	123563	123810	127551	112367
副教授	76693	76428	78948	71592	101575	102758	103509	92016
助理教授	66740	66532	68590	62469	88505	90464	88854	80270
讲师（Instructor）	55054	53848	57237	53155	73772	74654	75124	67975
讲师（Lecturer）	55111	53986	59300	54975	75592	75104	81278	68779
无职称	70147	75520	66775	47899	90345	97226	88383	57105
合计	75233	74123	78359	71000	97998	99033	100070	88939
III 类（授予学士学位）								
教授	90368	87139	93824	79002	120339	117927	123492	108253
副教授	72426	71379	74204	65762	96450	96989	98102	87979
助理教授	62247	60382	63784	57464	81808	82914	83078	74829
讲师（Instructor）	51802	48760	53385	48504	68791	68035	69684	65443
讲师（Lecturer）	58884	51694	65370	50845	78878	72020	85262	68346
无职称	59429	56240	59532	65888	78195	73854	77568	93123
合计	72831	67733	75994	64891	95289	90687	98420	86150

---

[1]　AAUP. http://www.aaup.org/our-work/research/annual-report-economic-status-profession.

续表

	工资（salary）				薪酬（compensation）			
	小计	公立高校	私立独立高校	宗教附属高校	小计	公立高校	私立独立高校	宗教附属高校
总合计								
教授	102402	103019	105323	88712	134334	135262	137540	117461
副教授	79654	80202	81194	71423	105775	107327	106905	94057
助理教授	69206	69725	70385	62399	91493	93878	91454	80708
讲师（Instructor）	55405	54256	57573	52039	74279	74769	75401	68177
讲师（Lecturer）	58875	56292	65881	55221	79841	77615	87504	71233
无职称	70326	74183	66327	62356	89120	92313	86372	80651
合计	80095	79134	83590	71214	104708	105005	107648	92109

注：1. 总合计中纳入了授予和不授予副学士学位的高校的数据。

2. 工资数据统计了 997 所高校，薪酬数据统计了 965 所高校。

资料来源：AAUP. http：//www. aaup. org/our-work/research/annual-report-economic-status-profession.

五　教师工资的确定和调整机制

美国高校每年都会根据市场环境变化重新评估教师的工资范围，并根据学校财力定期调整各个职位的最低或最高工资额。一般来说，由人力资源部首先调查市场行情以及行业工资状况，继而向校长推荐不同的职位分类及其相应的工资范围；由校长提出建议，董事会最终决定并建立官方的工资范围（salary scale）和工资率（salary rate）（付瑶瑶、吴旦，2007）。

教师的职位（及职称）、任职年限、学位、教学水平、学术成果的数量和质量是确定其实际工资的主要依据（刘婉华、袁汝海、裴兆宏、甘雪妮，2004）。教师工资的增长除了职位晋升之外，主要依靠固定工资的自然增长和绩效工资的增长。自然增薪的主要依据是物价变化、通货膨胀率、州政府预算增加幅度、学校收入预测等，绩效增薪则依据教师的教学、研究成果、社会服务的评价情况（杜景丽、任翔宇，2010）。工资的调整具体包括以下几个方面。[①]

其一，年度增薪计划（General Scale Increase）。学校定期对各类教师的工资范围做出调整，属于固定工资的自然增长。工资范围的调整不影响支付给特定教师的工资水平，仅仅增加每一等级的工资标准，是一种整体的工资幅度的提升。以加州大学系统为例，每年由校长（the President）或校长指定人选来决定各类职位、各个级别或等次的工资的年度增长比例，并向董事会推荐一般的年度增薪计划和额外的经费（用于支持退休人员需要的）总规模；董事会确定（校长决定董事会批准）每个级别和等次的工资水平的增

---

① http：//www. ucop. edu/academic-personnel-programs/academic-personnel-policy/salary-administration/index. html.

薪比例后，在加州财政预算范围内向政府提出增薪申请（该比例和需要的资金额度），以获得立法拨款（付瑶瑶、吴旦，2007）。

其二，基于绩效的个人增资（Merit Increase）。此种增薪一般来讲是每年一次，专门用来肯定教职工个人的绩效及其对学校的贡献。绩效增薪不是自动增长的，是依据对教师的教学、研究成果、社会服务的客观评价情况，为个人确定的不同的增薪幅度。绩效增薪受限于学校可用的财力，用于绩效增薪的资金每年都会发生变化，在确定相关市场薪水率和经济环境的基础上，还要充分考虑学校的预算。绩效增薪的权力在系主任或同级的管理者手中。

其三，基于职位等次或级别变动的增薪（Promotion）。晋升到一个更高的岗位，从而工资增至新岗位的水平。美国高校教师工资因人而异，晋升新岗位后的工资也没有定数。原则上，应考虑相关工作经验、学历情况、新岗位的工资级别、内部工资关系及任职资历等。就增幅而言，各校不完全一致，加州大学伯克利分校规定此类增薪不超过25%。[1]职位提升增薪也受限于学校可用的财力，且增薪的权力也是在系主任或同级的管理者手中。

其四，协调性薪酬变动（Equity Adjustment）。在绩效增薪环节不能有效修正不公平的薪酬调整时，可以通过协调性增薪来调整。当两个或多个具备同样工作经验、技能、教育经历以及工作业绩的岗位给予的薪酬不等时；当一个长期雇员的薪水低于同期市场导向的新进人员时；当雇员之间薪酬差距过大时；当同级的雇员从临时岗位变为职业岗位时；当市场调查发现当前校内薪酬标准不符合吸引外部人才和留住内部人才时，允许协调性增薪。[2]该类增薪程度可以达到岗位所在工资级别的最大值，但需要经过副校长同意；批准达到工资级别中位数的权力由院长、系领导或者系主任保留。

这几种形式的工资调整互相影响、互相支撑，共同提升教师的收入水平。但年度增薪总额并非无限度，加州大学圣地亚哥分校规定教师在一个独立财政年度内的增薪总额应该不超过基本薪水的25%，除非得到分校校长的特例批准（付瑶瑶、吴旦，2007）。一般来说，教师的年薪每年会有10%左右的上下浮动。2015年加州大学伯克利分校学术人员最低工资和调整后的工资范围相比前一年均上浮1.5%。[3]

根据美国教授联合会AAUP的年度工资调查，[4]2007~2008年到2013~2014年美国不同类型的高校各类人员工资增长情况差异较大。各类高校中，校长和主管学术和财务的管理人员工资增长幅度最大。相对而言，在授予博士和硕士学位的私立高校，各类人员的工资普遍有所增长，尤其是这类高校中的上述三类人员，工资增长最多。对于教授和副教授来说，在授予博士学位的私立高校，其工资增长最多，其次是在授予博士学位的公立高校。在其他类型的高校中，教授和副教授的工资反而呈现负增长的状态（见表6）。

---

① 加州大学伯克利分校，http://hrweb.berkeley.edu/guides/managing-hr/recruiting-staff/compensation/introduction。

② 加州大学伯克利分校，http://hrweb.berkeley.edu/guides/managing-hr/recruiting-staff/compensation/introduction。

③ 加州大学伯克利分校学术人员办公室，http://apo.chance.berkeley.edu/。

④ AAUP. http://www.aaup.org/our-work/research/annual-report-economic-status-profession.

表6　2007～2008年到2013～2014年美国高校教职工工资水平
增长情况，根据高校性质和类型分类

单位：%，所

	授予博士学位公立高校	授予硕士学位公立高校	授予学士学位公立高校	授予副学士学位公立高校（public associate's）	授予博士学位私立高校	授予硕士学位私立高校	授予学士学位私立高校
校长	11.3	8.6	9.9	6.8	17.3	21.5	13.5
首席学术官员	12.6	9.2	1.9	2.7	23.1	13.5	8.1
首席财务官员	15	6.2	4.2	3.8	15.2	11.6	7.6
教授	2.2	−1.6	−0.2	−0.8	7.2	−0.1	−0.8
副教授（Associate Professor）	0.5	−1.7	−1.5	−1	3.2	0	−0.6
助理教授（Assistant Professor）	2.6	0.7	0.7	−1.6	4.6	1.7	0.3
机构数	80	123	44	54	15	88	167

资料来源：AAUP. http://www.aaup.org/our-work/research/annual-report-economic-status-profession.

六　启示

美国高校教师工资制度在吸引和保留优秀师资方面发挥了巨大作用。其基本特点包括以下四个方面。第一，高校教师工资的制定和调整遵循市场价格，工资水平非常具有市场竞争力。高校每年进行系统而全面的市场薪酬调查，并据此确定市场薪酬率。市场调查一般由人力资源部门负责，麻省理工学院甚至专门成立了薪酬办公室。具有市场竞争力的工资水平，使得美国高校能够在全美甚至世界范围内招揽学校需要的优秀人才（刘婉华、袁汝海、裴兆宏、甘雪妮，2004）。第二，高校教师工资收入构成简单且稳定，基本工资占总收入的比例较高；工资制度严格，严格控制工资外收入。这样既能防止分配中出现不合理的现象，提高高校对教师工资分配的调控能力，又能稳定教师收入构成，提高高校在人才市场的竞争力。第三，协议工资制、年薪制和灵活的用人制度相得益彰，体现了师资的市场化。第四，教师工资的调整和增长机制完善，相对稳定且兼顾公平性，可最大限度地吸引和保留优秀师资。

参考文献

杜景丽、任翔宇，2010，《高校教师薪酬制度国际比较研究回顾与总结》，《教育管理》第2期。

付瑶瑶、吴旦，2007，《美国研究型大学学术人员薪酬管理制度的研究与借鉴》，《复旦教育论坛》第5期。

柯文进、姜金秋，2014，《世界一流大学的薪酬体系特征及启示——以美国5所一流大学为例》，《中国高教研究》第5期。

刘婉华、袁汝海、裴兆宏、甘雪妮，2004，《高校教师工资待遇国际比较与思考》，《清华大学学报》第6期。

米格尔·帕迪拉、谢新水、张桂莉，2014，《美国公立大学教师工作满意度影响因素与提升策略——金融危机背景下对美国一所研究型公立大学的调查》，《高校教育管理》第3期（总第8期）。

施云燕、乔新歌，2015，《美国大学职称评审及薪酬制度》，中国科协创新战略研究院《创新研究报告》第7期。

杨茂庆，2014，《美国研究型大学教师流动的影响因素研究》，《河北师范大学学报》第4期。

赵丹龄、张岩峰、汪雯，2004，《高校教师薪酬制度的国际比较研究》，《中国高教研究》增刊。

周小情，2009，《美国高校教师薪酬制度研究》，硕士学位论文，华中师范大学。

美国高校中期预算框架概述

——以加州大学为例

周　娟[*]

（2016 年 10 月）

基于各国财政、经济发展和改革的需要，中期预算框架在全球范围内兴起并不断地发展，为各国公共预算改革提供了新的选择。从发达国家到发展中国家，从政府部门到高等学校，中期预算框架以其在预算与政策紧密挂钩，并能有效促进公共预算管理的三个基本目标（可持续、优先性配置和绩效）达成方面的优势，引领公共事业预算走上"善治"之路。

一　中期预算框架的内涵和误读

（一）中期预算框架的内涵

所谓中期预算框架，是指从中长期预算的视角来规划和约束年度预算的思想和实践。在发展的过程中，根据成长与发育程度的不同，其在不同的发展阶段以不同的内容和形式出现。中期预算框架体系（MTEFs 体系）在各阶段依次呈现为中期预算政策框架（MTFF, Medium Term Fiscal Framework）、中期部门预算框架（MTBF, Medium Term Budgeting Framework）、中期财政支出框架（MTEF, Medium Term Expenditure Framework）、中期绩效预算框架（MTPF, Medium Term Performance Framework）等。各阶段术语的含义表述如下（李俊生、姚东旻，2016）。

（1）中期预算政策框架（MTFF）的主要内容一般包括对中期预算政策的描述，以及一揽子的、综合性的中期宏观经济与财政政策目标体系与实施规划等内容，其核心在于中期预算政策。

（2）中期部门预算框架（MTBF）是针对具体的预算支出部门（或者机构）开发的具有预测性质的部门支出预算，其主要目的是基于国家的重点项目需求向各个相关支出部门配置财政资源，并且确保这些预计配置的资源与国家整体的预算政策目

---

*　周娟，北京大学中国教育财政科学研究所科研助理。

标相一致，其核心在于部门预算。中期部门预算框架通常也被称为中期预算框架的基本形态。

（3）中期财政支出框架（MTEF）是指在中期部门预算框架的基础上，通过对中期部门预算结果的统筹规划与平衡，并将总预算资源约束分解到部门预算之后形成的统一的中期财政支出框架。该框架的基本特征是强化了对部门预算的财政约束，在中期部门预算中固化了属于政府预算整体安排的战略重点，进而有利于改善和提高政府支出的公共价值。基于这些特征，有学者把"中期财政支出框架"视为"中期部门预算框架"的"拓展型"。其是整个中期预算框架体系的核心概念。

（4）中期绩效预算框架（MTPF）则是系统化运用中期财政支出框架的结果来分析中期政府预算支出效果的一个分析框架，实际上是在上述三个阶段的中期预算框架有所发展的基础上形成的更为高级的中期预算框架阶段。

（二）对中期预算框架的误读

我国在引入中期预算框架的过程中，存在一些误解。

首先，中期预算框架不是立法机关在中期确定财政资金分配的法定方案，它是一个将中期概念与政府政策联结起来的约束性程序，是政府年度预算编制与审批的重要依据。

其次，中期预算框架并非对年度预算的取代，而是通过矫正年度预算的内在局限性来支持年度预算的功能。

再次，"中期预算框架"不是所谓的"中期预算"。《国务院关于实行中期财政规划管理的意见》（国发〔2015〕3号）的发布，标志着中期财政规划（MTFP）在中国即将全面实施。但是，这并不意味着我国将实施所谓的"中期预算"。全国人大批准3年期的中期预算框架，不等于在2015年批准未来3年的"中期预算"。人大表决和批准的依然是2016年预算；至于2017年和2018年，批准的是"规划数"或筹划数。美国也一样，政府预算依然是年度预算，立法机关只审批和表决年度预算，而其推行的"中期预算框架"只是作为编制年度政府预算的一个带有预测性质的约束性因素，不是立法机关审批年度预算的法律依据。

最后，中期预算框架不是多（跨）年期（度）预算（Multi-Year Budget）。中期预算框架与跨年度预算的主要区别在于对财政拨款的授权期限。"中期预算框架"并非对政府财政拨款授权期限超过一年的跨年度预算，财政支出的法定拨款权限通常是被严格地控制在年度范围之内，"中期预算框架"只是给多年期预算提供一个管理机制。

二 中期预算框架的起源与发展

（一）发达国家引入中期预算框架的改革

20世纪50年代，英国政府对国防和基本建设方面的支出实行五年开支计划，这一举措开启了将中期和长期规划引入年度预算体制的先河。60年代，英国开始实行多年期的公共支出调查，这实际上就是现代中期预算框架的初期形态。60年代中期，德国开始编制多年期预算以应对经济危机。70年代中期，为摆脱财政赤字不断扩张的困境和扭转经济的"滞胀"局面，美国政府开始推行多年期的预算管理制度。80年代初期，澳大利亚为控制政府财政支出的增长，对财政收支体系进行了综合改革。改革的初期目标在于强化政府政策与预算支出项目之间的联系，以期达到合理规划、削减政府支出的目的。改革后期，联邦财政部推出的一项改革，将现有项目支出计划调整为三年制，并根据经济参数的变化来不断调整现有的项目支出。澳大利亚的改革奠定了"中期预算框架"体系的基础，其后及现行的中期预算框架均源于此。这一时期，美国里根政府通过中长期预算计划，在减少国内开支、增加军费开支和降低税收负担率等目标之间寻求实现预算平衡的目标。90年代末期，英国正式推行"公共支出计划和控制框架"，其中期预算框架由"经济与财政战略报告"和"财务与预算报告"组成（王雍君，2010）。

经过60余年的发展，截至2013年，全球已经有143个国家和地区建立了中期预算框架（李俊生、姚东旻，2016）。部分发达国家在中期预算框架下准备年度预算的做法也已经制度化了。在发展新的预算决策程序方面，立法机关也参与进来。许多国家的立法机关参与了政府预算总量限额的确定，使政府预算更具有可信度，同时抑制各支出部门在限额之外增加开支的意图。

（二）发展中国家引入中期预算框架的改革

20世纪90年代以来，不少发展中国家和俄罗斯等转轨国家也引入了中期预算框架，但其效果和进展相差甚大。这些国家的目的在于以此为契机改革传统的年度预算制度与程序，以便在政策制定、计划安排和预算编制之间建立有效联系。因为许多国家认识到：预算程序既应考虑业已制定的政策，又应成为制定这些政策的主要工具。但通过年度预算来制定政策容易导致注意力集中于短期、紧迫的问题上，形成短视的政策。弥补这一不足的早期努力是制定中期发展计划，但这类计划过于僵化，并且通常没有充分考虑到政府的财务状况。中期预算框架的引进改变了这一局面，只是不同国家的做法有所不同。

与发达国家不同，发展中国家和转轨国家的中期预算框架（MTBF）普遍缺乏良好的分类系统（尤其是层次分明的功能分类系统）的支持。虽然大多数国家采用了功能分类和经济分类，但功能分类过于笼统，因而很少能够提供特定支出部门内部预算资源（在各项功能与次级功能间）配置的信息。另外，关于部门分类（department category）的详细程度也远远不够，以致支出部门的下属机构（通常涉及好几个纵向的层次）缺乏支出方面的详细信息。这表明，只有在中期预算框架能够在公共支出管理的三个核心目标方面起到重要和持久的促进作用时，才能证明这项改革是成功的。反之，如果没有发挥这样的作用，或者支持这一作用的基础条件不能达到，那么改革就要三思而行（王雍君，2010）。

三 美国高校中期预算框架介绍——以加州大学为例

(一) 加州大学三年财务可持续发展规划

中期预算框架从政治、经济领域逐渐延伸到教育领域。直到最近几年，美国的高校才开始从整体上实施中期预算框架。当然，除了中期预算框架，年度预算是必需的。以加州大学为例，《加州大学三年财务可持续发展规划》（University of California's Three-Year Financial Sustainability Plan）最早于 2014 年年底出台，为 2015~2016、2016~2017 及 2017~2018 年的财务规划。最近的一份财务规划则是 2015 年年底出台的关于 2016~2017、2017~2018 及 2018~2019 年的规划。不过，加州大学的《资本性支出规划》（Capital Outlay Plan）① 则早在 2000 年就已经出台了，一般为五年期，大体上每年出台一份，其实施至今已经非常成熟。这也为加州大学全面实施中期预算框架奠定了基础。

《加州大学三年财务可持续发展规划》属于立法报告（Legislative Report）。在财政部一系列规章规定的前提下，州《预算法》以法律文件的形式，要求加州大学为未来三年设计一项可持续发展规划及相关项目和目标。三年财务可持续发展规划由大学校长办公室（Office of the President, UCOP）负责制定，经大学董事会（the Regents of the University of California）会议通过，然后提交州议会。值得注意的是，加州每年同步出台的《预算法》（the Budget Act），对大学财务规划的内容做了某些具体规定和限制。例如，《2015 年预算法》（the Budget Act of 2015）对 2016 年及其后三年的财务规划做出了规定。此外，大学的财务规划还必须符合加州教育准则（California Education Code）和财政部的规定（Department of Finance Planning Assumptions）。

校长办公室下属的首席财务官办公室（Office of the Chief Financial Officer, CFO）的分支部门——预算分析和计划部（Budget Analysis and Planning, BAP）是这一工作的具体执行部门。预算分析和计划部既管理加州大学的年度预算（年度预算通常会根据当年的实际情况做数次修改，2015~2016 年的预算便在 2015 年期间调整了两次），也负责整个大学系统范围的中长期财务规划。其具体的职能包括：大学预算的影响因素分析、制定年度预算并将预算请求提交州政府、各个校区之间与预算相关的各项事务的协调；动员各方力量支持大学预算的制定，领导整个大学系统将地方需求和加州大学优先事项整合到大学的财务预测和规划中。

以 2015 年出台的《加州大学三年财务可持续发展规划》为例，其由财务规划、招生规划、教学表现的衡量因素以及附录四个部分组成。其中，财务规划、招生规划、教学表现的衡量因素这三个部分，直接对应于加州大学未来三年关于扩大入学规模、经济上可承受和提高教学质量这三个方面的发展目标。这一规划具体包括以下内容。

---

① 最新的规划是：Five Year Capital Outlay Plan for State Funds（Capital Financial Plan 2015 – 2025）. http://www.ucop.edu/operating-budget/_files/legreports/15 – 16/2016 – 17COBCP.pdf。

（1）财务规划部分详述了加州大学财务规划的支出预测、可用资源预测（尤其是州政府拨款、学杂费的预期收入）、降低成本和提高效率的措施以及其他收入来源、其他用于提高入学和学生表现的措施，以及 2016～2017、2017～2018 及 2018～2019 年收支预测数。此外，由于《2015 年预算法》要求大学按照财政部的规定建立财务规划备选方案，所以这一部分最后附上了基于备选方案的支出和收入预测数。

（2）招生规划部分则对各类学生的规模做了预测和规划，包括本科生和研究生以及专业学位学生、本地学生和外地学生、高年级社区学院转学学生、低收入本科生、少数族裔本科生。同时，基于各类学生的招生计划，大学将采取不同的经费方面的措施，引导各类学生的入学规模按计划执行。

（3）教学表现的衡量因素部分，则是基于加州大学以上关于财务和招生的预测和计划都已实现这个前提，介绍衡量大学教学效果的各项因素的发展情况，主要是改进毕业率和学业完成情况的措施。这些因素具体包括：新生和社区学院转学学生毕业率、各类学生的学位完成情况、新生和转学学生第一年获得的学分数、新生和转学学生毕业时学分数、每学位核心经费支出水平、每学位本科教学核心经费支出水平。

（4）附录部分，一是对规划内容是否符合相应年份预算法、加州教育准则以及财政部规定的各项条款逐一进行了解释，二是详细呈现了州预算法要求的备选方案的内容。[①]备选方案[②]与这一规划的最大区别在于，在州政府不加大对加州大学的经费投入的情况下，大学没有扩大本地本科生和研究生规模的计划，因此也不会采取相应的财务措施。

（二）加州大学长期资金框架

为了在审视大学成本结构和运行目标达成的同时，保持并改善入学率、教育质量和成果，加州大学在遵循州长调整预算（the governor's revised budget）的基础上，制定了长期资金框架（Framework for Long-term Funding）[③]，对接下来几年的财务大事件进行了规划。以 2015 年为例，其长期资金框架的要点包括以下几个方面。

第一，关于新增收入。（1）接下来四年基本预算每年增长 4%（2015～2016 年为 1.195 亿美元）。这一点扩展了之前附加两年（2015～2016、2016～2017）基本预算的增长计划，直至 2018～2019 年。（2）一次性拨付近 5 亿美元用于偿还加州大学的养老金债务、支付延期的重大维修项目，以及支持作为加州大学可持续发展计划一部分的、长期的资本密集型的能源高效项目（long-term, capital-intensive energy efficiency projects）。

第二，关于学费。（1）本州学生学费未来两年不会上涨。加州大学系统 2016～2017 年学费保持在 11220 美元，这意味着学费已经六年没有上涨。（2）2017～2018 年开始，本地学生学费将随着通货膨胀率的水平逐渐上涨，以使加州大学保持强有力的财政资助项目（financial aid program）、较低的生师比，增加课程提供和学生支持服务，缩短学生获得学位的时间，确保学生和家长不受学费波动的影响。（3）学生服务费（student serv-

---

① 更多详细信息，请参见 University of California's Three-Year Financial Sustainability Plan, 2015。

② http://www.ucop.edu/operating-budget/budgets-and-reports/legislative-reports/index.html.

③ http://budget.universityofcalifornia.edu/framework-summary.html.

ices fee）目前是 972 美元，2015～2016 年开始每年上涨 5%，以加强学生心理健康服务和其他重要的学生服务。（4）在大学董事会（the Regents）上校长要求授权上调非本地学生增补学费（nonresident supplemental tuition），每年上涨 8%。（5）专业学位学生增补学费〔the Professional Degree Supplemental Tuition（PDST）〕这一方式依然有效，但仅针对大学的四个法学院，这一方式到 2018～2019 年也将保持 2014～2015 年的水平。

第三，关于教师养老金计划。（1）加州政府负有支持加州大学养老金计划的责任，协议一次性给予三年共 4.36 亿美元的资助，以帮助加州大学偿还养老金债务。（2）经大学董事会批准，加州大学 2016 年 7 月将采用一个新的养老金层级（a new pension tier）。新的养老金层级将仅仅影响这一政策实施后招聘的新教师。（3）随着加州大学已经实施的养老金改革，附加的养老金改革将由大学董事会、教师、教工、工会领导人和其他利益相关者共同协商决定。（4）目前，加州大学绝大多数机构给员工提供的是固定缴款计划（a defined contribution plan），而不是固定收益计划（a defined benefit plan）。加州大学未来将实施一个固定缴款计划和固定收益计划两者相结合的组合方式，在安全性和方便性方面对员工更有吸引力。（5）加州大学将继续寻求州对养老金的资助，以反映州对加州大学雇员退休福利的支持。

四 启示

中期预算框架有助于解决公共事业年度预算容易与政策脱节的问题，但并非解决年度预算存在问题的万能药方。将高校年度预算的编制置于高校中期发展框架和中期支出限额下，逐渐完善年度预算，才是可行之道。加州大学中期预算框架给我们的启示如下。

首先，中期预算框架要求预算具有前瞻性和统筹能力，与发展规划、政策、目标相结合，要求明确预算支出的管理目标、可计量的预期成果和相关的绩效考核指标，从而促进预算执行效果的监控和评估。因此，高校要实施中期预算框架，关键在于首先要明确高校本身各方面未来发展的中长期规划。中期预算框架的核心，表面看是预算，实质是规划。这包括对学校内外部发展环境的分析、发展目标的准确定位，以及将事业发展规划和目标落实到学校的具体项目或政策层面等。

正因为如此，编制高校预算不仅仅是财务部门的事情，更是掌握高校未来发展方向的学校领导层面的事情。而财务部门的角色，也应从过去被动的搜集、整理数据、制表、发布财务信息等方面，过渡到根据学校的中期发展方向和目标来进行有针对性的采集数据、分析数据、进行中期预测，为学校收支政策的制定提供强有力的信息和技术支持。此外，在学校领导层面控制全校预算总量的基础上，财务部门应为学校各支出部门在各自的支出政策排序、取舍方面提供信息支持。

其次，中期预算框架不仅要求高质量的收入预测，也要对支出构成信息进行详细规划，这就要求根据支出的经济分类和功能分类对中期支出做出技术分析和科学预测。因此，高校实施中期预算框架需要具备一些基础条件（技术上的和方法上的），包括高校会计系统的完善，尤其是细致的、层次分明的功能分类系统的支持。

最后，全面实施中期预算框架要求在学校整体发展规划的基础上，制定预算估计和预算限额，并以年度限额作为预算的硬约束机制。因此，如果条件不成熟便从一开始就勉为其难地全面引入这一做法，可能造成有名无实的结局。所以，一开始可以从简单的方面入手，比如，先以资本性支出预算为突破口，待积累经验后再逐步扩展到所有支出类别（基于经济分类和功能分类）。

参考文献

李俊生、姚东旻，2016，《中期预算框架研究中术语体系的构建、发展及其在中国应用中的流变》，《财政研究》第 1 期。

王雍君，2010，《朝向中期框架的全球预算改革：近期发展与借鉴》，《中央财经大学学报》第 7 期。

《加州大学三年财务可持续发展规划（2015）》摘要

周　娟[*]

（2016 年 10 月）

　　加州大学从 2015 年开始正式、全面引入中期预算框架，至今已实施了两年。这一改革直接体现在每年发布的三年财务可持续发展规划上。《加州大学三年财务可持续发展规划》是加州大学在州财政部门一系列规章规定的前提下，响应当年州《预算法》的号召所制定的关于加州大学可持续发展及相关项目和目标的规划。最新一期财务规划是 2015 年年底发布的关于 2016～2017、2017～2018 及 2018～2019 年这三年的规划（后文简称《规划 2015》），内容主要包括财务规划、招生规划、教学表现的衡量因素以及附录四个方面。同期加州大学的三个目标是：扩大入学规模、经济上可承受入学规模的扩大和改善教学质量。《规划 2015》与这三个目标紧密相关。本文将简要地介绍这一规划的内容，以期对我国高校预算制度改革有所启示。

一　财务规划

（一）支出预测

　　加州大学关于 2016～2017、2017～2018 及 2018～2019 年的支出预测，建立在以下设想的基础上。

　　——与 2014～2015 年相比，2016～2017 年增加招收 5000 名加州本地本科生及 600 名研究生。

　　——未来三年，员工对大学退休系统的贡献保持在当前水平，即工资的 14%。

　　——未来三年，在职和退休员工的医疗福利每年增长 5.0%。

　　——未来三年，非工资性的价格（non-salary price）上涨 2%，与能源相关的设施价格增长略高于 2%。

　　——未来三年，有 9600 万美元直接用于优秀教师奖励计划（the Faculty Merit Pro-

---

　　* 周娟，北京大学中国教育财政科学研究所科研助理。

gram）。该计划是加州大学招聘和保有高质量教员队伍，尤其是教学科研团队的基石。

——未来三年，员工每年的工资增长率保持在 3%，包括代表性和非代表性学术人员以及非学术人员。避免加州大学的薪资水平进一步落后于同类机构。

——《规划 2015》包含用于改善一部分基础设施需求的永久性资金（permanent funds），以解决老、旧教学楼及相关设施的老化带来的风险问题。

——《规划 2015》包含支持一个中型资本项目（a modest capital program）的运行预算，用于默塞德分校建设扩容设施，以及其他分校处理与安全相关问题的资本性需求。

——《规划 2015》包含针对学术项目关键因素的年度投资，包括改善生师比；提高新教员起薪；加大对研究生的支持以吸引最优秀的研究生；加强本科生教学支持（包括教学技术、图书馆、教学设备更新和维护等）。

（二）收入预测——州政府拨款和学杂费

《规划 2015》关于收入的预测综合反映了加州大学的经费结构、《2015 年预算法》，以及加州政府支持加州大学增加本地生源的历史措施等情况。

——与加州大学的经费结构保持一致，州政府拨款中基本预算调整为每年增长 4%。

——州政府拨款 2500 万美元，以支持加州大学 2016～2017 年增加招收 5000 名本地本科生①而产生的成本，包括新增教师、教学设施及其他关键设备等方面的需求。

——学生服务费每年增长 5%，其中一半用于加强学生心理健康服务。

——2017～2018 年开始，因通货膨胀引起的年度学费增长。

（三）其他收入来源及降低成本、提高效率的措施

——预测未来三年将增加 6000 万美元的慈善事业收入，可以用于运行预算。但大部分这类收入使用受限，不能用于核心运行预算，因此加州大学还须发展创新策略以提高这些收入使用的灵活性。

——非本地学生增补学费（nonresident supplemental tuition）将在学校财务中持续发挥重要的作用。预计 2016～2017 年非本地学生增补费将增长 8%，之后几年会保持 5% 的增长。《规划 2015》计划每年减少非本地本科生数。

——《规划 2015》预测大学可以从流动性管理战略（liquidity management strategies）中获得额外的资金用于运行预算。

——《规划 2015》预计通过战略采购倡议（the strategic sourcing initiative）② 这项改革，加州大学在 2016～2017 年可以节省 3000 万美元的永久核心开支（permanent core fund savings）。

——通过与联邦政府协商获得更高的间接成本补偿率（indirect cost recovery rates）来减轻因财政缩减和联邦政府拨款方式的变化导致的联邦资助下滑的影响。《规划 2015》假定间接成本补偿率未来三年保持不变。

---

① 加州大学须在 2016 年证明自己有能力在 2016～2017 年实现这个目标，关于拨款的规定方可生效。

② 这项改革近几年在大学节省开支方面发挥了重要作用，不过节省的多数为非核心支出。

——大学学生资助项目用于资助非本地本科生的费用，将转作他用——用于支持提高入学率（这项政策只适用于将来入学的非本地本科生）。

（四）其他用于提高入学率和改进学生表现的措施

——改革转学机制，表现为提高转学学生人数，理顺转学程序。

——革新支持学生发展和改进学位获得时长的机制。例如，审查本科毕业所需高年级关键学分数，建立三年毕业通道，试验暑期学期的可替代付费方式。

——继续发展本科生网络课程，重点资助瓶颈课程。

——支持革新，通过数据分析发现学生学习和毕业过程中的风险，研究不同的评估教学成本的方法以促进学生发展。

——针对未来雇用的教师推出发展教师福利的新方法。

2016～2017、2017～2018 及 2018～2019 年的可用资源和支出预测情况如表 1 所示。

表 1　2016～2017、2017～2018 及 2018～2019 年可用资源和支出预测

单位：百万美元

基于 2015～2016 年的累积变化			
	《规划 2015》		
	2016～2017 年	2017～2018 年	2018～2019 年
收入			
州一般性拨款	157	319	488
学杂费（总）	97	250	406
非本地学生资助转移	14	28	42
非本地学生增补学费（教学成本净值）	69	121	173
其他收入	95	160	210
因故推迟的维护费用（一次性）	25	25	0
入学前拨款（一次性）	25	0	0
总计	482	903	1319
支出			
员工和退休员工福利（包含退休计划和医疗保险）	56	111	168
学术奖励项目	32	64	96
工资	156	297	443
非工资性价格上涨	30	54	78
本地学生增长	56	88	120
因故推迟的维护费用和资本性项目	65	100	120
学生资助	36	89	144
学术质量	50	100	150
总计	481	903	1319

资料来源：加州大学预算办公室。

二　招生规划

（一）各类学生招生预测

加州大学在未来三年将大大提高招收加州本地本科生的数量。2016～2017 年将比 2014～2015 年增加 5000 人，之后两年则每年继续增长 2500 人。研究生和专业学位学生对加州经济、社会的发展具有重要作用。2016～2017 年这类学生将增加 600 人，之后两年每年增长 700 人，以期达到三年增长 2000 人的计划。

相反，未来几年非本地本科生招生数的增长会逐步放缓。2015～2016 年非本地本科生人数增长 2000 多人，2016～2017 年增长 1200 人，2018～2019 年则仅增长 800 人（见表 2）。

表 2　《规划 2015》招生预测

单位：人，%

全职当量招生数	2014～2015 年	2015～2016 年	《规划 2015》		
			2016～2017 年	2017～2018 年	2018～2019 年
加州本地本科生	175034	175052	180034	182534	185034
非本地本科生	25053	28532	29732	30732	31532
研究生/专业学位学生	49792	50952	51552	52252	52952
非本地本科生比例（不包含暑期）	13.4	15.2	15.3	15.5	15.7

注：2015～2016 年为估算值。以上数据含全日制和暑期，非本地学生的计算除外。

（二）招生——高年级社区学院转学学生

近几年，经济危机期间社区学院入学人数下降导致的转学申请人数的下降，以及大学对转学学生的资助力度不够导致的局面，随着社区学院吸收拨款的增长，转学需求的重新增加而改变。加州大学启用一项转学机制，旨在为转学学生提供更好的转学机会、更流畅的转学程序和更好的转学后教育。历年高年级社区学院转学学生数如表 3 所示。

表 3　历年高年级社区学院转学学生数

单位：人，%

	2010～2011 年	2011～2012 年	2012～2013 年	2013～2014 年	2014～2015 年	2015～2016 年	《规划 2015》		
							2016～2017 年	2017～2018 年	2018～2019 年
全职当量数	32523	34041	33807	33615	34086	34344	35756	36980	37531
占全职当量本科生比重	19.2	19.8	19.4	18.9	18.5	18.2	18.4	18.7	18.7

注：2015～2016 年为估算值。不含暑期。

资料来源：加州大学综合学生系统。高年级社区学院转学学生指的是从加州社区学院转入加州大学系统的三年级或四年级学生。

（三）招生——低收入本科生

因经济形势的变化，未来三年加州大学招收来自低收入家庭且可以领取联邦佩尔助学金的学生的数量会略有下降。领取联邦佩尔助学金学生数的发展趋势，可以反映经济形势的变化以及佩尔助学金领取要求的变化。因此，佩尔助学金领取者的入学变化可以作为衡量低收入学生进入大学的一个并不完美的指标。历年领取佩尔助学金的本科生招生数如表4所示。

表4　历年领取佩尔助学金的本科生招生数

单位：人，%

| | 2010～2011年 | 2011～2012年 | 2012～2013年 | 2013～2014年 | 2014～2015年 | 2015～2016年 | 《规划2015》 | | |
							2016～2017年	2017～2018年	2018～2019年
全职当量数	68933	71565	73147	74984	76183	76452	78890	80349	81392
占全职当量本科生比重	41	42	42	42	41	41	41	41	40

注：2015～2016年为估算值。不包含暑期。

资料来源：加州大学综合学生系统。

（四）招生——处于弱势的少数族裔本科生

过去几年，尽管大学招生经费减少导致了招生数的下降，处于弱势的少数族裔（非裔美国人、拉丁裔美国人、印度裔美国人）本科生数和占比仍在稳定增长。加州大学计划招收更多加州本地本科生，而他们很可能来自弱势族裔，因此少数族裔学生数和占比都会超过现有水平。少数族裔本科生入学状况如表5所示。

表5　处于弱势的少数族裔本科生入学状况

单位：人，%

| | 2010～2011年 | 2011～2012年 | 2012～2013年 | 2013～2014年 | 2014～2015年 | 2015～2016年 | 《规划2015》 | | |
							2016～2017年	2017～2018年	2018～2019年
全职当量数	37411	40552	43100	45702	49089	50362	54140	57347	60404
占全职当量本科生比重	22	24	25	26	27	27	28	29	30

注：2015～2016年为估算值。不包含暑期。

资料来源：加州大学综合学生系统。

三　教学表现的衡量因素

本部分内容是基于加州大学关于上述财务规划和招生规划都予以实现的情况下将会

达成的结果。需要指出的是，教学表现的衡量因素的发展是一个漫长的过程。例如，与招生增长相关的毕业情况的变化一般要等转学学生转学两年后或者大学入学四年后才能显现出来。同理，为提高毕业率采取的措施的效果不会很快显现出来，因为措施的受益者往往是低年级学生。

（一）学生发展——新生和转学学生毕业率

近几年加州大学的新生和转学学生毕业率一直在稳步上升，但预计这种趋势会减缓，因为有几个分校的增长率上升空间已经不大。此外，未来三年毕业的学生大多已经入学，教学项目的任何新的改进对他们毕业或学位完成时间的影响都是有限的。预计本科新生四年毕业率和社区学院转学学生两年毕业率将每年提高 1 个百分点，不管这些学生是不是佩尔助学金接受者。学生的毕业率如表 6 所示。

表 6　毕业率

单位：%

						《规划 2015》			
入学年份	2006	2007	2008	2009	2010	2011	2012	2013	2014
新生入学，四年毕业率	60	60	61	63	62	63	64	65	66
佩尔新生入学，四年毕业率	51	52	54	57	56	57	58	59	60
入学年份	2008	2009	2010	2011	2012	2013	2014	2015	2016
高年级加州社区学院转学学生，两年毕业率	52	54	55	55	56	57	58	59	60
高年级加州社区学院佩尔转学学生，两年毕业率	44	47	48	51	52	53	54	55	56

注：毕业率包含加州大学各分校之间的转学。暑期毕业的学生计入上一学年。低收入佩尔学生指的是在加州大学学习期间接受佩尔助学金的学生。

（二）学生发展——学位完成情况

加州大学预计学生学位完成情况，特别是那些来自低收入家庭的本科生的学位完成情况，正在逐步改善。学位完成情况受到入学人数和学位完成人数占比的影响。相比毕业率，学位完成情况是一个缓慢变化的指数，在未来三年不会发生显著变化。学位完成情况如表 7 所示。

表 7　学位完成情况

单位：人

	《规划 2015》								
	2010～2011 年	2011～2012 年	2012～2013 年	2013～2014 年	2014～2015 年	2015～2016 年	2016～2017 年	2017～2018 年	2018～2019 年
新生入学	31763	32778	32608	31866	33123	34312	35478	36177	36270

右上角：续表

《规划 2015》								
	2010～ 2011 年	2011～ 2012 年	2012～ 2013 年	2013～ 2014 年	2014～ 2015 年	2015～ 2016 年	2016～ 2017 年	2017～ 2018 年	2018～ 2019 年
高年级社区学院转学生	13093	14191	14717	14651	14745	14893	14936	15013	16416
理科新生入学	11745	12403	12921	12496	14558	15080	15593	15900	15941
理科高年级社区学院转学学生	3381	3724	3961	3831	4482	4526	4540	4563	4990
佩尔学生	19437	21634	23154	21469	23999	24658	25250	25632	26423
理科佩尔学生	6366	6874	7578	7027	8775	9016	9232	9372	9661
研究生（不含自费）	13717	14290	14579	14322	13976	14260	14543	14827	15410
理科研究生（不含自费）	7240	7694	7950	8012	8167	8333	8498	8664	9005

注：2015～2016 年为预估数。

资料来源：加州大学学生综合系统。研究生不含自费生。

（三）其他衡量因素——第一学年学分

加州大学约有一半新生会在第一年修 45 个学分（见表 8），这个衡量因素不会改变。2012 年秋季，51% 的入学新生和 44% 的转学学生修了 45 个及以上学分。加州大学认为，学生在第一学年结束时是否完成 45 个学分并不能很好地预测他们毕业或获得学位的时间。很多学生最终会在其他地方修习课程获得学分，此时却并没有记录在案。他们也有可能通过暑期学校或在学年中修习更多课程来获得更多的学分。

表 8　加州大学第一学年修习 45 个学分的本科生比例

单位：%

年份	2013	2014	《规划 2015》			
			2015	2016	2017	2018
新生获得 45 个学分的比例	51	51	51	51	51	51
转学学生获得 45 个学分的比例	44	43	43	43	43	43

资料来源：加州大学学生综合系统。不含转入学分。学期学分制（伯克利和默塞德）和学季学分制的转换方式为 1 学期学分 = 1.5 学季学分。含暑期。

（四）其他衡量因素——毕业学分

加州大学本科毕业的最低学分是 180 个学分/学季（quarter units）［120 个学分/学期（semester units）］。转学学生可以使用社区学院的学分来满足毕业学分要求。高学分要求的专业（如工程类、计算机）和多专业毕业生，毕业学分一般来说会更高。

加州大学目前正在重审热门本科专业的毕业学分要求，旨在精简毕业程序。这个过程会在 2017 年 7 月 1 日完成。这些措施在一段时间之后可能会降低学生的毕业学分要求。历年学位完成的学委学分平均数如表 9 所示。

表 9　学位完成的学季学分平均数

单位：个

				《规划 2015》		
	2013～ 2014 年	2014～ 2015 年	2015～ 2016 年	2016～ 2017 年	2017～ 2018 年	2018～ 2019 年
新生入学	187	187	187	187	185	183
高年级社区学院转学学生	97	97	97	97	95	93

资料来源：加州大学学生综合系统。只显示加州大学学分，不含大学先修课程、国际文凭大学预科课程及转学学分。

（五）其他衡量因素——每学位核心经费支出数

在 2014 年《绩效指数报告》（Performance Indicators Report）中，加州大学提出将经费支出和学位授予数之间的比例作为机构表现的衡量指数。但这种方式既不能反映质量也不能反映数量，并不是一个有效的衡量办法。原因在于，这种方式不能区别因降低成本（例如，为提高运行效率的目的而降低成本，这是值得提倡的）而减少的支出和真正意义上会降低质量而减少的支出（例如，更高的生师比）。估计的核心经费支出和学位授予数如表 10 所示。

表 10　估计的核心经费支出和学位授予数

单位：百万美元，个

	大学财务规划		
	2016～2017 年	2017～2018 年	2018～2019 年
州一般性拨款	3112	3275	3444
学杂费	3326	3479	3635
非本地学生增补学费	927	995	1061
加州大学其他一般性拨款	292	301	310
总核心经费	7657	8050	8450
学位完成数	66276	67344	69548

资料来源：加州大学预算办公室。

（六）其他衡量因素——本科学位核心经费数

在 2015 年《本科和研究生教学科研活动支出报告》中，加州大学提出一项分配更多核心经费给予本科和研究生教学的方法。该报告中的数据被调整用于配合《规划 2015》反映核心经费和入学情况的变化。估计的本科教育核心经费支出及学位授予数如表 11

所示。

表 11　估计的本科教学核心经费支出及本科学位授予数

单位：百万美元，个

大学规划		
2016～2017 年	2017～2018 年	2018～2019 年
州一般性拨款		
1408	1481	1556
学杂费		
1505	1573	1643
非本地学生增补学费		
419	450	479
加州大学其他一般性拨款		
132	136	140
总核心经费		
3464	3640	3818
本科学位完成数		
51733	52517	54137

资料来源：加州大学预算办公室。

香港公立高校中期预算研究

张文玉[*]

（2016 年 10 月）

2014 年 9 月 26 日，国务院发布《关于深化预算管理制度改革的决定》（国发〔2014〕45 号），其中规定"实行中期财政规划管理"，要求"财政部门会同各部门研究编制三年滚动财政规划，对未来三年重大财政收支情况进行分析预测，对规划期内一些重大改革、重要政策和重大项目，研究政策目标、运行机制和评价办法"。2015 年 1 月 3 日，国务院《关于实行中期财政规划管理的意见》（国〔2015〕3 号）对中期财政规划的编制给出了具体意见，并强调"通过逐年更新滚动管理，强化财政规划对年度预算的约束性，有利于通过深化改革解决上述问题，实现财政可持续发展，也有利于充分发挥财政职能作用，促进经济结构调整和发展方式转变"。

因应国家预算管理体制改革的要求，本文将对香港公立高校的中期预算体制进行介绍，以期对内地高等院校中期财政规划的编制有所启示。

一 香港的高等教育及管理

（一）香港高等教育体系

自 1911 年香港大学创立以来，香港高等教育已经有 100 多年的发展历史。香港大学、香港中文大学和香港科技大学都已经跻身世界著名大学的行列。目前，香港共有 20 所可颁授学位的高校。① 根据这些院校成立时所依据的法律文件，可以分为法定学校、认可专上学院和职业训练局学校。

法定学校是指由香港特别行政区行政长官会同行政会议通过，再经立法会三读通过相关法例，而成为受独立法例规管的高等院校。认可专上学院是指根据《香港法例第 320 章：专上学院条例》所设定的专上学院，这类学院的设立须经过教育局常任秘书长的批准，所招收的学生年龄须在 17 周岁及以上，并开设至少为期 4 年的主修课程；在行政长

---

* 张文玉，北京大学中国教育财政科学研究所博士。

① 香港教育局网站，http://www.edb.gov.hk/tc/edu-system/postsecondary/local-higher-edu/institutions/index.html。

官会同行政会议事先认许下，可颁授学士或以上程度的学位。职业训练局学校是根据《香港法例第 1130 章：职业训练局条例》设立的，目前主要是香港高等科技教育学院。

另外，香港还有依据《香港法例第 279 章：教育条例》设立的一些高等院校，这些院校均为私立，并且经费自给，所提供的课程包括副学位课程（副学士学位课程、高等文凭课程和专业文凭课程，主要为高等职业教育）和其他非学位课程。

香港接受政府资助并且具有学士学位授予权的高校主要是教育资助委员会（下文简称"教资会"）资助的院校，且其每年学士学位招生人数都占到全港学士学位招生人数的99% 以上（大学教育资助委员会，2010a）。本文将主要分析教资会院校。

（二） 教育资助委员会概况

教资会成立于 1965 年，是一个非法定的咨询委员会，负责就香港特别行政区各高校的发展及所需经费，向香港特别行政区政府提供意见。教资会工作由下属数个常设的小组委员会及小组协助推行，包括一般事务及管理小组委员会、策略小组委员会、研究小组、财务小组及财务专家工作小组。临时分组及小组则按当时工作的需要而召集。教资会、其下属各局、小组委员会及小组所需的支持，均由秘书处提供。教资会秘书处是一个政府部门，大部分职员属公务员，由教资会秘书长掌管。秘书长对教资会掌管的拨款有法定责任。目前通过教资会取得拨款的高等院校共有 8 所，包括香港城市大学、香港浸会大学、岭南大学、香港中文大学、香港教育学院、香港理工大学、香港科技大学和香港大学。①

教资会的主要职能之一是向受资助院校分配拨款，以及就香港高等教育的策略性发展和所需资源向政府提供专家意见（大学教育资助委员会，2010b）。

教资会辖下设有两个半独立的机构：研究资助局（研资局）和质素保证局（质保局）。研资局成立于 1991 年，就高校在学术研究上的需要，经教资会向政府提供意见，同时也负责审批研究资助申请、批准将政府通过教资会提供的经费拨作研究资助和其他有关支出之用，并监管这些拨款的使用。质保局成立于 2007 年，主要职能是协助教资会执行其质素保证工作，确保教资会资助院校提供的学士学位及以上课程（不论是否受教资会资助）的质素得以维持，并有所提升，同时兼具国际竞争力。

二 香港的高等教育财政体制

教资会所采用的拨款方法在 1994 年制定，并一直用以评估各院校所需的三年期经常补助金。教资会也会根据现实需要不断对拨款方法进行调整。目前教资会拨予各院校的经费包括经常补助金和非经常补助金，此外还有居所资助计划补助金和配对补助金等。

---

① 大学教育资助委员会网站，http://www.ugc.edu.hk/big5/ugc/about/overview/overview.htm。

（一） 经常补助金

经常补助金主要分为整体补助金、指定用途补助金和增补补助金/调整。

整体补助金。整体补助金主要包括三个部分：教学用途拨款（约75%）、研究用途拨款（约23%）和专业活动用途拨款（约2%）。分别用于资助院校的教学、科研和非科研的专业活动。整体补助金是经常补助金的主要部分。理论上，整体补助金以整笔拨款方式，为院校提供资助期间（通常为期三年）所需的资源。关于整体补助金在各学系、部门或学院之间，或在学术和行政管理范畴之间的分配，院校有充分的自主权，教资会不做干预。需要注意的是，在整体补助金内有一项拨款受到特别限制，即指示性补助金。指示性补助金占整体补助金的一小部分，指定做特别用途。教资会从整体角度考虑特定用途项目的开支水平，借着批拨指示性补助金，向院校指出须加强和重视的范畴，目前指示性补助金主要包括语文培训补助金和教学发展补助金。指示性补助金与下文将提到的特定目标的指定用途补助金不同，院校不需要严格按照指示的水平或金额运用指示性补助金，但如定期报告显示补助金的开支严重偏离指示水平，教资会通常会要求院校解释。教资会向院校发放指示性补助金时，会说明何谓"严重偏离"指定水平，通常以增减不超过20%为准。

指定用途补助金。指定用途补助金包括指定用途经常补助金和特定目标的指定用途补助金。（1）指定用途经常补助金用以取代或补足经常整体补助金。教资会对指定用途经常补助金的监管，较整体补助金更为严格。如以指定用途经常补助金方式拨款，运用补助金的具体决策便由教资会做出。（2）特定目标的指定用途补助金主要用于发展费用高昂的大型项目（例如医学院）、发展整体补助金之外的不太昂贵、不太复杂但相当重要的项目和达到特定目标，即教资会认为值得在整体补助金制度以外加以推动/资助的项目。特定目标的指定用途补助金主要包括研究用途补助金、知识转移补助金、卓越学科领域计划补助金和中央拨款项目补助金。

增补补助金/调整。增补补助金/调整是向院校提供因调节经常补助金的拨款而完全纳入整体补助金（或视乎情况纳入指定用途经常补助金）内的拨款。主要包括因应公务员薪酬调整导致的价格调整的增补补助金/调整（这种增补补助金/调整，用以反映公务员薪酬调整导致经常补助金有关部分的价格调整）（说明：2003年，香港高校教师工资与公务员工资脱钩，但是大部分院校教师工资还是参考了公务员的薪级表）和因应学费水平调整的补助金增补/调整（具体数额根据向院校提供的整体补助金及指定用途经常补助金预算总开支中扣减假定的学费和其他来源收入之后而确定）。

经常补助金纳入香港政府财政预算，并由教资会秘书处负责在各院校之间进行分配。

（二） 非经常补助金

非经常补助金主要用以支付建筑项目的建筑及相关工程、专业费用、家私和设备（教学设备除外）等开支。非经常补助金主要来源于基本工程储备基金，并由教资会秘书处负责分配。基本工程储备基金由香港政府于1982年设立，目的是为工务计划、征用土地、非经常补助金及主要系统设备提供资金。2014~2015财年，基本工程储备基金向教资会拨款 6 亿港元，用以支付教资会资助院校校舍的改建、加建、维修及改善工程（每项所需补助金额不超过 3000 万港元）以及支付建议由教资会资助的建筑工程项目的研究（包括顾问的设计费和杂费、拟备招标文件、地盘勘测工作的费用，以及大规模的内部勘测工作，每个项目的开支上限不得超过 3000 万港元）。[①]

（三）其他补助金

居所资助计划补助金。教资会于 1998 年 10 月 1 日推出居所资助计划，取代其他房屋福利（如宿舍、自行租屋津贴、自置居所津贴等），作为院校教职员唯一可享有的房屋福利。为推行教资会居所资助计划，教资会根据计划推行前的房屋福利开支模式和领取人数，在整体补助金内预留（称为"调拨"）款项，指定用作推行居所资助计划和支付其他房屋福利。教资会就居所资助计划和其他房屋福利分别开立独立账目，以计算各院校在这些房屋福利方面的承担。除整体补助金的调拨款项外，政府还提供额外拨款，以补足居所资助计划所需的额外款项。

配对补助金。2002 年 11 月，香港特别行政区政府接纳教资会在《高等教育检讨报告》中提出的建议，认为应该增强各院校筹募经费的能力，从而为高等教育开拓不同类型的经费来源。2003 年，香港特别行政区政府开始实施配对补助金计划，对高校获得的私人捐助进行配对补助。目前该项目已经开展了五轮，第六轮项目正在进行中。

教资会的拨款架构如表 1 所示。

表 1　教资会拨款架构

补助金类别				经费来源	经费分配单位
经常补助金	整体补助金	教学用途拨款（约 75%）		香港特别行政区政府	教资会秘书处
		研究用途拨款（约 23%）			
		专业活动用途拨款（约 2%）			
		指示性补助金	语文培训补助金		
			教学发展补助金		
	指定用途补助金	指定用途经常补助金			
		特定目标的指定用途补助金	研究用途补助金	研究基金	教资会研资局
			知识转移补助金	香港特别行政区政府	教资会秘书处
			卓越学科领域计划补助金中央拨款项目补助金		
	增补补助金/调整	因应公务员薪酬调整导致的价格调整的增补补助金/调整			
		因应学费水平调整的补助金增补/调整			

[①] 《香港特别行政区 2014～2015 财政年度政府财政预算案——基本工程储备基金备忘录》，http://www.budget.gov.hk/2014/chi/pdf/c-cwrf-2.pdf。

补助金类别	经费来源	经费分配单位
非经常补助金	基本工程储备基金	
居所资助计划补助金	香港特别行政区政府	
配对补助金	香港特别行政区政府	

资料来源：根据 2010 年《大学教育资助委员会程序遍览》和《香港特别行政区 2014～2015 财政年度政府财政预算案》整理。

高等教育投入是香港教育投入中的重要组成部分。2014～2015 学年，香港高等教育方面的政府经常性开支为 184.71 亿港元，占全年教育方面政府经常性开支的 27.10%。[①]其中，教资会院校的补助金总额为 178.67 亿港元，占政府开支总额的比例和占政府在教育方面开支总额的比例分别为 4.5% 和 24.1%，生均支出（含副学位课程、学士学位课程、研究院修课课程和研究院研究课程学生在内）为 23.7 万港元。[②]

三　香港高等教育三年期预算编制程序[③]

教资会向其下属院校拨付经常补助金的工作，以三年为一个计划周期。教资会会在第一个三年期的次年年中，开始规划下一个三年期的预算，并在第二个三年期开始前的 1 月/2 月发出拨款信件。虽然教资会拨付经常补助金的预算为三年期预算，但是每年的实际拨款仍须在政府周年预算中申请，然后才正式拨款。国务院《关于深化预算管理制度改革的决定》提出编制三年期滚动财政规划，对未来三年重大财政收支情况进行分析预测，与香港高等教育的三年期预算有着相似的目标。考察香港高校三年期预算编制的情况，对内地高等教育中期财政规划的编制有积极的参考价值。

三年期拨款的评估工作由教资会策略小组委员会负责。整体来看，三年期预算编制包括以下步骤。

（1）发信给各院校（"开始筹划"信件），说明政府的宏观政策指引和参数（包括指示学生人数指标和特定人力需求）。

（2）按照（1）项，审议各院校提交的学术发展建议，然后与院校商讨这些建议，并向院校发出"忠告"信件。

（3）审核各院校提交的费用预算，并进行详细的经常补助金评估工作。

（4）向政府提交特定的补助金建议，并在立法会财务委员会批准有关财政开支后，

---

① 数据来源：《香港统计年刊（2015 年版）》，香港特别行政区政府统计处。

② 数据来源：教资会网站，http://cdcf.ugc.edu.hk/cdcf/searchStatSiteReport.do。

③ 本部分内容主要参考：大学教育资助委员会，2010b。

发信给各院校（"拨款"信件），正式通知核准的经常补助金详情。

（一）"开始筹划"信件

教资会发出"开始筹划"信件后，一个拨款周期（通常为期三年）的正式规划工作随即展开。教资会会在一个三年期的次年年中，发出"开始筹划"信件，通知院校随后三年期经政府核准的学生人数指标，以及政府的特定政策指引和其他相关数据，以便各院校拟备学术发展建议。这些信件会订明院校提交学术发展建议的限期。

（二）学术发展建议

学术发展建议有三个用途：（1）回顾院校近期的发展，并据此提出短期内的发展建议；（2）院校根据这些建议（或须按教资会意见修改），制定随后三年期的费用预算；（3）如经核准开办的学术课程是为了应付特定行业的人力需求，学术发展建议可确保该类课程预期所需的毕业生人数。

学术发展建议应着重学术发展，但支持服务（包括行政管理及学术支持）也须包括在内。只要符合每个学术规划工作的特定需要，院校可自行决定学术发展建议所采用的文体和表达方式。

（三）"忠告"信件

整个三年期的规划工作是一个互动的过程，教资会与院校会进行广泛讨论。教资会审议院校的学术发展建议时，会与院校讨论建议内容；然后教资会向院校发出"忠告"信件，提出建议或意见。该信件也会订明院校须提交费用预算的限期。教资会不会就学术发展建议逐点评论，而只会就委员认为需要斟酌之处提出意见。"忠告"信件通常会评论以下两大范畴。

（1）整体发展。这通常是影响超过一所院校的一般事项，因此告知所有院校。有关事项可能会影响三年期预算或某些发展。

（2）特定学术发展。这是针对个别院校特定建议的评论。只有教资会成员认为值得特别评论的建议才会提及。这部分所载事项大都会影响三年期预算或某些发展。

"忠告"信件基本上属指引性质，作用并非列出特定规定或否决某些建议。虽然"忠告"信件并非指令，但教资会期望院校重视当中的意见。与此同时，院校应注意，如果教资会委员对某项建议有疑问，院校须提出更多理据支持，该项建议才会被考虑纳入补助金建议内。在这种情况下，院校应在提交三年期预算时，一并提交补充文件。

（四）经常补助金预算

教资会考虑向政府提出补助金建议时，会参考院校提交的费用预算。院校的费用预算应以学术发展建议和教资会的"提示"信件为根据。逾期提出的项目须附详细理由。

1. 评估经常补助金

教资会会参考院校提交的费用预算，考虑院校的经常拨款需求。教资会同时会考虑院校近期在履行角色方面的表现、为将来议定的计划，以及所有相关因素，评估下一个资助期每所院校所需的补助金。

教资会决定各院校的净拨款需求时，会按政府的要求考虑以下两点。

（1）按有关年度政府通知的实际及/或指示性学费假定的学费收入。

（2）院校估计并经教资会同意的其他假定收入，例如租金、利息及其他收入。

最终分配给院校的经常补助金，是从教资会评估的所需开支扣减假定的学费及其他收入后的净资助额。院校在资助期间可动用的"教资会拨款"包括以下两项。

（1）教资会拨予院校的补助金（包括任何经常或非经常补助金）。

（2）资助期间假定的学费及其他收入。

关于其他收入，院校如有额外收入，可当作教资会拨款，根据大学教育资助委员会《程序遍览》所载的一般规则，用于资助院校活动，促使院校达到学术目标及使命。这些收入包括额外的利息收入、额外学费或超出假定水平的其他收入。

2. 经常补助金建议

教资会通常约在三年资助期开始前一年的 9 月，向政府提交三年期经常补助金建议。政府考虑该资助期的补助金建议后，会把建议呈交行政长官会同行政会议审议，经政府批准后，随后提交立法会教育事务委员会征询意见，然后交由立法会财务委员会决定是否接纳财政承担。最后，教资会会发出补助金拨款信件，拨款工作可于 1 月/2 月完成。

财政承担获批核后，政府仍须在政府周年预算（3 月/4 月）中申请拨款。政府预算草案通常于 12 月/1 月定案，故此，教资会须尽量保证财政承担及早获得批核，确保三年期首个学年的拨款能够包括在预算草案内。这样的话，建议便成为政府周年预算的一部分，会在预算案辩论时由立法会审议。

（五）"拨款"信件

补助金建议得到政府同意并正式获立法会财务委员会通过后，教资会会向每所院校发出"拨款"信件，载列拨款金额和教资会观察所得及意见。这些观察所得及意见通常分为以下四个部分。

（1）载述补助金的类别及金额，说明补助金是扣除假定学费及其他收入后的净资助。

（2）列明补助金包括或不包括的项目，特别是按程度及学年划分相当于全日制学生的数额，以及获批准的主要学科学生人数指标。

（3）列出教资会在补助金内做津贴（虽然不一定披露预留款额）的活动。

（4）列出教资会的观察所得（如有），评论院校处理教资会认为属院校主要工作的做法。

"拨款"信件会送交院校校长，副本送交校董会主席。在校内如何分配补助金，由院校自行决定。

如果政府认为补助金拨款建议没有大问题，教资会可于三年期开始前的 1 月/2 月发出"拨款"信件。整个拨款周期至此结束。

教资会也会在资助期间发出"拨款"信件，向院校分配特定目标的指定用途补助金。

"拨款"信件的内容视乎情况而定，但通常会涵盖以下几方面。

（1）补助金类别、金额、年期（例如财政年度或三年期）及拨款层次。

（2）拨付补助金的目的和教资会的期望。

（3）汇报规定及时限。

（六）学术发展建议、"忠告"信件和"拨款"信件的重要性

在学术规划和拨款周期中，学术发展建议、"忠告"信件和"拨款"信件都是重要文件，并且具契约效力，是院校取得整体补助金的依据。另外，教资会也给予了高校调整其学术发展建议的空间。因为院校在新一个三年期开始之前拟定的发展计划，通常要考虑3年甚至5年内的情况，其间变数甚多。因此，教资会允许院校根据实际需求和（经济）情况的转变而灵活更改学术发展建议。[①]

四 香港高校中期预算的启示

根据国务院《关于实行中期财政规划管理的意见》的规定，中期财政规划按照三年滚动方式编制，第一年规划约束对应年度预算，后两年规划指引对应年度预算。年度预算执行结束后，对后两年规划及时进行调整，再添加一个年度规划，形成新一轮中期财政规划。这与香港教资会每次编制三年的预算有所不同。但整体上，香港高校中期预算的编制，对于内地高校中期财政规划的编制仍有积极的启示。

首先，在时间的安排上，教资会会在每个三年期开始前的一年半，着手进行预算的编制工作，这就给预算编制留下了充足的时间，一方面使高校可以有时间规划下一个三年期的支出计划，另一方面也使教资会和高校之间有足够的时间，可以就高校制定的发展建议进行协商，并调整高校中期预算。

其次，高校须在回顾过去发展的基础上，拟定新一个三年期的学术发展建议，并拟定新的三年期的具体发展目标和经费预算。这既有利于教资会根据高校过去的发展情况和新的发展目标设定情况，考察高校的目标设定和经费预算是否合理，也有利于教资会对高校三年期内的经费使用情况进行监督和考核。

再次，从资金的拨付上，三年期预算获批后，仍须在每年的政府周年预算（3月/4月）中申请拨款。政府预算草案通常于12月/1月定案，教资会可于三年期开始前的1月/2月发出拨款信件，以保证三年期首个学年的经费能及时到账。

最后，在经费的使用上，对于经常补助金中的主体部分——整体补助金在院校内部的分配，包括在各学系、部门或学院之间，或在学术和行政管理范畴之间的分配，高校享有充分的自主权，教资会不做干预。另外，院校为三年期预算拟定的学术发展建议，在实际的执行过程中，也具有可以调整的空间。这可以保证高校根据实际的发展状况和

---

① 有关更改建议的规定，请参考大学教育资助委员会（2010b）第3章第3.1～3.13段。

经费需求，及时调整经费的使用和分配情况，提高资金的使用效率。

参考文献

大学教育资助委员会，2010a，《展望香港高等教育体系》，香港：大学教育资助委员会。

大学教育资助委员会，2010b，《程序遍览》，香港：大学教育资助委员会。

九

数字化学习时代的教育财政策略

县域中小学教育信息化投入、建设和应用[*]

魏 易[**]

（2018 年 7 月）

一 基础教育信息化政策概述

我国基础教育公办学校从 20 世纪 70 年代末就开始了教育信息化的进程。经过四十年来的努力，中小学信息化已经达到了普及阶段，城镇学校基本完成基础设施和学习环境建设，课堂教学中的信息技术基础应用开始常态化，有些地区做出了进一步的创新探索；而农村学校，尤其是贫困偏远地区的农村学校，到目前为止还处于基础环境搭建和教师信息技术培训的起步阶段。

随着我国互联网的迅速普及和信息化进程的加快，推动教育信息化，尤其是资源匮乏地区的教育信息化，借助互联网的发展弥合城乡之间的数字鸿沟，已经成为促进基础教育均衡充分发展、推动教育创新的重要举措。从中小学"校校通"和"农远工程"，到农村薄弱学校改造，基础教育领域的信息化更加指向教育公平。在推进的过程中，首要目标是缩小地区之间和学校之间在基础设施、硬件设备方面的差距，实现教育资源配置的均衡化；其次是通过信息技术提高教学效率，填补因教师数量和结构短缺造成的课程空缺和短板，提升整体的教育质量，从而缩小教育质量的差距。从 2013 年开始，教育信息化与精准扶贫相结合，更加凸显促进公平这一主导性政策目标。2012 年，教育部等九部门在《教育信息化十年发展规划（2011—2020 年）》的基础之上联合发文，提出教育信息化七项重点工作，涵盖了硬件环境建设、教师能力培训和软件资源开发三大类教育信息化支柱政策，将"三通两平台"作为推进教育信息化的抓手。[①]"三通两平台"的提法不仅包括了"校校通"的网络宽带建

---

[*] 本文节选自《中国教育新业态发展报告（2017）——基础教育》"县域中小学教育信息化投入、建设和应用"一文。

[**] 魏易，北京大学中国教育财政科学研究所博士后。本文由北京大学中国教育财政科学研究所教育信息化课题组成员冯昕瑞、陆伟、欧阳添艺、田志磊、徐颖、余韧哲、张文玉、钟未平共同参与完成。

[①] 教育部办公厅印发《教育部等九部门关于加快推进教育信息化当前几项重点工作的通知》（教技〔2012〕13号）。

设、"班班通"的数字学习环境建设，也涵盖了"人人通"的信息技术课堂应用以及平台资源和软件的开发，为地方政府推进教育信息化构建了基本的框架和目标，同时也更加容易操作化为考核地方基础教育信息化工作的指标。

除了为地方政府推进教育信息化提供工作框架和思路，新一轮的教育信息化政策在中央和地方层面都具有一定的资源动员效应，能够在体制内为教育系统争取更多的财政资源。2012 年《教育信息化十年发展规划（2011—2020 年)》明确政府在教育信息化经费投入中的主体作用，并提出在教育投入中加大对教育信息化的倾斜。2014 年《教育管理信息化建设与应用指南》提出信息化基础设施和重点项目建设资金由国家和各级政府一次性投入，运行经费作为专项单独列入各级财政教育经费预算。在中央层面，国家先后为"现代远程教育工程"项目投入了 4.6 亿元，为"全国农村中小学现代远程教育工程"投入 100 亿元，为"教学点数字教育资源全覆盖"投入 3 亿元。此外，中央还通过薄弱学校改造计划和全面改造薄弱学校计划项目中与信息化相关的专项经费继续支持中小学信息化建设。在地方层面，除了中央专项的配套资金之外，省、市、县的专项经费也是教育信息化重要的资金来源。2016 年《教育信息化"十三五"规划》要求各地明确教育信息化经费在生均公用经费和教育附加费中的支出比例，为公用经费固定用于教育信息化、形成教育信息化经费的长效保障机制提供了政策支持。

二　县域教育信息化经费投入来源和支出结构

本部分基于 2017 年课题组在 A 省三县和 B 省四县的调研获得的数据，以及北京大学中国教育财政科学研究所义务教育功能支出分类改革课题组于 2015 年对四个试点地区百余所中小学的调研数据，通过地方政府在教育信息化方面的经费投入数据和学校日常支出账目数据两条线，对地方政府在教育信息化方面的资源配置以及学校内部的信息化支出的用途进行分析，揭示出目前农村中小学教育信息化经费投入和支出的特点。分析框架如图 1 所示。

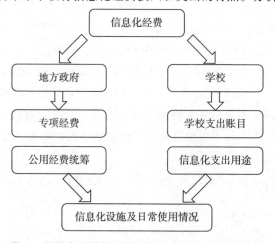

图 1　县域中小学教育信息化经费结构的分析框架

（一）A 省 R 县信息化经费来源和使用

1. 专项经费的使用

在薄改和全面改薄中，R 县教学仪器设备（包括信息化设备）大部分由省负责统一采购，然后分配给各地区学校，县负责上缴配套资金以及上报经过调整之后的具体需求（具体到设备的类型和数量）。从 2015 年开始，R 县开展的新一轮教育信息化建设的主要经费来源为学校公用经费。因此，各学校按照需求和各自的偿还能力上报需要的设备，以防后期无力偿还。省政府一次性拨付 1000 万元左右用作通过义务教育均衡化验收的薄改资金，其中大部分按照各乡镇的困难程度用于弥补薄改基础建设前期征地、整地费用和后期的设施设备补齐费用，仅有少量用在信息化建设上。

总体推进的投入主要用于计算机教室建设、数据中心的建设、多媒体平板一体机的配置、校园安全监控系统建设、录播设备及系统的建设、校园网络的搭建以及教育公共服务云平台的建设七大方面。网络建设方面，电信免费铺设到学校，之后的校内网络铺设由垫资建设的信息化设备公司负责，费用由学校公用经费偿还。县中心机房、资源平台建设等一部分也由各个学校的公用经费统筹偿还。如图 2 所示，这笔专项经费中为学校配置的多媒体平板一体机占总经费的比例最高，校园安全监控系统和录播设备及系统的搭建占总经费的比例相对较少。可以看出，专项经费目前主要投入设备的配置方面，用于购买资源、服务的支出相对不高。

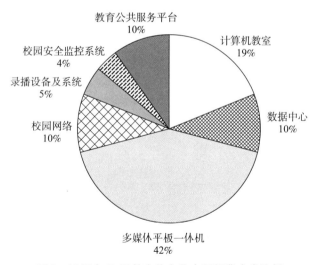

图 2　2015 年 R 县教育信息化专项经费支出比例

具体到学校层面获得的专项经费，以 K 完小和 H 中学为例。K 完小获得的教育信息化整体推进经费中，绝大多数投入多媒体平板一体机的配置中，添置了计算机教室和校园安全监控系统（见图 3）。H 中学的教育信息化经费中，多媒体平板一体机也是最大的一笔支出（见图 4）。由于各乡镇会配备一套便携式录播设备及系统，在 H 镇，这一支出划归了 H 中学，但实际上设备是全镇公用的。

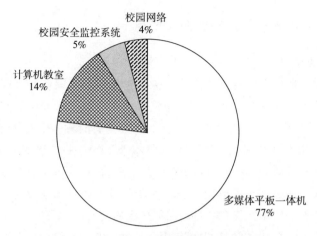

图3　2015年K完小教育信息化专项支出

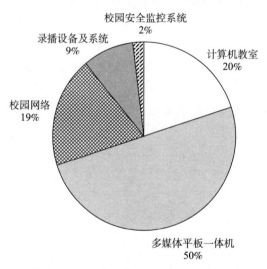

图4　2016年H中学教育信息化专项支出

2. 公用经费的使用

R县作为国家级贫困县，义务教育阶段学校的公用经费完全由中央和省级政府支持，地方政府没有对公用经费进行配套。而公用经费之外用于学校发展的经费，如房屋建设、大型设备的配置等大部分来自州以上的项目。受近几年教师工资增加的影响，财政资金在教师工资的保障上就存在困难，在此情况下R县削减了办公经费和人员培训经费等发展性经费。在公用经费的使用范围方面，R县要求学校公用经费的30%用于教学业务与管理、12%用于设备及图书购置、35%用于校舍维修、10%用于专项活动及其他开支、10%用于教师培训、3%用于交通差旅。较小金额的支出可由校务委员会决定，中等金额的支出需由乡镇中心学校审批，较大金额的支出需报送乡镇政府的分管领导或主要领导审批。800元以上的设备设施都要计入固定资产。据各学校校长介绍，部分公用经费由各乡镇的中心学校统筹使用，例如校方责任险、试卷工本费、教学用书、为老师订阅的期刊等。其中，各学校用于校舍修缮的经费（约占30%）也是由中心学校进行统筹，学校间共同分享，防止某一学校亟须修缮但本校经费不足的情况发生。

R县学校的经费由所属的中心学校统一管理，中心学校是最基层的财务核算单位，每个学校有一位报账员负责定期到中心学校报账。由于学校内部不设立账目，学校的支出反映在中心学校的财务报表中，因此学校的管理者及报账员很少对学校的支出情况进行详细的统计分析。校长对大型的建设和修缮项目更熟知，而对较小的支出并不清楚。根据校长、报账员和电教专干了解，在信息化的硬件投入方面，公用经费除统筹用于教室多媒体和计算机配置之外，还有部分用于校园广播及小型的存储设备（如硬盘、U盘等）等方面。部分学校使用公用经费为教师采购公用电脑。在网络服务方面，校园网络架设成功之后，每年的网络服务费由公用经费负担，具体的金额因学校规模、学段的不同而不同。如H镇H完小的网络服务费为每月990元，H中学的网络服务费每月大约2000元。中心城镇M镇一小一年的宽带费用约12000元，约占公用经费的3%。在软件资源方面，除了县里统一采购的8个资源平台之外，少部分学校根据自身情况自主购买了其他教学资源。例如，K镇K中学购买了第二教学网和学科网的资源。但自主购买资源的学校依然是少数。耗材与维护运营方面，中心学校会统筹约30%的公用经费用于统一支付大型的维修费用，小规模的维修费用由学校自行报销。信息化方面的耗材主要包括打印机的墨盒等。例如，Z镇Z完小一年的公用经费中大约有7000元用于信息技术设备的耗材和小型的维修，约占公用经费的1.75%。M镇一小每年在信息化方面的耗材与维护运营上的花费约为一万元，约占公用经费的2.7%。

3. 其他资金

少部分学校在财政资金之外还获得了社会捐赠的资金，这部分资金中的一小部分也用于学校的信息化建设。如Z镇Z完小利用D基金共80万元的资金建成了教学楼、乡村少年宫项目（主要用于音乐教室的建设和少年宫活动的开展），并使用福利彩票和体育彩票赞助的资金配置了DV摄像机、广角照相机等。

4. 小结

根据2017年课题组在A省三县和B省四县的实地调研，地方政府在信息化发展过程中承担了主要的投入和建设责任。在义务教育经费保障机制建立之前，各学校主要依靠向银行贷款、向教师集资、向学生收费等方式自行筹集经费，主要配备的是办公和教学台式计算机。在义务教育保障机制建立之后，主要依靠从公用经费中划拨一定比例专门用于信息化支出。由于地方政府财力有限，一般采取量力而行、逐步推进的方式。普遍采取先城镇后农村、先中学后小学、先中心校后村小的顺序投入建设。除了县教育局统筹一部分信息化公用经费，乡镇中心校也倾向于统筹使用一部分公用经费，同样按照先中学后小学、先中心后边缘的顺序投入建设。随着"三通两平台"的推进以及合格学校建设的要求，前期信息化基础较为薄弱的区县面临着更大的投入压力。课题组调研的县在争取各类专项之外，基本上采取通过融资租赁、银行贷款、企业垫资等各种方式筹集资金，一次性投入，在两三年之内完成建设。依靠专项经费的一次性投入存在一些问题。首先，由于中央专项主要瞄准的是西部贫困县和少数民族地区，专项没有覆盖到或者倾斜较小的中部地区反而成为政策和投入的洼地。其次，信息化基础设施和硬件建设一次性投入资金量巨大，中央财政的投入其实无法满足地方的需求，地方政府通过融资等方式筹集资金往往会对学校日常经费乃至地方财政造成压力。最后，电子设备有生命周期，一次性投入整体建设会造成后期在设备维修和更换方面无法形成长期平稳的支出。此外，对不同类型的民办学校的观察也显示，学校对信息化的需求与可用的资金紧密相关。那些实力雄厚、得到当地政府支持、处于上升期的民办学校往往成为当地的"精英"学校，学校的基础设施（包括信息化软硬件配备）领先于其他学校。而那些主要依靠招收无法进入公办学校就读的学生的民办学校则成为软硬件配备的洼地。

（二）三省四县学校信息化支出

本部分基于北京大学中国教育财政科学研究所义务教育功能支出分类改革课题组于2015年对四个试点县百余所中小学的调研数据。四个试点地区位于我国东、中、西部的不同省份，其中 X 县位于我国的东部地区，E 县位于我国中部地区，J 县和 H 县位于我国的西部地区。四个试点地区的政府均将"三通两平台"列为首要的发展任务，对宽带的普及率和速度、学习空间的开放数量、平台的规模和互联提出了硬性的指标要求。2015年，X 县的教育总支出为 5.60 亿元，教育信息化方面的支出为 514.80 万元，占教育总支出的 0.92%；E 县的教育总支出为 2.32 亿元，教育信息化方面的支出为 318.10 万元，占教育总支出的 1.37%；J 县的教育总支出为 2.07 亿元，教育信息化方面的支出为 419.50万元，占教育总支出的 2.03%；H 县的教育总支出为 2.30 亿元，教育信息化方面的支出为 116.70 万元，占教育总支出的 0.51%（见表 1）。

表 1 四个试点县基本情况

	东部 X 县	中部 E 县	西部 J 县	西部 H 县
人均 GDP（万元/人）	6.10	2.10	1.60	2.60
人均财政总收入（元/人）	3400	3300	2700	2200
小学生均（元/生）	6700	8150	9900	9150
初中生均（元/生）	8860	10240	9230	8850
教育总支出（亿元）	5.60	2.32	2.07	2.30
教育信息化支出（万元）	514.80	318.10	419.50	116.70
教育信息化支出占比（%）	0.92	1.37	2.03	0.51

1. 四县学校层面的教育信息化支出水平

从学校生均支出来看，各学校的生均支出差异较大，最低的学校低于 1000 元/生，而最高的学校近 2000 元/生。大多数规模较大的学校生均支出低于中位数，而小规模的学校生均支出显著地高于中位数。从教育信息化生均支出来看，不同学校差异较大，最少的学校低于 20 元/生，而最高的学校则为 300 元/生以上。分地区来看，X 县的学校尽管生均支出水平较低，但信息化生均支出相对较高。E 县的生均经费较为充裕，但并未向教育信息化倾斜。J 县的学校信息化生均支出与其他三个县的学校相比偏低。H 县的学校生均支出和信息化生均支出水平均不高。

2. 四县学校层面的教育信息化支出结构

图5是根据学校每一笔教育信息化支出所绘制的词频图。字体越大表示在该项目上的支出越多。可以看出，X县在电脑、网费、投影、笔记本电脑、打印机方面的支出较多；E县在录播设备、电脑、投影、电教方面的支出最多；J县在电脑、机房、复印、电话和校园网上的支出较多；H县在电脑、白板、电话、宽带、打印机方面的支出最多。总的来说，电脑、投影、白板、电教等硬件设施以及网费、复印、通信等日常性支出是学校信息化支出的主要部分，其他的日常性耗材（如碳粉、油墨）和维修费用在学校信息化支出中出现得也很频繁，但金额不大。

图 5　学校信息化支出词频

由于目前教育信息化支出没有统一的分类，课题组根据《教育信息化十年发展规划（2011—2020年）》中关于教育信息化的目标分类，借鉴国内外在探讨教育信息化经费时常用的分类，建立了学校教育信息化分类体系：（1）硬件、耗材及日常性经费支出；（2）软件及软实力建设支出，包括软件经费、网络建设经费、资源建设和购置经费、教师培训经费（见表2）。表2按照该标准对学校教育信息化支出进行了分类。从表2中可以看出四个地区的教育信息化支出均十分重视硬件的支出，而忽视软件及软实力建设。相较而言，E县和J县的教育信息化支出结构较为合理，软件、网络建设、教师培训等方面均有一定比例的投入。H县的信息化经费支出结构较为单一，94%的经费都用于硬件、耗材及日常性经费。

表 2　按支出账目分类的学校教育信息化支出结构

单位：%

	东部 X 县	中部 E 县	西部 J 县	西部 H 县
硬件经费	43	63	46	70
软件经费	1	1	1	0

续表

	东部 X 县	中部 E 县	西部 J 县	西部 H 县
网络建设经费	17	4	20	6
资源建设和购置经费	6	11	1	0
教师培训经费	0	2	2	0
耗材及日常性经费	33	19	30	24

功能支出课题组在传统的经济分类的基础之上研究制定了《义务教育教育功能支出分类科目设置》，包括 8 个一级科目：教学支出、学校管理支出、支持性服务支出、非教学服务支出、设备购置和建筑物建造支出、学生资助支出、其他人员支出及附属单位支出。该支出分类能够更好地反映学校的业务情况。

- 教学支出包括统一课程、校本课程、实践课程等支出；
- 学校管理支出包括行政管理、教务管理、政教管理、总务管理等支出；
- 支持性服务支出包括教学支持、学生支持、维护支持性服务等支出；
- 非教学服务支出包括宿舍、食堂等支出；
- 设备购置和建筑物建造支出包括设备购置、建筑物建造、大型修缮等支出；
- 学生资助支出包括奖学金和助学金；
- 其他人员支出包括离退休、丧葬抚恤等支出；
- 附属单位支出包括幼儿园、学前班、校办企业等支出。

功能科目的优点在于可以清楚呈现学校每笔支出的用途，区分经费在教学和非教学功能上的配置情况。表 3 根据学校支出科目所对应的功能对信息化支出进行了分类，可以看到四个地区的学校信息化支出用于设备购置和建筑物建造的比例都很高，H 县达到了79%；直接用于教学的支出比例并不高，最高的为 X 县（31%），最低的为 E 县（6%）；用于支持性服务的支出占一定比例，反映的是核心教学活动之外的辅助性活动，例如学生课外活动、教师培训及相应的器材购买等方面的信息化支出。从支出用途的角度来看，四个地区多数学校信息化经费呈现"重硬轻软"的配置结构，直接用于教学的支出占比较低。

表 3　按功能分类的学校信息化支出结构

单位：%

	东部 X 县	中部 E 县	西部 J 县	西部 H 县
教学支出	31	6	18	7
学校管理支出	10	8	18	3
支持性服务支出	21	25	28	9
非教学服务支出	0	0	2	1
设备购置和建筑物建造支出	38	61	32	79
其他人员支出	0	0	0	0
附属单位支出	0	0	2	1

从对四个地区学校教育信息化支出数据的分析可以得出以下结论。首先，不同地区在教育信息化方面的投入存在较大的差异。尽管 X 县教育生均支出较低，但教育信息化方面的支出远高于其他三个地区；从支出结构看，X 县的信息化支出结构更合理，兼顾了硬件和软件建设；从支出的用途看，直接用于教学的比例较高。E 县和 J 县学校生均教育经费较为充裕，但并未向教育信息化倾斜；从信息化经费支出结构看，E 县和 J 县较为"重硬轻软"；从支出用途看，E 县直接用于教育的支出较低，而 J 县用于教学的比例相对较高。四个地区中，H 县的信息化经费支出结构最为单一，绝大多数经费用于硬件和耗材及日常性支出，极少直接用于教学、管理和支持性服务等软实力建设。各地信息化支出的水平和结构差异一方面是由对信息化的重视程度不同造成的，另一方面是由四个地区原本的基础和所处的信息化建设的阶段不同的。但总的来说，四个地区教育信息化支出结构都存在"重硬轻软"的现象，相对于软件、资源、人员培训及教学，学校的信息化经费配置倾向于硬件设备购置、耗材的更替及日常性的经费支出。

三　总结

自 2005 年以来，我国教育财政体制机制发生了一系列的变化。中央与省级政府加大对于义务教育的投入，各级各类教育保障机制逐步建立，其中最为重要的是以实施免费义务教育为标志的教育财政体制改革。在教育财政机制方面，一方面，建立以生均拨款为标准的经费保障机制；另一方面，为了应对亟待解决的突出问题，如农村教师问题、校舍安全问题等，持续依赖项目化投入方式。这些举措有力地保障了学前教育普及率提升等事业发展目标的达成，极大改善了贫困地区、农村地区的义务教育、学前教育和中等职业教育学校的硬件条件。

从教育信息化来看，近年来以"三通两平台"为核心的教育信息化建设主要依托的是中央与地方政府专项资金和行政压力的推动。中央政府一方面通过划拨各类教育信息化专项资金，出台文件要求地方财政配套和保障一定比例的公用经费用于信息化建设，另一方面通过"义务教育均衡发展督导评估""义务教育学校标准化建设"等将信息化发展具体化为可度量的学校建设指标，从而促进地方政府推进和落实基础教育信息化建设。在这一过程中，教育信息化的目标更加指向教育公平，强调缩小学校之间在基础设施、硬件设备方面的差距，实现均衡化。从资金的来源和用途来看，无论是各类专项资金、融资租赁，还是日常公用经费中的信息化支出，大部分资金流向了网络环境和硬件设备的搭建、运转和维护。信息化投入重点在"建、配、管"，而轻"用、研"，尤其是在数字资源和人的身上的投入缺乏。

随着教育信息化的不断推进，信息化投入的重点将逐渐从基础设施投入和硬件采购转变为以数字学习资源的建设和应用为主。《教育信息化"十三五"规划》指出教育信息化存在信息化与教育教学"两张皮"、只管硬件忽视软件、体制机制尚需创新等问题，并提出要通过深化信息技术与教育教学、教育管理的融合，强化教育信息化对教学改革的服务与支撑，推动教育服务供给方式、教学和管理模式的变革。然而，在目前基础教育财政体制下，拨款严格以行政管理、人员编制和项目为中心，而不是以学校和学生为中心。教育信息化产品和服务的采购者和使用者分离，信息中心和电教装备部门负责采购招标，学校、教师和学生使用，因而不能很好地贴近使用者的需求。此外，随着义务教育经费保障机制的实施，政府对学校财政性经费使用范围和结构的监管逐渐加强，而公用经费的统筹使用又挤压了学校自主支配经费的空间，一定程度上抑制了学校对数字资源和服务的需求和购买能力。

另外，教育信息化在被提出之日起，就存在多重目标。在《教育信息化十年发展规划（2011—2020年）》中，教育信息化的目标包括"以教育信息化带动教育现代化，破解制约我国教育发展的难题，促进教育的创新与变革"，"促进教育公平和实现优质教育资源广泛共享、提高教育质量和建设学习型社会、推动教育理念变革和培养具有国际竞争力的创新人才"。然而，目前学校教育信息化是以公平为主要目标，其次是教育质量和教学管理效率的提升，创新和变革的目标在信息化推进过程中尚处于较为边缘的位置。在教育领域，课本、黑板、广播电视等技术手段和分层分班等教学方法都曾是学校教育的创新，而信息技术则是数字化时代为教育带来的又一次创新的契机。教育创新与变革作为长期追求的目标无疑是正确的，但现有信息技术所具备的信息采集、传递、分析与呈现能力还不足以承载这些长期目标，还需要投入更多的时间与精力去实践与探索。

教育科技企业与学校合作的类型与兼容性[*]

杨　钋[**]

（2018 年 7 月）

2011 年，哈佛大学商学院的 Christensen 及其合作者利用破坏性创新的概念分析了新技术对传统学校教育的影响（Christensen, Johnson, and Horn, 2010）。他们开宗明义地提出，学校教育的理想在于将人类的潜力最大化；助力充满活力的、参与性民主社会的形成；培养有助于经济繁荣、保持经济竞争力的技能、能力与态度；培育宽容精神，尊重差异。他们认为实现上述教育理念的最佳方式是通过创造性地在教室中使用计算机技术，实现以学生为中心的教学。随着计算机技术在教育领域中的广泛应用，美欧等发达国家在中小学中实现了系统性的计算机部署和互联网接入。近年来，我国教育信息化工作取得了显著进展。《2016 年全国教育信息化工作专项督导报告》指出："……23 个省已基本建成教育资源公共服务平台，15 个省全面或基本建成省级教育数据中心，信息化教学应用基本普及，融合创新案例不断涌现，信息技术安全体系初步建立，覆盖城乡的教育信息化体系初步形成。"（教育部，2016）

遗憾的是，国内外大量实证研究表明计算机和互联网进入学校并不等于开发出以学生为中心的教学方式，并不等于实现教育质量和效率的全面提升，也并不等于实现了教育信息化。计算机和互联网在学校教育体系中的应用尚面临一系列的体制和机制问题。《2016 年全国教育信息化工作专项督导报告》明确指出了教育信息化过程中的几大挑战。一是信息化教学应用水平不高。在缺乏专业教研引领的环境中，教师难以实现信息化产品"由买到用"的转变。二是信息化基础支撑环境发展不均衡。三是统筹推进机制不健全。部分教育部门、学校和企业合作的体制机制问题未能得到解决。四是信息化的有效运行维护机制未能得到保障。报告指出目前各地教育信息化经费仍多为项目或专项经费，缺乏固定、长期的资金支持（教育部，2016）。

教育信息化面临的这些问题背后，是否有阻碍教育信息化领域校企合作的更深层次

---

[*] 本文节选自《中国教育新业态发展报告（2017）——基础教育》"对教育科技企业与学校合作的再认识"一文。本文基于北京大学教育学院与未来工场开展的"2017 年进校服务企业调查"和部分教育科技企业案例写作而成。

[**] 杨钋，北京大学教育学院副教授。

挑战？这些挑战与作为组织的学校和企业的合作类型和兼容性有何关系？为了回答上述问题，本文尝试从理论出发，讨论学校和教育科技企业的发展逻辑及合作类型。这一问题的解答将有助于政府通过政策创新来克服上述信息化领域的挑战，促进校企在教育信息化领域的深度合作，实现"教育信息化2.0"战略的宏伟目标。

一　信息化领域的校企合作类型

柳栋认为教育内部的信息化过程中存在两类实践逻辑（柳栋，2016）。一是融合逻辑，即优化完善现有教育教学；二是变革逻辑，即面向问题、重构学与教的方式。教育外部的教育 IT 企业产品、服务规划则存在技术逻辑（为用技术而用技术）和教育逻辑（根据教育的规律，设计、提供满足学与教需求的产品与服务）。

采用上述框架，可以对教育科技企业与学校的合作情况进行分类（见表1）。类型I：成熟技术在教育场景中的优化应用。当学校或教育体系采用融合逻辑，采用技术逻辑的教育科技企业可以提供成熟技术在教育场景中的应用，如以短视频为基础的微课（大规模在线录播课程，即 MOOC）。类型II：为优化当前教学而设计的新产品。当采用融合逻辑的学校与采用教育逻辑的企业合作，企业可以设计新产品来优化学校的教育流程。例如，企业可提供测评和题库类产品，满足学校分层教学需求。类型III：创新性技术在教学中的应用。若教育体系正在贯彻变革逻辑，致力于技术逻辑的企业可以将创新性技术应用于教与学的变革。例如，利用虚拟现实技术实现科学周边（STEAM）课程和教学的优化，或者引入外教直播英语口语课和听力课。类型IV：提供重构教学流程的产品和服务。遵循教育逻辑的科技企业可以为变革中的学校提供定制化的、支持教学流程重构的产品和服务。例如，基于大数据分析的学情管理系统可提供学情诊断和个性化辅导。

表1　教育科技企业与学校合作情况的分类

		学校	
		融合逻辑	变革逻辑
企业	技术逻辑	类型I：成熟技术在教育场景中的优化应用（如 MOOC）	类型III：创新性技术在教学中的应用（虚拟现实、外教直播课）
	教育逻辑	类型II：为优化当前教学而设计的新产品（测评和题库类产品）	类型IV：提供重构教学流程的产品和服务（学情管理）

根据北京大学课题组对近百家教育科技类企业的调查、对多家企业的深入访谈及在教育展会中对多家公私立学校的访谈，当前教育科技企业与学校的合作形式基本属于类型I和类型II。随着教育信息化的推进，教育系统正在经历从融合逻辑到变革逻辑的推进，这就为教育企业与学校开展更多形式的合作提供了机遇。目前，部分初创企业开始尝试将创新性技术应用于教学重构后产生的新课程（STEAM 类课程，如编程）和新教学

管理模式（如实时学情分析）。

　　值得注意的是，向着类型 III 和类型 IV 合作模式的转移受制于两大因素：一是教育体系中教育信息化的发展速度和趋势，二是创新技术的发展速度和趋势。随着教育信息化的深入，政府采购学校信息化服务的内容正在发生变化（见图 1）。在教育信息化的起飞阶段，教育信息化采购的内容集中在硬件采购；在教育信息化的普及阶段，教育信息化采购内容从硬件采购转向了内容采购，主要是购买数字化教育资源。课题组发现，部分教育科技企业对大量学校和学生的教育消费留存数据进行了分析，形成了针对学校、学区乃至地区的学情分析数据和报告，并将其提供给地方教育部门。在教育信息化的下一个阶段，政府和学校可能会采购教育科技企业积累的数据或者相关数据产品。

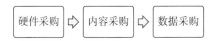

图 1　政府和学校教育信息化采购内容趋势

　　创新技术的发展速度也制约着教育科技企业与学校合作的模式。例如，智能化是教育行业普遍认可的核心技术。行业普遍认为人工智能有可能应用于各种教育场景，覆盖学校过程中的"教、学、练、测、评"五大环节（芥末堆，2017）。但德勤研究报告指出，人工智能在教学场景的应用面临不少问题，例如，数据频次低、数据量化难、人工智能程度未达到教师水平等。在教育信息化走向普及的阶段，从大面积的部署和使用来说，稳定性是一个重要的用户需求，稳定的成熟技术仍然有着极大的使用价值（柳栋，2016）。创新性技术若能在短期内成熟，达到教育体系所要求的稳定性，就可能实现在教育系统的大规模部署；否则，政府和学校可能在一段时间内还是会选择基于成熟技术的类型 I 和类型 II 的合作模式。创新技术的发展速度将影响其与教育体系合作的类型。

二　教育科技企业与学校的兼容性

（一）学校运营模式特征

　　教育科技企业与学校属于不同类型的组织。组织间的兼容性是讨论作为技术提供者的科技企业与学校合作的关键。教育技术与不同类型学校的兼容性决定了企业能否与学校的教与学整合。经济学研究者曾探讨过"破坏性创新技术"与高等教育的融合，即关注此类技术对高等教育教与学模式的影响（Christensen, Horn, Caldera, & Soares, 2011；Christensen, 2016；Dellarocas & Alstyne, 2013）。在对 MOOCs 的经济学分析中，哈佛大学经济学教授霍克斯比（Hoxby, 2014）讨论了大规模开放在线课程与不同类型院校的兼容性。

　　借用上述分析框架，本文尝试对基础教育阶段精英型公办学校、非精英型公办学校和民办学校的运营模式及其与教育科技企业的兼容性进行分析。表 2 从学校与政府关系、学校生源、教学、评价、师生互动等多个侧面，对三类学校的运营模式特征进行了比较。

表 2　三类学校的比较

	精英型公办学校	非精英型公办学校	民办学校
政府规制	生源规模和招生；教师编制和学校管理；课程内容和测评	生源规模和招生；教师编制和学校管理；课程内容和测评	分类管理，间接控制招生规模；学费水平；土地和建设审批等
政府投入	政府全额拨款单位	政府全额拨款单位	少量专项和学生资助；税收减免；土地优惠政策
收入构成	政府财政拨款	政府财政拨款	学费收入、举办者投入
选拔性	严格按照能力筛选	选拔性低，就近、开放入学	选拔性差异大
教师能力	教研能力较强；教学能力较强；信息化素养教高	教研能力较弱，教研参与程度低；依赖网上教学资源	教研能力、教研参与程度差异大
课程内容	教师原创比例较大，自编学案；在标准教科书基础上进行二次开发；探究式教学	采用标准化教材和课件；原创比例低	采用国内标准化教材；国际学校引入国外标准化课程，并进行本土化
学生评估	过程性评价与结果性评价结合；包含自主学习成果的评价；教师自主命题，与自编教材或学案结合	结果性评价为主；以外部命题、标准化考试为主；依赖网上资源布置作业和测评	过程性和结果性评价相结合
师生互动	传统课堂教学辅之以翻转课堂；师生互动渠道较多	传统课堂教学互动为主	多元化的师生互动
学生就学模式	开始尝试选课制、走班制，实行学校文凭制度	传统班级组织和排课制	选课制、走班制和排课制相结合
升学目标	国内外重点高中和高校	国内重点与普通高中和高校	国内外重点与普通高中和高校

（二）合作模式与兼容性

三类学校的使命和运营模式不同，它们与教育科技企业合作的目的、内容、方式、形态、产品偏好均有一定的差距，与采用不同实践逻辑企业的兼容性也不同。表 3 对三类学校与科技企业的合作和兼容性进行了概括。

表 3　三类学校与教育科技企业的合作模式与兼容性

	精英型公办学校	非精英型公办学校	民办学校
合作目标	将创新性教学目标和理念融入教学实践，以新教育目标重构教学流程；通过教育技术，初步探索个性化教学；成功教育模式的规模化（教育集团）或者模式输出（贫困地区）；应对中高考改革等政策环境变化带来的新教学需求（英语口语）	降低教与学对教师能力和同伴质量的依赖；解决标准化、优质教学资源的输入问题；以优质教学资源解决优质师资不足问题；应对中高考改革等政策环境变化带来的新教学需求（英语口语）	丰富教学内容和方式，满足家长差异化需求；解决标准化、优质教学资源的输入问题；利用教育技术梳理教学流程，降低教师流动性对教学的冲击

	精英型公办学校	非精英型公办学校	民办学校
合作内容	将新的教育目标和理念操作化（如实时的学情管理）；解决走班制、个性化教学带来的学校管理挑战；提供 STEAM 和创新创业教育课程；满足国际部等新教育功能所需的课程建设与测评要求	提供教、学、练、测、评等各个环节所需的内容和教学支持；提供新中高考改革带来的课程和师资挑战；为教师赋能，提供工作支持；提供学情管理和学校管理系统	合作研发课程和教学模式；支持双语教学、双师教学等新教育模式；获得优质、标准化教学资源；提供学情管理和学校管理系统
合作方式	合作研发；定制化服务；应用场景较多	购买现成产品；购买模块化组合产品；应用场景有限	合作研发；定制化服务；应用场景较多
产品偏好	STEAM 和语言类产品；学情管理和学校运营和支持	测评、题库类产品；微课等课程资源；学校运营和支持	STEAM 和语言类产品；学情管理与学校运营和支持
合作形态	初步改变教育过程，技术与教学和教研过程初步结合	优化教育过程，提高效率、促进公平	技术与教学和教研过程初步结合
兼容性	与追求"教育逻辑"的教育科技企业的兼容性较高；与创新性教育技术的兼容性较高	与追求"技术逻辑"的教育科技企业的兼容性较高；与成熟教育技术的兼容性较高	与追求"教育逻辑"和"技术逻辑"的教育科技企业均兼容；与成熟教育技术的兼容性较高

资料来源：作者分析整理。

1. 精英型公办学校：联合生产和合作研发

追求"变革逻辑"的精英型公办学校与追求"教育逻辑"的教育科技企业的兼容性较高，与创新性教育技术的兼容性较高。精英型公办学校与教育科技企业合作的目的是将创新性教育目标融入教学实践，以新教育目标重构教学流程。

精英型公办学校的痛点是以技术支持新的教育模式、解决优质资源的复制问题、应对政策变化带来的挑战。校企合作内容包括两个方面。一是满足教育创新需求，包括管理（如学情管理、走班制）、课程（STEAM 课程）和教学支持（混合式教学、国际部教学）。二是满足政策合规的需求，如新中高考要求、集团化办学、发展核心素养等。在合作方式上，为了满足教育创新需求，精英型公办学校一般选择与科技企业合作研发，或者选择定制化的服务。在合作形态方面，这种深度的合作初步实现了技术与学校教学和教研过程的结合。这种教育技术与流程的联合生产模式（joint-production）才能满足精英型公办学校需求，现成产品往往无法达到学校多元化、创新性的需求。在产品偏好方面，精英型公办学校选择的现成产品偏向 STEAM 和语言类产品；在学情管理和学校运营与支持产品方面，此类学校偏好合作研发。

综上所述，精英型公办学校与追求"教育逻辑"的教育科技企业的兼容性较高，与创新性教育技术的兼容性较高。此类学校追求"卓越"、未来导向的教育目标。在追求这些目标的过程中，精英型公办学校提出了非标准化、非常规化的需求；这些需求的强度不高，远远达不到用商业化模式来解决的程度，不可能在市场中找到现成产品。这意味着它们必须寻求遵循教育逻辑、愿意根据教育规律来设计和满足需求的科技公司。对重视教育逻辑的教育科技公司而言，精英型公办学校提供了明确的教育需求、多元化的教育场景、高配置的硬件和软件环境、信息化素养较高的教师、极高的社会声誉和较为合理的经费支持。这些条件为科技公司提供了合作研发的强激励。在此条件下，科技公司有可能将部分创新性的技术应用于合作研发，从而开发出适合创新性教育场景的产品，为下一步的模块化和集成化奠定基础。

2. 非精英型公办学校：替代和现成品应用

非精英型公办学校的使命是提供符合政府最低质量标准的公共产品，满足社会大众化的教育需求。作为追求"融合逻辑"的公办学校，它们与成熟教育技术的兼容性较高、与追求"技术逻辑"企业的兼容性较高。

非精英型公办学校的痛点是既缺乏优质教师和课程，又缺乏优质生源。面临上述挑战，非精英型公办学校与教育科技企业合作的目的是优化教育教学，解决由于缺乏优质教师、优质课程带来的质量瓶颈。换言之，此类学校希望通过教育技术合作来降低对教师能力和同伴质量的依赖。学校会主动输入标准化的优质教学资源，以解决优质师资不足的问题。这种做法具有一定的可行性。非精英型公办高校通过 MOOC 等方式引入优质教育资源来替代本校教师的教学已成为普遍现象（杨钋，2014）。此外，新中考和高考政策的变化也冲击着非精英型公办学校的教学，它们迫切需要通过企业引入高水平师资或者课程来应对变化。

非精英型公办学校当前教育优化的重点是为教师赋能或者替代能力有限的教师。当前阶段，部分学校与科技企业的合作重点在于降低教师的重复性工作、提升教师工作效率。满足此类需求的产品包括自动批改和差异化布置作业的应用等。例如，课题组对"一起作业网"的调研显示，该企业提供的差异化推送作业系统可以帮助教师分层布置作业，并及时批改和提供学情分析。也有部分企业为非精英型公办学校提供学校管理系统，优化排课、教师配置及基本财务管理等服务，以降低管理者的工作量，优化他们的工作环境，例如校宝在线、校园通等产品。

与精英型公办学校不同，非精英型公办学校购买的多是现成产品，或者根据应用场景，利用现成模块搭建符合学校需求的产品。学校现阶段的购买偏向于测评、题库类产品，微课等课程资源，以及学校运营和支持系统。当前，校内应用科技企业产品的场景正在拓展，逐步从练、测、评等环节向着教与学的场景发展。

综上，非精英型公办学校追求在不改变当前教育过程的前提下，优化教育和教学过程，提高效率。它们的需求比较标准化、常规化，现成技术（如 MOOC）等提供的标准化服务与产品能够满足此类需求，它们与成熟的教育技术和产品的兼容性较高。追求技术逻辑的企业比较容易在此类学校中找到合作伙伴，此类学校本身的信息化水平不高，需求强度较大，比较容易通过商业化的模式得到满足。

3. 民办学校：民办学校的使命是满足家庭差异化的教育需求

民办学校内部存在很大的差异性，部分学校致力于提供本土留学经历或者为学生海外留学提供支持；另一些学校追求在应试教育之外提供多元化的教育选择；也有部分学校追求满足应试教育的需求。精英型民办学校追求"变革逻辑"，非精英型民办学校追求"融合逻辑"。民办学校可以与追求"教育逻辑"和"技术逻辑"的教育科技企业兼容，与成熟教育技术的兼容性较高。

作为满足差异化需求的教育机构，民办学校与教育科技企业合作的首要目标是丰富教学内容和方式。选择民办教育的家长多数对非精英型公办学校标准化、单一的课程体系不满意，或者缺乏进入精英型公办学校的渠道，或者较为认同国外的教育方式，希望子女在国内接受国外中小学的教育或者为出国接受教育做准备（王蓉，2017）。鉴于家长认知与预期的多元化，民办学校必须提供与公办学校标准化课程有差异的课程，例如，强调高水平的应试教育、提供双语教学、引入部分国外标准化课程，或者强调艺术与体育等素质教育。由于受到投资规模、校内教师的教研水平或者时间精力的限制，民办学校会选择与科技类企业合作，引入标准化、优质的教育资源。与公办学校相比，民办学校还面临一些独特的挑战，例如较高的教师流动率。部分民办学校也会利用教育技术来梳理教学流程，以便降低教师流动性对教学的冲击。

在合作模式方面，具有前瞻性的民办学校会参与合作课程研发，例如支持双语教学、双师教学或者 STEAM 课程。在合作研发过程中，学校可能会采用一些科技企业的现成产品，并与企业合作进行二次研发，实现从买到用的转变。在此过程中，企业会根据学校的需求提供解决方案，并帮助学校梳理教学流程，以适应新技术带来的教学环境与内容的变化。例如，洋葱数学与东莞市厚街道明外国语学校合作，利用洋葱数学的微课开发了高效课堂。洋葱数学的教研团队负责对教师和学生进行培训，帮助教师基于洋葱数学的微课来梳理教学流程等。校内教研团队也帮助洋葱数学分析如何在学校范围内部署"混合式学习模式"，培养具备混合式学习经验的教师团队。也有部分民办学校选择购买成熟技术基础上发展的现成产品，丰富教学资源，如 STEAM 类产品和语言类产品，或者学情管理和学校运营支持系统。整体来看，民办学校与成熟技术的兼容性较高。它们也可以与追求"教育逻辑"的教育科技企业合作，研发支持教育变革的定制化产品。

综上所述，学校的运营模式决定了它们与教育科技企业的兼容性、与不同类型教育科技的兼容性，从而影响了学校与科技企业合作的目标、方式、内容、形态和产品偏好。

三　结论

在基础教育领域，"互联网＋教育"是解决党的十九大报告提出的"人民日益增长的美好生活需要和不平衡不充分的发展之间的矛盾"的一种可行方式。经过 40 余年的发展，我国教育信息化已经进入了"普及阶段"，教育主管部门和学校在一系列信息化建设项目的开展过程中，与企业进行了广泛和深入的合作。

教育信息化的发展即将进入"内容采购"和"数据采购"阶段。政府和学校需要通过购买教育科技企业的产品和服务来扩大优质教育资源覆盖面，对接线上线下教育资源，探索基础教育领域教育公共服务提供的新方式。如何找到适应教育信息化发展要求的教育资源？如何促进政府和学校与教育科技企业在教育信息化新阶段的合作？如何优化政府采购的流程？如何促进教育信息化产品和服务与学校教学的整合？这些问题成为社会各界关注的焦点。

本文的分析表明，学校和企业参与哪种合作与学校的特征和企业发展的逻辑相关。精英型公办学校的使命是精英的再生产，它们以教育变革为使命，与追求"教育逻辑"企业的兼容性较高，与创新性教育技术的兼容性较高。非精英型公办学校的任务是提供标准化公共产品，它们与追求"技术逻辑"的科技企业的兼容性较高，与成熟技术的兼容性较高。民办学校可以与追求不同逻辑的企业兼容，与成熟技术的兼容性较高。

由此可见，理解信息化领域校企合作的类型和不同运营模式的学校与企业的兼容性，是下一阶段优化政府政策、学校教育教学与信息化融合和企业制定发展战略的关键。教育信息化领域的校企合作将建立在组织兼容的基础上，并实现从"成熟技术在教育场景中的优化应用"和"为优化当前教学服务而设计的新产品"向着"创新性技术在教学重构中的应用"和"重构教学流程的产品和服务"方向的转变。

参考文献

教育部，《2016 年全国教育信息化工作专项督导报告》，http://www.moe.edu.cn/jyb_ xwfb/gzdt_ gzdt/s5987/201610/t20161031_287128.html，2016 年 10 月 31 日。

芥末堆，2017，《2017 年教育行业蓝皮书》，未发表行业研究报告，http://www.stardaily.com.cn/ 2017/1115/65512.shtml。

柳栋，2016，《已有基础、教育逻辑、体系变革和交易结构——基础教育领域"互联网＋"实践中几个问题的讨论》，2016 年"教育创新 20＋年会"发言整理稿，未发表。

王蓉，2017，《直面我国"教育拉丁美洲化"的挑战》，北京大学中国教育财政科学研究所《中国教育财政》第 5 期。

杨钋，2014，《谁参与？谁受益？谁支付？——MOOC 的经济学分析综述》，《工业和信息化教育》第 9 期。

Christensen, C. M. 2016. "The Innovator's Dilemma: When New Technologies Cause Great Firms to Fail." *Harvard Business Review* 8 (97): 661 – 662.

Christensen, C. M., Horn, M. B., Caldera, L., & Soares, L. 2011. "Disrupting College: How Disruptive Innovation Can Deliver Quality and Affordability to Postsecondary Education." *Higher Education Policy* 72.

Christensen, C. M., Johnson, C. W., and Horn, M. B. 2010. *Disrupting Class: How Disruptive Innovation Will Change the Way the World Learns.* McGraw-Hill: New York.

Dellarocas, C. & Alstyne, M. V. 2013. "Money Models for MOOCs." *Communications of the ACM* 56 (8): 25 – 28.

Hoxby, C. M. 2014. "The Economics of Online Postsecondary Education: Moocs, Nonselective Education, and Highly Selective Education." *American Economic Review* 104 (5): 528 – 533.

谁参与？谁受益？谁支付？
——MOOCs 的经济学分析

杨 钋[*]

（2015 年 4 月）

一 引言

大规模网络开放课程（Massive Online Open Courses，MOOCs）自诞生之日起就引起了热议，赞成者和反对者各持己见（Saltzman，2014）。近年来，国内各大高校也开始了 MOOCs 的实践。2013 年 9 月，edX 平台正式发布了北京大学首批 MOOCs 课程，包括"二十世纪西方音乐""电子线路""民俗学""世界文化地理"等。[①] 2014 年 3 月，北京大学与 Coursera 合作通过北大课程在线提供 16 门 MOOCs 课程。2013 年 10 月，清华大学的"学堂在线"开始提供"电路原理"和"中国建筑史"等 5 门课程。[②]

大规模网络开放课程是否威胁到传统大学的生存？针对这个问题，目前的研究多聚焦于以下几个问题：对于高等教育机构来说，是否应该参与 MOOCs？如何利用 MOOCs 增加院校的课程数量或者吸引更多的学生？哪些课程或者学生最有可能从 MOOCs 中获益？对教师来说，MOOCs 是否改变了大学教师的角色？是否为他们提供了新的教学模式（如翻转课堂）？对整个高等教育系统而言，MOOCs 的出现是否导致我们重新思考什么是高等教育的质量和"成功"？

已有研究从多个方面（如课程和教学、高校管理、教师职业发展等）讨论了 MOOCs 对高等教育的影响，但尚未得出一致的结论。最近，已有学者从经济学和管理科学的视角分析 MOOCs 现象，讨论它是否改变了不同类型高校的商业运营模式和可持续发展的前

---

[*] 杨钋，北京大学教育学院教育经济与管理学系副教授。

[①] 《北大网络开放课工作组，北京大学首批 MOOCs 课程在 edX 平台发布》，2013 年 9 月 8 日，http://pkunews. pku. edu. cn/xwzh/2013 – 09/08/content_278469. htm。

[②] 清华新闻网，《清华发布"学堂在线"大规模开放在线课程平台》，2013 年 10 月 11 日，http://news. tsinghua. edu. cn/publish/news/4205/2013/20131011172652211893299/20131011172652211893299_. html。

景（Hoxby，2014；Christensen，Horn，Caldera & Soares，2011；Dellarocas & Van Alstyne，2013）。本文将对上述文献进行简要综述，并致力于回答三个问题：谁参与？谁受益？谁支付？本文将首先讨论精英型和非精英型的大学与大规模网络开放课程的可兼容性和替代性。其次，讨论作为"破坏性创新"（Disruptive Innovation）的 MOOCs 将如何影响大学的商业模式。再次，简要介绍 MOOCs 本身的商业模式和可持续发展的可能性。最后，尝试分析精英型大学为何参与 MOOCs，以及如何参与 MOOCs。

二　高等教育机构与 MOOCs 的兼容性

为了更好地理解 MOOCs 与高等教育机构的关系，首先要分析高等教育机构背后的经济学逻辑。自 20 世纪中期以来，经济学家开始将经济学理论应用于高等教育产业的研究（Ehrenberg，2004），其中包括消费者理论（如人力资本和高等教育投资）、企业理论（包括生产和成本）、市场理论（包括竞争和劳动力市场）。高等教育经济学研究的核心领域包括高等教育的收益、大学生需求和偏好、高等教育的生产以及学术劳动力市场（张良，2009）。

为了从经济学的视角理解大学行为，必须回答两大类问题。第一，高校提供了何种服务？它们如何提供了这些服务？第二，谁来支付高校的成本？在回答了这两个问题之后，才能讨论 MOOCs 是否与现有高校的生产活动相匹配，以及它将会对高校的商业模式产生何种影响。以下讨论主要基于 Hoxby（2012，2014）的研究。

（一）市场中的两类高等教育机构

哈佛大学经济学教授 Hoxby（2014）提出美国高等教育部门中存在两类高校，即高选拔性的精英型大学和低选拔性的非精英型大学。这两类大学具有截然不同的运营模式和经费支持模式。低选拔性大学的特征是销售当期教育服务以换取当期收入，类似零售商店。它们提供的课程一般利用标准化教材，很多课程（如补习教育课程）与中学课程有很大的重合。由于提供标准化课程，大学可以雇用具有很高供给弹性且价格低廉的兼职教师，这类学校的总成本不高。它们的主要经费来源于学生，而学生以联邦政府的学生资助和家庭贡献来支付学费。这类学校要求学生以预付款的方式交纳学费，因此它们一般不对学生进行筛选，多采用开放入学的模式。此类院校也不关心学生的就学模式，因为即使学生辍学或转学，高校仍然可以得到他们预先支付的学费。

与此相反，精英型大学可以被视为风险投资家，它们对在校生进行大量投资，并且能从这些投资中获得类似于股权收益的回报，即未来的校友捐赠（Hoxby，2012）。精英型大学通过最先进的教学技术和复杂的教育支持系统为学生提供了高质量的教育，这使得毕业生能够在劳动力市场上获得高额的回报。这种教育模式需要高额的投入，因此精英型大学在选择投资对象方面非常谨慎。由于高校无法强制校友在毕业后进行捐赠，它们必须增强院校对校友的凝聚力。为达到这个目的，最重要的方式就是增加在校期间的师生互动和学生互动，让在校生经历高水平的智识挑战和社交活动，从而让他们相信他们接受的教育要优于其他院校的毕业生，并愿意对母校做出回馈。

为了说明上述观点，Hoxby（2014）利用美国教育部提供的多项调查数据对大学生的在校经历和教师活动进行了分析。[①] 她主要比较了两类院校的院校收入构成、课程内容、学生评估方式、教师能力、学生就学模式、师生互动和学生互动情况、参与远程教育情况以及院校提供的学位与校外文凭的价值等（见表1）。

表 1　两种类型院校的比较

	非精英型大学	精英型大学
院校收入构成		
捐赠收入占比	捐赠收入占收入的1%	捐赠收入和捐赠基金产生的利息等占收入的80%
学费收入占比	私立院校94%；学生、家庭和联邦奖助学金和贷款支付大部分成本	学费占学校成本的20%
选拔性	选拔性低，或者开放入学	选拔性高，严格按照能力筛选
课程内容	36%的课程内容来自标准教科书；与教师科研无关	只有不到20%的课程来自标准教科书，54%的课程内容与教师科研领域相关，72%的课程内容来自最新研究
	至少有2%的课程内容是高中代数、基本数据分析、基本阅读理解、各种基本导论课程	课程内容原创比例大，专门为课程而设计，多涉及研究领域前沿
学生评估方式	70%的课程采用教科书提供的多项选择作为考试；36%的课程要求学生互判分；只有5%的学生曾经提交由教师打分的研究论文	只有25%的课程采用多项选择作为考试；12%的课程要求学生互判分；100%的课程要求学生提交由教师打分的研究论文
教师能力	教师科研参与低，平均每个教师有0.2篇同行评议期刊论文，1篇其他论文和0.03个专利	教师科研参与高，平均每个教师有4篇同行评议期刊论文，3篇其他论文和0.2个专利
	13%的教师拥有博士学位	76%的教师拥有博士学位，58%的博士来自最具竞争力的高校
学生就学模式	13%的学生放弃了注册的课程	0.7%的学生放弃了注册的课程
	只有7%的学生在5年内完成本科学位，14%在五年内完成副学士学位	多数学生全日制就读，94%的在5年内毕业
	59%的学生在入学后的前两年兼职工作，51%的学生曾经休学1~2个学期，52%的学生曾经在2个或2个以上院校就读	8%的学生在入学后的前两年兼职学习，17%的学生曾经休学1个学期，10%的学生曾经在2个或2个以上的院校就读

① Hoxby（2014）利用的数据包括：Integrated Postsecondary Education Data System（"IPEDS," U. S. Department of Education, 2013），the Delta Cost Project Database（"DELTA," U. S. Departmentof Education, 2012），NCES-Barron's Admissions Competitiveness Index（"Barron's," U. S. Department of Education, 2010），the Annual Survey of Colleges（"ASC," The College Board, 2011），the 2004/2009 Beginning Postsecondary Student study（"BPS," U. S. Department of Education, 2011），the 2004/2009 Beginning Postsecondary Student Transcripts study（"BPSTranscripts," U. S. Department of Education, 2012），the 2004 National Survey of Postsecondary Faculty（"NSOPF," U. S. Department of Education, 2006），and the faculty survey of the Higher Education Research Institute（"HERI," Higher Education Research Institute, 2010）。

续表

	非精英型大学	精英型大学
师生互动和学生互动	若以学生的学习整合和社会整合分数来衡量，美国本科生的平均学习整合分数是 78，社会整合分数是 76；非精英型大学的分数分别是 56 和 18	学习整合和社会整合分数分别是 100 和 114
	只有 29% 的学生曾经与教师非正式地见面，57% 的学生有学术顾问，39% 的学生参与学习小组，18% 的学生参与校园文化活动，13% 的学生参加兴趣俱乐部	89% 的学生曾经与教师非正式地见面，90% 的学生有学术顾问，85% 的学生参与学习小组，74% 的学生参与校园文化活动，81% 的学生参加兴趣俱乐部
	主要由教师讲述标准教材内容	许多课程中有高水平的互动。53% 的课程要求学生在课外进行准备，并在课上进行展示。只有 12% 的课程时间由教师来讲解课程内容，其余时间用于讨论
参与远程教育	2004 年 13% 的学生接受了某种形式的远程教育	2004 年少于 1% 的学生接受了某种形式的远程教育
学位与校外文凭价值	24% 的毕业生从校外机构获得文凭（资格证书）；这些文凭对他们的收入有显著的正向影响，但是学位对收入没有显著影响	1% 的毕业生从校外机构获得文凭；文凭和学位对收入有显著影响

资料来源：作者根据 Hoxby（2014）整理。

　　表 1 的分析显示非精英型大学的选拔性较低、课程内容和教学的标准化程度较高；教师科研能力较弱、被替代性较强。学生经常参与"非传统就学模式"——非全日制就读、辍学或中断学习、在多个院校就读。院校中师生互动和学生之间互动程度低、学生的学习和社会参与程度低。此外，学生参与远程教育较为普遍，但学位完成率低、学位对毕业生收入贡献不大。此类院校依赖当期学费收入运营。相反，精英型大学的选拔性较高、课程内容和教学的标准化程度低、原创程度高。院校教师的科研能力强、被替代性弱。学生经常参与"传统就学模式"——全日制就读、较少辍学或中断学习、较少在多个院校就读。此类院校中师生互动和学生之间互动程度高、学生的学习和社会参与程度高。学生较少参与远程教育，但学位完成率高、学位对毕业生收入贡献显著。

（二）MOOCs 与两类机构的兼容性

　　这两大类学校截然不同的特征决定了它们与大规模网络开放课程的兼容性有很大的差异。Hoxby（2014）提出，MOOCs 可以与非精英型高等教育机构形成替代关系，但是它对精英型高等院校可能不会产生很大的影响。

　　MOOCs 的特征是开放式入学、在线评估、学生为主导的互动论坛、学生相互评判成绩。由于这些特征，大规模的开放课程不可能涉及高强度的师生互动，教师无法对学生进行个性化的教学或者评估。由于参与 MOOCs 学习的初始成本很低，多数学生在学习期间会放弃课程，即将注册课程作为试错的过程。教师和助教不会花费大量时间辅导学生，因为很多学生会中途辍学。

MOOCs 与非精英型高等教育的兼容性很高。首先，部分非精英型大学的学生已经接触过远程教育，在线网络开放课程可能成为改善非互动式的、低质量的面对面教学的契机。此外，相对于由兼职教师提供的标准化课程，MOOCs 平台上那些极具个人魅力的名牌大学教师提供的课程可能对学生更具有吸引力。在课程评估方面，MOOCs 的在线评估与非精英型大学的标准化评估相距不远。MOOCs 平台课程中缺乏师生互动，但是与非精英型大学的传统课程相比，MOOCs 平台上的师生互动水平不一定更低，且学生之间互动的水平可能更高。非精英型大学的辍学率、转学率和中断学习比例本来就很高，选择 MOOCs 不一定会影响学生的就学行为。虽然 MOOCs 学习还不能完全替代学位，但是完成一系列的 MOOCs 课程可以帮助学生获得资格证书，这些资格证书可能比大学文凭的市场价值更高。

Hoxby（2014）提出，MOOCs 取代精英型高等教育的可能性很低，二者兼容性不高。在课程方面，只有少量精英型大学的专业先修课程可以由 MOOCs 提供，例如微积分和统计等。在其他方面，二者的兼容几乎不可能。这主要是由于精英型大学的高选拔性与 MOOCs 的开放性不相容，MOOCs 也不可能提供高强度的师生互动和由教师全力支持的学生互动。此外，MOOCs 无法要求教师提供个性化的咨询和学业评价或者为学生提供高端教学设备和设施。

更为重要的是精英型大学中存在教学与研究的整合，这一点 MOOCs 不可能提供。一流大学的教师同时从事教学与科研工作。目前精英型大学精心维护着教师在教学和科研方面的平衡，而 MOOCs 的出现可能打破这一平衡。对教师而言，准备 MOOCs 课程将花费大量时间，带来巨大的机会成本。由于 MOOCs 的开放性质，教师可能在 MOOCs 上线以后失去对原创课程的知识产权。因此教师缺乏激励参与 MOOCs。

由精英型大学教师自己提供的 MOOCs 课程还可能会威胁到此类院校的生存，影响代际捐赠的传统。参与 MOOCs 意味着精英型大学将从为少数人提供高端教育变为提供大众化教育，从而改变了自身的使命。校友可能不会认同这一新的使命，从而中断对母校的支持。简言之，MOOCs 可能为精英型大学提供一些互补课程，但它所能提供的教育经历与常春藤高校所追求的教育体验相距甚远。换言之，MOOCs 可能会对非精英型大学的运营产生较大的影响，而对精英型大学的影响不大。

三　MOOCs 与破坏性创新

（一）大学的成本困境和商业模式

传统的观点认为高等教育和表演艺术一样，其生产率的增长低于其他行业（Baumol & Bowen，1966）。过去几十年来，高校的生师比没有发生很大的变化，这意味着高校的生产率变化不大。问题在于，高校必须和其他高增长率的行业竞争人才，它们被迫不断提高教师的工资和待遇。这就解释了高校中普遍存在的"成本病"，即由于其他行业的竞争而不是本行业生产率的提高，高校必须不断提高工资水平和运营成本。

　　MOOCs 出现以后，人们认为它可能会降低高校运营成本，从而提高教育的可负担性（Saltzman，2013）。尽管提供 MOOCs 课程的初始成本极高，但随着课程参与人数的增加，长期平均总成本可能随着参与者（产品）数量的提高而降低，此时就会出现规模经济。规模经济意味着高校可以通过参与 MOOCs 来扩展教育市场、降低成本。

　　Hoxby（2014）认为这种说法不成立，因为目前经济学界对 MOOCs 的供给和需求方程几乎一无所知，对在线教育的成本方程也所知不多。一方面，MOOCs 运动还处于发展的早期阶段，很难估计市场对它的需求。另一方面，由于多数高等教育机构免费提供 MOOCs 课程，研究者无法估计 MOOCs 的供给方程。在这种条件下，很难判断是否存在规模经济。

　　哈佛大学商学院的管理学教授 Clayton M. Christensen 及其合作者（2011）也不同意规模经济的说法。Christensen 认为高等院校的高成本不是由于生产率提高缓慢，而是由于它们混淆了多种商业模式。通过增加学生数量不会导致高校成本的降低，因为学生数量的增加不会改变大学已有的商业模式。MOOCs 出现可能导致高校成本降低，因为它属于破坏性创新技术，它将促使高校的商业模式发生向低成本模式的转变。

　　Christensen 等（2011）提出，一般组织中存在三种商业模式，即解决商店型组织（solution shop）、增值过程型商业组织（value-adding process business）和促进用户网络型组织（facilitated user networks）。解决商店型组织致力于诊断和解决非结构化的问题，典型的例子是咨询公司、广告创意机构和机构的研究与发展部门，多数大学的研究部门也在此列。这些机构的专家利用自身技能对复杂问题进行诊断，并提出解决方案。这类组织一般按照投入而不是产出收费。增值过程型商业组织通常利用自身的资源，将未完成的原料转变为具有高额价值的完成产品，多数制造业产业、餐厅、零售业等属于此类组织。它们一般按照程序重复工作，通过标准程序增加产品的价值。这类组织根据自己的产出而不是投入来收费。多数基础教育机构和大学的教学部门都属于增值过程型商业组织。促进用户网络型组织的目的在于促进用户之间交换，例如通信公司帮助用户进行信息交换，并从中获得用户使用费。

　　这三类组织的收入来源和运营方式截然不同。在传统的大学中，这三种商业模式往往并存。例如，大学研究机构属于解决商店型组织，教学机构属于增值过程型商业组织，而提供学生活动的服务部门属于促进用户网络型组织。这意味着大学内部拥有三种完全不同、本质上不相容的商业模式。并存的原因在于，多数大学领导希望把自己的学校办成哈佛大学，他们在各个方面追求出类拔萃，这使得院校具有多重且矛盾的使命。并存的后果是，增加了系统的复杂性，并带来成本的上升。Christensen 等（2011）发现复杂的组织结构导致成本大幅提升。为了满足所有人的需要，高校组织日益复杂，它们的运营成本也急剧上升。简言之，高等教育机构的高成本不仅仅是因为生产率提高缓慢，更是因为它内部存在三种不协调的商业模式，这显著提高了大学的运行成本。

（二）　破坏性创新视角

　　已有研究发现营利性高等教育机构之所以能够保持较低的成本，主要是因为它们专注于教学，不考虑科研和提供社会服务。它们也更多地利用了在线教育技术。一个自然而然的问题是：MOOCs是否会导致高校商业模式的变化，并带来运营成本的降低？

Christensen等（2011）的研究结果对此持肯定的态度。他们认为，MOOCs属于破坏性创新，这种创新会开辟新的教育市场，将原先昂贵、复杂的产品转变为便宜和简单的产品。在这个过程中，低成本的、新进入院校的运营模式将渗透到更高层次的市场（move up-market），并成为新的市场领导者。为了应对它们的挑战，原先具有主导地位的高等教育机构必须对自己的商业模式进行调整，从提供复杂的教学和科研服务转变为专注于提供某一种服务，从采用多种商业模式变为采用一种商业模式，这会逐渐降低组织成本。

自20世纪90年代中期开始，Clayton Christensen与其合作者对破坏性创新进行了持续的研究（Christensen，2013），并将其理论运用于对基础教育（Christensen et al.，2008）和医疗系统（Christensen et al.，2009）的分析。Christensen等人对计算机和钢铁行业的研究发现各个行业中都存在差序化的格局，即不同产品及其生产企业处于一系列的同心圆圈中。① 这些行业在不同时期均出现了一个趋势，一些技术创新使得便宜和使用简单的新产品取代了原有的复杂和昂贵的老产品，当这些破坏性创新出现时，新的公司利用此机会成为行业的主宰。②

Christensen等（2010）认为在高等教育领域也存在差序格局。③ 在高等教育行业中，如图1所示，处于高等教育最内圈的是私立精英大学，如哈佛大学和耶鲁大学，只有最富有家庭的高能力子女有机会进入。这类学校同时从事教学和科学研究，它们采用风险投资式的财务模式，其收入主要来源于校友捐赠。如前所述，这类大学与MOOCs的兼容性较低。属于第二圈的是公立四年制大学，它们的价格和成本较为低廉，选拔性也较低。虽然这类大学的声誉低于私立精英大学，但它们也同时从事科学研究和教学。它们的收入主要来自学费和政府的学生资助，与MOOCs的兼容性较高。最外圈的是公立两年制社区大学和一些营利性大学，它们的成本最低，常采取开放式入学政策。这些学校以教学为主，极少从事科研工作，它们提供的学生服务也较少。这类学校与MOOCs的兼容性最高，它们已经广泛参与了在线课程。

在这种差序格局中，低成本的公立两年制社区大学和营利性大学希望进入更高层次

---

① 在计算机行业中，处在最内圈的是昂贵和复杂的老产品，使用者必须拥有大量的财富和技能，典型的例子是早期的计算机（mainframe computer）。下一圈是技术较为简单、成本也较低的下一代产品，例如迷你计算机（minicomputer）。之外的一圈是技术复杂性提高但成本更低的产品，例如个人电脑（personal computer）。最外圈的是技术已经成熟且成本最低的产品，比如笔记本电脑和智能手机（notebook computer or smart phone）。

② 伴随着破坏性创新，一个最重要的转变是人们对质量的看法。基于生产者的视角，过去的行业采用了绝对质量观，以产品的性能来评价质量，例如计算机的内存和功能。以往行业的主宰企业将研发的重点放在提高产品性能方面，制造越来越复杂和昂贵的产品。现在的行业主要从消费者的角度来考虑质量问题，消费者对质量的评价基于产品的可用性，即产品能否完成消费者希望它完成的任务。无论产品的绝对性能如何，能完成任务的就是好产品。一些新兴企业开始生产低成本、能满足消费者单一需求的新产品，并逐步取代了原先的行业主宰者。

③ 他分析的潜在假设是高等教育机构属于利润最大化组织，它们追求高利润和低成本。

的市场（例如，提供研究生课程和学位）。在高层次的市场中，它们能够凭借自己的成本优势获得利润。若此时不存在破坏性创新技术，这些冲击高层次市场的企图多半会以失败告终。Christensen 等提出大规模网络开放课程可以成为高等教育市场中的破坏性创新力量，它们的出现提供了一个机会，使得低成本大学的商业模式有可能渗透到更高层次的市场中。

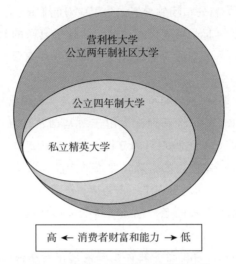

图 1　高等教育中的潜在破坏性力量

资料来源：Christensen et al.，2011：25。

那么，我们如何判断 MOOCs 是否会成为高等教育行业的破坏性创新力量呢？在对其他行业的研究中，Christensen 等人发现新技术对老技术的替代可以用新技术的市场占有率来衡量。当破坏性创新技术出现以后，起初新技术市场占有率很低，然后会出现一段加速增长期，之后新技术的市场份额以递减的速度递增，呈现"S 形"。换言之，如果某个市场中新技术的市场占有率呈现"S 形"的变化，可以推断这个市场中出现了破坏性创新技术。

Christensen 等人对美国北卡罗来纳州社区大学系统的分析表明，该系统中的在线教育的市场占有率已经呈现破坏性创新的"S 形"趋势。图 2 表明北卡罗来纳州社区大学系统中在线课程的数量占全部课程的比例，该比例已经从 2000 年的低于 10% 上升到 2009 年的29%，预计在 2014 年达到 50%，在 2018 年达到 90%，并接近饱和。由此可见，正是市场中的低成本社区大学率先开始采用了破坏性创新技术，并借此提高在线教育的市场份额。①

基于上述分析，Christensen 等（2010）提出，传统的高等教育机构必须在几个方面进行改革。首先，高校应该选择正确的商业模式。大学现有的多元价值取向和多种商业模型自相矛盾，带来了高额的运营成本。为了降低成本、提供大众可以支付的高等教育，

---

① 随着 MOOCs 的出现，人们对高等教育质量的看法可能也会发生转变。以往对院校质量的评价集中在高校的投入和生产过程，在 MOOCs 出现后，评价将进一步转向高校的产出，尤其是学生的评价。

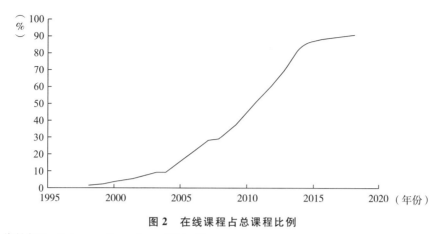

图 2　在线课程占总课程比例

资料来源：Christensen & associates，2014：31。

高校应该重新定位，确定适合自己的商业模式。其次，高校应该驱动破坏性创新。一些有条件的院校可以建立完全独立的、不受现有程序干扰的、新的商业组织，允许它们参与破坏性创新技术的发展和应用，并且获取由此带来的成本优势。再次，高校应该发展"聚焦"战略。致力于在各个方面都取得出类拔萃的成绩不是一个可行的发展战略。大学应该明确自己的发展定位，聚焦在自己具有比较优势的方面。最后，高校应将在线学习发展为组织中的可持续创新。院校可以利用这种新技术打破现存的课堂学习模式，为学生提供方便的学习方式和更好的学习经验。

如前所述，由于非精英型大学与 MOOCs 的兼容性较高，这些学校较为容易接纳大规模网络开放课程，并且从中获益。我们可以预期低成本的社区学院的模式也会首先影响这些学校，促使它们率先转变商业模式。精英型大学与 MOOCs 的兼容性较低，可能不会受到社区学院等低成本竞争者的冲击。

四　MOOCs 的商业模型

作为破坏性创新的 MOOCs 可能会改变高校现存的商业模型，那么 MOOCs 本身所采用的商业模型是否可行？谁会为它付费呢？它是破坏性创新的持续推动力，还是昙花一现的技术创新史的注脚？由于思考的视角不同，学者们对此问题产生了不同的看法。

（一）"谁受益，谁支付"的商业模式

波士顿学院管理信息系统教授 Dellarocas 和 Van Alstyne（2013）提出了几种可行的 MOOCs 商业模式。他们的出发点是考虑大规模网络开放课程销售的内容以及谁应该为这些课程付费。这些模型背后的逻辑是"谁受益，谁支付"的原则。从支付者角度分析，州政府、学生、雇主、捐赠者和其他平台都可以为 MOOCs 课程支付成本。从支付对象来看，上述五个主体可以为课程内容、MOOCs 产生的数据和应用数据所做的分析、MOOCs

平台上的活动以及互补性服务付费。表 2 总结了 Dellarocas 和 Van Alstyne（2013）提出的 MOOCs 商业模式的框架。

表 2 MOOCs 商业模式的框架

支付者	支付对象			
	课程内容	数据和分析	平台活动（学生投入）	互补性服务
州政府	政府补贴			
学生	学费	诊断	同伴支持	资格证书；学习辅导；合作学习小组
雇主	订制课程；继续教育	聘用；分析		资格证书；学习辅导；合作学习小组
捐赠者	资助课程		问题－资助学习	接触专家
其他平台	整合课程	学生招募服务		

资料来源：Dellarocas and Van Alstyne（2013）：26。

从学生的角度，学生应该为完成课程内容支付学费。在线课程的互动性决定了它的完成需要其他学生、教师和助教、评估专家和平台支持员工的投入，学生应该为这些服务支付费用。这意味着 MOOCs 可以免费提供课程，但是对互补性服务收费。Coursera 已经开始尝试免费提供课程内容，但对学生获得的资格证书收费。此外，MOOCs 平台可以利用丰富的数据来提供个性化的学习诊断服务，确定学生的优势和劣势，并适当调整他们学习的节奏。MOOCs 可以向诊断服务的使用者收费。还有一种可能性是通过平台提供收费的教师或者同伴辅导。辅导员解答学生提出的问题，并且提供真实的师生和学生互动经历。

另外，MOOCs 可以帮助雇主挑选人才和提供继续教育。在企业招聘阶段，MOOCs 可以提供基于个人电子学习档案的深入分析，这种分析比资格证书更能反映学生的技能。目前 Udacity 已经开发出一个聘用计划，帮助 Google、Amazon、Facebook 挑选合适的雇员。此外，企业还可以聘用 MOOCs 提供专门的定制课程来满足企业对人才的需求或者员工继续教育的需求。

（二）不可持续的创新

Hoxby（2014）从收入、产权、定价、成本和激励角度分析了 MOOCs 可持续发展的可能性，并得到了否定的结论。首先，MOOCs 的供给者既无法限制个人接触 MOOCs 课程，又无法保证学生会预付学费，因此 MOOCs 的提供者无法像非精英型大学那样以当期服务换取当期收入。大规模网络开放课程也不可能采用精英型大学的风险投资模型，因为它采用开放录取方式，无法对投资对象进行严格的筛选。这就意味着 MOOCs 的收入存在极大的不确定性。

其次，面临产权的威胁，MOOCs 还未发展出合理的定价战略。虽然 MOOCs 课程的内容还没引起盗版者的注意和地下交易，但是它们早晚会面临与唱片和电影工业同样的问题，例如对付未经授权的映像网站、文档分享、不提供 MOOCs 课程但是同样提供文凭的机构等。唱片和电影业至今尚未找到保护产权问题的最好办法，它们唯一的对策是以极其低廉的价格提供产品，以至于盗版者觉得无利可图。现在还不清楚 MOOCs 课程内容是否能便宜到盗版者不会染指，同时高到足以补偿制作和提供 MOOCs 的成本。

最后，MOOCs 的成本未必会随着规模经济而大幅度降低，因为现阶段的供给成本不能反映真实成本，存在大量未被考虑的机会成本。例如，多数 MOOCs 课程的教师并未从提供课程中获利。一些 MOOCs 的"明星教师"，即那些具有超凡个人魅力和沟通技巧的教授，迟早会要求获得"明星"应得的收入。归根结底，在线课程中最为稀缺的是这些"明星教师"，而不是课程。如果 MOOCs 变得时髦，这些最受追捧的教师一定会要求分得租金，而不仅仅是得到一般教师的薪酬。否则，他们就不会提供高水平的网络课程。如果把对"明星教师"的激励纳入成本，MOOCs 的定价和成本显然会受到影响。

Hoxby（2014）认为，目前还很难判断 MOOCs 是否具有财务方面的可持续性，特别是当考虑到目前 MOOCs 的商业模式（免费获得课程内容；规模太小以至于不足以吸引盗版者；未来的明星教授无法分享收益等）不具有可持续性。如前所述，MOOCs 提供者可以通过扩展服务内容和提供增值服务获得收入。但要保持 MOOCs 课程的可持续发展，参与在线网络课程的大学必须解决收入、产权、收益分享和激励等难题。

五　结论和启示

作为破坏性创新的大规模网络开放课程已经开始改变高等教育部门的生态。从参与者和受益者的角度来看，精英型大学与 MOOCs 的兼容程度较低，这些大学的运营可能不会受到很大的影响。精英型大学独特的风险投资式的财务模式决定了它们必须对学生加以选择，以期未来获得校友捐赠作为对院校高投入的回报。为了建立校友的忠诚，它们必须提供高质量和高附加值的教育服务，这一点通过高水平教师提供的具有原创性的、与科研前沿密切结合的课程和高强度的师生互动得到了保障。这些院校所提供的课程基本不能由 MOOCs 课程来替代。此外，精英型大学不需要通过 MOOCs 来扩大市场占有率，极低的录取比例意味着它们完全可以从申请者中获得优质生源。特别地，这些大学的教师在教育为数巨大的、准备不充分、随时可能辍学的普通学生方面未必具有比较优势。由此可见，精英型大学没有激励参与 MOOCs 课程的消费，也不会从中获得收益。

与此相对，MOOCs 与非精英型大学的兼容性较高，可能会对它们的运营产生较大的影响。非精英型大学课程的标准化程度高，师生互动和学生之间互动程度低，学生的学习和社会参与程度低。这意味着 MOOCs 与非精英型大学之间有较高的替代性。此类院校可以通过 MOOCs 扩展课程的深度和广度，甚至提高教学质量。这些院校的学生最有可能从 MOOCs 课程的消费中获益。特别值得注意的是 MOOCs 可能会推动非精英型大学的商业模式的变革。多数非精英型大学混淆了多种商业模式，导致了高昂的运行成本。随着MOOCs 的发展，单一使命、以教学为主导的社区大学或者营利性大学的成本优势会逐渐显示出来，它们的市场份额会相应扩大。这些低成本高校的商业模式可能会渗透到更高层次的市场，影响其他大学的商业模式，迫使它们重新整合商业模式，并且接纳破坏性创新技术。

遗憾的是，谁应该为大规模网络开放课程埋单的问题还没有完全解决。根据"谁受益，谁支付"的原则的确可以建立多种 MOOCs 商业模型。但是这些模型可能难以解决 MOOCs 所面临的收入、产权、收益分享和激励等问题。

一个特别值得注意同时又令人迷惑的问题是，为何全球的一流大学都争先恐后地参与 MOOCs 运动，并且免费向社会提供 MOOCs 课程？一种显而易见的解释是这是精英型大学的社会责任。通过 MOOCs 平台，它们向全社会开放优质教育资源，提高了社会福利。通过这些课程，一些原来因为能力或者家庭社会经济背景限制而无法接受优质高等教育的学生有机会接触到一流大学的课程。在这个意义上，精英型大学通过 MOOCs 平台开放了教育机会，促进了教育公平。

提供具有正外部性的公共产品显然符合大学的社会服务使命，但是一流大学是否有必要直接提供这些公共产品，而不是通过提供经费的方式来间接参与？一流大学是否有必要向全社会，而不是少数同一水平上的高校提供这些公共产品？[①] 一流大学是否有必要免费提供这些公共产品？

对精英型大学的免费课程供给有两种可能的解释。首先，精英型大学已经认识到破坏性创新的影响力，它们争取在新行业中成为垄断者。在计算机行业的发展中，每次新技术创新的出现都会导致一些老公司的退出和新公司的进入，而 IBM 似乎打破了这个定律，一直保持着行业的领先地位。IBM 采取的方式就是在每次破坏性创新来到的时候，在公司内部建立一个全新的商业部门，这个部门可以发展新的商业模式，参与并驱动破坏性创新。例如 edX 和 Coursera 就是从大学中衍生出来的新商业机构，清华的"学堂计划"等也是在组织内部发展出来的新机构，专门负责发展破坏性创新技术。通过这些项目，一流大学得以在新浪潮中保持它们的行业垄断地位。

精英型大学也可能出于非经济的目的参与 MOOCs 运动。公立精英型大学，尤其是我国的"985"和"211"高校，获得了国家的巨额补贴和财政投入。作为回馈，它们必须为国家的发展做出贡献。"985"和"211"高校可以通过 MOOCs 平台，向社会开放优质教育机会，促进教育公平，缩小重点和非重点院校的质量差距。这可以在一定程度上缓和社会矛盾，尤其是公众对重点高校垄断教育资源的不满。未来国家竞争的重点在于人才的竞争，如何吸引"最优和最聪明的人才"（the best and the brightest mind）已经成为世界性的问题。通过 MOOCs 平台，我国重点高校将有机会向世界展示中国高等教育的质量，增加我国大学教育对本国学生和留学生的吸引力。由国内重点大学参与的 MOOCs 平

---

① Hoxby（2014）认为，高选拔性的精英型大学如要参与 MOOCs，先要解决两个问题。第一，如何保障提供高端教育所必需的选择性？第二，如何提供维持精英型大学的风险投资式的财务模式所必需的教育经历？Hoxby（2014）提出的解决方案是在学生质量相似的院校之间，建立在线课程交易。课程输出高校可以通过筛选学生来保证课程内容的高水平，它们可以拒绝准备不足的学生选课，或者要求课程输入院校提供经过授课教师认可的助教来保证师生互动和学生评估的质量。这种方式可以提高高校课程的广度和深度，同时又不会损害精英型大学的风险投资式的财务模型的可持续性。

台建设有可能成为国家人才战略的重要和关键性一环。

参考文献

张良，2009，《美国高等教育经济学研究：几个主要研究问题》，《复旦教育论坛》第 4 期。

Baumol, W. J. & Bowen, W. G. 1966. "Performing Arts: The Economic Dilemma: A Study of Problems Common to Theater, Opera, Music, and Dance." New York: Twentieth Century Fund, 1966.

Christensen, C. 2013. *The Innovator's Dilemma: When New Technologies Cause Great Firms to Fail.* Boston: Harvard Business Review Press.

Christensen, C. M. , Grossman, J. H. , & Hwang, J. 2009. *The Innovator's Prescription: A Disruptive Solution for Health Care.* New York: McGraw-Hill.

Christensen, C. M. , Horn, M. B. , & Johnson, C. W. 2008. *Disrupting Class: How Disruptive Innovation Will Change the Way the World Learns* (Vol. 98). New York: McGraw-Hill.

Christensen, C. M. , Horn, M. B. , Caldera, L. , & Soares, L. 2011. "Disrupting College: How Disruptive Innovation Can Deliver Quality and Affordability to Postsecondary Education." *Innosight Institute/ Clayton Christensen Institute for Disruptive* Innovation, San Mateo, CA. http://www. innosightinstitute. org/innosight/wp-content/uploads/2011/02/future_of_higher_ed-2. 3. pdf.

Dellarocas, Chrysanthos and Marshall Van Alstyne. 2013. "Money Models for MOOCs." *Communications of the ACM* 56 (8): 25 – 28.

Ehrenberg, R. G. 2004. "Econometric Studies of Higher Education." *Journal of Econometrics* 121 (1): 19 – 37.

Hoxby, C. M. 2012. "Endowment Management Based on a Positive Model of the University (No. w18626)." National Bureau of Economic Research.

Hoxby, C. M. 2014. "The Economics of Online Postsecondary Education: MOOCs, Nonselective Education, and Highly Selective Education (No. w19816)." National Bureau of Economic Research.

Saltzman, G. M. 2014. "The Economics of MOOCs." In Mark F. Smith et al. *The 2014 NEA Almanac of Higher Education.* National Education Association, Washington, D. C.

信息化在基础教育阶段的应用

——教师的视角

刘姗姗　杨　钋　钟未平　魏　易[*]

（2019 年 2 月）

一　引言

信息技术日新月异的发展，不仅便捷了人们沟通交往的方式，也深深地影响着教育模式的变化，进而影响了学生的学业表现。不少学者研究发现，学生在计算机教学环境下能够取得较好的学业成绩（Kulik et al.，1991；Higgins，2011；陈纯槿、郧庭瑾，2016）。课堂是学生学习的主阵地，也是信息技术应用的主要场景。若信息技术与课程教学能够实现有效融合，对于增添课堂活力、提高学习者的学习表现将大有裨益（贺平、余胜泉，2013；熊才平、汪学均，2015；顾小清等，2016）。

在课堂中，在使用信息技术教学的过程中教师发挥了至关重要的作用。教师的信息技术接受度、教师信念、教师个人背景、学校信息化资源程度、相关技术培训等（Chen，2010；Rienties et al.，2013；Koh et al.，2014；杨福义，2017；赵学瑶等，2018）都会影响到教师对信息技术的使用。教师是教育信息化的主要参与者之一，是运用信息化教学推进教育改革发展的中坚力量。不了解教师在教、学、练、测、评等场景中对信息化产品和服务的使用，就难以讨论信息化与我国基础教育的结合程度和效果，就难以确定未来教育信息化财政的支持方向和方式。

北京大学中国教育财政科学研究所于 2018 年 5 月启动了"数字化时代的教育财政策略" II 期课题，旨在从学生、家长、教师、学校、政府和企业等各个视角关注在线教育的现状与挑战。课题组通过实地调研和网络问卷调查等方式，试图了解信息化在基础教育阶段的应用情况；探析各个地区基础教育阶段信息化的布局和政府采取的财政策略；尝试厘清学校内部、信息化系统与财政体系之间的联动路径，并尝试分析和归纳信息化

* 刘姗姗，北京大学教育学院硕士研究生；杨钋，北京大学教育学院副教授；钟未平，北京大学中国教育财政科学研究所科研助理；魏易，北京大学中国教育财政科学研究所博士后。

2.0背景下的基础教育变革所需的财政支持模式。

　　本文是"信息化在基础教育阶段的应用——使用者视角"系列报告的第三篇。基于"数字化时代的教育财政策略"II期课题网络问卷的教师部分，本研究旨在描摹基础教育阶段教师教育信息化的基本应用情况，并回答以下两个研究问题：第一，在教学工作中，信息化工具是否成为教师工作的重要组成部分？第二，教师使用信息技术的应用场景、意愿、能力和效果具有哪些特征？本文通过描述统计分析回答了上述研究问题，并针对发现的问题进行了总结和讨论。本文发现对学校的信息化资源建设、政府信息化资源配置具有一定的借鉴价值。

二　问卷介绍和样本情况

　　教师问卷的编制参考了国内外基础教育阶段的多个信息化调查，包括OECD的PISA、TIMSS问卷，微软在美国开展的相关调查，和国内学者设计的相关调研。问卷在北京市进行了在线预调查，主要量表通过信效度检验，有一定的可靠性。教师问卷分为三部分，分别为教学工作情况（所教年级、教学课时、教学规模、教学科目、教学时间分布情况等）、信息技术应用情况和基本信息情况（性别、学历、教龄、职称、职务、编制等）。

　　教师应用信息化教学的调查，采用了分层抽样的方法，均通过网络方式回收问卷。共回收教师问卷1152份，基于抽样设计，考虑到部分城市的教师样本不足10人，剔除这些样本（约占1.4%），共得有效样本1136人。

　　从样本分布地区来看，受访教师来自全国10个省份，22个城市，其中一线城市样本占比48.6%、二线城市样本占比24.4%、其他级别城市样本占比27%（见图1）。

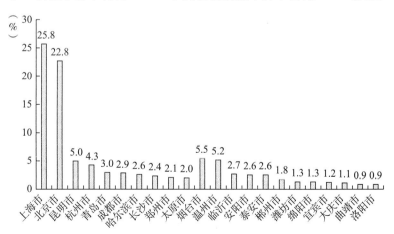

图1　教师端网络问卷地区抽样分布

　　从教师所教年级来看（见图2），受访教师主要来自小学1~6年级。从教师主教科目分布情况看（见图3），主教科目为英语的最多，占到48%；其次是数学，占28%；语文为16%。

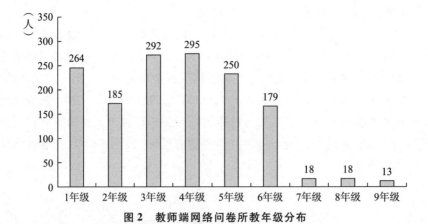

图 2　教师端网络问卷所教年级分布

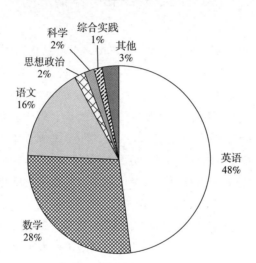

图 3　教师端网络问卷教师主教科目分布

三　信息技术应用情况分析

关于教师教育信息技术①应用的基本情况分析，主要基于问卷内容从信息技术应用工具、应用场景、应用意愿、应用能力、应用效果和应用障碍六个角度进行讨论。

1. 信息技术应用工具

针对"教师在教学相关活动中使用信息技术或数字资源频率"的问题，问卷中分为"几乎每天""一星期至少一次""一个月几次""几乎没有"四个题项。调查结果如表 1 所示，教师几乎每天使用的信息技术或数字资源中，"教室内的硬件终端"（87.68%）、"社交通信软件"（85.92%）、"移动设备"（85.56%）、"办公室的硬件终端"（84.77%）、"通用

---

① 本文的"信息技术"是指一切用于教育教学活动的数字化、信息化工具，包括硬件设备（计算机、平板电脑、交互式白板等）和软件资源（数字教学资源、微课、学科教学软件等）。

办公套件"（82.04%）的使用人数最多。可以看出，教师能够较为频繁地在课堂教学活动中使用硬件终端设备，并通过社交通信设备和家长保持较为密切的联系，使用移动设备、办公室的硬件终端用于办公备课等；几乎每天使用学习管理系统、多媒体工具、其他数字化学习辅导软件的人数也均超过了50%。总之，教师在ICT的使用工具上总体应用情况较为频繁。

表1　在教学相关活动中，使用所列信息技术或数字资源的情况

单位：%

使用工具	几乎没有	一个月几次	一星期至少一次	几乎每天
教室内的硬件终端（如计算机、显示屏、投影仪、交互式白板、触控一体机等）	1.32	2.20	8.80	87.68
社交通信软件（如电子邮件、在线论坛、微信群、QQ群、家校通等）	1.41	2.38	10.30	85.92
移动设备（手机、笔记本电脑、平板电脑等）	2.46	3.52	8.45	85.56
办公室的硬件终端（如计算机等）	3.08	2.90	9.24	84.77
通用办公套件（如电子文档、表格、PPT等）	1.58	3.26	13.12	82.04
数字化资源（如教案网站、电子词典、课件素材、优课平台等）	3.17	11.18	21.13	64.52
学习管理系统（如数据记录与管理软件、教学平台、网络学习空间等）	9.33	16.20	23.77	50.70
多媒体工具（如绘图软件、网页制作、视频加工、微课制作等）	12.50	17.61	19.54	50.35
其他数字化学习辅导软件（如语言学习应用、作业辅导应用、数字化学习游戏、仿真模拟软件等）	14.61	12.15	23.15	50.09

2. 教师使用信息技术的应用场景

对于"教师在教学相关活动中使用信息技术频率"的问题，问卷中分为"几乎每天""一星期至少一次""一个月几次""几乎没有"四个题项。调查结果如表2所示，对于教师来说，数字化教学过程中应用信息技术最广泛的还是"课堂教学"（85.83%），其次是"备课"（74.74%）；"考试与评价""备课之外的教研活动""实践活动"相对而言应用频率较低。

表2　在所列教学相关活动中使用信息技术的情况

单位：%

教学环节	几乎没有	一个月几次	一星期至少一次	几乎每天
课堂教学	1.23	2.55	10.39	85.83
备课	2.55	5.46	17.25	74.74
班级管理	7.92	10.74	20.51	60.83
作业相关环节（如布置、收集、批改、反馈等）	5.28	7.75	26.76	60.21
与家长沟通	2.55	12.41	25.00	60.04

教学环节	几乎没有	一个月几次	一星期至少一次	几乎每天
与学生的课外沟通	5.90	13.03	27.90	53.17
考试与评价	13.20	27.29	29.23	30.28
备课之外的教研活动	3.79	24.82	45.95	25.44
实践活动（如实验、手工、演奏、实地考察等）	34.86	29.31	21.30	14.52

3. 教师使用信息技术教学的应用意愿

关于"教师对信息化相关问题陈述的评价"的问题，调查结果如表3所示，教师普遍反映学生的信息化素养问题亟待完善，其中"学生对于信息技术的使用不熟练"占47.10%，"学生在学校之外难以有机会使用到相关的信息技术"占44.01%。对于教师而言时间和精力可能是最大的问题，39.35%的教师表示自己"没有足够的时间和精力来设计和实施运用信息技术的教学活动"，30.46%的教师反馈自己"不太敢独自尝试新的教学手段和方法"，29.05%的教师表示"学习信息技术太麻烦"，但是只有14.79%的教师表示"对信息技术不感兴趣"。

数字化教学或许可以提高教学效率、改善教学效果，教师也会表现出一定的应用兴趣。但是，基础教育阶段教师本就任务繁重，一旦涉及需要教师花费更多的时间、精力成本去设计课程甚至尝试新的教学手段和方法，难免会造成额外的教学负担，因而可能会导致信息化应用效果不佳的情形出现。

表3 教师对信息化相关问题陈述的评价

单位：%

相关陈述	不符合	符合
我的学生对于信息技术的使用不熟练	52.90	47.10
我的学生在学校之外难以有机会使用到相关的信息技术	55.99	44.01
我没有足够的时间和精力来设计和实施运用信息技术的教学活动	60.65	39.35
我不太敢独自尝试新的教学手段和方法	69.54	30.46
学习信息技术太麻烦	70.95	29.05
我在学校之外难以接触到信息技术工具	74.65	25.35
我不太知道哪些信息技术对于教育教学是有用的	76.14	23.86
我对信息技术不感兴趣	85.21	14.79

4. 教师使用信息技术的应用能力

针对"教师多大程度能完成下述任务"的问题，问卷中分"无法独立完成""不太能够独立完成""勉强独立完成""完全能够独立完成"四个层次。如表4所示，超过90%的教师完全能够独立完成"用邮件发送文件""在电脑上储存和整理照片"，超过70%的教师具备基本的MS OFFICE（Word、PPT、Excel）技能。但是完全能"利用信息技术有效地进行授课或讲解"的教师只占72.89%，由前文调查问题可知教师在课堂教学环境中应用信息技术最频繁，但是反观教师的课堂应用能力仍有较大的提高空间。而且只有 63.03% 的教师完全能"使用信息技术来监测学生的学习进度，评估学习结果"和 55.55% 的教师完全能"设计让学生使用信息技术的课程"，比例并不算高。

在信息化教学能力方面，根据以往专家学者的研究分信息化教学基本、设计、实施、监测能力等（顾小清，2006；李天龙，2009），表 4 调查结果显示，教师的信息化教学设计能力、监测能力和实施能力相对较弱。

表 4　教师的 IT 技能及应用水平

单位：%

具体技能	无法独立完成	不太能够独立完成	勉强独立完成	完全能够独立完成
用邮件发送文件	0.35	1.50	5.99	92.17
在电脑上储存和整理照片	0.09	1.32	6.87	91.73
进行网购和网上支付	1.14	2.29	7.22	89.35
用文字编辑程序（如 Word）写笔记	0.44	2.38	8.27	88.91
在社交网络与他人分享我的知识和经历	0.70	2.82	11.71	84.77
运用动画功能制作演示文稿（如 PPT 等）	2.73	5.99	15.93	75.35
使用电子表格进行数据记录与分析	1.06	4.31	19.63	75.00
利用信息技术有效地进行授课或讲解（实施能力）	0.70	4.31	22.10	72.89
通过互联网、优课平台等找到有用的课程资源	0.70	4.58	23.24	71.48
安装教育类的软件或应用	2.82	6.60	20.86	69.72
通过信息技术与他人共享资源进行合作	1.67	6.69	24.65	66.99
知道哪种教学场景更适合使用信息技术	1.06	6.69	27.11	65.14
使用信息技术来监测学生的学习进度，评估学习结果（监测能力）	2.20	8.45	26.32	63.03
设计让学生使用信息技术的课程（设计能力）	7.04	14.70	22.71	55.55

5. 教师使用信息技术的应用效果

针对"教师如何评价信息技术帮助程度"的问题，问卷中分"没有帮助""有点帮助""比较有帮助""非常有帮助"四个等级。调查结果如表 5 所示，受访教师认为，信息化教学在"使用更丰富、更高质量的教学资源"（69.81%）、"引入新的教学方法"（61.53%）、"了解学生的个体表现和需求"（60.74%）和"引入新的教学组织形式"（60.21%）方面非常有帮助。但是对于"更好地完成行政、管理工作"、"和校外人员、专家有更多的合作"及"减轻工作负担"方面选择没有帮助的人数较多。

综合来看，教师使用信息化教学在丰富教学资源内容和创新教学方法方面帮助作用较大，但是对于行政管理层面的工作和自身工作负担来说选择没有帮助的教师比例仍较大。

表 5　信息技术对教师日常工作的帮助程度

单位：%

	没有帮助	有点帮助	比较有帮助	非常有帮助
更好地完成行政、管理工作	4.75	11.71	32.39	51.14
和校外人员、专家有更多的合作	3.61	10.92	32.48	52.99
减轻工作负担	3.61	11.36	30.90	54.14
和同事有更多的合作	2.29	9.68	32.66	55.37
了解学生的个体表现和需求	1.23	8.98	29.05	60.74
更好地把握学生的学习进度	1.06	7.31	32.39	59.24
提高工作效率	1.06	8.54	31.69	58.71
引入新的教学组织形式	0.62	8.19	30.99	60.21
引入新的教学方法	0.35	6.78	31.34	61.53
使用更丰富、更高质量的教学资源	0.09	4.23	25.88	69.81

6. 教师使用信息技术的应用障碍

针对"教师对学校层面使用信息技术阻碍"的问题，将问卷中"完全不符"和"不太符合"合并为"不符合"，将"比较符合"和"非常符合"合并为"符合"。教师应用信息技术教学的最大障碍是"教师的非教学类任务太多"，其中表示符合的占到71.13%，其次是"日常技术支持不够"（58.63%）、"缺乏相关的专门培训帮助教师提升信息技术方面的技能"（58.36%）及"现有信息技术设备运行不稳定"（54.05%）。

关于"教师的非教学类任务太多"这一问题是在课题调研过程中与一线学校教师访谈时得知的，为探究其真实情况故再次添加到网络问卷中，然而结果也确实验证了基础教育阶段教师沉重的非教学类任务对其使用信息技术的阻碍较大，同时学校的技术支持、培训和硬件基础设施的稳定性也限制了教师信息化应用能力的发挥。

表 6　教师对所在学校相关问题的评价

单位：%

	不符合	符合
教师的非教学类任务太多	28.87	71.13
日常技术支持不够	41.37	58.63
缺乏相关的专门培训帮助教师提升信息技术方面的技能	41.64	58.36
现有的信息技术设备运行不稳定	45.95	54.05
现有的网络不够快或不够稳定	52.46	47.54
现有的数字化学习资源不足以满足教师的教学需求	62.06	37.94
现有的信息技术设备不足以满足教师的教学需求	68.22	31.78
教师对于自己的课堂教学缺乏做主的空间	65.58	34.42
对于教师运用信息技术的要求太高	60.39	39.61
学校对于信息技术在教学中的运用不够重视	74.47	25.53

四　总结与讨论

　　总体来看，在基础教育阶段，教师在教学及相关活动中使用信息技术或数字资源的情况较为频繁，主要是在课堂教学和备课环节使用，普遍反映"使用丰富教学资源、引入新的教学方法"的帮助较大。此外，调查结果显示，我国基础教育阶段教师具备基本的信息技术技能，但信息化教学设计、实施、监测能力较弱。对于教师而言，时间和精力不足可能是使用信息技术教学的最大问题，"非教学类任务太多""日常技术支持不够""缺乏相关的专门培训帮助教师提升信息技术方面的技能"等都一定程度上阻碍了信息化教学的应用。

　　针对以上发现，本文提出如下相关讨论意见。

　　促进信息技术与教育的深度融合。教师对于信息技术的使用不应仅仅流于表面，而忽略教学内容的本质。目前对教育信息化的推广普遍存在"唯技术论"的问题，为了使用新技术新产品而使用。正如问卷调查的结果显示，分别有 85.83% 和 74.74% 的教师几乎每天使用 ICT 进行"课堂教学""备课"，而只有 65.14% 的教师能够完全独立判断"哪种教学场景更适合使用信息技术"。应用频率并不能有效代表应用的效果。因此，有必要把教育信息化的重点落脚在从"应用"向"融合、创新"阶段的转变上，将信息技术聚焦于教学内容上。

　　加强教育信息化的基础设施建设。问卷调查结果显示，37.94% 的教师反映"现有的数字化学习资源不足以满足教师的教学需求"，31.78% 的教师反映"现有的信息技术设备不足以满足教师的教学需求"，说明无论是信息化硬件抑或软件资源都有待建设完善。

　　增强教育技术培训工作，针对不同特征教师群体开展不同模式的教育技术培训。调查显示，58.63% 的教师表示"日常技术支持不够"，58.36% 的教师表示"缺乏相关的专门培训帮助教师提升信息技术方面的技能"。针对不同年龄阶段的教师，要采取不同策略的培训模式：对于应届、青年教师而言，新技术学习能力强，但教学经验相对匮乏，应当重点培养他们将信息技术应用于教学方面的能力；对于中老年教师而言，自身教学压力相对较大，时间精力有限，更应侧重基础技能的培训，采取鼓励引导的方式；同时开展新老教师互帮互助的学习方式，将新教师的"技能学习"和老教师的"经验学习"有机结合。

参考文献

陈纯槿、郅庭瑾，2016，《信息技术应用对数字化阅读成绩的影响——基于国际学生评估项目的实证研究》，《开放教育研究》第 4 期，第 57~70 页。

顾小清，2006，《面向信息化的教师专业发展：行动学习的实践视角》，教育科学出版社。

顾小清、王春丽、王飞，2016，《信息技术的作用发生了吗：教育信息化影响力研究》，《电化教育研究》第 10 期，第 5～13 页。

贺平、余胜泉，2013，《1∶1 数字化学习对小学生阅读理解水平的影响研究》，《中国电化教育》第 5 期，第 99～105 页。

李天龙，2009，《高校青年教师信息化教学能力发展研究》，硕士学位论文，陕西师范大学。

王珠珠、刘雍潜、黄荣怀等，2006，《中小学教育信息化建设与应用状况的调查研究报告》，载《基于信息技术的教学新模式研究》会议论文。

熊才平、汪学均，2015，《教育技术：研究热点及其思考》，《教育研究》第 8 期，第 98～108 页。

杨福义，2017，《我国中小学教师教育信息技术的应用状况及其影响因素——基于全国数据库的实证分析》，《华东师范大学学报》（教育科学版）第 6 期，第 116～125 页。

赵学瑶、赵敏之、孙影，2018，《高职院校教师信息化教学能力提升研究——基于全国 23 所高职院校的实证分析》，《职业技术教育》第 16 期，第 41～46 页。

Chen，Rong-Ji. 2010. "Investigating Models for Preservice Teachers' Use of Technology to Support Student-Centered Learning." *Computers & Education* 55（1）：32 – 42.

Higgins S. & Simpson A. 2011. "Visible Learning：A Synthesis of over 800 Meta-Analyses Relating to Achievement. By John AC Hattie（Book Review）." *British Journal of Educational Studies* 59（1）：197 – 201.

Koh，Joyce Hwee Ling，C. S. Chai，and C. C. Tsai. 2014. "Demographic Factors，TPACK Constructs，and Teachers' Perceptions of Constructivist-Oriented TPACK." *Journal of Educational Technology & Society* 17（1）：185 – 196.

Kulik，Chenlin C. and J. A. Kulik. 1991. "Effectiveness of Computer-based Instruction：An Updated Analysis." *Computers in Human Behavior* 7（1 – 2）：75 – 94.

Rienties，B.，Brouwer，N.，and Lygo-Baker S. 2013. "The Effects of Online Professional Development on Higher Education Teachers' Beliefs and Intentions Towards Learning Facilitation and Technology." *Teaching & Teacher Education* 29（22）：122 – 131.

信息化在基础教育阶段的应用

——学生的视角

陆　伟　杨　钋　钟未平　魏　易[*]

（2019 年 2 月）

一　课题介绍

教育部于 2018 年 4 月印发了《教育信息化 2.0 行动计划》，提出教育信息化的发展要实现从专用资源向大资源的转变；从提升学生信息技术应用能力向提升信息技术素养的转变；从应用融合发展向创新融合发展的转变（教育部，2018a）。上述转变的实现需要借助信息技术对教师的教学过程和学生的学习过程进行重构。我国各个地区大力在基础教育阶段推广教育信息化与教学实践的结合，取得了丰硕的成果。

近年来，学者从教师技术接纳、教师和学生信息化素养的发展、课程设计与重构等诸多方面对我国基础教育阶段的信息化实践开展了深入的分析，但是尚未从学生在学校和在家庭中参与数字化学习的范围和程度、积极参与数字化学习个体的特征，以及在线学习产品与服务的选择等方面进行探讨。因此，已有研究不能回答以下具有重要决策价值的问题：信息化产品和服务是否成为当前基础教育阶段学生学习的重要组成部分？学生在校和在家学习的哪些环节与信息化工具结合最紧密？家庭社会经济情境因素如何影响学生参与数字化学习？

上述问题对政府制定和完善教育信息化领域的财政政策具有指导价值。为此，北京大学中国教育财政科学研究所于 2018 年 5 月启动了"数字化时代的教育财政策略"II 期课题，旨在从教师、学生、家长、政府、企业和其他利益相关者的视角，关注在线教育的现状与挑战。课题组通过实地调研和网络问卷调查等方式，试图了解信息化在基础教育阶段的应用情况；探析各个地区基础教育阶段信息化的布局和政府采取的财政策略；

---

* 陆伟，北京大学中国教育财政科学研究所博士研究生；杨钋，北京大学教育学院副教授；钟未平，北京大学中国教育财政科学研究所科研助理；魏易，北京大学中国教育财政科学研究所博士后。

704 中国教育财政政策咨询报告（2015～2019）

尝试厘清学校内部、信息化系统与财政体系之间的联动路径，并分析和归纳信息化2.0背景下的基础教育变革所需的财政支持模式。

利用"数字化时代的教育财政策略"II期项目采集的学生数据，本文以学生为切入点，分析不同地区、不同类型学校的学生在信息化产品或服务应用方面的基本情况。

二　问卷设计、抽样和样本情况

（一）问卷设计

学生是信息化产品或服务的核心使用主体之一。2017年，我国共有义务教育阶段学校21.89万所，在校生1.45亿人，专任教师949.36万人；其中小学阶段在校生约1.01亿人，初中阶段在校生约4442万人（教育部，2018b）。这一庞大的学生群体孕育了巨大的信息化市场。市场上的各种行研报告已经对此进行了深入的分析，此处不再赘述。

在信息化装备和产品升级换代日益频繁的背景下，信息技术与学生学习结合的现状如何？数字化学习如何在校内外落地生根，影响学生学习生活的方方面面？下文将围绕学生对信息化产品或服务的接触、应用和购买等方面展开分析，同时关注校内和校外两种应用场景。重点分析的问题包括以下几个：

（1）学生融入数字化学习的现状，以及这种状况的区域差异、校际差异如何？

（2）数字化学习的深度参与群体有哪些特征？

（3）学生借助哪些产品或工具参与数字化学习？

学生问卷的编制参考了国内外基础教育阶段的多个信息化调查，包括OECD的PISA、TIMSS问卷，微软在美国开展的相关调查，国内学者设计的相关调研，等等。问卷在北京市进行了在线预调查，主要量表通过信效度检验，有一定的可靠性。

（二）样本来源及特征

课题组通过挂网调查和学习平台客户端推送的方式随机抽取学生样本。学生端调查时间为2018年9月，学生端问卷的发放依托于国内某作业平台企业。

学生网络问卷共回收72448份。有效样本通过如下方式获得：第一，我们剔除了答题时间过短（少于180秒）的样本（约占0.1%）；第二，我们剔除了来自其他国家以及港澳台地区的学生样本（约占0.66%）；第三，部分城市的学生样本不足30人，这些样本也被剔除（约占1.9%）。经这样的处理后，共得到有效学生样本70544人。

学生样本来自全国30个省、自治区、直辖市，集中于165个城市。虽然从省份上看，学生用户的分布非常广泛，但从城市分布来看，受访学生多位于东部沿海地区。因此，本文的分析结论并不适宜推广至偏远地区。

我们继续分析了学生样本的城市层级分布。依据国家统计局的常用标准，我们将北京、上海、广州、深圳列为一线城市，省会、副省级城市、自治区首府等33个城市为二线城市，其余城市则归类为其他城市。从图1中的分布情况可知，受访的学生用户群体较为集中在一、二线城市。在一线城市中，受访者更多来自北京和上海（占比分别为51.7%和32.5%）；在二线城市中，受访者则主要集中于杭州、成都、昆明等地。

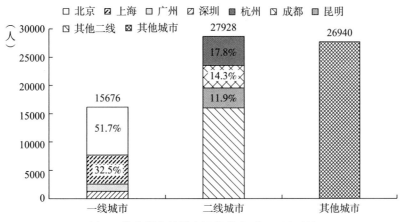

图1　学生样本的城市层级分布（N = 70544）

问卷平台的用户大多集中于小学阶段，因此初中阶段的学生样本较少（见图2）。同时，小学低年级（1~2年级）学生在问卷阅读、独立自主完成问卷等方面可能存在一些困难，低年级的样本量也较少。

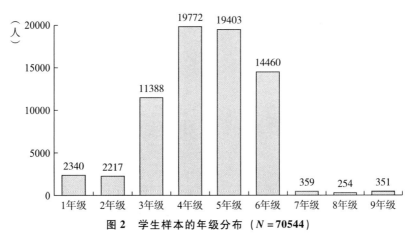

图2　学生样本的年级分布（N = 70544）

调查询问了学生就读的学校在当地的质量水平（见图3），从回答情况看，多数学生认为自己所在的学校在当地较好，甚至是最好的。在家庭背景方面，大约30%的学生家长拥有大学及以上学历水平（见图4），多数学生认为自己的家庭条件处于中等水平（见图5）。

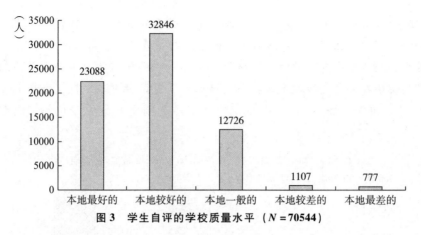

图3 学生自评的学校质量水平（*N* = 70544）

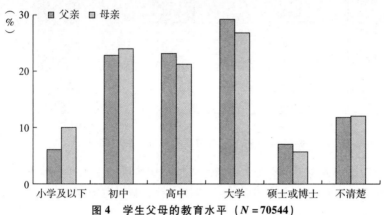

图4 学生父母的教育水平（*N* = 70544）

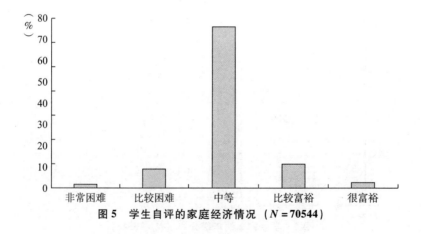

图5 学生自评的家庭经济情况（*N* = 70544）

三 我国学生数字化学习的参与

（一）课堂中的数字化学习

参考 PISA 调查的设计，课题组首先通过学生调查，考察校内和教室内的数字化学习环境。总体上看，各类信息技术工具在课堂中应用已经较为普及（见图6）。

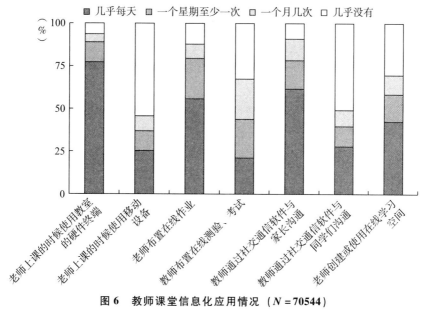

图6 教师课堂信息化应用情况（N = 70544）

教室内的硬件终端、在线作业、在线测验/考试、在线学习空间已经成为教师常规使用的教学工具，超过30%的学生表示教师几乎每天在用或者一星期至少使用一次。近半数的受访学生表示，老师几乎每天都会布置在线作业。同时，近半数的学生表示，老师布置在线测验、考试的频次为几乎每天或一星期至少一次。本次调查没有关注到不同学科的应用程度差异，但从课题组基层调研的经验来看，至少在小学阶段，外语类的作业、练习以及教学资源是最容易数字化的，与信息技术场景的结合也十分紧密（见图7）。

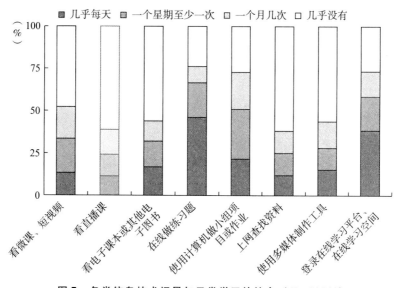

图7 各类信息技术场景与日常学习的结合（N = 70544）

进一步地，课题组通过城市和学校的维度，比较数字化学习场景在不同学生群体渗透中的差异。从图8可以看出，参与率的区域和校际异质性并不明显：二线和其他城市的教师在布置在线作业和在线测验、考试方面与一线城市教师没有显著差异。这也提醒研究者，除了参与率的高低外，应更多地关注参与质量方面的差异。教育生态有学校、家庭和社会等多个组成部分，而学校在其中扮演了关键角色：只有实现学科教学质量与学生综合素质的提升，信息技术与教育教学的深度融合才可能实现（何克抗，2015）。

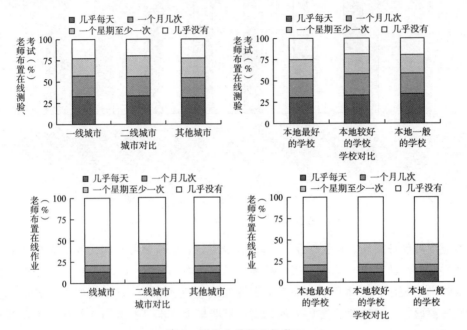

图8 课堂中的数字化学习

（二）家庭中的数字化学习

在家庭方面，从家庭数字设备拥有情况来看，互联网已经十分普及。接近90%的学生表示家中可以接入有线或无线网络（见图9）。移动端（智能手机）设备的拥有率和使用率明显超过了PC端。

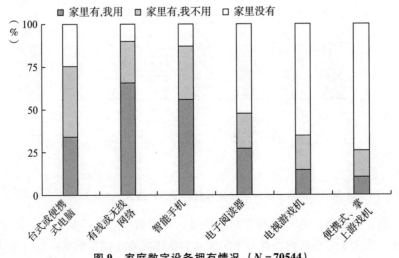

图9 家庭数字设备拥有情况（*N*=70544）

　　在家庭中，学生最频繁使用的信息化服务包括在线作业、在线搜索、在线做题、在线辅导和在线口语练习。图10列出了学生在家时的各类数字化活动参与情况，从图中不难发现，"使用在线练口语软件"以及"使用在线词典或百科"的频次相对很高。这也在一定程度上印证了前文的判断，即外语类练习与信息技术应用场景的结合较为紧密。

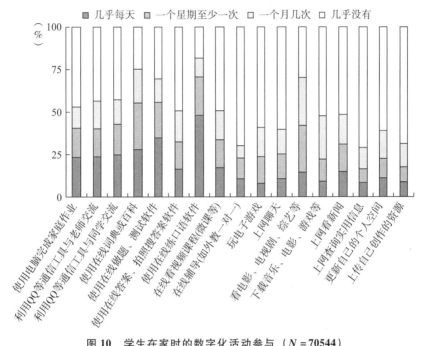

图 10　学生在家时的数字化活动参与（$N = 70544$）

　　另外，超过25%的学生表示每个月至少使用几次在线辅导。从图11可知，在线辅导

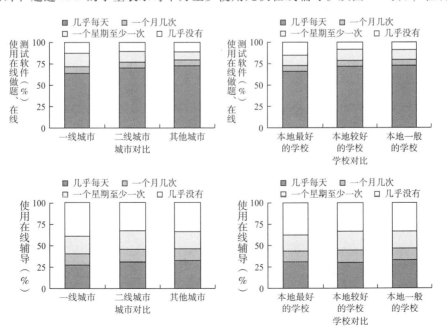

图 11　在线做题或辅导的差异

的使用存在一定的区域和校际差异。在一线城市或高质量学校的学生中，在线辅导的普及率明显更高。由此可见，小学生已开始采取线上、线下辅导相结合的混合学习模式。不同于成年人参与的慕课或职前在线培训，义务教育阶段学生参与在线辅导通常不是独立决策的结果，家长对于在线课程的筛选标准是有待进一步挖掘的问题；在线辅导的效果及其相对于线下辅导的优劣等也有待更多的评估。

（三）典型用户特征

深度使用或几乎不使用在线学习工具的学生群体具有哪些特征？本文以在线做练习题为例，比较这两类学生群体的差异。一类学生不论在学校还是在家中，几乎每天都会做在线练习（典型用户）；另一类则几乎没有这样的习惯。

从表1可知，不论男生还是女生，典型的数字化学习深度参与者更可能来自一线城市、有良好的家庭教育背景、家庭经济条件更为宽裕。在技术普及的过程中，不同社会经济群体接触新技术的能力和受益程度可能存在差异，这一点在国内外的诸多研究中都有发现（Antonelli，2003；Norris，2001；杨钋、徐颖，2017）。例如杨钋和徐颖（2017）的研究指出，我国城市信息优势阶层已经成功地将信息资本转化为人力资本投资，母亲的互联网使用显著地提高了家庭教育投资，但这种影响在进城务工家庭和农村家庭中并不明显。

表1　数字化学习参与群体的特征差异

单位：%

	男生		女生	
	几乎每天	几乎没有	几乎每天	几乎没有
来自一线城市	25.1	20.9	24.0	20.5
是独生子女	32.8	32.4	28.4	28.6
母亲教育水平（大学及以上）	35.8	29.2	33.8	29.0
父亲教育水平（大学及以上）	39.9	33.6	37.0	32.6
家庭经济条件"很富裕"	5.2	2.2	3.1	1.9

值得注意的一点是，在独生或非独生子女方面，两类学生群体几乎没有差异。数字化学习的一个微观特征是边际成本较低，同一种产品或服务可以在家庭内部便利地共享。由于很多家庭可以免费（或以极低的价格）接触到现有的信息化产品或服务；传统上"子女数量－质量权衡"（Becker & Tomes，1976）的约束未必会在数字化的学习场景中出现。因此，普及信息技术，为更多家庭带去低廉且有质量保证的学习资源或许可以改善家庭内部的教育资源配置，有效缓解预算约束难题。

（四）在线产品和服务的使用

调查询问了学生使用在线教育产品或服务的情况，要求学生写出日常使用的三款教育类在线应用。课题组对所有的回答进行了清洗和分类，并对各类型的应用做了初步的分类和排序，有效答案大约涉及了 1300 款不同的应用。

　　本文将学生常用的在线产品和服务分为辅导类平台和外语应用类平台。在辅导类平台中，学而思系列占据前列，其他知名的辅导平台，例如掌门 1 对 1、猿辅导等也较为靠前。在外语应用类平台方面，英语趣配音排名第一，口语 100、百词斩、英语流利说等知名应用也都在列（见图 12、图 13）。相比辅导类平台，外语应用类平台产品的丰富度更高，市场竞争更为激烈。

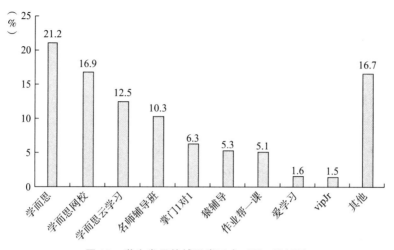

图 12　学生常用的辅导类平台（$N = 29123$）

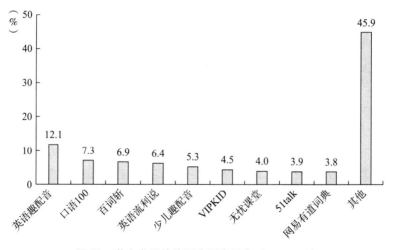

图 13　学生常用的外语应用类平台（$N = 8644$）

　　需要说明的是，本文对应用产品的划分较为主观，事实上，不同类型的产品在功能上可能存在一定的重叠和交叉。例如，一名学生可能在猿辅导平台上学习，且仅学习外语类的课程，对于这种情况，目前的分类方式没有办法准确识别。后续的分析还需要基于不同的学习科目来调查学生常用的应用，以更好地识别、分析不同应用的流行度。

三 学生视角中的数字化学习

基于简单的描述统计分析，本文得出如下基本结论。

首先，信息化产品和服务开始成为当前基础教育阶段学生学习的重要组成部分。这表现为信息化产品和服务的应用场景丰富，学生和教师使用频繁。在课堂中常用的信息化工具包括教室内的硬件终端、在线作业、在线测验/考试、在线学习空间，在家庭中广泛应用的信息化工具包括在线作业、在线搜索、在线做题、在线辅导和在线口语学习。

特别值得注意的是，在各类信息技术与教学场景的结合方面，各级城市或不同质量学校之间的普及率较为接近，并未出现两极化的趋势。一、二线城市之外的教师和学生在应用方面并未呈现明显的劣势。课题组在后续研究中，将关注信息化产品或服务质量的区域和校间差距。在基层调研中，课题组时常听到县城教师反映设备修护难、更新慢等问题对学生学习产生了负向的影响。如今的数字鸿沟可能更多体现在数字资源的质量而非数量方面。

其次，现阶段家庭经济背景更好的学生仍有更多的机会接触到信息化的产品或服务。在家庭参与数字化学习方面，已经拥有和尚未拥有的家庭间的差距在拉大。现阶段，我国家庭可以免费（或以极低的价格）接触到信息化产品或服务。如何鼓励弱势家庭学生更多地使用信息化产品与服务、提升弱势群体使用产品的质量是值得进一步研究的问题。

最后，在线产品与服务的市场分化开始形成。辅导类平台中出现了垄断性的平台企业；而外语应用类平台颇受欢迎，产品类型非常丰富，细分市场竞争激烈。从学生使用的产品来看，日常使用次数越多的产品有较强的升学、提分导向。下一步研究中，课题组将对学生对线上、线下辅导模式的组合选择进行分析。

随着数字化学习的日益普及，课堂教学的四个要素（教师、学生、教学内容和教学媒体）的地位与作用也在改变。在2.0时代背景下，教育信息化的应用场景和价值展现出新的内涵。学生维度的分析只是其中的一面，结合家长和教师层面的分析，我们能看到更丰富多样的信息化生态场景。

参考文献

何克抗，2015，《智慧教室+课堂教学结构变革——实现教育信息化宏伟目标的根本途径》，《教育研究》第11期，第76~90页。

教育部，2018a，《教育部关于印发〈教育信息化2.0行动计划〉的通知》。

教育部，2018b，《2017年全国教育事业发展统计公报》。

杨钋、徐颖，2017，《数字鸿沟与家庭教育投资不平等》，《北京大学教育评论》第4期（总第15期），第1~29页。

Antonelli, C. 2003. "The Digital Divide: Understanding the Economics of New Information and Communication Technology in the Global Economy. " *Information Economics and Policy* 15 （2）: 173 – 199.

Becker, G. S. & Tomes, N. 1976. "Child Endowments and the Quantity and Quality of Children. " *Journal of Political Economy* 84 （4, Part 2）: S143 – S162.

Norris, P. 2001. *Digital Divide: Civic Engagement, Information Poverty, and the Internet Worldwide.* Cambridge University Press.

信息化在基础教育阶段的应用

——家庭的视角

唐荣蓉　杨　钋　钟未平　魏　易[*]

（2019 年 2 月）

一　引言

数字化学习除了发生在学校，受到政府、学校和教师等主体的信息化工作的影响，也可能发生在学校之外的场所，例如家庭。截至 2018 年 6 月 30 日，我国网民规模达 8.02 亿人，互联网普及率为 57.7%。其中，手机网民规模达 7.88 亿人，网民通过手机接入互联网的比例高达 98.3%。[①]

在互联网和智能手机高度普及的今天，在线产品也在快速发展，学生在校外通过手机和电脑等设备获取数字教育资源的机会大大提高。学生对这些设备的接入和使用情况则很大程度上受到家庭的影响。一方面，不同家庭可能在 ICT 硬件的接入上存在差异，即存在"数字鸿沟"（Dimaggio & Hargittai，2001；闫慧、孙立立，2012）；另一方面，父母的教养风格、家庭观念等会影响孩子在家庭中的数字媒体使用（Chaudron et al.，2015），他们往往一边对网络风险怀有焦虑和担忧的态度，一边又认为电脑会有利于孩子的教育，因而会在允许孩子使用电脑和网络的同时对其采取一定的限制（Tripp，2011）。上述风格或观念又可以从社会经济背景、教育背景等方面来理解（Livingstone et al.，2011，2015；Tandon et al.，2012）。

北京大学中国教育财政科学研究所于 2018 年 5 月启动"数字化时代的教育财政策略" II 期课题，旨在从学生、家长、教师、学校、政府和企业等各个视角关注在线教育的现状与挑战。课题组通过实地调研和网络问卷调查等方式，试图了解信息化在基础教

[*]　唐荣蓉，北京大学中国教育财政科学研究所硕士研究生；杨钋，北京大学教育学院副教授；钟未平，北京大学中国教育财政科学研究所科研助理；魏易，北京大学中国教育财政科学研究所博士后。

[①]　中国互联网信息中心，《第 42 次中国互联网络发展状况统计报告》，2018 年 8 月 20 日，http://www.cnnic.net.cn/hlwfzyj/hlwxzbg/hlwtjbg/201808/t20180820_70488.htm。

育阶段的应用情况；探析各个地区基础教育阶段信息化的布局和政府采取的财政策略；尝试厘清学校内部、信息化系统与财政体系之间的联动路径，并尝试分析和归纳信息化2.0背景下的基础教育变革所需的财政支持模式。

本文是"信息化在基础教育阶段的应用——使用者的视角"系列报告的第二篇，试图基于"数字化时代的教育财政策略：Ⅱ期项目"网络问卷的家庭部分，刻画学生在家庭场景下的数字化学习参与情况，并分析家庭和家长在其中的作用和影响。

本文旨在回答以下三个问题：第一，家庭场景下的数字化学习参与情况如何？具体来看，家庭中的ICT硬件设备的使用情况和在线教育的参与情况如何？第二，学生在家庭场景下的数字化学习参与与哪些因素相关？第三，家长对子女数字化学习参与的态度如何？受到哪些因素影响？通过对以上问题的回答，本文希望呈现家庭场景下学生数字化学习参与情况，为家庭场景中数字化学习的推进、在线教育的供给、学校信息化资源配置和政府财政资源对信息化的支持策略提供一定的参考。

二　问卷介绍和样本分布

家长问卷的调查对象为学生的亲属。实际收回的有效样本中，孩子的生父母占比最高，占全部受访对象的98.3%。家长问卷的内容主要包括三个部分，要求家长回答孩子的基本信息、学校教育和课外补习情况、家庭教育情况以及受访家长和家庭的人口统计学信息。其中，家庭教育部分重点关注数字化学习的参与情况。家长问卷的编制参考了国内外基础教育阶段的多个信息化调查，包括OECD的PISA、TIMSS问卷，微软在美国开展的相关调查，和国内学者设计的相关调研。问卷在北京市进行了在线预调查，主要量表通过信效度检验，有一定的可靠性。

课题组采用分层随机抽样的方法，进行了全国范围内的家长问卷调查。课题组首先选取了东部、中部、西部和东北的若干省市的部分区县作为代表区县。其次，在所选择的区县内通过挂网调查和某学习平台客户端推送的方式随机抽取家长样本。家长端调查时间为2018年9月，问卷的发放依托于国内某作业平台企业。

共回收家长问卷3402份。在剔除答题时间过短（少于180秒）、来自其他国家、样本数不足30人的部分城市和孩子就读初中的四类家长样本后（分别约占样本数的0.12%、0.06%、3.2%和0.5%），得到有校样本3253个。

问卷的城市分布情况如图1所示，家长样本来自全国9个省（直辖市）的14个城市。其中，烟台市和北京市的样本最多。受烟台市样本的影响，一、二线以外城市的样本量占比最大，但城市个数较少，只有5个；一线城市包括北京和上海，样本量占比次之；二线城市的样本量相对较少。从地域分布上看，东部的样本量最大，西部和东北次之，中部的样本量最少（见表1）。

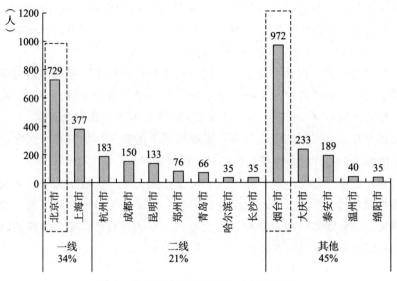

图1 家长样本的城市分布（N=3253）

表1 家长样本的地域分布（N=3253）

单位：人，%

地域	东部	中部	西部	东北
样本量	2556	111	318	268
占比	78.6	3.4	9.8	8.2

有效样本中，受访家长的孩子全部为小学生，其年级分布如表2所示，受访家长的孩子更多就读于小学的低学段。

表2 受访家长的孩子年级分布（N=3253）

单位：人，%

年级	一年级	二年级	三年级	四年级	五年级	六年级
样本量	857	464	750	483	540	159
占比	26	14	23	15	17	5

三 数字化学习参与和家长态度

（一）家庭场景下的数字化学习参与情况

1.总体情况

（1）硬件设备：普及率高、使用率低

如图2所示，在样本家庭中，电脑、智能手机和网络的普及率分别为86%、97%和96%，数字化学习相关的ICT设备已经基本实现了普及。但是，相较于普及程度而言，孩子使用这些设备的比例并不高。在拥有设备的家庭中，孩子使用电脑的比例最低，为39%；网络使用率最高，为72%；智能手机使用率居中，为56%。三类设备的使用率都明显低于普及程度。

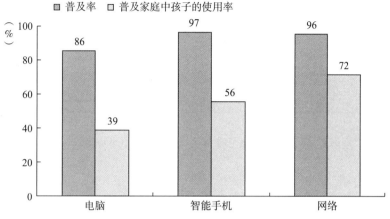

图 2　ICT 设备在家庭中的普及和使用情况

（2）在线教育：参与率接近六成，但支出率低，支出金额呈高度右偏分布

调查显示，有1873名家长的孩子"本学期"使用了在线教育，占比约为58%。问卷调查在9月中下旬进行，因此实际的在线教育参与率会更高。不过，参与者中，过半家庭并未在在线教育方面进行投资，实际汇报支出的样本仅占46.4%。图3显示了5%~95%分位数的家庭在线教育支出金额分布，中位数为1000元，平均数为2931.4元，呈现高度的右偏分布。

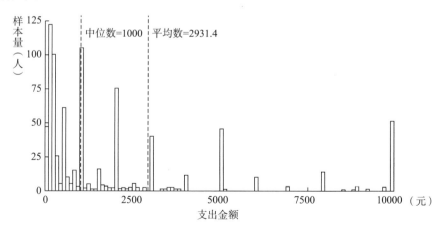

图 3　本学期家庭在线教育支出金额（5%~95%分位数）（$N=869$）

2. 地域差异

从城市层级的视角看，孩子在家庭中使用电脑、智能手机和网络的比例基本随着城市层级的降低而下降，其中，孩子的电脑使用率在二线和二线以下城市之间存在断层，智能手机和网络的使用率则在一、二线城市中存在断层（见图4）。从区域的视角看，东、中、西部在ICT设备的使用率上水平相当，但东北地区的使用率明显偏低（见图5）。

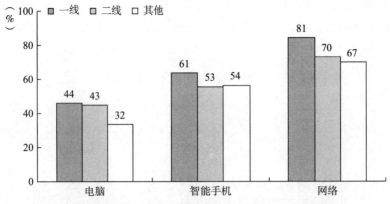

图 4　家庭场景下孩子的 ICT 设备使用率（分城市层级）

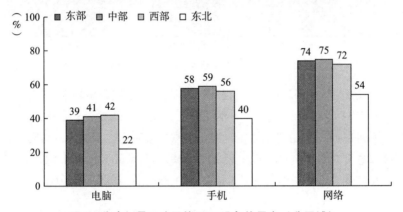

图 5　家庭场景下孩子的 ICT 设备使用率（分区域）

在线教育的参与情况在不同城市和区域之间呈现更为明显的差异。从城市层级看，二线以下城市的在线教育参与率和平均支出要明显低于一、二线城市（见图 6）。从区域的视角看，西部的在线教育参与率最高，中部有最高的在线教育平均支出，东北则在在线教育的参与率和平均支出上均在四个区域中垫底（见图 7）。

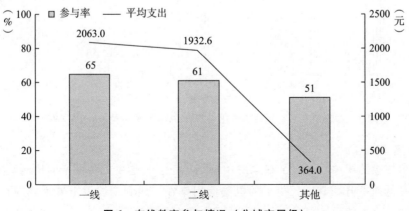

图 6　在线教育参与情况（分城市层级）

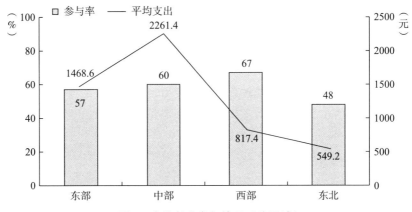

图7　在线教育参与情况（分区域）

3. 年级差异

从年级的视角看，电脑和网络在家庭场景中的使用率在小学中低年级没有明显差异，但六年级的孩子的使用率要稍高；智能手机的使用率则总体呈现随年级上升而上升的趋势（见图8）。在线教育的参与率则总体呈现一定的随年级上升而下降的趋势，但在线教育平均支出则与年级之间没有明显的方向关系（见图9）。

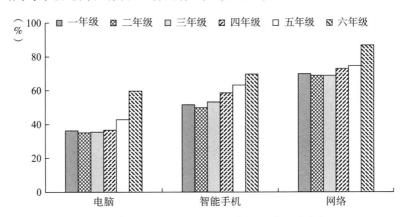

图8　家庭场景下孩子的 ICT 设备使用率（分年级）

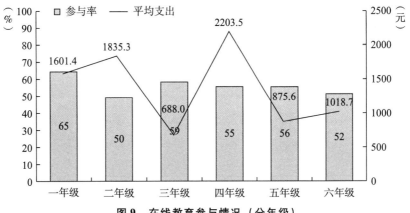

图9　在线教育参与情况（分年级）

4. 收入群组差异

如图 10 所示，电脑、智能手机和网络等 ICT 设备设施的普及率随着家庭收入水平的提高而上升，但是拥有这些设备的家庭中，孩子的使用率并没有呈现明显的与家庭收入的正向关系。相比之下，在线教育的参与率随家庭收入水平提高而上升的趋势则较为明显。随着家庭收入水平的提高，在线教育的平均支出也迅速提高：年收入在 10 万元以下的家庭，孩子本学期的在线教育平均支出约为 609.5 元；而年收入在 50 万元及以上的家庭，这一数字则为 5668.3 元，是前者的近 10 倍。

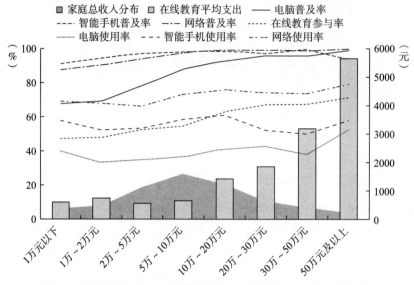

图 10　不同家庭总收入下的 ICT 设备普及情况和在线教育参与情况

（二）家长对子女数字化学习参与的态度

1. 总体情况

对于孩子使用电脑和手机这两类设备，家长对前者的支持程度要高于后者，而对于孩子使用电脑时能否上网则没有明显的态度差异（见图 11）。对于在线教育软件的使用，

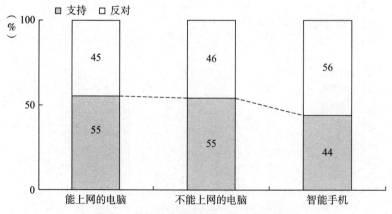

图 11　家长对孩子使用 ICT 设备的态度

家长的态度与软件的功能特性关系密切：配音、跟读等口语练习类软件的支持率高达96%；答题测试类和授课辅导类软件的支持率相近，分别为88%和86%；相比之下，拍照搜题类软件的支持率仅为48%，支持的家长未达半数（见图12）。

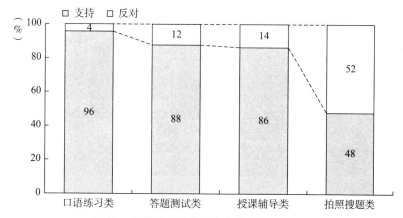

图 12　家长对孩子使用在线教育软件的态度

2. 地域差异

对于孩子使用 ICT 设备，一线城市的家长的态度最为开放（见图13）。具体表现在：第一，一线城市的家长对能上网的电脑的支持率明显高于对不能上网的电脑的支持率，二线以下城市的家长则更多地支持孩子使用不能上网的电脑；第二，一线城市的家长支持孩子使用智能手机的比例最高。东北地区的家长的态度最为保守（见图14）：他们支持孩子使用电脑和智能手机的比例均最低，且是唯一一个对孩子使用不能上网的电脑的支持率高于能上网的电脑的地区。

对于不同类型的在线教育软件的使用，无论是从城市层级的视角，还是从区域的视角来分析，家长的态度均无明显差异（见图15、图16）。

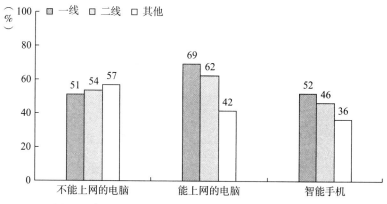

图 13　家长对孩子使用 ICT 设备的态度（分城市层级）

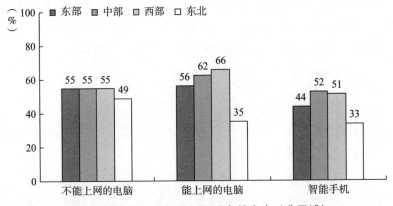

图 14　家长对孩子使用 ICT 设备的态度（分区域）

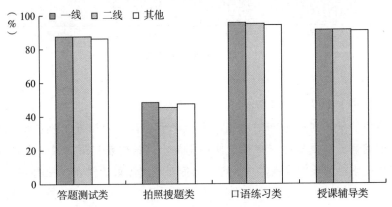

图 15　家长对孩子使用在线教育软件的态度（分城市层级）

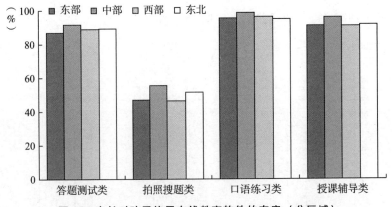

图 16　家长对孩子使用在线教育软件的态度（分区域）

3. 教育期望差异

如图 17 所示，87% 的家长希望孩子取得本科及以上的学历，这些家长之间对孩子使用 ICT 硬件或者在线教育软件的态度并不存在明显的差异。对孩子教育期望在高中及以下的家长群体，对孩子的 ICT 硬件使用的支持率相对较低，且对在线教育软件中的答题测试类软件的支持程度明显低于其他教育期望的家长群体。不过，这类家长的样本量只占受访家长总样本的 0.83%。

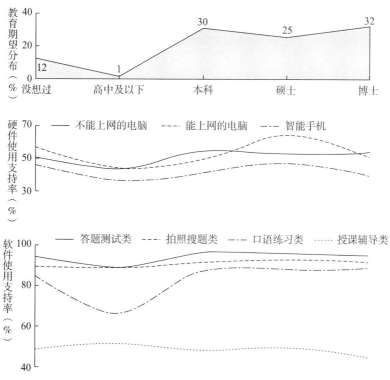

图 17　家长的教育期望分布及其对孩子数字化学习参与的态度

4. 家长信息化素养

Jang 等（2017）利用结构方程模型对父母的 ICT 使用、社会资本及其教养效能之间关系的研究发现，频繁上网阅读新闻和使用电子邮件的父母，其教养效能会更高。参考上述思路，我们基于家长能否完全独立使用 Office 软件或电子邮件等工具，将家长的信息化素养区分为高、低两个维度，并尝试分析这两类家长对子女参与数字化学习态度的差别。

对家长信息化素养及其对子女数字化学习参与态度的交叉分析发现，信息化素养越高的家长，也越倾向于支持孩子使用 ICT 设备。相对于那些信息化素养低的家长，信息化素养更高的家长更倾向于支持而非反对孩子使用网络进行学习（见图 18）。不过，对于孩

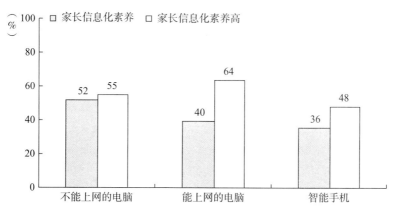

图 18　家长的信息化素养及其对孩子使用 ICT 设备的态度

子使用在线教育软件的态度与家长的信息化素养之间无显著相关关系（见图19）。

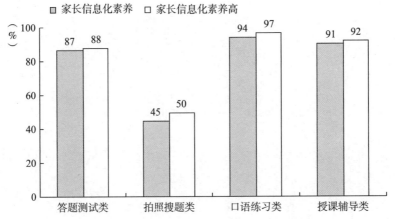

图19　家长的信息化素养及其对孩子使用在线教育软件的态度

四　家长视角下的数字化学习

"数字化时代的教育财政策略：Ⅱ期项目"网络问卷的家庭部分，主要呈现了家庭场景下的数字化学习相关硬件设备和软件资源的普及、使用和支出情况，以及家长对于孩子使用这些设备和软件的态度，并提供了一些关于家庭社会经济背景、孩子受教育情况等的测量，以便进行更深入的探究。

本文从数据出发，对问卷所反映出的数字化学习的现状进行了基本的描述统计，并从家庭所处地域和收入情况、孩子的年级、家长的教育期望和信息化素养等视角对家庭场景下的数字化学习参与情况和家长态度进行了分析。

本文的基本发现包括：第一，ICT硬件设备在家庭中的普及率高，但孩子的使用率偏低；第二，在线教育的参与率约为58%，但发生经济投入的家庭只占全部样本的26.7%，且支出金额呈高度的右偏分布；第三，ICT硬件设备的普及程度、在线教育的参与率及支出，均与家庭收入呈正相关关系，但在拥有ICT硬件设备的家庭中孩子是否使用这些设备，与家庭收入的关系不大；第四，家长对在线教育软件的态度主要受软件功能特性的影响，对拍照搜题类软件的支持程度要明显低于口语练习类、答题测试类和授课辅导类软件，而与地域划分、教育期望、信息化素养等因素关系不大；第五，在孩子的家庭数字化学习参与情况方面，二线以下城市的家庭、东北地区的家庭相比于其他地区的家庭，有着更低的参与率和支出，以及更负面的看法；第六，在大多数家长"望子成龙，望女成凤"的背景下，家长对于孩子使用ICT设备的态度更多地与家长自身的信息化素养相关，而与其对孩子的教育期望关系不大。

基于上述对家长问卷的分析，课题组得出以下三个结论。首先，信息化产品和服务开始成为当前基础教育阶段学生学习的重要组成部分。与学生问卷的发现一致，家长也报告子女较为深入地参与了各种形式的在线学习，家庭为学生提供了丰富的互联网接入硬件和软件条件。其次，数字化学习的参与和家长态度与家庭社会经济背景高度相关，这表现为高收入和高受教育程度家长的态度更积极、支出水平更高；也表现为经济欠发达地区家庭的态度更加保守、在线学习的参与度更低。最后，家庭已经初步具备筛选和使用教育信息化工具的能力，这表现在家长对子女在线产品和服务使用的态度与产品功能和自身信息化素养相关，而与家庭收入关系较弱。

参考文献

闫慧、孙立立，2012，《1989 年以来国内外数字鸿沟研究回顾：内涵、表现维度及影响因素综述》，《中国图书馆学报》第 5 期，第 82 ~ 94 页。

Chaudron, S. , Beutel, M. E. , Donoso Navarrete V. , et al. 2015. "Young Children (0 – 8) and Digital Technology: A Qualitative Exploratory Study Across Seven Countries. "

DiMaggio, P. & Hargittai, E. 2001. "From the 'Digital Divide' to 'Digital Inequality': Studying Internet Use as Penetration Increases. " *Princeton: Center for Arts and Cultural Policy Studies, Woodrow Wilson School, Princeton University* 4 (1): 4 – 2.

Jang, J. , Hessel, H. , & Dworkin, J. 2017. "Parent ICT Use, Social Capital, and Parenting Efficacy. " *Computers in Human Behavior* 71: 395 – 401.

Livingstone, S. , Haddon, L. , Görzig, A. , et al. 2011. "Risks and Safety on the Internet: The Perspective of European Children: Full Findings and Policy Implications from the EU Kids Online Survey of 9 – 16 Year Olds and Their Parents in 25 Countries. " *Eu Kids Online.*

Livingstone, S. , Mascheroni, G. , Dreier, M. , et al. 2015. "How Parents of Young Children Manage Digital Devices at Home: The Role of Income, Education and Parental Style. " *Journal of Engineering for Gas Turbines & Power.*

Tandon, P. S. , Zhou, C. , Sallis, J. F. , et al. 2012. "Home Environment Relationships with Children's Physical Activity, Sedentary Time, and Screen Time by Socioeconomic Status. " *International Journal of Behavioral Nutrition and Physical Activity* 9 (1): 88.

Tripp, L. M. 2011. " 'The Computer Is Not for You to Be Looking Around, It Is for Schoolwork': Challenges for Digital Inclusion as Latino Immigrant Families Negotiate Children's Access to the Internet. " *New Media & Society* 13 (4): 552 – 567.

十

教育评价

管办评分离背景下的教育评价新视野[*]

黄晓婷[**]

（2015 年 8 月）

2013 年 11 月，《中共中央关于全面深化改革若干重大问题的决定》对深化教育领域综合改革提出了"深入推进管办评分离"的要求；2015 年 5 月，教育部发布了《关于深入推进教育管办评分离　促进政府职能改变的若干意见》（以下简称《意见》），为推进教育治理现代化、激发教育活力提供了政策依据。随着一系列相关政策的出台，我们迎来了教育评价发展史上的新纪元，评价的目的、主体和方式都发生着历史性的变革。

一　教育评价目的的转变：为政府、学校和学生提供多元诊断服务

在过去相当长一段时间里，教育评价的主要目的在于选拔和分流学生，通过中考、高考等一系列大大小小的考试，以原始考分为标准将学生排序，进行层层选拔。近年来，随着我国教育事业的发展，群众对教育的需求从获得教育机会，转变为希望得到优质、多样化和个性化的教育服务，社会认可的人才观和相关的政策导向也相应地发生了转变。在新的时代背景下，教育评价的主要目的已不再局限于筛选学生，而是承载了从宏观到微观三个层次的功能。

1. 为政府决策提供科学依据

从宏观的政府管理的角度来看，关于学生发展、教师教育、学校管理等方面的评价结果，不仅提供了对区域内教育质量和公平现状的客观描述，还可以为课程改革、公共财政投入等相关政策的制定提供科学的依据。

国际上，此类评价实践已有很多的经验。例如，美国的国家教育进展评估（NAEP, National Assessment of Education Progress）已有 40 多年的历史。这一项目定期对中小学生（四年级、八年级和十二年级）的数学、阅读、科学、写作、公民、地理等科目进行评估，通过学生问卷、教师问卷等工具对学校教学效果进行研究（Rampey, Dion, and

---

＊　本文最初发表在《中小学管理》2015 年第 8 期上。

＊＊　黄晓婷，北京大学中国教育财政科学研究所副研究员，教育测量与评价研究中心主任。

Donahue，2009）。近年来，我国也进行了一系列探索，如教育部基础教育质量监测项目、全国及各地教育督导机构主导的督导评价等，也已积累了许多宝贵的经验。

2. 为学校管理改进开"药方"

从学校管理的角度来看，越来越多的学校期望从评价中获得改善管理和提升教学质量的"药方"。不同于教育主管部门自上而下的评价，学校内生的评价需求正是评价进入"现代化"的标志。学校内部自评和外部评价相结合的方式对学校改进有着重要的作用和价值。

我国在这方面的尝试刚刚兴起，国际上有很多值得我们借鉴的经验。例如，在欧洲国家和美国，很多地方建立了学校表现反馈系统（SPFS，School Performance Feedback System），从招生方式、课堂教学、学生的增值发展、校长领导力等方面给予学校及时的反馈，促进学校的发展（Visscher and Coe，2013）。

3. 成为学生成长过程中的"知己"

学生在评价中也不再是被动的角色，而是成为评价的服务对象。越来越多的人已经认识到评价可以帮助学生更好地了解自己的能力倾向和兴趣特长等。比如，承担美国大学入学考试之一的 ACT 公司就开发了一系列测评工具，为中学生更好地进行专业选择、生涯规划等提供参考。此外，最近十多年中，以帮助学生提高各个学科学业水平为目的的诊断性评价也得到了快速发展（Leighton and Gierl，2007）。诊断性评价并非简单的"错题分析"，而是将测试中每一题涉及的相关知识和能力都进行了分解和量化分析，为学生有的放矢地各个击破尚未掌握的内容提供了详细的线索。实际上，诊断性评价是个性化学习最有效的助推器。

二 教育评价主体的转变：探索建立专业的第三方测评机构

我国的学生学业水平评价，如中考、高考等大规模统一考试，长期由国家和地方教育考试院承担。对学校的评价，绝大部分由地方教育主管部门主持。而对区域教育发展的宏观评价，则多以自评形式展开，有时甚至可能缺位。《意见》明确提出，由专业的第三方来进行评价，这为未来评价主体发生突破性的转变奠定了政策基础。

我国建立第三方测评机构的探索正在蓬勃兴起，既有各省、市教育部门主管的评估院和评价协会，如江苏教育评估院、浙江教育评估院等，也有完全市场化的企业，其专业化程度参差不齐。对于何为"专业的第三方机构"，我国目前尚未有明确的界定，但可以肯定的是，此类机构应当具备两个特征。

1. 体现评价的专业性与权威性

评价是一项专业性极强的工作，不仅需要深入了解评价内容的理论框架、现实情况、评价对象的特征，还需要通过专业的技术手段对评价的大数据进行系统的分析，提取有效的信息。作为决策者和管理者，政府并没有提供专业服务的职能。国际上很多教育发达的国家都是依托专业的第三方测评机构来执行评价活动。比如，美国的"高考"就由非营利组织 ETS 和 ACT 提供，此外各州还有大大小小的测评机构为州政府或当地学区提供服务。

缺乏科学性、专业性的评价会产生误导性的结果，轻则浪费时间和资源，重则贻害学生、学校，甚至给整个区域的教育发展带来负面影响。我们要加强评价机构的专业性，需要加速培养目前紧缺的教育评价方面的专业人才。同时，我们还可以通过行业协会或专业学会制定行业标准，来防止不具备专业资质的机构滥竽充数。例如，协会或学会可以要求评价机构向其用户提供技术报告，接受协会或学会的质量监督等。

2. 是独立于"管"与"办"的"第三方"

此类机构既独立于政府管理部门，也不是办学者。例如，香港考试及评核局就是财政上完全独立的评价组织，不属于教育局管辖。只有真正意义上的"第三方"才能最大限度地实现评价的客观和公允。"第三方"评价和学校、政府的自评并不矛盾，它们是互为补充的、不同角度和方式的"诊断"。

三 教育评价方式的转变：扩展内涵、 改进标准、革新技术

随着教育质量观的转变和信息技术应用水平的不断提升，评价方式也在发生日新月异的变化，主要体现在评价内容的扩充、标准的转变和技术的革新三方面。

1. 评价的内容扩充和范围扩大

当前，针对学生、学校和区域整体教育发展的评价，都有了新的内涵。

其一，对学生的评价，由已往以学科知识为主，转向以综合素质评价为主。教育部近年推出的高考改革新方案、《关于推进中小学教育质量综合评价改革的意见》等，都体现了这一转变。国际上，除了学科知识和能力测试外，各种通用能力（如问题解决能力、批判思维能力、团队合作能力等）和非认知能力（如心理抗压能力等）等都进入了评价"菜单"（Griffin, Mcgaw, and Care, 2013）。

其二，对学校的评价，重点由对硬件设施的配置的评价，逐渐向对教学过程、学校文化、学校管理等方面的评价转变。例如，上海的绿色评价指标体系中，对学校的评价包括师生关系、教师教学方式、校长课程领导力三个指标。

其三，对区域教育质量的评价由单一追求升学率，逐步转变为以学生全面发展为核心、以公平为导向、对相关保障政策及其实施效果进行评价。国际学生评价项目（Program for International Student Assessment, PISA）提供了在国际比较的基础上评价学生发展和教育公平的经验，值得我们借鉴。

2. 评价的标准更加科学合理

对学校的评价，从简单的升学率排序向动态的增值评价过渡。在过去的 20 年左右时间里，国际上积累了大量关于增值模型的理论研究及其在学校评价中的实践经验（Sanders and Horn，1998）。这种方法以学生入学时的起点为基础，以学校教育活动对学生发展的增值为标准来评价学校的效能。与传统评价标准相比，增值的概念更利于激发学校的动力、促进学校特色发展。我国近年来也开始探索运用增值概念，创新学校的评价体系（马晓强、彭文蓉、托马斯，2006）。

3. 信息技术的发展带来了评价技术的革新

随着信息技术的发展，计算机化考试（computer-based）逐渐取代传统纸笔考试的趋势越来越明显。计算机化考试在数据采集汇总、防止作弊等方面有着显而易见的优势。除了测评的媒介外，测评数据的分析技术也由简单的计算原始分向现代项目反应理论（Item Response Theory，IRT）支撑的概率模型分析转变。所谓项目反应理论，是指以测评的参与者对每一个问题的回答为分析单位，参与者的能力水平越高，他在这一项上得分的概率也就越大。国际上，项目反应理论模型早已成为主流的分析测评数据的方法。我国在这方面也积累了一些理论研究的经验。在实践方面，教育部基础教育质量监测就运用了这一技术。项目反应理论和计算机化考试的结合使计算机自适应机考（computer adaptive test）成为可能，从而实现让每位测试参与者都可以得到个性化评价的愿景。研究者和实践者共同的积极探索，有利于加快技术革新的步伐。

我国的教育评价面临着前所未有的发展机遇，在其走向专业化的过程中，也有许多亟待解决的问题。例如，如何加强专业人才的培养，如何将评价活动常规化、制度化，如何培育和规范市场、建立招投标和管理制度等。这些问题需要管办评三方以及学生、家长等利益相关方共同商榷，形成共识。

参考文献

马晓强、彭文蓉、萨丽·托马斯，2006，《学校效能的增值评价——对河北省保定市普通高中学校的实证研究》，《教育研究》第10期。

Griffin, P., Mcgaw, B., and Care, E. 2013. "Assessment and Teaching of 21st Century Skills." *Springer Netherlands* 21 (4).

Leighton, J. P. and Gierl, M. J. 2007. "Cognitive Diagnostic Assessment for Education. Theory and Applications." *Journal of Educational Measurement* 45 (4).

Rampey, B. D., Dion, G. S., and Donahue, P. L. 2009. "NAEP 2008: Trends in Academic Progress. NCES 2009-479." National Center for Education Statistics.

Sanders, W. L. and Horn, S. P. 1998. "Research Findings from the Tennessee Value-Added Assessment System (TVAAS) Database: Implications for Educational Evaluation and Research." *Journal of Personnel Evaluation in Education* 12 (3).

Visscher, A. J. and Coe, R. 2013. *School Improvement Through Performance Feedback* (Vol. 10). Routledge.

美国、芬兰的教育评价制度比较

黄晓婷[*]

（2017 年 5 月）

在过去很长的时间里，我国考试的最主要功能是为国家选拔人才，因而考试被赋予了重要的政治意义，由教育主管部门直接组织实施。近年来，随着我国高等教育规模的不断扩大，考试的作用逐渐发生变化。2013 年 11 月，《中共中央关于全面深化改革若干重大问题的决定》对深化教育领域综合改革提出了"深入推进管办评分离"的要求；2015 年 5 月，教育部发布了《关于深入推进教育管办评分离促进政府职能改变的若干意见》（下文简称《若干意见》）。不同于以往针对高考或某一特定考试的改革，《若干意见》的提出，把我国教育评价的改革从内容、形式等技术层面扩展到了制度层面。

《若干意见》颁布以来，第三方评价机构如雨后春笋般兴起，既有商业公司，也有各种协会、学会等社会组织及高校和教育研究机构，由第三方提供的评价服务丰富多样，包括区域教育质量监测、学校质量评估、教师评价和学生认知诊断等。这些有偿评价服务进入教育体系的渠道各不相同，既有政府购买，也有学校或学生家庭埋单。在第三方评价迅速发展的同时，政府对于如何支持第三方评价、如何监管教育评价市场，尚未形成明确的办法，还处在积极探索、积累经验的过程中。

本文以美国、芬兰为例，比较这两个国家的教育评价体系，分析其在评价内容、评价主体、经费来源和市场监管等方面的特点，以期为我国教育评价制度的进一步完善提供参考。

一　美国

1. 评价内容丰富，评价主体以社会第三方专业机构为主

美国的教育评价已有很长的发展历史，在评价内容、评价技术、评价制度等方面都有了长时间的积累，是许多国家和地区学习、借鉴的对象。美国目前的评价内容非常丰富，包括对学生的学业水平、综合素质评价，对教师的资格考试、绩效考核，对学校效

---

*　黄晓婷，北京大学中国教育财政科学研究所副研究员，教育测量与评价研究中心主任。

能的评价，对区域教育质量的评价，对很多行业从业人员职业资格的认证等。仅针对学生发展的测评就有不下几百种考试，包含了从学前到研究生阶段的各个学科和能力维度，既有选拔性的入学考试，也有阶段性发展状况评价，以及帮助学生自适应学习的认知诊断等。各相关机构根据美国课程改革等情况的变化，还在不断开发新的评价产品，替换过时的考试和评价服务。

实施评价的主体除了少数由政府设立的专门机构外，大部分是社会第三方专业机构。这些第三方机构包括非营利组织（如 ETS[①]、ACT[②] 等）、商业公司（如培生集团[③]、CTB[④]）、高校和研究机构（如伯克利测评中心[⑤]、美国研究院[⑥]）以及行业协会（麻省教师协会[⑦]）等。表1列举了几类主要考试评价的案例及其实施主体。其中，除了服务于国家宏观教育政策的国家教育进展评估（NAEP）由政府设立的国家教育统计局[⑧]（NCES）组织实施外，其他大部分考试，包括高利害的大学入学考试在内，都是由社会第三方机构提供的。高校和研究机构在这一实践领域也十分活跃，这大大促进了美国教育评价领域的人才培养和技术革新。

表1　美国现有评价内容及评价主体举例

评价类型	评价示例	实施主体	机构性质
学生学业水平评价	高考1：SAT 考试	大学委员会*	非营利机构
	高考2：ACT 考试	ACT	非营利机构
	研究生考试 GRE	ETS	非营利机构
学校绩效评价	田纳西州增值评价体系（TVAAS）	田纳西大学增值研究和评价中心	高校研究机构
州教育质量监测	阿肯色州学生发展评估	ACT	非营利机构
国家教育质量监测	国家教育进展评估（NAEP）	国家教育统计局	政府机构
教师资格考试	麻省教师资格证考试	麻省教师协会	行业协会
职业资格认证	通用就业能力测评（Work Keys）	ACT	非营利机构
	护士资格证	培生测评（培生集团）	商业公司

注：* https://www.collegeboard.org。

2. 评价经费来源多样，政府购买服务制度健全

不同的考试或评价，根据其服务对象不同，经费来源也各不相同。例如，入学考试基本由学生付费。美国高考 SAT 考试注册费为26美元，每一个科目为20～30美元。考试

---

① ETS，http://www.ets.org.

② ACT，http://www.act.org.

③ Pearson Vue，https://home.pearsonvue.com.

④ DRC｜CTB，http://www.ctb.com/ctb.com/control/main.

⑤ BEAR Center，http://bearcenter.berkeley.edu.

⑥ American Institute of Research（AIR），http://www.air.org.

⑦ Massachusetts Teachers Association（MTA），http://www.massteacher.org/educators/licensure.aspx.

⑧ National Center for Educational Statistics（NCES），http://nces.ed.gov/nationsreportcard/about/.

费包括了向 4 所大学发送成绩单的费用，如果需要向更多的大学发送成绩单，则每所加收 12 美元。考生根据自己想申请的大学和专业的要求参加考试，报送成绩。学生还可以购买模拟考试和帮助自己学习的发展诊断测评等。

国家或州一级的质量监测由政府提供经费。在《不让一个孩子掉队法》通过后，各州都需要对 K – 12 阶段的学校教育质量进行监测，因此州一级的标准化测试经费被列入预算。经费的使用方式主要有两种：一是由相关的政府机构直接用于评价活动；二是通过招投标购买社会专业机构的评价服务。如表 1 提到的国家教育进展评估（NAEP）就是由联邦政府直接提供经费给国家教育统计局（National Center for Educational Statistics，NC-ES）。少数州一级的质量监测也由州政府直接拨款给州教育局的相关部门，如加州学生表现与发展测评（CAASPP）[①] 就由加州州政府全额拨款给加州教育局的质量提升与问责处（Improvement & Accountability Division）。

不过大部分州都没有设立专门的业务部门来实施评价，而是采用招投标的形式，购买营利或非营利专业机构的服务。例如，ACT 为阿拉巴马、阿肯色、路易斯安那、密西西比等州提供州基础教育质量评价；表 1 提到的田纳西州则向高校研究机构购买服务，建立了该州的学校问责增值评价体系。各州的招投标程序较为类似，即依据该州相关的法律条例组织公开竞标，并由州教育局组织评审委员会来决定哪家机构中标。评审委员会的成员一般包括州教育局官员、相关领域知名研究人员、教师和校长代表等。这种做法比较灵活，各级政府能够按照自己的需求，及时得到高质量的服务，因此在美国各州和各教育层级的考试评价中被广泛使用。

另外，学校和学区也有一定的自主权，支配经费购买所需的考试或评价服务。比如纽约州的 Valhalla Union Free 学区就向 CTB 购买基础教育阶段学生学科能力和高阶认知能力测评服务；不少学校和学区会购买筛选天才儿童（gifted students）的考试；还有学校向美国（中小学）校长联合会购买学校发展诊断（school improvement diagnosis）服务等。由于学校和学区购买评价服务的金额不高，有时不会通过严格的招投标，不过选择评价产品和服务的过程还是十分公开透明的，多由董事会或相关的委员会决定。

职业资格考试等通常由考生付费。大部分的职业资格考试由行业协会制定技能标准，如美国护士资格证考试的技能标准由国家护理委员会（National Council of State Boards of Nursing，NCSBN）制定，该委员会又委托培生公司开发和组织资格考试，研究和运营经费基本来自考生支付的考试费。一些企业也会向专业考试机构购买人格、心理及职业能力测试，用于公司招聘。

此外，一些基金会和商业机构也会资助教育评价实践。例如，盖茨基金会就资助了全美教师能力测查项目（Measures of Effective Teaching Project，MET），花旗银行曾资助学生财商测查等。

3. 政府监管、市场竞争和行业自律促进评价服务的质量提升

目前美国教育评价产品的质量在全球处于领先水平，这一方面是由于近代教育评价

---

① California Assessment of Student Performance and Progress（CAASPP），http://www.cde.ca.gov/ta/tg/ca/.

理论和技术在美国科研环境下得到了长足的发展，另一方面更重要的原因则是政府监管、市场竞争和行业自律多管齐下，促进了评价服务质量的提升。

政府监管主要体现在通过法律要求考试科学、公平。例如，如果考生认为在考试中因为族群、性别或其他原因受到歧视，则可以起诉提供考试的机构，要求相应赔偿。此外，在政府购买的评价服务中，教育局一般会有相关部门全程参与整个测评过程，该部门还会邀请教育测评领域的知名专家，组成顾问小组或专业委员会，对整个测评过程进行有效的监督和对质量进行把控。

开放的市场竞争机制也是促进评价服务质量提升的重要动力。提供类似评价服务的专业机构要在招投标中获胜，或者争取到更多个人或学校用户，就必须提高其产品的科学性、适用性和性价比。例如，ACT 和 SAT 多年来一直竞争高考市场，两家机构的研发部门都定期公布工具开发、数据处理、考试成绩预测效度等方面的技术报告和研究报告。特别是考试成绩对学生进入大学以后学业表现的预测效度是影响大学选择使用哪种考试的最重要的因素，因此两家机构的研发部都投入很多资源验证其预测效度。此外，这两个考试的内容每 3~5 年会根据全国课程调查（National CurRiculum Survey）进行调整，测试方式也随着电脑的普及和信息技术的发展，迅速由纸笔考试转变为更方便、快捷的机考。各考试机构对于测评的各项工作都十分审慎，因为一旦有因公平性或信、效度引起的法律纠纷，该机构除了面临高额赔偿，公信力也会大大受损，严重损害其市场竞争力。

最后，行业协会对教育评价产品的质量保障和提升也起到了积极的作用。美国国家教育测量委员会（National Council on Measurement in Education①，NCME）是全国性的教育测评行业协会。该委员会定期发布行业指导性文件和质量标准。1999 年，NCME 出版了《教育与心理测量标准》②，明确了各类考试应该达到的信度、效度、公平性等方面的标准，2014 年出版了第二版，在第一版的基础上根据这一领域理论和技术的发展对标准进行了调整。

4. 教育评价人才和技术储备丰富

美国教育评价市场较为长期、稳定的发展使得高校有动力和资金培养大量的专业人员。大部分有教育学院的研究型大学设有教育测评相关专业，并以博士点居多，如 Stanford、UC Berkeley、UCLA、各州立大学等。这些高校为政府部门、学区、营利性或非营利性的考试服务机构及教育研究机构提供稳定充足的人才供给。例如，ACT 就脱胎于爱荷华大学的测评专业，从 20 世纪 60 年代末成立以来，一直和爱荷华大学保持着紧密合作，该校教育测量专业每年有大批研究生在 ACT 实习，并有很多毕业生进入 ACT 工作。

在技术发展方面，联邦政府通过国家研究基金（如美国国家自然科学基金，NSF）对评价研究提供持续、稳定的资金支持。一些私人基金会（如 Spenser 基金会）也有一定的经费，每年以竞争性研究课题的形式，为该领域的研究提供资助。此外，营利性或非营利性考试评价机构都有相当规模的研发部门，如 ACT 的 R&D 有 100 多名雇员，ETS 的

---

① NCME, www. ncme. org.
② *Standards for Educational and Psychological Testing*, http://mp125118. cdn. mediaplatform. com/125118/wc/mp/4000/5592/5599/39268/Archive/default. htm.

R&D 雇员接近公司总人数的一半。这些机构的研究人员不仅针对本机构的评价产品进行研究，也进行理论和技术方面的基础研究。长期、稳定的市场和研究经费支持，为美国在教育评价专业人才培养和技术发展方面创造了良好的条件。

二　芬兰

1. 评价主体以学校为主

芬兰的基础教育质量在全球名列前茅，曾在"国际学生评价项目"（PISA）中多次夺冠，因此有很多国家研究和借鉴芬兰模式。芬兰的评价体系主要包括学生学业水平考试（包括招生类考试），行业执照和教育资格考试以及国家、区域和学校质量监测。[①] 此外，芬兰也参加了 OECD 和欧盟等国际组织主持的教育评价活动。

自 20 世纪 90 年代以来，芬兰将多数的教育管理权、决策权和监督权都下放到了地方政府和学校。与这一教育管理体制相适应，学校成为很多教育评价的实施主体。政府设立的专门机构也承担了一部分评价任务，社会第三方组织实施的评价活动则相对较少。

以芬兰的大学招生考试为例，大学入学考试主要由两部分组成：国家统一的高等教育入学考试（Matriculation Examination）和各高校自主举行的招生考试。高等教育入学考试由高等教育入学资格考试委员会（the Matriculation Examination Board）负责。该委员会是政府设立的专门机构，委员会主席由教育部直接任命。委员会成员约 40 人，包括大学教授、高中教师、教育政策制定者等。委员会的主要职责包括考务管理、组织试题编制、试卷评价，以及对学生考试成绩的复查（刘彬，2009）。试题编制及试卷评价的具体工作则由约 330 名不同学科的联合委员（associate member）承担。委员会秘书处约 22 位工作人员负责考试的技术问题、人员招聘、安全和协调等。

各高校的自主招生考试由该校专门的招生考试机构组织实施。高校在确定各专业招生和选择标准方面有很大的自主权。通常，各院系在认真查看学生申请材料，了解学生高中成绩、日常表现和教师评语后，选出符合要求的学生来校面试或参加专业考试，最后做出是否录取的决定。因此，全国统一的"高考"并非高校筛选学生的决定性因素，高校自己的考试和选拔机制在招生中起到了更重要的作用。

在质量监测方面，芬兰的教育质量监测体系从上至下分为国家、地方和学校三个层次，由外部评价和自我评价两部分相结合，组成"教育评价网络"（丁瑞常、刘强，2014）。国家层面的评价由芬兰教育评价中心（Finnish Education Evaluation Center，FINEEC）负责。该中心成立于 2014 年，是政府设立的、独立于芬兰教育与文化部的、非行政性专业教育评价机构，下设评价委员会、高等教育评价委员会、基教及职教评价部门。该中心负责制定全国教育评价五年计划，承担具体的国家教育评价及相关研究工作。为全国学前至高等教育阶段的教育质量保障提供评价服务。目前，芬兰已经裁撤了其他

---

① *National Plan for Education Evaluation 2016 - 2019*, p. 1.

国家层面的教育质量监测机构，以避免过去多个机构并存时出现的职权交叉、组织重叠等问题。

在地方层面，芬兰的《基础教育法》等相关法律和文件明确规定，地方政府有责任为国家组织的外部评价提供准确的数据和信息，并对所辖区域的教育活动开展自评。自治市的自评主体通常由市委员会、市审计委员会、市教育委员会共同构成。根据地方自治原则，具体的评价模式、评价方案和评价方法均由各区、各市自行决定。如赫尔辛基市就经常通过"校间同行审核"对学校的办学质量进行评价和监测，具体来讲就是让各校校长及部分教师对其他学校的办学质量进行同行评审。需要指出的是，芬兰国家和地区的教育质量外部评价并不具有行政约束力，不管学校在监测中的表现如何，政府一般不会直接干预学校运作。

学校在质量监测体系中不仅是被评价的对象，同时也是评价（自评）的主体。学校自评包括对其教学服务的可获得性和有效性的评价等，通常由校长自评、教师自评、学生自评和学生学业水平评价几部分组成。其中，学校组织的学生学业水平评价的目的是鼓励和指导学生的学习，及时反馈学生学业中存在的问题，同时也是国家开展外部教育评价的重要信息来源。值得一提的是，学生学业成就的评价并非由教师单方面进行等级打分，而是师生共同决定。

最后，在职业资格认证方面，高校毕业证书取代了很多资格证书。如应用科技大学中的机电工程等专业，毕业证即被视作从业证；又如大学和应用科技大学的教育硕士学位等同于教师资格证书等。但对于律师和医生类职业，则由相关的行业协会或国家机构组织实施资格认证考试。

2. 评价经费主要来自财政拨款

芬兰是一个高福利国家，绝大部分教育评价的经费来自政府财政拨款。例如，各高校的自主招生费用由学校从国家核心拨款中自行决定使用比例。在国家教育质量监测中，教育与文化部全额拨款给芬兰教育评价中心；市/区教育质量监测经费由地方政府承担；而学校层面的评价经费则是由学校从财政拨款中自行决定使用比例。芬兰通过法律来保障各级各类教育评价都能得到充足的资源，同时法律也强调了评价的具体工作不受行政部门的干扰。

少数考试也向学生收取一定的费用。如高等教育入学资格考试，学生须支付考试费，每门课约20欧元，共考4门课，每科的证书约为32欧元。收取的这些费用被用于高等教育入学资格考试委员会的管理和运营。[①] 此外，医师资格等少数行业资格认证也会由组织实施该考试的行业协会或相关机构向考生收取费用。

3. 政府职能定位为服务者

随着芬兰教育决策和管理权的不断下放，国家对学校办学的直接管控越来越多地被学校自我规范所取代。政府在教育领域中的定位是服务者，而非管理者或监督者。在教育评价体系中亦是如此。学校在评价中享有很大的自主权，既是评价的主体，也是使用

---

① https://www.washingtonpost.com/news/answer-sheet/wp/2014/03/24/the-brainy-questions-on-finlands-only-high-stakes-standardized-test/.

结果的利益相关方。政府仅提供评价标准，作为给学校的参考，而没有实际的约束力。在具体的评价活动中，政府充分信任学校和专业的力量，尽可能弱化行政干预和管控。

除了为本国各级各类教育提供内、外部评价的经费外，芬兰政府还投入经费，积极参与 OECD、欧盟等国际组织的评价活动（如 PISA 项目等），期待通过与国际专业机构的合作来提升本国的教育测评技术。

三　政策建议

随着教育管理体制改革的不断深入，我国的教育评价制度正朝着政府监管与市场调节相结合的方向发展。上述几个国家和地区，特别是美国在教育评价发展方面的经验，对我国如何加强政府监管、激发市场活力有着一定的借鉴作用。据此，本文提出以下几点政策建议。

1. 厘清政府在教育评价中的职能边界，做到管、评分离。转变政府职能的一个重要方面就是将教育评价交给专业机构。评价业务并非政府所长，政府可以依据专业机构的评价结果改进政策。同时，评价也要有自身的边界。如果政府决策，特别是对学校的直接管理过度依赖评价结果，那么决策势必过于简单机械。

2. 将委托专业机构和社会组织开展教育评价纳入政府购买服务范围，建立健全招投标制度和绩效管理制度。目前已经有不少地区和学校尝试购买社会组织提供的第三方评价服务，但很多地方政府购买评价服务的渠道还不健全，招投标制度也亟待进一步完善。

3. 制定专业机构和社会组织参与教育评价的资质认证标准。目前市场上的评价服务良莠不齐，很多教育行政部门及学校又缺少辨别能力。第三方评价市场能否长期、健康发展，在很大程度上取决于我国能否尽快建立评价机构的资质认证和评价产品的市场准入标准，否则第三方机构将失去各级教育主管部门和学校、学生的信任，难以生存和发展。

4. 行业归口，缕清督导机构和评价机构的关系。评价并非督导机构的专长，督导机构应通过合理的、制度化的筛选程序选择评价机构及服务。

5. 通过相关的法律，对评价机构的信息保密做出规定，保护学生、学校不受伤害。

6. 重视专业人才培养和技术积累。近年来教育评价的迅速兴起凸显了我国评价技术和人才不足的问题。目前我国高校系统培养教育评价专业人才的能力明显缺失，具有世界水准的教育评价研究机构和研究人才凤毛麟角。虽有越来越多的研究机构开始开展国际合作，但高水准的国际教育评价技术资源尚未得到充分利用。教育评价前期研究和实践都要花费较高的成本，只靠市场的力量难以形成整体性突破。政府应在人才培养、机构建设、技术引进与合作研究、项目资助方面制定配套政策，引导和促进教育评价技术水平整体提升和教育评价事业健康发展。

7. 健全行业组织，行业协会要建立行业标准，进行行业自律。全国性的、权威性的教育评价行业组织应当制定行业规范、产品标准，进行质量认证，等等。随着我国第三方评价的发展，行业协会也应逐步发挥更大的作用。

参考文献

丁瑞常、刘强，2014，《芬兰教育质量监测体系探析》，《比较教育研究》第 9 期。

刘彬，2009，《芬兰大学入学考试制度及对我国高考制度的启示》，《教育与考试》第 5 期。

PISA 对我国考试评价改革的启示

黄晓婷[*]

（2017 年 12 月）

近期，PISA（国际学生评估项目，Programme for International Student Assessment）公布了 2015 年测试的结果，我国北京、上海、江苏、广东四地学生平均成绩在参与本轮测试的 72 个国家和地区中排第 10 位，引起了社会各界的广泛关注。然而，PISA 的意义和价值远不止于一个简单的排名。PISA 作为目前参与最广、最具影响力的国际大型标准化测试，其测试理念和测量技术都处于教育测评领域的前沿，可以为我国的考试评价改革提供很多值得学习和借鉴的经验。

一 以对能力和素养的考查为目的，并提供了整套方法

PISA 的考核重点不是学生对课程内容的掌握程度，而是评价学生在阅读、数学和科学三方面的"素养"（literacy）。PISA 的测试对象不是某一个年级，而是 15 岁 3 个月到 16 岁 2 个月的学生，跨了至少两个年级，且不同国家和地区使用的教材也不同，因此考核"素养"是其唯一理性的选择。这种考察目的和方式，对于克服现有高考和中考带来的"死记硬背"弊端无疑是极有意义的。

PISA 将"素养"定义为学生在生活情境中应用相关知识和技能的能力。例如，2015 年重点考察的科学素养被定义为作为公民参与科技相关的事务的能力，包括解决生活中与科学技术相关问题，并有科学的意识，会科学反思等。与传统的学科测试相比，PISA 强调学生终身学习和未来职业发展所需的应用知识的能力和批评思维能力。我国最新一轮的课改也提出了把问题解决、批判思维等能力培养与学科知识相结合的理念，然而目前绝大多数的标准化考试仍然拘泥于考察课本里的知识点，与国务院考试招生制度改革方案要求的"重点考察运用所学知识发现问题和解决问题的能力"还存在不小差距，而 PISA 为我们提供了范本。

---

[*] 黄晓婷，北京大学中国教育财政科学研究所副研究员，教育测量与评价研究中心主任。

二 保证考试评价的专业化水平，提供了命题
组考科学化和规范化的范本

PISA 的测试框架由测量专业人员和多国学科专家共同制定，专家组对素养的各个维度进行十分详尽的阐述。例如，2015 年重点考察的科学素养，其测试框架为在社会生活背景下的科学能力、知识和态度。具体来说，社会生活背景包括个人、地区和全球三个层次；科学能力包括科学地解释现象、设计和评估科学研究的方法、解释数据和论据三个方面；知识又包括事实性、过程性和认知性三类；而态度则包括对科学技术、环境和科学研究的方法三方面。在这一框架下，专家组确定测试蓝图，即严格规定三个层次的背景下，三种能力和三类知识分别占多少比重，不同难度的试题分别占多少比重等。框架的细致划分使得组卷的随意性大幅降低，可以在很大程度上确保测试的内容效度。此外，测试框架经过反复的讨论修改，最终确定后会在一段时间内保持稳定，从而使得不同年份测试内容的可比性大大提高，为各国分析本国在一段时间内的发展变化提供了基础。

PISA 的命题和组卷过程也与我们较多依赖命题人员经验的做法不同，PISA 在更大程度上结合了专家意见和客观数据。大致来说，第一轮由专业命题人员和各国学科专家提供实际测试题目 4 倍左右的试题，之后经过专家组"磨题"和小规模施测，选出其中在内容和难度上更为适切的 1/2 左右的试题。各国进行翻译和本土化后，选择 1000 名左右的学生参加 PISA 在本国的试测，测量专业人员对试测数据进行细致的分析，包括题目的难度、区分度、与统计模型的拟合度、对不同性别和不同地区学生的公平性等。依据试测数据的分析结果，选择内容和难度适宜、国际可比性等各方面性能良好的题目，组成最终测试的试卷。这种做法保障了实测试题的质量，也在很大程度上保证了测试的信度。

三 运用最新考试评价技术，将科学性与公平性有机统一

在测试结果的计算方面，PISA 运用了项目反应理论模型。使用项目反应理论模型的一个重要优势就是可以相对简便地对不同年份的测试结果进行等值，即不同次的考试之间，尽管试题有所不同，成绩仍直接可比。等值目前已在很多国外的大型标准化考试中得到运用（如 TOEFL、GRE 等），这种统计技术对于题库建设和构建计算机自适应测试都具有特别重要的意义。PISA 考试也运用了等值技术，多次参加测试的国家和地区可以通过直接比较测试结果，了解自身教育质量的变化。

等值技术对我国的考试评价改革有着很重要的意义。在我国最新出台的高考改革方案中，一年多考已成趋势。目前已有地区英语考试确定一年两考。在没有等值的情况下，两次考试的成绩不可比，使用百分位排名又会导致学生哪怕第一次已经考了高分也要参

加第二次，进行"卡位"以保持相对优势。等值为未来完善一年多试提供了可能的技术支持。此外，等值也可以被运用到增值评价中，采集学生发展的纵向数据，改变原来只关注学生在某一个特定时间的状态的做法。

除了等值外，PISA 还运用项目反应理论模型对试题性能的跨语言、跨文化可比性进行细致的检验，即项目功能差异检验。不同国家和地区要对比 PISA 成绩，必须首先保证试题对于这些国家和地区的学生是公平的，无论是哪个地区的学生，只要能力相同，得分的概率就相同。这种统计检验的方法也适用于验证我国高利害考试对不同群体的公平性。例如，近年来关于我国高考试题的取材可能对农村学生不利的问题被广泛关注。我们可以借鉴 PISA 检验试题的国际可比性的这种方法，分析客观数据，来证实是否存在对农村学生不利的因素，为提高命题质量、保障试题的公平性提供参考。

另外，在成绩报告方面，PISA 在给出学生各科得分的同时，还报告该生成绩对应的能力等级。PISA 的能力等级的划分是通过测试数据分析与专家组对题目内容的质性分析相结合的方法设定的。每种素养都划分为六个等级，五级及以上为优秀，一级及以下为不合格。每一个能力等级都有描述性定义，说明处于该等级的学生已经具备了哪些能力。相比目前大多数考试仅仅为学生提供考试分数和排名的做法，划分能力等级并进行细致的说明更有助于学生和学校了解自身的发展状况，同时也有助于改变过去"分分计较"的考分反思方式。

我国考试招生制度改革的深入推进，对于考试评价技术的要求空前提高，教育测评领域急需理念和技术的快速提升。我国目前的大部分考试主要以课程标准为基础，以学科知识为中心，围绕考试大纲进行命题，考试结果仅报告原始得分，与强调核心素养考查、考试选择性、评价对教学反馈等趋势和要求差距仍然较大。PISA 考试对我们的意义，远不止于与其他国家比试高低。它为我们尝试构建应用能力导向的测试，提高命题组卷的系统性和科学性，通过等值建立横向或纵向可比的测评体系等，提供了重要思路和参照。

高考语文作文试题的城乡公平分析[*]

黄晓婷　韩雨婷　吴方文[**]

（2018 年 2 月）

一　研究背景

近年来，社会对高考公平性的关注已经逐步由程序公平扩展到了考试内容对不同群体学生是否公平上来。特别是高考语文作文题的公平性，曾引起媒体的热议。例如，2015年的陕西省高考语文作文题为就女大学生举报在高速路上违反交规的父亲引发的争议，给女儿、父亲或其他相关方写一封信。有一种观点认为这道题对于不了解高速公路及高速上不能打手机等规定的农村学生不公平。

国际上已有很多成熟的统计模型来估算试题对于不同群体难度是否存在显著差异。项目功能差异（Differential Item Functioning，DIF）检验（Holland and Wainer, 1993）是最合适也是目前最常用的鉴别试题是否存在对某些群体不公平情况的方法。具体来说，DIF是指不同群体（如不同性别、族群或地区等）的被试，在能力相同时，在某试题上得分概率的差异。当差异较大时，即 DIF 指数的绝对值在统计上显著大于临界值时，被试在该题上的得分就不仅仅取决于他的知识或能力，在很大程度上还取决于被试所属的群体，该题对不同的群体就不公平。例如，在上面提到的作文题中，如果学生得分的高低仅与其作文水平相关，则试题没有 DIF；但如果学生因为生活在偏远农村，不熟悉高速公路等背景知识，从而无法正常完成作文，则可能出现显著的 DIF。

实际上，在国际上较为知名的大型标准化考试中，计算项目的公平指数已经是题库建设和维护的一项常规性工作，但我国在这方面的实证研究还较少。其中一个重要的原因在于已有的统计模型都是针对国外标准化考试的，试题绝大部分为客观题（如单项选择题、是非判断题等），且试题的评分等级通常只有 5 个左右。而在我国的高考中，主观

* 本文为教育部考试中心委托课题研究成果，最初发表于《中国考试》2018 年第 2 期。
** 黄晓婷，北京大学中国教育财政科学研究所副研究员，教育测量与评价研究中心主任；韩雨婷，北京师范大学心理学院在读博士生；吴方文，华东师范大学课程与教学系在读博士生。

题占据了相当的比重，且评分等级常常多达 20 个，作文题的评分等级理论上多达 61 级，数据结构与国外标准化考试存在显著的差异。因此，已有的统计方法不一定适用。针对上述问题，本研究先通过模拟实验，从已有的 DIF 检验方法中甄选出最优方案，再以 2015 年高考语文的实证数据为例，检验作文的城乡公平性。

二　研究方法

目前，国际上已经有很多种计算 DIF 的方法，各种方法都有以下步骤。

第一步，获得测试数据。

第二步，明确要对比的群体，即目标组和参照组。

第三步，确定匹配变量。由于 DIF 不是直接对比两组被试的得分高低，而是对比不同组中能力相同的被试在某道试题上的得分情况，因此，需要先估算被试的能力，再对同样能力的被试进行对比。被试能力，通常就是 DIF 分析中的匹配变量。匹配变量有两类：测验总分（原始分），或是由项目反应模型（Item Response Model）估算的被试的潜在真实能力（潜变量）（Potenza and Dorans，1995）。

第四步，估算 DIF 指数。根据是否使用项目反应理论或其他测量模型，检验 DIF 的方法可以相应地分为两类：参数检验方法（使用项目反应理论或其他测量模型的方法）和非参数检验方法（不使用项目反应理论或其他测量模型的方法）。表 1 展示了每个类别中的一些常用的检验方法。

表 1　常见 DIF 检测方法

匹配变量	类别	常用方法
原始分	非参数	GMH、P-MH、P-STND
	参数	P-LDDIF、LDFA
潜变量	非参数	P-SIBTEST
	参数	基于 PCM（Conquest 内置 DIF 检验方法），基于 HGLM、GRM 模型的方法

第五步，对于统计方法识别出来的有显著 DIF 的试题，还需要进一步分析可能的原因和对应的修改办法。

表 1 中罗列的方法都适用于一般标准化考试中的选择题和分步计分题。但是要用来分析高考作文题时，需要先解决两个问题。

第一个问题是找到匹配变量。过去的标准化考试往往是单一维度的，也就是说所有的试题都在测量同一种潜在能力。此时，匹配变量可以采用总分或由项目反应理论计算出的潜在能力。① 近年来，越来越多的测试是多维度的。当每个维度有相当数量的试题

---

① 有一些方法会多次循环，排除所有有 DIF 的试题，用 DIF-free 的试题作为匹配变量。

时，研究者可以用该维度的总分或该维度能力潜变量估值作为匹配变量。在高考语文中，测试学生作文能力的题仅有1道作文题。如果简单地用语文总分或语文能力潜变量，很可能无法较为准确地匹配能力相同的考生。当测试中没有相同类别的试题时，匹配变量只能用所测能力最接近的试题组来代替。除作文题外，高考语文试卷在内容上还包含阅读和表达两大类；从题型来说，也有选择题和开放题①两类。我们分别计算了不同内容的得分、不同题型的得分与作文得分的相关系数，结果如表2所示。从表2可以看出，开放题与作文成绩的相关性最高，基本达到了匹配变量的使用标准，因此，我们将12道开放题的成绩（或由此估算出的潜在能力）作为匹配变量。

表2 不同内容、题型与作文题得分的相关系数

	阅读	表达	选择题	开放题
作文	0.377	0.355	0.362	0.420

第二个问题是模型是否能处理多评分等级的项目。在常见的标准化考试中，单项选择题是0/1计分，分步计分题大多数采用0～5的整数，很少有超过10个分值级别的。但在高考作文中，总分为60分，理论上就有61个评分等级。在已有的理论研究和实证分析中，尚未尝试过分析这种形态的数据。因此，我们无法直接判断哪种模型能最精确地检验出DIF。

为了选出检验高考语文作文题是否存在DIF的最佳方法，我们从不同参数类型和匹配变量类型中，各选取1～2种较为常用的方法，通过模拟研究，来比较哪种方法能更灵敏、更精确地检测出类似高考作文分数的数据中的DIF。具体来说，我们选取了以下4种DIF检验的方法：P-MH（Mantel and Haenszel，1959）、P-STND（Mantel，1963）、P-SIBTEST（Dorans and Kulick，1986）和基于PCM（Conquest内置）的DIF检验方法（Shealy and Stout，1993）。

在模拟研究中，除了这4种方法外，还有2个重要的控制条件。第一个控制条件是DIF的大小。由于不知道高考作文题是否存在DIF或DIF的效应值多大，我们设定了3种情况，即很小（可忽略，效应值为0.1）、中等大小（效应值为0.5）和严重DIF（效应值为0.8）。第二个控制条件是试题的评分等级数。高考作文题虽然理论上有61个等级，但在实际测试中，并非所有等级都会被经常使用。没有使用到或很少被使用的分数等级往往会被合并。因此，我们在模拟研究中也设置了3种不同的分数等级：10等级（0～9分）、21等级（0～20分）和41等级（0～40分）。这样，结果对于其他10～20级评分的开放题也有借鉴意义。综上，模拟研究采用了4×3×3的完全随机设计（4种DIF检验方法、3种DIF大小、3种分数等级）。

模拟过程如下。

（1）参考高考试题的难度分布，固定20个项目的难度参数。

（2）将其中1题设为作文题，分别加上0.1、0.5和0.8的DIF。

---

① 不含默写式的填空题。

（3）随机生成 16524 个被试的能力参数（同实证数据的样本量），随机将 1/3 的被试分为目标组（农村），2/3 为参照组（城市）。

（4）根据被试能力、组别和项目难度，生成作答数据。

（5）采用倾向性匹配法，根据"作文题"以外的 19 道题的得分情况，将两组被试进行匹配。

（6）随机抽样。当样本量太大时，任何微小的差异都会被检测出来，从而放大"I 类错误"的概率。因此，样本量并非越大越好。根据董圣鸿等（2001）的模拟研究，SIBTEST 方法的样本量在 1000~2000 时，就能得到很好的 DIF 检出效果。因此，本研究对能力匹配后的 5718 对样本进行随机抽样，最后得到 1000 对样本（城乡被试各 1000 人）。

（7）分别采用 P-MH、P-STND、P-SIBTEST 和 Conquest 内置 DIF 检验方法，对随机抽样得到的作答数据进行 DIF 检验，记录每一次运算的结果。

（8）在每种条件下（4×3×3，共 36 种），重复试验 100 次。

在得到对模拟数据的 DIF 检验结果后，我们依据该方法犯"I 类错误"概率和统计检验力来比较 4 种方法的优劣。所谓"I 类错误"，就是指把一些没有 DIF 的项目错误地检测为存在 DIF 的情况。如果某种 DIF 检测方法犯"I 类错误"的概率较大，那么这种方法会把某些高质量的、没有 DIF 的项目误判为存在 DIF，对 DIF 真正原因的检测带来很大的困扰。统计检验力则是指某种方法正确检验出实际存在 DIF 的能力。

在模拟研究中，我们主要采用统计软件 R 和项目反应模型软件 ConQuest 来进行数据分析。其中，使用 P-MH 和 P-STND 方法时，采用了 R 语言的自编程序；使用 P-SIBTEST 方法时，采用了 R 语言中的 mirt 包；使用基于 PCM 的方法时，采用了 ConQuest 软件。

三　模拟研究结果分析

模拟研究的结果见表 3 至表 5。表 3 展示了当 DIF 很小，在统计上可以忽略不计时，4 种方法犯"I 类错误"的概率。P-STND 和基于 PCM 的方法表现较好，没有出现"I 类错误"。P-SIBTEST 最差，"I 类错误"率在处理 41 等级计分时高达 98%。P-MH 和 P-SIBTEST 出现"I 类错误"概率较高的原因可能是 χ^2 统计量对样本量变化敏感，当样本容量较大时，微小的差异都会造成显著的检验结果。

表 3　DIF 可忽略时（DIF = 0.1），4 种方法犯"I 类错误"的概率

检测方法	犯"I 类错误"的概率		
	10 等级	21 等级	41 等级
P-MH	0.71	0.36	1.00
P-STND	0.00	0.00	0.00
P-SIBTEST	0.96	0.97	0.98
基于 PCM 的方法	0.00	0.00	0.00

表 4 显示了当 DIF 为中等大小时，4 种不同方法的统计检验力。可以发现，基于 PCM 的方法在处理 10 等级、21 等级和 41 等级计分的项目中都表现最佳。

P-STND 在处理 10 等级和 21 等级计分的项目时也达到了 100% 的检出率，但在处理 41 等级计分的项目时，检出率略低于基于 PCM 的方法。P-MH 方法则在处理 10 等级计分项目时稍显不足。

表 4 存在中等 DIF 时（DIF = 0.5），4 种方法的统计检验力

检测方法	统计检验力		
	10 等级	21 等级	41 等级
P-MH	0.85	1.00	1.00
P-STND	1.00	1.00	0.97
P-SIBTEST	0.96	0.97	0.99
基于 PCM 的方法	1.00	1.00	1.00

从表 5 我们可以看出，当 DIF 较大时，基于 PCM 的方法再次显示了最强的统计检验力。P-STND 在这种情况下，和基于 PCM 的方法不相上下。另两种方法尽管都有所提高，但仍然低于 P-STND 和基于 PCM 的方法。

表 5 存在较大 DIF 时（DIF = 0.8），4 种方法的统计检验力

检测方法	统计检验力		
	10 等级	21 等级	41 等级
P-MH	0.95	1.00	1.00
P-STND	1.00	1.00	1.00
P-SIBTEST	0.97	0.97	0.99
基于 PCM 的方法	1.00	1.00	1.00

由此可见，基于 PCM 的方法在各种情况下都最为灵敏和准确。这种方法对 DIF 参数的估算与我们设定的值十分接近（见表 6）。经过 100 次重复模拟，当项目为 10 等级计分时，这种方法对 DIF 指数的估值是 0.1051，标准误为 0.0081，与设定值的差异在统计上

表 6 不同条件下基于 PCM 的方法对 DIF 大小的估算结果

等级数	真实 DIF 大小		
	0.1	0.5	0.8
10 等级	0.1051 (0.0081)	0.483 (0.0217)	0.7742 (0.0129)
21 等级	0.111 (0.0089)	0.4904 (0.0111)	0.7726 (0.0144)
41 等级	0.1128 (0.0081)	0.4855 (0.0105)	0.7665 (0.0142)

注：括号中的数据为标准误。

不显著。从全部表格来看，当真实的 DIF 值（设定值）较小时，这种方法倾向于高估 DIF 指数，计分等级越多，高估倾向越明显。当真实的 DIF 值（设定值）较大时，这种方法倾向于低估 DIF 指数，计分等级越多，低估倾向越明显。但估计值与真实值的差异都不显著。基于 PCM 的方法犯"I 类错误"的概率更小，统计检验力更高，估计较为精准，因此是检测高考作文题是否存在 DIF 的首选。

四 实证研究分析

模拟实验表明基于 PCM 的方法在前述 4 种方法中最适合用来检验高考作文题是否存在 DIF。因此，我们用这种方法对 2015 年高考语文作文题进行了分析。从东北部某省的考生中随机抽取 16524 个样本（该省总样本量的 5%），其中城市学生 5718 名，农村学生 10806 名。初步的统计描述结果显示，城市学生平均作文成绩为 40.44 分，农村学生平均作文成绩为 39.95 分。尽管两组学生成绩差异的 t 检验显著，但实际效应值非常小，仅为 0.114。

随后，使用 2015 年语文试卷中的 12 道开放题作为锚题，对考生进行能力匹配。运用 ConQuest 内置的程序进行运算。结果显示，12 道开放题加 1 道作文题（共 13 题）的总体信度为 0.66。[①] 试题与分步计分模型（PCM 模型）的拟合良好。DIF 指数为 0.012，也就是说作文题对城镇学生与对农村学生难度差异为 0.012，这一差异非常微小，实际的效应值低于 Paek 指出的临界值 0.426，因此可以忽略。因此，2015 年高考语文作文试题不存在显著的城乡差异。

五 研究结果与讨论

公平是高考的基本要求，确保试题对不同群体考生公平是高考命题和题库建设十分重要的环节。DIF 分析可以为试题的公平性提供实证依据。在本研究中，通过模拟实验对现有的 DIF 检验方法进行了甄选，并尝试运用选出的最佳方法分析实证数据。

本实证研究还存在一些局限性。一是对学生城乡背景的划分基于户籍。随着我国城镇化的飞速发展、人口向县城集中等因素，用学生实际生活所在地来划分会更加科学。二是在上面的分析中，只关注了城乡 DIF，而性别 DIF、民族 DIF 等也是保证试题公平性不可忽视的部分。统计方法为检验 DIF 提供了手段，未来还需要对存在 DIF 的试题进行深入的质性分析，寻找造成 DIF 的可能原因。只有在命题中避免了这些因素，命题质量才能不断提高。

---

① 信度不太高的主要原因可能有两个方面，一是题量较少，二是开放题和作文题都受评分员的影响较大。

参考文献

董圣鸿、马世晔，2001，《三种常用 dif 检测方法的比较研究》，《心理学探新》第 1 期。

Dorans, N. J. and Kulick, E. 1986. "Demonstrating the Utility of the Standardization Approach to Assessing Unexpected Differential Item Performance on the Scholastic Aptitude Test. " *Journal of Educational Measurement* 23（4）: 355 – 368.

Holland, P. W. and Wainer, H. 1993. *Differential Item Functioning.* Hillsdale, NJ: Erlbaum.

Mantel, N. 1963. "Chi-square Tests with One Degree of Freedom; Extensions of the Mantel-Haenszel Procedure. " *Journal of the American Statistical Association* 58（303）: 690 – 700.

Mantel, N. and Haenszel, W. 1959. "Statistical Aspects of the Analysis of Data from Retrospective Studies of Disease. " *Journal of the National Cancer Institute* 22（4）: 719 – 748.

Potenza, M. T. and Dorans, N. J. 1995. "DIF Assessment for Polytomously Scored Items: A Framework for Classification and Evaluation. " *Applied Psychological Measurement* 19（1）: 23 – 37.

Shealy, R. and Stout, W. 1993. "A Model-based Standardization Approach That Separates True Bias/DIF from Group Ability Differences and Detects Test Bias/DIF as Well as Item Bias/DIF. " *Psychometrika* 58（2）: 159 – 194.

图书在版编目（CIP）数据

中国教育财政政策咨询报告. 2015～2019 / 王蓉主编. -- 北京：社会科学文献出版社，2019.10
（中国教育财政研究丛书）
ISBN 978 - 7 - 5201 - 5138 - 2

Ⅰ.①中⋯　Ⅱ.①王⋯　Ⅲ.①教育经费 - 财政政策 - 研究报告 - 中国 - 2015 - 2019　Ⅳ.①G526.7

中国版本图书馆 CIP 数据核字（2019）第 136962 号

中国教育财政研究丛书
中国教育财政政策咨询报告（2015～2019）

主　　编 / 王　蓉
副 主 编 / 魏建国

出 版 人 / 谢寿光
责任编辑 / 杨桂凤
文稿编辑 / 张真真

出　　版 / 社会科学文献出版社·群学出版分社 （010）59366453
　　　　　　地址：北京市北三环中路甲 29 号院华龙大厦　邮编：100029
　　　　　　网址：www. ssap. com. cn
发　　行 / 市场营销中心（010）59367081　59367083
印　　装 / 三河市东方印刷有限公司

规　　格 / 开　本：787mm × 1092mm　1/16
　　　　　　印　张：47.5　字　数：1072 千字
版　　次 / 2019 年 10 月第 1 版　2019 年 10 月第 1 次印刷
书　　号 / ISBN 978 - 7 - 5201 - 5138 - 2
定　　价 / 198.00 元

本书如有印装质量问题，请与读者服务中心（010 - 59367028）联系